Der große ADAC
Reise- und Freizeitführer

Flüsse und Seen

in Deutschland

EIN
ADAC
BUCH

Der große ADAC
Reise- und Freizeitführer
Flüsse
und Seen
in Deutschland

Die Autoren

Christine Bonath
Dr. Gerald Deckart
Dr. habil. Gerhard Eckert
Wilhelm Ruprecht Frieling
Gesine Froese
Dr. Peter Göbel
Petra Knecht
Jörg Nunnenmacher
Franz Josef Oller
Dr. Hans Eckart Rübesamen
Dr. phil. Dr.-Ing. Jürgen C. Tesdorpf
Wolfgang Traurig

Dieses Buch entstand in Zusammenarbeit
zwischen dem ADAC Verlag GmbH, München,
und dem Verlag Das Beste GmbH, Stuttgart.

2. Auflage 1989

Karten, Fotos und Zeichnungen: siehe Bildnachweis (Seite 511)

Titelgestaltung: Graupner & Partner, München

Printed in Germany

ISBN 3-87003-299-5

Vorwort

Der Garten von Heinz Sielmann ist ein kleines Naturparadies, in dem selbst Wildenten heimisch wurden. Eigens aufgestellte Nistkörbe dienen ihnen als Quartier.

Bäche, Flüsse und Seen gehören zu den wertvollsten und eindrucksvollsten Landschaftsbereichen und werden vom Menschen besonders vielseitig und intensiv genutzt. Wasser ist für uns alle ein unentbehrlicher Rohstoff.

Zum Glück wächst die Einsicht in die Notwendigkeit des technologischen Umweltschutzes; wir haben längst erkannt, daß gesundes, biologisch funktionsfähiges Wasser für uns lebenswichtig ist. Um so dringender sind die Bemühungen um den ökologischen Umweltschutz, um die Erhaltung noch verbliebener naturnaher Landschaften.

Einst begleiteten artenreiche Auwälder die Ufer der meisten Flüsse – bis auf wenige Ausnahmen sind sie zerstört. Ich denke auch an Moor- und Bruchlandschaften, an die vielen Feuchtgebiete, die in Agrarland umgewandelt wurden. Heute gibt es nur noch wenige Bäche, die sich wie eh und je durch Wiesen und Waldtäler schlängeln. Auch die Zahl der Teiche und Tümpel ist bedrohlich zurückgegangen. Mit ihnen verschwanden die meisten Frosch- und Schwanzlurche.

Fast 70 Prozent der Bevölkerung leben bei uns in Städten, und das Bedürfnis nach naturnahen Erholungsräumen wächst. Gewässer gehören zu den beliebtesten Freizeitzielen. Wir brauchen sie zum Baden, Segeln, Surfen, für alle Bereiche des Wassersports. Wir brauchen Idylle am Wasser zum Wandern und Campen. Darüber darf nicht vergessen werden, wie wichtig Naturschutzgebiete sind, denn nur in ihnen werden Pflanzen und Tiere auf Dauer vor Störungen geschützt.
Wie oft muß ich erleben, daß Hinweisschilder mißachtet werden, daß „Naturfreunde" in Schutzgebieten die Ufervegetation zertreten und Vögel, die auf der Roten Liste der vom Aussterben bedrohten Arten stehen, am Brüten oder am Füttern der Jungen hindern. So erfreulich es ist, daß immer mehr Menschen ihre Naturerlebnisse mit Foto-, Film- oder Videokamera einfangen, so gefährlich wird es, wenn der Nimrod mit der Kamera ohne Fachkenntnisse und in Eile sein Tarnzelt in unmittelbarer Nähe von Nestern aufstellt, um möglichst schnell zu wirkungsvollen Großaufnahmen zu kommen.

Zwar haben wir eine beachtliche Zahl von Naturschutzgebieten, doch leider sind viele zu klein und zu weit voneinander entfernt. Das Netz ökologischer Zellen muß enger werden. Der Naturfreund kann seinen Teil beitragen, indem er in seinem Garten auch Klein- und Kleinstgewässer anlegt. Aber bitte nicht mit Kescher und Eimer in die Natur ziehen und die noch verbliebenen intakten Tümpel nach Tieren absuchen, um den Privatweiher damit zu besiedeln. Wasserpflanzen gibt es in vielen Gärtnereien, und das passende Tierleben findet sich von alleine ein.

Was not tut, ist mehr Verständnis für die Natur. Der vorliegende Band gefällt mir ohne Wenn und Aber. Er zeigt die vielfältige Bedeutung der Bäche, Flüsse, Tümpel, Seen und Moore für Mensch und Natur. Wer darüber Bescheid weiß, wird sich auf seinen Reisen durch die Gewässerlandschaften Deutschlands, beim Wochenendausflug an einen See, beim Surfen und Angeln mit Umsicht bewegen. Es gibt bei uns noch stille, fast unberührte Täler und verschwiegene Seen – dieses wirklich eindrucksvolle Buch stellt sie vor und mahnt zugleich, alles dafür zu tun, daß diese Idylle erhalten bleiben.

Heinz Sielmann

Inhalt

Unser Wasser – unser Leben

Der Rhein

Die Donau

Die Ems

Die Weser

Die Elbe

Zwischen Nord- und Ostsee

Anhang

Hinweise für den Leser

Der vorliegende Freizeitführer enthält eine Zusammenstellung von Reiserouten, die – an großen und kleinen Flüssen entlang – durch Deutschland führen. Rhein, Donau, Ems, Weser und Elbe sind die Leitlinien dieser Touren. Und auch Schleswig-Holstein kommt nicht zu kurz: Dort weisen die Nord- und Ostseezuflüsse den Weg durch die reizvollen Gewässerlandschaften.

Die einzelnen Stromgebiete – das der Ems ausgenommen – wurden in sinnvolle Einheiten gegliedert, wobei entweder ein Abschnitt des Hauptstroms oder auch ein großer Nebenfluß im Mittelpunkt steht und den Reiseweg vorgibt. In einigen Fällen bestimmen auch mehrere Nebenflüsse den Verlauf der Reiseroute. So finden Sie in diesem Buch 27 Touren, von denen jede in überschaubarer Reisezeit zu bewältigen ist. Die Graphik auf der Seite nebenan zeigt, wie die großen Stromsysteme unterteilt wurden.

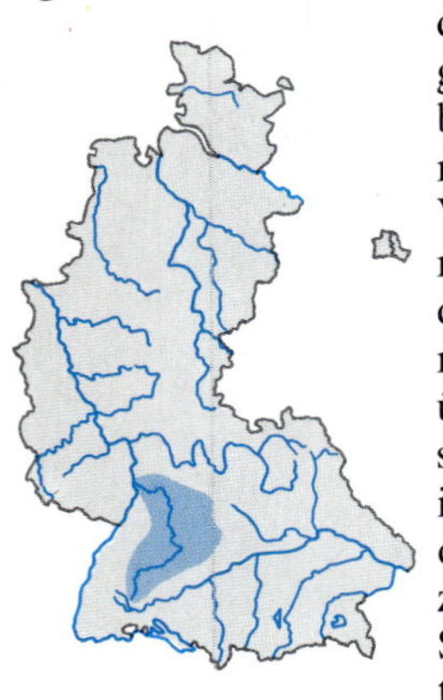

Jeder Tour ist eine kleine Übersichtskarte vorangestellt, die auf den ersten Blick zu erkennen gibt, an welchen Stromabschnitt oder Nebenfluß die Reise führt. Das Kärtchen oben steht z. B. am Anfang der Neckartour. Der blau hervorgehobene Ausschnitt entspricht im Umriß jeweils den großmaßstäblichen Farbkarten zu Beginn der Flußtouren. Diese Karten dienen in erster Linie der Reisevorbereitung. Sie enthalten alle Flußläufe, Seen, Städte und Gemeinden, die in der Tourenbeschreibung angesprochen werden. Auch eine Auswahl verschiedener Sehenswürdigkeiten ist enthalten (Zeichenerklärung oben Mitte). Der Übersichtlichkeit halber genießen die Flüsse Vorrang vor den Straßen, von denen nur die wichtigen aufgenommen wurden. Es ist daher ratsam, unterwegs genaue Straßenkarten zu benutzen, denn oft läßt sich ein Flußlauf nur auf kleinen Nebenstraßen verfolgen. Welche Route man wählt, wird im Text gesagt.

Die Touren verlaufen grundsätzlich in Fließrichtung des beschriebenen Flusses, beginnen also an der Quelle und enden an der Mündung. Alle wichtigen Reisestationen werden in fetter Schrift hervorgehoben, alle Gewässer in Schrägschrift. Auch die Nebenflüsse werden behandelt, soweit sie einen Abstecher lohnen. Der Anfang jedes Nebenflußexkurses wird durch einen nach rechts weisenden Keil (▻) kenntlich gemacht; ein Keil nach links (◅) markiert das Ende. Zu beachten ist, daß diese Abstecher jeweils an der Mündung in den Hauptfluß beginnen, also flußaufwärts zur Quelle des Nebenflusses führen.

Es kommt vor, daß ein Nebenfluß seinerseits wieder einen attraktiven Zufluß aufnimmt, der den Benutzern des Buchs nicht vorenthalten werden soll. Dann signalisieren jeweils zwei Keile den Anfang (▻ ▻) und das Ende (◅ ◅) des Abstechers.

Kleinere Seen werden bereits im Rahmen der Flußreise beschrieben. Die wichtigen Ferien- und Freizeitseen hingegen sind dort erwähnt, wo man sie im Verlauf der Reise berührt, werden aber erst im Anschluß an die jeweilige Flußtour ausführlich beschrieben. Dort befindet sich dann auch eine großmaßstäbliche Karte, die den See, seine unmittelbare Umgebung und die Möglichkeiten zur Freizeitgestaltung an den Ufern zeigt. Auch die ufernahen Parkplätze sind erfaßt. Die verschiedenen Freizeiteinrichtungen werden durch einfache Piktogramme (siehe Zeichenerklärung rechts) veranschaulicht. Stand der Erfassung ist der Sommer 1987. Eine tabellarische Übersicht im Anhang des Buchs zeigt alle Freizeitseen auf einen Blick, darunter auch ganz kleine, die im Hauptteil unerwähnt bleiben.

Eine Zusammenstellung verschiedener Freizeittips beschließt die einzelnen Kapitel und zeigt übersichtlich, wo man was unternehmen kann. Die Tips sind nach einem einfachen Prinzip angeordnet: zunächst die Orte am Hauptfluß von der Quelle bis zur Mündung, dann in derselben Abfolge die Orte an den Nebenflüssen. Die Nebenflüsse sind in der Reihenfolge angeordnet, in der sie in den Hauptfluß münden.

Flüsse: Zeichenerklärung der Karten

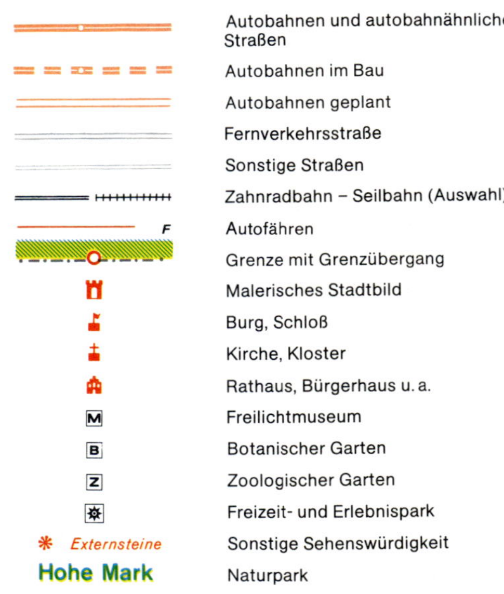

Seen: Zeichenerklärung der Karten

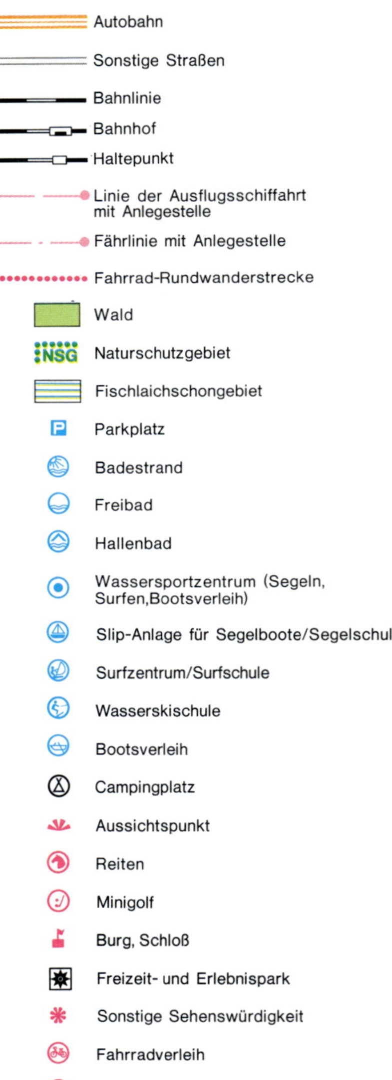

Die Stromsysteme im Überblick

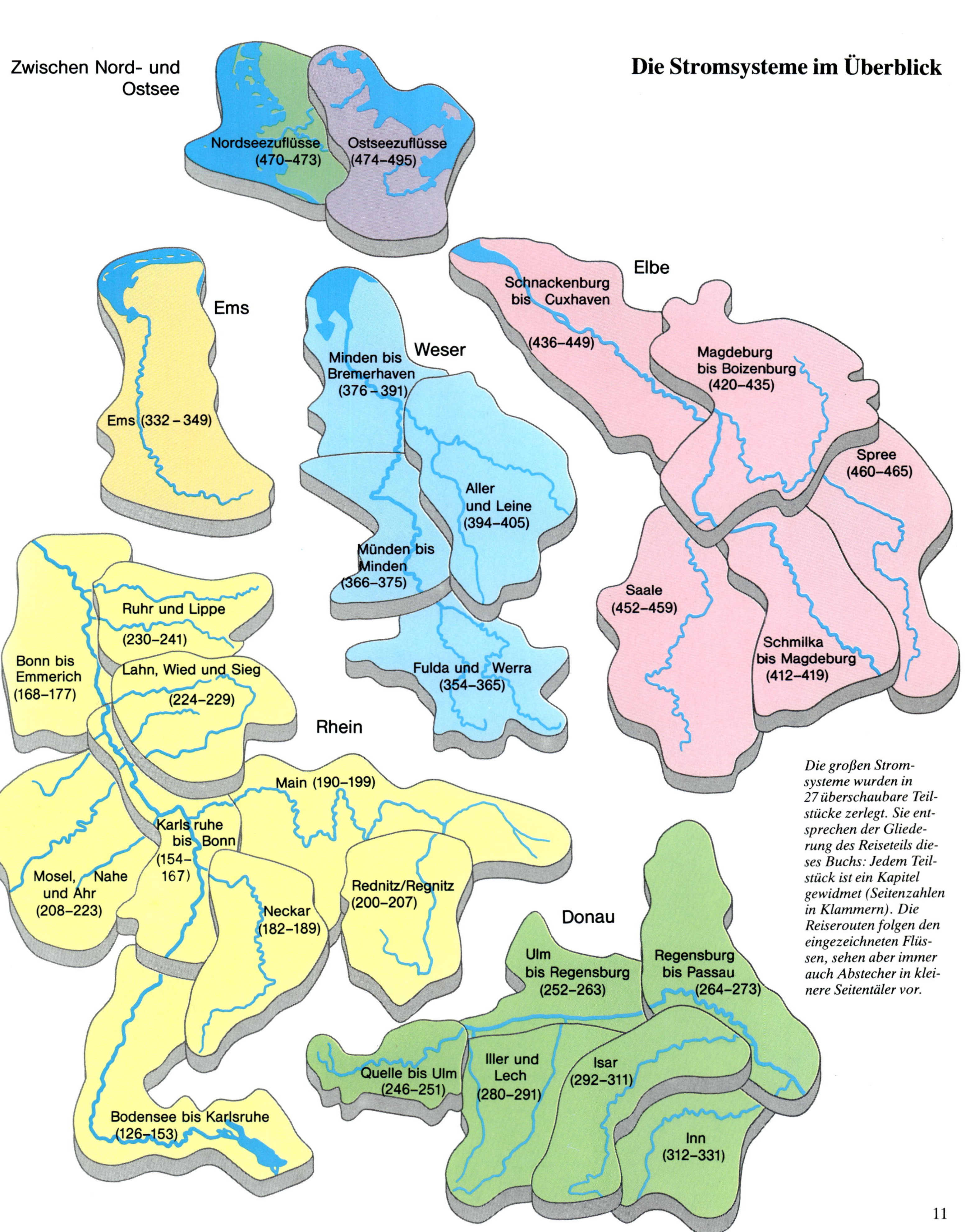

Die großen Stromsysteme wurden in 27 überschaubare Teilstücke zerlegt. Sie entsprechen der Gliederung des Reiseteils dieses Buchs: Jedem Teilstück ist ein Kapitel gewidmet (Seitenzahlen in Klammern). Die Reiserouten folgen den eingezeichneten Flüssen, sehen aber immer auch Abstecher in kleinere Seitentäler vor.

Unser Wasser – unser Leben

Landschaft und Wasser

Ob Wasserfall oder stiller Moorsee, ob Quelle, Bach, Fluß oder breiter Strom – Wasser gestaltet das Gesicht der Landschaft. Hebungen und Senkungen der Erdkruste schaffen die Grobformen. Das Wasser leistet die Feinarbeit, formt Hügel, furcht Täler aus und hinterläßt weite Ebenen aus Schwemmland.
Wasser greift selbst das härteste Gestein an, zerlegt es in seine Bestandteile, dringt in Risse und Spalten. Gefriert es dort, dehnt es sich aus und sprengt den Fels.
Doch Wasser trägt nicht nur ab. Wo es seine Transportkraft verliert, lagert es die mitgeführte Fracht wieder an. Ganze Ketten von Moränenhügeln zeichnen heute den eiszeitlichen Gletscherrand im Alpenvorland und in Norddeutschland nach.

Immer weiter schiebt die Tiroler Ache ihr Mündungsdelta in den Chiemsee. Die einzelnen Mündungsarme verästeln sich fächerartig, suchen sich ständig wieder ein neues Bett zwischen den abgelagerten Schottern. Nicht nur Moränenmaterial aus dem Alpenvorland, sondern vor allem auch Verwitterungsschutt aus dem Quellgebiet des Flusses, den Kitzbüheler Alpen, füllt das Seebecken immer weiter auf.

Ständig im Fluß – und ohne Endstation

Die Quellen scheinen unerschöpflich zu sein. Ständig liefern sie den Bächen und Flüssen neues Wasser. Doch das Meer läuft nicht über, obwohl ihm seine Zuflüsse unaufhörlich gewaltige Wassermengen zuführen. „Man kann nicht zweimal in dasselbe Wasser steigen", meinte in der Antike der Philosoph Heraklit. Er irrte sich.

Wasser tritt in gasförmigem Zustand als Dampf, in flüssigem oder in festem Zustand als Eis auf. So verschlungen die Wege des Wassers auch sind, es gilt das Gesetz: Die Wassermenge der Erde bleibt immer gleich, wird nicht mehr und nicht weniger. Und es ist immer dasselbe Wasser. Selbst das reinste Trinkwasser ist schon viele Male „gebraucht".

Die Energie, die den Wasserkreislauf antreibt, kommt von der Sonne. Je stärker sie die Luft erwärmt, desto mehr Wasser kann diese aufnehmen, desto mehr Wasser verdunstet, geht also in den gasförmigen Zustand über. Kühlt die feuchte Luft wieder ab, dann kondensiert der Wasserdampf. Die Wassertröpfchen sind zunächst so klein, daß sie durch Aufwinde in der Schwebe bleiben. Es bilden sich Wolken. (Geschieht das in großen Höhen, gefrieren die Tröpfchen zu Eiskristallen.) Kühlt sich die Luft weiter ab, verschmelzen die Tröpfchen zu Regentropfen, die zur Erde fallen. Doch nicht jeder Wassertropfen geht den gleichen Weg. Den großen Wasserkreislauf durchlaufen nur solche, die ober- oder unterirdisch zum Meer gelangen. Ein Teil des Wassers aber verdunstet vorher.

Meeresverdunstung

Oberflächenverdunstung

Links: Nebelschwaden steigen über einem See auf. Die Sonne hat das Wasser erwärmt, das Wasser hat Wärme an die untere Luftschicht abgegeben. Die kühle Luft darüber verhindert jedoch, daß die wärmere Luft von unten her aufsteigt. Deren Temperatur sinkt wieder bis zu dem Punkt, wo der Wasserdampf zu kondensieren beginnt und zu Nebel wird.

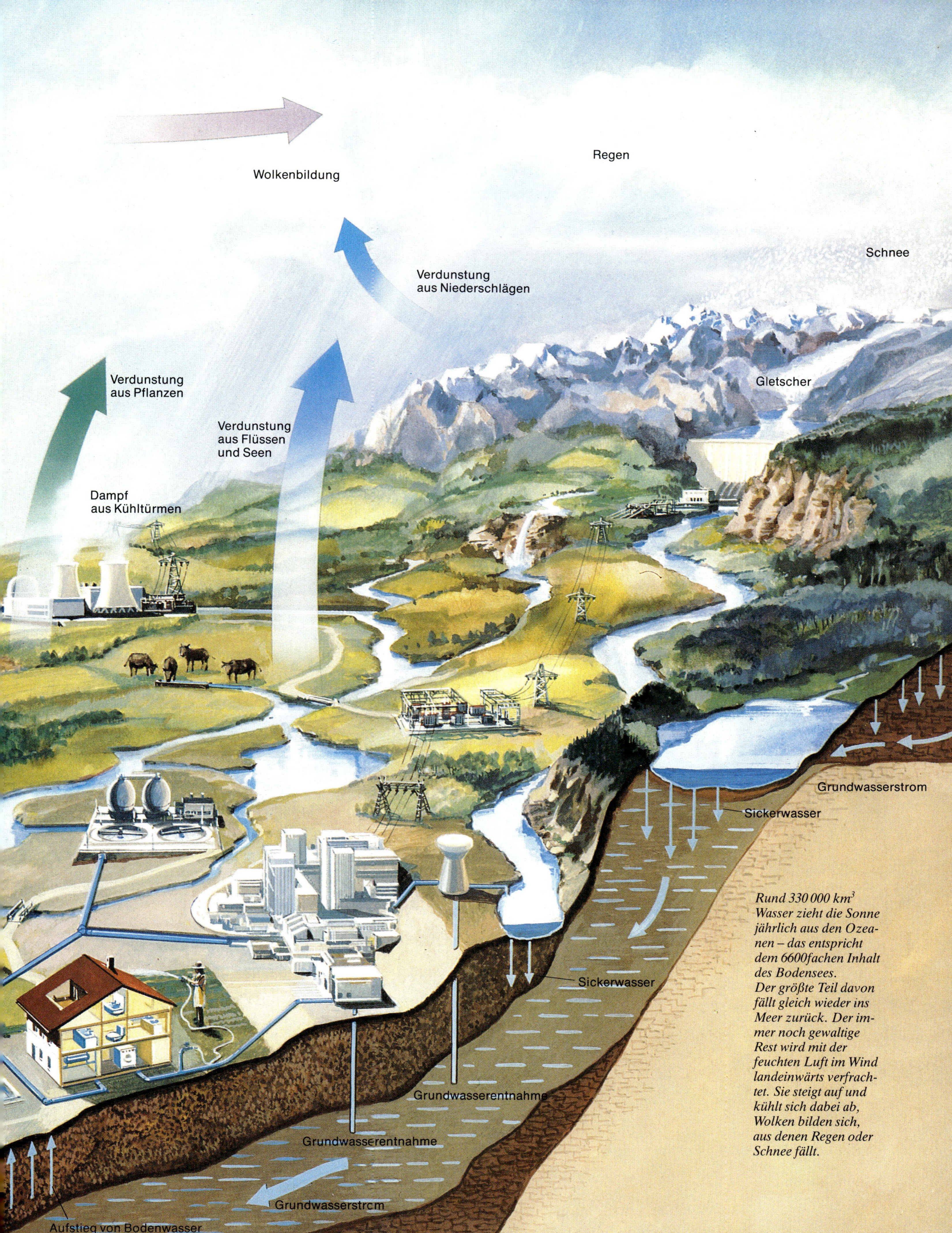

Rund 330 000 km³ Wasser zieht die Sonne jährlich aus den Ozeanen – das entspricht dem 6600fachen Inhalt des Bodensees. Der größte Teil davon fällt gleich wieder ins Meer zurück. Der immer noch gewaltige Rest wird mit der feuchten Luft im Wind landeinwärts verfrachtet. Sie steigt auf und kühlt sich dabei ab, Wolken bilden sich, aus denen Regen oder Schnee fällt.

Ströme im Untergrund

Manche Menschen haben die Fähigkeit, mit der Wünschelrute Wasser unter der Erde aufzuspüren. Es erscheint schon sehr geheimnisvoll, wenn der gegabelte Mistelzweig oder die Metallrute an einer bestimmten Stelle auszuschlagen beginnt. Am Grundwasser selbst ist wenig Geheimnisvolles – zu genau weiß man heute über die unterirdischen Ströme Bescheid. Und es gehört genauso zum großen Kreislauf der Natur wie das Wasser, das oberirdisch fließt.

Der Schmiecher See am Südrand der Schwäbischen Alb hat keinen Abfluß. Er liegt im Niveau des schwankenden Karstwasserspiegels. So kann er sich von normal 500 m² auf 900 m² ausdehnen. In Trockenperioden ist er als See kaum noch zu erkennen.

Die Wege des Wassers trennen sich an der Erdoberfläche. Ein Teil fließt oberirdisch in Bächen und Flüssen ab, der andere versickert im Boden, wird zu Grundwasser.
Ob viel oder wenig Wasser bis in die letzten Hohlräume des Untergrunds vordringt, hängt entscheidend vom Boden ab. Ist er trocken, rauh und durchlässig und ist das Gelände flach, dann kann der Boden besonders viel Wasser aufnehmen. Bei anhaltenden Niederschlägen kann es zur Sättigung des Bodens kommen. Dann sickert nur noch so viel Wasser nach, wie im tieferen Gesteinsuntergrund abgeführt wird.
Doch nicht alles Wasser, das in den Boden dringt, verschwindet gleich in der Tiefe. In haarfeinen Rissen und Spalten des Bodens, den sogenannten Kapillaren, steigt ein Teil wieder nach oben. Auch Pflanzen saugen mit ihren Wurzeln Wasser auf und leiten es den oberirdischen Pflanzenteilen zu. Von dort aus verdunstet wieder ein Teil. Eine ausgewachsene Buche etwa gibt während der Vegetationszeit eines Jahres zwischen 8000 und 10 000 l Wasser an die Luft ab.
Alles Sickerwasser, das die durchlüftete und mit Wurzelwerk durchsetzte oberste Bodenschicht passiert hat, dringt weiter nach unten. In engen Poren und Rissen wird es so lange festgehalten, bis neues Wasser von oben nachdrängt. Ein Teil bildet auch winzige, dünne Wasserhäutchen um die einzelnen Bodenteilchen. Der Boden wird deshalb nie ganz trocken.
Unter den obersten Bodenschichten folgt der sogenannte Kapillarsaum. Der Luftdruck von außen verliert bereits an Wirkung, die Saugkräfte werden stärker. Sie lassen das Wasser in Kapillaren aus größeren Tiefen hochsteigen. In dieser Zone kann es noch von den Pflanzen genutzt werden, die mit ihren Wurzeln so weit hinabreichen. Wie weit das Wasser emporsteigt, hängt vom Boden ab. Je gröber das Material, desto niedriger ist die Steighöhe. Im Kies erreicht sie nur wenige Zentimeter, im Sand bis zu 50 cm und im Lößlehm über 1,5 m.
Trifft das Wasser auf seinem Weg in die Tiefe auf eine schwerdurchlässige oder gar undurchlässige Schicht, so sammelt es sich über dieser Stauschicht, Grundwassersohle genannt. Darüber füllt das Wasser sämtliche Poren, Risse und Höhlungen aus: Ein Grundwasserspeicher bildet sich. Seine Obergrenze ist der Grundwasserspiegel. Er schwankt in Abhängigkeit von der nachsickernden Wassermenge. Grundwasserspeicher bilden die ergiebigsten Vorratskammern für Trinkwasser.
Wieviel Wasser der Untergrund aufnehmen kann, richtet sich nach dem Porenraum im Boden. Je kleiner die Korngröße der Bodenteilchen, desto weniger Zwischenraum gibt es, desto weniger Platz bleibt für das Wasser. Je kleiner die Poren sind, desto langsamer sickert das Wasser in die Tiefe. Dabei zwängt es sich nicht geradlinig, sondern auf vielfach gewundenen Bahnen durch den Untergrund. Ist das Gestein schließlich so dicht, daß es kein Durchkommen mehr gibt, dann folgt das Wasser dem Gefälle der Speicherschicht.

Gespanntes Grundwasser, von Mönchen erbohrt

Grundwasser sammelt sich nur dann in unterirdischen Becken, wenn die stauenden Gesteinsschichten eine Mulde bilden. Ist die Stauschicht einseitig geneigt, dann entsteht ein Grundwasserstrom. Wie schnell er fließt, hängt davon ab, wie durchlässig die Schichten sind und wie weit der Grundwasserspiegel hinaufreicht. Die Spiegelhöhe wiederum richtet sich nach den Niederschlägen. Sie dringen meist nur langsam in die Tiefe vor. Entsprechend verhält sich der Grundwasserstand: den Niederschlägen angepaßt, aber mit zeitlicher Verzögerung.
Selbst in kompaktem Gestein findet das Grundwasser feine Risse und Spalten, durch die es sich ganz langsam vorarbeiten kann – am Tag nicht mehr als ein paar Zentimeter. In klüftigem Gestein dagegen oder in grobem Schotter legt das Wasser täglich 20 m und mehr zurück.

Es können auch menschliche Eingriffe sein, die das Grundwasser zum Fließen bringen. Wird Wasser etwa durch Tiefbrunnen entnommen, senkt sich der Grundwasserspiegel trichterförmig um die Entnahmestelle ab. Das Wasser strömt nach, und zwar um so rascher, je tiefer der Absenkungstrichter um das Brunnenrohr ist.

Es kommt auch vor, daß mehrere wasserführende Schichten in Stockwerken übereinandergestaffelt sind. Undurchlässige Zwischenschichten trennen sie voneinander. Möglicherweise verhindert eine undurchlässige Abdeckschicht, daß Wasser direkt von oben her nachsickert. Dann drängt es aus anderen Richtungen herbei und drückt auf die nach oben abgesperrten Grundwasserstockwerke. Das Ergebnis ist ein gespannter Grundwasserspiegel – das Wasser steht unter Druck. Bohrt man ein solches Stockwerk an, so steigt das Wasser von selbst nach oben und fließt im Brunnen frei heraus. Gespanntes Wasser erbohrten in Europa erstmals die Kartäusermönche im französischen Artois im 12. Jh. Man spricht deshalb auch von artesischen Brunnen.

Alter und Herkunft des Grundwassers in den einzelnen Stockwerken sind oft sehr verschieden. Die weitaus größte Menge stammt von Niederschlägen, die auf die Erdoberfläche fallen. Dieses Wasser nimmt am Wasserkreislauf teil. Unter bestimmten geologischen Voraussetzungen kann es jedoch in tiefliegenden Gesteinsschichten eingeschlossen werden und über Jahrtausende dort ruhen. Man nennt es deshalb fossiles Wasser. Sofern es der Mensch nicht an die Oberfläche pumpt, bleibt es vom Wasserkreislauf ausgeschlossen.

Ergiebige Grundwasservorkommen eignen sich besonders gut zur Trinkwassergewinnung. Die Wasserqualität hängt davon ab, wie durchlässig das Gestein über dem Grundwasserstockwerk ist. Im Idealfall können die Deckschichten die Fremdstoffe vollständig aus dem Wasser filtern. Wo die Niederschläge jedoch rasch in die Tiefe sickern, kann es zur Verunreinigung des Wassers kommen. Grundwasserführende Schichten, die sehr tief liegen und von mehreren Zwischenschichten überdeckt werden, bieten besonders reines Wasser.

Eine besonders eindrucksvolle Karstquelle ist der Blautopf in Blaubeuren. Das Wasser entströmt einem tief in die Alb reichenden Höhlensystem – 2200 l sind es in der Sekunde. Die Wassertemperatur beträgt 9,4 °C im Sommer wie im Winter.

Blick in das Innere der Schwäbischen Alb

Mächtige Kalkschichten bauen die Schwäbische und Fränkische Alb auf. Ein dichtes Netz an Klüften durchzieht sie. Weil das Niederschlagswasser Kohlensäure enthält, kann es den Kalk im Untergrund lösen. So erweitert es allmählich Fugen und Risse zu Röhren und Höhlen. Der gelöste Kalk wird mit dem Wasser fortgeschwemmt. Man bezeichnet diese Vorgänge als Verkarstung, das Kluft- und Spaltenwasser als Karstwasser. Je weiter es in den Untergrund vordringt, desto tiefer sinkt auch der Karstwasserspiegel. Dadurch können ganze Höhlen austrocknen und sich allmählich mit Tropfsteinen schmücken. Der Ausgang mancher Höhlen befindet sich unter Wasser. Ein solcher Ausgang ist der Blautopf, an den sich ein Höhlensystem anschließt, das teils über, teils unter dem Karstwasserspiegel liegt.

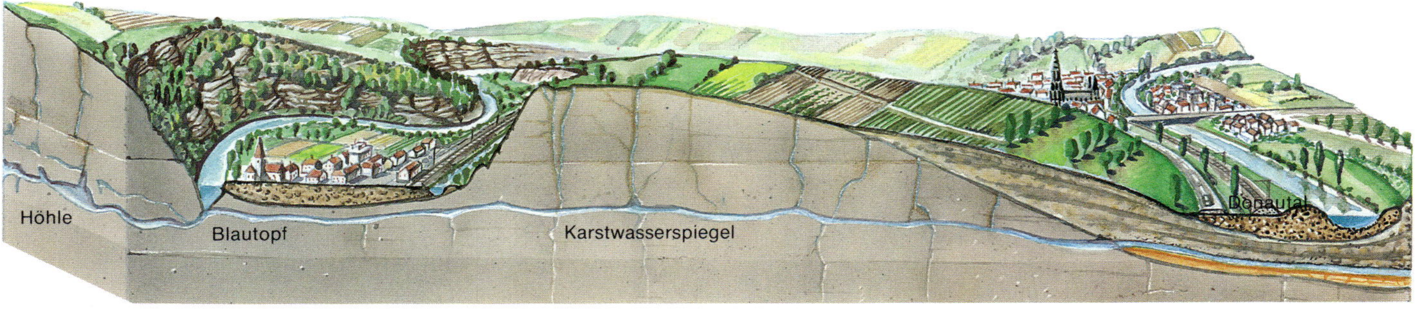

Vom Wasser zum Gewässer

Ohne den ständigen Nachschub an Niederschlagswasser gäbe es keine Gewässer auf der Erde. Wasser speist die Flüsse, die das Land durchziehen, speist die Gewässer, die in Mulden festgehalten sind. In Quellen tritt es zutage, es strömt aus dem Eis der Gletscher, es sammelt sich in Bachläufen, staut sich in Becken und anderen Hohlformen. Bei so manchem Gewässer hat der Mensch Geburtshilfe geleistet – ohne ihn gäbe es weder Baggerseen noch Kanäle.

Für die Entstehung von Quellen, Bächen, Flüssen und Seen hatte man bis vor 300 Jahren zwei Erklärungen: Die einen vermuteten, unter der Erde befände sich ein riesiges Wasserreservoir, ein unterirdischer See, der so unerschöpflich sein müsse, daß die vielen Quellen, die er speise, überhaupt nicht ins Gewicht fielen. Die anderen glaubten, daß unterirdische Kanäle vom Meer her bis weit ins Binnenland hineinführten und sich dort das Wasser, irgendwie vom Salz gereinigt, in unterirdischen Teichen sammle oder gleich in Quellen erscheine. Wie der Kreislauf des Wassers in Wirklichkeit aussieht, hatte man noch nicht erkannt.

Es müssen zwei Voraussetzungen erfüllt sein, daß Fließgewässer entstehen können. Zum einen muß die Fläche, auf die Schnee und Regen niedergehen, ein Gefälle haben, weil das Wasser der Schwerkraft unterworfen ist. Zum anderen dürfen die Niederschläge nicht völlig verdunsten oder im tiefen Untergrund versickern.

Weniger Regen als in der Sahelzone

In unserem gemäßigten Klimabereich fallen die Niederschläge regional in recht unterschiedlichen Mengen. Der größte Teil kommt aus den Luftmassen, die mit der vorherrschenden Windströmung vom Westen, vom Atlantik her, zu uns gelangen. Trifft die feuchte Luft auf Berge und Gebirgszüge, wird sie zum Aufstieg gezwungen. Dabei kühlt sie sich ab, es bilden sich Wolken, die sich ausregnen. Deshalb empfangen die windzugekehrten Nord- und Westseiten der Mittelgebirge die meisten Niederschläge. Im Sauerland und Harz sind es bis zu 1500 mm im Jahresdurchschnitt, in den deutschen Alpen bis zu 2000 mm.

Die windabgekehrten Gebirgsflanken liegen dagegen im Regenschatten. Im nördlichen Oberrheinischen Tiefland fallen stellenweise nur 500 mm Niederschläge im Jahr. In Rheinhessen regnet es weniger als in der dürregeplagten Sahelzone.

Trotz aller Unterschiede auf kleinem Raum sind unsere Breiten insgesamt reichlich mit Niederschlägen gesegnet. Für die Bundesrepublik Deutschland ergibt sich eine mittlere Niederschlagsmenge von rund 825 mm im Jahr. Auf 1 m² fallen also 825 l Wasser, 355 l davon fließen oberirdisch wieder ab.

Jeder Bach, jeder Fluß beginnt in einer Quelle oder einer Mulde, in der sich das Wasser von den umgebenden Hängen sammelt. Dabei fließt es zunächst flächig hangabwärts. Je mehr Wasser zusammenkommt, desto größer wird die Erosionskraft des

So gibt die Erde ihr Grundwasser frei

Wo Grundwasser aus der Erde tritt, entstehen Quellen. Je nachdem, wie sich das Wasser im Untergrund bewegt, unterscheidet man zwischen absteigenden und aufsteigenden Quellen.

Absteigende Quellen finden sich da, wo wasserführende Schichten an Hängen auslaufen. Zu ihnen gehören die weitverbreiteten Schichtquellen. Sie liegen jeweils genau an der Grenze zwischen der wasserführenden, durchlässigen Schicht und der undurchlässigen Stauschicht (in der Zeichnung dunkelbraun). Absteigende Quellen sind auch die Überlaufquellen. Sie entstehen an den Rändern von Schichtmulden, wenn die wasserführende Schicht bis zum Überlaufen mit Grundwasser durchtränkt ist. Stellt sich eine stauende Gesteinsschicht dem Grundwasserstrom entgegen, so entweicht Wasser an der Nahtstelle zwischen beiden Schichten in einer sogenannten Stauquelle.

Aufsteigende Quellen sind seltener. Oft erscheinen sie in Zonen, die einmal vulkanisch aktiv waren. Das Grundwasser steht unter Dampf- und Gasdruck. Durch Klüfte sucht es sich einen Weg an die Oberfläche. Manchmal ist es von der Erdwärme aufgeheizt und mit Mineralstoffen angereichert. Solche Thermal- und Mineralquellen spenden wertvolles Heilwasser.

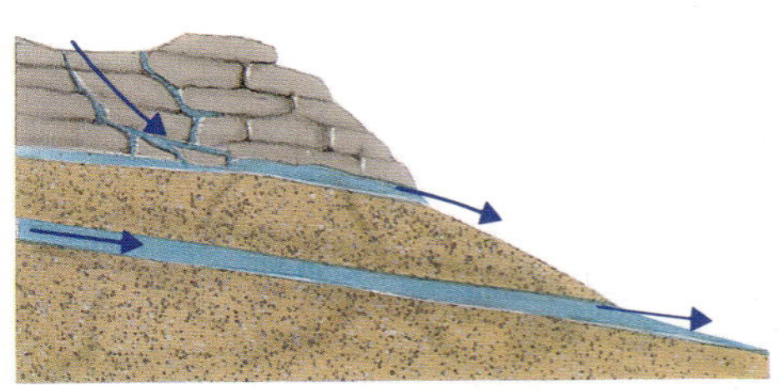

Schichtquelle

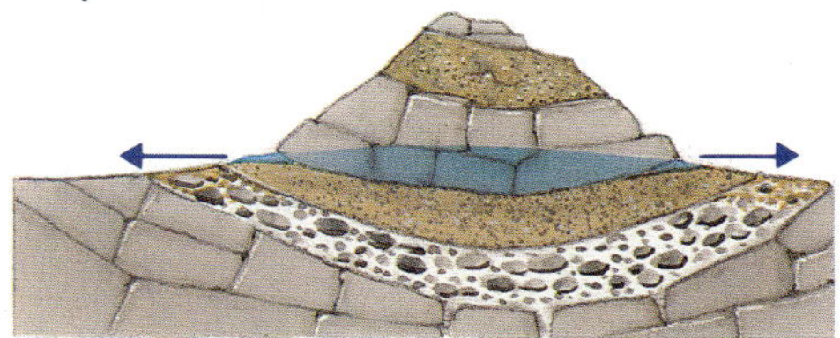

Überlaufquelle

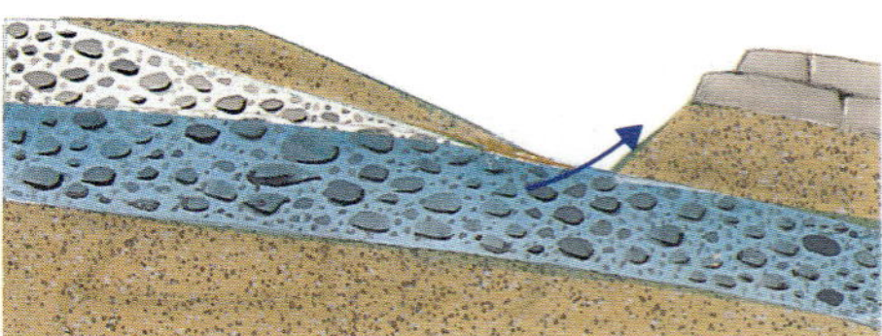

Stauquelle

Links: Manche Quellen treten mit einer kräftigen Schüttung aus der Erde. Ihr Wasser strömt in breiten Klüften in die Tiefe, bis es auf eine Stauschicht trifft, die es zum Ausgang zwingt.

Rechts: Vor dem mächtigen Gletschertor des Oberaargletschers staut sich im Oberaarsee das Schmelzwasser. Hier, in über 2000 m Höhe, entspringt die Aare.

Rinnsals. Es schafft sich ein Bachbett, das sich allmählich zum Flußbett verbreitert.
Auf seinem Weg erhält der Fluß aber nicht nur von seinen Nebenflüssen zusätzliches Wasser, er wird überdies vom Grundwasser gespeist. Oft folgen in einem Flußbett mehrere Quellen hintereinander. Sie versorgen den Fluß auch dann mit Wasser, wenn eine Zeitlang kein Regen fällt. Wieviel Grundwasser auf diese Weise ins Oberflächenwasser überwechselt, ist von Fluß zu Fluß, von Abschnitt zu Abschnitt verschieden. Der Rhein z. B. empfängt von seinen Nebenflüssen zwischen Waldshut und Karlsruhe rund 72 m^3 Wasser pro Sekunde. Gut das Doppelte erhält er aus dem Grundwasser.
In solchen Fällen liegt der Grundwasserspiegel höher als der Wasserspiegel des Flusses. Diese Situation tritt immer dann ein, wenn schon längere Zeit Trockenheit geherrscht hat. Der Grundwasserstand hinkt nämlich bis zu einem Monat hinter den Niederschlägen her, sinkt also in Trokkenperioden auch viel später ab.

Ein Reservoir speist das andere

Wenn im Frühjahr der Schnee schmilzt oder wenn es längere Zeit geregnet hat, dann steigt der Flußwasserspiegel rascher an als das Grundwasser. Nun sickert Flußwasser ins Grundwasser. In den Flußtälern abgelagerte Kies- und Sandschichten nehmen die Hochwasserspitzen auf. Das Reservoir für trockenere Zeiten füllt sich.
Ein Reservoir anderer Art, von dem sich auch Flüsse nähren, sind die Gletscher im Hochgebirge. Hier haben sich die Niederschläge langer Zeiträume als Eis gesammelt. Das Schmelzwasser, das an der Stirnseite der Eismassen aus dem sogenannten Gletschertor tritt, reicht aus, um einen kräftigen Bach zu speisen. Seine Wasserführung schwankt im Tagesverlauf ganz beachtlich. Der Tiefpunkt ist morgens. Zum Nachmittag hin schwillt der Bach immer mehr an – jetzt zehrt die Sonne an den Eismassen; von allen Seiten rinnt Schmelzwasser herbei.
Eine eigene Art von Fließgewässern sind die Kanäle. Ob als Entwässerungskanäle oder als Schiffahrtswege geplant, immer erfüllen sie wirtschaftliche Interessen. Kanäle durchziehen als geradlinige Wasserstraßen das Land, oder sie begleiten als Seitenkanäle natürliche Flußläufe wie der Elbe- oder der Rheinseitenkanal.
Ihr Wasser erhalten die Kanäle vorwiegend aus den natürlichen Fließgewässern. Lange Kanäle, die größere Flüsse miteinander verbinden, erhalten meist noch zusätzliches Wasser aus künstlichen Staubecken, die in den regenreichen Mittelgebirgen liegen. Nur so kann man sicherstellen, daß die Schiffe in niederschlagsarmen Perioden nicht auf dem Trockenen sitzen.
Mit Hilfe von Entwässerungskanälen läßt sich der Grundwasserspiegel absenken. Das geschieht vor allem dort, wo man Moore, Talauen und andere Feuchtgebiete unter den Pflug nehmen will. Der Kanal läßt das Wasser oberirdisch schneller abfließen, als es mit dem Grundwasserstrom der Fall

An ihrer kreisrunden Form erkennt man die Maare in der Vulkaneifel bei Daun. Im Vordergrund: das 21 m tiefe Schalkenmehrener Maar. Im Hintergrund: das über 50 m tiefe Weinfelder oder Totenmaar.

wäre. Ähnlich wie bei einem Brunnen, aus dem Grundwasser entnommen wird, bildet sich um den Kanal ein Absenkungstrichter. Freilich ist dies bei den Schiffahrtskanälen nicht anders. Der Absenkungstrichter des Nord-Ostsee-Kanals z. B. macht sich beiderseits bis in 8 km Entfernung bemerkbar.

Meere gibt es auch im Binnenland

Jedes größere stehende Gewässer gilt im allgemeinen Sprachgebrauch als See. Bei kleineren spricht man von Teichen, Weihern oder Tümpeln. Für nicht Eingeweihte mag es etwas seltsam klingen, daß manche Seen in Niedersachsen als Meere bezeichnet werden – das Steinhuder Meer etwa, um nur das bekannteste Beispiel zu nennen. Jedoch: Man neigt dort keineswegs zu Übertreibungen; Meer ist im niederdeutschen Sprachgebrauch ganz einfach die Bezeichnung für einen größeren See.

Die Rekordtiefe unter den deutschen Seen hält der Bodensee: 252 m. Aber auch der kleine Walchensee bringt es immerhin auf 192 m. Da ist es nicht verwunderlich, daß sich im Seewasser unterschiedliche Temperaturschichten ausbilden. Unter der oberen, warmen Schicht folgt eine Zwischenschicht, in der die Temperatur rasch abnimmt. Darunter liegt als dritte, grundnahe Schicht kaltes Wasser, in dem kaum noch Bewegung herrscht. Dagegen sind Weiher und Tümpel so flach, daß sich im Wasser keine Temperaturschichten entwickeln. Die Wellenbewegung schlägt bis auf den Grund durch.

Seen kommen auch in Gruppen vor und bilden dann ausgedehnte Seenlandschaften wie die Holsteinische Schweiz oder die noch viel größere Mecklenburgische Seenplatte. Dazu müssen zwei Voraussetzungen erfüllt sein: ein regenreiches Klima und eine Ansammlung von Senken und Rinnen, in denen sich Regen- und Flußwasser sammeln können. Letzteres trifft vor allem auf Landschaften zu, die während der letzten Eiszeit von Gletschern bedeckt waren. Langgestreckte Seen füllen nun die Becken, die von Gletscherzungen ausgeschürft und mit Gesteinsschutt abgedämmt wurden. Auch in den Mulden zwischen den Moränenwällen konnte sich das Wasser sammeln.

In Gebieten, die nicht vom Gletschereis heimgesucht waren, liegen verhältnismäßig wenig Seen. Trotzdem gibt es auch dort Regionen, wo sich Seen häufen. Eine solche Landschaft ist die Westeifel mit ihren Maaren. Dort erschütterten heftige Gasexplosionen vor 10000–13000 Jahren die Erdoberfläche. Später füllten sich die Vulkantrichter mit Wasser.

Kräfte aus dem Erdinnern haben auch beim größten deutschen Binnensee Geburtshilfe geleistet: dem Bodensee. Er liegt in einem riesigen Graben, der einbrach, als sich die Alpen auffalteten. Seine heutige Form erhielt der See vom Rheingletscher, der das Seebecken ausgehobelt hat.

In Gebieten mit verkarstetem Kalkgestein, der Schwäbischen und Fränkischen Alb z. B., sind Seen selten. Nur dort, wo feinstes Material in die Risse und Klüfte hineingeschwemmt wurde und sie so abgedichtet hat, konnte sich Wasser sammeln. Meist sind das aber nur kleine Weiher und Teiche. Eigentlich läßt sich bei allen Seen beobach-

Was die Flußdichte über den Gesteinsuntergrund verrät

In manchen Gebieten gibt es auffallend viele Gewässer. Andere Regionen wirken dagegen wie ausgetrocknet. Dafür ist vor allem der jeweilige Gesteinsuntergrund verantwortlich. Von ihm hängt es ab, wie viele Quellen an der Oberfläche zutage treten und wieviel Wasser in den Untergrund sickert.

Wo das Gewässernetz sehr dicht, die Flußdichte also sehr hoch ist, kann man auf einen undurchlässigen Gesteinsuntergrund schließen. Auf der Karte treffen eine gewässerarme und eine gewässerreiche Landschaft aufeinander: die Schwäbische Alb und ihr Vorland. Auf der verkarsteten Albhochfläche dringt das meiste Wasser in den Untergrund. Dagegen besteht der Gesteinsuntergrund im Albvorland aus wasserdurchlässigen und -stauenden Schichten. Wo diese an Hängen auslaufen, treten oft ganze Reihen von Quellen aus.

ten, daß der Wasserspiegel ständig steigt und fällt – schon deshalb, weil Niederschläge unregelmäßig übers Jahr verteilt fallen. Am Bodensee z. B. liegen der höchste und der niedrigste Wasserstand sogar 4 m auseinander. Für diese starke Schwankungsbreite sind aber weniger die Niederschläge ausschlaggebend als vielmehr der Rhein, der sehr unterschiedliche Wassermengen aus den Alpen mitbringt. Er selbst erhält dadurch eine ausgeglichenere Wasserführung, denn der Bodensee fängt wie ein Speicherbecken die frühsommerliche Schmelzwasserflut des Alpenrheins ab.

Seenplatten aus Menschenhand

Neben dem oberirdischen Zu- und Abfluß beeinflußt auch das Grundwasser den Inhalt der Seebecken. Ob das Oberflächenwasser oder das Grundwasser für den Wasserstand eines Sees bedeutsamer ist, können nur genaue Messungen zeigen. Erhält der See seinen Nachschub überwiegend aus dem Grundwasser, dann geschieht dies mit einiger zeitlicher Verzögerung, weil das Niederschlagswasser bekanntlich nur langsam durch den Boden sickert. Überwiegt der oberirdische Zufluß, so reagiert der Wasserstand rasch auf den Niederschlag.

Wo das Wasser zeitweise knapp und der Bedarf an Trinkwasser hoch ist oder wo die Niederschläge oft als Hochwasserfluten abfließen und große Schäden anrichten, sammeln die Menschen seit alters das Wasser. Im Prinzip ahmen sie mit ihren Stauanlagen die Natur nach: Es entstehen künstliche Seen. Heutzutage erfüllen sie die verschiedensten Aufgaben. Sie sichern nicht nur die Trinkwasserversorgung oder beugen Überschwemmungen vor, sie regulieren auch den Wasserstand für die Binnenschiffahrt und die großen Kraftwerke.

Früher waren es vor allem die Mönche, die Teiche und Weiher für die Fischzucht anlegten, um Karpfen für die Fastenzeit und die Freitage zu züchten. Diese Tradition hat sich in einigen Gegenden, in der Oberpfalz etwa, bis in die Gegenwart gehalten. In anderen Seen staute man Wasser für die Räder der Mühlen und Hammerwerke.

Die großen künstlichen Wasserspeicher von heute sind Stauseen und Talsperren; im Sprachgebrauch werden sie meist nicht unterschieden. Typisch für die Stauseen ist eine geringe Stauhöhe. Sie liegen häufig in den weiten Talungen des Flachlands und gestalten oft ganze Flüsse zu „Flußseen" um. Der Lech ist dafür ein Beispiel.

Talsperren schließen im Mittel- und Hochgebirge mit hohen Staumauern enge Täler ab. Die Seen sind oft besonders harmonisch in die Landschaft eingebettet.

Ganze Baggerseenplatten, wie hier bei Oberhausen-Rheinhausen am nördlichen Oberrhein, sind die Hinterlassenschaft des Kiesabbaus. Aus der Luft wirken sie manchmal wie häßliche Wunden in der Landschaft. Im Zuge von Rekultivierungsmaßnahmen werden sie oft so umgestaltet, daß sie lohnende Ziele für Wassersportler abgeben.

Die neue Liblarer Seenplatte in der Ville westlich von Köln entstand aus den tiefen Gruben, die der Braunkohlentagebau dort hinterlassen hat. Weil die Braunkohlenbagger auch die grundwasserführenden Schichten zerstört haben, muß sich erst im Lauf der Zeit ein neuer Grundwasserhorizont bilden. Bis dahin gleichen die neuangelegten Seen die unregelmäßigen Niederschläge aus und versorgen die Vegetation in der Umgebung mit Wasser.

Auch Baggerseen scharen sich manchmal zu regelrechten Seenplatten. Sie liegen entweder in den Talniederungen von Flüssen, wo mächtige Kiesschichten den Abbau lohnen, oder in Gegenden, wo das Schmelzwasser der eiszeitlichen Gletscher seine Schotterfracht abgelagert hat. Beim Kiesabbau stößt man mit den Baggern schon nach wenigen Metern auf den Grundwasserspiegel, und das Wasser füllt rasch diese Gruben.

Deutschland: ein Puzzle aus Wasserscheiden

Ströme, ihre Zuflüsse, Nebenflüsse und Nebenbäche erschließen unser Land bis in den letzten Winkel. Jeder Strom hat seinen Einzugsbereich, den er anderen Strömen abtrotzen muß. Der Kampf um die Wasserscheide ist keineswegs ausgefochten. Auch in unseren Regionen ringen die Ströme um ihre Einzugsgebiete. Im Vorteil sind die mit dem größeren Gefälle.

Wie ein Baum, der sich vom Stamm her immer weiter verzweigt, verästeln sich die Flüsse. Doch der Blickwinkel ist anders: Von jedem beliebigen Punkt strebt das Wasser über ein Rinnsal, das zum Bach anschwillt, in Flüsse einmündet, zu einem Strom hin. Und jeder Strom entwässert so ein weites Einzugsgebiet.
Eindeutige Merkmale, wie man einen Hauptfluß von einem Nebenfluß unterscheiden kann, gibt es nicht. Eigenschaften wie eine größere Wasserführung, größere Lauflänge, ein höher gelegener Quellfluß oder ein größeres Einzugsgebiet sind nicht immer ausschlaggebend. Der Inn z. B. bringt mehr Wasser mit, als die Donau an der Stelle führt, wo sich beide vereinigen. Dennoch bleibt die Donau der Hauptfluß. Ein anderer Fall ist die Weser. Von keinem ihrer Quellflüsse, weder von Werra noch von Fulda, erhielt sie den Namen.
Jeder Strom wirkt als Hauptsammelader für die Flüsse eines ausgedehnten Einzugsgebiets. Er führt deren Wasser dem Meer zu. Nur die Flüsse, die in Küstennähe entspringen, gelangen auf direktem Weg ins Meer. Sie sind dementsprechend kurz. Die übrige Fläche teilen sich Rhein, Donau, Weser, Elbe, Ems und Oder.
Die meisten deutschen Flüsse führen ihr Wasser der Nordsee zu. Die Ostsee nimmt nur die Oder und einige kleine Flüsse auf. Nur die Donau strebt der entgegengesetzten Richtung zu – nach Südosten zum Schwarzen Meer. Damit ergeben sich in Deutschland zwei Hauptgewässersysteme. Das größere von beiden orientiert sich zum Atlantik, das weitaus kleinere zum Schwarzen Meer. Die europäische Wasserscheide ist die Trennungslinie.
Die beiden großen Gewässersysteme sind ihrerseits wieder durch Wasserscheiden unterteilt, die zwischen den großen Stromsystemen verlaufen. Sie grenzen Einzugsgebiete ein, die durch untergeordnete Wasserscheiden unterteilt sind. Diese trennen die Einzugsgebiete der Nebenflüsse voneinander, und so läßt sich die Unterteilung fortsetzen bis zur kleinsten Wasserscheide, die einen Bach vom anderen trennt.

Dieses Schild kann der aufmerksame Autofahrer am Straßenrand auf der Schwäbischen Alb entdecken. Es erinnert ihn daran, daß er die wichtigste Trennlinie zwischen den beiden großen Gewässersystemen Europas überquert.

Mit geübtem Auge kann man den Verlauf einer Wasserscheide im hügeligen Gelände erahnen. Meist verläuft sie auf der Kammlinie von Höhenzügen oder Bergen, wie in den Alpen. In weiten, ebenen Landschaften wie dem Norddeutschen Tiefland sind die Wasserscheiden im Gelände dagegen kaum auszumachen. Dort kann es sogar vorkommen, daß sich ein Rinnsal aufteilt und nach zwei Seiten abfließt.
Schwierig wird die Abgrenzung von Einzugsgebieten dann, wenn die oberirdische Wasserscheide nicht mit der unterirdischen des Grundwassers übereinstimmt. Beide Linien können vor allem dort merklich voneinander abweichen, wo der Untergrund aus klüftigem, verkarstetem Kalk besteht. Hier findet der Kampf um die Wasserscheide im Verborgenen statt. Der tiefer gelegene Fluß zieht vom höheren Flußsystem unterirdisch immer mehr Wasser zu sich ab. Die unterirdische Wasserscheide kann unter der oberirdischen bis zu einigen Kilometern weit vorstoßen. So entzieht der Rhein unterirdisch dem Donausystem im Kalkgestein der Schwäbischen Alb Wasser. Dadurch erhält auch die Nordsee etwas Donauwasser. Leidtragende ist die Donau: Ihr Flußbett liegt im oberen Abschnitt stellenweise fast trocken. 12 km weiter südlich und 180 m tiefer erscheint das Wasser wieder: im Aachtopf, Deutschlands größter Quelle.

Der Rhein zapft die Donau an

Oberirdisch gräbt sich jeder Fluß ständig tiefer ins Bergland ein. Schnell dahinströmende Flüsse mit starkem Gefälle tragen das Material natürlich rascher ab als träge Tieflandflüsse. Der überlegene Fluß erreicht allmählich die Zuflüsse seines Konkurrenten. Er zapft sie an und vereinnahmt ihre Oberläufe. In Deutschland greift der Rhein die Donau vom Oberlauf her an – mit Erfolg, wie das Beispiel der Wutach zeigt. Er hat es geschafft, den ehemaligen Donauzufluß zu einem eigenen Nebenfluß zu machen.
Im Lauf der Zeit haben viele Flüsse immer wieder ihr Flußbett verlagert. Erhalten blieben oft nur die Talfurchen. Die Flüsse, die heute hindurchströmen, flossen einst vielleicht in die Gegenrichtung, waren zeitweise nur Rinnsale. Die Brenz ist da nur ein Beispiel unter vielen. Heute ist sie ein bescheidenes Donaunebenflüßchen, das bei Heidenheim auf der Ostalb entspringt. Ihr breites Tal stammt noch aus der Zeit, als die Brenz als mächtiger Fluß mit zahlreichen Nebenflüssen den Nordosten des heutigen Baden-Württembergs entwässerte. Mit dem Einbruch des Oberrheingrabens – ein Vorgang, der Jahrmillionen dauerte – schlug die Geburtsstunde des Neckars. Je größer das Gefälle zum Oberrhein wurde, desto rascher fraß er sich mit seinen Zuflüssen ins Hinterland vor. Immer weiter rückte die Wasserscheide auf die Schwäbische Alb zu, und so verlor auch die Brenz den Großteil ihres einstigen Einzugsbereichs.

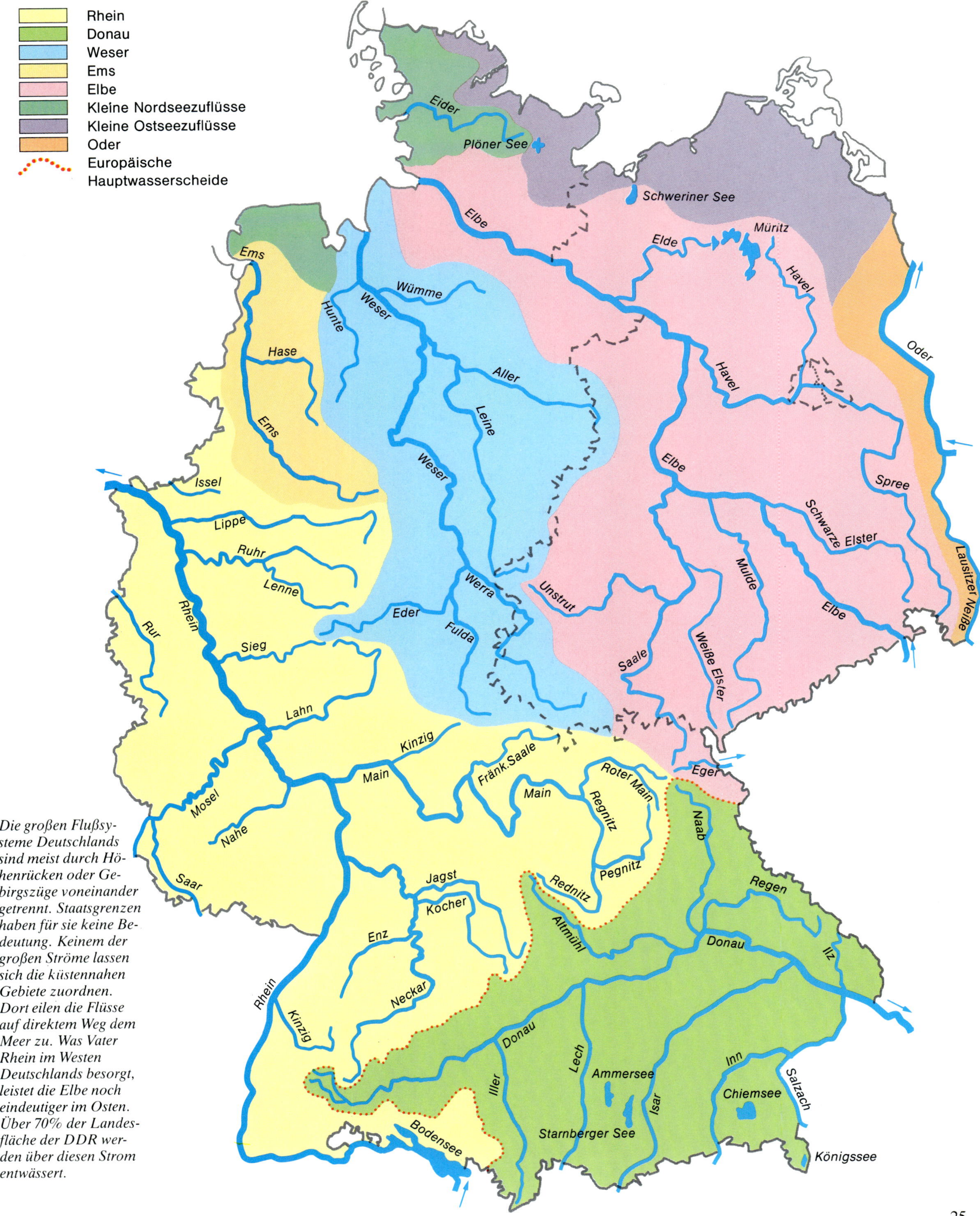

Die großen Flußsysteme Deutschlands sind meist durch Höhenrücken oder Gebirgszüge voneinander getrennt. Staatsgrenzen haben für sie keine Bedeutung. Keinem der großen Ströme lassen sich die küstennahen Gebiete zuordnen. Dort eilen die Flüsse auf direktem Weg dem Meer zu. Was Vater Rhein im Westen Deutschlands besorgt, leistet die Elbe noch eindeutiger im Osten. Über 70% der Landesfläche der DDR werden über diesen Strom entwässert.

Stürzende Wasser, strömendes Eis

Ohne Wasser wären die Alpen eine riesige Steinmasse, die allmählich in ihrem eigenen Schutt versinkt. Schneebedeckte Gipfel, tief ausgeschürfte Seebecken, tosende Wasserfälle, Wildbäche und tiefe Schluchten: Wasser, auch in Form eiszeitlicher Gletscher, prägte und prägt auch heute noch das Erscheinungsbild der Bergwelt.

Deutschland hat nur einen kleinen Anteil an den Alpen. Ein schmaler Streifen von Bergzügen zieht sich vom Bodensee im Westen bis zum Königssee im Osten. Sie gehören zu den Nördlichen Kalkalpen mit ihren schroffen Steilwänden und kahlen Gipfeln: im Westen die Allgäuer Alpen, im Osten die Bayerischen Alpen, getrennt durch den Lech.

Den Alpen vorgelagert sind die gras- und waldbewachsenen Berge der Flyschzone, wie die Geologen die aus weichen Ablagerungen aufgefalteten Schichten bezeichnen. Wie die Bergketten verlaufen auch die Talzüge im Innern der Alpen oft in West-Ost-Richtung. Wo die größeren Flüsse wie Lech, Isar und Inn vorgegebene Lücken fanden, bogen sie nach Norden ab und durchquerten die Bergzüge. Oft blieb den Flüssen dabei nur ein schmales Tal, eine Schlucht oder gar eine Klamm. So zwängt sich die Isar durch die Scharnitzer Klause und das Mittenwalder Tor, und der Lech hat sich am Lechfall bei Füssen klammartig in den Wettersteinkalk gegraben, um ins Alpenvorland vorzustoßen.

Andere Flüsse wie Iller oder Wertach entspringen auf der Nordseite der deutschen Alpenkette. Sie sind nicht auf Quertäler angewiesen, sondern strömen ungehindert nach Norden ab.

Rinnsale werden zu reißenden Bächen

Alle Alpenflüsse durchfließen Täler, die während der Eiszeiten von Gletschern überformt wurden. Über dem Gesteinsschutt, den das schmelzende Eis in den Tälern zurückließ, lagerten die Flüsse Geröll ab. Allmählich verfrachteten sie dann die Gesteinsmassen ins Alpenvorland, wo sie sich in breiten Schotterbänken sammelten.

Die Gletscherströme haben die Täler so stark eingetieft, daß ihre Nebenbäche nicht Schritt halten konnten. In tosenden Wasserfällen stürzen sie über die Talflanken in die Tiefe. Manche haben auch tiefe Klammen ausgesägt. Im Haupttal schütten sie oft mächtige Schuttkegel auf, die den Hauptfluß zum Ausweichen zwingen.

Vom V zum U oder vom Kerbtal zum Trogtal

Geburtshilfe haben die eiszeitlichen Gletscher bei den Alpentälern nicht geleistet, denn das heutige Talnetz (1) war schon vorhanden, bevor das Eis zu wachsen anfing. Die Gletscher zwängten sich durch die engen, im Querschnitt an ein V erinnernden Flußtäler. Dabei vertieften und verbreiterten sie die Taleinschnitte und schliffen den Untergrund ab (2). Auch die Trogschultern darüber, die mit einem Knick vom Taltrog abgesetzt sind, wurden weiter verflacht. Als die Gletscher vor 10000 Jahren den Rückzug antraten, schmolzen die mächtigen Talfüllungen aus Eis ab. Aus den vorzeitlichen Kerbtälern waren U-förmige Trogtäler geworden (3).

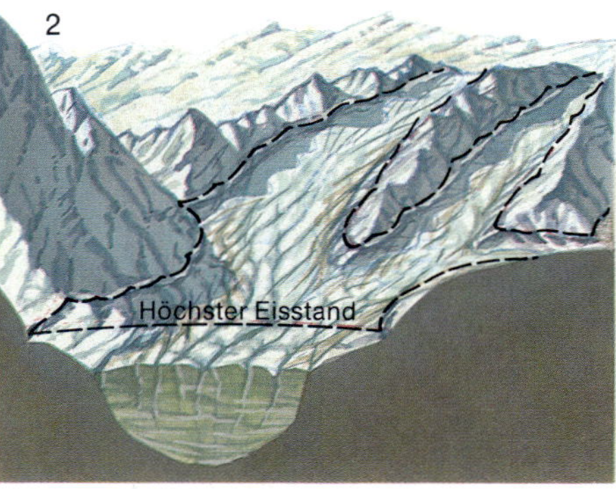

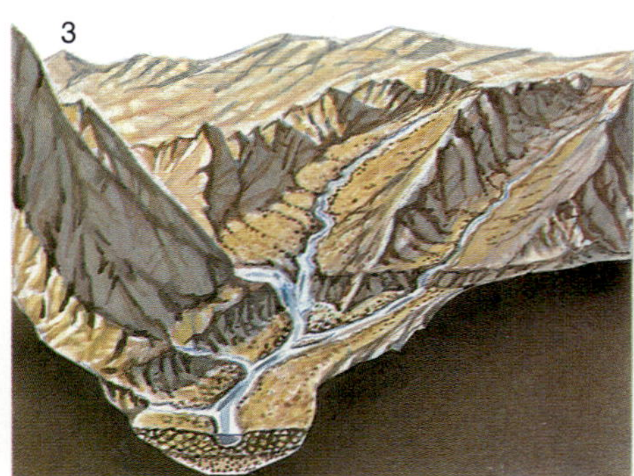

Oben: Ein Moränenwall, den ein Gletscher abgelagert hat, staut den Seealpsee – ein Karsee – am Seekopf bei Oberstdorf auf.

Rechts: Die senkrechten Wände der Partnachklamm bei Garmisch-Partenkirchen ragen bis zu 200 m in die Höhe.

Die Alpen führen die Niederschlagsstatistik der Bundesrepublik an. Überaus ungebärdig fließt das Regenwasser meist ab. Wildbäche und Flüsse haben eben ein starkes Gefälle und wechseln oft rasch ihre Wasserführung. An den steilen, vielfach waldfreien Hängen strömt das Wasser in Windeseile zusammen. Kaum sichtbare Rinnsale verwandeln sich dann in reißende Bäche.

In den deutschen Kalkalpen versickert ein Großteil des Wassers in den schuttbedeckten Hängen und drängt in unterirdischen Spalten und Klüften in die Tiefe. Häufig kommt es dann an den unteren Talhängen in starken Quellen wieder zum Vorschein.

Überbleibsel aus eisigen Zeiten

Das grünliche Gletscherwasser führen nur noch Flüsse wie der Inn, die weit aus dem Inneren der Alpen kommen. In den deutschen Alpen sind die Gletscher bis auf einzelne Überreste verschwunden: den Schneeferner und Höllentalferner an der Zugspitze und den Blaueis am Hochkalter in den Berchtesgadener Alpen.

Auffallend sind zahlreiche kleine Seen, die sich in Höhen um 2000 m an den Bergflanken scharen. Es sind Karseen, die in Firnmulden liegen, ausgehobelt von den Gletschern der Eiszeit.

Kleinere Seen finden sich stellenweise auch in den Tälern. Hier haben sich lediglich Senken mit Wasser gefüllt, die von Gletschern so weit eingetieft waren, daß sie später nicht eingeebnet wurden. Der Eibsee am Fuß der Zugspitze oder der Alpsee bei Hohenschwangau ruhen in solchen Vertiefungen. Große Seen wie der Königssee oder der Kochelsee entstanden in geologischen Bruchlinien, die sich quer durch die Alpen ziehen. Die Seebecken selbst wurden ebenfalls von Gletschern tiefer ausgeschürft.

Das Erbe der Alpengletscher

An klaren Föhntagen erhebt sich die schneebedeckte Alpenkulisse weithin sichtbar über dem Alpenvorland. Die Gipfel scheinen dann in greifbare Nähe gerückt – ein unwirkliches Naturschauspiel, aber wie dazu geschaffen, dem Betrachter die tatsächlichen Zusammenhänge deutlich zu machen: Die Landschaft mit ihren langgezogenen Höhen, rundlichen Buckeln, verträumten Seen und Mooren verdankt ihre Entstehung zum guten Teil den Alpen.

Zwischen Bodensee und Inn, Alpen und Donau erstreckt sich das deutsche Alpenvorland. Es täuscht aber nur auf den ersten Blick Einheitlichkeit vor. Von den Alpen her folgen der eiszeitliche Moränengürtel, die Schotterebenen und das niederbayerische Hügelland aufeinander. Im Westen stößt die Moränenlandschaft bis zur Donau vor. Die Schotterdecken fehlen, hier schließt sich gleich die Schwäbische Alb an. Hauptsammelader für die vielen Flüsse ist die Donau. Nur im südlichen Oberschwaben macht ihr der Rhein mit dem Bodensee diese Aufgabe streitig.

Die zahlreichen Seen und Moore liegen ausnahmslos in der alpennahen Moränenlandschaft, dem Erbe der letzten Eiszeit. Im bayerischen Teil des Alpenvorlandes schließen sich an die eiszeitlichen Moränenketten ausgedehnte Schotterflächen an. Flüsse, die nicht aus den Alpen kommen, sondern erst in diesem Gebiet entspringen, haben die Schotterplatten in langgezogene, flache Bergrücken aufgeteilt, die sich alle in Nord-Süd-Richtung scharen. Die Zuflüsse aus den Alpen wie Iller, Lech, Isar, Inn queren die Schotterschichten in breiten Talzügen. Statt direkt nach Norden zu fließen, folgen Isar, Inn und die anderen Flüsse in Ostbayern dem größeren Gefälle und biegen nach Nordosten zur Donau ab.

Flüsse legten Seen trocken

Am Nordsaum der Münchner Schotterebene treten die Grundwasserströme aus, die sich unter dem Lockermaterial gesammelt haben. Das erklärt, warum dort so ausgedehnte Moorgebiete wie Dachauer und Erdinger Moos entstanden sind.

Zwischen Lech und Inn schiebt sich, im Norden von der Donau begrenzt, das niederbayerische Hügelland. Die flachwellige Landschaft blieb von den Fernwirkungen der Gletscher verschont. Das Schmelzwasser lagerte seine Schotterfracht weiter südlich ab. Zwischen den Hügeln winden sich die Flüsse durch weite Täler zur Donau.

Die riesigen Gletscher drangen einst von den Firnmulden im Hochgebirge in die Täler vor, trafen dort mit anderen Gletschern zusammen und rückten als mächtige, fächerförmige Eisfront im Lauf der letzten 500 000 Jahre immer wieder weit in das Alpenland vor. Jedesmal überzogen sie es mit ihren Gesteinsablagerungen: den Moränen.

Das Vorlandeis, in den Gebirgstälern über 1000 m mächtig, aber am Zungenende des Gletschers nur noch unter 100 m hoch, ließ beim Schmelzen am Rand den Moränenschutt liegen. Auf diese Weise entstanden ganze Girlanden aus sogenannten Endmoränen. Dahinter staute sich das Schmelzwasser jeweils als See an. Natürlich durchbrach es irgendwann den Wall und schüttete vor den Endmoränen Schutt und Sand auf. In solchen vom Eis ausgeformten Zungenbecken liegen heute Starnberger See, Ammersee und Chiemsee. Auch einen „Wolfratshauser See“ gab es einst, der sich in einem Zweigbecken des Isar-Loisach-Gletschers gestaut hatte. Die Isar jedoch grub einen Ablauf in die Endmoräne, durch

Was die Gletscher zurückließen, das hat seine Ordnung

Vor rund 10 000 Jahren traten die Gletscher ihren Rückzug aus dem Alpenvorland an. Die Eismassen schmolzen ab, ließen aber typische Aufschüttungsformen zurück, in einer Abfolge angeordnet. Vor dem Alpenrand breiten sich die von Endmoränen umkränzten Zungenbecken aus. Daran schließen sich die vom Schmelzwasser aufgeschütteten Schotterflächen an. Im Zungenbecken selbst liegen die hügeligen Grundmoränen. Die Endmoränen, oft in Wällen hintereinander gestaffelt, lassen den weitesten Vorstoß der Gletscherzungen erkennen.

Oben: Verstreut zwischen Gletscherablagerungen liegen die idyllischen Osterseen. Ihre Entstehung verdanken sie einem riesigen Eisblock. Er schmolz nur langsam, weil Schuttmassen ihn zudeckten. Zurück blieben 21 wassergefüllte Mulden.

Unten: Streckenweise durchströmt die Isar noch heute eine wilde Flußlandschaft, wie hier unterhalb von Bad Tölz. Doch der regulierte Fluß hat an Transportkraft verloren und kann sein Bett nicht mehr ständig verlagern.

den das Seewasser entwich. Die ehemalige Seemulde hat die Isar im Lauf der Zeit mit Geröll aufgefüllt. Ähnlich erging es Zungenbeckenseen, die vom Lech und vom Inn zum Auslaufen gebracht wurden.

Seenplatten in Toteiskesseln

Nur noch der Rest eines bedeutend größeren Sees ist der heutige Kochelsee. Ganz verlandet ist der Murnauer See. Zurück blieb das größte Moor am bayerischen Alpenrand. Auch der Bodensee, dessen Becken schon vor dem Eiszeitalter angelegt war, ging einst über das Zungenbecken des Rheingletschers hinaus. Ein Zweigbecken reichte im Bereich der Schussen 30 km weit nach Norden.

Nicht allein die großen Seen, auch die zahlreichen kleinen Seen, namenlosen Weiher und Moore sind typisch für das Alpenvorland. Ob in Oberschwaben oder in Bayern, überall findet man sie zwischen den Grundmoränenhügeln. Teilweise bilden sie ausgedehnte Seenplatten, so die Ostallgäuer Seenplatte bei Pfronten, die Osterseen und die Eggstätt-Hemhofer Seenplatte nahe dem Chiemsee. Viele dieser Seen sind in Mulden entstanden, in denen sich Resteisblöcke halten konnten. Sie verhinderten, daß die sogenannten Toteiskessel mit Material zugeschüttet wurden, das die Schmelzwasserströme herantransportierten.

Viele kleinere Flüsse mußten nach Abschmelzen der Gletscher eine andere Laufrichtung als vorher einschlagen, weil sie den Durchbruch durch die Moränenwälle aus eigener Kraft nicht schafften. Sie fließen nun zur tiefsten Stelle innerhalb des ehemaligen Zweigbeckens. Dort schließen sie sich dem kräftigeren Fluß an, der das Stammbecken entwässert. Beispiele dafür sind Schussen und Argen, die nicht zur Donau fließen, sondern zum Bodensee und damit zum Rhein, oder die kleinen Nebenflüsse des Inns im Rosenheimer Becken.

Im Bereich der Schotterflächen halten sich die Flüsse bis heute an die breiten Schmelzwasserrinnen, die sich bis zur Donau ziehen. Schon während der Eiszeiten und in den Epochen dazwischen nahm dieser Strom das Wasser des Alpenvorlands auf. Ausgedehnte Moore begleiten die Donau auf ihrem Weg: Donauried, Donaumoos und die Niederungen des Dungaus. Dafür gibt es eine einfache Erklärung. Die rechtsseitigen Donauzuflüsse haben nur ein geringes Gefälle, lassen die Wassermengen also langsam abfließen. Außerdem strömt ihnen Grundwasser aus den Schotterbetten der Nebentäler zu. Dadurch kommt es streckenweise von der Donau her zu einem Rückstau, der Abfluß verzögert sich und läßt Flachmoore entstehen.

Romantische Täler zwischen Wäldern, Wiesen und Reben

Moseltal und Mittelrhein gehören zu den eindrucksvollsten Landschaften, die Deutschland zu bieten hat. Sie verdanken ihren unvergleichbaren Reiz dem Jahrmillionen währenden Zusammenspiel zwischen Gebirge und Gewässern. Aber auch abseits der bekannten Flußlandschaften haben die Mittelgebirge idyllische Täler und Seen zu bieten.

Das deutsche Mittelgebirgsland liegt wie eine wuchtige Schwelle zwischen dem Norddeutschen Tiefland und dem Alpenvorland. Vom Hochgebirge unterscheidet es sich durch seine weniger schroffen, insgesamt niedrigeren Formen.

Den Mittelgebirgen gemeinsam ist ihre lange Entwicklungsgeschichte. Nördlich des Mains setzen sie sich aus Bruchschollen zusammen, die aufstiegen, absanken und oft gegeneinander verstellt wurden. So entstand ein Mosaik aus Erhebungen, Mulden und Furchen.

Den wachsenden Gebirgen mußten sich die Flüsse anpassen. Teils hielten sie mit den emporsteigenden Bergrücken Schritt und sägten sich steil in die Tiefe. Andere wurden von querstehenden Schollen abgedrängt und mußten sich ein neues Bett schaffen.

Der steile Felsen der Loreley gehört zu den meistbesuchten Sehenswürdigkeiten des Mittelrheintals. Hier passiert der Strom seine engste Stelle auf diesem Abschnitt – zum Leidwesen der Schiffahrt, die mit der beschleunigten Strömung und einer Felsbarriere im Fluß zu kämpfen hat.

In Süddeutschland fallen die Gesteinsschichten regelmäßig vom Oberrheingraben her nach Osten ein. Hier konnte sich das Gewässernetz ungestörter entwickeln.

Während der Kaltzeiten waren die Mittelgebirge weitgehend eisfrei – mit Ausnahme von Harz und Schwarzwald, wo sich die höchsten Gipfel Eiskappen zulegten. Kleine Gletscher schürften hier Trogtäler aus und ließen an den Hängen Nischen zurück, die sich später mit Wasser füllten. Der Feldsee am Feldberg im Hochschwarzwald ist ein solcher Karsee. Die Flüsse hatten während der Eiszeiten mit gewaltigen Schottermassen zu kämpfen. Als die Temperaturen wieder stiegen, schwollen auch die Flüsse an. Die Materialfracht ging zurück, sie konnten sich weiter eintiefen.

Wettkampf zwischen Rhein und Schiefergebirge

Für den Rhein war das Rheinische Schiefergebirge ein gewaltiges Hindernis. Heute weicht er vor dem Taunus nach Westen aus, biegt aber bei Bingen wieder in das Gebirge um. Sein Tal zieht sich durch die weite Hochfläche des Schiefergebirges. Dort, also oberhalb des heutigen Durchbruchstals, finden sich überall Kies-, Geröll- und Sandablagerungen. Sie stammen vom Rhein, der ursprünglich hier oben in einem weiten Tal in Windungen dahinströmte. Als Kräfte aus dem Erdinnern den Gebirgsklotz emporzudrücken begannen, mußte der Rhein wohl oder übel mithalten. Er schaffte es und sägte sich samt seinen Schlingen mit derselben Geschwindigkeit in das Gestein, mit der sich das Gebirge hob.

Im Hessischen Bergland und im Weserbergland folgen Bäche und Flüsse den Furchen, die sich durch das komplizierte Mosaik aus Bruchschollen ziehen. Die Rhön bildet die Wasserscheide zwischen Rhein und Weser. Von der Vulkanruine des Vogelsbergs strömen Flüsse und Bäche sternförmig weg.

Im südlichen Deutschland war der Einbruch des Oberrheingrabens ein zentrales Ereignis in der erdgeschichtlichen Entwicklung. Gleichzeitig stiegen die sogenannten Randgebirge in die Höhe: Schwarzwald, Odenwald und Spessart. Parallel zum Oberrheingraben, also in Nord-Süd-Richtung, bildeten sich dort Bruchlinien, die vielen Flüssen den Weg fest vorgaben. Ein besonders dich-

Das Wiesental ist eines der beschaulichsten Täler im Südschwarzwald. Seinen U-förmigen Querschnitt verdankt es einem Gletscher, der in der Eiszeit vom Feldberg herabströmte. Die Eismassen formten auch andere Täler in der Umgebung zu Trogtälern um.

tes Netz von Bächen und Wasserläufen hat sich entwickelt, wo Granit, Gneis oder Schiefer das Wasser am Einsickern hindern. Das Fichtelgebirge ist ein zentraler Gebirgsknoten in Mitteleuropa. Auf diesen Granitklotz laufen Thüringer Wald und Frankenwald, Fränkische Alb, Oberpfälzer Wald und Erzgebirge strahlenförmig zu. In alle vier Himmelsrichtungen entsendet das Fichtelgebirge Flüsse zu den Stromsystemen von Rhein, Donau und Elbe.

Täler werden zu Seen

Zu schnell sucht sich das Wasser seinen Weg von den Höhen der Mittelgebirge in das flache Vorland, als daß es sich in Seen sammeln könnte. Eine der wenigen Ausnahmen ist der Titisee. Und die Eifelmaare wären ohne den Vulkanismus, der dort vor 10000 Jahren die Landschaft in Aufruhr brachte, nicht denkbar. Weit häufiger sind kleine Weiher und vor allem Moore, die sich in Mulden mit undurchlässigem Gesteinsgrund bildeten.
Der Mensch mußte nachhelfen, damit die Wasserreserven der regenreichen Mittelgebirge nicht ungenutzt verlorengingen. Die tief eingeschnittenen Kerbtäler eigneten sich ganz vorzüglich zum Bau von Talsperren. Zahlreiche Wasserspeicher sind im Bergischen Land, im Sauerland, in der Eifel, im Harz und im Schwarzwald entstanden.

Was das Tal über den Fluß und seine Geschichte verrät

Wenn sich ein Fluß in die Tiefe gräbt und die Hänge von den Seiten her nachrutschen, entsteht ein Tal. Je nachdem, wie das umgebende Gestein beschaffen ist, wie rasch der Fluß dahinströmt und wieviel Wasser er führt, erhält es eine ganz charakteristische Form.
Überbrückt das Wasser große Höhenunterschiede auf kurzer Strecke, schneidet es sich rasch in die Tiefe. Die Talhänge bleiben steil. Es bilden sich Schluchten, in hartem Gestein enge Klammen.
Gräbt sich der Fluß langsamer ein, hält die Hangabtragung Schritt. Ein V-förmiges Kerbtal entsteht. Wird seine Sohle vom Fluß wieder aufgeschottert, verwandelt es sich in ein Kastental. Tieft sich ein Fluß mit seinen Schlingen langsam ein, so bilden sich Talmäander mit steilen Prall- und flachen Gleithängen.

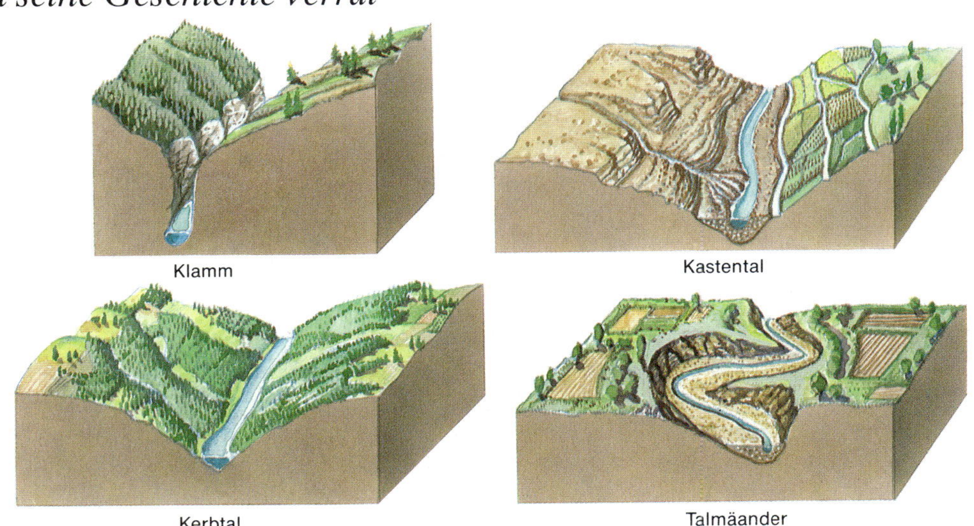

Wasserreichtum vor und hinter dem Deich

Wasser, Watt, Marsch, Moor und Geest sind die landschaftlichen Bausteine des Norddeutschen Tieflands. Die Spuren der Eiszeiten sind allgegenwärtig. Mehrmals stieß die Gletscherfront aus Skandinavien vor. Moränenwälle, weite Sandflächen, vielfach verästelte Seenplatten und ausgedehnte Moore sind die Hinterlassenschaft von Eis und Schmelzwasser.

Von der Nord- und Ostseeküste erstreckt sich das Norddeutsche Tiefland bis zu den Mittelgebirgen im Süden. Fast unvermittelt steigen die Höhenzüge wie Deister oder Wiehengebirge aus dem Tiefland auf. Nach Westen und Osten setzt es sich weit über die Landesgrenzen fort.

Der alte Gesteinsuntergrund, der nach Norden hin absinkt, ist unter einer Schicht aus jüngeren Ablagerungen versunken: Die Gletscher des nordischen Inlandeises füllten die Senke zwischen Niederrhein und Ostsee mehrere hundert Meter hoch auf.

Nur an der Nordseeküste bildet Marschland den unmittelbaren Küstensaum: Land aus dem Meer. Wie im heutigen Wattenmeer zwischen dem Festland und den vorgelagerten Inseln wurden hier im Lauf der Jahrtausende feiner Sand und Schlick angeschwemmt. Der Mensch hat den Kampf mit der immer wieder hereinbrechenden See aufgenommen und blieb Sieger. Zahlreiche Entwässerungsgräben durchziehen heute das Land hinter dem Deich. Entlang von Ems, Weser und Elbe ziehen sich Flußmarschen so weit ins Landesinnere, wie die Flut sich noch auswirkt.

Nach der letzten Eiszeit stieg der Meeresspiegel und mit ihm der Grundwasserspiegel im Norddeutschen Tiefland stetig an. Teilweise erreichte er ein Niveau, das über dem der Landniederungen lag. Das erklärt auch, warum es so viele Seen und Moore gibt.

Als breiter Streifen umkränzt eine flachwellige, kuppige Landschaft die Ostseeküste: das Jungmoränenland. Die äußeren Höhenrücken markieren den Rand der Eismassen während der letzten Kaltzeit in der Zeit zwischen 120 000 und 20 000 v. Chr. Zwischen den Hügeln aus Grundmoränenschutt blieben zahllose flache Mulden, in denen sich das Wasser sammelte. Viele dieser Seen sind zugewachsen und im Lauf der Zeit zu Mooren geworden.

Eine Landschaft erzählt von der Eiszeit

Die letzten Eiszeiten haben in Norddeutschland ihre Zeugnisse hinterlassen. Unmittelbar vor den Endmoränen, die den ehemaligen Eisrand markieren, hat das Schmelzwasser flache, sandige Schuttfächer ausgebreitet, die Sander. Die Wasserfluten sammelten sich in den breiten Urstromtälern, die sich parallel zum Eisrand bildeten. Sie flossen dem Gefälle nach in nordwestliche Richtung der Nordsee zu. Den Abfluß zur Ostsee versperrten die Eismassen.

Weil sich die Gletscher in Phasen zurückzogen und dazwischen immer wieder zum Stillstand kamen, wiederholt sich die Abfolge Endmoränen-Sander-Urstromtal mehrmals von Norden nach Süden.

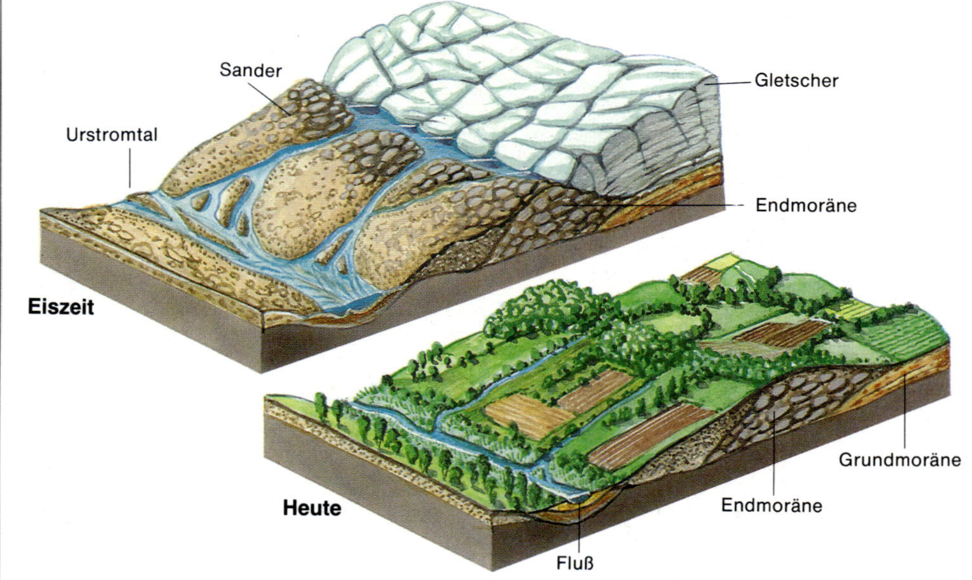

Wo die Flüsse Haken schlagen

Die vorrückenden Gletscherzungen haben Sand und Geröll zu Endmoränenwällen zusammengeschoben. Streckenweise trennen sie heute die Einzugsgebiete kleinerer Flüsse voneinander.

Es fällt auf, daß die Gewässer sehr oft ihre Richtung wechseln, manchmal sogar richtiggehend Haken schlagen. Sie mußten dem Eis, später den Moränenhügeln ausweichen, die ihren Lauf blockierten.

Westlich und südlich der Endmoränen breiten sich die Sander aus. Die Schmelzwässer aus dem Gletschereis haben diese Kies- und Sandflächen aufgeschüttet. Sie überschwemmten das gesamte Vorland und bedeckten auch die älteren, abgeflachten Moränen aus früheren Kaltzeiten weitflächig mit Sand. Nur die höchsten Teile ragen wie Inseln über die Sanderflächen hinaus. Sie bilden die Hohe Geest, während die niedrigeren Flächen als Niedere Geest bezeichnet werden. Dieses Gebiet ist arm an Seen, weil Vertiefungen während der letzten Kaltzeit verlandet sind oder zugeschüttet wurden.

Auch den Flüssen, die aus dem Mittelgebirge nach Norden dem Meer zu flossen, versperrten während der letzten Kaltzeit die Eismassen den Weg. Mit dem Schmelzwasser vereinigt, flossen sie daher am Eisrand entlang nach Westen und Nordwesten zur Nordsee. In diesen weiten Urstromtälern strömen heute Weser und Elbe, weiter im Osten auch Oder und Weichsel. Sie führen bei weitem nicht mehr genug Wasser, um die breiten Talniederungen zu füllen.

Links: Ein Bohlenweg führt den Wanderer um das Ewige Meer in Ostfriesland, Deutschlands größten Hochmoorsee. Er entstand in einer Mulde zwischen den Hochmooren, die ringsum aufgewachsen sind. Heute ist das Gebiet unter Naturschutz gestellt.

Oben: Die Schlei ist eine ehemalige Schmelzwasserrinne, die von der Ostsee 40 km weit ins Land hineingreift. An mehreren Stellen, wie hier bei Arnis, verengt sich die schlauchartige Bucht, weil ein Moränenzug das Gewässer quert.

Im Verlauf der Eiszeit stießen die Gletscher zeitweise vor, zeitweise zogen sie sich auch wieder ein Stück zurück. Mit dem schwankenden Eisrand pendelten auch die Schmelz- und Flußwasserströme hin und her, so daß sich mehrere Urstromtäler hintereinander bildeten. Die Elbe z. B. wechselt von einem Urstromtal ins nächste, weiter nördlich gelegene. Das erklärt, warum sie heute in einem staffelartigen Verlauf durch die DDR strömt. Wo heute Berlin liegt, nähern sich die drei größten Urstromtäler einander und verflechten zahlreiche Wasserläufe untereinander. Der Spreewald mit seinem Gewirr an Wasseradern legt davon Zeugnis ab.

Da das Gefälle der Urstromtäler äußerst gering ist, schlängeln sich die Flüsse in zahllosen Windungen dahin, sofern ihr Lauf nicht reguliert wurde. In besonders flachen Abschnitten fließt das Wasser nur zögernd ab. Hier sind Seen und Sumpfgebiete, sogenannte Brüche, entstanden.

Eine eigenartige Hinterlassenschaft der Gletscher sind auch die Förden an der Ostseeküste. Nicht das Meer hat, wie man annehmen könnte, diese tief ins Land greifenden Buchten geschaffen, vielmehr sind sie ehemalige Zungenbecken und Schmelzwasserrinnen. Das unter den Eismassen hindurchströmende Schmelzwasser schnitt rinnenartige „Tunneltäler" in den Untergrund. Als das Eis geschmolzen war, drang die Ostsee allmählich in diese Rinnen vor.

Rätselraten um das Steinhuder Meer

In der Holsteinischen Schweiz umrahmen die Höhenzüge der Endmoränen eine reichgegliederte Seenlandschaft. Sie entstand zwischen zwei Eisvorstößen vor etwa 150000 Jahren. In den Mulden zwischen den Moränenhügeln hielten sich sogenannte Toteisblöcke. Diese Eisfüllungen verhinderten, daß die Gletscher bei ihrem zweiten Vorstoß den mitgeführten Schutt in den Senken zurückließen.

Weniger genau weiß man über die Entstehung des größten nordwestdeutschen Sees, des Steinhuder Meers, Bescheid. Manche Forscher vermuten, daß der Wind die flache Seewanne während der letzten Kaltzeit ausgeblasen hat; andere nehmen an, daß der Untergrund durch Salzauslaugung abgesackt ist. Denkbar ist auch, daß die Weser daran beteiligt war: Sie hat in der Eiszeit mächtige Schotterpakete aufgeschüttet, die den Zufluß von der Senke her, in der heute das Steinhuder Meer liegt, aufstauten.

Natur und Wasser

Wasser ist Leben. Im Wasser entstanden vor über 3 Milliarden Jahren die ersten einfachen Lebensformen. 2,5 Milliarden Jahre vergingen, bis Pflanzen und Tiere das Festland zu erobern begannen. Und besonders artenreich entwickelten sie sich dort, wo ihnen Wasser in ausreichender Menge zur Verfügung stand. Das Geheimnis des Lebenselixiers Wasser liegt in seiner chemischen Struktur. Keine andere Flüssigkeit vermag so viele Stoffe aufzulösen wie Wasser. Selbst harte Stoffe wie Eisen, Calcium, Magnesium, Phosphor, alles lebenswichtige Bausteine für Pflanzen und Tiere, sind wasserlöslich. Ohne Wasser gäbe es keinen Stoffwechsel. Es transportiert die gelösten Substanzen dorthin, wo sie gebraucht werden, und spült die nicht verwertbaren Reststoffe auch wieder heraus. Wenn man so will, ist Wasser der wichtigste Baustoff in der Natur. Höhere Tiere bestehen zu 60–70 % aus Wasser, viele Pflanzen sogar zu über 90 %!
Wasser hält nicht nur Organismen am Leben, es schafft auch natürliche Lebensräume für eine vielfältige Tier- und Pflanzenwelt.

Nur noch an wenigen Altarmen von Rhein, Elbe und Donau haben sich solche urtümlichen Auwälder erhalten. Schlingpflanzen und dichtes Unterholz wuchern zwischen den Laubbäumen – ein Naturparadies, in dem sich zahllose Tiere ein Stelldichein geben. An einigen Nebenarmen der Elbe, wie hier bei Dannenberg, kann man sogar noch den seltenen Kranich antreffen.

Lebensräume zwischen Quelle und Mündung

Zwischen Quelle und Mündung wandeln sich die Lebensbedingungen in einem Fluß ganz beträchtlich. Aus dem klaren, kühlen Bergbach wird am Ende ein träge dahinfließender, trüber Strom. Jeder Abschnitt ist eine Welt für sich, beherbergt eine charakteristische Tier- und Pflanzengesellschaft – und hat seinen Leitfisch.

Es gibt nichts Reineres, Kühleres als das Wasser aus einer Quelle im Hochgebirge. Rasch reichert es sich mit Sauerstoff an, wenn es über Felsen plätschert. Auf den überrieselten Steinen überdauern bereits die ersten Lebewesen: sauerstoffliebende Algenarten.

Schon bald rinnt ein munteres Bächlein über den steinigen Grund. Steil geht es den Hang hinab, entsprechend kraftvoll schiebt es das Geröll abwärts. Stein-, Kies- und Sandgründe wechseln sich ab. Das Wasser ist mit 5–10 °C recht kühl, gleichzeitig nährstoffarm, aber reich an Sauerstoff. Hier ist die Heimat der kieslaichenden Fischarten. Hierher wandern auch die Lachse, um abzulaichen. Die Fische ernähren sich von Insektenlarven und anderen Kleintieren. Im kühlen, nährstoffarmen Wasser wachsen alle Tiere nur langsam. Nach dem bekanntesten Leitfisch, der Bachforelle, bezeichnet man diesen Gewässerabschnitt als Forellenregion.

Die Quellbäche vereinigen sich bald zu einem rasch strömenden Flüßchen. Das Wasser pendelt zwischen Kies- und Sandbänken. Neben anderen Fischen ist hier die Äsche heimisch, nach der dieser Oberlaufabschnitt Äschenregion genannt wird.

Wo die Artenvielfalt am größten ist

Das Gelände wird flacher, die Strömung verlangsamt sich. Abtragung und Aufschüttung halten sich im Mittellauf oft die Waage, und der Fluß beginnt, sich zwischen den Ablagerungen hin und her zu winden.

Das Flußbett selbst besteht nach wie vor aus feinem Kies und Sand. Nur in ruhigen Buchten lagert sich Schlamm ab, in dem Röhrichtpflanzen wurzeln. Im Sommer erwärmt sich das Wasser bis auf 18 °C. Es ist reich an Nährstoffen, gleichzeitig auch gut belüftet. Viele Wasserinsekten, Schnecken, Muscheln, Fische und Wasservögel finden in diesem Lebensraum ideale Verhältnisse vor. Der Leitfisch ist die Barbe.

Der Unterlauf beginnt, wo der Strom sich nicht mehr einschneidet, sondern nur noch

Jedes Schaubild zeigt einen der vier großen Flußabschnitte. Im Profil ist jeweils die Form des Flußbetts zu erkennen. Natürlich handelt es sich um einen Modellfluß, der im Gebirge entspringt, ins Meer mündet – vom Menschen unbeeinträchtigt. In Wirklichkeit gehen die Abschnitte langsam ineinander über.

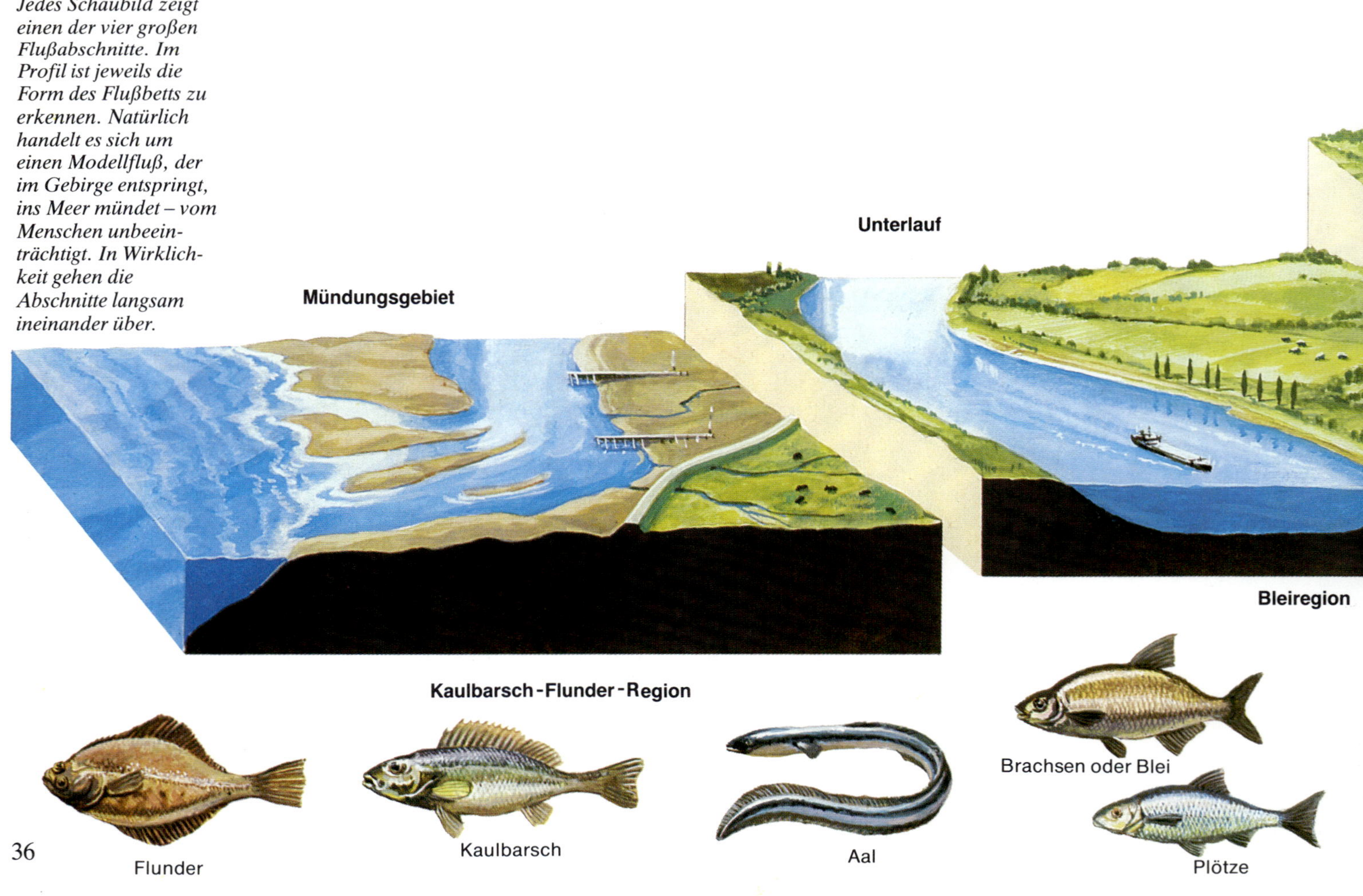

Kristallklar ist dieser kleine Hochgebirgssee, der von einem Quellbach gespeist wird. Keine Schwebstoffe trüben das eiskalte, nährstoffarme Wasser, nur eine spärliche Algenschicht überzieht den steinigen Grund.

An der Mündung lädt der Fluß den Rest des mitgeführten Materials ab und baut so allmählich ein Delta auf. Hier vermischt sich das Süßwasser mit dem salzigen Meerwasser. Die Wassertemperatur steigt im Sommer nicht selten über 20 °C. Im Schlick treten Meeresborstwürmer, Plattmuscheln und Wattschnecken oft in Massen auf. Aber auch viele Fischarten fühlen sich im Brackwasser wohl. Von einem Süßwasserfisch, dem Kaulbarsch, und einem Meeresfisch, der Flunder, ist der Name des Lebensraums entlehnt: Kaulbarsch-Flunder-Region.

Material ablagert oder langsam vor sich herschiebt. Üppig bewachsene Verlandungsgürtel säumen die Ufer. Das träge strömende Wasser wird im Sommer bis 20 °C warm. Es gibt Nährstoffe in Hülle und Fülle, doch zehren die Algenmassen am Sauerstoffgehalt. Solche Verhältnisse lieben die Karpfenfische. Zu ihnen gehört der Brachsen – auch Brassen oder Blei genannt –, der Leitfisch dieser Region.

Quellgebiet

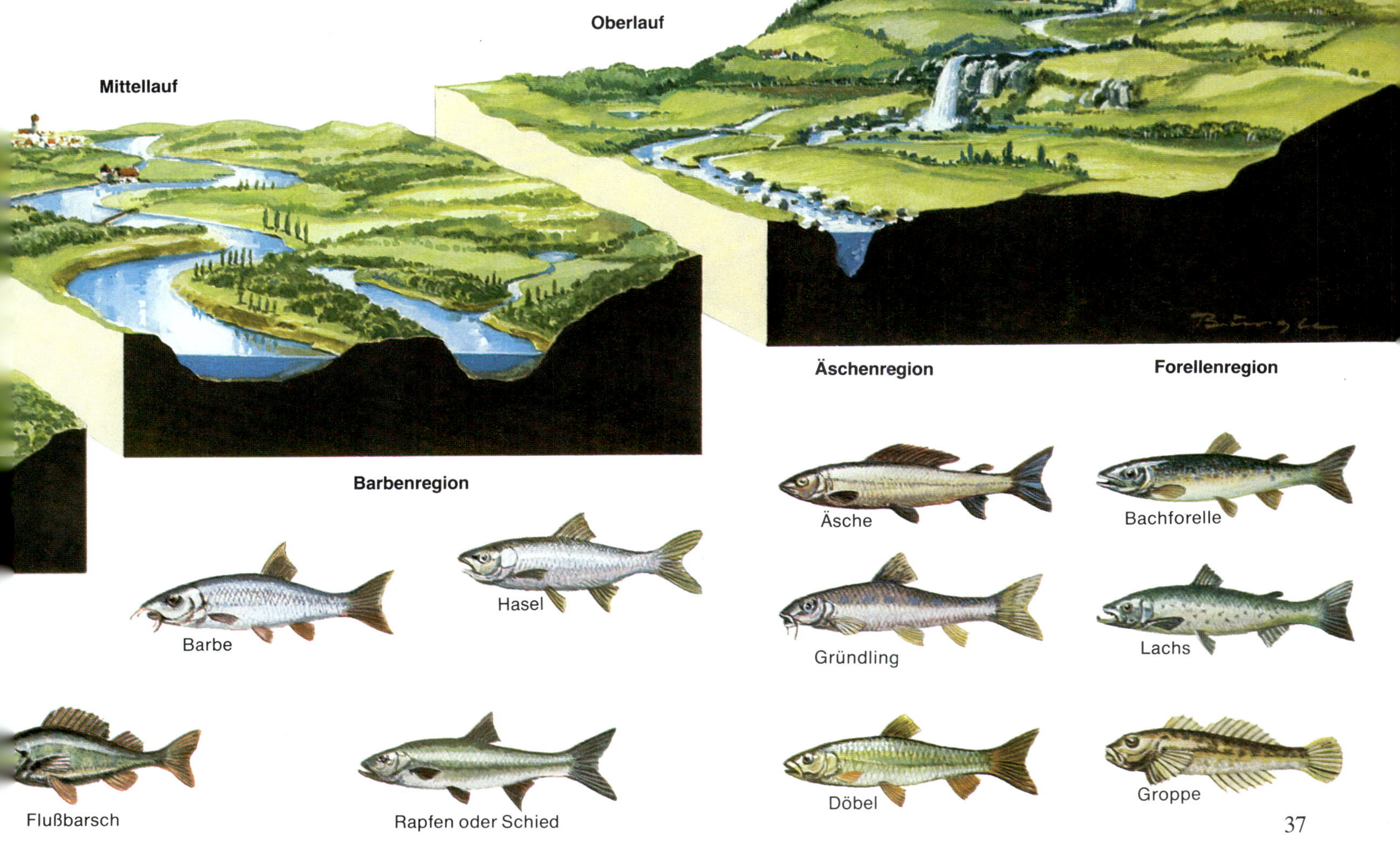

Oberlauf

Mittellauf

Äschenregion

Forellenregion

Barbenregion

Äsche

Bachforelle

Hasel

Barbe

Gründling

Lachs

Flußbarsch

Rapfen oder Schied

Döbel

Groppe

Anpasser haben die größten Chancen

Jeder Fluß hat seine Eigenheiten, denen sich Tiere und Pflanzen anpassen müssen, um zu überleben. Die Wasserführung, die ziemlich ausgeglichen sein kann, bei vielen Flüssen im Lauf des Jahres aber auch ganz kräftig schwankt, ist nur einer der Faktoren, die für das Leben im Wasser eine wichtige Rolle spielen. Und auch die Chemie sorgt für erhebliche Unterschiede.

Die Wasserführung eines Flusses bestimmt nicht nur den Lebensrhythmus im Fließgewässer selbst, sondern steuert auch das Leben an den Ufersäumen und in den Talauen. Ohne die Hochwasserwelle, die alljährlich zur Zeit der Schneeschmelze Flüsse über die Ufer treten läßt, erhielten die vor Üppigkeit strotzenden Auwälder keinen Nachschub an nährstoffreichem Schlamm.

Wie stark die Wasserstandsschwankungen ausfallen, hängt entscheidend von der Beschaffenheit des Gesteinsuntergrunds ab. Wo undurchlässige Schichten das Niederschlagswasser rasch oberflächlich zusammenlaufen lassen und an die Bäche weitergeben, stürzen bei starken Regenfällen und bei der Schneeschmelze reißende Flutwellen zu Tal. Allenfalls eine mächtige Bodenschicht mit einer dichten Pflanzendecke kann auf solchem Untergrund das Wasser wenigstens teilweise aufsaugen.

Rückzug in den Schlamm

Genauso rasch trocknet das Bachbett bei anhaltender Sommerhitze aus, wenn die steinige Sohle kein Grundwasser führt, das sie an die Bäche abgeben kann. Solche Lebensräume weisen also ganz extreme Schwankungen auf, die Tiere und Pflanzen entsprechend hart auf die Probe stellen. Manche Arten haben sich den Bedingungen meisterhaft angepaßt. Die Larven der Eintagsfliegen etwa graben sich bei reißender Strömung einfach tief in den Boden ein.

Die Kriebelmückenlarven verteidigen ihren Standort ebenfalls mit Erfolg. Sie heften sich mit einer Haftscheibe an ihrem Hinterende fest an die Gesteinsunterlage.

Wo das Gewässer über einen wasserdurchlässigen Gesteinsgrund strömt, versickert ein großer Teil des Niederschlags- und Schmelzwassers. In Trockenzeiten wird das Gewässer dann aus dem Untergrund gespeist, so daß die Abflußverhältnisse insgesamt weitgehend ausgeglichen sind.

Eine ausgleichende Wirkung haben auch Seen und vermoorte Niederungen. Sie fangen Hochwasserwellen auf und leiten sie mit einiger Verzögerung abgemildert weiter. Günstig ist auch ein dichter Pflanzenbewuchs im Einzugsbereich eines Gewässers. Das zusammenströmende Wasser wird vom durchwurzelten Boden zu einem guten Teil aufgesogen. 1 ha Waldboden speichert etwa 30 000 l Wasser.

Der Schnee gibt den Ton an

Enorme Wassermengen werden im Winter in Form von Schnee gebunden. Wenn er schmilzt, müssen die Flüsse jedoch mit den größten Wassermassen während des Jahres fertig werden. Im ozeanisch geprägten Norddeutschen Tiefland bleibt der Schnee meist nur wenige Tage, allenfalls Wochen liegen, und schon im Februar ist die Schneeschmelze voll im Gang. Dann führen die Flüsse auch das meiste Wasser.

In den Mittelgebirgen verschiebt sich die Schneeschmelze um etwa einen Monat, und in den Alpen frißt erst die Sommersonne die meterhohen Schneemassen weg. Flüsse, die aus den Alpen kommen, verzeichnen daher in den Monaten Mai bis August ihren höchsten Abfluß. Sie führen dann rund zehnmal soviel Wasser wie im Winter, wenn das Wasser als Schnee gebunden ist. Anders bei Tieflandflüssen: Ihre spätwinterlichen Abflußspitzen erreichen allenfalls das Dreifache der Wassermenge, die im Sommer zu Tal fließt.

Viele Flußbewohner verbringen ihr Leben am Grund des Gewässers. Ob aus feinstem Schlick, ob aus Sand und Kies oder aus Geröll: jeder Gewässergrund beherbergt

Vom Eise befreit . . .

Die Kurven zeigen das Abflußverhalten dreier Flüsse mit unterschiedlichen Einzugsbereichen. Weil ihre Abflußmengen stark voneinander abweichen, wurde der Prozentanteil des monatlichen Abflusses an der jeweiligen Jahresmenge angegeben. Denn nur so lassen sich die Kurven wirklich miteinander vergleichen. Die linke Kurve mit dem steilen Abflußgipfel ist typisch für alle Flüsse, die aus dem Hochgebirge kommen. Dort fällt die Schneeschmelze in die Zeit der höchsten Niederschläge.

In der mittleren Kurve spiegelt sich die ausgeglichenere Witterung der Mittelgebirge wider, wo die dünnere Schneedecke schon früh im Jahr abtaut.

Die rechte Kurve weist gleich zwei Gipfel auf. Der Rhein sammelt sein Wasser sowohl in den Alpen als auch in den Mittelgebirgen.

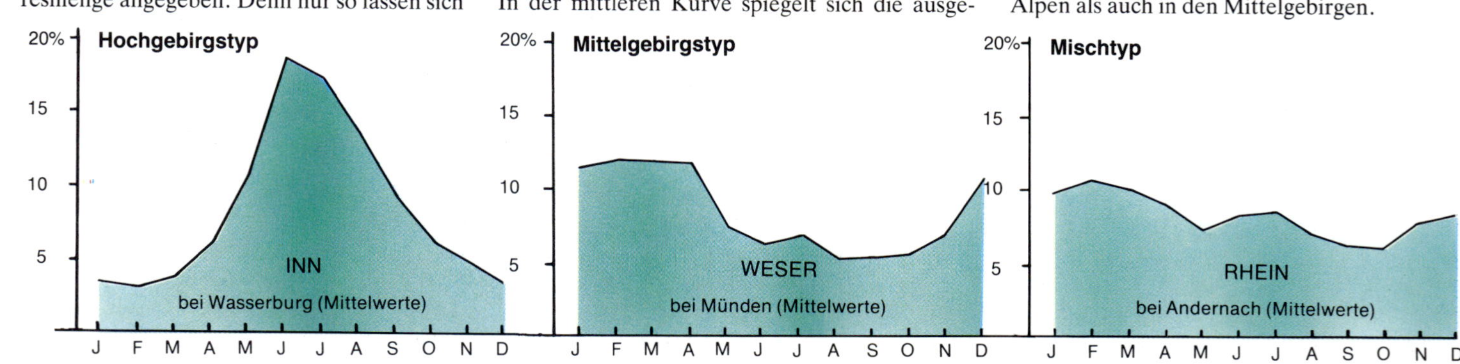

Drei Flüsse und damit auch drei verschiedenartige Lebensräume treffen in Passau zusammen. Von Südwesten (links) ergießt sich der wasserreiche Inn in die Donau, von Norden (rechts) mündet die Ilz ein, die ihr Wasser im Bayerischen Wald sammelt. Die unterschiedliche Färbung der Flüsse verrät ihre unterschiedliche Herkunft. Die Kalkalpen mit ihrem weißgrauen Gestein hellen die Fluten des Inns auf, die dunkle Walderde schwärzt das Wasser der Ilz.

seine charakteristische Lebensgemeinschaft. Je stärker die Strömung, desto gröber ist das Material, das am Flußbett liegenbleibt. Selbst im Querprofil eines Fließgewässers können sich durch unterschiedliche Strömungsverhältnisse ganz unterschiedliche Materialzonen ausbilden. Wenn etwa große Felsen in einen abschüssigen Bach hineinragen, setzen sich in den kleinen, ruhigen Buchten dahinter Sand- oder auch Schlammbänke ab, wo sich Tiere und Pflanzen ansiedeln können, die man an diesem Gewässerabschnitt nicht erwarten würde.
Wirklich lebensfeindlich sind nur glatte Felsoberflächen. Nur wenige strömungsangepaßte Algen und Insektenlarven kommen mit den schwierigen Bedingungen zurecht.
Ein Bett aus grobem Schotter bietet Schutz in den verzweigten Hohlräumen zwischen den Steinen. Hier fassen zahlreiche Algen und Kleinlebewesen Fuß. Je kleiner die einzelnen Steine werden, desto schmalere Hohlräume bleiben dazwischen, desto schwächer wird aber auch die Strömung, die das Schotterbett durchdringt. Es lagert sich nun Detritus ab: abgestorbene Kleinstorganismen, von denen sich Wassertiere wie etwa der Bachflohkrebs ernähren.
Selbst im Schlamm finden zahlreiche Tier- und Pflanzenarten einen ausgezeichneten Lebensraum. Darin herrscht zwar Sauerstoffmangel, und häufig laufen Fäulnisprozesse ab, doch zugleich enthält der Schlamm Nährstoffe in Hülle und Fülle. Über 2000 Zuckmückenlarven auf 1 m^2 Schlammgrund sind durchaus keine Ausnahme.
Da das Wasser viele Stoffe aus dem Untergrund zu lösen vermag, finden in einem Fluß ständig chemische Reaktionen statt. Die meisten der im Wasser gelösten Verbindungen treten in so schwachen Konzentrationen auf, daß sie für die Lebewesen ohne Belang sind. Nur der gelöste Kalk spielt eine wichtige Rolle. Mit dem Kalkgehalt steigt auch der ph-Wert, und alkalisch reagierendes Wasser enthält weitaus mehr Nährstoffe als saures Wasser.

Nicht alle mögen Kalk

Es gibt ausgesprochen kalkliebende, aber auch kalkempfindliche Arten. Während etwa bestimmte Bachflohkrebse nur in sauerstoff- und kalkreichen Gewässern überdauern, ist die Flußperlmuschel auf klare, möglichst kalkarme Bäche angewiesen. In sehr kalkreichen Bächen haben allerdings viele bodenbewohnende Kleinlebewesen mit einem ganz anderen Problem zu kämpfen: Der gelöste Kalk scheidet sich stellenweise wieder ab und überzieht den Grund mit einer Sinterschicht, unter der alles Leben erstickt.

Lebensfeindlich sind umgekehrt auch extrem saure Fließgewässer. Das trifft auf viele Bäche und kleine Flüsse zu, die auf langen Strecken Nadelwälder durchfließen. Im Wasser lösen sich die Humussäuren aus der eingeschwemmten Erde.
Einfluß auf die Lebewelt hat schließlich auch die Temperatur eines Gewässers. Manche Tiere sind aber sehr anpassungsfähig. Die Larven einiger Köcherfliegenarten etwa findet man in kalten Flußoberläufen genauso wie in wärmeren Mittelabschnitten. Im wärmeren Wasser entwickeln sie sich binnen eines Jahres vom Ei zum geflügelten Insekt, im kalten Wasser dauert es zwei Jahre. So sind Entwicklungsdauer und Flugzeit bei vielen Wasserinsekten nicht artbedingt, sondern hängen allein von den Verhältnissen in ihrem Heimatfluß ab.

Wurzeln, die wie Anker wirken

Nur Spezialisten unter den Pflanzen können sich gegen die beharrliche Kraft der Strömung in Bächen und Flüssen behaupten. Aber die Natur hat die Wasserpflanzen für ihr Leben im nassen Element gut ausgestattet. Ihr Erfolgsgeheimnis besteht in besonderen Formen und Vorrichtungen, die sie von den Landpflanzen ganz wesentlich unterscheiden.

Landpflanzen verfügen über ein ausgeklügeltes System zur Aufnahme und zum Transport des lebensnotwendigen Wassers. Die Wasserpflanzen können darauf verzichten: Ihr Wasserbedarf wird ohnehin ständig und ausgiebig gedeckt. Dafür müssen sie aber so gestaltet sein, daß ihnen das strömende Wasser nichts anhaben, sie vor allem auch nicht aus ihrer Verankerung reißen kann.

Blätter über und unter Wasser

Die Methode, mit der sich Wasserpflanzen erfolgreich gegen die Zugkraft der Strömung behaupten, ist ebenso einfach wie bewährt: Sie setzen ihr möglichst wenig Widerstand entgegen. Viele haben deshalb Stromlinienform. Ihre Blätter sind eher bandartige, oft fadenähnliche Gebilde, sogenannte Riemenblätter. Häufig sind sie auffallend feingliedrig. Auch das ist ein Vorteil: Die langen Triebe passen sich so besonders gut der Strömung an. Schlimmstenfalls brechen Teile der Stengel ab, doch die Pflanzen selbst bleiben im Bachbett verankert.

Auch Wasserpflanzen brauchen Nährstoffe. Anders als die Landpflanzen werden sie nicht über die Wurzeln mit Mineralsalzen versorgt, vielmehr nehmen vor allem die Blätter diese Nährstoffe unmittelbar aus dem Wasser auf.

Einige bekannte Gewächse unserer Fließgewässer – unter ihnen verschiedene Wasserhahnenfußarten – verfügen über zwei völlig verschiedene Arten von Blättern an einer Pflanze: unter Wasser die sogenannten Tauchblätter, an der Wasseroberfläche die Schwimmblätter. Vor allem die Tauchblätter erfüllen alle Voraussetzungen für die Aufgabe, Nährstoffe aufzunehmen: Die Wände der äußeren Zellen sind besonders dünn und entsprechend aufnahmefähig. Bei den Wasserhahnenfußarten sind die Blätter haarfein geschlitzt – ein Trick, um die Blattoberfläche insgesamt zu vergrößern.

Die kräftigeren, breiten Schwimmblätter nehmen eine Art Zwitterstellung zwischen den Tauchblättern und den Blättern der Landpflanzen ein: Ihre Oberseiten haben Spaltöffnungen wie die Blätter von Landpflanzen, können also wie diese transpirieren; auf den Unterseiten fehlen sie wie bei den Tauchblättern. Oft sind die Unterseiten durch Rippen oder ähnliche Gewebe versteift. Besonders auffällig ist der Kontrast zwischen den beiden Blattarten beim Gewöhnlichen Pfeilkraut, das am Rand langsam fließender Gewässer zu finden ist: Unter Wasser ähneln die Blätter schmalen Gräsern, die Schwimmblätter dagegen sind oval oder herzförmig. Beim Wasserstern richtet sich die Form der Blätter nach dem Standort, je nachdem, ob die betreffende Pflanze in einem tieferen oder flachen, in einem schwach oder stärker strömenden Gewässer gedeiht.

Listenreich im Kampf um Licht und Luft

Aufgewirbelte Schwebstoffe trüben das Wasser der meisten Flüsse so stark ein, daß diejenigen Pflanzen eindeutig im Vorteil sind, die mit Hilfe ihrer Schwimmblätter auch an der Wasseroberfläche das zur Photosynthese erforderliche Sonnenlicht einfangen können. Wo ständig ganze Wolken von feinsten Teilchen aufgewirbelt werden, fehlt den Unterwasserpflanzen das lebensnotwendige Licht. Deshalb wachsen in strömenden Gewässern häufig weniger einzellige Algen als in Seen und Weihern.

Lebenswichtig ist auch die Versorgung mit Sauerstoff. Neben Stengeln und Blättern müssen auch die Sprosse und die Wurzeln atmen, die oft tief im Schlammgrund stekken. Die Natur hat vorgesorgt: Wasserpflanzen besitzen ein besonderes Luftgewebe, das sie von unten bis oben durchzieht.

Die Wurzeln der Wasserpflanzen übernehmen in erster Linie die Aufgabe, die oft langen Triebe an einem günstigen Standort sicher im Gewässergrund zu verankern. Sie sind dementsprechend kräftig. Einige Was-

So idyllisch eingewachsene Ufer säumen heute nur noch wenige Flüßchen. Die biegsamen, dicht belaubten Äste der Silberweiden wirken als Schattenspender und verhindern, daß die flachen Uferzonen verkrauten.

Links: In rasch strömenden, sauerstoffreichen Flüssen breitet sich der Flutende Hahnenfuß mitunter massenhaft aus. Zur Blütezeit im Sommer überzieht ein weißer Teppich das Wasser.

Oben: Die Schwimmblattrosetten des Gemeinen Wassersterns bedecken die Oberfläche langsam fließender, nährstoffreicher Gewässer.

serpflanzen in langsam fließenden Gewässern, so etwa die Wasserschlaucharten, haben gar keine Wurzeln. Sie treiben frei im Wasser oder verankern sich mit farblosen Schlammsprossen. Wieder andere, der Froschbiß z. B., bilden zwar Wurzeln aus, doch reichen diese nicht hinunter bis zum Gewässergrund.

Die Blüten auch vieler untergetauchter Wasserpflanzen ragen über die Wasseroberfläche hinaus. Für die Vermehrung ist das wichtig: Nur so können bei den meisten Arten die Blütenpollen verbreitet werden. Die Laichkrautarten z. B. vermehren sich durch Windbestäubung. Bei den Hahnenfußarten, die Nektar produzieren, übernehmen Insekten die Befruchtung. Seltener ist die Befruchtung unmittelbar unter der Wasseroberfläche oder gar tiefer unter Wasser. Die Pollen des Wassersterns etwa sind mit einem wasserabstoßenden Film umgeben und treiben mit dem Strom zu den weiblichen Blüten. Außer durch Samen können sich viele Arten durch abgebrochene Sproßtriebe vegetativ vermehren.

Eine Reihe von Wasserpflanzen trifft man nur in ruhigen Flußabschnitten. Ihr eigentlicher Standort sind Seen, Teiche und Tümpel. Zu ihnen gehört die Wasserpest, die ihren Namen aus gutem Grund erhalten hat: Mitte des 19. Jh. gelangte sie von Nordamerika nach Europa, wo sie sich mit rasender Geschwindigkeit ausbreitete. Zeitweise verstopfte sie Flüsse und Kanäle in solchen Massen, daß die Schiffahrt behindert wurde. Inzwischen sind die Bestände aus noch ungeklärten Gründen jedoch stark zurückgegangen.

Die üppigen, an Artenvielfalt unübertroffenen Auwälder in den Überschwemmungszonen der Flüsse und Seen gehörten einst ganz selbstverständlich zum Bild eines Flusses. Heute sind nur noch verschwindend kleine Überreste erhalten – am Oberrhein etwa oder an der Isar südlich von München. Alljährlich versorgte das Hochwasser die Auwälder mit neuen Nährstoffen. Sie strotzten vor Fruchtbarkeit. Auf kleinstem Raum wechselten trockene Kiesbänke mit vernäßten Standorten, bildeten sich die verschiedensten Pflanzengesellschaften aus.

Weichholz braucht viel Wasser

Verschiedene charakteristische Bäume hat man zu Leitpflanzen der beiden wichtigsten Pflanzengesellschaften der Auwälder erkoren: Weichholzgewächse, wie Weiden, Erlen und Schwarzpappeln, beherrschen das Bild in der „weichen Au“. In unmittelbarer Ufernähe erhalten die Bäume Wasser in unbegrenzter Menge – eine entscheidende Voraussetzung für ihr Gedeihen. Selten dagegen wurden die erhöhten Zonen der Auen vom Hochwasser heimgesucht. Dort haben die Bäume der „harten Au“ ihren Platz: Eschen und Ulmen.

Heute begleiten meist nur schmale Gehölzsäume die Flußufer. Flache, ruhige Buchten und alte Seitenarme sind die einzigen noch verbliebenen Inseln, wo Röhrichtpflanzen sich mit Buschwerk und Bäumen zu einem Pflanzendickicht verweben, das an die Auwälder von einst erinnert.

Saugen, klammern, haken – der Strömung zum Trotz

Vertreter der verschiedensten Tiergruppen haben in Bächen und Flüssen ihren Lebensraum – von der winzigen Wassermilbe bis zum räuberischen Hecht. Während die Fische mit ihrem muskulösen, stromlinienförmigen Körper behende auch durch die reißende Strömung gleiten, haben viele Kleinlebewesen spezielle Vorrichtungen entwickelt, um der Strömung zu trotzen.

Die oft bizarr aussehenden Larven verschiedener Wasserinsekten gehören zu den häufigsten Bewohnern von Fließgewässern. Die meisten haben einen abgeplatteten Körper, mit dem sie sich an die Oberseite von Steinen schmiegen können. So setzen sie der Strömung den geringsten Widerstand entgegen.

Sehr wirkungsvoll sind die Widerhaken, mit denen sich etwa Stein- und Köcherfliegenlarven, aber auch die Hakenkäfer in den Unebenheiten des Untergrunds festklammern. Andere beschweren künstlich ihr Körpergewicht: Die Larven vieler Köcherfliegenarten umhüllen sich mit einem röhrenähnlichen Mantel aus verkitteten Steinchen und Sandkörnchen.

Als widerstandsfähigste Ausstattung haben sich die Saugorgane mancher Wassertiere erwiesen. Die Neunaugen – aalähnliche Fische – können sich mit ihren Rundmäulern an den Steinen im Flußbett festsaugen. Ohne ihre Saugnäpfe wären auch die winzigen Kriebelmückenlarven verloren. Zusätzlich sichern sie sich mit mehreren kräftigen Haken ab, die ihr Saugorgan am Hinterleib kranzförmig umgeben. So widerstehen sie ohne weiteres Strömungsgeschwindigkeiten bis zu 2,80 m/s.

Auch unter den Weichtieren gibt es Spezialisten, die Fließgewässer als Lebensraum bevorzugen. Die Flußnapfschnecke etwa heftet sich mit ihrem muskulösen Fuß fest auf Steinen an.

Zahlreiche Tiere – Bachflohkrebse und Insektenlarven vor allem – entziehen sich einfach der Strömung, indem sie sich unter Steinen verstecken oder in den Schlamm eingraben. Dort sind sie zwar vor der Strömung sicher, nicht aber vor Feinden: verschiedenen Bodenfischen wie Barben, Schmerlen, Gründlingen oder Schlammpeitzgern. Mit ihren Bartfäden tasten diese nachts den Grund nach Beutetieren ab.

Die seltenen Fischotter brauchen große, naturbelassene Reviere. Ihr Pelz stößt Wasser ab, so daß ihnen auch das eiskalte Element im tiefsten Winter nichts anhaben kann.

Fangnetze im Einsatz

Manche Tiere machen es sich bei der Nahrungssuche bequemer. Sie nutzen die Strömung geschickt aus und filtrieren feinste Nahrungsteilchen aus dem Wasser. Dafür besitzen sie besondere Sieb- oder Reusenorgane. Über eine erstaunliche Fähigkeit verfügen die Larven einiger Köcherfliegenarten. Sie spinnen zwischen kleinen Steinen Fangnetze, die von der Strömung aufgebläht werden. Im Innern der Trichter bleiben die Kleinorganismen hängen, auf die es die Insekten abgesehen haben.

Nur die wenigsten Kleinlebewesen trifft man auf der gesamten Länge eines Flusses an. „Leitinsekten“ der Forellenregion sind die Steinfliegenlarven. In der Äschenregion kommen bereits die Köcherfliegenlarven hinzu. Wo der Fluß träge dahinströmt und bereits mit Abwasser und Sauerstoffmangel zu kämpfen hat, sind diese Tiere verschwunden. Dort wiederum leben manche Egel-, Schnecken- und Muschelarten. Selbst in stark verschmutztem, kaum mehr belüftetem Wasser fühlen sich noch Kleinlebewesen wohl, allen voran Zuckmückenlarven und Schlammröhrenwürmer.

Nicht alle Fische bleiben ihrem Flußabschnitt oder ihrem Bach zeitlebens treu. Viele unternehmen weite Laichwanderungen. Die bekanntesten Wanderer sind die Lachsfische wie Forellen, Bachsaiblinge oder Huchen. Sie alle zieht es zur Laichzeit

Links oben: Der Europäische Flußkrebs ist in kalten, sauerstoffreichen Gewässern heimisch. Außer von Kleintieren ernährt er sich von Aas und macht sich damit als „Gewässerpolizist" nützlich. Leider hat eine Pilzkrankheit die Tiere bis auf wenige Reste dahingerafft.

Oben: Flußbarsche lauern gern im Schutz von Wasserpflanzen auf Beute. Das Weibchen legt die Eier in netzartigen, gallertigen Bändern an Wasserpflanzen und untergetauchten Ästen ab (oben rechts). Je Kilogramm Körpergewicht werden etwa 200 000 Eier produziert.

fluß- oder bachaufwärts, wo das Wasser schnell und sprudelnd über steinigen Grund strömt. Mit Hilfe ihrer Schwanzflossen heben sie dort flache Laichgruben aus.
Geheimnisse ranken sich bis heute um die fast unvorstellbaren Wanderungen der Aale. Sie leben jahrelang in ihrem Gewässer, bis sie plötzlich der Wandertrieb packt. Ihr Ziel ist die Sargassosee, ein 5000 km entfernter Teil des Atlantiks nordwestlich der Karibik. Dort laichen sie ab und verenden dann. Die Aallarven werden vom Golfstrom zurück nach Europa getrieben. Manche Flußbewohner sind bei der Fortpflanzung auf andere Arten angewiesen. So entwickelt das Weibchen des kleinen Bitterlings nur wenige Eier, die es durch eine Legeröhre ins Innere einer Muschel abgibt. Mit dem Atemwasser der Muschel gelangt der Samen zu den Eiern. Wenn die Larven einige Wochen später geschlüpft sind, verlassen sie mit dem ausströmenden Atemwasser wieder die schützende Schale.

Fressen und gefressen werden

Das Nahrungsnetz in einem Bach

Muschellarven haken bei Fischen ein

Umgekehrt geht es bei den Flußperlmuscheln zu. Ihre Eier werden in ungeheuren Mengen ins Wasser abgestoßen, wo sie sich zu Larven entwickeln. Den wenigsten von ihnen gelingt es, sich mit ihren feinen Haken an den Kiemen eines Fisches festzuklammern. Dort ernähren sie sich einige Wochen lang vom Fleisch ihres Wirtstieres.
Nicht nur im Wasser selbst, sondern auch an dicht eingewachsenen Ufern sind zahlreiche Tierarten heimisch: Zum Bild intakter Bäche gehören Gebirgs- und Bachstelzen sowie die ebenso behend schwimmende wie tauchende Wasseramsel; und in steilen Uferböschungen legen die bunt schillernden Eisvögel ihre Nisthöhlen an. Kleinere Flüsse und größere Seitenarme sind das Revier der Graureiher.
Die größeren Säugetiere unter den Flußbewohnern sind aus Mitteleuropa leider bis auf kleine Restbestände verschwunden. Bibern und Fischottern wurde ihr wertvoller Pelz zum Verhängnis, außerdem hat der Mensch ihre Lebensräume zerstört. Dafür konnte ein Einwanderer aus Nordamerika seit Anfang des 20. Jh. immer mehr Flüsse erobern: die Bisamratte.

Auf die Wassertiefe kommt es an

Hinter dem Sammelbegriff „stehende Gewässer" verbergen sich die vielfältigsten Lebensräume: vom winzigen Tümpel, der im Sommer nahezu austrocknet, über den Weiher, der allmählich verlandet, bis hin zum großen See, in dem sich unterschiedlich erwärmte Wasserschichten ausbilden. Eine Welt für sich ist die flache, lichtdurchflutete Uferzone.

Die Wassertiefe macht den entscheidenden Unterschied zwischen Seen und Kleingewässern aus. Als Grenze setzt man im allgemeinen 5 m an – darunter herrscht meist Lichtmangel, und es gedeihen keine grünen Pflanzen mehr. Dementsprechend können Pflanzen den gesamten Boden eines Weihers oder eines Tümpels besiedeln, während sie sich in den Seen auf die ufernahen Flachwasserzonen, in die noch Licht dringt, beschränken müssen.

In Kleingewässern reicht die Kraft der Sonne bis auf den Grund. Das gesamte Wasser wärmt sich auf, kühlt wieder ab und durchmischt sich dadurch. In den großen Seen dagegen erwärmt sich nur die obere Wasserschicht. Die Wassertemperatur fällt unterhalb der oberflächennahen Schicht auf etwa 5 m Tiefe recht rapide ab: nicht selten um mehr als 10 °C. Man bezeichnet die entsprechende Übergangsschicht in der Fachsprache als Sprungschicht.

Zweimal im Jahr holt der See Atem

Erst im Herbst kühlt sich das Wasser an der Seeoberfläche wieder ab. Sobald es kälter ist als das Tiefenwasser, setzt ein reger Wasseraustausch ein. Unterstützt von Herbststürmen, die den See aufwühlen, dringt das nährstoffreiche Wasser aus der Tiefe nach oben. Das kältere, sauerstoffreiche Wasser von der Oberfläche sinkt zum Seegrund. Im Frühjahr, wenn sich die Temperatur der oberen Wasserschicht wieder dem Niveau des darunterliegenden Wassers angeglichen hat, setzt ein erneuter Austausch ein.

Im allgemeinen Sprachgebrauch wird mit den Begriffen Weiher und Tümpel sehr großzügig umgegangen. Eingebürgert hat sich auch hier eine Unterscheidung nach der Wassertiefe: Ein Tümpel ist flacher als 30 cm. Jeder Regenguß bringt sein Wasser in Bewegung, jede Trockenperiode läßt den Wasserstand drastisch absinken, mitunter bis zur völligen Austrocknung, und im Winter kann das Wasser eines Tümpels wochenlang zu Eis erstarren.

Typische Tümpelbewohner müssen mit den extremen Verhältnissen ihres Lebensraums fertig werden. Bei Trockenheit verfallen viele in einen Erstarrungszustand.

Im Gegensatz zu einem Tümpel bildet ein See keinen einheitlichen Lebensraum, sondern gliedert sich in Zonen mit unterschiedlichen Lebensbedingungen: die Uferzone, das freie Wasser und die Tiefenzone.

Die Uferzone ist ein Übergangsraum zwischen Land und Wasser. Tiere und Pflanzen, die hier heimisch sind, müssen Wasserstandsschwankungen und oft auch Wellen ertragen. An größeren Seen gibt es ein schmales Brandungsufer, wo sich nur Lebewesen aufhalten können, die fest am Untergrund haften. Keine Probleme mit den Wellen hat z. B. die Flußnapfschnecke, die sich mit ihrer mützenförmig gerundeten Schale auf Steine preßt.

Weiter seewärts schließt sich eine mehr oder minder breite Flachwasserzone an. Hierhin zieht es Karpfenfische und Amphibien zum Laichen, hier machen die Larven der Libellen ihre letzten Häutungen durch. Die Sonnenstrahlen wärmen das flache Wasser rasch auf und verschaffen den Röhrichtpflanzen bereits im zeitigen Frühjahr einen Vorsprung. Selbst wenn ein See noch überwiegend eisbedeckt ist, kann man am Ufer Wassertemperaturen von 10 °C und mehr messen.

Zum See hin fällt der Uferhang sanft, mitunter auch steil ab. Röhrichtpflanzen fassen hier nicht mehr Fuß, hier wachsen nur noch Schwimmblattpflanzen.

Nahrung in Hülle und Fülle

Im freien Wasser konzentriert sich das Leben auf die oberste lichtdurchflutete und von der Sonne aufgeheizte Schicht. Hier treiben die mikroskopisch kleinen, oft einzelligen Tiere und Algen umher, denen man den Sammelnamen Plankton gegeben hat: Amöben, Rädertierchen, Wasserflöhe, Ruderfüßer und Muschelkrebse sind einige der wichtigsten, in ungeheuren Massen auftretenden Tiergruppen. Nicht selten tummeln sich 1 Million einzellige Algen in 1 l Seewasser. 100 Planktontierchen gesellen sich noch dazu – eine reichhaltige Nahrungsquelle also für höhere Tiere.

Grundlegend andere Verhältnisse herrschen in der Tiefenzone der Seen. In nährstoffreichen, stark getrübten Seen dringt das Licht nur bis in Tiefen von wenigen Metern vor, in Klarwasserseen manchmal 20 m und mehr. Vom Lichteinfall hängt es ab, wo noch grüne Pflanzen gedeihen können. In der Tiefenzone darunter werden keine organischen Stoffe mehr produziert. Insektenlarven, Wasserschnecken und Würmer ernähren sich von organischen Feinteilchen, die von der Uferzone und der Oberfläche her in die Tiefe gelangen.

Für die Lebewesen in einem See ist der Gehalt an organischen Nährstoffen von größter Bedeutung. Schon an der Beschaf-

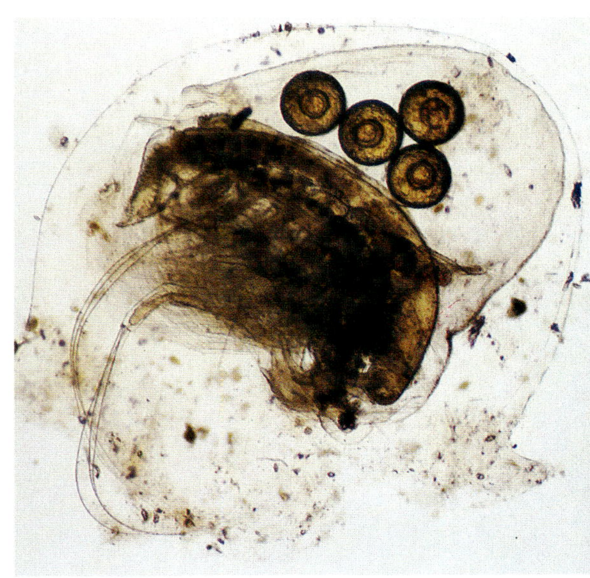

Links: In nährstoffreichen Seen bedecken die Weißen Seerosen mit ihren herzförmigen Schwimmblättern oft weite Teile der Wasseroberfläche. Ihre Wurzelstöcke sind 1,5 bis 3 m tief im Schlamm verankert.

Oben: Die winzigen Wasserflöhe – hier 20fach vergrößert – gehören zu den häufigsten Planktontieren. Sie können sich in kürzester Zeit vermehren. Die Weibchen tragen ihre Eier hinten in ihrem Gallertkörper.

Die Stockwerke eines Sees

Flachwasserzone
Wassertiefe
2 m
20 °C
4 m
Oberflächenschicht
6 m
18 °C
8 m
Sprungschicht
10 m
10 °C
12 m
14 m
16 m
Tiefenzone
18 m
8 °C

fenheit der Uferzone kann man erkennen, ob man es mit einem nährstoffarmen (oligotrophen) oder einem nährstoffreichen (eutrophen) See zu tun hat. Ausschlaggebend ist die Form des Seebeckens. Die durch steile Ufer gesäumten Seebecken der Alpen haben allenfalls eine schmale Uferbank. Folglich können sich kaum Uferpflanzen ansiedeln; die für viele Tiere lebenswichtige Flachwasserzone fehlt. Entsprechend wenig organische Substanzen entwickeln sich – der See ist arm an Nährstoffen und Lebewesen.

Explosion der Algen

Wo der See dagegen in ein flaches Becken mit breiten Uferbänken eingebettet ist, breiten sich Röhricht und Wasserpflanzen aus. Plankton entfaltet sich üppig im wärmeren Wasser: 30- bis 50mal mehr als in einem tiefen oligotrophen See. Gelangen auch noch Abwasser und Düngemittel in einen ohnehin schon eutrophen See, vermehren sich die Planktonalgen geradezu explosionsartig: Der See blüht – in der Farbe der jeweils vorherrschenden Algenarten. Bei der Zersetzung der organischen Materialmassen wird nahezu der gesamte Sauerstoff aufgezehrt, und das Gewässer wird lebensfeindlich.

Grün – so tief die Sonne reicht

Seen und Weiher sind Refugien für unverwechselbare Pflanzengesellschaften. Für sie gilt, was für alle Pflanzen gilt: Sie brauchen Sonnenlicht und Nährstoffe. Nur an nährstoffreichen Seen mit breitem Ufersaum entfalten die verschiedenen Gewächse mithin eine vor Üppigkeit strotzende Fülle, wie sie sonst kaum irgendwo anzutreffen ist.

Nähert man sich einem See an einem naturbelassenen Uferabschnitt, so durchquert man zunächst einen dichten Gehölzsaum. Die feuchtigkeitsliebenden Weiden und Erlen geben hier den Ton an. Ihr Fallaub versorgt das Gewässer alljährlich mit organischen Nährstoffen.

Weiter zum Wasser hin werden die Bäume von einem Teppich grasartiger Pflanzen abgelöst, in dem man sich durchaus nasse Füße holen kann: dem Großseggenried, benannt nach 70–100 cm hohen Seggenarten. Bei niedrigem Wasserstand dagegen kann das Ried auch monatelang trocken liegen. Mit ihrem kräftigen Wurzelgeflecht entziehen die robusten Gräser dem Boden trotzdem noch genügend Wasser.

Unmerklich neigt sich das Gelände nun zum See. Nur wenige Zentimeter Höhenunterschied entscheiden über die Zusammensetzung der Pflanzengesellschaften. Sobald das Niveau des Seewasserspiegels erreicht ist, gewinnen die oft meterhohen Röhrichtpflanzen die Oberhand.

Schilf, Vorbote der Verlandung

Die verbreitetste und zugleich bekannteste Pflanze der Röhrichtzone ist das Schilf. Oft bilden die meterhohen Gräser ausgedehnte Bestände, in denen nur wenige andere Arten vorkommen. Schilf ist sehr einnehmend – es treibt ein Netzwerk kriechender Ausläufer aus dem Wurzelstock, und die Halme sprießen derart dicht, daß es den Pflanzen an Licht und Nährstoffen fehlt. Zwischen den Halmen lagern sich ständig tote Pflanzenteile und Schlick ab. So wird die offene Wasserfläche des Sees allmählich kleiner: Er verlandet. Selbst dann, wenn die Schilfhalme mitsamt ihrem Wurzelgeflecht schon abgestorben sind, halten sie weiterhin angeschwemmtes Material fest und tragen so zur Verlandung bei.

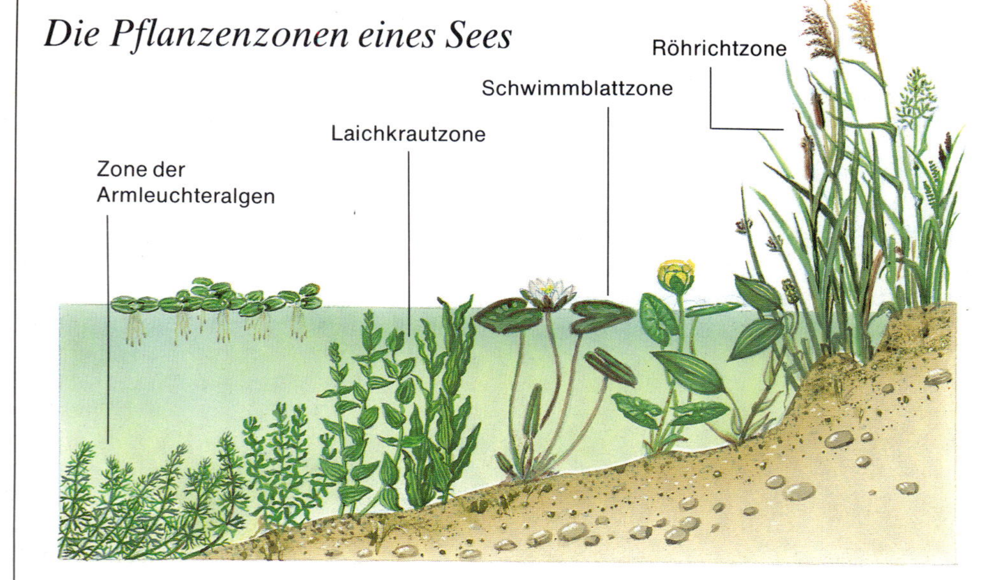

Die Pflanzenzonen eines Sees

Die 2–3 mm großen Blättchen der Wasserlinse überziehen oft ganze Tümpel und Seenbuchten wie ein grüner Teppich. Die winzigen Pflanzen vermehren sich durch Knospung. Enten schätzen sie ganz besonders – daher der Name „Entengrütze".

An Stellen, die das Schilf nicht erobert hat, wachsen neben Igelkolbengewächsen auch die Breitblättrigen Rohrkolben mit ihren dekorativen Blütenresten, den „Pfeifenputzern". Unter der Fülle anderer Pflanzen, die mit ihnen den Lebensraum teilen, fallen die Gelben Schwertlilien durch ihre Blütenpracht besonders auf.

Das Schilf schiebt sich bis in eine Tiefe von 1,5 m in den See vor. Vor tieferen Stellen kapituliert es und macht anderen Röhrichtpflanzen Platz. An ruhigen Uferabschnitten gedeihen vor allem die Seebinsen, die – ihrem Namen zum Trotz – zu den Riedgrasgewächsen gehören. Im Gegensatz zum Schilf können Seebinsen auch unter Wasser mit Hilfe von Sonnenlicht und Kohlensäure Gewebe aufbauen, also wachsen.

Luftkammern lassen Blätter schwimmen

Die wohl beliebtesten Pflanzen unserer stehenden Gewässer – die Seerosen – gedeihen in der sogenannten Schwimmblattzone. Am weitesten in den See dringen die Gelben Teichrosen vor: Ihre kräftigen Wurzelstöcke ankern selbst noch in einer Wassertiefe von 5 m. Luftkanäle durchziehen die biegsamen Blattstiele und bilden in den Schwimmblättern ein weitmaschiges Netz

aus Luftkammern, die dafür sorgen, daß die Blätter auch bei „Seegang“ nicht untergehen. Eine Wachsschicht an der Oberfläche läßt Wasser vom Blatt abperlen.
Aufmerksamkeit verdienen aber auch die weniger spektakulären, doch hübsch anzusehenden Begleitpflanzen der See- und Teichrosen, unter ihnen z.B. das Ährige Tausendblatt mit seinen grazilen, fiederförmigen Blättern, die untergetaucht sind.
Weiter seeeinwärts weichen die Schwimmblattgewächse dem unterirdischen Rasen der Laichkrautzone. Die verschiedenen Laichkrautarten, die dieser Lebensgemeinschaft den Namen gaben, wuchern dickichtartig bis in Tiefen von 6 m. Ihr Wurzelstock steckt im Schlamm und treibt Stengel bis an die Wasseroberfläche. Die lanzettförmigen Tauchblätter bleiben unter Wasser, an der Oberfläche erscheinen bei manchen Arten elliptische Schwimmblätter und die unauffälligen Blüten.

Im Schutz von Stengeln und Blättern

Die Laichkrautzone beherbergt eine überaus reichhaltige Tierwelt. Zahllose Kleinlebewesen besiedeln Stengel und Tauchblätter der Pflanzen, ernähren sich davon oder legen ihre Eier an geschützten Stellen ab.

Oben: Ein breiter Röhrichtsaum schiebt sich in den Dümmer, einen Flachwassersee im Norddeutschen Tiefland. Die Verlandung schreitet unaufhaltsam voran.

Rechts: Die Armleuchteralge ist an ihren quirlartigen Verzweigungen zu erkennen. Wo sich die bis zu 30 cm hohen Pflänzchen in Gruppen ausbreiten, ist das Wasser noch sauber.

Hierhin begeben sich die Karpfenfische, um ihre Eier abzustoßen, und getarnt zwischen Stengeln und Blättern, lauert der Hecht hier auf seine Beute.
Mit zunehmender Wassertiefe macht sich allmählich Lichtmangel bemerkbar. Nur noch eine kleine Gruppe von Pflanzen kommt mit diesen Verhältnissen zurecht: Kieselalgen, verschiedene Wassermoose und die Armleuchteralgen. Letztere hat man zu Leitpflanzen für die unterste Pflanzengesellschaft erkoren. Sie wachsen allerdings nur in klaren, nährstoffarmen Gewässern. Den im Wasser gelösten Kalk scheiden die Pflanzen aus. Im Sommer sind sie deshalb manchmal von einer dicken Kalkkruste überzogen. Sterben sie ab, bleibt der Kalk am Boden zurück. So tragen diese Wasserpflanzen letztlich zur Erhöhung des Seebodens bei.
Sogar Blütenpflanzen gedeihen noch in größeren Tiefen: das Nixenkraut und das Hornblatt. Die Bestäubung erfolgt bei diesen Pflanzen unter Wasser.
An nährstoffarmen Seen, die bei uns nur noch selten anzutreffen sind, setzen sich die Pflanzengemeinschaften anders zusammen als in nährstoffreichen. Der Bewuchs ist viel spärlicher; auch kommen weitaus weniger Arten vor. Diese wenigen sind darüber hinaus so selten geworden, daß die meisten unter Naturschutz stehen.

Platz ist selbst im kleinsten Tümpel

Bei genauerem Hinsehen stellt man fest, daß selbst der kleinste Tümpel eine überaus artenreiche Tierwelt beherbergt. Nicht anders ist es in einem Gartenteich. Nach und nach finden sich die verschiedensten Lebewesen ein: zierliche Hüpferlinge, Wasserflöhe und Wasserwanzen, räuberische Wasserkäfer, Libellen und zeitweise auch Frösche, Kröten oder Molche.

Ganz extreme Anforderungen an ihre Bewohner stellen flache Tümpel, die im Sommer austrocknen und im Winter zu Eis erstarren. Doch es gibt Tierarten, die an diese Verhältnisse bestens angepaßt sind. Die Eier mancher Kleinkrebse etwa überdauern mehr als zehn Trockenjahre unbeschadet im Boden. Manche Planktontierchen wie Muschelkrebse und Rädertiere verfallen in eine Trockenstarre, die sogar jahrelang anhalten kann.

Wanderer zwischen zwei Welten

Die meisten Frösche und Kröten nehmen schon mit kleinen und kleinsten Tümpeln vorlieb. Sie sind zwar Lungenatmer und verbringen ihr Leben größtenteils an Land, doch im zeitigen Frühjahr verlassen sie ihre Winterquartiere und ziehen scharenweise zu ihren Laichgewässern. Den Anfang machen Ende Februar, Anfang März die Grasfrösche. Am Ziel angekommen, legt jedes Weibchen 2000–4000 Eier in gallertigen Klumpen ab, die vom Männchen sofort befruchtet werden. Wenig später gehen die Erdkröten, oft in unübersehbaren Massen, auf Wanderschaft. Im Unterschied zu den Fröschen reihen sich ihre Eier in langen, doppelten Laichschnüren auf, die sich um Pflanzenteile winden.

Wenn die Laichgewässer im Hochsommer austrocknen, haben sich die Kaulquappen bereits in fertige Lurche verwandelt, die ihr Gewässer ohnehin verlassen.

Ein außerordentlich artenreicher Lebensraum sind die ständig wassergefüllten Weiher und Seen. Man schätzt, daß in Westeuropa rund 6000 Arten von wirbellosen Süßwassertieren vorkommen. Weit mehr als die Hälfte dieser Wasserbewohner findet man ausschließlich in der pflanzenreichen, ufernahen Flachwasserzone, darunter so unterschiedliche Gruppen wie Schwämme, Nesseltiere, Egel, Borstenwürmer, Kleinkrebse, Wasserschnecken und Insekten. In nährstoffreichen Seen treten sie oft in gewaltigen Massen auf. Bis zu 10 000 Individuen je Quadratmeter Wasserfläche haben die Forscher schon gezählt.

Durch flaches, gut belichtetes Wasser treiben ganze Wolken einzelliger Algen. Sie bilden eine nahezu unerschöpfliche Nahrungsquelle für winzige Planktonlebewesen ebenso wie für Wasserflöhe und Mückenlarven. Von diesen wiederum ernähren sich größere Insektenlarven und einige Fische. Besonders raffiniert gehen die pflanzenähnlichen Süßwasserpolypen bei der Nahrungssuche vor: Sie sitzen an Wasserpflanzen fest und strecken ihre mit Nesselzellen bewehrten Fangarme aus, um die winzigen Beutetiere zu lähmen und anschließend im Innern ihres schlauchartigen Körpers zu verdauen.

In Rückenlage auf Raubzug

Im Flachwasser haben auch einige räuberische Wasserinsekten ihr Revier. Das bekannteste unter ihnen ist der Gelbrandkäfer. Schon seine Larven stellen Tieren nach, die kaum kleiner sind als sie selbst, Kaulquappen etwa. Die Käfer tragen ein Luftpolster unter ihren Flügeldecken, mit dem sie einige Zeit unter Wasser aushalten, bis sie zum Luftholen wieder an die Oberfläche aufsteigen müssen. Schwimmborsten machen ihre Beine zu Rudern, mit denen sie behend durchs Wasser schnellen. Selbst kleine Stichlinge gehören zu ihrer Beute.

An seiner eigenartigen Schwimmweise ist ein anderer Räuber zu erkennen: der Rükkenschwimmer. Man sollte sich davor hüten, ihn mit den Fingern aus dem Wasser zu fischen: Die Tierchen setzen sich mit einem schmerzhaften Biß zur Wehr.

Auch im Leben der farbenschillernden Libellen spielen die pflanzenreichen Laichkrautzonen der Seen und Weiher eine ganz entscheidende Rolle. Libellen legen ihre Eier in die Stengel von Wasserpflanzen. Die Larven, die nur wenige Wochen später schlüpfen, haben ein bizarres Aussehen und fristen monatelang, bei einigen Arten jahrelang, ein Dasein am Gewässergrund.

Die Quappe, auch Rutte genannt, bewohnt klare Kaltwasserseen. Tagsüber hält sie sich unter Steinen oder Wurzelwerk verborgen. Erst bei Einbruch der Dunkelheit geht sie auf Jagd nach Jungfischen.

Oben: Die Dreikantmuschel ist an ihrer gebänderten Schale zu erkennen. Ursprünglich eine Meeresmuschel, wanderte sie in geschichtlicher Zeit ins Süßwasser ein. In manchen Seen hat sie sich massenhaft vermehrt.

Rechts: Der Haubentaucher baut sein schwimmendes Nest aus Pflanzenteilen. Es wird zwischen Schilfstengeln befestigt. Außerhalb der Brutzeit suchen die Vögel auch Flüsse und Meeresbuchten auf.

Ein eindrucksvolles Schauspiel bietet sich, wenn im Frühsommer die Brachsen – eine Karpfenfischart – in Schwärmen ihre Laichgründe aufsuchen. Das seichte Wasser scheint zu kochen, wenn die zappelnden Fische es in Bewegung versetzen. Mit ihnen teilen die meisten unserer Süßwasserfische den Lebensraum: Karpfen, Schleien und Rotaugen, um nur die bekanntesten krautlaichenden Arten zu nennen. Am Schlammgrund finden die meisten von ihnen einen reich gedeckten Tisch mit Insektenlarven, Würmern und Kleinkrebsen.

Der bekannteste Fisch der Freiwasserzone ist wohl der Zander. Er stellt Jungfischen nach, die er mit seinen scharfen Zähnen ergreift. Zum Laichen aber suchen auch die Zander verkrautete Ufersäume auf.

Tiefe, klare Kaltwasserseen meidet der Zander, doch Lachsfische wie der Seesaibling und die Seeforelle fühlen sich dort wohl. Zum Laichen aber wandern sie einmündende Bäche hinauf, wo sie geeignete Kiesgründe vorfinden.

Flucht vor den Gletschern

Ausgeprägte Kaltwasserfische sind die Renken oder Maränen. Sie kommen ausschließlich in den tiefen Seen des Alpenvorlands und Schleswig-Holsteins vor. Ihr ursprüngliches Verbreitungsgebiet lag in Skandinavien und in den Alpen. Die eiszeitlichen Gletscher verdrängten die Fische in das tiefer gelegene Vorland, wo sie bis heute leben. Die bekannteste, weil als Speisefisch besonders geschätzte Art ist das Blaufelchen. Es zählt zu den Schwebrenken, die im freien Wasser zu Hause sind. Die Bodenrenken dagegen, unter ihnen die Große Maräne, leben in Grundnähe, wo sie Kleintiere erbeuten.

Bis in große Tiefen dringt auch ein anderer Seebewohner vor: die Wander- oder Dreikantmuschel. Die unauffälligen Tiere sind erst in den 60er Jahren in den Bodensee und andere große Seen des Alpenvorlands eingewandert. Dort haben sie sich massenhaft vermehrt und sind für viele Wasservögel zur wichtigen Nahrungsquelle geworden.

Keine Fische, dafür aber zahllose Kleinlebewesen und Vögel bewohnen die Röhrichtzone im Verlandungsbereich der Seen. Im dichten Wurzelgeflecht sind unübersehbare Massen von mikroskopisch kleinen Organismen mit der Zersetzung abgestorbener Pflanzenteile beschäftigt.

Einen eigenen geschützten Lebensraum bieten sogar die hohlen und daher durchlüfteten Schilfhalme. In den Hohlräumen überwintern unscheinbare Kleintiere wie Asseln, Milben, Springschwänze und Kurzflügler. Nach dem Winter suchen verschiedene Insekten die abgestorbenen Halme auf, um ihre Eier darin abzulegen.

Vogelparadies Schilf

Ein wahres Paradies ist das dichte Röhricht für zahlreiche Vögel. Sie finden dort alle Lebensansprüche erfüllt – Röhricht bietet Nahrung, Schlafplätze, Brutstätten, Mauserstellen und Unterschlupf –, alles auf engstem Raum vereint. Die verschiedenen Vogelarten haben jedoch durchaus ihre Vorlieben, besiedeln also keineswegs gleichmäßig das gesamte Röhricht. Das Kleine Sumpfhuhn und die Rohrweihe etwa bevorzugen das besonders wirre, dicht verfilzte und oft schon niedergedrückte Altröhricht. Gleichmäßiger gewachsenes, lichtes Schilf suchen sich Große Rohrdommel und Zwergdommel aus, und der Drosselrohrsänger hängt sein Nest nur zwischen gerade gewachsenen, dichten Rohrstengeln auf.

Nistmaterial finden die Röhrichtbrüter in Hülle und Fülle. Die meisten, vor allem die kleineren Röhrichtvögel, befestigen ihre Nester kunstvoll an den Stengeln. Einige Arten wie Bläßhühner und Haubentaucher bauen Schwimmnester im knietiefen Wasser. Rohrammern, Teichhühner und Bekassinen dagegen verstecken ihre Nestmulden am Boden in Seggen und Binsenstöcken.

Leben auf nassem Fuß

Wie kaum eine andere Landschaft ziehen Moore den Menschen in ihren Bann: Unheimlich und furchteinflößend, faszinieren sie ihn dennoch. Von den nebel- und geheimnisumwobenen Mooren, die es noch zu Beginn dieses Jahrhunderts bei uns gab, sind nur bescheidene Reste übriggeblieben. Im Kreislauf der Natur jedoch sind sie unersetzbar. Jede Feuchtwiese, jeder Sumpf, jedes Moor ist deshalb ein einzigartiges Kleinod, das es mit aller Entschiedenheit zu schützen gilt.

Moore, Sümpfe, Brüche, Riede und alle anderen natürlichen Lebensräume, die von stehender Nässe geprägt sind, aber keine offenen Wasserflächen aufweisen: sie alle bezeichnet man zusammenfassend als Feuchtgebiete.

Wo undurchlässige Gesteinsschichten in abflußlosen Senken und Mulden das Wasser stauen und so für einen hohen Grundwasserstand sorgen, bilden sich sogenannte Niedermoore. Schilf, Binsen und Seggen verdrängen dann alle anderen Pflanzen. Man nennt solche Feuchtgebiete auch Flachmoore, weil die Pflanzendecke nicht über den Grundwasserspiegel hinaus in die Höhe wächst; im alemannisch-schwäbischen Sprachraum heißen sie Riede und in Bayern Moose.

In den meisten Fällen steht ein flacher See am Anfang der Entwicklung zum Niedermoor. Von den Ufern her schiebt sich das Röhricht immer weiter ins offene Wasser vor. Das Schilf entzieht dem Untergrund große Mengen an Wasser, gleichzeitig sammelt sich abgestorbenes Pflanzenmaterial zwischen dem Wurzelwerk – die Verlandung schreitet unaufhaltsam voran, bis der See zugewachsen ist und von einem Niedermoor abgelöst wird.

Früher schätzten die Bauern die nassen Streuwiesen auf moorigem Untergrund: Die festen Gräser eigneten sich hervorragend als Einstreu in den Ställen und wurden deshalb zumindest einmal jährlich gemäht. In der modernen Landwirtschaft ist Streu nicht mehr gefragt. Man entwässert die Feuchtwiesen oder überläßt sie der Natur – dann verbuschen sie und verwandeln sich allmählich in einen Bruchwald, in dem Birken und Erlen vorherrschen.

Kleine Moore entstehen häufig auch um die Austrittsstelle von Schichtquellen (siehe auch Seite 20). In solchen Quellmooren siedeln sich verschiedene Seggen und Sumpfpflanzen wie Brunnenkresse und Pestwurz an. Oft sprießen die Pflanzen so üppig, daß die Zersetzung mit der großen Menge an abgestorbenen Teilen nicht Schritt hält. Dann bilden sich kleine Quellhügel aus Torf.

Hochmoore wachsen nur langsam

Die Geschichte unserer Hochmoore reicht bis in die Nacheiszeit zwischen 5500 und 2500 v. Chr. zurück. Damals herrschte ein feuchteres und milderes Klima als heute. In Sümpfen und verlandenden Seen siedelten sich Torfmoose an – die Entwicklung der Hochmoore begann. 1–2 mm wuchsen die Torfschichten jährlich.

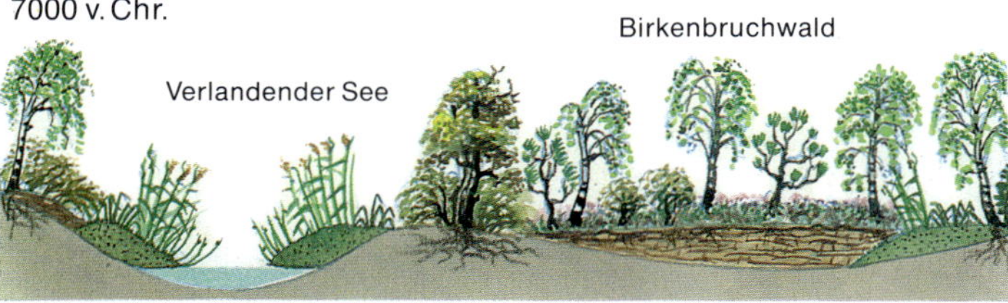

Die jüngste Eiszeit ist vorbei, die Temperaturen steigen wieder. Vegetation dringt in die Seen vor und läßt sie verlanden.

Torfmoose breiten sich auf den Flachmooren aus, die Bruchwälder ersticken unter den wuchernden Polstern.

Bis zu 10 m mächtige Torfschichten wölben sich uhrglasförmig in die Höhe. Vielerorts beginnt jetzt der Niedergang der Hochmoore.

Wenn der Boden schwankt

In Mittelgebirgen mit kalkarmem Gesteinsuntergrund und am Rand großer Hochmoore haben Seen und Weiher oft einen hohen Gehalt an Humussäuren und sind deshalb besonders nährstoffarm. Bei ihnen läuft die Verlandung anders ab als bei den nährstoffreichen Gewässern. Dort baut sich keine Schicht aus abgestorbenen Pflanzenteilen in einem Röhrichtgürtel auf, vielmehr schiebt sich eine schwimmende Pflanzendecke waagrecht seewärts. Fieberklee und Sumpfblutauge halten die Schicht aus Torfmoosen mit ihren langen Ausläufern zusammen. Die schwimmende Decke wird im Lauf der Zeit so mächtig, daß man sie sogar betreten kann, wobei sie allerdings beträchtlich schwankt. Ganz treffend wird diese Pflanzengesellschaft daher Schwingrasen genannt. Wenn das Wasser schließlich völlig aufgesogen ist und der torfige Untergrund fester wird, fassen Gehölze wie Birken oder Kiefern Fuß.

Pflanzen, die wie Schwämme wirken

Die Bezeichnung Hochmoor hat nichts mit der Höhenlage der Landschaft zu tun, sondern bezieht sich auf die uhrglasförmige Aufwölbung des Moores. In Schwaben wird es als Moos bezeichnet, in Bayern als Filz.

Ein Hochmoor hat seinen eigenen Wasserhaushalt, für den die Niederschläge, nicht

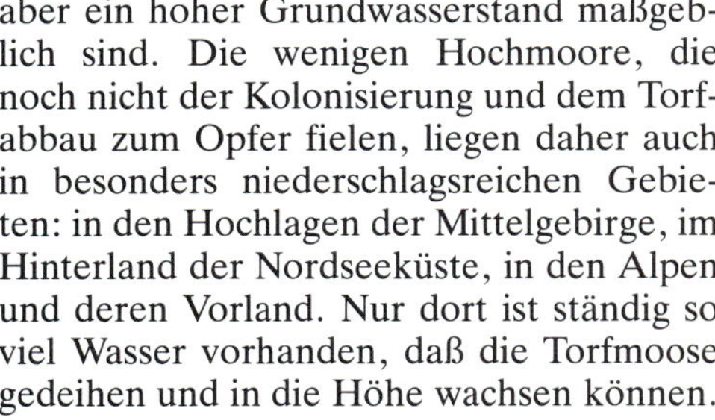

Links: Dieses Niedermoor ist dabei, sich in ein Hochmoor zu verwandeln. Wassergefüllte Schlenken wechseln mit dichtbewachsenen Buckeln, den Bülten. Bäume und Sträucher sind schon abgestorben.

Oben: Im Kendlmühlfilz südlich des Chiemsees wird heute noch Torf gestochen. Die gebänderten Schichten sind in Jahrtausenden gewachsen.

aber ein hoher Grundwasserstand maßgeblich sind. Die wenigen Hochmoore, die noch nicht der Kolonisierung und dem Torfabbau zum Opfer fielen, liegen daher auch in besonders niederschlagsreichen Gebieten: in den Hochlagen der Mittelgebirge, im Hinterland der Nordseeküste, in den Alpen und deren Vorland. Nur dort ist ständig so viel Wasser vorhanden, daß die Torfmoose gedeihen und in die Höhe wachsen können. Entstanden sind sie nach der jüngsten Eiszeit etwa 5500–2500 v. Chr., als ein feuchtwarmes Klima herrschte.

Das eigentliche Geheimnis aller Hochmoore ist in den unscheinbaren Pflänzchen der Laubmoosgattung Sphagnum zu suchen. Sie können innerhalb weniger Minuten das 15- bis 30fache ihres Trockengewichts an Regenwasser aufnehmen. Eine Torfmoosschicht saugt sich voll wie ein Schwamm – kein Wunder, daß man knöcheltief in den weichen Untergrund einsinkt. Die einzelnen Moospflänzchen wachsen stramm in die Höhe – so dicht nebeneinander, daß die unteren, älteren Pflanzenteile immer weniger Licht, Luft und Nährstoffe erhalten und eingehen. Weil in dem sauren Milieu Nährstoffarmut herrscht und Mikroorganismen fehlen, zersetzen sich die abgestorbenen Pflanzenteile kaum. Sie werden unter der Last der darüber wuchernden Moose zusammengepreßt, und mit der Zeit wachsen mächtige Torfschichten heran. In den jüngeren, lokkeren Schichten ist die pflanzliche Struktur noch gut zu erkennen. Auch dieser sogenannte Weißtorf kann große Wassermengen festhalten.

Weil manche Torfmoosarten stellenweise rascher wachsen als die umgebenden Moospflanzen, bilden sich in den Hochmooren meist buckelartige Erhebungen aus, sogenannte Bülten. Sie messen etwa 50 cm im Durchmesser, erreichen manchmal aber auch 3 m. Dazwischen liegen ständig mit Moorwasser gefüllte und mit feinstem Torfschlamm ausgekleidete Vertiefungen, die man als Schlenken bezeichnet. Dieses Mosaik aus Bülten und Schlenken unterliegt dauernder Veränderung und bezeugt, daß Hochmoore höchst lebendige, wandelbare Lebensräume sind.

Raritäten, Fleischfresser und Säurebildner

Feuchtgebiete sind Extremstandorte, an denen sich nur Spezialisten unter den Landpflanzen ansiedeln. Besonders viele Arten sind es nicht, die mit der dauernden Nässe, der hohen Luftfeuchtigkeit und dem oft sauren, nährstoffarmen Untergrund fertig werden. Um so üppiger ist die Blütenpracht, mit der einige auf sich aufmerksam machen.

Die Botaniker teilen die Feuchtgebiete nach den jeweils vorherrschenden Pflanzengesellschaften ein. So unterscheiden sie zwischen Großseggenrieden, Kleinseggensümpfen, Pfeifengrasstreuwiesen und binsenreichen Naßwiesen, um nur einige zu nennen. Diese Vielfalt spiegelt wider, wie stark selbst kleinste Unterschiede in den äußeren Bedingungen, etwa beim Nährstoffgehalt und beim Säuregrad des Wassers, die Zusammensetzung der Pflanzenwelt beeinflussen.

Pflanzen verraten Nässe

Mit geübtem Auge kann man im Gelände leicht erkennen, wo feuchte Pflanzenstandorte liegen. Im Frühjahr blühen in staunassen Bachniederungen die unverwechselbaren Sumpfdotterblumen. In Ufernähe breitet sich mit Vorliebe die Pestwurz aus. Schon im Vorfrühling schieben sich ihre rosafarbenen Blütensprosse aus dem feuchten Boden, und nachher entfalten sich dann die ausladenden Blätter oft zu einem geschlossenen Dach. Später im Jahr hebt sich das dunkle Grün verschiedener Binsenarten auffällig von den helleren Wiesen in der trockeneren Umgebung ab. Wo die Nährstoffversorgung besonders reichlich ausfällt, ragt das Mädesüß mit seinen langen, weißlichen Blütenstengeln heraus. Solche Sumpfpflanzen besitzen wie die Wasserpflanzen ein Gewebe aus Luftkammern, das die im wasserdurchtränkten Boden verankerten Wurzeln mit Sauerstoff versorgt.

In den Niedermooren, die aus verlandeten Seen hervorgegangen sind, steht das Grundwasser an der Oberfläche. Hier wiegen sich auf den Streuwiesen die schmalblättrigen Seggen im Wind, die in der Landwirtschaft von alters her als Einstreu für die Ställe verwendet wurden. Dazwischen gedeihen Gewächse, die zu den schönsten unserer Pflanzenwelt zählen: Knabenkräuter und andere feuchtigkeitsliebende Orchideen. Spät im Jahr erscheinen die Blüten des Sumpfherzblatts. In den weißen Blüten sitzen Staubblätter mit drüsigen Verdickungen. Sie täuschen Honigtau vor und locken so bestäubende Insekten an.

Leider sind gerade die Streuwiesen akut bedroht: Häufig werden sie entwässert und dann intensiv bewirtschaftet. Es reicht aber auch schon aus, wenn die Wiesen nicht mehr gemäht werden: Bald werden sie dann von Buschwerk überwuchert.

So verschwanden auch früher schon viele Niedermoore, weil sogenannte Bruchwälder von ihnen Besitz ergriffen. Von den ausgedehnten Beständen mit anspruchslosen Schwarzerlen, teils auch mit Moorbirken und Weiden, die sich früher in den vermoorten Niederungen vieler großer Täler ausgebreitet haben, sind nach den Rodungen der Vergangenheit allerdings auch nur noch bescheidene Reste übriggeblieben.

Hochmoore: kein Platz für die Empfindlichen

Bis zu 250 verschiedene Arten höherer Pflanzen haben Fachleute schon in Niedermooren gezählt. Ganze 18 davon kommen auch in Hochmooren vor. Dafür haben

Links: Die Blüten des Heilziests kann man in Streuwiesen entdecken. Mitte: Trollblumen wachsen in Naß- und Feuchtwiesen.

Unten: Über die Torfmoospolster naturbelassener Hochmoore kriechen die zarten Triebe der Moosbeere.

Die Wollgräser gehören zu den auffälligsten Blütenpflanzen der sonst eintönigen Hochmoore. Sie besiedeln bevorzugt die erhöhten Moospolster, die sogenannten Bülten.

Hochmoore immerhin 30 Moosarten und – an trockenen Stellen – 20 Flechtenarten zu bieten. Die Lebensbedingungen in den Hochmooren sind in vielerlei Hinsicht extrem: In der Wurzelzone herrscht Sauerstoffmangel, das Kleinklima ist kalt, die Wachstumsperiode entsprechend kurz. Zugleich können die Temperaturen im Tagesablauf enorm schwanken, und das gesamte Milieu ist überaus sauer. Außerdem sind kaum Mineralstoffe vorhanden.

Viele Hochmoore sind von einem Waldsaum umgeben, dem sogenannten Randwald. Schwarzerlen, Moorbirken und Moorkiefern sind die einzigen Baumarten, die sich hier halten können. Weiter moorwärts sorgt das aus dem Torfkissen austretende Wasser für ein sehr saures und feuchtes Milieu. Die Bäume wachsen entsprechend langsam und bleiben klein und verkrüppelt. Am weitesten wagen sich die Kiefern vor. Dann gewinnen die Torfmoose der Gattung Sphagnum die Oberhand. Ihr besonderer Bau macht sie zu den unangefochtenen Herrschern ihres Reichs, mehr noch: macht sie zu Architekten ihres eigenen Lebensraums. Die Blättchen sind mit speziellen Zellen ausgerüstet, die Wasser speichern können. Weitere flaschenförmige Wasserzellen sitzen an den Stämmchen. Das erklärt, warum sie ein Vielfaches ihres Trockengewichts aufsaugen können.

Darüber hinaus stehen die Torfmoose in einem regen Stoffaustausch mit ihrer Umgebung. Sie binden die im Wasser gelösten Mineralstoffe an sich und geben dafür Wasserstoffionen ab. Sie machen das Wasser so sauer wie eine Essiglösung. Außerdem ziehen sie so die Nährstoffe an sich, die andere Pflanzen zum Gedeihen benötigen würden.

Nur ein paar Spezialisten setzen sich auf den von Torfmoosen aufgebauten Erhebungen, den Bülten, fest. Unter ihnen sind die Frühlingsboten des Hochmoors: die Wollgräser, die zu den Sauergräsern zählen. Ihre feinen, wolligen Ährchen wurden früher als Kissenfüllung verwendet.

Auch die Heidekrautgewächse sind mit einigen Arten vertreten. Am bekanntesten ist die Moosbeere mit ihren auffällig gefärbten Früchten. Das eigentliche Heidekraut hingegen breitet sich nur dort aus, wo der Mensch Torf abgestochen und das Hochmoor entwässert hat.

Insekten als Nährstofflieferanten

Eine unserer ungewöhnlichsten Pflanzenfamilien hat ihren Lebensraum ebenfalls auf den Mooshügeln der Hochmoore: die Sonnentaugewächse. Was ihnen der Untergrund an Nährstoffen vorenthält, beschaffen sie sich durch Insekten. Die Sonnentauarten stellen damit eine der erstaunlichsten Formen der Anpassung an ihren extremen Lebensraum dar. Sie besitzen Rosetten aus rundlichen Blättern, die mit roten Drüsenhaaren besetzt sind. Die glitzernden Schleimtröpfchen an ihrer Spitze werden von kleinen Fluginsekten für Wasser gehalten – und das ist ihr Verhängnis: Die klebrige Flüssigkeit läßt sie nicht mehr los. Der Bewegungsreiz veranlaßt die Pflanze, ganz langsam ihre Blattränder über die Beute zu biegen und sie dann mit einem enzymreichen Verdauungssaft aufzulösen.

Die Pflanzen, die auf den Torfmoosen wurzeln, können nur überleben, weil sie mit dem in die Höhe wachsenden Moosteppich Schritt halten. Sonst nämlich würden sie von den Moosen überwuchert und gingen an Sauerstoffmangel zugrunde. Doch die Natur hat vorgesorgt. Die älteren Wurzeln und Sprosse sterben ab, treiben aber rechtzeitig neue Sprosse aus, die mit den Torfmoosen in die Höhe wachsen.

Die letzten Paradiese

Scheue Birkhühner, die im Morgennebel eines einsamen Hochmoors ihr Kollern vernehmen lassen, Kreuzottern, die sich auf sonnenbeschienenen Moospolstern aus der Kältestarre der Nacht lösen, Störche, die majestätisch über eine sumpfige Wiese schreiten – ein so heiles Bild präsentiert sich nur noch in wenigen Feuchtgebieten. Mit dem Rückgang dieser einmaligen Lebensräume verschwinden leider auch viele selten gewordene Tierarten aus unserer Landschaft – für immer.

Im März wandern die Erdkröten scharenweise in ihre Laichtümpel. Bei der Paarung trägt das Weibchen das kleinere Männchen auf dem Rücken. Anschließend gehen die Kröten wieder an Land, wo sie sich mit Vorliebe an feuchten, schattigen Stellen aufhalten.

Schon eine unscheinbare Feuchtwiese kann eine Naturinsel in unserer vielbeanspruchten Kulturlandschaft sein. Der dichte Wald aus grasartigen Seggen, durchsetzt von üppig gedeihenden Blütenpflanzen, beherbergt eine überaus reiche Insektenwelt. Vor allem eine Reihe von Schmetterlingen hat hier eine letzte Zuflucht gefunden: 40 Tagfalter- und über 250 Nachtfalterarten. Charakteristisch und an seinen rot getupften Flügeln leicht zu erkennen ist das Gemeine Blutströpfchen, die häufigste Widderchenart. Es gehört zwar zu den Nachtfaltern, fliegt aber nur im Sonnenschein. Unter den Tagschmetterlingen fallen die leuchtend rotgold gefärbten Dukatenfalter und viele Bläulinge sofort ins Auge.

Man schätzt die Zahl der kleinen Feuchtwiesenbewohner auf insgesamt stattliche 4000 Arten. Kein Wunder, daß sich auch zahlreiche Vögel diesen reich gedeckten Tisch nicht entgehen lassen. Viele von ihnen sind Wiesenbrüter. Sie verbringen den Winter in wärmeren Gefilden, kehren aber ab März in ihre angestammten Brutgebiete zurück – sie sind extrem reviertreu. Ein typischer Feuchtwiesenbewohner ist der Große Brachvogel. Er scharrt seine Nestmulde in nicht zu hohen Wiesen. Die Jungen schlüpfen schon im Mai nach rund vierwöchiger Brutzeit.

Entwässerung bedeutet Vertreibung

Wenn die Bauern ihre Feuchtwiesen entwässern und sie in intensiv genutzte Wirtschaftswiesen verwandeln, müssen die Wiesenbrüter weichen. Im trockenen verhärteten Boden stochern auch Vögel mit sehr langen Schnäbeln erfolglos nach Nahrung. Weil die vielfältigen Blütenpflanzen nach Trockenlegung und Düngung der Wiesen von wenigen anderen Arten verdrängt werden, verlieren die meisten Schmetterlinge und andere Insekten ihren Lebensraum. Sie fehlen folglich auch auf dem Speisezettel der Vögel. Ohnehin stören Mahd und Beweidung der Wiesen das Brutgeschäft der Vögel erheblich. Bewirtschaftungsmaßnahmen wie Düngen und Walzen schließlich machen ihnen das Überleben dort vollends unmöglich.

Besonders empfindlich auf solche Eingriffe reagieren Bekassinen und Kampfläufer. Allein in Schleswig-Holstein ging die Zahl der Bekassinenpaare zwischen 1970 und 1982 von über 10 000 Paaren auf 1500 Paare zurück.

Adebars Ende

Große Beachtung fand der Rückgang unseres wohl auffallendsten Vogels: des Weißstorchs. Er ist auf offenes Sumpf- oder Feuchtwiesengelände angewiesen. Bei der Nahrungssuche schreitet er mal gemächlich,

Bestens getarnt ist der braungescheckte Große Brachvogel in den winterlich gefärbten Feuchtwiesen. Mit seinem langen, gebogenen Schnabel stochert er im nassen Boden nach Würmern und Insektenlarven.

Links: Diese Libelle – eine Mosaikjungfer – ist soeben aus ihrer Larvenhaut geschlüpft und hat damit ihr mehrjähriges Dasein im Wasser beendet. Von jetzt an fliegt sie durch ihren moorigen Lebensraum.

Oben: In Mooren kann man der schwarzen Form der giftigen Kreuzotter begegnen. Der Volksmund bezeichnet diese Schlangen als Höllennattern. Sie werden nur selten länger als 60 cm.

mal zügig dahin und pickt auf, was sich vor seinem Schnabel bewegt – vom Regenwurm über Heuschrecken und Insektenlarven bis hin zu Mäusen und Fröschen. Dabei bringt er es auf stolze Mengen: Bei Analysen fanden sich nach einem einzigen Suchgang in einem Storchenmagen 1315 Feldheuschrekken, ein anderer hatte 730 Blattwespenlarven vertilgt.

Bunt und vielfältig ist auch die Lebewelt der Niedermoore mit ihren orchideendurchsetzten Streuwiesen. Hier stellt die Ringelnatter dem Grasfrosch nach, legt die seltene Wiesenweihe ihren Horst an, tummeln sich etliche Tagfalter, unter ihnen der auf diesen Lebensraum spezialisierte Moorbläuling. Er legt seine Eier ausschließlich an Lungenenzian ab, von dessen tiefblauen Blütenblättern die Raupen sich anfangs ernähren. Der Lungenenzian aber wächst nur in Niedermooren.

Arche Noah für viele Arten

Die Hochmoore mit ihren in vieler Hinsicht extremen Lebensbedingungen beherbergen eine ganz eigene Tierwelt. Wirklich reichlich vertreten sind aber nur die Kleinlebewesen, allen voran Einzeller, Insekten und Spinnen. Muscheln und Schnecken hingegen wird man vergeblich suchen: Ihnen fehlt in der sauren Umgebung der Kalk, aus dem sie ihre Schalen aufbauen.

Wirbeltiere haben hier Seltenheitswert. Das Verzeichnis der Hochmoorbewohner liest sich wie ein Auszug aus der Roten Liste bedrohter Arten. Das auch in Hochmooren lebende Birkhuhn ist bezeichnenderweise eigentlich gar keine hochmoortypische Art: Es hat sich nur dorthin zurückgezogen, weil ihm der Mensch überall sonst den Lebensraum streitig gemacht hat. Der Rückgang der scheuen Vögel aber ist nach wie vor nicht abgewendet – vermutlich leiden sie auch hier unter den Störungen durch Wanderer und andere Eindringlinge. So ist heute kaum mehr jemandem das einzigartige Schauspiel vergönnt, die Männchen bei ihrer Balz zu beobachten. Aus den oberschwäbischen Mooren sind die Birkhühner inzwischen völlig verschwunden, und in Niedersachsen zählte man 1981 gerade noch 200 Tiere.

Ebenso in ihrem Bestand bedroht sind die Auerhühner. Sie kommen nur noch im Alpenraum und in manchen Mittelgebirgen vor, wo sie sich in einsame Hochmoore zurückziehen konnten. Anders als die Birkhühner bevorzugen sie aber die lichten Moorwälder mit ihrem Unterwuchs aus Heidelbeersträuchern. Dort lassen sie sich mit Vorliebe auf abgestorbenen Bäumen nieder.

Ein Refugium fand auch die anpassungsfähige Kreuzotter in den Hochmooren. Sie mag es allerdings trockener und besiedelt nur die Zwergstrauchheiden am Rand von Hochmooren oder in abgetorften Moorgebieten. Wer Glück hat, kann die männlichen Schlangen im Frühjahr bei ihren eindrucksvollen Balzkämpfen beobachten.

Auch die Lurche sind im Hochmoor vertreten – sogar mit einer Art, die voll und ganz auf diesen extremen Lebensraum spezialisiert ist: dem kleinen Moorfrosch. Mit seiner bräunlichen Fleckenzeichnung ist er inmitten der braungrünen Torfmoose bestens getarnt. Seine Laichgewässer sind die Schlenken, die mit saurem Wasser gefüllten Mulden zwischen den Moosbuckeln.

Nur wenige lieben Säure

Die Frösche teilen ihren Lebensraum mit einigen säureverträglichen Kleinkrebsen, so dem ganze 1,5 mm großen, gelbgrünen Lappenkrebs und verschiedenen Ruderfußkrebsen. Sonst halten es in diesem sauren Wasser nur noch bestimmte Insektenlarven, Schwimmkäfer und andere, an einer Hand abzählbare Insektenarten aus.

Für zahlreiche Libellenarten jedoch sind die Hochmoore ein wahres Eldorado. Am häufigsten begegnet man der Torfmosaikjungfer mit ihrem hellblau gefleckten Hinterleib. Wie bei der Hochmoor-Mosaikjungfer verbringen die Larven ihre gesamte Entwicklungszeit im Moorwasser. Mehr als zehn Häutungen machen sie durch, bis sie nach zwei bis drei Jahren an Land klettern und sich in geflügelte Insekten verwandeln. Die frisch geschlüpften Libellen verharren während der ersten Stunden regungslos an einem Ort, bis ihr empfindlicher Körper mit den zarten Flügeln gehärtet ist.

Mensch und Wasser

Der Menge nach ist Trinkwasser unser Hauptnahrungsmittel. Ein Erwachsener benötigt täglich zwischen 2,5 und 3,5 l.
Damit nicht genug: Von alters her nutzten die Menschen das Wasser auch als kostenloses Transportmittel und als Energiequelle. Entlang vieler Flüsse entwickelten sich regelrechte Siedlungsbänder. Schließlich ist Wasser ein wichtiges Produktionsmittel in vielen Industriezweigen, im Bergbau und in der Landwirtschaft, wo es zum Tränken der Tiere und zur Bewässerung gebraucht wird.
Leider mehren sich heute die Anzeichen dafür, daß unsere Gewässer den vielfältigen Beanspruchungen, denen sie ausgesetzt sind, nicht mehr gewachsen sind. Der Mensch hat es in der Hand, den mißbrauchten Flüssen und Seen zu helfen und sie wieder in gesunde Lebensräume zu verwandeln.

Am Chiemsee gehen noch einige Berufsfischer wie eh und je ihrer beschwerlichen Tätigkeit nach. In den Schwebnetzen bleiben vor allem Renken hängen – eine Delikatesse, die rund um den See die Speisekarten bereichert und auch geräuchert in den Handel kommt. Jungfische werden in einer Brutanstalt nachgezüchtet.

Des Menschen Seele gleicht dem Wasser

Die Menschen haben ein tiefes Bedürfnis, ihre Erfahrungen in Bilder umzusetzen. Vor allem das Wasser als Element des Lebens hat zu allen Zeiten Künstler inspiriert. Ob es sich um ein Gedicht oder eine Erzählung, um ein Gemälde oder ein musikalisches Werk handelt: In allen diesen Kunstgattungen findet sich das Thema des fließenden oder stehenden Wassers wieder.

In der Antike wurden Gewässer häufig personifiziert. Moritz von Schwind, der große Meister der Spätromantik, griff diese Tradition auf. Er wählte vielfach Motive aus dem Reich der Sage und des Märchens: So stellte er sich Vater Rhein vor.

In der griechischen Antike waren einige Naturphilosophen der Ansicht, daß sämtliche irdischen Stoffe aus den vier Elementen Feuer, Erde, Luft und Wasser bestünden. Die moderne Wissenschaft hat die Theorie widerlegt, doch die Faszination, die von den Grundelementen ausgeht, hat sie damit nicht zerstört. Bis zum heutigen Tag sind Dichter, Maler und Musiker von der Anziehungskraft der vier Urelemente immer wieder gefesselt und von ihnen stets aufs neue zu künstlerischem Schaffen angeregt worden.

Johann Wolfgang von Goethe faßt in der ersten Strophe seines Gedichts „Gesang der Geister über den Wassern" stellvertretend für viele andere Künstler zusammen, was das feuchte Element so anziehend macht:

„Des Menschen Seele
Gleicht dem Wasser:
Vom Himmel kommt es,
Zum Himmel steigt es,
Und wieder nieder
Zur Erde muß es,
Ewig wechselnd."

Das lebenspendende Wasser ist also Sinnbild des ewigen Kreislaufs. Es symbolisiert Werden, Wachsen und Vergehen sowie die Entstehung neuen Lebens. Ohne das Wasser ist kein Leben möglich; doch in seiner ungebändigten Kraft kann das Wasser auch zum zerstörerischen, ja sogar zum todbringenden Element werden. Aus dem Wissen um diese beiden Wirkungsweisen des feuchten Urstoffs entstanden bedeutende Gemälde, ergreifende musikalische Werke und hervorragende Dichtungen.

Doch alles Große und Erhabene hat zumeist auch eine sehr bodenständig-irdische Gegenseite. Heinrich Heine macht dies in seiner „Harzreise" in der ihm eigenen knappen Form treffend deutlich:

„Eben wie ein großer Dichter, weiß auch die Natur mit den wenigsten Mitteln die größten Effekte hervorzubringen. Da sind nur eine Sonne, Bäume, Blumen, Wasser und Liebe. Freilich, fehlt letztere im Herzen des Beschauers, so mag das Ganze wohl einen schlechten Anblick gewähren, und die Sonne hat dann bloß soundso viel Meilen im Durchmesser, und die Bäume sind gut zum Einheizen, und die Blumen werden nach den Staubfäden klassifiziert, und das Wasser ist naß."

Nun muß es allerdings nicht immer Mangel an Liebe sein, wenn der Dichter das Naturschauspiel eher nüchtern betrachtet; oft wehrt er sich auf diese Weise nur gegen die allzu häufigen Ergüsse weniger begnadeter Kollegen. An solche selbsternannten Dichter mag auch Christian Morgenstern gedacht haben. Er brachte ein ganz anderes Element – nämlich das humorvolle – bei seiner Betrachtung des Gewässers ins Spiel, als er die zwei kleinen Strophen verfaßte:

„Ohne Wort, ohne Wort
rinnt das Wasser immerfort;
andernfalls, andernfalls
spräch es doch nichts andres als:

Bier und Brot, Lieb und Treu,
und das wäre auch nicht neu.
Dieses zeigt, dieses zeigt,
daß das Wasser besser schweigt."

Zu den eindrucksvollsten Darstellungen des Bodensees gehören die Gemälde von Helmuth Macke (geb. 1891), einem Vetter des bekannteren August Macke. Von 1933 an lebte er am Bodensee, wo auch das Bild entstand. In diesen Jahren litt er unter schweren Depressionen. 1936 ertrank er im See.

Eingefangene Stimmungen und Gefühle

Der Kreislauf des Wassers, wie Goethe ihn in seinem Gedicht zu Beginn des Kapitels beschreibt, ergießt sich vom regenschweren Wolkenhimmel über die Erde mit ihren Seen, Strömen, Flüssen und Bächen und führt wieder zurück in die Höhe. Dies ist eines der großartigsten Schauspiele der Natur, das Dichter, Musiker und Maler immer wieder zu neuen Interpretationen angeregt hat.

Stimmungen und Gefühle einzufangen und so wiederzugeben, daß die Betrachter, die Leser oder die Zuhörer sie nachempfinden können, war von jeher ein Anliegen der Künstler. Das Plätschern eines Bergbachs hört man in den schwingenden Rhythmen und klaren Tönen eines Gedichts, spürt man in der Durchsichtigkeit der lichten Farbgebung eines Gemäldes, oder man erlebt es in den perlenden Tonfolgen eines Musikstücks, wie beispielsweise in Johann Sebastian Bachs Kantate 206: „Schleicht, spielende Wellen". Dann wieder entlädt sich das donnernde Tosen eines Wasserfalls in sich überstürzenden Tonkaskaden, oder es drückt sich in der Dichtung in dumpf rollender, dunkel tönender Wortwahl aus.

Die Kraft der Natur in ihrer ruhigen Stärke, nicht in ihrer unheimlichen Macht oder gar Übermacht, führt uns Friedrich Schiller in seiner Ballade „Die Bürgschaft" in einer Strophe so drastisch vor Augen:

„Da gießt unendlicher Regen herab,
Von den Bergen stürzen die Quellen,
Und die Bäche, die Ströme schwellen.
Und er kommt ans Ufer mit wanderndem Stab,
Da reißet die Brücke der Strudel hinab,
Und donnernd sprengen die Wogen
Des Gewölbes krachenden Bogen."

Auch Ludwig Uhland gibt uns in seiner Ballade „Das Lied vom braven Mann" eine dramatisch-anschauliche Beschreibung der zerstörerischen Wut der aufgewühlten, entfesselten Elemente. Und Theodor Storm, der im „Schimmelreiter" eine alles verheerende Sturmflut schildert, in der sich das Wasser zu Bergen türmt, „die dräuend gegen den nächtlichen Himmel stiegen, die in der furchtbaren Dämmerung sich übereinander zu türmen suchten und übereinander gegen das feste Land schlugen" – diesem Dichter verdanken wir auch eine ganz andere Darstellung eines ruhigen Sees, des Immensees in der gleichnamigen Novelle.

Bootspartien auf Seen oder Flüssen sind auch heute noch ein beliebtes Freizeitvergnügen. Für eine Vergnügungsfahrt des englischen Königshofs auf der Themse schrieb Georg Friedrich Händel 1717 seine berühmte Wassermusik. Der junge Komponist, der von 1710 an in England lebte, war am Hof freundlich aufgenommen worden.

Der Wanderer eilt forschen Schrittes voran, bis sich ihm „über den Gipfeln hundertjähriger Eichen" plötzlich der Blick auf eine „weite, sonnige Landschaft" öffnet. „Tief unten lag der See, ruhig, dunkelblau, fast ringsum von grünen, sonnbeschienenen Wäldern umgeben; nur an einer Stelle traten sie auseinander und gewährten eine tiefe Fernsicht, bis auch diese durch blaue Berge geschlossen wurde..."

Eine beschaulich-stille Beschreibung, die an Wilhelm von Kobells „Landschaft bei Tegernsee" erinnert oder an Karl Friedrich Schinkels „Heiliger See bei Potsdam", an Helmuth Mackes „Winterliche Seelandschaft" oder an ein Gemälde von Hans Thoma, dem er den knappen Titel „Landschaft" gab.

Das Zusammenspiel zweier Elemente

Hans Thomas Anliegen war es, in diesem realistisch-stimmungsvollen Landschaftsgemälde Wasser und Licht und das Zusammenspiel dieser beiden Elemente darzustellen. Die grauen, geballten Wolken über dem leicht sich kräuselnden See sind an einer Stelle plötzlich aufgerissen, Sonnenstrahlen brechen hervor und werden schillernd vom See reflektiert. Die gegenseitige Durchdringung der Elemente durch die Spiegelung und Brechung des Lichts ist hier festgehalten. Sie zeigt, welch zauberhafte Kunstwerke die Natur hervorzubringen vermag – und mehr noch, wie sich dem Betrachter erst durch die künstlerische Wiedergabe des Naturphänomens die ganze Schönheit dieses Idylls offenbart.

Zwei kleine Details, die der Betrachter nicht auf den ersten Blick bemerkt, setzen der leicht bedrohlichen Gewitterstimmung

einen beruhigenden Akzent gegenüber: ein Angler im Vordergrund und ein Segelboot, das so tief in den Hintergrund des weitläufigen Sees gesetzt ist, daß es nur wie ein winziger Tupfer in der Ferne wirkt.
Ist es in der Malerei das Zusammenwirken von Licht und Wasser, das den Künstler fasziniert, so ist es in der Musik meist das Spiel von Wind und Wellen, das nach musikalischem Ausdruck sucht, wie beispielsweise in Mendelssohns „Hebriden".
1829 besuchte Mendelssohn Schottland zusammen mit seinem Freund Klingemann. Ein Ausflug führte die beiden auf die kleine Insel Staffa, die zu den Inneren Hebriden gehört. Das Brandungstosen um die Fingalhöhle dort inspirierte den Musiker zu seiner Komposition. Richard Wagner soll darüber gesagt haben, daß es sich bei dieser Ouvertüre Mendelssohns um „eines der schönsten Musikstücke" handelt, die wir besitzen, und weiter, daß er vor allem von der besonderen Schönheit jener mittleren Passage angerührt sei, in der die Oboen sich über die anderen Instrumente erheben wie der Wind über die See.

Gemälde aus Worten und Tönen

In der schlichten Landschaftsbeschreibung gelingt es dem Dichter oft, die Aufgabe des Malers zu übernehmen, und auch der Komponist vermag mit seinen Melodien und einer entsprechenden Instrumentierung prachtvolle Gemälde am geistigen Auge des Zuhörers vorbeiziehen zu lassen.
„Die Moldau" von Friedrich Smetana versetzt den Lauschenden in das Vaterland des

Im heiter-beschwingten Dreivierteltakt des Walzers konnte im vergangenen Jahrhundert Johann Strauß Sohn einer Donau huldigen, die damals noch so schön und blau war, wie es seine Musik beschwört.

Komponisten, nach Böhmen. Ein musikalisches Gemälde entsteht: Zwei Quellen, die eine lebhaft sprudelnd, die andere still und kühl, vereinigen sich zum plätschernden Waldbach, werden zum Fluß, schwellen zum Strom an, der sich schließlich träge auf die Goldene Stadt Prag zubewegt. Das Leben und Treiben am Ufer des Flusses wird spürbar, wenn Jagdhörner erschallen und wenn man eingeladen ist, an der Jagdpartie teilzunehmen; wenn Geigen zum Tanz aufspielen und ein Fest – vielleicht eine Hochzeit – stattfindet; wenn der Mond auf den nächtlich dahinziehenden Strom scheint und die Nixen zu übermütigem Spiel auftauchen; wenn schaumbekrönte Wellen brausen und brodeln und wenn die Moldau über Stromschnellen stürzt. Schließlich erreicht sie gelassen und ruhig, wie es einer Majestät geziemt, die Stadt Prag, die vom Hradschin überragt wird.
Ein nicht weniger anschauliches Bild vermag Heinrich Heine mit seiner Schilderung des Harzflüßchens Ilse zu malen: „Es ist unbeschreibbar, mit welcher Fröhlichkeit, Naivität und Anmut die Ilse sich hinunterstürzt über die abenteuerlich gebildeten Felsstücke, die sie in ihrem Laufe findet, so daß das Wasser hier wild emporzischt oder schäumend überläuft, dort aus allerlei Steinspalten, wie aus tollen Gießkannen, in reinen Bögen sich ergießt und unten wieder über die kleinen Steine hintrippelt wie ein munteres Mädchen... Die hohen Buchen stehen dabei gleich ernsten Vätern, die verstohlen lächelnd dem Mutwillen des lieblichen Kindes zusehen; die weißen Birken bewegen sich tantenhaft vergnügt und zugleich doch ängstlich über die gewagten Sprünge; der stolze Eichenbaum schaut drein wie ein verdrießlicher Oheim, der das schöne Wetter bezahlen soll..."
Ließ sich Heine hier von der Heiterkeit, die von einem munteren Gebirgsfluß ausgeht, anregen, so wurden andererseits viele Dichter gerade vom düster-unheimlichen Charakter vieler Gewässer inspiriert. Das Wasser, das vom nahen Tod kündet, das Element, in dem ein Mensch den Tod suchte oder unfreiwillig fand, fesselte die Künstler.

„Das Auge des Sees
wird stier und glasig,
als ob eine Ahnung
die Erde durchfröre,
daß dieser Gorgoschild
einst ihren Leib
zertrümmern werde..."

Diese unheimlich klingenden Verse finden sich in Christian Morgensterns „Mondbild".
Die Novelle „Romeo und Julia auf dem Dorfe" von Gottfried Keller gehört zu den ergreifendsten Prosastücken, die das Thema Wasser aufnehmen. Zugleich bezieht Keller seine literarische Spannung aus der romantischen Dichtung. Er behandelt die Vereinigung der Liebenden, die im irdischen Leben verhindert wurde und erst im Tod auf ewig Erfüllung findet.
Schon im Volkslied von den zwei Königskindern hat sich das Motiv erhalten:

„Sie konnten zusammen nicht kommen,
Das Wasser war viel zu tief."

Eduard Mörike gestaltet das Thema in seinem Gedicht „Zwei Liebchen" künstlerisch aus, doch bei ihm werden die im Leben Vereinten durch das Eingreifen der Mächte des Bösen im Tod getrennt. Die Donau, verkörpert als Frau Done, reißt Braut und Bräutigam aus dem Schifflein zu sich in die kalte Flut:

„Und als der Mond am Himmel stand,
die Liebchen schwammen tot ans Land,
er hüben und sie drüben."

Der Rhein beim Loreleyfelsen inspirierte Heinrich Heine zu einem Gedicht, das durch seine Vertonung zu einem bekannten Kunstlied wurde: „Ich weiß nicht, was soll es bedeuten, daß ich so traurig bin..."

Oben: Der ostpreußische Maler Lovis Corinth erlitt mit 53 einen Schlaganfall. Danach gewann seine Kunst eine neue Tiefe.

Mit kräftigen Pinselstrichen ging er nun ans Werk. Ein beliebtes Motiv war der Walchensee, wo er 1918 ein Bauernhaus erwarb.

Rechts: Nicht nur die romantische, auch die prosaische Seite der Flüsse als Verkehrswege und als Herausforderung an die Kräfte des Menschen gab dem künstlerischen Gestaltungswillen Impulse. „Der Eiserne Steg" von Max Beckmann zeugt von dem Willen und Können des Menschen, das Wasser durch Brücken- und Kanalbauten zu bezwingen und es sich nutzbar zu machen.

Loreley und Wassernöck

Unsere Vorfahren waren mit der Natur viel enger verbunden, als wir es heute sind, und so spielten in ihrem Leben auch die Gewässer eine größere Rolle. Mythen, Sagen, Fabeln und Geschichten woben sie um das feuchte Element. Quellen und Flüsse wurden personifiziert, ja sogar als Gottheiten, als Wesen mit bösen und guten Eigenschaften gefürchtet und verehrt. Bei Mörike hören wir von der bedrohlichen Frau Done. Moritz von Schwind verleiht dem Gedanken in seinem Gemälde „Vater Rhein" Ausdruck – und selbst in einem Karnevalsschlager heißt es, man habe den Vater Rhein in seinem Bett gesehen.

Glaube und Aberglaube vieler Völker schreiben Quellen und Flüssen mächtige Kräfte zu – lebenserhaltende und lebensbedrohende. Im Märchen der Brüder Grimm „Das Wasser des Lebens" steht der freundliche Aspekt im Vordergrund:

„Da sprach der Alte: Ich weiß noch ein Mittel, das ist das Wasser des Lebens; wenn er davon trinkt, wird er wieder gesund: das ist aber schwer zu finden." In einem anderen Grimmschen Märchen – „Brüderchen und Schwesterchen" – hat die Quelle dagegen höchst bedrohliche Züge. „Wer aus mir trinkt, der wird ein Wolf!" murmelt sie.

In der Volksliteratur wimmelt es von feindlich gesinnten Wasserwesen, die, um den Menschen anzulocken, außerhalb des Wassers eine wunderschöne Gestalt annehmen und dann, wenn sie den Menschen betört haben, ihre wahre Natur offenbaren. Das dämonischste dieser Ungeheuer ist wohl die Loreley, die goldhaarige Schöne, die auf dem Rheinfelsen sitzt und mit ihrem Gesang die Sinne der Schiffer verwirrt, so daß sie nicht auf die Klippen achten und jämmerlich zugrunde gehen.

Clemens Brentano, Joseph von Eichendorff und viele andere haben der gefährlichen Sirene dramatische Gedichte gewidmet. Am bekanntesten aber wurde wohl Heinrich Heines „Lore-Ley" durch die Vertonung von Friedrich Silcher. Kein Touristendampfer fährt heute am Loreleyfelsen vorbei, ohne daß Silchers Musik aus den Lautsprechern tönt.

Doch nicht alle Wassergeister haben Übles im Sinn. Manche verfolgen ganz menschlich-egoistische Ziele, wie etwa „Undine", die Nixe, die durch die Ehe mit einem Menschen eine Seele zu erlangen hofft. Die romantische Märchendichtung von Friedrich de la Motte-Fouqué diente Albert Lortzing als Vorlage für seine romantische Zauberoper. E. T. A. Hoffmann griff den Stoff für eine Oper noch einmal auf, und 1958 gestaltete Hans Werner Henze ihn zu einem Undine-Ballett.

Des Doppelcharakters der Wasserwesen hat sich Wilhelm Busch in seiner verschmitzt hintergründigen Bildergeschichte „Die zwei Schwestern" bedient, um eine humorige Version des Froschkönigs daraus entstehen zu lassen: Adelheid ist „faul und voller Eitelkeit", Kätchen dagegen „ein gutes Mädchen". Als dem guten Kätchen eines Tages ein Frosch begegnet, der häßlich quakend bittet: „Ach küsse und umarme mich", da kann sie ihm diesen Wunsch nicht abschlagen. Der gute Ausgang der Geschichte ist bekannt: Der Frosch wird zum Prinzen und Kätchen seine Braut. Adelheid aber blüht Furchtbares. Sie küßt den schönen Jüngling, der mit der Leier am Weiher sitzt, und der entpuppt sich als „der alte kalte Wassernöck".

„Da sitzt sie nun bei Wasserratzen,
Muß Wassernickels Glatze kratzen,
Trägt einen Rock von rauhen Binsen,
Kriegt jeden Mittag Wasserlinsen;
Und wenn sie etwa trinken muß,
Ist Wasser da im Überfluß."

Wasser macht seßhaft

Flüsse bedeuten von jeher Fluch und Segen für den siedelnden Menschen. Die Kontrolle über einen natürlichen Flußübergang oder eine ruhige Hafenbucht verhalf mancher Stadt zu Macht und Reichtum. Auf dem fruchtbaren Schwemmland, das die ungezähmten Flüsse einst in den Talböden abgelagert haben, ließ sich vorzüglich Ackerbau betreiben. Im Lauf der Zeit entwickelten sich so in vielen Tälern lange Siedlungsgassen, in denen heute auch die Industrie einen festen Platz hat.

In frühester Zeit schon suchten die Menschen die Nähe der Gewässer – hier gab es, was sie brauchten: Trinkwasser und gute Fanggründe. Fische waren reichlich vorhanden, und auch das Wild kam zu den Ufern, um zu trinken oder um an den Furten den Fluß zu überqueren. Dort war es dann leichte Beute. An vielen Seen und in Mooren haben die Forscher seit Mitte des 19. Jh. Reste von frühgeschichtlichen Siedlungen entdeckt. Auf den ersten Blick hatten sie große Ähnlichkeit mit den Pfahlbauten der Südsee. Noch romantisch beeinflußt, vermuteten daher die Wissenschaftler, daß auch die mitteleuropäischen Pfahlbauten aus der Stein- und Bronzezeit im Wasser gegründet wurden, umgeben von Palisadenzäunen und durch lange Stege mit dem Festland verbunden. Nach diesen Vorstellungen hat man das berühmte Pfahlbaudorf in Unteruhldingen am Bodensee rekonstruiert. Vor einiger Zeit jedoch haben die Archäologen diese Theorie widerlegt. Ihre Forschungen ergaben, daß die Pfahlbauten nicht auf Plattformen im Wasser, sondern am trockenen Seestrand angelegt worden waren. In den weichen Boden ließen sich die Pfosten problemlos metertief einrammen. Die Zehntausende von Pfahlstümpfen, die von einzelnen Siedlungen übriggeblieben waren, sind also lediglich Reste der im festen Untergrund gegründeten Wand- und Palisadenfundamente.

Daß die Siedlungsreste heute zwischen 2 und 6 m tief im Wasser stehen, hängt mit der Klimaentwicklung in Mitteleuropa zusammen. In den beiden Hauptsiedlungsepochen zwischen 4000 und 3000 sowie 1200 und 800 v. Chr. herrschte ein verhältnismäßig trockenes Klima. Der Wasserspiegel der Voralpenseen lag wesentlich niedriger als heute. Als das Klima allmählich feuchter wurde und das Wasser über die Seeufer trat, mußten die Siedler ihre Stranddörfer verlassen. Die Abbildung auf Seite 63 zeigt eine Pfahlbausiedlung damals und heute.

Bis vor 100 Jahren schöpften die Dorfbewohner auf der Schwäbischen Alb einen Großteil ihres Trinkwassers aus solchen Hülen, wie hier in Lonsingen. Auch das Vieh wurde daraus getränkt.

Viele Hülen sind natürlich entstanden. Ihr Wasser staut sich in den Mulden, die aus abgetragenen Vulkanschloten hervorgegangen waren. Sie bestehen aus undurchlässigem Tuffgestein.

Römerkastelle und Bauerndörfer

Viele unserer Dörfer und Städte, die an Flüssen liegen, gehen auf keltische oder römische Gründungen zurück. Die friedlichen Kelten trieben einen schwunghaften Handel und richteten zahlreiche Umschlagplätze entlang der schiffbaren Gewässer ein.

Die römischen Eroberer hingegen gründeten ihre Siedlungen ganz planmäßig an Standorten, die sie für geeignet hielten. Eine verkehrsgünstige Lage, die problemlose Versorgung mit Wasser und Nahrungsmitteln, vor allem aber die Möglichkeit zur militärischen Sicherung waren Grundvoraussetzungen, die erfüllt sein mußten.

Zahlreiche römische Kastellsiedlungen zeugen von der Vorliebe ihrer Gründer, sich am Wasser niederzulassen. So befand sich z. B. das Römerkastell in Passau auf der spornartigen Halbinsel zwischen Donau und Inn. In vergleichbarer Lage entstanden die Kastelle in Bingen – an der Einmündung der Nahe in den Rhein – oder in Koblenz am Zusammenfluß von Rhein und Mosel.

Entzaubert: die Pfahlbauten an den Seen im Alpenvorland

Alle standen sie so erhaben über den Gewässern, daß sie von Hochwasser verschont blieben und zugleich Ausblicke flußaufwärts und -abwärts boten – aus militärischer Sicht ein unschätzbarer Vorzug.

Auch die bäuerlichen Siedler des Frühmittelalters ließen sich mit Vorliebe in Tälern nieder. Ihre Siedlungen errichteten sie entlang der hochwassersicheren Terrassensäume über den Fluß- und Bachauen. Im Wasser lockten reiche Fischgründe, in die feuchten Wiesenauen trieb man das Vieh, und auf dem höher gelegenen, hochwasserfreien Hinterland rodete man den Wald, um Feldbau betreiben zu können.

War es vor dem 8. Jh. noch weitgehend dem Zufall überlassen, wo und wie die Menschen ihre Siedlungen anlegten, so hielt man sich später vermehrt an bestimmte „Spielregeln". Bei der Kolonisierung bis dahin noch unerschlossener Gebiete gingen die Grundherren sehr gezielt vor. Sie legten fest, wie das Land unter den Siedlern aufzuteilen war und wo ihre Höfe zu stehen hatten. Noch heute kann man solche mittelalterlichen Plansiedlungen an ihrem regelmäßigen Grundriß erkennen. Die alten Höfe reihen sich wie Perlen an einer Schnur im Talgrund auf: in hochwassersicherer Lage in regelmäßigen Abständen von 100–200 m beiderseits des Fließgewässers. Jeder Hof besaß so ein schmales Flurstück, eine sogenannte Hufe, die mit der Schmalseite vom Bach über die gesamte Rodungsfläche hinwegreichte: Die Flur und die einzelnen Grundstücke wurden so bestmöglich ausgenutzt.

Nicht nur in den dichtbewaldeten Mittelgebirgen, sondern auch in den Marschgebieten und Mooren hat sich die Hufeneinteilung zum bevorzugten Siedlungsprinzip entwickelt. Es waren Niederländer, die schon im 12. Jh. Hufendörfer in den Flußmarschen von Elbe und Weser gründeten. Die Häuser stehen in langen Zeilen an den Rändern der Marschen, auf Deichen oder an Entwässerungsgräben.

Nicht anders ging man bei der Kultivierung der Hochmoore in Nordwestdeutschland vor. An den Kanälen, die als Wasserstraßen für die Torfabfuhr dienten, entstanden seit dem 16. Jh. langgestreckte Reihendörfer. Viele von ihnen führen heute noch das Wort „Fehn" im Ortsnamen, die niederdeutsche Bezeichnung für mooriges Gelände.

Auch bei den jüngsten Siedlungsgründungen in den größeren Moorgebieten Süddeutschlands, dem Donaumoos und Erdinger Moos, hat man gegen Ende des 18. Jh. auf diese bewährte Anlageform zurückgegriffen.

Warum die größten Seehäfen landeinwärts liegen

An den Küsten boten die Flußmündungen von jeher ideale Voraussetzungen für Siedlungen. Hier, an den Drehscheiben des Handels, brechen sich die Verkehrsströme, berühren sich verschiedene Kulturkreise. Es kommt nicht von ungefähr, daß so bedeutsame Hafenstädte wie Hamburg, Bremen, Emden oder Lübeck an den Mündungen größerer Nord- und Ostseezuflüsse entstanden. Einige von ihnen liegen nicht unmittelbar an der Küste, sondern ein Stück flußaufwärts. Damit entziehen sich die Häfen dem störenden Einfluß der Gezeiten.

Umschlagplätze oder kleine Häfen gab es freilich schon in vorchristlicher Zeit an allen schiffbaren Flüssen und Strömen – nicht an beliebigen Stellen, sondern bevorzugt an ruhigen Flußabschnitten.

Gute Standorte für Siedlungen „mit Zukunft" waren von jeher auch Furten, seichte Stellen also, die sich als natürliche Übergänge anboten. Bei manchen Städten, etwa Frankfurt, Schweinfurt, Erfurt oder Herford, verrät schon der Name, warum sich Siedler gerade dort niederließen.

Erst im Mittelalter nahm man die Technik zu Hilfe, um Furten in dauerhafte Flußübergänge zu verwandeln. Die ersten festen Brücken entstanden. Manche nutzten besonders enge Stellen, andere bezogen Inseln im Flußlauf als natürliche Pfeilerfundamente ein. Die älteste erhaltene Brücke in

Die Steinerne Brücke in Regensburg galt im Mittelalter als Weltwunder. Nach elfjähriger Bauzeit wurde sie 1146 fertiggestellt. Sie zeugt vom damaligen Reichtum der Handelsstadt und Hauptstadt des mittelalterlichen Deutschlands.

Nürnberg ist eine der wenigen Städte, die sich an beiden Ufern eines Flusses zugleich entfaltet haben. Zahlreiche Brücken führen über den geschwungenen Lauf der Pegnitz, der sich zweimal teilt und Inseln umschließt. In der Bildmitte erkennt man das Heiliggeistspital von 1331 mit seinem über den linken Pegnitzarm gebauten Bogen.

Deutschland stammt aus der Zeit um die Wende zwischen 10. und 11. Jh.: die Bingener Drususbrücke – als Naheübergang lange Zeit von unschätzbarer Bedeutung für den linksrheinischen Fernverkehr.
Überhaupt profitierten die alten Brückenstädte ganz beachtlich von ihrem Lagevorteil. Sie zogen den Landverkehr aus allen Richtungen an und entwickelten sich oft zu bedeutenden Knotenpunkten. Und den geistlichen wie weltlichen Herren waren sie als Einnahmequellen überaus willkommen. Freie Fahrt hieß es an den steinernen und hölzernen Übergängen erst, wenn man seinen Brückenzoll oder Brückenpfennig entrichtet hatte.
Die Brückenbaukunst brachte im Lauf der Zeit oft kühne Bauwerke hervor, denen die jeweilige Epoche ihren Stempel aufgedrückt hat. Eine eigene Brückengeneration sind z.B. die stählernen Eisenbahnviadukte, mit denen im Zeitalter der Industrialisierung zum erstenmal ganze Taleinschnitte überspannt wurden. Etliche von ihnen zählen heute zu den erhaltenswerten technischen Denkmälern.
An zahlreichen Namen läßt sich ablesen, daß sich die dazugehörigen Städte ursprünglich um eine Brücke scharten: Osnabrück, Quakenbrück, Saarbrücken, Zweibrücken – die Reihe ließe sich noch nach Belieben fortsetzen.

Im Sommer Not und Seuchen

In Landstrichen, wo das Wasser in den zerklüfteten Untergrund einsickert, anstatt oberirdisch abzufließen, hat der Mensch von alters her mit Trinkwassermangel zu kämpfen. Er hat die Herausforderung angenommen, wie die festen Siedlungen in solchen „Trockengebieten" beweisen. Wo es möglich war, hat man Brunnen gegraben und das Grundwasser angezapft. Lagen die Grundwasserstockwerke zu tief, mußten die Menschen das Niederschlagswasser in Zisternen oder Dorfteichen auffangen.
So ein wasserarmes Gebiet ist z.B. die Schwäbische Alb. Die alemannischen Siedlungsgründer sparten die verkarstete Albhochfläche keineswegs aus. Sie ließen sich vielmehr an den sogenannten Hülben oder Hülen nieder, natürlichen Tümpeln, die sich in flachen Senken auf wasserstauendem

Im Frühjahr 1978 trat der Neckar über die Ufer und überschwemmte die Talaue, wie hier bei Nürtingen. Nun rächte sich, daß man den Fluß unterschätzt hatte. In den Jahren zuvor waren überall Gewerbebetriebe und Sportanlagen in der natürlichen Überschwemmungszone errichtet worden.

Gesteinsuntergrund bilden. Zum Teil hat man diese Teiche mit Lehm zusätzlich abgedichtet. Sommerliche Wasserengpässe blieben dennoch nicht aus. Über Jahrhunderte litten Menschen und Vieh immer wieder unter katastrophalem Wassermangel. In dem abgestandenen Wasser entwickelten sich Krankheitserreger. Schlimme Seuchen brachen aus, rafften Menschen und Vieh dahin. Mit Fuhrwerken schaffte man das kostbare Naß aus den Tälern herbei – ein mühseliges Unterfangen, das ganze Tage in Anspruch nahm. Von 1870 an schlossen sich die betroffenen Albgemeinden zu Versorgungsverbänden zusammen – die ersten ihrer Art in Deutschland. Sie pumpten ihr Wasser aus den Tälern am Albrand hoch.

Der entlaufene Rhein wird zurückgeholt

Das Erscheinungsbild der heutigen Flüsse täuscht über ihre Wildheit hinweg, mit der sie die Menschen einst in Atem hielten. Bevor man sie im 19. Jh. zähmte, pendelten sie in den breiten Auen hin und her, veränderten laufend ihr Bett und traten alljährlich zur Schneeschmelze über die Ufer. Die Aufspaltung in einzelne Arme brachte durchaus Vorteile, ließen sich die seichten, von Sand- und Kiesbänken unterbrochenen Flußläufe doch den größten Teil des Jahres ohne größere Schwierigkeiten überqueren.
Natürlich standen auch die Siedlungen unter dem Zeichen der sich wandelnden Flüsse. Wenn sich neue Flußarme bildeten, wurde so mancher Ort von Überschwemmungen heimgesucht, der zuvor noch ideal gelegen war. Solche Siedlungen mußte man aufgeben. Andere verloren ihre Funktion als Brücken-, Hafen- oder Furtsiedlungen. Für das einst bedeutende Xanten kam der Niedergang, als der Rhein im 16. Jh. sein Bett nach Osten verlagerte. Seine Rolle nahm nun die Stadt Wesel ein.
Die Stadt Neuss, bis zum Hochmittelalter am Rhein gelegen, erhielt durch Kaiser Friedrich III. das Recht, den „entlaufenen" Rhein wieder an die Stadt heranzuführen. Das freilich konnte damals noch nicht gelingen; erst mit der Anlage des Rheinhafens im 19. Jh. erhielt Neuss wieder Zugang zum Strom.
Nicht weniger eigenwillig verhielt sich die Elbe. Allein im Landkreis Stade hat sie durch Verlagerung ihres Bettes etwa zwölf Siedlungen vernichtet, zwei Dörfer noch im 17. und 18. Jh.

Namen – mehr als Schall und Rauch

Die geradezu existentielle Bedeutung der Gewässer für Siedlungen und Wirtschaftsleben unserer Vorfahren kann man noch heute aus zahlreichen Orts- und Flurnamen ablesen. Bereits bei den Kelten, dann auch in der Römer- und Völkerwanderungszeit hatten Flüsse, Bäche und Seen, Ufer und Auen eine besondere landschaftsprägende und damit auch namengebende Kraft.
Für keltischen Ursprungs hält man den Flußnamen Glan (= hell), und die Wurzel „dubro" (= Wasser) steckt wohl in den Namen Donau, Tauber und Dober. Auf eine indogermanische Wortwurzel gehen „alf" und „elb" zurück (= Fluß).
In zahlreichen Orts-, Flur- und Flußnamen klingt die alte germanische Bezeichnung „aha", später „aa", für Wasser an. Auch die Silbe „ach", auf die viele Ortsnamen enden, signalisiert grundsätzlich einen Wasserbezug. Sie steckt auch im Flußnamen Ache, der in Süddeutschland weit verbreitet ist.
Gerade Flurnamen sind oft der einzige Hinweis darauf, wie die Landschaft zur Zeit der Siedlungsgründung beschaffen war. So bedeutet „Wörth", „Werth" oder „Werder" nichts anderes als Insel. Die Endsilbe „tung" von althochdeutsch „dunk" oder „donk" tritt auf, wo ehemals Sandbänke oder andere trockene Partien in sonst unzugänglichen, vernäßten Flußauen lagen. Und der Name „Brühl" verrät dem Eingeweihten, daß es im betreffenden Gebiet bewässerte Wiesen gab.

Der Quell des Lebens

Eigentlich denkt man sich nichts dabei: Man dreht den Wasserhahn auf – und das Wasser ist einfach da: kühl, frisch und vor allem sauber. Wir verfügen ganz selbstverständlich über eines unserer kostbarsten Güter, wenn nicht das kostbarste Gut überhaupt. Doch so einfach war es nicht immer. In einigen Gebieten gab es bei der Wasserbeschaffung bis ins 20. Jh. Schwierigkeiten – Epidemien durch verseuchtes Wasser bezeugen dies dramatisch. Und auch heute zeichnen sich Probleme ab.

Links: Mit Ochsengespannen wurden die Rohre für die erste Fernleitung der württembergischen Landeswasserversorgung transportiert. Ab 1917 erhielt Stuttgart Wasser aus dem 100 km entfernten Donauried bei Ulm.

Oben: Bevor so gut wie jeder Haushalt an die öffentliche Wasserversorgung angeschlossen war, pumpte man das kostbare Naß von Hand aus der Tiefe. Wer keinen Hausbrunnen hatte, mußte zum öffentlichen Brunnen gehen.

Im Mittelalter kannte man es nicht anders: Die sprichwörtlichen Wasserträger schafften das nasse Gut aus dem nächsten Gewässer herbei, oder man entnahm es dem Bach, dem Brunnen, vielleicht auch der Quelle hinter dem Haus. Einen Schutz gegen Verschmutzung gab es nicht. Unsere Vorfahren beschränkten sich darauf, die Quellen mit Steinmauern einzufassen. So blieb das Trinkwasser wenigstens von nachrutschendem Erdreich verschont. Sämtliche Fäkalien wurden einfach auf die Gasse vor oder hinter dem Haus geschüttet, in der sie auf direktem Weg in den Bach gelangten – aus dem sich wiederum andere mit Trinkwasser versorgten. Oder sie landeten auf dem Misthaufen neben der Wasserstelle. Die Folgen waren oft verheerend: Verseuchtes Wasser verursachte immer wieder schwere Epidemien.

Im 17. Jh. begann man vielerorts mit dem Bau von Wasserleitungen. Darin floß Schöpfwasser aus Flüssen oder Quellen bis zum öffentlichen Dorf- oder Stadtbrunnen. Erst die Dampfmaschine brachte in der ersten Hälfte des 19. Jh. eine entscheidende Verbesserung. Dampf trieb die Pumpen an, mit denen man das Wasser in Rohrnetze einspeisen konnte. Das erste großstädtische Versorgungsnetz entstand 1848 in Hamburg. 1890 besaßen im Deutschen Reich immerhin schon 44 Städte ein eigenes Verteilungssystem.

Die Seuchengefahr war in den Anfangsjahren der öffentlichen Wasserversorgung keineswegs gebannt, denn das Wasser gelangte nach wie vor ungereinigt ins Leitungsnetz. So starben noch 1892 in Hamburg über 8500 Menschen an Cholera. Die Krankheitserreger kamen aus der Elbe.

Im vorindustriellen Zeitalter genügten den Menschen 10–30 l Wasser am Tag. 1950 war der Verbrauch schon auf 50 l geklettert, denn die hygienischen Bedingungen hatten sich inzwischen deutlich gebessert. In den Städten gab es wenigstens auf jedem Stockwerk ein WC, und immerhin schon 20% aller Wohnungen hatten ein eigenes Bad.

Ein Bundesbürger verbraucht 150 l Trinkwasser am Tag

Der hygienische Fortschritt, der Vormarsch von wasserverschlingenden Wasch- und Spülmaschinen, die steigende Motorisierung – auch die fast 28 Millionen Fahrzeuge wollen gewaschen sein – trieben den Wasserverbrauch in den folgenden Jahren steil nach oben. Heute muß die öffentliche Wasserversorgung 150 l Trinkwasser pro Person und Tag bereitstellen! Das entspricht immerhin einer gefüllten Badewanne.

Es sind aber nicht nur die Privathaushalte, die kostbares Trinkwasser verbrauchen. Genauso wasserabhängig sind die öffentlichen Einrichtungen wie Krankenhäuser, Schulen, verschiedene Behörden und Schwimmbäder und die landwirtschaftlichen Betriebe. Rund 2000 öffentliche Wasserversorgungsunternehmen müssen mit den Verbrauchssteigerungen Schritt halten. Sie gewinnen heute insgesamt über 5 Milliarden m^3 Wasser im Jahr.

Die Industrie hingegen fördert ihr Wasser größtenteils selbst: im Jahr immerhin 10 Milliarden m³! Hinter dieser Zahl stecken die gewaltigen Wassermengen, die man für die Herstellung vieler Produkte benötigt. Für 1 t Feinpapier sind das bis zu 100 000 l, für 1 t Kunstfaser bis zu 200 000 l und für einen Pkw bis zu 400 000 l. Für 1 t gegerbte Rohhaut braucht die Lederindustrie zwischen 20 000 und 50 000 l. Und selbst die Brauereien wenden für 1 l ihres edlen Gebräus bis zu 15 l Wasser auf.
Unmengen von Wasser verschlingen die großen Wärmekraftwerke. Sie zweigen jährlich über 25 Milliarden m³ Wasser für Kühlzwecke aus den Flüssen ab (siehe auch Seite 98). Ihnen genügt allerdings ungereinigtes Wasser.
Bevölkerung, Industrie und Kraftwerke verbrauchen in der Bundesrepublik Deutschland zusammen also rund 40 Milliarden m³ Wasser pro Jahr – eine schwer vorstellbare Menge. Sie entspricht annähernd dem Inhalt des Bodensees bei winterlichem Niedrigstand. Und der 12 km² große Edersee müßte 200mal frisch aufgefüllt werden, wenn er diesen Bedarf allein zu decken hätte.
Über 60% unseres Trinkwassers stammen aus dem Grundwasserschatz. Dieses Wasser hat die höchste Qualität, weil die Deckschichten über den tiefliegenden Grundwasserstockwerken wie natürliche Filter wirken. Außerdem ist es stets gleichmäßig kühl.

Trinkwasser aus Flüssen?

Die Qualität des Grundwassers hängt aber nicht nur von der Mächtigkeit der Deckschichten ab, sondern auch von ihrer chemischen Zusammensetzung. Beim Durchsickern löst es Chloride, Sulfate, Phosphate, Nitrate sowie Eisen- und Manganverbindungen aus dem Gestein.
Für die Erschließung des oberflächennahen Grundwassers genügt ein Schacht, aus dem Pumpen das Wasser aus der Umgebung ansaugen. Bei den sogenannten Horizontalbrunnen gehen in der Tiefe vom Hauptschacht zusätzlich waagrechte Filterrohre aus. Dadurch läßt sich die Förderleistung erheblich steigern.
Liegt das Grundwasser tiefer, treibt man an verschiedenen Stellen poröse Rohre mit einer Kiesumhüllung bis in die wasserführende Schicht hinunter. Das Wasser wird dann von der Oberfläche her abgesaugt.
Als das Grundwasser an Rhein und Ruhr in den 60er Jahren immer knapper wurde, ging man dazu über, zusätzliches Wasser aus dem Schotterbett an den Ufern zu beschaffen (siehe auch Kasten unten). Dieses Wasser aus dem Uferfiltrat muß jedoch unter größerem Aufwand aufbereitet werden, schon deshalb, weil es im Sommer meist zu warm und im Winter zu kalt ist. Heute bezieht die öffentliche Wasserversorgung aber doch 5% ihres Aufkommens aus dem Uferbereich deutscher Flüsse.
Was in früheren Jahrhunderten noch üblich war, nämlich Trinkwasser direkt aus den Seen und Flüssen zu entnehmen, ist heute wegen der starken Gewässerverschmutzung häufig gar nicht mehr, allenfalls aber unter erheblichem technischem Aufwand möglich. Die Oberflächengewässer steuern jedoch immerhin 20% zur öffentlichen Versorgung bei. Die größte Gefahr lauert in den Umweltkatastrophen, wie sie bei den größeren Flüssen hin und wieder vorkommen. Wenn die Giftwelle flußabwärts treibt, müssen die Wasserwerke ihre Entnahmen völlig stoppen, und die Verbraucher sitzen buchstäblich „auf dem Trockenen".

Zuerst in die Belüftungskammer

Vor der Verteilung in das Versorgungsnetz muß das sogenannte Rohwasser aufbereitet werden, weil es zu viel Kalk, Eisen, Mangan, Kohlensäure und Schwefelwasserstoff, in jüngster Zeit auch Phosphate und Schwermetalle enthält. Im Wasserwerk wird es zunächst in einer Belüftungskammer durch Düsen fein zerstäubt. Dadurch verbindet sich der Luftsauerstoff mit dem gelösten Eisen und flockt aus. Auch das Mangan wird so dem Wasser entzogen. Die nun schmutzigbraune Flüssigkeit muß zunächst gefiltert werden. Je nachdem, wie das Wasser beschaffen ist, werden dabei verschiedene Aufbereitungstechniken angewandt. Häufig wird das Wasser durch Chlor entkeimt. Oder es wird mit Ozon behandelt. Diese Sauerstoffverbindung tötet Krankheitserreger ab. Anschließend wird das Wasser über Aktivkohle geleitet, die ein besonders großes Reinigungsvermögen besitzt. Ob das Wasser dann noch mit naturreinem Grundwasser vermischt oder unvermengt in die Versorgungsnetze der Wasserwerke eingespeist wird, ist von Fall zu Fall verschieden.
Für die Aufbereitung des Trinkwassers gelten in der Bundesrepublik Deutschland die strengen Vorschriften des Nahrungsmittelgesetzes. Ihre Einhaltung wird ständig überwacht.
So rein das Wasser auch die Wasserwerke verläßt, gibt es doch immer wieder Klagen über mangelnde Qualität des Trinkwassers. Bevor es aus dem Hahn fließt, durchströmt

So wird Flußwasser zu Trinkwasser

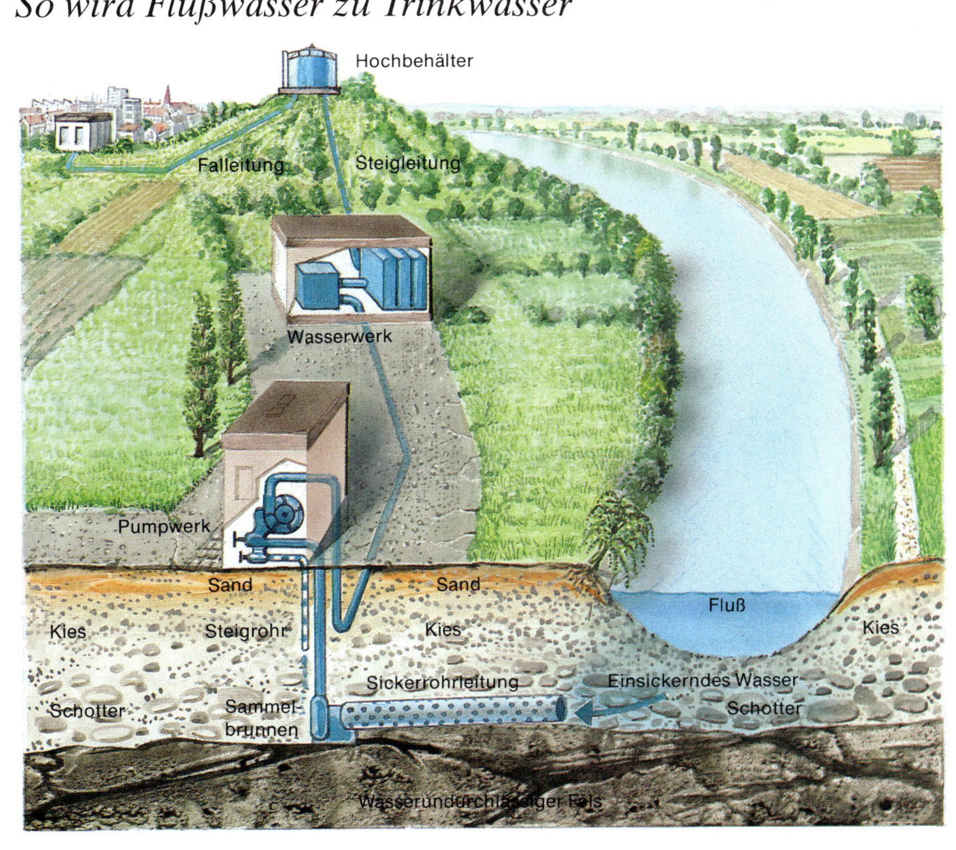

Die Talsperre an der Kleinen Kinzig bei Freudenstadt dient ausschließlich der Trinkwasserversorgung. Über 20 Städte und Gemeinden im Schwarzwald haben sich zu einem Versorgungsverband zusammengeschlossen und beziehen seit 1986 einen Teil ihres Wassers aus der Talsperre.

es oft kilometerweit die unterirdisch verlegten Wasserleitungen. 3000 km lang ist z. B. das Leitungsnetz der Stadt München. Auf seinem Weg durch das Rohrlabyrinth bewegt sich das Wasser oft nur langsam, ja mitunter bleibt es sogar fast stehen. Dabei kann es zu chemischen Austauschprozessen mit der Innenwand älterer Bleirohre kommen. Geschmacksveränderungen sind die Folge. Heute werden nur noch Rohre aus korrosionsbeständigem Material eingesetzt, die vom Wasser nicht angegriffen werden können. Leitungsnetze, die noch aus der Frühzeit der Wasserversorgung stammen, sind häufig undicht, so daß in manchen Altstädten die Leitungsverluste über 10% betragen.

Der Wasserverbrauch unterliegt im Tagesverlauf erheblichen Schwankungen. Zwischen 7 und 8 Uhr schnellt er zum erstenmal nach oben. Der zweite Gipfel wird um 14 Uhr, der dritte zwischen 19 und 20 Uhr erreicht. Dagegen liegen Verbrauchstäler in den Nachtstunden zwischen 0 Uhr und 5 Uhr morgens. Der Unterschied zwischen der geringsten und der höchsten Abgabemenge kann im Tagesverlauf ein Verhältnis von 1:5 erreichen. Auch zwischen Winter und Sommer gibt es erhebliche Unterschiede. An einem heißen Sommertag wird ein Mehrfaches an Wasser gegenüber einem Wintertag benötigt.

Vorsorge auch für plötzliche Verbrauchsgipfel

Gegen solche oft überraschenden Schwankungen sind die Förderanlagen der Wasserwerke nicht gewappnet. Um den Spitzenbedarf jederzeit abdecken zu können, muß man im Bedarfsfall Wasser aus großen Speicherbecken zuleiten können. In den verbrauchsarmen Nachtstunden läßt sich das Reservoir dann wieder auffüllen. In hügeligen Gegenden errichtet man diese Wasserbehälter grundsätzlich an erhöhten Stellen. Von dort aus kann das Wasser dem Gefälle nach zu den Verbrauchern fließen, ohne daß Pumpen eingesetzt werden müssen. Im flachen Gelände erfüllen Wassertürme diesen Zweck.

Harzwasser bis nach Bremen

In den großen Ballungsräumen kam es schon vor Jahrzehnten zu Engpässen bei der Wasserversorgung. Es galt, einer drohenden Wasserknappheit vorzubeugen. Das bedeutete, Trinkwasser mußte aus Überschußgebieten herbeigeschafft werden.

So leitete man im Ruhrgebiet schon 1899 die ersten Gegenmaßnahmen ein und gründete den „Ruhrtalsperrenverband". Bis heute entstanden an der Ruhr, im nahegelegenen Bergischen Land und im Sauerland

Sogenannte Indikatorfische überwachen als biologische „Meßgehilfen" in vielen Wasserwerken die Qualität des Trinkwassers. Dieser Nilhecht sendet eine bestimmte Zahl von elektrischen Impulsen aus, die registriert wird. Schon bei feinsten Verunreinigungen sinkt diese Frequenz. Wird ein bestimmter Wert unterschritten, wird Alarm gegeben.

Im Wasserwerk der Bodensee-Wasserversorgung können bis zu 670 000 m³ Bodenseewasser am Tag aufbereitet werden. Nach Mikrosiebung und einer Ozonbehandlung gelangt das Wasser in diese Schnellfilteranlage. Dort durchläuft es eine Schicht aus Bims und Quarzsand. Anschließend werden geringe Mengen Chlor zugesetzt, damit sich auf dem langen Transportweg keine neuen Keime bilden können.

34 Talsperren mit einem Fassungsvermögen von über 470 Millionen m³.
Auch im dichtbesiedelten Städtedreieck Hannover-Braunschweig-Wolfsburg stießen die Wasserwerke in den 20er Jahren an ihre Grenzen. Hier bot der Harz die Möglichkeit, Talsperren anzulegen. Heute stellen sechs Stauseen mit über 180 Millionen m³ Wasser die Versorgung der Bevölkerung sicher. Selbst die Städte Bremen und Göttingen haben inzwischen Anschluß an die Harzwasserversorgung.
Neben den bayerischen Ballungsräumen München und Nürnberg hat auch das Rhein-Main-Gebiet mit Wasserproblemen zu kämpfen. Dort wurde jedoch ein anderer Weg beschritten. Schon 1873 zapfte man über die erste Fernwasserleitung Quellen im niederschlagsreichen Vogelsberg an. Kurz nach der Jahrhundertwende zeichneten sich erneut Versorgungsengpässe ab. Man begann, die ergiebigen Grundwasservorkommen im Hessischen Ried zu erschließen. Zwischen 1911 und 1978 entstanden dort zahlreiche Pumpwerke, die in steigendem Umfang Trinkwasser förderten.
Die Folgen der übersteigerten Grundwasserentnahme blieben nicht aus. Es kam zu schwersten Absenkungen. Allein zwischen 1969 und 1974 sank der Grundwasserspiegel von 2,50 m unter Flur – also unter der Erdoberfläche – bis auf 4,70 m. Im Trockenjahr 1976 sackte er sogar bis auf 8,50 m unter Flur ab. Darunter litten die landwirtschaftlichen Nutzpflanzen genauso wie die natürliche Vegetation. Gebäude- und Straßenschäden sind sichtbare Zeugnisse dieser folgenschweren Übernutzung. Inzwischen versucht man, in dem besonders niederschlagsarmen Gebiet mit künstlichen Verfahren das Grundwasser wieder anzureichern, um so die Schäden zu begrenzen.

Günstiger liegen die Verhältnisse im Großraum Stuttgart. Auch dort gründete man schon zu Anfang des Jahrhunderts ein Fernversorgungsunternehmen und bediente sich der Grundwasservorkommen im Donauried östlich von Ulm. Doch auch hier genügte das auf die Dauer nicht. Nach einer technischen Meisterleistung war es dann 1958 soweit: Die Bodenseewasserversorgung ging in Betrieb. Aus dem größten europäischen Wasserspeicher erhalten heute mehr als 4 Millionen Menschen in bis zu 150 km Entfernung das kostbare Naß.

Wasser ist – nicht nur – zum Waschen da

Jeder kann abschätzen, ob er mehr oder weniger als 150 l Trinkwasser am Tag verbraucht, ob er also über oder unter dem statistischen Durchschnitt liegt. Erwiesen ist, daß in verstädterten, industriereichen Regionen mehr Wasser an die einzelnen Haushalte geliefert wird als in ländlichen Gebieten. Im Osten Bayerns erreicht der tägliche Pro-Kopf-Bedarf keine 130 l, in den meisten Großstädten dagegen schwankt er zwischen 150 und 200 l. An heißen Sommertagen sind Spitzenwerte von 500 l pro Einwohner keine Seltenheit. Das Wasser strömt dann nicht nur aus den Duschen, sondern auch aus den Gartenschläuchen. Wie lange das kostbare Naß noch so billig zu haben sein wird wie heute – für 1 DM erhält eine vierköpfige Familie ihr Tagesquantum –, ist fraglich, wenn nicht gezielt gespart wird.

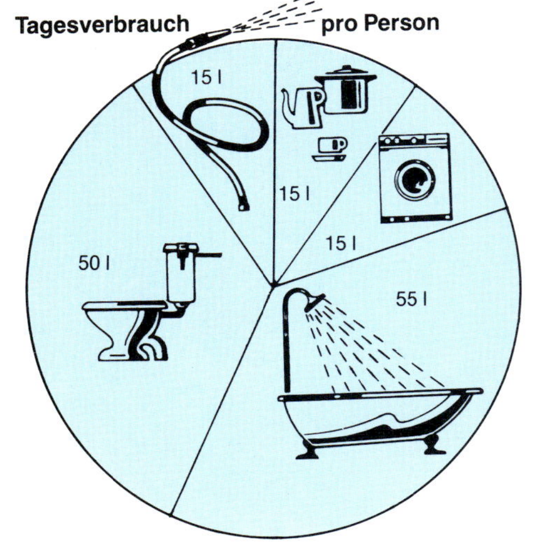

Heilendes Wasser

Die Eigenschaft warmer Wässer aus dem Erdinnern kannten schon die Römer. Sie badeten im Thermalwasser, das in mehreren Quellen im Oberrheinischen Tiefland zutage trat. Die Kenntnis um diese Heilwirkung ist nie verlorengegangen. Auch im Mittelalter und in der frühen Neuzeit gab es Badeorte und Kuren. Heute gehören Bade- und Trinkkuren zum medizinischen Behandlungsplan bei zahlreichen Krankheiten.
Ein Heilwasser darf nur nach gründlichen Analysen und Kontrollen zu medizinischen Zwecken eingesetzt werden. Es muß hygienisch und bakteriologisch einwandfrei sein und bestimmte Mindestmengen an gelösten Mineralstoffen enthalten. Folgende Heilwasserarten sind zu unterscheiden:
- eisenhaltige Wässer (mindestens 20 mg/kg Eisen)
- jodhaltige Wässer (mindestens 1 mg/kg Jod)
- schwefelhaltige Wässer (mindestens 1 mg/kg Schwefel)
- Säuerlinge (1 mg/kg frei gelöstes Kohlendioxid)
- fluoridhaltige Wässer (1 mg/kg Fluor).

Bei der Trinkkur normalisiert das Heilwasser krankhaft veränderte Funktionsabläufe im menschlichen Körper. Es wirkt unmittelbar auf den Magen-Darm-Trakt ein. Der Magensaft wird verdünnt, und es findet eine Verschiebung des Säurewerts statt. Die Wände des oberen Dünndarms nehmen das Wasser dann rasch auf. Über die Blutbahn gelangen die gelösten Mineralstoffe zu den verschiedenen Körperorganen.

Mit Angel, Netz und Reuse

Unsere Sprache enthält zahlreiche plastische Redensarten, die auf den Fischfang abzielen. Bei einem Gelegenheitskauf freut man sich über den „guten Fang“, man macht einen „guten Fischzug“, und Belanglosigkeiten werden als „kleine Fische“ abgetan. Solche Redewendungen zeigen, daß die Binnenfischerei einmal eine große Rolle für die Ernährung spielte.

Fisch ist ein besonders eiweißreiches, hochwertiges Nahrungsmittel. Es enthält weniger Fett und Bindegewebe als Fleisch und ist deshalb auch leichter verdaulich. Bereits mit etwa 200 g Fisch läßt sich der Tagesbedarf eines Menschen an tierischem Eiweiß decken. Tatsächlich aber liegt der Verbrauch an Fisch gegenwärtig im Jahr nur bei rund 11 kg pro Kopf der Bevölkerung – Seefisch eingeschlossen.

Das war nicht immer so. Im Mittelalter spielten Süßwasserfische als Nahrungsmittel eine unvergleichlich größere Rolle als in der Gegenwart. Vom Fischreichtum der damals noch sauberen, naturbelassenen Gewässer macht man sich heute ohnehin keine Vorstellungen mehr. Knechte und Mägde ließen sich sogar im Dienstvertrag zusichern, daß sie höchstens zweimal wöchentlich Lachs aus dem Rhein essen mußten. Der Lachs, heute eine gefragte Delikatesse, galt damals als ausgesprochen gewöhnlicher Massenfisch.

Die Fischzucht in Teichen nahm schon im frühen Mittelalter ihren Anfang. Die Mönche – insbesondere des Benediktinerordens – hatten den Wert des Karpfens als Fastenspeise erkannt und legten in vielen Gegenden Zuchtteiche an. In den aufgestauten Mühlteichen hielt man ebenfalls Fische; neben Karpfen vor allem Schleien und Hechte. Die Blütezeit der Teichwirtschaft endete im 17. Jh., weil man einige Grundregeln der Fischhaltung mißachtete. Man ließ viele Teiche verlanden und nahm sie als Akkerland unter den Pflug.

Mit der Industrialisierung begann der Niedergang des Fischfangs in den natürlichen Gewässern. Man verwandelte die Flüsse in Schiffahrtsstraßen, baute Stauwehre und leitete Abwasser in immer größeren Mengen ein. Die natürlichen Laichgründe vieler Fischarten gingen verloren; Wanderfische wie der Lachs verschwanden aus den verschmutzten, mit unüberwindbaren Hindernissen versehenen Strömen. Seit Ende des 19. Jh. wurden selbst die steilen Oberläufe der Flüsse für die Energiegewinnung nutzbar gemacht. Damit drang man endgültig in den bis dahin noch weitgehend unberührten Lebensraum der empfindlichen Äschen und Bachforellen vor.

Heute liefern nur noch die Binnenseen nennenswerte Mengen an Süßwasserfischen, unter ihnen die beliebten Bodenseefelchen – nicht nur für Feinschmecker in Süddeutschland ein Qualitätsbegriff. Der Bodensee ist mit Abstand das wichtigste Fanggebiet im deutschen Binnenland: 1985 brachte es die bundesdeutsche Fischerei dort auf eine Fangmenge von 850 t. Der Löwenanteil entfiel auf die Barsche (335 t), dicht darauf folgten die Blaufelchen (324 t).

Wenn Fische geerntet werden

Ohne die Teichwirtschaft sähe es heute bei der Versorgung mit Süßwasserfischen ganz anders aus: Sie liefert nicht nur wertvolle Karpfen und Regenbogenforellen für den Verzehr, sondern leistet auch einen wichtigen Beitrag zur Zucht von Fischbrut der verschiedensten Arten. Sobald sich die Jungfische selbständig ernähren können, werden sie als „Setzlinge“ in die Wildgewässer ausgesetzt.

Im Herbst ist Erntezeit an den Oberpfälzer Fischteichen. Die dreijährigen Karpfen wiegen über 1 kg, wenn sie abgefischt werden. Sie kommen zunächst in Klarwasserbecken, wo sie ihren modrigen Geschmack verlieren.

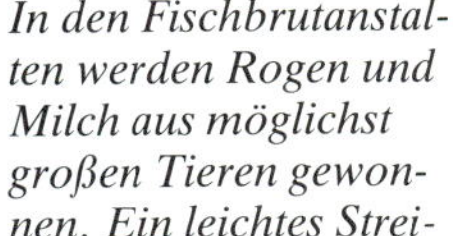

In den Fischbrutanstalten werden Rogen und Milch aus möglichst großen Tieren gewonnen. Ein leichtes Streichen am Bauch entlang veranlaßt die Weibchen, ihren Laich abzugeben.

Mit solchen Reusen, wie hier an der Weser bei Polle, werden die begehrten Aale gefangen. Sie verfangen sich in den Netzen, wenn sie flußabwärts ins Meer ziehen.

Fischteiche finden sich in allen Landesteilen: kleine Himmelsteiche, die keinen Zulauf besitzen, und Quell-, Bach- oder Flußteiche. Bei letzteren kann der Zu- und Abfluß beliebig reguliert werden.
In den Teichen kann man die Fische nicht sich selbst überlassen. Während des Jahresablaufs ist der Teichwirt ständig gefordert. Im Frühjahr werden die Teiche abgefischt. Dabei sucht man die Laichfische aus, die nach Geschlechtern getrennt in sogenannten Hälteranlagen aufbewahrt werden. Meist gegen Ende Mai, wenn die Wassertemperatur 15 °C erreicht hat, paaren sich die Fische in den Laichteichen. Sobald die Eier abgelegt und befruchtet sind, werden die Elternfische wieder herausgefangen. Die Brut schlüpft schon nach wenigen Tagen. Bis zum Herbst wachsen die einsommerigen Jungkarpfen auf ein Gewicht von etwa 25 g heran. Den Winter über ruhen sie am Teichgrund.
Im Frühsommer nimmt der Teichwirt eine begrenzte Zahl von Tieren aus den Winterteichen heraus. Sie werden nun in den großen Streckteichen gezielt gemästet. Im Lauf des zweiten Sommers verzehnfachen die Karpfen ihr Gewicht. Erst nach der zweiten Überwinterung kommen sie in die sogenannten Abwachsteiche, aus denen sie im Herbst endgültig abgefischt werden.
Bei Berufs- wie bei Sportfischern ist der Umweltschutzgedanke schon seit Jahrzehnten fest verankert. Kaum eine andere Gruppe spürt die Folgen der Naturzerstörung so unmittelbar wie sie. Kein Wunder also, daß sich gerade Fischereiverbände und Anglervereine stets als Vorkämpfer sauberer Gewässer hervorgetan haben.

So nehmen Fische auch die höchsten Hürden

Staudämme und Wehre sind für Wanderfische wie Aal, Stint oder Neunauge unüberwindbare Hindernisse. Deshalb legt man dort Fischtreppen an. Sie bestehen aus 2–3 m² großen Wasserbecken, die in etwa 15 cm hohen Stufen aufeinanderfolgen. Die Fischtreppe befindet sich unmittelbar neben dem Stauwehr. Die starke Gegenströmung zwingt die Fische zum Ausweichen, so daß sie von selbst zu der „Umgehungsstraße" treiben, die ihnen den Weg zu den Laichgebieten öffnet.

Schutz für Speisefische – Gefahr für Großvögel

So unstrittig ihre Verdienste um den Gewässerschutz auch sind, darf doch nicht unerwähnt bleiben, daß gerade die intensive Fischereiwirtschaft der Natur mitunter Schäden zufügen kann. Die Fischer setzen bestimmte Fischarten in großen Stückzahlen in die Flüsse und Seen aus, die die dort wildlebenden Fischarten häufig verdrängen. Ausgesetzte Hechte und Aale dezimieren außerdem die Kleinfische, vor allem dann, wenn die anderen Besatzfische bereits so groß eingesetzt wurden, daß sie nicht mehr als Nahrung herhalten können.
Nicht nur die Tierwelt in den Gewässern, sondern auch die Natur in den Schilfzonen am Ufer kann durch die Fischerei schwer in Mitleidenschaft gezogen werden. Schon die bloße Anwesenheit eines Anglers genügt, um Vögel von ihrem Brutgeschäft abzuhalten. Die Eier kühlen aus, frisch geschlüpfte Jungvögel gehen an Nahrungsmangel ein.
Besonders schwerwiegende Folgen hat es, wenn Fischer oder Teichwirte in die natürlichen Nahrungskreisläufe eingreifen, um ihre Speisefische zu schützen. Davon betroffen sind vor allem die vom Aussterben bedrohten Großvogelarten wie Kormorane und Graureiher. Gerade diese „Fischfeinde" erfüllen wichtige Polizeiaufgaben in der Natur.

Regen bringt Segen

Wie kaum ein anderer Wirtschaftszweig ist die Landwirtschaft auf Wasser angewiesen. In trockenen Sommern blicken die Bauern mit Sorge zum Himmel. Bleibt der Regen aus, müssen sie mit schweren Ernteschäden rechnen. Künstliche Feldbewässerung ist da oft die einzig mögliche Abhilfe. Doch auch zu viel Wasser schafft Probleme. Nasse Wiesen sind den Bauern ein Dorn im Auge. Sie lassen sich nur schwer bearbeiten und werfen nur minderwertiges Futter ab.

In einigen Landstrichen Deutschlands, wo die Jahresniederschläge unter 600 mm liegen, am südlichen Oberrhein, in Unterfranken, Rheinhessen und der Kölner Bucht beispielsweise, müssen die Felder in den Sommermonaten künstlich bewässert werden. Mit der Bewässerung von Wiesen und Feldern kann auch ein anderer Zweck verfolgt werden. In Gebieten mit besonders rauhem Klima beschleunigt man damit im Frühjahr die Erwärmung des Wiesenbodens. So werden Bodenfröste verhindert und die Gräser zum Wachsen angeregt. Bewässert wird auf unterschiedliche Art: durch Beregnung, durch Furchenberieselung oder durch Flächenberieselung. Bei der Beregnung werden die Pflanzen mit künstlichem Sprühregen benetzt. Dieses Verfahren dient auch im Frühjahr und Herbst als Frostschutzmaßnahme. Beim Gefrieren des Wassers wird ständig Erstarrungswärme frei, darüber hinaus wirkt die Eisschicht isolierend.

Während das Wasser bei der Furchenberieselung nur in die Ackerfurchen geleitet wird, überspült man bei der Flächenberieselung die gesamte Nutzfläche. In unseren Breiten kommt diese Methode nur bei der Bewässerung von Wiesen zur Anwendung. Noch bis vor wenigen Jahrzehnten war die Wiesenbewässerung im Schwarzwald, im Spessart, im Siegerland und in anderen Mittelgebirgen weit verbreitet. Weil viele Bauern ihre Landwirtschaft aufgaben oder auf eine weniger aufwendige Wirtschaftsweise umstellten, verfallen die Bewässerungsanlagen zusehends.

In einigen klimatisch benachteiligten Gebieten bewässert man auch heute noch die Wiesen, um den Boden aufzuwärmen, Nährstoffe zuzuführen und das Graswachstum anzuregen. Im Bayerischen Wald leitet man das Wasser durch Holzrinnen aus Bächen ab.

Wenn Pflanzen ertrinken

Noch mehr als vorübergehende Trockenheit setzt den Kulturpflanzen zu viel Wasser im Boden zu. Sie leiden, wenn eine undurchlässige Schicht das Wasser am Versikkern hindert und sogenannte Staunässe auftritt. Vernäßte Böden können aber auch die Folge eines hohen Grundwasserstandes sein, eine Situation, wie sie für Flußauen und Moore typisch ist.

Der erste Schritt zur Kultivierung solcher Gebiete ist die gezielte Entwässerung. Wurde früher die Trockenlegung großer Moorgebiete als kulturelle Großleistung des Menschen gepriesen und gefördert, so stellt man heute solche Maßnahmen sehr in Frage, weil man erkannt hat, wie schwerwiegend die Folgen für die Natur sind.

Im Mittelalter und in der frühen Neuzeit beschränkte man sich noch auf die Urbarmachung der Niedermoore mit ihren fruchtbaren Böden. Seit Mitte des 18. Jh. wagten sich die Siedler auch in die ausgedehnten norddeutschen Hochmoore. Im bekannten Teufelsmoor z. B. begann man 1752 mit der Erschließung. Allerdings unterscheiden sich Hochmoorböden grundlegend von den fruchtbaren Niedermoorböden. Ihr Gehalt an Phosphorsäure erreicht nur ein Drittel von dem der Niedermoorböden. Deutlich schlechter noch schneiden die nährstoffarmen Hochmoorböden im Gehalt an Stickstoff, Kalk und Kali ab. Dennoch verwirklichte man noch während des Dritten Reichs großangelegte Kolonisierungsprogramme mit dem Ziel, mehr Bauernland zu gewinnen und die Ernährungsgrundlagen zu

An den Altarmen des Niederrheins reichen die Viehweiden bis ans Wasser. Bei Hochwasser wird fruchtbarer Schlamm auf die Wiesen gespült. Auf künstliche Viehtränken kann man hier verzichten.

verbessern. Im Emsland führte man das Werk noch nach dem Zweiten Weltkrieg weiter, um Flüchtlingen aus den ehemals deutschen Ostgebieten Siedlerstellen schaffen zu können. Ganz sicher aber schätzt eine plattdeutsche Weisheit die Chancen der Hochmoorkolonisierung insgesamt ziemlich realistisch ein: „Den ersten sien Dot, den tweeten sien Not, den drütten sien Brot . . ."

Manche Pflanzen sind ausgesprochen durstig

Die einen sind recht genügsam, andere dafür ausgesprochen durstig. Aus der kleinen Aufstellung ist zu sehen, wieviel Wasser einige wichtige Feldpflanzen benötigen, um 1 kg Trockensubstanz aufzubauen:

Mais	300 l
Zuckerrüben	400 l
Getreide	500–600 l
Gemüse	500–600 l
Luzerne	700–800 l

Während der Vegetationszeit, wenn das Wachstum voll im Gang ist, brauchen die Pflanzen natürlich weitaus mehr Wasser als nach Ausreifung der Früchte. Auf ein Jahr umgerechnet, „schluckt" ein 1 ha großes Getreidefeld zwischen 1,5 und 2 Mio. l Wasser!

Um den Ertrag von Wiesen zu steigern, greifen die Landwirte häufig regulierend in den natürlichen Wasserhaushalt ein. Sie ziehen Gräben und verlegen Entwässerungsrohre, sogenannte Dränrohre, um das überschüssige Bodenwasser abzuführen. Ein niedrigerer Grundwasserstand beschleunigt die Bodenerwärmung im Frühjahr, das Graswachstum kann früher einsetzen. Außerdem läßt sich eine trockengelegte Wiese früher im Jahr mit Maschinen befahren.

Aus Wiesen werden Grasäcker

Häufig ist die Dränage der Feuchtwiese nur ein erster Schritt, dem dann der zweite, noch verhängnisvollere folgt, wenn sich der Wasserhaushalt im Boden gebessert hat: die Umwandlung der Wiesen in Grasäcker, auf denen wenige ertragreiche Sorten eingesät werden – oder gar in Maisfelder. Nachweislich brüten auf Wiesen und Weiden sechsmal mehr Vogelarten als in Feldern.

Aber allein schon die Wiesenentwässerungsmaßnahmen haben z. B. in den nordwestdeutschen Grünlandgebieten zu einer erheblichen Artenverarmung geführt. Viele an Feuchtwiesen gebundene Pflanzen haben einen Großteil ihrer ehemaligen Wuchsorte verloren. Unter den Insekten und anderen für das natürliche Gleichgewicht unersetzbaren Kleintieren sind viele Arten bedroht oder schon ausgestorben.

Inzwischen aber gibt es erste ermutigende Anzeichen dafür, daß ein Teil der bislang verschonten Feuchtwiesen gerettet werden kann. Vor dem Hintergrund der landwirtschaftlichen Überschußproduktion fördern einige Landesregierungen gezielt die Sicherung naturnaher Wiesengebiete. So hat das Land Schleswig-Holstein 1985 mit Landwirten in der Eider-Treene-Sorge-Niederung erstmals Verträge abgeschlossen, in denen die extensive Nutzung ihrer Feuchtwiesen vereinbart wird. Der Freistaat Bayern bezweckt ähnliches mit dem sogenannten Wiesenbrüterprogramm. Von den 63 000 ha umfassenden Brutgebieten in Bayern sollen 6000 ha als Kernzonen unangetastet bleiben. Für die Landwirte bedeutet das ein absolutes Verbot aller Entwässerungsmaßnahmen, keine Auffüllungen und Planierungen und kein Düngen. Während der Hauptbrutzeit zwischen dem 20. März und dem 20. Juni dürfen die Wiesen weder gemäht noch beweidet werden.

Frisch aus deutschen Landen

Obst und Gemüse zählen nicht von ungefähr zu den Sonderkulturen: Sie brauchen den richtigen Boden, sorgfältige Pflege, Wasser und Dünger zur rechten Zeit. Aber auch an das Klima stellen sie höchste Ansprüche, denn Fröste vertragen sie nicht. Auf fruchtbarem Schwemmland in geschützten Tälern und in der Nähe großer Wasserflächen gedeihen sie am besten.

Gemüsepflanzen bestehen zu 80 bis 95 % aus Wasser. Das erklärt, warum sie auf die ständige Zufuhr des lebenspendenden Stoffes angewiesen sind. Wo zuwenig Niederschläge fallen, gehören daher Beregnungsanlagen zum vertrauten Bild der Gemüsefelder. Der hohe Wassergehalt macht die Pflanzen aber auch empfindlich gegenüber Frösten. Gurken, Tomaten und Bohnen erleiden sogar schon bei Temperaturen von 3–4 °C Schäden.

Die idealen Gemüseanbaugebiete liegen deshalb in geschützten, tiefliegenden Tälern, in Meernähe oder an großen Seen. Weite Wasserflächen wirken als Wärmespeicher und verringern das Risiko von Früh- und Spätfrösten. So wird etwa in Dithmarschen, in Ostholstein, auf Fehmarn und an der Emsmündung mit Erfolg Qualitätsgemüse angebaut. Das ausgeglichene Klima begünstigt auch die Gemüsekulturen in den Vierlanden in der Elbniederung bei Hamburg. Dort gesellt sich der glückliche Umstand hinzu, daß der Absatzmarkt unmittelbar vor der Haustür liegt. In Süddeutschland ist das Gemüse von der Bodenseeinsel Reichenau ein weithin bekannter Qualitätsbegriff (siehe Kasten auf nebenstehender Seite).

Edles Gemüse aus sandigem Boden

Nicht nur das Klima, auch die Böden müssen stimmen, wenn das Gemüse wachsen und gedeihen soll. Schwere Böden können zwar viel Wasser aufnehmen – was in trokkenen Jahren von Vorteil wäre –, erwärmen sich aber im Frühjahr zu langsam für das empfindliche Frühgemüse. Nur wasserliebendes Spätgemüse kommt mit schweren Böden zurecht. Alle anderen Gemüsesorten bevorzugen leichtere, sandhaltige Böden, wie sie von Flüssen abgelagert werden. So bieten sich auf den eiszeitlichen Schotterterrassen am Rhein mit ihren durchlässigen Sandböden ganz hervorragende Voraussetzungen – nicht zuletzt für den Spargelanbau, der vor allem zwischen Schwetzingen und Groß-Gerau am Oberrhein verbreitet ist. Der große Vorteil: Aus dem lockeren Boden lassen sich die begehrten Spargeltriebe mühelos herausstechen.

Künstlicher Regen verdoppelt die Erträge

Vor Wurzelfäule sind die Gemüsepflanzen auf den durchlässigen Sandböden gefeit, nicht aber vor dem Vertrocknen. Im Gegenteil: Hier muß besonders ausgiebig bewässert werden. Sie nehmen ohne weiteres über 1000 mm Wasser im Jahr zusätzlich zum Niederschlag auf. In der Vorderpfalz erhalten die Gemüsepflanzen doppelt soviel Wasser aus künstlicher Beregnung, wie vom Himmel fällt. Zum Teil stammt das Wasser aus Altrheinarmen.

Die künstliche Beregnung führt nicht nur den Wurzeln Wasser zu, sondern erhöht auch die Luftfeuchtigkeit. Dadurch wird die mittägliche Hitze gemildert, unter der vor allem großblättrige Pflanzen wie der Kopfsalat, aber auch der Blumenkohl leiden. Richtiges Beregnen zur rechten Zeit steigert die Erträge ganz erheblich. Die Wachstumszeiten verlängern sich, so daß drei bis vier Ernten in einem Jahr durchaus üblich sind. Auf sandigem Lehmboden werden durch Beregnung 20–40 % mehr Frühjahrsgemüse geerntet. Bei den Sommerkulturen wie Tomaten, Bohnen und Sellerie können sich die Erträge sogar verdoppeln, ebenso bei den Herbstkulturen wie Lauch und

Im späten Frühjahr stechen die Bauern den Spargel. Die Pflanzen treiben 20–25 cm lange Sprosse aus, die in den aufgehäuften Hochbeeten bleich bleiben. Mit einem langen, schmalen Messer werden die Triebe vom Wurzelstock geschnitten, kurz bevor sie die Erdoberfläche durchstoßen. Dazu bedarf es einiger Übung. Das Beet wird anschließend wieder glattgeklopft, neue Triebe kommen nach.

Links: Romanische Klosterkirchen, Treibhäuser und zahllose kleine Gemüsefelder bestimmen das Gesicht der Bodenseeinsel Reichenau. Das milde Klima erlaubt bis zu vier Ernten im Jahr. Das Ergebnis: rund 18000 t Gemüse.

Oben: Ein Netz von insgesamt 60 km Rohrleitungen durchzieht die Insel Reichenau. Vier Pumpwerke liefern Wasser aus dem Bodensee, mit dem die Gemüsefelder ganzjährig beregnet werden können.

Die Insel Reichenau – Gemüsegarten im Bodensee

Reichenauer Gemüse ist in ganz Süddeutschland ein Qualitätsbegriff. Der Gemüseanbau trat seinen großen Siegeszug Anfang der 30er Jahre an. Bis dahin ernährte in erster Linie der Weinbau die Inselbewohner – im harten Winter 1928/29 erfroren die Reben. Fruchtbare Moränenböden und das milde Klima sind das natürliche Kapital der 4 km² großen Insel. Darüber hinaus sichert der Bodensee auch die Bewässerung der Kulturen.

Das Erbe der Mönche

Daß heute auf der Reichenau ein großer Teil der Bevölkerung vom Gemüseanbau lebt – 130 Betriebe im Voll-, 110 im Nebenerwerb –, wen wundert's. Haben doch schon die arbeitsamen Benediktinermönche der Insel nicht nur herrliche Beispiele klösterlicher Kultur und Baukunst gebracht, sondern auch das Wissen, wie man brachliegendes Land in ertragreiche Äcker verwandelt. „De culture hortorum" – über die Gartenbaukunst – heißt ein Buch des Reichenauer Abts und Dichters Walahfrid Strabo aus dem 9. Jh. Freilich kannte man damals nicht all die Raffinessen, die man heute anwendet, um frühe und reiche Ernten zu erzielen. Gewächshäuser nehmen ein Siebtel der 250 ha Gemüseanbaufläche ein. Vor allem Frühgemüse wird angepflanzt: Kopfsalat, Gurken, Rettiche und Kohl. Schon im Mai kommt dank des milden Bodenseeklimas das erste Feldgemüse auf den Markt.

Rosenkohl. Allerdings gibt es eine unliebsame Begleiterscheinung: Das Wasser laugt den Boden stark aus, schwemmt die Nährstoffe aus. Mit hohen Kunstdüngergaben müssen die Verluste wettgemacht werden.
Obstbäume sind im Gegensatz zum Gemüse mehrjährige Dauerkulturen, die auf den unterschiedlichsten Böden gedeihen. Ähnlich wie der Weinbau stellt aber auch der Obstbau besondere Ansprüche an das Klima. Verhängnisvoll sind Spätfröste – vor allem für Süßkirschen, Walnüsse, Frühzwetschgen und frühblühende Apfelsorten. Ansonsten sind die Obstbäume genügsamer als die Weinreben. Sie kommen mit weniger Sonne aus und nehmen auch harte Frostnächte im Winter nicht übel. Nur Aprikosen- und Pfirsichbäume sind so anspruchsvoll wie die edlen Reben.
In vielen Tälern Süddeutschlands prägt der Obstbau neben dem Weinbau die Landschaft. Den Obstbäumen gehören die verfallenen Rebterrassen am Mittellauf der Flüsse, außerdem die sonnenabgewandten Talhänge. Auch in den oberen, besonders steilen Hangstockwerken an Mosel, Saar, Nahe, Main und Neckar hat der Obstbau die Reben abgelöst. Dort ist die Arbeit für die Winzer so beschwerlich, daß sich der Weinbau einfach nicht mehr lohnt.

Eis gegen Frost

Der moderne Erwerbsobstbau hingegen dehnt sich in flachen Landschaften aus. Die Niederstammanlagen erinnern in einigen Obstbauregionen an nordamerikanische Plantagen. Die bekanntesten Erzeugergebiete von deutschem Tafelobst profitieren vom milden Klima in Flußtälern: Kehdingen und Altes Land liegen an der Elbe, weitere Schwerpunkte finden sich an Ober- und Niederrhein, am Main (Vordertaunus sowie zwischen Schweinfurt und Würzburg) und im Neckarland. Vom Bodensee und dem Schussenbecken kommt ein großer Teil der Äpfel, die bei uns verzehrt werden.
Wo hin und wieder mit Spätfrösten zu rechnen ist, hat man Beregnungsanlagen installiert, um die Blüten zu schützen. Wenn die feinen Wassertröpfchen gefrieren, wird Erstarrungswärme frei. Außerdem legt sich eine isolierende Eisschicht um die Blüten.

Manches Flußtal bürgt für Qualität

Die Weinrebe – Lieferant unseres edelsten Getränks – ist ein Sonnenkind. An Rhein und Mosel erreicht sie in der Bundesrepublik Deutschland die Nordgrenze ihres Verbreitungsgebiets. Noch im letzten Jahrhundert hatte der Weinbau eine weitaus größere Ausdehnung als heute, wo er sich auf die klimatischen Vorzugslagen und geschützte Täler zurückgezogen hat.

Ob an Rhein, Neckar, Main oder Mosel – immer sind den Weinreben die wärmsten Lagen vorbehalten, wo die Windabschirmung und die starke Sonneneinstrahlung für ideale Wuchsbedingungen sorgen. Man kann die Wärmeansprüche dieser uralten Kulturpflanze auch in Zahlen fassen: Die mittlere Jahrestemperatur muß mindestens 9 °C betragen, die Julitemperatur mindestens 18 °C. 188 frostfreie Tage sind das Minimum. Im Winter sollte die Durchschnittstemperatur über dem Gefrierpunkt liegen.

Während der Vegetationsperiode und ganz besonders zur Zeit der Blüte im Juni sind die Reben auf warmes, trockenes Wetter angewiesen. Herrscht in dieser Zeit eine naßkalte Witterung, „verrieseln“ die Blüten und setzen weniger Früchte an. Zu einem guten Weinjahr gehört außerdem ein milder Frühherbst. Die Trauben beginnen erst im September zu reifen und benötigen dafür etwa 6 Wochen. Schwere Folgen hat es auch, wenn sich der Frühlingsanfang verzögert. Wo bis Mitte Mai Spätfröste auftreten, ist ein wirtschaftlicher Weinbau ausgeschlossen. Zum einen erleidet der Fruchtansatz dadurch Schaden, zum andern bleibt nicht genügend Zeit zum Ausreifen der Trauben.

Nur wenige Gebiete in Deutschland erfüllen im ganzen die klimatischen Grenzwerte für den Qualitätsweinbau. Ausgesprochene Weinlandschaften sind eigentlich nur der Kaiserstuhl, die Rheinpfalz und Rheinhessen. Dort wirft der Weinbau auch auf flach geneigten Hängen oder gar in der Ebene gute Erträge ab. In den anderen deutschen Weinbaugebieten aber stocken die Reben ausschließlich an sonnigen Talhängen.

Eine Besonderheit ist der Weinbau am Bodensee. Dessen Wasserkörper wirkt wie ein riesiger Wärmetank. Er sorgt für einen gemäßigten Temperaturverlauf mit wenigen Frosttagen. Die Stadt Meersburg am Bodensee liegt zwar mehr als 400 m über dem Meeresspiegel, hat aber im Durchschnitt immerhin 207 frostfreie Tage vorzuweisen. Dagegen kommt Heidelberg, 110 m hoch gelegen, nur auf 206 frostfreie Tage.

Seen wie Flüsse begünstigen im Herbst die Nebelbildung – für die Weinbauern eine willkommene Tatsache. Wenn sich die aus den Gewässern aufsteigende Feuchtigkeit in der kalten Luft zu Nebeltröpfchen verdichtet, wird Kondensationswärme frei. Zudem verringert eine Nebeldecke die Abstrahlung der Bodenwärme in kühlen Herbstnächten, mindert also die Bodenfrostgefahr.

Wein war nur als Glühwein genießbar

Den Weinbau haben zwar die Römer in die germanischen Lande gebracht, doch die Kunst des Terrassenbaus bildete sich erst sehr viel später heraus, im 10. und 11. Jh. nämlich. Mit der Stadtgründungswelle zwischen dem 12. und 14. Jh. stieg der Weinbedarf gewaltig an. Damals verbreitete sich der Weinbau über ganz Mitteleuropa bis an die Ostseeküste und löste sich damit von den klimatischen Erfordernissen, die für den heutigen Qualitätsweinbau gelten. Selbst auf der rauhen Schwäbischen Alb und am kalten Ostrand des Schwarzwalds gab es Weinberge. Der Wein war deshalb ein kaum genießbares, saures Getränk, das

Steil ziehen sich die Rebzeilen an den Talhängen der Mosel empor. Das dunkle Schiefergestein speichert die Sonnenwärme, die tagsüber eingefangen wird. Die Weinstöcke gedeihen hier an der Nordgrenze ihres Verbreitungsgebiets.

Wein vom Rhein und von der Elbe

In der Bundesrepublik Deutschland gibt es elf Anbaugebiete für Qualitätswein. Einige tragen ihren Fluß bereits im Namen, andere setzen sich aus Einzellagen zusammen, die über verschiedene Täler verstreut sind. Nur in den trocken-warmen Hügellandschaften von Rheinhessen und der Rheinpfalz greifen die Rebanlagen über die Hänge hinweg und nehmen auch flache Lagen ein.
In der DDR ist der Weinbau auf sonnige Talhänge an Elbe, Saale und Unstrut beschränkt. Dort werden Weißweine erzeugt.

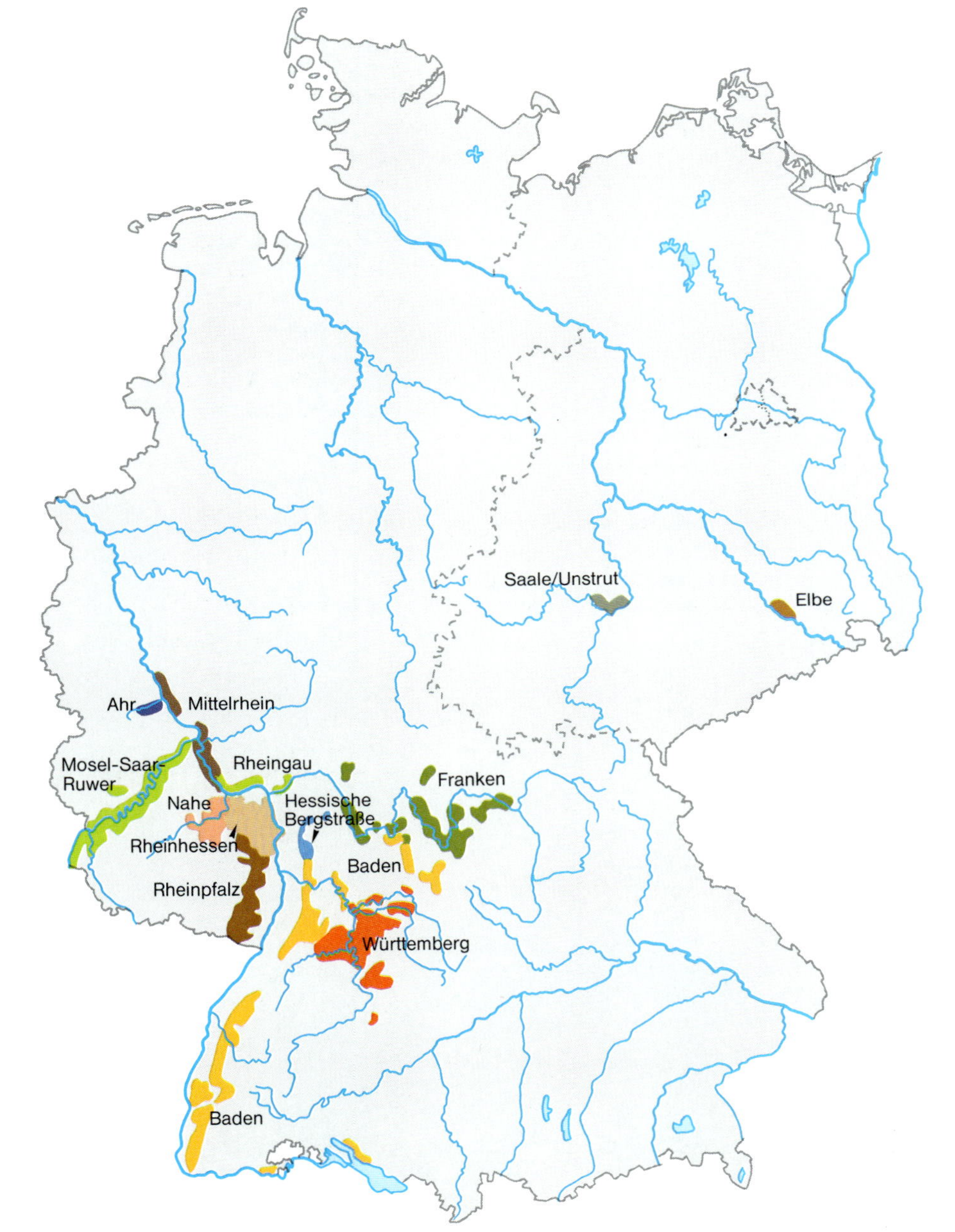

Mit der Öchslewaage mißt der Winzer den Zuckergehalt der Trauben. Stellt er genügend Süße fest, kann die Lese beginnen. Von der Zahl der Öchslegrade hängt es ab, welche Qualitätsstufe der Wein erreicht.

nur durch die Zugabe von Honig und anderen Stoffen einen erträglichen Geschmack annahm. Ohnehin trank man den Wein im Mittelalter mit Vorliebe als gesüßten und gewürzten Glühwein.
Im 16. Jh. erlebte die „Weinwelle“ ihren Höhepunkt, doch nach dem Dreißigjährigen Krieg ging es dann bergab. Für den Rückgang des Weinbaus gab es mehrere Ursachen. Zum einen verbesserten sich allmählich die Verkehrsmöglichkeiten, so daß wohlschmeckende und billigere Importweine auch in die entlegeneren Gebiete vordrangen. Damals begründete der Rheinwein seine Vormachtstellung in Deutschland. Außerdem kamen andere Getränke wie Kaffee, Tee und Apfelmost in Mode.
Erst im 19. Jh. ging man zum Anbau von sortenreinen Qualitätsweinen über, doch gab es immer wieder neue Rückschläge für den einheimischen Weinbau. Auf den neuen Eisenbahnen ließ sich der Wein zwar billig transportieren, doch verschärfte sich dadurch auch der Konkurrenzkampf zwischen den einzelnen Weinbaugebieten. Die Folge: In klimatisch ungünstigen Lagen wurde der Weinbau unrentabel. Schließlich fügte Ende des 19. Jh. ein aus Amerika eingeschleppter Schädling dem Weinbau großen Schaden zu. Die sogenannte Reblauskrise veranlaßte viele Weinbauern zur Aufgabe. Bis zum Zweiten Weltkrieg hat sich der Weinbau dann auf die sonnenverwöhnten Lagen zurückgezogen.
Wirtschaftliche Hochkonjunktur und zunehmender Wohlstand verhalfen dem Weinbau in den Nachkriegsjahrzehnten zu einem erneuten Aufschwung. Seit 1950 verdoppelten sich die Rebflächen in der Bundesrepublik von 50 000 ha auf 100 000 ha. Die neuen Weinberge wurden aber nicht mehr außerhalb, sondern innerhalb der wärmebegünstigten Regionen angelegt. Die Erschließung neuer Weinberge ging oft einher mit verschiedensten Maßnahmen, die den Weinbauern die Arbeit erleichtern sollten. Vorrang hatte die Umwandlung der kleingekammerten, durch unzählige Mäuerchen gegliederten Rebhänge in gleichmäßige Großterrassenflächen – ein Zugeständnis an den voll mechanisierten Intensivweinbau der Gegenwart. Nur an den steilsten Lagen an Rhein, Mosel, Main und anderen Flüssen gehen die Winzer, „Wimmler“, „Wengerter“ oder „Häcker“ wie eh und je ihrer mühseligen Arbeit nach.

Das Wasser ist des Deutschen Lust

Die Fahrt ins Grüne ist für viele gleichbedeutend mit einer Fahrt ans Wasser – mag der angesteuerte See auch noch so klein sein. Offensichtlich findet hier jeder die ersehnte Entspannung, sei es beim Baden, Wassersport, beim Wandern am Ufer oder beim Angeln. Für die Natur jedoch wird es immer schwieriger, diesen Ansturm zu verkraften.

Betrug die jährliche Arbeitszeit 1960 noch rund 2150 Stunden, so ist sie heute bereits auf 1700 gesunken und wird sich in den nächsten Jahren wohl noch weiter verringern. Unter dem Strich bleibt also ein jährlicher Freizeitgewinn von 450 Stunden. Zwar verbringen die Bundesbürger auch heute noch den Großteil ihrer Freizeit zu Hause, doch man ist insgesamt mobiler geworden. Bei den Ausflugs- und Urlaubszielen steht das Wasser an erster Stelle. Auf der Beliebtheitsskala der inländischen Ferienziele folgen die Seen des Alpenvorlands dicht auf Nord- und Ostsee. Seen, Flüsse, Baggerseen und Schwimmbäder führen die Liste der Naherholungsziele an.

„Es lächelt der See, er ladet zum Bade." Dieser Einladung folgen an schönen Sommertagen Hunderttausende von Ausflüglern. Was gibt es auch Schöneres, als unter azurblauem Himmel bei kräftiger Brise mit einem Segelboot über die Wellen zu gleiten? Der eine benötigt ein PS-starkes Motorboot für diesen Naturgenuß, für den anderen ist die elegante Gleitfahrt auf einem Surfbrett der Gipfel der Entspannung. Die wenigsten denken daran, daß sie mit ihrem Hobby der Natur Schaden zufügen können. Und doch haben Tiere und Pflanzen unter der stark gestiegenen Beliebtheit des Wassersports schwer zu leiden.

An allen größeren Seen sind ausgedehnte Freizeithäfen entstanden, oft mit Hunderten von Liegeplätzen und riesigen Bojenfeldern davor. Nicht nur, daß durch den ständigen Motorverkehr vom Seegrund Schlamm aufgewirbelt wird, was den Kleinlebewesen schwer zu schaffen macht, auch werden Fische und Amphibien am Laichen gehindert, Vögel durch den Lärm beim Brüten aufgescheucht. Noch dramatischer wirkt sich aus, wenn verantwortungslose Freizeitkapitäne Altöl, Abwasser und Abfälle kurzerhand dem See übergeben. Lei-

Baggerseen – hier der St. Leoner See am nördlichen Oberrhein – ziehen erholungsbedürftige Städter geradezu magisch an. Viele von ihnen haben ständig einen Wohnwagen auf dem Dauercampingplatz abgestellt.

Erholung auf den Gewässern finden nicht nur die Könner unter den Seglern und Kanuten. Tret- und Schlauchbootfahrten sind ein Spaß für jung und alt.

Die Surfwelle hat selbst die kleinsten Seen erreicht. Wer sein Brett zu beherrschen gelernt hat, kann seine Kunst auch bei Seegang unter Beweis stellen.

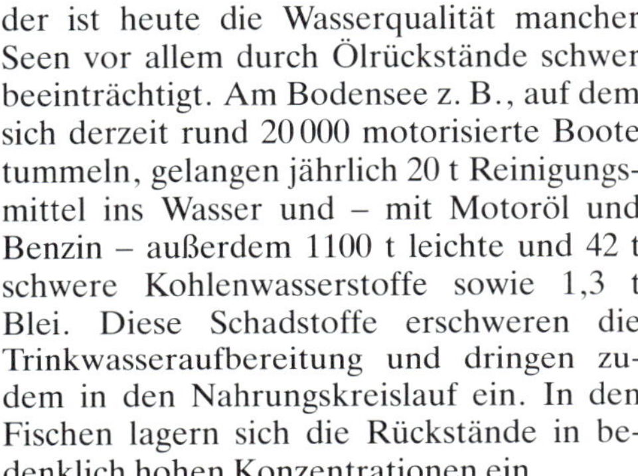

der ist heute die Wasserqualität mancher Seen vor allem durch Ölrückstände schwer beeinträchtigt. Am Bodensee z. B., auf dem sich derzeit rund 20000 motorisierte Boote tummeln, gelangen jährlich 20 t Reinigungsmittel ins Wasser und – mit Motoröl und Benzin – außerdem 1100 t leichte und 42 t schwere Kohlenwasserstoffe sowie 1,3 t Blei. Diese Schadstoffe erschweren die Trinkwasseraufbereitung und dringen zudem in den Nahrungskreislauf ein. In den Fischen lagern sich die Rückstände in bedenklich hohen Konzentrationen ein.

In den flachen Ufer- und Verlandungszonen der Seen spitzt sich der Konflikt zwischen Freizeit und Natur weiter zu. Sie sind die biologisch vielfältigsten und wertvollsten Lebensräume der Seen. Ihr Pflanzenreichtum ist von entscheidender Bedeutung für die Selbstreinigungskraft des gesamten Gewässers. Und gerade sie müssen die schwerwiegendsten Eingriffe und Störungen hinnehmen – vom Surfer, der mit seinem Brett zu nahe an den Schilfgürtel kommt und dadurch Wasservögel vom Brüten abhält, bis zur Anlage von Anländen für Sportboote.

73 m² Gewässerfläche für jeden

Laut Statistik gehen über 3% der Bundesbürger mehr oder weniger regelmäßig angeln. Ebenso viele betreiben häufig einen anderen Wassersport. Rund 3,8 Millionen Menschen suchen in ihrer Freizeit also gern ein Gewässer auf. Hinzu kommen noch etwa 90000 Mitglieder von Kanuclubs und in den Sommermonaten alle die Badelustigen, die sich zahlenmäßig gar nicht erfassen lassen. Ihnen allen stehen – statistisch betrachtet – nur etwa 440000 ha Gewässerfläche gegenüber. Rein rechnerisch hat jeder der 3,8 Millionen ständigen Gewässerbesucher eine Wasserfläche zur Verfügung, die gerade doppelt so groß ist wie ein durchschnittliches Einfamilienhausgrundstück, nämlich nur 1135 m². Auf alle Einwohner der Bundesrepublik Deutschland umgelegt, bleiben dem einzelnen sogar nur noch 73 m² Erholungsfläche auf dem Wasser.

In Wirklichkeit rücken die Menschen aber noch viel enger zusammen, denn die Gewässer sind sehr ungleichmäßig über das Bundesgebiet verteilt. Die großen Bevölkerungsballungen liegen eher abseits der seenreichen Landschaften. Und es gibt kaum einen See, der überall frei zugänglich wäre. Die Situation gleicht sich an allen attraktiven Seen: Wer es sich leisten konnte, sicherte sich schon frühzeitig ein Ufergrundstück mit Seeblick, baute Wochenendhaus und Bootssteg. Viele der reizvollsten Uferabschnitte sind deshalb heute fest in privater Hand – am Starnberger See sind es 40%, am Wörthsee gar 75%. Die Orte am Ufer der oberbayerischen Seen und am Bodensee stehen in ihrer baulichen Entwicklung den Wachstumsgemeinden im Umland von Stuttgart oder München in nichts nach.

Wohnwagenreihen säumen die Flußufer

Campingplätze und Yachthäfen beanspruchen ebenfalls einen im Steigen begriffenen Teil vom begehrten Uferstreifen. Die Dauercamper haben sich nicht nur an allen Binnenseen niedergelassen, sondern entdecken mehr und mehr auch die idyllischen Wiesengründe am Oberlauf vieler Flüsse. Kilometerlang begleiten Wohnwagenreihen oft die reizvollsten Abschnitte. An der Agger bei Köln etwa zählt man 19 Campingplätze auf einer Länge von 19 km, an der Our in der Südeifel gar drängen sich 19 Plätze auf 13 km! Es ist nur verständlich, wenn viele Naturliebhaber vor den überbelegten Gewässerufern fliehen und Ruhe an abgeschiedenen Seewinkeln suchen. Damit jedoch dringen sie ungewollt in die letzten Rückzugsgebiete vieler Tierarten ein. Besonders die scheuen Wasservögel werden bei Schlaf und Jagd gestört, vernachlässigen Brut und Aufzucht der Jungvögel. Man hat herausgefunden, daß Angler und andere Wassersportler, die sich oft wider besseres Wissen in den Schilfgürteln der Seen aufhalten, so sehr stören, daß bis über 80% der Brut umkommt.

Unsere Gewässer können nur dann auch in Zukunft ihren hohen Freizeitwert bewahren, wenn alle Wasserfreunde durch verantwortungsvolles Handeln zur Schonung der Natur beitragen. Ein Gewässer ohne intakte Natur, ohne natürlich eingewachsene Uferabschnitte, ohne Wasserpflanzen und -tiere hat keinen Erholungswert! Um so mehr sollten es alle Wasserfreunde begrüßen, wenn die Behörden an zahlreichen Seen Ruhezonen und Schutzgebiete für die Natur ausweisen. Es ist auf die Dauer besser, wenn sich der Freizeitbetrieb auf bestimmte Schwerpunkte konzentriert, andere Uferabschnitte dafür der Natur gehören, als wenn sämtliche Seen restlos von erholungshungrigen Menschen vereinnahmt werden – im Interesse der Ausflügler und Feriengäste.

Berg- und Talfahrt auf dem Strom

Ein Netz von 4450 km Wasserstraßen steht der Binnenschiffahrt in der Bundesrepublik Deutschland zur Verfügung. Die Konkurrenz der anderen Verkehrsträger macht ihr zwar zu schaffen, kann sie aber keineswegs verdrängen. Schwere Massengüter und Container können von Schiffen nach wie vor zu den günstigsten Tarifen befördert werden.

Die letzten Rheinflöße trieben Anfang des 20. Jh. den Strom hinab. Die Stämme von Schwarzwaldtannen wurden zu mehreren hundert Meter langen Gefährten vertäut. Floßknechte waren dafür verantwortlich, daß das Holz nach wochenlanger Fahrt unversehrt in Holland ankam.

Nichts erinnert heute mehr an die mühselige Arbeit der Binnenschiffer in früheren Jahrhunderten. Hatten sie im Sommer oft wochenlang mit Niedrigwasser zu kämpfen, legte der Eisgang die wenig robusten Holzkähne im Winter nicht selten völlig lahm. Die wilden, von dichtem Uferholz gesäumten Flußläufe warteten mit immer neuen Schwierigkeiten auf. Bei Stromschnellen, Sandbänken und Untiefen, wie dem „Binger Loch" im Rhein, mußte die Fahrt unterbrochen werden. Man entlud die Waren und zog die Schiffe unter unsagbaren Mühen mit Hilfe von Schleppwagen über Land.

Auf der Bergfahrt wurden die Schiffe getreidelt. Pferde nahmen sie ins Schlepptau. Wo sich die Flüsse in mehrere Arme aufteilten, konnten keine festen Treidelpfade angelegt werden. Der gesamte Niederrhein etwa hatte jahrhundertelang kein festes Bett. Auch am Oberrhein mußten dann Menschen als Zugkräfte einspringen: Die Pfade entlang der völlig verwilderten Rheinarme waren für die schweren Pferde nicht mehr begehbar.

Eine Denkschrift von 1825 erinnert an die Gefahren der Treidelei: „Von Mainz bis Schreck (das heutige Karlsruhe-Leopoldshafen) wird die Fahrt wie gewöhnlich mit vorgespannten Halfterpferden zurückgelegt. In Schreck aber muß die Ladung, die hier zu 2000 Zentner angeschlagen wird, auf wenigstens zwei Schiffe verteilt werden, und 52 bis 56 Mann übernehmen dann die Stelle der Pferde. Nachts um 2 Uhr ist die Mannschaft an die Schiffe angespannt, und nun beginnt ein sehr mühsamer Zug, der oft seine Bahn durch das Wasser nehmen muß, das den Ziehenden bis an den Gürtel reicht. Nach acht günstigen Tagen, bei widrigem Wind nach 14 Tagen, wird endlich die Nähe von Straßburg erreicht. Es muß bemerkt werden, daß das Verunglücken der Zugmannschaft nicht zu den ungewöhnlichsten Ereignissen gehört."

Holztransporte wurden vor dem Eisenbahnzeitalter grundsätzlich auf dem Wasserweg abgewickelt. Brennholz ließ man einfach mit der Strömung bach- und flußabwärts treiben. Für diese einfache Beförderungsweise hat sich die Bezeichnung Scheitholzflößerei eingebürgert. Das wertvolle Bauholz wurde dagegen zu Langholzflößen gebunden und von Flößern, oft ganzen Floßmannschaften, zu den Abnehmern gebracht. Unmengen von Floßholz trug vor allem der Rhein hinab. Ihre Blütezeit erlebte die Rheinflößerei im 17. und 18. Jh., als in den Niederlanden der Schiffbau florierte und die Nachfrage nach Schwarzwälder Tannenstämmen ungeahnte Ausmaße erreichte.

Mainz reservierte sich den Mittelrhein

Nicht nur Naturgewalten, sondern auch Zölle, Umschlag- und Stapelrechte, aber auch die Vorschriften der Schiffergilden behinderten den damaligen Handel.

Die Zölle wurden ursprünglich zum Bau und Unterhalt der Treidelpfade erhoben. Mehr und mehr mißbrauchten die Territorialherren diese Abgabe jedoch als einträgliche Einnahmequelle. Die Zölle wurden schließlich für das bloße Befahren der jeweiligen Flußabschnitte erhoben. Natürlich begünstigte die Kleinstaaterei das Abgabewesen. So gab es um 1500 am Rhein zwischen Köln und Mainz 26 Zollstationen! Meist überstieg die Summe der Zölle den Wert der beförderten Güter um ein Vielfaches.

Genauso hinderlich wirkten sich die Umschlag- und Stapelrechte aus. Sie zwangen die Kaufleute, alle Waren auszuladen und einige Tage lang auf dem Markt der jeweiligen Stadt anzubieten. Überdies beanspruchten die Schifferzünfte für sich das Transportrecht auf bestimmten Stromstrekken. Jahrhundertelang durften ausschließlich die Holländer und Kölner den Niederrhein befahren. Mainzer Zünfte hatten sich den Mittelrhein reserviert, und die Straßburger waren für den Oberrhein zuständig.

Für die Groß- und die Kleinschiffahrt gab es

Stadtrundfahrten auf dem weitverzweigten Berliner Gewässernetz sind ein beliebtes Sonntagsvergnügen bei Einheimischen und Touristen. Am Ausgang des Tegeler Sees müssen die Schiffe die Spandauer Schleuse passieren, um ihre Fahrt auf der Havel fortsetzen zu können.

getrennte Gilden. Die Großschiffahrt übernahm den Fernhandel zwischen bedeutenden Stapelorten, die Kleinschiffahrt durfte nur den örtlichen Marktverkehr abwickeln. Alle diese Beschränkungen beeinträchtigten den Transportablauf ganz einschneidend und ließen es nicht zu, daß sich wirklich umfassende Handelsbeziehungen entfalten konnten. Die einzigen, die sich ungehinderte Fahrt zum Meer sichern konnten, waren die Hansestädte, von denen die meisten im Binnenland lagen.

Grünes Licht für Reeder und Partikuliere

Die eigentliche Blütezeit der Binnenschiffahrt brach im 19. Jh. mit der wirtschaftlichen und politischen Liberalisierung an. Es begann 1804 mit der Vereinheitlichung der Transportgebühren. Am Rhein wurde nun nur noch der sogenannte Rheinschiffahrts-Octroi erhoben. Stapel- und Umladerechte fielen mit der Wiener Konvention von 1815 und der Mainzer Rheinschiffahrtsakte von 1831. Dadurch verloren Köln und Mainz ihre Vorzugsstellung unter den Rheinhäfen, und es kam zu einer wahren Gründungswelle von weiteren Häfen.
Mit der Verkündung der Gewerbefreiheit im Jahr 1869 lösten sich dann auch die alten Schiffergilden auf. Die Binnenschiffahrt organisierte sich neu. Von nun an gliederte sie sich in die Reedereien, die Partikulier- und die Werkschiffahrt. Die Partikuliere, der Stellung nach mit Handwerkern vergleichbar, sind Schiffseigner, Ausrüster, Kapitän und Steuermann in einer Person. Der Partikulier, der mit seiner Familie meist auf dem Schiff wohnt, übernimmt keine Transporte im eigenen Namen. Er führt Einzelaufträge aus oder vermietet seinen Kahn auf Zeit an ein Transportunternehmen (Einzelcharter).
Die Reedereien hingegen sind Schiffahrtsunternehmen mit einem festen Verwaltungssitz an Land. Sie führen gewerbsmäßig Transportaufträge aus, wobei sie über eigenen und fremden Schiffsraum verfügen. Der Reeder ist also ein Unternehmer, der Transporte in eigenem Namen und auf eigene Rechnung abwickelt. Größere Reedereien unterhalten in jeder Hafenstadt ein Kontor oder Büro.
Die Werkschiffahrt ist dagegen auf Industriebetriebe beschränkt, die Güter aus eigener Herstellung für eigene Zwecke mit eigenen Schiffen transportieren. Das trifft auf größere Baustoffunternehmen mit eigener Kiesbaggerung zu, aber auch Chemiefirmen und Mineralölgesellschaften unterhalten oft eigene Flotten.

Kähne aus Brennholz

Die Schiffe früherer Jahrhunderte waren viel kleiner als heute und besaßen auch keinen Kiel. Auf den kleineren schiffbaren Flüssen, der Nahe, der Lahn, der Sieg und der Ruhr etwa, faßten die größten Kähne höchstens 100 t. Auf Elbe, Rhein und Donau verkehrten dagegen Kähne mit einem Ladevermögen von 150–200 t.
Auf den einzelnen Flußabschnitten hatten sich typische Schiffsformen herausgebildet: Schmucke „Frankenschiffe" und „Ruderschellige" befuhren den Main oberhalb Aschaffenburg. „Himbler" gab es am Neckar, auf dem Rhein traf man Lahn- und Sieg-„Schnecken" neben Schweizer „Lauertannen". Das waren aus breiten Planken gezimmerte, flache Nachen, die zur Warenbeförderung bis nach Holland benutzt wurden und dort zu Brennholz zerschlagen wurden. Daneben fuhren die auffallend kleinen „Niederländer" auf dem Rhein. Sie beförderten höchstens 100 t Ladung und besaßen keinen Kiel. Im Aussehen entsprachen sie im wesentlichen den Segelbooten, die bis in die jüngste Vergangenheit noch auf den holländischen Kanälen zu sichten waren. Auf dem Bodensee verkehrten kleine Segelschiffe, die „Lädinen", und auf der Donau errangen die „Ulmer Schachteln" Berühmtheit. Auf ihnen wanderten im 18. Jh. Hunderttausende von Menschen nach Osteuropa aus.

Erst die Stahlbauweise ermöglichte es, die alten Holzkähne durch größere Frachtschiffe zu ersetzen. Um die Mitte des 19. Jh. verkehrten bereits Dampfschiffe mit einer Transportkapazität von 400 t und einem Tiefgang von 1,75 m. Die 1000-Tonnen-Grenze wurde um die Jahrhundertwende überschritten, und noch vor dem Ersten Weltkrieg liefen Schiffe mit einer Tragfähigkeit von 1800 t und einem Tiefgang von 2,65 m vom Stapel. Die heutigen Gütermotorschiffe haben im Durchschnitt 900 t, die Tankmotorschiffe 1250 t und die Schubleichter 1600 t Fassungsvermögen.

Die Staaten der Europäischen Gemeinschaft bauen ihre Binnenwasserstraßen nach einheitlichen Normen aus, so auch den Main-Donau-Kanal. Das dafür passende Schiff hat man ebenfalls mit Normmaßen festgelegt: Das Europaschiff ist 80 m lang, 9,5 m breit und hat eine Tragfähigkeit von 1350 t.

Dampfschiffe erobern die Flüsse

Nicht nur größer wurden die Schiffe, sondern auch schneller. Als bahnbrechende Neuerung erwiesen sich die Dampfschiffe, die im 19. Jh. unsere Flüsse eroberten. Benötigten die Lastkähne vormals noch drei Tage für die verhältnismäßig kurze Strecke zwischen Mainz und Köln (in umgekehrter Richtung sogar über zehn), so schafften es die ersten Dampfschiffe in ein bis zwei Tagen. Heute ist ein mit 1300 t beladenes Rheinschiff ganze 49 Stunden von Basel nach Rotterdam unterwegs. Für die Bergfahrt beträgt die Reisedauer 92 Stunden: Die mittlere Fahrtgeschwindigkeit beträgt damit 9 km/h einschließlich Schleusungszeiten.

Schub auf dem Rhein

Der Trend zur Spezialisierung machte auch vor der Binnenschiffahrt nicht halt. Die einstigen Vielzweckkähne, die vom Wein bis zur Kohle alles transportierten, wurden seit den 30er Jahren von speziell ausgelegten Lastschiffen abgelöst. Sie sind entweder für Schütt- und Stückgut, für Flüssiggut oder für Container eingerichtet. Insgesamt über 3500 Güter- und Schleppschiffe sind in der Bundesrepublik Deutschland registriert.

Der Name Herkules paßt zu einem Schubschiff ausgezeichnet – bis zu vier vollbeladene Leichter kann es vor sich herschieben. Die Schubschiffahrt ist die rentabelste Art, Güter auf dem Wasser zu transportieren. Zwei Mann genügen als Besatzung eines Schiffs.

Auf dem Wasserweg

Auf einer Gesamtlänge von 3000 km sind die Flüsse in der Bundesrepublik Deutschland schiffbar. Hinzu kommen 1450 km Kanäle. Elbe und Mittellandkanal stellen eine Verbindung zum Wasserstraßennetz in der DDR her. Dort sind die Flüsse auf einer Länge von 1250 km schiffbar. Außerdem stehen der Schiffahrt 360 Kanalkilometer zur Verfügung.

Die Binnenschiffahrt entlastet Straßen und Schienen ganz beträchtlich. 236 Mio. t Frachtgut transportierten die Binnenschiffe 1984. Damit bewältigten sie knapp 27% des gesamten Güterverkehrs in der Bundesrepublik Deutschland.

Aus dem Schaubild unten geht hervor, wie sich die Fracht zusammensetzt. Bis auf einen verschwindenden Anteil sind es Massengüter aller Art.

Der Gütertransport auf den Binnenwasserstraßen

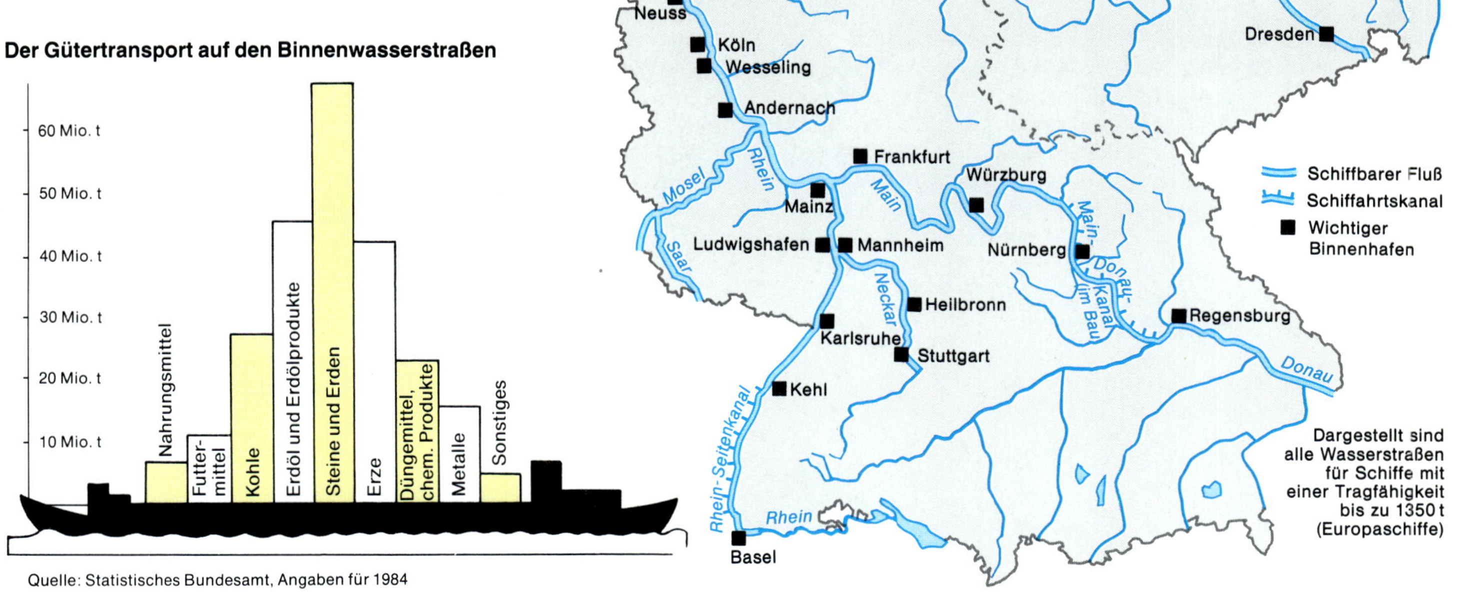

Quelle: Statistisches Bundesamt, Angaben für 1984

Auf dem Rhein haben sich neben Güterschiffen mit Eigenantrieb und Schleppern die Schubboote eine wichtige Position erobert. Sie ersetzen seit den 60er Jahren die leistungsstarken Schlepper, die oft ganze Reihen von Lastkähnen hinter sich hergezogen. Die Kähne fuhren aber mit eigener Besatzung, die den Kurs halten mußte. Hingegen sind die Schubboote fest mit den pontonähnlichen Leichtern verbunden, die sie vor sich herschieben. 3,8 m beträgt der Tiefgang eines solchen Leichterverbands. Auf eine Besatzung kann verzichtet werden.

Aber nicht nur die Ersparnis an Personalkosten gibt der Schubschiffahrt weiter Auftrieb, sondern die konkurrenzlos hohe Ladefähigkeit der Schiffe. Ein einziges Schubboot kann 2800 t Frachtgut befördern. So darf mit einiger Berechtigung gesagt werden, daß die Schubschiffahrt ganz entscheidend zur Existenzsicherung und Konkurrenzfähigkeit der gesamten Binnenschiffahrt beiträgt.

Schließlich müssen auch die annähernd 600 Fahrgastschiffe Erwähnung finden, die auf den bundesdeutschen Flüssen und großen Seen ihren Dienst tun. Ohne diese „weißen Flotten" würden viele unserer Gewässer erheblich an Attraktivität einbüßen, was sicher nicht ohne nachteilige Wirkungen für das Fremdenverkehrsgewerbe bliebe – man denke an die Mosel oder den Mittelrhein.

Binnenschiffahrt in Konkurrenz zu Bahn und Lkw

Vor dem Industriezeitalter war Holz das wichtigste Transportgut der Flußschiffahrt. Seit dem 19. Jh. verbreitert sich die Palette der Frachtgüter in zunehmendem Umfang: Erz, Kohle, Düngemittel, chemische Rohstoffe und viele Verbrauchsgüter kamen hinzu.

Nach dem Zweiten Weltkrieg mußte sich die Binnenschiffahrt der Konkurrenz von Bahn und Lkw erwehren. Das ging nur durch eine scharfe Auslese der Frachtgüter. Heute werden auf den Wasserstraßen einerseits jene Güter befördert, die nicht für den Endverbraucher bestimmt sind und deshalb auch nicht eilen, andererseits Massengüter, die einen geringen Wert pro Gewichtseinheit haben. Wie sich diese genau zusammensetzen, zeigt das Schaubild im Kasten oben auf dieser Seite.

Die Binnenschiffahrt ist mit rund 2 Milliarden DM Umsatz zwar nur ein kleiner, dafür aber sehr produktiver Wirtschaftszweig. Gab es 1960 noch 32 000 Beschäftigte in dieser Sparte, so leisten heute ganze 10 000 Erwerbstätige diesen hohen Beitrag zur Volkswirtschaft.

Aus Flüssen werden Wasserstraßen

Die wenigsten Flüsse sind von Natur aus schiffbar. Aufwendige Baumaßnahmen sind oft notwendig, um sichere Wasserstraßen aus ihnen zu machen. Flüsse mit starkem Gefälle hat man mit Schleusen gezähmt, andere zwang man in ein Kanalbett. Wo Wasserstraßen fehlten, hat man schon während der Epoche der Industrialisierung neue Kanalverbindungen angelegt.

Es ist ein alter Traum, die Meere durch Kanäle miteinander zu verbinden, so daß man gefahrlos von einer Küste an die andere gelangt. Die ältesten Bestrebungen reichen 1200 Jahre zurück. Damals ließ Kaiser Karl der Große die ersten Versuche unternehmen, den Rhein über den Main mit der Donau zu verbinden. Die Fossa Carolina sollte von der Schwäbischen Rezat aus über die Wasserscheide ins Altmühltal führen. Wassermangel, technische Schwierigkeiten und Veränderungen der politischen Verhältnisse ließen das Projekt jedoch scheitern.

Erst König Ludwig I. griff im 19. Jh. die Idee wieder auf. Der nach ihm benannte Donau-Main-Kanal, 1845 nach langjähriger Bauzeit eröffnet, führte von Bamberg das Regnitztal aufwärts über Erlangen nach Nürnberg. Von dort aus zog er sich über Neumarkt bis nach Dietfurt an der Altmühl. Der Ludwigskanal war 177 km lang und hatte 101 Schleusen. An diesem für damalige Verhältnisse gewaltigen Bauprojekt waren neun Jahre lang bis zu 10 000 Arbeiter beteiligt. Nur fünf Jahre lang erfüllte der Kanal die in ihn gesetzten Erwartungen, dann bekam er die Konkurrenz der aufkommenden Eisenbahn zu spüren. Sie erwies sich als übermächtig, denn der Ludwigskanal war nur für kleine Treidelschiffe mit höchstens 100 t Tragfähigkeit ausgelegt. Für die größeren Kähne aus Stahl, die inzwischen gebaut wurden, gab es kein Durchkommen: Der Kanal versandete und verwilderte. Als romantisch wirkendes Gewässer hat er heute durchaus seinen Reiz.

Ein Jahrhundert später entwickelte man neue Planungen für eine moderne Main-Donau-Schiffahrtsstraße mit einer Gesamtlänge von 159 km. 1972 wurde der erste Kanalabschnitt dem Verkehr übergeben. Er

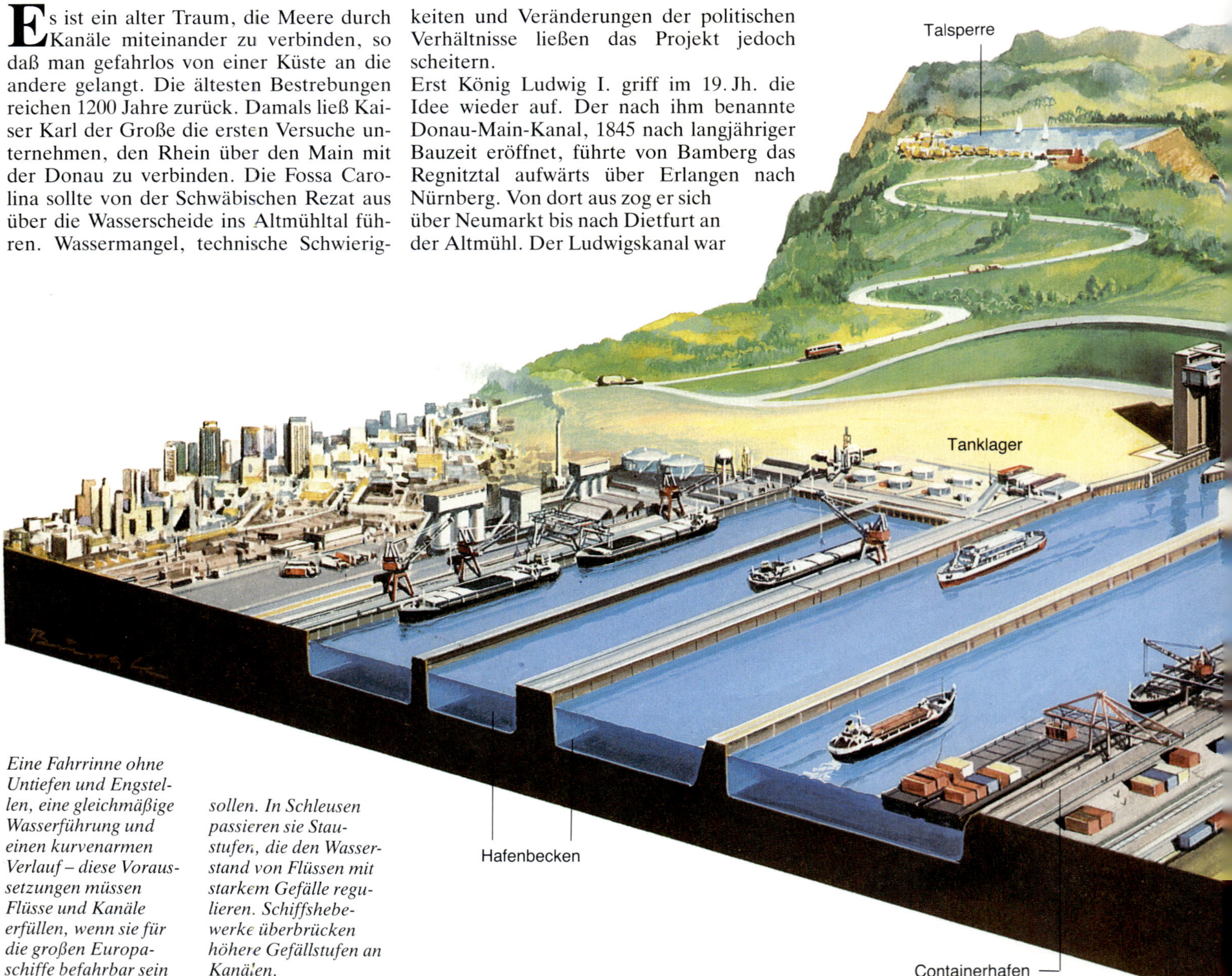

Eine Fahrrinne ohne Untiefen und Engstellen, eine gleichmäßige Wasserführung und einen kurvenarmen Verlauf – diese Voraussetzungen müssen Flüsse und Kanäle erfüllen, wenn sie für die großen Europaschiffe befahrbar sein sollen. In Schleusen passieren sie Staustufen, die den Wasserstand von Flüssen mit starkem Gefälle regulieren. Schiffshebewerke überbrücken höhere Gefällstufen an Kanälen.

Kernstück des Schiffshebewerks Henrichenburg ist ein Trog, in dem die 1350-t-Europaschiffe problemlos Platz finden. Die Anlage liegt am Rhein-Herne-Kanal, einer der wichtigsten Wasserstraßen im Ruhrgebiet. Er stellt eine Verbindung zum Dortmund-Ems-Kanal und damit auch zum Mittellandkanal her. Fünf riesige Schwimmer drücken den Trog 14 m weit nach oben, wenn die Kammern mit Wasser gefüllt werden. Beim Ablassen des Wassers sinkt er wieder herunter.

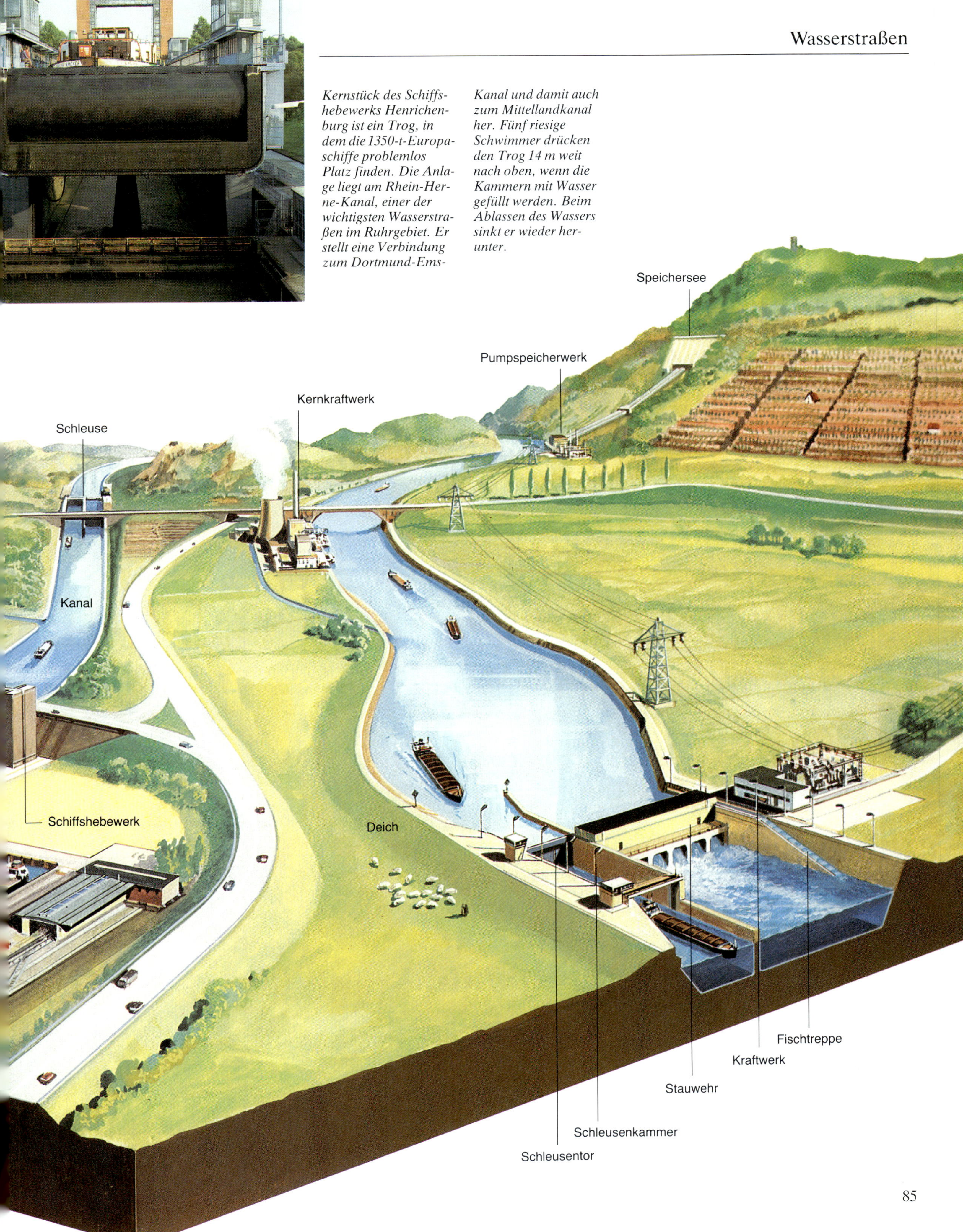

verläuft zwischen Bamberg und Nürnberg parallel zum Bett der Regnitz. Das größte und wegen der enormen Steigungen schwierigste Kanalstück zwischen Nürnberg und Kelheim/Donau geht derzeit seiner Vollendung entgegen. Die über 90 m hohe Nordabdachung der Fränkischen Alb überwinden die Schiffe in vier Schleusen. Fünf weitere Schleusen passieren sie beim Abstieg ins Altmühl- und anschließend ins Donautal. Nach Fertigstellung dieses Jahrhundertbauwerkes wird ein alter Traum der Verkehrsstrategen wahr: ein durchgehender Wasserweg zwischen Nord- und Ostsee und dem Schwarzen Meer.

Kanäle sichern die Vormacht

Im Norden Deutschlands waren es die Hansestädte, die seit dem 14. Jh. immer wieder größere Kanalprojekte in Angriff nahmen, um ihre Vormachtstellung im Fernhandel zu sichern. 1398 eröffnete die reiche Hansestadt Lübeck den Stecknitz-Kanal, der die Verbindung zur Elbe herstellte. Damit begegnete die Stadt der drohenden Gefahr, in den Schatten der Konkurrentin Hamburg zu geraten.
Auch die Preußen betrieben einen systematischen Kanalbau. Den Anfang machte der Große Kurfürst von Brandenburg, der in der ersten Hälfte des 17. Jh. den Friedrich-Wilhelm-Kanal ausheben ließ. Dieser Wasserweg verknüpfte die Flußsysteme von Elbe und Oder.
Im meerumschlungenen Schleswig-Holstein versprachen sich die Landesherren von jeher viel von einem direkten Transitweg zwischen Nord- und Ostsee. Der Schleswig-Holsteinische Kanal, der zwischen 1774 und 1784 gegraben wurde, galt damals als technisches Wunderwerk – und der Aufwand hat sich gelohnt: Fast 300 000 Binnen- und Seeschiffe nutzten diesen Wasserweg, bis er 1895 vom Kaiser-Wilhelm-Kanal, dem heutigen Nord-Ostsee-Kanal, abgelöst wurde.
Den Anstoß für dieses kühne Projekt gaben die Preußen. Ihr Ziel: die Anbindung des Kriegshafens Kiel ans offene Meer. Seit seiner Eröffnung mußte der Kanal mehrmals begradigt, verbreitert und mit größeren Schleusen versehen werden. Im Lauf seiner über 90jährigen Geschichte entwickelte sich der Kanal zu einer wichtigen Wirtschaftsader für das Land Schleswig-Holstein.
Das älteste Industrierevier Deutschlands, das Ruhrgebiet, verdankt seinen frühen Aufschwung zu einem wesentlichen Teil den Schiffahrtswegen, im Vor-Eisenbahnzeitalter ohnehin die einzige Transportmöglichkeit für ein schweres Massengut wie die Steinkohle. Erste und naheliegende Maßnahme war der Ausbau der Ruhr.

Friedlich vereint warten Lastkähne, Segelboote und Yachten darauf, daß sich die Tore der Geesthachter Schleuse öffnen. Sie überwindet eine große Staustufe, die verhindert, daß sich die Elbe oberhalb von Hamburg laufend weiter eintieft.

In der zweiten Hälfte des 19. Jh. blühte die Stahlindustrie im Ruhrgebiet auf. Leistungsfähige Verkehrsverbindungen mit den Seehäfen wurden immer notwendiger. An der deutschen Kleinstaaterei scheiterten jedoch alle Bemühungen, ein großräumiges Kanalsystem zu verwirklichen. Erst nach der Reichsgründung 1871 waren erste Schritte auf dem Weg dorthin möglich. 1899 erhielt das Ruhrgebiet über den 269 km langen Dortmund-Ems-Kanal einen direkten Anschluß an die deutsche Nordsee. Ein stromübergreifendes Wasserstraßennetz wurde in Norddeutschland schließlich mit dem 1938 eröffneten, 258 km langen Mittellandkanal, dem 70 km langen Küstenkanal (1935) und dem 112 km langen Elbeseitenkanal (1976) geschaffen.
Die bundesdeutschen Binnenwasserstraßen sind heute fest im Netz der Europäischen Wasserstraßen eingebunden. Sie unterliegen einer einheitlichen Klassifizierung, die für das gesamte Gebiet der Europäischen Gemeinschaft (EG) Gültigkeit hat.

So funktioniert eine Schleuse

Kernstück der Schleuse ist die Schleusenkammer. Am oberen und unteren Ende befinden sich Schleusentore, die absolut dicht abgeriegelt werden können. Fährt ein Schiff flußabwärts, wird das untere Tor geschlossen. Das Schiff fährt in die gefüllte Kammer ein.

Langsam schließt sich das obere Schleusentor. Das Wasser wird nun durch die sogenannten Schützen im Untertor abgelassen. Zu rasch darf es nicht abströmen, sonst könnte das Schiff in Bewegung gesetzt werden und die Schleusenwand rammen.

Wenn die Schleusenkammer entleert ist, der Wasserstand also auf das Niveau des Flusses unterhalb der Schleuse abgesunken ist, wird das Untertor geöffnet. Das Schiff kann seine Fahrt fortsetzen. Der ganze Vorgang dauert etwa eine halbe Stunde.

Der Main-Donau-Kanal läßt von der lieblichen Tallandschaft an der unteren Altmühl nicht mehr viel übrig. Neben der gigantischen Wasserrinne nimmt sich das Flüßchen recht verloren aus. Das Luftbild von 1979 zeigt die Großbaustelle der Riedenburger Schleuse.

Ein Schiff nach Norm

Unterschieden werden fünf Wasserstraßenklassen. Zur Klasse I gehören Flüsse und Kanäle, die nur von kleinen Kähnen mit maximal 300 t Tragfähigkeit befahren werden können. Sie fanden keine Aufnahme in die internationalen Wasserstraßenpläne. Ebenso erging es den Klassen II und III, zu denen z. B. der Dortmund-Ems-Kanal gehört. Nur die Klassen IV und V zählen zu den Europäischen Wasserstraßen. Sie sind den Dimensionen des sogenannten Europaschiffes angepaßt, dessen Tragfähigkeit 1350 t beträgt. Der Frachtraum entspricht dem von 50–60 Güterwaggons.

Eine gleichmäßige Wassertiefe ist eine wichtige und zugleich oft nur schwer erfüllbare Voraussetzung, die einen Fluß zum schiffbaren Fluß macht. Vor allem beim Ausbau gefällereicher Flüsse und Ströme hat man mit unterschiedlichen Wassertiefen zu kämpfen. Stauwehre sind die einzige, allerdings oft aufwendige Gegenmaßnahme. So nützlich sie sind, bilden sie doch auch ein Hindernis für die Schiffe: Sie müssen die Staustufe in Schleusen und Hebewerken überwinden.

Die Längen- und Breitenabmessungen der Schleusenkammern sind von Fluß zu Fluß verschieden. Sie richten sich nach Anzahl und Größe der Binnenschiffe, die auf den jeweiligen Wasserstraßen verkehren. An stark belebten Stromabschnitten sind die Schleusen mit zwei oder mehr Kammern ausgestattet. Jede Schleusenkammer ist durch zwei Tore unterschiedlicher Bauweise verschließbar. Es gibt aber auch Schleusen, deren Kammern nicht mit Hilfe von Toren gefüllt und entleert werden, sondern über Zu- und Abflüsse aus dem Untergrund.

An Flüssen, die oft und lange Niedrigwasser führen, sorgen sogenannte Sparschleusen dafür, daß immer genügend Wasser für die Kammern zur Verfügung steht. Anders als bei den sonst üblichen Kammerschleusen wird bei diesem Schleusentyp ein Teil des Füllwassers zwischengespeichert, so daß es für mehrere Füllungen verwendet werden kann. Eine Sparschleuse erkennt man an den Speicherbecken, die stufenartig neben der eigentlichen Kammer angelegt sind.

Schiffe im Fahrstuhl

Ganz besonders sparsam gehen Schiffshebewerke mit dem Wasser um. Die Schiffe schwimmen in einem mit Wasser gefüllten, riesigen Trog. Dieser wird entweder in senkrechter Richtung oder auf einer geneigten Ebene gehoben und gesenkt. Ihre Betriebsweise ähnelt der eines Fahrstuhls. Der Trog hat ein Gegengewicht, das nach unten sinkt, wenn er selbst hochgezogen wird. Manche Hebewerke haben aber auch einen Schwimmer, der in einer tiefen Schwimmkammer ruht. Wenn Wasser in die Kammer eingelassen wird, drückt der Schwimmer den Trog mit dem Schiff bis zur gewünschten Höhe nach oben. Den Rekord in der Bundesrepublik Deutschland hält das Schiffshebewerk Scharnebeck am Elbeseitenkanal: 38 m Höhenunterschied sind zu überwinden.

Schiffahrtskanäle erfüllen ihre Aufgabe aber nur, wenn sie immer genügend Wasser führen. Gerade in niederschlagsarmen Gebieten muß der Mensch oft nachhelfen: durch den Bau von Speicherbecken. Als Standort dafür bieten sich in Deutschland die regenreichen Mittelgebirge an. Das Wasser kann dann bei Bedarf, dem natürlichen Gefälle folgend, in das Wasserstraßennetz eingespeist werden. Speicherbecken dienen meist zugleich der Trinkwasserversorgung, der Speisung von Wasserkraftwerken und dem Hochwasserschutz.

Flußzähmung mit Bagger und Beton

Bei Hochwasser verwandeln sich selbst unscheinbare Flüßchen in reißende Ströme. Der Mensch hat zahlreiche Vorkehrungen getroffen, um sich vor solchen Naturgewalten zu schützen. Viele Flüsse strömen heute durch ein geradliniges, zwischen hohen Deichen eingezwängtes Bett, durch das die Fluten rasch abfließen sollen, ohne Schäden anzurichten.

Seit über 1000 Jahren versuchen die Küstenbewohner, sich durch immer widerstandsfähigere Deichbauten gegen hereinbrechende Sturmfluten zu schützen. Deiche begleiten auch die großen Ströme auf dem Mündungsabschnitt, denn bei Sturmflut werden die Wassermassen weit landeinwärts gedrückt. Dennoch suchen solche Katastrophen die Marschgebiete bis in die heutige Zeit immer wieder heim. Erinnert sei nur an die Sturmflut von 1962, bei der in Hamburg 315 Menschen ertranken und entlang der Elbe 20000 Personen evakuiert werden mußten. Nach derart folgenschweren Deichbrüchen hat man die Schutzwälle jeweils wieder um ein Stück erhöht und technisch sicherer gemacht.

Heute sind die meisten größeren Flachlandflüsse durch Deiche gesichert. Sie sollen vor allem verhindern, daß die Auen überschwemmt werden. Im großen und ganzen ist das gelungen – Äcker und Gemüsefelder zeugen davon, daß die Bauern keine Überflutungen mehr zu fürchten brauchen. Weil gerade die Aueböden besonders fruchtbar sind, wagen sich die Bauern vielfach bis zum äußersten Deich vor. Feuchtwiesen werden entwässert oder aufgeschüttet – freilich zu Lasten der Natur, weil besonders artenreiche Landschaften verlorengehen.

Besonders gründlich ist man an der Unterelbe vorgegangen: Über weite Strecken hat man die Flußufer begradigt und mit scharfkantigen Kupferschlacken befestigt. Die flachen Nebenarme sind weitgehend verschwunden, die Flußwattflächen wurden zu drei Vierteln vernichtet.

Am Oberrhein rückten die Techniker den Hochwasserdamm immer näher an die Stromrinne heran, so daß immer weniger Auezonen überschwemmt wurden. Diese Maßnahmen ließen die Überflutungsräume zwischen 1955 und 1977 um rund 130 km² schrumpfen; das waren immerhin 60 % der vormals vorhandenen Aueflächen.

Um Hochwasserkatastrophen vorzubeugen, greifen die Wasserbautechniker seit dem frühen 19. Jh. auch korrigierend in die eigentlichen Flußläufe ein. Ihr Motto lautete Begradigung: In einem geraden Flußlauf strömen Hochwasserwellen natürlich schneller zu Tal als in einem Geflecht von Flußschlingen und Nebenarmen. Bei der Regulierung werden Flüsse in ein enges Korsett gezwungen. Seitenarme werden abgetrennt, geradezu stillgelegt, Inseln zwischen Flußarmen werden in das Flußufer eingegliedert, manche ehemalige Bucht trocknet aus.

Regulierungen schaffen neue Probleme

Die Kehrseiten von Flußbegradigungen sind heute offensichtlich. Weil das Wasser viel schneller abströmt, verstärkt sich die Erosionskraft des Flusses, und seine Sohle tieft sich ein – mit der Folge, daß die Fließgeschwindigkeit weiter zunimmt. Die hochgesteckten Erwartungen konnten die aufwendigen Flußkorrektionen nicht erfüllen. Im Gegenteil: Viele Flüsse traten nun – weiter flußabwärts – noch häufiger über die Ufer, und die Überschwemmungen wurden sogar noch schwerer. Anders als bei einem naturbelassenen Fluß strömt das Wasser völlig ungehindert durch die geradlinige Abflußrinne. An keiner Stelle wird es abgebremst. Nebenarme und Auwälder, die natürlichen Überschwemmungszonen, sind vom Hauptstrom abgeschnitten. Zuvor noch saugten sich die üppig bewachsenen Niederungen wie riesige Schwämme voll und hielten so einen beträchtlichen Teil der Wassermassen zurück.

Daß die aufwendige Oberrheinkorrektion die Hochwassergefahr keineswegs bannte, sondern eher noch verstärkte, läßt sich auch mit Zahlen belegen. Bei einem „Jahrhunderthochwasser" wurde vor dem Oberrheinausbau am Pegel Worms ein Abfluß von 5900 m³/s gemessen. Heute rechnet man bei einem „normalen" Hochwasser bereits mit einem Abfluß von 6700 m³/s. Benötigte früher eine Hochwasserwelle vier Tage, bis sie von Basel nach Worms vorgedrungen war, erreicht sie heute Worms schon nach zweieinhalb Tagen.

Die Lage spitzt sich bedenklich zu, wenn eine Hochwasserwelle des Rheins mit starken Niederschlägen im Bereich der umgebenden Mittelgebirge zusammenfällt. Vor der scheinbaren Zähmung des Stroms erreichten die Hochwasserwellen der Schwarzwald- und Vogesenflüsse sowie des Neckars den Strom, bevor die Rhein-Hochwasserwelle das Mündungsgebiet erreicht hatte. Heute treffen sämtliche Hochwasserwellen zusammen. Kein Wunder, daß sich die schweren Überschwemmungen am Mittel- und Niederrhein häufen.

Sicher haben die Bewohner der oberrheinischen Auedörfer von der Flußkorrektion profitiert. Die ständige Furcht vor Ernteausfällen und anderen Schäden war ihnen genommen. Doch hat der schwerwiegende Eingriff in den Gewässerhaushalt ein neues Problem geschaffen, das vor allem für die Landwirtschaft nicht ohne Folgen blieb. Weil das Wasser insgesamt viel schneller als vormals zu Tal strömte und die natürlichen Überschwemmungsgebiete vom Hauptlauf abgeschnitten waren, sickerte bedeutend weniger Wasser in den Untergrund ein. Die Folge: Der Grundwasserspiegel senkte sich an vielen Stellen allmählich um mehrere Meter, so daß ihn viele Pflanzen mit ihren Wurzeln nicht mehr erreichten. Eine regelrechte Versteppung erfaßte weite Teile des Oberrheinischen Tieflands. Natürlich blieben auch die Talniederungen anderer korrigierter Flüsse von solchen Erscheinungen nicht verschont.

Wenn Flüsse Sprünge machen

Inzwischen versucht man, die unerwünschten Folgen durch neue Maßnahmen in den Griff zu bekommen. Vom Bau von Staudämmen versprach man sich am meisten, denn ein Staudamm bewirkt zweierlei: Erstens lagert der Fluß oberhalb der Staustufe Material ab, so daß sich sein Bett wieder erhöht. Zweitens schafft er ein Gefälle, das den Einbau von Turbinen zur Stromgewinnung lohnend macht. Manche Flüsse, den Lech z. B., hat man in wahre Energieachsen verwandelt. Sie präsentieren sich

Zwischen Basel und Breisach (links im Bild) verkehren die Schiffe auf dem Rheinseitenkanal (rechts). Da der größte Teil des Rheinwassers den Kanal durchströmt, sank der Grundwasserspiegel bedenklich ab. Mit dem 1965 fertiggestellten Stauwehr konnte diese Entwicklung zumindest oberhalb von Breisach aufgehalten werden. Für den Auwald an dem alten Seitenarm kam die Hilfe noch rechtzeitig, wie das 1970 aufgenommene Bild zeigt.

Tullas Rheinkorrektion – ein Jahrhundertwerk mit Folgen

30 Rheinschlingen wurden zwischen 1817 und 1876 nach den Plänen des badischen Ingenieurs Tulla durchstoßen. Die beiden Kartenausschnitte zeigen am Beispiel zweier Schlingen bei Speyer, wie stark sich die Flußlandschaft dadurch verändert hat. Das neue Flußbett schnürt die ehemaligen Landzungen ab, macht sie zu Inseln. Der Grundwasserspiegel ist gesunken (siehe Profil unten), die Auwälder sind bis auf Reste verschwunden.

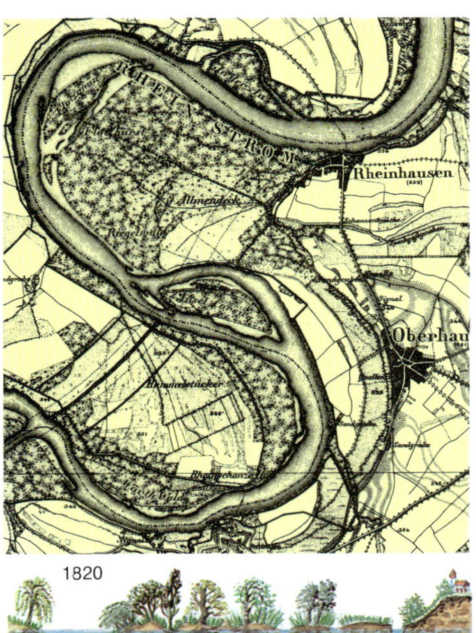

weniger als schmale Wasserläufe denn als Ketten von aneinandergereihten ausufernden Stauseen.

Noch einschneidender als die Hochwasserdämme verändern solche Staudämme das Gesicht vieler Flüsse. Wo mehrere Staustufen aufeinanderfolgen, gerät die sonst gleichmäßige Erosionstätigkeit des Flusses aus den Fugen. Weil mittransportiertes Material vor jeder Stufe abgelagert wird, muß es der Fluß unterhalb der Stufe nicht weiterschleppen. Dadurch entfaltet er eine gewaltige Erosionskraft und tieft sich dort ständig weiter ein. Das ausgeschürfte Material sammelt sich wiederum vor dem nächsten Wehr. Und auf den talwärts folgenden Abschnitten wiederholen sich diese Vorgänge. Dadurch erhält der Fluß ein Profil mit immer höheren Sprüngen. Und während der Grundwasserspiegel oberhalb der

Wehre ansteigt, fällt er unterhalb noch weiter ab als zuvor. Deshalb läßt man bei manchen Staustufen absichtlich Geröll, Kies und Sand passieren, um wieder ausgewogene Abflußbedingungen herzustellen.

Mit Flachstauseen erreicht man mehr

Wenn die Stauseen – wie häufig – von vornherein als langgestreckte Kanäle mit betoniertem Bett angelegt sind und auf der gesamten Länge von hohen Dämmen begleitet werden, können abträgliche Folgen für die Natur nicht ausbleiben.
Es gibt aber eine durchaus naturverträgliche Alternative: breit angelegte Stauräume mit ausgedehnten Verlandungszonen, Inseln und Seitenbuchten. Für solche Anlagen ist jedoch weit mehr Überflutungsraum erforderlich als bei der herkömmlichen Bauweise. Dafür beansprucht ein derartiger Flachstausee niedrigere Dammbauten. In den seichten Uferzonen kann sich ein breiter Schilfgürtel entwickeln, der Wasservögeln eine Heimat bietet. In ruhigen Buchten finden außerdem viele Fischarten ideale Laichbedingungen vor – ein See entsteht, in dem der Fluß zur Ruhe kommt und seine Materialfracht absetzt. Die nährstoffreichen Ablagerungen schieben sich allmählich bis zur Seemitte vor, so daß sich neue Verlandungszonen bilden. Auf ihnen sprießen dann die Wasserpflanzen – zum Nutzen des Flusses und der Menschen, denn sie entziehen dem Fluß einen Großteil der anorganischen Schadstoffe, wirken also wie natürliche Kläranlagen. Den Abbau der organischen Stoffe übernehmen die Kleintiere im Bodenschlamm, von denen sich wiederum Fische und Wasservögel ernähren können.
Darüber hinaus kann das Wasser sehr viel mehr Sauerstoff aufnehmen, wenn es in einen ausgedehnten, flachen Stauraum fließt. Sommerliche Sauerstoffengpässe treten dort nicht auf wie in den tiefen Staubekken, in denen die unteren Wasserschichten zu langsam erneuert werden, weil im Sommer das wärmere und damit leichtere Oberflächenwasser einfach darüber hinwegströmt, statt sich mit dem kalten Wasser zu mischen.
Das Beispiel der Innstauseen zeigt, daß solche Projekte sinnvoll und realisierbar sind. Im niederbayerisch-österreichischen Grenzgebiet entstanden vier flache Seen, die sich bald zu einmaligen Paradiesen für Wasservögel entwickelten. Alljährlich legen dort riesige Schwärme von Durchzugsgästen eine Zwischenrast ein oder überwintern. Über 100 verschiedene Arten hat man gezählt. Sie finden Nahrung im Überfluß, vor allem im Schlick, der sich an den flachen Uferzonen ablagert. Auch Muscheln und Wasserinsekten haben den neuen Lebensraum aus Menschenhand entdeckt.

Betonrohre gegen Wildbäche

Auch Bäche und kleine Flüsse bleiben nicht von schwerem Hochwasser verschont. Sie schwellen zu reißenden Wasserfluten an, die ihre Umgebung stark in Mitleidenschaft ziehen. Ganze Uferpartien werden weggespült, Bäume unterhöhlt und umgerissen, Brücken und Wege zerstört.

Umgestürzte Bäume, unterspülte Talhänge und Berge aus Schutt und Geröll: das sind die Verwüstungen, die ein Wildbach in aller Regel im Gebirge anrichtet. Durch Sohleschwellen, die in regelmäßigen Abständen das Bachbett queren, können die reißenden Fluten wirkungsvoll gezügelt werden, wie auf dem rechten Bild zu sehen ist. Nach wenigen Jahren hat sich bereits wieder Buschwerk an den Ufern ausgebreitet. Das Geröll bleibt zwischen den Schwellen liegen.

Völlig naturbelassen schlängelt sich die Krückau durch die Wiesenlandschaft Schleswig-Holsteins. Das Erdreich, das das Flüßchen an einer Seite der Uferböschung abspült, wird an der anderen Seite wieder angelagert.

Die Murg hingegen muß das letzte Stück vor der Einmündung in den Rhein in einem schnurgeraden künstlichen Korsett zurücklegen. Deiche mit genormter Hangneigung ersetzen die natürlichen Ufer.

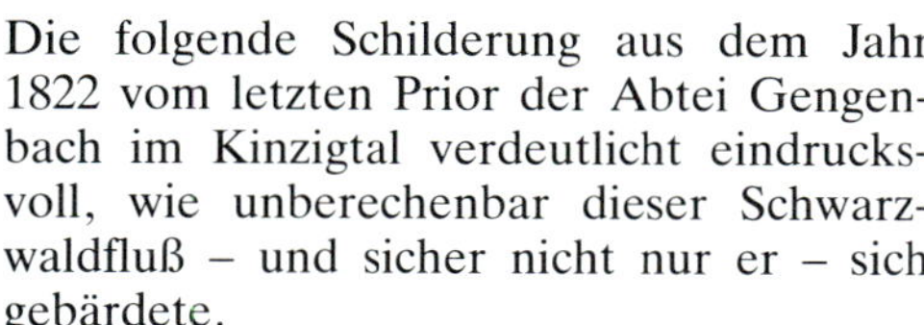

Die folgende Schilderung aus dem Jahr 1822 vom letzten Prior der Abtei Gengenbach im Kinzigtal verdeutlicht eindrucksvoll, wie unberechenbar dieser Schwarzwaldfluß – und sicher nicht nur er – sich gebärdete.

„Der äußerst mutwillige, nichts schonende Bach, Kinzig heißt er, gibt zwar dem äußerst berühmten Tale seinen Namen. Er bringt aber auch ebendemselben beinahe unersetzlichen Schaden. Er untergräbt die festesten Häuser und stürzet sie. Er unterwühlt die größten Bäume und wirft sie seinen tobenden Wellen zum boshaften Spiele hin: er überschüttet die durstigen Wiesen und deckt das herrliche Grün mit Massen von Steinen und Sandbänken: er reiset Saat und Saamen, er reißt die schönen Früchte mit der Erde fort. Er durchgräbt Straßen, zerschmettert die festesten Joche der Brükken und führt die traurig gaukelnden Opfer seiner Wuth auf seinen reisenden Fluthen im Triumpfe dahin. Wehe dem Sterblichen, der seine Beute wird. Hinab gerissen in seine schaudervolle Tiefe gibt er ihn seinen unerbittlichen Fluthen preis, und ist das mörderische Spiel vollbracht, dann wirft er ihn entseelt auf die zitternden Ufer hinaus."

Der Mensch hat inzwischen den Großteil dieser gefährlichen Bergbäche und -flüsse ebenso gezähmt wie die großen Ströme. Viele Bäche werden durch Betonrinnen oder gar durch unterirdische Rohre geleitet. In anderen bremsen querliegende Sohleschwellen die Erosionskraft des Wassers.

Grundsätzlich hat auch der Bachausbau zur Folge, daß das Wasser viel schneller abströmt. Der Bachgrund tieft sich stärker ein – sofern er nicht ohnehin schon durch ein Bett aus Stein oder Beton ersetzt wurde –, die natürlichen Vertiefungen verschwinden ebenso wie die Kiessohlen, die viele Fische als Laichgründe benötigen.

Wo man das Ufergehölz mitsamt den tief- und breitwurzelnden Bäumen beseitigt hat, wirkt die Erosion verstärkt. Zusätzliche Stützmaßnahmen werden erforderlich, die den Bach immer unnatürlicher erscheinen lassen: Die Hochufer werden künstlich befestigt, die Sohle wird gepflastert.

Überhaupt haben die Verrohrungs- und Korrekturmaßnahmen mehr Nachteile als Nutzen gebracht. Zwar traten viele Bäche früher ungehindert über die Ufer, doch versickerte das meiste Wasser im Boden der Talwiesen. Heute schießen die Flutwellen durch die Röhren und Gräben zu Tal und stauen sich gegenseitig, wo sie ins nächstgrößere Fließgewässer münden. Vorfälle wie im August 1972 in Stuttgart häufen sich. Damals stand die gesamte Innenstadt unter Wasser; aus den Unterführungen mußten die Menschen vor den Fluten gerettet werden. Der Nesenbach, Stuttgarts „Hausgewässer", wurde mit den hereinstürzenden Wassermassen nicht fertig, und es kam zu diesem verhängnisvollen Stau.

Rückhaltebecken – klein, aber wirkungsvoll

Gegen die überschäumende Kraft vieler Bäche und Flüsse in Hochwasserzeiten gehen die Techniker seit geraumer Zeit genauso vor wie bei den großen Flüssen. Man baut sogenannte Wasserrückhaltebekken. Wenn starke Regenfälle niedergehen oder der Schnee plötzlich schmilzt, fangen sie die Hochwasserwelle ab, bevor sie talwärts schießt und am Hauptfluß Unheil anrichtet. Umgekehrt läßt sich bei Niedrigwasser auf den Inhalt der Becken zurückgreifen. Die Beimengung von verhältnismäßig kühlem, sauberem Wasser verhilft dem Fluß zu einer erhöhten Selbstreinigungskraft – ein Vorteil, der besonders hoch zu veranschlagen ist, wenn der Anteil an schmutzigem Abwasser ansteigt. Dann können Rückhaltebecken die Rettung bringen und den betroffenen Fluß vor dem Umkippen bewahren.

In vielen Fällen verzichtet man darauf, die Becken mit einer betonierten Sohle auszustatten. Das Speicherwasser kann dann ungehindert versickern und so die Grundwasservorräte bereichern. Auch die Natur kann in solchen Erdbecken leichter Tritt fassen. Überläßt man sie ihrer Entwicklung, dann finden bald Amphibien, Wasservögel und Wasserpflanzen ein neues Refugium.

In einigen gewässerreichen Mittelgebirgen entstanden in den letzten Jahren ganze Seengürtel, die auf dem Reißbrett der Wasserbauingenieure entworfen wurden. 30 Wasserrückhaltebecken mit einem Stauraum zwischen 0,5 und 3 Millionen m^3 häufen sich z. B. im oberen Einzugsgebiet der Neckarzuflüsse Rems, Kocher und Jagst. Ostwürttemberg verfügt damit seit einigen Jahren über eine idyllische, walddurchsetzte Seenlandschaft, die Badebegeisterte, Wassersportler und Campingfreunde aus dem Großraum Stuttgart in Scharen anzieht.

Die Bahnhöfe der Binnenschiffer

Knapp 300 Millionen t an Gütern löschen und laden die Schiffe im Lauf eines Jahres in den bundesdeutschen Binnenhäfen – eine gewaltige Leistung, die nur unter Einsatz modernster Techniken erbracht werden kann. So beherrschen heute ferngesteuerte Ladekräne, Öltanks und Containerlager das Bild der Häfen. Von romantischem Hafenidyll ist da wenig zu spüren.

Die heutigen Flußhäfen erfreuen sich oft einer langen Geschichte. Der Mensch hat es nie dem Zufall überlassen, wo Häfen entstanden, sondern stets die günstigsten Flußstandorte ausgewählt. Betrachtet man die Lage der Häfen etwas gründlicher, so fällt auf, daß man es mit ganz typischen Merkmalen zu tun hat. Ideale Hafenplätze sind z. B. die tiefen, ruhigen Förden, die sich zur Ostsee hin öffnen – das beweisen Häfen wie Flensburg, Schleswig, Eckernförde oder der alte Wikingerhafen Haithabu.

Dasselbe gilt für die Mündungen größerer Flüsse, wo die Häfen als Drehscheiben zwischen See- und Binnenschiffahrt wirken. Hamburg, der größte deutsche Hafen, aber auch Bremen und Lübeck begründeten auf diesem Lagevorzug ihre frühe wirtschaftliche Blüte.

Im Binnenland gibt es eine ganze Reihe von natürlichen Gegebenheiten, die zur Anlage von Häfen verlockten. Beliebte Standorte sind Flußgabelungen und Zusammenflüsse, Talknoten also – davon künden unter anderem Koblenz, Bingen, Wertheim und Passau –, aber auch ruhige, geschützte Buchten waren geradezu prädestiniert als Naturhäfen (Andernach, Neuwied). Lindau und Cölln an der Spree sind typische Inselhäfen, und der Konstanzer Hafen entstand nicht von ungefähr am Ausfluß des Rheins aus dem Bodensee.

Ein Hafen gehört zum Prestige

Einige Häfen sind echte Reißbrettschöpfungen. In der Barockzeit und später gab es immer wieder Landesherren, die neben anderen Maßnahmen auch Häfen ganz gezielt planen und ausbauen ließen, um Handel

Duisburg-Ruhrort ist der größte Binnenhafen Europas. Über 50 Millionen t Güter werden jährlich in 20 Hafenbecken mit 50 km Kailänge umgeschlagen, rund 30 000 Schiffe werden abgefertigt. 26 km Straßen und 150 km Gleisanlagen durchziehen das riesige Hafengelände.

Verladeanlagen für Container gehören heute zum vertrauten Bild in den Häfen, wie hier in Hamburg. Die Großbehälter werden auf Eisenbahnwaggons oder Lkw bis in Reichweite der Kräne transportiert. Auf den Schiffen werden sie in Lagen gestapelt.

und Wirtschaft anzuregen. Prestigedenken mag auch im Spiel gewesen sein, als Landgraf Carl von Hessen-Kassel am Zufluß der Diemel in die Weser 1699 die Plansiedlung Karlshafen aus dem Boden stampfen ließ. Der barocke Hafen war als Konkurrenz zum hannoveranischen Münden gedacht.

Eine glückliche Hand bewies Kurfürst Friedrich IV. von der Pfalz, als er 1606 an der Neckarmündung die Residenz- und Hafenstadt Mannheim gründete. Die bayerische „Gegengründung" Ludwigshafen, 1820 entstanden, konnte die Vormachtstellung des Mannheimer Hafens nie ernsthaft gefährden.

Eine Reihe bestehender Orte wurde nur umgetauft, als man sie zu Hafenstädten ausbaute. Die neuen Namen ehren letztlich immer den jeweiligen Gründer. Aus Buchhorn und Hofen machte der württembergische König den Bodenseehafen Friedrichshafen. Ludwigshafen ist nach dem bayerischen König Ludwig I. benannt, und der alte Ort Schröck am Rhein wurde 1833 zu Leopoldshafen, getauft nach dem badischen Großherzog.

Im Zeitalter der Industrialisierung erwachte die Binnenschiffahrt aus ihrem bis dahin geruhsamen Dasein. Nun galt es, riesige Mengen von Kohle und Erzen zu befördern. Vor allem für die Rheinhäfen brach eine neue Zeit an. Sie mußten ausgebaut und den neuen technischen Anforderungen angepaßt werden. Häfen, die auf der Höhe der Zeit waren, entwickelten sich rasch zu Keimzellen aufstrebender Industrien, die auf den Bezug von Massengütern angewiesen waren: chemische Werke, Betriebe der Nahrungsmittel- und Papierindustrie.

Ein Hafen profitierte vom Aufschwung der Industrie ganz besonders: Duisburg, mit einem jährlichen Güterumschlag von 56 Millionen t heute der größte Binnenhafen Deutschlands. Der Hafenstandort erwies sich als ideal; die großen Bergbau- und Industrieachsen des Ruhrgebiets führen wie ein offener Fächer auf ihn zu.

Auch alle Häfen, die am Ende der für Dampfschiffe ausgebauten Wasserwege lagen, gewannen rasch an Bedeutung. Güter, die für Städte im jeweiligen Hinterland bestimmt waren, mußten hier in die Bahn oder auf kleinere Kähne umgeladen werden. Die Endhäfen Frankfurt und Mannheim zogen Industrie und Handel geradezu magisch an, versprachen sie doch eine zeit- und kostensparende Abwicklung aller Gütertransporte. Nachdem in späteren Jahrzehnten Oberrhein, Neckar und Main weiter ausgebaut worden waren, rückten wieder neue Endhäfen in den Mittelpunkt: Karlsruhe, Heilbronn und Bamberg.

Das meiste geht flußaufwärts

Ein Hafen besteht aus einem Hafenwasserraum und einem Hafenlandraum. An größere Häfen schließt sich außerdem ein eigenes Hafenviertel an. Dort haben Reedereien, Hafenbehörden, Schiffsausrüster, Heuerbüros, Seemannskirchen und natürlich die typischen Hafenkneipen ihren Standort.

Keimzelle jedes Hafens ist der Hafenwasserraum. Er umfaßt eines oder mehrere strömungsfreie Becken, deren Ein- und Ausfahrt immer flußabwärts weist. Ladestationen und Liegeplätze für Tankschiffe liegen aus Sicherheitsgründen grundsätzlich abseits vom Haupthafen und von den anderen Stadtvierteln.

Die kleinsten Häfen sind Umschlagplätze, auch Länden genannt. Meistens liegen sie außerhalb von Städten und werden von Privatfirmen betrieben, die beispielsweise mit Massengütern wie Kies und Sand handeln. Einfache Flußhäfen, die auch Parallelhäfen heißen, bestehen nur aus einer schlichten Kaimauer mit Spundwänden.

Der sogenannte Hafenlandraum besteht neben den Verladeanlagen und Lagerräumen aus verschiedenen Verkehrseinrichtungen, in erster Linie Gleisanlagen und Straßen. Bevor die herantransportierten Güter ihre Reise fortsetzen, müssen sie sortiert, kontrolliert, umgepackt, zum Teil aber auch erst noch weiterverarbeitet werden. Lagerhallen, Kühlhäuser, Mühlenbetriebe, Silos, Speditionen und Großhandelsfirmen bestimmen deshalb auch das Bild dieser Hafenlandschaften.

Allen Handelshäfen gemeinsam ist die einseitige Ladungsbilanz. Es werden weitaus mehr Güter auf Binnenschiffen herbeigeschafft, als wieder abtransportiert werden. Bei den Binnenschiffern sind solche Empfangshäfen nicht allzu beliebt, weil die Anschlußfracht oft ausbleibt. So überrascht es nicht, daß die Handelshäfen seit Jahrzehnten an Bedeutung verlieren.

In den alten Industriehäfen am Niederrhein und im Ruhrgebiet haben auch heute noch zahlreiche rohstoffabhängige Firmen ihren Sitz. Für sie ist es nach wie vor die billigste Lösung, die Massengüter per Schiff vor die Haustür liefern zu lassen. Erze, Bauxit, chemische Grundstoffe, Getreide, Erdöl – Rohstoffe, die zu einem guten Teil aus Übersee stammen – werden im Hafen selbst

vorverarbeitet und anschließend an die Abnehmer ausgeliefert. In den riesigen Hafengebieten trifft man auf flächenverschlingende Anlagen wie Hochöfen, Walzwerke, Gießereien, Aluminiumhütten, Gas- und Öltanks sowie stählerne Gebilde, die durch ein wahres Röhrengewirr untereinander verbunden sind. Dazwischen stehen Reis- und Getreidemühlen, Pflanzenölwerke, Kakao- und Zigarettenfabriken.
Bei diesen traditionsreichen Industriehäfen ist die Zu- und Abfuhrbilanz ausgeglichener als bei den reinen Handelshäfen. Die Erzeugnisse der Schwer- und Grundstoffindustrien sind größtenteils Massengüter, die sich auf den Binnenschiffen konkurrenzlos günstig wieder abtransportieren lassen. Reine Industriehäfen gehören deshalb keineswegs der Vergangenheit an, sondern werden ihre gute Stellung in Zukunft eher noch ausbauen.

Umkehr der Verhältnisse

Häfen reagieren sehr empfindlich auf wirtschaftliche Veränderungen. Der Strukturwandel der letzten Jahrzehnte – weg von Kohle und Stahl, hin zu Erdöl und Chemie – hat auch in den Binnenhäfen deutliche Spuren hinterlassen. Der Duisburger Hafen war noch in den 30er Jahren fast ein reiner Kohlehafen. 1936 wurden 70% des Güterumschlags mit dem schwarzen Gold bestritten. Heute sind die Anlagen, die mit der Kohle zusammenhängen, weitgehend aus dem Hafenbild verschwunden. Statt dessen haben sich auf der sogenannten Ölinsel Großtanklager breitgemacht. In anderen Teilen des Hafens hat man sich auf bestimmte Warengruppen oder Stückgüter spezialisiert.
Der Bedeutungsverlust der Kohle wirkt sich auch auf das Verhältnis zwischen Empfang und Versand aus. In den 30er Jahren noch lag es im Duisburger Hafen bei 1:3, weil vorrangig Schiffe mit Ruhrkohle beladen wurden. Heute hat sich das Verhältnis nahezu umgekehrt: Nur noch ein Drittel des Güterumschlags entfällt auf den Versand, zwei Drittel werden von Schiffen entladen.
Nicht nur Mineralöle, sondern auch riesige Mengen anderer Massengüter, die rheinaufwärts transportiert werden, stammen aus Übersee. Das Einfallstor für diese Fracht ist Rotterdam, der größte Hafen der Welt.
Zwischen den Binnenhäfen ist es zu einer regelrechten Arbeitsteilung gekommen. Einige haben sich so sehr auf bestimmte Gütergruppen spezialisiert, daß man sie als Mineralölhafen, Erzhafen, Stückguthafen oder auch Containerhafen bezeichnen kann. Größere Häfen setzen sich meist aus mehreren solcher Spezialhäfen zusammen.

Container erobern die Häfen

Seit Ende der 60er Jahre erobern sich die Container einen immer wichtigeren Stellenwert unter den Transportsystemen. Die kastenförmigen Behälter fassen unterschiedliche Einzelstückgüter zu genormten Transporteinheiten zusammen. Container lassen sich in durchgehenden Transportketten ohne zeit- und kostenaufwendiges Umpakken und ohne Zwischenlagerung bis zum Endabnehmer befördern – und das auf allen Verkehrsmitteln vom Ozeanfrachter über Binnenschiff und Bahn bis zum Lkw. Dank der Container liegen die umgeladenen Güter in den Häfen nur noch ein Sechstel der Zeit, die sie früher dort auszuharren hatten.
Die meisten Binnenhäfen besitzen heute ein Containerterminal. Und mancher Kleinhafen, z. B. der im rheinland-pfälzischen Wörth am Rhein, lebt ausschließlich vom Containerumschlag. Containerhäfen heben sich merklich von den herkömmlichen Hafenanlagen ab. Anstelle langgestreckter Kais und Schuppenreihen bestimmen ausgedehnte Stellflächen das Bild. Die Behälter werden einfach unter freiem Himmel gestapelt. Unentbehrliche Einrichtungen sind Mobilkräne und große Stapelfahrzeuge. Straßen und Gleisanlagen führen bis an die Verladekräne heran, so daß sich die kantigen Behälter problemlos umladen lassen.
Eine andere Neuerung, die in einigen Häfen ebenfalls spezielle Verladeanlagen notwendig machte, ist das sogenannte LASH- (= lighter aboard ship) System. Kernstück dieses kettenartigen Transportverfahrens sind die riesigen, 19 m langen und 3,5 m breiten Schwimmcontainer. Sie werden zu Zügen zusammengestellt. Sogenannte Schubboote befördern diese Containerverbände auf den Binnenwasserwegen zum Seehafen, wo die Behälter von eigens dafür ausgelegten LASH-Schiffen aufgenommen werden. Die Zwischenlagerung an Land entfällt, die Transportkette ist praktisch lückenlos.
In den Empfangshäfen sind allerdings besondere Krananlagen erforderlich, um die Großbehälter an Land zu hieven, die neben schweren Stückgütern wie Maschinen und Fahrzeugteilen vor allem Schüttgüter – z. B. Getreide oder Reis – und schwere Massengüter enthalten.

Schaltzentralen statt Muskelkraft

Hinter all diesen neuen Entwicklungen steht das Bestreben, die Liegezeit der Schiffe in den Häfen immer weiter zu verkürzen. Dadurch verringern sich die Hafengebühren, die Transportkosten werden

Nicht nur an Seen, auch an kleinen Flüssen und Nebenarmen größerer Flüsse machen sich Sporthäfen mit Liegeplätzen für Yachten und Segelboote breit. Am Wochenende erwachen sie zum Leben. Von Brunsbüttel aus (Foto) starten die Bootskapitäne in Richtung Elbe oder Nord-Ostsee-Kanal.

möglichst niedrig gehalten. Der Wandel im Transportwesen macht immer speziellere, technisch aufwendigere Verladeeinrichtungen erforderlich. Von den Hafenverwaltungen, die den reibungslosen Ablauf des Güterumschlags sicherstellen müssen, verlangt er immer höhere Leistungen. Der Strukturwandel hat auch vor den Hafenbeschäftigten nicht haltgemacht. Der traditionelle Hafenarbeiter, der schwerste Güter mit seiner Muskelkraft bewegen mußte, ist zu einem guten Teil vom Facharbeiter und Techniker

abgelöst worden, der seinen Platz an elektronischen Schaltzentralen hat.

Die Binnenhäfen haben die Herausforderung angenommen, die der wirtschaftliche und technologische Strukturwandel an sie stellt. Die Anpassungsmaßnahmen scheinen sich zu bewähren, wenn man die neueren, statistisch belegbaren Trends so werten darf. Seit Mitte der 70er Jahre ging es mit der Binnenschiffahrt bergab. Wurden 1974 noch 333 Millionen t an Gütern in den Binnenhäfen der Bundesrepublik umgeschlagen, so waren es 1981 nur noch 296 Millionen t. Doch inzwischen ist die Talfahrt gestoppt; der Güterumschlag hielt sich bis 1985 knapp unter der 300-Millionen-Grenze.

Diese Zahl allein ist zwar beeindruckend, doch welche enorme Leistung in den Häfen tatsächlich erbracht wird, kann man sich auch mit viel Phantasie kaum vorstellen. Vielleicht aber kann das folgende Beispiel dabei etwas nachhelfen. Mit rund 6,5 Millionen t Güterumschlag gehört der Frankfurter Mainhafen zwar nicht zu den kleinen, aber auch nicht zu den wirklich großen Binnenhäfen in der Bundesrepublik Deutschland. Würde man alle Güter, die dort binnen eines Jahres be- und entladen werden, auf Güterwagen der Bahn befördern, so würde dieser Güterzug bis nach Sizilien hinunterreichen.

Auch Freizeitkapitäne brauchen Häfen

Eine besondere Hafenform befindet sich seit geraumer Zeit im Aufwind: die Sporthäfen. Vor allem an den großen Voralpenseen, allen voran Bodensee und Starnberger See, sprossen Yachthäfen wie Pilze aus dem Boden. Viele von ihnen können mit der geballten Nachfrage nach Liegeplätzen kaum Schritt halten. Jahr für Jahr kommen neue Landestege und Molen hinzu. Die Naturschutzbehörden betrachten diese Entwicklung inzwischen mit Mißfallen, denn sie geht zu Lasten der empfindlichen Uferzonen mit ihren Schilfbeständen, die für die Reinigungskraft der Seen und zahlreiche Wasserlebewesen unersetzlich sind. An allen größeren Seen hat man inzwischen erkannt, daß die Uferlandschaft nur dann ihren Erholungswert behält, wenn auch stille Buchten und Abschnitte erhalten bleiben. Im internationalen Leitbild für das Bodenseegebiet, das 1982 von einer Kommission der Anrainerländer verabschiedet wurde, ist die Begrenzung der Zahl der Boote und ihrer Liegeplätze schon fester Programmpunkt. Auf einigen oberbayerischen Seen wurden Motorboote bereits verboten.

Vom Mühlrad zum Kühlkreislauf

Über Jahrhunderte verhalf die Wasserkraft so manchem Gewerbe zu Aufstieg und Blüte. Zahlreiche Hammerwerke, Mühlen und Sägewerke künden noch heute von der einstigen Bedeutung der „weißen Kohle", war sie doch bis zur Erfindung der Dampfmaschine die einzige Energiequelle. Doch auch die modernen Wärmekraftwerke kommen nicht ohne Flußwasser aus.

Die Mühle im Hexenloch bei Furtwangen ist eine von zahlreichen Schwarzwaldmühlen, die nach wie vor ihren Dienst versehen. Ein kleiner Bachlauf genügt, um die schweren Mühlräder in Bewegung zu versetzen.

Müller genossen in der Vergangenheit ein hohes Ansehen. Ihre Mühlen waren das Herz vieler Gewerbezweige. Der Müller verfügte über Maschinen, mit denen er Grundnahrungsmittel und wichtige Gebrauchsgegenstände herstellte. Da wurden Getreide, Hülsen- und Ölfrüchte gemahlen und gepreßt. Die Sägemühlen lieferten Bau- und Brennholz, in den Lohmühlen wurden Felle und Häute gegerbt und bearbeitet, in den Kunst- oder Stopfmühlen Textilien aller Art gewoben und gesponnen. Die Bearbeitung von Metallen besorgten die Hammerwerke, und in den Steinmühlen sägte man die Quader für öffentliche Gebäude.

Auch der Bergbau kam nicht ohne Wasserkraft aus. So fing man z. B. in den Höhen des Oberharzes das Niederschlagswasser auf, leitete es in über 100 km langen Grabensystemen auf die Clausthaler Hochfläche hinunter. Dort speicherte man es in Stauteichen. Die Silber- und Bleigruben nutzten es als Antriebswasser für die Pumpen, die zum Entwässern der Stollen eingesetzt wurden.

Kriege um das Mühlenwasser

Die Mühlen arbeiteten nach einem einfachen Prinzip. Entweder trieb die starke Strömung des jeweiligen Flusses die großen Schaufelräder an, oder man leitete das Antriebswasser in eigens angelegten Kanälen, manchmal auch Holzrinnen, von höher gelegenen Teichen, Bächen oder Flüssen auf die Räder. Mit Hilfe von Riemen, Zahnrädern und Stangen übertrug sich dann die Wasserkraft auf die Maschinen.

In den meisten Alpentälern und an den niederschlagsreichen West- und Nordabdachungen der Mittelgebirge entwickelten sich regelrechte Ketten von Mühlen und Hammerwerken. Wieviel Wasser die einzelnen Mühlen für sich abzweigen durften, wurde genauestens festgelegt. Dennoch kam es regelmäßig zu Auseinandersetzungen um die Wasserrechte. Man weiß von langwierigen Prozessen und erbitterten Fehden, die Müller untereinander austrugen. Sogar regelrechte Kriege um das Mühlenwasser fanden statt. In dem Wort Rivale steckt keineswegs zufällig die lateinische Bezeichnung „riva" für Bach. Rivalen lebten ursprünglich am selben Bach und lagen wegen des Wassers miteinander im Streit.

In den 30er Jahren des 19. Jh. kamen die ersten Wasserturbinen zum Einsatz. Sie erzeugten den Strom für die neuen Maschinen, die in den darauffolgenden Jahrzehnten der Industrialisierung ihren Siegeszug antraten. Die energiespendenden Flüsse wurden neben der Kohle zum zweiten Träger der Industrialisierung. In einigen Tälern reihten sich schon bald die neuen Metall- und Textilwerke zu zusammenhängenden Industriegassen. Solche Industrietäler durchziehen z. B. das Bergische Land, das Siegerland und den Harz. Auch die Täler, die von der Stirnseite der Schwäbischen Alb zum Neckar führen, gehören dazu: etwa Fils-, Erms- und oberes Kochertal.

Gegen Ende des 19. Jh. gingen die ersten Wasserkraftwerke in Betrieb. Zunächst waren es fast nur private oder genossenschaftliche Unternehmungen, die vor allem an Bächen kleine Turbinen betrieben.

Aus Flußläufen werden Stromschienen

An der Funktionsweise dieser sogenannten Laufwasserkraftwerke hat sich bis heute nichts geändert. Gleich, ob im kleinen oder großen, ein Wehr staut das Wasser auf und leitet es einem Turbinenschacht zu. Die Turbine selbst kann senkrecht, schräg oder auch waagrecht in den Schacht eingebaut sein. Das einströmende Wasser treibt die Flügelräder der Turbine an, die angeschlossenen Generatoren wandeln die Bewegungsenergie in elektrische Energie um. Wieviel Strom erzeugt wird, hängt von der Wassermenge und der Fallhöhe des einströmenden Wassers ab. Das Überschußwasser fließt über das Wehr ab und ist für die Energieerzeugung verloren.

Bis zu Beginn des 20. Jh. führte die Stromgewinnung aus Wasserkraft eher ein Schattendasein. Das änderte sich erst, als man viele Flüsse zu Schiffahrtsstraßen umbaute. An vielen Staustufen entstand zugleich ein Laufwasserkraftwerk. Wo die Stauwerke in kurzen Abständen aufeinanderfolgten, verwandelten sich die betreffenden Flußläufe in regelrechte Stromschienen. Zuletzt war es die Mosel, die man mit zwölf Laufwasserkraftwerken bestückte, als sie in den 60er Jahren zum Großschiffahrtsweg befördert wurde. Der Saarausbau ist derzeit noch im Gang.

Laufwasserkraftwerke belasten weder Luft noch Wasser, haben dafür aber einen anderen Nachteil. Gerade die Flüsse, die aus den Alpen kommen, führen im Winter verhältnismäßig wenig Wasser. Ausgerechnet dann, wenn der Bedarf besonders hoch ist, erzeugen sie nur wenig Strom. Daher haben die Energieversorgungsunternehmen Verbundsysteme aufgebaut, an die auch Wärmekraftwerke angeschlossen sind. So kann

So wird Strömung zu Strom

Laufwasserkraftwerke nutzen die Bewegungsenergie, die in den Flüssen steckt. Je höher das Gefälle, desto rascher strömt das Wasser, desto mehr Energie wird erzeugt. An Staustufen läßt sich dieses Gesetz am wirkungsvollsten ausnutzen. Die einzelne Turbine kann senkrecht gelagert werden, so daß das aufgestaute Wasser auf die Flügelräder herabstürzt.
Die Drehbewegung der Turbine wird auf einen Generator übertragen. Sein Kernstück ist ein Magnet mit einer Spule, in der ein Elektronenfluß, also Strom, erzeugt wird. Im Transformator wird der Strom auf die Spannung des elektrischen Versorgungsnetzes angehoben und dann in die Freileitungen eingespeist.

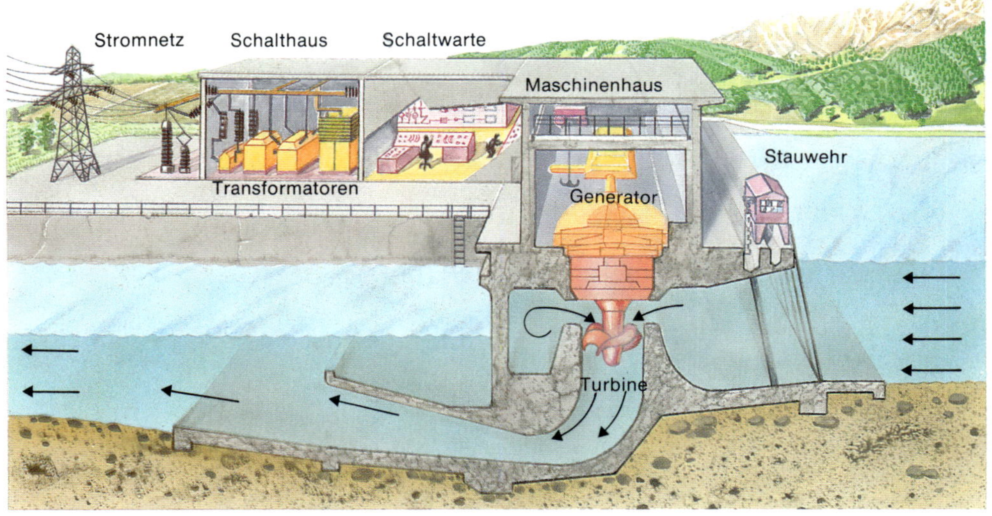

Für Reparaturarbeiten an der riesigen Turbine des Wasserkraftwerks Landesbergen an der Weser hat man den aufsitzenden Generator abmontiert. Die Turbine selbst ist in den Boden eingelassen.

beliebig zwischen den verschiedenen Kraftwerken umgeschaltet werden.
In den großen Stromverbundsystemen spielen auch die sogenannten Speicherkraftwerke eine wichtige Rolle. Der Name sagt es bereits: In Stauseen wird Wasser gespeichert, mit dem genau nach Bedarf Strom erzeugt werden kann.

Wasser unter Druck

Nach der Bauweise unterscheidet man Hoch-, Mittel- und Niederdruckkraftwerke. Letztere liegen meist an Strömen und stauen das Wasser hinter mächtigen Mauern auf. Ähnlich wie bei den Laufwasserkraftwerken, jedoch unter größerem Druck, fällt das Wasser mindestens 4 m tief auf die Turbinen herab. Die Fallhöhen sind zum Teil beachtlich: in Jochenstein an der Donau 10,2 m, in Schwörstadt am Hochrhein 10,3 m, in Simbach am Inn 11,2 m und in Nußdorf sogar 12,5 m.
Bei den Hochdruck-Speicherkraftwerken liegt der Stausee mehr als 50 m über dem eigentlichen Kraftwerk. Das Wasser stürzt mit gewaltigem Druck auf die Turbinen herunter. Beim Walchenseekraftwerk beträgt der Höhenunterschied 196 m. Damit ist auch die Voraussetzung genannt, unter der sich der Bau derart aufwendiger Anlagen überhaupt lohnt: ein möglichst großes natürliches Gefälle. Das erklärt, warum sich diese Talsperren an den Oberläufen der Flüsse häufen. Meist füllen die Seen das gesamte Tal aus und sind dann entsprechend tief. Hohe Staumauern riegeln sie ab, manchmal halten auch Erddämme die Wassermassen auf, so z. B. beim Biggesee im südlichen Sauerland. Die Mehrzahl der Talsperren dient allerdings nicht ausschließlich der Energiegewinnung, sondern auch anderen Aufgaben. Die Edertalsperre etwa stellt sicher, daß die Schiffe auch in Trockenzeiten auf Weser und Mittellandkanal verkehren können. Die Stauseen im Sauerland, im Bergischen Land, im Harz und in der Nordeifel sind in erster Linie Trinkwasserspeicher.
Eine Besonderheit unter den Wasserkraftwerken sind die Pumpspeicherwerke. Sie verfügen ebenfalls über ein oder mehrere Staubecken, die durch Röhren oder Druckstollen miteinander verbunden sind. Wenn der Stromverbrauch in der Nacht auf seinen Tiefpunkt sinkt, wird Wasser mit Hilfe von

billigem Nachtstrom in den höher gelegenen Speicher gepumpt. Wenn der Stromverbrauch am Tag plötzlich auf Spitzenwerte hinaufschnellt, läßt man das Wasser in die Turbinen schießen. Sobald der Stromverbrauch wieder sinkt, wird die Wasserzufuhr unterbrochen. Man kann also sehr rasch auf Bedarfsspitzen reagieren, worin auch der Zweck dieser Kreislaufsysteme liegt.
Das gigantischste Speichersystem in der Bundesrepublik Deutschland entstand während der vergangenen Jahrzehnte am Lech. 26 Wasserkraftwerke, darunter einige Pumpspeicherwerke, nutzen den gefällereichen Flußlauf. Herzstück dieser Kraftwerkstreppe ist der 12 km lange Forggensee, der 1955 geflutet wurde. Er reguliert als sogenannter Kopfspeicher den außerordentlich stark schwankenden Wasserstand des Flusses. Mit einigen nachgeschalteten Speicherwerken zusammen bildet er das Rückgrat der Stromschiene Lech, die damit auch in längeren winterlichen Trockenzeiten voll funktionstüchtig bleibt.
Sämtliche Wasserkraftwerke zusammen decken heute ganze 5% des Stromverbrauchs in der Bundesrepublik Deutschland. Dieser bescheidene Beitrag zur Energieversorgung wird sich auch künftig kaum steigern lassen, denn sämtliche gefällereichen und damit lohnenden Flußabschnitte sind inzwischen mit Kraftwerken bestückt.
Das Musterland der Wasserkraftnutzung ist Bayern – kein Wunder, denn die aus den Alpen zur Donau strömenden Flüsse sind ideale Energielieferanten. Von der Elektrizität, die im Bundesgebiet aus Wasserkraft gewonnen wird, erzeugen bayerische Kraftwerke 55%.

Frisches Flußwasser kühlt heißen Dampf

Es sind die Wärmekraftwerke, die 95% des bundesdeutschen Strombedarfs decken. Auch sie sind geradezu untrennbar mit den Flüssen verknüpft. Über 25 Milliarden m^3 Kühlwasser zweigen sie jährlich ab; das ist fünfmal mehr Wasser, als alle öffentlichen Wasserwerke zusammen gewinnen. Die Ursache: Öl-, Kohle-, Misch- und Kernkraftwerke geben zwischen 30% und 60% der erzeugten Energie als Abwärme ungenutzt wieder ab. Die Verbrennungswärme läßt das Wasser verdampfen, der Dampf wiederum treibt eine Turbine an, der ein Stromgenerator angeschlossen ist. Der Dampf kühlt daraufhin ab und schlägt sich im Kondensator als Wasser nieder. Man unterscheidet dabei drei verschiedenartige Kühlverfahren: die Frischwasserkühlung – auch Durchlaufkühlung genannt –, die Ablaufkühlung und die Kreislaufkühlung.
Das einfachste und ursprünglich am häufigsten angewandte Verfahren ist die Frischwasserkühlung. Sie bietet sich überall dort an, wo große Flüsse das ganze Jahr über ausreichend Wasser führen. Das frische Flußwasser kühlt den heißen überschüssigen Dampf ab, heizt sich dabei entsprechend auf und wird dann mit dem kondensierten Dampf zusammen wieder in den Fluß geleitet.
Ein herkömmliches Wärmekraftwerk benötigt zur Abkühlung von 100 MW elektrischer Leistung in einer Sekunde 3 m^3 Wasser, das sich dabei um 10 °C aufwärmt. Bei einem Kernkraftwerk mit Leichtwasserreaktor beträgt der Verbrauch 4,5 m^3. Ein 1300-MW-Reaktor entzieht dem Fluß also 60 m^3 Wasser je Sekunde. Zum Vergleich: Die West-Berliner Haushalte verbrauchen in der gleichen Zeit nur etwa ein Zwanzigstel dieser Menge.
Das System der Ablaufkühlung hingegen bringt dem Fluß eine gewisse Entlastung.

Das Wasserbecken des Pumpspeicherwerks Herdecke liegt 150 m oberhalb der Ruhr. Bei Bedarf läßt man das gespeicherte Wasser durch die Druckrohrleitung auf die Turbinen herabschießen, die dadurch die gewünschte Strommenge erzeugen. In der Nacht wird wieder Wasser ins Becken hinaufgepumpt.

Dampfschwaden quellen aus den riesigen Kühltürmen des Kernkraftwerks Grafenrheinfeld am Main. Das Flußwasser, das zur Kühlung herangezogen wird, verdunstet so zu einem großen Teil.

Auf die Kühlung kommt es an

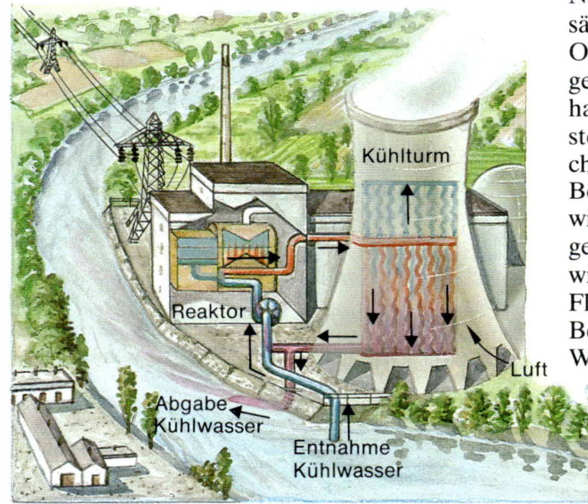

Neue Wärmekraftwerke müssen grundsätzlich mit Kühltürmen ausgerüstet sein. Ohne sie würden viele Flüsse so stark aufgeheizt, daß sich darin kaum mehr Leben halten könnte. Die angewandten Kühlsysteme entlasten die Flüsse in unterschiedlichem Maß.
Bei der Ablaufkühlung (siehe Schaubild) wird das erhitzte Wasser im Kühlturm abgekühlt. Ein Teil verdampft, der andere wird, immer noch leicht erwärmt, in den Fluß zurückgeleitet.
Bei der Kreislaufkühlung wird das heiße Wasser nach Abkühlung im Kühlturm erneut als Kühlwasser eingesetzt. Bei diesem Verfahren wird dem Fluß wesentlich weniger Wasser entnommen.

Zwar wird das Flußwasser ebenfalls direkt auf die Kondensatoren gelenkt, wo es sich entsprechend aufheizt. Anschließend jedoch gelangt es in den Ablaufkühlturm, wo es durch Verrieseln und Versprühen wieder abgekühlt wird. Dabei nimmt es Sauerstoff auf und strömt dann etwa so warm wie vorher, aber deutlich sauerstoffreicher in den Fluß zurück. Die Ablaufkühlung ist an allen Flüssen erforderlich, die sich im Sommer ohnehin stark erwärmen. Ohne Kühlung würde das Wasser den Fluß stärker als erlaubt erhitzen: 25 °C ist die gesetzlich vorgeschriebene Höchstgrenze.
Auch bei der Kreislaufkühlung sind Kühltürme im Einsatz. Das gekühlte Flußwasser gelangt jedoch nicht zurück in den Fluß, sondern wird erneut zur Kühlung des Dampfes in den Kondensatoren verwendet. Es muß also nur so viel Flußwasser abgezweigt werden, wie zum Ausgleich der Verdunstungsverluste notwendig ist. Kraftwerke mit Kreislaufkühlung haben ihren Platz an allen kleineren Flüssen, deren Wasserführung jahreszeitlich starken Schwankungen unterliegt.

Wenn warmes Wasser die Winterruhe stört

Unter der Erwärmung des Wassers leiden die natürlichen Lebensgemeinschaften der Flüsse ganz erheblich. Man hat am Rhein untersucht, wie lange es dauert, bis sich das erwärmte Kühlwasser eines Großkraftwerks wieder vollständig mit dem Flußwasser vermischt hat. Erst nach 60 km Fließstrecke ist das der Fall.
Je höher die Temperatur ist, desto schneller laufen alle Lebensvorgänge im Flußwasser ab, und desto mehr Sauerstoff verbrauchen die Lebewesen dabei. Auch die Kleinlebewesen, die den Abbau organischer Substanzen besorgen, vermehren sich im wärmeren Wasser weitaus schneller als sonst. Das wäre zwar zu begrüßen, doch verbrauchen diese Organismen bei ihrer Reinigungsarbeit mehr Sauerstoff, als im warmen Wasser gelöst ist: 28 °C warmes Wasser kann im Idealfall knapp 8 mg Sauerstoff je Liter aufnehmen, bei 0 °C ist es erst mit 14 mg je Liter gesättigt. Sobald der Sauerstoffgehalt auf weniger als 2–3 mg/l absinkt – und das kann bei einer Temperatur von mehr als 25 °C sehr rasch passieren –, sterben alle sauerstoffabhängigen Organismen. Die Kadaver der erstickten Fische, die zu Tausenden an der Wasseroberfläche treiben, künden dann von der Katastrophe: Der Fluß ist umgekippt. Die anaeroben, sauerstoffunabhängigen Organismen gewinnen nun die Oberhand. Sie erzeugen übelriechende Schwefelwasserstoff- und Ammoniakgase; lebenvernichtender Faulschlamm entsteht. Plötzlich erscheinen auch die berüchtigten blaugrünen Algen. Sie sondern bestimmte Stoffe ab, die andere Wasserorganismen schwer schädigen. Auch verschiedene Bakterien, unter ihnen gefährliche Krankheitserreger, fühlen sich in diesem Milieu recht wohl. Ihnen können die ohnehin schon geschwächten Fische kaum noch Widerstand entgegensetzen.
Allein das erwärmte Wasser genügt, um den unscheinbaren Kleinlebewesen am Grund der Flüsse schwer zuzusetzen. Gerade die Insektenlarven, Würmer, Schnekken und Muscheln aber sind entscheidend am Abbau schädlicher Verbindungen beteiligt und dienen zudem den Fischen als Nahrung. Das künstlich erwärmte Wasser verhindert, daß die Kleintiere die notwendige Winterruhe bekommen. Sie wandern in kühlere Abschnitte ab oder sterben aus. Damit ist die Nahrungskette unterbrochen; als nächstes verschwinden viele Fischarten aus dem erwärmten Fluß.
Des einen Leid, des anderen Freud: Die Schiffahrt hätte ohne die Abwärme der Kraftwerke im Winter auf manchen Flüssen viel stärker mit der Vereisung zu kämpfen. Und auch die Fischzüchter profitieren vom aufgeheizten Wasser. Versuche mit Zuchtbecken, die mit Wasser aus Kraftwerken gespeist wurden, erwiesen sich als erfolgreich. Vor allem Karpfenfische mögen's warm – sie danken es ihren Züchtern durch schnelleres Wachstum.

Der Leidensweg der Flüsse

Jeder Fluß hat eine Geschichte. Eigentlich muß man sie in geologischen Zeiträumen messen. 1000 Jahre mehr oder weniger spielen da keine besondere Rolle. Doch in den letzten 100 Jahren haben sich die Ereignisse für die meisten Flüsse förmlich überschlagen. Die Natur hat den Rückzug angetreten. Dramatische Umweltkatastrophen häufen sich in erschreckendem Maß, Fischsterben sind fast schon an der Tagesordnung. Verantwortlich dafür ist der Mensch.

Als vor über 10 000 Jahren die Gletscher der letzten Eiszeit zu schmelzen begannen, schlug die Geburtsstunde vieler Flüsse. Der Mensch richtete sich bald an den Ufern häuslich ein. Die Flüsse spendeten ihm Trinkwasser und Nahrung. An günstigen Stellen legte er mit herbeigeschleppten Steinen Furten an.

Dann kamen Soldaten des Römischen Reiches ins Land. Sie nutzten die Flüsse als Transportwege und errichteten Kastelle an ihren Ufern. Jahrhunderte vergingen, bis das Mittelalter heraufdämmerte.

Die ersten Städte wuchsen heran. Kähne beförderten, was auf den Märkten abzusetzen war. Die ersten Häfen entstanden.

Die Epoche der Industrialisierung veränderte das Gesicht der Flüsse dann grundlegend. Mit Dämmen schottete man sich gegen die alljährlichen Überschwemmungen ab. Stauwehre, Schleusen, Laufregulierung, Kanalisierung – ein ganzes Arsenal an Maßnahmen machte aus den Flüssen Wasserstraßen. Immer mehr Schienen, Straßen, Fabriken, Kraftwerke, Raffinerien drängten sich an den Ufern. Der Leidensweg der Flüsse begann. Geduldig nahmen sie auf, was der Mensch auf einfache Art loswerden wollte. Allein der Mensch hat es in der Hand, ob die Flüsse überleben.

So wie an diesem Altarm des Oberrheins sah es an den meisten Flüssen aus, bevor der Mensch eingriff (Bild oben). Urwälder säumten die Ufer – ein Paradies für zahlreiche Tiere und Pflanzen. Wie hier an der Enz in Besigheim (Bild Mitte) baute man im Mittelalter unmittelbar an die Flußufer heran. Viele Gewerbezweige, Färbereien und Gerbereien etwa, waren auf den Bezug von Flußwasser angewiesen.
Die moderne Stadt, wie hier Frankfurt a. M., hat den Fluß fest im Griff (Bild unten). Mit einem natürlichen Gewässer hat er nichts mehr gemein – Wände aus Beton schnüren ihn ein. Er ist nur noch Verkehrsweg.

Vorzeit

Die Situation vor rund 10 000 Jahren läßt sich noch heute in den Alpen beobachten: Aus dem Schmelzwasser der Gletscher entstehen Wasserläufe, die sich bald zu einem Bach oder Fluß verbreitern. Das Wasser ist kalt, nährstoffarm und sauerstoffreich; es hat Trinkwasserqualität. Weiter abwärts verliert der Fluß an Gefälle und kann von Schiffen befahren werden. Das kam den Römern zugute, als sie über den Rhein tief ins Herz Europas vordrangen.

Mittelalter

Wo die Menschen der Frühzeit ihre Höhle hatten, ist ein kleines Städtchen entstanden – mit Stadtmauer und Markt. Die Bürger konnten sich das leisten, diente „ihr" Fluß doch von alters her als Handelsweg. Was auf dem Fluß transportiert wurde, mußte entladen und für einige Tage zum Verkauf feilgeboten werden.

Neuzeit

Am Ufer zog sich erst ein Weg, bald eine gepflasterte Straße entlang. Später kamen die Schienen für die Eisenbahn dazu. Industriebetriebe und große Kraftwerke siedelten sich an. Was die Erde an Bodenschätzen hergab, wurde abgebaut, verarbeitet, verschifft. Das zog noch mehr Verkehr, noch mehr Industrie nach sich – und vor allem Menschen an. Die kleine Stadt des Mittelalters platzte aus allen Nähten: Sie verschmolz mit anderen Städten zu einem Siedlungsband, das sich am Fluß entlangzieht.

Die mißbrauchten Gewässer

Eines der größten Naturwunder ist die Selbstreinigungskraft des Wassers. Leider hat sich der Mensch viel zu lange blind auf diese biologische Fähigkeit verlassen und in die Gewässer all das eingeleitet, was er problemlos loswerden wollte. Das Ergebnis: Wirklich saubere Gewässer sucht man heute fast überall vergeblich. Lang ist die Liste der Chemikalien, die sich in Bächen, Flüssen, Strömen und Seen sammeln. Von vielen kennt man noch nicht einmal die genaue Wirkung.

Ein Gewässer entfaltet nur dann seine volle Selbstreinigungskraft, wenn zwei Bedingungen erfüllt sind: Das Nahrungsnetz, das Beziehungsgefüge der Organismen untereinander, darf nicht gestört sein, und am Ufer muß sich die natürliche Vegetation ungehindert ausbreiten können. Die in riesiger Zahl vorhandenen Kleinlebewesen nehmen die organischen Schmutzstoffe zum größten Teil auf. Sie selbst oder zumindest ihre Ausscheidungen dienen wiederum anderen Arten als Nahrung, die sie in körpereigene Stoffe umwandeln. Nach und nach entstehen so immer einfachere Verbindungen.
Es sind vor allem Bakterien, die organische Verbindungen in Wasser, Kohlendioxid und verschiedene mineralische Bestandteile zerlegen. Weil die einzelnen Arten meist auf die Aufnahme bestimmter organischer Verbindungen spezialisiert sind, ist sichergestellt, daß praktisch keine übrigbleibt. Am Ende der langen Kette aus einzelnen Abbauschritten stehen die Wasserpflanzen. Sie nehmen die einfachen Grundbestandteile auf, die übrigbleiben. Das Wasser ist nun wieder klar, sauerstoffreich und geruchsfrei. Allerdings bleibt ein Rest an anorganischen Verbindungen, die man als Asche bezeichnen könnte. Sie wirken auf die Algen wie Dünger, regen sie zu starkem Wachstum an – „Algenblüte“ und Verkrautung sind die sichtbaren Folgen.

Sauerstoffspritze an Steilufern

Alle Zersetzungsvorgänge, die zur Selbstreinigung eines Gewässers notwendig sind, brauchen Sauerstoff – wenn man so will, als „Treibmittel“. Je mehr davon verfügbar ist, desto rascher und gründlicher verrichten die Bakterien ihr Werk.
Den Sauerstoff nimmt das Gewässer an der Oberfläche auf – bewegtes Wasser mehr, stehendes Wasser weniger. In flachen Gewässern dringt der gelöste Sauerstoff rascher bis zum Grund vor als in tieferen. Eine besonders kräftige Sauerstoffspritze erhalten Bäche und Flüsse, wo das Wasser über Felsen stürzt, sich an Felsblöcken, Steilufern oder sonstigen Hindernissen reibt oder um Äste und Zweige wirbelt, die vom Ufer aus ins Wasser hängen. Mit dem Ausbau der Flüsse zu zahmen, geradlinigen Abflußrinnen sind die natürlichen Sauerstoffspender immer seltener geworden. Dadurch tat sich eine gefährliche Schere auf: Einerseits nahm die Gewässerverschmutzung fortwährend zu, so daß eigentlich mehr Sauerstoff verfügbar sein müßte, um die natürlichen Zersetzungsprozesse in Gang zu halten. Andererseits gingen die Fluß- und Uferregulierungen eindeutig zu Lasten des Sauerstoffgehalts.
Den Wasserpflanzen kommt im Rahmen dieser Sauerstoffbilanz eine zweischneidige Rolle zu. Am Tage assimilieren sie unter Lichteinwirkung, bauen also Kohlenhydrate auf. Dabei wird Sauerstoff frei. Zwar erzeugen Algen, Flutender Hahnenfuß und andere Wasserpflanzen mehr Sauerstoff, als das Wasser aufnehmen kann, so daß der Überschuß an die Luft abgegeben wird. Doch abends setzt die Dissimilation der Pflanzen ein – sie atmen und benötigen dabei oft mehr Sauerstoff, als sie tagsüber ans Wasser abgeben. Und im Herbst wird zudem der Sauerstoffvorrat tieferer Wasserschichten angegriffen, weil dort die abgestorbenen Pflanzenteile zersetzt werden.
Wenn ein Gewässer – aus welchen Gründen auch immer – zu schlecht durchlüftet ist, kommt die natürliche Selbstreinigung ins Stocken oder setzt gar völlig aus. Die organischen Stoffe sinken unzersetzt auf den Gewässergrund, mit ihnen die abgestorbenen Algen, die sich im künstlich „gedüngten“ Wasser in Massen entfaltet haben. Nach und nach bilden sich mächtige Schichten aus Faulschlamm, die keinen Sauerstoff enthalten. Hier finden nur noch anaerobe Zersetzungsprozesse statt, also Vorgänge, an denen Bakterien beteiligt sind, die ohne Sauerstoff auskommen. Dabei entstehen Faulgase wie Methan, Schwefelwasserstoff und Ammoniak, die oft in Blasen vom Gewässergrund aufsteigen und dann einen abstoßenden Gestank erzeugen. Schwefelwasserstoff blockiert überdies die Atmung der Wassertiere.

Viele Ursachen, gleiche Wirkung

Die Belastungen, die unseren Gewässern so zu schaffen machen, sind vielfältig. Mengenmäßig betrachtet, leiten die Wärmekraftwerke mit rund 25 Milliarden m^3 den Löwenanteil aller Abwässer in die Flüsse ein: rund 58%. Dieses aufgeheizte Kühlwasser hat für die Sauerstoffbilanz des betroffenen Gewässers verhängnisvolle Folgen (siehe auch Seite 99).
Beachtliche Abwassermengen erzeugen auch die Privathaushalte. Sie belasten die Gewässer überwiegend mit leicht zersetzli-

Schaumteppiche, wie hier an der Einmündung der Emscher in den Rhein, verraten, daß Phosphate das Wasser übermäßig belasten. Sie stammen aus dem Abwasser von Industrie und Privathaushalten. Für Grün- und Blaualgen sind sie Nährstoffe.

chen organischen Stoffen. Sie lassen die Algen gedeihen und tragen damit zur Minderung des Sauerstoffgehalts im Wasser bei.
Die Abwässer bestimmter Industriezweige bergen die größten Gefahren, denn oft enthalten sie Salze, Schwermetalle und Gifte, mit denen kein Gewässer fertig werden kann. Besonders problematische Abwässer erzeugen Gerbereien, Papierfabriken, viele Betriebe der Chemieindustrie und bestimmte Textilwerke. Diese enthalten neben schwer abbaubaren Substanzen verschiedene organische Verbindungen, die zum Sauerstoffschwund beitragen.
Ganz anderer Natur sind die Abwässer aus Kieswäschereien und Natursteinwerken. Sie enthalten zwar nur harmlose Schwebstoffe, trüben das Wasser aber stark ein. Leidtragende sind zunächst die Pflanzen, weil sie ohne Licht nicht assimilieren, also nicht wachsen können. Das bedeutet, daß weniger Sauerstoff freigesetzt wird, so daß letztlich durch die trüben Fluten das ganze Ökosystem gestört ist. Und wenn sich die feinen Feststoffteilchen am Gewässergrund absetzen, bildet sich mit der Zeit eine Sperrschicht, die die Organismen von der Sauerstoffzufuhr abschneidet: Sie sterben folglich ab.
Auch die Landwirtschaft fügt den Gewässern Schaden zu. Mit dem oberflächlich abfließenden Regen- oder Schmelzwasser gelangen Jauche, Mineraldünger und Spritzmittel in die Gewässer. Diese Stoffe konzentrieren sich in den obersten Bodenschichten, die vor allem bei starken Regenfällen ausgewaschen werden. Und leider gibt es noch immer genügend Bauern, die Gülle und Silagesäfte ungeklärt in den nächsten Bach leiten. Auf Fische und viele Kleinlebewesen wirken diese Stoffe giftig, außerdem fördern sie das Algenwachstum – der verhängnisvolle Ablauf wird wieder in Gang gebracht.
Selbst naturbelassene Gewässer sind in den seltensten Fällen frei von Nährstoffen, denn das Wasser löst all jene Materialien, mit denen es auf seinem Lauf in Berührung kommt. Besonders nährstoffarm sind vor allem die Gebirgsbäche und Bergseen, aber auch in den tiefen Seen des Alpenvorlands findet sich pflanzliches Plankton, die Grundlage der gesamten Nahrungskette. Selbst in der Tiefe ist das Wasser in solchen oligotrophen, also nährstoffarmen Seen noch zu 70% mit Sauerstoff gesättigt.

Die biologische Selbstreinigung

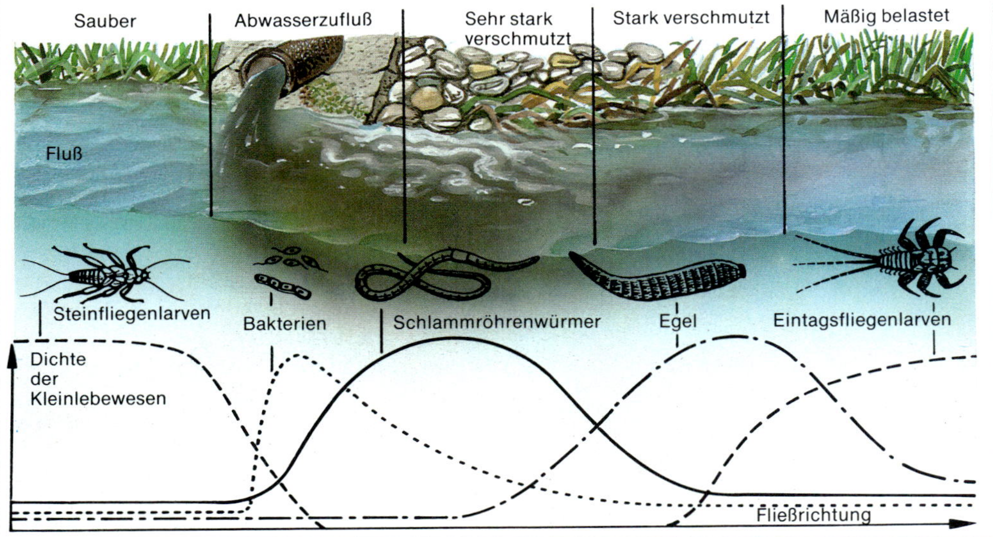

Sauber
Abwasserzufluß
Sehr stark verschmutzt
Stark verschmutzt
Mäßig belastet
Fluß
Steinfliegenlarven
Bakterien
Schlammröhrenwürmer
Egel
Eintagsfliegenlarven
Dichte der Kleinlebewesen
Fließrichtung

Dünger für die Algen

Je mehr organische Stoffe ein Gewässer verkraften muß, desto nährstoffreicher wird es. Der wichtigste unter ihnen ist Phosphor. Er löst den Prozeß der Eutrophierung aus, verursacht also die Zunahme an unerwünschten Nährstoffen. Alle anderen Nährstoffe, Nitrate, Kalium und Stickstoff z. B., beschleunigen erst dann das Algenwachstum, wenn dieses durch ein Überangebot an Phosphor schon sehr weit gediehen ist.
Phosphate finden als Düngemittel in der Landwirtschaft Verwendung. Das Regenwasser wäscht sie aus dem Boden aus oder schwemmt sie mit dem Erdreich in die Gewässer ab. Weitaus größere Phosphatmengen muten aber die Privathaushalte den

Ganze Berge von Unrat säumen das Rheinufer immer dann, wenn der Pegel nach tagelangem Hochwasser wieder gefallen ist.

In den Abfällen, die in ruhigen Buchten zusammengetrieben werden, machen sich gelegentlich Stockenten auf Futtersuche.

Flüssen und Seen zu. Die Hälfte davon stammt aus Wasch- und Reinigungsmitteln. Das tägliche Abwasser eines Bundesbürgers enthält im Durchschnitt 4 g Phosphor. Das scheint auf den ersten Blick wenig zu sein, doch genügt 1 g Phosphor in der obersten Wasserschicht eines Sees, um 1 kg Algen wachsen zu lassen. Dafür benötigen diese 150 g Sauerstoff – die Menge, die in 15 m^3 Wasser gelöst ist. Anders gerechnet, sind für den Abbau der 1,4 kg Phosphor, die ein Einwohner im Jahr den Gewässern überläßt, rund 200 kg Sauerstoff erforderlich.

Unmengen von Sauerstoff „verschlingen" vor allem Grün- und Blaualgen. Wenn sie auftreten, verheißt das für das betroffene Gewässer nichts Gutes: Grün- und Blaualgen geben ihren Zellphosphor ans Wasser ab, sobald sie abgestorben sind. Der abgeschiedene Phosphor nährt dann erneut die Algenproduktion, wirkt also mehrfach.

Die Überdüngung wirkt sich keineswegs in allen Gewässern gleich aus. Vergleichsweise harmlos sind die Folgen, wenn die in nährstoffarmen, also oligotrophen Gewässern lebenden Kieselalgen den Phosphor aufnehmen. Sie halten ihn fest, wenn sie auf den Grund sinken, und neutralisieren ihn damit.

Besonders gefährdet aber sind flache Seen, deren Wasser sich nur über lange Zeiträume hinweg erneuert. Bewegt strömende Flüsse dagegen verkraften die unwillkommene Nährstoffzufuhr besser. Ihnen kommt der starke vertikale Wasseraustausch zugute. Das Flußwasser erneuert sich schneller, als sich die Algen vermehren. Hinzu kommt, daß die ständig aufgewirbelten Schwebstoffe und auch bestimmte Umweltgifte die Entwicklung der freischwebenden Algen behindern. Schädliche Auswirkungen treten so meist nur in gestauten Abschnitten auf: Dort herrschen seeähnliche Verhältnisse. Erneuert sich das ohnehin aufgeheizte Flußwasser im Sommer nicht binnen einer Woche, können sich die berüchtigten Blau- und Grünalgen explosionsartig vermehren.

Die Phosphatfracht des Rheins

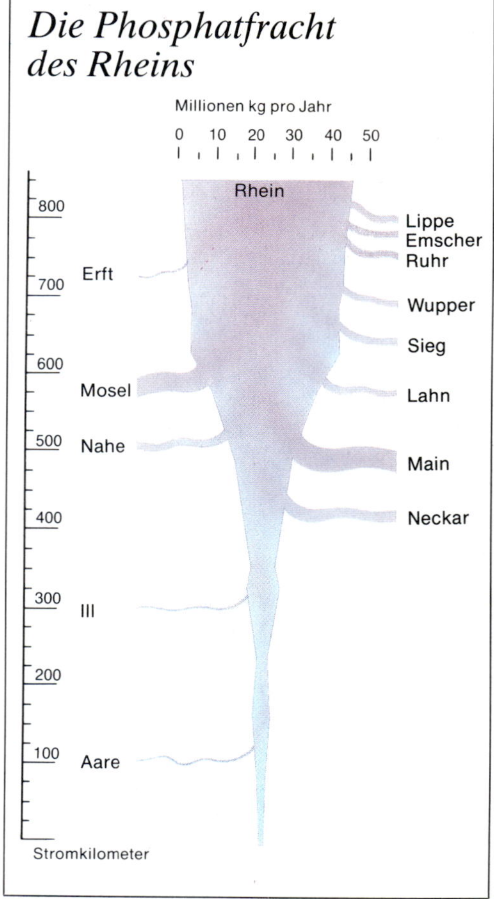

Nicht nur Phosphate, sondern auch Nitrate gelangen in großen Mengen in unsere Gewässer. Dieser Stoff ist ein äußerst wirksames Nährsalz für alle Grünpflanzen. Das gleiche gilt für das Ammonium, das in verschiedenen chemischen Verbindungen vorkommt und für Fische giftig ist. Es stammt zum großen Teil aus dem häuslichen Abwasser, dem es auch die Kläranlagen nur zum Teil entziehen können.

In manchem See tickt eine Zeitbombe

Neben den leicht abbaubaren organischen Verbindungen gelangen in unübersehbarem Umfang Problemstoffe in die Gewässer. Sie sind so kompliziert aufgebaut, daß sie mehrere Abbaustufen durchlaufen müssen – ein Vorgang, der sich über lange Zeiträume erstreckt.

Die betreffenden Stoffe gehören zum großen Teil den halogenierten Kohlenwasserstoffen an, von denen man rund 4500 verschiedene Verbindungen kennt. Die zweite große Gruppe sind die polyzyklischen Aromate. Man hat sich ihrer erst in den letzten Jahren richtig angenommen, weil sie nur mit modernsten Verfahren der Gewässeranalyse nachzuweisen sind: Sie kommen nur in geringsten Konzentrationen vor. Die Mengen liegen bei einem milliardstel Gramm (Nanogramm) bis zu einem millionstel Gramm (Mikrogramm) je Liter. Der Nachweis eines Mikrogramms in einer Wasserprobe ist eine beeindruckende Leistung. Man könnte versucht sein, diese nur

Die Emscher gilt als Abwasserkanal des Ruhrgebiets. Über solche Abflußrohre gelangen zahllose chemische Verbindungen in den Fluß, unter ihnen auch die gefährlichen Chlorkohlenwasserstoffe. Zwar befindet sich an der Mündung in den Rhein das größte Klärwerk der Bundesrepublik Deutschland – mit den Schadstoffen in der Emscher kann es nur zum Teil fertig werden. Den Rest muß der Rhein aufnehmen.

in Spuren vorkommenden Verbindungen zu vernachlässigen. Der Chemiker wird das jedoch entschieden von sich weisen. Für ihn liest sich das Mikrogramm eines Stoffes als die unvorstellbar große Zahl von über 10^{15} einzelnen Molekülen. Sie alle wirken auf jeden Organismus, der mit diesem Wasser in Berührung kommt.

Biologische Experimente haben gezeigt, daß schon einzelne Moleküle bestimmter Stoffe bemerkenswerte Wirkungen haben können. Ein Beispiel sind die Pheromone, bestimmte Hormone, die von verschiedenen Algenarten abgegeben werden und nur in ganz winzigen Mengen vorkommen. Die Lachse z. B. nehmen sie jedoch wahr und finden mit ihrer Hilfe wieder in ihren Heimatfluß zurück.

Alles andere als harmlos sind die schwer abbaubaren halogenierten Kohlenwasserstoffe. Sie stehen sogar im Verdacht, Krebs zu erzeugen. Sie sinken auf den Grund und reichern sich dort in erheblichen Konzentrationen an. Wird der Gewässerschlamm bei Überschwemmungen auf Äcker und Wiesen gespült, so steht den Schadstoffen der Weg in die Nahrungskette offen.

Überhaupt nicht bauen sich Zyanide und Schwermetalle ab. Diese Gifte setzen zwar die Sauerstoffauszehrung nicht unmittelbar in Gang, bedrohen aber die Existenz vieler Organismen, die Sauerstoff erzeugen. Ihre Wirkung ist verheerend, weil sie so in kürzester Zeit die Selbstreinigungskraft ganzer Flußabschnitte zum Erliegen bringen. Alles Leben erlischt.

Blei, Cadmium, Chrom, Kobalt, Kupfer, Nickel, Quecksilber und Zink sind die verbreitetsten Schwermetalle. Sie kommen in verschiedenen Verbindungen vor: im Abwasser bestimmter Industriebetriebe, vor allem bei der Oberflächenveredlung und Metallegierung, bei der Leder- und Kunstseidenproduktion, bei Chemiewerken, die Chlor herstellen, aber auch bei Stahlwerken und Erzwäschereien. Minimale Schwermetallkonzentrationen von 0,1 mg/l reichen aus, um die Wasserlebewesen schwer zu schädigen.

Auf manchem Seegrund tickt eine Zeitbombe, weil sich im Schlamm inzwischen enorme Schwermetallmengen angesammelt haben. Nimmt der Sauerstoffgehalt der untersten Wasserschichten aus irgendeinem Grund ab, so könnten sich die abgelagerten Schwermetalle wieder im Wasser lösen – eine Katastrophe für das gesamte Leben im See.

Wenn das Wasser schon dem Essig ähnelt

Seen mit einer großen Wasseroberfläche leiden nicht nur unter den Abwässern und schmutzigen Zuflüssen, sondern empfangen einen gehörigen Teil an Schadstoffen aus der Luft. Dem Bodensee z. B. – so hat man Mitte der 70er Jahre errechnet – bringen die Niederschläge allein 120 t Phosphor im Jahr. Seit geraumer Zeit ist auch zu beobachten, daß immer größere Schwefel- und Stickoxidmengen auf diesem Weg in die Seen gelangen. Der saure Regen bedroht auch die Seen. Davon sind selbst die nährstoffarmen Seen in Hochlagen betroffen, die sonst von Verschmutzungen verschont sind. Besonders gefährdet sind Gewässer in kalkarmen Gebieten. Kalk hat nämlich die Eigenschaft, die Säure „abzupuffern", also abzufangen und damit zu neutralisieren. Kalkarm sind vor allem Granit und Gneis, das Urgestein. Deshalb macht die Übersäuerung den Seen im Hochschwarzwald, im Bayerischen Wald, im Fichtelgebirge und im Harz auch so schwer zu schaffen. Der Große Arbersee, der Rachelsee und andere kleine Seen im Bayerischen Wald sind akut vom Säuretod bedroht. Man hat dort schon pH-Werte von 3,3 gemessen. Wasser dieses Säuregrads ähnelt eher schon Essig – es ist 130mal saurer als normales Regenwasser. Die Forellen, die in den klaren Bergseen beheimatet sind, sind dagegen machtlos. Sie sterben.

Natur in Gefahr

Die Wasserverschmutzung ist wie eine heimtückische Krankheit. Nur der Fachmann erkennt frühzeitig die Gefahr. Der Bürger wird erst wach, wenn die Fische zentnerweise tot auf dem Wasser treiben. Doch dann kommt bereits jede Rettung zu spät. Um so wichtiger ist es, schon die ersten Notrufe der Natur ernst zu nehmen. Algenteppiche, die ein Gewässer zum „Blühen" bringen, Artenrückgang und kranke Fische gehören heute leider schon fast zum Normalzustand.

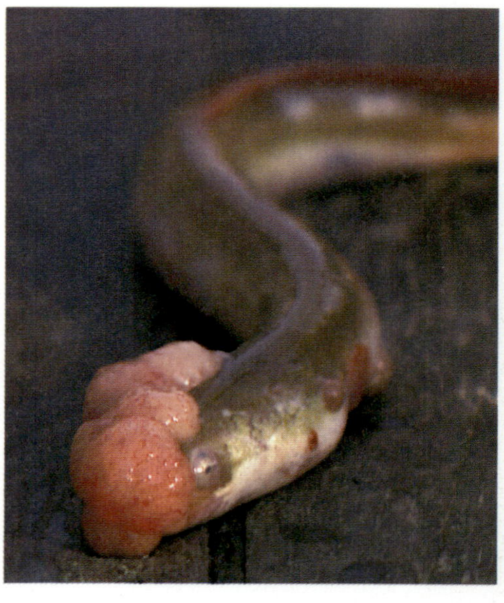

Links: Wenn in einem Gewässer die Grünalgen überhandnehmen, ist das ein schlechtes Zeichen. Schuld daran sind Dünger und Abwässer, die das Algenwachstum fördern. Der Sauerstoffgehalt nimmt ab: Viele Lebewesen ersticken.

Oben: Viele Aale aus der Elbe sind von der sogenannten Blumenkohlkrankheit befallen. Auch andere Elbfische gehen in nicht unbeträchtlicher Zahl an bösartigen Geschwüren ein. Quecksilber und andere Gifte fordern ihre Opfer.

Wenn Öl die Kiemen der Wassertiere verklebt und sie kläglich ersticken, wenn Giftwellen einen Fluß hinabtreiben und alles Leben vernichten, so sind das spektakuläre Folgen der Gewässerverschmutzung, die ein breites Publikum alarmieren. Die Mehrzahl der Schadstoffe wirkt jedoch nicht gleich tödlich, und von einer Vielzahl an Stoffen sind die Wirkungen noch nicht einmal erforscht.

Gewässer „blühen"

Augenfällig sind die Folgen der Überdüngung unserer Gewässer. Vor allem Phosphate, aber auch Nitrate und Ammoniumverbindungen wirken als Nährstoffe für die Pflanzen. An den Seeufern bilden sich in kürzester Zeit dichte Teppiche aus Laichkräutern. Hält die Nährstoffzufuhr an, wuchern Fadenalgen in undurchdringlichen Schlieren über sie hinweg. Die Laichkräuter ersticken.

In Gewässern, die von Natur aus nährstoffarm sind, vermehren sich zunächst die dort heimischen Kieselalgen. Dann aber gewinnen andere Algengruppen die Oberhand: die Blau- und Grünalgen. In kürzester Zeit beherrschen sie das gesamte Gewässer. Weil sie an der Oberfläche treiben, färbt sich das Wasser grün – das Gewässer „blüht". 1972 z. B. entwickelten sich Algen der Familie Aphanizomenon an Teilen des Bodensees in solchen Massen, daß Badebetrieb und Bootsverkehr zum Erliegen kamen. Ohnehin schon litt der See unter der Algenplage. Zwischen 1967 und 1977 nahmen Grünalgen, vor allem der Familie Cladophora, um das Zehnfache zu.

Die Überdüngung geht auch an den höheren Pflanzen im ufernahen Flachwasser nicht spurlos vorüber. Die Nährstoffe lassen das Schilf üppig sprießen. Mehr Stengel treiben aus, und das Blattwerk entfaltet sich besonders dicht. Dann beginnt der Kampf um das Licht. Die Halme schießen in die Länge, ihre Festigkeit leidet. Die Folge: Bei Wind oder Schnee brechen sie ab.

Atemlos durch Schlamm und Fäulnis

An den größeren Voralpenseen setzen außerdem die schwimmenden Algenmassen dem Schilfgürtel zu, vor allem dann, wenn sie bei Stürmen ganze Schilfsäume niederwalzen. Mit dem sterbenden Schilf verschwinden auch die Röhrichtbewohner unter den Vögeln.

Neben dem Seeufer leiden auch die dahinterliegenden Riedgebiete unter dem Niedergang des Schilfgürtels. Sie sind dem Wellenschlag jetzt schutzlos ausgeliefert. Die empfindlichen Bodenansätze werden abgespült; eine einmalige Tier- und Pflanzenwelt fällt der Vernichtung anheim. Die Algenteppiche bringen auch die übrigen Wasserpflanzen aus dem Gleichgewicht. Die empfindlichen Arten müssen weichen. Im Tageslicht assimilieren die Algen und erzeugen dabei Sauerstoff. In der Nacht zehren sie jedoch mehr Sauerstoff auf, als sie

Ein Bild, das noch lange in unserem Gedächtnis haften wird. Nach der Explosion auf dem Gelände der Schweizer Chemiefabrik Sandoz AG im Herbst 1986 trieb eine tödliche Giftwelle den Rhein hinab. Vor allem Aale sind dadurch verendet und mußten tonnenweise aus dem Fluß gefischt werden.

tagsüber freigesetzt haben. So schwankt der Sauerstoffgehalt während eines Tages ganz beträchtlich. Mit diesem Wechselbad werden aber nur die robusten Pflanzen fertig. Empfindliche Arten sterben aus.
Die abgestorbenen Algen setzen sich in den ruhigen Zonen am Seegrund ab. So entstehen mit der Zeit mächtige Schlammschichten. Sie verstopfen jeglichen Hohlraum zwischen dem gröberen Kiesmaterial. Den Bodenlebewesen wird so regelrecht die Luft genommen – sie gehen ein. Damit fällt die wichtigste Nahrungsquelle für frisch geschlüpfte Fische weg. Forellen, Barben und andere Kieslaicher müssen sich neue Quartiere suchen – meistens erfolglos. Der Nachwuchs bleibt aus.
Ganz akute Gefahren ziehen herauf, wenn die riesigen Algenmassen plötzlich absterben, wie das z. B. nach einem Schlechtwettereinbruch der Fall sein kann. Das Material geht rasch in Verwesung über, wobei sehr viel Sauerstoff verbraucht wird. Der Sauerstoffgehalt sinkt in kurzer Zeit so drastisch ab, daß viele Fische ersticken. Als erste trifft es die Lachsfische, vor allem Forellen und Äschen.
Sauerstoffmangel und verschiedene Umweltgifte gefährden heute bereits mehr als 30 Fischarten in ihrer Existenz. Weniger spektakulär ist der Schwund, der die Kleinlebewelt erfaßt hat. Viele dieser Lebewesen sind weitaus empfindlicher als die meisten Fische. Am Rhein etwa gab es noch zu Beginn des 20. Jh. mindestens 13 Arten von Steinfliegen. Sie kamen in ungeheurer Zahl vor. Bereits in den 30er Jahren waren diese Flußbewohner auf winzige Vorkommen zusammengeschrumpft, und heute sind sie völlig ausgestorben.
Wanderfische wie der Lachs müssen sich auf ihren unvorstellbar feinen Orientierungssinn verlassen können, wenn sie nach Tausende von Kilometern langen Wanderungen wieder in ihren Heimatfluß zurückfinden wollen. Sie steuern bekanntlich zielsicher den Quellbach an, in dem sie selbst geschlüpft sind. Das ging so lange gut, bis sie vor den Unmengen an Salzen und anderen Chemikalien kapitulieren mußten. Diese überdeckten den „Leitgeruch" der Algen im Heimatfluß, dem die Fische folgten. Stauwehre, Sauerstoffmangel und aufgeheiztes Wasser taten ein übriges. Alle Versuche, die verschwundenen Lachse wieder einzubürgern, sind bisher gescheitert.

Nordseegarnelen besiedeln die Weser

Einige Flüsse leiden weniger unter der algenfreundlichen, aber sauerstoffzehrenden Nährstoffzufuhr als unter einem anderen Problem: der Versalzung. Am Niederrhein z. B. beträgt die Salzfracht zwischen 350 und 400 kg pro Sekunde. Der Löwenanteil stammt aus den elsässischen Kaligruben. Auch Werra und Weser machen immer wieder als bessere Salzabfuhrrinnen von sich reden. Die Weser ist heute schon salziger als die Ostsee, an einigen Abschnitten übertrifft sie sogar die Nordsee. 9 Millionen t Chloride spült sie jedes Jahr ins Meer.
In der Salzbrühe der Werra kommt es bereits zu einer einseitigen Artenauslese. Salzliebende Kieselalgen finden ideale Lebensverhältnisse vor. Andere Tiergruppen, so etwa Wasserschnecken und Muscheln, müssen den Rückzug antreten. Im Oberlauf der Weser sind die meisten Fischarten ausgestorben; die überlebenden Fische leiden zu 80–90% unter Krankheiten und Parasitenbefall. Dafür haben sich im Unterlauf Garnelen angesiedelt, die sonst nur im Wattenmeer heimisch sind.
Der saure Regen macht vor allem kleineren Seen zu schaffen. Ihr Wasser bleibt zwar äußerlich klar, wird aber meßbar saurer. Grasfrösche und Erdkröten überleben nur in Gewässern mit einem schwach sauren bis leicht basischen Milieu (pH-Wert 6,0–8,5). Fällt der pH-Wert des Wassers unter 5,0, kann sich ihr Laich nicht mehr entwickeln. Den meisten Fischarten ergeht es nicht anders. Das saure Wasser löst Aluminium aus dem Gestein, das ihre Kiemen zerstört.

Der Mensch vergiftet seine Brunnen

Immer mehr Menschen sorgen sich ernsthaft um den Zustand unserer Flüsse und Seen. Dahinter steckt – ganz zu Recht – ein gutes Maß an Eigennutz. Alarmierende Meldungen über ungenießbares Trinkwasser und vergiftete Fische häufen sich in der Tat – der verantwortungslose Umgang mit unseren Gewässern rächt sich nun.

Der Totenkopf auf diesem Warnschild an einem See bei Nürnberg versinnbildlicht auf drastische Weise, wie unmittelbar die Gewässerverschmutzung auch auf das Leben der Menschen Einfluß nimmt.

Trinkwasser ist unser wichtigstes Lebensmittel. Mengenmäßig scheint die Trinkwasserversorgung auch auf lange Sicht gesichert, doch ob die Qualität immer den Anforderungen entsprechen wird, ist schon heute fraglich.

Die ernsthafteste Bedrohung geht vom Nitrat aus. Mit Gülle und stickstoffhaltigem Mineraldünger dringt es in den Boden ein. Endstation ist das Grundwasser – und damit allzuoft das Trinkwasser. Im Körper wandelt sich Nitrat in Nitrit um, aus dem sich im Magen die krebserzeugenden Nitrosamine bilden können. Es gibt gesicherte Hinweise darauf, daß der Magenkrebs mit der Menge des aufgenommenen Nitrats zusammenhängt. Besonders schädlich ist Nitrat für Säuglinge, selbst in kleinsten Mengen. Säuglinge erzeugen noch wenig Magensäure. Im Magen und oberen Darmtrakt können sich deshalb diejenigen Bakterien massenhaft ansiedeln, die Nitrat in das gefährliche Nitrit umwandeln. Der unheilvolle Stoff behindert den Sauerstofftransport im Blut. Das kann zur Folge haben, daß sich die Lippen des Säuglings blau färben und er im Extremfall an der berüchtigten Blausucht erstickt.

Schon heute enthalten 10% des Trinkwassers in der Bundesrepublik Deutschland zu viel Nitrat. Und die Tendenz ist steigend. Besonders gefährdet sind die Gebiete, in denen eine intensive Viehhaltung betrieben wird – wo also riesige Mengen an Gülle anfallen. Im südlichen Oldenburger Land z. B., einer Hochburg der Geflügel- und Schweinehaltung, produzieren die Tiere 4–5 Millionen m^3 Gülle im Jahr. Solche Mengen können die eigens angelegten Absetzbecken nur zum Teil fassen. Der Rest wird auf die Maisfelder ausgebracht. Kein Wunder, wenn im Landkreis Vechta nur noch ein Drittel der über 8000 Brunnen Trinkwasser liefert, das weniger als 50 mg Nitrat je Liter enthält. 50 mg ist der von der Europäischen Gemeinschaft vorgeschriebene Höchstwert – der Richtwert, der nicht überschritten werden sollte, wurde auf 25 mg/l festgesetzt.

Wo Wein und Gülle fließen

Ähnlich verhängnisvoll wie die Massentierhaltung wirkt sich die intensive Bewirtschaftung der Äcker in vielen Gebieten aus, wie etwa in der Niederrheinischen Bucht, wo man die Erträge bei Zuckerrüben und Gemüse mit Nitratdünger steigert. Im Regierungsbezirk Düsseldorf liegt die Nitratbelastung bei 47% des Grundwassers über dem Grenzwert von 50 mg/l.

Erschreckend hohe Belastungswerte werden auch aus den Weinbaugebieten entlang des Mittelrheins, an der Mosel, an Main und Neckar, im Markgräfler Land und am Kaiserstuhl gemeldet. Dasselbe gilt für die süddeutschen Hopfenanbaugebiete. Wenn man weiß, daß sich der Düngerverbrauch in der Bundesrepublik Deutschland seit Mitte der 50er Jahre vervierfacht hat, dann überraschen diese Hiobsbotschaften keineswegs. Es ist nichts daran zu ändern: Der Nitratüberschuß, den die Pflanzen nicht aufnehmen können, landet im Wasserkreislauf. Der Nitratgehalt im Grundwasser steigt jährlich um durchschnittlich 1–2 mg. Selbst wenn man den Düngereinsatz von heute auf morgen einstellen würde, nähme die Nitratbelastung weiter zu. Das Sickerwasser braucht nämlich 10–20 Jahre, bis es in ein tiefliegendes Grundwasserstockwerk vorgedrungen ist.

Auch die Salzfracht, die viele Flüsse belastet, richtet große Schäden an. Neben den Kaligruben im Elsaß und in der DDR sind es Abwässer aus Kohlenbergwerken, Soda- und Düngemittelfabriken, die die Chloridverbindungen in die Gewässer spülen. Hinzu kommen die oberflächlich abgeschwemmten Düngesalze der Landwirtschaft und das Streusalz, das mit dem Schmelzwasser fortgespült wird.

Vor allem am Niederrhein und an der Unterweser, wo man Trinkwasser teilweise aus dem Uferfiltrat gewinnt (siehe auch Seite 67), hat man mit der Belastung schwer zu kämpfen. Die Salze beeinflussen nicht nur den Geschmack des Trinkwassers, sondern wirken sich teilweise auch gesundheitsschädlich aus. Zuviel Natrium, das mit dem Natriumchlorid aufgenommen wird, belastet die Nieren und kann den Blutdruck in gefährliche Höhen treiben. Darüber hinaus greifen Salze auch das Leitungsnetz an und korrodieren es. Besonders heimtückisch wirkt das Salz dort, wo sich in den Leitungen Blei oder Cadmium abgelagert hat. Die Chloride lösen die giftigen Schwermetalle heraus – der Weg zum Endverbraucher, dem Menschen, ist frei.

Giftige Genüsse

Eine schwere Hypothek hat sich der Mensch auch mit den chlorierten Kohlenwasserstoffen und giftigen Schwermetallen aufgebürdet. Die Stoffe bauen sich im Wasser nicht ab, sondern reichern sich in der Nahrungskette an: Bei Fischen etwa hat man schon 30 000mal höhere Schwermetall-

konzentrationen festgestellt als im nassen Element, aus dem sie stammen. Auch offizielle Stellen raten inzwischen vom Verzehr bestimmter Flußfische ab. Aale aus der Elbe dürfen heute nicht mehr verkauft werden, weil sie zuviel Quecksilber und chlorierte Kohlenwasserstoffe enthalten. In Schleswig-Holstein hat die Landesregierung 1984 den gewerblichen Fischfang in allen größeren Gewässern untersagt. Man hatte zuvor bei 40% aller Fische zu hohe Quecksilberrückstände festgestellt. 90% enthielten zuviel Hexachlorbenzol und Hexachlorcyclohexan, beides sehr schwer abbaubare Gifte. Es galt zu verhindern, daß diese Rückstände von Schädlingsbekämpfungsmitteln in die Nahrungskette gelangen.
In Hessen wird vom Genuß der so populären Mainfische abgeraten, und in Berlin wurde die Bevölkerung 1983 daran erinnert, daß sie sich dem giftigen Bumerang aus den verschmutzten Gewässern nur schwer entziehen kann: Die Wissenschaftler haben damals die im Berliner Zoo verendeten Vögel untersucht und bei der Hälfte schwere Leberschäden durch eingelagerte Gifte festgestellt. Die Ursache: Die Tiere wurden nur mit Fischen aus den Berliner Gewässern gefüttert. Seither ist den meisten der 25 000 Berliner Angler der Appetit auf selbstgefangenen Fisch vergangen.
Eine Untersuchung der Universität Kiel brachte es an den Tag: Verseuchte Fische sind auch für den Menschen gesundheitsschädlich. Im Blut von 136 Elbfischern konnte dreimal soviel Quecksilber nachgewiesen werden wie im Blut der Nachbarn, die keine oder selten Elbfische aßen.
Das Gift aus den Gewässern kann den Menschen freilich auch auf Umwegen erreichen, und zwar über den Genuß von Wild. An den Harzflüssen kommt es seit geraumer Zeit immer wieder zu einem Vogelsterben. Betroffen waren nur Wasservögel, die sich überwiegend von Fischen ernähren. Giftige Schwermetalle, die sie mit den Fischen aufnahmen, waren die Ursache. Untersuchungsergebnisse aus Schleswig-Holstein sprechen für sich. Dort hat man die Leber von verschiedenen Wasservögeln analysiert. Bei sämtlichen Wildgänsen überschritten die ermittelten Cadmiummengen den zulässigen Höchstwert, die Wildentenlebern waren zu 88% cadmiumverseucht.
Nun sind Wildenten ein Genuß, den man entbehren kann. Anders ist das bei Milch und Fleisch – Grundnahrungsmitteln, die unter bestimmten Voraussetzungen ebenfalls das Gift aus den Flüssen enthalten. In Hessen z. B. hat man 1982/83 die Schadstoffbelastung von Talwiesen untersucht, die bei Hochwasser regelmäßig überschwemmt werden. Die Ergebnisse sind erschreckend. Zink und Kupfer fanden sich in doppelt so hohen Mengen wie auf höher gelegenen Wiesen, das giftige Cadmium sogar in sechsfacher Konzentration. Rinder nehmen das belastete Gras entweder beim Weiden auf, oder sie erhalten es im Winter als Heu. Damit hat das Gift das vorletzte Glied der Nahrungskette erreicht. Wieder pflanzt sich die Giftspur bis zum Menschen fort. Er lagert die Schadstoffe im Fettgewebe und in lebenswichtigen Organen ein. Veränderungen im Blutbild, Schäden am Knochenmark und am Nervensystem sind die Folge. Manche chlorierten Kohlenwasserstoffe sind krebserregend und schädigen darüber hinaus das Erbgut. Über die tatsächlichen Auswirkungen kann man heute nur mutmaßen. Eines aber ist sicher: Wasser- und Gewässerschutz bedeutet Schutz für uns und unsere Nachkommen.

Wo das Trinkwasser aus dem sogenannten Uferfiltrat eines Flusses gewonnen wird, ist die Verseuchungsgefahr besonders groß. Werden Giftstoffe registriert, müssen die Wasserwerke ihre Lieferungen einstellen. Dann bleibt nichts anderes übrig, als die Bevölkerung aus Tankwagen zu beliefern, wie 1986 in Unkel am Rhein (Bild).

Kommt rechtzeitig Rettung?

Was vor ein, zwei Generationen noch alltäglich war, wirkt heute fast unvorstellbar für uns: ein Bad im Rhein, in Elbe oder Weser. Von heute auf morgen wird dieser Traum ganz sicher auch nicht Wirklichkeit, doch gibt es sehr wohl Mittel und Wege, um unsere Bäche, Flüsse und Seen wieder in naturnahe Lebensräume zu verwandeln. Ein Anfang ist bereits gemacht.

Jahrzehntelang hat der Mensch alles darangesetzt, um die Naturlandschaft in eine nüchterne, ausschließlich für die Erfüllung wirtschaftlicher Interessen bestimmte Zwecklandschaft zu verwandeln. Lineal und Reißbrett traten ihren Siegeszug an – einen Siegeszug, der auch vor Bächen, Flüssen und Seeufern nicht haltmachte. Flußkorrektionen, Kanalisierungen, Laufbegradigungen, Bachverrohrungen wurden als Maßnahmen gefeiert, die den Triumph der Technik über die Natur bezeugten.
Inzwischen aber ist ein grundlegender Sinneswandel eingetreten. Bis vor wenigen Jahren sah man den Wert der Gewässer ausschließlich darin, daß sie einen bestimmten Nutzen erbringen und andere Nutzungen nicht beeinträchtigen. Megawatt, Tonnen und Frachtkilometer waren die einzigen Maßeinheiten, nach denen man den Wert eines Flusses einstufte. Bäche, Tümpel und Teiche mußten weichen, weil sie der vollmechanisierten Landwirtschaft im Wege waren. Bestenfalls überließ man ihnen den Müll, für den sich sonst kein Platz anbot. Heute dagegen weiß man, daß Gewässer ein unersetzbarer Bestandteil unserer natürlichen Umwelt sind. Die begangenen Fehler lassen sich nur zum Teil wieder rückgängig machen. Es gibt aber durchaus Möglichkeiten, wenigstens kleinen Flüssen und Bächen wieder zu einem naturnahen Bett zu verhelfen.
Vorrang genießen dabei die klaren Wiesenbäche und Flußoberläufe im Bergland. In den kühlen und nährstoffarmen Gewässern, der sogenannten Forellenregion, ist eine vielfältige Lebensgemeinschaft zu Hause. Zwingt sie der Mensch in ein festes Bett, leitet er gar warmes oder verschmutztes Abwasser ein, gibt es für die Lebewesen der Forellenregion keine Ausweichmöglichkeit. Ihr Schicksal ist besiegelt.
Die Fließgewässer können aber zumindest zum Teil in den ursprünglichen Zustand zurückversetzt werden, wenn auch nicht immer vollkommen. Alle diese Maßnahmen laufen unter dem Sammelbegriff ökologischer Rückbau oder auch Renaturierung.
Seit geraumer Zeit widmen sich die für den Gewässerbau zuständigen Behörden dieser Aufgabe. Zahlreiche gelungene Vorhaben wurden inzwischen im gesamten Bundesgebiet verwirklicht. Aus manchen totgeglaubten Flüssen und Bächen wurden wieder natürliche Lebensräume, in denen Tiere und Pflanzen oft erstaunlich rasch Fuß faßten.

Aus Abflußrinnen werden wieder Bäche

Selbst verrohrte Bachstrecken können wiederbelebt werden. Das setzt voraus, daß man sie freilegt. Größere Eingriffe sind auch notwendig, wenn ein Bachlauf in eine geradlinige Betonsohle gezwungen wurde. Der erste Schritt besteht darin, die Sohleschalen zu entfernen. Nun hat der Bach wieder Kontakt zur Umgebung. Das Bachwasser kann wieder in den Untergrund einsickern, so daß bei Hochwasser ein Teil der Fluten zurückgehalten wird. Auch die Kleinlebewesen am Bachgrund werden nun nicht mehr weggespült, sondern können sich in das Geröll des Untergrunds zurückziehen. Ist das Hochwasser vorüber, besiedeln sie die Bachsohle von dort aus wieder neu. Als Winterquartier ist das Kies- und Geröllbett unentbehrlich. In 20–30 cm Tiefe unter der Bachsohle kühlt sich das Porenwasser nie weiter als auf 3–4 °C ab.
Läuft der Bach oder Fluß in einem künstlichen, geradlinigen Bett, so muß er verlegt werden. Entweder verschafft man ihm erneut Zugang zu den Schlingen, die er vor der Begradigung benutzt hat, oder es wird ein neues, in Schlingen verlaufendes Bett ausgebaggert. Auf alle Fälle muß die natürliche Dynamik des Gewässers wieder frei zur Entfaltung kommen: Der Bach muß wieder selbst an seinem Bett arbeiten. Mit einem Kunstgriff lassen sich Bäche und Flüsse zusätzlich zum Pendeln anregen: Die Ufer werden mit Buhnen bestückt, die gegeneinander versetzt sind, so daß das Wasser zwangsweise hin und her pendelt. Hinter den Buhnen bilden sich Ruhezonen – für viele Wassertiere willkommene Aufenthaltsorte. Außerdem finden hier die Fische günstige Laichbedingungen vor.

Bevor man Hilfsmaßnahmen ergreift, muß man sich ein genaues Bild über den Zustand eines Gewässers machen. Mit Hilfe moderner Meßgeräte läßt sich z. B. der pH-Wert eines Sees an Ort und Stelle ermitteln.

Dieser Bach ist gesund – durch Zutun des Menschen. Er plätschert über eine künstliche Sohleschwelle und reichert sich dabei mit Sauerstoff an. An den Rainen können sich Pflanzen entfalten. Mit Steinen wird verhindert, daß die Ufer unterspült werden.

Zur Befestigung der Uferböschungen werden Natursteine benutzt. Sie schützen die Ufer vor Unterspülung und Abbruch, Fischen, Krebsen und Wasserinsekten dienen sie als Schutz und Unterstand. Gute Erfahrungen haben die Wasserbauingenieure außerdem mit Fels- und Gesteinsbrocken gemacht, die mitten im Fließgewässer eingelassen werden. Sie bremsen die Strömung ab, lenken sie um und erzeugen Strudel. Das Wasser reichert sich dadurch zusätzlich mit Sauerstoff an. Auf Steinen, die aus dem Wasser ragen, finden Vögel wie z. B. die Wasseramsel ideale Sitzplätze.

Bewährt hat sich auch der Einbau sogenannter Sohleschwellen aus Natursteinen. Sie wirken als Stufen, über die das Wasser hinwegsprudelt. Dabei belüftet es sich. In Trockenperioden staut sich das Wasser vor den Schwellen auf – zum Glück für alle Fische, weil sie auf eine gewisse Mindestwassertiefe angewiesen sind und so dem Tod entgehen können.

Wo man kein natürliches Kiesbett mehr vorfindet, weil es bei der Gewässerregulierung beseitigt wurde, muß man Ersatz schaffen. Es genügt, an verschiedenen Stellen Kies- oder Schotterbänke aufzuschütten. Zwischen den Steinen siedeln sich bald wieder die verschiedenen Kleinlebewesen an, die bei der Selbstreinigung des Gewässers so unersetzbare Dienste leisten. Aber auch Bachflohkrebse, junge Flußkrebse und Insektenlarven finden Unterschlupf in den Hohlräumen zwischen den Steinen, für Bachforellen und andere Kieslaicher gibt es wieder natürliche Fortpflanzungsmöglichkeiten. Die Kiesbänke dürfen durchaus auch über die Wasseroberfläche hinausragen. Dann nämlich können Pflanzen Fuß fassen, und allmählich entstehen kleine Inseln, die Libellen und scheuen Vögeln Lebensraum bieten.

Einige Vogelarten, Uferschwalben und Eisvögel z. B., brüten in Röhren, die sie in Steilufern anlegen. Wo es sich anbietet, sollten derartige Uferhänge angelegt werden. Schon kurze Streckenabschnitte genügen völlig, um die Vögel wieder heimisch werden zu lassen.

Ein Schilfgürtel ersetzt die Ufermauern

Zu den Sünden der Vergangenheit gehört auch die Beseitigung der Ufergehölze. Wo einst Galerien aus Weiden, Pappeln und Erlen die Gewässer säumten, wuchern heute nur niedrige Stauden: Pestwurz, Knöterich, Goldruten und andere mehr. Sie alle haben den Nachteil, daß sie dem Bach oder Fluß keinerlei Schatten spenden können. Die Sonne strahlt ungehindert auf die Wasseroberfläche ein. Die Folge: Algen und Wasserpflanzen werden zu starkem Wachstum angeregt – die Gewässer verkrauten, ihr Sauerstoffgehalt sinkt.

Im übrigen fällt mit den Bäumen und Sträuchern der natürliche Böschungsschutz, denn gerade die Erlen halten mit ihrem Wurzelgeflecht das Erdreich zusammen. Die abgeholzten Böschungen setzen der Strömung keinen Widerstand mehr entgegen – sie werden unterspült und reißen ab.

Ein Gewässer wieder in den natürlichen Zustand zu versetzen, das bedeutet also auch,

Das Rudower Fließ, einen unscheinbaren Bach in West-Berlin, haben Umweltexperten 1983 aus seiner geradlinigen Betonrinne befreit und zu neuem Leben erweckt. Die Betonschalen (oben) wurden beseitigt. Der Bach erhielt ein neues, schlangenlinienförmiges Bachbett, das an den Seiten mit dicken Tauen aus geflochtenen Kokosfasern abgesichert wurde (Mitte oben). Auf den Rainen legte man Matten mit Uferpflanzen aus, die in der Gärtnerei bereits vorgezogen waren (Mitte unten). Schon ein Jahr später ist ein idyllisches Bächlein entstanden, das nicht im entferntesten an die tote Abflußrinne von einst erinnert – ein nachahmenswertes Beispiel.

daß man Weiden und Erlengehölze pflanzt. Davon profitieren letztlich auch zahlreiche Wassertiere. Vom Fallaub der Bäume ernähren sich Bachflohkrebse und andere Kleinlebewesen während des Herbstes. Diese zählen ihrerseits zur bevorzugten Nahrung zahlreicher Fischarten.

Der Rückbau eines Fließgewässers darf auch vor den angrenzenden Feldern und Wiesen nicht haltmachen. In einigen Bundesländern erwerben die Behörden 20–30 m breite Geländestreifen beiderseits der renaturierten Gewässer, die der intensiven landwirtschaftlichen Nutzung entzogen werden, so daß weder Gülle noch Chemikalien in das Gewässer gespült werden können. In Schleswig-Holstein geht man anders vor. Das Land zahlt an die Grundstücksbesitzer eine Entschädigung, wenn sie ufernahes Land nicht bewirtschaften.

Auch Teiche und Seen kann man in einen naturnahen Zustand zurückversetzen. Der Schlüssel zum Erfolg liegt dabei in den Flachwasserzonen am Ufer. Hier gilt es, die Röhrichtbestände zu neuem Leben zu erwecken oder ganze Schilfgürtel neu anzupflanzen. Intakte, schilfbestandene Flachwasserzonen sichern nicht nur die Selbstreinigungskraft des ganzen Sees, sondern sind für alle Karpfenfische, Barsche und Hechte als Laichgebiete unersetzlich. Zugleich sind sie der eigentliche Lebensraum der meisten Wasservögel. Ein Schilfgürtel ist außerdem ein natürlicher Schutz gegen die Abspülung der Uferböschungen. Solange er sich ungestört entfalten kann, müssen auch keine Ufermauern gebaut werden.

Ein Wasserlauf, der wieder durch ein natürliches Bett strömt, muß weiterhin gepflegt werden, damit die Rettungsmaßnahmen nicht umsonst waren. Der Mensch muß unbedingt eingreifen, wenn das renaturierte Gewässer zu verkrauten droht oder wenn sich so viel Schlamm ablagert, daß alles Leben am Gewässergrund erstickt. Dabei bedarf es größter Vorsicht, denn man greift in ein äußerst empfindliches biologisches Gefüge ein. Keinesfalls darf die natürliche, mit Kies und Geröllen bedeckte Gewässersohle in Mitleidenschaft gezogen werden. Sonst nämlich zerstört man den Lebensraum der Kleinorganismen, die für die Selbstreinigung des Gewässers sorgen.

Patenschaft für einen Bach

Auf den neu angelegten Uferböschungen breiten sich aber auch Brennesseln und an-

Gewässerschutz beginnt im Haushalt

Tips, die jeder beherzigen sollte:
- Reinigungsmittel grundsätzlich sparsam verwenden. Meist genügt ein Spritzer. Die verhältnismäßig harmlose Schmierseife ist genauso wirksam wie ätzende Putzmittel. Essig statt chemischer Kalklöser verwenden.
- Vorsicht bei Rohrreinigern! Eine Gummisaugglocke tut dieselbe Wirkung wie scharfe Chemikalien.
- Vollwaschmittel sparsam dosieren. Sie enthalten 20–30% gefährliche Bleichmittel. Die Menge ist auf den Härtegrad des Wassers abzustimmen, den man beim Wasserwerk erfährt.
- Wasch- und Spülmaschinenkapazität immer voll ausnutzen.
- Auf Weichspüler verzichten, die Wäsche lieber im Freien trocknen.
- Keine Medikamente, Lacke, Lösungsmittel in den Ausguß oder die Toilette schütten. Sie gehören in den Sondermüll.
- Auch Küchenabfälle gehören keinesfalls ins Abwasser.
- Fahrzeuge nie in der Nähe von Gewässern waschen.
- Beim Kauf von Wasch-, Reinigungsmitteln, Lacken usw. darauf achten, daß sie den Blauen Umweltengel tragen.

dere unliebsame „Unkräuter" aus. Sie müssen kurz gehalten werden, damit sie die langsamer wachsenden standortgerechten Pflanzen nicht überwuchern. Mähmaschinen aber würden an den empfindlichen Ufersäumen Schäden anrichten, wobei vor allem natürliche Überhänge betroffen wären, die den Fischen und Krebsen als Unterstand dienen.

Vorsicht ist auch geboten, wenn Nutzfische eingesetzt werden sollen, denn sie können das ökologische Gleichgewicht eines Kleingewässers in kürzester Zeit zerstören. Die freßfreudigen Regenbogenforellen z. B. benötigen große Mengen an Insektenlarven, Wasserschnecken und anderen Kleinlebewesen. Sie schädigen dadurch nicht nur diese natürliche Bachfauna, sondern verdrängen auch seltenere Wildfische, weil die Nahrung knapp wird.

Staat, Städte und Gemeinden wären überfordert, wollte man ihnen allein die Zuständigkeit für die Wiederherstellung und Pflege natürlicher Fließgewässer übertragen. Jeder einzelne Bürger kann und soll bei dieser wichtigen Aufgabe mitwirken. Er leistet damit einen unersetzbaren Beitrag zur Sicherung seiner natürlichen Umwelt. In Hessen und Baden-Württemberg unterstützt das jeweils zuständige Landesministerium seit 1983 bzw. 1984 das Engagement der Bürger auf diesem Gebiet. Es wurden sogenannte Bachpatenschaften ins Leben gerufen. Schulklassen und ganze Schulen, Vereine oder lose Gruppierungen naturverbundener Bürger – sie können die Patenschaft für einen Bach übernehmen. Gemeinde- und Stadtverwaltungen, Landrats- und Wasserwirtschaftsämter betreuen die Aktivitäten der Bachpaten. Wo nötig, unterstützen sie die Maßnahmen auch mit finanziellen Zuschüssen. Die Bachpaten übernehmen die Verantwortung für „ihr" Gewässer. Das ersetzt allerdings nicht die gesetzlich vorgeschriebene Unterhaltspflicht der Gemeinde. Die wesentlichen Aufgaben der Bachpatenschaften sind die ständige Überwachung des Gewässers, Bepflanzungsmaßnahmen am Ufer, die Pflege der Pflanzen und Säuberungsmaßnahmen.

73 Millionen Kesselwagen ungeklärtes Abwasser

Jedem Gewässer, gleich ob naturbelassen, im Lauf korrigiert oder gar kanalisiert, machen die Abwässer der menschlichen Zivilisation schwer zu schaffen. Natürliche Gewässer verkraften zwar mehr belastende Stoffe als andere, weil sie ihre Selbstreinigungskraft bewahrt haben, doch auch ihre Belastbarkeit hat Grenzen. In Deutschland hat man sich wie überall erst verhältnismäßig spät mit dem Abwasserproblem befaßt. Aus heutiger Sicht erscheint es fast unvorstellbar, daß die auf dem Reißbrett geplanten Barockstädte wie Karlsruhe, Mannheim oder Ludwigsburg keine geregelte Abwasserbeseitigung hatten. Erst im 19. Jh., als immer wieder schwere Epidemien grassierten, sann man auf Abhilfe. Den Anfang machten die großen Städte: Parallel zum Ausbau von Leitungsnetzen für die Trink-

An dieser Fontäne sollen sich nicht nur die Badegäste am Weßlinger See westlich von München erfreuen. Sie ist vielmehr Teil einer Belüftungsanlage, die Sauerstoff in die unteren Wasserschichten pumpt, um den See vor dem Umkippen zu bewahren.

Am Hubertussee in Berlin-Wilmersdorf steht seit 1982 diese Sauerstoffanreicherungsanlage. Der Tank faßt 3000 l flüssigen Sauerstoff, der in einem Verdampfer in gasförmigen Zustand gebracht und dann dem Seewasser beigemengt wird.

wasserversorgung wurden nun Abwasserkanäle angelegt. Die Maßnahmen kamen nur in den großen Städten zügig voran. In den Kleinstädten und Dörfern ließ man sich mehr Zeit.

Noch länger dauerte es, bis man Maßnahmen zur Reinigung der Abwässer ergriff. Die ersten Kläranlagen – einfache Absetzbecken – entstanden nach der Jahrhundertwende. 1970 waren zwar 80% der Haushalte an eine Kanalisation angeschlossen, aber das Abwasser von nur 62% der Bevölkerung wurde einer Kläranlage zugeleitet. Heute reinigen fast alle Gemeinden ihr Abwasser, bevor es in ein Gewässer gelangt.

Doch auch Industrie, Bergbau, Kraftwerke und landwirtschaftliche Betriebe erzeugen Abwässer – oft sehr problematische, die nur zum Teil von ihrer Schmutz- und Giftfracht befreit werden. Mit mehr als 2 Milliarden m^3 ungeklärtem Abwasser müssen unsere Bäche, Flüsse und Seen jedes Jahr fertig werden. Diese Wassermassen würden ausreichen, um 73 Millionen Kesselwagen zu füllen – ein Zug, der 13mal um den Erdball reicht. Damit ein möglichst großer Teil der Schadstoffe aus dem Abwasser entfernt wird, durchläuft es in der Kläranlage zwei, manchmal auch drei Reinigungsstufen. In der ersten, der mechanischen Stufe, werden alle festen Stoffe mit Rechen oder Sieben entfernt. Die Feinteilchen setzen sich im Vorklärbecken ab. Rund 30% der Schmutzstoffe werden dem Abwasser auf diese Weise entzogen.

Es folgt die biologische Reinigungsstufe. Das Abwasser wird auf sogenannten Tropfkörpern verrieselt. Das sind runde, mit porösen Steinen angefüllte Betonkessel. Auf ihnen bildet sich ein „biologischer Rasen" aus Algen und Bakterien. Sie nehmen die organischen Verbindungen auf und bauen sie so auf natürlichem Weg ab. Während das Abwasser durch den Tropfkörper sikkert, reichert es sich mit Sauerstoff an. Dieses Verfahren ist vor allem bei den Kläranlagen kleinerer Städte und Gemeinden üblich.

In größeren Städten stützt man sich auf das sogenannte Belebtschlammverfahren. Dabei wird das Schmutzwasser in große Bekken geleitet, wo es sich mit Bakterienkolonien und Luft vermengt. In 1 l Wasser wirken rund 100 Millionen Bakterien!

Die biologischen Reinigungsverfahren sind sehr wirkungsvoll. Bis zu 95% der organischen Schmutzfracht werden beseitigt. Dennoch enthält das Abwasser auch hinterher immer noch fünf- bis 20mal so viele Schadstoffe wie ein natürliches Gewässer. Fische können aber bereits in ihnen leben.

Beide biologischen Reinigungsverfahren erfüllen jedoch nur dann ihre Wirkung, wenn das Abwasser keine Säuren, Laugen und Giftstoffe enthält, weil diese die Bakterien abtöten würden. Zurück bleibt in jedem Fall Klärschlamm, der entwässert, getrocknet und anschließend in speziellen Anlagen verbrannt werden muß. Täglich fällt etwa 1 l Schlamm je Einwohner an.

Manche Kläranlagen verfügen inzwischen auch über eine chemische Reinigungsstufe. Mit ihr kommt man auch zahlreichen Problemstoffen bei, die sich der biologischen Reinigung entziehen, z.B. Salzverbindungen, Schwermetallen, schwer abbaubaren organischen Verbindungen und vor allem Phosphaten. Das Verfahren ähnelt dem Aufbereitungsverfahren für Trinkwasser. In großen Kontaktbecken werden dem Schmutzwasser chemische Fällmittel wie Eisenchlorid, Aluminiumsulfat oder Kalk zugemischt, die den Restschmutz zum Ausflocken bringen. Auch Aktivkohlefilter setzt man ein. Die Flocken lagern sich ebenfalls in einem Nachklärbecken als Klärschlamm ab.

Pflanzen übernehmen die Entsorgung

Seit einigen Jahren versucht man mit Erfolg, neben den teuren, technisch aufwendigen Kläranlagen auch natürliche Reinigungsverfahren so weit zu entwickeln, daß sie die Abwasserbehandlung in kleineren Ortschaften übernehmen können. Im Prinzip geht es darum, die Selbstreinigungskraft offener Gewässer gezielt zu nutzen.

Beim Grundverfahren wird das Abwasser in einen künstlich angelegten, flachen Teich geleitet. Dort übernehmen Mikroorganismen, aber auch Schilf, Rohrkolben, Binsen, Wasserschwertlilien und andere Pflanzen den Abbau organischer Verbindungen. Bestimmte Algen liefern den dafür erforderlichen Sauerstoff. Die Reinigungskraft der Röhrichtpflanzen ist sehr beeindruckend. Flechtbinsen z.B. können bis zu 600 mg Phenol aus 1 l Wasser restlos entfernen. Solche „Schönungsteiche" eignen sich überall dort, wo nur organisch belastete Abwässer anfallen. Das ist z.B. bei Zuckerfabriken oder in ländlichen Weilern der Fall.

Großkläranlagen wie hier in Wuppertal tragen wesentlich zur Verbesserung der Gewässergüte bei. Sie verfügen über eine mechanische und eine biologische, manchmal auch eine zusätzliche chemische Reinigungsstufe.

Das Klärwerk Wuppertal im Überblick

1 Zentrale / Schaltwarte
2 Klärbecken zur mechanischen Klärung
3 Belebungsbecken (Vermengung mit Luft und Bakterien)
4 Klärbecken zur biologischen Klärung
5 Endkontrolle
6 Betriebswasserpumpwerk
7 Schneckenpumpwerke (zur Regulierung des Wasserstands im Vorfluter)
8 Werkstatt
9 Faulschlammbehälter
10 Anlage für die Entwässerung und Verbrennung des Klärschlamms

Aufwendiger, aber um so wirkungsvoller ist die sogenannte Wurzelraumentsorgung. Das Abwasser wird zunächst mechanisch vorgereinigt. Anschließend verrieselt es über einem dicht mit Röhrichtpflanzen bestandenen Beet. Im durchwurzelten Bodenraum spielen sich zahlreiche chemische Abbaureaktionen ab. Die waagrecht wachsenden, unterirdischen Organe der Röhrichtpflanzen versorgen das Wasser mit Sauerstoff. Schilf wird problemlos mit Bakterien und Giften fertig, selbst Schwermetalle absorbiert es. Außerdem entzieht es dem Wasser die Phosphate. Die Stickstoffverbindungen werden zum größten Teil in gasförmigen Stickstoff umgewandelt. Das Abwasser wird so gut geklärt wie in einer Kläranlage mit mechanischer, biologischer und chemischer Reinigung. Und noch einen Vorteil gibt es: Es bleibt dabei kein Klärschlamm zurück.

Im Sommer leiden heute viele Gewässer unter Sauerstoffmangel. Die Einleitung erwärmten Kühlwassers aus Wärmekraftwerken und die Überdüngung mit Pflanzennährstoffen geben meistens den Ausschlag, wenn Seen und Flüssen buchstäblich die Luft ausgeht, wenn sie umkippen. Diesem Problem käme man freilich am ehesten bei, wenn man es an der Wurzel packte.

An manchen Gewässern versucht man den Schaden zu begrenzen. So öffnet man etwa in besonders kritischen Phasen die Stauwehre an den betroffenen Flüssen, damit das Wasser Sauerstoff aufnimmt, während es über die Staustufen stürzt. Allerdings spitzt sich die Situation meist in Niedrigwasserzeiten zu, also gerade dann, wenn mit dem Stauwasser besonders sparsam umgegangen werden muß. Auf einigen Flüssen, dem Neckar z. B., verkehren Passagierschiffe, die mit speziellen Flügelschrauben ausgestattet sind. Sie wirbeln das Wasser während der Fahrt stark auf und belüften es damit künstlich. An manchen Seen hat man Anlagen installiert, die ständig Preßluft in das Wasser pumpen. Zu ihnen gehören auch die speziellen Tiefenwasserbelüftungsanlagen, die Sauerstoff in die unteren, ohnehin schlechter belüfteten Wasserschichten drücken. Damit soll die natürliche Selbstreinigungskraft des Gewässers erhalten werden. Noch einen Schritt weiter ging man am Tegeler See in Berlin: Dort ist die größte europäische Anlage zur Phosphateliminierung in Betrieb.

Schützen und bewahren, bevor es zu spät ist

Es ist zweifellos sinnvoll, Abwässer zu reinigen und toten Bachläufen wieder ein natürliches Bett zu schenken. Das kann aber kein Ersatz sein für die Bewahrung der letzten unberührten Gewässer mit ihrer ursprünglichen Tier- und Pflanzenwelt. Kann man mit Schutzgebieten die Zerstörung von natürlichen Lebensräumen wirklich verhindern?

An einigen Gewässern sichert man die Flachwasserzonen mit Schildern. Deren Beachtung dürfte den Anglern nicht schwerfallen, denn sie kommen den Fischen zugute.

Bäche, Flüsse, Seen, Moore, Tümpel, Grundwasser – alle Wasservorkommen sind in irgendeiner Weise miteinander verbunden. Und überall ist das Wasser den Einflüssen des Menschen ausgesetzt. Gleich, woher er sein Trinkwasser bezieht, der Mensch läuft immer Gefahr, daß er zurückbekommt, was er dem Wasserkreislauf in oft leichtsinniger Weise überlassen hat. Besonders groß ist die Verschmutzungsgefahr natürlich in unmittelbarer Umgebung eines Wasserspeichers und oberhalb der Gesteinsschichten, aus denen Tiefbrunnen Grundwasser emporpumpen. Damit die Trinkwasserreserven von Belastungen aller Art verschont bleiben, weist man Wasserschutzgebiete aus. In ihnen gelten bestimmte Vorschriften, die im Wasserhaushaltsgesetz verankert sind.

Strenge Auflagen für die Landwirtschaft

Innerhalb der Wasserschutzgebiete werden drei Zonen unterschieden.
Zone 1 umfaßt den engeren Fassungsbereich im Umkreis von rund 100 m um eine Quelle, eine Brunnenanlage oder eine Talsperre. Dort darf grundsätzlich kein Bauwerk errichtet werden. Die Düngung landwirtschaftlicher Nutzflächen ist strikt untersagt, ebenso die Lagerung von Heizöl und anderen riskanten Stoffen.
An den engeren Fassungsbereich schließt sich die Zone 2 an. Von ihrer äußeren Begrenzung aus braucht einsickerndes Wasser mindestens 50 Tage, bis es die Entnahmestelle auf unterirdischem Weg erreicht hat. Im Gebiet der Zone 2 unterliegen die Landwirte ebenfalls erheblichen Auflagen. Dünger und Spritzmittel dürfen sie nur stark eingeschränkt verwenden.
In der Außenzone 3 sind Wohnhäuser und Industriebetriebe zwar erlaubt, doch müssen sie über eine einwandfrei arbeitende Abwasserklärung verfügen. Zur Bewässerung darf auch gereinigtes Abwasser nicht verwendet werden. Mülldeponien und andere Abfallagerstätten sind in dieser Zone streng verboten.
Rund die Hälfte der 7000 bundesdeutschen Wasserwerke sichern ihren Einzugsbereich durch rechtskräftige Wasserschutzgebiete. Die anderen sind immer noch erheblichen Risiken ausgesetzt.
Bereits 11 % des Bundesgebiets werden von Wasserschutzgebieten eingenommen, und es wird unumgänglich sein, weitere Flächen unter Schutz zu stellen.

Wasserbewohner auf der Roten Liste

So gründlich ist der Mensch beim Ausbau der natürlichen Gewässer vorgegangen, daß die meisten Wassertiere und viele Wasserpflanzen heute in schwere Bedrängnis geraten sind. In den sogenannten Roten Listen, dem Gesamtverzeichnis bedrohter Arten, ist den Wasserbewohnern ein erschreckend großer Raum gewidmet. 70 % der Süßwasserfischarten sind akut gefährdet oder bereits ausgestorben. Von den Lurchen teilen 58 % dieses Schicksal, und auch unter den Muscheln sind es immerhin schon 32 % der einheimischen Arten. 73 von 89 bedrohten Vogelarten sind ausschließlich in Feuchtgebieten beheimatet.
Auch unter den Pflanzen sind gerade die Bestände einiger wasserbewohnender Arten bedenklich zusammengeschmolzen. Daß es vor allem die auf besonders sauberes Wasser angewiesenen Armleuchteralgen so schlimm trifft, überrascht eigentlich nicht. 83 % aller Arten sind inzwischen ausgestorben oder akut gefährdet.
Mit jeder Tierart, die verschwindet, reißt wieder eine Masche in dem fein gesponnenen Nahrungsnetz. Eine Kettenreaktion wird ausgelöst, die von einer Art auf die nächste übergreift. Inzwischen hat sich die Erkenntnis durchgesetzt, daß jedes Lebewesen nur dann eine Chance hat, wenn es seinen angestammten Lebensraum behält. Dazu gehören nicht nur die Laich- bzw. Brutgebiete, sondern auch Schlafplätze, Jagdreviere, Paarungsräume und geeignete Verstecke.
Nur in den gesetzlich abgesicherten Naturschutzgebieten sind Tiere und Pflanzen vor dem Zugriff des Menschen sicher. Der ökologische Grundgedanke, daß Naturschutz langfristig die Lebensgrundlagen der Menschen sichert, läßt sich zwar mehr als 100 Jahre zurückverfolgen, doch begann er sich erst seit Anfang der 70er Jahre in der Öffentlichkeit durchzusetzen. Staat und Politik nahmen sich dieser Aufgabe, wenn auch nur zögerlich, an.
Heute weist man Naturschutzgebiete aus, um charakteristische Lebensgemeinschaften von Pflanzen und Tieren zu erhalten. Naturschutz ist der wichtigste Beitrag zum Artenschutz. Allerdings reicht es nicht, nur einzelne besonders seltene, schöne oder wissenschaftlich wertvolle Arten zu schützen, sondern es soll sichergestellt werden, daß alle jeweils landschaftstypischen Ökosysteme eine Überlebenschance bekommen. Die seltene Orchidee in einem Feuchtgebiet ist nur zu retten, wenn ihre gesamte Umgebung intakt bleibt. Kein

Links: In ehemaligen Kiesgruben können die selten gewordenen Uferschwalben wieder heimisch werden. Die Vögel brüten in Niströhren, die sie in den sandigen Böschungen anlegen. Solche Biotope aus zweiter Hand sollten unbedingt der Natur überlassen werden.

Oben: Die schilfbestandenen Verlandungszonen vieler Seen bergen eine überaus artenreiche Tierwelt. Um sie wirklich zu schützen, reichen Schilder nicht immer aus. Am Dümmer-See z. B. hat man die Schutzgebiete gründlich abgesperrt.

Tier, keine Pflanze lebt isoliert. Naturschutzgebiete sollen aber nicht nur Refugien für gefährdete Lebewesen sein. Sie sollen vielmehr als Keimzellen wirken, von denen aus sich viele Arten auch in Zukunft wieder ausbreiten können.

Diese Strategie setzt voraus, daß die Schutzgebiete nicht wie Inseln inmitten der Industrielandschaft liegen, sondern netzartig untereinander verbunden sind, sei es auch nur durch extensiv bewirtschaftete Wiesen, Hecken oder naturbelassene Bäche. Allmählich erkennt man, daß es nicht dem Zufall überlassen werden darf, wo die einzelnen Naturschutzgebiete ausgewiesen werden. Vielmehr muß eine Gesamtkonzeption dahinterstehen, die sich an den Lebensgewohnheiten der Tiere orientiert, die es zu schützen gilt. Zahlreiche Arten brauchen für Eiablage, Balz, Jagd, Schlaf und Flucht völlig verschiedenartige Lebensräume, die für sie gefahrlos erreichbar sein müssen. Ein Storchenpaar, das seine Brut aufzieht, benötigt z. B. ein Revier von mindestens 200 ha. Bei Wildgänsen sind es sogar zwischen 1000 und 3000 ha, bei den seltenen Rohrweihen 1500–3000 ha. Wasservögel, die in Schwärmen leben, brauchen ein Vielfaches davon.

Genügend Raum für alle Bedürfnisse

Viele Tiere legen täglich beachtliche Entfernungen zwischen ihren Aufenthaltsorten zurück. Graugänse etwa fliegen 8 km weit von den Sumpfwiesen, wo sie ihre Nahrung finden, bis zu den Übernachtungsquartieren an flachen Gewässern. Saatgänse legen bis zu 10 km zurück, Bläßgänse bis zu 13 km. Je mehr Abwechslung eine Landschaft bietet, desto kürzer sind die erforderlichen Tageswanderungen. So ist es sinnvoller, einen kleinen Altwasserarm unter Naturschutz zu stellen als einen weitaus größeren, dafür aber eintönigen Kiefernforst. Denn an dem Gewässer mit Auwaldresten, Kies- und Sandbänken, mit trockenen Lichtungen, Feuchtwiesen, schattigen und sonnigen Stellen finden Wasservögel, Amphibien und Insekten auf relativ engem Raum alle Anforderungen erfüllt, die sie an ihre Umwelt stellen.

Bei der Brut benötigen Wasservögel eine bestimmte Fluchtdistanz, die Eindringlinge, also auch Menschen, nicht überschreiten dürfen. Der bodenbrütende Große Brachvogel z. B. hält stets 140–300 m Abstand zu den Hecken, Wegen oder Dämmen in der Umgebung seines Brutplatzes. Die schilfbrütenden Wasservögel beanspruchen mindestens 100 m Fluchtdistanz.

Amphibien wandern bekanntlich zwischen ihren Winterquartieren und den Laichgewässern. Oft sind das nur wenige hundert Meter, mitunter auch 2–3 km.
Der Fischotter verschwand nicht zuletzt deshalb aus unserer Landschaft, weil er sehr hohe Ansprüche an „seinen" Fluß stellt. Uferbegradigungen und andere Regulierungsmaßnahmen haben seinen Lebensraum weitgehend vernichtet. Ein Fischotterpaar benötigt einen natürlichen Uferabschnitt von mindestens 15 km Länge mit Deckungsmöglichkeiten im Schilf, unter überhängenden Baumwurzeln und zwischen Gebüsch. Für die Jagd sind flache Buchten ideal. Nur in Schleswig-Holstein und Niedersachsen haben einige hundert Fischotter überlebt.
Der Biber ist da schon bescheidener. Ihm reicht ein Uferabschnitt von 300 m bis 3 km. Je dichter Eschen, Pappeln und Weiden am Ufer stehen, desto weniger Platz beansprucht er. Nur an einem Altarm der Elbe zwischen Torgau und Magdeburg haben Biber bis in die Gegenwart überlebt. In den 60er Jahren hat man in der Bundesrepublik mit der Wiedereinbürgerung der Nagetiere begonnen. Im Nürnberger Reichswald und an den unteren Innstauseen lebten sie sich tatsächlich wieder erfreulich gut ein. Es hat sich gezeigt, daß eine Biberkolonie von etwa 15 Paaren mit einer 20 ha großen, weidenbestandenen Aue auskommt.

Oben: Auf solchen Bohlenwegen können Naturliebhaber durch geschützte Moorgebiete streifen. Auf keinen Fall darf man sie verlassen – zur eigenen Sicherheit und zum Schutz der Natur.

Rechts: Der Biber braucht ein großes Revier, in dem er ungestört seine Bauten anlegen kann. Den Naturschützern ist es gelungen, in Bayern wieder einige Paare anzusiedeln.

Ohne Pufferzonen kein wirksamer Schutz

Die Beispiele machen deutlich, daß Naturschutzgebiete nur dann ihren Zweck erfüllen, wenn sie eine bestimmte Mindestgröße haben. Sie hängt davon ab, welchen Tierarten jeweils ein Refugium gegeben werden soll. Dabei ist zu berücksichtigen, daß viele Arten nur in Schwärmen bzw. Kolonien überlebensfähig sind. Dementsprechend größer ist ihr Raumanspruch.
Bei einer kritischen Betrachtung unserer Naturschutzgebiete kommen in Anbetracht dessen doch erhebliche Zweifel an der Wirksamkeit der bisherigen Maßnahmen auf: 2100 Gebiete sind es insgesamt. Sie nehmen lediglich 1,06 % des Bundesgebiets ein. Die Hälfte von ihnen ist kleiner als 20 ha; nur 190 Schutzgebiete sind über 200 ha groß.
Die Wissenschaftler sind sich darüber einig, daß mindestens 6–10 % des Bundesgebiets dem Naturschutz vorbehalten sein müssen, wenn die bedrohte Natur wirksam geschützt werden soll. Die meisten Naturschutzgebiete müssen wesentlich größer werden, denn das urtümlichste Reservat ist als Lebensraum ungeeignet, wenn es nicht von „Pufferzonen" umgeben ist, die es von Siedlungen und landwirtschaftlichen Nutzflächen abschotten. Innerhalb der Schutzgebiete müssen Nutzungen jeglicher Art strikt untersagt sein. Es gibt noch immer zu viele Ausnahmeregelungen, die Eingriffe erlauben. Nicht selten dürfen Bäume gefällt und Wiesen gemäht werden. Genauso schwerwiegend aber sind die Störungen für die Tiere, wenn Erholungsuchende ihnen zu nahe kommen, wenn lärmende Ausflügler unbedacht in ihre Verstecke eindringen.
Naturschutz heißt aber nicht unbedingt, daß nur letzte Naturinseln konserviert werden. Der Mensch kann vielmehr nachhelfen, daß die Natur wieder Plätze erobert, die nur vorübergehend für andere Zwecke genutzt wurden. Zahlreiche rekultivierte Kiesgruben liefern den Beweis dafür, daß Tiere und Pflanzen rasch wieder Tritt fassen, wenn sich der Mensch zurückgezogen hat. Ohne solche Feuchtbiotope aus zweiter Hand hätten z. B. Uferschwalben und Kreuzkröten kaum mehr eine Überlebenschance. Auch Wasservögel sind auf ihren Zügen dankbar, wenn sie naturnahe Rastplätze vorfinden.
Einige äußerst seltene Vogelarten konnten in den letzten Jahren durch beharrliche Pflegemaßnahmen vor dem Aussterben bewahrt werden. So betreute z. B. der World Wildlife Fund (WWF) die letzten Kranichpaare in Schleswig-Holstein und

Niedersachsen. Ihren Lebensraum vergrößerte man durch künstliche Feuchtbiotope.

Im Einsatz für die Letzten ihrer Art

Über 100 freiwillige Helfer setzen sich alljährlich dafür ein, daß auch die wenigen Seeadlerpaare, die noch in Deutschland horsten, ihre Heimat behalten. Zur Brutzeit sperren sie die Waldflächen in Schleswig-Holstein, wo die mächtigen Raubvögel auf hohen Buchen nisten. Erfolgreich verhinderten sie, daß diese Horstbäume gefällt wurden. Außerdem erreichten sie ein Überfliegungsverbot und legten künstliche Nahrungsteiche an.

Um den Weißstorch, einen der beliebtesten Vögel überhaupt, bemühen sich die Vogelschützer in mehreren Bundesländern. In Zuchtstationen werden Jungvögel aufgepäppelt, um sie anschließend in die Freiheit zu entlassen. Man bietet den Tieren fertige Horste an, bestehende Nester werden instand gehalten. Entwässerte Wiesen werden den Landwirten abgekauft und wieder geflutet, um die schmal gewordene Speisekarte der Vögel aufzubessern.

Programme wurden aber auch für die Wiederansiedlung verdrängter Pflanzen ins Leben gerufen. In Schleswig-Holstein z. B. bemüht man sich, ausgebeutete Hochmoore der Natur zurückzugeben. Man pflanzt Torfmoose, Glockenheide und andere typische Moorpflanzen an, die dann als „Initialzündung" für die Besiedlung durch weitere Pflanzen und Tiere wirken.

Am 25. Februar 1976 trat die Bundesrepublik Deutschland dem Übereinkommen von Ramsar (Iran) bei. Damit verpflichtet sie sich, Feuchtgebiete von einmaliger internationaler Bedeutung als Lebensräume für Wat- und Wasservögel zu erhalten und vor Eingriffen zu sichern. 20 solcher Feuchtgebiete sind inzwischen ausgewiesen. Das größte Süßwasserreservat umfaßt den Niederrhein – ein Gebiet von 250 km² Fläche. Es folgen die Diepholzer Moorniederungen mit 150 km² und die Niederelbe zwischen Barnkrug und Otterndorf. Aber auch an Donau und Inn gibt es einige dieser bedeutenden Schutzgebiete. Ansonsten tauchen vor allem größere Seen auf der Liste auf.

Hinter der Ausweisung dieser Feuchtgebiete steckt tatsächlich eine internationale Zielsetzung: Ein weltumspannendes Netz von Naturreservaten soll sicherstellen, daß die wanderfreudigen Wat- und Wasservögel ihren angestammten Lebensraum nicht vollends verlieren. Es läge eigentlich nahe, daß die strengen Bestimmungen der Naturschutzgebiete auch in diesen Feuchtgebieten gälten. Doch das ließ sich leider in den wenigsten Fällen durchsetzen. An der Stauseenkette am unteren Inn z. B. dürfen immer noch Angler in die Brutgebiete eindringen.

Nationalparks sind Schutzgebiete im großen Stil, die sich weitgehend in einem vom Menschen nicht oder nur wenig beeinflußten Zustand befinden.

Schüler errichten einen Krötenschutzzaun – ein nachahmenswertes Beispiel aktiven Naturschutzes. Unzählige Amphibien lassen jedes Frühjahr ihr Leben, wenn sie auf dem Weg zu ihren Laichgewässern stark befahrene Straßen überqueren müssen.

Naturschutz, Bildung und Erholung

Vier Nationalparks besitzt die Bundesrepublik Deutschland. Zwei davon umfassen das Wattenmeer, die beiden anderen liegen in Bayern: der Nationalpark Bayerischer Wald (131 km²) und der Alpen- und Nationalpark Berchtesgaden.

Neben ihrer eigentlichen Aufgabe, dem Naturschutz, dienen Nationalparks auch der Bildung und Erholung. Die Besuchermassen, die in die herrlichen Landschaften ausschwärmen, sind der beste Beweis dafür. Und Moore, Feuchtwiesen, Bachläufe und Seen, die zwar innerhalb der Nationalparkgrenzen liegen, genießen allein dadurch noch nicht den strengen Schutz eines Naturschutzgebiets.

Weit weniger, als es der Name vermuten läßt, kommt die Natur in den Naturparks zu ihrem Recht. 63 gibt es inzwischen in der Bundesrepublik. Sie nehmen immerhin 22 % des Staatsgebiets ein, und viele von ihnen tragen einen Fluß oder einen See in ihrem Namen: die Naturparks Elbufer-Drawehn, Obere Donau, Maas-Schwalm-Nette und Steinhuder Meer, um nur einige Beispiele anzuführen. Treffend ist die Bezeichnung Naturpark insofern, als Touristen und Ausflügler herbeigelockt werden, um in einer parkartig gepflegten Landschaft Erholung zu finden. Verbindliche Schutzbestimmungen für die Natur gibt es jedoch nicht. Gleichwohl bemüht man sich, kanalisierte und regulierte Bäche wieder durch ein natürliches Bett plätschern zu lassen – was der Natur zugute kommt, wenn auch solche Renaturierungsmaßnahmen in erster Linie das Landschaftsbild aufbessern sollen.

Als Fazit mag die Erkenntnis stehen, daß Schutzgebiete aller Art für die Sicherung der Feuchtgebiete unverzichtbar sind, daß man aber allen Stimmen, die jeden rein rechnerischen Zuwachs an geschützter Fläche als Triumph für die Natur feiern, mit Skepsis begegnen sollte.

Der Rhein

Der Rhein im Überblick

Einer der Höhepunkte im romantischen Mittelrheintal ist das Städtchen Kaub mit Burg Gutenfels, auf Anhieb zu erkennen am Pfalzgrafenstein auf einem Felsrücken mitten im Strom.

Der Fluß in Zahlen

Länge: 1320 km, davon 865 km in der Bundesrepublik Deutschland.
Breite: Vor der Aaremündung 100 m, danach 200 m, bei Mainz 500 m; Mittelrhein zwischen 115 m und 330 m; an der niederländischen Grenze 400 m, bei Hochwasser bis zu 1 km.
Einzugsbereich: 252 000 km^2, davon 102 000 km^2 auf deutschem Gebiet.
Wasserführung: An der Einmündung in den Bodensee 230 m^3/s, bei Basel 1060 m^3/s. bei Rees am Niederrhein 2000 m^3/s.

Landschaft

Der Rhein entsteht durch die Vereinigung von Vorder- und Hinterrhein, die beide im Schweizer Kanton Graubünden in 2344 m Höhe entspringen – allerdings 60 km voneinander entfernt. Als Alpenrhein eilt er durch das breite Trogtal des eiszeitlichen Rheingletschers. In einem Delta mündet er in den Bodensee. Der Hochrhein fließt durch ein gefällreiches Tal bis Basel und stürzt bei Schaffhausen als größter europäischer Wasserfall über eine 21 m hohe Barriere aus Jurakalk.
Bei Basel wendet er sich nordwärts und durchströmt das 30–40 km breite Oberrheinische Tiefland.
In Bingen beginnt das windungsreiche Durchbruchstal des Mittelrheins durch das Rheinische Schiefergebirge.
Ab Bonn fließt der Niederrhein als Tieflandstrom in weiten Windungen durch die Niederrheinische Bucht. Schon bald hinter der niederländischen Grenze spaltet er sich in zahlreiche Mündungsarme auf.

Natur

Von der urwüchsigen Auelandschaft im Oberrheinischen Tiefland blieben nach der Tullaschen Stromkorrektion nur noch Reste erhalten. Der größte Auwald ist der Taubergießen nordwestlich von Freiburg – eine urwaldähnliche Wildnis, in der viele seltene Pflanzen und Tiere überdauert haben.
Trockenrasen mit wärmeliebenden Orchideenarten gibt es am Kaiserstuhl, einem Jahrmillionen alten, von der Verwitterung bis auf den Rumpf abgetragenen Vulkangebirge. Dort lebt noch die Smaragdeidechse, die sonst nur im Mittelmeergebiet vorkommt.
Das milde Klima begünstigt auch die Vegetation in den Randhügeln des Tieflands. Dort gedeihen Mandeln und Edelkastanien.
Am Niederrhein gibt es noch mehrere große Altrheinarme mit Auwäldern und Feuchtwiesen, so etwa bei Rees und Xanten. Sie beherbergen eine reichhaltige Vogelwelt, zumal im Winter, wenn sich Säger, Enten und Schwäne in riesigen Scharen einfinden.

Geschichte

Auf seiner gesamten Länge ist das Land am Rhein schon seit grauer Vorzeit besiedelt. Während der Keltenzeit drangen von Süden die Römer bis an den Strom vor. Um Christi Geburt dehnten sie ihre Herrschaft über den Rhein in die von Germanen besiedelten Gebiete aus.
400 Jahre später, in der Zeit der Völkerwanderung, ließen sich Franken und Alemannen am Rhein nieder.
Im Mittelalter blühten bedeutende Städte an seinen Ufern auf. Über Jahrhunderte kam es vor allem zwischen Frankreich und den deutschen Staaten immer wieder zu Auseinandersetzungen um die natürliche Grenzlinie Rhein.

Siedlungen

Die ländlichen Siedlungen entstanden nicht an den überschwemmungsgefährdeten Ufern, sondern reihen sich am Rand der erhöhten Niederterrasse, dem Hochgestade, auf. Ansatzpunkte für Städte waren häufig natürliche Furten. Die meisten bedeutenden Städte finden sich an der linken Rheinseite. Sie gehen häufig auf römische Kastelle zurück, die der Grenzsicherung dienten. Im Mittelalter entstanden vor allem am Mittelrhein zahlreiche Burgen, in deren Schutz sich Siedlungen entwickelten.
Am Niederrhein wuchsen einige Städte während der Industrialisierung des 19. Jh. zu bedeutenden Wirtschaftszentren heran.

Schiffahrt

Schon die Römer befuhren den Strom mit Handelsschiffen. Im Mittelalter war er der wichtigste Verkehrsweg Mitteleuropas.
Im 19. Jh. begann der Ausbau zur Großschiffahrtsstraße. Heute ist der Strom von Basel bis nach Rotterdam (883 km) für Europaschiffe mit 1350 t Tragfähigkeit befahrbar. Am verkehrsreichsten Strom der Welt ist Duisburg mit einem Güterumschlag von 56 Millionen t jährlich der wichtigste Binnenhafen.

Wirtschaft

In den geschützten Beckenlandschaften des Rheintals herrscht ein mildes Klima, das der Landwirtschaft zugute kommt. Der Weinbau begleitet den Strom vom Alpenrhein bis zur Einmündung der Ahr. Dazu kommen Sonderkulturen wie Gemüse, Tabak, Spargel und der Obstanbau.
Die Industrie konzentriert sich auf den Abschnitt zwischen Bonn und Wesel. Die Schwerindustrie gibt den Ton an, aber auch Chemiefirmen und Raffinerien haben sich dort und am Oberrhein niedergelassen. Viele wickeln einen großen Teil ihrer Transporte auf dem Strom ab.

Tourismus

Der Bodensee und das romantische Mittelrheintal sind die anziehungskräftigsten Fremdenverkehrsregionen am Rhein. Während sich die Gäste am größten Voralpensee oft über mehrere Tage aufhalten, wird der Mittelrhein eher von Kurzreisenden besucht. Eine wichtige Rolle spielt der Tourismus in den großen historischen Städten, allen voran Köln. Landschaftliche Höhepunkte wie der Rheinfall oder der Drachenfels locken vor allem Tagesbesucher an.

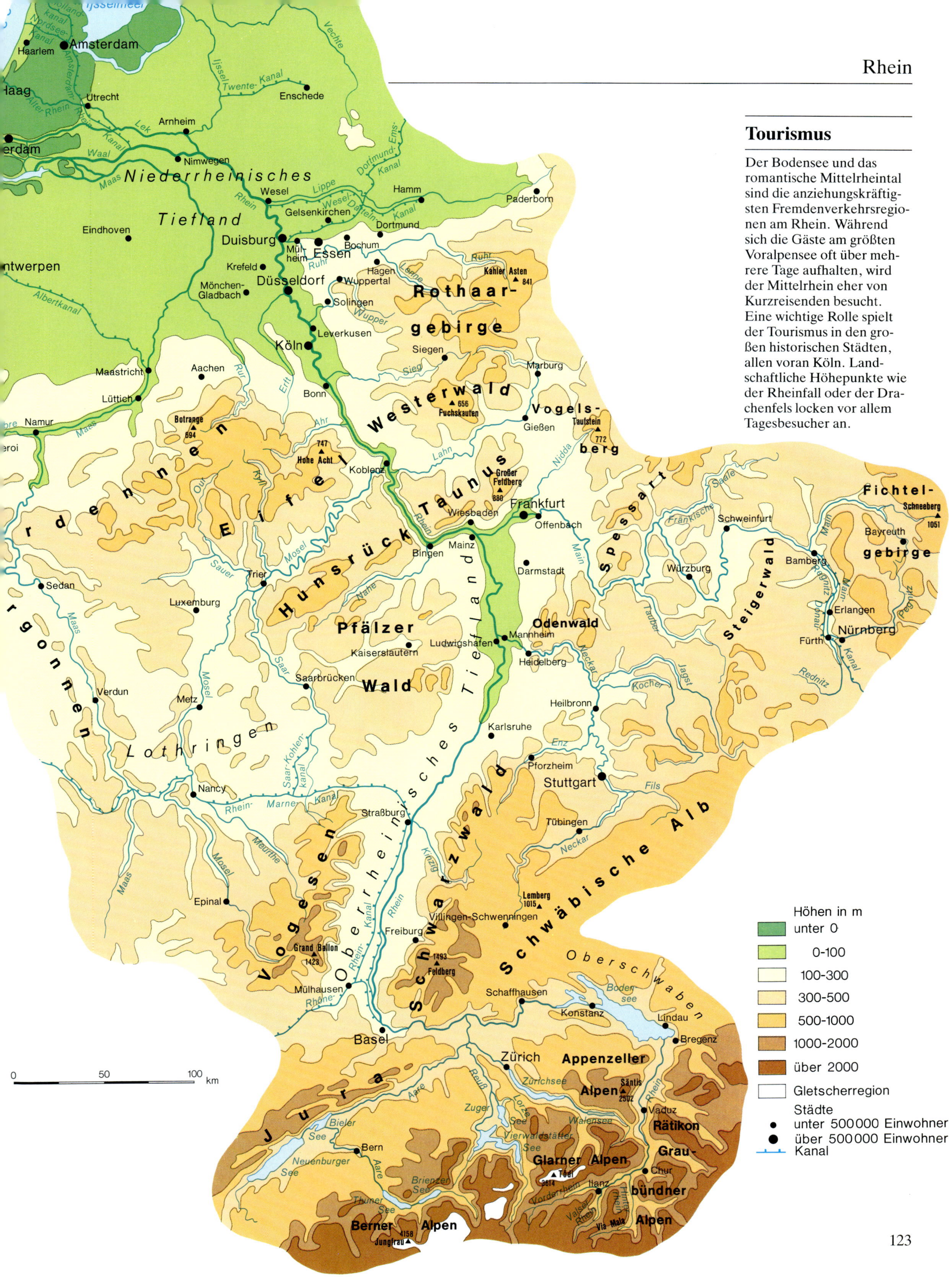

Höhen in m
- unter 0
- 0-100
- 100-300
- 300-500
- 500-1000
- 1000-2000
- über 2000
- Gletscherregion

Städte
- unter 500000 Einwohner
- über 500000 Einwohner

Kanal

Aus Wolkenhöhe zum Bodensee

Im Schweizer Kanton Graubünden heißen gleich mehrere Flüsse „Rhein". Doch nur Vorderrhein und Hinterrhein gelten als Quellflüsse des großen Stroms. Zunächst getrennt, nehmen sie ihren Weg durch eine grandiose Landschaft, um sich schließlich im Alpenrhein zu vereinen.

Das erste Dörfchen am ***Vorderrhein,*** **Tschamut,** liegt 5 km unterhalb des Oberalppasses; man kann dort im alten Postgasthaus „Rheinquelle" einkehren.

Von der Paßhöhe zweigt links ein nur mäßig bergan steigender Wanderweg ab, der in 1½ Stunden zum 2344 m hoch gelegenen Tomasee führt. Diesem kleinen, stillen Wasserkessel am Nordostfuß des Badus oder Six Madun (2928 m) entfließt der Vorderrhein. Früher stürzten seine von mehreren unbenannten Bächen gespeisten Wassermassen über eine Felswand rauschend zu Tal, heute werden sie bereits oben abgefangen und fließen durch Druckstollen talwärts zu Stauseen.

Surselva nennen die hier ansässigen rätoromanischen Bündner das tiefeingeschnittene, wildromantische Vorderrheintal. Um den ständig drohenden Überschwemmungen des Vorderrheins und seiner Nebenflüsse auszuweichen, legten sie ihre Haufendörfer auf Schuttkegeln oder Bergterrassen an. Auch die alten Straßen von Ort zu Ort weichen dem Talboden aus. Heute, da der Vorderrhein durch Ableitungen und hohe Staumauern gezähmt ist, folgt die neuangelegte Schnellstraße N 19 dem Flußlauf.

Von Tschamut aus durchfließt der Vorderrhein ein freundliches Tal. In der Kirche von **Sedrun**, dem Hauptort der mehrere Dorfschaften umfassenden Gemeinde **Tavetsch**, künden ein kostbarer Schnitzaltar aus dem Jahr 1515 und die reiche barocke Ausstattung von der tiefen Frömmigkeit der Bewohner dieses einst weltabgeschiedenen oberen Talabschnitts.

Nach rund 20 km erwartet **Disentis** den Reisenden. Der Kurort und Marktflecken wird beherrscht von dem berühmten barocken Benediktinerkloster.

▷ ***Mittelrhein*** Bei Disentis nimmt der Vorderrhein den Mittelrhein (Medelser Rhein) auf, dessen Tal zum 1920 m hohen Lukmanierpaß hinaufführt. Dieser Alpenübergang wurde schon im Mittelalter von Kaufleuten genutzt – den Äbten von Disentis, die den Paß kontrollierten, brachte er reichlich Wegzölle ein. ◁

Flußabwärts reihen sich nun mehrere reizvolle Dörfchen aneinander, die ihren alten Charakter bewahrt haben: **Somvix, Truns** und **Brigels.**

In **Tavanasa** kommen, nachdem sie Turbinen angetrieben haben, die zuvor abgeleiteten Vorderrheinwasser wieder ans Tageslicht. Die Handelsstadt **Ilanz**, die „erste Stadt am Rhein", trägt immer noch mittelalterliche Züge. Hier mündet von Süden her das wilde Tal des ***Valser Rheins.***

Reise durch eine Urlandschaft

Dann führt eine schmale Straße nach rechts über **Castrisch** und **Valendas** durch eine wahre Urlandschaft. In der letzten Eiszeit wurde das Tal durch einen Bergsturz, der einen 600 m hohen Schuttkegel aufwarf, versperrt. Durch den Südabhang dieses Kegels mußte sich der Vorderrhein nun sein Bett graben – und schuf dabei ein äußerst eindrucksvolles Naturwunder: die Flimser Schlucht. Kurz hinter dem stillen Dörfchen **Versam** überquert die Straße den Versamer Tobel, durch den die tosende ***Rabiusa*** dem Vorderrhein entgegeneilt.

Bei **Reichenau** vereinigen sich Vorderrhein und ***Hinterrhein.*** Seine Quelle ist noch abgelegener als die seines Bruders Vorderrhein. Kurz bevor bei dem Dörfchen **Hinterrhein** die alte, großzügig ausgebaute Via Raetica (N 13) im südwärts gerichteten San-Bernardino-Tunnel (Parkplatz) verschwindet, zweigt in westlicher Richtung ein Wanderweg ab, auf dem man nach 4 Stunden die Zapport-Hütte (2320 m) erreicht. Von der Hütte aus geht es ein kleines Stück das Rheinquellhorn hinauf und das Hochtal entlang zum Paradiesgletscher: Ihm ent-

Nach dem Ausfluß aus dem Tomasee ist der Vorderrhein noch ein ganz stiller, fast stehender Bach, in dem man sich spiegeln kann, denn das Gelände, durch das er sich schlängelnd seinen Weg suchen muß, hat kaum Gefälle.

Die sprichwörtliche Kraft des Wassers hat der Vorderrhein mit dem Durchbruch durch das Bergsturzgebiet bei Flims eindrucksvoll demonstriert. In Jahrtausenden hat er diese gewaltige Schlucht in die Trümmermassen gegraben.

springt der Hinterrhein. Sein Ursprung liegt genauso hoch wie der des Vorderrheins: 2344 m.
Von der Quelle bis nach Hinterrhein begleiten die nackten Felswände der bis über 3000 m hohen Berge des oberen Rheinwalds den Fluß. Weiter flußabwärts erscheint dann Wiesengrün im engen Talboden, durchsetzt von kleinen Kartoffel-, Gemüse- und Gerstefeldern. Über **Nufenen** und **Medels** gelangt man nach **Splügen**. Es entstand im 13. Jh. an der Stelle, wo die zur römischen Kaiserzeit angelegte Splügenpaßstraße, vom italienischen Chiavenna kommend, ins Tal mündet. Man folgt dem Fluß weiter nach **Sufers** und fährt auf der alten Straße durch die großartige Rofflaschlucht, hinter der sich der wilde ***Averser Rhein*** in den Hinterrhein ergießt.
Danach geht es weiter durch die liebliche Talweitung Schons. Unter den hübschen Ortschaften dort ist **Zillis** die bekannteste. In der Kirche St. Martin ist eine kostbare Decke aus 153 bemalten Holztafeln zu bewundern. Sie stammt aus dem 12. Jh. und stellt die Martinslegende dar. Auf ganz andere Weise beeindruckt die immer noch wildromantische Schlucht Via Mala, der „Böse Weg". Jahrhundertelang nur auf einem gefahrvollen Saumpfad zu passieren, ist die bis 600 m tiefe Schlucht heute von der neuen N 13 und einer 1822 erbauten Straße erschlossen. Man folgt der reizvolleren alten Straße. Beim Eingang führt ein gesicherter Treppenweg zu einer 120 m langen hölzernen Besichtigungsgalerie hinab.
Hinter **Thusis** mündet die reißende ***Albula*** in den Hinterrhein, der, nun kanalisiert, geradlinig das 15 km lange Domleschgtal mit seinen Burgen durchfließt.
Kurz vor **Rhäzüns** darf der Hinterrhein wieder in sein natürliches Bett zurück.

Vereint und gezähmt im Alpenrhein

In Reichenau beginnt der eigentliche Rhein: Der Flußabschnitt bis zum Bodensee wird Alpenrhein genannt. Der einst wilde Fluß, der regelmäßig verheerende Überschwemmungen brachte, wurde so reguliert, daß sich die Ortschaften gefahrlos auf dem Talboden ausbreiten konnten. Das nächste Ziel ist **Chur**, die Hauptstadt des Kantons Graubünden. In der Altstadt lohnen die Kathedrale, das Bischöfliche Schloß und das Rathaus einen Besuch.
Nördlich von Chur tauchen an den rechtsrheinischen Westhängen überraschend Weinberge auf. Der Föhn, der warme Fallwind, sorgt für die nötige Wärme und läßt die Trauben hier reifen. Zu den gemütlichen Weinorten zählen **Igis, Malans, Jenins** und **Maienfeld**. Gegenüber von Maienfeld, auf der anderen Flußseite, liegt **Bad Ragaz**, das wegen seines heilkräftigen Wassers bekannt wurde. Im Ort mündet die ***Tamina*** in den Rhein. Nun folgt die Autobahn (N 13) dem Fluß.
Nordöstlich von **Sargans** mit dem bezaubernden Grafenschloß wird der Rhein zum erstenmal zum Grenzfluß, zunächst zum Fürstentum Liechtenstein, an dessen Hauptstadt **Vaduz** er vorbeifließt, und dann, knapp südlich des Illzuflusses, auch zu Österreich. Bei **Diepoldsau** verläuft die Ländergrenze mitten durch den Bogen des Altrheinarms, während der Fluß selbst weiter westlich im Oberen Rheindurchbruch eine gerade Bahn zieht.
Wenig später, in der Nähe von **Hard,** erreicht der Alpenrhein den Bodensee. Westlich der Mündung erstreckt sich bis zum kräftigen Arm des ***Alten Rheins*** Europas größtes Süßwasserdelta, dessen Riedflächen von rund 300 durchziehenden Vogelarten besucht werden. Von Fußbach aus kann man auf einem Hochwasserdamm durch das Reservat wandern.

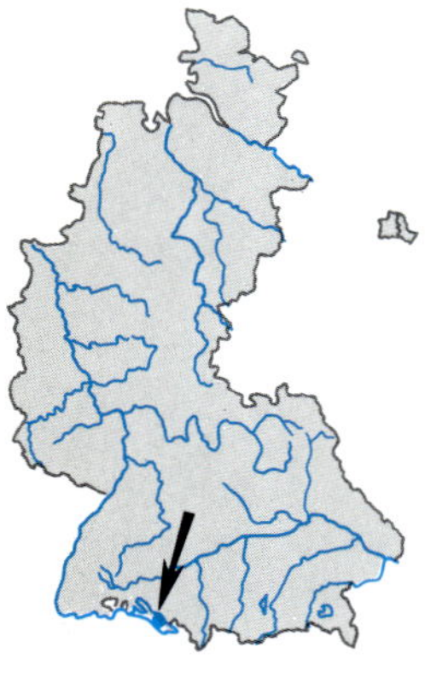

Das Schwäbische Meer

Mittelalterliche Städtchen, Kirchen, Burgen und Schlösser, blühende Gärten und Obstanlagen, sonnendurchflutete Weingärten, südländisches Flair und ein See wie aus dem Bilderbuch vereinen sich hier zu einer vollendeten Ferienlandschaft.

Der Bodensee wartet mit Superlativen auf: Er ist 538 km² groß; davon gehören 305 km² zur Bundesrepublik Deutschland, 173 km² zur Schweiz und 60 km² zu Österreich. Nördlich von Romanshorn erreicht er mit 252 m seine größte Tiefe. Messungen haben ergeben, daß darunter bis zu 150 m mächtige eis- und nacheiszeitliche Ablagerungen liegen. Während der verschiedenen Eiszeiten, die vor etwa 1 Million Jahren einsetzten, hobelten die Eismassen, die man weitgehend dem alten Rheingletscher zuordnen kann, ein riesiges fjordartiges Becken aus, das dann in den warmen Perioden zwischen den Eiszeiten durch Flußerosion noch vertieft wurde. Neben diesen Kräften wirkten auch Bewegungen der Erdkruste an der Gestaltung des Seebeckens mit. Der heutige Bodensee entstand, als das Eis vor rund 10 000 Jahren endgültig abschmolz.

Den größten Teil des Bodensees, den Abschnitt zwischen **Bregenz** und **Meersburg**, nennt man ***Obersee.*** Die Römer haben diesen Teil Lacus Brigantinus nach dem Ort Brigantium (Bregenz) genannt. Westlich von Meersburg schließt sich der ***Überlinger See*** an. Lacus Potamicus hieß er einst, was soviel wie Flußsee bedeutet. Palatium Potamum hieß auch der römische Verwaltungssitz, auf dessen Grundmauern im frühen Mittelalter die karolingische Kaiserpfalz Podama oder **Bodman** entstand. Der dritte große Seeabschnitt ist der ***Untersee***, den der Bodanrück vom Überlinger See trennt. Dieser Seeteil hatte den Namen Lacus Acronus, gelegentlich wurde er auch als Lacus Venetus bezeichnet. Er erstreckt sich zwischen der Rheinbrücke in Konstanz und Stein am Rhein und wird auch Seerhein genannt. Dazu gehören noch im Norden

***Ob zu Fuß oder mit dem Fahrrad** – eine Wanderung um den Bodensee ist ein besonderes Erlebnis. Der Bodensee-Rundwanderweg ist ungefähr 275 km lang und mit einem blauen Punkt, den ein schwarzer Pfeil umgibt, gekennzeichnet. Die Fahrradtour folgt weitgehend dem Wanderweg und ist mit wechselnden, aber eindeutigen Zeichen ausgeschildert. Für die Wanderung zu Fuß sollte man sich mindestens 10 Tage Zeit nehmen. Mit dem Fahrrad reichen 5 Tage. Mit dem Auto kann man den See in 2 Tagen umfahren.*

Wenn der See, wie hier bei der Insel Reichenau, zugefroren ist, lockt das Ereignis, Seegefrörne genannt, jung und alt aufs Eis. Nur selten allerdings ist es lange genug so kalt, daß sich eine tragfähige Eisdecke bilden kann.

und Nordwesten der ***Gnaden-*** und der ***Zeller See***. Seit dem 14. Jh. spricht man zusammenfassend vom Bodensee. Dieser von Bodman abgeleitete Begriff blieb im deutschen Sprachgebrauch erhalten, während man im Ausland den von den Staufern geprägten Namen Lacus Constantiensis (Konstanzer See) beibehielt und heute vom Lake Constance, Lac de Constance oder Lago di Costanza spricht.

Wo das Wasser taucht

Gleich zweimal mündet der Rhein in den See: als windungsreicher Alter Rhein unweit von **Rheineck** und als Alpenrhein in der Nähe von **Hard**. Dem Alten Rhein

Der Lindauer Hafen wurde 1812 angelegt und 1856 ausgebaut. Seine Wahrzeichen sind der bayerische Löwe und der Leuchtturm an der Einfahrt. Im Mittelalter war Lindau letzte Raststation der Handelszüge auf ihrem Weg über die Alpen.

wurde 1900 seine zerstörerische Kraft genommen, als man wegen der häufigen Überschwemmungen östlich von seiner Mündung ein künstliches Bett für die Wassermassen anlegte. Die Hochwassergefahr ist dadurch zwar gebannt, aber nach der Regulierung transportiert der Rhein nun noch mehr Schutt und Geröll, so daß sein Delta jährlich um etwa 23 m in den See hineinwächst.

Über 6100 km^2 groß ist das Gebiet, aus dem der Rhein dem Bodensee Wasser zuführt. Er ist die treibende Kraft im See; seine starke Strömung ist von der Mündung bis zum Ausfluß bei Stein am Rhein zu verfolgen. Das kühlere Rheinwasser fließt nicht an der Oberfläche durch den See. Etwa 1,5 km nach der Mündung kommt es zu einem „Rheinbrech" genannten Phänomen: Das Wasser taucht steil nach unten ab und zieht dann in 5–20 m Tiefe in Richtung Meersburg und dann weiter zum Konstanzer Trichter, wo es aufgrund des Gefälles zum Seeausfluß gezogen wird.

Der Löwe bewacht den Hafen

Am Südostufer des Sees liegt **Lindau**: die erste deutsche Stadt am Rhein. Die Inselstadt bestand ursprünglich aus drei Inseln, die durch Kanäle voneinander getrennt waren. Im 19. Jh. schüttete man diese zu und schuf durch eine Seebrücke und einen Eisenbahndamm Verbindungen zum Festland. Noch heute zeugt die alte freie Reichsstadt mit ihren prächtigen Patrizierhäusern von ihrer einstigen wirtschaftlichen Blüte, die durch Handel mit der Schweiz und Italien begründet wurde.

Hauptanziehungspunkt ist der Hafen, den sämtliche Kursschiffe anlaufen. Sie fahren vorbei am berühmten bayerischen Löwen, der seit 1856 die Hafeneinfahrt bewacht – die Stadt wurde 1805 bayerisch. Gegenüber steht der gleichaltrige Neue Leuchtturm, der die Funktion des heute noch erhaltenen Alten Leuchtturms (Mangturm) aus dem 15. Jh. übernahm. Von dort oben bietet sich eine herrliche Rundsicht.

Man verläßt die Insel über die Seebrücke und fährt auf der B 31 in Richtung Friedrichshafen. Wenig später zweigt links eine Straße zum Ortsteil **Bad Schachen** ab, einem ruhig gelegenen Kurort. Von dort geht es durch Obstgärten weiter zu dem auf einer Halbinsel liegenden Ort **Wasserburg**. Sein Wahrzeichen ist das Schloß, einst eine frühmittelalterliche „Burg im Wasser", die den Mönchen des Klosters St. Gallen als Zufluchtsort diente und mit dem Land durch eine Zugbrücke verbunden war. Im 18. Jh. wurde der Graben zugeschüttet, da die damaligen Herren, die Fugger, kein Geld hatten, um die Brücke reparieren zu lassen. Von Wasserburg fährt man wieder auf die B 31 und erreicht nach 3 km **Nonnenhorn**. Diese westlichste bayerische Gemeinde war früher ein bedeutender Weinort, wovon die in der Dorfmitte stehende Torkel, eine Weinpresse aus dem Jahr 1591, Zeugnis gibt.

Inmitten ausgedehnter Obstplantagen liegt **Kressbronn** 2 km weiter nordwestlich an der Grünen Straße. Besonders reizvoll ist der Ferienort während der Baumblüte. Im Sommer fahren von hier Planwagen zur weltberühmten Argenbrücke. 1898 wurde diese älteste Kabelhängebrücke Deutschlands eingeweiht und war Vorbild für die in den 30er Jahren errichtete Golden Gate Bridge in San Francisco.

▷ ***Argen*** Zwischen Kressbronn und Langenargen mündet dieser wilde Gebirgsfluß in den See. Im Unterlauf reguliert und durch Stufen verbaut, ist die Argen weiter flußaufwärts jedoch befahrbar – Kanuten starten in der Regel in Herfatz an der B 32 bei Wangen. Auf dem Weg dorthin passiert man den Flunauer Steg, eine kühne Holz-Stahl-Konstruktion, die bei **Achberg** das tosende Wasser überspannt. Ein weiterer Anziehungspunkt im Argental ist das Naturschutzgebiet Eistobel südlich von **Isny**, ein enges, besonders im Winter sehr reizvolles Tal am Oberlauf der ***Oberen Argen***. Sie gilt zusammen mit der Unteren Argen als Quellfluß der Argen. ◁

Sturm über dem Bodensee

Wie sehr die westfälische Dichterin Annette von Droste-Hülshoff den Bodensee liebte, zeigen die Jahre, die sie in Meersburg verbrachte, und die zahlreichen Gedichte und Beschreibungen, zu denen der See sie anregte:
„Und einen Sturm habe ich erlebt, oh, einen Großpapa aller Stürme ... Aber der See war unbeschreiblich schön, so durchsichtig und in allen Farben wechselnd, wie ich davon vorher noch keinen Begriff gehabt. Die Sonne warf durch Wolkenlücken ein prächtiges falsches Licht darauf, und ich wurde fast geblendet durch das Blitzen der Springwellen . . .“

Unweit der Argenmündung, die man zu Fuß von der Argenbrücke (Parkplatz) erreichen kann, liegt **Langenargen** mit seinem Schloß.

▷ ***Schussen*** Fährt man von Langenargen in Richtung Friedrichshafen, gelangt man zum Mündungsgebiet der Schussen. Dort liegt das Naturschutzgebiet Eriskircher Ried, das zur Zeit der Irisblüte im Mai/Juni besonders anziehend wirkt. Durch diese Riedlandschaft verläuft in Schlingen ein Altarm der Schussen, der vor 60 Jahren abgeschnitten wurde, als man den Fluß wegen häufiger Überschwemmungen begradigte. Von Eriskirch gelangt man flußaufwärts bald zur B 30. Hier hat der einstige Schussengletscher, ein Seitenarm des Rheingletschers, eine breite Talweitung geschaffen, in der sich heute die alte freie Reichsstadt **Ravensburg** und **Weingarten** mit der berühmten Benediktinerabtei ausbreiten.

Etwa 10 km nördlich von Weingarten zwängt sich die Schussen durch den Schussentobel, an dem der durch das Lied von der schwäb'schen Eisenbahn bekannt gewordene Bahnhof **Durlesbach** liegt. Er ist von Bad Waldsee aus in westlicher Richtung zu erreichen. Weiter nördlich färben sich die Wassermassen naturbraun: ein Hinweis auf die Lage der Quelle im Moor von **Bad Schussenried.** ◁

Im Alten Schloß in Meersburg, das erhaben über dem See thront, verbrachte die westfälische Dichterin Annette von Droste-Hülshoff ihre letzten Jahre. Sie starb dort 1848. Ihr bekanntestes Werk ist die Novelle „Die Judenbuche“, die 1842 erschien.

Die Stadt der Zeppeline

Erst 1811 gründete der württembergische König Friedrich I. westlich von Eriskirch am Bodenseeufer das nach ihm benannte **Friedrichshafen**, indem er die Freie Reichsstadt Buchhorn mit dem Kloster Hofen vereinigte. Heute ist Friedrichshafen die zweitgrößte deutsche Stadt am Bodensee, mit seinem 1928–1933 erbauten Hafenbahnhof Knotenpunkt der Bodenseeschiffahrt und ein blühendes Industriezentrum. Den Grundstein dazu hatte Graf Zeppelin gelegt, der ab 1908 in der Stadt seine weltberühmten Luftschiffe baute. Fast zusammengewachsen mit Friedrichshafen ist **Immenstaad**, in dessen Kern malerische Fachwerkhäuser erhalten geblieben sind, die einst von Fischern oder Winzern bewohnt wurden.

Auf der Weiterfahrt am See entlang fällt das bewirtschaftete Schloß Kirchberg ins Auge, eine mittelalterliche Anlage inmitten von Rebhängen. Von der Schloßterrasse genießt man einen herrlichen Ausblick.

Vom Winzerörtchen **Hagnau** wurde 1963, als der Bodensee zum letztenmal völlig zugefroren war, die Büste des heiligen Johannes über den See zum gegenüberliegenden Schweizer Ort Münsterlingen gebracht. Bei der nächsten Seegefrörne kommt die Büste wieder zurück nach Hagnau und bleibt dort so lange, bis der See wieder zufriert und die Seeprozession wieder nach Münsterlingen führt.

Von Hagnau sind es nur noch 2 km bis **Meersburg**. Da die Wasserfläche des Sees wie ein Wärmespeicher wirkt, gedeiht hier der berühmte Seewein, ein herrlicher Weißherbst, der in den gemütlichen Weinstuben des Ortes ausgeschenkt wird. Im Sommer ist Meersburg allerdings meist ziemlich überfüllt, und so ist es ratsam, im Spätherbst hierherzukommen und einmal den neuen Wein zu probieren, der hier „Bitzler" genannt wird. Seine Wirkung sollten jedoch vor allem Autofahrer nicht unterschätzen.

Über Unteruhldingen und Birnau geht es nach **Überlingen,** das als Kurstadt und Weinort einen guten Ruf genießt. 1180 von Kaiser Friedrich I. Barbarossa zur Stadt erhoben, wurde Überlingen reich, denn da es an der Straße von Ulm nach Konstanz lag, konnte es einträglich mit Wein, Getreide und Salz handeln. Sehenswert sind der Hafen mit dem Lagerhaus Greth aus dem Jahr 1788, heute Bibliothek, und im Ortsteil **Goldbach** eine Gletschermühle. Dieser imposante, rund 20 m breite Kessel entstand vor Tausenden von Jahren durch die Kraft des Eises.

Oberhalb von **Sipplingen** liegt der Aussichtspunkt Haldenhof, von dem man einen herrlichen Blick über den fjordartigen Überlinger See hat. Man sieht auf der gegenüberliegenden Uferseite am Fuß des Bodanrücks den Obst- und Weinort **Bodman**, eines der ältesten Ferienziele am Bodensee. Um dorthin zu gelangen, fährt man über Ludwigshafen, nimmt dann die B 34 in Richtung Espasingen, biegt aber vorher nach links auf die Landstraße ab. Über den waldreichen Bodanrück geht es weiter nach Liggeringen und **Langenrain** mit dem interessanten Naturschutzgebiet Marienschlucht, einer engen Klamm, durch die ein Fußweg führt.

Der Höhepunkt der Fahrt über den Bodanrück ist jedoch **Konstanz**, zu dem „alle Wege" hinführen. Die Grenzstadt zur Schweiz verdankt ihre Gründung der militärischen Strategie der Römer. Sie sicherten den schmalen Ausfluß des Rheins aus dem Obersee mit einem Kastell. Im Mittelalter wurde es wegen seiner günstigen Lage zu einem Handelszentrum, in dem Waren von und nach Italien umgeschlagen wurden. Den alten, winkeligen Stadtkern südlich des Rheins verbindet die Rheinbrücke mit den neueren Vororten am Nordufer des Flusses. Unbedingt besuchen sollte man die Blumeninsel **Mainau** und das Feuchtgebiet Wollmatinger Ried, das auf einer Fläche von über 7 km² eine Fülle seltener Vögel und Pflanzen beherbergt.

Zur Gemüseinsel **Reichenau** (siehe auch Seite 75), die seit 1838 durch einen Damm mit dem Festland verbunden ist, sind es von Konstanz aus nur noch wenige Kilometer. Der B 33 weiter folgend, erreicht man nach 15 km **Radolfzell**, das in einer Bucht des Zeller Sees liegt. Zum Ort gehört die Halbinsel Mettnau mit einem knapp 8 km² großen tier- und pflanzenreichen Naturschutzgebiet. Es lohnt sich, den Aussichtsturm nahe des Parkplatzes beim Kurzentrum zu besteigen und den Rundumblick zu genießen. Südlich von Radolfzell liegt die Halbinsel Höri, die man auf einer Uferstraße bis

Mit Schiff und Fähre auf dem Bodensee

Die Bodensee-Fahrgastschiffe verkehren nach festen Fahrplänen. Saison: Ostern bis Mitte Oktober.

Sieben Hauptlinien mit zum Teil mehreren Zwischenstationen bieten Gelegenheit zu verschiedenen Ausflügen:

Konstanz – (Mainau) – Meersburg – Bregenz
Fahrtdauer Einfache Fahrt 3½ Stunden.

Konstanz – Meersburg – Mainau – Überlingen
Fahrtdauer Einfache Fahrt 1½ Stunden.

Überlingen – Bodman
Fahrtdauer Einfache Fahrt 1 Stunde.

Kreuzlingen – Konstanz – Reichenau – Schaffhausen
Fahrtdauer Einfache Fahrt 3¾ Stunden.

Rorschach – Romanshorn – Kreuzlingen – Mainau
Fahrtdauer Einfache Fahrt 2½ Stunden.

Lindau – Rorschach
Fahrtdauer Einfache Fahrt 1 Stunde.

Rorschach – Rheineck
Fahrtdauer Einfache Fahrt 1 Stunde.

Außer den Kursfahrten gibt es von allen Häfen aus Sonderfahrten, z. B. Tages- und Nachmittagsausflüge, Abendfahrten mit Tanz, Sylvesterkreuzfahrten und Familienfahrten an Adventssonntagen.

Zwei Autofähren verkehren ganzjährig:

Friedrichshafen – Romanshorn (Tagesverkehr, in der Saison stündlich, sonst im 2-Stunden-Takt)
Fahrtdauer rund 40 Minuten.

Konstanz – Meersburg (Tag- und Nachtverkehr, 6–19 Uhr ¼stündlich, 19–22.30 Uhr ½stündlich, danach stündlich)
Fahrtdauer Einfache Fahrt 20 Minuten.

Auskunft Alle örtlichen Verkehrsämter.

Oben: Über den inmitten idyllischer Obstwiesen gelegenen Ferienort Kressbronn schweift der Blick hinüber zum Schweizer Ufer mit der atemberaubenden Kulisse des Säntis-Massivs.

Unten: Mainau, Blumeninsel bei Konstanz, gilt zu Recht als eine der schönsten Gartenanlagen der Welt.

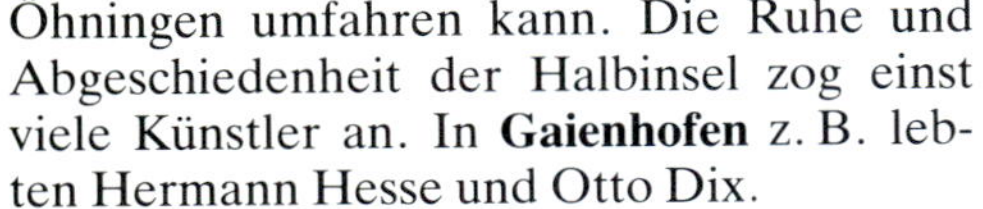

Öhningen umfahren kann. Die Ruhe und Abgeschiedenheit der Halbinsel zog einst viele Künstler an. In **Gaienhofen** z. B. lebten Hermann Hesse und Otto Dix.

Mit der Weißen Flotte über den Bodensee

Am schönsten schließt man eine Bodenseerundreise mit einer Fahrt auf dem See ab, um die Landschaft zu genießen. Die Möglichkeit dazu gibt es schon seit dem vorigen Jahrhundert.

Rund 140 Jahre befuhren Dampfschiffe den Bodensee. Erhalten blieb aus dieser Zeit nur die aus dem Jahr 1913 stammende „Hohentwiel". Sie wurde 1962 als eines der letzten dieser Schiffe aus dem Verkehr gezogen, aber nicht abgewrackt, sondern vom Bregenzer Segelclub erworben. Sie liegt heute in Hard vor Anker. Der Internationale Bodensee-Schiffahrtverein hat den Dampfer restaurieren lassen und wird ihn ab Pfingsten 1990 als Fahrgast- und Museumsschiff wieder einsetzen.

Mit dieser Maßnahme will man an die alte Tradition anknüpfen, die 1824 mit dem württembergischen Dampfboot „Wilhelm" begann. Es verkehrte regelmäßig zwischen Friedrichshafen und Rorschach und erhielt ein Jahr später Verstärkung durch die „Max

Rings um den See sind an markanten Punkten Leuchtfeuer installiert. Wenn sie blinken, müssen alle Boote möglichst rasch an Land, denn dann besteht Sturmgefahr.

Joseph", ein Boot des bayerischen Königs. Beide Boote waren aus Holz gebaut.

1837 lief dann mit der bayerischen „Ludwig" das erste Eisenschiff vom Stapel. 1847 bestand die Bodenseeflotte aus zehn Dampfschiffen. Ende des 19. Jh. war rund um den See das Eisenbahnnetz so gut ausgebaut, daß man sich entschloß, nicht mehr vorwiegend Güter zu transportieren, sondern Personen – also baute man fortan Salonschiffe.

Ab 1926 wurden die Raddampfer zunehmend durch Schiffe mit Dieselmotor verdrängt, so daß nach und nach das Dampfzeitalter auf dem Bodensee zu Ende ging.

Heute verkehrt auf dem See die Weiße Flotte, die auf der Basis eines internationalen Verkehrsverbundes betrieben wird. Zu ihr gehören 28 Motorschiffe, zwei Fährschiffe und sieben Motorboote. Jahr für Jahr fahren mit diesen Schiffen rund 2,5 Millionen Gäste, die auf diese beschauliche Weise den See und seine Umgebung genießen.

Doch auch Wassersportfreunde finden hier ein ausgezeichnetes Revier zum Segeln und Surfen. So gibt es rund um den See etwa 80 Segelclubs mit über 14 000 Mitgliedern. Ein Boot führen darf man allerdings nur, wenn man vorher das Bodensee-Schifferpatent erworben hat.

Wichtigstes Gebot für alle Wassersportfreunde ist die Reinhaltung des Sees, da er für rund 3,5 Millionen Bewohner des Großraums Stuttgart einen wichtigen Trinkwasserspeicher darstellt. Der tägliche Bedarf von 670 Millionen l Wasser wird bei Sipplingen in 60 m Tiefe entnommen und 370 m hoch auf den Sipplinger Berg gepumpt. Dort oben wird das Wasser aufbereitet und dann durch zwei Fernleitungen über die Schwäbische Alb gepumpt.

Die Bodenseewasserversorgung ist die größte Anlage dieser Art in der Bundesrepublik Deutschland.

Im Zeppelin-Museum in Friedrichshafen wird die Zeit der großen Luftschiffe lebendig.

Das Freilichtmuseum in Unteruhldingen zeigt, wie unsere Vorfahren in der Stein- und Bronzezeit lebten.

Die Hauptfigur der Überlinger Fasnacht ist das Hänsele.

Bodensee

Bregenz Hauptstadt des österreichischen Bundeslandes Vorarlberg.
Der Hausberg, der 1064 m hohe Pfänder, auf den eine Seilbahn hinaufführt, bietet den vielleicht schönsten Blick auf den See. Ein besonderes Erlebnis stellen die Bregenzer Festspiele dar, die im Juli und August auf einer Seebühne gezeigt werden. Interessant sind auch die historischen Sammlungen zur Bodenseeschiffahrt im Martinsturm.
Verkehrsverein, A-6900 Bregenz, Tel. 0043/5574/23391

Lindau Bayerische Insel- und Hafenstadt.
Neben dem Alten Rathaus von 1422 mit seinen herrlichen Fresken und der 1000 Jahre alten Peterskirche mit Wandmalereien aus dem Jahr 1485 von Hans Holbein d. Ä. ist in Lindau vor allem das barocke Haus zum Cavazzen sehenswert. Es beherbergt die Städtischen Kunstsammlungen (Öffnungszeiten: Di–Sa 9–12 und 14–17 Uhr, So 10–12 Uhr).
Verkehrsverein, 8990 Lindau, Tel. 08382/5022

Wasserburg Luftkurort auf einer Halbinsel.
In der Nähe des Schlosses befindet sich im Malhaus ein Heimatmuseum mit Gegenständen aus Handwerk, Fischerei und Landwirtschaft (Öffnungszeiten: 15. Mai bis 15. Oktober Di–So 10–12 Uhr, Mi, Sa und So auch 14–16 Uhr).
Verkehrsamt, 8992 Wasserburg, Tel. 08382/5582

Kressbronn Bekannte Brükkenstadt.
Im Sommer kann man mit Pferdeplanwagen zur berühmten Argenbrücke fahren, die 1900 auf der Weltausstellung in Paris als vollkommenste Kabelhängebrücke der Welt ausgezeichnet wurde.
Verkehrsamt, 7993 Kressbronn, Tel. 07543/60292

Langenargen Idyllisch gelegener Ferienort.
Vor der Kulisse des romantischen Schlößchens Montfort, 1861–1864 von dem württembergischen König Wilhelm I. im maurischen Stil erbaut, findet alljährlich am 1. Sonntag im August im Gondelhafen ein Fischerstechen statt.
Verkehrsamt, 7994 Langenargen, Tel. 07543/30292

Friedrichshafen Zeppelin- und Messestadt.
Die internationale Bodenseemesse im Mai und die Internationale Bootsausstellung (INTERBOOT) im September sind die wichtigsten Veranstaltungen.
Die beiden Museen im Neuen Rathaus sollte man sich nicht entgehen lassen: das Bodensee-Museum mit Werken der Malerei und Bildhauerei aus dem Bodenseeraum und das Zeppelin-Museum. Es widmet sich der Geschichte der Luftschiffahrt und zeigt zahlreiche Modelle und Originalteile (Öffnungszeiten: Juni bis September täglich 10–17 Uhr, sonst Di–So 10–12 Uhr). Glanzpunkt vieler Unterhaltungsveranstaltungen ist im Juli/August das große Seehasenfest mit Großfeuerwerk.
Tourist-Information, 7990 Friedrichshafen, Tel. 07541/1729

Meersburg Hauptweinort am Bodensee.
Das Alte Schloß des malerischen Städtchens gilt als die älteste bewohnte Burg Deutschlands; seine Anfänge sollen bis ins 7. Jh. zurückreichen. Die Burg ist in Privatbesitz, kann aber besichtigt werden (ab 1. März 9–18 Uhr und 1. November bis Ende Februar 13.30–17 Uhr). Diese Öffnungszeiten gelten auch für die Wohnräume von Annette von Droste-Hülshoff, die 1848 im Schloß starb. Neben dem Schloß steht die älteste oberschlächtige Wassermühle Deutschlands. Ihr Wasserrad hat einen Durchmesser von 8,5 m.
Die Dichterin erwarb wenige Jahre vor ihrem Tod das „Fürstenhäusle“, das unmittelbar an der B 33 jenseits der Altstadt liegt. In diesem Gebäude aus dem 16. Jh. ist seit 1916 ein Droste-Museum untergebracht (Öffnungszeiten: von Ostern bis Mitte Oktober Mo–Sa 10–12.30 und 14–18 Uhr, sonn- und feiertags 14–18 Uhr).
Im Innern des Neuen Schlosses sollte man sich das Heimatmuseum sowie das Dornier-Museum ansehen (Öffnungszeiten: von Ostern bis 31. Oktober 10–13.30 und 13.30–17.30 Uhr).
Eine weitere Attraktion Meersburgs ist das Weinbaumuseum. Hier erwartet den Besucher das mehr als 50000 l fassende „Türkenfaß“ und eine der ältesten Weinpressen des Bodenseeraums aus dem Jahr 1607 (Öffnungszeiten: von April bis September So, Di und Fr 14–17 Uhr).
Kur- und Verkehrsverwaltung, 7758 Meersburg, Tel. 07532/82383

Unteruhldingen Beschaulicher Ferienort von Weltruf.
Bekannt geworden ist Unteruhldingen durch das Freilichtmuseum Deutscher Vorzeit. Zwei nachgebaute Pfahlbausiedlungen geben Einblick in Kultur und Leben der Menschen in der Stein- und Bronzezeit; Originalfunde sind im Pfahlbaumuseum an Land zu besichtigen (Öffnungszeiten: vom 1. April bis 10. September täglich 8–18 Uhr und vom 1. bis 31. Oktober 9–17 Uhr).
Verkehrsamt, 7772 Uhldingen-Mühlhofen, Tel. 07556/8020

Birnau Als „Barockjuwel am Bodensee“ bekannte Wallfahrtskirche.
Hier finden in unregelmäßigen Abständen die bekannten Birnauer Konzerte statt.
Information siehe Unteruhldingen

Überlingen Alte freie Reichsstadt an dem nach ihr benannten See.
Besondere Anziehungspunkte sind das Heimatmuseum mit einer bedeutenden Puppenstubensammlung (Öffnungszeiten: Di–Sa 9–12 und 14–17 Uhr sowie sonn- und feiertags 10–12 Uhr; geschlossen vom 1. November bis 31. März) sowie das Historische Waffenmuseum im Zeughaus (Öffnungszeiten: Mo–Fr 15–17 Uhr, So 10–12 Uhr). Zur Fasnacht beherrschen Narren die Stadt, und am 16. Mai oder am darauffolgenden Sonntag sowie am 2. Julisonntag findet die „Schwedenprozession“ statt, bei der Einwohner in historischer Tracht durch die Straßen ziehen. Sie geht auf ein im Dreißigjährigen Krieg abgelegtes Gelübde zurück.
Kurverwaltung, 7770 Überlingen, Tel. 07551/4041

Sipplingen Romantisches Dorf am Seeufer.
Hoch auf dem Sipplinger Berg liegt das Wasseraufbereitungs- und Pumpwerk der Bodensee-Wasserversorgung, der größten Fernversorgung der Bundesrepublik. Besichtigung von Mai bis Mitte September jeden Mittwoch nach Anmeldung

beim Verkehrsamt. Sehr interessant ist auch der in der Nähe beginnende geologische Lehrpfad, der anschaulich in die Entstehungsgeschichte des Bodensees und seiner Umgebung einführt (Wegzeit etwa 1 Stunde, Zufahrt über Ludwigshafen-Bonndorf).
Verkehrsamt, 7767 Sipplingen, Tel. 07551/61053

Mainau Gräfliche Blumeninsel bei Konstanz.
Mehr als 2 Millionen Besucher zieht es jährlich auf die fast paradiesisch anmutende Mainau, die seit 1932 im Besitz des schwedischen Grafen Lennart Bernadotte ist. Er hat dieses 45 ha große Blumenwunder geschaffen. Von April bis Oktober blüht es auf der Insel ununterbrochen in üppiger Pracht.
Mainauverwaltung, 7750 Insel Mainau, Tel. 07531/3030

Konstanz Größte Stadt am Bodensee und seit 1966 Sitz einer Universität.
Neben dem kulturhistorisch interessanten Münster aus dem 11. Jh. (Besteigung des Turms im Sommer täglich 10–12 und 14–17 Uhr) und dem sogenannten Konzilsgebäude, in dem 1417 Papst Martin V. gewählt wurde, bietet Konstanz eine sehenswerte Altstadt mit zahlreichen mittelalterlichen Gebäuden, z. B. dem Haus zur Kunkel und dem ehemaligen Zunfthaus der Metzger, in dem das Rosgartenmuseum, das sich der Konstanzer Geschichte widmet, untergebracht ist (Öffnungszeiten: Di–So 10–17 Uhr). Einen Besuch wert ist auch das Bodensee-Naturmuseum (Öffnungszeiten: täglich, außer Mo, 10–17 Uhr).
Für den Naturfreund ist ein Besuch des Wollmatinger Rieds zu empfehlen (3stündige Führung von Anfang April bis Mitte Oktober um 16 Uhr).
Tourist-Information, 7750 Konstanz, Tel. 07531/284376

Bei der Mooser Wasserprozession wallfahrten die Bürger in geschmückten Booten über den See nach Radolfzell.

Reichenau Traditionsreiche Kloster- und Gemüseinsel. Fast ein einziger Gemüsegarten ist die Insel, auf der 724 das einst bedeutende Benediktinerkloster gegründet wurde. Erhalten sind drei romanische Kirchen, die zu den ältesten Deutschlands gehören, in Nieder-, Ober- und Mittelzell. Im Münster von Mittelzell kann man die Schatzkammer besichtigen (Öffnungszeiten: Mo–Sa 11–12 und 15–16.30 Uhr).
Interessant ist auch ein Besuch der Fischbrutanstalt in Mittelzell, wo man an Werktagen während der Arbeitszeit willkommen ist. Traditionelle feste Inselfeiertage mit Prozessionen sind der 25. April (Markusfest), der Montag nach der Pfingstwoche (Blutfest) und der 15. August (Mariä Himmelfahrt).
Verkehrsbüro, 7752 Reichenau, Tel. 07534/276

Radolfzell Große Kreisstadt am Untersee.
Zur Stadt mit mittelalterlichem Kern und gotischem Münster gehört die Halbinsel Mettnau mit dem sehenswerten gleichnamigen Naturschutzgebiet.
Nicht weniger interessant ist der nur 5 km entfernt gelegene Mindelsee auf dem Bodanrück, der ebenfalls unter Naturschutz steht. Vom Ortsteil Möggingen aus werden dorthin regelmäßig Exkursionen durchgeführt.
In Radolfzell feiert man am 3. Sonntag im Juli das Radolfzeller Hausherrenfest mit einer feierlichen Prozession.
Verkehrsamt, 7760 Radolfzell, Tel. 07732/3800

Moos Hauptort der Erholungslandschaft Vordere Höri.
Ein Erlebnis besonderer Art ist die Mooser Wasserprozession. Alljährlich am Montag nach dem 3. Sonntag im Juli wallfahrten die Mooser Einwohner mit bunt geschmückten Booten über den See nach Radolfzell. Im 2 km entfernten Ortsteil Bankholzen feiert man am 1. Sonntag im Oktober ein Zwiebelfest, das sogenannte Büllefest. Bülle nennt man dort die Zwiebel.
Verkehrsverein Vordere Höri, 7761 Moos, Tel. 07732/2544

Kreuzlingen und Konstanz veranstalten beim Seenachtsfest das größte Feuerwerk am Bodensee.

Ermatingen Altes Schweizer Fischerdorf gegenüber der Insel Reichenau.
Sehenswert ist das Bodenseefischereimuseum (Öffnungszeiten: Sa 14–17 Uhr, So 10–12 und 14–17 Uhr).
Verkehrsverein, CH-8272 Ermatingen, Tel. 0041/72/642269

Kreuzlingen Schweizer Nachbarstadt von Konstanz. Die Hauptattraktion ist das Seenachtsfest, das immer Mitte August stattfindet. Dabei wird das größte Feuerwerk am Bodensee abgebrannt. Mitveranstalter des Festes ist Konstanz.
Verkehrsverein, CH-8280 Kreuzlingen, Tel. 0041/72/723840

Argen

Wangen Ehemalige Reichsstadt an der Oberschwäbischen Barockstraße.
Nicht entgehen lassen sollte man sich das Deutsche Eichendorff-Museum, das Gustav-Freytag-Museum und das Heimatmuseum, in dem unter anderem die Kunst der Käserei gezeigt wird. Die wechselnden Öffnungszeiten sind beim Verkehrsamt zu erfragen.
Verkehrsamt, 7988 Wangen, Tel. 07522/4211

Von Kressbronn kann man mit Planwagen zur berühmten Argenbrücke fahren.

Schussen

Bad Schussenried Moorheilbad in lieblicher Umgebung. Anziehungspunkt der kleinen Stadt ist die barocke Klosterbibliothek (Öffnungszeiten: Sa 9.30–11.30 und 13.30–17.30 Uhr, So 13.30–17.30 Uhr) im ehemaligen Prämonstratenserkloster von 1183.
Nicht auslassen sollte man auch die barocke Kirche St. Peter und Paul im Stadtteil Steinhausen, die als die schönste Dorfkirche der Welt gilt, sowie das Freilichtmuseum im Ortsteil Kürnbach mit alten Gebäuden aus der Umgebung (Öffnungszeiten: von April bis Oktober Mo–Sa 9–12 Uhr, sonn- und feiertags 13–18 Uhr).
Kurverwaltung, 7953 Bad Schussenried, Tel. 07583/40134

Weingarten 1865 aus Altdorf und Kloster Weingarten gebildete Stadt an der Oberschwäbischen Barockstraße.
Wahrzeichen Weingartens ist die größte Barockbasilika nördlich der Alpen. Sie gehört zu einer großen Benediktinerabtei, deren Geschichte bis in das 10. Jh. zurückreicht. Die Basilika beherbergt eine Heiligblut-Reliquie, die alljährlich am Blutfreitag, dem Freitag nach Himmelfahrt, Ziel einer Reiterprozession ist (Heiligblut-Ritt).
Verkehrsamt, 7987 Weingarten, Tel. 0751/405213

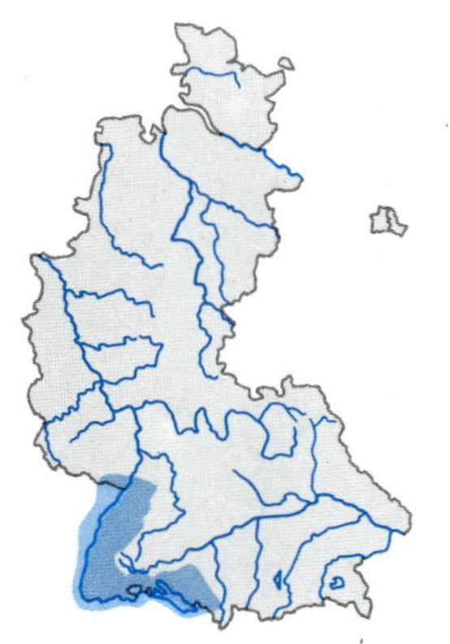

Ein großer Fluß mit Knie

Alte Städtchen, Burgen und Schlösser, Landschaften wie aus dem Bilderbuch, ein Höhepunkt nach dem anderen – doch der Rheinfall übertrifft sie alle.

Bei **Stein am Rhein,** das zum Schweizer Kanton Schaffhausen gehört und zu einem Spaziergang durch seinen mittelalterlichen Kern mit prachtvoll bemalten Häuserfronten einlädt, verläßt der Rhein den Untersee, den südwestlichen Teil des Bodensees, und fließt als Hochrhein teils auf deutschem, teils auf Schweizer Gebiet westwärts Richtung Basel.

Auf der B 13 folgt man dem Rhein bis nach **Diessenhofen.** Es lohnt sich, dieses mittelalterliche Städtchen auf Schweizer Seite näher anzusehen. Sein Wahrzeichen ist eine hölzerne, überdachte Brücke, die seit 1818 Diessenhofen mit dem deutschen Gailingen verbindet. Gleich nach der Brücke, auf deutscher Seite, biegt man nach links in Richtung Schaffhausen ab. Nach etwa 2 km ist man an einem Grenzübergang, von dem aus man unten im Tal das barocke Kloster St. Katharinental (heute Altenheim) sieht.

Auf Schweizer Zollgebiet weiterfahrend, erreicht man nach wiederum 2 km die deutsche, zum Kreis Konstanz gehörende Gemeinde **Büsingen.** Dieses politische Kuriosum ist ein Relikt aus einer Zeit, in der dieses Gebiet unter ständig wechselndem Herrschaftseinfluß stand, bis Napoleon es 1815 Baden zuschlug. Nach 1945 wurde es durch den Büsinger Staatsvertrag dem Schweizer Währungs- und Zollgebiet zugesprochen.

Von Büsingen sind es nur noch 6 km bis nach Schaffhausen.

Felsen im schäumenden Gischt

Hauptanziehungspunkt der mittelalterlichen Stadt **Schaffhausen,** Hauptstadt des gleichnamigen Schweizer Kantons, die von der aus dem 16. Jh. stammenden Festung Munot überragt wird, ist der Rheinfall, der der Schiffahrt ein Hindernis entgegensetzt. Wer ihn aus der Nähe erleben möchte, fährt bei der Schiffslände über die Brücke in

***Der Rhein legt vom Bodensee** nach Karlsruhe rund 315 km zurück. Auf dieser Strecke kann man ihm auf flußnahen Straßen folgen. 2 Tage sollte man sich dafür Zeit nehmen, damit man wenigstens die wichtigsten Sehenswürdigkeiten besuchen kann. Entsprechend mehr Zeit sollte man einkalkulieren, wenn man die lohnenden Tagesausflüge in die romantischen Täler einiger Nebenflüsse, z. B. von Wutach, Wehra oder Murg, nicht versäumen will.*

Richtung Zürich. Nach 3 km zweigt rechts eine Straße zum Schloß Laufen ab. Dort muß man dann viele Stufen hinabsteigen, die nahe an die tosenden Wassermassen heranführen. Einfacher ist der Zugang vom Stadtteil **Neuhausen** aus, den man nach 5 km über die Rheinuferstraße auf der rechten Flußseite erreicht. Vom Parkplatz aus ist es nicht weit bis zum Schloß Wörth, das am Fallbecken mit Blick auf die prächtige Kulisse steht.
Der Rheinfall ist der größte Wasserfall

In Stein am Rhein sind zahlreiche alte Bürgerhäuser erhalten, deren Fassaden größtenteils farbenprächtig bemalt sind. Auch urgemütliche Gasthöfe wie dieser sind darunter.

Europas. Auf 150 m Breite stürzt er 21 m tosend in die Tiefe. Auf die Erdgeschichte bezogen, ist der Rheinfall noch jung: Vor rund 6000 Jahren suchte sich der Rhein einen neuen Weg, da sein bisheriges Bett von Moränenmaterial verschüttet war. Durch lockeren Sand und Kies konnte er sich leicht hindurchgraben, bis er auf einen Riegel aus hartem Jurakalk traf, der sich ihm widersetzte. Noch heute ragen die Reste als bizarre Felsen aus den schäumenden Wassermassen. Besonders eindrucksvoll wirkt der Rheinfall zur Zeit der Schneeschmelze im Juni oder Juli: Dann stürzen über 700 000 l Wasser pro Sekunde ins Tal. Dichter haben dieses Schauspiel immer wieder zu beschreiben versucht, wie etwa Wilhelm Heinse Ende des 18. Jh.: „Der Rhein bei Schaffhausen tut einen solchen Schuß in die Tiefe, daß er das Laufen vergißt und sich besinnt, ob er Dunst werden oder Wasser bleiben will."
Kaum hat der Rhein diese Felsbarriere überwunden, stößt er 5 km weiter auf das nächste Gesteinshindernis. Er weicht nach Norden aus und bildet die Schlinge von

Rheinau, die das Schweizer Grenzstädtchen fast einschließt. Hier steht eine 200 Jahre alte gedeckte Holzbrücke, die eine Verbindung zum deutschen Jestetten-Altenburg herstellt.
Vom Zollamt Rheinau kann man auf reizvollem Uferweg in 1 Stunde zur Rheinfähre **Ellikon** wandern, wo der Fährmann auf Anruf den Besucher zum deutschen Ufer bringt.
Von Rheinau geht es nach Jestetten und von dort auf der B 27 wieder zum 4 km entfernten Grenzübergang zur Schweiz. Der B 4 folgend, erreicht man nach 6 km Eglisau, wo man gleich hinter der Rheinbrücke auf Schweizer Seite nach rechts auf eine schmale Uferstraße abbiegt. Hinter Rheinfelden geht es auf der Hauptstraße 7 weiter, und nach wenigen Kilometern erreicht man das altertümliche **Kaiserstuhl** mit einem mächtigen Stadtturm aus dem 12./13. Jh. Eine Rheinbrücke führt wieder auf die deutsche Seite nach **Hohentengen,** wo das Schloß Rotwasserstelz und die Ruine Weißwasserstelz stehen, die einst als Zoll- und Wachtburgen den Rheinübergang sicherten. Weiter auf der B 7 erreicht man Waldshut-Tiengen, vor dessen Toren die Wutach in den Rhein mündet.

In dem einzigartigen Naturschutzgebiet Wutach-Gauchach-Schlucht kann man viele seltene Pflanzenarten sehen, auch die Sumpfstendelwurz.

Der Apollofalter ist selten geworden – in der Wutach-Gauchach-Schlucht findet man ihn noch. Er fliegt von Juni bis September.

Der Fluß mit zwei Namen

▷ ***Wutach*** Der Unterlauf der „wütenden" Ach ist von Industrieanlagen gesäumt. Landschaftlich reizvoll wird das Tal erst flußaufwärts, 4 km hinter **Stühlingen,** einem malerischen Städtchen mit dem Schloß Hohenlupfen auf dem Hohenlupfen. Zwischen dem Ortsteil **Weizen** und dem 26 km entfernt liegenden **Blumberg** fährt die berühmte Museumsbahn.
Bei Blumberg, das hoch über dem Fluß liegt, wendet sich die Wutach nach Westen. 5 km hinter dem Ort mündet die ***Gauchach.*** Von hier erstreckt sich flußaufwärts bis zur Mündung der ***Haslach*** die wildromantische Wutachschlucht, ein einmaliges Pflanzen- und Tierparadies, das seit 1939 unter Naturschutz steht und nicht mit dem Auto befahren werden kann. Die Schlucht ist bei Wildwasserfahrern und Wanderern gleichermaßen beliebt. Oberhalb der Einmündung der Haslach heißt die Wutach bis zum Titisee (siehe Seite 151) ***Gutach.*** Sie entspringt im Feldbergmassiv und plätschert, ihrem Namen gemäß, gemächlich dahin. ◁
Kurz nach der Wutach nimmt der Rhein die aus der Schweiz kommende Aare auf.
▷ ***Aare*** Mit 295 km Länge ist die Aare der größte Schweizer Nebenfluß des Rheins. Sie führt sogar mehr Wasser als der Rhein an dieser Stelle (560 m³/s gegenüber 460 m³/s) und hat auch ein größeres Einzugsgebiet (17 779 km² gegenüber 15 915 km²). Zahlreiche Wasserkraftwerke an ihrem Lauf machen sie unschiffbar. Die bekannteste Stadt an der Aare ist **Bern,** die Hauptstadt der Schweiz. ◁
Kurz vor der Mündung der Aare geht es rechts auf die B 34, auf der man wenig später die deutsche Doppelstadt **Waldshut-Tiengen** mit sehenswerten mittelalterlichen Bauten erreicht. Vorbei an Waldshut-Tiengen am Südabfall des Hotzenwaldes fließt der Rhein auf Albbruck zu, wo er die Alb aufnimmt.
▷ ***Alb*** Schon 4 km hinter **Albbruck** erwartet den Autofahrer eine bizarre Felslandschaft, die 10 km lange Albschlucht. Das Tal ist stellenweise so eng, daß die Straße durch zahlreiche Tunnel geführt werden mußte. Hier kommen die Wildwasserfahrer voll auf ihre Kosten. Am Oberlauf der Alb liegt **St. Blasien,** berühmt wegen seiner Benediktinerabteikirche mit ihrer mächtigen Kuppel. Oberhalb der Stadt ist die Alb, deren Ursprung im Feldbergmassiv liegt, ruhiger und auch weniger erfahrenen Kanuten zu empfehlen. ◁
Ein paar Kilometer weiter erreicht man **Laufenburg,** das durch eine steinerne Brücke über den Rhein mit seinem Schweizer Namensbruder verbunden ist. Weiter flußabwärts, in **Murg,** fließt dem Rhein das gleichnamige Flüßchen zu.

Mit dem Ausflugsschiff auf dem Hochrhein

Am Hochrhein gibt es vier Abfahrtsstellen fahrplanmäßig verkehrender Fahrgastschiffe, die zum Teil mehrere Zwischenstationen anlaufen.
Rheinfall Anfang Juni bis Mitte August täglich mit Kabinenschiff nach Rheinau (½ Stunde), sonntags mit Motorweidling auch nach Eglisau (2½ Stunden). Vor- und Nachsaison nur an Sonn- und Feiertagen nach Rheinau.
Auskunft Ernst Mändli AG, Dorfstraße 207, CH-8212 Nohl am Rheinfall, Tel. 0041/53/21588
Waldshut-Tiengen Juni bis August täglich einstündige Rundfahrten.
Auskunft Verkehrsamt, Kaiserstraße 3, 7980 Waldshut-Tiengen, Tel. 07751/1614.
Bad Säckingen Ostern bis September an mehreren Tagen in der Woche nach Schwörstadt (1 Stunde) und nach Hauenstein (2 Stunden). Außerdem Sonderfahrten aller Art, beispielsweise Frühschoppenfahrten auf Bestellung.
Auskunft G. Michlmayr, Schaffhauser Straße 9, 7880 Bad Säckingen, Tel. 07761/4441.
Basel Ende Mai bis Ende September täglich ab 14 Uhr nach Rheinfelden (2¾ Stunden), Vor- und Nachsaison nur an bestimmten Tagen. Anfang Mai bis Mitte Oktober außer Montag täglich Rheinrundfahrten (1⅓ Stunden). Mai bis Oktober donnerstags und sonntags Dreiländerfahrten durch die Basler Häfen (etwa 2 Stunden). Juni bis September an bestimmten Tagen nach Breisach (4¼ Stunden).
Auskunft Basler Personenschiffahrtsgesellschaft AG, Marktgasse 5, CH-4051 Basel, Tel. 0041/61/252400.

In Bad Säckingen führt eine 400 Jahre alte überdachte Holzbrücke über den Rhein. Dahinter erhebt sich das gotische, später barockisierte Fridolinsmünster.

▷ ***Murg*** Der Unterlauf der Murg läßt sich nur zu Fuß erreichen. Eine Stunde von Murg entfernt liegt die Lochmühle am Eingang einer tiefen Schlucht. 4 km weiter tost ein Wasserfall, der als „Strahlbusch" in Victor von Scheffels „Ekkehard" einging. ◁
Scheffel fand auch in **Bad Säckingen** Anregungen. Das Trompeterschlößchen machte er Mitte des 19. Jh. zum Schauplatz seiner Geschichte „Der Trompeter von Säckingen". Weit bekannter wurde der Kurort aber durch die über 400 Jahre alte gedeckte Brücke, mit 200 m die längste Holzbrücke Europas, auf Steinpfeilern ruhend, die zur Schweizer Rheinuferstadt Stein führt. Nach Bad Säckingen fließt der Rhein nordwärts und nimmt bei der Verbindungsstelle von B 34 und B 518 die Wehra auf.

▷ ***Wehra*** Sicher ist das Wehratal mit seinem wilden, schluchtartigen Charakter eines der schönsten Täler des Südschwarzwaldes. Besonders imposant ist die Wehraschlucht zwischen dem ***Wehrastausee,*** wo das größte Pumpspeicherwerk Europas steht, und **Todtmoos,** dem bekannten Kurort am Oberlauf des Flusses. Es lohnt sich, bei **Wehr** die Fahrt zu unterbrechen und die 2 km entfernte Erdmannshöhle bei **Hasel** mit ihren großartigen Tropfsteingebilden zu besuchen. Sie ist 3288 m lang und damit die längste Tropfsteinhöhle der Bundesrepublik Deutschland. ◁

Das Wehratal zählt zu den schönsten Tälern des Südschwarzwaldes. In der wilden Schlucht zwischen dem Wehrastausee und Todtmoos könnte man meinen, in den Alpen zu sein.

Das erste große Flußkraftwerk Europas

Der Hochrhein überwindet vom Bodensee bis Basel einen Höhenunterschied von 150 m. Dieses starke Gefälle und eine Wasserführung von 1060 m³/s waren günstige Voraussetzungen für den Bau des ersten großen Flußkraftwerks Europas in Rheinfelden.

Auf der B 34 geht es weiter, dem Rheinbogen folgend, südwärts nach **Rheinfelden,** das mit dem Schweizer Rheinfelden durch eine Brücke verbunden ist. Der deutsche Teil hat sich allerdings erst Ende des 19. Jh. mit dem Bau des damals größten Flußkraftwerks Europas entwickelt. 1898 wurde die Anlage in Betrieb genommen. Danach siedelten sich hier u. a. chemische Großindustrie und eine Aluminiumhütte an. Die industrielle Entwicklung wurde auch dadurch begünstigt, daß in Rheinfelden die Güterschiffahrt beginnt.

Nach der Fahrt über die Brücke auf die Schweizer Seite biegt man gleich nach rechts ab und fährt auf der B 3 nach **Augst,** dem ehemaligen römischen Augusta Raurica, gegründet 44 v. Chr. zur Bewachung eines wichtigen Rheinübergangs. Ein Museum, antike Ruinen, Reste eines Amphitheaters und die Castrumanlage geben einen Eindruck von der Bedeutung dieser ältesten Römerstadt am Rhein.

Bis heute weiß man nicht, weshalb **Basel** nicht dort, sondern rund 10 km entfernt entstand. Die Lage am Dreiländereck Frankreich-Deutschland-Schweiz machte Basel zu einem wichtigen Handelszentrum. Dreh- und Angelpunkte sind die beiden Rheinhäfen **Birsfelden** und **Hüningen,** die schon von weitem an den Tanks und Silos zu erkennen sind. Der Hüninger Hafen, Basels eigentlicher Rheinhafen, markiert das Ende des Hochrheins.

Zwischen Birsfeldener und Hüninger Hafen verändert der Rhein seine Fließrichtung: Er biegt nach Norden und bildet vor der Kulisse der Basler Altstadt mit dem Münster auf dem hohen Ufer das „Basler Knie“. Es ist ein markantes Zeichen für die Kräfte, die das Landschaftsprofil veränderten und damit auch den Lauf des Rheins beeinflußten. Einst strömte er bei Basel westwärts und über Doubs und Rhône in das Mittelmeer. Durch die Absenkung des Oberrheingrabens wurde dann das Wasser nach Norden umgelenkt.

Unweit des Hüninger Hafens kommt man wieder auf deutschen Boden. Etwa 2 km von der Rheinbrücke flußaufwärts fließt die Wiese in den Rhein.

▷ ***Wiese*** Die Wiese ist ein Schwarzwaldfluß voller Gegensätze. Im Unterlauf dominieren Fabrikanlagen mit dem Industriezentrum **Lörrach.** Oberhalb der Stadt liegt Burg Rötteln, die größte Burgruine Süddeutschlands, mit einem weiten Blick auf Vogesen, Rheintal bis hin zu den Westalpen und dem Schwarzwald.

Die B 317 führt weiter flußaufwärts an **Zell im Wiesental** vorbei, wo sich eine reizvolle Erholungslandschaft mit zahlreichen Wanderwegen auftut. Vom Aussichtsturm auf

Energieschiene Hochrhein

Als gegen Ende des 19. Jh. mit der Industrialisierung auch der Strombedarf zunahm, erkannte man rasch, daß der Hochrhein hervorragend zur Energiegewinnung geeignet war, da sein Gefälle zwischen Bodensee und Basel rund 150 m beträgt. So wurde dann auch schon 1898 in Rheinfelden das erste große Flußkraftwerk Europas in Betrieb genommen. 1912 folgte das Werk Augst-Wyhlen, das Basel versorgte, und 1914 ging das Großkraftwerk Laufenburg ans Netz. 1920, die Anlage Eglisau war fertig, wurde ein Ausbauplan für den Hochrhein erstellt, nach dem in den folgenden Jahrzehnten die Kraftwerke Riburg/Schwörstadt (1930), Albbruck-Dogern (1933), Reckingen (1941), Birsfelden (1954), Rheinau (1956), Schaffhausen (1963) und Säckingen (1966) entstanden.

der Hohen Möhr kann man das ganze Gebiet überblicken.
4 km vor Schönau zweigt rechts eine kleine Straße ab, die bergan nach 6 km zu einer über 250 Jahre alten Klopfsäge führt, die von einem Mühlrad angetrieben wird.
Auf der B 317 geht es weiter vorbei an der imposanten Pfarrkirche von **Schönau** nach **Todtnau,** das durch FIS-Skirennen bekannt wurde. Oberhalb des Ortes liegt **Todtnauberg,** wo der ***Stübenbach,*** ein Zufluß der Wiese, als Todtnauer Wasserfall 94 m in die Tiefe stürzt. ◁
Auf der B 3 weiter rheinabwärts biegt 8 km nach Basel links eine Straße ab zum Isteiner Klotz am nunmehr Oberrhein genannten Teil des Flusses. Der Isteiner Klotz ist ein steiler und weit in das Wasser hineinragender Kalkfels, der früher von militärischer Bedeutung war und wegen seiner mediterranen Fauna und Flora auch als ein botanisches und zoologisches Kleinod inmitten der Reblandschaft des Markgräfler Landes gilt. Zweigt man am Fuß des Felsens links ab, stößt man auf der Rückseite des unter Naturschutz stehenden Gebietes auf einen Weg, der auf der Hochterrasse des Rheins ins 4 km entfernte **Blansingen** führt. Unterwegs dorthin bieten sich immer wieder schöne Ausblicke auf den Rhein und den auf französischer Seite verlaufenden Rheinseitenkanal, der unweit südlich beginnt und bis Breisach führt. In Blansingen sollte man nicht versäumen, sich in der Dorfkirche die schönen Wandmalereien aus dem 15. Jh. anzusehen.

Links: Nicht weit von Schönau am Oberlauf der Wiese kann man eine der wenigen funktionstüchtigen Klopfsägen des Schwarzwaldes besichtigen. Die 250 Jahre alte Säge wird über ein Mühlrad durch Wasserkraft angetrieben.

Oben: Vor dem über dem Fluß thronenden Basler Münster zieht die Treidelfähre „Leu“ an einem Seil lautlos ihre Bahn über den Rhein. Sie legt unterhalb des Münsters am Hochufer an.

Auf unsicherem Boden

Bad Bellingen, wie Blansingen auf der Hochterrasse bzw. auf dem Hochgestade gelegen, war einst ein Fischer- und Winzerdorf, das bis heute seinen Charakter bewahrt hat. 1956 stieß man hier bei Probebohrungen, bei denen man Erdöl zu finden hoffte, auf eine Thermalquelle, die den Grundstein für die Entwicklung zu einem renommierten Heilbad legte. Die Kuranlagen wurden 13 m unterhalb des Dorfes im ehemaligen Überschwemmungsgebiet des Rheins – dem Niedergestade – angelegt. Im Kurpark gibt es einen 2,5 km langen Vogelkundeweg. Bad Bellingen ist nur ein Beispiel für die zahlreichen Thermalorte am Fuße des Schwarzwalds im Oberrheintal.
Daß hier warme Quellen sprudeln, hängt mit der geologischen Entwicklung des Gebietes zusammen. Ursprünglich waren der Schwarzwald und die Vogesen ein großes zusammenhängendes Gebirge. Es zerbrach durch tektonische Bewegungen in der Erdkruste vor 50 Millionen Jahren in zwei Teile, die sich gegeneinander verschoben. Dabei zerfiel der 30–40 km breite Mittelteil – die heutige Rheinebene – in einzelne große Stücke, sogenannte Schollen, die nach und nach in die Tiefe glitten. In den Spalten zwischen den Schollen sank nun das Grundwasser bis in heiße Erdzonen ab, wo es so stark erhitzt wurde, daß es an vielen Stellen wieder hochgepreßt wurde.
Der Absenkungsprozeß ist bis heute nicht zum Stillstand gekommen. Nach wie vor gibt es im Rheintal schwache Erdbeben. Käme es hier eines Tages zu einem sehr starken Beben, dann könnte Europa nach Meinung mancher Wissenschaftler langsam auseinanderbrechen.

Das Paradiesgärtlein

Bevor Bad Bellingen über die Landesgrenzen hinaus bekannt wurde, war der Ort jahrhundertelang eine kleine Wein- und Obstbaugemeinde. Im 12. Jh. wurde hier eine der ersten Rebordnungen erlassen. Entscheidenden wirtschaftlichen Aufschwung nahmen Bellingen und seine Nachbarorte allerdings erst im 18. Jh., als der damalige Markgraf Karl Friedrich von Baden sich entschloß, den Weinanbau zu fördern. Er holte 1740 die Gutedelrebe aus Vevey am Genfer See nach Südbaden und

Zwischen Vogesen und Schwarzwald erhebt sich das Bergland des Kaiserstuhls. Wegen des besonders milden Klimas eignet sich das Gebiet bestens für den Weinbau. Um den Winzern die Arbeit zu erleichtern, wurden an den Hängen Terrassen angelegt.

Mit dem Ausflugsschiff auf dem südlichen Oberrhein

Am südlichen Oberrhein gibt es drei Abfahrtsstellen fahrplanmäßig verkehrender Fahrgastschiffe.

Breisach Von April bis Dezember werden regelmäßig verschiedene Fahrten durchgeführt. Sonntags gibt es immer nachmittags zwei Rundfahrten (2 Stunden). Jeden Dienstag kann man auf der „Weinland Baden" eine Weinprobe mitmachen (2 Stunden). Ein Besuch der Zentralkellerei Badischer Winzergenossenschaften geht voraus. Von Mai bis September finden auch montags und mittwochs zweistündige Rundfahrten statt. Außerdem werden an einigen Tagen im Sommer Straßburg (Rückfahrt mit dem Bus) und Basel angelaufen.

Auskunft Schiffahrtsbüro Ernst Kurella, Halbmondstraße 13, 7814 Breisach, Tel. 07667/7947.

Sasbach oder **Weisweil** Von März bis Dezember finden verschiedene Fahrten statt. Angeboten werden kleine (2 Stunden) und große Schleusenfahrten (3½ Stunden) sowie Tagesfahrten nach Straßburg. Jeden 2. Samstag im Monat finden romantische Abendfahrten bei Kerzenschein statt. Von Mai bis September kann man jeden Samstag, Sonn- und Feiertag an Erlebnisnachmittagen teilnehmen (4 Stunden). Dazu gehört eine einstündige Fahrt mit einem historischen Dampfzug auf französischer Seite durch die Rheinauen. Zu einem großen Feuerwerk, das Ende August stattfindet, wird eine Fahrt mit kaltem Büfett veranstaltet. Auf Bestellung werden täglich Rund- und Schleusenfahrten für Gruppen durchgeführt.

Auskunft Schiffsanlegestelle, 7831 Sasbach, Tel. 07642/8828.

begründete damit den Anbau der heute noch dominierenden Weinsorte, die auch als „Markgräfler" bekannt ist.

„Paradiesgärtlein" nannte der Dichter Johann Peter Hebel diese Landschaft und dachte dabei sicher auch an die hier verbreitete Brennkirschenproduktion, die Grundlage für das berühmte Schwarzwälder Kirschwasser ist.

Von Bad Bellingen geht es auf Landstraßen weiter nach **Neuenburg,** einer Grenzstadt, die jahrhundertelang als Brückenkopf eine wichtige Rolle gespielt hat.

Hier sollte man die Rheinbrücke überqueren, um auf französischer Seite am ***Grand Canal d'Alsace*** entlang nach Breisach zu fahren.

Dieser Rheinseitenkanal ist ein Ergebnis des Versailler Vertrags von 1918. Damals wurde Frankreich das Recht zugesprochen, den Rhein zur Energiegewinnung zu nutzen und acht Staustufen zu bauen. Dafür mußte sich Frankreich verpflichten, die Baukosten zu übernehmen sowie abgabenfreie Schiffahrt zu garantieren.

Obgleich hier die Straße nur wenige Meter neben dem Kanal verläuft, sieht man vom Auto aus überhaupt nichts von der Wasserstraße. Man kann aber immer wieder einmal anhalten, die Uferböschung hinaufsteigen und von der Dammkrone aus die vorbeiziehenden Schiffe beobachten.

Nach 11 km passiert man **Fessenheim** an einer Staustufe mit Doppelschleuse und Wasserkraftwerk, fertiggestellt 1958, und mit einem mit Rheinwasser gekühlten Kernkraftwerk, das bei Naturschützern sehr umstritten ist.

Von hier aus sind es noch 14 km bis zur 1959 erbauten Staustufe **Neu-Breisach** (Neuf-Brisach), wo eine Brücke wieder auf deutschen Boden hinüberführt.

Wärmeinsel im Tal

Die Altstadt von **Breisach** mit dem St.-Stephanus-Münster, die auf einem Basaltfelsen thront, ist schon von weitem zu sehen. Zur Zeit der Kelten lag diese Siedlung als Insel im Rhein, während der Römerherrschaft auf der linken und erst seit dem 14. Jh. auf der rechten Flußseite. Schuld an diesem Standortwechsel war der Rhein, der früher ständig sein Bett verlegte. Gezähmt wurde der Strom erst durch die große Rheinkor-

Urwald oder Dschungel am Rhein? Im Naturschutzgebiet Taubergießen kann man ihn erleben – sogar vom Boot aus (oben). Dieser Rheinauenwald ist ein Rest der einst verbreiteten, äußerst artenreichen Auenwälder. Man hat hier 54 verschiedene Holzgewächse gezählt, darunter sechs Lianenarten. Dieser Wald ist ein idealer Lebensraum für vielerlei Wildpflanzen, Insekten, Wassertiere und Vögel. Sogar Kormorane (links) fühlen sich hier wohl.

rektion, die 1817–1874 nach Plänen des badischen Ingenieurs Tulla durchgeführt und nach 1945 durch den Bau des ***Rheinseitenkanals*** vollendet wurde. Grundwasserabsenkungen waren die Folge, so daß heute das im Jahr 1670 von Vauban erbaute dreigeschossige Rheintor mehrere Meter über dem Wasserspiegel steht. Unweit dieses Tores befindet sich Breisachs Rheinufer, ein bedeutender Umschlagplatz für Kies, Holz, Kohle, Stahl und Getreide.
Flußaufwärts tummeln sich im Sommer Segler, die hier ein gutes Revier haben. Einen weiten Blick bietet der Eckartsberg, auf dem als Zeichen der Völkerverständigung die Europafahne weht und nachts das grüne Europalicht leuchtet. Zum Greifen nah erscheint bei guter Sicht der Kaiserstuhl, ein Vulkangebirge, das in weiten Teilen von meterdickem, fruchtbarem Lößboden bedeckt ist.

Auf dieser Wärmeinsel im Oberrheintal gedeihen auf sonnendurchfluteten Terrassen die berühmten Kaiserstühler Weine, die man in Breisach und in den umliegenden Weinorten kosten kann.
Am westlichen Fuß des Kaiserstuhls entlang geht es auf der B 31 weiter nach **Burkheim,** einem Ortsteil der Gemeinde **Vogtsburg.** Kurz vor dem romantischen Fachwerkort sollte man nach links abbiegen und auf einem schmalen Weg ans Rheinufer zur Burkheimer Kiesgrube fahren. Dort kann man dem Beladen der Frachtschiffe zusehen oder im danebenliegenden Baggersee baden.
Auf einer Nebenstraße geht es parallel zum Fluß nach **Sasbach,** das bis 1850 direkt am Rhein lag. Das einstige Fischerdorf ist heute eine Weinbaugemeinde. Sie wird von der Feste Limburg überragt, dem vermutlichen Geburtsort von Rudolf von Habsburg (1218), und bietet in einer ehemaligen Kiesgrube einen schönen See zum Baden.
Auf der Landstraße geht es weiter nach **Wyhl,** das wegen eines geplanten Kernkraftwerks in die Schlagzeilen gekommen ist, und nach **Weisweil.** Hier steht am Ortsrand die „Untere Mühle", eine 450 Jahre alte Getreidemühle, die noch in Betrieb ist, allerdings nicht mehr von einem Mühlrad angetrieben wird.

Rheinhausen liegt am Südrand des 17 km² großen Naturschutzgebietes Taubergießen, in dem ein Rest des urwaldähnlichen Rheinauenwaldes mit vielen Wasserläufen, der einst die gesamte Rheinaue zwischen Schwarzwald und Vogesen überzog, erhalten ist – ein wahres Paradies für seltene Tiere und Pflanzen. Ausgeschilderte Wege führen durch das Gebiet.
Er ist einer der wenigen Auenwälder, die nach den Flußregulierungen noch übriggeblieben sind. Seinen Namen verdankt das Gebiet den Zuflüssen: Vom Rhein abgeschnittene, „taube" Gewässer versickern rheinabwärts im Kies und treten hier als saubere „Gießen" wieder zutage.

Fischerei am Oberrhein

Die Fischerei war am Oberrhein bis Anfang des 20. Jh. eine der wichtigsten Einkunftsquellen. So gab es zwischen Breisach und Kappel am Nordende des Taubergießens einst allein zehn Fischerzünfte, wobei die von Burkheim und Kappel zu den ältesten gehören. Sie stammen aus dem Jahr 1442. Ende des 19. Jh. verloren viele Fischer ihre privaten Rechte an den Staat. Aus dieser Zeit ist bekannt, daß allein in Breisach 70 Fischer lebten.
Die Tullasche Rheinkorrektion zu Beginn des 19. Jh. und der Bau des Rheinseitenkanals mit seinen Staustufen setzten dieser jahrhundertealten Tradition ein Ende. Fischreich sind heute nur noch die geschützten Auen, wo sich Hecht, Schleie, Aal, Äsche und Barbe einigermaßen wohl fühlen können. An den früher so bedeutenden Lachsfang erinnert nur noch der in der Gegend häufig wiederkehrende Gasthausname „Zum Salmen".
Bei Rheinhausen mündet aus südöstlicher

Freiburgs Hausberg, der Schauinsland, trägt seinen Namen zu Recht. Von oben schweift der Blick weit ins Land – über die Breisgaustadt Freiburg und die Rheinebene bis zum Kaiserstuhl. An klaren Tagen ragen am Horizont die Bergketten der Vogesen auf.

Richtung der Leopoldskanal in den Rhein.

▻ ***Leopoldskanal*** Der Kanal wurde Mitte des 19. Jh. gebaut, um die häufigen Hochwasser von Dreisam, Glotter und Elz ableiten zu können. Er führt in gerader Linie bis **Riegel,** das man auf Nebenstraßen erreicht.

Aus Kiesgruben werden Badeseen

Als man in den 50er und 60er Jahren für die unterschiedlichsten Bauvorhaben, z. B. für Straßen, viel Kies brauchte, wurden in der Umgebung von Riegel viele Kiesgruben angelegt. Als man sie stillegte, füllten sie sich mit Wasser, und manche wurden zu attraktiven Freizeitzielen. Teilweise kann man in diesen künstlichen Seen nicht nur baden, sondern auch surfen oder Boot fahren. Als Badeseen beliebt sind z. B. der Baggersee Niederwald nordöstlich von **Teningen,** die Seen nördlich bei **Malterdingen,** östlich von **Endingen,** wo auch die Surfer auf ihre Kosten kommen, oder nordwestlich von **Kenzingen.**

In Riegel treffen Dreisam, Glotter und Elz zusammen und entwässern durch den Leopoldskanal zum Rhein. Ein Teil des Elzwassers fließt allerdings durch Gerinne im alten Flußbett nördlich von Kappel-Grafenhausen in den Rhein.

▻ ▻ ***Dreisam*** Wegen Überschwemmungsgefahr ist die Dreisam in ihrem Unterlauf kanalisiert. Glanzvoller Höhepunkt auf ihrem Weg ist **Freiburg im Breisgau,** die alte Universitätsstadt mit dem berühmten gotischen Münster aus dem 13.–16. Jh.

Im Stadtbereich von Freiburg fließt die Dreisam zwischen der Altstadt und dem Stadtteil Wiehre, dessen Name auf die Dreisamtreppen – die Wehre in der Stadt – zurückgeht, die bei den Kanufahrern sehr beliebt sind. Bei der Schwabentorbrücke wurde ein solches Wehr schon um 1230 angelegt. Von dort leitete man Dreisamwasser ab in einen Gewerbekanal mit Seitenarmen: die Gerber-, Fischer- und Metzgerau. In dieser sogenannten Schneckenvorstadt, die heute noch teilweise erhalten ist, wohnten die Leute, die für ihr Gewerbe Wasser brauchten. Von diesem Gewerbekanal wird Wasser für die Freiburger Bächle abgeleitet. Diese Bächle, die auch Löschwasser bei Bränden lieferten, wurden einst von den Zisterziensern als damals moderne Form der Kanalisation angelegt und durchziehen seither die Altstadt auf mehreren Kilometern.

Sehr zu empfehlen ist ein Abstecher auf Freiburgs Hausberg, den 1284 m hohen Schauinsland. Er liegt etwa 10 km südlich der Stadt. Man kann mit dem Auto auf der kurvenreichen Bergstrecke hinauffahren oder aber mit der 3600 m langen Kabinenbahn hinaufschweben. Der Weg zur Talstation ist ausgeschildert. Vom Gipfel hat man eine faszinierende Fernsicht auf den Hochschwarzwald, das Rheintal, die Vogesen und – mit Wetterglück – auf die Alpen.

Man verläßt Freiburg auf der B 31 in östli-

Von den Zisterziensern einst zur Abwasserkanalisation angelegt, durchziehen noch heute die Bächle Freiburgs Altstadt auf mehreren Kilometern – für Kinder ein immer interessanter Spielplatz.

cher Richtung und folgt der Dreisam bis **Kirchzarten,** das man nach wenigen Kilometern erreicht. Dieser Luftkurort am Fuß des Hochschwarzwaldes ist das Tor zu den Höhepunkten dieser großartigen Landschaft. Einer davon ist das Höllental, das am Ortsrand beim Bahnhof Himmelreich der Höllentalbahn beginnt. Kurz danach ist man in einer engen, tief eingeschnittenen Klamm, wie man sie eher in den Alpen vermutet. Straße und Bahnlinie winden sich nebeneinander hindurch. Es geht durch Tunnel, um enge Kurven – die Szenerie ist atemberaubend. In der Mitte der Schlucht, nach etwa 6 km, kommt man am Hirschsprung vorbei. An dieser Stelle soll der Sage nach ein Hirsch auf der Flucht vor Verfolgern die Klamm übersprungen haben. Ein Bronzehirsch auf einem steilen Felsen erinnert daran.
Nach weiteren 6 km ist man in **Hinterzarten,** dem bekannten Wintersportort, wo die Landschaft wieder weiträumig wird. Wer mit Höhenmesser reist, traut seinen Augen nicht: Auf so wenigen Kilometern werden 850 Höhenmeter überwunden. ◁ ◁

In St. Peter, nahe der Glotterquelle, gehen die Kinder in Tracht zur Kommunion. Zur Mädchentracht gehört der Schäppel, ein mit Glasperlen besetzter Kopfschmuck.

Gastlichkeit wird großgeschrieben

▷ ▷ ***Glotter*** Landschaftlich reizvoll ist das Flußtal erst im Oberlauf des nunmehr Glotterbach genannten Flüßchens ab Denzlingen an der B 3. Dort zweigt eine Landstraße ins Glottertal ab, das Schlemmerparadies Südbadens. Hier sollte man in einem der gemütlichen Lokale einkehren und fürstlich speisen. Und danach ist eine Wanderung von Glottertal zum 5 km entfernten Höhenluftkurort und Wintersportplatz **St. Peter** hinauf zu empfehlen, mit eindrucksvollem Blick auf das Feldbergmassiv. Sehenswert ist die im Barockstil erbaute Klosterkirche. ◁ ◁

▷ ▷ ***Elz*** Bis **Emmendingen,** an der B 3 in einem weiten Talgrund, liegt der Fluß in Wiesen und Auen gebettet.
Bei **Waldkirch,** das man auf einer Landstraße erreicht, wird der Talboden enger. In dem Kneippkurort mit hübscher Altstadt und einer Barockkirche des bekannten Baumeisters Peter Thumb (um 1733) stößt man beim Bahnhof auf den 27 km langen Elztal-Radwanderweg, der von Denzlingen, nördlich von Freiburg, bis zum Elzacher Ortsteil **Oberprechtal** führt. Nach Waldkirch, bei Bleibach, zweigt rechts das romantische Simonswäldertal ab, in dem eine Ölmühle aus dem Jahr 1712 steht.
Das obere Elztal, das sich von Oberprechtal rund 10 km nach Süden erstreckt, ist ein echter Geheimtip, gilt es doch als eines der schönsten Täler des Südschwarzwaldes. Einsame Bauernhöfe, stille Wanderwege entlang des Ufers und die Elzfälle erwarten den Besucher. ◁ ◁
Nach diesen Ausflügen ins Bergland kehrt man wieder von Riegel auf Nebenstraßen ins Rheintal zurück. ◁
Rust mit seinem beliebten Freizeitpark und der einstige Fischerort **Kappel-Grafenhausen** sind die nächsten Stationen. Dort kann man nach links abbiegen und mit der Fähre ins französische **Rhinau** übersetzen. Die Landstraße nach Boofzheim führt zur D 468, die entlang des ***Rhône-Rhein-Kanals*** durch das weite, ebene Tal verläuft und den

Mit dem Ausflugsschiff auf dem mittleren Oberrhein

Am mittleren Oberrhein gibt es fünf Abfahrtsstellen der Fahrgastschiffe.
Kehl Im Programm sind Hafenrundfahrten (2¼ Stunden) und Fahrten nach Altenheim (4 Stunden). Außerdem werden Kaffeefahrten (3 Stunden) und Abendfahrten (5 Stunden) sowie Tagesfahrten nach Speyer und Weisweil angeboten. Die Saison dauert von Mai bis August.
Auskunft Hafenverwaltung, Hafenbecken 1, 7640 Kehl, Tel. 07851/645.
Straßburg Von März bis September werden täglich Bootsrundfahrten auf der Ill angeboten (1¼ Stunden). Von Mai bis September findet jeden Tag der nächtliche Schiffsbummel statt. Daneben werden Rheinfahrten unterschiedlicher Länge veranstaltet.
Auskunft Rue de Nantes, F-67100 Strasbourg, Tel. 0033/8884/1313.
Rheinmünster-Greffern In der Saison Mitte April bis Mitte Juli werden unterschiedlich lange Rundfahrten (3, 4 und 5 Stunden) veranstaltet, außerdem Tagesfahrten nach Straßburg, Speyer, Heidelberg und Worms.
Auskunft Erich Koch, Zollstraße 12, 7587 Rheinmünster-Greffern, Tel. 07227/2757 oder 4141.
Rastatt-Plittersdorf Man kann Rundfahrten (2 und 4 Stunden) mitmachen, aber auch Tagesfahrten nach Straßburg, Speyer und Heidelberg. Saison: April bis Juli.
Auskunft siehe Rheinmünster-Greffern.
Karlsruhe Von Ende März bis Mitte Oktober werden Kaffeefahrten, Rundfahrten und verschiedene Sonderfahrten durchgeführt.
Auskunft Städtische Rheinhäfen Karlsruhe, Werftstr. 2, 7500 Karlsruhe, Tel. 0721/5966 und 5768.

Reisenden nach 25 km an die Stadtgrenze von Straßburg bringt.

Argentorate nannten die Römer ihr Legionslager, aus dem sich dann die bedeutende Stadt **Straßburg** entwickelte. Heute ist sie Kultur- und Handelszentrum mit großem Binnenhafen und als Sitz des Europarats von großer politischer Bedeutung. Weltberühmt ist die herrliche Altstadt mit dem großartigen Münster und dem noblen Kammerzellschen Haus, die auf einer von der Ill umflossenen und von vielen kleinen Kanälen durchzogenen Insel liegt. Ein Teil des Illwassers gelangt durch zwei Hauptkanäle bereits in Straßburg in den Rhein – der Fluß mündet erst 13 km nördlich der Stadt.

▷ ***Ill*** Auffallend an der Ill ist, daß sie weitgehend parallel zum Rhein verläuft. Man nimmt an, daß sie einst dem großen Strom sein Bett vorbereitet hat. Deshalb wird der Fluß, der seinen Ursprung im Jura hat, auch Nebenrhein genannt. ◁

Wer keinen Abstecher nach Straßburg machen möchte, verläßt Kappel-Grafenhausen nach Norden und fährt auf Landstraßen vorbei an Spargelfeldern über **Schwanau** nach **Neuried,** wo vorwiegend Tabak angebaut wird. Der Teilort **Altenheim** geriet in den Blickpunkt der Öffentlichkeit, als dort im Frühjahr 1987 ein Hochwasserrückhaltebecken zur Probe geflutet wurde und dabei Hunderte von Wildtieren ertranken.

Rasch erreicht man auf der B 6 **Kehl,** die deutsche Nachbarstadt Straßburgs. Sie ist mit dem französischen Ufer durch die 245 m lange Europabrücke verbunden. Über Jahrhunderte immer wieder zerstört und mal in französischem, mal in deutschem Besitz, erlangte die Stadt erst Anfang des 20. Jh. wirtschaftliche Bedeutung, als der Rheinhafen ausgebaut war und Kehl sich zu einem wichtigen Umschlagplatz für Güter aller Art entwickeln konnte. Unweit des Hafens nördlich von Kehl nimmt der Rhein die Kinzig auf.

Zwischen Rhein und Neckar

▷ ***Kinzig*** Die Kinzig entwässert den mittleren Schwarzwald und stellt als größte Tallandschaft des Gebirges eine wichtige Verkehrsachse dar, die schon die Römer als Verbindungsweg zwischen ihrem Lager Straßburg und den Kastellen am oberen Neckar benutzten.

Wasserkraft, Holzreichtum und Bodenschätze wie Silber, Eisen, Kupfer und Kobalt waren später die Voraussetzungen für die Gründung von Städten, die sich heute wie Perlen dicht an dicht durch das Tal ziehen: Offenburg, Gengenbach, Haslach, Hausach, Wolfach, Schiltach, Alpirsbach. Sie alle spiegeln die Verkehrsbedeutung und Wirtschaftskraft des Tales noch immer eindrucksvoll wider.

Die Kinzig ist im Unterlauf kanalisiert und an vielen Stellen von Industrieanlagen gesäumt. Wenig oberhalb von Kehl mündet von Süden her die Schutter in die Kinzig.

▷ ▷ ***Schutter*** Neben der bekannteren Kinzig wird die Schutter leicht übersehen. Im Unterlauf kann man ihrem Ufer allerdings auch nur schwer folgen, verläuft sie doch abseits der B 36 und ist nur auf kleinen Landstraßen zu begleiten. Am besten ist es, auf der B 36 bis **Neuried-Dundenheim** zu fahren und von dort aus den „Mühlenweg" zu wandern, der von der Dundenheimer Mühle flußaufwärts bis zur 5 km entfernten Mühle nördlich von **Neuried-Schutterzell** an einem Schutterzufluß führt.

Aus dem 13. Jh. stammen die Türme des Straßburger Bollwerks am Wassertor in der Innenstadt. Den Türmen vorgelagert sind die Bastionen mit den Kasematten. Zwischen den Türmen führen alte Steinbrücken über die Ill. Man sollte sich so viel Zeit nehmen, daß man die Stadt bei einer Bootsrundfahrt durch die Illkanäle kennenlernen kann.

Links: Oberhalb von Triberg kann man ein grandioses Naturschauspiel erleben: die Triberger Wasserfälle. Dort stürzt die Gutach in sieben Stufen über zerklüftete Granitklippen 163 m in die Tiefe – und bildet damit den höchsten Wasserfall der Bundesrepublik Deutschland.

Oben: Jahrhundertelang gab es im Schwarzwald viele Glashütten, in denen Glaswaren aller Art mundgeblasen und handgeschliffen wurden. Eine einzige ist davon übriggeblieben: die Mundblashütte in Wolfach an der Kinzig.

Lahr ist Ausgangspunkt für eine Fahrt entlang des Oberlaufs der Schutter. Man folgt zunächst der B 415, biegt 4 km weiter rechts nach Seelbach ab und erreicht **Schuttertal** mit seinen Teilgemeinden, wo sich in **Dörlinbach** noch ein altes Mühlrad dreht. ◁ ◁
An **Willstätt** an der B 28 sollte man nicht vorbeifahren. Dieses Fachwerkstädtchen an einem Altarm der Kinzig war neben Kehl Stapelplatz für Holz aus dem oberen Kinzigtal. An diese Zeit erinnert noch ein altes Wehr.
Die B 33 leitet weiter zum Tor zum Schwarzwald, nach **Offenburg.** Südlich davon liegt an der B 33 der ***Gifiz-See,*** ein Wassersportparadies zum Baden, Segeln und Surfen.
2 km südlich des Sees zweigt links eine Straße über die Kinzig nach **Ortenberg** ab. Diese Wein- und Obstbaugemeinde wird überragt vom Schloß Ortenberg (heute Jugendherberge), nach dem die Landschaft zwischen Rhein und Schwarzwald und Breisgau und Oos Ortenau heißt. **Gengenbach,** 8 km weiter, ist ein noch vom Mittelalter geprägtes Städtchen mit sehenswertem Marktplatz. Man kann von der alten Reichsstadt auf der rechten Flußseite auf der B 33 weiterfahren oder die Landstraße am linken Ufer einschlagen. Beide führen nach **Biberach,** wo von Osten das malerische Tal des ***Harmersbachs*** einmündet. Der Fachwerkort **Zell am Harmersbach** lohnt einen kleinen Umweg.
Bei **Haslach,** das man links oder rechts vom Fluß erreicht, wendet sich die Kinzig nach Osten und fließt nun nach **Hausach.** Östlich des Ortes mündet die ***Gutach,*** die mit dem gleichnamigen Oberlauf der Wutach nichts gemein hat. Es lohnt sich, auf der B 33 diesem Wildfluß zu folgen – schon der eindrucksvollen und unbedingt sehenswerten Triberger Wasserfälle wegen, die oberhalb der Stadt **Triberg** 163 m zu Tal stürzen.
Zurück auf der Schwarzwald-Tälerstraße, der B 294, folgen 4 km östlich von Hausach das Städtchen **Wolfach** und die Mündung des gleichnamigen Flüßchens, das, von Norden kommend, in einem landschaftlich reizvollen, engen Tal dahinrauscht.

Holz für Holland

Wolfach war – neben dem 10 km weiter an der Kinzig flußaufwärts gelegenen **Schiltach** – bedeutendster Flößerort im Kinzigtal. Hier wurde 1470 die erste Floß- und Zollordnung erlassen. Die Schifferschaften der beiden Städte, in denen sich die Holzhändler zusammengeschlossen hatten, waren gut organisierte Transportunternehmen, die regen Handel mit Straßburg, dem Sitz der Handelsherren für die Kinzigflößerei, und Holland unterhielten. Mit dem Ausbau der Kinzigtalstraße und dem Beginn des Eisenbahnzeitalters ging diese Epoche zu Ende: 1894 fuhr das letzte Floß die Kinzig hinunter. Auch die 10 km von Schiltach entfernte Klosterstadt **Alpirsbach** lebte von der Flößerei. Hier beginnt die 20 km lange Kinzigtal-Radwandertour bis Wolfach.

In Renchen an der Rench erinnert ein Denkmal an Grimmelshausen, den Verfasser des Romans „Der Abentheurliche Simplicissimus Teutsch". Er war von 1667 bis zu seinem Tod 1676 hier Schultheiß.

Zur Stadt gehört im Ortsteil **Reinerzau** die Trinkwassertalsperre ***Kleine Kinzig,*** die man über das gleichnamige Seitental erreichen kann. ◁

Der Rhein fließt nun durch das Hanauer Land. Dieses fruchtbare Gebiet zwischen Kehl und Lichtenau war über Jahrhunderte – zusammen mit dem Hanauer Ländl auf der gegenüberliegenden französischen Seite – im Besitz der hessischen Grafen von Hanau. Sie verloren Anfang des 19. Jh. ihr Gebiet an Baden, das bis heute den alten Namen beibehielt. Ursprünglich lebte man dort weitgehend vom Fischfang. Die Landwirtschaft gewann erst nach der Rheinregulierung an Bedeutung. Heute spielen vor allem der Tabak- und Obstanbau eine wichtige Rolle.

Hinweise auf eine frühe Besiedlung dieser fruchtbaren Niederterrasse findet man, wenn man auf Landstraßen nach Rheinau fährt. So sind z. B. die kleineren Kehler Ortsteile **Auenheim** und **Leutesheim** sowie **Rheinau-Diersheim** Ortsgründungen der Alemannen, die das Land im 4. Jh. eroberten und ihren Siedlungen oft Namen mit der Endung -heim gaben.

Rheinau, eine Stadt mit mehreren Ortsteilen, verdankt ihren Namen den umliegenden Auwäldern, die heute fast alle unter Naturschutz stehen. Reizvoll ist die nördlichste Gemeinde des Ortenaukreises vor allem durch die zahlreichen Altwasser und die vielen Baggerseen, die zum Baden einladen, so z. B. die Seen bei den Ortsteilen **Honau** (mit Sanitäranlagen), **Diersheim, Freistett** und **Helmlingen.** Stromabwärts bei Helmlingen fließt die Rench in den Rhein.

▷ ***Rench*** Im Unterlauf ist das nur 56 km lange Flüßchen bis **Memprechtshofen,** das zu Rheinau gehört und an der B 36 liegt, kanalisiert. Im Ort steht eine alte Mühle mit einer über 120 Jahre alten Turbine und einem historischen Wehr. Bis zum Bau der Staustufe Iffezheim konnte hier der Wasserstand um stattliche 2,80 m differieren.

Unweit des Ortes teilt sich die Rench und fließt nun sowohl in ihrem alten Bett als auch in einem Flutkanal. Im alten Bett schlängelt sie sich so geruhsam durch Auwälder, daß man meinen könnte, sie sei ein Altwasser. Wer beschauliches Paddeln liebt, kommt hier auf seine Kosten.

Weiter flußabwärts, über Landstraßen zu erreichen, liegt **Renchen,** wo Johann Jakob Christoffel von Grimmelshausen, Verfasser des „Simplizissimus", Schultheiß war und das deshalb als Grimmelshausenstadt bekannt wurde. Bei **Oberkirch,** an der B 28, verläßt der Fluß den Schwarzwald; hier beginnt der 28 km lange Renchtalwanderweg. Oberhalb von **Lautenbach** durchfließt die Rench ein typisches Durchbruchstal. In **Oppenau** steht die historische Allmendmühle, die von den Bewohnern einst gemeinschaftlich genutzt wurde. Vom Ort bietet sich ein Abstecher ins Lierbachtal zur Klosterruine Allerheiligen und zu den gleichnamigen Wasserfällen an. In diesem Tal können Kletterer am 100 m hohen Eckenfelser Schrofen ihre waghalsigen Künste erproben.

Fährt man anschließend die Freundschaftsstraße (B 28) weiter flußaufwärts, folgen rasch aufeinander die Kurorte **Bad Peterstal** und **Griesbach.** Lohnendes Ausflugsziel ist hier der sagenumwobene ***Glaswaldsee*** – ein durch die Eiszeit entstandener Karsee. ◁

Nur etwa 4 km nördlich von Helmlingen mündet bei **Lichtenau-Grauelsbaum** die Acher in den Rhein. Eine kleine Landstraße führt zur Mündung.

▷ ***Acher*** Dieser kleine Fluß läßt sich im Unterlauf kaum mit dem Fahrzeug verfolgen. Hier bietet es sich an, den Fluß mit dem Boot zu erkunden. Zwischen **Achern** und **Ottenhöfen,** das wegen seiner neun historischen Mühlen ein reizvolles Ziel ist, verkehrt im Sommer die Achertalbahn, von den Einheimischen liebevoll „Bähnle" genannt. **Kappelrodeck,** das auf der Strecke liegt, besitzt eine historische, gedeckte Holzbrücke über die Acher und ist Narrenzentrale des mittelbadischen Raumes. Hier geht es während der Fasnachtszeit besonders ausgelassen zu, wenn die Hexen einen wahren Hexensabbat abhalten. An diese Tradition erinnern die Namen der Weinberge ringsum, wo unter anderem der bekannte Spätburgunder „Hex vom Dasenstein" wächst. ◁

Die gestaute Welle

Die Rheinreise wird in **Rheinmünster,** genauer gesagt: im Ortsteil **Greffern,** fortgesetzt, und zwar auf der sogenannten „Nassen Straße", die sich von Kehl bis Iffezheim hinter dem Rheindamm am Strom entlangzieht. Nach rund 14 km ist die 1977 eröffnete Staustufe **Iffezheim** erreicht. Mit der Geschichte des Wasserbauwerks befassen sich fünf Schautafeln, die beim nahe gelegenen Parkplatz stehen. Von hier ist es etwa 1 km bis zur Grenze am jenseitigen Ufer, wo zur Erinnerung an das länder-

An der Acher liegt der Schwarzwaldort Ottenhöfen, der zu Recht auch das Mühlendorf genannt wird, denn auf der Gemarkung stehen neun Mühlen, darunter die abgebildete „Mühle am Rain" im Ortsteil Furschenbach.

übergreifende Werk eine Bronzeplastik, die „gestaute Welle“, aufgestellt wurde.
2 km nördlich von Iffezheim liegt das zu Rastatt gehörende **Wintersdorf** mit einer in den 30er Jahren erbauten Brücke über den Rhein, die hinüber ins Elsaß führt. Von Wintersdorf aus kann man ins 5 km entfernte **Rastatt-Plittersdorf** wandern – fast immer auf dem Damm. Unterwegs bieten sich schöne Einblicke in die „Rastatter Rheinaue“, die 1984 unter Naturschutz gestellt wurde, um Silberweiden, Eichen und Ulmen sowie zahlreichen seltenen Pflanzen und Tieren, wie z. B. Fischreihern, den Lebensraum zu erhalten.
Plittersdorf ist durch seine Rheinfähre bekannt, eine der letzten großen Gierfähren am Rhein. Sie wurde im April 1987 bei einem Zusammenstoß beschädigt, konnte aber wieder instand gesetzt und im September desselben Jahres wieder in Betrieb genommen werden. Die Fähre wird mit einer Rolle an einem über dem Fluß gespannten Seil geführt und von der Wasserströmung angetrieben.

Im Zuge der Rheinregulierung entstand bei Iffezheim eine Staustufe, die die Schiffe in einer Doppelschleuse überwinden. Bis zu 11 m werden sie dabei angehoben oder abgesenkt.

Goldwäscher am Oberrhein

In den Rastatter Ortsteilen Wintersdorf, Ottersdorf, Plittersdorf und dem jenseits der Murg liegenden **Illingen,** das mittlerweile mit Elchesheim eine zusammenhängende Gemeinde bildet, lebten über Jahrhunderte Fischer und – so unglaublich es klingen mag – auch Goldwäscher.
Erstaunlich ist dies allerdings nicht, wenn man bedenkt, daß der Strom in seinen Fluten seit Urzeiten Gold führt. Dieses „Rheingold“ besteht aus feinen Blättchen, Flittern oder Körnern, die einst Bestandteil von Gesteinsbrocken aus den Alpen waren.
Gewonnen wurde das edle Metall mit ganz einfachen Hilfsmitteln. Man brauchte nur eine Schaufel, einen Wasserschöpfer, die sogenannte Waschbank und flauschigen Stoff oder Schaffelle. Die Bank war aus Holz, etwa 1,5 m lang und 0,5 m breit, in Längsrichtung geneigt und oben mit Längsrillen versehen. An den Längsseiten waren nach oben überstehende Bretter angebracht. Man legte Fell oder Tuch auf die Bank, breitete Sand und feinen Kies aus dem Flußbett darauf aus und schwemmte das Material mit Wasser weg. Dabei verfingen sich die Goldblättchen in den Haaren des Felles oder in den Fäden des Tuches; das überschüssige Wasser floß durch die Rillen in der Bank ab. Mit Glück konnte ein Mann an einem Tag etwa 2 g Gold aus Fell oder Tuch lesen.
Auch wenn die Goldwäscher einigermaßen geschäftstüchtig waren und noch den anfallenden Sand als Streugut verkauften – reich wurden sie dabei nicht. Schuld daran war nicht zuletzt der Landesherr, der die Goldgewinnung bald zu seinem Hoheitsrecht erklärte, um Goldmünzen prägen zu können. So ließ Markgraf Christoph I. von Baden schon im Jahr 1506 Münzen prägen, die aus einer „Griene“, einem Goldgrund bei Wintersdorf, stammten.
Im 18. Jh. war die Goldwäscherei weitgehend perfektioniert, so daß von 1748 bis 1874 allein in Baden 366 kg Rheingold gewonnen wurden. Sechs Jahre später war es mit dem Goldrausch vorbei. Durch die Rheinregulierung wurden die goldhaltigen Geröllbänke fortgeschwemmt, da die Fließgeschwindigkeit erheblich zunahm.
Ende der 30er Jahre wollte man die alte Tradition wieder aufleben lassen und baute bei Illingen einen 1200 m langen Goldwäscherkanal. Er erwies sich allerdings als wenig rentabel, so daß man 1943 aufgab. Der Name „Goldkanal“ blieb ihm erhalten; heute verbindet er den Rhein mit einem riesigen Baggersee, in dem man baden, segeln und surfen kann.
Von Wintersdorf geht es auf Landstraßen nach **Steinmauern,** von wo man zur Murgmündung fahren kann.
▷ ***Murg*** Im Unterlauf wird der Fluß weitgehend von Dämmen gesäumt. Auf ihnen verläuft zum Teil der Murgtal-Wanderweg, der von der Mündung bis zur Quelle 95 km lang ist und einen Höhenunterschied von 760 m überwindet. 7 km sind es vom Rhein bis nach **Rastatt,** dessen Stadtzentrum sich in die Murgschleife schmiegt. Markgraf Ludwig Wilhelm von Baden ließ ab 1697 in nur sieben Jahren eine großzügige Barockresidenz nach dem Vorbild von Versailles bauen.
Von Rastatt bis kurz vor Gernsbach säumen viele Fabrikanlagen den Fluß, der wegen der starken industriellen Nutzung auch ziemlich verschmutzt ist. **Gaggenau** ist das Industriezentrum an diesem Flußabschnitt. **Gernsbach** ist dank seiner Lage am Eingang zum Schwarzwald ein beliebter Ferienort. Oberhalb von Gernsbach wird das Tal der Murg enger, durch das sich neben der B 462 auch eine Eisenbahnlinie hindurchschlängelt. In **Forbach** steht eine sehenswerte Murgbrücke, die aus dem Jahr 1776 stammt und 1955 originalgetreu erneuert wurde. Sie ist die älteste freitragende überdachte Holzbrücke Europas und hat eine Spannweite von 40 m.
Wer sich etwas länger in Forbach aufhält, sollte sich die Schifferstraße ansehen. Wie

im Kinzigtal schlug man auch hier Holz, das man mit Zugochsen zu den Wasserläufen brachte, an denen sogenannte Schwallungen, kleine Staubecken, angelegt worden waren. Darin sammelte man die Stämme, bevor man sie zu Flößen zusammenband. Im Winter froren diese Becken zu und konnten erst nach der Schneeschmelze wieder geöffnet werden. Dieses Ereignis wurde vielerorts mit einem Volksfest gefeiert. Von Forbach beförderte man das Holz in kleinen Flößen bis zur Mündung der Murg, wo sie, zu größeren Einheiten zusammengebunden, weiter bis ins Rheinland oder gar bis Holland transportiert wurden.

Als am Ende des 19. Jh. die Industrialisierung einsetzte, ging es mit der Flößerei zu Ende. Die Flößer, die sich in der Genossenschaft der „Murgschifferschaft" zusammengeschlossen hatten, reagierten rasch und wurden Hauptaktionäre der neuen Privatbahn Rastatt–Gernsbach. Später wandten sie sich der Forstwirtschaft zu; übrig blieb aus dieser Zeit das Forstamt Murgschifferschaft, zu dem heute allein auf der Gemarkung Forbach 50 km^2 Wald gehören.

Oberhalb von Forbach zwängt sich die Murg durch eine Schlucht, die so eng ist, daß nicht einmal für einen Wanderweg direkt am Wasser Platz bleibt. Für Kanuten ist dieser Abschnitt allerdings sehr zu empfehlen. Erst beim 6 km entfernten Bahnhof **Forbach-Raumünzach** kehrt der Weg wieder ans Ufer zurück, wo große bizarre Steinblöcke den Blick auf sich lenken.

Von Raumünzach führt eine kleine Straße zur 270 m höher gelegenen, 5 km entfernten ***Schwarzenbachtalsperre*** am Fuß der Badener Höhe. Der Stausee wurde in den 20er Jahren angelegt. Er gehört zu Pumpspeicherwerken und ermöglicht es, Strom nach Bedarf zu erzeugen. Über Stollen an den See angeschlossen sind das Murgwerk bei Forbach und das Raumünzachwerk beim Sammelbecken Kirschbaumwasen.

Von all diesen technischen Einrichtungen spürt man aber nichts: Man kann an der Schwarzenbachtalsperre surfen, rudern, paddeln und – mit entsprechender Erlaubnis – auch angeln. Außerdem lädt die Uferpromenade zu einem Spaziergang ein.

Oberhalb von Raumünzach folgt wieder eine Schlucht, die ab **Baiersbronn-Schönmünzach** für Kanuten reizvoll ist, aber nicht immer befahren werden kann, weil zeitweise Wasser abgeleitet wird. Kanuten sollten sich daher im Ort erkundigen, wie hoch der Wasserstand ist. Nur geübte Fahrer sollten sich an diesen Flußabschnitt wagen.

Klosterreichenbach, das zu Baiersbronn gehört und in einem weiten Hochtal liegt, ist nächste Station am Weg. Hier lohnt ein Besuch des ehemaligen Benediktinerklosters und der dazugehörigen Kirche. **Baiersbronn,** Luftkurort in waldreicher Umgebung mit Hochmooren und Karseen, ist Zentrum des oberen Murgtales. Auf einer romantischen Straße sind es dann noch rund 15 km bis zum Vogelskopf, wo die Murg in zwei Quellbächen entspringt. ◁

Von Steinmauern gelangt man auf Landstraßen nach **Au am Rhein.** Dort zieht sich auf 8 km Länge das geschützte Auer Altwasser hin. Es ist wie alle Altwasser ein ruhiges Gewässer, auf dem es sich gut paddeln läßt. Allerdings darf man den Abschnitt Bremer Grund während der Brutzeit der Vögel vom 1. März bis zum 31. Mai nicht befahren. Gegenüber von diesem Naturschutzgebiet auf der anderen Flußseite fließt die Lauter in den Rhein.

Hügelland, Wald und Felsentürme

▷ ***Lauter*** Ab dem französischen Wissembourg ist die Lauter Grenzfluß, der sich in Lauterbourg teilt: Die ***Alte Lauter*** fließt weiter an der Grenze entlang in den Rhein, die ***Neue Lauter*** mündet weiter nördlich in der Nähe von Neuburg. Den Unterlauf erreicht man entweder über **Rastatt-Plittersdorf,** wo man mit der Fähre nach **Seltz** übersetzt, oder über Karlsruhe und Wörth. Von Seltz aus fährt man in nordöstlicher Richtung nach **Lauterbourg,** und von Wörth aus nimmt man die B 9 in südlicher Richtung zum Grenzübergang **Berg-Neulauterburg.** Auf der französischen Seite gelangt man auf waldgesäumter Straße nach **Wissembourg,** einem ehemals deutschen Städtchen mit historischem Kern. Nach dem Grenzwechsel ist man in der bergigen Südpfalz, im Wasgau. In der Gemeinde **Bobenthal** im Mundatwald steht eine Mühle mit oberschlächtigem Wasserrad, d. h., das Wasser wird oben auf das Rad geleitet. Von hier ist es nicht mehr weit nach **Wieslautern,** wo im Ortsteil **Bruchweiler** ein altes Mühlrad erhalten ist.

Dahn, nächste Station flußaufwärts, ist Luftkurort und Zentrum des waldreichen Dahner Felsenlandes mit bizarren Felsengebilden aus rotem Sandstein. Eines der bekanntesten ist der Teufelstisch bei

Dieses historische Foto zeigt Murgflößer, die ein Floß einbinden. Sie verwandten dazu sogenannte Wieden: Grüne Tannenstämmchen wurden in einem Ofen erhitzt, bis der Baumsaft kochte und die Rinde absprang; dann wurden sie in sich verdreht und getrocknet. Die Wieden waren sehr widerstandsfähig und hielten die einzelnen Stämme und die Floßteile, die Gestöre, zusammen.

Hinterweidenthal. Um das 10 m hohe Felsgebilde ranken sich – der Name läßt es bereits vermuten – allerlei abenteuerliche Geschichten und Legenden. Aber es war gewiß nicht der Teufel, der den skurrilen Felsen dort in den Wasgenwald gestellt hat. Vielmehr verdankt er seine Entstehung den Kräften von Wind und Wasser, die viele Jahrmillionen lang an dem verhältnismäßig weichen Gestein gearbeitet haben. ◁

Oben: Eingebettet in eine großartige Waldlandschaft, ist die Schwarzenbachtalsperre, die 1928 gebaut wurde und der Stromerzeugung dient, ein ideales Revier zum Baden, Surfen, Bootfahren oder Angeln.

Rechts: Dem Bauingenieur Johann Gottfried Tulla, der die 1817 begonnene Regulierung des Oberrheins leitete, wurde in Karlsruhe, seiner Geburtsstadt, dieses Denkmal gewidmet.

Aufschwung durch den Hafen

Endstation dieses Rheinabschnitts, an dem der Fluß eine Breite von 240 m erreicht, ist **Karlsruhe,** Sitz des obersten Gerichts der Bundesrepublik Deutschland. Markgraf Karl Wilhelm von Baden-Durlach ließ die Stadt ab 1715 als barocke Fürstenstadt erbauen. Ihr ursprünglicher Grundriß ist noch heute erhalten. Kennzeichnend sind radial angelegte Straßen, die strahlenförmig auf das Schloß zulaufen und Karlsruhe den Beinamen „Fächerstadt" einbrachten.
Wirtschaftlichen Aufschwung nahm Karlsruhe erst durch den 1901 eröffneten Rheinhafen im Stadtteil **Daxlanden.** Er bestand zunächst aus zwei Becken und einem kleinen Petroleumhafen, die durch einen knapp 2 km langen Stichkanal mit dem Rhein verbunden wurden. Dazu kamen im Lauf der Jahre noch zwei große Becken und 1963 der Ölhafen, der 7,5 km stromabwärts bei Neureut liegt. Dort verzeichnet man heute mit 8,5 Millionen t den höchsten Mineralölumschlag aller europäischen Binnenhäfen.
Von der Rheinbrücke bei Maxau erreicht man zu Fuß in 10 Minuten das Tulla-Denkmal. Es erinnert an Johann Gottfried Tulla, den „Bändiger des Stroms".
Beim Ölhafen westlich vom Stadtteil Neureut mündet der Schwarzwaldfluß Alb in den Rhein.
▷ ***Alb*** Im Unterlauf zieht die Alb gemächlich durch die Ebene. Hinter **Ettlingen** wird sie dann zu einem munteren Gebirgsfluß mit streckenweise starkem Gefälle, bis Bad Herrenalb von der historischen Albtaleisenbahn begleitet. Ufernah führt eine Landstraße nach **Marxzell,** wo im Ortsteil **Pfaffenrot** ein Fahrzeugmuseum zu besichtigen ist, und im Ortsteil **Frauenalb** steht das gleichnamige Wahrzeichen des Albtales, das ehemalige Benediktinerinnenkloster. Den Schlußpunkt im Albtal setzt der für seine Thermalquelle bekannte heilklimatische Kurort **Bad Herrenalb** mit der ehemaligen Klosterkirche des Zisterzienserklosters. Im Ortsteil **Zieflesberg** ist die 700 Jahre alte Plotzsägemühle erhalten. ◁

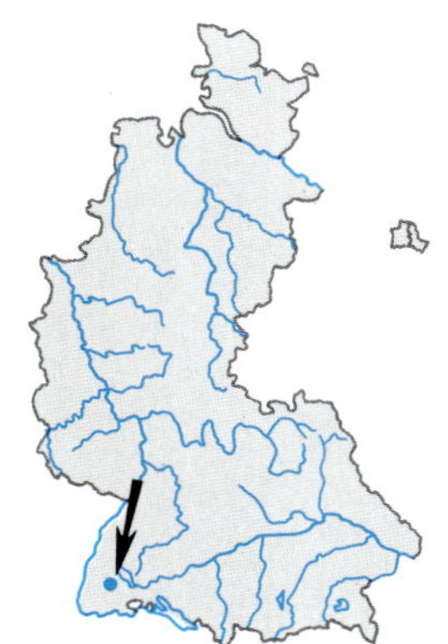

Zwei eiszeitliche Kleinode

Inmitten der prächtigen Szenerie des Hochschwarzwalds gelegen, haben sich die Gletschergewässer Schluchsee und Titisee zu bekannten Touristikzentren entwickelt, ohne ihre ursprüngliche Schönheit einzubüßen.

Seine reizvolle Lage – er ist umschlossen von bis zu 1200 m hohen Bergen, saftigen Wiesen und dunklen Wäldern – und sein gesundes Klima haben den ***Schluchsee*** am Fuß des Feldbergs zu einem beliebten Freizeit- und Erholungsgebiet gemacht. Im Sommer herrscht hier ein buntes Treiben: Wasserratten, Sonnenanbeter, Segler und Surfer genießen das blaue Wasser und die schöne Kulisse des Schwarzwalds. Der Autofahrer erreicht dieses Freizeit-Eldorado von Waldshut-Tiengen am Hochrhein aus auf schöner Strecke über die B 500, welche die letzten Kilometer dem Flußlauf der ***Schwarza*** folgt. In den Orten am Nordostufer spielt sich das touristische Leben ab.

Die Anfänge des Sees reichen zurück bis in die Eiszeit. Damals schufen die Feldberggletscher eine große Mulde, die sich später, beim Schmelzen der Eismassen, mit Wasser füllte: Der Ur-Schluchsee, nur ein Drittel so groß wie der Schluchsee von heute, war entstanden. Seine langgestreckte, schlauchartige Form verhalf dem See zu seinem Namen: Schlauch heißt auf alemannisch Schluch.

In den Jahren 1929–1932 errichtete das Schluchseewerk bei Seebrugg eine 63,5 m hohe und 250 m lange Staumauer. Der Wasserstand hob sich um 29 m, und der See wurde zu einem 7 km langen Speicher für ein bedeutendes Pumpspeicherwerk. Von hier aus läßt man gewaltige Wassermassen in Rohren zum Hochrhein hinunterschießen, und das Schluchseewerk nutzt den Wasserdruck eines Gefälles von 620 m zum Betreiben dreier Kraftwerkstationen in Häusern, Witznau und Waldshut.

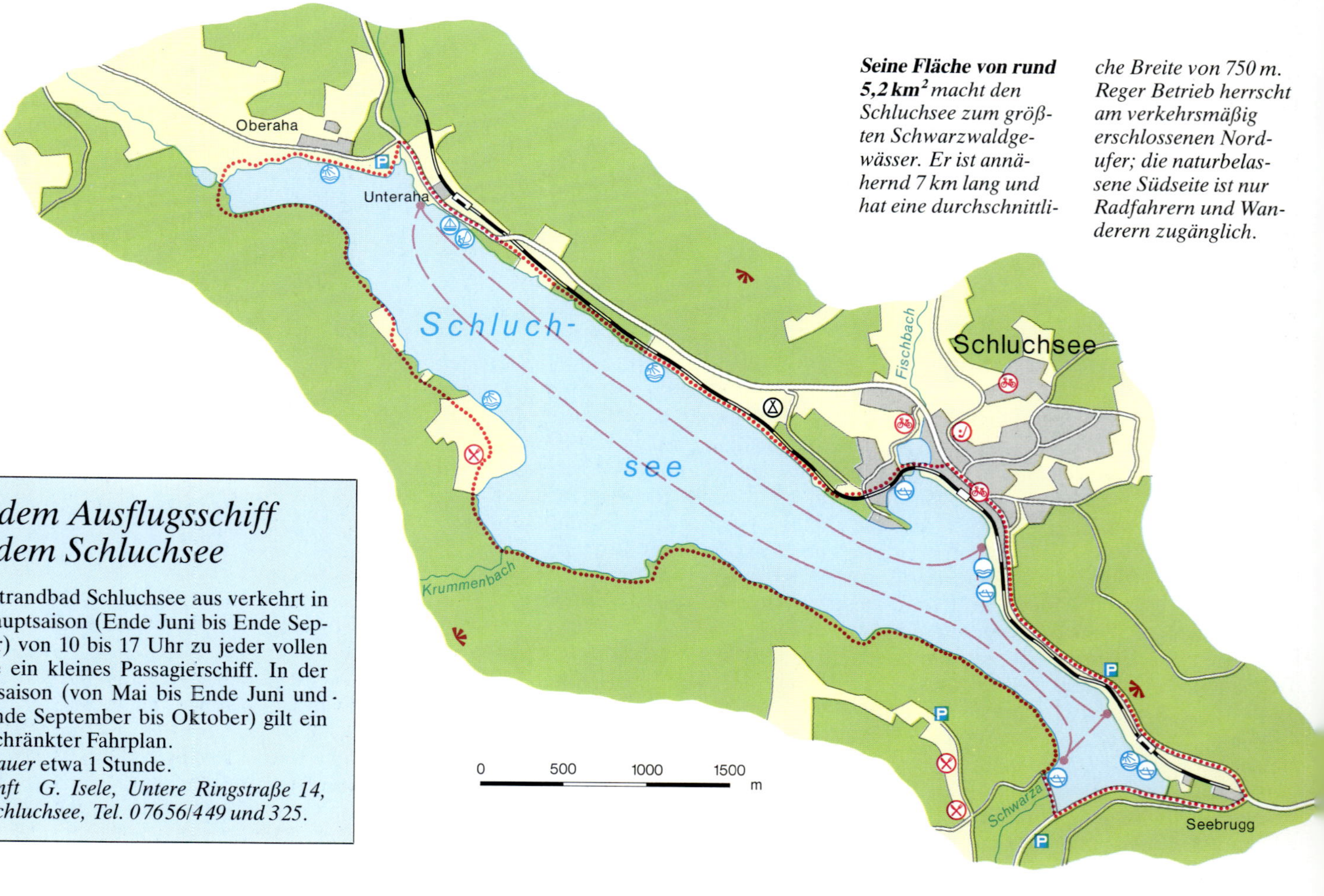

Seine Fläche von rund 5,2 km² *macht den Schluchsee zum größten Schwarzwaldgewässer. Er ist annähernd 7 km lang und hat eine durchschnittliche Breite von 750 m. Reger Betrieb herrscht am verkehrsmäßig erschlossenen Nordufer; die naturbelassene Südseite ist nur Radfahrern und Wanderern zugänglich.*

Mit dem Ausflugsschiff auf dem Schluchsee

Vom Strandbad Schluchsee aus verkehrt in der Hauptsaison (Ende Juni bis Ende September) von 10 bis 17 Uhr zu jeder vollen Stunde ein kleines Passagierschiff. In der Nebensaison (von Mai bis Ende Juni und von Ende September bis Oktober) gilt ein eingeschränkter Fahrplan.
Fahrtdauer etwa 1 Stunde.
Auskunft G. Isele, Untere Ringstraße 14, 7826 Schluchsee, Tel. 07656/449 und 325.

Ein rund 18 km langer Rad- und Wanderweg lädt zu einer Umrundung des Schluchsees ein. An den stilleren, oft dichtbewaldeten Uferstücken kommen auch Naturfreunde auf ihre Kosten.

Der Luftkurort Titisee *am Nordostufer des gleichnamigen, 2 km langen und bis zu 750 m breiten Moränenstausees gleicht im Sommer fast einem Rummelplatz. Wesentlich ruhiger geht es am wenig erschlossenen Ostufer zu. In knapp anderthalb Stunden läßt sich der See gemütlich umwandern.*

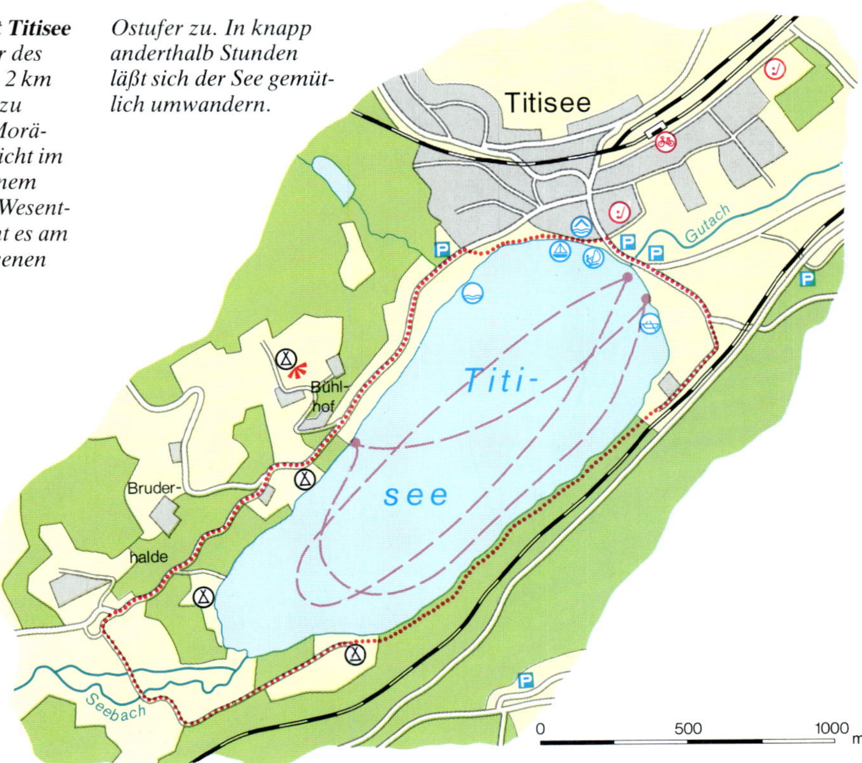

Kleiner Bruder Titisee

Über die Bundesstraßen 500 und 317 gelangt man mit dem Auto vom Schluchsee zu dessen „kleinerem Bruder", dem nördlicher gelegenen ***Titisee.*** Weitaus romantischer hingegen ist eine Zugfahrt mit der Dreiseenbahn, die man zweifellos zu den reizvollsten Gebirgsbahnen Europas rechnen kann – nicht zuletzt deshalb, weil die Station Bärental auf 976 m ü. M. der höchstgelegene Bahnhof Deutschlands ist.

Wie der Schluchsee ist auch der Titisee ein Überbleibsel aus der Eiszeit. Gespeist wird dieser größte natürliche See des Schwarzwalds vom kleinen ***Seebach,*** der im Feldsee am Osthang des Feldbergs entspringt. Bei Titisee verläßt er den See als ***Gutach,*** die dann später, nach ihrer Vereinigung mit der ***Haslach,*** zur ***Wutach*** wird (siehe Seite 136).

> *Mit dem Ausflugsschiff auf dem Titisee*
>
> Titisee ist Ausgangspunkt einer 25 Minuten dauernden Rundfahrt. Von Ostern bis Ende Oktober verkehren die Boote zwischen 8.30 und 18.30 Uhr im Abstand von 20 bis 30 Minuten.
>
> Boote der Firma Droba laufen auf Wunsch auch das Hotel Alemannenhof an.
>
> *Auskunft K. Winterhalder, Seestraße 33, 7820 Titisee-Neustadt, Tel. 0 76 51/82 14. Droba, Seestraße 39, 7820 Titisee-Neustadt, Tel. 0 76 51/82 24.*

Einen schönen Blick auf den Gletschersee genießt man vom Aussichtsturm des Hochfirsts (1190 m), des Hausbergs der Doppelgemeinde **Titisee-Neustadt.** Diese bietet ihren zahlreichen Gästen alles, was sich das Urlauberherz wünschen kann. Doch nicht nur wer auf ein vielseitiges Freizeitangebot Wert legt, kommt auf seine Kosten; auch dem Erholungsuchenden wird einiges geboten. So steigt die Zahl der „Kurlauber", die im Kneippkurort Neustadt Linderung ihrer Leiden suchen, kontinuierlich von Jahr zu Jahr.

Wie aus einer Urkunde aus dem Jahr 1095 hervorgeht, wurde der See anfangs „Titunsee" genannt. Man vermutet, daß dieser Name auf Titus, den Sohn des römischen Kaisers Vespasian (69–79 n. Chr.), zurückgeht, der im 1. Jh. einen Feldzug gegen die Germanen führte.

Eine schöne Straße folgt vom Ort Titisee aus weiter dem See. Die südliche Seespitze umrundet sie allerdings nicht – sie führt auf geradem Weg in Richtung Feldberg. Es lohnt sich aber unbedingt, ihr die rund 12 km zum höchsten Gipfel des Schwarzwalds zu folgen. In der Gemeinde Feldberg biegt man nach rechts zum Feldberger Hof ab. Von hier aus kann man sich im Sessellift zum Gipfel des Seebuck (1450 m) hinauftragen lassen, den viele Besucher schon für den Feldberggipfel halten, oder sich die Mühe machen, auf steilem Fußpfad den eigentlichen Feldberggipfel (1493 m) zu ersteigen, der sich erst hinter dem Seebuck erhebt.

Besonders reizvoll ist es, den Titisee mit dem Ausflugsboot zu erkunden. Für private Motorboote allerdings herrscht hier wie auf dem Schluchsee Fahrverbot.

Von der Talstation des Sessellifts bietet sich ein reizvoller Abstecher an: Auf einem Wanderweg geht es 2 km bergab zum kleinen ***Feldsee*** (1111 m), der mit seiner himmlischen Ruhe – hierher führt keine Straße – und der naturbelassenen Schönheit seiner steilen Felswände und dunklen Tannenwälder in wohltuendem Gegensatz zum geschäftigen Betrieb des Titisees steht.

Der Weinlehrpfad in Schliengen windet sich durch das hügelige, rebenreiche Markgräfler Land.

Das Rastatter Schloß, 1697 bis 1707 nach den Plänen von Domenico Egidio Rossi erbaut, beherrscht noch heute das Stadtbild.

Das Martyrium der hl. Ursula: Dieses alte Glasfenster aus dem Freiburger Münster ist heute im Augustinermuseum zu sehen.

Rhein

Stein am Rhein Mittelalterliche Stadt am Beginn des Hochrheins.
In der Burg Hohenklingen über der Stadt ist ein sehenswertes Puppenmuseum zu besichtigen (Öffnungszeiten: Mitte März bis Ende Oktober Di–So 10–17 Uhr).
Von Ostern bis Anfang Oktober werden Rheinfahrten zu verschiedenen Orten durchgeführt, z. B. nach Schaffhausen und zur Insel Reichenau.
Verkehrsbüro, CH-8260 Stein am Rhein, Tel. 0041/54/41 28 35

Schaffhausen Schöne alte Stadt am Rheinfall.
Wer den Nervenkitzel liebt, sollte von Schloß Wörth aus mit einem der Motorweidlinge zu dem mitten aus den stürzenden Wassermassen emporragenden Felsen fahren und diesen besteigen. Von dort oben hat man einen überwältigenden Blick auf den Rheinfall. Die Boote verkehren täglich von April bis Oktober.
Einen Überblick über die Entwicklung der Stadt von der Steinzeit bis zur Gegenwart vermittelt das Museum im ehemaligen Kloster Allerheiligen (Öffnungszeiten: Di–So 10–12 Uhr und 14–17 Uhr).
Verkehrsbüro, CH-8201 Schaffhausen, Tel. 0041/53/5 51 41

Bad Säckingen Südlichstes Heilbad der Bundesrepublik Deutschland.
Im Trompeterschlößchen befindet sich das Hochrheinmuseum, in dem unter anderem die umfassendste Trompetensammlung Europas untergebracht ist (Öffnungszeiten: Di, Do und So 15–17 Uhr).
Kurverwaltung, 7880 Bad Säckingen, Tel. 07761/51316

Basel Zweitgrößte Stadt der Schweiz.
Neben dem berühmten Münster ziehen vor allem die 30 Museen der Stadt viele Besucher an, so z. B. das Kunstmuseum mit der größten Kunstsammlung der Schweiz (Öffnungszeiten: täglich 10–17 Uhr) und das Schiffahrtsmuseum „Unser Weg zum Meer“ (Öffnungszeiten: März bis Oktober 10–12 Uhr und 14–17 Uhr, November bis Februar nur Di, Sa, So, gleiche Zeiten).
Weit über die Landesgrenzen hinaus ist die Basler Fasnacht bekannt, die erst am Montag nach Aschermittwoch um 4 Uhr früh mit dem Morgenstreich beginnt, bei dem die Narren lärmend durch die Gassen ziehen.
Verkehrsbüro, CH-4000 Basel, Tel. 0041/61/25 50 50

Schliengen Weinort im Markgräfler Land.
In dem Ort, dessen Gemeindeverwaltung in einem Wasserschloß untergebracht ist, beginnt ein 3,4 km langer Weinlehrpfad.
Gemeindeverwaltung, 7846 Schliengen, Tel. 07635/1031

Breisach Weinstadt mit Rheinübergang.
Das wirtschaftliche Herz des Breisgaus ist die Zentralkellerei Badischer Winzergenossenschaften, die größte Weinkellerei Europas (Führungen mit oder ohne Weinprobe täglich, außer in der Erntezeit, nach Anmeldung: Tel. 07667/820).
Außerdem lädt die Museumseisenbahn „Rebenbummler“ zu beschaulicher Fahrt nach Riegel und zurück ein. Sie verkehrt im Sommer an den Wochenenden, wenn sich genügend Fahrgäste anmelden.
Stadtverwaltung, 7814 Breisach, Tel. 07667/8320

Sasbach Kleiner Weinort am Fuß des Kaiserstuhls.
Unterhalb der Burgruine Limburg beginnt unweit der Schiffsanlegestelle ein etwa 6 km langer Lehrpfad, der über Geologie, Geschichte, Landeskunde, Weinbau und den Ausbau des Rheins informiert.
Außerdem kann man in einem Baggersee baden.
Fremdenverkehrsamt, 7831 Sasbach, Tel. 07642/1588 und 6022

Rust Gemeinde am Naturschutzgebiet Taubergießen.
In Rust befindet sich der mit 400 000 m² Fläche größte Freizeitpark Süddeutschlands: Eine Wildwasserbahn, eine Delphinshow und ein Spukschloß sind nur einige der vielen Attraktionen (Öffnungszeiten: Mitte April bis Mitte Oktober täglich 9–18 Uhr, in den großen Ferien bis 20 Uhr).
Von April bis Oktober kann man sich täglich von sachkundigen Bürgern in Nachen durch den Taubergießen fahren lassen. Eine Tour dauert 2 Stunden.
Gemeindeverwaltung, 7631 Rust, Tel. 07822/6210

Kehl Deutsche Nachbarstadt Straßburgs.
Im Hanauer Museum erfährt man alles Wissenswerte über Rheinregulierung, Fischfang und Flößerei (Öffnungszeiten: So 14–17 Uhr).
Verkehrsamt, 7640 Kehl, Tel. 07851/88226

Iffezheim Kleine Gemeinde mit großem Namen.
Weltgeltung erlangte Iffezheim durch seine Pferderennbahn. Seit 1858 werden dort zwei international bedeutende Galopprennen veranstaltet: Ende Mai das Frühjahrsmeeting und Ende August die Große Woche von Baden-Baden.
Gemeindeverwaltung, 7557 Iffezheim, Tel. 07229/2031

Rheinstetten Großgemeinde vor den Toren Karlsruhes.
Hier lädt ein schöner Baggersee, der Epplesee, zum Baden und Surfen ein.
Bürgermeisteramt, 7512 Rheinstetten, Tel. 07242/831 und 832

Karlsruhe Zentrum der bundesdeutschen Gerichtsbarkeit.
Mittelpunkt der Stadt ist das in einem wunderschönen Park gelegene Schloß, in dem das Badische Landesmuseum untergebracht ist. Besonders interessant ist die Abteilung mit den Trophäen des „Türkenlouis“ genannten Markgrafen Ludwig Wilhelm I. von Baden, die er Ende des 17. Jh. beim Kampf gegen die Osmanen erbeutete (Öffnungszeiten: Mo, Mi, Fr–So 10–17 Uhr, Do bis 22 Uhr).
Verkehrsamt, 7500 Karlsruhe, Tel. 0721/35530

Wutach

Bonndorf Luftkurort bei der Wutachschlucht.
Ein besonderes Erlebnis ist eine Wanderung durch die grandiose Schlucht der Wutach. Man parkt das Auto im Ortsteil Gündelwangen und folgt dann dem ausgeschilderten Weg bis Wutach-Ewaltingen. Die Strecke ist etwa 15 km lang. Mit dem Bus kann man wieder zurückfahren.
Tourist-Informations-Zentrum, 7823 Bonndorf, Tel. 07703/7607

Stühlingen Malerisches Städtchen über dem Wutachtal.
Im Ortsteil Weizen sollte man ein Billett für die Museumseisenbahn lösen, die auf kurvenreicher Strecke nach Blumberg fährt. Der Zug verkehrt von Mai bis Oktober immer sonntags und an wechselnden Wochentagen. Die Fahrt hin und zurück dauert mit Aufenthalt 2½ Stunden.
Stadtverwaltung, 7894 Stühlingen, Tel. 07744/5320

Wehra

Wehr 1000 Jahre alter Ort im Hotzenwald.
Beim Ortsteil Hasel lohnt sich ein Besuch der Erdmannshöhle, die mit 3288 m die längste Tropfsteinhöhle Deutschlands ist (Öffnungszeiten: 1. April bis 30. April Mo–Fr 13–17 Uhr, Sa, So 9–12 Uhr und 13–17 Uhr, 1. Mai bis 30. September Mo–So 9–12 Uhr und 13–17 Uhr, 1. Oktober bis 1. November wie April, sonst geschlossen).
Eindrucksvoll ist auch das Wehrastaubecken 2 km nördlich der Stadt mit dem Kavernenkraftwerk im tief eingeschnittenen Wehratal (Besichtigung nur nach Voranmeldung und für Gruppen; Tel. 07762/9071).
Verkehrsverein, 7867 Wehr, Tel. 07762/9479

Zur Gutacher Tracht gehören die Bollenhüte. Eine Gutacherin stellt die prächtigen Kopfbedeckungen her.

Wiese

Schopfheim Ehemalige Burgsiedlung.
2 km östlich des Ortes unweit der Straße nach Wehr (B 518) liegt der Eichener See – ein wahres Kuriosum. Der See ist nämlich die meiste Zeit gar nicht vorhanden. Nur nach starken Regenfällen dringt Karstwasser aus der Tiefe nach oben und füllt die Landmulde. Bei Trockenheit versickert das Wasser.
In Schopfheim lohnt ein Besuch des Heimatmuseums, in dem interessante Stücke aus Geschichte und Brauchtum der Gegend gezeigt werden (Öffnungszeiten: Mi und Sa 14–17 Uhr, So 10–12 Uhr und 14 bis 17 Uhr).
Verkehrsamt, 7860 Schopfheim, Tel. 07622/396116

Dreisam

Freiburg Alte Universitätsstadt.
Das schönste Bauwerk der Stadt ist das Münster Unserer Lieben Frau, eines der größten Meisterwerke der gotischen Baukunst.
Das bedeutendste Museum ist das Augustinermuseum mit Schätzen der oberrheinischen Kunst (Öffnungszeiten: Di, Do–So 10–17 Uhr, Mi 10–20 Uhr).
Verkehrsamt, 7800 Freiburg, Tel. 0761/2163289

Zwischen Achern und Ottenhöfen verkehrt die historische Achertalbahn, von den Einheimischen liebevoll „Bähnle" genannt.

Kinzig

Schiltach Einstiger Hauptsitz der Kinzigflößerei.
Im Erdgeschoß der Schüttesäge, die bis 1931 arbeitete und noch ein unterschlächtiges Wasserrad besitzt, ist das Flößermuseum eingerichtet (Öffnungszeiten: Mai bis Oktober Mo–So 10–12 Uhr).
Verkehrsamt, 7622 Schiltach, Tel. 07836/648

Wolfach Hübsche kleine Schwarzwaldstadt.
Unbedingt sollte man die Mundblashütte mit Museum besuchen. Man kann den Glasmachern und -schleifern bei der Arbeit zusehen (Öffnungszeiten: Mo–Fr 8–15.30 Uhr, Sa, So, feiertags 9–15.30 Uhr, Pause 12–12.30 Uhr, 1. Januar bis 30. März und Mitte November bis Mitte Dezember an Sonn- und Feiertagen geschlossen).
Verkehrsamt, 7620 Wolfach, Tel. 07834/97533

Haslach Ländlich idyllischer Ort am Kinzigknie.
Im völlig erhaltenen Kapuzinerkloster aus dem 17. Jh. ist das Trachten- und Heimatmuseum untergebracht (Öffnungszeiten: Anfang April bis Ende Oktober Di–Sa 9–17 Uhr, So 10–17 Uhr, sonst Di–Fr 9–12 Uhr und 13–17 Uhr).
Verkehrsamt, 7612 Haslach, Tel. 07832/8080

Gutach

Gutach Kleiner Ort an dem bei Hausach mündenden Fluß.
Nach Voranmeldung kann man der einzigen Bollenhutmacherin bei der Arbeit zusehen.
Das „Schwarzwälder Freilichtmuseum Vogtsbauernhof", in dem alle Schwarzwälder Bauernhausformen samt Hausrat und Arbeitsgeräten zu sehen sind, sollte man nicht versäumen (Öffnungszeiten: Anfang April bis Anfang November Mo–So 8.30–18 Uhr).
Bürgermeisteramt, 7611 Gutach, Tel. 07833/218

Acher

Ottenhöfen Typische Streusiedlung.
Die Attraktion des Ortes ist der 15 km lange Mühlenrundweg, der an neun Mühlen und einer Hammerschmiede vorbeiführt. Bei sieben Anlagen klappert noch das Wasserrad.
Kurverwaltung, 7593 Ottenhöfen, Tel. 07842/2097

Achern Große Kreisstadt.
Im Heimatmuseum befindet sich das einmalige Sensenmuseum, in dem man sieht, wie Sensen aus einem Stück Stahl geschmiedet wurden (Öffnungszeiten: So 14–18 Uhr, sonst nach Anmeldung).
Eine weitere Attraktion: der historische Dampfzug, der nach Ottenhöfen fährt. Er verkehrt ganzjährig mehrmals täglich.
Stadtverwaltung, 7590 Achern, Tel. 07841/6420

Die bekannte Spielbank in Baden-Baden gilt als eines der schönsten Kasinos der Welt.

Murg

Rastatt Großgemeinde im Oberrheinischen Tiefland.
Im Schloß sind zwei bedeutende Museen untergebracht, ein Freiheitsmuseum, das hauptsächlich die Deutsche Revolution von 1848/1849 zum Thema hat, sowie ein Wehrgeschichtliches Museum, das einen Überblick über das deutsche Wehrwesen vom Mittelalter bis zur Gegenwart gibt (Öffnungszeiten: Di–So 9.30–17 Uhr).
Stadtverwaltung, 7550 Rastatt, Tel. 07222/385207

Baden-Baden International bekanntes Thermalbad mit der ältesten Spielbank Deutschlands am Nebenflüßchen Oos.
Von den bedeutenden Bauwerken seien die Pfarrkirche und die Zisterzienserinnenabtei Lichtental genannt. Und selbstverständlich sollte man das vornehme Spielkasino zumindest besichtigen (Öffnungszeiten: April bis September 9.30–12 Uhr, Oktober bis März 10–12 Uhr). Wer ein Spiel wagen möchte, kann dies täglich ab 14 Uhr tun.
Kurverwaltung, 7570 Baden-Baden, Tel. 07221/2751

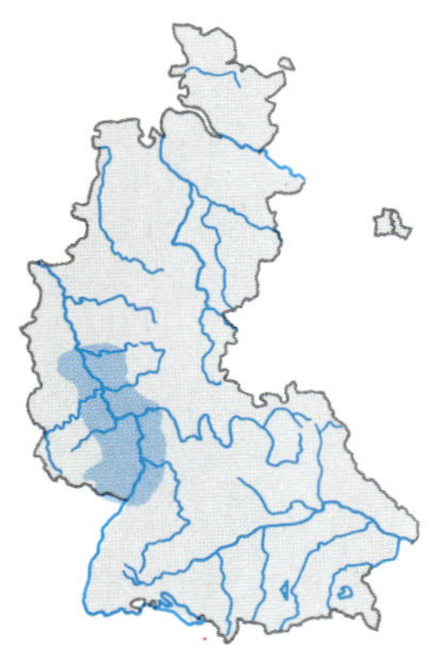

Ein Strom wird romantisch

Im mittleren Abschnitt wandelt sich das Bild des Rheins: Träge und in weiten Windungen zieht er sich zunächst noch durch die Niederung, bis er auf den mächtigen Block des Schiefergebirges trifft, den er in einem prachtvollen, engen Tal durchbrochen hat.

Unterhalb von Karlsruhe verliert sich der Rhein rasch in einer weitläufigen Auenlandschaft, die noch immer durchsetzt ist von alten oder erst durch Tullas große Regulierung entstandenen Altwasserarmen. Die wichtigen Fernverkehrsstraßen verlaufen in gebührendem Abstand zur feuchten Stromniederung, und lediglich eine Brücke und eine Fähre verbinden die Ufer zwischen Karlsruhe und Speyer.

In Karlsruhe hält man sich zunächst auf der A 65 Richtung Landau, verläßt diese aber unmittelbar nach Überquerung des Rheins, um auf der B 9 weiterzufahren. Im Schatten der badischen Großstadt hat sich im rheinland-pfälzischen **Wörth** ein Industriegebiet entwickelt. Besonders auffällig ist die Ölraffinerie an der Straße nach Germersheim. Unscheinbar nimmt sich dagegen der „Rheinland-pfälzische Landeshafen" aus –

Weithin sichtbar in der breiten Stromniederung erhebt sich am Hochufer des Rheins der monumentale Bau des Speyerer Kaiserdoms. Eindrucksvoll bezeugt er die einstige Bedeutung der Bischofs- und späteren freien Reichsstadt Speyer. Der Salierkaiser Konrad II. legte um 1030 den Grundstein für die langgestreckte Basilika. Einzigartig in ihrer Größe und Schönheit ist die vierschiffige Krypta, in der mehrere deutsche Kaiser ruhen.

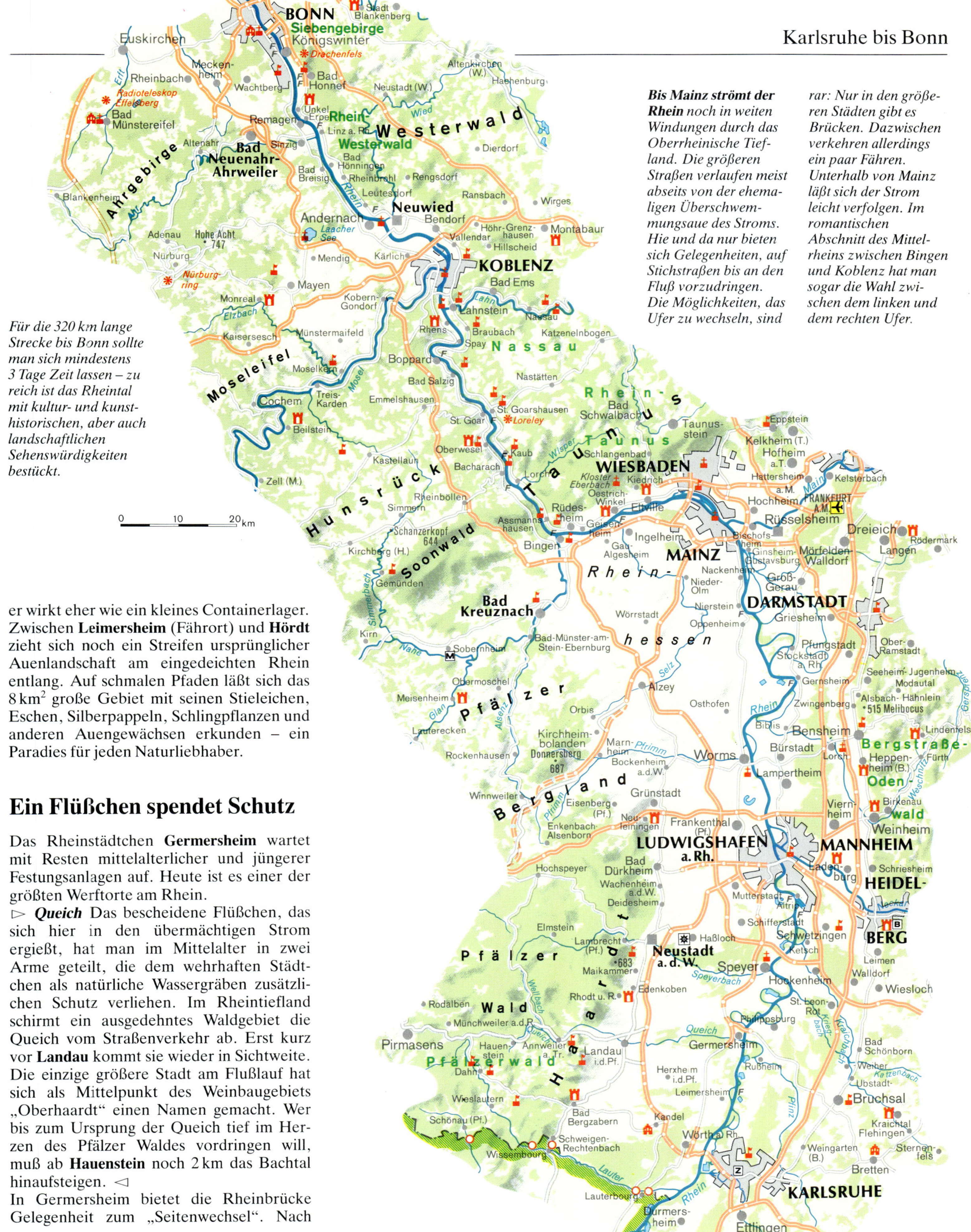

***Bis Mainz strömt der Rhein** noch in weiten Windungen durch das Oberrheinische Tiefland. Die größeren Straßen verlaufen meist abseits von der ehemaligen Überschwemmungsaue des Stroms. Hie und da nur bieten sich Gelegenheiten, auf Stichstraßen bis an den Fluß vorzudringen. Die Möglichkeiten, das Ufer zu wechseln, sind rar: Nur in den größeren Städten gibt es Brücken. Dazwischen verkehren allerdings ein paar Fähren. Unterhalb von Mainz läßt sich der Strom leicht verfolgen. Im romantischen Abschnitt des Mittelrheins zwischen Bingen und Koblenz hat man sogar die Wahl zwischen dem linken und dem rechten Ufer.*

Für die 320 km lange Strecke bis Bonn sollte man sich mindestens 3 Tage Zeit lassen – zu reich ist das Rheintal mit kultur- und kunsthistorischen, aber auch landschaftlichen Sehenswürdigkeiten bestückt.

er wirkt eher wie ein kleines Containerlager. Zwischen **Leimersheim** (Fährort) und **Hördt** zieht sich noch ein Streifen ursprünglicher Auenlandschaft am eingedeichten Rhein entlang. Auf schmalen Pfaden läßt sich das 8 km² große Gebiet mit seinen Stieleichen, Eschen, Silberpappeln, Schlingpflanzen und anderen Auengewächsen erkunden – ein Paradies für jeden Naturliebhaber.

Ein Flüßchen spendet Schutz

Das Rheinstädtchen **Germersheim** wartet mit Resten mittelalterlicher und jüngerer Festungsanlagen auf. Heute ist es einer der größten Werftorte am Rhein.

▷ ***Queich*** Das bescheidene Flüßchen, das sich hier in den übermächtigen Strom ergießt, hat man im Mittelalter in zwei Arme geteilt, die dem wehrhaften Städtchen als natürliche Wassergräben zusätzlichen Schutz verliehen. Im Rheintiefland schirmt ein ausgedehntes Waldgebiet die Queich vom Straßenverkehr ab. Erst kurz vor **Landau** kommt sie wieder in Sichtweite. Die einzige größere Stadt am Flußlauf hat sich als Mittelpunkt des Weinbaugebiets „Oberhaardt" einen Namen gemacht. Wer bis zum Ursprung der Queich tief im Herzen des Pfälzer Waldes vordringen will, muß ab **Hauenstein** noch 2 km das Bachtal hinaufsteigen. ◁

In Germersheim bietet die Rheinbrücke Gelegenheit zum „Seitenwechsel". Nach

In Ludwigshafen reichen die Anlagen der BASF bis nahe an das Rheinufer heran. Das Chemieunternehmen erhält einen beachtlichen Teil seiner Rohmaterialien auf dem Wasserweg.

An der Uferpromenade in Worms wurde die Versenkung des sagenhaften Nibelungenschatzes durch Hagen verewigt. Die Stadt spielt im Nibelungenlied gleich mehrfach eine wichtige Rolle. Nur so viel ist sicher: Im 5. Jh. war Worms das Zentrum des von den Hunnen zerschlagenen Burgunderreichs. Eine zweite, noch größere Blüte erlebte Worms im Mittelalter.

6 km biegt man von der B 35 nach **Dettenheim-Rußheim** ab.

▷ ***Pfinz*** Das Flüßchen erreicht den Rußheimer Altrheinarm in einem künstlichen Graben und weist auch sonst auf seinem Lauf parallel zum Rhein – fast – keine Höhepunkte auf. Nur im Abschnitt der einstigen badischen Markgrafenresidenz **Karlsruhe-Durlach** hat man ihm erst jüngst wieder zu einem naturnahen Bett verholfen: Kleine Buchten und Windungen wurden künstlich ausgehoben. Zwischen den Randhügeln des Nordschwarzwalds, wo die Pfinz bei Straubenhardt entspringt, blieb der Flußlauf weitgehend im natürlichen Zustand. ◁

Der schönere Weg gen **Speyer** verläuft linksrheinisch. Hier wie auf der badischen Seite werden die leichten, sandigen Böden bevorzugt für den Spargelanbau genutzt. Die alte Reichsstadt kündigt sich bald mit ihrem mächtigen romanischen Dom am Horizont an. Schon die Kelten unterhielten auf dem bis zum Rhein vorgeschobenen, erhöhten Sporn, auf dem auch der Dom gegründet ist, eine größere Siedlung. In Speyer wechselt man auf die andere Rheinseite über und hält sich dicht am Ufer bis **Ketsch.** Dort blieb zwischen einem alten Rheinbogen und dem heutigen Strombett eine 5 km^2 große Insel zurück, die mit ihrem üppigen Auwald den Eindruck erweckt, die Zeit sei stehengeblieben, bevor Tulla mit der Korrektion begann. Dieses Naturschutzgebiet läßt sich vom Parkplatz des Freizeitgeländes Ketsch aus auf drei markierten Wegen in 1–1½ Stunden sehr schön erwandern.

Zwei Bäche kreuzen sich

▷ ***Kraichbach*** Das Flüßchen wird vom Ketscher Altrheinarm aufgenommen und teilt das Schicksal vieler anderer kleiner Gewässer in der Rheinebene: Im Mündungsabschnitt ist es zwischen hohe Dämme gezwängt, ansonsten weitgehend kanalisiert. Ungewöhnliches widerfährt ihm neben der Straße von Kronau nach Ubstadt-Weiher: Es wird von einem anderen Bach gekreuzt. Von Osten fließt ihm der Katzenbach zu, der es 100 m weiter als Kriegbach wieder verläßt. ◁

Von Ketsch aus sind es noch 5 km bis zum Mannheimer Vorort **Rheinau,** wo 1896 bis 1898 die vier Becken des Rheinauhafens angelegt wurden. Fabriken, Silos und Lagerhallen führen **Mannheims** heutige

Der Rhein und das Nibelungenlied

Die Schauplätze des deutschen Heldenepos, das von einem unbekannten, vermutlich österreichischen Dichter um 1200 am Bischofshof zu Passau seine heute bekannte Form erhielt, liegen zum Teil am Rhein.

Siegfried, der Sagenheld aus Xanten am Niederrhein, kam nach Worms an den burgundischen Hof, wo er König Gunter unter Einsatz seiner Tarnkappe half, die starke Brünhild zur Frau zu gewinnen. Zum Dank erhielt Siegfried Gunters Schwester Kriemhild zur Frau.

Auf der Treppe des Wormser Doms kam es dann Jahre später zum berühmten Streit der beiden Königinnen um die Rangfolge und damit um den Vortritt in die Kirche. Ein unbedachtes Wort Kriemhilds löste jene Tragödie aus, die mit dem Niedergang des Burgunderreichs endete.

Der edle Recke Siegfried fand den Tod durch den grimmigen Hagen, Oheim und Waffenmeister der Könige – nicht fern vom Rhein, am Lindlbrunnen im Odenwald. Aufgebahrt wurde er im Dom zu Worms.

Der Schatz im Rhein

Hagen versenkte den gewaltigen Schatz, den Siegfried einst dem Zwergenvolk der Nibelungen abgenommen hatte, im Rhein – sicher jedoch nicht dort, wo die Stadt Worms im Jahr 1906 ein Denkmal gesetzt hat. Überhaupt kann man heute kaum mehr rekonstruieren, ob und wo sich die Ereignisse der Nibelungensage abgespielt haben. Historisch gesichert ist einzig, daß Worms im 5. Jh. die Hauptstadt des Burgunderreichs war.

Zwischen einer alten Rheinschlinge und dem neuen Strombett blieb bei Darmstadt ein Teil der urwüchsigen Auenlandschaft erhalten: der Kühkopf. Das Gebiet wird regelmäßig überschwemmt und bietet zahlreichen Tier- und Pflanzenarten ideale Lebensbedingungen.

Bedeutung als Industriestadt eindrucksvoll vor Augen. Verständlich, daß der Natur nur wenige Rückzugsgebiete blieben. Das wichtigste von ihnen ist die Reißinsel, auf der zahllose Zugvögel auf ihrem Weg durch das Oberrheinische Tiefland Rast einlegen. Über den südlichen Stadtteil **Neckarau,** wo man sich am Wegweiser „Waldpark Reißinsel" orientiert, gelangt man in das herrliche Naturschutzgebiet. Im daran anschließenden Erholungsgelände liegt das traditionsreiche Strandbad, das heute nur noch seiner Liegewiesen wegen aufgesucht wird. Die zweite Möglichkeit, am Rheinufer zu flanieren, bietet der Schloßpark.

Ausgedehnte Hafenanlagen machen sich im Bereich der Neckarmündung (siehe Seite 182–189) breit. Am jenseitigen Rheinufer bildet der riesige Werkskomplex der 1865 gegründeten BASF in **Ludwigshafen** eine geschlossene Front, die den Strom eingemauert erscheinen läßt.

Vom nördlichen Stadtteil **Waldhof** aus hat man Zugang zum Altrhein, der zu einem riesigen, gekrümmten Hafenbecken ausgebaggert wurde. Große Industrieanlagen besetzen die Ufer. Die zwischen Rhein und Altrhein liegende Friesenheimer Insel wird von den Tanklagern der Ölraffinerie beherrscht.

Im hessischen **Lampertheim,** der nächsten Station an der B 44, blieb wieder ein Stück ursprünglicher Auenlandschaft von dem Zugriff des Menschen verschont: das Naturschutzgebiet Biedensand. Schilder weisen den Weg zur Altrheinbrücke, wo ein Parkplatz mit Wanderwegtafel angelegt ist. Ein Pfad führt vor bis an den Strom.

Sagenhaftes Worms

Worms, eine der geschichtsträchtigsten Städte Deutschlands, fordert zum Wechsel ans linke Ufer auf. Man überquert den Rhein auf der Nibelungenbrücke, der ältesten Spannbetonbrücke über den Strom. Der Name erinnert an die sagenhafte Vergangenheit der Stadt als einer der Hauptschauplätze des Nibelungenlieds. In allen Epochen spielte die Stadt eine wichtige Rolle, so auch im 5. Jh., als sie Mittelpunkt des Burgunderreiches war. Der Rheinhandel verhalf der Bischofsstadt im Mittelalter zu anhaltender Blüte, von der das einzigartige Bauwerk des romanischen Doms (11./12. Jh.) eindrucksvoll Zeugnis ablegt.

▷ ***Pfrimm*** Das Flüßchen strömt in Worms durch den hübschen Pfrimmpark. Auf der B 47 läßt sich das Tal erst durch die flache Gemüsebaulandschaft der Vorderpfalz, dann durch das Alzeyer Hügelland mit seinen Rebkulturen verfolgen. ◁

Ab Worms wird es wieder schwierig, dem rechten Rheinufer mit dem Auto zu folgen. Allerdings gibt es hie und da kleine Stichstraßen, die bis zum Uferdeich vorstoßen. Bald tauchen die gigantischen Kühltürme des Kernkraftwerks Biblis auf, mit 2385 MW Leistung weltweit eines der größten seiner Art.

Spargelfelder umgeben das Städtchen **Gernsheim,** wo die Straße den Rhein wieder berührt. Ein letztes Mal auf diesem Abschnitt der Reise lockt dann eines der wenigen erhaltenen Naturparadiese am Rhein zu einem Erkundungsgang. In **Stockstadt** läßt man das Auto stehen und wandert auf einem befestigten Weg in die Rheinaue. Man überquert einen weit nach Osten greifenden Altarm, der die Kühkopfinsel einschließt. Der ursprünglichste Teil der Auenlandschaft, in dem das Wasser nach jeder Überschwemmung tagelang stehenbleibt, wurde als Naturschutzgebiet ausgewiesen. Immerhin 105 Vogelarten, darunter Schwarzmilan und Blaukehlchen, haben Experten in dem schwer zugänglichen Gebiet beobachtet.

Bei Nierstein reichen die Rebhügel Rheinhessens dicht an den Strom heran. Gegenüber erstreckt sich die flache Landschaft des Hessischen Rieds.

Wo schon die Römer Reben pflanzten

Über Riedstadt setzt man die Reise nun ins linksrheinische **Oppenheim** (Fährübergang) fort. In der ehemaligen Reichsstadt reichen die Rebhügel Rheinhessens bis an den Strom heran. Der fruchtbare Lößboden und viel Sonne sind das natürliche Kapital dieser Landschaft. An den Hängen um Oppenheim kultivierten schon die Römer ihre Reben – die Stadt geht auf eine römische Gründung zurück und ist heute Zentrum des rheinhessischen Weinbaus.

Auf halbem Weg zur benachbarten Weinbaugemeinde Nierstein weist ein Schild auf die Reste des ufernah gelegenen römischen Badeorts Sirona hin. **Nierstein** schmiegt sich wie Oppenheim an die steil zum Rhein abfallenden Hügel. Schon wegen der grandiosen Aussicht sollte man zu Fuß auf die 195 m hohe Niersteiner Warte nordwestlich des Ortes steigen.

Breit fließt der Rhein nun in mancherlei Verästelungen nach Norden. **Nackenheim** ist ein weiterer bekannter Weinort. Dort wurde 1896 der Dichter Carl Zuckmayer geboren. 5 km weiter beginnt schon jener Verdichtungsraum, den man allgemein als Rhein-Main-Gebiet bezeichnet. Die südlichen Vororte von Mainz durchquert man auf einer breiten Uferstraße. Gegenüber nimmt der Rhein seinen wichtigsten Nebenfluß auf: den ***Main*** (siehe Seite 190–199).

Die Altstadt von **Mainz** kündigt sich mit den Türmen des Doms an, der zu den erhabensten romanischen Kirchenbauten am Rhein zählt. Mainz ist übrigens seit Straßburg die erste Stadt, die dem Strom ihre Schauseite zuwendet, mit Bauten vor allem des 19. Jh., aber auch mit einigen sehr modernen Akzenten wie Rathaus, Rheingoldhalle und Hilton-Hotel. Die Geschichte der Stadt reicht bis in die Keltenzeit zurück. Damals schon bildete sich hier eine Siedlung an einem Rheinübergang. Dieser Übergang veranlaßte die Römer zur Gründung des befestigten Lagers Mogontiacum, das sich immerhin zum Hauptort der Provinz Germania superior aufschwang. Das Mittelalter war die Zeit des „Goldenen Mainz“ – die Stadt hatte über Jahrhunderte Bestand als eines der bedeutendsten Zentren Deutschlands.

Ein rauschendes Inselfest

Dem Dom gegenüber trennt ein Nebenarm des Mains eine Insel vom Ufer ab: die Maaraue. Hier feierte Kaiser Friedrich Barbarossa im Jahr 1184 mit dem „Mainzer Hoffest“ die Schwertleite, die Erhebung seiner beiden Söhne zu waffenfähigen, mündigen Männern. Es wurde das glanzvollste Fest des deutschen Hochmittelalters. Heute ist die Maaraue ein beliebtes Erholungsgelände.

Über die Theodor-Heuss-Brücke gelangt man in den rechtsrheinischen Vorort **Kastel,** von wo aus es immer am Ufer lang über den Vorort **Amöneburg** nach **Wiesbaden-Biebrich** weitergeht. Der Strom teilt sich in diesem Abschnitt in zwei Arme, die langgestreckte Inseln umschließen. Industrie und Hafenanlagen säumen das Ufer. Die Stadt liegt etwas abgesetzt an den Randhügeln des Taunus, hat aber bei Schloß Biebrich, einem 1745 vollendeten Barockbau, eine eigene Anlegestelle für die Rheinschiffe. Hier bekommt die Uferbebauung durch die gepflegten Anlagen eines Ruderclubs sogar einen vornehmen Anstrich.

Auf der B 42 bleibt man von jetzt an in unmittelbarem Kontakt zum Rhein. Die Straße ist sehr stark befahren, weshalb man vor allem in den Ortschaften mit zeitraubenden Staus rechnen muß. Jenseits der Rheinbrücke im Verlauf der A 643 gewinnen zur Rechten allmählich die bewaldeten Höhen des Rheingaugebirges an Kontur.

Inseln nur für Vögel

Das erste malerische Ortsbild am romantischen Rheinabschnitt hat das Weinstädtchen **Eltville** zu bieten. Davor erstreckt sich im Strom eine 2 km lange Insel: die Eltviller Aue. An ihrer Spitze riegeln Steinwälle eine

Am Waldrand hoch über Eltville im Rheingau liegt das ehemalige Zisterzienserkloster Eberbach. Der Wein ist von alters her Existenzgrundlage und Aushängeschild des Klosters; heute nutzt die Staatliche Domänenverwaltung den riesigen Lagerkeller.

flache Bucht von der Strömung ab. Hier haben Naturschützer dafür gesorgt, daß Zugvögel gute Rastmöglichkeiten finden.
Ab **Eltville-Erbach** treten nun die Weinberge immer häufiger bis nahe ans Ufer heran. Ein hübscher Weinort folgt fast übergangslos auf den andern: **Hattenheim, Oestrich, Mittelheim** und **Winkel** sind jedem Liebhaber des Rheingauer Rieslings ein fester Begriff. Die Fähre erlaubt einen Abstecher ans Südufer, wo die lieblichen Hügel Rheinhessens flach auslaufen. Hier liegt **Ingelheim,** das heute zwar seines Rotweines wegen einen Namen hat, aber nicht im entferntesten an seine frühmittelalterliche Bedeutung als karolingische Kaiserpfalz anknüpfen kann.

▷ ***Selz*** Das bei Ingelheim mündende Flüßchen windet sich in launenhaften Schlangenlinien durch das rheinhessische Hügelland. Die bedeutendste Stadt an seinem von Nebensträßchen begleiteten Lauf ist **Alzey.** Dort ist die Selz allerdings noch ganz jung, und so hat man sie in der altehrwürdigen Stadt einfach überbaut. Nur einige gewundene Gäßchen verraten den ursprünglichen Verlauf des Baches, der am Rand des Nordpfälzer Berglands in **Orbis** entspringt. ◁

Nächster Ort am rechten Rheinufer ist das Fachwerkstädtchen **Geisenheim.** Die über 1200 Jahre alte Stadt wird vom weithin sichtbaren Doppelturm der Pfarrkirche beherrscht, die den Beinamen „Rheingauer Dom" erhielt. Die Türme des im 16. Jh. begonnenen Bauwerks wurden erst im 19. Jh. fertig. Der Ortschaft vorgelagert ist die Rheininsel Fulderaue mit einem hübschen alten Windrad. Über der Stadt thront Schloß Johannisberg, zu dem ein Sträßchen am Ortsrand abzweigt. Seit 1816 ist das Schloß samt Weingut und Sektkellerei im Besitz der Fürsten von Metternich-Winneburg. Aber nicht nur die edlen Tropfen, die in der Probierstube des Schlosses gekostet werden können, auch die herrliche Aussicht lohnt den Besuch.

Von Geisenheim ist es dann nur noch ein Katzensprung bis zu einem der berühmtesten Orte am Rhein: **Rüdesheim.** Für manchen ist er der Inbegriff für weinselige Rheinromantik überhaupt. An den Hängen in der Umgebung wird seit der Römerzeit nahezu ohne Unterbrechung Weinbau betrieben. Durch die Drosselgasse, eine einzige Aufreihung von Weinschenken, muß man sich einfach einmal geschoben haben. In Rüdesheim steht aber auch die älteste Burg am Mittelrhein, die Brömserburg, eine Wasserburg aus dem 12. Jh.

Einige der langgestreckten Inseln, die der Strom im Rheingau umfließt, sind wichtige Rastplätze für Zugvögel; manche Arten, wie der Graureiher (Bild), haben dort auch Brutplätze.

Mit dem Ausflugsschiff auf dem Mittelrhein

Der Mittelrhein ist neben der Mosel die meistbefahrene Flußstrecke Deutschlands. Entsprechend groß ist das Angebot an Schiffstouren. Neben der bekannten Köln-Düsseldorfer gibt es zwischen Mainz und Köln zahlreiche kleinere Veranstalter von Ausflugsfahrten.
Von Mai bis Mitte September werden Fahrten auf der Strecke Mainz–Köln angeboten.
Fahrtdauer Die Schiffe legen frühmorgens ab und benötigen stromabwärts 9½, aufwärts 14 Stunden. Auch ein Tragflügelboot ist im Einsatz. Es legt die Strecke in 3½ bzw. 4 Stunden zurück. Für alle Strecken werden auch kombinierte Schiffs-Bahn-Karten ausgegeben.
Fahrtziele An allen interessanten Orten besteht Gelegenheit zum Aus- und Einstieg.
Auskunft Köln-Düsseldorfer, Frankenwerft 15, 5000 Köln 1, Tel. 0221/20880.
Auf der „Bilderbuchstrecke" zwischen Rüdesheim und Bonn bieten 18 Unternehmen Fahrten nach Plan, aber auch Sonderfahrten aller Art an – Schiffstouren lassen sich in vielen Varianten zusammenstellen. Nähere Informationen erhält man bei den Verkehrsämtern der bekannteren Rheinorte.
Empfehlenswert ist auch ein Schiffsausflug auf dem Abschnitt Karlsruhe–Mainz. Im Sommer finden von Karlsruhe aus Halbtagesfahrten nach Speyer und Tagesfahrten nach Worms statt. Außerdem verkehrt mittwochs und sonntags ein Schiff zwischen Heidelberg und Worms (Tagesfahrten).
Auskunft Verkehrsbetriebe, Lammstraße 7, 7500 Karlsruhe, Tel. 0721/59966-68.
Auskunft Rhein-Neckar-Fahrgastschiffahrt GmbH, Untere Neckarstraße 17, 6900 Heidelberg, Tel. 06221/20181.

Oben: Zu Füßen der um die Wende des 13./14. Jh. erbauten Heimburg, auch Burg Hoheneck genannt, schart sich das Weinörtchen Niederheimbach. Auf den Hängen gegenüber gedeihen die begehrten Rheingauer Rieslinge.

Freie Fahrt durch Sprengstoff

In Rüdesheim setzt man mit der Fähre auf die linke Rheinseite nach **Bingen** über. Hier mündet die ***Nahe*** (siehe Seite 216–217) in den Rhein. An dieser strategisch günstigen Stelle legten die Römer, die bereits eine Siedlung vorfanden, ihr Kastell Bingium an und schlugen eine erste hölzerne Brücke. Die wechselvolle Geschichte Bingens mit zahlreichen Bränden und kriegerischen Zerstörungen ließ kaum etwas Historisches zurück.

Nur wenig entfernt liegt das berühmte, von der Schiffahrt gefürchtete Binger Loch: Hier wandte sich der Rhein nach Norden und grub ein enges Tal durch das Rheinische Schiefergebirge. Diese von Untiefen und Felsen aus hartem Quarzitgestein durchsetzte Stromenge war bis ins Mittelalter unpassierbar. Alle Güter mußten zu Lande auf dem Kaufmannsweg zwischen Geisenheim oder Rüdesheim und Lorch transportiert werden. Trotz aller Versuche gelang es später nur, eine Fahrrinne von 9 m Breite zu schaffen. Im 19. Jh. wurden die Felsen dann auf einer Breite von 30 m gesprengt; erst seit 1974 ermöglicht eine Fahrrinne von 120 m Breite den Schiffsverkehr in beiden Richtungen gleichzeitig.

Wie ein aufrechter Wächter markiert der Mäuseturm auf einer kleinen Felseninsel im Rhein den Übergang in dieses enge Flußtal und signalisiert der Schiffahrt Gefahr. Der im 13. Jh. erbaute Turm war ursprünglich ein Außenposten der Zollburg Ehrenfels, von der nur die Ruine am gegenüberliegenden rechten Rheinufer blieb. So leitet sich sein Name wohl von „Maut" (= Zoll) ab. Die Legende aber sagt, dort sei der hartherzige Mainzer Bischof Hatto II., der Hungernde verbrennen ließ, von Mäusen gefressen worden.

Burgen zum Verwechseln

Linksrheinisch geht die Fahrt auf der B 9 weiter. Nach der großen Biegung des Rheins taucht am rechten Ufer der hübsche Ort **Assmannshausen** auf, einer der wenigen Rheinorte mit Rotweinanbau.

Die steilen Felshänge rücken so dicht an den Strom heran, daß kaum mehr Platz für Siedlungen bleibt. Straße und Bahnlinie verlaufen beiderseits des Stroms, teilweise auf künstlichen Terrassen oder auf Trassen, die aus den Felsen gesprengt wurden. Jetzt beginnt auch die Parade der Burgen rechts und links des Rheins. Meist besetzen sie schmale Felsnasen auf halber Hanghöhe. Als erste erscheint am linken Ufer in 80 m Höhe Burg Rheinstein, die sich noch heute im Besitz der Hohenzollern befindet. Gut

Unten: So könnte man sich die sagenumwobene Loreley vorstellen, die vom gleichnamigen Felsen aus die Schiffer ins Verderben schickte. Die Bronzestatue steht allerdings in St. Goarshausen.

Im September steht in St. Goar „der Rhein in Flammen“ – ein Großfeuerwerk taucht das Städtchen und die Burg Rheinfels in buntes Licht, das vom Rhein gespiegelt wird.

1 km später taucht dann Reichenstein auf (Burgmuseum und -hotel) und gleich darauf die mittelalterliche Raubritterburg Sooneck. Die Höhenzüge treten nun etwas zurück, und in einer Talweitung auf der rechten Rheinseite dehnt sich dann an der Mündung der ***Wisper*** das traditionsreiche Winzerstädtchen **Lorch** aus, auf dessen Boden einst ein bedeutender karolingischer Königshof stand. Mit der Autofähre gelangt man von **Niederheimbach** aus hinüber.
Am linken Ufer folgt nach 3 km das malerische Städtchen **Bacharach,** dem man einen kurzen Aufenthalt widmen sollte, einmal seiner Fachwerkhäuser, vor allem aber seiner Ringmauer wegen: Sie ist die besterhaltene am Mittelrhein.
Vorbei an Weinbergen, Burgruinen, niedrigem Laubwald, zwischen dem oft schroffer, grauer Fels hervorleuchtet, geht es weiter flußabwärts. Auch im Rhein tauchen immer wieder Felsrippen und kleine Inseln auf. Vor dem malerischen rechtsrheinischen **Kaub,** dem traditionellen Wohnort der Lotsen, die die Schiffe durch das schwierige Fahrwasser leiteten, liegt eine der berühmtesten der Inseln: die Falkenau. Hier ließ 1326 der spätere Kaiser Ludwig der Bayer die Flußfeste Pfalzgrafenstein errichten, kurz „Pfalz bei Kaub“ genannt.

Jungfrauen behindern die Schiffahrt

Das linksrheinische Städtchen **Oberwesel** kündigt sich durch seine ungewöhnlich hohe Pfarrkirche an. Die glänzend erhaltene mittelalterliche Stadtmauer lädt zu einem Rundgang ein. Unterhalb der Stadt hält der Rhein wieder Gefahren für die Schiffahrt bereit: die „Sieben Jungfrauen“, verstreute Felsenklippen, die bei Niedrigwasser heute noch Schwierigkeiten bereiten – der Sage nach Jungfrauen, die wegen ihrer Unnahbarkeit in Felsen verwandelt wurden.
Dann aber, nach einer Linksbiegung, schiebt sich an der mit 113 m engsten Stelle des Mittelrheins der graue Loreleyfelsen am rechten Ufer ins Bild – einst wegen der Stromschnellen zu seinen Füßen gefürchtet und berühmt durch die Sagengestalt der blonden Sirene Loreley, die von der Höhe herab mit süßen Liedern die Schiffer vom tückischen (lure) Felsen (lei) ablenkte – so sagt es die Legende aus dem 19. Jh. –, bis sie sich selbst, von der Liebe bezwungen, den Fels herabstürzte.

So wurde der Mittelrhein entdeckt – vom Tourismus

Die ersten Touristen, die das reizvolle Mittelrheintal besuchten, waren Engländer. Sie entdeckten dieses herrliche Stück Landschaft eigentlich mehr durch Zufall: Um die Rückfahrt von ihren traditionellen Bildungsreisen nach Italien etwas abwechslungsreicher zu gestalten, wählten sie immer häufiger eine Route durch die Schweiz und dann am Rhein entlang. Ihre Reisebeschreibungen trugen schon am Ende des 18. Jh. dazu bei, daß der Rhein allmählich zu einem interessanten, eigenständigen Reiseziel wurde.
Nun entdeckten auch die Deutschen ihren größten Strom, den sie bald feierlich zum Vater Rhein erklärten und im patriotischen Überschwang der Zeit nach 1800 zu einem Hort nationaler Begeisterung und romantischer Schwärmerei erkoren. Kein romantischer Dichter hat es versäumt, den Strom zu besingen. Selbst die Gefahren wurden romantisiert, etwa in der Sage von der traurigen Loreley.

Schiffsreisen groß in Mode

Natürlich fanden die Lobeshymnen auf den Rhein bald ein reges Echo. Rheinreisen kamen nach 1815 ganz groß in Mode. Im Jahr 1816 verkehrte das erste – übrigens englische – Dampfschiff auf dem Strom: die „Prince of Orange“.
Heute gehört der Schiffsausflug zur Loreley, untermalt von den Klängen der bekannten Melodie aus dem Schiffslautsprecher, zum festen Programm für jeden Amerikaner und Japaner auf Europatrip, und auch die weinseligen Rheinorte erleben nicht nur im Sommer einen gewaltigen Besucheransturm.

Etwas weiter flußabwärts liegen sich dann die beiden Orte **St. Goar** und **St. Goarshausen** gegenüber. Eine Fähre verbindet das ältere St. Goar mit dem auf einer schmalen Talleiste zusammengedrängten „Vorort", über dem die Burgen Katz und Maus emporragen. Bis ins 18. Jh. war St. Goar berühmt für seine Lachse, die an dem engen Stromabschnitt in großen Mengen gefangen wurden.

Nach diesen beiden Orten wandelt sich das Bild: Obstbäume lösen die Rebstöcke ab. **Bad Salzig,** das alte Mineralbad mit seinen Kirschbaumpflanzungen, gehört bereits zu Boppard. Gegenüber liegt, mit der Fähre zu erreichen, ein weiterer Obstbauort: **Kamp-Bornhofen.** Überragt wird er von den Burgen Liebenstein und Sterrenberg, im Volksmund „Feindliche Brüder" genannt, da sie nach einer Sage von verfeindeten Brüdern bewohnt wurden.

Boppard wendet sich mit seinen hellen Häuserfronten dem Strom zu. Die Mauerreste des römischen Kastells Badobriga sind noch an einigen Stellen zu besichtigen. Und auch das rechtwinklige Straßenkreuz der römischen Anlage paust sich noch im heutigen Stadtgrundriß durch.

Die interessanteren An- und Aussichten bieten sich nun vom rechten Ufer aus; mit der Fähre geht es hinüber auf die B 42. Unterhalb von Boppard zwangen besonders harte Gesteinsriegel den Rhein zu seiner spektakulärsten Windung: dem Bopparder Hamm. In einer engen Schleife ändert er seine Fließrichtung auf 3 km um 180 Grad, um dann wieder den alten Kurs einzuschlagen. Am steilen, nach Süden gerichteten Prallhang staffeln sich wieder die Reben. Lagen wie „Feuerley" oder „Mandelstein" sind für jeden Weinkenner ein Begriff.

Dort, wo der Rhein sich wieder nordwärts wendet, liegt am linken, flachen Ufer das Fachwerkstädtchen **Spay.** Die Rheinfischerei war lange Zeit Haupterwerbszweig, heute ist es der Obstbau. Jedes Frühjahr verwandeln unzählige Kirschbäume die Hänge in ein weißes Blütenmeer.

Die Marksburg aus dem 13. Jh. über dem uralten Städtchen **Braubach** ist am rechten Ufer der nächste Blickfang. Sie ist die einzige Höhenburg am Rhein, die über all die Jahrhunderte unzerstört blieb. Schräg gegenüber liegt das eher unauffällige Weinbaustädtchen **Rhens,** das im Mittelalter jedoch eine bedeutende Rolle gespielt hat. In seiner Nähe trafen einst die Kurfürstentümer Mainz, Trier und Köln sowie das Territorium des Pfalzgrafen zusammen, und so wurde es zum Versammlungsort jener sieben Kurfürsten auserkoren, die den deutschen König zu wählen hatten. 1338 gründeten sie den „Kurverein von Rhense" und legten neue Richtlinien für die Wahl fest.

Oben: Angenehmer als vom Achterdeck eines Fahrgastschiffes läßt sich die grandiose Szenerie des Rheintals kaum genießen. Anders als vom Auto aus hat man den Blick auf Naturschönheiten und Burgen an beiden Talhängen zugleich.

Unten: Unübersehbar thront auf einem steilen Schieferfelsen die Marksburg über dem Fachwerkörtchen Braubach. Seit ihrer Erbauung im 13. Jh. wurde sie immer wieder erneuert und umgestaltet, jedoch nie zerstört.

Ein Königsstuhl mit Rheinblick

Zeitweise fand hier auch die symbolische Königserhebung statt. Dazu diente der steinerne „Königsstuhl", der heute auf einer Anhöhe mit Blick über den Ort aufgestellt ist. Allerdings ist dies ein Nachbau aus dem Jahr 1842 – das Original wurde 1804/1805 von den Franzosen abgebrochen.

Allmählich weichen die Hänge des Hunsrücks und des Taunus zurück. Die rechtsrheinische Uferlandschaft verliert ihren ländlichen Charakter. An Braubach schließt sich nahtlos **Lahnstein** an, das erst 1969 aus den beiden Städten Oberlahnstein südlich der einmündenden ***Lahn*** (siehe Seite 224–227) und Niederlahnstein entstand. Gegenüber der Lahnmündung steht am linken Rheinufer eine der berühmtesten Burgen: Stolzenfels. Von der im 13. Jh. errichteten Anlage haben die Franzosen 1689 kaum mehr als die Grundmauern und den alten Bergfried übriggelassen. Der preußische König Friedrich Wilhelm IV. ließ sie dann Mitte des 19. Jh. unter Einbeziehung erhaltener Gebäudereste in neugotischem Stil wiedererstehen.

Hinter Lahnstein spannt sich zum erstenmal seit Wiesbaden wieder eine Brücke über den Rhein. Auf ihr geht es hinüber auf die linke Flußseite nach **Koblenz,** der ehemaligen Residenzstadt der Kurfürsten von Trier. Das Wahrzeichen der Stadt, die mächtige Festung Ehrenbreitstein, erhebt sich allerdings über dem rechten Ufer.

Der Kern der Stadt liegt auf der Landzunge am Zusammenfluß von ***Mosel*** (siehe Seite 208–216) und Rhein – daher rührt auch ihr Name: Aus ad confluentes – am Zusammenfluß – wurde Koblenz. Als Deutsches Eck geriet die Landspitze an der Moselmündung in der Geschichte zeitweise zu einem nationalen Symbol. Seit 1953 ist sie Mahnmal der deutschen Einheit. Die zahlreichen Anlegestellen für die weißen Ausflugsschiffe täuschen ein wenig: Koblenz ist weniger Touristenzentrum, sondern vielmehr ein traditioneller Handelsplatz – für Wein einer der wichtigsten in Deutschland – und darüber hinaus die größte Garnisonsstadt in der Bundesrepublik Deutschland.

Seit der Weinausstellung im Jahr 1925 gibt es in Koblenz ein originalgetreues Winzerdorf mit einem zentralen „Zechplatz".

Spargelfelder im Strom

Vallendar, ein beschauliches Kurstädtchen, ist die nächste Station am rechtsrheinischen Ufer. Eine Brücke führt hinüber zur vorgelagerten Insel Niederwerth mit dem gleichnamigen Dorf aus der Merowingerzeit. Auf den sandigen Schwemmböden gedeihen Obst und Spargel. Die kleinere Nachbarinsel im Norden – Graswerth – ist dagegen ganz der Natur überlassen.

Das Rheintal öffnet sich nun vollends zu einer weiten, bis zu 30 km breiten Senke: dem Neuwieder Becken. Eine Decke aus lockeren vulkanischen Bimssteinen liegt hier über dem festen Felsuntergrund. Die leichten, aufgeblähten Steinchen wurden vor 11 000 Jahren bei einem Vulkanausbruch im Laacher Gebiet herübergetragen. Auf dieser Schicht lagerte sich ein fruchtbarer Lößboden ab, der das Neuwieder Bekken zu einer kleinen Kornkammer machte. Seit 20 Jahren allerdings wird der Raum in immer stärkerem Maß von der Industrie erobert, wobei auch die Betriebe der Steinindustrie, die den Bims zu Bausteinen verarbeiten, erhebliche Flächen in Anspruch nehmen.

Auf der vierspurig ausgebauten B 42 gelangt man rasch nach **Neuwied,** einer vom Grafen Friedrich von Wied 1648 planmäßig gegründeten Stadt mit schachbrettartigem Straßennetz.

Erneut ist nun ein Uferwechsel zu empfehlen. Über die Brücke im Verlauf der Stadtautobahn erreicht man nach kurzer Fahrt an Feldern entlang **Andernach.** Wie so viele andere Städte am Mittelrhein verdankt

Umkämpft, zerstört, erneuert: die Burgen

Nicht weniger als 49 Burgen zählt man am Mittelrhein allein auf der kurzen Strecke zwischen Mainz und Koblenz. Von 17 sind heute nur noch Ruinen vorhanden, die anderen sind zum größten Teil erst seit dem 19. Jh. wieder aufgebaut worden. Einzig und allein die Marksburg oberhalb von Braubach hat die Jahrhunderte unbeschadet überstanden.

Erbaut wurden die Burgen größtenteils im Hochmittelalter zwischen dem 11. und dem 13. Jh. Sie dienten der Kontrolle und Sicherung des Rheins, der damals der wichtigste Verkehrsweg in Deutschland war. Die Burgherren lebten zu einem guten Teil von den Zöllen, die sie von den Schiffern kassierten. Mancher von ihnen gebärdete sich dabei so zügellos, daß er sich kaum mehr von einem Räuber unterschied. Bei Privatfehden und in Kriegen mußten die Burgen ihre Wehrhaftigkeit unter Beweis stellen. Jeder Angriff verursachte mehr oder weniger schlimme Schäden. Die größte Zerstörungswelle aber brachten die Jahre zwischen 1688 und 1692, als die Franzosen ihre Staatsgrenze bis an den Rhein vorschieben wollten.

Teuer im Unterhalt

Viele der wehrhaften Bauten sind mittlerweile wiedererstanden, oft in einem romantisierenden pseudomittelalterlichen Stil. Die meisten gehören heute dem Staat oder großen Institutionen, einige privaten Eigentümern, die durch Burgführungen oder ein Hotel die enormen Erhaltungskosten für ihren Besitz aufzubringen suchen.

Auskunft Deutsche Burgenvereinigung e.V., Marksburg, 5423 Braubach, Tel. 0 26 27/2 06.

Am Rheinufer von Andernach steht seit 1561 dieser alte Kran. Über zwei Laufräder im Innern wurde der schwenkbare Arm angehoben. Bis 1911 war die Anlage in Betrieb.

auch Andernach seinen Ursprung den Römern: Das römische Kastell Antunnacum bewachte hier einst den Nordrand des Neuwieder Beckens. Die Belagerungen der Vergangenheit hat Andernach ziemlich unbeschadet überstanden, wie allein schon die weitgehend unzerstörte Mauer samt Toren aus dem 14./15. Jh. zeigt.
Nahe dem alten Rheinkran aus dem 16. Jh. legt die Fähre ab, die den Reisenden erneut ans rechte Ufer bringt. Dort drängen die Anhöhen des Westerwalds bis an den Strom, von Westen rücken die Eifelhänge heran, so daß es für den Rhein auf einer Strecke von 30 km noch ein letztes Mal recht eng wird. Jedoch ist die Talsohle wesentlich breiter als die im „Cañon" zwischen Bingen und Lahnstein, und die Höhenzüge wirken sanfter.

Ein Geysir im Rhein

Der alte Winzerort **Leutesdorf** lädt mit seinen malerischen Fachwerkhäusern gleich nach der Fährüberfahrt zu einem Bummel ein. Auf der anderen Rheinseite ist der sogenannte Namedyer Werth zu erkennen, eine ehemalige Insel, die durch Aufschüttung mit dem Ufer verbunden wurde. Hier schoß früher in Abständen von 6 bis 7 Stunden ein bis zu 40 m hoher Geysir empor, der aus einer 343 m tiefen Bohrung kam. Das angebohrte Mineralwasser, Indiz für den im Untergrund schlummernden Vulkanismus, wird heute jedoch abgezapft. Nur noch selten sorgt eine Fontäne für Aufsehen.
Nach 5 km auf der B 42 am weitgehend unbesiedelten Ufer entlang kommt man nach **Rheinbrohl,** das auf geschichtsträchtigem Boden steht: Der römische Limes traf hier, vom Taunus über die Höhen des Westerwalds kommend, auf den Rhein. Nur Eingeweihte wissen, daß in dem ruhigen Flecken heute die größte Schiffswerft am Mittelrhein ihren Sitz hat.
Schräg gegenüber am linken Ufer erstreckt sich das bekannte Thermalbad **Bad Breisig.** Thermalwasser gibt es auch am rechten Ufer: 4 km weiter in **Bad Hönningen,** hübsch zwischen Weinbergen gelegen, überragt von Schloß Arenfels.
Zur Linken ziehen sich die Höhen nun langsam vom Strom zurück und begrenzen eine Schwemmebene, die sich wegen ihrer Fruchtbarkeit schon vor Jahrhunderten den Namen „Goldene Meile" verdient hat. Am rechten Ufer dagegen schieben sich die bewaldeten Höhen des Westerwalds dicht an den Strom heran, bis in einer kleinen Weitung die malerische Stadt **Linz** auftaucht. Sie rühmt sich gern als „bunte Stadt" – vieler farbig bemalter Fachwerkhäuser wegen. Gegenüber nimmt der Rhein einen weiteren für seinen Wein bekannten Fluß auf: die ***Ahr*** (siehe Seite 217).

Eine Brücke macht Geschichte

Erpel, der nächste Ort, war zeitweise durch eine fast schon legendäre Brücke mit **Remagen** am anderen Ufer verbunden. Im Ersten Weltkrieg hatte General Ludendorff eine Eisenbahnbrücke errichten lassen, um die Truppen an der Westfront besser versorgen zu können. Gegen Ende des Zweiten Weltkrieges versuchte die deutsche Wehrmacht dann mehrmals, die Brücke zu sprengen, um die vorrückenden Truppen der Alliierten aufzuhalten – vergebens. Die Amerikaner überschritten die Brücke und bildeten ihren ersten rechtsrheinischen Brückenkopf. Am 17. März 1945 brach sie dann völ-

Die rußgeschwärzten Türme der Brücke von Remagen halten die Erinnerung an die letzten Tage des Zweiten Weltkriegs wach.

Ein Kind des Vulkans: der Laacher See

Seit Hunderttausenden von Jahren versetzen Kräfte aus dem Erdinneren Deutschlands jüngste Vulkanlandschaft, die Osteifel, immer wieder in Unruhe. Im Jahr 9080 v. Chr. kam es zu einem der gewaltigsten Vulkanausbrüche, die Mitteleuropa je erschütterten. Dabei entstanden zwei Einbruchskrater in einem viel älteren, ebenfalls vulkanisch angelegten Kessel. Sie füllten sich später mit Wasser – der Laacher See mit seiner „taillierten" Gestalt war entstanden.
Gespeist wird der blaugrüne, bis zu 50 m tiefe See vor allem aus dem Grundwasser.
Die schöne Umgebung, die bedeutende Abteikirche Maria Laach und hervorragende Wander-, Surf- und Bademöglichkeiten machen den Laacher See zu einem beliebten Touristenziel. Ganze 11 km sind es von Andernach hinauf zu dieser Attraktion.

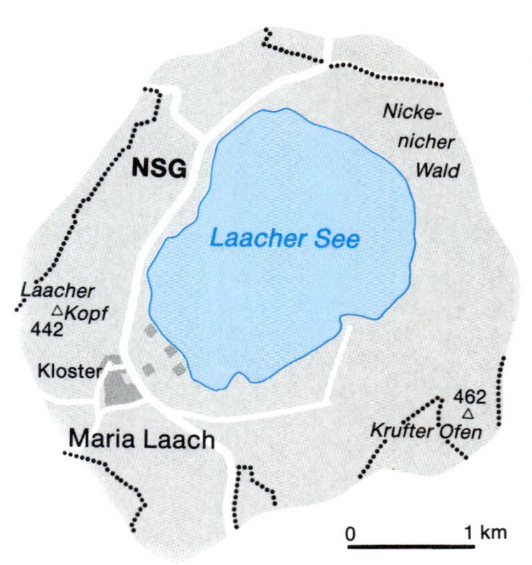

Die Bergkegel des Siebengebirges bestehen aus Magmapfropfen, die in der Erde erstarrten und mit der Zeit aus dem umgebenden Gestein herauspräpariert wurden. Der Drachenfels ist eine der markantesten Kuppen.

lig unerwartet doch zusammen und riß zahlreiche alliierte Soldaten mit in die Tiefe.

Ein Bummel durch das Weinstädtchen Erpel lohnt sich schon wegen der schönen Fachwerkfronten. Auch den Aufstieg zur 191 m hohen Erpeler Ley, einem prächtigen Aussichtsberg, sollte man nicht scheuen.

Auch in **Unkel,** 3 km weiter, hat der Weinbau eine lange Tradition. Das Fachwerkstädtchen erhielt das Prädikat Luftkurort und hat eine ansprechende, von Bäumen gesäumte Rheinpromenade vorzuweisen.

Freie Uferabschnitte werden immer rarer – die Bebauung verdichtet sich merklich. Dem Obst- und Weinbauort **Rheinbreitbach** schließen sich die bewaldeten Bergkuppen des Siebengebirges an.

Zwei langgestreckte Rheininseln sind dem traditionsreichen Kurort **Bad Honnef** vorgelagert: ufernah Grafenwerth, in der Strommitte Nonnenwerth. Auf Grafenwerth wurde in den 30er Jahren heilkräftiges Mineralwasser erbohrt, das heute ein Mineralschwimmbad speist. Nonnenwerth dagegen, das nur vom Remagener Stadtteil **Rolandswerth** aus erreichbar ist, bietet seit 1122 einem Nonnenkloster die gewünschte Abgeschiedenheit, die auch den Komponisten Franz Liszt anzog, der hier in den Jahren 1840/1841 lebte.

Linker Hand weichen nun auch die letzten Ausläufer der Eifel, während zur Rechten das Siebengebirge noch bis Bonn für eine großartige Naturkulisse sorgt. Wie überdimensionale Finger recken sich die Bergkuppen in die Höhe, am auffälligsten der ufernahe ruinengekrönte Drachenfels (324 m), auf dem in einer Höhle der Drache gehaust haben soll, den Siegfried tötete.

Die kleine große Stadt

Zu Füßen des Drachenfels liegt das zu Bad Honnef gehörende **Rhöndorf,** das als Wohnort des ersten Bundeskanzlers der Bundesrepublik Deutschland, Konrad Adenauer (1876–1967), bekannt wurde.

Der letzte Ort, der dem Strom noch seine vornehme, in Grün gebettete Schauseite mit Hotels und eleganten Villen zuwendet, ist **Königswinter,** ein bereits im vergangenen Jahrhundert beliebtes Ausflugsziel.

Bonn hat seinen Schwerpunkt am linken Ufer, und so wird man in Königswinter nach **Bonn-Bad Godesberg** übersetzen. Der Diplomatenvorort wird überragt von der 1210 auf einem vorrömischen Opferplatz erbauten Godesburg mit ihrem trutzigen Bergfried. Ein stilvoll eingepaßtes Café lockt zur Rast – die herrliche Aussicht auf die Kuppen des gegenüberliegenden Siebengebirges bietet dabei einen besonderen Anreiz.

„Diplomatenrennweg" heißt die Adenauerallee im Volksmund, auf der man geradewegs von Bad Godesberg ins Herz der Bundeshauptstadt **Bonn** gelangt. Zur Rechten reihen sich die bekannten Regierungsgebäude auf: Bundeshaus, Palais Schaumburg, Villa Hammerschmidt und Auswärtiges Amt. Am nächsten kommt man ihnen bei einem Bummel auf der großzügig gestalteten Rheinuferpromenade. Natürlich wird man sich auch auf einen Abstecher in den Stadtkern einlassen, der nach wie vor ein wenig kleinstädtisch wirkt.

Für eine Ruhepause mit Rheinblick ist der anläßlich der Bundesgartenschau 1979 gestaltete Freizeitpark Rheinaue der richtige Ort. Er bietet stille Winkel unter schattenspendenden Bäumen, aber auch Bereiche mit verschiedenen Freizeiteinrichtungen. Zum Rhein schaffen leider die kahlen Ufermauern einen ungebührenden Abstand. Fast entsteht der Eindruck, der Strom ließe die ganz große Kleinstadt links liegen, so breit und behäbig, wie er von jetzt an dahinströmt.

Rhein

Um solche Leckerbissen geht es beim berühmten Wormser Backfischfest, einem der größten Volksfeste am Rhein.

Unterhaltsam und lehrreich zugleich sind die Vorführungen alter Drucktechniken im Mainzer Gutenberg-Museum.

In der Rüdesheimer Drosselgasse mit ihren unverwechselbaren Weinlokalen geht es vor allem an den Wochenenden eng zu.

Wörth Ehemaliges Fischerdorf, heute Industriestadt gegenüber von Karlsruhe. Am westlichen Stadtrand liegt mitten im Wald eines der schönsten Freibäder Deutschlands. 3000 m² Wasserfläche verteilen sich auf zehn Becken.
Stadtverwaltung, 6729 Wörth, Tel. 07271/1310

Germersheim Einstige freie Reichsstadt an der Queichmündung.
Im Ludwigstor der Festungsanlage ist das sehenswerte Heimatmuseum untergebracht. Es widmet sich unter anderem der Rheinschiffahrt und -fischerei sowie der Tullaschen Rheinkorrektion (geöffnet jeden ersten Sonntag im Monat, bei größeren Gruppen auch nach Vereinbarung).
Stadtverwaltung, Kolpingplatz 3, 6728 Germersheim, Tel. 07274/540

Speyer Ehemalige Bischofs- und freie Reichsstadt, gegründet auf einem Vorsprung des Hochufers.
Allein schon der romanische Dom lohnt einen Besuch, doch wartet die Stadt auch mit einer anderen bedeutenden Attraktion auf: dem Historischen Museum der Pfalz. Ihm angeschlossen ist das älteste Weinmuseum der Welt. Wegen Renovierungsarbeiten ist es erst wieder ab 1990 geöffnet.
Zu erholsamen Ruhepausen mit Blick auf den Strom laden die Ausflugsgaststätten ein, die sich am Ufer unterhalb der Rheinbrücke aufreihen.
Verkehrsamt, Maximilianstraße 11, 6720 Speyer, Tel. 06232/14395

Altrip Gemeinde am linken Hochufer.
Die Reste einer alten Stromschlinge westlich des Orts wurden in ein ansprechendes Erholungsgelände mit Gaststätte und Sandstränden verwandelt. An die „Blaue Adria" zieht es vor allem an den Sommerwochenenden viele Besucher.
Gemeindeverwaltung, Ludwigstr. 48, 6701 Altrip, Tel. 06236/2021

Mannheim Einstige Residenz, heute Industriestadt an der Neckarmündung.
Sehenswert ist das Städtische Reiß-Museum mit seinen reichhaltigen Sammlungen aus den verschiedensten Bereichen (Archäologie, Stadtgeschichte, Kunst usw.). Auch die Rheinschiffahrt wird ausführlich behandelt (geöffnet Di, Do, Fr, Sa 10–13 und 14–17 Uhr, Mi bis 20 Uhr, So 10–17 Uhr).
Erholung in Zentrumsnähe bieten die anläßlich der Bundesgartenschau von 1975 neu gestalteten Anlagen des Herzogenried- und Luisenparks. Künstliche Seen (Gondelfahrten) bereichern das Gelände.
Verkehrsamt, Bahnhofplatz 1, 6800 Mannheim, Tel. 0621/101011

Worms Stadt mit großer Vergangenheit auf der Niederterrasse am linken Ufer.
Alljährlich am letzten Augustsamstag beginnt das 9 Tage dauernde, größte Wein- und Volksfest am Rhein: das Wormser Backfischfest, das bis ins Mittelalter zurückzuverfolgen ist.
Verkehrsverein, Neumarkt 14, 6520 Worms, Tel. 06241/25045

Mainz Universitäts- und Landeshauptstadt am Nordrand des Oberrheinischen Tieflands.
Einen umfassenden Einblick in die Geschichte der Schrift, des Buchs und der Drucktechnik vermittelt das Gutenberg-Museum (geöffnet außer Januar Di–Sa 10–18 Uhr, So 10–13 Uhr).
Verkehrsverein, Bahnhofstraße 15, 6500 Mainz, Tel. 06131/233741

Eltville Traditionsreicher Weinort im Rheingau.
Wo die Trauben heranreifen, kann man sich bei einer Wanderung auf dem Rheingauer Rieslingpfad zum Kloster Eberbach vor Augen führen (8 km leicht ansteigender Weg). Ein Rundgang durch die 850 Jahre alte Zisterzienserabtei ist nicht nur für Kunstfreunde ein eindrucksvolles Erlebnis.
Verkehrsamt, Postfach 89, 6228 Eltville, Tel. 06123/5091

Ingelheim Ehemalige Königspfalz, heute bekannter Rotweinort am Nordrand Rheinhessens.
Der Spätburgunder aus den Weinbergen um das Städtchen wird beim Hafenfest am Juliende ausgeschenkt, vor allem aber auch beim Rotweinfest, das jeweils Ende September bis Anfang Oktober auf dem Gelände der ehemaligen Pfalz gefeiert wird.
Stadtverwaltung, Neuer Markt 1, 6507 Ingelheim, Tel. 06132/7820

Rüdesheim Weltberühmter Rheinort am Eingang zum Rheinischen Schiefergebirge.
Freier atmen als in der stets belebten Drosselgasse läßt es sich auf einer herrlichen Rundtour: Mit der Seilbahn geht es hinauf zum Niederwalddenkmal in 308 m Höhe, von wo sich eine grandiose Rundsicht bietet. Zu Fuß (1½ Stunden) oder mit dem Sessellift gelangt man anschließend hinab nach Assmannshausen. Von dort läßt man sich mit einem der zahlreichen Ausflugsschiffe durch das berühmte Binger Loch an den Ausgangsort zurückbringen (35 Minuten).
Verkehrsamt, Rheinstraße 16, 6220 Rüdesheim, Tel. 06722/2962

Bingen Bedeutende Weinhandels- und Fremdenverkehrsstadt an der Nahemündung.
Alljährlich am ersten Samstag im Juli erstrahlt der Rhein im Feuerzauber. Auf den Höhen rings um die Stadt wird buntes Feuerwerk abgebrannt, und festlich beleuchtete Schiffe spiegeln sich im Wasser.
Verkehrsamt, Rheinkai 21, 6530 Bingen, Tel. 06721/14269

Kaub Weinstädtchen zu Füßen der Burg Gutenfels. Zum Wahrzeichen des Ortes, der Wasserburg Pfalzgrafenstein (geöffnet Februar bis November täglich außer Mo 9–17 Uhr), gelangt man mit dem Schiff.
Ein Unikum ist das gut bestückte Blüchermuseum. Gegenstände aus dem Besitz des preußischen Feldmarschalls und viele andere Ausstellungsstücke erinnern an die Rheinüberquerung Blüchers zu Neujahr 1814 (geöffnet täglich außer Di 10–12 und 14–16 Uhr).
Verkehrsamt, Metzgergasse 26, 5425 Kaub, Tel. 06774/222

St. Goarshausen Ehemaliger Fischerort nahe der Loreley.
Vor allem wegen der Aussicht auf den gewundenen Strom lohnt sich die Auffahrt zum Loreleyfelsen.
Die in den 30er Jahren gebaute Freilichtbühne ist im Sommer Schauplatz der verschiedensten Musikveranstaltungen.
Verkehrsamt, Bahnhofstr. 8, 5422 St. Goarshausen, Tel. 06771/427

Boppard Wein- und Fremdenverkehrsstadt an einem Rheinknie.
Informativ und schon wegen der herrlichen Ausblicke zu empfehlen ist der Weinlehrpfad, der durch das weitläufige Rebgelände am Bopparder Hamm führt.
Zum berühmtesten Aussichtspunkt der Stadt, dem Vierseenblick, gelangt man bequem mit der Sesselbahn.
Verkehrsamt, Karmeliterstraße 2, 5407 Boppard, Tel. 06742/10319

Braubach Weinstadt zu Füßen der Marksburg.
In der einzigen unzerstört gebliebenen Höhenburg am Rhein unterhält die Deutsche Burgenvereinigung ein zünftiges Burgenmuseum. Darin wird das Leben in einer mittelalterlichen Burg eindrucksvoll veranschaulicht.
Burgmuseum Marksburg, 5423 Braubach, Tel. 02627/206

Koblenz Zentrum des Mittelrheintals an der Moselmündung.
In der Festung Ehrenbreitstein ist das überaus vielseitige Landesmuseum

Geduldige Esel übernehmen den Transport der Touristen hinauf zur Ruine auf dem Drachenfels.

Koblenz untergebracht. Gezeigt werden historische Arbeitsgeräte aus traditionellen Wirtschaftszweigen am Mittelrhein (Bimsverarbeitung, Tabakherstellung, Weinbau usw.). Angegliedert ist das Rhein-Museum mit seiner umfassenden Sammlung zur Schiffahrt und zum einstigen Fischfang (geöffnet täglich 9–17 Uhr).
Ein in Deutschland einmaliges Spektakel ist die älteste Feuerwerksveranstaltung am Rhein, der „Rhein in Flammen". Mehr als eine halbe Million Menschen versammeln sich, wenn der grandiose Feuerzauber alljährlich am zweiten Samstag im August seinen Lauf nimmt.
Presse- und Fremdenverkehrsamt, Pavillon am Hauptbahnhof, 5400 Koblenz, Tel. 0261/31304

Erpel Alter Weinort gegenüber von Remagen.
Der Ort wird von der Erpeler Ley überragt, einem fast 200 m hohen, mächtigen Basaltfelsen. Man erreicht sein Plateau auf einem Fußweg in 30 Minuten. Oben genießt man eine eindrucksvolle Rundumsicht.
Verkehrsverein, 5465 Erpel, Tel. 02644/5985

Königswinter Fremdenverkehrsort am Fuß des Drachenfels.
Auf den sagenumwobenen, angeblich meistbestiegenen Berg der Bundesrepublik Deutschland fährt seit 1883 eine Zahnradbahn. Außer im Dezember verkehrt sie täglich nach Plan. Elektrische Triebwagen schaffen den Höhenunterschied von über 200 m in 8 Minuten. Wer es geruhsamer und vergnüglich liebt, kann sich auch auf dem Rücken eines Esels hinauftragen lassen. Die Aussicht von der Ruine aus ist grandios.
Verkehrsamt, Drachenfelsstraße 7, 5330 Königswinter 1, Tel. 02223/21048

Bonn Bundeshauptstadt am Südrand der Niederrheinischen Bucht.
Unter den zahlreichen Museen verdient das Rheinische Landesmuseum sicher besondere Beachtung. Die äußerst reichhaltigen Sammlungen decken die Geschichte der Region von der Vorzeit (unter anderem Original des Neandertaler-Schädels) bis in die Gegenwart lückenlos ab (geöffnet Di, Do und Fr 9–17 Uhr, Mi bis 20 Uhr, Sa und So 11–17 Uhr).
Bei Rolandswerth im Stadtteil Bad Godesberg vermittelt ein geologischer Lehrpfad einen interessanten Einblick in die Entstehung des Siebengebirges.
Verkehrsamt, Berliner Platz 2, 5300 Bonn 1, Tel. 0228/773466

Es ist vor allem ein Genuß fürs Auge, wenn sich – wie hier vor dem „Langen Eugen" – während der Bonner Rheinwoche die Segel blähen.

Queich

Annweiler Dreiburgenstadt und Luftkurort im Pfälzer Wald.
Die herrlich romantische Landschaft um den Trifels überblickt man am besten vom Aussichtsturm auf dem Rehberg (577 m). Von Annweiler aus fährt man 4 km auf der Trifelsstraße bis zum Wanderparkplatz Rehberg. Er ist Ausgangspunkt für eine 3 km lange, überwiegend bequeme Rundwanderung über den Rehberg.
Büro für Tourismus, Rathaus, 6747 Annweiler, Tel. 06346/2200

Speyerbach

Neustadt Mittelpunkt der Deutschen Weinstraße am Rand des Pfälzer Walds. Höhepunkt im Festkalender der Stadt ist das Deutsche Weinlesefest, das alljährlich in der ersten Oktoberwoche gefeiert wird.
Touristinformation, Exterstraße 4, 6730 Neustadt a. d. Weinstraße, Tel. 06321/855329

Kraichbach

Sternenfels Gemeinde im westlichen Stromberg.
Die Ortschaft ist Ausgangspunkt für eine idyllische Wanderung am oberen Kraichbach entlang bis zum Kraichsee, einem aufgestauten Rückhaltebecken nahe

Ein Jahr lang regiert die deutsche Weinkönigin, die immer im Oktober während des Deutschen Weinlesefests in Neustadt gewählt wird.

der Quelle mitten im Wald (einfache Entfernung 2 km).
Gemeindeverwaltung, Rathaus, 7137 Sternenfels, Tel. 07045/564

Ubstadt-Weiher Doppelgemeinde am Ostrand der Rheinebene.
Ein ehemaliger, 35 ha großer Baggersee wurde in ein ansprechendes Freizeitzentrum verwandelt. Badefreunde fühlen sich am flachen Sandstrand wohl, und auch Segler, Surfer und Angler können ihrem Hobby frönen.
Gemeindeverwaltung, Rathaus, 7521 Ubstadt-Weiher, Tel. 07251/6475

St. Leon-Rot Doppelgemeinde am Unterlauf.
Ein bekannter Anziehungspunkt ist die Erholungsanlage St. Leoner See. Der ehemalige Baggersee wird durch einen Damm in einen Bade- und einen Wassersportsee unterteilt. Eine besondere Attraktion ist der Wasserskilift, mit dem auch Anfänger ihre ersten Erfahrungen in dieser Sportart sammeln können.
Erholungsanlage St. Leoner See, 6837 St. Leon-Rot, Tel. 06227/59009

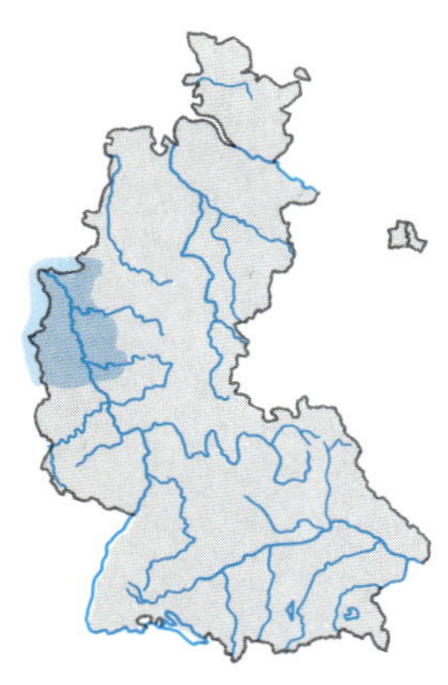

Gegensätze am stillen Strom

Die Berge und Burgen sind vergessen – am Niederrhein zählt nur der Fluß. Gemächlich zieht die wichtigste Großschiffahrtsstraße Europas ihren Weg durch betriebsame Ballungszentren wie durch sattgrünes Weideland. Kohlehalden, Hochöfen und Häfen werden abgelöst von Windmühlen, Deichen und Altrheinarmen.

Seit 1986 ist der „klassische" Blick auf Köln um eine Attraktion reicher: Neben Hohenzollernbrücke und Dom glänzt der neue Bau des Wallraf-Richartz-Museums und des Museums Ludwig.

Den Weg von Bonn nach Köln kann man nicht verfehlen: Geradewegs zielen Autobahnen und B 9, knapp linksrheinisch geführt, in die alte Domstadt hinein. Den Rhein, der zwischen den beiden Städten eine 10 km lange S-Schlinge bildet, sieht man besonders gut, wenn man im bedeutenden Rheinhafen **Wesseling** verweilt.

Die Stadt der Kirchen, Brücken und Häfen

In **Köln** bestimmt nicht nur der 157 m hohe Dom – das größte Gotteshaus Deutschlands – das Bild der Stadt. Insgesamt acht Brücken über den Strom bestätigen die Funktion der Metropole als Verkehrsknotenpunkt im Herzen Europas. Mit Zügelgurtbrücke und Hohlkasten-Balkenbrücke, mit Hängebrücke und Stahl-Hohlkastenkonstruktion präsentiert sich technisches Instrumentarium im Wettstreit der Brükkenbauer: Brücken für Eisenbahn, Pkw, Fahrrad und Fußgänger.

Bereits die Römer hatten ihr „Colonia" durch eine mächtige Brücke geziert. Jahrhundertelang störten deren Reste als Unterwasserruinen Schiffahrt und Fischerei, und erst vor einem Jahrzehnt wurden noch große Brocken aus dem Rhein herausgefischt, um dem Strom seine antiken Tücken zu nehmen.

Ohne die Lage am Rhein hätte Köln seine 2000jährige Blüte wohl kaum erlebt. Schon im Mittelalter erlangte die Stadt durch das von Erzbischof Konrad von Hochstaden verliehene Stapelrecht eine Vormachtstellung. Dieses Recht unterwarf die gesamte Rheinschiffahrt dem Zwang, in Köln die Fracht zu löschen und für sechs Wochen zum Verkauf anzubieten. Die cleveren Kölner Händler wußten diese Chance zu nutzen – es entwickelte sich eine rege Speditions- und Vertretertätigkeit. Zwangsläufig wurde Köln so auch zum End- und Ausgangspunkt der niederrheinischen und oberrheinischen Schiffahrt. Heute hat Köln sechs moderne

Selbst ein Hochwasser wie das von 1983 – das höchste seit dem absoluten Rekord von 1926 – konnte die Kölner nicht aus der Ruhe bringen. Trotz eines Pegelstandes von 9,96 m über der normalen Wasserhöhe waren die Cafés geöffnet, und der Kaffee schmeckte auch im Ölzeug.

***Die Strecke entlang des Niederrheins,** zwischen Köln und der holländischen Grenze, birgt auf ihren rund 200 km so viele Gegensätze wie kaum ein Flußabschnitt. Zunächst geht es durch Industriegebiet, der Fluß ist von vielen Straßen gesäumt, Großstadt um Großstadt lädt zum Besichtigen und Verweilen ein.*
Dann führt die Reise, auf der man dem Fluß linksrheinisch am dichtesten folgt, durch eine flache grüne Landschaft, deren Weite und Unbegrenztheit schon das nicht mehr ferne Meer erahnen lassen.

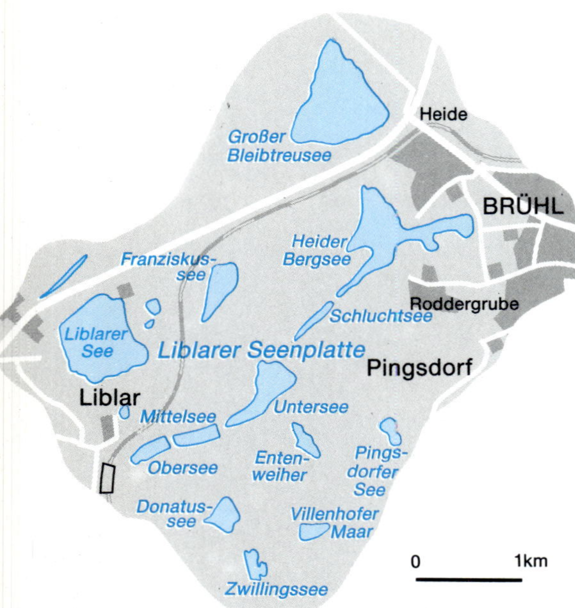

Die Ville-Seen, auch Liblarer Seenplatte genannt, liegen im Naturpark Kottenforst-Ville, südwestlich von Köln. Die Baggerseen bieten dem Großraum Köln/Bonn eine herrliche Erholungslandschaft mit weiten Wiesenflächen und ausgedehnten Waldstücken.

Häfen, in denen jährlich rund 14 Millionen Tonnen Güter umgeschlagen werden und weit über 15 000 Schiffe festmachen. Für die Kölner Wirtschaft war und ist der Rhein mithin ein Tor zur Welt.

Verträumte Winkel in der Ville

Den Siedlungsraum von Köln und Umgebung hat die Natur liebevoll ausgestattet. Linksrheinisch zieht sich der Bergrücken der bewaldeten Ville in Richtung Liblar/Brühl. Aus Braunkohle-Abraumhalden und Kiesgruben sind hier im Zuge von Rekultivierungsmaßnahmen die zahlreichen Baggerseen und künstlichen Wasserläufe der ***Liblarer Seenplatte*** entstanden. Ein sehr schönes Stück Natur, das aus unzähligen wieder aufgeforsteten Flächen zusammengewachsen ist, erleben Autofahrer, die die B 265 Köln–Erftstadt einschlagen. Jeweils unmittelbar vor Brühl-Heide und Erftstadt liegen Parkplätze, von denen aus Naturliebhaber vielfältige Möglichkeiten haben, sich zu ungestörten Wanderungen aufzumachen. Als Erholungsschwerpunkte bieten sich der ***Heider Bergsee*** und der ***Liblarer See*** mit je einem Badestrand und einem Campingplatz und der ***Große Bleibtreusee*** mit Badestrand und Surfmöglichkeit an. Alle anderen Seen dienen der ruhigen, dem Naturerlebnis zugewandten Erholung.

Die letzte Kölner Brücke in Riehl bringt den Autofahrer dann hinüber ins rechtsrheinische **Leverkusen,** einen der Schwerpunkte der chemischen Industrie am Rhein. An der Mündung der Wupper breiten sich die Arzneimittel- und Farbenfabriken aus. In Kläranlagen, zu deren Bau die Verlegung der Wuppermündung notwendig wurde, wird das Rheinwasser gefiltert und überwacht. Auf Spazier- und Radwegen gelangt man problemlos bis an die Stelle, wo der mächtige Rhein die Wupper aufnimmt. Auch vom linken Rheinufer aus ist die Einmündung zu sehen: Autofahrer verlassen die A 1 Leverkusen–Köln beim Kreuz Köln-Niehl und nehmen die Abzweigung nach Kasselberg.

▷ ***Wupper*** Unmittelbar oberhalb der Wuppermündung fließt die ***Dhünn*** in die Wupper. Sie bietet einen attraktiven Abstecher ins waldreiche Hinterland, in dem südlich von Wermelskirchen die riesige, verzweigte ***Dhünntalsperre*** lockt.

Trotz einer Länge von nur 100 km hat kein Rheinnebenfluß soviel Industrie wie die Wupper. Über die Stationen Solingen, Wuppertal und Remscheid durchfließt sie ein einziges Ballungsgebiet, begleitet von einem Netz von Straßen.

Die Stadt, die den Fluß berühmt machte, ist **Wuppertal.** Ihre Schwebebahn, aus Platznot erbaut, stemmt sich als stählernes Gerippe über den Fluß. Eine Fahrt mit dieser einzigartigen Bahn, die bei der Jubiläumsfahrt 1950 den Elefanten „Tuffy" so erschreckte, daß er aus der Schwebebahn in die Wupper sprang, ist wirklich ein Erlebnis, das man sich gönnen sollte.

Der Oberlauf der Wupper liegt in einer abwechslungsreichen Mittelgebirgslandschaft mit einem Kranz von Stauseen: im Bergischen Land. Dem Erholungsuchenden erschließt sich diese Seenplatte am besten von Hückeswagen und Wipperfürth aus, die man gut über die A 1, Ausfahrt Remscheid, und die B 237 erreicht.

Wipperfürth ist die älteste Stadt im Bergischen Land. Hier wird der lebhafte Wiesenfluß ***Wipper,*** der sich aus einer ganzen Reihe kleiner Quellbäche speist, zur behäbigeren Wupper. ◁

Salbei in den Rheinschlingen

Im Niederrheinischen Tiefland bietet der Fluß das Bild eines trägen Stromes mit einer Breite von 300 bis 400 m. In das eiszeitliche Schotterbett hat er eine etwa 12 km breite Niederterrasse mit vielen Schlingen und Kurven eingetieft.

Die linksrheinische B 9 führt direkt zum nächsten Abstecher: nach **Neuss-Grimlinghausen.** Vom Parkplatz Strandbad aus bestehen ideale Möglichkeiten, die Neusser Rheinschlingen zu erwandern. Deren Besonderheit sind ursprünglich hier nicht heimische Pflanzen, die der Rhein aus dem Süden mitgebracht hat: Salbei, Sichelklee, Skabiose. Die knorrigen Weiden, sonst Schmuck der Flußufer, stehen im Frühjahr oft mitten im Wasser: 3–4 m kann der Fluß auf diesem Abschnitt ansteigen.

▷ ***Erft*** Es gibt eigentlich zwei Stellen, an denen die Erft in den Rhein fließt: Der Hauptflußlauf mündet nahe dem Autobahndreieck Neuss, den kanalisierten Mündungsnebenarm nutzt der Neusser Hafen. Zwischen beiden ist heute noch teilweise ulmenreicher Hartauewald anzutreffen, in dem eine Reihe größerer Gutshöfe liegt. Die Erft fließt, über weite Strecken von Pappeln gesäumt, ein ganzes Stück parallel zum Rhein an der Ville entlang. Der Braun-

Die Seen des Bergischen Landes sind ebenfalls Ziel vieler Erholungsuchender. Mit der neugefluteten Wuppertalsperre hat sich das Angebot für Freizeit zwischen Wasser und Wald noch einmal vergrößert. Und doch sind Wassersport- und Wandermöglichkeiten nur angenehmer Nebeneffekt: Eingerichtet wurden die Seen, um den Wasserstand der Wupper im Lauf des Jahres zu regulieren. Talsperren wie die der Neye dienen dagegen der Trinkwasserversorgung.

kohleabbau hat das Gesicht der Erftniederung verändert, doch immer noch gibt es neben den Mondlandschaften des Tagebaus viel grünes Ackerland, dazwischen zahlreiche Wasserburgen. Für Wanderer empfiehlt sich auch das obere Erfttal, wo das Flüßchen springlebendig durch reich bewaldete Eifelhöhen fließt. Als Ausgangspunkt für Ausflüge eignet sich die an der B 51 gelegene kleine Kurstadt **Bad Münstereifel.** ◁

Trotz überwiegenden Großstadtcharakters bietet dieser Rheinabschnitt viele Freizeitmöglichkeiten. Hier benutzen Radfahrer die Fähre von Düsseldorf-Kaiserswerth, um eine Radtour auf die linke Rheinseite auszudehnen.

Auf die andere Rheinseite nach **Düsseldorf** gelangt man über die B 1. Im Süden des Parks der Düsseldorfer Bundesgartenschau 1987 liegt das Gebiet „Vor dem Deich“, dessen Namengebung auf einen bestehenden alten Deich zurückgeht. Auf seiner Krone steht das gastronomische Flaggschiff der Bundesgartenschau, „Haus Deichgraf“. Besucher des Restaurants haben eine sehr schöne Aussicht: Vor dem Deich entstand neben einem bereits existierenden Baggersee ein Feuchtbiotop mit 16 000 Wasser- und Sumpfpflanzen.
Am Rande der Bundesgartenschau, an der Philipshalle, schlängelt sich die aufgeweitete ***Düssel*** in vielen Windungen. Mit Hilfe von Mauern, Brücken und einer standortgerechten Bepflanzung entstand wieder eine ursprüngliche Flußlandschaft – die Düssel war zuvor weitgehend überbaut.
Besonders attraktiv für Besucher ist natürlich die Düsseldorfer Altstadt und die Karl-Stadt mit der Königsallee – allgemein kurz „Kö“ genannt –, einer der berühmtesten Einkaufsstraßen Europas. Auch der Kanal,

An schönen Tagen wirft der 234 m hohe Rheinturm „Langer Wellem“, eines der Wahrzeichen Düsseldorfs, seinen Schatten direkt auf den Rhein, in Richtung Rheinkniebrücke und Oberkasseler Festwiese.

der ihre Mitte schmückt, wird von Düsselwasser gespeist.
Von Düsseldorf fährt man auf Nebenstraßen dicht am rechten Rheinufer in Richtung Duisburg. In Höhe des Rheinübergangs bei Krefeld öffnet sich dem Reisenden der industriereichste und am meisten verstädterte Abschnitt des Rheins. Das Zentrum dieser Gegend ist die Hafenstadt **Duisburg.**

Funkenglut aus Hochöfen

Bereits in römischer Zeit war Duisburg Verladeplatz der Rheinschiffer; damals hieß die Siedlung Deuso. 1716 wurde an der Mündung der Ruhr in den Rhein der erste Hafen angelegt, in dem Kohle aus flachen Holzkähnen in größere Rheinkähne umgeladen wurde. Mit der Industrialisierung und dem Bau der Eisenbahn Mitte des vergangenen Jahrhunderts wurden großzügige Erweiterungen vorgenommen. Heute besitzt Duisburg den größten Flußhafen der Welt und ist durch zahlreiche Kanäle mit Ruhrgebiet und Nord- und Ostsee verbun-

Mit dem Ausflugsschiff auf dem Niederrhein

Köln In der Hauptsaison (Mai bis Mitte September) täglich mehrere Fahrten.
Fahrtziele und -dauer Rheinaufwärts Richtung Mainz: Tragflügelboot, im April nur am Wochenende, bis Ende Oktober täglich außer Montag; erreicht Bonn in 40 Minuten. Schnellfahrt, verkehrt täglich, aber nur in der Hauptsaison; bis Bonn 1½ Stunden. Linienverkehr in der Hauptsaison mehrmals täglich; bis Andernach 5¼ Stunden oder bis Koblenz 7 Stunden. Rheinabwärts: mehrmals wöchentlich mehrtägige Hollandfahrten, Zusteigemöglichkeit in Düsseldorf. Einstündige Panoramarundfahrten in Köln.
Auskunft Köln-Düsseldorfer AG, Frankenwerft 15, 5000 Köln 1, Tel. 0221/20880.
Düsseldorf 1½stündige Fahrten von der Altstadt über fünf Stationen nach Kaiserswerth. Mai, Juni und September täglich, April und Oktober an bestimmten Tagen. Rundfahrten nach Duisburg im Juli und August jeweils Mi, nach Zons Di und Do (je 5¾ Stunden).
Auskunft Rheinische Bahngesellschaft AG, Hansaallee 1, 4000 Düsseldorf-Oberkassel, Tel. 0211/326124.
Duisburg Zweistündige Hafenrundfahrten ab Schwanentor und ab Ruhrort.
Auskunft Duisburger Hafenrundfahrt Gesellschaft, Hedwigstr. 23–29, 4100 Duisburg 1, Tel. 0203/3950.
Emmerich Fahrten jeden Donnerstag im Juli und August nach Arnheim (6½ Stunden), jeden Dienstag nach Xanten (3 Stunden).
Auskunft Helmut Hell Schiffahrt GmbH & Co., Grollscher Weg 2, 4240 Emmerich, Tel. 02822/3306.

den. Die gigantischen Ausmaße der 32 Hafenbecken lassen sich am besten bei einer Hafenrundfahrt erfassen.
Im Jahr 1950 allerdings war der Duisburger Hafen in seiner Existenz bedroht: Der Rhein vertiefte sein Flußbett durch Erosion, worauf dem Hafen plötzlich Wasser fehlte. Der gezielte Abbau dreier Kohleflöze unter dem Hafen ließ jedoch die ganze Hafenanlage um rund 2 m absacken, und die Schiffbarkeit war wiederhergestellt.
Auf 30 km schiebt sich der Rhein an Duisburg vorbei. Fördertürme, Zechen, rauchende Schlote, Werften und Speicher, Tanks, Türme und funkensprühende Hochöfen zeichnen ein fast unheimliches, düsteres Bild. Die Namen der Firmen, die hier ihren Sitz haben, zeigen die Bedeutung des Flusses für die Eisen- und Stahlindustrie: Thyssen (das modernste Stahlwerk Europas), Mannesmann, Rheinstahl und Krupp gehören zu den Mächtigen, die das Leben dieser Rheinregion bestimmen.
Eines der ausgedehntesten und vielfältigsten Wassersport- und Erholungsgebiete der Bundesrepublik Deutschland befindet sich am Südrand von Duisburg: der Wedau-Sportpark. Auf einer Fläche von über 2 km² – ein Viertel davon Wasser – stehen zahlreiche Anlagen für Sportinteressierte zur Verfügung. Die ideale Ergänzung zum Sportpark stellt die angrenzende ***Sechs-Seen-Platte*** dar. Hier haben vor allem die Segler ihr Revier. Am ***Masurensee*** findet man die Einlaßstelle für Surfbretter, am ***Wolfsee*** einen Modellbootshafen.
Die typische Niederrheinlandschaft beginnt bei Wesel, wo der Rhein schon eine Breite von mehreren hundert Metern erreicht hat. Pappeln, Erlen und Weiden säumen die stillen, oft nebelverhangenen Ufer. Kirchtürme, Äcker und Gehöfte prägen die Dörfer.

Oben: Eine Hafenrundfahrt zeigt, wie riesig der Duisburger Hafen ist. Etwa 160 000 Besucher im Jahr lassen sich auf einer dieser Rundfahrten erklären, welche Rolle z. B. Öl- und Schrottinsel, Rheinreede und Schifferbörse spielen.

Unten: Wie ein Gemälde aus dem 19. Jahrhundert wirkt diese durchsichtig klare Altrheinstimmung bei Xanten. Fast fühlt man sich in längst vergangene Tage zurückversetzt.

Im Strandbad Wisseler See bei Kalkar herrscht an schönen Tagen Badebetrieb wie an der Adria. Sandstrand, Liegewiesen und Wasserfreuden aller Art ziehen zahlreiche Sonnenhungrige an.

Schicksal und Aussehen der hier liegenden alten Ortschaften ähneln sich. Im Mittelalter gehörten viele von ihnen zur Hanse, hatten Stadtrecht und wurden durch Fischfang, Schiffahrt und Handel reich. Heute sind sie am Rande der großen Industriegebiete eher in Vergessenheit geraten.
Die alte Hansestadt **Wesel,** rechtsrheinisch wie Duisburg, erreichen Autofahrer auf der B 8. Von der Rheinbrücke der in Wesel kreuzenden B 58 hat man einen guten Blick auf die Rheinlandschaft und die hier von rechts einmündende ***Lippe,*** den letzten großen Rheinzufluß vor seiner Mündung in die Nordsee (siehe Seite 233-234).

Das Heimatland des Drachentöters

Die B 57 führt dann nach **Xanten** hinein, wo Siegfried, der Held des Nibelungenlieds, seine Jugend verbracht haben soll. Zahlreiche römische Reste sind hier gefunden worden, darunter auch die eines steinernen Amphitheaters.
Die landschaftlich größte Attraktion sind Xantens Altrheinarme. Vor der fernen Kulisse der Domtürme brüten im Vogelschutzgebiet Möwen, Austernfischer, Brand- und Graugänse. Dieses kleine Paradies ist vom Amphitheater aus über den Feldweg Richtung Beek zu erreichen.
Die B 57 führt direkt nach **Kalkar,** der Stadt des „Schnellen Brüters". Wie kein anderes Kernkraftwerk ist diese gewaltige, jahrelang umkämpfte Anlage zum Symbol des Streits über Atomenergie geworden.
2 km hinter Kalkar biegt eine Straße zum ***Wisseler See*** an den Rhein hinunter. Das Dünengebiet dort hat dem See einen wunderschönen Sandstrand beschert, der zum Baden und Sonnen ideal ist. Das Naturschutzgebiet Wisseler Dünen mit bis zu 8 m hohen Binnenlanddünen mit charakteristischer Silbergrasvegetation lädt zum Radwandern ein.
In **Emmerich** macht die Zollstation den täglich rund 600 passierenden Schiffen deutlich, daß die deutsch-holländische Grenze nicht mehr weit ist. Ein Blick von der 1228 m langen Hängebrücke zeigt den Rhein an seiner breitesten Stelle: Die Ufer trennen hier stattliche 400 m. Von der schönen Promenade aus, 1963–1965 als Hochwasserschutz ausgebaut, kann man geruhsam schlendernd den regen Schiffsverkehr auf dem Strom beobachten.

▷ ***Niers*** Vom gotischen Schwanenturm der Burg in **Kleve,** Emmerich direkt gegenüber, hat man nicht nur einen grandiosen Blick auf die weite, flache Niederrheinlandschaft, sondern auch auf einen Fluß, der sein Wasser über die Maas dem Rhein zuleitet: die Niers.
Nur ein Stück die B 9 am Unterlauf der Niers entlang liegt **Kevelaer,** dessen im Dreißigjährigen Krieg entstandene Tradition den Ort noch heute bekannt macht: In Wallfahrten zieht man zur Gnadenkapelle, um einem Heiligenbild der Mutter Gottes zu huldigen.
Die dichte Besiedlung des Raumes weist dem kleinen Niers-Nebenfluß ***Nette*** und seiner Seenplatte um so größeren Erholungswert zu. Von Kevelaer führen die B 9, dann die B 221 die Wassersportler und Wanderer direkt in die Seen- und Freizeitlandschaft bei **Nettetal** hinein. ◁
Beim Hundertseelendorf **Schenkenschanz,** linksrheinisch kurz vor Millingen gelegen, gabelte sich der Strom vor drei Jahrhunderten noch in Rhein und Waal. Heute hat sich dieser Punkt ein ganzes Stück nach Holland hinein verlagert. Der Rhein jedoch bleibt für Schenkenschanz bedeutsam: Im Frühjahr und Herbst macht Hochwasser das Dorf zur Insel, und nur ein stadtmauerähnlicher Deich und zwei verschließbare Stadttore halten die Fluten ab.

Die Nette-Seen bilden um den Ort Nettetal herum eine ganze Kette von Freizeitgewässern. Grüne Weiden, Pappelreihen, Äcker und Wind- und Wassermühlen lassen auch hier das charakteristische Bild entstehen, das der Besucher vom Niederrhein kennt. Umschlossen werden die Seen vom Naturpark Maas-Schwalm-Nette.

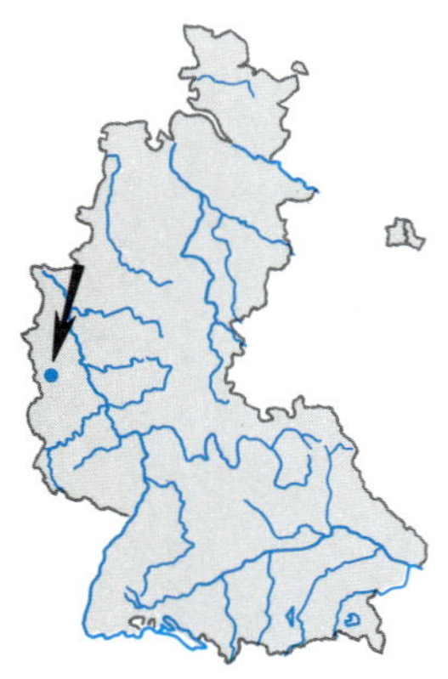

Ein Zweiklang von Blau und Grün

Mit 205 Millionen Kubikmeter Fassungsvermögen ist der Rursee das größte künstliche Gewässer der Bundesrepublik Deutschland. Mit dem Urftsee schlängelt er sich durch die Eifel, deren Wälder oft bis zum Ufer reichen.

Das Flüßchen ***Rur,*** dem der Rursee den Namen verdankt – nicht zu verwechseln mit der rechtsrheinischen Ruhr –, entspringt im belgischen Teil des Hohen Venns. „Rheinische Isar" wird die Rur scherzhaft genannt, denn im Oberlauf kann sie es durchaus mit den Wildwassern der Alpen aufnehmen. Bei entsprechendem Wasserstand treten dann hier auch Wildwasserfahrer gegeneinander an. Ziel der Wettfahrten ist **Monschau.** Diese kleine Stadt lockt durch ihr besonders romantisches Straßenbild und außerdem mit Wanderungen in das nahe Hochmoor Hohes Venn.

Eine schmale Straße begleitet den Fluß in seinem engen, windungsreichen Tal von Monschau zum ***Rursee.*** Sie kann dem Nordufer des Sees aber nur bis Woffelsbach folgen; die restlichen Ufer sind für den Autoverkehr nicht zugänglich, bieten dafür dem Fußgänger und dem Radler um so schönere Rundtouren. Heimbach am Ende des Rursees ist nur über die Ortschaft Schmidt zu erreichen.

Den umfassendsten Blick auf die Eifeler Seenplatte hat man von den Wanderwegen auf dem steil zwischen Rur- und Urftsee aufragenden Massiv des Kermeters. Er ist zu Fuß von Rurberg aus zu erwandern, von Heimbach führt sogar eine Straße hinauf, vorbei an der Abtei **Mariawald,** dem einzigen Kloster Deutschlands für Trappistenmönche, 1480 in weltferner Abgeschiedenheit gegründet. Oben angelangt, kann sich der Besucher auf einem Wald- und Wildlehrpfad informieren. In **Schmidt** wartet ein weitläufiges Wildfreigehege und in **Heimbach** ein geologischer und ein Jagdlehrpfad. Von Heimbach aus läßt sich der Rursee optimal kennenlernen. Am Staudamm, der hier Schwammenauel heißt, beginnt die große Rundfahrt auf einem der beiden Ausflugsschiffe. Von April bis Oktober bringen die „Stella Maris" und die „Aachen" ihre Fahrgäste in 45 Minuten nach Rurberg, von wo man über einen Zwischendamm zur Anlegestelle Obersee kommt. Zwei geräuscharme Elektroschiffe verbinden diese mit Einruhr und – am Wochenende – mit der Urftseestaumauer. Der ***Urftsee*** ist von Mai bis Mitte September mit Zubringerbussen zur Schiffsanlegestelle auch von der anderen Seite, vom 10 km entfernten Gemünd her, zu erreichen.

Bei den Rundfahrten läßt die Anlage der Stauseen noch deutlich den ursprünglichen, gewundenen Verlauf von Rur und Urft erkennen. Schon um die Jahrhundertwende wurde mit dem Bau der Talsperrenanlagen begonnen, um die häufigen Hochwasserkatastrophen für künftige Generationen auszuschließen. Zahlreiche Erweiterungen dienten dann der Trinkwasserversorgung und der Energieerzeugung. Ein Zeichen der letzteren sind die beiden Stahlrohre, die oberhalb des Kraftwerks Heimbach aus der Erde treten: Sie leiten in einem 3 km langen Bergstollen auf 110 m natürlichem Gefälle Urftwasser den Heimbacher Turbinen zu.

Unterhalb des Staudamms Schwammenauel bietet Heimbach eine Vielzahl von Freizeitmöglichkeiten. Sehenswert ist die große elektronische Wasserorgel. Die Burg Hengebach mit dem Burghotel über Heimbach erlaubt noch einmal einen weiten Blick auf die Windungen des Rursees.

Es lohnt sich unbedingt, die Rur noch ein Stück flußabwärts zu begleiten. Hinter Heimbach biegt man links zum Mittellauf ab. Die landschaftlich schönste Talstrecke ist zweifellos die von Heimbach-Blens bis Nideggen-Brück, wo neben der Straße auf dem rechten Flußufer der wildzerklüftete, malerische Buntsandstein senkrecht aufstrebende Felswände bildet. Die Wirkung dieser Felspartien wird durch die wiesenbedeckte, liebliche Talaue auf der anderen Seite des Flusses nur noch verstärkt.

Von Brück aus führt die Straße in stark

Daß am Rursee schmucke Eifelörtchen liegen, die ein reiches Freizeitangebot für ihre Gäste bereitstellen, läßt solch ein Blick in die stille Berglandschaft kaum ahnen.

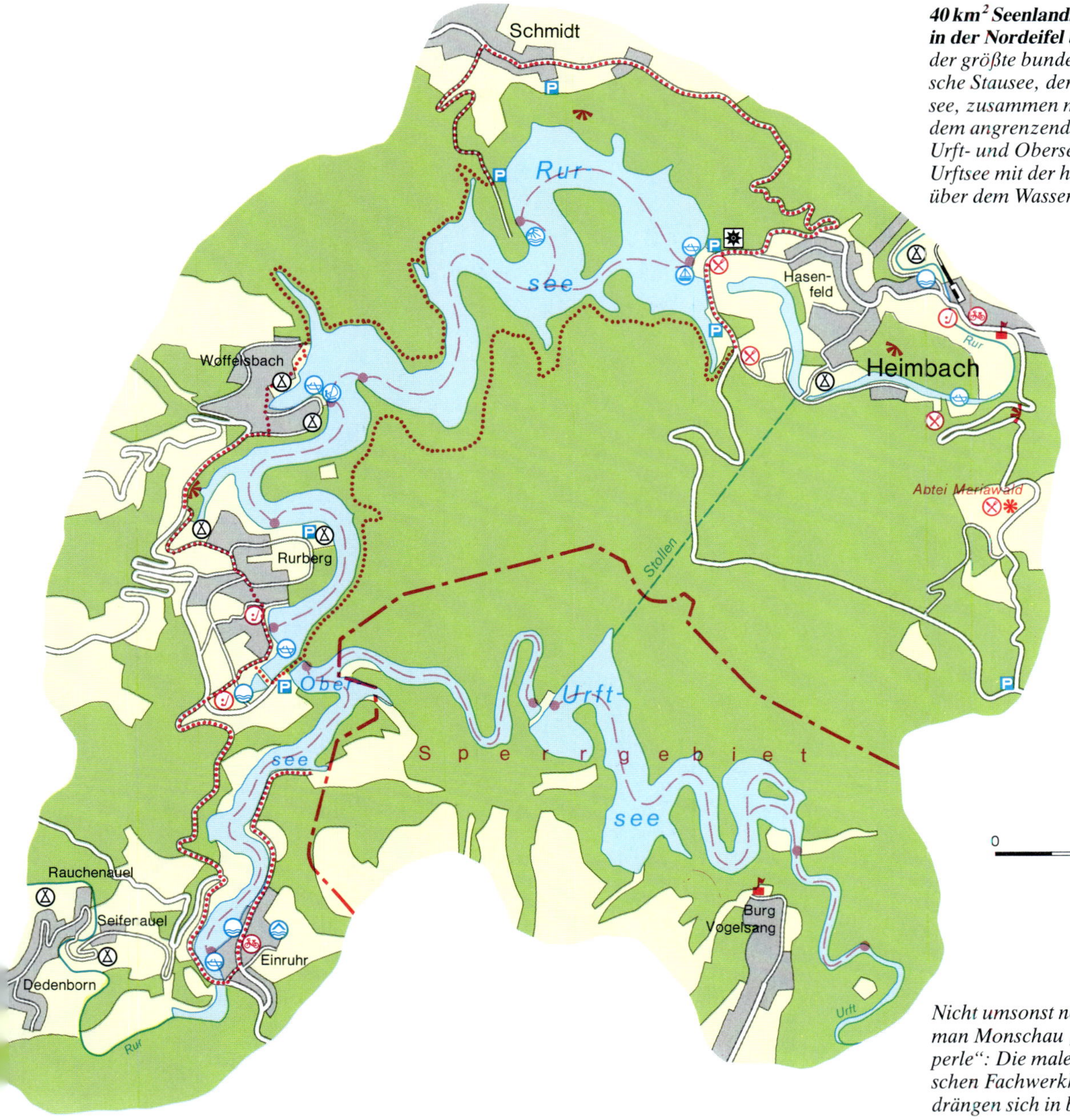

***40 km² Seenlandschaft in der Nordeifel** bietet der größte bundesdeutsche Stausee, der Rursee, zusammen mit dem angrenzenden Urft- und Obersee. Der Urftsee mit der hoch über dem Wasser liegenden Burg Vogelsang liegt mitten in einem militärischen Sperrgebiet: Nur samstags von 13 bis 22 Uhr und sonntags von 5 bis 22 Uhr haben deshalb Besucher zu Fuß oder per Ausflugsschiff Zugang. Der Obersee ist Trinkwasserschongebiet und steht daher für den Wassersport nicht zur Verfügung. Wer auf den Seen segeln, rudern oder surfen will, braucht einen Erlaubnisschein. Wer auch die landschaftlich äußerst reizvollen Partien der Rur kennenlernen möchte, dem seien Abstecher an den Ober- und Mittellauf des Flüßchens empfohlen.*

gewundenen Serpentinen hinauf zu dem Burgstädtchen **Nideggen,** dessen Häuser, Stadttore, Kirche und Burg aus dem heimischen rötlichen Buntsandstein errichtet wurden. Die auf einem langgestreckten, steil abfallenden Berg gelegene Burgruine ist eine der großartigsten des gesamten Rheinlandes.

Danach tritt die Rur in die Dürener Tiefebene ein, wo sie den Charakter eines typischen windungsreichen und geruhsamen Tieflandflusses annimmt. Hier dominiert Industrie, wenige Städte wie Jülich oder Linnich bieten Einblicke in eine interessante römische oder mittelalterliche Vergangenheit. Jenseits der holländischen Grenze wird die Rur dann zur Roer und mündet bei Roermond in die Maas, die im Rheindelta in die Nordsee entwässert.

Nicht umsonst nennt man Monschau „Eifelperle“: Die malerischen Fachwerkhäuser drängen sich in blumengeschmückter Zeile direkt an der Rur, filigrane Brücken schwingen sich von Ufer zu Ufer.

Rhein

Köln Bedeutende Kirchen- und Museenstadt in der Niederrheinischen Bucht.
Der Dom steht wie viele Kölner Gebäude auf römischen Mauern. Dieses Erbe stellt das Römisch-Germanische Museum außer Mo täglich 10–17 Uhr, Mi–Do bis 20 Uhr aus. Das Wallraf-Richartz-Museum und das Museum Ludwig vereinen eine einzigartige Sammlung bildender Kunst (Öffnungszeiten: täglich 10–17 Uhr, Di und Do 10–20 Uhr).
Zwischen Botanischem Garten und Rheinpark verkehrt im Abstand von wenigen Minuten ein Überbleibsel der Bundesgartenschau 1957: Europas einzige Stromgondelbahn.
In der Altstadt lohnt die Schifferkirche St. Maria Lyskirchen einen Besuch. Sie hat eine überlebensgroße Schiffermadonna und Gewölbemalereien aus dem 13. Jh., darunter eine Darstellung der Nikolauslegende: Der heilige Nikolaus, Schutzpatron der Schiffer, rettet Schiffbrüchige.
Zu Fronleichnam findet die Mülheimer Gottestracht statt, eine Schiffsprozession, an die sich das Schützenfest anschließt. Eine Schar von geschmückten Booten zieht vom Ortsteil Mülheim aus über den Fluß. Seit alters bitten die Gläubigen mit Gesängen und Gebeten um Fruchtbarkeit der Felder, um Arbeit und Brot.
Verkehrsamt, Unter Fettenhennen 19, 5000 Köln 1, Tel. 0221/2213340

Das Museum Ludwig, benannt nach dem Kunstmäzen Peter Ludwig, gehört zur Generation der modernen Museumsbauten.

Dormagen Industriestadt auf der Niederterrasse am linken Rheinufer.
Der Stadtteil Zons wurde im 14. Jh. zur Zollfestung ausgebaut und ist fast unversehrt erhalten geblieben. Im Sommer finden vor der Kulisse des alten Juddeturms Freilichtaufführungen statt.
Sehenswert ist auch das Kreismuseum im Herrenhaus der Burg mit seiner Abteilung für Rheinfischerei (geöffnet Di–Fr 14–18 Uhr, Mai bis August 14–19 Uhr, Sa und So 10–12.30 Uhr).
Amt für Fremdenverkehr, 4047 Dormagen-Zons, Tel. 02106/53-519

Düsseldorf Wirtschafts- und Handelsmetropole.
Im alten Schloßturm präsentiert das Schiffahrtmuseum außer Mo täglich von 10–17 Uhr 120 Schiffsmodelle und einen Überblick über die Binnenschiffahrt. Schwerpunkt ist natürlich die Rheinschiffahrt.
Im Naturkundlichen Heimatmuseum im Schloß Benrath ist eine interessante Schausammlung zur Rheinlandschaft zu besichtigen (Di–So 10–17 Uhr).
Sehenswert ist auch der Brunnen „Vater Rhein und seine Töchter“ vor dem Landtagsgebäude.
Stadtinformation, Ehrenhof 3, 4000 Düsseldorf 30, Tel. 0211/8993822

Herzstück des Archäologischen Parks Xanten ist das fast 2000 Jahre alte Amphitheater, das früher Gladiatorenkämpfen diente.

Schon um die Jahrhundertwende baute man – aus Platznot über dem Fluß – in Wuppertal die berühmte Schwebebahn.

Krefeld Industriestadt mit Rheinhafen.
Seiner Bedeutung als Textilstadt verdankt Krefeld das Deutsche Textilmuseum, das etwa 18000 Textilien und Kostüme aus aller Welt ausstellt (Öffnungszeiten: April bis Oktober außer Mo 10–13 und 15–18 Uhr, So 10 bis 18 Uhr; November bis März außer Mo 10–13 und 14–17 Uhr, So 10–17 Uhr).
Die Wasserburg Linn, eine der ältesten Großburgen des Niederrheingebiets, beherbergt ein Museum zur Burg- und Stadtgeschichte sowie zur Volkskunde der Niederrheinlandschaft (geöffnet April bis Oktober Di bis Sa 10–13 und 15–18 Uhr, So 10–18 Uhr; November bis März außer Mo täglich 10–13 und 14–17 Uhr).
Verkehrsverein, 4150 Krefeld, Tel. 02151/29290

Duisburg Industriestadt mit dem größten Binnenhafen Europas.
Nicht nur der Hafen, sondern auch das Delphinarium, die erste Ausstellung lebender Delphine in Deutschland, machte Duisburg berühmt. Der Zoo verdankt seine Million Besucher im Jahr aber auch den Kunststücken der Weißen Wale „Ferdinand“ und „Moby“ sowie dem Trio der Jakobita-Wale. Im Sommer finden täglich um 11, 13.30, 15 und 16.30 Uhr Vorführungen statt, im Winter um 11 und 15 Uhr.
Sehr sehenswert ist auch das Museum der Deutschen Binnenschiffahrt im ehemaligen Ruhrorter Rathaus. Schiffsmodelle und Dioramen, Diaschauen, Filme und die im Hafen ankernden Museumsschiffe wie der 1922 erbaute Radschleppdampfer „Oscar Huber“ oder der schwimmende Eimerketten-Dampfbagger „Minden“ laden zur Besichtigung ein (Öffnungszeiten: Di, Fr–So 10–17 Uhr, Mi und Do 10–16 Uhr).
Ein interessantes technisches Denkmal ist die Berliner Brücke über die Ruhrhäfen: 1824 m lang und in den Pfeilern um 80 cm verschiebbar, um Bodenschwankungen wegen des Kohleabbaus aufzufangen.
Stadtinformation Duisburg, Königstr. 53, 4100 Duisburg 1, Tel. 0203/283 21 89

Xanten Alte Stadt, ehemals römische Siedlung.
Die 2000jährige Stadt mit ihrem prächtigen Dom wurde zur Fundgrube der Archäologen aus aller Welt.
Im Vorort Birten ist eines der seltenen Amphitheater in Holz-Erde-Bauweise zu sehen. Der Archäologische Park bringt den Besuchern nicht nur rekonstruierte römische Bauwerke wie das Viertelsegment des steinernen Amphitheaters, sondern auch die Arbeitsmethoden der Archäologen näher. Die gute Akustik des Amphitheaters wird in den Sommermonaten zu Freilichtaufführungen genutzt. Geöffnet ist der Park täglich von 9–18 Uhr, von November bis Februar von 10 Uhr bis Einbruch der Dunkelheit.
Arbeitsgemeinschaft Freizeit und Fremdenverkehr, 4232 Xanten 1, Tel. 02801/37238

Emmerich Handelsstadt an der Grenze zu den Niederlanden.
Die Besonderheit von Emmerichs Rheinmuseum ist neben über 80 Schiffsmodellen eine Radaranlage, mit deren Hilfe man die Schiffe auf dem Rhein beobachten kann (Öffnungszeiten: Mo bis Mi 10–12 und 14–16 Uhr, Do 10–12 und 14–18 Uhr, Fr und So 10–12 Uhr).
Stadtverwaltung, 4240 Emmerich, Tel. 02822/75331

Wupper

Wuppertal Lang an der Wupper hingezogene Industriestadt.
Den besten Überblick über Wuppertal hat man bei einer Fahrt mit der Schwebebahn. 13,3 km lang folgt das technische Denkmal von 1900 mit seiner Trasse dem Fluß. Südlich von Wuppertal findet der Besucher einen industriegeschichtlichen Lehrpfad, das „Historische Gelpetal“. Die technischen Denkmäler, von Wasserkraft getriebene alte Hammerwerke und Schleifanlagen, kann man jederzeit besichtigen, den Steffenskotten mit erhaltenen Betriebsanlagen nur Sa 10–18 Uhr und So 10–13 Uhr.
Informationszentrum Döppersberg, 5600 Wuppertal 1, Tel. 0202/5632270 und 563 21 80

Wer würde vermuten, daß sich in dem schönen Wasserschloß Pfaffendorf ein Bergbau-Informationszentrum befindet?

Ein originelles Verkehrsmittel ist die alte gelbe Postkutsche, die am Rursee streckenweise den amtlichen Omnibus ersetzt.

Wallfahrer in Kevelaer. Die kleine Kapelle im Hintergrund birgt das berühmte Gnadenbild der Muttergottes von Luxemburg.

Solingen Stadt am südwestlichen Rand des Bergischen Landes.
Solingens seit dem 14. Jh. belegtes Schwertschmiedehandwerk hat dem Deutschen Klingenmuseum den Namen gegeben. Außer Mo sind täglich von 10–13 und 15–17 Uhr rund 1000 Blankwaffen und etwa 10000 zum Teil ganz außergewöhnliche Bestecke zu sehen. 8 km südöstlich der Stadt liegt Schloß Burg. Die ausgedehnte Anlage dient als Kulisse für Freilichtaufführungen und Konzerte.
Fremdenverkehrsamt, 5650 Solingen, Tel. 0212/2902333

Erft

Bad Münstereifel Kneippheilbad an der oberen Erft.
Die mittelalterliche Stadtbefestigung des reizvollen Städtchens mit schönen alten Fachwerkhäusern ist noch sehr gut erhalten.
Im Gemeindeteil Effelsberg kann der Besucher das größte frei schwenkbare „Weltraumohr" der Welt, ein Radioteleskop mit einem Durchmesser von 100 m, bestaunen.
Kur- und Verkehrsamt, 5358 Bad Münstereifel, Tel. 02253/505182

Bergheim Stadt am nördlichen Rand des Höhenzugs Ville.
Die Erft ist berühmt für ihre Wasserschlösser. Ein schönes Beispiel ist das im nordwestlich von Bergheim gelegene Pfaffendorf. Hinter seinen imposanten rötlichen Zinnen verbirgt sich das Informationszentrum des Rheinischen Braunkohlebergbaus. Es gibt einen Überblick über die Entstehung der Braunkohle, über ihren Abbau und die Rekultivierung der Abbaugebiete (Öffnungszeiten: März bis Oktober; Schloß: So 10 bis 17.30 Uhr, Park: täglich 10 bis 18 Uhr).
Schloßverwaltung Pfaffendorf, 5010 Bergheim, Tel. 02271/591

Grevenbroich Industriestadt mit Schwerpunkt Braunkohleabbau.
Das Geologische Museum im Alten Schloß führt den Besucher mit bildlichen Darstellungen, Versteinerungen und zahlreichen anderen Exponaten anschaulich in die Erdgeschichte des Niederrheins ein. Auch die Entstehung von Braunkohlelagerstätten wird erklärt (Öffnungszeiten: Sa und So 10–13 und 15–17 Uhr, Di–Fr nach Vereinbarung).
Informationsamt, 4048 Grevenbroich, Tel. 02181/6081

Düssel

Neandertal 10 km östlich von Düsseldorf, zwischen Mettmann und Erkrath, liegt an der Düssel das Naturschutzgebiet Neandertal. Hier wurde unserem eiszeitlichen Vorfahren, dessen Skelettreste dort 1856 beim Kalkabbau entdeckt wurden, ein Denkmal errichtet. Im Museum am Taleingang informiert man sich über Lebensraum und -gewohnheiten des Neandertalers. Große Tiergehege zeigen Wisente, Wildpferde und Rückzüchtungen des Urinds: Tiere aus der Zeit des Homo sapiens neanderthalensis (Öffnungszeiten: täglich 10–17 Uhr).
Neandertalmuseum, 4020 Mettmann, Tel. 02104/31149

Rur

Rursee Statt des Busses kann der Urlauber von Mai bis Oktober zwischen Einruhr und Erkensruhr die Postkutsche benutzen. Die Anschlüsse stehen im amtlichen Omnibuskursbuch.
Jeden Samstag im Juli „brennt" der Rursee: Anläßlich des Sommerfestes entzünden die Ortschaften Rurberg und Woffelsbach ein Großfeuerwerk mit Seeuferbeleuchtung.
Gemeindeverwaltung, 5107 Simmerath, Tel. 02473/881

Niers

Wachtendonk Kleine Stadt in der Niersniederung.
An der Niers entlang führt ein Naturlehrpfad. Hier wird dem Wanderer die Flußlandschaft mit ihren Altarmen, ihrem Tier- und Pflanzenvorkommen vorgestellt.
An der Straße nach Straelen liegt beim Wasserschloß Haus Caen eine kleine Kostbarkeit: die älteste Wassermühle des Niederrheingebiets.
Fremdenverkehrsamt, 4175 Wachtendonk, Tel. 02836/1025

Geldern Kleine Stadt am Zusammenfluß von Niers und Nierskanal.
In dieser Hochburg der Straßenmaler wetteifern jährlich an einem Augustwochenende Laien wie Profis um den Sieg im Internationalen Wettbewerb der Straßenmaler. Die mit Konservierungsmittel haltbar gemachten Ergebnisse sind noch einige Zeit zu besichtigen.
Der Ortsteil Walbeck südwestlich von Geldern kann für sich in Anspruch nehmen, die einzige Kokerwindmühle zu besitzen, die es im niederrheinischen Gebiet gibt.
Direkt bei Walbeck finden sich Reste der Fossa Eugeniana, eines spanischen Kanalprojekts aus dem 17. Jh., das Rhein und Maas verbinden sollte, aber wegen des Widerstands der Holländer nicht verwirklicht wurde.
Ein interessanter Wanderweg folgt den Kanalresten in Richtung Venlo.
Stadtverwaltung, 4170 Geldern, Tel. 02831/3980

Kevelaer Traditionsreicher Wallfahrtsort zwischen zwei Niersschlingen.
Das Abbild der Gnadenmutter von Luxemburg ist das jährliche Ziel von über 500000 Pilgern. Die Wallfahrtszeit beginnt am 1. Mai und endet am 1. November.
Haus Risbroeck aus dem 17./18. Jh. beherbergt heute das Niederrheinische Museum für Volkskunde, dessen Abteilung zur Marienwallfahrt interessantes Material angesammelt hat.
Ein richtiges Spielzeugwunderland schaffen 6000 Spielzeuge aus aller Welt. (Öffnungszeiten: Mai bis Oktober täglich 10–17 Uhr, November bis April Di bis So 10–17 Uhr).
Verkehrsamt, Peter-Olumpe-Platz 12, 4178 Kevelaer, Tel. 02832/122152

Goch Grenzstadt im Norden des Niederrheinischen Tieflandes.
Von Mai bis September ist es von verschiedenen Stellen aus möglich, mit dem Paddelboot die Niers hinabzufahren. Eine empfehlenswerte Tour führt von Goch-Stadtmitte zum Ortsteil Kessel. Die Landschaft des Nierstales wird bei einer solchen Paddelreise am lebendigsten. Boote vermietet die Stadt Goch.
Amt für Fremdenverkehr, Markt 2, 4180 Goch, Tel. 02823/320202

Der Nordsee entgegen

Bald hinter der deutsch-niederländischen Grenze gibt es „den Rhein“ nicht mehr: Der mächtigste Fluß Deutschlands verzweigt sich behäbig dahinströmend zu einem riesigen Mündungsdelta. So wie er in den Alpen aus vielen Quellflüssen entsteht, so verliert er sich mit vielen Mündungsarmen im Meer.

Ob in der Antike, im Mittelalter oder in unserer Zeit, die Bedeutung des Rheins als Handelsroute ist ungebrochen. In **Tolkamer,** dessen Name („Zollzimmer“) schon auf die sehr alte Funktion des Ortes hinweist, werden täglich die Grenzformalitäten für 550 Schiffe erledigt.

Unweit von **Pannerden** teilt sich der Rhein zum erstenmal. Ein Blick von der Aussichtshöhe Pannerdense Kop zeigt dem Rheinreisenden sehr anschaulich, wie das mächtige Delta seinen Anfang nimmt. Immerhin noch rund 150 km sind es von hier bis zur Nordsee.

Die Fracht des Rheins war schuld daran, daß überhaupt ein Delta entstand: Eiszeitliches Geröll, das der Fluß in Massen führte, türmte sich zu Moränenwällen auf, die ihn schließlich dazu zwangen, sich zu teilen und neue Wege zu suchen.

Dem Netz der Mündungsarme zu folgen ist nicht leicht – sie werden nicht nur verwirrend zahlreich, sie wechseln auch ihre Namen. Hauptmündungsarm, der zwei Drittel des Rheinwassers weiterführt, ist die ***Waal.*** Bei **Gorinchem** wird sie durch die ***Maas*** verstärkt, und ab dann heißt sie ***Nieuwe Merwede.*** Ein Stück weiter nördlich fließt der andere große Mündungsarm, der erst ***Pannerdenskanal,*** dann ***Nederrijn*** und schließlich ***Lek*** genannt wird. Der ursprüngliche Name Rhein taucht nur noch bei kleineren Nebenarmen wie dem ***Oude Rijn*** (Alter Rhein) und dem ***Kromme Rijn*** (Krummer Rhein) in den Karten der Niederlande auf.

Auch die ***IJssel,*** die bei Arnhem abzweigt, ist ein echter Mündungsarm des Rheins, der immerhin 11% des Rheinwassers der Nordsee zuführt. Aus Deutschland – aus dem Münsterland – kommen drei ihrer wichtigsten Nebenflüsse: die ***Issel,*** die ***Bocholter Aa*** und die ***Berkel.***

Auch künstliche Wasserstraßen gehören zur Landschaft des Deltas. Ein dichtes Kanalnetz schließt z. B. Amsterdam und den holländischen Nordwesten an den Rhein an.

Selbst im mühlenreichen Holland sind die 19 Poldermühlen von Kinderdijk eine besondere Sehenswürdigkeit. 17 sind während der Sommermonate gelegentlich in Betrieb; seit Mitte des 18. Jh. pumpen sie Wasser aus dem Hinterland.

Aus der Not eine Tugend: gebändigte Flut

Flußbauten jeglicher Art prägen das Gesicht Hollands. Wie vertraut sind dem Reisenden mittlerweile die schönen alten Windmühlen und die Grachten und Brükken der Städte! Als Kleinode besonderer Art empfehlen sich hier **Dordrecht,** das „rheinische Venedig", und **Arnhem,** das außerdem noch mit dem Niederländischen Freilichtmuseum aufwarten kann. Hier werden viele alte Wasserbautraditionen für den Besucher lebendig. Doch auch moderne Kanäle, Schleusen, Deiche und Stauanlagen sind Flußbauwerke, die überall in der weiten, ruhigen Landschaft auffallen. Sie alle zeigen, wie meisterhaft die Holländer es verstehen, das Wasser zu beherrschen.

Seit Jahrzehnten ist Holland dabei, besonders den Mündungsbereich des Deltas neu zu gestalten. Nach der Flutkatastrophe von 1953 reifte schnell der Entschluß, der zerstörerischen Kraft der vom Meer eindringenden Wassermassen mit Hilfe von Dämmen einen Riegel vorzuschieben. Bis weit über das Jahr 2000 hinaus reicht der Deltaplan, ein gigantisches Wasserbauprojekt. Ziel ist die Abriegelung der Mündungsarme von Rhein, Maas und Schelde mit vier großen Dämmen von insgesamt 33 km Länge und mit einem riesigen Schleusenkomplex als Durchlaß für die Schiffahrt. Offen für das Nordseewasser bleiben nur noch die Arme nach Antwerpen und Rotterdam. Der letztere, an dessen Mündung **Hoek van Holland** liegt, wurde ausgebaut zum ***Nieuwe Waterweg,*** einer kanalisierten Hafeneinfahrt für Rotterdams Europoort. Bei diesem Musterbeispiel modernen Wasserbaus waren gewaltige Bagger und Förderbänder nötig, um die Einfahrtsrinne 12 km weit ins Meer hinauszutreiben. Wer sich für Schiffe interessiert, kommt am Nieuwe Waterweg auf seine Kosten: Der Schiffsverkehr nach Rotterdam ist fast so rege wie der Verkehr auf einer Autobahn.

Das gigantische Deltaprojekt bringt den Holländern einen weiteren Vorteil: Die Versalzung der Binnengewässer durch Meerwasser wird verhindert, und der Rhein läßt sich auch zur Wassergewinnung nutzen. 65% des holländischen Trink- und Brauchwassers entstammen heute den Rhein-Mündungsflüssen.

Eine der Werkinseln des Deltaprojekts, das Eiland Neeltje Jans, ist zu besichtigen. Man fährt mit dem Auto auf die seeländische Insel Schouwen-Duiveland Richtung Zierikzee, immer den Schildern „Delta-Werke" nach. Bustouren erschließen die ganze Arbeitsinsel, und ein Informationszentrum steht Besuchern offen.

Einem Tausendfüßler aus Beton gleicht die mehr als 5 km lange Seelandbrücke, die längste Verbindung zwischen zwei Ufern in Europa. Über die Oosterschelde hinweg führt sie von der Insel Noord-Beveland zur Insel Schouwen-Duiveland.

Die Wasserbaukünste der Holländer

Das Wasser beherrschen, damit sich mit und in dem Land leben läßt, heißt die Devise der Holländer.

Hauptmittel zur Entwässerung sind die Kanäle. Sie durchziehen das ganze Land, und auch die Stadtbilder mit ihren Grachten und Brücken sind beredte Zeugen dieser Art der Landgewinnung. Einfachstes und über Jahrhunderte wirkungsvollstes Werkzeug, tiefliegendes Land trockenzupumpen, waren die Windmühlen. Die vier rund 25 m langen Flügel fingen den Wind und übertrugen seine Kraft auf ein Wasserrad, das überschüssiges Wasser in die Kanäle beförderte. Jeweils drei oder vier Mühlen arbeiteten dabei in einem Mühlengang zusammen: Jede Mühle transportierte das Wasser eine Stufe höher; die letzte pumpte es in den Ringkanal, der das zu entwässernde Land umschloß. Von hier suchte das Wasser von selbst seinen Weg in den nächsten Fluß. So konnten immer größere Landstriche nach und nach trockengelegt werden.

Um die Mitte des letzten Jahrhunderts waren in den Niederlanden rund 9000 Windmühlen in Betrieb. Pumparbeit wird auch heute noch geleistet, allerdings nicht mehr von Windmühlen, sondern von rund 2000 großen elektrischen Pumpen.

Das Tor Europas

Rotterdams Hafenanlage – von den stadtnahen älteren Hafenbecken bis zu den modernen Hafenregionen wie dem Europoort – ist die größte der Welt, zweieinhalbmal so groß wie der New Yorker Hafen, sechsmal so groß wie der Hamburger. Im Abstand von nur 8 Minuten laufen Tag und Nacht Schiffe aus oder ein. In 48 Hafenbecken werden jährlich mehr als 240 Millionen t Ladung gelöscht. Mittelpunkt des Hafens sind der riesige Ölhafen Europoort, der mit allein 98 Öllöschbrücken arbeitet, der Containerhafen und der Massen- und Stückguthafen mit einem Wald von 322 Kränen. Daneben entstand eine Industriezone, die von weit hinter Rotterdam bis zur Nordsee reicht. Verständlich, daß Besucher die Faszination des betriebsamen Hafenlebens so nah wie möglich miterleben wollen: Hafenrundfahrten, ausgeschilderte Besichtigungstouren mit dem eigenen Auto und der Ausblick von der Glasgondel des Aussichtsturms Euromast laden dazu ein.

Große Nebenflüsse

Die Zahl der Nebenflüsse und Bäche, die „Vater Rhein“ auf seiner langen Reise aufnimmt, geht in die Hunderte. Doch nur wenige verstärken den Strom ganz entscheidend; sie aber haben maßgeblich dazu beigetragen, daß der Rhein zum wichtigsten Wasserweg Europas wurde.
Einen weiten Bogen durch Baden-Württemberg schlägt der erste große deutsche Nebenfluß, der Neckar. Die Beckenlandschaft an seinem Mittellauf ist Weinland. Rebhänge begleiten auch den längsten rechten Zufluß, den Main, über weite Strecken. Linksrheinisch gebührt der Mosel das Attribut Weinfluß. Kürzer, aber nicht minder weinselig sind deren Nachbarn: Nahe und Ahr.
Lahn, Sieg und Wied kommen aus dem Bergland östlich des Rheins. Herrlich natürliche Abschnitte wechseln mit kulturträchtigen Städten, aber auch industriegeprägten Partien. Ruhr und Lippe gehören nur im Unterlauf den Fabriken, Stahlhütten und ausufernden Städten; Grün ist sonst die vorherrschende Farbe an ihren Ufern.

Großes Bild: Vom steilsten Weinberg Deutschlands, dem Calmont, bietet sich ein prachtvoller Blick über die Moselschleife bei Bremm. Solche Ansichten sind typisch für das tief eingeschnittene Moseltal.

Kleines Bild links: Wie eh und je erfüllt die Mainfähre zwischen Fahr und Untereisenheim zuverlässig ihre Aufgabe.
Mitte: Ländliches Idyll begleitet den Oberlauf der Lippe im östlichen Münsterland.

Rechts: Hoch über der Lahn reckt die ehemalige Stiftskirche von Limburg-Dietkirchen ihre Türme gen Himmel. Das prächtige romanische Bauwerk scheint aus dem steilen Kalkfelsen herauszuwachsen.

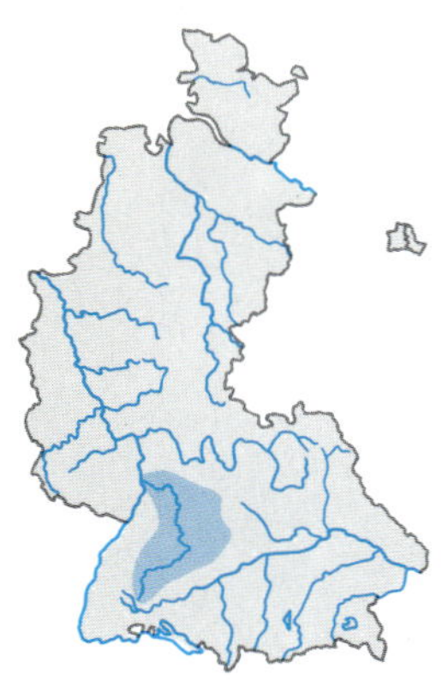

In Windungen durchs Musterland

Am Neckar mischen sich die Kontraste unseres Industriezeitalters besonders augenfällig: alte Burgen und beschauliche Dorfkerne neben nüchternen Neubausiedlungen und Zweckbauten, dazwischen viel Landschaftsidylle mit Weinbergen, Ackerland und Obstwiesen.

Mit einer ansehnlichen, sprudelnden Quelle hat die Natur den Neckar nicht bedacht. Da mußte schon der Mensch etwas nachhelfen, denn ein ganzes Gebiet zur Quelle zu erklären hätte wohl doch dem menschlichen Ordnungssinn widersprochen. Ein künstlicher Quellweiher wurde angelegt, und zwar mitten in besagtem Quellgebiet, dem Schwenninger Moos. Dieses Hochmoor liegt am Südrand von Schwenningen, der schwäbischen Hälfte der Doppelstadt **Villingen-Schwenningen.** Man erreicht es über die B 27 in Richtung Donaueschingen, von der man am Ortsausgang, dem Hinweisschild „Schwenninger Moos“ folgend, nach rechts abbiegt. Die Straße endet an einem Parkplatz. Von hier führt ein bequemer Fußweg an einem Wassergraben entlang bis zu dem Weiher, den ein Hinweisschild als Neckarursprung aus-

Bei Rottweil hat der Neckar ein kleines Naturwunder geschaffen: eine Doppelschleife in Form einer riesigen Acht. Das leuchtend gelbe Rapsfeld zeichnet den Talbogen nach, durch den sich der Fluß – von rechts kommend – vor Jahrtausenden gewunden hat. Die schräg einfallenden Gesteinsschichten drängten ihn jedoch allmählich in die Gegenrichtung ab. Eine zweite Talwindung entstand; ihr folgt der Neckar heute.

Der Einzugsbereich des Neckars *umfaßt 14000 km². Seine Nebenflüsse greifen weit in den Schwäbisch-Fränkischen Wald, in den flachwelligen Kraichgau und ins Hohenloher Land hinein. Im Süden allerdings gebieten Schwarzwald und Schwäbische Alb seinem Eroberungsdrang Einhalt.*

Von der Quelle in Schwenningen bis zur Mündung in Mannheim legt der Neckar 371 km zurück. Die Straße folgt nicht allen Flußwindungen, deshalb beträgt die Strecke für den Neckarreisenden nur 340 km. Dafür sind 2 Tage einzukalkulieren, wenn man wenigstens den wichtigsten Stationen einen Kurzbesuch abstatten will. Unbedingt zu empfehlen sind Tagesabstecher in die Täler einiger Nebenflüsse, allen voran Jagst, Kocher und Enz.

Tausende von Schaulustigen säumen das Neckarufer beim traditionellen Tübinger Stocherkahnrennen, das jedes Jahr am vierten Donnerstag im Juni stattfindet. Die Teilnehmer sind Studenten; fast jede in Tübingen ansässige Burschenschaft oder Verbindung stellt eine Kahnmannschaft. Die Rennstrecke führt um die Platanenallee, eine langgestreckte Neckarinsel. Spannend wird es an den engen Kurven – so mancher Wendeversuch endet mit einem Sturz in den Fluß.

gibt. Teich und Wasserrinne nähren sich aus dem umgebenden, mit Wasser vollgesogenen Torfmoor. Den Torfabbau hat man schon 1949 eingestellt, so daß die Natur sich rings um Neckarquelle und Abflußgraben wieder ausbreiten konnte.

Das Neckarrinnsal bleibt nur ein kurzes Stück am Tageslicht. Am Stadtrand verschwindet es im unterirdischen Kanalnetz. Erst neben der B27 in Richtung Rottweil taucht die Wasserrinne wieder auf und weist dem Neckarfahrer den Weg. Von der Straße aus läßt sich gut beobachten, wie rasch der Bach zu einem ansehnlichen Flüßchen anschwillt. Zahlreiche Nebenbäche aus Schwarzwald und Schwäbischer Alb tragen ihm ihr Wasser zu.

Der Fluß hat sein Bett verlegt

Der Felssporn, auf dem das mittelalterliche **Rottweil** liegt, wird vom Neckar in einer engen Kehre umflossen. Unterhalb der Stadt macht der Fluß das Tal zu einer Art Canyon mit immerhin 80 m Tiefe.

Die Bundesstraße von Rottweil Richtung Oberndorf weicht vom engen Tal auf die Höhe aus. Nach etwa 2 km führt eine Abzweigung nach rechts. Hier zeigt sich eindrucksvoll, welche Wirkung die Wasserkraft eines Flusses haben kann: Der Neckar hat sein Bett verlegt und eine ausladende Schlinge mit trockenem Talboden hinterlassen. An keiner anderen Stelle breitet der Fluß ein Stück seiner Geschichte so offenkundig vor dem Betrachter aus.

In **Sulz** ist der Wanderparkplatz hinter dem Freibad Ausgangspunkt für den nächsten Abstecher. Nach einer halben Stunde Aufstieg bietet die staufische Ruine Albeck einen weiten Ausblick über das Tal.

Hinter der steil am Hang gelegenen Altstadt von **Horb** wird das Neckartal eng und in seiner Ursprünglichkeit besonders reizvoll. Der Neckarfahrer sollte deswegen in Horb von der Bundesstraße abbiegen (Richtung Mühlen) und der Straße folgen, die sich bis Rottenburg dicht am Flußufer entlangschlängelt. Vereinzelt sind an diesem Flußabschnitt sogar noch Getreidemühlen in Betrieb.

▷ ***Eyach*** 7 km unterhalb von Horb geht es dem Wegweiser nach in Richtung Haigerloch, das idyllische Eyachtal entlang. Dieses Nebenflüßchen durcheilt auf seinem kurzen Weg ein Gefälle von 400 m – der steile Taleinschnitt zeugt von seiner großen Erosionskraft.

12 km flußaufwärts läßt die Lage der Stadt **Haigerloch** den Besucher staunen: Über den Eyachwindungen liegen sich auf hohen Felsgraten das Schloß und die Oberstadt gegenüber. Zu ihren Füßen drängt sich die Unterstadt im engen Flußtal. ◁

Bei **Rottenburg** verläßt der Neckar dann sein schmales Felsenbett; die Talhänge weichen zurück. Den Bummel durch die Gassen der Barockstadt beginnt man am besten an der Neckarbrücke, von der die Hauptstraße als direkte Verlängerung in die Altstadt hineinführt.

Hochwasser hielt die Zünfte fern

In **Tübingen** umfließt der Neckar eine schmale Insel, die Platanenallee. Von der Eberhardbrücke blickt man auf eine verträumte Flußlandschaft. Hinter überhängenden Weiden verbirgt sich der Hölderlinturm, der dem Dichter 34 Jahre eine Heimat war. Die vielgerühmte Schauseite von Tübingen, die Neckarfront, schachtelt sich den steilen Talhang hinauf, bis sie oben in den restaurierten Stadtkern übergeht. Wegen der alljährlichen Hochwasser wählten die alten Zünfte aber nicht die Neckarauen zu ihrem Standort; Tuchmacher, Seifensieder, Färber und Gerber hinterließen vielmehr dem heutigen Tübingen schöne Fachwerkhäuser an der ***Ammer,*** einem Nebenflüßchen, das den alten Gewerben Nutzwasser und Energie spendete.

In Richtung Nürtingen und Plochingen verändert sich allmählich der Talcharakter. Die grünen Abschnitte werden kürzer, um die alten Dorfkerne dehnen sich Neubaugebiete aus. Auch die Brücken spiegeln den Kontrast zwischen Alt und Neu. Wohltuend hebt sich die nach dem Original von 1602 wieder aufgebaute Steinbrücke in **Köngen** von den zahlreichen Zweckbrücken in unmittelbarer Nachbarschaft ab.

Die Hauptattraktion in diesem Talabschnitt sind Baggerseen, Überreste des inzwischen aufgegebenen Kiesabbaus. Während sich bei **Kirchentellinsfurt** und **Neckartailfingen** an sonnigen Wochenenden Tausende zum Baden und Surfen einfinden, wurden die Baggerseen von **Wernau** in ein Naturreservat verwandelt, aus dem man den Badebetrieb völlig verbannt hat.

▷ ***Fils*** Bei **Plochingen** biegt der Neckarlauf scharf nach links; an dieser Stelle mündet von rechts die Fils. Auf der Karte sieht es allerdings so aus, als wäre es gerade um-

Die steinernen Bogen der Inneren Brücke in Esslingen überspannten ursprünglich mehrere Seitenkanäle des Neckars. Die kleineren unter ihnen hat man inzwischen zugeschüttet. Geblieben aber sind zwei malerische Brükkenhäuschen aus dem 17. Jh.

gekehrt und der Neckar münde als Nebenfluß in die Fils. Tatsächlich gab es vor ungefähr 50 Millionen Jahren eine Ur-Fils in diesem Talabschnitt – doch floß sie in entgegengesetzter Richtung zur Donau hin. Allmählich aber weitete der Neckar sein Einzugsgebiet aus, bis er den einstigen Donauzufluß vereinnahmt hatte.
Im Filstal siedelte sich seit Mitte des 19. Jh. Industrie an. Hauptsächlich Textilbetriebe, aber auch metallverarbeitende Industrie machten sich die Wasserkraft für den Antrieb ihrer Maschinen zunutze und verwandelten das Tal bald in eine „Industriegasse" mit wenig grünen Abschnitten. ◁

Schleusen und Kraftwerke

Plochingen ist seit 1968 Endhafen der Neckarschiffahrt. Mit dem Ausbau der über 200 km langen Strecke Mannheim–Plochingen wurde 1921 begonnen. Nach und nach errichtete man Uferbefestigungen, begradigende Seitenkanäle und baute zur Überwindung des Gefälles von 160 m insgesamt 27 Schleusen. Sogar die Staustufen der Schleusen wurden für kleine Laufwasserkraftwerke genutzt.
Der Nachteil dieses Aufstaus ist jedoch, daß das Wasser auf vielen Abschnitten steht und absinkender Schlamm gefährliche Faulgase erzeugt. Dazu kommt, daß große Kraftwerke wie Altbach oder Neckarwestheim Neckarwasser zur Kühlung abzapfen und es aufgewärmt wieder an den Fluß abgeben. Im Sommer heizt er sich dadurch manchmal bis zu 25°C auf, was seinen Sauerstoffgehalt drastisch absinken läßt. Industrie- und Haushaltsabwässer tun ein übriges. Schon längst hat man Gegenmaßnahmen ergriffen und erste Erfolge erzielt. Bewährt haben sich die zahlreichen Kläranlagen, ebenso die Kühltürme, mit denen die großen Kraftwerke ausgestattet wurden. Sie geben die Abwärme zu einem großen Teil an die Luft ab und entlasten dadurch den Fluß.
Die vierspurige B 10 führt den Neckarfahrer am Fluß entlang von Plochingen in Richtung Stuttgart, vorbei an schnurgeraden Pappelreihen und den nüchternen Bauten der typischen Industrielandschaft des mittleren Neckars.

Pferdemarkt am Roßneckar

Esslingen, die nächste Station, vereint die Geschäftigkeit eines modernen Industriezentrums mit der Romantik der einstigen freien Reichsstadt. Das Gassengewirr der Altstadt ist von zwei alten Neckarkanälen durchzogen: dem Roßneckar und einem

Eingebettet zwischen Weinbergen und Baumwiesen liegen die Anlagen des Stuttgarter Hafens. Nicht nur Lokalpatrioten halten ihn für den am schönsten gelegenen Binnenhafen Deutschlands.

Rund 4 Millionen t Frachtgüter werden hier jährlich umgeschlagen. Namhafte Speditionen, Stahlunternehmen und Ölfirmen unterhalten Zweigniederlassungen mit eigenen Anlegestellen.

parallel verlaufenden Gewerbekanal. Seinen Namen hat der Roßneckar von dem ehemaligen Pferdemarkt, an dem er vorbeiführte. Ein guter Ausgangspunkt für eine Erkundung der Stadt ist die Pliensaubrücke aus dem 13. Jh., über die der wichtige mittelalterliche Fernhandelsweg von Oberitalien nach Flandern (Brügge) führte.
Die steilen Südhänge werden von Rebanlagen beherrscht – ein Charakteristikum des gesamten Neckartals zwischen Esslingen und Heilbronn.
Einige einst selbständige Neckarorte gehören zwar heute zu **Stuttgart,** doch fließt der Neckar an der Landeshauptstadt selbst eigentlich vorbei. Einer der bekanntesten Stadtteile am Neckar ist **Stuttgart-Bad Cannstatt,** im Mittelalter wichtiger Umschlagplatz für eingeführte Güter. Der heutige Stuttgarter Hafen liegt 2 km weiter neckaraufwärts oberhalb der Bad Cannstatter Neckarschleuse. Bad Cannstatts Bedeu-

Hoch über einer Neckarschleife ragen die Hessigheimer Felsengärten empor. Unzählige Steinmauern und -treppen gliedern den steilen Rebhang. Die Böden sind in dieser Lage besonders flachgründig und trocknen daher rasch aus – gerade richtig für die Trollingertrauben, die hier reifen.

tung als alte Bäderstadt unterstreichen 18 Mineralquellen, die das zweitgrößte Mineralwasservorkommen Europas speisen.
An der Anlegestelle in Bad Cannstatt bietet es sich an, auf eines der weißen Ausflugsschiffe umzusteigen. Für Wanderer und Radfahrer führt ab Bad Cannstatt ein sehr schöner Weg am Neckarufer entlang, auf dem man zusehen kann, wie die Schiffe immerhin vier Schleusen passieren. Nach 25 km erreicht man Marbach, von wo aus die Rückfahrt mit der S-Bahn möglich ist. Auch der Autofahrer verläßt in Bad Cannstatt die B 10 in Richtung Marbach.
▷ ***Rems*** Einige Kilometer flußabwärts verstärkt dann die Rems den Neckar – das Remstal ist für den Weinkenner ein Begriff. Wie sehr sich das Tal als Durchgangs- und Siedlungsraum eignet, beweisen nicht nur frühe Stadtgründungen wie **Schwäbisch Gmünd** am Oberlauf, sondern auch neue Wohnsiedlungen, Fabriken und Verkehrsadern. Naturliebhaber wird der Flußlehrpfad in **Waiblingen** interessieren. Er führt von der Brücke des Stadtteils Beinstein 3 km weit in Richtung Endersbach und kann auch mit dem Fahrrad erwandert werden. ◁
Vorbei an Ludwigsburg geht es weiter neckarabwärts nach **Marbach.** Ein weißer Prachtbau grüßt vom steilen Talhang: das Schiller-Nationalmuseum. Es birgt eine reichhaltige Sammlung über Leben und Werk des Dichters – eine Station, die man nicht auslassen sollte. Marbach selbst bietet mit seiner wuchtigen Stadtmauer ein Bild mittelalterlicher Geschlossenheit.
▷ ***Murr*** Bei Marbach nimmt der Neckar wieder einen Nebenfluß auf: die Murr. Das heute eher unscheinbare Flüßchen trug im 19. Jh. viel Floßholz aus dem Schwäbischen Wald zu Tal. ◁

Klettergarten der Natur

Bis zur Einmündung der Enz windet sich der Neckar in immer engeren Schleifen an den schroffen Talhängen entlang, auf denen die Wengerter, die Weinbauern, ihrer halsbrecherisch wirkenden Arbeit nachgehen.
Kurz vor **Besigheim** ragen bizarr geformte Felstürme auf: die Hessigheimer Felsengärten, ein großartiges Revier für den Hobbykletterer. Jahrtausendelange Neckarbrandung und unterirdische Auslaugung durch einsickerndes Wasser ließen den Untergrund absacken; dadurch brachen die Felszacken von der Rückwand und sanken ab.
▷ ***Enz, Nagold, Würm*** Vor Besigheims Kulisse mündet die Enz in den Neckar. Bis Pforzheim wirkt das Enztal wie eine kleine Ausführung des Neckartals. Steile, stellenweise mit Reben bestandene Hänge überragen die schmale Talsohle mit dem gewundenen Flußlauf. Wo selbst die Landstraße vom Tal auf die Höhe wechselt, trifft man auf eine Flußidylle, die an längst vergangene Zeiten erinnert.
In **Pforzheim,** der alten Pfortenstadt am Schwarzwaldrand, eröffnen die Täler von Enz, Nagold und Würm natürliche Zugänge zum dichtbewaldeten Nordteil des Mittelgebirges. Enz und Nagold verhalf diese Tatsache bis Ende des 19. Jh. zu beachtlicher wirtschaftlicher Bedeutung. Die begehrten Tannenstämme wurden aus dem Schwarz-

wald flußabwärts geflößt, über Neckar und Rhein bis zu den Schiffbauern in Flandern. Der Stadt **Calw** verhalf der Holzhandel über Jahrhunderte hinweg zu wirtschaftlichem Wohlstand.
Während Straßen und Bahnlinien den erschlossenen Zustand des Nagoldtals belegen, zeigt der Enzoberlauf noch auf weiten Strecken Naturbelassenheit. Von **Enzklösterle** aus, der letzten Talgemeinde oberhalb von Wildbad, läßt es sich sehr erholsam wandern, und die rasch strömenden Gewässer ziehen auch die Kajakfahrer an.
Eine heitere Idylle hat das Würmtal bewahrt, das sich vom Rand des Schönbuchs bis zur Mündung in die Nagold nach Pforzheim schlängelt. Ein sanft ansteigender Waldwanderweg führt von Pforzheim oben am Talhang entlang nach Tiefenbronn. Mit dem Bus kann man die 10 km nach Pforzheim zurückfahren. ◁

Ein wichtiges Bindeglied: der Wilhelmskanal

Unterhalb von Besigheim hat der Neckar an einigen Stellen, bei **Lauffen** etwa, seine alten Talbogen verlassen und fließt nun geradlinig dahin. Stromschnellen machen das erhöhte Gefälle an den Durchbruchsstellen sichtbar; auch im Ortsnamen Lauffen klingt der rasche Lauf des Flusses an.
Ein wesentlicher Grund für die anhaltende Bedeutung der ehemaligen freien Reichsstadt **Heilbronn** war ihre Lage als Endhafen der Neckarschiffahrt im 19. Jh. Selbst der Wilhelmskanal, die 1821 unter König Wilhelm I. von Württemberg errichtete Verbindung zum ausgebauten Neckarlauf bis Bad Cannstatt, änderte daran nichts: Heilbronns überragende Stellung als Neckarhafen blieb ungefährdet.
▷ ***Breitenauer See*** Einen Abstecher zu dem neugeschaffenen künstlichen Breitenauer See bietet die B 39 kurz vor **Löwenstein.** Als Wasserrückhaltebecken errichtet, hat der 400 000 m² große See den berüchtigten Hochwassern der unscheinbaren ***Sulm*** ein Ende gesetzt – zur Freude aller Bade- und Surfbegeisterten. ◁
Von Heilbronn aus geht es auf der B 27 durch die dichtbesiedelte Industrielandschaft nach **Neckarsulm,** dem Standort eines großen Montagewerks der Firma Audi. Der Neckar strömt hier durch eine Kanalrinne, die in **Bad Friedrichshall** wieder in das ursprüngliche Flußbett einmündet.
Der Rohstoff Salz – schon im Namensteil -hall klingt es an – bestimmt bis in die Gegenwart den Werdegang von Bad Friedrichshall. Das Steinsalzbergwerk befindet sich unmittelbar am Fluß. Salz gehört heute

Das Schloß von Kirchberg, bis 1861 Residenz der Fürsten Hohenlohe-Kirchberg, ist eines der eindrucksvollsten Schlösser im lieblichen Jagsttal. Die Ufer und Wiesenauen des Flüßchens spiegeln die Naturidylle vergangener Tage wider.

Auf der Wasserstraße Neckar werden jährlich über 10 Millionen t Frachtgüter befördert. In den Schleusen überwinden die Schiffe Höhenunterschiede zwischen 3 und 10 m. Hier die Schleuse zwischen Hirschhorn und Neckarsteinach im Odenwald.

übrigens zu den wichtigsten Frachtgütern der Neckarschiffahrt.
▷ ***Kocher, Jagst*** Im Abstand von gerade 2 km stoßen in Bad Friedrichshall zwei Nachbarn gleicher Herkunft zum Neckar: Kocher und Jagst. Beide schlängeln sich vom östlichen Albvorland in idyllischen Wiesentälern durch den Schwäbisch-Fränkischen Wald und Hohenlohe – beide haben aber auch ihren ganz eigenen Charakter. Der Kocher durchfließt in seinem Oberlauf im Raum **Aalen** ein kleines Industrierevier, die Jagst dagegen schlängelt sich ausschließlich durch industrie- und siedlungsarme Gegenden. Ihre hohe Wasserqualität macht die Jagst deswegen zu einem ergiebigen Angelgewässer.
Im flachwelligen Hohenlohe begleiten steile Hänge mit Hecken und Steinriegeln die windungsreichen Flußläufe. Sie vermitteln einen Eindruck von Kargheit, bezeugen aber zugleich, daß der Mensch wieder der Natur das Feld überlassen hat. Die Rebterrassen, dem steinigen Boden abgerungen, sind aufgegeben. Dickicht breitet sich auf ihnen aus. Das überragende städtische Zentrum dieses Raumes war im Mittelalter die Kocherstadt **Schwäbisch Hall.** Mit dem Salz stieg und sank ihre wirtschaftliche Bedeutung, bis 1924 zum letztenmal die begehrte Sole gefördert wurde. ◁

Vom Turm der Hirschhorner Burg schweift der Blick über die ummauerte Unterstadt. Ihre enggeschachtelten Gebäude, darunter auch alte fränkische Fachwerkhäuser, drängen sich dicht am Neckar auf einer schmalen Talleiste.

Gegenüber der Jagstmündung steigen die hohen Mauern und mittelalterlichen Wohntürme von **Bad Wimpfen** über dem Neckar auf. Die Marktsiedlung Wimpfen entstand noch im Tal, die staufische Kaiserpfalz Wimpfen am Berg überflügelte sie bald.
Daß die B27 von Heilbronn bis Mannheim zu Recht Burgenstraße heißt, beweisen 27 Burgen und Ruinen: 27mal Einblicke in die Vergangenheit, 27mal Ausblicke über das Neckartal. Eine Besonderheit bietet Burg Guttenberg gegenüber Gundelsheim: Flugvorführungen mit Greifvögeln.

Talengen im Odenwald

In Obrigheim, wo man auf die B37 wechselt, beginnt die enge Talstrecke durch den roten Buntsandstein des Odenwalds. Die Ortschaften, vor allem unterhalb von **Eberbach,** schmiegen sich an die steil aufragenden Bergflanken.
In Eberbach selbst, dem nächsten Etappenziel, hat das Schiffergewerbe eine lange Tradition. Es knüpfte an die Brennholzflößerei an, die bis gegen Ende des 19. Jh. in großem Stil von hier aus betrieben wurde.
▷ ***Elsenz*** In **Neckargemünd** vereint sich der Neckar mit der Elsenz. Dieses Flüßchen sammelt das Wasser aus weiten Teilen des Kraichgaus, der ausgedehnten, fruchtbaren Ackerbaulandschaft zwischen Oberrhein und Neckarland. Den Odenwald konnte die Elsenz nicht aus eigener Kraft durchbrechen, vielmehr benutzt sie auf dem letzten Stück vor der Mündung eine Talfurche, die der Neckar vor Jahrtausenden gebildet hat. In den Schottern und Sanden, die der Neckar hier ablagerte, wurde der Unterkiefer des ältesten bisher bekannten Menschen Europas entdeckt, des Homo heidelbergensis. ◁
Die Stadt **Heidelberg** liegt gerade noch im engen Odenwaldtal. Sie entwickelte sich um die Burg des Stadtgründers Konrad herum, die hoch über der Talsohle thronte. Die eng verschachtelte Altstadt ist Ausdruck der räumlichen Bedrängtheit. Das moderne Heidelberg ist längst weit ins Oberrheinische Tiefland hinausgewachsen.
Dem Wegweiser nach geht es nun weiter auf der B37 Richtung Mannheim. Nach 7 km zweigt eine Nebenstraße nach **Ladenburg** ab, der 2000jährigen Neckarstadt mit mittelalterlichem Kern und Stadtmauer. Man baute die Mauer dicht an den Fluß heran und nutzte ihn als Wassergraben.
Wenige Kilometer unterhalb von Ladenburg wechselt der Neckar bis zur Mündung in ein künstliches Kanalbett. Der heutige Lauf entstand aus einer allmählichen Verlagerung der alten Mündungsarme 8 km weiter nach Norden. Zurück blieb sandiges Schwemmland, das heute für Sonderkulturen wie Spargel oder Tabak genutzt wird.
Hafenbecken, Kraftwerke, Lagerhallen und Verkehrsanlagen begleiten den kanalisierten Neckar auf seiner letzten Etappe durch die Industriestadt **Mannheim** bis zum Rhein. Hier ist er wahrhaftig nicht mehr der liebliche Fluß, den die Dichter einst besungen haben. Allerdings wird dieser letzte Eindruck seinem wahren Charakter sicher nicht gerecht, hat das Neckartal doch über weite Strecken viel von der einstigen Beschaulichkeit zu bewahren vermocht.

Mit dem Ausflugsschiff auf dem Neckar

Stuttgart-Bad Cannstatt Die Schiffe verkehren nach einem festen Fahrplan. Saison: Ende März bis Ende Oktober. In der Hauptsaison (Mai bis Ende September) täglich zwei Fahrten.
Fahrtziele 15 Anlegestellen neckarabwärts werden jeweils angelaufen. Endstation: Besigheim, Hessigheim oder Lauffen. Außerdem Hafenrundfahrten, Kurzrundfahrten und Unterhaltungsfahrten.
Fahrtdauer Einfache Fahrt nach Besigheim knapp 5 Stunden (45 km). Rundfahrten 2 Std.
Auskunft Neckar-Personen-Schiffahrt, Postfach 500824, 7000 Stuttgart 50, Tel. 0711/ 541073–74.
Bad Wimpfen Die Schiffe verkehren fahrplanmäßig während der erweiterten Sommersaison (Mitte Mai bis Mitte Oktober).
Fahrtziele und -dauer Heilbronn (1½ Stunden), Neckarzimmern (4½ Stunden), Gundelsheim (6½ Stunden). In den Sommerferien auch Fahrten zu entfernteren Zielen (z. B. Heidelberg).
Auskunft Personenschiffahrt R. u. G. Stumpf, Fahrkartenhaus an der Friedrich-Ebert-Brücke, 7100 Heilbronn, Tel. 07131/85430.
Heidelberg Täglich Neckarfahrten nach Fahrplan; Mitte Juni bis Ende August an bestimmten Wochentagen Rheinfahrten.
Fahrtziele und -dauer Kurzfahrten nach Neckarsteinach (1¼ Stunden), längere Ausflüge in der Hauptsaison nach Eberbach (2 Stunden). Rheinfahrten über Mannheim nach Worms (3 Stunden), außerdem Heidelberg-Rundfahrten (45 Minuten).
Auskunft Rhein-Neckar-Fahrgastschiffahrt GmbH, Untere Neckartalstraße 17, 6900 Heidelberg, Tel. 06221/20181.

Der springende Federahannes ist die Symbolfigur des Rottweiler Narrensprungs.

Neckar

Rottweil Ehemalige freie Reichsstadt auf einer felsigen Anhöhe über dem Fluß. Alljährlich am Fasnachtsmontag findet der berühmte Narrensprung statt, ein Umzug, der alemannischem Brauchtum entspringt.
Verkehrsamt, 7210 Rottweil, Tel. 0741/94201

Tübingen Historische Universitätsstadt.
Den Reiz der Unterstadt offenbart am besten eine Stocherkahnfahrt auf dem Neckar. Diese Fahrten finden im Sommer jeden Samstagnachmittag vom Hölderlinturm aus statt.
Verkehrsverein, 7400 Tübingen, Tel. 07071/35011

Neckarsulm Moderne Industriestadt mit planmäßig angelegten Stadthälften.
Im ehemaligen Deutschordensschloß untergebracht ist das Deutsche Zweiradmuseum. Täglich von 9–12 und von 13.30–17 Uhr sind 200 Ausstellungsstücke vom Laufrad bis zum Rennmotorrad zu besichtigen.
Ballei Gemeinschaftszentrum, 7107 Neckarsulm, Tel. 07132/35269

Bad Friedrichshall Durch Zusammenschluß von drei Orten entstandenes Städtchen.
Eine Besucherattraktion ist das Steinsalzbergwerk, durch dessen über 100 km lange Stollen eine eindrucksvolle Führung angeboten wird. Die Öffnungszeiten sind bei der Stadtverwaltung zu erfragen.
Stadtverwaltung, 7107 Bad Friedrichshall, Tel. 07136/8320

Wolfsschlucht Tief eingeschnittene Bachschlucht zwischen Neckargerach und Eberbach.
Von der vollständig erhaltenen Burg Zwingenberg aus führt ein etwa 2 km langer, schwach ansteigender Weg am Bach entlang. Für den ungetrübten Genuß der wildromantischen Schlucht empfehlen sich warme Tage oder warme Kleidung, denn zwischen den steilen Wänden ist es stets kühl.

Heidelberg Traditionsreiche Universitätsstadt.
Ein Spaziergang durch die Altstadt und über den Philosophenweg sollte zum festen Programm des Heidelbergbesuchers gehören. Besichtigenswert ist das Deutsche Apotheken-Museum im Schloß, das mit rund 8000 Exponaten die Geschichte des Apotheken- und Arzneimittelwesens aufrollt (Öffnungszeiten: April bis Oktober 10–17 Uhr; November bis März samstags und sonntags 11–17 Uhr). Dreimal jährlich finden die großen Heidelberger Schloßbeleuchtungen statt, begleitet von einem Brillantfeuerwerk auf der Alten Brücke.
Verkehrsverein, 6900 Heidelberg, Tel. 06221/10821

Eyach

Haigerloch Städtchen an einer Flußschlinge im tiefen Felsental.
Der Felsenkeller der Schloßkirche wurde gegen Ende des Zweiten Weltkriegs in eine Atomforschungsstätte verwandelt. Zur Erinnerung daran ist heute in diesem Raum ein Atommuseum untergebracht, das von März bis November zu besichtigen ist (von Mai bis September täglich, sonst samstags und sonntags 10–12 Uhr und 14–17 Uhr).
Verkehrsamt, 7452 Haigerloch, Tel. 07474/6061

Ein Wahrzeichen Heidelbergs ist die 1788 erbaute Neckarbrücke. Sie weist den Weg zur spätmittelalterlichen Heiliggeistkirche.

Enz

Enzklösterle Luftkurort in waldreicher Umgebung. Neben zwei alten Flößerseen bietet Enzklösterle noch einen Rotwildpark, eine 1500 m lange Rutschbahn im Poppeltal, ein Kohlenmeilermodell und eine Holzfällerolympiade, die im Sommer ein- bis zweimal im Monat stattfindet.
Kurverwaltung, 7546 Enzklösterle, Tel. 07085/517

Neuenbürg Einige Kilometer enzaufwärts hinter Pforzheim erwarten die Stollen und Schächte des „Frischglück“-Bergwerks interessierte Besucher zu einer 45-Minuten-Führung. Von Kelten- und Römerzeiten bis 1868 wurde hier nach Erz gegraben; heute ist die Grube nur noch für Besichtigungen geöffnet (von April bis Oktober samstags und sonntags 10–17 Uhr).
Stadtverwaltung, 7540 Neuenbürg, Tel. 07082/7970

Nagold

Nagoldtalsperre Bei Seewald-Erzgrube liegt in 550 m Höhe dieses attraktive Wassersportgebiet. Es läßt sich dort gut segeln, surfen, rudern und in der Umgebung auch wandern.
Bürgermeisteramt, 7291 Seewald, Tel. 07447/1007

Würm

Pforzheim Goldstadt am Schwarzwaldrand.
Im Stadtteil Würm gibt es einen interessanten Alpengarten. Über 100000 Pflanzen in mehr als 5000 Arten sind von April bis Oktober täglich zu besichtigen.
Stadtinformation, 7530 Pforzheim, Tel. 07231/392190

Kocher

Schwäbisch Hall Ehemals bedeutende freie Reichsstadt und Salzsiederstadt. Das reizvolle Panorama der treppenartigen Stadtanlage genießt man am besten vom Kocher aus. Einen Bootsverleih gibt es beim Roten Steg.
Auf der breiten Freitreppe der Michaelskirche finden in den Sommermonaten die Haller Freilichtspiele statt. Zuschauerraum und Kulisse ist der Marktplatz.

Über 1800 Zuschauer finden um die Treppenbühne der Schwäbisch Haller Freilichtspiele Platz.

Das Hohenloher Freilandmuseum in Schwäbisch Hall-Wackershofen umfaßt zahlreiche alte Dorfgebäude und bäuerliche Anwesen. Die Besichtigung ist von April bis Oktober täglich außer Montag möglich.
Städtisches Fremdenverkehrsamt, 7170 Schwäbisch Hall, Tel. 0791/751246

Jagst

Ellwangen Ehemalige Fürstpropstei.
In der waldigen Umgebung locken kleine Stauseen zum Baden, Surfen, Angeln und Bootfahren. Vom größten, dem Bucher Stausee, führt ein 8 km langer Rundweg durch das Gelände des „Freilichtmuseums am Rätischen Limes“, das bauliche Überreste der Römerzeit zeigt.
Städtisches Verkehrsamt, 7090 Ellwangen, Tel. 07961/2463

Langenburg Städtchen über dem tiefen Jagsttal. Zu dem mächtigen Renaissance-Schloß gehört auch der Marstall. Er beherbergt ein Automuseum, das vor allem interessante Oldtimer ausstellt (Ostern bis Oktober 8.30–12 Uhr und 13.30–18 Uhr, November bis Ostern sonn- und feiertags 13–17 Uhr).
Bürgermeisteramt, 7183 Langenburg, Tel. 07905/1011

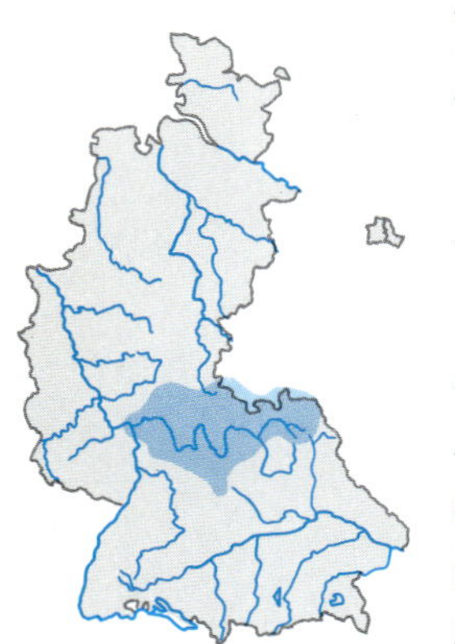

Deutschlands Äquator

Der Main gilt als Trennlinie zwischen Nord- und Süddeutschland, doch davon bemerkt man als Reisender nichts. Vielmehr erstreckt sich an beiden Mainufern die gleiche liebliche, insgesamt südlich wirkende Landschaft.

Wie so mancher andere bekannte Fluß strömt auch der Main nicht brav aus einer Quelle. Vielmehr entsteht er durch Vereinigung zweier Quellflüsse, die immerhin den Main im Namen tragen: Weißer Main heißt der eine, Roter Main der andere. Beide haben ihre ganz eigenen landschaftlichen Reize vorzuweisen.

Kleiner Fluß mit großer Quelle

Im Fichtelgebirge, Deutschlands Gewässerknoten, entspringt nahe der Egerquelle auch der ***Weiße Main.*** Die Quelle liegt gut versteckt im Wald an der Ostflanke des Ochsenkopfs in 887 m Höhe, ist aber unübersehbar in Granit gefaßt. Ausgangspunkt für eine knapp 2 km lange Wanderung dorthin ist das Waldgasthaus Karches an der B 303 zwischen Bischofsgrün und Wunsiedel. Der zügig ansteigende Weg führt durch hochstämmigen Fichtenwald parallel zum jungen Main.

Als munterer Bergbach durcheilt der Weiße Main den Wintersport- und Luftkurort **Bischofsgrün.** Die B 303 folgt dem steil eingeschnittenen Waldtal westlich des Orts. Immer wieder gibt es Hinweise auf die traditionellen Gewerbe der Gegend: die Glasermühle 1,5 km westlich des Orts z. B. oder der Frankenhammer, ein ehemaliges

Markgraf Georg Wilhelm von Bayreuth ließ die Quelle des nördlichen Mainquellflusses in Granitblöcke einfassen. So kam diese idyllische Stelle im Fichtelgebirge zu dem Beinamen Fürstenbrunnen.

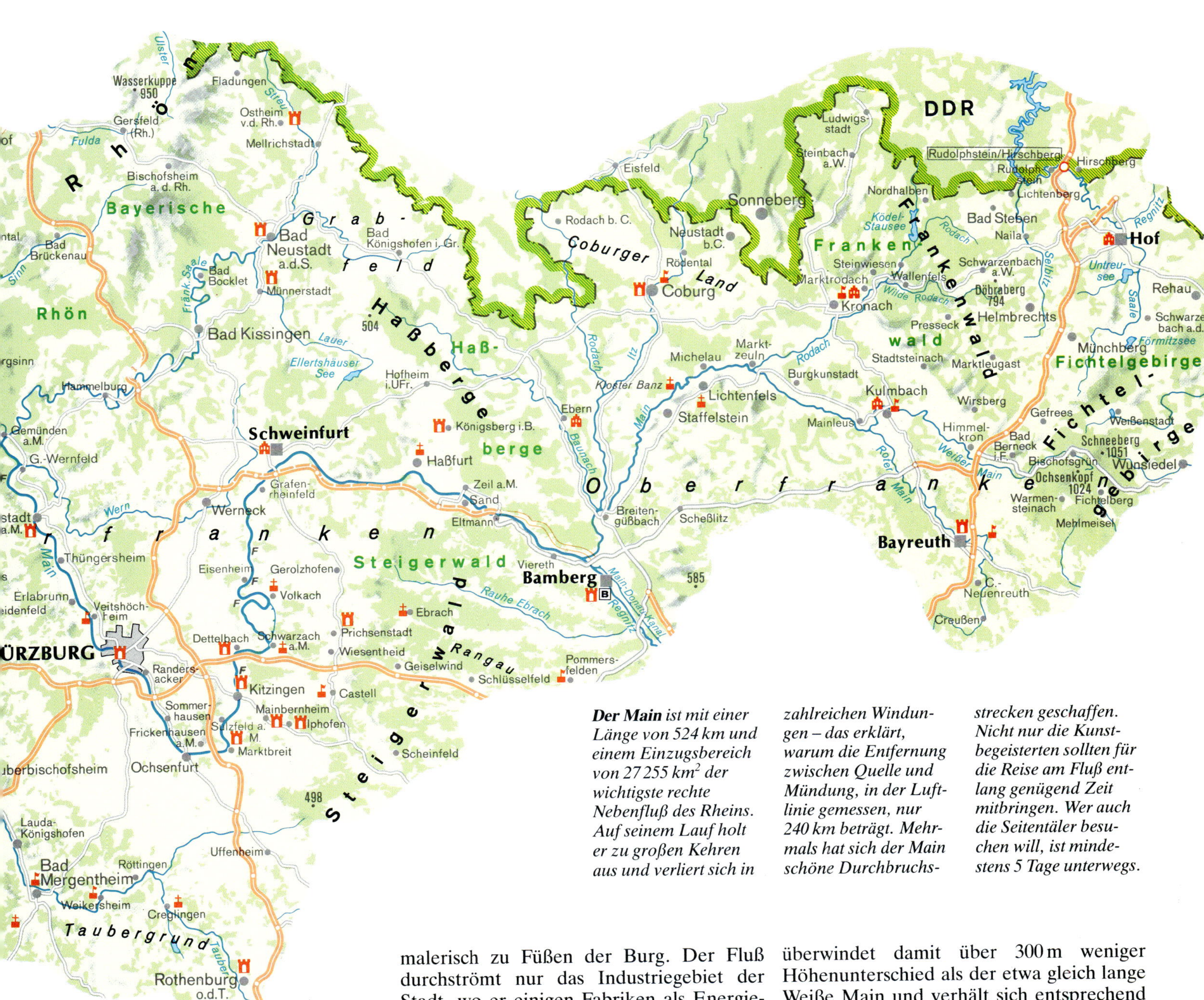

Der Main *ist mit einer Länge von 524 km und einem Einzugsbereich von 27 255 km² der wichtigste rechte Nebenfluß des Rheins. Auf seinem Lauf holt er zu großen Kehren aus und verliert sich in zahlreichen Windungen – das erklärt, warum die Entfernung zwischen Quelle und Mündung, in der Luftlinie gemessen, nur 240 km beträgt. Mehrmals hat sich der Main schöne Durchbruchsstrecken geschaffen. Nicht nur die Kunstbegeisterten sollten für die Reise am Fluß entlang genügend Zeit mitbringen. Wer auch die Seitentäler besuchen will, ist mindestens 5 Tage unterwegs.*

Eisenhammerwerk, kurz vor **Bad Berneck.** Der schmucke Luftkurort hat als Kneippheilbad einen Namen. Unterhalb des Orts tritt der Weiße Main hinaus in freieres, flacheres Land. Nebenstraßen folgen den Flußbiegungen bis kurz vor **Kulmbach,** wo man auf die B 289 gelangt. Weithin sichtbar thront die Renaissanceanlage der Plassenburg auf ihrem Buntsandsteinvorsprung hoch über der oberfränkischen Brauereimetropole. Die Altstadt gruppiert sich malerisch zu Füßen der Burg. Der Fluß durchströmt nur das Industriegebiet der Stadt, wo er einigen Fabriken als Energie- und Brauchwasserquelle dient.

In engen Windungen eilt er dann durch die grüne Aue seiner Vereinigung mit dem Roten Main zu. Ein altes Schloß bewacht den Zusammenfluß von einer kleinen Anhöhe aus. Mit dem Pkw ist diese Stelle leicht zu erreichen: von Kulmbach über Melkendorf, danach die Abzweigung zum Weiler **Steinenhausen** (4 km).

Der zahme Bruder

Mitten in einem lichten Mischwald am Nordostrand der Fränkischen Alb entspringt beim Dörfchen **Creußen-Hörlasreuth** in 579 m Höhe der ***Rote Main.*** Er überwindet damit über 300 m weniger Höhenunterschied als der etwa gleich lange Weiße Main und verhält sich entsprechend zahmer. Zur Quelle führt ab Hörlasreuth ein Fußweg. Aus der halben Stunde Gehzeit wird leicht mehr – sofern man zur Blaubeerenzeit den Wald durchstreift. Am Quellbecken lädt ein Picknickplatz zur Rast. Rasch eilt das muntere Bächlein, von den bunten Keupermergeln rötlich gefärbt, zu Tal. Unterhalb von Creußen beweist das Flüßchen, was an Kraft in ihm steckt: Tief hat es sich in den Sandstein gegraben. Die steilen, bewaldeten Talhänge zwingen die Straße, die B 3, auf die benachbarte Hochfläche. Der Wanderparkplatz kurz vor dem Weiler Neuenreuth erlaubt einen Abstecher hinunter ins reizvolle Durchbruchstal.

Die oberfränkische Markgrafenstadt **Bayreuth** hat sich mit „ihrem" Fluß offenbar

So manches Kleinod, wie die barocke Steinbrücke von Ebern-Frickendorf, kann man im Tal der Baunach entdecken. Wie so oft im Fränkischen, bewachen Brückenheilige den Flußübergang.

nicht angefreundet: Kanalisiert, mit Parkplätzen überbaut oder sonstwie versteckt, stiehlt er sich hindurch. Hinter der Stadt wird er jedoch wieder in die Freiheit eines breiten, hügelgesäumten Wiesentales entlassen. In kleinen und großen Windungen schlängelt er sich nordwestwärts – eher schmutzigbraun als rot – bis westlich von Kulmbach, wo er sich mit dem Weißen Main vereint.

Mainleus ist der erste Ort am Obermain. Von 1811 bis 1938 war hier der Ausgangspunkt der Mainflößerei. Ein Gedenkstein neben der Mainbrücke erinnert daran.
Die Siedlungen beiderseits des Mains liegen nun meist etwas erhöht an den Hängen – Zeichen dafür, daß man Grund hatte, die überschwemmungsgefährdete Talaue zu meiden. Das gilt auch für das mittelalterliche Fachwerkstädtchen **Burgkunstadt.**

▷ ***Rodach*** 6 km unterhalb der Stadt strömt dem Main die Rodach zu. Sie sammelt das Wasser des niederschlagsreichen Frankenwalds – kein Wunder, daß sie den jungen Main an Breite übertrifft. Die B 173 begleitet den alten Flößerfluß durch die sanftwellige Landschaft. Der Höhepunkt kündigt sich bald an: **Kronach** mit seinen mittelalterlichen Türmen, überragt von Burg Rosenberg, einer der gewaltigsten Festungsanlagen Deutschlands.
Oberhalb der Stadt verengt sich das Tal. Nach 11 km zweigt man links ab und begleitet das Flüßchen auf einem idyllischen Sträßchen bis Nordhalben. Sägewerke nützen an diesem Abschnitt die ungestüme Rodach. Der ***Ködelstausee,*** der ein einmündendes Bachtal ausfüllt, dient als Trinkwasserspeicher. Die Grenze versperrt am Stadtrand von **Nordhalben** den Weg zur Quelle 5 km weiter auf DDR-Gebiet. ◁
Die Höhen der Fränkischen Alb rücken nun dichter an den Main heran. **Lichtenfels,** die alte Korbmacherstadt, staffelt sich am Talhang aufwärts, überragt vom wuchtigen Stadtschloß Kastenboden. Auf Nebenstraßen geht es mal näher, mal weiter vom rechten Ufer entfernt weiter. Bald schon grüßt von der Höhe das Turmpaar des Barockklo-

Bis auf wenige Ausnahmen wurden die zahlreichen Mainfähren inzwischen durch Brücken ersetzt. Wo sich die Gelegenheit bietet, sollte man sich das nostalgische Vergnügen einer Fährüberfahrt gönnen.

Mit dem Ausflugsschiff durch Mainfranken

Alle Fahrten finden im Sommer statt.
Schweinfurt An Sonn- und Feiertagen werden ab 14 Uhr stündlich Fahrten nach Schonungen-Mainberg veranstaltet.
Fahrtdauer Einfache Fahrt ½ Stunde.
Auskunft Personenschiffahrt Hellfried Kreß, Zeppelinstraße 8, 8720 Schweinfurt, Tel. 09721/803180.
Würzburg Im Programm sind mehrere planmäßige Fahrten.
Fahrtziele Veitshöchheim: täglich 10–16 Uhr zu jeder vollen Stunde, einfache Fahrt 40 Minuten; Gemünden: So 8.30 Uhr, einfache Fahrt 3½ Stunden; Sulzfeld: nur in den Sommerferien, Do und Sa 9 Uhr, einfache Fahrt 3½ Stunden; Ochsenfurt: nur in den Sommerferien, Mi 12.30 Uhr, einfache Fahrt 2 Stunden.
Auskunft Würzburger Personenschiffahrt Kurth und Schiebe, St.-Norbert-Straße 9, 8702 Zell, Tel. 0931/58573.
Veitshöchheimer Personenschiffahrt H. Herbert, Obere Maingasse 8, 8707 Veitshöchheim, Tel. 0931/55633.
Wertheim Im Sommer werden neben Kurzrundfahrten Tagesfahrten veranstaltet.
Fahrtziele Miltenberg: Sa und Do jeweils 9.30 Uhr; Homburg: Di 9.30 Uhr.
Auskunft Wertheimer Personenschiffahrt H. Weid OHG, Rechte Tauberstraße 15, 6980 Wertheim, Tel. 09342/1414.
Miltenberg Von Mai bis Oktober finden Di und Do Tagesfahrten nach Wertheim statt. Start 9.30 Uhr. Täglich Kurzfahrten nach Freudenberg (1 Stunde) und zur Schleuse Kleinheubach (30 Minuten).
Auskunft Veitshöchheimer Personenschiffahrt, Adresse siehe Würzburg.

sters **Banz,** gegenüber tritt die Wallfahrtskirche Vierzehnheiligen, dahinter der Staffelberg (539 m) mit seiner Felsenkrone ins Bild. Im Tal sorgen immer wieder kleine Baggerseenplatten – so etwa beim Fachwerkstädtchen **Staffelstein** – für Abwechslung. Bei **Breitengüßbach** dann erhält der Main doppelte Verstärkung.

Abstecher ins Grenzland

▷ ***Itz*** Das Flüßchen schlängelt sich durch den fruchtbaren Itzgrund. Wehre unterbrechen häufig den Lauf und erschweren den Kanuten die Fahrt. **Coburg,** „Frankens Krone", ist die bedeutendste Stadt am Fluß. Ein Bummel durch die einstige Residenzstadt eröffnet Einblicke in Jahrhunderte zu Stein gewordener Geschichte. Die DDR-Grenze beendet die Reise flußaufwärts. ◁

▷ ***Baunach*** Nur 1 km unterhalb der Itzmündung strömt dem Main diese stille Schönheit zu. Sie legt ihren gesamten Weg in der noch wenig entdeckten Landschaft der Haßberge mit ihren ursprünglichen Dörfchen zurück. ◁

Am Horizont tauchen die Türme von Bamberg auf, doch der Main schlägt kurz davor einen scharfen Haken nach Westen und nimmt seinen größten Zufluß auf: die ***Regnitz*** (siehe Seite 200–205).

Bei **Viereth** trifft man auf die erste Mainschleuse – der Fluß ist Teil der Großschiffahrtsstraße Rhein–Donau. Die bewaldeten Höhen des Steigerwalds und der Haßberge begrenzen die Mainlandschaft im Süden und im Norden bis Haßfurt. Im mittelalterlichen Städtchen **Eltmann** verläßt man die B 26 und folgt dem linken Ufer. Allein schon die nach den Plänen Balthasar Neumanns erbaute Wallfahrtskirche Marien-Limbach lohnt diese Verzögerung.

Erfreulich ist, daß man die Flußufer auf diesem Abschnitt noch weitgehend von Befestigungen verschont. Ebenso hat man den Fluß nur begradigt, wo es sich nicht vermeiden ließ. Nun weitet sich das Tal zu einer Ebene, und **Haßfurt** kommt in Sicht: ein im Rechteck angelegtes Städtchen, das durch bauliche Geschlossenheit besticht.

Hinter Haßfurt werden die Hügel flacher: Der Main, von der B 26 begleitet, hat das fränkische Gäuland erreicht.

Eine Stadt lebt von Kugellagern

In **Schweinfurt** bemächtigen sich dann zum erstenmal Fabriken und Hafenanlagen der Mainufer. Schweinfurt trägt den Beinamen Kugellagerstadt – mehrere Großunternehmen dieser Branche sind hier ansässig.

Steile Rebhänge umkränzen eine der bekanntesten Flußwindungen: die Mainschleife bei Volkach.

Weil die Schiffe diesen Bogen in einem Kanal abkürzen, mußte das Flußbett hier nicht ausgebaut werden.

Von Schweinfurt aus sollte man die Reise auf der rechten Mainseite fortsetzen.

Bei **Wipfeld** tauchen die ersten Weinberge auf. Nach **Eisenheim-Fahr** treten die Hänge mit einem Mal dicht an den Fluß heran. Ein Muschelkalkriegel zwingt ihn zum Ausweichen: Er schlägt seine berühmte, malerische Schleife bei Volkach und sorgt so für gesegnete Weinsüdlagen. Ein prächtiger Blick auf diese Landschaft bietet sich von der Vogelsburg (Gartenwirtschaft), die auf dem von der Schlinge umflossenen Felssporn thront. Zu Füßen des sanft abfallenden Gleithangs, gegenüber von Volkach, liegt der alte Klosterort **Astheim.** Dort gibt es eine naturkundliche Besonderheit zu sehen: ein fossiles Dünengebiet aus Flugsand. Die leichten Sandböden werden für den Spargelanbau genutzt. Ein Halt ist natürlich in der altfränkischen Weinstadt **Volkach** mit ihrem spätgotischen Rathaus, ihren Mauern und Türmen angebracht. 1 km außerhalb des Orts liegt eines der berühmtesten Kleinode der Mainlandschaft: die Wallfahrtskirche Maria im Weingarten mit der von Tilman Riemenschneider geschaffenen

Madonna im Rosenkranz. In Volkach zweigt ein Kanal ab, der die nächste Mainschleife abschneidet und bei Schwarzach wieder auf den Fluß trifft. Die Reiseroute aber führt den Main entlang durch die schöne Weinbaulandschaft mit ihren stillen Fachwerkdörfern. In **Dettelbach** scheint die Zeit stehengeblieben zu sein. Die alte, turmbewehrte Stadtmauer grenzt die reizende Altstadt und die Wallfahrtskirche Maria auf dem Sand von den Wein- und Obstgärten in der Umgebung ab.

Ab Dettelbach läßt sich der Main bestens verfolgen – der besseren Ausblicke wegen immer am rechten Ufer entlang.

Kitzingen wartet wieder mit einer sehenswerten Altstadt auf. Hier hat die größte Weinkellerei Frankens ihren Sitz, hier war der Weinhandel seit alters eine wichtige Erwerbsquelle. Heute beweisen die ausgedehnten Hafenanlagen, daß man sich von der Rhein-Main-Donau-Schiffahrtsstraße einige Impulse verspricht.

Rückstaubecken helfen der Natur

Allmählich geht es nun lebhafter zu im Tal. Mehr und mehr Frachtkähne sind zu sehen, Industriebetriebe häufen sich, und Verkehrswege drängen sich jetzt ins Blickfeld. Fränkische Beschaulichkeit umgibt den Reisenden dann wieder in **Frickenhausen** und **Ochsenfurt.** Schon die Endsilbe -furt bringt zum Ausdruck, wie sehr die Geschicke der Stadt vom Übergang über den Main bestimmt wurden. Die Steinbrücke, die den Main überspannt, stammt im Kern aus dem 16. Jh.

Von Ochsenfurt geht es weiter am rechten Ufer entlang. Die fruchtbaren Böden in der Flußaue werden zum Gemüseanbau genutzt, die Hänge nach wie vor von Rebanlagen eingenommen. Auffallend sind die von Bäumen und Buschwerk dicht eingewachsenen Teiche, die sich an den Fluß anlagern. Die verschiedensten Wasservögel haben sich an ihnen niedergelassen. Einen herrlichen Anblick bieten an einigen Stellen die See- und Teichrosen. Die Teiche sind übrigens keine Naturschöpfungen, sondern Rückstaubecken, die im Zuge der Mainregulierung angelegt wurden.

Vorbei an **Eibelstadt** und **Randersacker,** zwei der bekannteren fränkischen Weinorte, gelangt man nun rasch in die Metropole Mainfrankens: nach **Würzburg.** Trotz aller Kriegszerstörungen blieb sie die wohl schönste Stadt am Main. Die Altstadt mit

In der lauschigen Atmosphäre des berühmten Würzburger Weinhauses „Zum Stachel“, des ältesten der Stadt, schmeckt der Frankenwein besonders gut.

Der Stadtheilige St. Kilian ist eine der zwölf Sandsteinfiguren auf der Würzburger Alten Mainbrücke. Majestätisch thront die Festung Marienberg darüber.

Weine in Beuteln

Das Weinanbaugebiet Franken umfaßt im wesentlichen das Würzburger Maindreieck, das Maintal zwischen Miltenberg und Aschaffenburg, eine kleine Anbauinsel an der Fränkischen Saale und den Westrand des Steigerwalds. Hinzu kommt das Anbaugebiet „Badisches Frankenland", dessen Weinberge sich hauptsächlich das Taubertal entlangziehen. Zentrum ist das Maintal zwischen Volkach und Thüngersheim; wichtigster Weinhandelsort ist Kitzingen. Auf den gleichnamigen Landkreis entfällt die Hälfte der fränkischen Anbaufläche. 5 % steuert Franken zur deutschen Weinproduktion bei, im Jahr sind das durchschnittlich 300 000 hl.
Die traditionelle Rebsorte, die im trockenwarmen Klima Mainfrankens angebaut wird, ist die Silvanertraube. Sie geht auf eine in Deutschland beheimatete Wildrebenart zurück. Nicht die Römer führten – wie in den meisten anderen Weinbaugebieten – die Rebkultur am Main ein, vielmehr drang sie erst im frühen Mittelalter vom Rhein her ostwärts vor.
Der Frankenwein ist auf den ersten Blick zu erkennen – an der typischen bauchigen Flasche, dem Bocksbeutel. Aber auch der Geschmack ist unverwechselbar: erdig und verhältnismäßig herb.

Wo die Fränkische Saale in den Main mündet, erhebt sich die mittelalterliche Scherenburg, heute eine Ruine, über dem befestigten Städtchen Gemünden. Prächtige Fachwerkhäuser künden von der Zeit, als an diesem wichtigen Saaleübergang der Handel blühte.

ihren zahlreichen Kirchtürmen dehnt sich in einem weiten, weinbergumkränzten Talkessel aus, doch erst die Festung Marienberg auf ihrem jäh zum Mainufer abfallenden Bergsporn verleiht der Stadtsilhouette ihr unverwechselbares Gepräge. Zusammen mit der Alten Mainbrücke (1473 bis 1543), die von zwölf Brückenheiligen bewacht wird, ergibt sich das meistfotografierte Panorama der Stadt. Zu einem Altstadtbummel gehört natürlich auch die Einkehr in einer der typischen Weinstuben. Zu den unbekannteren Tatsachen gehört, daß Würzburg über den zweitgrößten Hafen Bayerns verfügt.
Ab Würzburg folgt man dem Fluß zunächst auf der Frankenweinstraße. Gleich der nächste Ort verdient wieder Beachtung: **Veitshöchheim** mit seinem Barockschloß, das den Würzburger Bischöfen lange als Sommerresidenz gedient hat. Ein prächtiges Kleinod ist der dazugehörige Rokokogarten. An den sonnenzugewandten Talflanken reiht sich nun ein Weinberg an den anderen. Zwischen Thüngersheim und Retzbach drängt der steile Mainprallhang mit nackten Muschelkalkwänden unmittelbar ans Flußufer heran. Sie bergen schöne Versteinerungen von Meerestieren. **Karlstadt** dann erweist sich wieder als fränkisches Bilderbuchstädtchen. Was es jedoch von anderen Mainstädten unterscheidet, ist der gitterartige Straßengrundriß – sichtbarer Beweis dafür, daß es sich um eine planmäßige Gründung handelt. Hinter der hohen Stadtmauer verbergen sich alte Häuser mit hübschen Fachwerkerkern.

Ein Nebenfluß kürzt das Maindreieck ab

Hinter Karlstadt wird das Tal dann merklich enger. Wälder treten an die Stelle der Weinberge: Der Spessart ist erreicht. Wo der Main nochmals nach Osten ausschert, strömt ihm ein Nebenflüßchen zu.
▻ ***Wern*** Das Bemerkenswerteste an der Wern ist ihr kurioser Verlauf: Sie schneidet das Würzburger Maindreieck einfach ab und vermeidet es konsequent, sich schon vorher mit dem Main zu vereinigen. Das wäre eigentlich naheliegend, denn nach ihrem Ursprung 9 km nordwestlich von Schweinfurt nähert sie sich bis auf 2,5 km dem großen Begleiter, schlägt dann aber einen Haken nach Nordwesten. ◅
Am Main kündigt die Ruine Scherenburg das hübsch restaurierte Städtchen **Gemünden** an. Bevor der Fluß seine Richtung wieder einmal radikal ändert, erhält er kräftigen Zulauf von Norden.
▻ ***Fränkische Saale*** Der ansehnliche Fluß nimmt unmittelbar vor der Mündung in den Main die kleine, aber um so lebhafter dahinströmende ***Sinn*** auf. Diese eilt ohne große Umschweife von ihrem Ursprung bei **Wildflecken** in der Hohen Rhön südwärts. Anders die Fränkische Saale: Sie durchströmt ein windungsreiches, landschaftlich überaus reizvolles Tal, dem Nebenstraßen bis hinauf zur Quelle die Treue halten. Auch die Kanuten können dem Fluß über weite Strecken mühelos folgen. Durch die bewaldeten Ausläufer der Südrhön geht es zunächst nach **Hammelburg.** An den Südhängen um die Stadt dehnt sich das nördlichste Weinbaugebiet Bayerns aus. Der bekannteste Saaleort aber ist das traditionsreiche **Bad Kissingen,** einst ein Weltbad, in dem sich Europas Majestäten an der Rakoczy-Quelle trafen. Ein herrlicher Weg führt durch die großzügigen Kuranlagen am Ufer entlang bis nahe an die Saline, 2 km nördlich der Bäderstadt.
Die Fränkische Saale verliert sich rasch wieder in ihrem geschwungenen Tal, bis die sagenumwobene Ruine Salzburg den näch-

sten Kurort ankündigt: **Bad Neustadt.** Die Wälder werden nun von der sanftwelligen, lichten Landschaft des Grabfelds abgelöst. Das Mineralheilbad **Bad Königshofen** ist der letzte bedeutende Ort vor der DDR-Grenze, an der auch – 9 km weiter talaufwärts – die Fränkische Saale entspringt. ◁

Bis auf weiteres strömt der Main nun durch sein steil in den bewaldeten Spessart eingesenktes Tal. Die breite Sohle läßt aber genug Platz für Verkehrswege. Bald schon weitet sich das Tal sogar zu einer größeren Bucht, die von dem malerischen Städtchen **Lohr,** dem Tor zum Spessart, eingenommen wird. Rasch wird die Bebauung wieder von Wiesen und Mischwald abgelöst.

Bayerns kleinste Stadt

Der hohe Bahndamm verwehrt leider den Blick hinüber auf Bayerns kleinste Stadt: **Rothenfels.** Nur wenig mehr als 1000 Einwohner hat das sehenswerte ehemalige Schifferstädtchen vorzuweisen. Einladend präsentiert sich auch **Marktheidenfeld:** Eine Bogenbrücke aus rotem Sandstein verbindet die Fachwerkstadt mit dem rechten Ufer. Von hier an läßt sich der Main zunächst nur auf der linken Flußseite verfolgen. In **Triefenstein-Lengfurt** tauchen wieder Weinberge auf. Am nächsten Mainbogen duckt sich unter einem steil aufragenden, burggekrönten Muschelkalkfelsen ein besonders hübsches Örtchen: **Homburg.** Noch einmal weicht der Main jetzt in einer langgezogenen Schleife einem besonders widerstandsfähigen Bergsporn aus und erreicht dann **Wertheim,** eine der herausragenden Stadtschönheiten am Fluß. Die einmündende Tauber hat den Talraum hier zu

Die Kunsthistoriker würdigen Rothenburg o. d. Tauber als besterhaltene und geschlossenste mittelalterliche Stadt Deutschlands. Auf der überdachten, kilometerlangen Wehrmauer läßt sie sich am besten erkunden. Ein prächtiges Beispiel mittelalterlicher Brückenbaukunst gibt es im Taubertal unterhalb der Stadt zu bewundern: eine Doppel-Steinbrücke, die im Zweiten Weltkrieg gesprengt, inzwischen aber wieder aufgebaut wurde.

Über 40 m tief stürzen die roten Buntsandsteinwände der Mainhölle bei Collenberg senkrecht ab und lassen nur einen schmalen Uferstreifen frei. Seit langem werden hier Steine gebrochen, doch inzwischen sind die Felswände größtenteils wieder der Natur überlassen. Sie sind so gut von der Außenwelt abgeschirmt, daß in einigen Felsspalten sogar die vom Aussterben bedrohten Wanderfalken (oben) ihre Horste gebaut haben.

einer kleinen Bucht erweitert, in der sich die malerischen Häusergiebel eng ineinanderschachteln. Auf dem steilen Sporn, der sich zwischen die beiden Flüsse schiebt, steht eine im 12. Jh. gegründete und im Dreißigjährigen Krieg mitsamt der Stadt zerstörte Burg. Die malerische Ruine bewacht seither den wichtigen Übergang über den Main, der für die Stadt einst von großer Bedeutung war. Heute liegt hier der einzige baden-württembergische Mainhafen.

Wo die Macht in vielen Händen lag

▷ ***Tauber*** Wer Ruhe und Idylle sucht, ist an diesem Flüßchen bestens aufgehoben. Jeder, der es einrichten kann, sollte das Tal mit dem Fahrrad erkunden – auf dem grün ausgeschilderten Taubertalweg, der sich zwischen Wertheim und Rothenburg ob der Tauber fast durchgängig abseits der Straße hält (reine Fahrtzeit 11 Stunden). Auch mit dem Auto läßt sich der Fluß problemlos verfolgen. Im Unterlauf durchbricht er in engen Talwindungen die aufgewölbten roten Sandsteinschichten. Erst nach 24 km weitet sich die Landschaft, und die Ausläufer verschiedener Ortschaften rauben dem Tal etwas von seiner Abgeschiedenheit. In **Tauberbischofsheim,** der alten kurmainzischen Sommerresidenz voller Fachwerkidylle, stößt die Romantische Straße, von Würzburg kommend, an den Fluß und bleibt ihm bis über Rothenburg hinaus treu. Für die nächste Abwechslung sorgt **Bad Mergentheim,** Heilbad und jahrhundertelang Residenz des Deutschritterordens. Die Tauber wendet sich nun ostwärts und quert die von Weinbergen durchsetzte Muschelkalklandschaft des Taubergrunds in eingetieften Talwindungen. **Weikersheim** wartet mit dem nächsten, bedeutendsten Schloß dieser Landschaft auf.

Die Hänge werden steiler, und bald erscheinen am Horizont die Türme der meistbesuchten Tauberstadt: **Rothenburg.** Mit ihrer wuchtigen, vollständig erhaltenen Stadtmauer und den dahinter aufragenden Spitzgiebeln gibt die ehemalige freie Reichsstadt ein Bild wie aus vergangenen Tagen ab. 8 km weiter südwestlich sprudelt der Tauberbach aus seiner Quelle. ◁

Ab Wertheim sollte man die Straße am rechten Steilufer des Mains benutzen. Das Schifferstädtchen **Stadtprozelten** ist es wert, daß man es zu Fuß erkundet. Schon der Aussicht wegen sollte man auch den Aufstieg zur mächtigen staufischen Burgruine Henneburg nicht scheuen.

Gegenüber von Freudenberg kapituliert die Straße vor den schroff abfallenden Felswänden und wechselt ans linke Ufer über. Hinter dem Ort blickt man hinüber zur Mainhölle, einem Prallhang, dessen rote Wände fast senkrecht aufsteigen.

Das liebenswerte Fachwerkstädtchen **Miltenberg** mit dem bereits im 12. Jh. urkundlich erwähnten Gasthof „Riesen" entwikkelte sich im Schutz der Miltenburg. Bis hierher waren die Römer an den Main vorgestoßen; mit einem Kastell sicherten sie die strategisch wichtige Stelle.

Der Main vollzieht nun seine letzte Spitzkehre und strebt in weiten Biegungen nordwestwärts. Zugleich trennt er den Odenwald im Westen vom Spessart im Osten. Am rechten Ufer reist man weiter.

Klingenberg ist nicht nur der letzte fränkische Weinort am Main, er ist auch der einzige, der fast ausschließlich Rotweine hervorbringt. Schon Goethe hatte eine Vorliebe für den Klingenberger Roten.

Hinter Erlenbach treten die Hänge immer weiter zurück und machen kleinen Auwäldern Platz. Die Berge verflachen zu sanften Höhenzügen.

Wo der Main wieder in einem Rechtsbogen ausschert, dehnt sich Bayerns westlichstes Wirtschaftszentrum aus: **Aschaffenburg.** Industriegebiete umgeben heute die Altstadt, deren Keimzelle unmittelbar am Ufer liegt. Das stilreine, wuchtige Renaissanceschloß Johannisburg thront erhaben über

Stattliche Fachwerkgiebel bilden die unverwechselbare Kulisse des hangwärts ansteigenden Marktplatzes in Miltenberg. Besonders auffällig ist das Gebäude mit dem doppelstöckigen Erker. Durch einen Torbogen ist es mit dem hübschen Torhüterhäuschen verbunden. Der Durchlaß dazwischen heißt im Volksmund Schnatterloch – er gibt den Weg frei hinauf zur Miltenburg, die im 13. Jh. errichtet und im 15. Jh. erweitert wurde.

Die Mainflößerei

Auf dem Main wurden jahrhundertelang zahllose Flöße in tagelanger Reise stromabwärts geführt. Zielorte waren die großen Städte mit ihrem enormen Bedarf an Bau- und Brennholz, im späten Mittelalter dann die holländischen Seestädte und im 19. Jh. schließlich noch das Ruhrgebiet mit seinem unendlichen Bedarf an Grubenholz.

Nachgewiesen ist die Flößerei am Main seit dem 13. Jh. Das Floßholz stammte aus den waldreichen Mittelgebirgen am Oberlauf und an den Zuflüssen, etwa der Rodach und der Itz. Im Fichtelgebirge und im Frankenwald lebten ganze Dörfer von der Flößerei. Auch nach dem Niedergang der Flößerei blieb das Holz eine wichtige Erwerbsgrundlage. Zahlreiche holzverarbeitende Betriebe, vor allem Möbelfirmen, blühten im waldreichen Norden Bayerns auf.

dem Main, an dem sich gepflegte Anlagen mit viel Grün und einem Hafen für Sportboote entlangziehen. Natürlich gibt es auch einen Mainhafen im Westen der Stadt.

Die B 8 weist den Weg weiter flußabwärts. Der Main löst sich erst unterhalb von Stockstadt noch einmal für ein kurzes Stück aus der Umklammerung durch die Industrie. Hier ergießt sich von Westen die eher unscheinbare Gersprenz in den Strom.

▷ ***Gersprenz*** Wenig einladend wirkt der Mündungsabschnitt: Man hat dem Fluß ein 5 km langes Kanalbett verpaßt, in dem er erst unterhalb der Staustufe Kleinostheim in den Main geleitet wird – oberhalb steht der Wasserspiegel des gestauten Mains zu hoch. Doch vorher darf die Gersprenz durch den Südosten der Mainebene bummeln, nachdem sie den nördlichen Odenwald durchquert hat. In sagenträchtiger Umgebung, nahe berühmten Schauplätzen des Nibelungenlieds, vereinen sich mehrere Quellbäche zu diesem Flüßchen. ◁

Nach der nächsten weiten Mainbiegung ragen dann zur Linken die Türme der Abteikirche von **Seligenstadt** auf. Mit der Autofähre gelangt man hinüber in das ruhige Städtchen, dessen Blütezeit im Mittelalter lag, als hier die Waren von der Fernstraße auf Mainkähne – und umgekehrt – verladen wurden. Nach 828 wurde von Abt Einhart, einem Vertrauten Karls des Großen, die bedeutende Benediktinerabtei gegründet.

Auf der B 43 setzt man die Reise nun auf der linken Flußseite fort. Mehr und mehr bestimmen jetzt Kraftwerke und Industrieanlagen das Bild der Landschaft. **Hanau** ist die erste große Industriestadt im hessischen Rhein-Main-Ballungsraum. Industrie- und Wohngebäude vereinnahmen die Mainufer streckenweise vollständig, doch dazwischen sind immer wieder grüne Oasen eingeschaltet, wo sich mal ein Villenviertel, mal das Gelände eines Rudervereins erstreckt.

Unten: Wie kaum anderswo in Deutschland stehen sich in Frankfurt die bauliche Harmonie der Vergangenheit und die funktionellen Höhenflüge moderner Stadtarchitektur so schroff gegenüber. Längst schon hat sich das wirtschaftliche Treiben vom Römerberg, dessen prächtige Bürgerhäuser in altem Glanz wiedererstanden sind, auf die Glas- und Stahlgiganten im Hintergrund verlagert. Letztere haben der Stadt den Beinamen Mainhattan eingebracht.

Gemütlich geht es in den Äppelwoi-Schenken von Sachsenhausen zu (rechts). Einheimische und Fremde geben sich in dem ehemaligen Fischer- und Schifferort ein Stelldichein.

Erst ein Fernhandelsweg, heute die Autobahn

▻ ***Kinzig*** Am Westrand des Hanauer Stadtzentrums strebt dem Main von Nordosten die Kinzig zu. Ihr Tal zieht sich fast geradlinig durch die Wetterau, die Ausläufer des Spessarts und die Südrhön. Es zählt zu den ältesten Verkehrsadern in Deutschland. Einst nutzte der bedeutende Fernhandelsweg von Frankfurt über Fulda in die Messestadt Leipzig die Talgasse, heute zieht sich ein Verkehrsstrang aus Eisenbahn, Bundesstraße und Autobahn hindurch. Es überrascht nicht, daß am Kinziglauf einige bekannte Orte mit strahlender Vergangenheit zu finden sind. Zumindest **Gelnhausen,** 20 km talaufwärts, ist einen Abstecher wert. Auf einer Kinziginsel ließ der Stauferkaiser Friedrich I. Barbarossa im 12. Jh. eine mächtige Pfalz errichten, von der heute noch eindrucksvolle Ruinen zu besichtigen sind.
Einer langen Geschichte kann sich auch das Solebad **Bad Soden-Salmünster** rühmen, ebenso das Städtchen **Steinau** mit Schloß, Stadtmauer und schönen Bürgerhäusern. 1982 wurde zwischen den beiden Städten die ***Kinzigtalsperre*** angelegt, die den Main bei Niedrigwasserzeiten anreichert. Südöstlich von **Schlüchtern** kann man sich die Kinzigquelle ansehen. ◅
Nach einer S-Kurve erreicht der Main die Industrie- und Lederstadt **Offenbach.** Hier hat man das Ufergelände in einen grünen Mainpark verwandelt, in dem jeden Samstag ein Flohmarkt abgehalten wird.
Frankfurt, die ehemalige freie Reichsstadt, empfängt den Mainfahrer zunächst mit wenig einladenden Industrie- und Hafenanlagen. Die Ausmaße des Hafenviertels überraschen nicht, wenn man weiß, daß an den Kais mit Abstand die meisten Güter am Main umgeschlagen werden.

Für drei Pfennig über den Main

Zu den glitzernden Glasfassaden der Hochhausgiganten bildet der Römerberg, das historische Herz der Mainmetropole in Ufernähe, einen wohltuenden Kontrast.
Der Eiserne Steg, die unverwechselbarste der Frankfurter Brücken, verbindet die Innenstadt mit dem volkstümlichen Äppelwoi-Stadtteil Sachsenhausen – aber nur für Fußgänger. Frankfurter Bürger ließen den Steg 1869 erbauen; wer ihn benutzte, mußte damals drei Pfennig Brückengeld entrichten. Die Sachsenhäuser Mainseite wurde in den letzten Jahren mit viel Einfühlungsvermögen zum bekannten Museumsufer umgestaltet, an dem sich architektonisch ausgereifte Bauten zu einer wirklichen Schauseite reihen. Für die Weiterfahrt empfiehlt sich die rechte Mainseite.
▻ ***Nidda*** Kurz vor Frankfurt-Höchst, an einem besonders reizvollen Abschnitt mit alten Bäumen und skurrilen Hausbooten, ergießt sich dieser breite Nebenfluß in den Main. Im Unterlauf umfließt er das engere Stadtgebiet von Frankfurt teils in grünen Wiesenauen, die bei den Frankfurtern als Erholungsgelände sehr beliebt sind.
▻ ▻ ***Nidder*** Am Nordrand der Großstadt mündet die Nidder in die Nidda. Überwiegend auf Nebenstraßen kann man den zahllosen kleinen Windungen bis hinauf in den Vogelsberg folgen, wo die Nidder oberhalb von **Gedern** entspringt. ◅ ◅
Die Nidda nimmt einen ähnlichen Verlauf, holt aber weiter nach Westen aus. Unterhalb des uralten Städtchens **Schotten** wurde sie zu einem Stausee von beachtlicher Größe aufgestaut; oberhalb legt sie ihre ersten 8 km als springlebendiges Flüßchen zum Teil inmitten des Schottenrings zurück, einer ehemaligen Motorrad-Rennstrecke. Die Quelle befindet sich unterhalb des Taufsteins (774 m), der höchsten Erhebung im Vogelsberg. ◅
Bis **Rüsselsheim,** das man über eine breite Mainbrücke erreicht, gibt es lange grüne Uferabschnitte. Dann ziehen sich die Werksanlagen der Opel AG ein ganzes Stück den braunen, zum Strom angewachsenen Main entlang. Auf seinen letzten Kilometern blieb der Main von Bau- und Regulierungssünden verschont. Mit einemmal fällt der Blick auf die Türme des Mainzer Doms – das beherrschende Bauwerk jenseits der Mündung in den Rhein. Die Landzunge zwischen beiden Strömen, von **Ginsheim-Gustavsburg** aus erreichbar, trägt den Namen Mainspitz. Sie lädt ein zu einer Rast in parkartigem Gelände und gibt Gelegenheit zum Rückblick auf die längste zusammenhängende Nebenflußreise, die man in Deutschland unternehmen kann.

Verträumte Hochmoore und Feuchtwiesen prägen die Landschaft um Taufstein (774 m) und Hoherodskopf (763 m), die höchsten Erhebungen des Vogelsbergs. In diesem Idyll entspringen Nidda und Nidder.

Mit dem Ausflugsschiff auf dem Untermain

Wie schon auf den oberen Mainabschnitten müssen die Schiffe auch auf dem Untermain zahlreiche Schleusen überwinden und kommen deshalb nur langsam voran. Fünf Zwischenaufenthalte unterbrechen die Fahrt allein zwischen Frankfurt und Aschaffenburg.
Frankfurt An der Anlegestelle Eiserner Steg starten die Schiffe in der Zeit von Mai bis September an bestimmten Tagen zu Ausflugsfahrten. Die genauen Abfahrtszeiten sind den jeweils aktuellen Fahrplänen zu entnehmen.
Fahrtziele Sieben Stationen mainaufwärts werden angelaufen. Endstationen: Seligenstadt (einfache Fahrt 3½ Stunden) oder Aschaffenburg (einfache Fahrt 5½ Stunden). Die Schiffe kehren nach Aufenthalten am Zielort gegen Abend zurück.
Den Mainabschnitt unterhalb von Frankfurt kann man auf Tagesfahrten kennenlernen, die über die Mündung hinaus nach Rüdesheim oder zur Loreley führen.
Kurzrundfahrten und Sonderfahrten runden das Programm ab.
Auskunft Frankfurter Personenschiffahrt, Anton Nauheimer GmbH, Mainkai 36, 6000 Frankfurt a. M., Tel. 069/28 18 84.
Wikinger-Linie A. U. Nauheimer, Mainkai 36, 6000 Frankfurt a. M. Tel. 069/29 39 60.

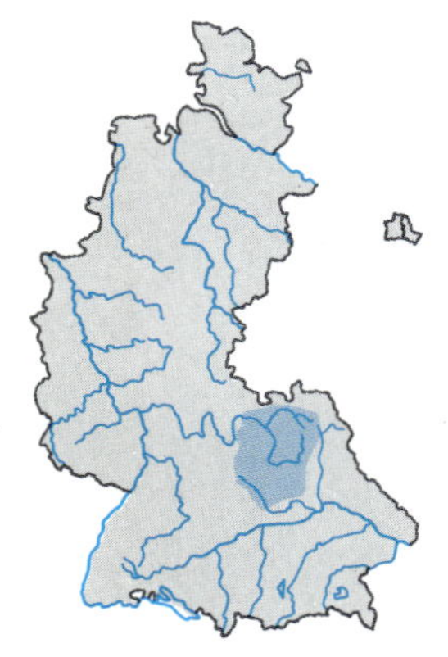

Ein Netzwerk romantischer Flüsse

Romantische Täler und gigantische Schleusen, kleine Flüßchen und ein großer Kanal prägen das Gebiet von Rednitz, Pegnitz, Regnitz und ihrer Nebenflüsse. Im Süden reicht es bis zu der Wasserscheide, welche die Flußsysteme von Rhein und Donau trennt.

Rezat, Rednitz, Pegnitz, Regnitz – die Namens- und Flußverwandtschaftsverhältnisse in dieser Gegend scheinen reichlich verzwickt. Dabei ist alles ganz einfach: Fränkische und Schwäbische Rezat bringen die Rednitz zuwege, und die heißt, nachdem ihr bei Fürth die Pegnitz zugeflossen ist, nicht länger Rednitz, sondern Regnitz.

Die ***Fränkische Rezat*** entspringt unmittelbar neben der Bahnlinie München – Würzburg im hügeligen Waldgebiet Hoher Steig. In einem Wiesental rinnt sie zunächst dünn und schmal zu dem Fachwerkdorf **Oberdachstetten** und weiter in südöstlicher Richtung links der B 13 auf **Ansbach** zu. Die Stadt breitet sich um ein Mitte des 8. Jh. gegründetes Benediktinerkloster aus und hieß früher Onolzbach nach dem Onoldsbach, der den Stadtkern im Verein mit der Rezat umschließt.

Die alte Poststraße in Richtung Roth folgt bis **Windsbach** dem gewundenen Lauf der Rezat. Während die Straße nach Osten weiterverläuft, fließt die Rezat an Burg Wernfels vorbei nach **Spalt** im Südosten von

Die Stadt Spalt an der Fränkischen Rezat ist bekannt für ihre Hopfenkulturen. In schönen Speichern wird die Ernte getrocknet.

__Das Gebiet von Regnitz und Pegnitz__ mit ihren Nebenflüssen ist landschaftlich sehr reizvoll und bietet einen hohen Erholungswert. Hier kann man nach Herzenslust wandern, angeln, schwimmen und Kanu fahren. Hübsche, alte Städtchen mit romantischen Winkeln erfreuen das Auge, und Tropfsteinhöhlen laden zum Besuch ein. Die wichtigsten Städte in der Region, Nürnberg und Bamberg, werden unter anderem durch die A 73 miteinander verbunden. Für die Reise sollte man 3 Tage einplanen.

Windsbach. Die in einer Talweitung liegende Stadt ist Zentrum des Spalter Hopfenlandes, des nach der Hallertau größten Hopfenanbaugebietes der Bundesrepublik.

Die schwäbische Schwester

In **Georgensgmünd,** 8 km nach Spalt, treffen sich Fränkische und ***Schwäbische Rezat.*** Letztere hat ihren Ursprung zwischen Weißenburg und Treuchtlingen, unweit des Tals der Altmühl. Hier wollte schon Karl der Große im Jahr 793 eine Verbindung zwischen Main und Donau herstellen: Zwischen der Altmühl und der Schwäbischen Rezat begann er, einen Kanal zu bauen, die Fossa Carolina. Nur 1230 m sind gediehen – beim Dorf **Graben** kann man die Überreste des für die damalige Zeit kühnen Projekts sehen.
Nachdem die Schwäbische Rezat die alte Reichsstadt **Weißenburg** und **Ellingen** mit seinem imposanten Deutschordensschloß durchflossen hat, ist sie immer noch – begleitet von Bäumen, Büschen und Mühlen – ein schmales, stark gewundenes Flüßchen in einem Tal, das heute fast ein wenig vergessen wirkt. Einst verlief hier eine der bedeutendsten deutschen Handelsstraßen, die sogenannte Venediger Straße von Nürnberg über Augsburg nach Italien.

Rezat + Rezat = Rednitz

In Georgensgmünd also entsteht aus dem Zusammenfluß der Fränkischen und Schwäbischen Rezat die ***Rednitz.*** Außer dem Namen gibt es zunächst nicht viel Neues: Der Charakter des Tals gleicht dem der oberen Fränkischen Rezat. Der Fluß, den man von der dicht daneben verlaufenden Straße aus kaum bemerkt, fließt westlich an Roth vorbei und erreicht schließlich **Schwabach** mit seinem barocken Schönen Brunnen auf dem Königsplatz.
Ab Schwabach fällt es schwer, dem Fluß mit dem Auto zu folgen. Zwischen ihn und die Straße nach Nürnberg und Fürth drängen sich immer mehr Gebäude, doch hat man den Fluß selbst weitgehend unbehelligt gelassen. Erst in **Fürth,** das mit Nürnberg eine wirtschaftliche Einheit bildet, verliert er seine grünen Ränder, ist er endgültig zwischen Häuser gezwängt und manchmal sogar überbaut. Nördlich der Stadt fließt ihm die Pegnitz zu: Fortan heißt er Regnitz.
▷ ***Pegnitz*** Die Fahrt zur Pegnitzquelle am Ostrand der Fränkischen Schweiz beginnt gleich hinter Fürth mit einem touristischen Paukenschlag: mit **Nürnberg.** Wo anfangen, wo aufhören mit der Schilderung der ehemaligen Reichsstadt und zweitgrößten Stadt Bayerns? Kaum eine andere alte deutsche Stadt liegt so gleichmäßig zu beiden Seiten eines Flusses. Die Stadt und der Fluß – das sind zwei, die untrennbar zusammengehören. Am besten lernt man beide auf einem Spaziergang kennen. Beginnen kann man eigentlich überall in der durch den Fluß in die beiden Hälften Sebalder- und Lorenzerstadt geteilten Altstadt – etwa am Hallertor am Nordufer der Pegnitz. Von

In endlosen, kunstvollen Windungen zieht sich die Pegnitz zwischen Hohenstadt und Hersbruck dahin. Solche in flachem Gelände ausgebildeten Schlingen werden als freie oder Wiesenmäander bezeichnet.

dort geht es zum Weinstadel und über die Maxbrücke zum Unschlittplatz, wo man am 26. Mai 1828 ein Findelkind von rätselhafter, möglicherweise fürstlicher Herkunft gefunden hatte: Kaspar Hauser. Über die Karlsbrücke gelangt man wieder auf die andere Seite, die man – an der Insel Schütt vorbei und am Prinzregentenufer entlang – bis zum ***Wöhrder See*** am östlichen Stadtrand nicht mehr verläßt. Auf diesem etwa 2 km langen Stadt- und Flußbummel sieht man viel von Nürnbergs reicher Vergangenheit, wenn auch längst nicht alles. Man kommt auch immer wieder an Häusern mit Hochwassermarken vorbei, die davon künden, wie gefährlich der Fluß dem Menschen werden konnte. So ist der Wöhrder See, eine Aufstauung der Pegnitz, nicht nur als Naherholungsgebiet angelegt worden, sondern auch zum Schutz vor Hochwasser.

Ein Fluß mit vielen Gesichtern

Man verläßt Nürnberg in östlicher Richtung auf der B 14, die bis Hohenstadt, wo die Pegnitz einen scharfen Haken nach Norden schlägt, fast immer nahe am Fluß bleibt. Über Röthenbach gelangt man nach **Lauf.** Die dortige Burg auf einer Pegnitzinsel diente einst dazu, den Flußübergang und die Mühlen am Fluß zu sichern. **Hersbruck,** knapp 30 km hinter Nürnberg, ist Zentrum der „Hersbrucker Schweiz". In dieser Gegend wirkt die Pegnitz noch beinahe so ursprünglich wie im 17. Jh., als Nürnberger Dichter hier den Pegnesischen Blumenorden (siehe Kasten Seite 203) gründeten: eine weitläufige Auenlandschaft mit einigen wenigen alten Siedlungen, kleinen Wäldchen und reizvollen, oft von Burgen gekrönten Bergkuppen. Hier war die Welt der Schäfer, und so ist es kein Zufall, daß sich in Hersbruck das Deutsche Hirtenmuseum befindet.

Zwischen **Hohenstadt,** gleich nach Hersbruck, und dem gut 20 km flußaufwärts gelegenen Neuhaus ist das Tal der Pegnitz am eindrucksvollsten und romantischsten. In teilweise engen Windungen zieht das Flüßchen zwischen grünen Höhen dahin, die immer wieder von den für die Frankenalb typischen Felsriegeln unterbrochen werden. Eine Nebenstraße folgt ständig dem Flußlauf: Hier ist das Tal ein ausgesprochenes Paradies für Wanderer und Kanuten.

Die imposante Burg Veldenstein überragt **Neuhaus,** den heimeligen Ort am Südostzipfel des Naturparks Fränkische Schweiz – Veldensteiner Forst. Beim Ortsteil **Krottensee** liegt die zauberhafte Maximiliansgrotte. Der Karstkundliche Wanderpfad und der Exkursionspfad Neuhaus, 13 und 15 km lange Rundwege, führen an ihr vorbei.

Nach Neuhaus weitet sich das Pegnitztal: Obstgärten, Wiesen und Felder treten an die Stelle von Sandsteinwänden und schroffen Kalkfelsen. Die Nebenstraße, der man bisher gefolgt ist, schwenkt 2 km hinter Neuhaus in nordöstlicher Richtung nach **Auerbach** ab, und es wird immer schwieriger, dem Fluß mit dem Auto auch nur annähernd zu folgen. Wer allerdings den Schlenker weg vom Fluß nach Auerbach an der alten Handelsstraße Nürnberg – Eger mitmacht, gelangt von dort am einfachsten wieder an den Fluß zurück und ins 8 km entfernte **Pegnitz.** Der Schloßberg am West-

Der Main-Donau-Kanal ist Teil einer europäischen Binnenwasserstraße, die nach ihrer Fertigstellung 13 Staaten miteinander verbinden wird. Hier die Schleuse Leerstetten bei Rednitzhembach südlich von Nürnberg.

rand der Stadt mit der Ruine Böheimstein und einer prächtigen Aussicht präsentiert an seinem Fuß die gefaßte – sozusagen die amtliche – Pegnitzquelle. In Wirklichkeit aber schöpft die Pegnitz ihr Wasser aus vielen Quellen und Quellbächen nördlich der Stadt. Einer davon ist die ***Fichtenohe,*** die nur einen Steinwurf weit vom Ursprung des ***Roten Mains*** (siehe Seite 191) entsteht. ◁

Zurück nach Nürnberg. Zu den bereits erwähnten Vorzügen der Stadt kommt ein weiterer: Durch den Bau des ***Main-Donau-Kanals*** ist Nürnberg auch Hafenstadt geworden und hat ein spektakuläres Wasserbauwerk erhalten: eine Trogbrücke bei **Zirndorf,** in der das Wasser des Kanals über die Rednitz geleitet wird.

Main und Donau durch einen Kanal zu verbinden gehört zu den alten Wunschträumen der Menschen in Europa. Nach dem gescheiterten Versuch von Karl dem Großen wagte sich erst König Ludwig I. von Bayern erneut an die Verwirklichung dieses Projekts – mit Erfolg. 1846 wurde der Ludwig-Donau-Main-Kanal zwischen Bamberg und Kelheim eröffnet. Er tat zunächst gute Dienste, doch seit den 20er Jahren dieses Jahrhunderts ging das Frachtaufkommen stark zurück. Zwar benutzten selbst noch im Zweiten Weltkrieg kleinere Kriegsschiffe die Wasserstraße, doch am 4. Januar 1950 wurde sie vom Freistaat Bayern endgültig aufgelassen. Aber man hatte sich jahrzehntelang Gedanken über die Neuanlage einer Großschiffahrtsstraße gemacht, die auch eine Verbesserung der Schiffbarkeit von Main und Donau zwischen Aschaffenburg und Passau mit einschließen sollte. Bereits 1921 wurde die „Rhein-Main-Donau-AG" gegründet, die seither, und verstärkt seit 1949, den Bau des Kanals betreibt. Noch immer ist der Ausbau eines wesentlichen Abschnitts der idyllischen Altmühl Hauptbestandteil dieser Planung, der die Naturschützer begreiflicherweise großen Widerstand entgegensetzen. Dazu kommt, daß nach manchen Prognosen der Kanal für den Frachtverkehr eine weit geringere Bedeutung erlangen wird, als einst vorausberechnet worden war. Es sieht fast so aus, als sei der Main-Donau-Kanal ein Projekt, dessen Verwirklichung letztlich zu spät kommen wird. Die Kanalbauer gehen allerdings noch immer davon aus, daß die Großschiffahrtsstraße von 1992 an zwischen Aschaffenburg und Passau befahren werden kann. Betriebsfertig ist der Kanal mittlerweile zwischen Bamberg und Nürnberg, befahrbar bis zum Hafen von Roth südlich von Nürnberg, und gebaut wird an den verschiedensten Streckenabschnitten zwischen dort und Kelheim.

Schäferstunden an der Pegnitz

Um die Mitte des 17. Jh. setzten in Deutschland Bestrebungen ein, die deutsche Sprache und Dichtung zu erneuern. In Nürnberg taten sich im Jahr 1644 Dichter und Literaten zusammen und gründeten den „Löblichen Hirten- und Blumen-Orden an der Pegnitz", der sich später auch „Pegnesischer Blumenorden" nannte. Die Mitglieder befaßten sich nicht nur mit Sprachtheorie, sondern verwirklichten in ihren Dichtungen auch ein neues Verhältnis zur Natur.

Als ideale Vertreter eines naturnahen Lebens betrachteten sie die Schäfer und Schäferinnen, deren wahre Lebensbedingungen sie freilich verklärten. So entstand eine große Zahl von Schäfergedichten und Schäferspielen, die man vor allem auch als eine Form der Fluchtliteratur ansehen muß. In jenen Jahren um das Ende des Dreißigjährigen Kriegs erträumte man sich eine bessere, heile Welt. Als Kulisse dieser heilen Welt wählte man das Pegnitztal, auf dessen möglichst realistische Beschreibung man besonderen Wert legte. So werden in dem wohl bekanntesten Werk dieser Dichterschule, dem „Pegnesischen Schäfergedicht", nicht nur der Fluß und die Auenlandschaft, sondern z. B. auch eine Draht- und eine Papiermühle beschrieben.

Selten hat ein Fluß eine so große poetische Würdigung erfahren wie eben die Pegnitz durch jene literarische Gesellschaft, die später auch unter dem Namen Pegnitzschäfer bekannt wurde und deren Ruhm allerdings ungefähr vom Jahr 1700 an rasch nachzulassen begann. Über das Leben der wirklichen Pegnitzschäfer informiert übrigens das Deutsche Hirtenmuseum in Hersbruck.

Seite an Seite bis Bamberg

Vom Nürnberger Hafen verläuft der Kanal zunächst nach Nordwesten und dann in weitem Bogen westlich an Fürth vorbei. Schließlich wendet er sich nach Norden und gleitet dann langsam in den westlichen Talrand der Regnitz hinein. Um den Höhenunterschied von 82 m zwischen Nürnberg und Bamberg zu überwinden, mußten auf einer Strecke von 72 km sieben Schleusen gebaut werden. Bis Hausen bei Forchheim verlaufen die Regnitz und der Kanal parallel. Den alten Ludwigskanal zwischen Nürnberg und Erlangen benutzte man als Trasse beim Bau der A 73, was zu der absurden Situation führt, daß das von Ludwig Schwanthaler geschaffene monumentale Kanaldenkmal bei Erlangen heute unmittelbar an der Autobahn steht.

Erlangen – der Autofahrer, der von Nürnberg kommt, wählt die B 4 oder, wenn er nicht in Eile ist, eine Nebenstraße – ist die nächste Station an Fluß und Kanal. Im Bereich dieser Hugenotten- und Universitätsstadt zeigt sich besonders deutlich, wie sehr das Regnitztal heute vor allem als Verkehrsweg dient. Parallel zueinander verlaufen hier Eisenbahn, zwei Schnellstraßen, eine Nebenstraße, der Kanal – alle mehrfach gekreuzt und überspannt von weiteren Autostraßen und einer Eisenbahnlinie. Und irgendwo dazwischen schlängelt sich auch noch die Regnitz. Will man den Main-Donau-Kanal – so heißt der Kanalabschnitt zwischen Nürnberg und Bamberg – und die Regnitz zwischen Fürth und Bamberg kennenlernen, so nimmt man am besten das Fahrrad. Bequem kann man auf einem der zahlreichen Radwege den Kanal entlang radeln, und auch dem Fluß kommt man immer wieder auf kleinen Wegen nahe. Für Paddler ist die Regnitz wegen der vielen kleinen Staustufen und Wehre, die der Energiegewinnung und der Bewässerung dienen, nicht geeignet. Auch die über mannshohen hölzernen Schöpfräder, die sich bei **Möhrendorf,** 5 km hinter Erlangen, noch immer in der sanften Strömung der Regnitz drehen, wurden einst gebaut, um die Bewässerung der Wiesen und Felder sicherzustellen.

Bei **Hausen** wird das Wasser der Regnitz zum Teil in den Main-Donau-Kanal eingelassen, der von nun an, bis Neuses, ihr verbreitertes und begradigtes Bett benutzt.

Eine Wiege der Romantik

▷ ***Wiesent*** Zwischen Hausen und **Forchheim,** der alten Kaiserpfalz, mündet die Wiesent in die Regnitz bzw. in den Kanal. Ihr recht breites Flußtal führt nach Osten, hinein in die Fränkische Schweiz. Ab **Ebermannstadt,** wo sich ein altes Wasserschöpfrad unverdrossen dreht, klebt die B 470 förmlich am Fluß. Danach verengt sich das Tal dramatisch: Es beginnt der berühmte Talabschnitt, in dem eine ganze Maler- und Poetengeneration von Ludwig Richter bis Ludwig Tieck die Romantik „entdeckt" hat. **Gößweinstein** wartet mit einer herrlichen Barockbasilika von Balthasar Neumann und einer Burg auf steilem Fels auf, von der man eine schöne Rundsicht genießen kann. Beim Ortsteil **Behringersmühle** macht der Fluß einen scharfen Knick nach Nordwesten, und das bisher verkehrsreiche Tal wird plötzlich wunderbar still. Liefe hier nicht die schmale Nebenstraße und schmiegte sich nicht ab und zu eine Mühle an den munter plätschernden Fluß, so gäbe es streckenweise überhaupt keine Spuren menschlicher Anwesenheit.

Auf dieser Nebenstraße erreicht man bei **Plankenfels** eine deutlich sichtbare Geländestufe: Brausend stürzt die Wiesent über die Felsen hernieder, und oberhalb dieser Stufe nimmt die Landschaft den Charakter einer weitläufigen Hochebene an. Erst bei **Neidenstein** wird das Tal wieder enger. In vielen Schlingen fließt die Wiesent, von mancher Burg beäugt, geruhsam dahin. Ihre schön gefaßte Quelle liegt nahe dem westlichen Ortsausgang von **Steinfeld** auf dem Gelände eines Bauernhofs. ◁

Nach Neuses – der Autofahrer nimmt nun wieder die B 4 – wird die Regnitz in ihr altes Bett entlassen, während man dem Kanal seine neue Wanne diesmal auf der östlichen Seite des Flusses gegraben hat. Zwei Wehre regulieren den Zufluß zu Kanal und Fluß, die von nun an getrennt nach Bamberg fließen. Unterhalb von Neuses mündet die Aisch in die Regnitz.

▷ ***Aisch*** Als helles, breites Wiesental, gesäumt von sanften, bewaldeten Höhen,

Oben: Mit derartigen Wasserschöpfrädern, wie man sie vereinzelt entlang der Regnitz findet, wurden früher überall in der Gegend die Gemüsefelder bewässert. Die wenigen verbliebenen Schöpfräder versehen noch heute ihren Dienst.

Unten: Die Wiesent, bei Kanufahrern besonders beliebt, darf aus Gründen des Umweltschutzes nur noch auf ihrem Unterlauf, von Gasseldorf bei Ebermannstadt bis Forchheim, uneingeschränkt befahren werden.

Auf der Oberen Brücke, inmitten des linken Regnitzarms, steht das Bamberger Alte Rathaus. Baukern ist ein Brückenturm aus der Mitte des 14. Jh., der heutige Barockbau entstand 1744–1756.

zieht sich das Aischtal nach Südwesten. Auf einer Nebenstraße folgt man dem Fluß. Bei **Weppersdorf** erblickt man die ersten der für diese Gegend so charakteristischen Fischteiche, in denen die berühmten Karpfen gezüchtet werden (siehe Kasten unten). **Höchstadt,** ein altertümliches Städtchen mit Schloß, Türmen und einer 600 Jahre alten Brücke über den Fluß, ist der Mittelpunkt des Karpfenzuchtgebiets. Ab **Mailach** bildet die Aisch die Südostgrenze des Naturparks Steigerwald. Wenige Kilometer vor Neustadt wird das Aischtal mit einemmal enger und bewegter: Von Osten treten die Ausläufer der Frankenhöhe an den Fluß heran. Das an einem dieser Ausläufer gebaute **Neustadt** war schon früh ein bedeutender Verkehrsknotenpunkt. Der dritte wichtige Ort an der Aisch ist **Bad Windsheim.** Die ehemalige freie Reichsstadt ist heute Mineralheilbad. Die Aischquelle findet man, wenn man auf der B 470 über Illesheim hinausfährt und bei der Kreuzung mit der B 13 rechts einbiegt: Von dort sind es noch ungefähr 500 m. ◁

Hinter der Aischmündung zieht die Regnitz in großen Windungen weiter ihre Bahn nach Norden, während ihr künstlicher Bruder, der Main-Donau-Kanal, sie beinahe schnurgerade begleitet. Auf ihrem Schlußstück nimmt die Regnitz drei Flüßchen aus dem Steigerwald auf: die ***Reiche Ebrach,*** die ***Rauhe Ebrach*** und die ***Aurach.***

Kurz vor **Bamberg** teilt sich die Regnitz. Ihr rechter Arm fließt dem Kanal zu, der das alte östliche Bett des Flusses dann bald ganz für sich in Anspruch nimmt. In einem breiten Graben geht es östlich an der Altstadt vorbei zu den nordwestlich der Stadt gelegenen Hafenanlagen und zum Main.

Den malerischen Teil von Bamberg begleitet der westliche Arm der Regnitz. Fast noch intensiver als in Nürnberg ist der Fluß hier unverzichtbarer Teil des Stadtbilds: Fluß und Stadt umschlingen und umspielen sich gegenseitig. Am Rand der Altstadt teilt sich der Regnitzarm noch einmal und umfließt die Insel Geyerswörth mit dem gleichnamigen Schloß. Das Alte Rathaus steht auf einem Felsenrücken mitten im Fluß, und schließlich reiht sich entlang der Regnitz die berühmte Zeile der malerischen Fischerhäuser, recht treffend „Klein-Venedig“ genannt. Ernüchternd freilich, daß auch dieser linke Regnitzarm schließlich im Becken des Neuen Hafens zwischen Last- und Frachtkränen verschwindet.

Aischgründer Spiegelkarpfen

Die stille Weiherlandschaft zwischen Herzogenaurach und Höchstadt a. d. Aisch ist Deutschlands größtes geschlossenes Karpfenzuchtgebiet. Aus den rund 1500 Einzelweihern ernten die Teichwirte jährlich 4000 t Speisekarpfen; das sind zwei Drittel der gesamten deutschen Produktion. Hier werden allerdings keine gewöhnlichen Exemplare der Gattung Cyprinus carpio gezüchtet, sondern Aischgründer Spiegelkarpfen. Charakteristisch für die Karpfen ist ein zartes, fettarmes Fleisch und ein besonders hoher Rücken. Diese Sonderzüchtung ist den Mönchen zu verdanken, deren strenge Fastengebote zwar den Genuß von Fischen erlaubten – jedoch nur, wenn die Tiere nicht über den Tellerrand hinausragten. So machte man aus der Not eine Tugend und züchtete Karpfen, die weniger in die Länge als vielmehr in die Höhe wuchsen. Heute bemühen sich die Aischgründer Züchter vor allem darum, dem Fischfleisch den typischen erdigen Geschmack zu nehmen. Während der dreijährigen Aufzuchtzeit werden die Karpfen sorgfältig ernährt und in sauberem Wasser gehalten. Schließlich läßt man die schlachtreifen Karpfen, die jeweils vom Frühherbst an aus den Weihern gefischt werden, noch eine Zeitlang ohne Nahrung in klaren Frischwasserbecken, ehe sie in den Handel kommen.

Bei den „Aischgründer Karpfen-Schmecker-Wochen“, die jeweils von September bis November stattfinden, werden in den Gasthäusern der Umgebung immer neue, phantasiereiche Karpfengerichte angeboten. Besonders beliebt ist aber noch immer der traditionelle „Karpfen gebacken mit Kartoffelsalat“.

Wagner-Verehrer aus aller Welt finden sich alljährlich bei den Opernaufführungen der Bayreuther Festspiele ein.

Weißer Main

Kulmbach Traditionsreiche markgräfliche Residenzstadt zwischen Frankenwald, Fichtelgebirge und Fränkischer Schweiz.
In der Hohenzollernfestung Plassenburg ist das Deutsche Zinnfigurenmuseum untergebracht. Mit mehr als 300 000 Einzelfiguren ist es weltweit das größte seiner Art (geöffnet außer Mo täglich 10–16.40 Uhr, von Oktober bis März nur bis 15.30 Uhr).
Verkehrsamt, Rathaus, 8650 Kulmbach, Tel. 09221/802216

Roter Main

Bayreuth Universitäts- und berühmte Festspielstadt in Oberfranken.
Wer keine Karten für eine Aufführung der weltberühmten Richard-Wagner-Festspiele erhält, kann im Haus Wahnfried alles über Leben und Werk des großen Komponisten erfahren: Es beherbergt das Richard-Wagner-Museum und diesem angeschlossen das Nationalarchiv der Richard-Wagner-Stiftung (geöffnet täglich 9–17 Uhr).
Verkehrsamt, Luitpoldplatz 9, 8580 Bayreuth, Tel. 0921/8850

Main

Mainleus Alter Flößerort nahe am Zusammenfluß von Rotem und Weißem Main. Die 1938 eingestellte Mainflößerei wurde vor einigen Jahren wiederbelebt – aber nur als Touristenspaß. In gemütlicher Fahrt geht es mit Bier und Blasmusik 3 Stunden lang mainabwärts bis zur romantisch gelegenen Rothwinder Mühle. Für die Rückfahrt steht ein Bus bereit.
Mainflößerei, Postfach 14, 8653 Mainleus, Tel. 09221/2526

Staffelstein Fachwerkstadt zu Füßen der Fränkischen Alb.
In den Mainauen scharen sich mehrere kleine Seen zu einer ansprechenden Freizeitlandschaft: Der Mainsee lockt mit Strandbad und Liegewiesen die Badefreunde an, der Mittelsee ist für Segler und Surfer reserviert, und am kleinen Riedsee sind die Ufer den Anglern vorbehalten.
Städtisches Verkehrsamt, Alte Darre am Stadtturm, 8623 Staffelstein, Tel. 09573/4192

Volkach Fränkisches Weinstädtchen an der berühmten Mainschleife.
Der Höhepunkt im Jahresablauf ist das Fränkische Weinfest, das älteste und größte seiner Art am Main. Es findet Mitte August statt und dauert von Freitag bis Montag.
Verkehrsamt, Rathaus, 8712 Volkach, Tel. 09381/4010

Das wuchtige Renaissanceschloß Johannisburg beherrscht das grüne Mainufer in Aschaffenburg.

Würzburg Geschichtsträchtige Bischofs- und Universitätsstadt in Mainfranken. Eine Besonderheit gibt es im Historischen Saal der Fischerzunft in der Saalgasse 6 zu bestaunen: eine einmalige Sammlung von Zunftaltertümern und historischen Fischfanggeräten (geöffnet Mai bis Oktober jeden 1. und 3. So im Monat 10–12 Uhr).
Wer mehr über den Weinbau in Franken erfahren will, sollte den interessanten Weinlehrpfad in der Weinlage „Stein" aufsuchen. Er zieht sich nördlich vom Hauptbahnhof den Hang hinauf.
Fremdenverkehrsamt, Würtzburgpalais am Kongreßzentrum, 8700 Würzburg, Tel. 0931/37335

Karlstadt Befestigte Stadt im westlichen Mainfranken. Ein kurzes Stück stadtauswärts in Richtung Gemünden steigen steile Felsen aus dem Maintal auf. Sie wurden vom Deutschen Alpenverein zu einem Klettergarten mit allen Schwierigkeitsgraden ausgestattet.
Verkehrsbüro, Rathaus, 8782 Karlstadt, Tel. 09353/8275 oder 79020

Aschaffenburg Einstige Zweitresidenz der Mainzer Erzbischöfe am Austritt des Mains aus dem Spessart.
Am linken Flußufer entlang zieht sich der im englischen Stil gestaltete Park Schönbusch. Die Anlage umfaßt verträumte Teiche mit Bootsverleih, kleine Tempel, Pavillons, einen Irrgarten und ein Schlößchen.
Touristinformation, Dallbergstraße 6, 8750 Aschaffenburg, Tel. 06021/30230

Kahl Gemeinde am westlichen Spessartrand.
Rings um den Ort gruppieren sich einige durch Kiesbaggerung entstandene Seen zur „Kahler Seenplatte". Auf die Besucher warten dort mehrere Strandbäder mit gepflegten Liegewiesen, Wassersportmöglichkeiten aller Art, Angelgelegenheiten, Trimm- und Vogellehrpfad.
Gemeindeverwaltung, Aschaffenburger Straße 1, 8756 Kahl, Tel. 06188/2011

Offenbach Industriestadt im Rhein-Main-Gebiet.
Weit über die lokale Lederherstellung und deren Geschichte greift das Deutsche Ledermuseum hinaus. Gezeigt werden Ledergegenstände aus allen Kulturkreisen (geöffnet täglich von 10–17 Uhr).
Verkehrsamt, Frankfurter Str. 35, 6050 Offenbach, Tel. 069/80652946

Frankfurt Führendes deutsches Wirtschaftszentrum am Untermain.
In den zahlreichen Museen der Stadt kann man tagelang verweilen. Wer mit Kindern unterwegs ist, dem sei zumindest ein Besuch des Senckenberg-Museums, des bedeutendsten Naturkundemuseums der Bundesrepublik Deutschland, angeraten. Überwältigende Prunkstücke sind die Originalskelette verschiedener Saurier.
Verkehrsamt im Hauptbahnhof Nordseite, 6000 Frankfurt, Tel. 069/2128849

Das Stromersche Puppenhaus ist eines der Prunkstücke des Nürnberger Spielzeugmuseums.

Rodach

Wallenfels Kur- und Erholungsort im Naturpark Frankenwald.
Auf der Wilden Rodach, die unterhalb des Ortes in die Rodach mündet, werden von Mai bis September samstags zünftige Flußfahrten veranstaltet.
Gemeindeverwaltung, Rathaus, 8641 Wallenfels, Tel. 09262/551

Marktrodach Ehemaliger Flößerort im Frankenwald. Im Ortsteil Unterrodach befindet sich ein einzigartiges Flößereimuseum, in dem man sich ein Bild von der schweren und gefährlichen Arbeit dieses alten Gewerbes verschaffen kann (geöffnet täglich 9–11 und 14–16 Uhr).
Gemeindeverwaltung, 8641 Marktrodach, Tel. 09261/885

Die Binghöhle bei Ebermannstadt ist 350 m lang und zieht sich ungefähr 60 m unter der Erdoberfläche hin.

In diesem Steinbruch bei Ebermannstadt kann man unter Anleitung Fossilien suchen.

Dieses Meisterwerk verbirgt sich in der kleinen Creglinger Herrgottskirche. Tilman Riemenschneider schuf den Altar 1502–1505.

Regnitz

Bamberg Alte Bischofsstadt nahe der Mündung. Auf den Wasserläufen um die Stadt kann man eine Reihe attraktiver Schiffsrundfahrten machen. So findet täglich eine Hafenrundfahrt statt, die am Kranen beginnt und 1½ Stunden dauert. Es werden auch Tagesfahrten bis Zeil am Main angeboten. Ein Höhepunkt des Volksfests, Sandkärwa genannt, das jedes Jahr Ende August abgehalten wird, ist das Fischerstechen auf der Regnitz vor der Kulisse der zauberhaften Fachwerkfischerhäuser Klein-Venedigs.
Fremdenverkehrsamt, Hauptwachstraße 16, 8600 Bamberg, Tel. 0951/21040

Pegnitz

Hersbruck Mittelalterliches Städtchen im Pegnitztal. Zur Erinnerung an die Arbeit der Hirten wurde in einem schönen Fachwerkbau das Deutsche Hirtenmuseum eingerichtet (Führungen Di–So 9.15, 10.15, 14.15 und 15.15 Uhr).
Verkehrsamt, Lohweg 29, 8562 Hersbruck, Tel. 0951/4755

Nürnberg Ehemalige freie Reichsstadt.
Der Wöhrder See, ein Staugewässer der Pegnitz östlich der Altstadt, bietet viele Möglichkeiten: Schwimmen, Surfen, Segeln, Bootfahren. Die Insel Schütt ist der Hauptschauplatz des Nürnberger Altstadtfests, das jeweils in der zweiten Septemberhälfte abgehalten wird. Am ersten Samstag findet ein Fischerstechen und am folgenden Mittwochabend das große Feuerwerksereignis „Die Pegnitz brennt" statt.
Sehenswert sind die Exponate des Spielzeugmuseums, das sich teilweise im Umbau befindet.
(Öffnungszeiten: täglich außer Mo 10–17 Uhr.)
Verkehrsverein, Eilgutstraße 5, 8500 Nürnberg, Tel. 0911/23360

Wiesent

Pottenstein Fremdenverkehrsort im Püttlachtal. Eine naturkundliche Attraktion ist die Teufelshöhle mit ihren riesigen Sälen, in denen Tropfsteine bis zu einem Alter von 1 Million Jahren zu bewundern sind (geöffnet täglich 9–17 Uhr und November bis März Di und Do 10–12 Uhr, So von 13.30–15.30 Uhr).
Verkehrsbüro, 8573 Pottenstein, Tel. 09243/833

Ebermannstadt Hübsches Städtchen am Rand der Fränkischen Schweiz.
Zu einem Ausflug unter die Erde lockt die bekannte Binghöhle (geöffnet 15. März bis 31. Oktober täglich 8–17 Uhr, im Winter nach telefonischer Anmeldung).
Bei Ebermannstadt dürfen unter Anleitung Fossilien gesucht werden. Eine telefonische Anmeldung (Binghöhle, 8551 Wiesenttal-Streitberg, Tel. 09196/340) ist erforderlich.
Tourismuszentrale, 8553 Ebermannstadt, Tel. 09194/8101

Aisch

Bad Windsheim Kurort zwischen Steigerwald und Frankenhöhe.
Südlich der Altstadt liegt, umflossen von der Aisch, das Fränkische Freilandmuseum. Hierher versetzte Bauernhäuser samt Einrichtungsgegenständen aus verschiedenen Epochen geben Einblick in das ländliche Leben vergangener Jahrhunderte (geöffnet Mitte Mai bis Mitte Oktober Di–So 9–18 Uhr, Sa 10–16 Uhr, Mo nur an Feiertagen).
Kurverwaltung, 8532 Bad Windsheim, Tel. 09841/90440

Höchstadt Mittelpunkt des größten geschlossenen Karpfenzuchtgebiets in Deutschland.
Das Heimatmuseum befaßt sich mit der Karpfenzucht. Anhand von Schaubildern und zahlreichen fischereiwirtschaftlichen Geräten wird der Besucher über diesen traditionellen Erwerbszweig informiert (geöffnet nur nach Vereinbarung).
Fremdenverkehrsamt, Schloßberg 9, 8552 Höchstadt, Tel. 09193/400

Fränkische Saale

Stadtlauringen Marktort am Nebenflüßchen Lauer. Am Ellertshäuser See, einem 33 ha großen Rückhaltebecken, finden Badelustige und Wassersportler eine Fülle von Freizeiteinrichtungen. Angler schätzen den See wegen des reichen Fischbesatzes.
Gemeindeverwaltung, Rathaus, 8721 Stadtlauringen, Tel. 09724/2025

Tauber

Rothenburg Nahezu unversehrt erhaltene mittelalterliche Reichsstadt.
Ende September wird an den drei Reichsstadt-Festtagen das Mittelalter lebendig. Historisch gewandete Menschen machen Musik, führen Tänze auf und erinnern an das Leben der Ritter, Bürger und Handwerker. Höhepunkt ist immer das historische Festspiel „Der Meistertrunk".
Fremdenverkehrsamt, Marktplatz, 8803 Rothenburg, Tel. 09861/40492

Creglingen Fachwerkstädtchen im Taubergrund. Ein hübscher Wanderweg schlängelt sich hinauf zur Herrgottskirche. Das unscheinbare Gotteshaus birgt eines der schönsten Werke von Tilman Riemenschneider, den Marienaltar (Hin- und Rückweg 3 km).
Verkehrsbüro, 6993 Creglingen, Tel. 07933/631

Nidda

Schotten Erholungsort im Vogelsberg.
Im Südwesten des Orts lockt der Niddasee mit seinem grünen Strand zum Baden, Angeln, Segeln, Surfen, Rudern und Campen.
Verkehrsamt, Vogelsbergstraße 184, 6497 Schotten, Tel. 06044/660

Nidder

Gedern Luftkurort im Naturpark Hoher Vogelsberg.
Ein beliebtes Ausflugsziel ist der idyllisch in die Landschaft eingebettete Gederner See. Das Freizeitangebot am Ufer ist umfassend, und auch Wanderfreunde werden an dem ausgedehnten markierten Wegenetz Gefallen finden.
Stadtverwaltung, Postfach 1150, 6473 Gedern 1, Tel. 06045/333

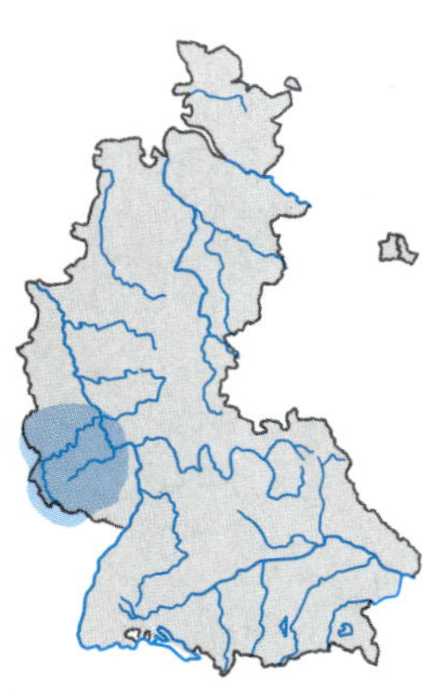

Römer, Reben und Ruinen

Gemeinsam sind den sonst recht ungleichen linken Nebenflüssen des Mittelrheins – der Mosel samt der Saar und ihren beiden viel kleineren Schwestern Nahe und Ahr – die oft tief eingeschnittenen engen Täler und der gute Wein, der darin vorzüglich gedeiht.

In die Granitwände der gefaßten Moselquelle bei Bussang in den Südvogesen ist das vielfach geschlungene Band des Flusses in Bronze eingelassen.

Der 545 km lange Lauf von der Quelle bis zur Mündung verringert sich in der Luftlinie um die Hälfte.

Wenn von der ***Mosel*** die Rede ist, denkt man eigentlich nur an den deutschen Teil dieses größten linken Nebenflusses des Rheins. Das ist zwar ungerecht – denn dieser Teil macht nur zwei Fünftel ihres Laufes aus –, aber verständlich. Hier fließt unsere Mosel – der südlich-heitere und ebenso romantische Gefährte des Mittelrheins, dem er in großen Windungen und Schleifen entgegenströmt. Hier klettern die Reben die steilen, der Sonne zugewandten Hänge bergan, über denen Burgen ragen und zu deren Füßen schmucke Dörfer und Städtchen liegen.

Die französische Mosel – hier Moselle genannt – wirkt stiller, wird allerdings stark von der Industrie genutzt, besonders zwischen Metz und der deutschen Grenze.

Die Mosel entspringt zu Füßen des 1200 m hohen Petit Drumont auf der Westseite der Südvogesen. Wer zur Moselquelle gelangen will, fährt am besten von Mülhausen (Mulhouse) im Elsaß auf der N 66 über Thann zum Vogesenpaß Col de Bussang. Bald danach, am Rand des Dorfes Bussang, zweigt eine kleine Straße zum Moselursprung ab.

Will man die lothringische Mosel erkunden, folgt man ihrem Lauf zunächst auf der N 66 bis **Remiremont,** einem hübschen Städtchen am Fuß des Parmont. Von hier aus geht es weiter auf der N 57. Bald nach Epinal verläßt der ***Canal d'Est*** das von hier ab kanalisierte Bett des Flusses, um ihn über die Saône mit dem Mittelmeer zu verbinden. Das ostfranzösische Kanalnetz, in das der Fluß nun eingebunden ist, kann nur von Schiffen bis 300 t Tragfähigkeit befahren werden. Wo kurz vor Nancy die Mosel nach Westen abbiegt, folgt man ihrem Lauf auf einer Nebenstraße bis **Toul,** der alten, noch heute ummauerten Bischofsstadt mit ihrer mächtigen gotischen Kathedrale. Von hier fließt die Mosel nach Nordosten und überläßt ihr altes, einst zur Maas führendes Bett dem ***Rhein-Marne-Kanal.***

Über die N 411 stößt man wieder auf die N 57, auf der man schließlich nach **Metz** mit seiner malerischen Altstadt gelangt. Im übrigen ist man hier schon mitten im Gebiet der lothringischen Schwerindustrie, die auch die Flußlandschaft stark prägt. Ihr Zentrum **Thionville** (Diedenhofen) erreicht man auf der N 53.

Erst hier wird die Mosel zur Großschifffahrtsstraße, auf der seit 1964 Schiffe bis zu 1500 t Tragfähigkeit verkehren können. Die Fahrrinne ist mindestens 2,9 m tief und 40 m breit. Die von Frankreich als günstiger Wasserweg vom lothringischen Industriegebiet zu den Rheinhäfen und ins Ruhrgebiet gewünschte Regulierung der Mosel hat zwar den Flußlauf durch zahlreiche Stauseen, Uferbefestigungen und andere Verkehrsbauten stark verändert, aber die wirtschaftlichen Erwartungen nicht erfüllt.

Die N 153 führt – vorbei an dem Kernkraftwerk **Cattenom** und dem Festungsstädtchen **Sierck-les-Bains** – zum Grenzübergang bei Apach unmittelbar an der Mosel. Von Perl an bildet der Fluß auf einer Strecke von 36 km die Grenze zwischen der Bundesrepublik Deutschland und Luxemburg.

Die landschaftlich außergewöhnlich reizvolle Moselweinstraße beginnt als B 419 am

Grenzübergang Perl. Bei **Nennig** verengt sich das Moseltal. Hier sollte man nicht versäumen, den größten nördlich der Alpen erhaltenen antiken Mosaikfußboden zu besichtigen, der in einer imposanten römischen Villa ans Licht kam. Die Mosaikfelder stellen verschiedene Kampfszenen im Amphitheater dar (um 200 n. Chr.).
Biegt man bei der Ruine von Schloß Büdingen nach rechts ab, gelangt man auf der B 406 nach **Sinz.** Vom Parkplatz links hinter dem Ort steigt man zu einer Blockhütte auf, von wo man weit über das Tal der Obermosel mit seinen bis zu 400 m hohen Hängen blicken kann.
Zurück auf der B 419, trifft man bei **Palzem** auf die zwölfte Moselstaustufe. Insgesamt gibt es 14 solcher Stauanlagen, zwölf in Deutschland, zwei in Frankreich. Sie heben den Wasserspiegel bis zu 9 m über das

***Das Einzugsgebiet der Mosel** ist etwa 28 000 km² groß. Im Süden reicht es tief nach Frankreich hinein, umschließt Luxemburg und einen Teil der Ardennen. Zusammen mit der Ahr entwässert die Mosel die Eifel und mit der Nahe das Saar-Nahe-Bergland sowie den Hunsrück. Die Moselquelle selbst liegt ganz in der Nähe der Wasserscheide zum Rhein. Auf deutschem Gebiet wird die Mosel meist in drei Abschnitte gegliedert: die Obermosel von Perl bis Trittenheim, die Mittelmosel von Neumagen bis Bullay/Alf und die Untermosel bis Koblenz. Die Moselweinstraße folgt allen engen und weiten Windungen des Flusses, und so bleibt man ständig in engem Kontakt mit reizvollen Uferpartien, steilen Rebhängen und malerischen Weinorten. Reisedauer: Mosel und Saar mindestens 4 Tage, Nahe 1–2 Tage, Ahr 1 Tag.*

ursprüngliche Niveau an und dienen in Deutschland zugleich als Wasserkraftwerke. Die Moselregulierung hat leider die Hochwassergefahr nicht gebannt, wie 1983 drei große Überflutungen gezeigt haben. Viele Hochwassermarken erinnern an frühere Nöte.
Über dem Städtchen **Nittel,** der größten Weinbaugemeinde an der Obermosel, ragen bis zu 50 m hohe Kalksteinfelsen auf. Darunter liegen die Weinberge.
Bei Wasserbillig, am linken luxemburgischen Ufer, mündet die Sauer in die Mosel.
▻ ***Sauer*** Sie entspringt als Sûre in den belgischen Ardennen, fließt durch Luxemburg und übernimmt dann ab Wallendorf von ihrem Nebenflüßchen ***Our*** die Aufgabe des Grenzflusses bis zur Mündung in die Mosel.

Springprozession und Wildwassersport

Setzt man bei Oberbillig mit der Autofähre über die Mosel, kann man auf der B 418 das romantische Tal der Sauer erkunden, etwa bei **Ralingen** im Stausee schwimmen, Wasserski fahren oder angeln. Oder einen Abstecher über die Sauerbrücke ins altertümliche **Echternach** machen und, wenn es gerade Pfingstdienstag ist, dort die berühmte Springprozession beobachten.
Bollendorf – eine landschaftlich sehr reizvolle Straße führt dorthin – ist Zentrum des „Deutsch-Luxemburgischen Naturparks" mit einem gut ausgebauten Netz von Wanderwegen.
Auf dem Rückweg biegt man bei Minden, an der Mündung der ***Prüm,*** links nach **Irrel** ab, ein bei Wanderern und Kanuten beliebter Luftkurort. Die Irreler Wasserfälle lokken als Trainingsstätte vor allem die Wildwassersportler. ◅
Ehe man wieder über die Mosel setzt, sollte man am linken Ufer auf der B 49 nach **Igel** fahren und sich dort mitten im Ort die Igeler Säule anschauen, ein 22 m hohes, römisches Grabmonument. Die Reliefs stellen mythologische Themen und Szenen aus dem Alltagsleben dar. Igel liegt schon in der etwa 20 km langen und 3 km breiten Trierer Senke. Etwas flußabwärts mündet am rechten Ufer die Saar bei Konz in die Mosel.
▻ ***Saar*** Von Konz über Wiltingen folgt man auf Nebenstraßen am rechten Ufer den Flußschleifen der Saar mit ihren berühmten Weinlagen bis Saarburg.
Die malerische Altstadt von **Saarburg** sollte man zu Fuß erkunden. Schon im 13. Jh. wurde der ***Leukbach*** durch die Stadt geleitet, um Mühlen anzutreiben: Eine Plattform erlaubt einen Blick auf den so entstandenen 20 m hohen Wasserfall mitten zwischen Fachwerkhäusern und Mühlen.

Über den Sekt- und Ferienort **Serrig** fährt man nun auf der B 51n durch das tief in die bewaldeten Berge eingeschnittene, vielfach gewundene Tal der Saar nach **Mettlach.** Hier ist seit langem die keramische Industrie heimisch, deren an Schwermetallen reiche Abwässer leider – so wurde vor einiger Zeit gemessen – die Saar besonders stark verschmutzen, auch an der berühmten Mettlacher Saarschleife. Dieses an die mittlere Mosel erinnernde Naturwunder erreicht man auf einer Straße, die von der B 51 nach Orscholz abzweigt. Von dort folgt man den Wegweisern zur „Cloef". Der Aussichtspunkt gibt den Blick auf die 5 km lange Schleife frei, die sich der Fluß in das Quarzitgestein gegraben hat.
In **Mettlach** lohnt es sich übrigens, auf den Teil der Eichenlaubstraße abzubiegen, der nach **Losheim-Britten** führt. Dort erreicht man die B 268, auf der man nach rechts zum ***Losheimer Stausee*** gelangt, einem großen Freizeitzentrum mit Strandbad, vielen Wassersportmöglichkeiten, 100 km Wanderwegen und einer Nostalgie-Eisenbahn mit einer 19 km langen Strecke.
Von Mettlach ist es nicht mehr weit bis **Merzig,** das in einer reizvollen Landschaft liegt. Hier endet der romantische Abschnitt der Saar. Das nun breite Tal des Flusses ist bis Saarbrücken dicht bevölkert und stark industrialisiert. Grundlage der Wirtschaft ist der Abbau von Steinkohle. Wichtige Verkehrsadern durch das Industriegebiet sind am rechten Ufer die B 51, am linken die A 8, ab Dillingen die A 620.
Bei **Dillingen** mündet die aus dem Hunsrück kommende ***Prims*** in die Saar, kurz davor das Wiesenflüßchen ***Nied,*** das – gespeist von zwei Quellbächen – aus Frankreich von links auf die Saar stößt. Leider muß es den großen Kohlechemiewerken und anderen Fabriken Nordlothringens als Abwasserka-

Gar nicht so weit von den qualmenden Schloten an der Saar findet man auf den Orchideenwiesen an der Blies solche sonst seltenen Pflanzen wie hier das Purpurknabenkraut und das Helmknabenkraut.

Kokereien und Hochöfen, Gasometer, Schornsteine, Winderhitzer und Kohlenhalden beherrschen das Bild des Flußabschnitts bei Völklingen, wo fünf große Hütten den Reichtum des Saarlandes verarbeiten, der zugleich Grund für die wechselvolle Geschichte dieses Grenzlandes ist – die Steinkohle.

Mit der Schleife von Orscholz umfließt die Saar inmitten von einsamen Wäldern einen langen Sporn, der vom Niveau des Flusses (166 m) auf 318 m ansteigt.

nal dienen und trägt dadurch ganz erheblich zur Verschmutzung der Saar bei.
Das benachbarte **Saarlouis** wurde 1680 bis 1684 von dem berühmten Festungsbaumeister Vauban für Ludwig XIV. als Festungsstadt erbaut und hat noch heute gute Verbindungen zum französischen Nachbarn. Einige Kasematten und Wälle der Festungsanlagen sind erhalten.
Nach 13 km passiert man **Völklingen,** das Zentrum der saarländischen Montanindustrie. Das Werkgelände der Hütten bildet in der Saaraue ein breites Band.
Die A 620, auf der man **Saarbrücken** erreicht, führt parallel zur Saar auch durch die Landeshauptstadt hindurch. Die alten Ortskerne der Doppelstadt, St. Johann und Alt-Saarbrücken, die erst durch die Saar-Brücken verbunden wurden, sind heute noch zu erkennen. Die Alte Brücke, die älteste erhaltene, ließ Kaiser Karl V. 1546–1548 erbauen. Für eine Reihe von neuen Brücken hat die Stadtautobahn gesorgt.
Zwischen Güdingen, das noch zu Saarbrükken gehört, und Saargemünd bildet der Fluß die Grenze zu Frankreich. Die B 51 folgt dem Flußlauf auf der rechten, deutschen Seite.

Eine Wasserstraße für Europaschiffe

Seit 1975 wird die Saar von der Grenze bis zur Mündung in eine Großschiffahrtsstraße verwandelt, auf der Schiffe bis 1350 t Tragfähigkeit, dem Einheitsmaß des Europaschiffes, verkehren können.
Schon seit 1866 verbindet der 63 km lange ***Saarkohlenkanal*** die Saar mit dem Rhein-Marne-Kanal. Er verläßt das früher nur bis Völklingen kanalisierte Bett des Flusses bei Saargemünd und begleitet ihn bis Sarralbe. Mit seinem Bau wurde seinerzeit ein alter Wunsch Frankreichs erfüllt, denn darauf konnte die billige Saarkohle nach Lothringen verschifft werden. Er ist allerdings nur für Schiffe bis zu 280 t Tragfähigkeit befahrbar und daher wenig leistungsfähig.
▷ ▷ ***Blies*** Gerade jenseits der Grenze, bei der lebhaften Industriestadt **Saargemünd** (Sarreguemines), mündet die Blies in die Saar. Die ersten 15 km vor der Mündung ist sie Grenzfluß und durchquert dann auf weiteren 4 km französisches Gebiet. Flußaufwärts zieht sich die Blies durch das Saarland, dessen wichtigster Fluß sie nach der Saar ist.
Ein guter Ausgangspunkt für den Besuch des idyllischen Bliestals ist **Gersheim,** das man von Saarbrücken aus auf einer landschaftlich schönen Straße, die über Bliesmengen-Bolchen führt, erreicht. Beim Ortsteil **Herbitzheim** liegt das Gersheimer Naturschutzgebiet mit seinen reichhaltigen Orchideenvorkommen. Von April bis August finden hier Führungen statt.
In Gersheim geht es dann über die Brücke und links der Blies zum Kneippkurort **Blieskastel,** der noch den Charme des einstigen Residenzstädtchens hat. Doch das Idyll täuscht: Weiter oberhalb sind die Stahlkocher am Werk – in **Neunkirchen.** ◁ ◁
Wer die junge Saar weiter nach Süden verfolgen will, fährt über Sarralbe, Sarre-Union, Sarrebourg nach Lorquin (Lörchingen), wo sich ihre beiden Quellflüsse, die ***Rote*** und die ***Weiße Saar,*** vereinigen, die

Die Porta Nigra, der gewaltigste Torbau der Antike, war mehr als nur das Tor einer Stadt – sie war Tor eines Reiches, das sich von Schottland bis zum Euphrat erstreckte.

am Fuß des 1009 m hohen Donon in den Nordvogesen entspringen. ◁

Moselmetropole seit römischer Zeit

Auf der Moselreise geht es nun von **Konz,** einem Industrie- und Winzerstädtchen, auf der B 51 weiter ins nahe Trier.

Trier, die älteste Stadt Deutschlands und eine der interessantesten, liegt in der weiten Talmulde der Mosel an einem Punkt, wo die Römerstraßen von Reims und Lyon an einer Furt zusammentrafen. Hier gründete Kaiser Augustus um 15 v. Chr. die Stadt Augusta Treverorum. Sie wurde Hauptstadt Galliens und im 4. Jh. Kaiserresidenz unter Konstantin I., Valentinian I. und Gratian. Trier hatte damals etwa 80 000 Einwohner, also ebenso viele wie heute, sieht man von den neueren Eingemeindungen ab. Schon in der Spätantike war es Sitz eines Bischofs, seit Karl dem Großen eines Erzbischofs, der später auch – bis 1794 – die Würde eines Kurfürsten innehatte.

Wie wichtig der Fluß für die Stadt war, zeigen die Römerbrücke aus dem 2. Jh. und die beiden Kräne in ihrer Nähe, der Zollkran von 1774 und der Alte Kran von 1413, ferner etwas unterhalb die große Mauer der „Horrea", einer gewaltigen römischen Speicheranlage, die in das Stift St. Irminen verbaut wurde. Über dem Stadthafen für den Personenverkehr sieht man die Häuschen der Fischer- und Schiffersiedlung Zurlauben. Eine Kabinenseilbahn schwingt sich von dort über die Mosel zum Aussichtspunkt Weißhaus.

Der gewaltige Torbau der Porta Nigra, die Kaiser- und Barbarathermen, die Palastaula und das Amphitheater, ja selbst das Kernstück des Domes stammen alle noch aus römischer Zeit. Viele Kirchen, Bürgerhäuser und Paläste zeugen von der Blüte Triers im Mittelalter und zur Zeit des Barocks.

Die Stadt hat sich bandartig auf der rechten Seite der Mosel entwickelt. Gegenüber auf dem linken Ufer erstreckt sich ein waldrei-

Eine Attraktion besonderer Art ist der Adler- und Wolfspark Kasselburg mit Greifvögeln und Kleinraubtieren. Die Burgruine erhebt sich nordöstlich von Gerolstein auf einem Basaltfelsen über der Kyll.

Mit Ausflugsschiffen auf Mosel und Saar

Während der Saison (Mai–Oktober) wird die Mosel auf mehreren Teilstrecken von Personenschiffen befahren. Im folgenden sind die Strecken und Linien angegeben. Die Fahrten finden nach Fahrplan meist einmal täglich in beiden Richtungen statt. Ausnahmen sind unten angegeben.

Koblenz–Trier Mehrmals im Monat finden 2- und 3-Tage-Fahrten in Hotelschiffen mit Aufenthalten für Landausflüge statt.
Auskunft Köln-Düsseldorfer Rheinschiffahrt AG, Frankenwert 15, 5000 Köln 1, Tel. 02 21/2 08 80.

Koblenz–Cochem Wird von zwei Linien bedient.
Auskunft Köln-Düsseldorfer (siehe oben) und Rhein-Moselschiffahrt, Rheinzollstraße 4, 5400 Koblenz, Tel. 02 61/3 77 44.

Leiwen–Bernkastel Schon ab Mitte April.

Trittenheim–Trier Juli–August dienstags.
Auskunft Mittelmosel-Personenschiffahrt Gerhard Voss, Goethestraße 15, 5550 Bernkastel-Kues, Tel. 0 65 31/63 16.

Bernkastel–Traben-Trarbach 4mal täglich.
Auskunft Mosel-Personenschiffahrt Hans Michels, Goldbachstraße 52, 5550 Bernkastel-Kues 12, Tel. 0 65 31/68 97 und 82 22.

Trier–Schengen (französisch-luxemburgische Grenze) und **Grevenmacher–Bernkastel** Juli–September samstags.
Auskunft Navigation Touristique de l'Entente de la Moselle Luxembourgeoise, L-6701 Grevenmacher, Tel. 0 03 52/75 82 75.

Saarburg–Mettlach–Saarschleife und **Saarburg–Grevenmacher** Juni–Oktober.
Auskunft und Fahrpläne Saar-Personenschiffahrt GmbH, Laurentiusstraße 5, 5510 Saarburg, Tel. 0 65 81/56 05.

ches Naherholungsgebiet. Auf dieser Seite setzt man die Fahrt auf der B 53 über den Stadtteil Pfalzel mit dem neuen Industriehafen nach Trier-Ehrang fort. Hier erhält die Mosel Zufluß von beiden Seiten, rechts von der Ruwer und links von der Kyll. Die kleine ***Ruwer*** kommt aus dem Osburger Hochwald. Bekannt wurde sie durch den Wein, der an ihren Hängen gedeiht.

▷ ***Kyll*** Der malerische Eifelfluß entspringt in der Schneifel. Am anmutigsten ist sein Tal zwischen dem Kneippkurort **Kyllburg,** wohin man von Trier auf der B 51 über Bitburg und dann auf der B 257 gelangt, und **Gerolstein** in der Vulkaneifel. Der verträumte Fluß, den eine schmale Landstraße begleitet, ist ein lohnendes Forellengewässer. Bei Hochwasser verwandelt er sich in ein reißendes Wildwasser, in dem sich Kanuten erproben können. ◁

Windungen verdoppeln den Weg der Mosel

Bei **Schweich** verläßt die Mosel die Talweite und stimmt von nun ab mit dem Bild überein, das man sich allgemein von ihr macht. Nur 100 km beträgt die Luftlinie zwischen der Saarmündung und Koblenz. Der Fluß hingegen legt den doppelten Weg zurück – exakt 201 km. In zahlreichen Windungen hat sich die Mosel in die ziemlich harten Gesteine des Schiefergebirges eingegraben. Der tiefe Taleinschnitt trennt Eifel und Hunsrück. Die steilen Talflanken steigen 150 bis 250 m hoch an. Wo sie der Sonne zugewandt sind, tragen sie Reben.

Einen guten Blick auf einige der vielen Moselschleifen – den „Fünfseenblick" – hat man vom Aussichtsturm bei **Detzem.** Dorthin gelangt man von der B 53 über die Moselbrücke bei Thörnich. Von Detzem ist dann der Weg ausgeschildert. Der Name leitet sich von „decem", dem lateinischen Wort für zehn, ab, denn hier befand sich der zehnte Meilenstein auf der Römerstraße von Trier. Im übrigen läßt von nun an fast jeder Ortsname den Weinkenner mit der Zunge schnalzen. So auch **Trittenheim,** das mit seinen steilen Lagen in einer besonders engen Schleife der Mosel liegt.

Der Weg führt nun über die Brücke und am rechten Ufer entlang bis **Neumagen,** dem nachweislich ältesten Weinort Deutschlands. Kaiser Konstantin I. ließ hier um 300 ein Kastell errichten, um die Straße nach Trier vor den Einfällen der Germanen zu schützen. Systematische Ausgrabungen förderten 40 Grabdenkmäler ans Licht, die man als Material zum Bau verwendet hatte. Das berühmteste von allen steht in einem restaurierten Abguß vor der Peterskapelle – ein Weinschiff, das Grabmal eines Wein-

Zwischen Rebenhang und Fluß bleibt gerade Platz für eine Häuserzeile und die Straße wie hier in Neumagen. In römischer Zeit legten hier Weinschiffe an, heute sind es die Ausflugsdampfer.

händlers. Das Denkmal ist 3 m lang. In Wirklichkeit jedoch waren solche Frachtschiffe bis 50 m lang. Im Ort steht auch ein Denkmal des Prinzenerziehers und Dichters Decimus Magnus Ausonius (310–393), der in seinem Gedicht „Mosella" Landschaft, Wein und Menschen an der Mosel preist, die er bei „Neumagen, des göttlichen Konstantin erlauchte Feste", zum erstenmal sah.

Von Neumagen-Dhron lohnt sich ein Abstecher auf guter Straße ins wildromantische Tal der ***Dhron.***

Am gegenüberliegenden linken Ufer taucht **Piesport** auf, überragt von der 443 m hohen Moselloreley, die einen Blick über Hunsrück, Eifel und auf die Mosel freigibt. Vom Ortsteil Niederemmel führt eine Brücke hinüber.

Am rechten Ufer geht es über Wintrich und Brauneberg nach **Mülheim,** einem Weinort mit stattlichen Patrizierhäusern. Hier sollte man nach rechts auf die Landstraße nach Monzelfeld einbiegen, die sich nach etwa 700 m in vier scharfen Kurven die Höhe hinaufwindet. Von einem Rastplatz in einer Rechtskurve überblickt man mehrere aus-

getrocknete Flußschleifen der Umlaufbergregion Mülheim-Lieser.
Bald sieht man auf der linken Moselseite **Lieser,** wo die ***Lieser*** mündet, eines der reizvollen Seitentäler der Mosel.
In der nächsten Flußschleife liegen rechts Bernkastel und links Kues. **Bernkastel,** wohl das schönste Städtchen an der Mosel, drängt sich dicht an einen Bergkegel, auf dem die Ruine der Burg Landshut thront, einst Sommerresidenz der Trierer Erzbischöfe. Droben bietet sich dem Wanderer eine großartige Fernsicht. Der Abstieg endet auf dem von Fachwerkhäusern umgebenen Marktplatz mit Renaissancerathaus, Michaelsbrunnen und Pranger.
Zum Wasserfall im engen Tal des ***Tiefenbachs*** gelangt man von einem Parkplatz, der an der B 50 etwa 500 m hinter Bernkastel-Kues liegt.
In **Kues** am linken Moselufer wurde 1401 einem Moselschiffer ein Sohn geboren, der den Ort weltberühmt machen sollte – der spätere Kurienkardinal und Philosoph Nikolaus von Kues. Sein Geburtshaus blieb erhalten, und das von ihm gestiftete Nikolaushospital erfüllt auch heute noch dank des Besitzes guter Weinlagen seinen Zweck als Altenheim. In der Remise wurde das Moselweinmuseum eingerichtet, in dem man die Geschichte des Weinbaus und Geräte der Winzer studieren und köstliche Tropfen probieren kann.
Der Moselfahrer bleibt nun am linken Ufer und erreicht **Ürzig.** Von vier Burgen, die einst die guten Weinlagen verteidigten, blieb ein alter Wachturm in der Wand des Felsens Urlay. Im Weinberg leuchtet dem Reisenden in großen Buchstaben die Weinlage „Ürziger Würzgarten" entgegen. Es gibt kaum einen Ort an der Mittelmosel, der nicht mit solcher Werbung auf seine guten Tropfen aufmerksam macht.

Die Mosel mündet am Deutschen Eck bei Koblenz in den Rhein. Auf der Landzunge erhob sich seit 1897 auf gewaltigem Sockel ein 17,5 t schweres Reiterstandbild Kaiser Wilhelms I. aus Kupfer. 1945 fiel es amerikanischen Granaten zum Opfer. Doch der Sockel blieb und wurde 1953 zum Mahnmal der deutschen Einheit umgestaltet.

Vereint durch Erlaß

Nachdem man **Kröv** mit der in den steilen Berg gebauten Fischersiedlung Kövenig und der bekannten Großlage „Nacktarsch" passiert hat, wendet sich die Straße nach Süden **Traben-Trarbach** zu. Die beiden Gemeinden wurden 1899 durch eine Brücke verbunden und 1904 durch Erlaß zur Doppelstadt vereinigt.
Wer das einzigartige Panorama der Kur- und Weinstadt an und in der engen Moselschleife genießen möchte, wandert den Moselhöhenweg empor zum Mont Royal mit den ausgegrabenen Resten der gewaltigen Festung Ludwigs XIV.
Von Trarbach führt die Straße am rechten Ufer weiter, vorbei an **Enkirch,** das als „Ankerplatz für Weinkenner" gilt, nach **Zell,** mit sechs Millionen Stöcken die größte Weinbaugemeinde an der Mosel und mit der Großlage „Zeller Schwarze Katz" eine der bekanntesten.
Von Zell fährt man über die Brücke und am

Für Sportboote gibt es bei sieben Moselschleusen Bootsgassen. Bei den übrigen müssen auch Kanuten die großen Bootsschleusen benutzen wie hier bei Zeltingen.

linken Ufer weiter über **Alf** am sehr schmalen Hals der 14 km langen Moselschleife des Zeller Hamm nun auf der B 49 zum altertümlichen Dorf **Bremm** an der nächsten Moselschleife.
Gleich dahinter steigt der steilste Weinberg Europas, der 378 m hohe Calmont, was „heißer Berg" bedeutet, auf. Im Fluß drunten spiegelt sich die Ruine der Klosterkirche Stuben am anderen Ufer.

Blut und Wein

An der Mündung des tief im Tal fließenden Baches ***Eller*** liegt **Ediger.** Außerhalb des malerischen Ortes steigt man durch die Weinberge zur Heiligkreuzkapelle auf, die ein ergreifendes, für das Moselland bezeichnendes Andachtsbild birgt – das Relief „Christus in der Kelter": Das Blut Christi fließt in den Wein unter seinen Füßen.
Gegenüber Ellenz-Poltersdorf liegt **Beilstein.** Die ganze Stadt steht wegen ihrer malerischen Fachwerkhäuser unter Denkmalschutz. Über dem Ort erhebt sich die Ruine der Burg Metternich. Über **Cochem,** der größten Stadt weit und breit, wacht seit mehr als 1000 Jahren die Burg Cochem. Wer den Fußweg von der Ortsmitte hinauf nicht scheut, wird durch den weiten Blick auf die letzte der großen Moselschleifen belohnt.
Von **Treis-Karden** an läuft die Moselweinstraße auf beiden Seiten des Flusses. Man bleibt auf der linken Seite, um von **Moselkern** nach links abzubiegen und zu einer der großen Sehenswürdigkeiten dieser Fahrt zu gelangen: Zunächst folgt man der Straße entlang dem stürmischen ***Elzbach,*** der bei Moselkern mündet, bis zum letzten ausgeschilderten Parkplatz. Von dort führt ein hübscher Spaziergang durch das felsige Tal, bis **Burg Eltz** auftaucht, der Inbegriff einer mittelalterlichen Wohnburg. Die Schatzkammer birgt Arbeiten aus Gold, Silber, Edelsteinen, Elfenbein, Porzellan, ferner Waffen, Rüstungen, Altargeräte und Kuriosa.

Von den Rebenterrassen am Calmont, die sich über 200 m in die Höhe staffeln, blickt man fast senkrecht hinab auf die Mosel. Die Winzer müssen hier an Steigungen von 65 % Prozent ihrer Arbeit nachgehen.

Die Weine von Mosel und Saar, von Nahe und Ahr

Drei der elf deutschen Anbaugebiete liegen an den Nebenflüssen des Mittelrheins.
Mosel–Saar–Ruwer Die hier hauptsächlich angebaute Rieslingrebe bringt den typisch spritzigen und würzigen Mosel mit feiner Säure und zarter Blume hervor, der im allgemeinen jung getrunken wird. Daneben hat sich auch die weniger kälteempfindliche Müller-Thurgau-Rebe durchgesetzt. An der Obermosel findet man noch die alte Elblingrebe. Einen eigenen Charakter haben die feinfruchtigen Rieslingweine von der Saar und die würzigen, weichen Ruwerweine. Berühmt sind die Weine von der Mittelmosel. Sie reifen meist an Steillagen auf Schieferböden, die Wärme und Feuchtigkeit speichern. Zentrum des Weinbaus ist hier Bernkastel-Kues. Frische, duftige Weine gedeihen an der Untermosel bei Cochem.
Nahe Wein wächst an der Nahe zwischen Martinstein und Bingen, aber auch in den Tälern des Glans, der Alsenz und einiger Nebenbäche. Angebaut werden Müller-Thurgau, Riesling und Silvaner. Frischer, stahliger Riesling gedeiht an der oberen Nahe, rassig-eleganter und – auf Vulkanböden – voller, feuriger Wein an der mittleren Nahe. Der Wein von der unteren Nahe ähnelt Rheingauweinen.
Ahr Auf den Schiefer- und Vulkanböden der steilen Südhänge zwischen Altenahr und der Mündung reifen die Früh- und Spätburgunder- sowie die Portugiesertrauben heran, aus denen die weichen bis herben, temperamentvollen Rotweine gewonnen werden, die den Ruhm der Ahr ausmachen. Daneben baut man in geringem Umfang Riesling- und Müller-Thurgau-Reben an.

Über der Nahe steigt der 327 m hohe Rotenfels auf. Die höchste außeralpine Felswand Deutschlands ist ein Paradies für Kletterer, aber auch für Wanderer. Die großartige Fernsicht lohnt die Mühe des Aufstiegs.

Die Brücke von Löf gibt dem Moselfahrer Gelegenheit, wieder ans rechte Ufer zu gelangen. Von hier führt die B 49 über **Winningen,** mit der zweithöchsten Autobahnbrücke Deutschlands (137 m), zur Moselmündung am Deutschen Eck in **Koblenz.**

Edle Steine, edle Weine: die Nahe

Der wesentlich kleinere Schwesterfluß der Mosel fließt – jenseits des Hunsrücks und etwa parallel zu ihr – durch das Saar-Nahe-Bergland dem Rhein zu. Die ***Nahe*** entspringt bei Selbach im Saarland. Dem landschaftlich reizvollsten Teil ihres Tales zwischen Idar-Oberstein und Bad Kreuznach folgt weitgehend die B 41.

Die Doppelstadt **Idar-Oberstein** ist für ihre Edelsteinschleifereien und Schmuckindustrie bekannt. Tief hat sich hier die Nahe in das vulkanische Gestein eingesägt. In Spalten, Klüften und Hohlräumen verbergen sich Achat, Jaspis und Chalzedon, die bereits im 15. Jh. abgebaut wurden. Die Schleifereien hatten einen enormen Wasserbedarf und reihten sich deshalb am Flußlauf, vor allem aber auch am einmündenden ***Idarbach*** entlang zu langen Gewerbegassen. An der „Weiherschleife" kann man sich die alte Technik des Steinschleifens vorführen lassen.

Der Nahe indes, die den Reichtum des Ortes mehren half, hat man es schlecht gedankt: Im Stadtgebiet ist der Fluß 1986 unter einer 25 m breiten Betonpiste verschwunden!

Das alte Städtchen **Kirn,** zu dem kurz davor eine Brücke über die Nahe führt, wird von der Ruine der Kyrburg überragt. Das Wasser des Flusses nutzt die Lederindustrie.

Nördlich von Kirn grenzt das Saar-Nahe-Bergland an den Hunsrück, dessen Quarzite hoch aufragen. In ihn sind die schönen Seitentäler der Nahe wie das Tal des ***Hahnenbachs*** bei Kirn mit den Kallenfelsen und das Tal des ***Simmerbachs*** bei Hochstetten-Dhaun tief eingeschnitten. Beide werden durch Straßen erschlossen.

Kurz nach Martinstein, wo der Weinbau beginnt, überquert man den Fluß, um die Fahrt am rechten Ufer auf der Naheweinstraße fortzusetzen. Beim bedeutenden Kurort **Sobernheim** überquert sie den Fluß. Das hübsche alte Städtchen kann mit einem Freilichtmuseum aufwarten, das zwar noch im Aufbau begriffen ist, aber schon eine Reihe rheinland-pfälzischer Häuser und Hofanlagen vorzuweisen hat. Von hier ab wirkt das bisher eher dramatische Tal sanfter. An die Stelle der Felsen sind Hügel getreten. Die Naheweinstraße quert den Fluß bei Staudernheim erneut und bei Odernheim auch den ***Glan,*** den wichtigsten Nebenfluß der Nahe, der in der Nähe in sie mündet. Die Straße durch sein Tal erlaubt einen Abstecher ins Nordpfälzer Bergland. Im Winkel zwischen beiden Flüssen erhebt sich auf einem Bergkegel die Ruine des Klosters Disibodenberg.

Durch rebenreiche Landschaft geht die Nahefahrt weiter über Oberhausen, dann am linken Ufer an Norheim zu Füßen des Rotenfels vorbei nach **Bad Münster-Ebernburg.** Hier wird das Nahetal wieder romantisch-heroisch. Rechts des Flusses erkennen wir Franz von Sickingens „Herberge der Gerechtigkeit", die Ruine der Ebernburg, über dem gleichnamigen Weindorf, an dem die ***Alsenz*** mündet. In ihrem Tal liegt das weinbekannte **Altenbamberg** mit der Ruine der Altenbaumburg. Am linken Ufer drängt sich zwischen dem mächtigen Rotenfels und der Naheschleife **Bad Münster am Stein,** überragt vom steilen Felsen des Rheingrafensteins. Hier wie im benachbarten **Bad Kreuznach,** wohin die Straße durch das enge Salinental mit seinen Gradierwerken die Nahe entlangführt, finden sich alle Freizeitmöglichkeiten großer Kurorte.

Bad Kreuznach, ebenfalls ein Heilbad und bekannt wegen seiner Brückenhäuser, ist das wirtschaftliche Zentrum des Weinbaus an der unteren Nahe, die durch die klimatisch begünstigte Kreuznacher Bucht dem Rhein entgegenfließt. Bis kurz vor Bingen, wo sie mündet, begleitet die B 48 den Flußlauf.

Die berühmten Brükkenhäuser von Bad Kreuznach ruhen, auch wenn ihre Fachwerkgeschosse weit vorkragen, seit fünf Jahrhunderten sicher auf den Pfeilern der 1495 zum erstenmal erwähnten Alten Brücke.

Deutschlands nördlichster Rotweinfluß: die Ahr

Die kleine, nur 89 km lange, rasch fließende ***Ahr*** ist im Grunde ein Fluß der Superlative: Am nördlichsten linken Zufluß des Mittelrheins liegt nicht nur Europas nördlichstes geschlossenes Weinbaugebiet, sondern auch das größte zusammenhängende Rotweingebiet Deutschlands.

Mitten im liebevoll restaurierten Ortskern von **Blankenheim** tritt in der Brunnenstube die Ahr mit einer großen Wasserschüttung ans Tageslicht. Zu dem malerischen Städtchen, das von einer Burg beherrscht wird, gelangt man von Köln auf der A 1.

Das Wiesental der oberen Ahr begleitet die B 258 bis **Müsch,** von wo man auf kleinen Landstraßen einen wenig bekannten, aber durchaus sehenswerten Abschnitt des Flusses kennenlernt. Von **Antweiler** sollte man auf den nahen Aremberg fahren, einen der höchsten Vulkankegel der Eifel (623 m) mit den im dichten Wald versteckten Ruinen der einstigen Herzogsresidenz. Abenteuerlich an und auf einem Felsen liegt der Ort **Schuld** hoch über der Ahr, die ihn auf drei Seiten umfließt.

Von Dümpelfeld geht es auf der B 257 weiter zum tief in der Felsenschlucht der Ahr liegenden **Altenahr.** Den besten Blick auf die wildromantische Landschaft hat man von dem senkrecht abstürzenden Felsen, auf dem die Ruine der Burg Are liegt. Auf dem „Rotweinwanderweg" geht es bergauf. Die Schlucht des Ahrtals ist zunächst so eng, daß die Straße – nun die B 267 – gleich hinter Altenahr in einem Tunnel verschwindet. Kurz vor Lochmühle passiert man dann den 70 m langen, 1834 erbauten und damit ältesten Straßentunnel Deutschlands. Die ganze Schönheit dieser Landschaft wird nur der Wanderer genießen. Das Tal und die Höhen darüber sind durch Spazier- und Wanderwege gut erschlossen.

Die Ahr bildet nun in zahlreichen Windungen Umlaufberge mit steilen Prall- und sanften Gleithängen. Weinberge wechseln ab mit Obstgärten und Wäldern. Auf den Tonschieferböden gedeiht der berühmte Rotwein. Vorbei an den Winzerdörfern Mayschoß, Dernau und **Walporzheim** mit St. Peter, dem ältesten Weingut Deutschlands, erreicht man das Zentrum des Anbaugebietes, das von einer Stadtmauer umschlossene **Ahrweiler,** das heute mit **Bad Neuenahr** vereinigt ist. Das Thermalbadehaus dort steht unmittelbar an der Ahr. Im Kurpark läßt die Kurverwaltung jeden Sonntag das kohlensäurehaltige Apollinariswasser, das aus dem Innern der Erde drängt, in die Höhe schießen.

Zu Bad Neuenahr gehört auch das alte **Heimersheim** unter dem mächtigen Basaltkegel der Landskron. Sehenswert ist hier die romanische Basilika St. Mauritius. Nun ist es nicht mehr weit bis zur Ahrmündung zwischen Sinzig und Remagen bei Kripp im fruchtbaren Schwemmland der „Goldenen Meile".

Gleich wird der Kellermeister von St. Peter in Walporzheim, dem ältesten Weinhaus im Ahrtal (seit 1246), die Nase an das Glas bringen, um das Bouquet des roten Ahrweins zu erschnuppern.

Geheimnisvolle Seen im Herzen der Eifel

Noch immer üben die stillen, von gelbem Ginster oder dunklem Wald umgebenen Maare der Eifel eine merkwürdige Anziehungskraft aus. Sie drängen sich besonders um das alte Städtchen Daun an der Lieser.

Augen der Eifel hat man die seltsamen, oft kreisrunden Seen genannt, die – zusammen mit Kegelbergen vulkanischen Ursprungs – an vielen Stellen dieses Mittelgebirges, vor allem aber in der Vulkaneifel um Daun, das Gesicht der Landschaft prägen. Um sie rankt sich manche Sage: In einem der Maare, wie diese runden Seen genannt werden, soll ein ganzes Dorf – außer der Kirche – und in einem anderen ein Schloß samt Bewohnern verschwunden sein. Aber was hat es wirklich auf sich mit den Maaren? Wie sind sie denn nun eigentlich entstanden?

Unter den deutschen Mittelgebirgen ist die Eifel besonders stark vom Vulkanismus geprägt. Bei ihren höchsten Gipfeln, etwa der Hohen Acht, der Nürburg und dem Aremberg, handelt es sich um Reste von Vulkanen, die bereits im Tertiär, also vor Jahrmillionen, erloschen sind. Ihre Vulkankegel sind längst verwittert und abgetragen. Was geblieben ist, sind allein die in den Schloten erstarrten magmatischen Kerne aus Basalt oder Trachyt.

Die Vorgänge allerdings, die zur Entstehung der Maare geführt haben, sind sehr viel jünger. Sie ereigneten sich in der erdgeschichtlichen Gegenwart, also im Quartär, und fanden ihr – möglicherweise nur vorläufiges – Ende sozusagen erst neulich, nämlich vor etwa 10000 Jahren, also zu einer Zeit, als der Mensch schon lange auf der Erde weilte und Zeuge dieser Ereignisse werden konnte.

Ruhen die Vulkane der Eifel nur?

Aus dieser zweiten Periode vulkanischer Tätigkeit in der Eifel, die insgesamt etwa 550000 Jahre dauerte, stammen solche Musterbeispiele von Vulkanen wie der Mosenberg bei Manderscheid mit seinen vier Kratern. Am Ende dieser Zeit entstanden auch die Dauner Maare.

Bei diesen handelt es sich nicht um Kraterseen von Vulkanen wie bei den zwei Maaren des Mosenberges; sie sind vielmehr das Ergebnis von ungeheuren Gasexplosionen. Durch Vorgänge im Erdinnern entwich das im nach oben drängenden Magma angesam-

Besonders schön ist es an den Maaren im späten Frühjahr, wenn der Ginster blüht, wie hier am Schalkenmehrener Maar. Gegenüber liegt das Dorf, links das Hochmoor.

melte Gas in riesigen Mengen an die Erdoberfläche, ohne viel Magma mitzureißen. Solche gewaltigen Explosionen wiederholten sich mehrmals. Dabei wurden Trichter ausgeräumt, die sich im Lauf der Zeit mit Wasser füllten. Wälle aus Tuff lagerten sich am Rand der Maare ab.
Ob und – wenn ja – wann der Vulkanismus der Eifel wieder auflebt, wissen wir nicht. Daß er noch am Werke ist, zeigen die etwa 500 kohlensauren Mineralquellen dieser Gegend, wie die Dunarisquelle in Daun oder der wallende Born beim nahen Wallenborn: Der „Brubbel" ruht 35 Minuten und wallt dann 20 Minuten auf wie kochendes Wasser.

Verwandt und doch verschieden

Ausgangspunkt einer Fahrt zu den Dauner Maaren ist das Städtchen **Daun.** In seiner Mitte thronte auf einem schroffen Basaltfelsen einst die 1689 zerstörte Stammburg der Dauner Grafen, von der noch Teile der Ringmauer erhalten sind. Heute steht oben das zu einem Hotel ausgebaute Jagdschloß der Trierer Kurfürsten von 1712. Beim Aufstieg sieht man die ehemaligen Burgmannenhäuser.
Südöstlich von Daun führt die Eifel-Autobahn A 1/48 an den Maaren vorbei. Man erreicht die Stadt über die Abfahrt Daun-Mehren auf der B 421. Bei der Einfahrt sieht man schon die Hinweisschilder zu den Maaren, die südlich von Daun liegen.
Zu den Dauner Maaren im engeren Sinn gehören das Gemündener Maar, das Weinfelder oder Totenmaar und das Schalkenmehrener Maar. Alle drei Maare liegen, obwohl unmittelbar benachbart, in unterschiedlicher Höhe über dem Meeresspiegel; ferner sind ihre Trichter verschieden tief, und der Trichterkessel steigt unterschiedlich hoch über die Wasseroberfläche auf.
Die Dauner Maare sind eine touristische Attraktion ersten Ranges, und das aus mehreren Gründen: Zunächst vermitteln sie ein einmaliges Landschaftserlebnis, ferner einen Einblick in das Walten der Kräfte im Innern der Erde. Darüber hinaus findet der Naturliebhaber an und in ihnen eine eigen-

Im über 200 ha großen Hirsch- und Saupark Daun kann man auf der 10 km langen Autowanderstraße vom Auto aus große Rudel Schwarz- und Rotwild beobachten.

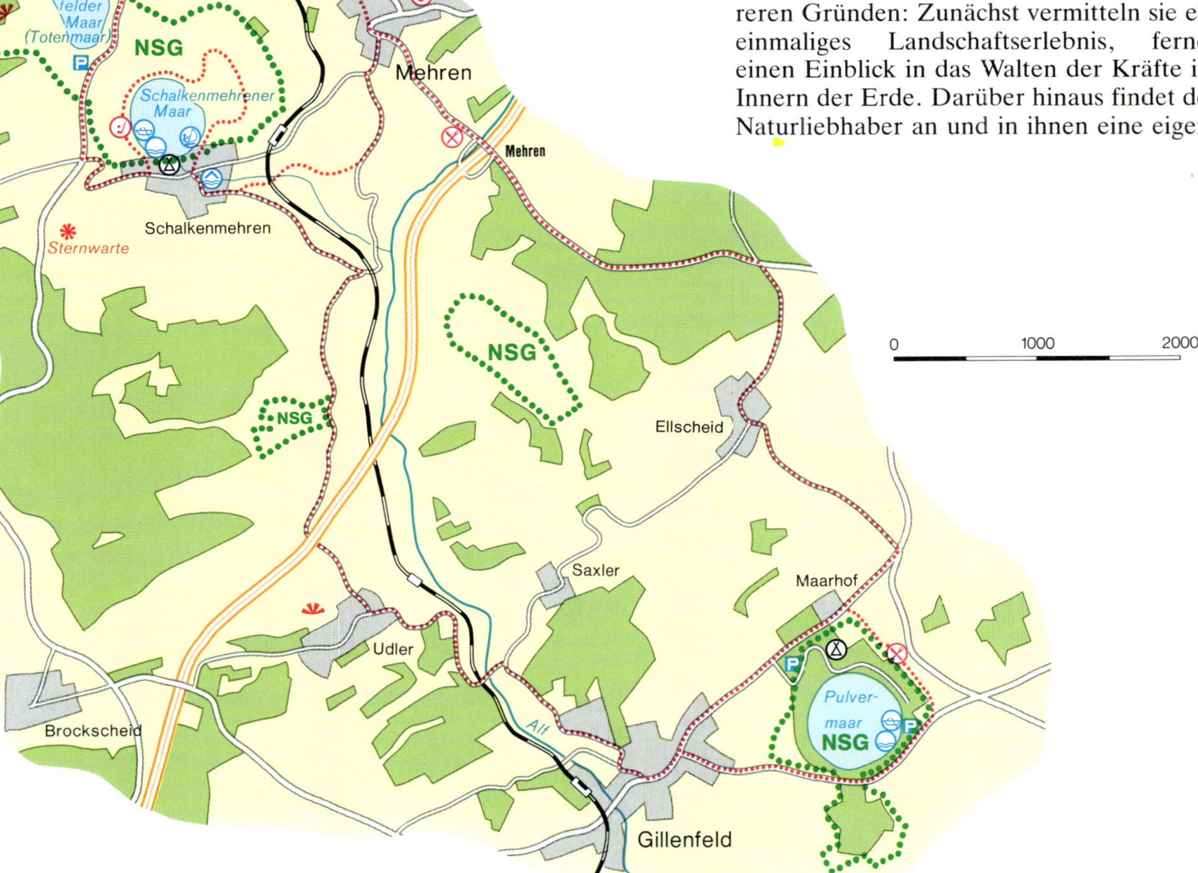

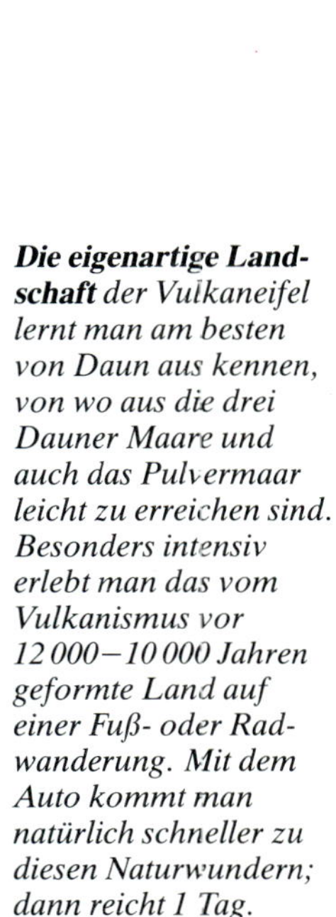

***Die eigenartige Landschaft** der Vulkaneifel lernt man am besten von Daun aus kennen, von wo aus die drei Dauner Maare und auch das Pulvermaar leicht zu erreichen sind. Besonders intensiv erlebt man das vom Vulkanismus vor 12 000–10 000 Jahren geformte Land auf einer Fuß- oder Radwanderung. Mit dem Auto kommt man natürlich schneller zu diesen Naturwundern; dann reicht 1 Tag.*

Düster und melancholisch wirkt das Totenmaar. In ihm soll der Sage nach das Dorf Weinfelden untergegangen sein, nach dem es auch Weinfelder Maar heißt. Nur das kleine Kirchlein steht noch.

tümliche Tier- und Pflanzenwelt. Die Maare stehen unter Naturschutz, doch ist auch für Freunde des Wassersports gesorgt – besonders am Schalkenmehrener Maar.

Hell oder düster

Auf der Straße zum Ortsteil Gemünden erreicht man als erstes das schön gelegene ***Gemündener Maar.*** Den fast kreisrunden, klaren See umschließen steile Waldhänge. Der am oberen Rand 675 m lange und 560 m breite Trichter entstand vor etwa 10 500 Jahren durch eine gewaltige Gasexplosion, die zum Liesertal nur einen schmalen Grat alten Gesteins stehenließ. Der See hat knapp 1 km Umfang und ist 7,2 ha groß.
Am Ostufer kann man im Strandbad schwimmen und Boote leihen. Es lohnt sich, im Kessel das Maar zu umwandern und anschließend in 20 Minuten auf den 561 m hohen Mäuseberg zu steigen, um oben vom Adolf-Dronke-Turm die faszinierende Aussicht auf die Maarlandschaft zu genießen. Im Winter bringt ein Schlepplift die Skifahrer nach oben.
Vom Parkplatz folgt man den Wegzeichen zum Totenmaar. Bald tauchen das Weinfelder Kirchlein links und der Parkplatz rechts auf, von wo aus man das düstere ***Weinfelder Maar,*** wie das ***Totenmaar*** auch genannt wird, umwandert. Man kommt wieder an der Kirche des verschwundenen Dorfes Weinfelden vorbei, die jetzt Schalkenmehren als Friedhofskapelle dient. Der Explosionstrichter hat etwa die gleiche Größe wie der des Gemündener Maars, der See ist jedoch mit 16,8 ha mehr als doppelt so groß. Wegen seines Bodens aus Lavasand sieht sein Wasser schwarz aus.
Vom Parkplatz geht es nun weiter und dann – mit Ausblick auf das Schalkenmehrener Maar – links hinunter zum Dorf **Schalkenmehren,** wo die in einer Genossenschaft zusammengeschlossenen Heimweber das „Maartuch" vertreiben, ein vortreffliches grobes Gewebe.

Zwei Maare in einem

Das ***Schalkenmehrener Maar*** liegt unmittelbar beim Dorf Schalkenmehren, in einem offenen Kessel, der von Ginster, Heide und Feldern umgeben ist. Es handelt sich um ein Doppelmaar. Nur der westliche Teil ist mit Wasser gefüllt. Als nämlich der westliche Trichter vor etwas weniger als 11 000 Jahren aufgesprengt wurde, füllten die Auswurfmassen den rund 500 Jahre älteren östlichen Trichter, in dem sich im Lauf der Zeit ein Hochmoor bildete. Das westliche Schalkenmehrener Maar ist zwar mit einem Umfang von 1775 m das größte der drei Dauner Maare, aber mit nur 21 m größter Tiefe auch das flachste. Es hat – im Gegensatz zu den anderen – Zuflüsse, und zwar aus dem versumpften Ostteil, und einen regulierbaren Abfluß, so daß der Wasserspiegel stets auf gleicher Höhe gehalten werden kann.
Auch hier gibt es Strandbad und Bootsverleih (Tret- und Ruderboote). Man kann außerdem auf eigenen Booten segeln und auf eigenen Brettern surfen. Selbst ein Campingplatz steht zur Verfügung. Im Sommer ist der Andrang entsprechend groß, besonders an Wochenenden.
Südwestlich des Sees wurde 1955 auf dem Hohen List, einem flachen Schichtvulkan, das Eifel-Observatorium der Universität Bonn errichtet. In der Hauptkuppel befindet sich ein Spiegelteleskop von 106 cm Durchmesser, das 9 t wiegt. Gegenüber erhebt sich der Basaltfelsen der Altburg. Beide Berge sind etwas älter als die Maare.

Das schönste, größte, tiefste und jüngste der Maare

Nicht mehr zu den Dauner Maaren gehört das Pulvermaar, das schönste Maar in der Eifel. Um dorthin zu gelangen, fährt man von Schalkenmehren aus 3 km in Richtung Mehren, biegt dann rechts auf die B 421 ein, überquert, nachdem man Mehren hinter sich gelassen hat, dabei die Autobahn und zweigt schließlich nach weiteren 4 km rechts auf die Straße nach Gillenfeld ab, verläßt diese jedoch bald, wo links ein Sträßchen durch den Wald hinunter zum ***Pulvermaar*** führt. Der tiefe Trichter des Maares bildete sich erst vor 10 000 Jahren. Es ist damit das jüngste der Eifelmaare und, sieht man vom ***Laacher See*** (siehe Seite 164) ab, mit 2865 m Umfang auch das größte. Um das geometrisch fast vollkommene, kreisrunde Pulvermaar stehen alte bewaldete Vulkane. Die Tiefe des 36 ha großen Sees – sie beträgt meist etwa 74 m – lockt Jahr für Jahr viele Taucher an. Sein klares, ruhiges und tiefblaues Wasser lädt zum Angeln, Baden und Bootfahren ein, der lichte Buchenwald zum Wandern. Auch ein Campingplatz ist vorhanden. Die Trichterwände ragen 50–60 m über den See. Am Trichterrand ist die Tuffdecke 10 m mächtig. Der Sammler findet im Gestein seltene Mineralien. Seinen Namen verdankt das Pulvermaar dem pulverartigen Lavasand.

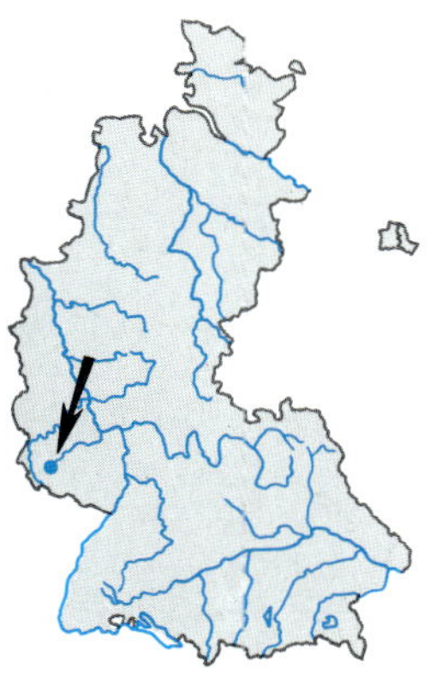

Freizeit und Kunst großgeschrieben

Im Quellgebiet von Blies und Nahe, inmitten der Wälder und Berge des Naturparks Saar–Hunsrück, liegt der größte Stausee Südwestdeutschlands – der Bostalsee, beliebtes Freizeitziel der Saarländer.

Zwischen den Ortsteilen Bosen, Eckelhausen und Gonnesweiler der Gemeinde **Nohfelden** entstand durch Aufstauung des Bosbaches im Quellgebiet der Nahe ein gewaltiger Stausee, der 120 ha große Bostalsee, und mit ihm ein ideales Freizeitzentrum.

Der See liegt an der B 269, die über die Abfahrt Nonnweiler-Primstal von der A 1 (Saarbrücken–Trier) oder über die Abfahrt Nohfelden-Türkismühle von der A 62 zu erreichen ist. Gut ausgeschilderte Parkplätze liegen unmittelbar am Ufer. Der große See lädt geradezu ein, Wassersport aller Art zu treiben. Nur Motorboote sind aus Gründen des Umweltschutzes und der Sicherheit nicht zugelassen. Sonst ist aber für alles gesorgt: Zwei Strandbäder stehen Schwimmern und Nichtschwimmern zur Verfügung, dazu ein Brandungsbad. Ein Segelhafen bietet reichlich Liegeplätze an Land und im Wasser an, Surfer finden eine Surferbasis, und wer den Sport erlernen will, kann das in einer Surfschule. Außerdem gibt es einen Tretbootverleih und ein Tauchsportzentrum. Auch Angler kommen an dem Fischgewässer auf ihre Kosten.

Im Süden des Sees ist durch eine Bojenkette ein Biotop abgetrennt. Von einem Beobachtungshügel mit Schutzhütte und Schautafeln kann man das Leben im Uferbereich und auf dem Wasser in Ruhe betrachten. Außer einer vielfältigen Vogelwelt finden sich auch Frösche, Kröten, Molche und Salamander. An Land ist das Naturschutzgebiet umzäunt. Daran führt der 7,8 km lange Rundwanderweg um den See vorbei.

Im Bostalsee, dem geradezu idealen Freizeitgewässer des Saarlands, kann man nicht nur schwimmen und angeln, sondern auch segeln und surfen.

Im Kunstzentrum „Bosener Mühle“ finden Ausstellungen und Kunstkurse statt. Am Saarland-Rundwanderweg stehen zwischen Bostal und Sankt Wendel 14 große Steinskulpturen, die Bildhauer aus vielen Ländern geschaffen haben. Diese „Skulpturenstraße“ endet auf einer Höhe bei Sankt Wendel mit weiteren 16 bearbeiteten Steinen. Als Material für die Werke dienten große Sandsteinblöcke, die sich bei Baggerarbeiten aus einem Felshang lösten.

Das Städtchen **Sankt Wendel,** wohin von Nohfelden die B 41 führt, kann mit dem „Wendelsdom“ aufwarten, einer Wallfahrtsstätte, die als die schönste gotische Hallenkirche des Saarlands gilt.

Der künstlich aufgestaute, 120 ha große Bostalsee *liegt zwar inmitten großer Wälder abseits von Großstädten, ist aber über Autobahnen und Bundesstraßen von allen Seiten leicht zu erreichen.*

Die ehemalige Reichsburg Cochem bietet sich geradezu als Hintergrund für die dort stattfindenden Märchenspiele an.

Mosel

Konz Einstige Sommerresidenz römischer Kaiser. Im Freilichtmuseum Roscheider Hof stehen Bauernhäuser, Möbel und Geräte aus der Region Mosel-Saar-Hunsrück (geöffnet Mo–Fr 8–16 Uhr, Sa und So 10–17 Uhr).
Gemeindeverwaltung, 5503 Konz, Tel. 06501/830

Trier Älteste Stadt Deutschlands mit reichen Zeugnissen ihrer 2000jährigen Geschichte.
Einen ersten Überblick verschafft man sich auf einem Rundgang von der Porta Nigra zum Hauptmarkt, von wo man über Dom und Liebfrauenkirche, Palastaula und Kurfürstlichen Palast zum Rheinischen Landesmuseum mit seinen eindrucksvollen Funden, vor allem aus römischer Zeit (geöffnet Mo–Fr 9.30–16 Uhr, Sa 9.30–14 Uhr, So 9–13 Uhr), und zu den Kaiserthermen gelangt. Etwas oberhalb am Amphitheater beginnt ein Weinlehrpfad. Vom Stadthafen Zurlauben kann man von Ostern bis Mitte November mit der Kabinenbahn zum Aussichtspunkt Weißhaus hinauffahren.
Tourist-Information An der Porta Nigra, 5500 Trier, Tel. 0651/48071

Trittenheim In einer engen Moselschleife schön gelegener Winzerort.
Die Fährtürme aus dem 18. Jh. an der neuen Brücke erinnern an alte Zeiten.
In den Weinbergen versteckt liegen die gotische Laurentiuskapelle und eines der schönsten Freibäder Deutschlands.
Verkehrsamt, 5559 Trittenheim, Tel. 06507/2227

Neumagen-Dhron Ältester Weinort Deutschlands.
Adelshöfe und schöne Bürgerhäuser bezeugen den durch den Weinhandel erworbenen Reichtum.
Abgüsse der in die römische Festungsmauer verbauten Grabreliefs (Weinschiff, Zinszahlung, Schulszene und anderes) stehen an vielen Stellen im Ort.
Vom Sportflugplatz aus kann man mit Segel- oder Motorflugzeugen die Mosellandschaft von oben betrachten. Auch Drachenfliegen über die Weinberghänge ist möglich.
Gemeindeverwaltung, Rathaus, 5559 Neumagen-Dhron, Tel. 06507/2135

Bernkastel-Kues Altertümliche und malerische Doppelstadt an beiden Ufern der Mosel, überragt von der Ruine der Burg Landshut.
Beim Weinfest (dem größten an der Mittelmosel) am 1. Wochenende im September quillt der kleine mittelalterliche Marktplatz von Bernkastel schier über.
In Kues sollte man sich am Hafen das Geburtshaus des Nikolaus von Kues und das Nikolaushospital mit seiner weltberühmten Bibliothek (Besichtigung nach Vereinbarung) ansehen; am gleichen Ort das Mosel-Weinmuseum (geöffnet täglich von Mai bis Oktober 10–17 Uhr, von November bis April 15.30–17 Uhr).
Tourist-Information, Gestade 5, 5550 Bernkastel-Kues, Tel. 06531/4023

Im Mosel-Weinmuseum zu Bernkastel-Kues sind Weinbaugeräte aller Art zu sehen; man kann dort auch Moselweine probieren.

Traben-Trarbach Wein- und Kurort auf halbem Wege zwischen Trier und Koblenz.
Der Weinhandel war schon früher bedeutend. Daran erinnern in Trarbach zahlreiche Fachwerk- und Patrizierhäuser wie das Haus Böcking aus dem 18. Jh., in dem das Mittelmoselmuseum untergebracht ist (geöffnet Di, Do 9.30–11.30, 14–16.30 Uhr, Mi, Fr drei Führungen: 8.30–10, 10.15–11.45 Uhr und 14–16.30 Uhr, Sa, So 9.30–11.30 Uhr). Man sieht dort außer den Kontor- und Wohnräumen der Böckings unter anderem auch Delfter Kacheln, die Holländer auf ihren Schiffen mitbrachten, wenn sie hier Wein luden.
Verkehrsamt, Bahnstraße 22, 5580 Traben-Trarbach, Tel. 06541/9011

Reil 1000jähriges Weindorf am Kondelwald.
Am 2. Wochenende im August findet auf dem „Heißen Stein“ ein internationales Moto-Cross-Rennen statt, gleichzeitig auch das Weinfest.
Verkehrsbüro, 5586 Reil, Tel. 06542/22440

Zell Idyllischer Ferienort am Zeller Hamm.
An die „Schwarze Katz“ erinnert alles, auch eine Brunnenskulptur. Selbstverständlich heißt das große Weinfest, das am letzten Wochenende im Juni gefeiert wird, nach ihr.
Im spätgotischen Schloß des Trierer Amtmanns kann man wohnen, heute ist es nämlich ein Hotel. An der schmalsten Stelle des Hamms thront die Marienburg, die abwechselnd Burg und Kloster war.
Verkehrsamt, 5583 Zell, Tel. 06542/4031 und 4033

Cochem Wichtigste Stadt an der Untermosel.
Über den engen Fachwerkgäßchen erhebt sich die Reichsburg, die – 1689 von den Franzosen gesprengt – 1868–1877 neugotisch aus den Ruinen erstand (Führungen täglich 9–17 Uhr).
Cochem-Mosel-Tourist, Endertplatz, 5590 Cochem, Tel. 02671/3971

Burg Eltz Niemals zerstörte malerische Wohnburg.
Diese „Burg schlechthin“, ein überaus reizvolles Gebilde aus sieben Stockwerke hohen Mauern mit Giebeln, Erkern und Türmchen, birgt reiche Schätze: Möbel, Waffen, Rüstungen, Schmuck, Tafelgeschirr, seltene Trinkgefäße und anderes (geöffnet April bis Oktober täglich 9–18 Uhr, So 10–18 Uhr).
Verkehrsverein, 5401 Moselkern, Tel. 02672/7551

Wie ein Dornröschenschloß ragt Burg Eltz – Kleinod mittelalterlichen Burgenbaus – aus den Wäldern.

Winningen Wein- und Fremdenverkehrsort inmitten von 3 Millionen Weinstöcken.
Vom letzten Wochenende im August bis zum 1. im September wird hier das Moselfest, das älteste deutsche Weinfest, gefeiert. Aus dem Weinhexbrunnen fließt dann statt Wasser Wein. In dem malerischen Ort mit Horntor und verwinkelten Gassen wurde 1868 der Autopionier August Horch geboren.
Verkehrsamt, 5406 Winningen, Tel. 02606/2214

Sauer

Bollendorf Luftkurort im Deutsch-Luxemburgischen Naturpark.
Wanderwege führen durch die Felsschluchten des Naturparks zum Ferschweiler Plateau mit Menhiren und anderen vorgeschichtlichen Denkmälern.
Sehenswert ist auch das Greifvogelschutzgehege im Park der Burg Bollendorf.
Verkehrsbüro, 5526 Bollendorf, Tel. 06526/230

Wasserorgel im Deutsch-Französischen Garten zu Saarbrükken, der als Symbol der Völkerfreundschaft angelegt wurde.

Die Edelsteinwerkstätten in Idar-Oberstein verarbeiten Rohsteine aus vielen Ländern zu Schmucksteinen.

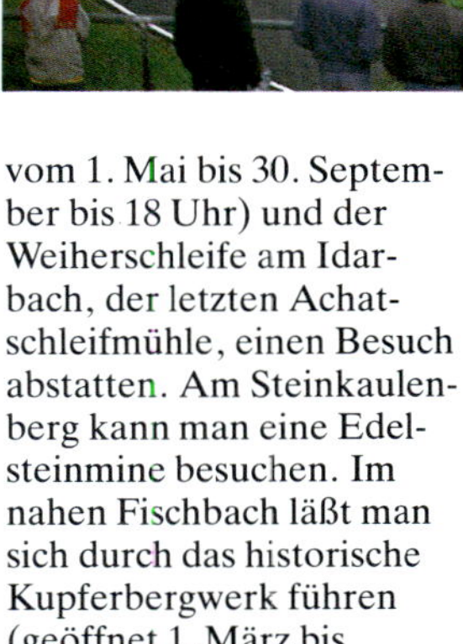

Beliebt wie eh und je: die Nordschleife des Nürburgrings. Hier der Mercedes mit Oberndorfer/Klammer beim 24-Stunden-Rennen.

Echternach Kulturmittelpunkt seit dem frühen Mittelalter.
Besonders sehenswert sind die 698 gegründete Abtei mit ihrer Basilika, das gotische Rathaus und die Reste einer römischen Villa.
Die sprichwörtliche Springprozession zu den Reliquien des hl. Willibrord findet am Pfingstdienstag 9–12 Uhr statt. Ein großes Ereignis ist ferner das Europäische Festival klassischer Musik (1. Juni bis 15. Juli).
Bureau officiel de tourisme, L-6501 Echternach, Tel. 00352/72230

Prüm

Stausee Bitburg Freizeitzentrum an der aufgestauten Prüm in der Südeifel.
Das Urlaubsangebot umfaßt Bootsverleih, Segeln, Surfen, Angeln, Hallenbad. Reit- und Wanderwege führen durch das Prümtal und zum Ringelstein.
Verkehrsbüro, 5520 Bitburg, Tel. 06561/8934 und 8935

Saar

Saarbrücken Hauptstadt des Saarlandes.
Kennzeichnend für die Grenzstadt ist der Deutsch-Französische Garten im Deutschmühlental mit Europas größter Wasserorgel.
An besonders Sehenswertem kann man die Moderne Galerie (geöffnet Di–So 10–18 Uhr) und die Ortskerne von Alt-Saarbrücken, St. Johann und St. Arnual, herausgreifen.
Wer zur Fastnachtszeit da ist, erlebt an den drei tollen Tagen den Pre-ma-bü-ba (Presse-Maler-Bühnen-Ball).
Infopavillon, Trierer Str. 2, 6600 Saarbrücken, Tel. 0681/35197

Merzig Tor zur nicht mehr so romantischen Saar.
Kunstfreunde werden die romanische Basilika von St. Peter aufsuchen, Naturfreunde das große Wolfsfreigehege im Kammerforst.
Verkehrsamt, 6640 Merzig, Tel. 06861/2877

Mettlach Industrie- und idyllischer Erholungsort.
Wanderungen zur Burgruine Montclair und vor allem zur Saarschleife bei Orscholz sind die beliebtesten der vielen möglichen Ausflüge.
Sehenswert ist das Keramikmuseum im Schloß Ziegelberg (geöffnet Di–Sa 9–12.30, 14–17.30 Uhr, So 10.30–12.30, 14–18 Uhr).
Verkehrsverein, 6642 Mettlach, Tel. 06864/830

Saarburg 1000jährige Bilderbuchstadt.
Mitten im Idyll aus Wehrtürmen, Stadttoren mit Fallgittern, Fachwerkhäusern und Mühlen stürzt ein Wasserfall 20 m herab.
Auch die Saarburger Glokkengießerei ist sehenswert (Mo–Fr 7.30–16.30 Uhr, Gruppen nach Voranmeldung, Tel. 06581/2336).
Verkehrsamt, 5510 Saarburg, Tel. 06581/81215

Blies

Blieskastel Hauptort des Bliesgaus.
Das spätbarocke Residenzstädtchen ist mit Schloßkirche, Neuem Markt, Orangerie, Kavalier- und Beamtenhäusern fast als Ganzes ein Denkmal. Außerhalb stehen die vielbesuchte Wallfahrtskirche Heiligkreuz und der 7 m hohe Menhir Gollenstein.
Verkehrsamt, 6653 Blieskastel, Tel. 06842/51070

Kyll

Gerolstein Luftkurort in der Vulkaneifel.
Organisierte Exkursionen führen zu den nahen, reichhaltigen Fossilienfundstätten. Auch sollte man die stattliche Kasselburg bei Pelm mit dem Adler- und Wolfspark aufsuchen (geöffnet täglich 9–18 Uhr, um 15 Uhr Flugvorführungen). Ein Ausflug zu den Eishöhlen bei Birresborn, die durch den Abbau von Mühlsteinen entstanden sind und stets eine Temperatur von 0 bis −5°C haben, lohnt sich.
Verkehrsamt, 5530 Gerolstein, Tel. 06591/13217 und 13218

Nahe

Idar-Oberstein Edelstein- und Schmuckstadt.
Außer der Felsenkirche in Oberstein sollte man dem Deutschen Edelsteinmuseum (geöffnet 9–17 Uhr, vom 1. Mai bis 30. September bis 18 Uhr) und der Weiherschleife am Idarbach, der letzten Achatschleifmühle, einen Besuch abstatten. Am Steinkaulenberg kann man eine Edelsteinmine besuchen. Im nahen Fischbach läßt man sich durch das historische Kupferbergwerk führen (geöffnet 1. März bis 15. November täglich 10–17 Uhr, sonst nur Sa und So).
Verkehrsamt, Bahnhofstraße 13, 6580 Idar-Oberstein, Tel. 06781/27025

Bad Münster-Ebernburg Thermalsole-Radon-Heilbad.
Die alten Gradierwerke um den Kurpark machen ihn zu einem Freiluftinhalatorium. Im Bäder- und Brunnenhaus strömen gefaßte heiße Quellen aus der Erde.
Von Ebernburg erreicht man Feilbingert mit seinem Quecksilberbergwerk, das täglich zu besichtigen ist.
Kurverwaltung, 6552 Bad Münster-Ebernburg, Tel. 06708/1046

Ahr

Nürburgring Eine der schönsten, aber auch schwierigsten Rennstrecken der Welt.
Der im Einzugsgebiet der Ahr landschaftlich schön gelegene Nürburgring besteht aus der 4,5 km langen neuen Grand-Prix-Strecke und der alten Nordschleife (20,3 km). Er hat ein Gefälle bis zu 6,5% und Steigungen bis zu 8,8%, dabei zahlreiche Kurven. Wenn keine Veranstaltungen stattfinden, kann ihn jeder gegen Gebühr befahren (Auskunft: Tel. 02691/302–174).
Nürburgring GmbH, 5489 Nürburg, Tel. 02691/3020

Bad Neuenahr-Ahrweiler Als Bade- und Rotweinstadt bekannte Doppelgemeinde. Der gepflegte Kurort Bad Neuenahr hat mit drei 36–40°C warmen Thermalquellen aufzuwarten, von denen der „Große Sprudel“ 20 m hoch emporspringt. Unter den Veranstaltungen sind die Weinwochen in Ahrweiler hervorzuheben, die jedes Wochenende im Oktober stattfinden.
Kur- und Verkehrsverein, Hauptstraße 60, 5483 Bad Neuenahr-Ahrweiler, Tel. 02641/2278

Dauner Maare

Daun Altes Städtchen in der Vulkaneifel, Kneippkurort und Mineralheilbad. Veranstaltet werden geologische Exkursionen und Pilzseminare, im Herbst auch Pilzwanderungen. Sehr sehenswert ist der Hirsch- und Saupark, der auf 10 km langer Strecke durchfahren werden kann.
Kur- und Verkehrsamt, 5568 Daun, Tel. 06592/71477 und 71478

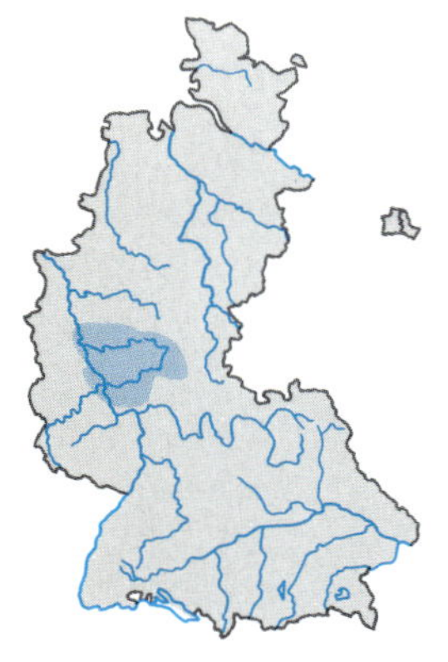

Drei Flüsse rund um den Westerwald

Die Lahn gilt als einer der schönsten Flüsse Deutschlands – aber auch die Wied und die Sieg stehen ihr an Reizen kaum nach. Waldige Höhen und schroffe Felsen, unzählige Flußschlingen und schöne, alte Orte tragen zur besonderen Anziehungskraft des Westerwald-Trios bei.

Unter Dach und Fach gebracht ist die Quelle der ***Lahn*** im Keller des Forsthauses Lahnhof, das man von Siegen aus auf der B 54 nach Wilnsdorf und von dort auf Nebenstraßen über Werthenbach erreicht. Sie hat aber auch noch weniger spektakuläre Quellarme: Rinnsale, die aus den umliegenden Wiesen hervorquellen. Das Bächlein, das sie alle miteinander bilden, schlängelt sich die ersten 23 km durch das reizvolle Wittgensteiner Bergland, vorbei an alten Fachwerkdörfern, vom Nordrhein-Westfälischen ins Hessische. Lahnreisende können den 245 km langen Fluß auf der Lahntal-Ferienstraße begleiten.
Beim malerischen Kneippheilbad **Bad Laasphe** hat man vom 394 m hohen Berg Türmchen einen weiten Blick auf das erste, sich stark verbreiternde Lahnbecken. Doch die B 62 Richtung Marburg taucht gleich wieder in eine zauberhafte Berglandschaft ein. Rustikal behäbige Orte wie **Biedenkopf** und beschauliche Bauerndörfer mit alten Höfen wie **Lahntal-Goßfelden** lassen die heutige Zeit beinahe vergessen.
▷ ***Ohm*** Kurz vor Marburg wechselt der Reisende auf die B 252. Wo diese auf die B 3a trifft, mündet bei Cölbe von links die Ohm. Vom Naturpark Hoher Vogelsberg fließt sie durch das Amöneburger Becken

Links: Weiß und rot leuchtet das Wahrzeichen von Limburg – der Dom – über die Lahn.

***Sowohl Lahn als auch Wied und Sieg** stoßen zwischen Mainz und Köln von rechts zum Rhein. Typisch für den 245 km langen Weg der Lahn vom Rothaargebirge am Südrand des Westerwalds entlang ist der Wechsel von engen, steilen Talstrecken und weiten Beckenlandschaften. Die 140 km lange Wied kommt mitten aus dem Westerwald und besticht durch ihr tief eingeschnittenes, waldiges Tal. Die 131 km lange, lebhaft mäandrierende Sieg rahmt den Westerwald im Norden ein. Für die Reise entlang der drei sehenswerten Flüsse sollte man mindestens 4 Tage einplanen.*

zur Lahn. Empfehlenswert ist der grandiose Fernblick auf das Ohmtal und das gesamte Umland von der Bergstadt **Amöneburg** aus, die sich auf einem Vulkankegel hoch aus dem Becken erhebt. ◁

Die B 3a führt ins nur 8 km entfernte **Marburg,** wo die Lahn bereits zu einem beeindruckenden Fluß geworden ist. Eingebettet zwischen Marburger Rücken und Lahnberge, zieht sich die verwinkelte Universitätsstadt bis zum Landgrafenschloß den Hang hinauf. Wenige Kilometer hinter der Stadtgrenze beginnt eine Strecke unverfälschter Natur am Flußlauf. Die idyllische Lahntal-Ferienstraße, nun die B 3, begleitet den Fluß genauso wie der Schienenstrang der mehr als 100 Jahre alten Lahntalbahn in unmittelbarer Nähe nach **Gießen.** Diese zweite große Universitätsstadt an der Lahn hat nach weitgehender Zerstörung im Zweiten Weltkrieg ein modernes Gesicht erhalten. Den Krieg überdauert hat aber der heute prächtig eingewachsene Botanische Garten der Universität.

Die Lahn hat zwei Gesichter: Neben windungsreichen, engen Talabschnitten durcheilt der Fluß auf seinem langen Weg nach Lahnstein auch flachere Landschaften mit sanften, wiesengesäumten Ufern.

Zwischen Gießen und Wetzlar durchfließt die Lahn ein weiteres Becken. Bei **Heuchelheim** rechts der B 49 ist sie von einer Anzahl blauer Perlen geschmückt: Baggerseen, auf denen gesurft, gesegelt, geangelt und gerudert werden kann. In der schönen alten Domstadt **Wetzlar** mit ihrer bald 700jährigen mittelalterlichen Lahnbrücke beginnt dann erst recht das Paradies für Lahn-Freizeitsportler. Ab hier ist die Lahn einer der schönsten Kanuwanderflüsse. Da es Berufsschiffahrt nicht mehr gibt und der Motorbootverkehr Geschwindigkeitsbegrenzungen unterliegt, wird eine solche Paddelreise durch das schöne Flußtal zum unvergeßlichen Erlebnis. Außerdem beginnen in Wetzlar die Lahn-Höhenwege, die 116 und 135 km auf beiden Uferseiten nach Lahnstein verlaufen.

▻ ***Dill*** Der größte Nebenfluß der Lahn zeigt seine schönste Seite im Mündungsgebiet bei Wetzlar. Bis in die Greifensteiner Gegend ist das Dilltal ein ideales Revier für Spaziergänger. Am Oberlauf lockt **Dillenburg** in waldreicher Umgebung. ◅

Für den weiteren Verlauf der Lahn ist das enge, windungsreiche Tal typisch, dem die Lahntal-Ferienstraße weiter folgt. Steile Felsen, deren helle Farbe vom sogenannten Lahnkalk herrührt, grenzen es zum Teil so ein, daß selbst die schmalsten Sträßchen auf die Hochfläche ausweichen müssen – z. B. zwischen dem Barockjuwel **Weilburg** und der Burgstadt **Runkel** und später zwischen Diez mit seinem mächtigen Schloß und Laurenburg. Dazwischen findet sich aber wieder eines jener Becken, die das Lahntal so abwechslungsreich machen. Hier liegt **Limburg,** spektakulärste der an Burgen, Domen und malerischen Häuserzeilen reichen Lahnstädte. Beherrschend liegt der romanische Dom mit seinen sieben Türmen über dem Fluß; die Altstadt ist bemerkenswert geschlossen und reich an rot-weißem Fachwerk. Sehr sehenswert ist der Fischmarkt mit dem alten Rathaus. Von Limburg aus verkehren in der Zeit zwischen Mai und Oktober auch täglich Fahrgastschiffe nach **Balduinstein,** dessen neugotische Schaumburg herausragender Aussichtspunkt der Gegend ist. Die Schiffe passieren dabei **Fachingen,** Abfüllort des berühmten Quellwassers. Übrigens stammt auch das klassische Selters von Mineralquellen im Uferbereich der Lahn – bei Selters nahe Weilburg.

Ab Laurenburg folgt die B 417/260 wieder dem Flußlauf bis **Bad Ems,** einem traditionsreichen Kurort mit schöner Lahnpromenade. 150–200 m tief hat sich die Lahn in die grünen Hügel eingeschnitten. (Zum Vergleich: 40–50 m sind es bei Wetzlar.) Dreiflüssefahrten führen von hier über den

Oben: An der kräftigen braunen Färbung des Kopfes erkennt man die Krickentenmännchen. Diese und andere Entenarten tummeln sich im Dreifelder Weiher, der zum Quellgebiet der Wied – der Westerwälder Seenplatte – gehört.

Unten: Von der Weißenfelser Ley unweit Neustadt tut sich dieser reizvolle Blick auf die Wied und die steilen Hänge des Westerwalds auf.

nicht mehr fernen Rhein bis auf die Mosel. Der Autofahrer erreicht die Mündungsstadt **Lahnstein** unter der imposanten Burg Lahneck auf der B 260. Schöner Abschluß der Lahnreise ist eine Einkehr im berühmten „Wirtshaus an der Lahn", in dem 1774 schon Goethe speiste.

Die waldige Wied

Schon im 17. Jh. wurden die sieben großflächigen Teiche im sumpfigen Gebiet um **Dreifelden** für die Fischzucht angelegt. Heute haben nicht nur Petrijünger ihre Freude am Quellgebiet der ***Wied,*** der ***Westerwälder Seenplatte,*** sondern auch Wassersportler und Naturliebhaber. Den letzteren sei die 6 km lange Wanderung um den ***Dreifelder Weiher*** empfohlen: Im breiten Schilfgürtel, in den Schlickbänken und feuchten Wiesen des Südteils rasten und brüten viele Wasservögel, wachsen seltene Wasserpflanzen. An der Südspitze befindet sich ein Vogelbeobachtungsstand.

Die Wied verläßt den Dreifelder Weiher im Norden, ein winziges Flüßchen in enger, waldgesäumter Talrinne. Der Autofahrer fährt von Limburg in Richtung Altenkirchen auf der B 8, die ihn auch an die Seenplatte heranführte, denn nicht einmal Nebenstraßen folgen der Wied auf dem ersten Abschnitt. Erst ab **Altenkirchen,** das als Ausgangspunkt für schöne Wanderungen in der waldigen Mittelgebirgslandschaft des Wiedtals dienen kann, bleibt die Straße dicht an der Wied – zuerst die B 256, dann eine schmale Landstraße, die sich nur von Seelbach bis Döttesfeld von der Wied entfernt. Ab Döttesfeld heißt sie Wiedtalstraße, macht jede der vielen Flußschlingen mit und erschließt so dem Autofahrer das tief eingeschnittene Tal auf reizvollste Weise. Durch die sogenannte Lahrer Herrlichkeit, die gemütlichen Ferienörtchen **Oberlahr, Burglahr** und **Peterslahr,** gelangt man nach **Neustadt,** in dessen Nähe sich die A 3 mit einer mächtigen Autobahnbrücke über das Wiedtal schwingt. Kaum ein Fremdenverkehrsort an der Wied liegt so wunderschön zwischen Bergen, Wäldern und Wiesen wie Neustadt. Zahlreiche Spazier- und Wanderwege führen zu sehenswerten Burgruinen und schönen Aussichtspunkten mit weitem Blick bis ins Rheintal. Herausragender Aussichtspunkt ist die Weißenfelser Ley auf dem Bertenauer Kopf beim Neustädter Ortsteil Bertenau. Von hier sieht man, wie die Wied ihr windungsreiches Tal tief in die Hochfläche des Rheinischen Schiefergebirges eingegraben hat. Solche Flußschlingen, die eher für Flachlandflüsse typisch sind, kommen bei Gebirgsflüssen wie Wied oder Mosel selten vor und schaffen ein um so reizvolleres Panorama. Von Neustadt bis zum Neuwieder Ortsteil Altwied ist der Fluß bei höherem Wasserstand ein Paradies für Wassersportler, vor allem Kanuten. Die rund 35 km lange Strecke führt an steilen Fels- und Waldhängen vorbei. Auch für Autofahrer präsentiert sich dieser Abschnitt über Breitscheid, Waldbreitbach und Niederbreitbach besonders romantisch.

Mit der Ruine Altwied jedoch, die efeuumrankt von der Höhe grüßt, nimmt der Fluß von der Romantik Abschied. Die wenigen Kilometer bis zur Mündung in den Rhein bei **Neuwied** fließt die Wied durch flaches, weites Gebiet, das zum mittelrheinischen Wirtschaftsraum gehört.

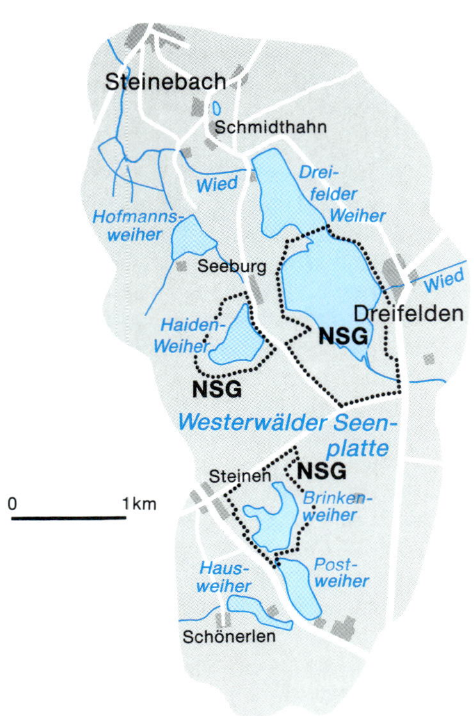

Die Westerwälder Seenplatte mit ihren naturbelassenen Teichen ist ein herausragendes Erholungsgebiet. Im Norden des Dreifelder Weihers und am Postweiher darf gebadet, gesurft und gesegelt werden.

Über einer Siegschleife zieht sich Stadt Blankenberg mit seinem typischen, schmucken Siegerländer Fachwerk den Hang hinauf; hier der Blick durch das Katharinentor.

Mit der Sieg durchs Siegerland

Im Quellgebiet von Lahn und Eder, am Ederkopf im Rothaargebirge, entspringt auch die ***Sieg.*** Man erreicht den Quellort

Gewitterstimmung in der Nähe von Troisdorf: Über der Sieg, an deren Unterlauf sich baumgesäumte Abschnitte mit Industrieanlagen abwechseln, spannt sich ein Regenbogen.

Großenbach, einen hübschen Flecken in der Wittgensteiner Bergwelt, über die B 508 von Hilchenbach und ab Hilchenbach-Lützel über die alte Eisenstraße. Dieser Name verrät schon, welcher Schatz aus der Erde für diese Gegend wichtig ist: das Eisenerz. Noch heute rauchen im Siegtal an vielen Stellen die Schlote der Eisenhütten.

Schmale Sträßchen begleiten die junge Sieg auf landschaftlich reizvoller Strecke nach **Netphen,** einem 750jährigen Ort, der heute von Eisenindustrie geprägt ist. Vom Stadtrand ist es nicht weit zum ***Obernau-Stausee,*** einem stillen, unberührten Trinkwasserspeicher, um den ein 11 km langer Wanderweg herumführt.

Diese Stille läßt die B 62 auf ihrem Weg ins rege Kreisstadtleben von **Siegen** bald zurück. Die Stadt, auf der vollen Länge von der Sieg durchflossen, ist kulturelles wie industrielles Zentrum der Gegend. Seit dem Mittelalter wurde hier Erzbergbau betrieben; heute allerdings wird importiertes Erz verarbeitet. Am Ortsausgang fährt der Reisende unter der Eisenfelder Brücke hindurch, die sich mit 110 m Höhe und 1050 m Länge als eine der größten Autobahnbrükken Deutschlands über die Sieg spannt.

Die B 62 folgt den Flußschlingen bis Wissen. Vorbei an gewerbereichen Gemeinden und malerischen Ferienorten windet sich die Sieg durch ein tiefes, waldreiches Tal, dem Wanderwege in Flußnähe und auf den Höhen folgen. Die Hüttenindustrie verschlang im Lauf der Jahrhunderte viel vom Siegerländer Waldbestand. Daß die Wälder heute wieder unberührt wirken, verdanken sie systematischen Aufforstungen. Von den alten Kohlenmeilern, deren Holzkohle dazu benutzt wurde, das Erz zu schmelzen, sieht man heute nichts mehr.

▷ ***Nister*** Kurz hinter Wissen mündet dieses windungsreiche Flüßchen in die Sieg. In seinem Unterlauf durcheilt es in einem steilen, wilden Tal die Kroppacher Schweiz, ein Paradies für Wanderer und Ausflügler. ◁

Ab Wissen wird die Sieg für Kanuten interessant: Sie gilt als nicht sehr schwieriger und landschaftlich schöner Wanderfluß. Autofahrer folgen der Sieg-Bröl-Route, die weitgehend dicht am Fluß bleibt.

Zwischen den Windecker Ortsteilen **Rosbach** und **Herchen** wartet die Sieg mit einem Kuriosum auf: Der heutige Flußlauf hat eine Reihe älterer Flußschleifen abgeschnitten, die inzwischen längst ausgetrocknet sind, aber immer noch von den charakteristischen Talhängen flankiert werden. Erst im letzten Jahrhundert wurde beim Bau der Eisenbahn der Fluß verlegt und damit wieder eine Schleife abgeschnitten; der Auwald des toten Flußarms ist für Naturfreunde interessant. Spektakulär ist der Wasserfall bei **Windeck-Stein:** Das Siegwasser stürzt hier 3 m tief zu Tal. Von der Burgruine Windeck genießt der Besucher den prächtigsten Blick auf die Sieg.

Die Sieg-Bröl-Route endet bei **Stadt Blankenberg,** einem hübschen Örtchen hoch am Berg mit den typischen schwarzweißen Siegerländer Fachwerkhäusern. Danach beginnt der Unterlauf der Sieg: **Hennef, Siegburg** und **Troisdorf** liegen schon im verkehrs- und industriereichen Rheintal.

▷ ***Agger*** Bei Troisdorf mündet die Agger, deren 80 km langes Tal viele kleine Industriestädte aufweist. Sie entspringt im Bergischen Land, wo sie in einer großen, vielarmigen Talsperre gestaut wird, einem der Wassersportzentren der Gegend. Dagegen dient die benachbarte ***Genkeltalsperre*** ausschließlich als Trinkwasserspeicher und ist deshalb für den Freizeitbetrieb gesperrt. ◁

Die Siegmündung gegenüber von Bonn ist eine der letzten einigermaßen naturbelassenen Nebenflußmündungen des Rheins. In ihren Gräben und Altarmen haben sich rund 240 Vogelarten sowie an den Überschwemmungsbereich angepaßte Pflanzengesellschaften angesiedelt.

Lahn

Biedenkopf Luftkurort an der oberen Lahn.
Der schöne mittelalterliche Ortskern lohnt einen Spaziergang. Im 600 Jahre alten Schloß befindet sich das Hinterlandmuseum, das neben Dioramen zur heimischen Vogelwelt und einer Sammlung zum geologischen Aufbau des Gebiets vor allem Deutschlands bestausgestattete Original-Trachtensammlung beherbergt (geöffnet 11. März bis 15. April und 10. Oktober bis 15. November Mo–Sa 14–18 und So 10–18 Uhr; 16. April–9. Oktober täglich 8–18 Uhr).
Verkehrsamt, 3560 Biedenkopf, Tel. 06461/3026

Nassau Luftkur- und Ferienort in einem Talkessel der Lahn.
Am Nassauer Rathaus startet eine reizvolle Lahnwanderung zur 4 km entfernten Schleuse Hollerich. Über eine eiserne Hängebrücke in Nassau kommt man ans linke Lahnufer. Obwohl es keine Berufsschiffahrt mehr gibt, sind die Schleusen noch in Betrieb: Vom Schleusensteg aus kann man vielen Paddlern und Motorbootfahrern zusehen. 180 m Höhenunterschied muß man dann beim Aufstieg auf die Hohelei rechts der Lahn überwinden, um den prachtvollen Ausblick genießen zu können: auf Nassau, auf die Wasserburg Langenau, die einzige an der Lahn, und auf Kloster Arnstein.
Verkehrsamt, Rathaus, 5408 Nassau, Tel. 02604/70230

Der Dahlienkorso von Bad Ems ist einer der größten Blumenkorsos von Europa.

Bad Ems Traditionsreiches Thermal- und Mineralbad am Unterlauf der Lahn.
Jährlich am letzten Augustsonntag findet in Bad Ems der Bartholomäusmarkt statt, dessen Höhepunkt der prächtige Dahlienkorso ist.
Die interessanteste der 16 Emser Heilquellen ist die Springquelle „Robert Kampe". Das sehr heiße Wasser schießt 7 m hoch aus der Erde; es ist so aggressiv, daß die Stahlrohre für die Fassung mit Hartgummi überzogen werden mußten. Täglich von 7–21 Uhr kann man sich die Quelle ansehen; eine Tafel gibt Erklärungen.
Derzeit noch außer Betrieb, aber als technisches Denkmal sehenswert ist die Malbergbahn, mit 54% Steigung die steilste Zahnradbahn der Welt. Die Bahn wird mit Wasserkraft betrieben.
Kurverwaltung, Römerstraße 1, 5427 Bad Ems, Tel. 02603/73213

Lahnstein Aus Nieder- und Oberlahnstein zusammengeschlossene Stadt an der Lahnmündung.
Auf der Niederlahnsteiner Seite thront auf einem ehemaligen Umlaufberg Kloster Allerheiligenberg. Vom dortigen Wanderparkplatz führt eine 8 km lange, sehr romantische Wanderung durch die wilde Ruppertsklamm mit ihren Felspartien und Wasserfällen (Weg B 3) und dann zum Mehrsberg (Weg B 2). Von dort hat man einen herrlichen Blick auf die Lahn. An die Klamm sollte sich allerdings nur wagen, wer festes Schuhwerk hat und steile Passagen nicht scheut.
Verkehrsamt, 5420 Lahnstein, Tel. 02621/1750

Dill

Dillenburg Historische Oranierstadt am Fuß des Oberwesterwalds.
In Dillenburg hat die Hessische Landesreit- und -fahrschule ihren Sitz. Das riesige Gestüt kann nach Voranmeldung besichtigt werden (Tel. 02771/21004). Von ihrer attraktivsten Seite zeigen sich die Pferde bei der jährlichen Hengstparade. Jeweils im September und Oktober finden Veranstaltungen statt, bei denen Reiter und Pferde ihr Können zeigen.
Stadtverwaltung, 6340 Dillenburg, Tel. 02771/960

Wied

Waldbreitbach Luftkurort im mittleren Wiedtal.
Zwischen Wasser, Wald und Bergen liegt die alte Waldbreitbacher Ölmühle mit ihrem großen Wasserrad. Ihr Inneres ist als Museum eingerichtet, das über den Mühlenbetrieb informiert (geöffnet April bis Ende Oktober täglich 10–19 Uhr).
Jedes Jahr Mitte August steht die Wied „in Flammen": Anläßlich der „Sommernacht der 1000 Lichter" findet ein Großfeuerwerk statt.
Touristikverband Wiedtal, Postfach 1250, 5454 Waldbreitbach, Tel. 02638/4017

Die Hessische Landesreit- und -fahrschule veranstaltet jährlich in Dillenburg eine große Hengstparade.

Neuwied Sehenswerte Stadt an der Wiedmündung.
Um das Neuwieder Land vor den verheerenden Rheinüberschwemmungen zu schützen, wurde 1928–1932 ein 7,5 km langer Deich errichtet. Tore, die bei Hochwasser geschlossen werden, ermöglichen Durchgänge. Das Pumpwerk, das bei Überschwemmung das Wasser aus dem Hinterland in den Rhein abpumpt, kann man nach Voranmeldung besichtigen (Tel. 02631/851, mit Führung).
Verkehrsamt, Kirchstraße 50, 5450 Neuwied 1, Tel. 02631/8021

Sieg

Netphen Aus vielen Ortsteilen zusammengesetzte Stadt unweit der Siegquelle.
Im Ortsteil Walpersdorf beginnt der Dreiquellenweg: Auf einer 16 km langen Wanderung über die waldigen Höhen der Wittgensteiner Berge – zuerst durch ein umgekehrtes T, dann durch ein Andreaskreuz markiert – kann man die Eder-, die Sieg- und die Lahnquelle besichtigen. Kurz hinter Walpersdorf trifft man auf einen der letzten Siegerländer Kohlenmeiler.
Stadtverwaltung, Amtsstraße 6, 5902 Netphen, Tel. 02738/6030

Die restaurierte Ölmühle von Waldbreitbach beherbergt ein Museum, das einen Besuch lohnt.

Siegen Industriestadt am Oberlauf der Sieg.
Im Oberen Schloß ist das Siegerlandmuseum untergebracht, dessen Schwerpunkt auf der Siegerländer Geschichte liegt, vor allem bei Industrie, Handwerk und Volkskunde. Eisenschmelzöfen, ein Schaubergwerk und Geräte veranschaulichen den Erzbergbau und den Eisenguß, die für das Siegtal seit Jahrhunderten typisch sind (geöffnet Di–So 10–12.30 und 14–17 Uhr).
Amt für Wirtschafts- und Verkehrsförderung, Lindenplatz 7, 5900 Siegen, Tel. 0271/8031

Nister

Hachenburg Luftkurort im Westerwald.
Als besonders sehenswert in diesem Bilderbuchstädtchen mit dem malerischen Marktplatz gilt das Landschaftsmuseum Westerwald (geöffnet außer Mo täglich 10–12 und 14–17 Uhr).
Ein Abstecher zum Kloster Marienstatt, das in einer Nisterschleife liegt, lohnt sich nicht nur der barocken Klosterbauten wegen, sondern auch wegen der alten Steinbrücke, die hier die Nister überspannt.
Verkehrsverein, 5238 Hachenburg, Tel. 02662/6383

Besser als ihr rußiger Ruf

Das Gebiet zwischen Rhein, Ruhr und Lippe gehört zu den klassischen Ballungszonen unserer Erde. Die Flüsse decken den Wasserbedarf der Industrie, sind aber für die Menschen auch zu Erholungsoasen geworden, die Besseres zu bieten haben, als es der Ruf des Ruhrgebiets vermuten läßt.

Schon die Quelle der Ruhr ist eine Reise wert. Von der B 480 Winterberg-Olsberg biegt man 2 km hinter Winterberg nach einem Schild mit der Aufschrift „Ruhrquelle" rechts zu einem Waldparkplatz ab. Von dort sind es nur wenige Meter bis zu dem Punkt, wo die Ruhr, kniehoch in Bruchstein gefaßt, in einem handbreiten Strahl entspringt. Für Wanderlustige: Hier beginnt der 216 km lange Ruhr-Höhenweg, der die Ruhr ihren ganzen abwechslungsreichen Lauf entlang begleitet.

Dem Verlauf der jungen Ruhr folgt die B 480 bis Olsberg. Die Straßen sind eng an die grünen Hügel und die zerklüftete Urgesteinslandschaft des Hochsauerlands angeschmiegt, weite Talblicke wechseln mit kurzen Strecken, auf denen das Sonnenlicht durch dichten Hochwald gedämpft wird. Als schönste der typischen Sauerländer Ortschaften gilt **Assinghausen,** 6 km vor Olsberg. Hier stürzt sich die in ein schmales Bett gezwängte Ruhr zwischen schwarzweißen Fachwerkhäusern schäumend zu Tal.

Im Kneipp-Kurort und Erholungszentrum Olsberg nehmen Ruhrreisende die Landstraße nach Bestwig und dann die B 7, die fast bis Wickede dicht am Fluß bleibt. Knapp 20 km hinter Olsberg folgt **Meschede,** umrahmt von den Naturparks Arnsberger Wald und Homert. Bevorzugtes Ausflugsziel ist der ***Henne-Stausee,*** eine Talsperre am Rand des südlichen Stadtgebiets an der B 55. Fußgänger erkunden die reizvolle Landschaft auf einem 9 km langen Rundweg; wer baden will, findet eine Bucht mit Umkleidekabinen am Nordufer.

Hinter Meschede hat die Ruhr mehr Platz, das Tal wird breiter, so daß der Fluß Schlingen bilden kann. In **Arnsberg,** dem nächsten größeren Ort, dreht die Ruhr eine fast geschlossene Ehrenrunde um die Altstadt und den Burgberg. Hier wurde die natürliche Flußkrümmung ausgenutzt, um das gräflich Werlsche Domizil zu sichern. Im Arnsberger Tal bekommt man schon einen Vorgeschmack auf die industrielle Ausbeutung dieses Wasserreservoirs. Zahlreiche Fabriken haben sich an den Flußschlingen und an der Einmündung von Nebenflüssen niedergelassen.

Das Werk von über 100 Kläranlagen

Auf der Höhe von Neheim-Hüsten, wo die ***Möhne*** (siehe Seite 236/237) einmündet, nehmen die Ruhr und die B 7 Abschied vom Sauerland. Für den Fluß beginnt nun eine in

Auf weiten Strecken präsentiert sich die Ruhr ausgesprochen idyllisch. Zwischen Mülheim und Kettwig sowie auf einigen der Ruhrstauseen kann man sie vom Passagierschiff aus kennenlernen.

ökologischer Hinsicht spannungsgeladene Reise durch das Gebiet, dem er seinen Namen leiht: durch das Ruhrgebiet. Autowanderer haben kaum noch Chancen, dem Lauf des Flusses direkt zu folgen. Hier zu Beginn des Ruhrgebietes zieht die Ruhr in vielen Windungen durch ein weites Tal, das mittlere Ruhrtal. Hier beginnt auch die industrielle Nutzung der Ruhr. Im Ruhrgebiet wird siebenmal soviel Wasser verbraucht wie im Bundesdurchschnitt – eigentlich müßte die Ruhr durchgehend leer sein. Daß der Wasserhaushalt stimmt, dafür sorgen zahlreiche Kläranlagen, die gebrauchtes Wasser wiederaufbereiten, fünf Ruhrstauseen mit Gewässerbelüftung und ein gutes Dutzend Talsperren im Hinterland an Ruhrnebenflüssen. Zwischen **Wickede** und **Fröndenberg** findet man den ersten dieser Stauseen und zahlreiche Sickerbecken, die ihren Teil zur Wassergewinnung aus Uferfiltrat beitragen: Anzeichen, daß diese ehemaligen Brückenorte zu Industrieorten aufgeblüht sind.

Nebenstraßen bringen den Ruhrreisenden über Fröndenberg, Schwerte und Westhofen zum ***Hengsteysee,*** einem weiteren Ruhrstausee, der eigentlich eher einem breiten Fluß ähnelt als einem See. Ihn krönt die Ruine Hohensyburg, zu der sich der steile, kurze Aufstieg unbedingt lohnt: Von ihr hat man den weitesten Blick ins schon stark industrialisierte Umland bei Hagen wie auch auf das Erholungsgebiet am See.

Der Einzugsbereich der 239 km langen Ruhr, *4500 km^2, hat im wesentlichen zwei Gesichter: Der Oberlauf schlängelt sich durch das waldige Hochsauerland; an den Nebenflüssen wie Möhne, Sorpe oder Bigge lockt eine ganze Reihe von Talsperren, das Frischwasserreservoir des Ruhrgebiets. Im Unterlauf dient die Ruhr vorwiegend der Industrie. Die 255 km lange Lippe und das sie begleitende Kanalsystem begrenzen das Ruhrgebiet im Norden. Wer Ruhr, Lenne und Lippe kennenlernen will, sollte sich mindestens 3 Tage Zeit nehmen.*

Das andere, bekanntere Gesicht des Ruhrgebiets: rauchende Schlote am Rhein-Herne-Kanal bei Castrop-Rauxel. Kohlezechen, Stahlhütten, Kraftwerke und Hafenbecken säumen die 1914 eröffnete Wasserstraße. Sie durchzieht die dichtbesiedelte Emscherniederung und bildet ein wichtiges Bindeglied zwischen dem größten deutschen Strom und dem Mittellandkanal. 25 Häfen immerhin reihen sich an dem mit 46 km verhältnismäßig kurzen Rhein-Herne-Kanal auf.

▷ ***Lenne*** Der Hengsteysee wird auch von der braunen Lenne gespeist, dem größten Nebenfluß der Ruhr. Für dieses durch die Eisenindustrie im Unterlauf stark verschmutzte Gewässer – typisch für diesen Industriezweig sind die Orte Hagen-Hohenlimburg, Altena oder Werdohl – hat der Hengsteysee die Rolle eines natürlichen Klärbeckens übernommen.

Kurz hinter Hohenlimburg trifft die der Lenne flußaufwärts folgende Nebenstraße auf die B 236, die den Fluß dann treulich bis ins Quellgebiet begleitet. So hat es der Autofahrer leicht, nah am Flußverlauf zu bleiben. Schon nach knapp 10 km führt die B 236 nach **Altena** hinein, wo sich vor allem die Drahtindustrie das Flußwasser zunutze macht. Die Burg Altena hoch über dem Fluß ist als älteste Jugendherberge der Welt Ausgangspunkt für viele junge Wanderer geworden.

Auf dem Weg nach Plettenberg ragen die Hänge des Ebbegebirges zur Rechten und des Lennegebirges zur Linken hoch auf. Die Schlingen und Windungen des Flusses bilden die Grenze zwischen den Naturparks Ebbegebirge und Homert. Aus dem ersteren kommt die bei Werdohl mündende ***Verse,*** die nahe der A-45-Ausfahrt Lüdenscheid-Süd im landschaftlich schönen ***Verse-Stausee*** in ihrem Tatendrang gebremst wird.

Ein echtes Kind des Sauerlands

Über Orte wie Plettenberg, Finnentrop und Lennestadt stößt der Reisende tief ins grüne Herz des Sauerlands vor. Die Lenne schlängelt sich zwischen schroffen Hängen, an denen oft Klippen hervortreten. Kleine Dörfer, Waldstücke und sanfte Wiesen wechseln sich ab. Am reizvollsten wird die Lenne in ihrem Oberlauf. Lebhaft sich schlängelnd, fließt sie am Rothaargebirge entlang nach **Schmallenberg,** einer typischen kleinen Sauerlandstadt mit schieferbeschlagenen Häusern. Ihr Altstadtkern erstreckt sich sehr attraktiv auf einem Terrassensporn, den die Lenne umrundet.

Wenige Kilometer hinter Schmallenberg biegt der Autofahrer auf die B 480, die ihn direkt zum Kahlen Asten bringt, dem Quellberg der Lenne. Hier verläuft die Wasserscheide zwischen Rhein und Weser, hier lädt die rauhe Hochheidefläche mit ihren seltenen Pflanzen im Sommer zum Wandern, im Winter zum Skifahren ein. Vor dem Aussichtspunkt am Gipfel deutet ein hölzerner Wegweiser zur etwa 600 m entfernten Lennequelle. Sie fließt als sogenannte intermittierende Quelle nur zeitweise: Es kann dem Besucher also durchaus

Oben: Der Kahle Asten, Quellberg der Lenne und beliebtes Ausflugsziel, ist mit 841 m der höchste Berg des Hochsauerlands. Auf seiner flachen Kuppe stehen ein Aussichtsturm und eine meteorologische Station.

Unten: Im Naturpark Hohe Mark an der Lippe liegt der Merfelder Bruch. Hier gibt es noch Wildpferde, zu erkennen an dem dunklen Strich auf dem Rücken. Einmal im Jahr werden die einjährigen Hengste herausgefangen und verkauft.

geschehen, daß er keinen Tropfen Lennewasser entspringen sieht! ◁

Vom Hengsteysee an fließt die Ruhr durch weitgehend verstädtertes Gebiet, und das Straßennetz wird so dicht, daß der Autofahrer immer wieder Gelegenheit hat – allerdings oft auf schmalen Nebenstraßen –, an den Fluß selbst vorzudringen. Dieser Streckenabschnitt am Unterlauf ist oft wenig einladend: Industriefronten, Gewerbegebiete und Wohnviertel reihen sich an den Ufern aneinander. Doch die großen Städte wie Hagen, Witten, Hattingen, Essen oder Duisburg bemühen sich sehr, gerade die Uferpartien der Ruhr attraktiv zu gestalten. Hier suchen schließlich unzählige Ruhrgebietler Erholung; und man findet auch in diesem Gebiet Ausflugsziele im Grünen: weitere Stauseen wie den ***Harkortsee*** bei Wetter, den ***Kemnader See*** vor Hattingen (beide an der B 226) und den ***Baldeneysee*** südlich von Essen (siehe Seite 240). Es gibt Aussichtspunkte wie den 210 m hohen Harkortturm oder die Burg Blankenstein in Hattingen, die dem Besucher einen schönen Blick auf das Naturschutzgebiet Kemnader Feld an einem Altarm der Ruhr bietet. **Essen-Kettwig** unweit der A 52 hat mit Schloß Hugenpoet sogar ein sehenswertes Wasserschloß.

Von dort aus hat es die Ruhr nicht mehr weit bis zu ihrer Mündung in den Rhein in **Duisburg.** Jetzt ist sie nur noch Industriefluß, Hafenfluß, der Duisburgs riesige Hafenanlage speist. Daß sie nicht stärker verschmutzt ist, verdankt sie der ***Emscher,*** die bewußt zur kanalisierten Abwasserrinne des Ruhrgebiets gemacht wurde, um die Ruhr zu entlasten und die Trinkwasserversorgung sicherzustellen.

Die Lippe entspringt im Kurpark

An den südlichen Ausläufern des Teutoburger Walds, gut zu erreichen über die B 1, liegt inmitten eines Heilquellengebiets die Kurstadt **Bad Lippspringe.** Im Kurpark weisen Tafeln auf einen beschaulich wirkenden Teich hin, der von Schwänen und Enten gehütet wird: Hier tritt die Lippe zutage. Die Lippequelle ist eine „stille“, aber stark schüttende Quelle, bei der der Felsspalt, aus dem das Wasser geräuschlos herausfließt, unterirdisch verborgen liegt. Von einer „springenden“ Quelle, wie es der Name des Quellortes verspricht, kann keine Rede sein.

Von Bad Lippspringe strömt die Lippe in einem weiten, sich vielfach verzweigenden Band auf die von Trockentälern durchschnittene Paderborner Hochfläche zu. Für den Flußreisenden ist Schloß Neuhaus im Norden von Paderborn an der B 1 die erste sehenswerte Station. Hier treffen kurz hintereinander zwei bemerkenswerte Nebenflüsse, Pader und Alme, auf die Lippe.

▷ ***Pader*** Die Pader, mit nur 4 km Deutschlands kürzester Fluß, kommt mitten aus dem nahe gelegenen **Paderborn.** Mehr als 200 Paderquellen sind im Stadtgebiet der alten Bischofsstadt nachgewiesen. Ihre Ausschüttung von durchschnittlich 5000 bis 6000 l/s macht sie zu den stärksten Quellen Europas. Das hat seinen Grund im wasserdurchlässigen Kalkstein der südlich der Stadt gelegenen Paderborner Hochfläche, wo zahlreiche Bäche versickern und unterirdisch weiterfließen. Nach 2–4 Tagen treten sie an der der Lippe zugekehrten Stirnseite der Hochfläche in ergiebigen Quellen wieder zutage. Dies hat man durch Einfärben des versickernden Wassers nachweisen können. ◁

▷ ***Alme*** Die Alme hat einen weiteren Weg bis zu ihrer Mündung in die Lippe. Sie kommt von den Briloner Höhen aus dem nach ihr benannten Städtchen Alme. Ihr attraktivster Abschnitt liegt genau zwischen Büren und Borchen, wo sie sich wie z. B. bei Wewelsburg über 70 m tief in den Kreidekalk des Höhenzugs Haarstrang einschneidet. ◁

Von Paderborn folgen Nebenstraßen der Lippe nach Lippstadt. Der Fluß durchströmt hier die flache, weite Lippeniederung, die von Wiesen und Weiden, Gehölzen und Baumreihen bestimmt ist. Be- und Entwässerungsgräben, kleine Kanäle, Bäche und zahlreiche namenlose Wasserläufe durchziehen die Niederung, berühren die Lippe und trennen sich wieder von ihr.

Lippstadt ist der wasserreichste Ort Westfalens. Daß die Siedlung, die Bernhard zur Lippe im 12. Jh. gründete, als geometrisch geplante Festungsanlage in einen Rahmen von breiten Gräben gebaut wurde, läßt sich heute noch am Stadtbild erkennen. Ein Bummel durch dieses kulturhistorische Kleinod lohnt sich auf jeden Fall.

Von Lippstadt folgt eine Landstraße in Richtung Hamm auf der rechten Seite dem Verlauf des Flusses durch seine Niederung. Vorbei an kleinen Dörfern am Südrand der Beckumer Berge unterfährt die Straße die A 2 und taucht in eine Nebellandschaft ein. Die immerwährende Feuchtigkeit und ihren Niederschlag verursacht das heißumstrittene Kraftwerk Uentrop kurz vor Hamm, dessen gewaltiger Bau von allen Seiten gut zu erkennen ist.

Die Lippe ist ein Fluß der Wasserschlösser. Schloß Hovestadt bei Lippetal wurde im 16. Jh. auf zwei Inseln erbaut. Seine Backsteinfronten sind originell verziert.

Der Dattelner Kanalknoten ist das größte Wasserstraßenkreuz Europas. Hier treffen vier große Kanäle, Wesel-Datteln-Kanal, Dortmund-Ems-Kanal, Datteln-Hamm-Kanal und Rhein-Herne-Kanal, zusammen.

Eine schöne Wanderung an der windungsreichen Lippe ist von Schloß Oberwerries, einem der zahlreichen Lippe-Wasserschlösser, aus möglich. Man biegt wenige Kilometer vor Hamm links von der B 61 den Hinweisschildern nach ab und läßt den Wagen am Schloßparkplatz stehen. Weiß und rot leuchten die Fensterläden des Schlosses, das heute zur Begegnungsstätte der Stadt Hamm geworden ist. Knapp 2,5 km spaziert man den Fluß hinunter bis zum nächsten Wasserschloß, Haus Heessen.

Von Hamm ab ist der Lippe dann ihr ständiger Begleiter zur Seite gegeben: der Datteln-Hamm-Kanal, später Wesel-Datteln-Kanal. Vom Nordrand des Industriereviers ab steht die industrielle Nutzung des Lippewassers im Vordergrund.

Hinter Werne und Lünen führt eine Nebenstraße an den Gemüseäckern der „Dortmunder Rieselfelder" vorbei nach **Datteln,** an dessen Stadtrand den Reisenden eine besondere Attraktion erwartet: das Wasserstraßenkreuz des Ruhrgebiets. Hier treffen sich auf 4 km vier große Kanäle, der ***Wesel-Datteln-Kanal,*** der ***Datteln-Hamm-Kanal,*** der ***Rhein-Herne-Kanal*** und der ***Dortmund-Ems-Kanal***. Nirgendwo sonst in der Bundesrepublik Deutschland gibt es ein solches Flechtwerk von Kanälen. Kernstück ist der 1899 in Betrieb genommene, 270 km lange Dortmund-Ems-Kanal, der das Ruhrgebiet über die Ems an die Nordsee anbindet. Die 14 m, die sein Anfangsstück tiefer liegt, überbrückt das sehr sehenswerte Schiffshebewerk Henrichenburg direkt an der B 235 in Höhe **Waltrop.** Die alte Anlage, ebenfalls 1899 in Betrieb genommen, wird heute als Museum hergerichtet; die neue fasziniert durch moderne Technik: Nur noch 90 Sekunden braucht dieser gigantische Fahrstuhl, um Schiffe auf- oder abwärts zu befördern.

Am Schiffshebewerk stößt auch der 38 km lange Rhein-Herne-Kanal dazu, der aus Duisburg vom Rhein kommt. Er begleitet seit 1914 auf weiten Strecken den Abwasserfluß Emscher auf dem Weg durchs Ruhrgebiet. 16 Jahre später wurde der 60 km lange, die Lippe begleitende Kanal nach Wesel eröffnet. Durch ständigen Ausbau des Kanalnetzes sind sämtliche Wasserstraßen für Europaschiffe (1350 t) befahrbar.

Fluß zwischen Natur und Industrie

Das Bild am Flußlauf der Lippe, dem ab Datteln wieder Nebenstraßen folgen, ist industriell geprägt. Zechenkolonien haben die alten Ortsbilder verändert, gleichmäßige Häuserreihen und Siedlungen dokumentieren den Bedarf der Industrie an Arbeitskräften. Der Wunsch der Bevölkerung, die Wasserflächen auch zur Freizeitgestaltung zu nutzen, wird am deutlichsten in Haltern, am ***Halterner Stausee*** im Unterlauf des Lippenebenflusses ***Stever,*** erfüllt. Er liegt am Rand der reizvollen Dünen- und Heidelandschaft des Naturparks Hohe Mark, und besonders schön ist das Naturschutzgebiet Westruper Heide an seinem Ostufer: Bizarre Kiefern und Wacholderbüsche schmücken die weiten Heideflächen.

Die Lippe fließt bis zu ihrer Mündung in den Rhein durch den Naturpark oder an seinem Rand entlang. Mühlen und Wasserschlösser wie das prachtvolle Lembeck in **Dorsten-Lembeck,** zu dem man, auf der B 58 von Haltern kommend, hinter Wulfen rechts abbiegt, zeichnen schon ein niederrheintypisches Bild. Nun ist es nicht mehr weit zur einstigen Hansestadt **Wesel,** der Mündungsstadt. Im Zweiten Weltkrieg fast völlig zerstört, gewinnt sie durch den schnell vorangetriebenen Ausbau des Rhein-Lippe-Hafens wieder zunehmend an Bedeutung.

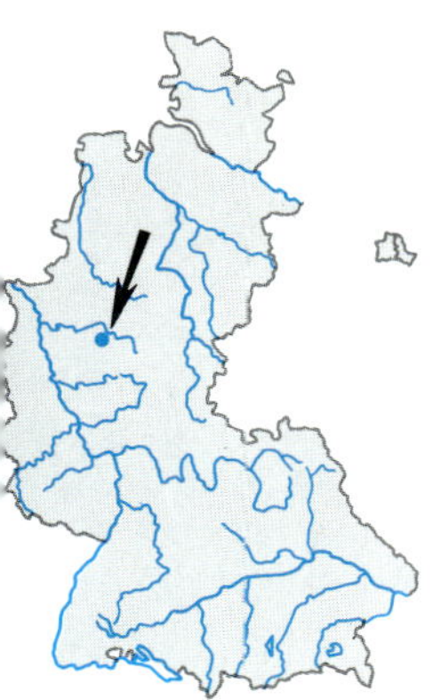

Tierparadies zwischen grünen Hügeln

Mitten im Wald, geformt fast wie ein springender Fisch mit gegabeltem Schwanz, liegt der Sorpesee. Wegen seines landschaftlichen Reizes wurde er dem Naturpark Homert eingegliedert und unter Landschaftsschutz gestellt.

Der Sorpesee im Hochsauerland ist gut zu erreichen: Von der A 445, Ausfahrt Arnsberg-Hüsten, führen die B 229 und ab Hachen eine Nebenstraße direkt an sein Nordufer nach **Langscheid.** Einen ersten Eindruck von der Talsperre und dem Luftkurort verschafft man sich beim Bummel über den massiven, 200 m langen Staudamm am Ortseingang. Die Tonnen von Erde, Beton und Stein, die zu seinem Bau nötig waren, demonstrieren hier eindrucksvoll die Funktion des Sees als Wasserspeicher zum Hochwasserschutz und zur Energieerzeugung. Von hier fließt das Wasser der ***Sorpe*** dosiert weiter in die ***Röhr,*** die bei Neheim-Hüsten in die Ruhr mündet.

Mit der „Möwe" über den See

Langscheid ist auch Ausgangspunkt der Ausflugsschiffahrt. Das Fahrgastschiff „Möwe" verbindet in der Zeit von Ostern bis Oktober den Sorpedamm mit Amecke, dem Ferienort am Südende des Sees. Ungefähr 1 Stunde lang kann der Fahrgast die reine Luft und die blaugrüne See- und Mittelgebirgslandschaft vom Wasser aus genießen, dann macht die „Möwe" wieder am Sorpedamm fest. Wenn jemand auf halber Strecke aussteigen möchte, um sich die waldigen Bergrücken und damit einen Aussichtspunkt auf den See zu erwandern, läuft das Schiff auch zwei Haltestellen an (nach Vereinbarung).

Die Straße, die auf reizvoller Strecke dicht dem Westufer folgt, bringt den Autofahrer zum Amecker Vordamm, von dem es nicht mehr weit zum Ferienort **Amecke** ist.

Ebenfalls nahe beim Damm liegt am Ostufer des Sees das sehenswerte Wildgehege Amecke, wo Besucher Rotwild und die seltenen, aus Asien eingebürgerten Sikahirsche beobachten können. Vor allem das unter Landschaftsschutz stehende Ostufer ist zur Heimat für vielerlei Tiere geworden: Der Sorpesee fällt durch überdurchschnittlichen Reichtum an Fischen und Wasservögeln auf, und in den Wäldern findet man Schwarzwild und Füchse. Naturfreunde sollten deshalb eine Wanderung auf dem Ostuferweg nicht versäumen.

Unterwegs kommt man auch an einem mit schweren Steinquadern in die Waldlandschaft hineingebauten, hangabwärts verlaufenden Graben vorbei. Er ist Teil eines Wassersystems mit Stollen, Rohrleitungen und künstlichem Gerinne, das dazu dient, das Wasser der unweit verlaufenden Röhr in den Sorpesee überzuleiten. Damit wird die Leistungsfähigkeit der Talsperre gesteigert, und wenn das Wasserreservoir stark angezapft wurde, kann schneller wieder aufgefüllt werden.

Am langen, schmalen Sorpesee *ist der für den Straßenverkehr gesperrte Weg entlang des Ostufers besonders reizvoll. Auf einer Strecke von 8 km genießen Radfahrer und Wanderer ungestörtes Wald- und Seeidyll.*

Motorboote sind auf dem stillen Sorpesee nicht zugelassen – das macht ihn für die Segler um so attraktiver.

Vor waldiger Kulisse liegt dieser Yachthafen bei Langscheid.

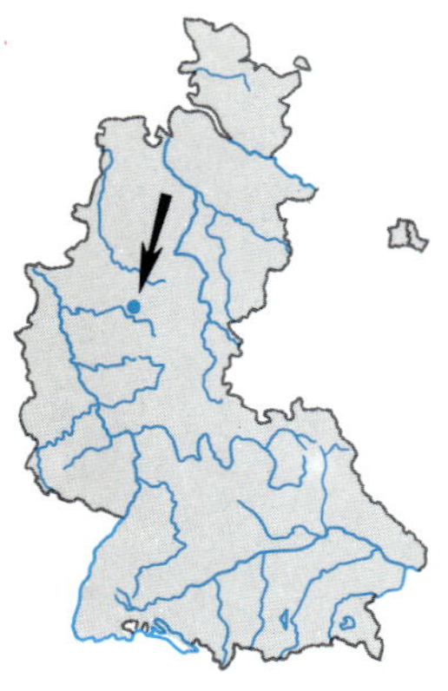

Ein See mit zwei Gesichtern

Am Möhnesee hat man die Wahl: Das Nordufer lockt mit Ortschaften inmitten sanfter Wiesen und Felder und einem großen Freizeitangebot, das Südufer mit verschwiegenen Wäldern und fast unberührter Natur.

Der ideale Ausgangspunkt für eine Erkundung des Sees ist **Delecke** am Nordufer: Zwei Bundesstraßen, die B 229 Soest-Arnsberg und die B 516 Ense-Rüthen, kreuzen sich direkt im Ort. Und von der Delecker Brücke aus hat man gleich den richtigen Rundblick, um sich auf die Reize des beliebten Erholungsgebietes einzustimmen – geboten ist viel Natur und reichlich Freizeit- und Wassersport.

Ein technisches Denkmal mit Wasserfall

Von Delecke fährt man nur ein kleines Stück die B 516 entlang bis **Günne,** wo die gewaltige Sperrmauer den See abriegelt. Schon Anfang dieses Jahrhunderts faßte man den Entschluß, die Möhnetalsperre als erste Großtalsperre im Einzugsbereich der Ruhr zu bauen. Insbesondere in Trockenjahren war es mehrfach zu Engpässen in der Wasserversorgung gekommen. Der günstige Zusammenfluß von Möhne und Heve, die bis zu 135 Millionen m^3 Wasser aus einem weiten Einzugsbereich von über 400 km^2 sammeln können, war mit entscheidend für die Wahl des Standorts. Die Flußtäler von Möhne und Heve sind etwa 3 km breit, verengen sich talabwärts jedoch zunehmend. So konnte ein See von ungefähr 10 km Länge aufgestaut werden – mit einer Staumauer, die lediglich 650 m abzuriegeln hatte. Als technisches Kulturdenkmal wurde die Sperrmauer inzwischen unter Denkmalschutz gestellt. Ihr Aussehen darf auch bei den immer wieder notwendigen Instandsetzungen nicht verändert werden.

Ist die Talsperre bis zum Stauziel gefüllt, wie im Frühjahr nach der Schneeschmelze, dann fließt das zuströmende Wasser durch die mehr als 100 Öffnungen des Staumauerüberlaufs ab. An den vorstehenden Steinen des Mauerwerks wird es vielfach gebrochen und stäubt auf 300 m Breite 32 m in die Tiefe. Dieser künstlich entstandene Wasserfall ist eine Attraktion, die sehr viele Besucher anzieht.

Eine solche Staumauer muß einem gewaltigen Wasserdruck standhalten. Wie verheerend die aufgestauten Wassermassen wüten können, wenn sie beschädigt wird, zeigt das Möhnesee-Unglück von 1943. Eine Bombe sprengte ein Loch von 77×23 m in den Damm, und eine Flutwelle von 6–8 m Höhe wälzte sich 6 km bis zur Mündung der Möhne in die Ruhr hinab. Mehr als 1000 Menschen ertranken, ganze Ortschaften wurden zerstört. Um künftige Katastrophen zu verhindern, werden heute regelmäßig höchst sorgfältige Untersuchungen und Sanierungsmaßnahmen an der Sperrmauer durchgeführt.

Massive Steinblöcke formen die 650 m lange Sperrmauer des Möhnesees. Markant sind die beiden Türme mit den steil abfallenden Schieferdächern, die der Mauer ihr charakteristisches Aussehen geben.

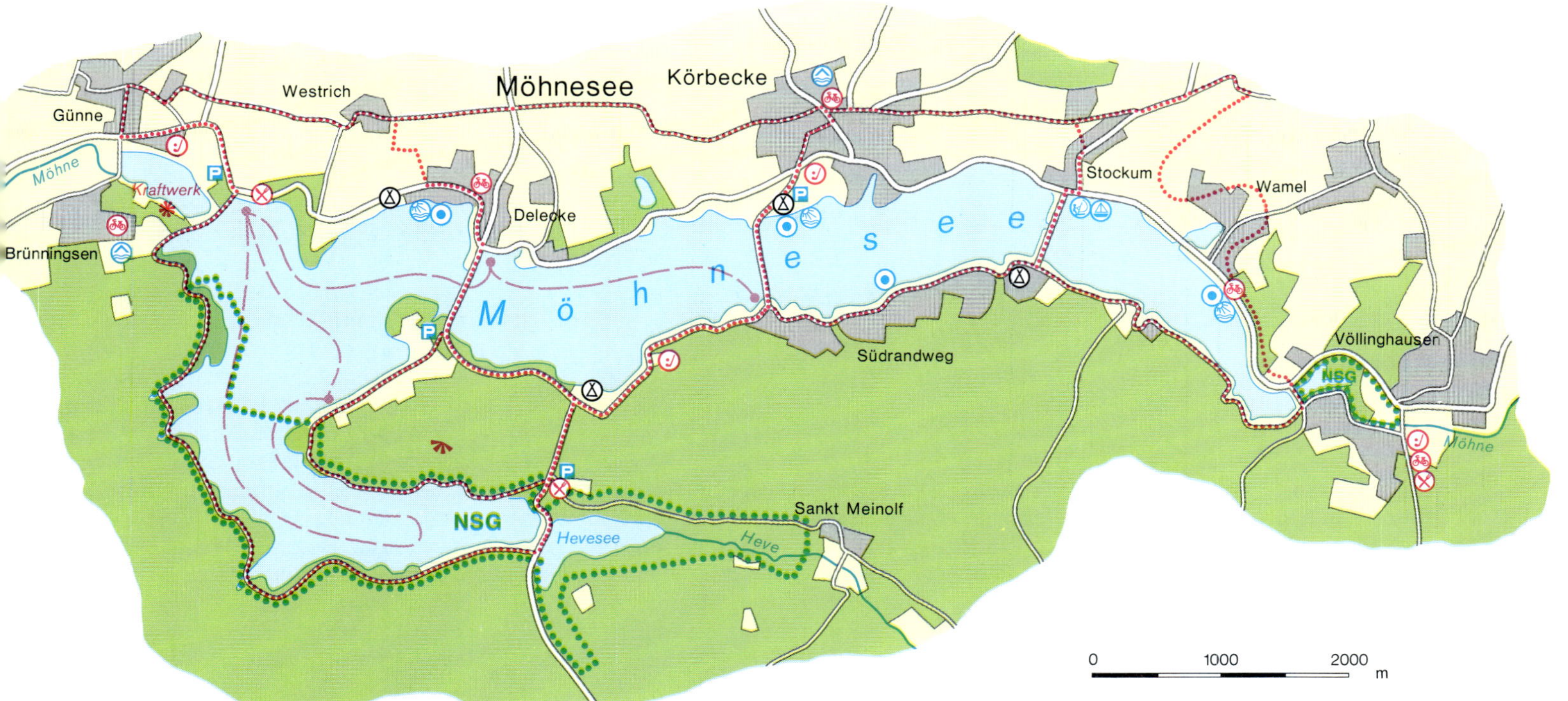

***Am Rand des Naturparks Arnsberger Wald** liegt der Möhnesee. Er ist ein sehr beliebtes Erholungsziel, doch bemüht man sich auch, seine Naturreichtümer zu bewahren. Zu diesem Zweck wurde der Südteil des Sees, der Hevearm, unter Naturschutz gestellt; jeglicher Wassersport ist hier verboten. Nur die Ausflugsschiffe dürfen eine behutsame Schleife durch das vogelreiche Gebiet ziehen. Wanderer sind willkommen, werden aber gebeten, auf den Wegen zu bleiben und die Nahrungs- und Brutplätze der Vögel nicht zu stören.*

Über die Nutzung der Wiesen und Felder um Günne herum informiert ein landwirtschaftlicher Lehrpfad. In Günne befindet sich auch der Ausgangspunkt der Ausflugsschiffahrt. Zwei Schiffe starten in der Zeit von Ostern bis Oktober mehrmals täglich zu dreiviertelstündigen Rundfahrten durch den Hevearm und zu halbstündigen Fahrten zur Körbecker Brücke.

Vogelparadies am Hevearm

Auf Nebenstraßen fährt man zum südlichen Ufer. Das Naturschutzgebiet Hevearm ist das ungestörteste Fleckchen, das die jährlich rund 15 000 gefiederten Gäste am See finden können. Unverwechselbar und das ganze Jahr über anzutreffen ist der charakteristische Vogel des Möhnesees: der Haubentaucher. Aber auch Graureiher und Lachmöwen, Gänsesäger und viele andere Entenarten fühlen sich hier wohl. Regelmäßig stellen sich selbst Kormorane ein.

Idealer Startpunkt für Wanderungen – entweder zum Hevesee, in den die ***Heve,*** aus dem Arnsberger Wald kommend, mündet, oder am Südufer entlang – ist der Wanderparkplatz beim Restaurant Altes Torhaus, einst Pförtnerhaus des gräflichen Jagdschlosses St. Meinolf. Wer weniger Zeit hat, kann das Südufer aber auch mit dem Auto abfahren.

Bei **Völlinghausen** speist die ***Möhne*** den See. Sie kommt aus dem Briloner Wald und strömt durch ein stilles Tal, von vielen Flüßchen verstärkt, dem Stausee entgegen.

Versunkene Dörfer

Wo sie in den See eintritt, gelangt man über eine besonders schöne alte Steinbrücke, die Kanzelbrücke, wieder zum Nordufer. Zwischen wuchtigen, abgerundeten Pfeilern schwingen sich die steinernen Bögen über das Wasser.

Nun führt die B 516 den Autofahrer nah am See entlang nach Delecke zurück. Wie viele Straßen mußte auch dieser wichtige Verkehrsweg bei der Flutung des Stausees neu angelegt werden. Die alten Straßen lassen sich bei Niedrigwasser zum Teil noch heute begehen; sogar die Stümpfe der Bäume, die sie einmal gesäumt haben, sind erhalten geblieben. Schon daran wird deutlich, welch einen gewaltigen Eingriff in eine natürlich gewachsene Landschaft der Bau eines Stausees darstellt. Denn auch ein Großteil der alten Dörfer mußte dem Wasser weichen, und rund 800 Menschen wurden an die neugeschaffenen Ufer umquartiert.

Über 150 verschiedene Arten von Wasservögeln wurden schon am Möhnesee beobachtet. Insbesondere zur Winterzeit bietet sich dem Naturfreund ein eindrucksvoller Anblick: Schwärme von Vögeln breiten sich auf dem gesamten See aus. In den übrigen Jahreszeiten sieht man am meisten, wenn man mit dem Fernglas von der Sperrmauer zum Torhaus wandert (8 km) oder vom Torhaus aus die Hevehalbinsel umrundet (7 km).

Ein Freizeitrevier im Sauerland

Hinter jeder Biegung warten neue Reize, öffnen sich neue Perspektiven – und Biegungen hat der Biggesee viele. Nicht umsonst ist er einer der abwechslungsreichsten und beliebtesten Urlaubs- und Freizeitseen des Sauerlandes.

Von der Ausfahrt Olpe der A 45 gelangt der Reisende direkt ans Südende des Biggesees. Er überquert die erste der hochbeinigen, modernen Brücken und kann nun rechts nach Olpe hinunterbiegen. Das Ostufer kann man allerdings teilweise nur mit dem Rad oder zu Fuß erforschen; Autofahrer müssen von Olpe bis Kessenhammer und von Bremge bis Attendorn ins Hinterland ausweichen.

Die im Mittelalter gegründete Stadt **Olpe** bietet nicht nur Reste der Stadtbefestigung mit Süd- und Hexenturm, sondern ist auch ein Zentrum für Wassersport und andere Freizeitaktivitäten. Von hier starten zwischen Ostern und Ende Oktober stündlich Schiffe zur 43 km langen, dreistündigen Biggeseerundfahrt. Die Reise mit dem Grachtenboot „Olpe" ist ein besonderes Vergnügen: Das Boot liegt ganz flach im Wasser, so daß man den See fast hautnah erlebt. Beim Vordamm in Stade steigt man um in eines der drei großen Ausflugsschiffe, die ihre Gäste bis nach Attendorn am Nordufer bringen.

Von der A 45 Siegen–Dortmund aus kann man auf den Biggesee hinuntersehen. Die Straßen erschließen direkt die hügelige, bewaldete Landschaft, und die modernen Brückenkonstruktionen spannen sich kühn von Ufer zu Ufer.

Welliges Lister-Bigge-Bergland

Auf den stillen Straßen von Olpe nordwärts erschließt sich dem Besucher die schöne, sanft bergig geformte Landschaft des Lister-Bigge-Berglands. Erhebungen zwischen 300 und 500 m bieten reizvolle und abwechslungsreiche Aussichtspunkte, zu denen es sich gerade auf dieser Seite des Sees gut wandern läßt. Besonders ursprünglich und naturbelassen sind die beiden kleinen Seitenarme des Biggesees bei Kessenhammer und Bremge.

Folgt man dem Uferweg von Bremge aus noch einmal rund 4 km, so öffnet sich linker Hand der Blick auf eine baumbestandene Insel. Es ist die Kuppe des Gilbergs, der sich vor der Flutung des Sees 360 m hoch über das Biggetal erhob. Selbst bei voller Stauhöhe verschwindet sein Gipfel nicht im See. Vom Ufer aus nicht mehr zugänglich, ist er zu einer Insel geworden, die heute als Landschaftsschutzgebiet ausgewiesen ist. Hier kann sich die Tier- und Pflanzenwelt des Biggesees ungestört entfalten. Eine Kolonie von Fischreihern hat sich niedergelassen, die man von der Straße aus oft mit bloßem Auge beim Fischen beobachten kann. Geschützt ist auch eine weite Uferzone um die Insel herum: Hier ist Fischlaichschongebiet, in dem nicht gebadet und gesegelt werden darf.

Was zahllosen Wasservögeln einen Lebensraum schuf, raubte über 2500 Menschen ihre Heimat – die Bewohner von 27 Ortschaften mußten bei der Flutung aus dem Talsperrenbereich umgesiedelt werden. Ortsnamen wie Neu-Listernohl am Nordende des Sees erinnern an die alten, versunkenen Siedlungen. Daß aber bei Niedrigwasser die Spitze des Kirchturms von „Alt"-Listernohl aus dem Wasser ragen soll, gehört in den Bereich der Legende.

Die alte Hansestadt **Attendorn** an der nördlichen Spitze des Biggesees ist ein urgemütliches Sauerländer Städtchen. Gegenüber der Pfarrkirche, im Volksmund „Sauerländer Dom", ist in einem schönen gotischen Bau das Kreisheimatmuseum unterge-

***Der Biggesee erstreckt sich** zwischen den beiden Freizeitzentren Attendorn und Olpe im Naturpark Ebbegebirge. Die Entfernung zwischen den Orten beträgt in der Luftlinie nur 10 km – der Autofahrer muß doppelt soviel Kilometer einplanen. Das Westufer mit einer gut ausgebauten Straße eignet sich besser für Autotouristen, das stille, naturbelassene Ostufer ist großteils Wanderern reserviert. Der aufgestaute Listerarm dient der Trinkwasserversorgung und ist deshalb für Segel- und Motorboote gesperrt. Das Segelrevier auf dem Biggesee ist die Waldenburger Bucht bei Attendorn.*

bracht. Ein lohnender Abstecher über die Schafsbrücke führt zur Burg Schnellenberg. Oberhalb der Stadt thront diese mächtige Burganlage inmitten eines dichten Fichtenwaldes mit schönen Spazierwegen. Und noch eine Attraktion hat Attendorn: die größte Tropfsteinhöhle Deutschlands, die Attahöhle.
Bei **Neu-Listernohl** überquert die Uferstraße den Hauptdamm des Biggesees. Anders als bei der Möhnetalsperre, deren Wassermassen durch eine Steinmauer gestaut werden, wird das Wasser der Bigge durch einen breit aufgeschütteten Damm gebremst. Am Fuß ist er zusätzlich mit einer bis zu 12 m tief in den Fels eingelassenen Betonschürze verankert. Wie wichtig das Bigge- und Listerwasser für die Wasserwirtschaft des Ruhrgebiets ist, wurde schon früh erkannt. Die Listertalsperre, zwischen 1909 und 1913 entstanden, bildet heute eine Einheit mit der Biggetalsperre. Der Plan, die Bigge zu stauen, wurde 1938 gefaßt und in den 60er Jahren verwirklicht.
Von der Staumauer aus führt der Uferweg weiter. Man kann zwar mit dem Auto am Nordufer der Listertalsperre entlangfahren, muß aber auf derselben Strecke wieder zurück, denn das andere Ufer ist größtenteils für den Autoverkehr gesperrt. Das Listertal lohnt durchaus einen Ausflug.
▷ ***Lister*** Den romantischen kleinen Mittelgebirgsfluß begleitet eine schmale Landstraße bis zur Quelle. Interessant sind die verschiedenen Wassermühlen am Listerlauf, z. B. die Listermühle bei Nordhellen oder die beiden anderen Wassermühlen in der unmittelbaren Nachbarschaft. ◁

Verkehr auf zwei Etagen

Wer von Neu-Listernohl die Biggereise ohne Umweg fortsetzen will, überquert den Listerarm auf der Listertalbrücke, die einen spektakulären Anblick bietet: Hier fließt der Verkehr etagenweise. In 40 m Höhe rollen die Autos, im Stockwerk darunter die Züge. Daß der Biggesee mit solchen Attraktionen nicht geizt, beweist eine weitere Brücke nur einen knappen Kilometer entfernt. Auch über den Nebenarm nördlich von Sondern wird der Verkehr zweistöckig geleitet.
Die Halbinsel **Sondern** ist der Freizeitschwerpunkt des Westufers. Die besonders schönen Erholungsanlagen mit einem vorbildlich ausgestatteten Campingplatz bieten dem Gast vielerlei Möglichkeiten. Von Sondern bis zum Südende des Sees verlaufen Straße und Bahn dann weitgehend parallel. Die Bahn allerdings verschwindet hinter Sondern in einem Tunnel, der durch die Anlage des Stausees nötig wurde. 70 km Straße, 10 km Gleise, drei Tunnels und sechs Brücken mußten damals neu gebaut werden.

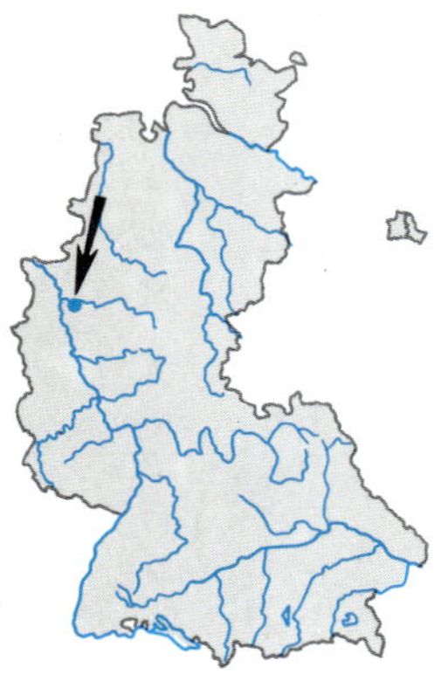

Regatta vor der Villa Hügel

Der Baldeneysee ist ein attraktives Erholungsziel. Aus dem ganzen Ruhrgebiet strömen die Sport- und Naturfreunde zusammen, und nicht weniger als 40 Wassersportvereine haben sich an seinen Ufern niedergelassen.

Als Stadtsee im Süden von **Essen** ist der Baldeneysee von allen Seiten gut zu erreichen. Die Bundesstraßen 224 oder 227, die A 52 und eine S-Bahn-Linie von Essen aus bringen den Besucher zum See, der mit dem Auto allerdings nicht zu umrunden ist; die Uferwege bleiben den Wanderern und Radfahrern vorbehalten, was den Erholungswert dieser Oase im Ballungsgebiet sicher steigert. Am dichtesten führt die Straße beim Parkhaus unterhalb der Villa Hügel an den See heran: ein guter Ausgangspunkt für eine Besichtigung des Sees.

Es lohnt sich auf jeden Fall, zur Villa Hügel hinaufzusteigen. Vor über 100 Jahren vom Industriellen Alfred Krupp nach eigenen Entwürfen als Wohnsitz erbaut, ist sie heute ein bedeutendes Kunst- und Kulturzentrum. Ihre Lage hoch über dem Baldeneysee – sie ist umgeben von einem schönen Waldpark mit seltenen Bäumen – macht sie zu einem besonders reizvollen Aussichtspunkt über das Ruhrtal und den See.

Auf Höhe der Villa Hügel befindet sich auch eine der Anlegestellen der Ausflugsschiffe, die den Besucher von Mai bis Oktober täglich mehrmals in etwa 2 Stunden über den See befördern. Auf Sonderfahrten von Werden bzw. Kupferdreh hat der Fahrgast sogar Gelegenheit, über das Essener Stadtgebiet hinaus auch Teile des idyllischen Ruhrtals kennenzulernen.

Mit Schaufel und Spaten

Ein schöner Spaziergang führt von dort zum Stauwehr in **Werden,** hinter dem sich das Ruhrwasser zum Baldeneysee staut. Es wurde in einer gewaltigen Kraftanstrengung 1929–1933 in den Zeiten der Massenarbeitslosigkeit errichtet. Tausenden von Erwerbslosen bot die Großbaustelle Arbeit; statt mit Maschinenkraft arbeitete man mit Muskelkraft, um die Beschäftigungszeit zu verlängern. Zweck der Anlage war und ist, die Ruhr zu reinigen und die Trinkwasserversorgung sicherzustellen.

Ein Stück südlich des Wehrs kommen Naturfreunde auf ihre Kosten. In **Bredeney** locken ein Wildgehege mit Schwarz-, Rot- und Damwild und ein Vogelschutzgebiet. Ein noch größeres Vogelbeobachtungszentrum in Kupferdreh an der Kampmannsbrücke erreicht man nach einer Wanderung von 1½–2 Stunden auf dem südlichen Uferweg. Ungefähr zwei weitere Stunden braucht man, um über den Norduferweg zur Villa Hügel zurückzuwandern, vorbei an einer interessanten geologischen Wand am Rand von Heisingen. Hier tritt das Gestein offen zutage, und Schautafeln erklären die Schichten.

Nach internationalen Richtlinien ist die Regattastrecke mit dem Zielturm nahe der Villa Hügel gebaut. Hier tragen die Sportler spannende Wettkämpfe aus, und es kann durchaus vorkommen, daß ein Sieg so ausgelassen gefeiert wird wie dieser.

***Der Baldeneysee ist eigentlich** eher eine Verbreiterung der Ruhr als ein richtiger See. Ausläufer der Großstadt Essen erstrecken sich bis zum steilen, waldigen Nordufer; das Südufer ist flacher und wiesenreich.*

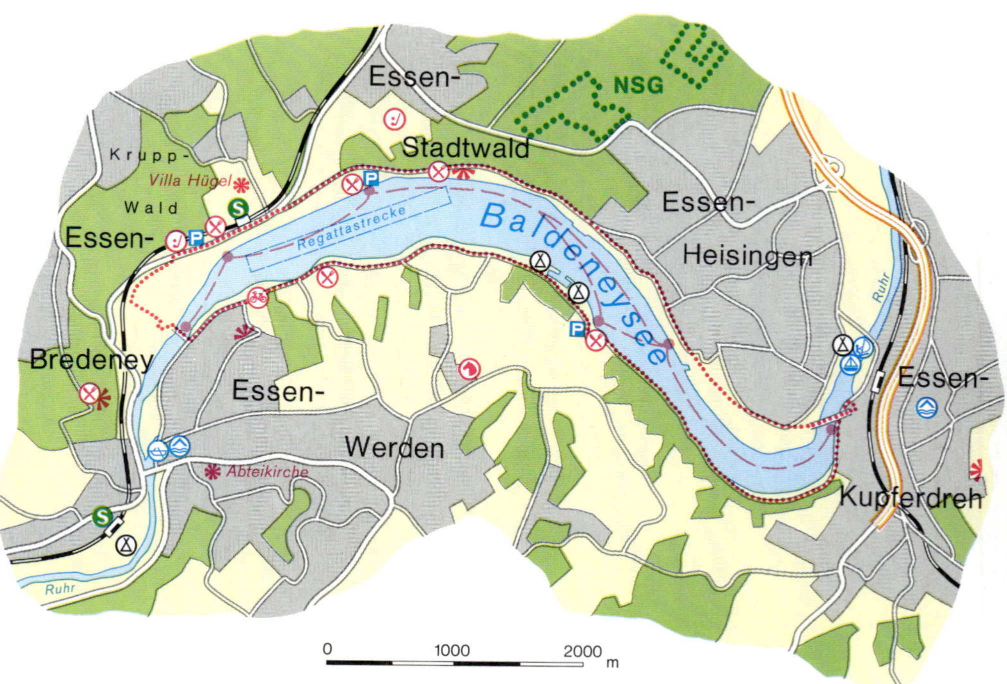

Im Freilichtmuseum Technischer Kulturdenkmale in Hagen-Selbecke gibt es über 40 alte Werkstätten zu besichtigen.

Auf dem bergbauhistorischen Lehrpfad in Witten-Bommern lernt der Besucher kennen, was das Ruhrgebiet berühmt gemacht hat: den Kohlenbergbau.

100 m unter die Erde führt eine Besichtigung der Attahöhle am Biggesee, deren Tropfsteine in Jahrmillionen entstanden.

Ruhr

Hagen Großstadt zwischen dem Ruhrgebiet und dem Sauerland.
Ein Anziehungspunkt besonderer Art ist das Westfälische Freilichtmuseum Technischer Kulturdenkmale im Stadtteil Selbecke. Wasserbetriebene Drahtziehwerke, Schmieden und Mühlen zeigen, wie man sich schon seit dem 13. Jh. Wasserkraft zunutze zu machen verstand. Über 40 alte Werkstätten sind von April bis September außer Mo täglich zu besichtigen (9–18 Uhr).
Kultur- und Informationsamt, Mittelstraße, 5800 Hagen, Tel. 02331/13573

Witten Alte Bergbaustadt am Rand des Ruhrgebiets.
Im links der Ruhr gelegenen Vorort Bommern finden bergbauhistorisch interessierte Besucher einen 9 km langen Rundweg, der sehr anschaulich 700 Jahre Kohlenabbau darstellt. Eine Außenstelle des Deutschen Bergbaumuseums ist im alten Bethaus der Steiger untergebracht (geöffnet Di–Sa 9–12 und 14–16 Uhr, So 9–13 Uhr).
Öffentlichkeitsarbeit Stadt Witten, Marktstraße 16, 5810 Witten, Tel. 02302/581491

Hattingen Malerische Stadt am Südrand des Ruhrgebiets.
Von der schönen mittelalterlichen Fachwerkstadt aus erschließt ein Museumszug der Ruhrtal-Eisenbahn das landschaftlich schönste Stück entlang der Ruhr. Auf der 21 km langen Strecke wird auch der jünste der Ruhr-Stauseen, der Kemnader See, passiert. Endpunkt ist Oberwengern; einsteigen kann man jeden ersten Sonntag in den Monaten April bis Oktober.
Beim Stadtteil Baak wurde schon im 18. Jh. eine hölzerne Ruhrschleuse gebaut, die heute unter Denkmalschutz steht. Im Stadtteil Winz überspannt eine alte Schwimmbrücke die Ruhr.
Verkehrsverein, Langenberger Str. 2, 4320 Hattingen, Tel. 02324/201228

Baldeneysee Das dominierende Gebäude am Essener Erholungssee ist die klassizistische Villa Hügel. Das kostbare Mobiliar, mit dem 1868–1872 der Industrielle Krupp sein Wohnhaus ausstatten ließ, ist außer Mo täglich von 10 bis 18 Uhr zu besichtigen. In einem Teil der Räume finden Konzerte und wechselnde Sonderausstellungen statt.
Ein Wasserrad treibt den Deilbachhammer in Essen-Kupferdreh. Mit zwei riesigen Hämmern von 75 und 100 kg verrichtete man vom 16. Jh. an bis 1917 Schmiedearbeiten mit 110 Schlägen pro Minute. Zu besichtigen ist die Schmiede So von 15 bis 17 Uhr und nach Vereinbarung mit dem Essener Ruhrlandmuseum (Tel. 0201/888412).
Nicht weit ist es vom Baldeneysee nach Essen hinein zum Grugapark, der als größter Stadtpark Deutschlands gilt. Hier ist für alle etwas geboten: Wasserspiele, eine Blütenpracht, die Seen und Teiche einrahmt, Tropenhäuser und Bonsaihaus, ein Aussichtsturm und ein Freizeitpark.
Werbe- und Verkehrsamt, Porscheplatz 1, 4300 Essen 1, Tel. 0201/882373

Lenne

Winterberg Kur- und Wintersportort im Hochsauerland.
Winterberg liegt im Rothaargebirge am Fuß des 841 m hohen Kahlen Asten, des Quellbergs der Lenne. Vom ganztägig geöffneten Aussichtsturm auf dieser höchsten Erhebung des Gebirges genießt man einen herrlichen Ausblick auf die unendlich erscheinende Gipfellandschaft des Sauerlands. Um die Gipfelregion mit ihrer Hochheide führt ein 4 km langer Wald- und Naturlehrpfad.
Kurverwaltung, 5788 Winterberg, Tel. 02981/2252

Lennestadt Stadt im oberen Lennetal.
Seine Bekanntheit verdankt Lennestadt hauptsächlich den Karl-May-Festspielen im Stadtteil Elspe. Täglich außer Mo und Fr finden in den Monaten Juni bis August Aufführungen statt.
Stadtverwaltung, 5940 Lennestadt, Tel. 02723/6080

Altena Langgestreckte Stadt im tief eingeschnittenen Lennetal.
Hoch über den Häusern, inmitten des Walds, thront die mächtige Burg Altena, in der fünf Museen untergebracht sind: das Deutsche Drahtmuseum, das Märkische Schmiedemuseum, das Deutsche Wandermuseum, eine Waffensammlung und eine Keramik- und Münzensammlung (Öffnungszeiten: Di–So 9.30–17 Uhr).
Stadtverwaltung, 5990 Altena, Tel. 02352/2090

Bigge

Biggesee Das Ferienzentrum Attendorn wartet mit einer der spektakulärsten Höhlen Deutschlands auf: der Attahöhle. Während eines knapp 2 km langen 40minütigen Rundgangs kann man eine versteinerte, funkelnde unterirdische Welt bewundern. Bei konstant 9 °C im Höhleninnern empfiehlt sich auch im Sommer warme Kleidung (Öffnungszeiten: Sommer 9–17 Uhr, Winter 10–16 Uhr).
Verkehrsbüro, 5952 Attendorn, Tel. 02722/3041

Lippe

Waltrop Alte Fachwerkstadt im Kreuzungsgebiet von Lippe und Lippekanälen.
Das Schiffshebewerk Henrichenburg ist unbedingt einen Ausflug wert. Die alten Anlagen von 1899 arbeiten zwar heute nicht mehr, trotzdem bietet der 70 m lange Trog, der in einer Stahlfachwerkkonstruktion gehoben und gesenkt wurde, einen beeindruckenden Anblick. Wie Schiffe „Fahrstuhl fahren“, kann man hautnah beim neuen Hebewerk direkt daneben miterleben. Eine neue, noch größere Schachtschleuse befindet sich gerade im Bau.
Stadtverwaltung, 4355 Waltrop, Tel. 02309/621

Haltern Ehemaliges römisches Lager am Nordwestrand des Ruhrgebiets.
Das größte Wasserwerk Europas stützt sich auf die Grundwasservorräte der Halterner Sande und auf den Halterner Stausee. Der See ist aber auch Zentrum einer attraktiven Erholungslandschaft: Hier kann man baden, surfen und segeln.
Verkehrsamt, 4358 Haltern, Tel. 02364/100256

Die Donau

Die Donau im Überblick

Der Fluß in Zahlen

Länge: 2860 km, davon 647 km in der Bundesrepublik Deutschland.
Breite: bei Ulm 100 m, bei Passau 300–350 m, im Ungarischen Tiefland 1–2 km, im Banater Gebirge 110–400 m, in der Walachei bis 2 km.
Einzugsbereich: 817 000 km², davon 56 215 km² auf deutschem Gebiet.
Wasserführung: bei Ingolstadt 300 m³/s, nach Zufluß des Inns 1420 m³/s, bei Budapest 2400 m³/s, vor der Aufspaltung in Mündungsarme 6300 m³/s.

Landschaft

In Donaueschingen vereinen sich Brigach und Breg in 680 m Höhe zur Donau. Sie durchbricht zunächst die Schwäbische Alb in einem steilen Engtal. Bis Ingolstadt durchströmt sie ehemals versumpfte Niederungen. Bei Weltenburg quert sie die Ausläufer der Fränkischen Alb in einem malerischen Cañon. In Österreich wechseln ebenfalls Engtalabschnitte – etwa in der Wachau – mit Talweitungen wie dem Wiener Becken. Nach dem Taldurchbruch durch die Kleinen Karpaten, die Ungarische Pforte, beginnt die mittlere Donau. In drei Armen, die die beiden riesigen Inseln Schütt umschließen, strömt sie durch das Kleine Ungarische Tiefland. Die nächste Engstelle ist das „Donauknie“ nördlich von Budapest. In weiten Windungen durchquert der Strom das Alföld, die Große Ungarische Tiefebene, und dann die Niederungen der Batschka. Östlich von Belgrad rücken die steilen Wände der Südkarpaten heran, durch die sie sich in der berühmten Engtalstrecke des Eisernen Tors zwängt. Im Tiefland der Walachei schleppt sich die Donau nur langsam vorwärts, bis sie in einem 4340 km² großen Delta ins Schwarze Meer mündet.

Natur

Im Stromsystem der Donau leben Fischarten, die sonst nirgendwo zu finden sind. Am bekanntesten ist der Huchen oder Donaulachs. In den großen Niederungen wuchern zum Teil noch urwüchsige Auwälder, in denen Wassertiere und Vögel paradiesische Zustände vorfinden. In Österreich sind solche Landschaften auf Reste im Tullner Feld und im Marchfeld beschränkt. Die Insel Große Schütt gilt als Vogelparadies der Slowakei.
Eine einmalige Wildnis aus Schilf und verästelten Flußarmen ist das Delta. Dort sind sogar Pelikane beheimatet.

Geschichte

Schon in der Antike vereinnahmten die Griechen die untere Donau. Später gehörte fast der ganze Strom zum Römischen Reich.
Im 15. und 16. Jh. drangen die Osmanen etappenweise an der Donaulinie entlang bis an die Tore Wiens vor;

Ein Bild mit Seltenheitswert: Donaufischer bei der Arbeit, hier in Passau. Die Zeiten, da es in der Donau vor Fischen nur so wimmelte, sind leider vorbei.

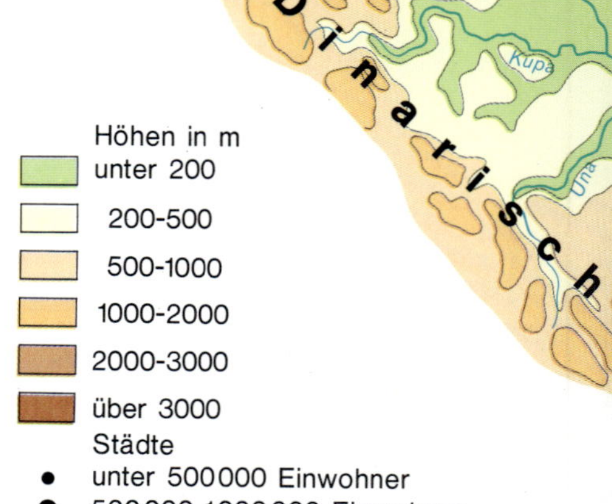

von Prinz Eugen wurden sie im 17. Jh. wieder zurückgedrängt. Der ständige Wandel der Machtverhältnisse, in jüngster Zeit auch die unterschiedlichen politischen Systeme der Anliegerstaaten behindern bis heute die verbindende Funktion der Donau.

Siedlungen

An der oberen Donau fallen die vielen kleineren Städte auf – Neuburg und Ingolstadt etwa. Die meisten gehen auf herrschaftliche Gründungen zurück. Größere Städte sind oft römischen Ursprungs, so z. B. Regensburg.
Flußabwärts findet man neben Residenzen wie Wien auch Städte, die aus alten Festungen hervorgingen.
Die überschwemmungsgefährdeten, malariageplagten Niederungen sind bis heute siedlungsfeindliches Land, doch schreitet ihre Kolonisation rasch voran.
Im Delta gibt es noch malerische Fischerdörfer mit bunten Holzhäusern.

Schiffahrt

Die Donau ist ab Kelheim auf einer Strecke von 2379 km für Europaschiffe – Tragfähigkeit 1350 t – befahrbar. Auf dem letzten Stück unterhalb von Brăila verkehren sogar Seeschiffe. Der Main-Donau-Kanal, der seiner Vollendung entgegengeht, wird die Donau zu einem internationalen Gewässer aufwerten.

Wirtschaft

Am gesamten Strom wurden Wasserkraftwerke errichtet, die von der ausgeglichenen Wasserführung profitieren. Das größte entstand in den 70er Jahren am Eisernen Tor.
Die feuchten Talniederungen wurden an der oberen Donau entwässert und kultiviert, so etwa im Donaumoos. Auch auf dem Balkan wurde auf diese Weise fruchtbares Ackerland gewonnen. Im Deltagebiet spielt die Berufsfischerei noch heute eine wichtige Rolle. Besonders begehrt ist der Stör, der den teuren Kaviar liefert.

Tourismus

Beliebte Reise- und Ausflugsziele sind die malerischen Engtalstrecken von der oberen Donau bis zum Eisernen Tor. Die bekannten Städte wie Regensburg, Wien oder Budapest mit ihrem Reichtum an Kulturdenkmälern ziehen das ganze Jahr über Touristen an. Beliebt sind auch mehrtägige Donaukreuzfahrten.

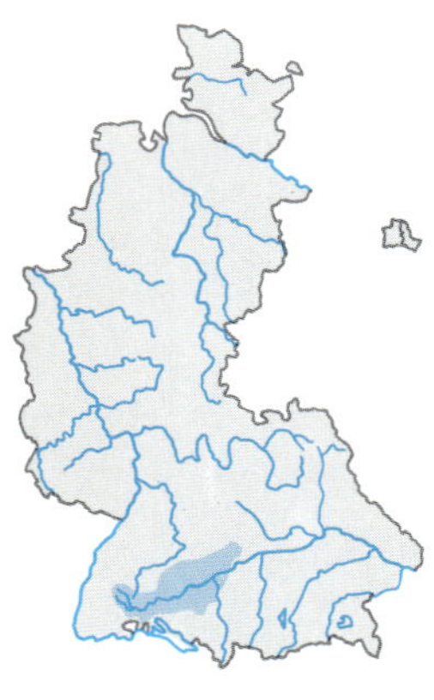

Quellen zum Aussuchen

In der Antike wußte man lange nicht, wo die Donau entspringt. Der griechische Historiker Herodot vermutete, daß ihre Quelle in den Pyrenäen liegt, und Cäsar suchte den Ursprung des „Danubius" im Gebiet der heutigen jungen Donau, also auf der Schwäbischen Alb.

Im Jahr 1683 wurde die 48 km lange Breg offiziell zum Hauptquellfluß der Donau erklärt. Ihre Quelle liegt nämlich von der Stelle, an der sich die Breg mit der Brigach vereinigt, am weitesten von der Donau entfernt. Jahrhundertelang rüttelte niemand an dieser Tatsache, bis Ende der 70er Jahre die Diskussion um die Festlegung der Donauquelle von neuem entbrannte. Anspruch erhob die Stadt Donaueschingen, die am Zusammenfluß von Brigach und Breg liegt. „Brigach und Breg bringen die Donau zuweg ..." lautet ein alter Spruch, und so entschieden 1981 die Donaueschinger Stadtväter, daß die Donau in Donaueschingen entspringt, und zwar in einer Quelle im Schloßpark, zu der man vom Schloß her gelangt (Parkplätze gegenüber bei den Fürstlichen Sammlungen). Die Donauquelle ist in ein Brunnenrondell gefaßt – eine Karstquelle, aus der Wasser sprudelt, das der Breg abgezapft wird. Den Beweis dafür, daß es sich tatsächlich um Wasser der Breg handelt, erbrachten 1971 Wissenschaftler der Universität Karlsruhe mit Färbeversuchen. Die Quelle hat einen unterirdischen Abfluß, der das Wasser der Breg in die Brigach leitet. Die beiden Quellflüsse vereinigen sich jedoch erst im Südosten der Stadt zur Donau (Zufahrt über die Abzweigung von der B 27 in Richtung Wasserwerk). Zu Fuß erreicht man diese Stelle vom Schloß aus in etwa einer halben Stunde. Der Weg führt entlang der Brigach.

Für die Geographen ist der Ursprung des längsten Quellflusses, der ***Breg,*** zugleich die Quelle der Donau, und so liest man am Ursprung der Breg bei der Martinskapelle

In Donaueschingen ist man stolz auf die kunstvoll gefaßte „Donauquelle" im Schloßpark. Tausende von Touristen besichtigen jährlich die Stelle, die über 2800 km weit von der Mündung im Schwarzen Meer entfernt liegt.

Die obere Donau durchfließt *ganz unterschiedliche Landschaftsformen, nachdem ihre Hauptquellflüsse Breg und Brigach den langen Lauf von den Schwarzwaldhöhen bis zu ihrer Vereinigung zurückgelegt haben. Aus einem flachwelligen Gelände erhebt sich die Schwäbische Alb, durch deren Jurakalke sich der junge Fluß seinen Weg bahnen mußte. Schließlich weitet sich das Tal bis Ulm, das von zahlreichen Seen und Altwasserläufen erfüllt ist.*
Die rund 170 km von Donaueschingen bis Ulm sind durch Rad- und Wanderwege gut erschlossen, der Fluß selbst ist bei Wassersportlern sehr beliebt. Autofahrer sollten sich für eine Erkundungsfahrt am Fluß entlang mindestens 2 Tage Zeit nehmen.

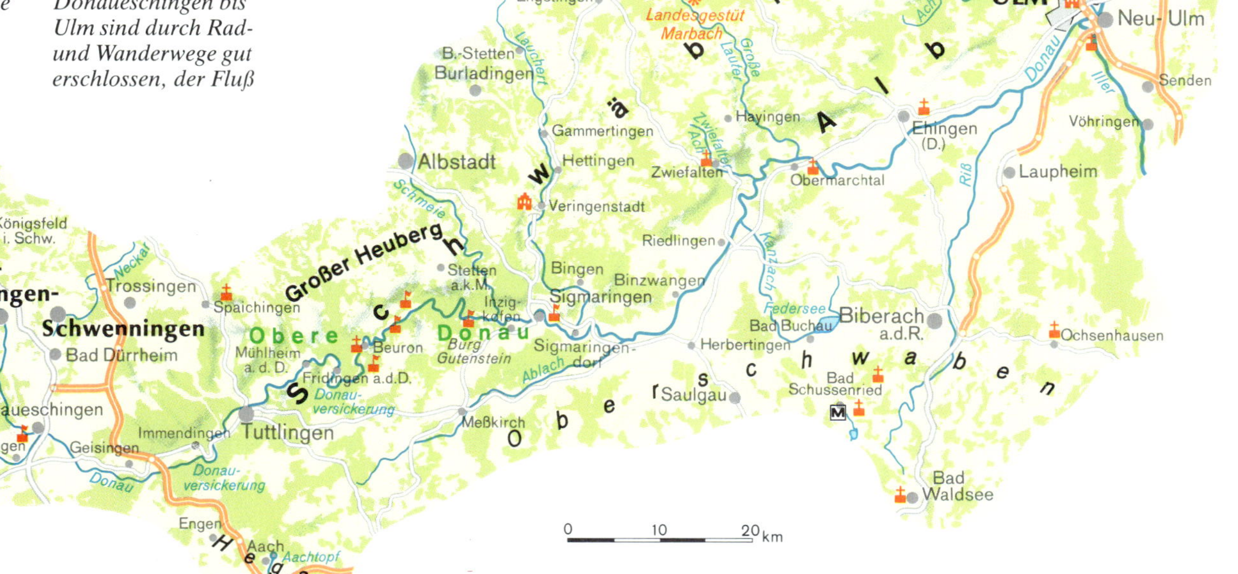

8 km nordwestlich von Furtwangen nach wie vor auf einer Tafel: „Donauquelle! Hier entspringt der Hauptquellfluß der Donau, die Breg, in der Höhe von 1078 Meter über dem Meer, 2888 Kilometer von der Donaumündung entfernt, 100 Meter von der Wasserscheide zwischen Donau und Rhein, zwischen Schwarzem Meer und Nordsee."
Die Stelle erreicht man von **Furtwangen** aus über das bei Wanderern beliebte Katzensteigtal. Vom Parkplatz beim Gasthof Kolmerhof sind es noch 40 m bis zur Quelle.
Von Furtwangen, das als Heimat der Schwarzwälder Uhren gilt, fährt man zum 4 km entfernten Erholungsort **Vöhrenbach,** auf dessen Gemarkung der ***Linach-Stausee*** liegt, zu dem sich ein Abstecher lohnt. Das Kraftwerk dort versorgt die Umgebung mit Strom und ist an das Fernleitungsnetz Waldshut-Villingen angeschlossen.
Weiter geht es durch ein von hohen Tannen gesäumtes Tal bis nach **Wolterdingen,** das bereits zu Donaueschingen gehört. Hier endet für die Kanuten die abwechslungsreiche Wildwasserstrecke, die nur nach der Schneeschmelze befahrbar ist. Wer etwas Zeit hat, biegt in Wolterdingen ab und fährt über **Bräunlingen,** dessen spätgotische Bürgerhäuser sehenswert sind, nach **Hüfingen**. Durch den einzigartigen Blumenteppich,

Das Bregtal ist ein typisches Schwarzwaldtal mit vielen Bauernhäusern und Gehöften, deren ursprüngliche Form sich bis heute erhalten hat. Landschaftlich besonders reizvoll ist die Strecke unterhalb von Vöhrenbach.

Diesen Blick auf einen der schönsten Abschnitte der jungen Donau genießt man vom Knopfmacherfels bei Fridingen. Auch Kloster Beuron und Schloß Bronnen kann man im Hintergrund erkennen.

der vor der Fronleichnamsprozession ausgelegt wird, ist es weithin bekannt.
Der zweite, 43 km lange Hauptquellfluß der Donau, die ***Brigach,*** entspringt im Hitzbauernhof südwestlich von **St. Georgen.** Sie führt weniger Wasser als die Breg und hat ein geringeres Gefälle. Schöne Zugangsstellen gibt es im Kurpark von **Villingen** sowie weiter flußaufwärts entlang der schmalen Uferstraße, die von den Gleisen der Schwarzwaldbahn begleitet wird. Landschaftlich besonders reizvoll ist das untere Tal der ***Kirnach,*** die nordwestlich von Villingen in die Brigach mündet.

In Mäandern durchs breite Tal

Die Fahrt entlang der jungen Donau auf der B 31/33 führt von Donaueschingen zum Ortsteil **Pfohren** mit der Entenburg, einer Wasserburg, die um 1471 auf den Resten einer älteren Burg erbaut wurde. Im Ort zweigt eine Straße nach rechts zu den ***Riedseen*** ab, zwei Baggerseen, die als Wassersportzentrum ausgebaut sind. Von Pfohren weiter auf der B 31/33 fährt man am ***Unterhölzer Weiher*** vorbei, der mit der Donau verbunden ist. Diese windet sich hier in schönen Mäandern durchs breite Tal. Links erhebt sich der Wartenberg mit einer gleichnamigen Burg aus dem 11. Jh. und einem Schlößchen aus dem Jahr 1780. Am Fuß des Berges liegt **Geisingen**, das Kanuten gern als Ausgangspunkt für eine gemächliche Tour bis Immendingen nehmen. Dort fließt die Aitrach in die Donau.
▻ ***Aitrach*** In der Nähe der Autobahnbrücke mündet dieses Flüßchen, nachdem es sich durch ein breites Tal gewunden hat. Hier floß einst die Urdonau, ehe sie vor etwa 30 000 Jahren von der Wutach angezapft worden ist, deren Wasser dem Rhein zufließt. ◅

Wo die Donau verschwindet

Bei Immendingen trifft die Donau auf wasserdurchlässiges Kalkgestein, das stark zerklüftet und in mehrere Schollen gespalten ist. Hier verschwindet das Wasser an verschiedenen Stellen gurgelnd in der Tiefe, und im Sommer trocknet das Flußbett fast völlig aus. Das Wasser geht allerdings nicht verloren, sondern fließt entsprechend der Neigung der Schichten in Hohlräumen nach Süden und tritt im 12 km entfernten Aachtopf wieder zutage.
Dieses Naturphänomen findet man ein zweites Mal etwa 2 km südlich von Fridingen, wobei das Donauwasser unterirdisch 19 km bis zur Karstquelle in Aach zurücklegt, die mit einer durchschnittlichen Schüttung von 10 000 l/s Deutschlands stärkste Quelle ist.
Beide Versickerungsstellen sind nur zu Fuß erreichbar. Bei Immendingen biegt man von der B 31/33 rechts in Richtung Engen ab und folgt dem ausgeschilderten Weg zum Wanderparkplatz Donauversickerung.

Der Federsee, der Rest eines verlandenden Eisstausees, entstand in der Würmeiszeit. Er ist von einem inzwischen bis zu 2 km breiten Röhrichtgürtel umgeben. Ein Holzsteg führt von Bad Buchau durchs Ried.

Hinter Geisingen fließt die Donau in das Jurabergland der südlichen Schwäbischen Alb. In das harte Gestein schnitt sich der Fluß ein, und links und rechts ragen steile Felswände auf. Der Abschnitt zwischen Geisingen und Sigmaringen ist eines der Durchbruchstäler der Donau. In Zimmern kurz vor Immendingen zweigt eine kleine Straße ab. Sie führt zu einer der wenigen erhaltenen gedeckten Holzbrücken über die junge Donau. Bei **Immendingen** versickert die Donau im zerklüfteten Kalk, und erst 12 km weiter südlich und 180 m tiefer taucht ein Teil ihres Wassers am Aachtopf wieder auf.

Vor **Tuttlingen** weitet sich das Tal. Im Zentrum lohnt sich ein Spaziergang auf der rechten Uferpromenade mit der restaurierten überdachten Holzbrücke. Der Honberg, der Hausberg der Stadt, ist ein Umlaufberg, den die Urdonau geschaffen hat. Vom Westturm der Burgruine aus dem 15. Jh. hat man einen herrlichen Rundblick.

Eine Nebenstraße führt nach **Mühlheim,** das seinen Namen den Mühlen verdankt, die einst in einem Seitental, dem Wulfbachtal, klapperten. Dieses mittelalterliche Städtchen liegt auf einem Felssporn über der Donau und wird vom Schloß der Freiherren von Enz überragt. Nordöstlich von Mühlheim befindet sich die 60 m lange Kolbinger Höhle mit großen Hallen und herrlichen Tropfsteinen.

Zwischen dem folgenden Städtchen **Fridingen** und Beuron mußte der Fluß einen mächtigen Jurakalkfelsen durchnagen. So entstand ein weiteres Durchbruchstal der Donau. Fridingen ist ein günstiger Ausgangspunkt für Wanderungen. Einer der Wege führt über die Schelmenhalde zur zweiten Versickerungsstelle der Donau. Lohnend ist auch ein Gang durch das Naturschutzgebiet Stiegelesfels zum Knopfmacherfels, einem der berühmtesten Aussichtspunkte im Tal der jungen Donau. Die Felsnase erreichen Autofahrer in wenigen Minuten über die Straße nach Beuron.

Der Weg führt nun zunächst weiter über die Höhe, dann in vielen Kehren wieder ins Tal, wo sich bald der Blick auf **Beuron** öffnet. Die Klosteranlage erreicht man über eine Brücke, von der aus man auch schnell zu einer überdachten Holzbrücke aus dem Jahr 1803 und einer der vielen Bootsanlegestellen gelangt.

Das Donautal – ein Kletterparadies

Von Beuron an beginnt das Donautal für Kletterfreunde interessant zu werden. So locken hier gleich auf der rechten Flußseite (Zufahrt durch Beuron in Richtung Buchheim, dann bei der Eisenbahnbrücke links) der Petersfelsen, der Paulsfelsen und der Altstadtfels. Talabwärts folgen auf dem linken Ufer der Spaltfels und der Eichfelsen.

Gegenüber grüßt die mittelalterliche Burg Wildenstein, die man von Langenbrunn aus erreichen kann. Über dem rechten Ufer thront auf einem Felsen Schloß Werenwag. Unterhalb des Schlosses lädt der kühn aufragende Schreyfelsen zum Klettern ein. Parkplätze findet man unweit des Pumpwerks Langenbrunn, wo Karstwasser austritt.

Zu den imposantesten Felsgalerien gehören wohl die Steilwände auf der rechten Uferseite bei **Hausen im Tal,** besonders der Schloßfelsen mit der Ruine Wagenburg. Flußabwärts folgt auf dem linken Ufer der Schaufelsen. Diese Wand wird von Kletterern besonders bevorzugt. Wer gerne wandert, kann den ungefähr 4 km langen Weg vom Wanderparkplatz in **Thiergarten** über die mittelalterliche Ruine Falkenstein zu dieser höchsten Felswand des Donautals nehmen. Nordöstlich davon befindet sich die Falkensteinhöhle.

Nach der großen Flußschleife hinter Thiergarten treten von **Gutenstein** an – dort befindet sich ein gleichnamiges Schloß aus dem 18. Jh. – die hohen Uferwände etwas zurück.

Inzigkofen besitzt einen prächtigen Park am Donauufer. Er schließt sich an das ehemalige Augustiner-Chorfrauenstift an. Gut ausgebaute Wege bzw. Treppen führen zur romantischen Teufelsbrücke, zum Amalienfelsen, zum Aussichtspunkt Känzele und zu den Grotten am Talhang.

Ein wahres Dorado für Kletterfreunde ist der etwa 28 km lange Donauabschnitt zwischen Beuron und Sigmaringen. Die über 20 m hohen, steilen Wände aus stark zerklüftetem Weißjurakalk bieten den Bergsteigern alle Schwierigkeitsgrade.

In **Sigmaringen,** dessen Stadtbild vom Hohenzollernschloß geprägt wird, muß die Donau zwischen dem Mühlberg und dem Schloßfelsen noch einen Durchbruch schaffen, bevor sie die Lauchert aufnimmt.

▷ ***Lauchert*** „Blaues Band der Schwäbischen Alb" wird dieser 53 km lange Fluß genannt, der bei **Sigmaringendorf** mündet und sich vorwiegend durch Wiesen schlängelt. Am Oberlauf lädt der ***Lauchertsee*** zum Angeln und Baden ein. Paddler beginnen ihre Tour beim Wanderparkplatz Mariaberg (3 km vor Gammertingen). ◁

Zwischen den nächsten Donauorten Mengen und Blochingen mündet von rechts die Ablach.

▷ ***Ablach*** Der Fluß, der sich überwiegend durch Wiesen hindurchschlängelt, läßt sich mühelos mit dem Kanu befahren und stellt zusammen mit mehreren Baggerseen bei **Krauchenwies** ein attraktives Freizeitgelände dar. ◁

Auf der linken Donauseite geht es durch eine Riedlandschaft mit moorigen Niederungen nach **Riedlingen.** In der malerischen

In der Ulmer Altstadt wirkt das Fischerviertel an der Blau noch sehr verträumt und unberührt – im Gegensatz zum geschäftigen Zentrum mit dem höchsten Kirchturm der Erde.

Altstadt am Fluß sollte man nach rechts zum Oberlauf der ***Kanzach*** und zum ***Federsee*** abzweigen.
Auf der B 311 – lohnend ist ein Abstecher nach **Zwiefalten** – gelangt man an den Donauschlingen entlang nach **Obermarchtal.** Hier kann man die Prämonstratenserabtei besichtigen und vom Bahnhof Rechtenstein bis zur Laufenmühle im Tal der Großen Lauter wandern.

▷ ***Große Lauter*** Dieses noch weitgehend naturbelassene Wiesenflüßchen begleitet der Burgenwanderweg. Zu den malerischen Burgen und Ruinen gehören: die Ruinen Wartstein, Maisenburg, Schülzburg, Burg Derneck und Hohenhundersingen. Ein guter Ausgangspunkt ist der Wanderparkplatz östlich von **Hayingen.** Zum Teil sind gesonderte Wege für Radfahrer ausgeschildert. ◁

Kraftwerke und Kiesgruben im Wechsel

Von **Munderkingen,** dessen mittelalterlicher Stadtkern fast ganz von einer Donauschlinge umschlossen wird, geht es am linken Donauufer entlang durch die Niederung des Rottenacker Rieds nach **Ehingen.** Die turm- und giebelreiche Stadt liegt in der Talbucht der einmündenden ***Schmiech.*** Die Donau selbst biegt südlich der Stadt nach Osten ab. Nachdem man den Ortsteil Nasgenstadt hinter sich gelassen hat, fährt man auf der B 311 nach **Öpfingen.** Dort führt von der Donaubrücke aus ein Wanderweg am Staubecken entlang zum ersten großen Donaukraftwerk.

▷ ***Riß*** In unmittelbarer Nähe des Kraftwerks Öpfingen mündet die Riß. Sie durchfließt die oberschwäbische Moor- und Wiesenlandschaft zum Teil recht zügig. Von **Warthausen** an kann man den Fluß das ganze Jahr befahren. Das Tal ist im Unterlauf durch die Kiesaufschüttungen nacheiszeitlicher Schmelzwasserströme tischeben. Landschaftlich besonders reizvoll ist der Oberlauf, vor allem beim Naturschutzgebiet Lindenweiher östlich von **Bad Schussenried,** wo der Quelltopf der Riß zum Baden einlädt. ◁

Erbach, das auf der Anhöhe des Hochsträß liegt und von einem Schloß aus dem 16. Jh. überragt wird, blickt auf das Wasserkraftwerk Donaustetten. Das weitgehend von Industrie geprägte Gelände lohnt nicht zum Verweilen, wohl aber das Naturschutzgebiet Donautal nördlich von **Gögglingen** sowie die Auwälder mit Altarmen der Donau rings um das Ulmer Kraftwerk Wiblingen und die Illermündung (siehe Seite 280–283).

Hier wird die Donau nun zu einem breiten Strom. An ihrem linken Ufer liegt die alte Reichsstadt **Ulm.** Einer der schönsten Abschnitte der alten Stadtmauer begleitet den Fluß – mit dem Metzgerturm aus dem 14. Jh. (Abfahrtsstelle für Rundfahrten auf der Donau), der Adlerbastei, von der aus der Schneider von Ulm seinen Flugversuch unternahm, und der Mündung der Blau.

▷ ***Blau*** Dieses nur 21 km lange Wiesenflüßchen bietet zwei Sehenswürdigkeiten: den sagenumwobenen Blautopf in **Blaubeuren,** in den nach dem Märchen die schöne Lau verbannt wurde, weil sie ihrem Wassernix nur tote Kinder gebar, und an der Mündung das romantische Fischerviertel von Ulm. ◁

Auf der Ulmer Schachtel bis zum Schwarzen Meer

Ulmer Schachteln nannte man die eigentümlichen Ruderschiffe, die bis Mitte des 19. Jh. Güter und Personen von Ulm nach Wien beförderten. Rechts ist ein besonders schönes Beispiel einer Ulmer Schachtel abgebildet. Diese Schiffe besaßen zum Schutz vor Wind und Wetter einen hüttenartigen Aufbau. Mit einer Länge von 20 bis 30 m und einer Breite von 5 bis 7 m hatten sie beachtliche Ausmaße. Die größten konnten bis zu 100 t Frachtgüter transportieren. Von 1712 an fuhr wöchentlich ein solches Schiff von Ulm ab und wurde dann gewöhnlich in Wien zum Holzpreis verkauft.
Mit dem Beginn des Eisenbahnzeitalters verloren die Ulmer Schachteln allmählich an Bedeutung und gerieten schließlich in Vergessenheit. Erst Mitte der 50er Jahre erinnerte man sich wieder an das historische

Transportmittel. Seither fährt in jedem Sommer eine Ulmer Schachtel flußabwärts nach Österreich oder Ungarn, manchmal sogar bis zum Schwarzen Meer. Platz ist allerdings nur für wenige Auserwählte. So muß man sich damit begnügen, am Neu-Ulmer Jahnufer eine originalgetreue Nachbildung zu besichtigen (beim Edwin-Scharff-Haus).

Im Furtwanger Uhrenmuseum sind kostbare Uhren von der Gotik bis zur Neuzeit ausgestellt.

Das Schloß von Sigmaringen, seit 1535 Sitz der Fürsten von Hohenzollern, thront auf einem Kalkfelsen hoch über der Donau.

Alle 4–5 Jahre wird in Ulm im Juli auf der Donau das Fischerstechen veranstaltet. Das nächste findet erst wieder 1990 statt.

Breg

Furtwangen Bekannter Luftkurort im Südschwarzwald.
Die größte historische Uhrensammlung der Erde ist geöffnet von April bis Oktober täglich 9–17 Uhr. Empfehlenswert ist ein Ausflug zur nahe gelegenen Quelle der Breg, dem Hauptquellfluß der Donau.
Fremdenverkehrsverein, Marktplatz 4, 7743 Furtwangen, Tel. 07723/61400

Brigach

Villingen-Schwenningen Doppelstadt am östlichen Rand des Schwarzwalds. Neben Villingens mittelalterlichem Kern verdient das ehemalige Franziskanerkloster mit dem volkskundlichen Franziskanermuseum Beachtung (geöffnet Do, Sa und So 10–12 Uhr, Di bis Fr 15–17 Uhr, feiertags geschlossen).
Lohnend ist ein Abstecher zum Moos südlich von Schwenningen.
Kultur- und Verkehrsamt, Romäusring 2, 7730 Villingen-Schwenningen, Tel. 07721/82231

Donau

Donaueschingen Luftkurort am Ostrand des Schwarzwalds.
Die Stadt wird von der Barockkirche St. Johannes Baptist und dem Schloß geprägt (geöffnet außer Di täglich 9–12 und 14–17 Uhr). Anziehungspunkte sind auch das Reitturnier im September und die Musiktage im Oktober.
Verkehrsamt, Karlstr. 58, 7710 Donaueschingen, Tel. 0771/8570

Tuttlingen Stadt zwischen Schwäbischer Alb, Schwarzwald, Donautal und Bodensee.
Außer dem Heimatmuseum (geöffnet Mi und So 14–17 Uhr) erwarten den Besucher im Stadtteil Möhringen ein Wildgehege sowie ein 4,7 km langer landwirtschaftlicher Lehrpfad auf dem Witthoh. Interessant ist auch ein 8 km langer geologischer Lehrpfad am Sonnenbuckel (bei der alten Donaubrücke links aufwärts).
Verkehrsamt, Rathausstraße 1, 7200 Tuttlingen, Tel. 07461/99203

Beuron Reizvoll in einer Talweitung der Donau gelegenes Dörfchen.
Rund um das berühmte Kloster hat sich der Ort angesiedelt. Lediglich die Klosterkirche kann besichtigt werden, und zwar das ganze Jahr von 6–20 Uhr.
Bürgermeisteramt, 7792 Beuron, Tel. 07466/214

Sigmaringen Ehemalige Residenzstadt in einer weiten Talöffnung der Donau. Sigmaringen ist vor allem durch das Hohenzollernschloß bekannt. Das Fürstlich-Hohenzollernsche Museum beherbergt bedeutende Sammlungen (geöffnet von Februar bis November täglich 8.30–12 und 13–17 Uhr).
Im Juni oder Juli feiert man auf der Donau ein Fest, bei dem auch ein Fischerstechen stattfindet.
Verkehrsamt, Schwabstraße 1, 7840 Sigmaringen, Tel. 07571/106223

Herbertingen Mit weiter Markung ausgestattetes Dorf.
Bekannt ist die Heuneburg, eine frühkeltische Befestigungsanlage. Das Heuneburgmuseum im Ortsteil Hundersingen ist vom 1. April bis 1. November werktags 13–16 Uhr, sonn- und feiertags 9–11.30 und 13–16 Uhr geöffnet.
In der Nähe beginnt ein 8 km langer archäologischer Rundwanderweg. Im Schwarzachtalsee kann man schwimmen und surfen (Freizeitanlage).
Bürgermeisteramt, 7944 Herbertingen, Tel. 07586/1395

Ulm Ehemalige freie Reichsstadt am linken Ufer. Das Münster mit dem höchsten Kirchturm der Erde ist das Wahrzeichen der Stadt. Ein Kuriosum ist das Deutsche Brotmuseum (geöffnet Mo–Fr 10–17 Uhr, So 10–13 und 14–17 Uhr).
Seit 1397 erneuert der Oberbürgermeister am Schwörmontag (vorletzter Montag im Juli) seinen Eid auf die Stadtverfassung. Mittags trifft man sich dann an der Donau zum Wasserumzug, dem Nabada. Am Samstag zuvor ist der Fluß zur Lichterserenade mit Tausenden von Windlichtern erleuchtet. Viele Zuschauer lockt das Fischerstechen auf der Donau an.
Verkehrsbüro, Münsterplatz 51, 7900 Ulm, Tel. 0731/64161

Lauchert

Veringenstadt Hübsch gelegenes Städtchen mit Burgruine.
Besondere Beachtung verdient der heimatgeschichtliche Lehrpfad in der Nähe des Fachwerkorts. Er verschafft einen Einblick in die Bohnerzgewinnung auf der Schwäbischen Alb, zeigt den geologischen Aufbau des Laucherttals mit rund 140 Millionen Jahre alten Schwammriffen und führt zu Siedlungsstätten aus der Steinzeit.
Stadtverwaltung, 7484 Veringenstadt, Tel. 07577/3254

Federsee

Bad Buchau Kurort am Federsee.
Ein Moor- und ein Vogellehrpfad führen durch das berühmte Ried, eines der größten Naturschutzgebiete Württembergs. Das Federseemuseum ist geöffnet vom 15. März bis 31. Oktober von 9–11.30 und 13.30–17 Uhr, vom 1. November bis 14. März von 13–16 Uhr (oder nach Vereinbarung).
Verkehrsamt, 7952 Bad Buchau, Tel. 07582/521

Große Lauter

Gomadingen
Erholungsort am Oberlauf der Großen Lauter. Von hier erschließt sich ein ideales Wandergebiet. Besonders schön ist das Tal der Großen Lauter zwischen der Maisenburg und Unterwilzingen. Entlang der ganzen Lauter kann man Kanus mieten.
Verkehrsamt, 7423 Gomadingen, Tel. 07385/1041

Blau

Blaubeuren In einem Talkessel gelegenes Städtchen. Sehenswert sind das ehemalige Benediktinerkloster und die Hammerschmiede am Blautopf (vom 11. März bis Mai täglich 10–18 Uhr, von Juni bis Oktober Mo–Fr 9–18 Uhr, Sa und So 10–18 Uhr, von November bis 10. März 11–16 Uhr).
Fremdenverkehrsverein, Karlstraße 2, 7902 Blaubeuren, Tel. 07344/130

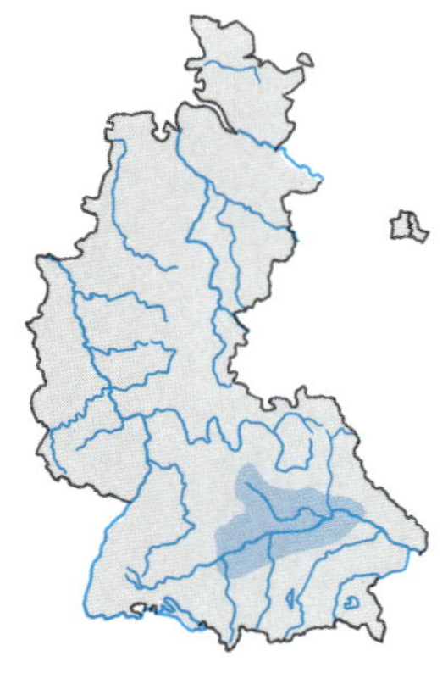

Wenn die Donau erzählen könnte

Von der bayerischen Grenze bis zu ihrem nördlichsten Punkt bei Regensburg strömt die Donau an vielen geschichtsträchtigen Orten vorüber. Doch seit damals hat sie sich verändert: Donau und Altmühl werden den Bedürfnissen der Schiffahrt angepaßt, und ihr Wasser hat der Energiegewinnung zu dienen.

Seit 1810 ist die ***Donau*** bei Ulm Grenze zwischen Württemberg und Bayern. Damals gründeten die Bayern auf ehemals Ulmer Gebiet am rechten Donauufer **Neu-Ulm.** Zur Stadt wurde es erst 1869 erhoben, doch schon zuvor diente es der Bundesfestung Ulm als Brückenkopf. Beachtliche Reste der 1844–1857 errichteten Festung sind erhalten und durchaus sehenswert.

Doch der Autofahrer, sollte er es nicht vorziehen, auf der B 10 unmittelbar von Neu-Ulm nach Günzburg zu fahren, beginnt seine Reise durch das Tal der bayerischen Donau von Ulm aus am linken Ufer und erreicht auf einer Nebenstraße, die am Ulmer Kraftwerk Büdinger Halde vorbeiführt und bis Thalfingen dem Flußlauf folgt, bald **Elchingen.** Hier fährt man hinauf zur Klosterkirche Oberelchingen, die weithin sichtbar auf der Hochfläche der Ulmer Alb liegt. Durch das erhaltene Klostertor sieht man in der Ferne das Ulmer Münster aufragen. Drunten liegen der Donauwald und viele kleine Baggerseen. Jenseits des Flusses beginnt die Iller-Lech-Schotterebene und im Osten die Riedlandschaft, die sich zunächst am linken Ufer als Donaumoos, ab der Einmündung der Mindel auch auf der rechten Seite als Donauried hinzieht. Dazwischen sieht man den von Auwäldern gesäumten Fluß.

Ursprünglich verlegte die Donau in dem bis zu 13 km weiten Trogtal zwischen Günzburg und der Ilmmündung von Zeit zu Zeit ihr Bett. Häufige Überflutungen machten eine landwirtschaftliche Nutzung unmöglich. Die alten Siedlungen liegen deshalb auf den höheren Flußterrassen. Zwischen 1806 und 1872 wurde die Donau reguliert. Durch diesen Eingriff entstand wertvolles Acker- und Weideland mit einem Torfboden, der stellenweise 7 m dick ist. Außerdem schuf der Kiesabbau im Lauf der letzten Jahrzehnte eine Seenlandschaft, die zum Teil als Naherholungsgebiet erschlossen ist.

Solche Seen berührt man bei Weißingen und Riedheim auf der Weiterfahrt nach **Leipheim,** vor dem sich eine imposante Autobahnbrücke über das Donautal schwingt. Über eine kleinere Brücke gelangt man in die Garnisonsstadt, die mit Mauer, Graben, Schloß und der gotischen Stadtkirche viel von ihrem mittelalterlichen Charme bewahrt hat.

Auf der B 10 fährt man nun nach **Günzburg,** dessen Stadtbild von dem massigen Schloßbau beherrscht wird, der – unmittelbar an der Mündung der ***Günz*** (siehe Seite 283) – hochwassergeschützt auf einem Sporn liegt. Durch ein Stadttor kommt man in die von prächtigen Bürgerhäusern gesäumte lange Marktstraße, die ein zweites Stadttor abschließt.

Auf der B 16, die nun bis Regensburg den Lauf der Donau begleitet, überquert man den Fluß und fährt durch das Donaumoos nach Gundelfingen. Unterwegs kann man auf einer Nebenstraße Offingen erreichen, wo von rechts die ***Mindel*** (siehe Seite 283) mündet. Links der Donau liegt das Naherholungsgebiet Peterswörth mit Badesee.

Gemächlich fließt die Brenz durch die Eselsburger Schleife. Für Dramatik sorgen die bizarren Felspartien, deren spitze Nadeln die Hänge an vielen Stellen säumen.

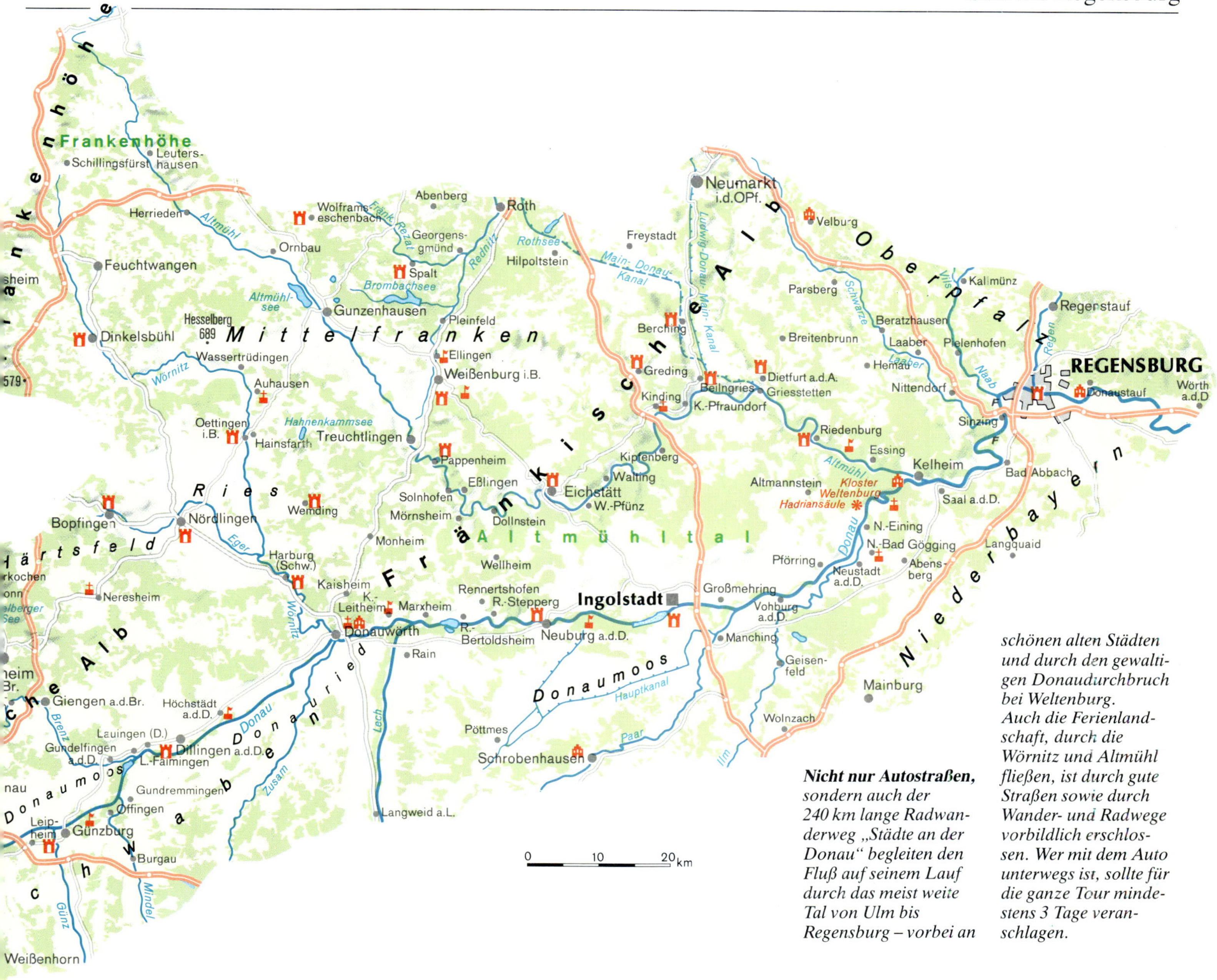

Nicht nur Autostraßen, *sondern auch der 240 km lange Radwanderweg „Städte an der Donau“ begleiten den Fluß auf seinem Lauf durch das meist weite Tal von Ulm bis Regensburg – vorbei an schönen alten Städten und durch den gewaltigen Donaudurchbruch bei Weltenburg. Auch die Ferienlandschaft, durch die Wörnitz und Altmühl fließen, ist durch gute Straßen sowie durch Wander- und Radwege vorbildlich erschlossen. Wer mit dem Auto unterwegs ist, sollte für die ganze Tour mindestens 3 Tage veranschlagen.*

Fast gegenüber mündet der Kühlwasserkanal des Kernkraftwerks Gundremmingen. Seine beiden 160 m hohen Kühltürme sind eine unübersehbare Landmarke.

▷ ***Brenz*** Durch die Gärtnerstadt **Gundelfingen an der Donau** fließt die Brenz, die erst 4 km weiter östlich bei dem Lauinger Ortsteil Faimingen in die Donau mündet. Ihr Unterlauf führt durch die Donauniederung. Interessanter ist der Oberlauf auf der Ostalb. Will man ein besonders reizvolles Talstück besuchen, fährt man auf Landstraßen über Giengen nach **Herbrechtingen** und von dort auf einer Nebenstraße zum Ortsteil **Eselsburg.** Vom Burgfelsen blickt man hinunter auf die Eselsburger Schleife. Die Brenz windet sich hier um den 523 m hohen Buigen. Es lohnt sich, ins Tal hinabzusteigen, schon wegen der bizarren Felsen an den Talhängen, der sagenumwobenen „Steinernen Jungfrauen“.

Märzenbecher an einem Altwasserarm bei Günzburg: Die ursprüngliche Pflanzenwelt der Auwälder hat sich in ihrer Vielfalt an zahlreichen Stellen erhalten.

Von Herbrechtingen erreicht man auf der B 19 bald **Heidenheim an der Brenz.** Über der Altstadt liegt auf einem steilen Felsen Schloß Hellenstein mit seinen Umfassungsmauern und mächtigen Geschütztürmen. Von hier ist es nicht mehr weit nach **Königsbronn,** wo idyllisch am Fuß einer Dolomitwand der Brenztopf, einer der größten Quelltöpfe der Alb, liegt.
Am Rand des Ortes findet man den ***Itzelberger See,*** wo auf einer Insel rund 60 verschiedene Vogelarten nisten. ◁

Kraftwerke und Residenzstädtchen

Wieder zurück auf der B 16, erreicht man bald **Lauingen,** den nächsten Ort auf der Hochwasserterrasse der Donau. Hier wurde um 1193 der große Kirchenlehrer und Naturwissenschaftler Albertus Magnus geboren. Sein Denkmal steht auf dem Marktplatz, einem der schönsten Schwabens, ebenso der bemalte Schimmelturm, das Wahrzeichen der Stadt, von dem man eine herrliche Rundsicht hat, auch auf den 2 km langen ***Faiminger Stausee*** im Südwesten. Er gehört zu einer Seenkette, durch deren Anlage der Grundwasserspiegel angehoben wird, um der Versteppung Einhalt zu gebieten. Die dort errichteten Kraftwerke dienen der Energiegewinnung.

An Donauwörths vergangene Blütezeit, als die Schiffe in großer Zahl von hier nach Wien fuhren, erinnert dieses wappengeschmückte Schild.

Am Hochterrassenfuß treten in Lauingen kleine Quellen aus dem Kalkstein, deren Wasser für Fischteiche genutzt wird. Solche Wasseraustritte finden sich auch im nahen **Dillingen,** wo sie am Ortseingang eine kleine Kneippanlage speisen. Sebastian Kneipp (1821–1897) hat hier studiert und, als er krank war, die heilende Kraft der winterkalten Donau entdeckt.
Seit dem 15. Jh. residierten die Fürstbischöfe von Augsburg in Dillingen. Sie gründeten 1549 ein Studienkolleg, aus dem sich die Jesuitenuniversität entwickelte.
Der Autofahrer bleibt weiter auf der 1 km von der Donau entfernten B 16. Die Atmosphäre der Auwälder mit den romantisch gelegenen Fischweihern erlebt aber nur der Fuß- und Radwanderer. **Höchstädt** wird von dem Renaissanceschloß der Pfalz-Neuburger mit seinem alten Bergfried beherrscht. In der Schlacht bei Höchstädt schlugen Prinz Eugen und der Herzog von Marlborough 1704 eine bayerisch-französische Armee vernichtend. In den angelsächsischen Ländern nennt man sie die Schlacht bei Blenheim – nach dem benachbarten Blindheim –, und Blenheim Palace heißt auch der Sitz der Herzöge von Marlborough bei Oxford.
Das nächste Ziel ist **Donauwörth,** das am Kreuzungspunkt zweier alter Handelsstraßen von Würzburg nach Augsburg und von Ulm nach Regensburg liegt. Außerdem stellte die Donauschiffahrt von 1750 bis zum Beginn des Eisenbahnzeitalters die Verbindung nach Wien her.

Auch im Winter wirkt die Landschaft an der Wörnitz heimelig und idyllisch wie hier in der Nähe des alten Wassertrüdingen.

Ein Meteorit als Landschaftsbildner

▻ ***Wörnitz*** Keimzelle von Donauwörth ist der Werd, eine Insel zwischen zwei Armen der Wörnitz, die hier in die Donau mündet. Mitten durch die Stadt zieht sich die Reichsstraße, von schönen Gebäuden gesäumt.
Auf der Romantischen Straße, die von Füssen nach Würzburg führt – es ist hier die B 25 –, gelangt man nach **Harburg,** das sich zunächst durch ein großes Zementwerk ankündigt. Doch dann sieht man auch die gewaltige Anlage der Harburg auf einem Felsen thronen, der den Rand des Rieses an der Stelle markiert, wo ihn die Wörnitz durchbricht. Das Ries, eine schüsselförmige Senke von etwa 25 km Durchmesser, entstand vor 14,8 Millionen Jahren durch den Einschlag eines riesigen Meteoriten.
Statt durch die winkligen Gassen der Altstadt verläuft die Romantische Straße seit 1958 durch einen 240 m langen Tunnel 36 m unter dem Burgberg. 3 km nach Harburg verläßt man die B 25 und biegt rechts auf eine Nebenstraße ein, die schnurgerade nach Oettingen führt, während sich rechts die Wörnitz in zahlreichen Schlingen ihren Weg bahnt. Die größte von ihnen, die Heroldinger Schleife, an der die von Nördlingen kommende ***Eger*** mündet, quert die Straße, bald nachdem man eingebogen ist. Als typisches Zahmwasser, auf dem im Sommer vielerorts Seerosen blühen, ist die Wörnitz hier auch für ungeübte Kanuten zu empfehlen. Wer es einmal probieren möchte, mietet sich in **Oettingen** ein Boot.
Das reizende barocke Residenzstädtchen liegt am Nordostrand des Riesbeckens. Die Wörnitz ist hier verhältnismäßig breit und bis 4 m tief, denn sie wird durch mehrere Wehre aufgestaut, an denen noch drei alte Mühlen liegen. Vom Hainsfarther Kirchenberg am anderen Wörnitzufer, einem Aussichtsbalkon des südlichen Frankenwaldes, hat man einen schönen Blick auf die Stadt und das Ries.
In Oettingen überquert man die Wörnitz und setzt die Fahrt nun am Ostufer des noch immer schlingenreichen Flusses über **Auhausen** mit seiner Benediktinerklosterkirche aus dem 12. Jh. zum altertümlichen **Wassertrüdingen** fort. Hier verläßt die Wörnitz das Ries und wendet sich in einer großen Schleife nach Westen. Von der Hauptstraße Richtung Dinkelsbühl, die dem Flußlauf eine Weile folgt, lohnt es sich, bei Gerolfingen rechts abzubiegen, um auf den 689 m hohen Hesselberg zu fahren, von dem man eine unvergleichliche Fernsicht auf die Frankenalb im Osten und die Schwäbische Alb bis zum Hohenstaufen im Westen hat.

Zwei wuchtige Rundtürme rahmen das Renaissanceschloß von Neuburg an der Donau. Rechts ragt der Turm der 1617 vollendeten Hofkirche auf.

Die wohlerhaltene romantische Reichsstadt **Dinkelsbühl** liegt am Westufer der Wörnitz. Man betritt sie durch das Wörnitztor. Typisch für Dinkelsbühl sind die vielen Weiher, in denen Karpfen gehalten werden. Vom Kanuclub aus kann man Bootsfahrten unternehmen. Oberhalb ist die Wörnitz nicht mehr befahrbar. Doch kann man ihr auf schmalen Sträßchen bis zur Quelle bei Schillingsfürst am Eichelberg im Naturpark Frankenhöhe folgen. ◅
Die Donaureise setzt man ab Donauwörth auf der Landstraße links des Flusses fort. Sie führt – teils auf der Höhe der Alb, teils im Tal – vorbei an Schloß Leitheim mit seinen hübschen Rokokoräumen und an Marxheim-Graisbach, wo man vom Burgberg aus das gegenüberliegende Mündungsgebiet des ***Lechs*** (siehe Seite 283–287) in die Donau überblicken kann. Bei **Rennertshofen-Bertoldsheim** ist der Fluß wieder einmal aufgestaut. Von **Stepperg** sollte man wegen der schönen Aussicht über das Donautal auf den Antoniberg fahren. Den besten Blick auf **Neuburg an der Donau** und sein Schloß hat man unterhalb der Brücke, die hinüber in die Oberstadt führt.
Es lohnt sich, vom Schloß am auwaldartigen Englischen Garten entlang die schnurgerade Straße zum jüngst restaurierten Jagdschloß **Grünau** zu fahren. Südlich davon breitet sich ein weiteres Donaumoos aus: ein ehemaliges Niedermoor, das zwischen 1790 und 1830 trockengelegt wurde. Damit war die größte Neulandgewinnung in Bayern seit dem Mittelalter abgeschlossen. In dieser Gegend bestimmen Straßendörfer mit Birkenalleen und Kanälen das Bild.
Kurz vor Grünau führt eine Straße nach links über die Bergheimer Schleuse zur B 16, von der man bei Dünzlau nach **Ingolstadt-Gerolfing** abbiegt. Westlich davon führen Wanderwege durch einen der schönsten Eichenwälder Süddeutschlands. Über das östlich gelegene Wassersportzentrum am Ingolstädter Stausee erreicht man schließlich **Ingolstadt.**
Für die Besichtigung der einstigen Residenz- und Festungsstadt sollte man sich ein wenig Zeit nehmen, vor allem für das Liebfrauenmünster, die größte spätgotische Hallenkirche Bayerns. Links der Donau führt nun die B 16a nach Vohburg, wo von rechts die ***Paar*** (siehe Seite 287) mündet. Noch in der Region Ingolstadt sieht man bei Kleinmehring die Türme des Kraftwerks Ingolstadt und später die der Raffinerien der Bayernwerke in den Himmel ragen.

Hart am Ufer der Donau vor den Jurakalkfelsen des Durchbruchs liegt Kloster Weltenburg, um 600 gegründet und damit eines der ältesten Klöster Bayerns.

Am Weg der Nibelungen

Ab Vohburg verläuft eine Nebenstraße zunächst auf dem linken Donaudamm nach **Pförring,** dem „Vergen“ des Nibelungenliedes, wo Kriemhild und Rüdiger auf ihrem Weg in König Etzels Land wohl die Donau überquerten. Der Fluß, dessen Lauf sich oft geändert hat, ist nun gebändigt. An die alten Furten erinnern weitere Namen aus dem Nibelungenlied. So gilt der Ort Großmehring bei Ingolstadt als das Moeringen des Heldenepos, wo Gunthers Burgunder unter Hagens Führung über die Donau gesetzt haben sollen.

Um nach **Neustadt an der Donau** zu gelangen, setzt man die Fahrt fort, biegt nach rechts auf die B 299 und überquert den Fluß. Von Neustadt erreicht man bald den Ortsteil **Bad Gögging,** an dessen Schwefelquellen schon die Römer ihren Rheumatismus zu kurieren versuchten. Kurz vor dem 4 km entfernten **Eining** liegen die Ruinen des Römerkastells Abusina an der namengebenden ***Abens.*** Auf der anderen Seite des Flusses markiert zwischen Hienheim und Haderfleck die Hadriansäule das Ende des Limes. Von hier ab übernahm die Donau die Funktion der Reichsgrenze.

Die Hadriansäule erreicht man von Neustadt aus auf einer Straße am linken Donauufer. 8 km weiter liegt auf dem Michelsberg über Kelheim die Befreiungshalle, 1842–1863 in Erinnerung an die Befreiungskriege 1813–1814 errichtet.

Wer am rechten Ufer geblieben ist, fährt auf der Deutschen Ferienstraße Alpen–Ostsee von Eining weiter zum Kloster **Weltenburg.** Hier hat sich der Fluß auf einer Länge von 5 km seinen Weg durch die Kalkwände des Jura geschnitten und das gewaltigste Durchbruchstal Deutschlands geschaffen.

Kelheim, die erste Herzogsresidenz der Wittelsbacher in Bayern, liegt an der Mündung der ***Altmühl*** (siehe Seite 258–259) in die Donau. Hier erreicht auch der im Bau befindliche ***Main-Donau-Kanal*** die Donau. Der Hafen ist schon seit 1978 in Betrieb.

Man verläßt die Stadt durch das Altmühltor. Unterhalb von Kelheim ist die Donau ein breiter Strom. Die Nebenstraße führt am linken Ufer über Kelheimwinzer weiter nach **Kapfelberg,** in dessen Yachthafen große Motorboote liegen. Wer auf direktem Weg nach Regensburg fahren will, überquert bei Poikam den Fluß, biegt nach links auf die B 16 ein und erreicht bald **Bad Abbach,** ein Schwefelheilbad in reizvoller Umgebung, das ebenfalls bereits die Römer nutzten. Auf der Weiterfahrt blickt man links auf das Naturschutzgebiet Mattinger Hänge.

Will man am linken Ufer bleiben, biegt man in Gundelshausen links ab und erreicht auf Nebenstraßen Alling im Tal der Schwarzen Laaber, die dann bei Sinzing in die Donau mündet.

▷ ***Schwarze Laaber*** In Alling biegt man links ab und sieht bei Oberalling zum erstenmal die Schwarze Laaber, hier als Zahmwasser ein ideales Angelgewässer. Doch bald ändert sich das liebliche Landschaftsbild. Felsen und die kargen Hänge des Fränkischen Jura prägen nun das Tal. **Nittendorf-Schönhofen** ist dann Ausgangspunkt für zwei Wanderungen: zum Oberen und zum Unteren Alpinum mit Felsnadeln, Höhlen, Kaminen und Spalten.

Donaufahrten ab Kelheim

Die für die Schiffahrt wichtige Kilometrierung der Donau beginnt an der Mündung und endet mit 2586,7 km in Ulm. Doch erst ab Kelheim ist die Donau Bundeswasserstraße. In Regensburg beginnt der planmäßige Linienverkehr über größere Strecken. Für Ausflügler ist schon ab ***Kelheim*** gesorgt. Sechs moderne Fahrgastschiffe bedienen von Ende März bis Ende Oktober mehrmals täglich nach Fahrplan – im Sommer sogar jede halbe Stunde – die Strekke Kelheim–Donaudurchbruch–Kloster Weltenburg und zurück. Auf Rundfahrten wird auch in Bad Abbach, auf Sonderfahrten in Regensburg und bei der Walhalla (Donaustauf) angelegt.

Auskunft Schiffahrtsgesellschaft Steibl OHG, Fischergasse 21, 8420 Kelheim, Tel. 09441/3201.

Ein eindrucksvolles Naturwunder ist der Donaudurchbruch bei Weltenburg, den sich der Fluß in jahrtausendelanger Arbeit durch den Jurasporn erzwungen hat. Fast 100 m hohe Felswände säumen den Flußlauf, den man hier am schönsten vom Boot aus erlebt.

Die Felsriffe im Klettergarten des Oberen Alpinums steigen vom Tal bis zum Rand der Hochfläche auf. Von oben hat man einen großartigen Blick auf das Tal der Schwarzen Laaber. Bei **Eichhofen** liegt – 30 Minuten zu Fuß entfernt – hoch oben auf einer Felsgalerie die Höhlenburg Loch. Den vierstöckigen Bergfried sieht man schon von weitem.

In **Deuerling** stößt man auf die B 8, von der man schon kurz danach nach rechts abbiegt, um auf einem Sträßchen mit vielen Kurven durch eine unberührte Landschaft nach **Eisenhammer** zu gelangen. Von seiner Eisenerzverhüttung profitierte das nahe Städtchen **Laaber,** von wo ein Wanderweg an zahlreichen alten Mühlen vorbei nach Beratzhausen führt. Weiter flußaufwärts kann man die Schwarze Laaber nur noch mit dem Paddelboot erkunden. ◁

Aus diesem Idyll kehrt der Autofahrer wieder ins Donautal zurück. Von Sinzing erreicht man rasch die Altstadt von **Regensburg,** deren Grundriß noch gut das Legionslager Castra Regina nachzeichnet. Hier, am nördlichsten Punkt der Donau, wo gegenüber ***Naab*** (siehe Seite 264–267) und ***Regen*** (siehe Seite 267–268) münden, lag schon die keltische Siedlung Radasbona. Den alten Donauübergang markiert die mittelalterliche Steinerne Brücke, die mit 16 Bogen auf einer Länge von 310 m die Donau überspannt. Winkelige Gassen führen zum Dom St. Peter und zum Alten Rathaus, in dem von 1663 bis 1806 der „Immerwährende Reichstag" seine Sitzungen abhielt.

Der rechteckige Altstadtkern, der von dem gotischen Dom St. Peter beherrscht wird, weist auf den römischen Ursprung der Stadt Regensburg hin.

„Die zwölf Apostel“ heißt eine der Felsgruppen, die das Tal der Altmühl überragen. Auf der Fahrt durch das Tal sollte man öfter anhalten, um die Einzigartigkeit der Landschaft zu genießen.

Romantik zwischen Natur und Technik

Wer die Donau von Ulm bis Regensburg kennengelernt hat, sollte auch der Altmühl einen Besuch abstatten, in deren unterem Talabschnitt einst die Donau floß. Hier ist alles beisammen: romantische Städte, reizvolle Landschaftsbilder sowie die Werke der Natur und des planenden Menschen.

▷ ***Altmühl*** Auch Flüsse haben ihre Geschichte: Noch vor 200000 Jahren floß die Urdonau von Rennertshofen durch das von ihr geschaffene Wellheimer Trockental nordwärts bis Dollnstein und wandte sich dann nach Osten. Ab Dollnstein, wo einst die Altmühl mündete, benutzt diese heute das alte, für sie zu große Donautal. Wen wundert es, daß hier das untere Teilstück des Main-Donau-Kanals Platz gefunden hat oder noch finden wird.

Heute folgt man ab Kelheim auf der die Altmühl begleitenden Ferienstraße Alpen–Ostsee einer breiten Wasserstraße bis Schloß Prunn. Unterwegs sollte man das Große Schulerloch aufsuchen. Wie das ganze Tal hier verdankt auch diese Tropfsteinhöhle mit ihren mächtigen Domen und verzweigten Gängen ihre Entstehung den Anstrengungen der Urdonau. Über **Essing** sitzt hoch auf einem Felsen die Ruine Randeck. Seit 1987 spannt sich hier eine originelle Fußgängerbrücke über den Main-Donau-Kanal: ein Holzsteg, der zwischen zwei Pfeilern durchhängt und damit an eine japanische Bogenbrücke erinnert. Besonders sehenswert ist schließlich Schloß **Prunn,** eine süddeutsche Ritterburg, die auf einem 70 m hohen Fels thront und mit einer phantastischen Aussicht lockt.

2 km danach endet vorerst der Kanal mit der Staustufe Riedenburg. Doch die Arbeit geht weiter, und auf riesigen Baustellen werden weiterhin Erdmassen bewegt.

Die verkrauteten Altwasser der Altmühl, auf die man hie und da noch trifft, sind beim Bau des Ludwigkanals vor über 100 Jahren entstanden. So etwa an der großen Flußschleife unterhalb des Schlosses Eggersberg, das heute als Hotel dient. Auf der Ferienstraße Alpen–Ostsee gelangt man nach **Dietfurt,** wo der Kanal das Tal der Altmühl bald verlassen wird. Am Ortsausgang neben der Straße nach Beilngries steht mitten in der Landschaft eine vollständig fertiggestellte Schleuse. Ihr fehlen nur noch das Wasser und die Schiffe, die an den Pollern festmachen. Lange wird es nicht dauern.

Ab **Beilngries,** einer altertümlichen, fast noch völlig von einem Mauergürtel umschlossenen Stadt, wird die Strecke reizvoller. Bei **Pfraundorf** kann man links auf einen Wiesenweg zum Erholungszentrum **Kratzmühle** abbiegen, wo ein Stausee zum Baden und Rudern einlädt. Nach dem Schotterwerk Pfraundorf zweigt ein Sträßchen nach **Unteremmendorf** und zu einem großartigen Felstor ab, das die Wassermassen der Donau hier einst geschaffen haben.

Bei Kinding wendet sich die Altmühl in einem Bogen nach Süden, wird von der A 9 überbrückt und erreicht bald **Kipfenberg,** wo der Limes das Tal einst querte. Spuren der Römer findet man im Nachbarort **Böhming,** dessen Pfarrkirche und Wehrmauer über einem römischen Kastell erbaut wurden. In der nächsten Flußschleife erhebt sich dann auf einem Dolomitfelsen die Ruine der Burg **Arnsberg.** Auf der anderen Talseite breitet sich die Arnsberger Leite aus, eine der schönsten Steppenheideflächen des Altmühltals. Sie geht in die Gungoldinger Wacholderheide über.

Auf einer Anhöhe am Rand von **Pfünz** hat man die Grundmauern des Kastells Vetoniana ausgegraben. Wie der Name sagt – Pfünz kommt von „pons“ (Brücke) –, überspannte wohl schon in römischer Zeit

Links unten: 150 Millionen Jahre alte Versteinerungen kann man nicht nur im Museum von Solnhofen bewundern, sondern man darf sie auch im Gemeindesteinbruch unter Anleitung selbst suchen.

Oben: Wer auf dem ruhig fließenden Wasser der Altmühl paddeln will, kann sich bei einer der zahlreichen Bootsverleihstellen ein Boot mieten.

eine Brücke die Altmühl. Die schmale Steinbrücke dort stammt jedoch aus dem Mittelalter. Die neue Autobrücke bewachen zwei bronzene römische Legionäre.

Die barocke Altstadt der Residenzstadt **Eichstätt** ist wirklich sehenswert, besonders die Fürstbischöfliche Residenz am schönen Residenzplatz und die Sommerresidenz mit dem Hofgarten, der Marktplatz und natürlich auch der gotische Dom mit seinen romanischen Türmen. In der Willibaldsburg kann man im Juramuseum neben anderen paläontologischen Funden ein Exemplar des Urvogels Archäopteryx bewundern. Am Ortsausgang weist eine Tafel rechts den Weg zum Steinbruch Blumenberg, wo Hobbygeologen nach Herzenslust Steine klopfen und mit etwas Glück verborgene Schätze finden können.

Im fremden und im eignen Tal

Vorbei am barocken Kloster **Rebdorf** führt die Ferienstraße Alpen–Ostsee nun zum felsumrandeten Talkessel von **Dollnstein.** Hier mündete einst die Ur-Altmühl in die Urdonau, die durch das Wellheimer Trokkental, damals keineswegs trocken, von Süden kam, sich nicht nur diesen Felskessel, sondern auch das Tal schuf, in dem heute die untere Altmühl fließt. Übrigens kann man heute mit einem historischen Dampfzug durch das Wellheimer Tal bis Rennertshofen fahren.

Das Tal, das sich die Altmühl einst allein hat graben müssen, wird enger. In vier Schleifen winden sich Fluß und Straße über 12 km nach Solnhofen – die Luftlinie beträgt nur 4 km! Auf der gut ausgebauten Straße sollte man öfters anhalten, sonst verpaßt man etwa die bizarre Felsformation der „Zwölf Apostel" bei **Eßlingen.**

Solnhofen ist wegen seiner Schieferplatten bekannt, in denen Versteinerungen von über 600 Tierarten gefunden wurden, die vor 150 Millionen Jahren lebten.

Mit der Flußschleife bei **Pappenheim** umarmt die Altmühl einen Bergsporn, den eine Burgruine mit Bergfried krönt. Bei **Treuchtlingen-Dietfurt** verläßt die Straße das Jurabergland der Frankenalb, durch das sich die Altmühl ihren verschlungenen Weg gebahnt hat, und tritt nun in das durch weichere Landschaftsformen gekennzeichnete Keuperbergland ein. Im Thermalfreibad der Siebentälerstadt **Treuchtlingen** kann man sich erfrischen.

Der Name des Ortsteils **Graben** weist auf den Karlsgraben hin. Mit dieser „Fossa Carolina" wollte schon Karl der Große 793 Rhein und Donau verbinden. Um den hier noch sichtbaren Graben führt ein Rundwanderweg.

Die Altmühl, „Bayerns schüchternster Fluß", der sich lieber dreimal umdreht, bevor er weiterfließt, bleibt auch im Oberlauf ein zahmes Gewässer.

Für Kanuten ist **Gunzenhausen** die oberste Einsatzstelle. Hier beginnt oder endet auch der Altmühl-Radwanderweg. Zwischen Gunzenhausen und **Muhr am See** (früher Altenmuhr) erstreckt sich nun der ***Altmühlsee*** (siehe Seite 260–261).

Oberhalb liegen typische fränkische Kleinstädte wie **Ornbau** und **Herrieden,** jede mit einem Storchennest und einer romantischen Steinbrücke über die Altmühl.

Die Straße begleitet das nun kleine Wiesenbächlein bis **Leutershausen.** Von hier aus ist es noch ein ziemliches Stück bis zum ***Hornauer Weiher*** auf der Frankenhöhe bei Rothenburg ob der Tauber, wo die Altmühl entspringt. ◁

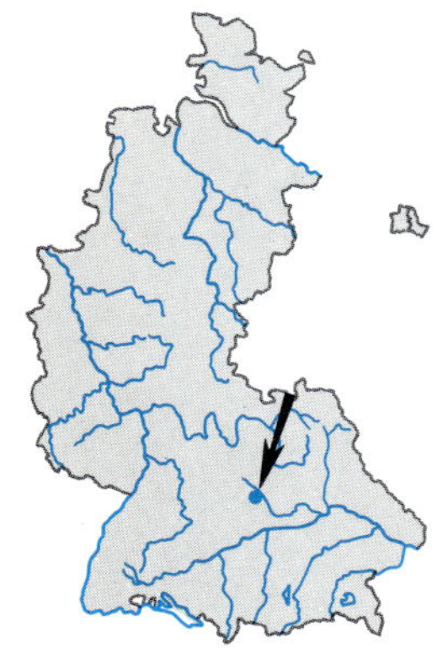

Eine Freizeitlandschaft aus der Retorte

Wer als Urlauber an den Altmühlsee im Neuen Fränkischen Seenland kommt, spürt wenig von der großen wasserwirtschaftlichen Bedeutung, die dem künstlich angelegten See und seinen zum Teil noch unfertigen Brüdern zukommt.

Die fränkische Seenplatte ist eine Schöpfung der Wasserbauer. In einer gigantischen technischen Anstrengung, die in der Geschichte Bayerns einmalig ist, verfolgt man hier das ehrgeizige Ziel, einen überregionalen Wasserausgleich zwischen Nord- und Südbayern zu schaffen.

In Franken ist das Wasser knapp

Die Notwendigkeit dazu ergibt sich aus den unterschiedlichen naturräumlichen Gegebenheiten in Bayern. Während die Flüsse im niederschlagsreichen Alpenvorland, also im Gebiet südlich der Donau, viel Wasser führen, herrscht in weiten Teilen Frankens, das im Regenschatten der Mittelgebirge liegt, eine empfindliche Wasserknappheit.
Gerade die Gegend um Nürnberg, Fürth und Erlangen ist aber ein stark industrialisierter Ballungsraum mit einem entsprechend hohen Energiebedarf, der nur mit Hilfe von Wärmekraftwerken gedeckt werden kann, die natürlich viel Kühlwasser verbrauchen. Mit der Überleitung von Altmühl- und Donauwasser in das Regnitz-Main-Gebiet kann man diese Wasserverluste wirksam ausgleichen. Die Landwirtschaft profitiert ebenfalls von dem größeren Wasserangebot.
Mit der Überleitung werden auch noch andere Ziele verfolgt. Eines ist der Hochwasserschutz im mittleren Altmühltal. Vor allem im Sommer kam es hier immer wieder zu Überschwemmungen, die man nun durch ein ausgeklügeltes Speichersystem in den Griff bekommen hat. Ebenso wichtig ist die Gewährleistung der Schiffahrt auf dem ***Main-Donau-Kanal*** (siehe Seite 203–204) auch in Niedrigwasserzeiten. Nicht zuletzt wird durch die erhöhte Wasserführung in Regnitz und Main die Wassergüte erheblich verbessert.
So ging man also daran, Altmühlhochwasser über den sogenannten ***Altmühlzuleiter*** in einem großen Ausgleichsbecken aufzufangen. Ein fast 9 km langer Überleiter, zum Teil in einem Stollen unterhalb der europäischen Wasserscheide, transportiert es weiter zur ***Brombachvorsperre,*** dem Kleinen Brombachsee. Von dort gelangt es über die Schwäbische Rezat ins Regnitz-Main-Gebiet. In einer zweiten Baustufe soll Anfang der 90er Jahre auch der ***Große Brombachsee*** aufgestaut werden. Von dort will man das gespeicherte Wasser dann nach Bedarf abgeben.

Zwei Überleitungssysteme schaffen Abhilfe

Das Brombachspeichersystem, wie diese Anlage genannt wird, ist jedoch nur der eine Teil des komplizierten Überleitungssystems. Der andere, genauso wichtige Teil ist die Überleitung von Donauwasser, die durch den Main-Donau-Kanal bewerkstelligt wird. Dieser Kanal soll auf einer fast

Am Südostende des Altmühlsees liegt Gunzenhausen; deutlich erkennbar ist rechts auf dem Bild der Überleiter. Kurz nach seinem Austritt aus dem See unterquert ihn die Altmühl. Sie wurde am Ostufer entlang verlegt, um die Grundwassersituation zu stabilisieren und auch weiterhin den normalen Abfluß zu gewährleisten.

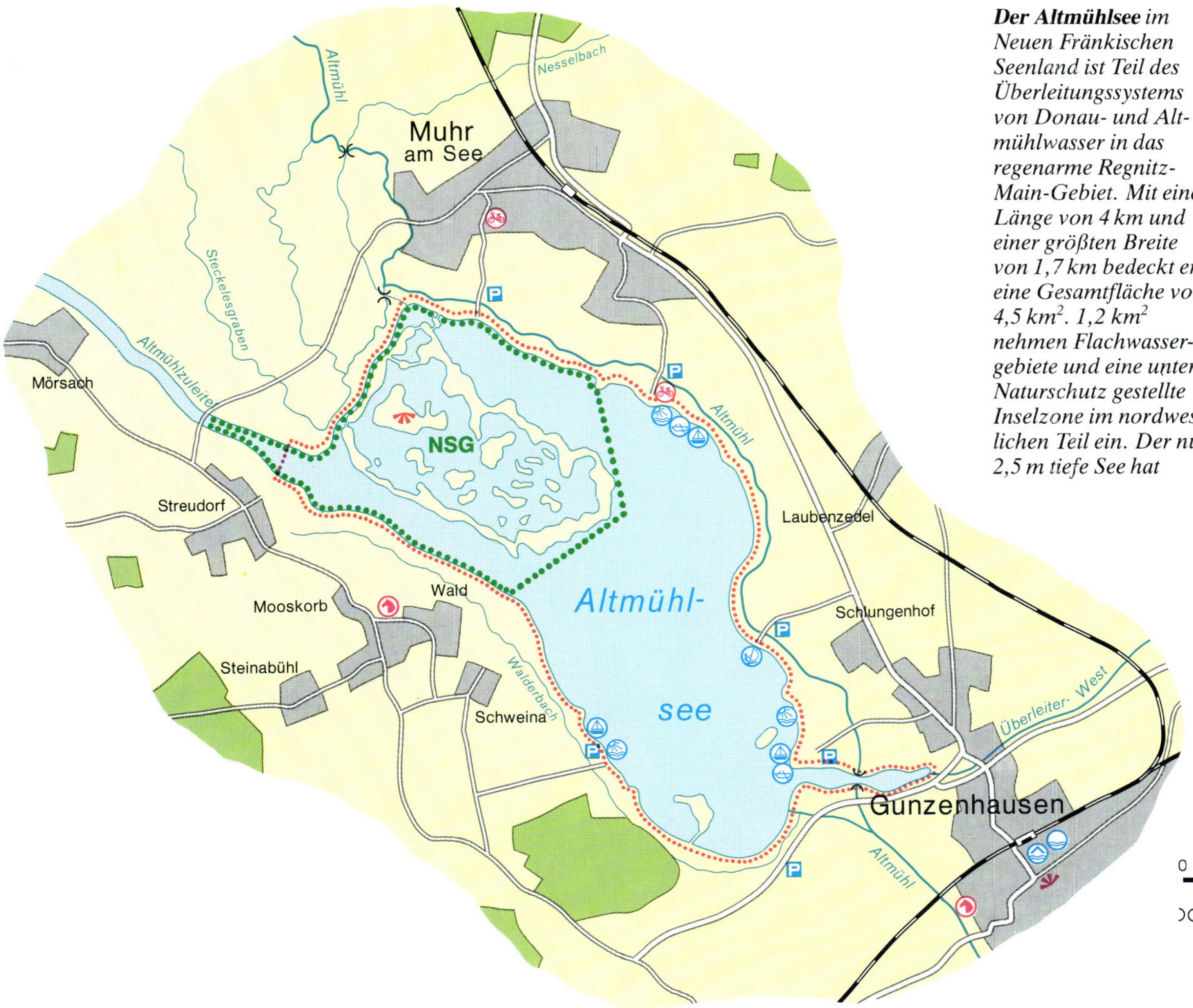

*Der **Altmühlsee** im Neuen Fränkischen Seenland ist Teil des Überleitungssystems von Donau- und Altmühlwasser in das regenarme Regnitz-Main-Gebiet. Mit einer Länge von 4 km und einer größten Breite von 1,7 km bedeckt er eine Gesamtfläche von 4,5 km². 1,2 km² nehmen Flachwassergebiete und eine unter Naturschutz gestellte Inselzone im nordwestlichen Teil ein. Der nur 2,5 m tiefe See hat einen Stauraum von 13,9 Millionen m³. Neben seiner großen wasserwirtschaftlichen Bedeutung gewinnt er – zusammen mit den anderen Gewässern der fränkischen Seenplatte – auch mehr und mehr die Funktion eines Freizeit- und Erholungsgebiets. Um den See führt ein 12 km langer Rad- und Wanderweg.*

Im Neuen Fränkischen Seenland soll es einmal drei größere Seen geben, von denen bislang nur der Altmühlsee realisiert ist. Rothsee und Großer Brombachsee sollen zu Beginn der 90er Jahre in Betrieb genommen werden. Die beiden Vorsperren des Brombachsees, der Igelsbachsee und der Kleine Brombachsee, sind bereits geflutet.

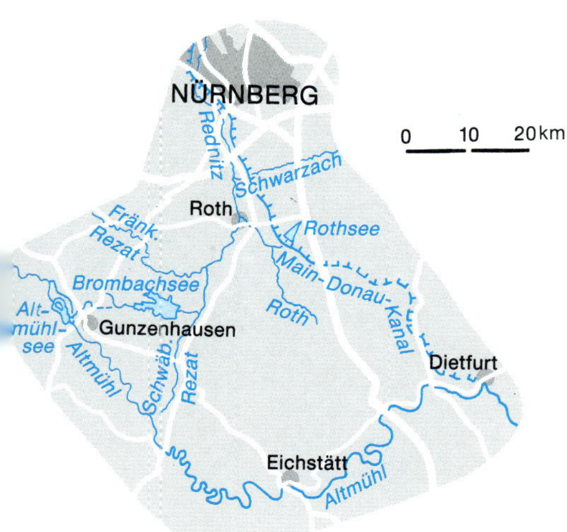

700 km langen Strecke zwischen Aschaffenburg und Passau für Schiffe durchgängig befahrbar sein. Auch er soll Anfang der 90er Jahre fertig sein. Beide Teilsysteme sind zwar technisch voneinander unabhängig, ergänzen sich jedoch zu einer betrieblichen Einheit.

Auch die Natur kommt nicht zu kurz

Es ist klar, daß dieses gewaltige Unterfangen einen ganz erheblichen Eingriff in die gewachsene Landschaft darstellt. Über der wasserwirtschaftlichen Seite haben die Planer aber auch die Natur nicht vergessen. Ganz besonderes Gewicht hat man bei der Gestaltung der Anlage darauf gelegt, die reizvolle Landschaft mitsamt ihrer Fauna und Flora weitgehend zu erhalten und die baulichen Veränderungen harmonisch einzufügen. So entstand im oberen Drittel des ***Altmühlsees*** eine über 1 km² große Insel- und Flachwasserzone als Biotop für bedrohte Tiere und Pflanzen; sie steht unter Naturschutz. Viele Tiere sind hier heimisch geworden – z. B. Graureiher, Kiebitze und zahlreiche Amphibien- und Libellenarten. Die durch den Bau des Sees entstandene grundlegende Veränderung des Biotops hat aber leider auch dazu geführt, daß manche Vogelarten in andere Gebiete abwandern. So haben die meisten Brutpaare von Bekassine und Brachvogel die Gegend inzwischen verlassen, und auch Weißstörche findet man nur noch selten.

Mit dem Auto ist der Altmühlsee schnell umfahren: Von **Gunzenhausen,** das man, von Nürnberg kommend, über die B 466 erreicht, geht es auf der B 13 am Ostufer entlang nach **Muhr am See,** wo der ***Nesselbach*** in den See geleitet wird, und dann über Nebenstraßen an der Westseite zurück zum Ausgangspunkt. Wie im ganzen Freizeitgebiet Fränkisches Seenland ist eine Umrundung mit dem Fahrrad eher zu empfehlen. Im und am See können Wassersportler ihren Hobbys frönen. Sperrgebiete sind allerdings für sie tabu.

Donau

Lauingen Guterhaltene bayerische Herzogsstadt im Donauried.
Im Freilichtmuseum im Ortsteil Faimingen sind die Reste des größten römischen Tempelbaus nördlich der Alpen, dem Heil- und Quellgott Apollo Grannus geweiht, zu sehen.
Stadtverwaltung, 8882 Lauingen, Tel. 09072/7030

Donauwörth 1000jährige Brückenstadt an der Wörnitzmündung.
An und nahe der Reichsstraße liegen die interessantesten Bauwerke: Stadtpfarrkirche, Fuggerhaus, Rathaus.
Im Tanzhaus verdient das Archäologische Museum (geöffnet 1. So im Monat 10–12, 14–17 Uhr) einen Besuch.
Der Schwäbischwerder Kindertag, ein Kinderumzug in historischen Kostümen, findet im Rahmen eines Volksfestes am 1. So im Juli und am Mi davor statt.
Sehr zu empfehlen ist eine Fahrt zu dem 11 km donauabwärts gelegenen Lustschloß Leitheim, nicht nur der schönen Aussicht und der noblen Rokokoräume wegen (geöffnet Di–So 10–12 Uhr, 14–16 Uhr), sondern auch, um an einem der bekannten Schloßkonzerte teilzunehmen (Auskunft: Tel. 09007/231).
Verkehrsamt, Rathausgasse 1, 8850 Donauwörth, Tel. 0906/50211

Stilvoll ging es schon zu bei den Barockkonzerten in der Bibliothek in Neuburg. Heute finden sie im Kongregationssaal statt.

Neuburg an der Donau Ehemalige Residenzstadt des Fürstentums Pfalz-Neuburg.
Nicht nur vom linken Donauufer aus sollte man sich das auf einem Jurafelsen gelegene Renaissanceschloß anschauen, sondern hinaufsteigen, um es samt der Oberstadt mit ihren schönen Bürgerhäusern eingehender zu betrachten.
Eine Fahrt zum Jagdschloß Grünau in den Auwäldern der Donauniederung lohnt sich sehr, schon wegen der die Jagd und die Liebe verherrlichenden Malereien.
Am letzten Wochenende im Juni wird in Renaissancekostümen das Schloßfest gefeiert, bei dem der historische Steckenreitertanz aufgeführt wird.
In der Hofkirche und im Schloß finden im Rahmen des Musikalischen Sommers Konzerte statt, ferner die Neuburger Konzerte im Kongregationssaal.
Verkehrsbüro, Amalienstraße 54, 8858 Neuburg a. d. D., Tel. 08431/55240

Die Kartaunen im Hof des Neuen Schlosses zu Ingolstadt gehören zu den Sammlungen des Bayerischen Armeemuseums.

Ingolstadt Moderne Industriestadt und zweitgrößte Stadt Oberbayerns.
Schanz nannte man die ehemalige bayerische Landesfestung. Sehenswert sind die Reste der Festungswerke sowie die von der mittelalterlichen Mauer umgebene Altstadt mit dem Kreuztor, der gotischen Liebfrauenkirche und Sta. Maria Victoria mit dem 600 m² großen Fresko von Cosmas Damian Asam. Im gotischen Neuen Schloß ist das Bayerische Armeemuseum untergebracht (geöffnet Di–So 8.45–16.30 Uhr).
Verkehrsamt, Kurfürstliche Reitschule, Hallstraße 5, 8070 Ingolstadt, Tel. 0841/305415-17

Neustadt an der Donau Planmäßig angelegtes mittelalterliches Städtchen am Südrand der Frankenalb. Neben der Altstadt mit ihren Giebelhäusern und Türmen zieht vor allem das eingemeindete Bad Gögging den Besucher an, ein Schwefel-, Moor- und Thermalbad mit Thermalfrei- und -hallenbad sowie den römischen Thermen unter der Kirche St. Andreas.
Man sollte nicht versäumen, zu Fuß über den Ilmdamm das römische Kastell Abusina kurz vor dem Ortsteil Eining aufzusuchen.
Stadtverwaltung, 8425 Neustadt a. D., Tel. 09445/870

Kelheim Alte Stadt mit modernem Hafen an der Mündung der Altmühl.
In der Altstadt mit ihren drei Toren findet man im mächtigen Herzogskasten das neue Archäologische Museum mit seinen reichen Sammlungen (geöffnet April bis Oktober Di–So 10–16 Uhr).
Über der Stadt liegt auf dem schon in vorgeschichtlicher Zeit besiedelten Michelsberg die monumentale Befreiungshalle (geöffnet April bis September täglich 8–18 Uhr, sonst 9–12 und 13–16 Uhr). Von der obersten Galerie der Rundhalle hat man eine schöne Sicht auf Donau- und Altmühltal.
Wenn man nicht auf dem 14 km langen archäologischen Pfad durch die imposante Schlucht des Donaudurchbruchs wandert, sollte man mit dem Schiff hindurch nach Kloster Weltenburg fahren. Hier beeindruckt nicht nur die landschaftlich einzigartige Lage, sondern die von Cosmas Damian Asam gestaltete barocke Klosterkirche, deren Hochaltar ein Wunder an Beleuchtungstechnik mit natürlichem Licht ist.
Verkehrsamt, Ludwigstraße, 8420 Kelheim, Tel. 09441/70134

Bad Abbach Traditionsreiches Schwefelheilbad bei Regensburg.
Vorbildliche Kur- und Freizeiteinrichtungen, Kurkonzerte, Bauerntheater, Wander- und Radwege machen Bad Abbach auch zu einem beliebten Ferienort.
Kurverwaltung, 8403 Bad Abbach, Tel. 09405/4420 oder 1555

Die Heidenheimer Volksschauspiele werden im Naturtheater aufgeführt. Hier sieht man Faust in seinem Studierzimmer.

Regensburg Eine der altehrwürdigsten Städte Deutschlands an einem alten Flußübergang.
Die noch ganz mittelalterlich geprägte, aus dem Quadrat des römischen Kastells „Castra Regina" hervorgegangene wohlerhaltene Altstadt ist ein einziges Denkmal abendländischer Geschichte. Unter den vielen profanen und sakralen Bauwerken ragen hervor: das ehemalige Kloster St. Emmeram mit Krypta aus dem 8. Jh. und gotischem Kreuzgang (seit 1812 Sitz der Fürsten von Thurn und Taxis; Führungen: Mo–Fr 14 und 15.15 Uhr, So 10 und 11.15 Uhr mit dem Marstallmuseum), der gotische Dom, das Alte Rathaus, in dem der „Immerwährende Reichstag" tagte (Führungen: April bis September jede halbe Stunde 9.30–12 und 14–16 Uhr, So nur 10, 11 und 12 Uhr).
Die Steinerne Brücke schaut man sich am besten vom historischen Wurstkuchl am Donauufer an.
Kunstinteressierte zieht es in das Museum der Stadt Regensburg im ehemaligen Minoritenkloster (geöffnet Di–Sa 10–16 Uhr, So 10–13 Uhr) und in die Ostdeutsche Galerie im Stadtpark (geöffnet Di–Sa 10–16 Uhr, So 10–13 Uhr).

Die Dinkelsbühler Kinderzeche soll daran erinnern, daß im Dreißigjährigen Krieg Kinder die Plünderung der Stadt verhinderten.

Neben vielen anderen Fossilien ist im Jura-Museum in Eichstätt auch dieser 140 Millionen Jahre alte Kugelfisch zu sehen.

Bei Schönhofen an der Schwarzen Laaber lockt die bizarre Felslandschaft zu Wanderungen durch das Untere Alpinum.

Die Regensburger Domspatzen singen sonn- und feiertags um 9 Uhr im Niedermünster.
Neben der Steinernen Brücke steigt man zur Strudelfahrt auf Donau, Regen und Europakanal ein. Am Haltepunkt der Strudelfahrten befindet sich das Schiffahrts-Museum (geöffnet Mitte März bis Mitte Oktober 10–17 Uhr).
Fremdenverkehrsamt, Altes Rathaus, 8400 Regensburg, Tel. 0941/5072141

Brenz

Königsbronn Erholungsort am Brenzursprung.
Im Torhaus des ehemaligen Klosters befindet sich das Torbogenmuseum der Sammlung „600 Jahre Hüttenwerke" (geöffnet So und Feiertag 10–16 Uhr).
Gemeindeverwaltung, 7923 Königsbronn, Tel. 07328/820

Heidenheim an der Brenz Zentrum der Ostalb.
Die Stadt wird vom Schloß Hellenstein überragt, einer mittelalterlichen Burg, die im 17. Jh. zum Renaissanceschloß umgebaut wurde. Im Schloßmuseum (geöffnet April bis Oktober Di–So 10–12 und 14–17 Uhr) befinden sich eine wertvolle vor- und frühgeschichtliche Sammlung sowie Trachten und Handwerkserzeugnisse. Im Fruchtkasten des Schlosses ist das Museum für Kutschen, Chaisen und Karren untergebracht (geöffnet Mitte März bis Ende Oktober Di–So 10–12.30 und 14–17 Uhr).
Beim Neubau der Post wurde die größte römische Badeanlage Süddeutschlands entdeckt (geöffnet Mi–So 10–12 und 14–17 Uhr).
Kinder besuchen gern den Freizeitpark Schloß Hellenstein mit einem Wildgehege. Hier liegt auch das Naturtheater, in dem von Juni bis August die Volksschauspiele aufgeführt werden.
Verkehrsamt, 7920 Heidenheim, Tel. 07321/327340

Giengen Ehemalige freie Reichsstadt auf der Ostalb.
Hier werden die in aller Welt bekannten Steiff-Tiere hergestellt. Sehenswert ist das Museum der Firma Steiff (geöffnet Mo–Fr 13–16 Uhr).
Die Charlottenhöhle im Ortsteil Hürben ist 532 m lang und verbindet zehn phantastische Tropfsteinhallen (geöffnet April bis Oktober 8.30–12 und 14–17 Uhr).
Stadtverwaltung, 7928 Giengen, Tel. 07322/1391

Wörnitz

Dinkelsbühl Eine der schönsten alten deutschen Städte am Oberlauf.
Unter den vielen Baudenkmälern der ummauerten Stadt ist die spätgotische Hallenkirche St. Georg das bedeutendste.
Wer Mitte Juli zu Gast ist, erlebt die Kinderzech-Festwoche, gefeiert in Erinnerung an die Kinder, die 1632 die Stadt angeblich vor den Schweden retteten.
Verkehrsamt, 8804 Dinkelsbühl, Tel. 09851/3013

Oettingen Barocke Residenzstadt am Rand des Nördlinger Rieses.
Wegen seiner Innenausstattung sollte man das Neue Schloß besuchen (geöffnet Mai bis Oktober, Führungen: Sa 14 Uhr). Im Festsaal werden von Mai bis Oktober die Oettinger Schloßkonzerte veranstaltet.
Zur Brutzeit ziehen alljährlich Störche in die Stadt.
Verkehrsamt, 8867 Oettingen, Tel. 09082/2000

Harburg Residenz der Fürsten von Oettingen-Wallerstein auf der Frankenalb.
In der trutzigen Harburg, einer der besterhaltenen Burgen Bayerns, sind die fürstlichen Kunstsammlungen besonders sehenswert (Führungen: Mitte März bis Ende Oktober täglich von 9–11.30 und 13.30–17.30 Uhr).
Stadtverwaltung, 8856 Harburg, Tel. 09003/1011

Altmühl

Gunzenhausen Freizeitzentrum am Altmühlsee.
Man kann hier angeln, surfen, Boot fahren und an Führungen über die Vogelinsel teilnehmen (Do 16 Uhr, Sa und So 9 und 16 Uhr).
Verkehrsamt, 8820 Gunzenhausen, Tel. 09831/9795

Solnhofen Wiege des Steindrucks und Fundstelle des Urvogels Archäopteryx auf der Frankenalb.
Gegen einen Berechtigungsschein, den jeder Übernachtungsgast erhält, kann man im Gemeindesteinbruch Fossilien suchen. In Versteinerungen erhaltene Lebewesen aus der Jurazeit sieht man im Bürgermeister-Müller-Museum (geöffnet April bis Oktober täglich 9–12 und 13–17 Uhr, November bis März Mo–Do 9–12 und 13–17 Uhr, Fr 9–12 Uhr) wie auch im Museum beim Solenhofener Aktien-Verein (geöffnet täglich 8.30–12 und 13–16.45 Uhr).
Verkehrsamt, 8838 Solnhofen, Tel. 09145/477 und 478

Eichstätt Mittelpunkt des Altmühltals.
Sehenswert ist die ganze Stadt, besonders aber der Dom, die Schätze im Diözesanmuseum (geöffnet April bis Oktober Di–Sa 9.30–13 und 14–17 Uhr, So 11–17 Uhr) und das Jura-Museum in der Willibaldsburg (geöffnet 9–12 und 13–17 Uhr, Oktober bis März 10–12 und 13–16 Uhr).
Im Steinbruch des Ortsteils Blumenberg können Hobbygeologen Fossilien sammeln.
Verkehrsbüro, 8078 Eichstätt, Tel. 08421/7977

Altmannstein 1000jähriger Markt in einem kleinen Seitental.
Im Ortsteil Hexenagger wird seit dem 15. Jh. eine Waffen- und Hammerschmiede betrieben. Der von einem Wasserrad angetriebene Eisenhammer tut seine Arbeit seit 350 Jahren.
Gemeindeverwaltung, 8426 Altmannstein, Tel. 09446/1233

Essing Fremdenverkehrsort am Unterlauf.
Die den Ort überragende Burgruine Randeck kann man jederzeit besuchen, das Schulerloch im Ortsteil Oberau, eine 400 m tiefe Tropfsteinhöhle, wird durch Führungen erschlossen (geöffnet Mai bis Mitte Oktober täglich 10–12 und 13–16 Uhr).
Gemeindeverwaltung, 8421 Essing, Tel. 09447/363

Schwarze Laaber

Nittendorf Gemeinde in einem kleinen Seitental.
Der Ortsteil Schönhofen ist Ausgangspunkt für Wanderungen durch das Untere und das Obere Alpinum.
Gemeindeverwaltung, 8411 Nittendorf, Tel. 09404/2024

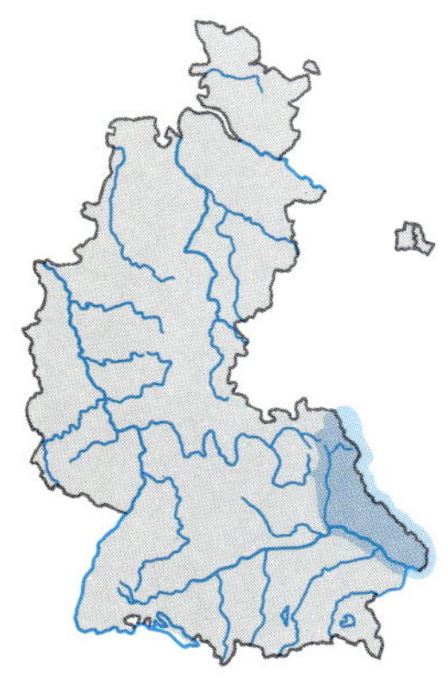

Zwischen dunklen Wäldern und fruchtbarem Gäuboden

Auf ihrem Weg zur Grenze nach Österreich wird die Donau zum betriebsamen Strom. Einen Kontrast dazu bilden die Felslandschaften, stillen Wälder und oft verträumten Städtchen des Oberpfälzer und Bayerischen Waldes, aus denen ihr Naab, Regen und Ilz zufließen.

Regensburg ist Ausgangspunkt einer Reise entlang der Naab, die am Westrand bei **Sinzing-Mariaort** in die Donau mündet.

▷ ***Naab*** Man folgt dem Fluß auf der Bayerischen Eisenstraße – das ist zunächst die B 8 –, die von Regensburg nach Pegnitz führt. An ihr liegen zahlreiche Orte, die über Jahrhunderte in der Eisenerzverarbeitung führend waren und zur einstigen „Waffenschmiede des Reiches" gehörten. In Etterzhausen verläßt man die B 8 und fährt nach **Pielenhofen** mit seinem barocken Benediktinerkloster und weiter zum Wolfsegger Ortsteil **Heitzenhofen.** Dieses ehemalige Hammergut wurde 1460 erbaut und gehörte einst zu den bedeutendsten Hammergütern in der Oberpfalz. Hier verhüttete man schon im 15. Jh. jährlich rund 500 t Eisenerz. Das Hammerschloß mit seinem Staffelgiebel, einer Schloßklause aus dem Jahr 1608, einer kleinen Kapelle sowie einer Kammerschleuse von 1837 ist noch erhalten.

5 km weiter thront auf einem markanten Jurafelsen die mächtige Burgruine von **Kallmünz,** einst Stützpunkt der Wittelsbacher im Nordgau. In Kallmünz mündet die Vils.

▷ ▷ ***Vils*** In Kallmünz zweigt die Bayerische Eisenstraße nach links ab und führt nun am Ufer der Vils entlang.

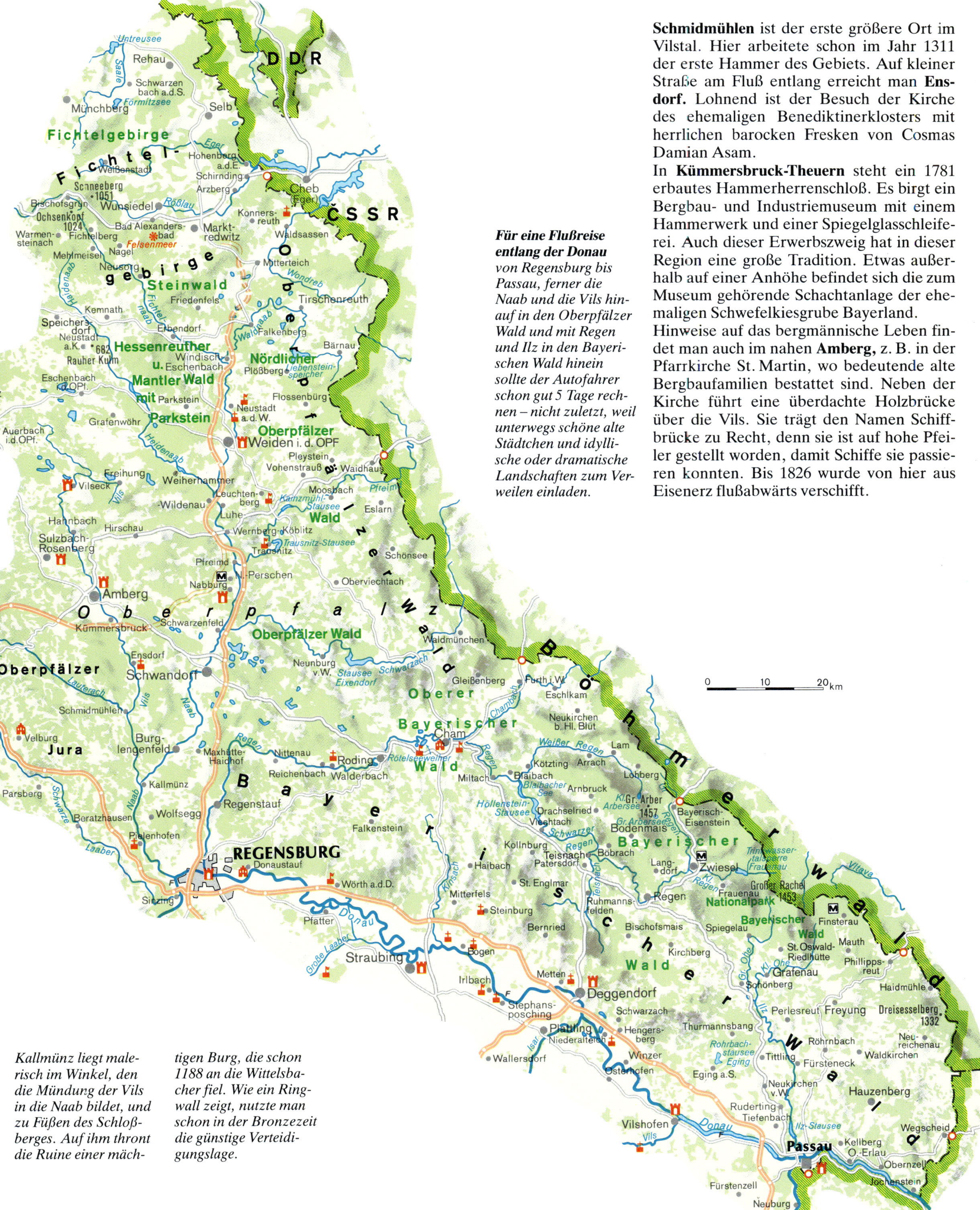

Für eine Flußreise entlang der Donau *von Regensburg bis Passau, ferner die Naab und die Vils hinauf in den Oberpfälzer Wald und mit Regen und Ilz in den Bayerischen Wald hinein sollte der Autofahrer schon gut 5 Tage rechnen – nicht zuletzt, weil unterwegs schöne alte Städtchen und idyllische oder dramatische Landschaften zum Verweilen einladen.*

Schmidmühlen ist der erste größere Ort im Vilstal. Hier arbeitete schon im Jahr 1311 der erste Hammer des Gebiets. Auf kleiner Straße am Fluß entlang erreicht man **Ensdorf.** Lohnend ist der Besuch der Kirche des ehemaligen Benediktinerklosters mit herrlichen barocken Fresken von Cosmas Damian Asam.

In **Kümmersbruck-Theuern** steht ein 1781 erbautes Hammerherrenschloß. Es birgt ein Bergbau- und Industriemuseum mit einem Hammerwerk und einer Spiegelglasschleiferei. Auch dieser Erwerbszweig hat in dieser Region eine große Tradition. Etwas außerhalb auf einer Anhöhe befindet sich die zum Museum gehörende Schachtanlage der ehemaligen Schwefelkiesgrube Bayerland. Hinweise auf das bergmännische Leben findet man auch im nahen **Amberg,** z. B. in der Pfarrkirche St. Martin, wo bedeutende alte Bergbaufamilien bestattet sind. Neben der Kirche führt eine überdachte Holzbrücke über die Vils. Sie trägt den Namen Schiffbrücke zu Recht, denn sie ist auf hohe Pfeiler gestellt worden, damit Schiffe sie passieren konnten. Bis 1826 wurde von hier aus Eisenerz flußabwärts verschifft.

Kallmünz liegt malerisch im Winkel, den die Mündung der Vils in die Naab bildet, und zu Füßen des Schloßberges. Auf ihm thront die Ruine einer mächtigen Burg, die schon 1188 an die Wittelsbacher fiel. Wie ein Ringwall zeigt, nutzte man schon in der Bronzezeit die günstige Verteidigungslage.

Eine Wanderung durch die bizarre Felslandschaft der Waldnaabschlucht zwischen Windischeschenbach und Falkenberg – vorbei an gewaltigen Granitblöcken – ist ein großes Erlebnis.

Von Amberg führt die Flußreise auf Landstraßen durch das breite Amberger Becken. Hier bildet die Vils aufgrund ihres geringen Gefälles viele Schlingen. Zwischen den zu Vilseck gehörenden Örtchen **Schönlind** und **Schlicht** hat sich der Fluß in den Jurafels genagt und ein Durchbruchstal geschaffen. Das mittelalterliche Städtchen **Vilseck** mit Resten eines Mauerrings liegt am Südrand eines großen, unzugänglichen Truppenübungsgeländes. Ein Stück weiter östlich, bei Freihung, entspringt der Fluß. ◁ ◁

Zwischen Idyllen und Problemen

Auf der weiteren Fahrt die Naab hinauf verläßt man Kallmünz auf dem Landsträßchen in Richtung Burglengenfeld. Bald treten die Jurafelsen zurück, und das Tal weitet sich zu einem Becken. Man durchfährt Burglengenfeld – 4 km östlich liegt Maxhütte, das einzige Stahlwerk in Bayern – und folgt dem Fluß auf kleinen Straßen, die schöne Ausblicke auf die Beckenlandschaft freigeben. Bald erreicht man **Schwandorf-Naabeck,** wo unterhalb des Ortes die Türme des Braunkohlekraftwerks Schwandorf das Bild prägen. Benachbart im Osten ist Wackersdorf mit seiner umstrittenen Anlage.

In **Schwandorf** klappern direkt beim Kurpark noch zwei Mühlräder. Am östlichen Flußufer geht es auf der Landstraße über die A 93 und vorbei an einer Teichlandschaft nach **Schwarzenfeld** an der Mündung der ***Schwarzach,*** wo die Wassermassen über eine große Wehrtreppe stürzen. Mit Fahrtziel Nabburg fährt man aus der Stadt hinaus auf die Höhe zum aussichtsreichen Örtchen **Stulln.**

Das Naabtal wird unterdessen wieder eng. Hier hat die Naab in das aus hartem Granitgestein aufgebaute Naabgebirge ein Durchbruchstal gesägt. Auf einer dabei entstandenen Felsnase thront das mit Mauern, Toren und Türmen geschützte **Nabburg.**

Am Fuß des Felsens geht es auf der Landstraße weiter in Richtung Pfreimd. Unterwegs passiert man den Museumsbauernhof in **Nabburg-Perschen.** In **Pfreimd,** einem freundlichen Erholungsort, mündet das gleichnamige Flüßchen.

▷ ▷ ***Pfreimd*** Auf einem flußnahen Sträßchen erreicht man **Trausnitz** mit der gleichnamigen mittelalterlichen Burg. Unterhalb der Burg erstreckt sich der ***Trausnitz-Stausee,*** ein beliebtes Badegewässer. Er dient wie der weiter flußaufwärts liegende ***Kainzmühl-Stausee*** der Stromerzeugung. Im Oberlauf schlängelt sich die Pfreimd durch das offenere Hügelland des Oberpfälzer Waldes. 5 km südöstlich des Ferienorts **Waidhaus** tritt sie über die Grenze in die Tschechoslowakei. ◁ ◁

Von Pfreimd sind es 5 km nach **Wernberg-Köblitz** mit seiner wohlerhaltenen Burg.

Die B 15 bringt den Reisenden zum Örtchen **Unterwildenau,** 6 km südlich von Weiden, wo Heidenaab – im Oberlauf schreibt sie sich Haidenaab – und Waldnaab zur Naab zusammenfließen.

Die ***Heidenaab*** wird im Unterlauf von zahlreichen Fischweihern gesäumt. Erwähnenswert ist die Vogelfreistätte bei **Weiherhammer,** ein Naturschutzgebiet, das vielen Vogelarten als Brutstätte und Rastplatz dient. Über kleine Landstraßen, die zum Teil am Rand des Manteler Walds verlaufen, sucht man den Weg am Fluß entlang nach Pressath und von dort weiter nach **Kemnath** am Fuß des Fichtelgebirges. 5 km weiter, bei der B 22, liegt **Speichersdorf-Haidenaab**, wo sich ein idyllisches Weihergebiet befindet. Beim 838 m hohen Kreuzstein im Fichtelgebirge, etwa 12 km nördlich des Ortes, liegt die Quelle der Haidenaab.

Im Glasland

Nach dem Zusammenfluß von Heide- und Waldnaab weitet sich die Landschaft nach Norden hin zur Weidener Bucht. Durch sie schlängelt sich die ***Waldnaab.*** Im Stadtgebiet von **Weiden** wurde sie zwar in einen Flutkanal gezwängt, doch Restwasser fließt immer noch in Schlingen dahin. Weiden ist das Zentrum der nördlichen Oberpfalz mit bedeutender Glas-, Porzellan- und Textilindustrie. Das 5 km entfernte **Neustadt an der Waldnaab,** malerisch auf einem Bergrücken gelegen, hat sich mit seinem Bleikristall einen Namen gemacht.

Flußaufwärts kann der Autofahrer nicht dem Ufer folgen: Diesen Platz beansprucht die Eisenbahntrasse. Zu empfehlen ist die kleine Straße, die über Klobenreuth nach **Windischeschenbach** führt. Dort vereinigen sich Fichtelnaab und Waldnaab.

Es lohnt sich, der ***Fichtelnaab*** auf einer Landstraße nach **Erbendorf,** einem Erholungsort am Rand des Naturparks Steinwald, zu folgen. Auf landschaftlich reizvoller Straße geht es in Richtung Neusorg zu dem Örtchen **Trevesen.** Von hier sollte man einen Abstecher zum nahen Armesberg machen, von dem man eine herrliche Aussicht genießen kann. Durch eine einsame Waldgebirgslandschaft mit grandiosen Granitsteinblöcken gelangt der Autofahrer nach etwa 20 km zu dem Glasort **Fichtelberg.** Nicht weit davon liegt am 1024 m hohen Ochsenkopf die Fichtelnaabquelle.

Aus der Einsamkeit zurück, wendet man sich nun dem Oberlauf der Waldnaab zu, der eine Überraschung parat hat: das Naturschutzgebiet Waldnaabtal zwischen Windischeschenbach und dem knapp 10 km weiter flußaufwärts gelegenen **Falkenberg,** dessen auf einem Granitfelsen thronende Burg schon von weitem grüßt. Dieses schluchtartige Talstück, das man nur zu Fuß erleben kann, gehört zu den Höhepunkten einer Naabreise. Einen starken Kontrast dazu bietet flußaufwärts die flache Teichlandschaft um **Tirschenreuth,** wo die Karpfenzucht eine lange Tradition hat. Wandervögel sind in dieser Gegend bestens aufgehoben. Von hier wendet sich die Waldnaab nach Süden zum ***Liebensteinspeicher,*** den sie mit ihrem Wasser speist, und fließt in östlicher Richtung nach **Bärnau.** Etwa 6 km südlich davon liegt nahe der tschechoslowakischen Grenze die gefaßte Quelle. ◁

Oben: Die meisten Weiher zwischen Tirschenreuth und Wiesau wurden von Zisterziensermönchen aus Waldsassen zur Fischzucht angelegt.

Rechts: Kloster Reichenbach bildet eine herrliche Kulisse für eine Paddelfahrt auf dem unteren Regen.

Am Regen entlang in den Wald

In Regensburg – der Name der Stadt läßt es schon vermuten – nimmt die Donau den Regen auf, den wichtigsten und schönsten Fluß des Waldes, wie seine Bewohner den Bayerischen Wald nennen.

▷ ***Regen*** Ins Tal des Regens fährt man von Regensburg auf der B 15 nordwärts. Ab Regenstauf folgt eine Landstraße dem Fluß in sein enges Waldtal. Nach etwa 14 km wendet sich der Fluß in einer großen Schleife nach Osten; 7 km weiter erreicht man **Nittenau** mit seinen mächtigen Mühlwehren, ein kleines Sportanglerparadies, in dem es noch den Wels gibt, dann **Reichenbach** mit seiner eindrucksvollen Klosterkirche.

Danach weitet sich der Talboden; die Straße führt nun vom Fluß weg ins rund 12 km entfernte **Roding,** das bereits 844 erwähnt wird. Neben der Pfarrkirche ist ein romanischer Karner (Beinhaus) mit Fresken erhalten. Unweit liegt idyllisch am Nordufer des Regens der vielbesuchte zu Roding gehörende Wallfahrtsort **Heilbrünnl.** In der barocken Kirche befindet sich eine gefaßte Quelle, die Linderung bei Augenleiden bringen soll.

Auf der B 85 fährt man von Roding weiter in Richtung Cham. Nach etwa 5 km biegt man zum Chamer Ortsteil **Thierlstein** ab, wo das gleichnamige Schloß steht. Es wurde im 14. Jh. als Grenzfeste auf dem Pfahl errichtet, einem 140 km langen, mächtigen Quarzgang, der entlang einer Verwerfungsfuge in der Erdkruste verläuft und das Gebirge in den Hinteren und den Vorderen Bayerischen Wald teilt. Er tritt an manchen Stellen in schroffen Formationen an die Oberfläche. Direkt unterhalb der Burg liegen mehrere kleinere Weiher, darunter auch der ***Rötelseeweiher*** mit einem großen Vogelschutzreservat.

Vom Schwarzen, Weißen, Großen und Kleinen Regen

Für eine Besichtigung der historischen Waldstadt **Cham** in der Further Senke sollte man sich etwas Zeit nehmen. Von dem Wohlstand, den die Stadt aus ihrer Lage am Übergang von Bayern nach Böhmen einst zog, zeugen z. B. die oft veränderte Jakobskirche und das spätgotische Rathaus mit Treppengiebeln und Erkern.

Auf der B 85 geht es – vorbei am großen Marienmünster in **Chammünster** – weiter, bis links eine Straße nach Kötzting abzweigt. Sie berührt den Nordzipfel des ***Blaibacher Sees,*** eines Stausees des Schwarzen Regens, der zum Baden und Surfen einlädt, und **Blaibach-Gmündt,** wo sich Schwarzer Regen und Weißer Regen zum Regen vereinigen. **Kötzting,** ein reizvoller Fremdenverkehrsort am Unterlauf des ***Weißen Regens,*** ist besonders bei Anglern als Standort beliebt.

Von hier aus fährt man nach **Lam,** das malerisch auf einem Hügel in der Talmitte liegt. Der Ort ist Mittelpunkt des Lamer Winkels, einer reizvollen Wiesenlandschaft zwischen Osser und Kautersberg. Flußaufwärts ist der Weiße Regen landschaftlich besonders schön. Kurz vor **Lohberg,** einem hübschen Erholungsort an der Straße zum Großen Arber, dem mit 1457 m höchsten Berg des Bayerischen Waldes, biegt man an der Zackermühle rechts ab und fährt bis zum Ortsteil **Sommerau.** Von hier erreicht man in 1 Stunde zu Fuß den etwa 300 m höher gelegenen ***Kleinen Arbersee,*** dem ein Quellbach des Weißen Regens entfließt.

Dem ***Schwarzen Regen*** folgt man, indem man von Kötzting die Landstraße nach **Viechtach** fährt, wo nahebei der ***Höllensteinstausee*** liegt und der Pfahl am schönsten ist. Auf der B 85 geht es dann nach **Regen,** einer gemütlichen Stadt mit alten Bürgerhäusern, und auf der B 11 weiter zum Glasmacherzentrum **Zwiesel,** das sich das Motto „Fein Glas und gut Holz sind

An dem Brückenheiligen vorbei erblickt man das Wahrzeichen von Cham: das Biertor.

Zwiesels Stolz“ auf die Fahne geschrieben hat. „Zwieseln“ bedeutet zusammenfließen, und in Zwiesel fließen in der Tat zwei Flüsse zusammen: der Große und der Kleine Regen. Dem Lauf des ***Großen Regens*** folgt die landschaftlich sehr schöne B 11 weiter bis **Bayerisch-Eisenstein,** einem ruhigen Ferienort an der Grenze zur Tschechoslowakei, wo die Quelle des Flüßchens liegt. Der ***Kleine Regen*** entspringt auf deutscher Seite am 1453 m hohen Großen Rachel und wird bei **Frauenau** zu einer Trinkwassertalsperre aufgestaut. ◁

Der Grenze entgegen

Für die letzte Etappe der Donaureise zwischen Regensburg und Passau verläßt man die alte Reichsstadt über die Nibelungenbrücke in Richtung Cham, biegt aber gleich bei einem großen Einkaufszentrum rechts ab und fährt über die Walhalla-Allee und vorbei an einem großen Kalkwerk nach **Donaustauf.** Von dort führt eine 1 km lange Straße hinauf zur Walhalla, dem „Ruhmestempel der Teutschen“, den der Bayernkönig Ludwig I. 1830–1842 errichten ließ. Etwas befremdlich wirkt er schon, dieser griechische Tempel im deutschen Wald. Doch die Aussicht von oben ist großartig.

Die Straße im Tal führt nun über die Dörfer **Bach** und **Kruckenberg,** wo an den Ausläufern des Bayerischen Waldes noch Weinbau betrieben wird, nach **Wörth.** Die Stadt wird überragt von einem mächtigen Schloß, das bis zur Säkularisierung im Jahr 1803 zum Hochstift Regensburg gehörte. Die wehrhaft gestaltete Anlage mit ihren dicken Eckrundtürmen ist seit 1812 im Besitz der Fürsten von Thurn und Taxis. Nur den Burghof kann man betreten.

Von Wörth fährt man zurück zu dem kleinen Ort **Wiesent** und biegt dort nach links ab auf die Straße, die zur B 8 am gegenüberliegenden Donauufer führt. Auf ihr gelangt man nach **Pfatter** mit der Schifferkirche St. Nikolaus. Hier bieten Altarme der Donau vielen Vögeln eine Heimstatt. Auf schmalen Sträßchen, die manchmal unmittelbar am Donaudamm verlaufen, erreicht man über Pfatter-Gmünd, Aholfing und dessen Ortsteil Obermotzing Straubing. Auf dieser Strecke zieht der Fluß wie ausgelassen seine Schleifen durch den ebenen Gäuboden.

Die altbayerische Herzogsstadt **Straubing** mit ihren vielen Türmen, von denen der gotische Stadtturm am langgestreckten

Links: Von Regensburg fahren regelmäßig Ausflugsschiffe nach Donaustauf, über dem sich das Ziel der Touristen, die berühmte Walhalla, erhebt.

Oben: Abendstimmung über dem Gäuboden, der fruchtbaren Lößlandschaft um Straubing, die seit alters zu den Kornkammern Bayerns zählt.

Stadtplatz das Wahrzeichen ist, entstand auf dem Boden einer keltischen Siedlung, die später von den Römern zum Kastell Sorviodurum ausgebaut wurde. Funde aus dieser Zeit, darunter auch der berühmte Straubinger Römerschatz aus dem 3. Jh., sind im Gäubodenmuseum ausgestellt.

Beim Schloß, das Mitte des 17. Jh. als Residenz erbaut wurde und an der Außenwand ein überlebensgroßes Bildnis des heiligen Christophorus trägt, der die Schiffer vor Gefahren schützen sollte, verläßt man die Stadt in Richtung Cham über die Donau-

Hält die Kälte in harten Wintern nur lang genug an, dann friert auch die Donau zu, und die Eisschollen schwimmen den Strom hinab wie hier bei Vilshofen. Das kontinentale Klima sorgt recht häufig für Eisgang.

brücke. 1 km weiter fährt man über die Agnes-Bernauer-Brücke, die über die Alte Donau, einen Nebenarm des Flusses, führt. Die Brücke trägt ihren Namen nach der Augsburger Baderstochter, die Herzog Albrecht III. heimlich geheiratet hatte, weshalb sie dessen Vater 1435 wegen Zauberei in der Alten Donau ertränken ließ. Friedrich Hebbel hat ihr Schicksal im Trauerspiel „Agnes Bernauer" verewigt. Nach der Brücke kreuzt man die B 20 und fährt nach **Bogen,** dem alten Wallfahrtsort.

Die lange Stang

Der Aussichtspunkt Bogenberg östlich der Stadt ist eine der ältesten Siedlungsstätten Bayerns und trägt eine der bedeutendsten Wallfahrtskirchen Niederbayerns. An dieser einstigen germanischen Kultstätte wurde nachweislich schon um 1100 eine Kirche erbaut. Damals soll die Donau am Fuß des Berges ein Gnadenbild angeschwemmt haben. Die an der Stelle älterer Bauten 1463 errichtete gotische Hallenkirche ist seit Jahrhunderten Ziel der traditionellen Kerzenwallfahrt, bei der eine 13 m hohe Kerze, die „lange Stang", den steilen Berg hinaufgetragen wird.

Etwa 3 km flußabwärts führt eine Brücke ans andere Donauufer. Dort biegt man links ab und gelangt auf schmalen Sträßchen über **Irlbach,** das ein schönes Schloß aus dem 16. Jh. aufweist, zur Flußschleife von **Stephansposching.** Dieser Ort wurde ebenfalls durch eine Wallfahrt bekannt.

Von Stephansposching setzt man mit einer kleinen Autofähre nach **Mariaposching** auf der anderen Flußseite über.

Auf einer schönen Straße, die durch Wiesen und Felder führt und dann dem Donaudamm folgt, auf dem man spazierengehen kann, erreicht man das alte **Metten.** Dort steht ein im 8. Jh. gegründetes Benediktinerkloster. Die Klosterbibliothek ist ein wundervolles Beispiel üppiger barocker Innendekoration.

Nur Minuten braucht man mit dem Auto nach **Deggendorf.** Die geschäftige Stadt dient einem weiten Umland als Einkaufszentrum. In ihrer Mitte erhebt sich das alte Rathaus mit Stufengiebel und mächtigem Vierkantturm. Der bedeutende Donauhafen beweist, wie eng die Stadt mit der Schiffahrt verbunden ist.

Das nächste Ziel ist Niederalteich. Auf der Fahrt kommt man an der Mündung der ***Isar*** (siehe Seite 292–297) auf der gegenüberliegenden Seite vorbei und passiert stillgelegte Baggerseen, die Seerosen in Idylle verwandelt haben.

Das kleine **Niederalteich** wartet mit einem bedeutenden Benediktinerkloster auf. Über den zum Teil noch erhaltenen Klostergraben erreicht man die Anlage, die 731 gegründet worden sein soll und damit als ältestes Kloster Bayerns gilt. Die Kirche wurde nach einem Brand im 18. Jh. als Barockbau auf alten Grundmauern neu errichtet. Schon 4 km weiter ist man in **Winzer,** einer alten Korbmacherstadt, wo die Donau eine Schlinge beendet. Weiter geht es am Nordufer nach Vilshofen. Schon einige Kilometer vorher ist es mit der Bewegungsfreiheit aus, die der Fluß im fruchtbaren, flachen Gäuboden hatte. Das Grundgebirge stellt sich ihm in den Weg, durch das sich die Donau ein enges Tal geschaffen hat. Bei **Vilshofen** stehen diese Hänge unter Naturschutz. Die anmutige Stadt mit dem mächtigen Stadtturm liegt an der Mündung der ***Vils*** (siehe Seite 297) am anderen Ufer.

Durch die Bayerische Kachlet

Die rund 20 km lange Felsenstrecke bis Passau nennt man die Bayerische Kachlet. Zahlreiche Klippen machten einst bei Niedrigwasser die Schiffahrt hier unmöglich. 1928 baute man deshalb 3 km vor Passau das Kachletwerk. Dort wird der Wasserspiegel um 9,5 m aufgestaut, so daß auch über den Klippen eine Tiefe von 2,5 m vorhanden ist.

Von der gewaltigen Anlage aus sieht man in der Ferne schon die Türme der prächtigen Dreiflüssestadt **Passau,** die italienische Baumeister zu einem „bayerischen Venedig" gemacht haben. Über die Schanzlbrücke gelangt man in die Altstadt, die vom Dom beherrscht wird. Er birgt die größte Kirchenorgel der Welt. Man muß in Passau bummeln gehen, in den engen Gassen, aber auch auf der Donaulände, dem Liegeplatz der Fahrgastschiffe. Der anschließende Donaukai führt zum Dreiflußeck mit Blick auf die Mündungen von ***Inn*** (siehe Seite 312–317) und Ilz.

▷ ***Ilz*** Die Ilz, eine Perle unter den deutschen Flüssen, kommt aus dem Bayerischen Wald. Beste Wasserqualität und weitgehend ursprüngliche Landschaft mit artenreicher Tier- und Pflanzenwelt zeichnen sie aus. Die Natur dominiert, auch wenn im Unterlauf mit den Stauseen der Kraftwerke Hals und Oberilzmühle Technik und Naherholungsbetrieb Einzug gehalten haben.

Tor zum Osten oder bayerisches Venedig nennt man die Dreiflüssestadt Passau an der Mündung von Inn und Ilz in die Donau.

Die noch weitgehend unberührte Ilz ist für Fischer ein wahres Paradies. Als einer der ganz großen Leckerbissen gilt der Huchen. Dieser bis 1,5 m lange und bis 50 kg schwere Donaulachs, der die Tiefen rasch strömender Gewässer liebt, kam einst im Stromgebiet der Donau häufig vor. Heute laicht er nur noch in der Ilz und ihren naturbelassenen Nebenbächen.

Mit dem Ausflugsschiff auf der Donau

Regensburg–Donaustauf (Walhalla) Von Ostern bis Mitte Oktober täglich nachmittags, Mitte Juli bis Mitte September auch vormittags.
Fahrtdauer Hin- und Rückfahrt 3 Stunden.
Auskunft Personenschiffahrt Gebr. Klinger, Jurastraße 31, 8409 Tegernheim, Tel. 09403/1413.
Regensburg–Passau Von Ostern bis Ende September jeden Sonntag und am 1. Mai. Bedient werden folgende Haltepunkte: Straubing, Deggendorf, Niederalteich, Vilshofen, Windorf. Rückfahrt nur bis Deggendorf, von dort mit der Bahn.
Fahrtdauer 8½ Stunden, Rückfahrt 1–1½ Stunden.
Deggendorf–Passau und zurück Im Juni und September Mi und Do, im Juli und August auch Di. Haltepunkte: Niederalteich, Vilshofen, Windorf.
Fahrtdauer Hinfahrt 3½ Stunden, Rückfahrt 5 Stunden.
Auskunft Ludwig Wurm, Donaustraße 71, 8444 Irlbach, Tel. 09424/1341.
Dreiflüsserundfahrt in Passau Von März bis Oktober stündlich 9–16 Uhr.
Fahrtdauer 45 Minuten.
Auskunft Wurm & Köck, Höllgasse 26, 8390 Passau, Tel. 0851/2065 und 2066.

Bis in die 20er Jahre wurde auf der Ilz und ihren Zuflüssen das im Wald geschlagene Holz getriftet, d. h., die Stämme wurden lose der Strömung überantwortet. Im Passauer Ortsteil **Hals** kann man eine Triftanlage mit Sperre besichtigen.

Wer den Fluß jedoch in seiner ungebrochenen, kraftvollen Schönheit erleben möchte, sollte sich über kleine Sträßchen nach Ruderting-Fischhaus vortasten und flußaufwärts in Richtung **Fürsteneck** wandern. Hier rauscht der Fluß in steinigem Bett durch Wiesen und Waldschluchten. Bei **Schönberg,** einem Erholungsort an der B 85, entsteht die Ilz aus dem Zusammenfluß von ***Kleiner Ohe*** und ***Großer Ohe.*** ◁

In Passau setzt man die Donaufahrt auf der linken Flußseite fort. Eingezwängt in ein großartiges Durchbruchstal mit steilen Ufern, strebt der Strom Österreich zu.

Unterhalb von **Obernzell-Erlau,** einem heiteren Ferienort, stehen die Ufer unter Naturschutz. Wenige Kilometer weiter ist beim Kraftwerk Jochenstein, wo der Fluß noch einmal kräftig aufgestaut wird, die Reise auf deutschem Gebiet zu Ende. Die Donau aber hat noch einen weiten Weg vor sich.

Die vergoldeten Masken aus der Römerzeit gehören zu den Prunkstücken im Straubinger Gäubodenmuseum.

Bauern und Bürger aus Holzkirchen bei Vilshofen pilgern seit 1492 mit der langen Stang zur Wallfahrtskapelle auf dem Bogenberg.

400 m lang ist die Staumauer des deutsch-österreichischen Kraftwerkes Jochenstein.

Donau

Donaustauf Malerischer Markt am Nordufer.
Von der Veste Stauf, einst Besitz der Regensburger Bischöfe, blieben fünf Torbauten und Reste der Burgkapelle erhalten. Östlich davon liegt auf beherrschender Höhe die 1830–1842 von Leo von Klenze nach dem Vorbild des Athener Parthenons erbaute Walhalla mit 122 Büsten und 64 Namenstafeln bedeutender Deutscher. Dahinter erstreckt sich Süddeutschlands größtes Wildgehege, der 3500 ha große „Thiergarten" der Fürsten von Thurn und Taxis, den Waldwege und Straßen erschließen.
Verkehrsverein, 8405 Donaustauf, Tel. 09403/1860

Wörth an der Donau Alte Kleinstadt am Nordufer.
Den Ort überragt Schloß Wörth, eine der schönsten Burgen an der Donau. Die Freizeitakademie im Ortsteil Hofdorf veranstaltet Mal- und Zeichenkurse (Tel. 09482/1770).
Stadtverwaltung, 8404 Wörth, Tel. 09482/472

Straubing Mittelpunkt des Gäubodens, der Kornkammer Bayerns.
Sehenswert ist der völlig erhaltene Stadtkern. Am Stadtplatz stehen der 68 m hohe Stadtturm und das gotische Rathaus. Neben den vielen anderen Kirchen sollte man die romanische Basilika St. Peter am Ostrand der Stadt aufsuchen, eine Wehrkirche des 12. Jh. Im Gäubodenmuseum sieht man Zeugnisse niederbayerischen Brauchtums, vor- und frühgeschichtliche Funde, darunter den Römerschatz mit vergoldeten Parademasken aus dem 3. Jh. (geöffnet Di–So 10–16 Uhr). Mitte August wird das Gäubodenfest gefeiert. Gleichzeitig findet die wirtschaftsorientierte Ostbayernschau statt. Das Agnes-Bernauer-Festspiel wird alle vier Jahre im Juni – 1989, 1993 usw. – im Schloßhof aufgeführt.
5 km nördlich befindet sich bei Parkstetten das Freizeitzentrum Friedenhainsee mit Badeplätzen und einer Seilbahn für den Wasserskilauf.
Verkehrsamt, Rathaus, 8440 Straubing, Tel. 09421/16307

Bogen Alter Wallfahrtsort am Bogenberg.
Das Erbe der Grafen von Bogen kam 1242 durch Heirat an das Haus Wittelsbach – und mit ihm die weißblauen Rauten ins bayerische Wappen.
Die Kirche auf dem Bogenberg ist Ziel der Kerzenwallfahrt. Das Kreis- und Heimatmuseum neben der Kirche zeigt bäuerliche Geräte und Trachten (geöffnet Mitte April bis Mitte Oktober Mi und Sa 14–16 Uhr, So 10–12 und 14–16 Uhr).
Stadtverwaltung, 8443 Bogen, Tel. 09422/1661 und 1662

Metten Ferienort im Donautal und an den Ausläufern des Bayerischen Waldes.
Die barocke Kirche des wieder den Benediktinern gehörenden Klosters besitzt ein Altarbild von Cosmas Damian Asam. Auf keinen Fall sollte man versäumen, die Klosterbibliothek aufzusuchen, denn sie ist ein barockes Meisterwerk (Führungen außer in der Karwoche täglich 10 und 15 Uhr, Anmeldung im Kloster, Tel. 0991/3820).
Gemeindeverwaltung, 8354 Metten, Tel. 0991/9845

Deggendorf Eingangstor zum Bayerischen Wald.
Sehenswert sind der typisch altbayerische Stadtkern mit dem spätgotischen Rathaus und der Heiliggrabkirche am schönen Stadtplatz, Reste der Stadtbefestigung, die Hafenanlagen und die 416 m lange Donaubrücke.
Ein Motorboothafen und eine Wasserskistrecke locken Wassersportler an.
Kultur- und Verkehrsamt, Oberer Stadtplatz, 8360 Deggendorf, Tel. 0991/380169

Vilshofen Historische Stadt an der Vilsmündung.
Die gut erhaltene Altstadt wird am Ende der Hauptstraße vom Stadttorturm, dem Wahrzeichen der Stadt, abgeschlossen.
Auf der Donau darf man hier segeln und surfen.
Stadtverwaltung, 8358 Vilshofen, Tel. 08541/8022

Passau Eine der schönsten deutschen Städte.
Unter den vielen Sehenswürdigkeiten der alten Bischofsstadt verdienen einen besonderen Hinweis: das Glasmuseum im „Wilden Mann", einem Patrizierhaus am Rathausplatz (geöffnet April bis Oktober täglich 10–17 Uhr), die kunst- und kulturgeschichtlichen Sammlungen im Oberhausmuseum in der Feste Oberhaus (geöffnet Mitte März bis Ende Oktober Di–So 9–17 Uhr, sonst Di–So 10–17 Uhr). Dort ist auch das sehr aufschlußreiche Böhmerwaldmuseum untergebracht. In den freigelegten Grundmauern des römischen Kastells Boiotro befindet sich das Römermuseum (geöffnet März bis Mai, September bis November Di–So 10–12 und 15–17 Uhr, Juni bis August Di–So 10–12 und 14–17 Uhr). Zu den bedeutendsten Veranstaltungen zählen die Maidult, ein Bier- und Schaukelfest, das Ilzer Haferlfest im Juli und die Europäischen Wochen im Juni und Juli mit Theateraufführungen, Konzerten und Ausstellungen. Rühmlich bekannt ist das Kabarett im Scharfrichterhaus.
Verkehrsverein, Höllgasse 2, 8390 Passau, Tel. 0851/33421

Obernzell Erholungsort und Grenzstadt.
Für die alte Hafnerstadt ist das Keramikmuseum im Schloß Obernzell bezeichnend (geöffnet Di–So 10–17 Uhr, Januar bis März geschlossen). Es lohnt sich, zum 7 km donauabwärts gelegenen Jochenstein-Kraftwerk zu fahren.
Verkehrsverein, 8391 Obernzell, Tel. 08591/555

Naab

Bärnau Industriestädtchen nahe der Waldnaabquelle.
Die 1343 gegründete Stadt ist in der Knopfindustrie in Deutschland führend und hat auch das einzige Knopfmuseum (geöffnet April bis November Di und So 14–17 Uhr). Entlang der Grenze zur Tschechoslowakei werden geführte Wanderungen veranstaltet. Auf dem Liebensteinspeicher, 6 km westlich, kann man segeln, surfen, angeln und schwimmen.
Verkehrsamt, 8591 Bärnau, Tel. 09635/201

Tirschenreuth 600jährige Stadt an der jungen Waldnaab.
Der Ort liegt inmitten einer großen Teichlandschaft und ist damit der richtige Standort für das Bayerische Museum für Teichwirtschaft und Fischerei (geöffnet April bis Oktober Mi 19.30–21 Uhr, Sa 10–12 Uhr).
Verkehrsamt, 8593 Tirschenreuth, Tel. 09631/2961

Wo die Stadtmauer von Amberg die Vils überbrückt, entsteht der Spiegeleffekt der sogenannten Stadtbrille.

Falkenberg Oberpfälzer Ferienort und Marktflecken.
Die auf einem Granitfelsen thronende Burg Falkenberg ist samt ihrem Museum sehenswert (Besichtigung nach telefonischer Anmeldung, Burgverwaltung, Tel. 09637/270).
Auf keinen Fall sollte man eine Wanderung durch die wildromantische Waldnaabschlucht südlich von Falkenberg versäumen.
Gemeindeverwaltung, 8591 Falkenberg, Tel. 09637/273

Windischeschenbach Alte Stadt am Zusammenfluß von Fichtelnaab und Waldnaab, die durch die 1987 begonnene Bohrung des tiefsten Lochs der Erde von sich reden macht.
Auf der wegen seiner Form Butterfaß genannten Burg Neuhaus ist das Waldnaab-Museum untergebracht. Darin sind Glas, Porzellan, Möbel, bäuerliche Geräte und anderes zu sehen (geöffnet April bis November Sa und So 14–18 Uhr).
Für Kanuten beginnt hier eine schöne Wildwasserstrecke.
Verkehrsamt, 8486 Windischeschenbach, Tel. 09681/1751

Weiden Mittelpunkt der nördlichen Oberpfalz.
Sehr lohnend ist eine Fahrt zum Parkstein, dem Wahrzeichen der Weidener Bucht. Dieser 595 m hohe Basaltkegel entstand vor 10–12 Millionen Jahren. Tausende von Basaltsäulen machen ihn besonders sehenswert.
Kultur- und Fremdenverkehrsamt, Altes Rathaus, 8480 Weiden, Tel. 0961/81411

Nabburg Malerisch gelegene Stadt am Naturpark Oberpfälzer Wald.
Außer der hoch über der Naab liegenden Stadt mit ihren Wehrtürmen und Toren sollte man auch im Stadtteil Perschen den alten Edelmannshof aufsuchen. Er gehört zum Oberpfälzer Freilichtmuseum Neusath-Perschen, wo auch originale und rekonstruierte Bauernhäuser aufgebaut sind (geöffnet April bis Oktober Di–So 9–18 Uhr).
Stadtverwaltung, 8470 Nabburg, Tel. 09433/180

Schwarzenfeld Ferienort an der Mündung der Schwarzach.
Das Bergbaumuseum im Rathaus zeigt interessante Stücke aus dem hiesigen Flußspatrevier (geöffnet Mo–Do 7.30–12 und 15.30–17 Uhr, Fr 7.30–12 Uhr). Nördlich der Stadt befindet sich bei Stulln ein Flußspat-Besucherbergwerk (Besichtigung nach Voranmeldung, Tel. 09433/1555).
Verkehrsverein, 8472 Schwarzenfeld, Tel. 09435/784

Auf den weißen Quarzitfelsen des Pfahls steht die Ruine der im Dreißigjährigen Krieg zerstörten Burg Weißenstein.

Vils

Kümmersbruck-Theuern Alter Oberpfälzer Bergbauort.
Im Hammerherrenschloß Theuern wurde das Bergbau- und Industriemuseum Ostbayern eingerichtet (geöffnet Di–Sa 9–17 Uhr, So 10–17 Uhr). Die Sammlungen machen die industrielle Entwicklung der Oberpfalz, die man das Ruhrgebiet des Mittelalters genannt hat, deutlich. Zu den Außenstellen gehören die wasserradangetriebenen Werke im Vilstal – Eisenhammer, Spiegelglasschleiferei, Getreidemühle – und eine Schachtanlage.
Bergbau- und Industriemuseum Ostbayern, 8451 Kümmersbruck-Theuern, Tel. 09624/832

Regen

Frauenau Gläsernes Herz des Bayerischen Waldes.
Sommerfrischler und Wintersportler sollten einen Besuch im sehr informativen Glasmuseum (geöffnet Mitte Mai bis Ende Oktober 9–17 Uhr, im Winter 10–16 Uhr) einplanen. Die Rauhnacht am Faschingssamstag ist das größte Maskenfest im „Wald".
Verkehrsamt, 8377 Frauenau, Tel. 09926/719

Zwiesel Fremdenverkehrszentrum im Bayerischen Wald.
Holz und Glas und was man daraus macht, sind die wichtigsten Themen im Waldmuseum (geöffnet Mitte Mai bis Mitte Oktober Mo–Fr 9–17, Sa, So 10–12, 14–16 Uhr, Mitte Oktober bis Mitte Mai Mo–Fr 10–12, 14–17 Uhr, Sa, So 10–12 Uhr, im November geschlossen).
Zwiesel hat das längste Loipennetz im Bayerischen Wald. Vom Ort aus kann man auf den Großen Arber und zum Arbersee wandern.
Verkehrsamt, Rathaus, 8372 Zwiesel, Tel. 09922/1308

Regen Urlaubsort für Sommer und Winter.
Eine Wanderstunde südwestlich thront die Burgruine Weißenstein auf dem höchsten Punkt des Quarzganges Pfahl.
Am letzten Wochenende im Juli wird 5 Tage lang das Pichelsteiner Fest mit Wasserspielen und Gondelfahrten (Samstagnacht) gefeiert.
Verkehrsamt, 8370 Regen, Tel. 09921/2929

Am Morgen des Pfingstmontags rüsten sich mehr als 600 Reiter zum Kötztinger Pfingstritt.

Viechtach Luftkur- und Wintersportort.
Im Spitalkirchlein, dem ältesten Gebäude der Stadt, ist das reichbestückte Kristallmuseum untergebracht (geöffnet Juni bis Mitte Oktober 10–12 und 13.30–17 Uhr, sonst So und Mo geschlossen).
Kur- und Verkehrsamt, Rathaus, 8374 Viechtach, Tel. 09942/1661

Kötzting Gemütlicher Ort am Weißen Regen.
Der berühmte Kötztinger Pfingstritt ist in ein Volksfest eingebettet, das am Pfingstsamstag beginnt.
Verkehrsamt, 8493 Kötzting, Tel. 09941/3590 oder 8921

Cham 1000jährige Stadt an der Mündung der Chamb.
Innerhalb der sehenswerten Altstadt befindet sich im Cordonhaus das Heimatmuseum mit vor- und frühgeschichtlichen Funden und einer Volkskundesammlung (geöffnet Mo–Fr 8–12 und 14–17 Uhr, Sa 9.30–11.30 Uhr, So 14–17 Uhr). Südlich der Stadt findet man den Churpfalzpark Loifling mit Bayerns größter Wasserorgel (geöffnet April bis Oktober 9–18 Uhr).
Verkehrsamt, Rosenstraße 1, 8490 Cham, Tel. 09971/4933

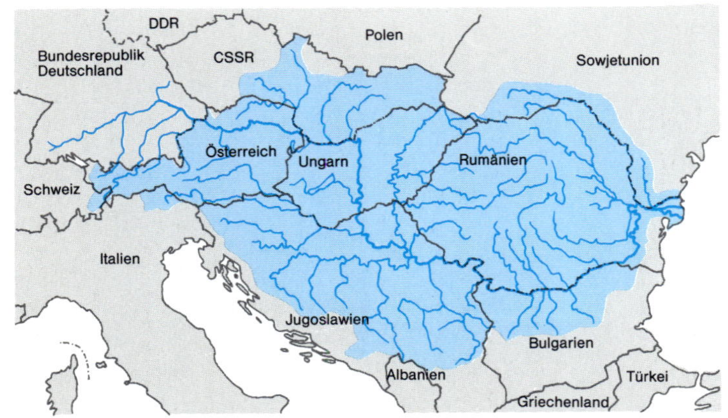

Durch sieben Länder zum Schwarzen Meer

Schon als breiter Strom verläßt die Donau Deutschland. Über 2200 km liegen noch vor ihr. Es ist ein faszinierender Lauf durch sieben Länder, eine Reise voller historischer, kultureller und landschaftlicher Höhepunkte.

Nachdem sie hinter der Staumauer von Jochenstein vorübergehend zur Ruhe gekommen ist, wird die Donau endgültig von Österreich vereinnahmt. Jetzt durchströmt sie ein Land, das einst den Namen Donaumonarchie trug und das mit ihr entsprechend eng verbunden ist.

Schon bald nach der Grenze sorgt das Granitmassiv des Sauwalds für den ersten landschaftlichen Höhepunkt: die Schlögener Schlinge. Die Donau hat vor einem harten Felsriegel kapituliert und wendet sich um 180 Grad gen Nordwesten, bevor sie von einem anderen Felsrücken wieder in die ursprüngliche Fließrichtung gezwungen wird. Lichte Wälder säumen hier die Ufer, und im Schilf nisten seltene Vogelarten.

Unterhalb von **Linz,** einer geschäftigen Industriestadt mit dem größten österreichischen Hafen, strömt die Donau durch die Felder des Traunviertels, das nahtlos in die Weite des Marchlands übergeht. An der Mündung der ***Enns*** liegt **Mauthausen,** ein Name, mit dem sich Erinnerungen an die Greuel des Dritten Reichs verbinden.

Dann nähert sich der Strom der einst gefürchteten Enge von **Grein.** Er durchbricht einen Ausläufer des Böhmischen Granitmassivs in einem steilen Engtal. Für die Schiffahrt ist diese Stelle heute unge-

fährlich: Die Donau ist gebändigt. Nur im Schiffahrtsmuseum des hübschen Städtchens lassen sich die Schrecken von einst nachvollziehen.
Zur Rechten weichen die Berghänge bald zurück und machen einer Reihe von alten Städtchen Platz. Zu ihnen zählt das befestigte **Pöchlarn,** bekannt als „Bechelaren" aus dem Nibelungenlied, und natürlich **Melk.** Schon von weitem grüßt das mächtige Benediktinerstift. Langgestreckt wie ein Schiff, thront es erhaben über der Donau.

Der Strom wird weinselig

Melk ist zugleich der Auftakt zu einem neuen Talabschnitt, der alles überbietet, was bisher an landschaftlichem Reiz geboten war. Ein letztes Mal hat es der Strom mit dem Böhmischen Massiv aufgenommen und sich tief in den Granit eingesägt. Ein enges Tal entstand – mit schroffen, bewaldeten Hängen, vor allem aber mit steilen Weinbergen, an deren Fuß sich Obstkulturen und Gemüsefelder ausdehnen. Wachau heißt diese heitere Gartenlandschaft mit ihren verwinkelten Weinorten. Zu ihnen zählt auch **Dürnstein,** überragt von der wuchtigen Kuenringerburg. Zur Zeit der Kreuzzüge, im 12. Jh., saß hier ein prominenter Gefangener: König Richard Löwenherz. Sein Sänger Blondel soll ihn befreit haben. Zweifellos einer der Höhepunkte und zugleich Endstation der Reise durch die Wachau aber ist **Krems,** die mittelalterliche Weinhandelsstadt mit ihren stattlichen Bürgerhäusern.
Nach der weingesegneten Wachau weitet sich das Donautal. Tullner Feld heißt die ausgedehnte Niederung, in der einst üppiger Auwald wucherte, heute aber riesige Kraftwerke wie Theiss, Altenwörth und das nie in Betrieb genommene Kernkraftwerk Zwentendorf den Sieg der Zivilisation über die Natur verkünden. Unter den Mauern des Stifts **Klosterneuburg,** das der Habsburger Kaiser Karl VI. zu einem österreichischen Escorial ausbauen wollte, strömt die Donau ins flache Wiener Becken. Blutige Schlachten wurden hier zur Zeit der Türkenkriege ausgefochten. Vom Kahlenberg am rechten Donauufer griff das kaiserliche Heer am 12. September 1683 die türkische Armee an und schlug sie vernichtend. Die „Türkengefahr" war gebannt – Österreichs Aufstieg zur Großmacht begann.

Auf einem dunklen Felsen thront die Ruine der Festung Dürnstein, in der einst Richard Löwenherz gefangengehalten wurde. Im Schutz der Steilhänge dehnen sich Weinberge, Aprikosen- und Pfirsichhaine aus.

Die donauabgewandte Donaumetropole

Begradigt und zwischen Dämme gezwängt, fließt die Donau durch das ausufernde Stadtgebiet von **Wien.** Von ihren einst so buchtenreichen Altwassern ist nur noch die Alte Donau übriggeblieben, ein sichelförmiger Altarm ohne Verbindung zum Mutterstrom. Dieser schließt den weitläufigen Donaupark ein, der durchaus noch Anklänge an die ursprüngliche Auenlandschaft zeigt. Der ***Donaukanal*** zeichnet den Verlauf eines ehemaligen Flußarms nach. Er schwingt sich bis an die Urzelle Wiens heran, das verwinkelte Altstadtviertel des ersten Bezirks. Am Praterkai zeigt sich die Donau grünblau und trüb. Das ist freilich nicht die Ursache dafür, daß sich die österreichische Donaumetropole von ihrem Strom abwendet und ihm ihre wenig anziehende Rückfront zukehrt. Vielmehr wahrten schon die Römer mit ihrem befestigten Legionslager Vindobona respektvoll Abstand vor der Überschwemmungsaue, und die mittelalterlichen Residenzgründer, die Babenberger, taten es ihren römischen Vorgängern gleich.
Hinter Wien wird die Donau breiter und verliert sich in ausgedehnten Auwäldern. Weiden, Ulmen, Erlen, dazwischen die ölig glänzenden Kronen der Weißpappeln bilden eine undurchdringliche Uferkulisse. An der Mündung der ***March*** stoßen bewaldete Höhenzüge an den Strom vor, die Ausläufer der Kleinen Karpaten. Sie gipfeln auf der linken Flußseite im 514 m hohen Thebener Kogel, rechts – wo sie Hainburger Berge heißen – im geringfügig niedrigeren Hundsheimer Berg: Die beiden bilden die Pfeiler der Ungarischen Pforte. Strenggenommen ist die Bezeichnung heute falsch, denn die Donau durchströmt zunächst einmal die Tschechoslowakei. Kurz nach der Grenze wird sie von der slowakischen Metropole, der Industriestadt **Preßburg** (Bratislava), empfangen. Im Lauf ihrer langen Geschichte erlebte diese Stadt Reichstage und Königskrönungen, Belagerungen und Friedensschlüsse. Heute ist Preßburg ein blühendes Wirtschaftszentrum mit einem großen Donauhafen.
Hinter Preßburg strömt die Donau in die Kleine Ungarische Tiefebene, wo sie sich in drei Arme teilt. Der nördliche – die ***Kleine Donau*** (Malý Dunaj) – vereinigt sich mit der ***Waag*** (Váh) zur ***Waagdonau*** (Vážsky Dunaj). Zusammen mit dem Hauptstrom umschließen sie bis **Komárno,** dem Geburtsort Franz Lehárs, die Insel Große Schütt. 90 km lang ist sie, bis 54 km breit und von Rebanlagen, Tabak-, Mais- und Weizenfeldern eingenommen. In den versumpften Niederungen brüten aber auch viele seltene Vogelarten. Südlich des Hauptstroms, der die Grenze zu Ungarn bildet, umgreift die Kleine Donau (Kis Duna) die Insel Kleine Schütt.
Wieder verengt sich das Tal, das Visegráder Gebirge rückt heran. Der Strom schwingt sich in Schleifen hindurch, begleitet von Weinbergen und Weindörfchen. Am Eingang zu dieser „Ungarischen Wachau" ragt der gewaltige Kuppeldom von **Esztergom** in den Himmel.
Die letzte große Biegung ist das berühmte Donauknie, in dem sich der Strom scharf südwärts wendet. Noch einmal teilt er sich dann und bildet eine langgestreckte Insel, die fast bis Budapest reicht.
Am Stadtkern von Wien fließt die Donau vorbei, für **Budapest** hingegen war und ist sie die Lebensader. Budapest gilt zu Recht als die wahre Königin der Donaustädte. Kaum eine andere Stadt wendet ihr Gesicht so eindrucksvoll dem Strom zu wie die ungarische Hauptstadt. Großzügigkeit strahlt die Schauseite am linken, dem Pester Ufer aus. Der beherrschende Bau dort ist das neugotische Parlament, während auf

Die berühmte Kettenbrücke führt vom alten Budapester Stadtteil Buda hinüber nach Pest, das sich mit seinen neugotischen Gebäuden am linken Ufer entlangzieht.

Oben: Die Ruinen der einstmals mächtigen Türkenfestung Golubac bewachen den Eingang zum Eisernen Tor, der gewaltigsten und zugleich ursprünglichsten Durchbruchstrecke der Donau.

dem Burgberg gegenüber Schloß und Fischerbastei den historischen Stadtteil Buda krönen. Noch im Stadtgebiet spaltet sich die Donau erneut in zwei Arme, die um die in fruchtbares Wein- und Gartenland verwandelte Insel Csepel fließen. Die letzten Hügel machen nun endgültig der endlos anmutenden Großen Ungarischen Tiefebene Platz, dem Alföld. Riesige Sonnenblumenfelder begleiten den Strom über weite Strecken.

Blut färbte die Donau rot

Die grenznahe Stadt **Mohács** gibt Anlaß zu einem Rückblick in die Vergangenheit. Hier begann die 150jährige Herrschaft der Türken über die Ungarn. 1526 brachte Sultan Sulaiman II. mit seinen Truppen dem kleinen ungarisch-böhmisch-österreichischen Heer eine vernichtende Niederlage bei – das Blut der Niedergemetzelten soll die Donau rot gefärbt haben.

Kurz nach der jugoslawischen Grenze zweigt von der Dunav, wie die Donau hier heißt, der ***Große Kanal*** (Veliki kanal) ab. Er quert die Batschka und läßt Erinnerungen an die Donauschwaben wach werden, die diese Ebene einst in eine Kornkammer verwandelten. Der Kanal ist Teil eines Bewässerungs- und Regulationssystems, in das auch die Theiß, ein großer Nebenfluß der Donau, einbezogen ist.

Die 750 km lange ***Drau*** (Drava) läßt den Strom spürbar anschwellen. Auwälder bilden eine fast schon eintönige Uferkulisse, die sich nur öffnet, wo ein Flüßchen herankriecht oder ein Dörfchen hockt.

Unvermittelt schieben sich von rechts dunkle Bergrücken bis nahe an den Strom: die Fruška gora, die Frankenberge – ein unzugängliches Waldgebiet. Wo die Höhenzüge verflachen, erstreckt sich hoch auf dem Felsenufer die Festung **Peterwardein** (Petrovaradin). Prinz Eugen ließ dieses gewaltige Bollwerk gegen die Türken erbauen. 1716 bestand es seine erste Bewährungsprobe – der Ritter erfocht einen seiner glänzendsten Siege.

Eine alte Brücke mit der niedrigsten lichten Höhe am ganzen schiffbaren Donaulauf verbindet Peterwardein mit dem Industriezentrum **Novi Sad** am linken Ufer.

Rechts: Wie hier in der jugoslawischen Batschka treffen sich in vielen Balkangegenden die Dorfbewohnerinnen zum Waschtag an der Donau und ihren Nebenarmen.

Bald darauf erhält die Donau wieder Verstärkung: Die ***Theiß*** (Tisa) fädelt sich als gelblich-hellbraunes Band ganz allmählich in den dunkleren Hauptstrom ein. Mit einer Länge von 977 km ist sie der längste Nebenfluß der Donau.

Aus den slowenischen Alpen kommt der nächste große Zufluß: die ***Save*** (Sava). 712 km ist sie unterwegs. Im Mündungswinkel erhebt sich auf einem Ausläufer des serbischen Hügellandes die Festung Kalemegdan, das wohl geschichtsträchtigste Bauwerk von **Belgrad.** Die weiße Burg (= Beograd) blickt auf eine lange, leidvolle Geschichte zurück. 450 Jahre währte die blutige Epoche der Türkenkriege, und Belgrad gehörte immer zu den umkämpften Plätzen. Prinz Eugen bildete 1717 von der Kriegsinsel vor der Savemündung aus seine berühmte Schiffsbrücke. Der anschließende Sieg über das Türkenheer brachte ihm den Titel „Edler Ritter“ ein. Mehr als 20mal wurde Belgrad zerstört.

Nicht enden wollende Maisfelder und Rebanlagen gestalten die Donaulandschaft unterhalb von Belgrad recht eintönig. Für Abwechslung sorgen erst wieder die bewaldeten Ausläufer des Banater Gebirges. Die Donau verläßt die Tiefebene und bildet die Südgrenze Rumäniens. Bald werden die Berge schroffer, das Tal verengt sich, der Strom nähert sich dem Eisernen Tor (Djerdap), der einstmals gefürchtetsten Donaustrecke. 130 km lang ist der immer wieder von weiteren Becken unterbrochene Weg durch den Fels der Südkarpaten. 700 m hohe Kalkwände schnüren den Fluß bis auf 150 m Breite ein. Den Eingang zur Engstrecke bewacht die mächtige Festungsruine **Golubac.** Mehrere Gedenktafeln sind in den Felsen gehauen, z. B. für den römischen Kaiser Trajan, der 103 n. Chr. sein geniales Werk, den Bau einer Treidelstraße durch die Schlucht, in Angriff nehmen ließ. Die 250 t schwere Tafel mußte 25 m höher angebracht werden, weil sie sonst im Rückstau des 1972 eingeweihten, riesigen Wasserkraftwerks Djerdap versunken wäre. Ohnehin opferte man diesem Projekt, einem gemeinsamen Werk der beiden Donaunachbarn Jugoslawien und Rumänien, 17 Ortschaften. 1 km lang und 35 m hoch ist die Staumauer; die Schleusenkammern messen 300 m in der Länge und 35 m in der Breite. Das Flußkraftwerk ist immerhin das fünftgrößte der Welt.

Nun öffnen sich die Berge und geben den Blick frei auf die Walachei, das fruchtbare rumänische Tiefland, durch das sich die Donau – hier Dunărea – träge dahinschleppt. Wo die letzten Hügel auslaufen, liegt die Industriestadt **Drobeta-Turnu Severin,** die mit bemerkenswerten Ruinen aus der Römerzeit aufwartet. Nach einer großen Spitzkehre mit anschließendem „Rückfall“ in die alte Ostrichtung trifft der Strom auf die bulgarische Grenze. 471 km weit bildet er die Nordgrenze des lange von den Türken beherrschten Landes. In **Vidin** am rechten Ufer zeugen noch heute 25 Minarette von den einstigen Herren.

Wild wuchernde Auwälder unterbrechen hie und da die endlose Ebene. Unvermittelt zeichnen sich am Horizont zur Linken geometrische Konturen ab: das riesige Chemiekombinat **Turnu Măgurele.** In **Swischtow** (Svištov) erreicht die Donau ihren südlichsten Punkt. Von hier an strömt sie nordostwärts bis **Russe** (Ruse). Der dortige Hafen – der größte an der bulgarischen Donau (Dunav) – ruft die Bedeutung des Stroms als wichtige Verkehrsader für die Balkanstaaten in Erinnerung. Gegenüber liegt **Giurgiu** – bedeutender Ausfuhrhafen für rumänisches Erdöl.

Unterhalb der beiden Industriestädte verliert sich der ausufernde Strom wieder in der Endlosigkeit der weiten Niederung. Nach Silistra wendet sich die Donau in einem weiten Bogen nordwärts. Sie weicht vor der Dobrudscha aus, einem klotzartigen Tafelgebirge, das ihr den direkten Weg zum Schwarzen Meer abschneidet. Seit 1985 gibt es aber einen Kanal, der – eine natürliche Senke nutzend – die kürzeste Schiffsverbindung zum Meer herstellt: Er führt von Cernavodă zur Küstenstadt Konstanza.

Wachtürme im Schilfmeer

Von jetzt an wird die Donau immer wieder von Seitenarmen begleitet, die sich ihrerseits wieder in Rinnsale aufspalten. Auwälder, Sümpfe, Röhricht und Weideland nehmen weite Teile der Niederung ein und geben einen Vorgeschmack auf das Mündungsdelta. Von Nordwesten stoßen noch einmal zwei bedeutende Flüsse zur Donau: der ***Sereth*** (Siret) und der ***Pruth*** (Prut), der mit 828 km Länge zweitgrößte Zufluß. Zwischen ihren Mündungen macht sich **Galați** breit, Rumäniens führender Donauhafen, der auch von Seeschiffen angefahren wird. Die Donau schwenkt nun abermals ostwärts und bildet jetzt die Grenze zur Sowjetunion, wie die hohen Wachtürme im Schilfmeer unübersehbar bezeugen.

Unvermittelt spaltet sich vom Strom der nördliche ***Kilijaarm*** (Braţul Chilia) ab, dem auch die Grenze treu bleibt. Unterhalb von **Tulcea** teilt sich auch der Hauptstrom: Der nördliche ***Sulinaarm*** (Braţul Sulina) ist die offizielle, zur Großschiffahrtsstraße ausgebaute Donau, doch die Hauptwassermassen nimmt der südliche ***St. Georgsarm*** (Braţul Sfîntu Gheorghe) auf. Hier beginnt das 4340 km² große Delta, eine der letzten Urlandschaften Europas – in weiten Teilen ein wogendes Meer aus Schilf. Dazwischen schieben sich Ufersäume aus dschungelartig wucherndem Auwald. Sümpfe und schwimmende Röhrichtinseln vervollständigen die Wildnis, in der unzählige Zugvögel rasten, über 300 Wasservogelarten nisten und 110 Fischarten leben. Fischotter, Biber, Schildkröten und Schlangen fristen hier noch ein ungestörtes Dasein.

Etwa 40 m wächst das Delta Jahr für Jahr ins Meer hinaus. An Ort und Stelle aber hat man Mühe, die Außengrenze des Deltas auszumachen. Ganz allmählich nur dünnen die Schilfzonen zu immer kleineren Inseln aus, und weit draußen erst siegt das tintenblaue Wasser des Schwarzen Meeres über das Gelbbraun der Donauarme.

Kein Bild aus Afrika, sondern aus dem Donaudelta, dem einzigen Gebiet Europas, wo noch Pelikane leben. Zwei Arten sind es, die sich in diesem Naturparadies zu Brutkolonien zusammenschließen: der Rosapelikan (Bild) und der noch seltenere Krauskopfpelikan. Die Vögel bauen ihre eng nebeneinandergedrängten Nester im dichten Schilfröhricht am Rand von offenen Wasserflächen, die sie systematisch abfischen.

Große Nebenflüsse

„Iller, Lech, Isar, Inn fließen rechts zur Donau hin, Altmühl, Naab und Regen fließen ihr entgegen." Bereits im ersten Teil dieses Schülermerksatzes sind die wirklich großen Nebenflüsse genannt, die auf den folgenden Seiten vorgestellt werden. Alle vier sammeln ihr Wasser in den Alpen und deren Vorland, also in niederschlagsreichen Landschaften, und lassen so die Donau kräftig anschwellen. Die Spitze hält eindeutig der Inn. Er ergießt mehr Wasser in die Donau, als diese selbst mitbringt.
Die Isar war von alters her ein gefürchteter Wildfluß. Heute fängt der Sylvenstein-Stausee die Hochwasserwelle zur Zeit der Schneeschmelze ab, bevor sie Schaden anrichtet. Gezähmt ist auch der Lech – er spendet Strom und wurde dazu in eine nahezu lückenlose Seentreppe verwandelt, und der kleineren Iller hat man Uferdämme aufgezwungen.
Zwischen den großen Nebenflüssen schlängeln sich noch einige andere Flüßchen zur Donau hin. Sie verdienen vor allem ihrer idyllischen Täler wegen Beachtung.

Großes Bild: Elegant schwingt sich die Straße über den Sylvenstein-Stausee, der die obere Isar um eine zusätzliche Attraktion reicher macht.
Kleines Bild oben: Dieses Überbleibsel aus der Postkutschenzeit verbindet nicht nur die Ufer des Inns bei Niederaudorf, sondern auch Deutschland mit Österreich.
Kleines Bild Mitte: Nur noch auf dem kurzen Stück oberhalb von Füssen darf sich der Lech als wilder Gebirgsfluß gebärden.
Kleines Bild unten: Als ungestümes Wildwasser schießt die Ammer durch eine grandiose Schlucht – zur Freude der Kajakfahrer.

Der Widerspenstigen Zähmung

Die Alpenflüsse Iller und Lech sind die Großen dieses Gebiets, Sammelstränge menschlicher Aktivitäten seit Jahrhunderten. Sie setzen in der Flußlandschaft die Akzente. Doch auch die Kleinen – Günz, Mindel, Zusam und Paar – haben ihre eigenen, ganz besonderen Reize.

Die Breitachklamm bei Oberstdorf bietet ein großartiges Naturschauspiel. Bis zu 90 m tief hat sich der Fluß in den Fels geschnitten. Sichere Wege führen durch die Schlucht.

Drei Hauptquellbäche vereinigen sich bei Oberstdorf zur Iller: Breitach, Stillach und Trettach. Alle drei entspringen in den Allgäuer Alpen, und alle drei fließen durch wunderschöne Gebirgstäler.

Am Ende des vielbesuchten Kleinwalsertals, in Mittelberg-Baad, entsteht die ***Breitach*** durch den Zusammenfluß mehrerer Bergbäche. Vor der majestätischen Kulisse des 2536 m hohen Widdersteins rauscht der Wildbach dann an den reizvollen Hauptorten **Mittelberg, Hirschegg** und **Riezlern** vorbei. Dieses Gebirgstal gehört zu Österreich, ist aber seit 1891 deutsches Zollgebiet. Man kann mit beiden Währungen zahlen, braucht jedoch Reisepaß oder Personalausweis, um über die Grenze zu kommen. Kontrolliert wird man aber so gut wie nie.

Von Riezlern sind es auf der B 201 noch 4 km (der Fußweg entlang der Breitach ist etwa 1 km länger) bis zur Grenzstation **Walserschanz.** Hier beginnt die ***Breitachklamm,*** eine der schönsten Schluchten Mitteleuropas. Das Wasser zwängt sich durch Strudellöcher und stürzt über Stufen, von 90 m hohen Felswänden überragt. Im Winter verwandelt sich die Klamm in eine gläserne Märchenwelt aus phantastischen Eisgebilden. Etwa 2 km flußabwärts beim Gasthaus „Breitachklamm" unweit des Oberstdorfer Ortsteils **Tiefenbach** liegt der untere Eingang mit Parkplatz.

Bürgerlich, bäuerlich, sportlich und mondän

Die beiden anderen Illerquellbäche beginnen ihren Lauf nur wenige Kilometer südlich des Ortskerns vom Luftkurort **Oberstdorf.** Durch einen Bergrücken voneinander

Wer nicht nur die großen Flüsse Iller und Lech, *sondern auch die kleineren Günz, Mindel, Zusam und Paar kennenlernen möchte, sollte mindestens 5 Tage einkalkulieren, um wenigstens die Glanzpunkte erleben zu können. Für Wanderungen, Radtouren oder Kanufahrten, die fast überall möglich sind, braucht man natürlich mehr Zeit.*

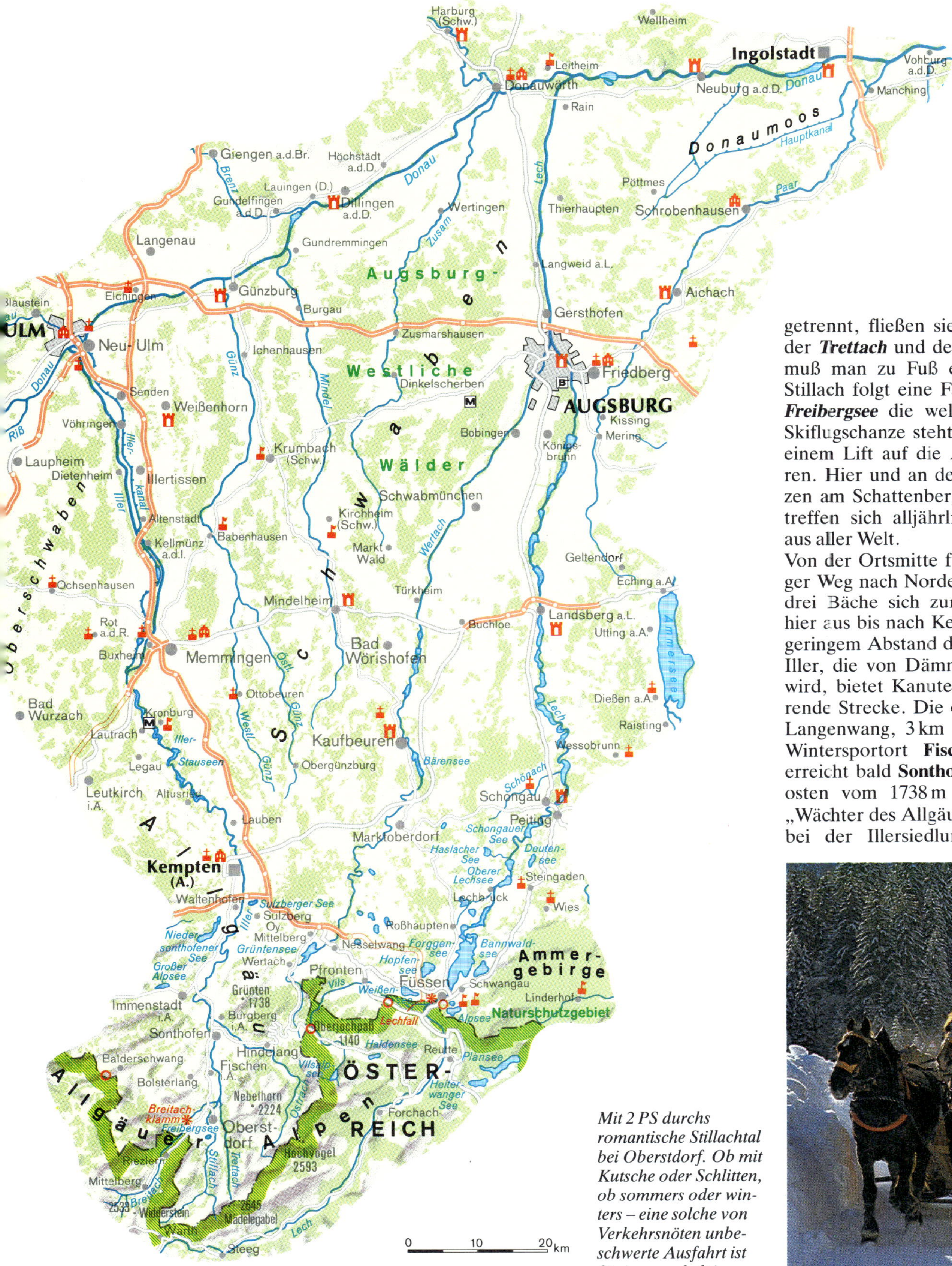

getrennt, fließen sie fast parallel. Das Tal der ***Trettach*** und den Oberlauf der ***Stillach*** muß man zu Fuß erkunden; der unteren Stillach folgt eine Fahrstraße, an der beim ***Freibergsee*** die weltberühmte, 72 m hohe Skiflugschanze steht; Besucher können mit einem Lift auf die Aussichtsplattform fahren. Hier und an den beiden Sprungschanzen am Schattenberg über dem Trettachtal treffen sich alljährlich die Spitzensportler aus aller Welt.

Von der Ortsmitte führt ein etwa 3 km langer Weg nach Norden zu der Stelle, wo die drei Bäche sich zur ***Iller*** vereinigen. Von hier aus bis nach Kempten folgt die B 19 in geringem Abstand dem Flußlauf. Die junge Iller, die von Dämmen im Zaum gehalten wird, bietet Kanuten eine leicht zu befahrende Strecke. Die oberste Einsatzstelle ist Langenwang, 3 km vor dem Luftkur- und Wintersportort **Fischen.** Der Autofahrer erreicht bald **Sonthofen,** überragt im Nordosten vom 1738 m hohen Grünten, dem „Wächter des Allgäus". In einem Baggersee bei der Illersiedlung kann man baden.

Mit 2 PS durchs romantische Stillachtal bei Oberstdorf. Ob mit Kutsche oder Schlitten, ob sommers oder winters – eine solche von Verkehrsnöten unbeschwerte Ausfahrt ist für jung und alt immer ein besonderes Ferienvergnügen.

Links: Ein Fluß zum Spielen. Auf der Höhe von Dietenheim und Illertissen ist die Iller im Sommer so zahm, daß man vom Kiesufer aus seine Yacht auf Fahrt schicken kann.

Oben: In den Illerauen bei Altusried wechseln sich steile Prallhänge und sanfte Gleithänge bilderbuchhaft ab.

Unmittelbar hinter Sonthofen mündet aus südöstlicher Richtung die Ostrach.

▷ ***Ostrach*** Die erste größere Station an der Ostrach ist der Gebirgsort **Hindelang** an der B 308, dem einst die Salztransporte über das Oberjoch Wohlstand brachten. Rechts zweigt eine Landstraße ab, die dem Flüßchen durch das bewaldete Tal folgt. Bis zum Ortsteil **Hinterstein** darf man sie befahren. Wer das hübsche Tal nicht erwandern will, kann den Bus zum 8 km entfernten Gasthof „Giebelhaus" nehmen, wo ***Stierbach*** und ***Obertalbach*** die Ostrach speisen. ◁

Auf der Landstraße westlich der Iller erreicht man über Blaichach **Immenstadt,** das mit einem sehenswerten historischen Zentrum aufwartet. Hier lohnt sich ein Abstecher zum ***Kleinen*** und ***Großen Alpsee*** an der Deutschen Alpenstraße (B 308), dem zweitgrößten See des Allgäus.

Etwa 7 km unterhalb von Immenstadt, nun bereits im Alpenvorland, weicht die Iller harten Gesteinsmassen aus und bildet nahe der Rottachmündung eine weit ausholende Schlinge. Dorthin führt eine landschaftlich schöne Landstraße am rechten Ufer. Folgt man dieser Straße weiter in Richtung Kempten, gelangt man nach **Sulzberg** mit der gleichnamigen aussichtsreichen Burgruine und einem schönen Badesee.

Wer den ***Niedersonthofener See,*** der am linken Illerufer etwa 2 km nordwestlich der Flußschlinge liegt, besuchen will, muß zur B 19 hinüberwechseln und ein Stück in Richtung Immenstadt nach **Waltenhofen-Niedersonthofen** zurückfahren.

Auf der B 19 gelangt man rasch nach **Kempten,** der Hauptstadt des bayerischen Allgäus. Die Stadt, die sich auf den Illerterrassen beiderseits des Flusses ausbreitet, ist altes Siedlungsgebiet: Kelten und Römer hatten sich hier niedergelassen. Bis zur Mitte des 19. Jh. war Kempten ein wichtiges Zentrum der Flößerei auf der Iller.

Etwa 10 km nach Kempten durchbricht die Iller bei **Altusried,** das man auf einer reizvollen Landstraße erreicht, die während der letzten Eiszeiten geschaffene Alt- und Jungmoränenlandschaft. Diesen Illerdurchbruch kann man nur zu Fuß erkunden. Die schönste Stelle liegt 3 km oberhalb von Altusried, wo bis zu 100 m hohe Steilwände aufragen. Ganz in der Nähe ist die modern umgestaltete Haldenmühle. Hier herrscht am ehemaligen Mühlenweiher reger Badebetrieb.

Auf kleiner Straße geht es nach **Legau,** einer stillen Marktgemeinde mit Rokokowallfahrtskirche, und weiter nach **Lautrach.** Dort steht die Illermühle, deren Mühlrad sich noch so geschäftig dreht wie ehemals.

Von hier fährt man über **Kronburg-Kardorf,** das schöne Ausblicke auf die Illerstaustufe bietet, nach Aitrach an der B 18 und weiter bis Tannheim. Dort geht es rechts ab nach **Buxheim,** wo ein ehemaliges Kartäuserkloster über der Iller steht. Im ***Buxheimer Weiher*** kann man baden. Wer mehr Freude an einer alten Stadt mit Mauern und Tortürmen hat, dem sei ein kleiner Schlenker weg von der Iller nach **Memmingen** empfohlen. Von dort geht es – zunächst auf der B 300 bis Heimertingen und dann über die kleinen bäuerlichen Gemeinden Fellheim und Pleß auf der östlichen Flußseite – auf der Landstraße nach **Kellmünz,** dessen Altstadt hoch über dem Illerufer liegt. An dieser Stelle befand sich das römische Kastell Caelius mons, dessen Lage und Name an einen der Sieben Hügel Roms erinnern sollte. Man überquert Fluß und Autobahn und fährt dann vor Dettingen nach rechts ins baden-württembergische **Kirchberg.** Der noch zum Ortsnamen gehörende Zusatz „an der Iller" trifft heute nicht mehr zu, erinnert aber an die Zeit, als der Fluß noch ungezähmt im Tal seinen Weg suchte.

Weiter geht es flußabwärts, streckenweise durch Waldabschnitte, nach **Dietenheim.** Dort kann man von der Brücke nach Illertissen auf die Iller und den ***Illerkanal*** blikken. Beide werden von schönen Uferwegen begleitet, die bis nach Neu-Ulm führen, wo die Iller in einem Naturschutzgebiet in die Donau mündet. Autofahrer gelangen von Dietenheim auf einem landschaftlich reizvollen Straßenabschnitt am linken Ufer dorthin. Unterwegs bieten sich Zugangsmöglichkeiten zum Fluß bei der Brücke nach **Vöhringen** und kurz vor **Illerkirchberg.** Das gegenüberliegende **Senden** wird schon von Industrie bestimmt.

Die kleinen Schwestern: Günz, Mindel und Zusam

Die ***Günz*** gab wie die Mindel einer der vier Vereisungsperioden (Günz, Mindel, Riß und Würm) während der letzten alpinen Vereisung ihren Namen. Ihre Quellbäche sind die ***Westliche*** und die ***Östliche Günz,*** die bei **Obergünzburg** 16 km nordöstlich von Kempten entspringen und sich nördlich von Erkheim an der B 18 zwischen Memmingen und Mindelheim vereinigen. Gleich, welchem Arm man folgt, man muß auf kleinsten Straßen den Weg durch das Moränengelände von Ort zu Ort auskundschaften. In **Ottobeuren,** dem bekannten Kneippkurort an der Westlichen Günz, steht die berühmte, 764 gegründete Benediktinerabtei, deren Basilika zu den prachtvollsten Barockkirchen Deutschlands gehört. Ab **Babenhausen** an der B 300 können Kanuten die gemächlich dahinplätschernde Günz befahren.

Autofahrer steuern Krumbach an und erreichen von dort auf der B 16 das 15 km entfernte **Ichenhausen.** Hier liegt zwischen den Ortschaften Rieden, Oxenbronn und Hochwang das Günztalmoos, das seltene Pflanzen und Tiere beherbergt. Kurz vor der Mündung in **Günzburg,** das mit der schönen Liebfrauenkirche aufwartet, kann man im ***Günzriedweiher,*** einem von Schilf umstandenen Moorsee, baden.

In **Mindelheim,** wo sich B 16 und B 18 kreuzen, fließen ***Brunnenbach*** und ***Hungerbach*** der gemächlichen ***Mindel*** zu, die 20 km weiter südlich entspringt. Die typische starke Verästelung des Flusses in viele kleine Nebenflüßchen im weiten Tal sieht man gut vom Fuggerschloß **Kirchheim** (von Mindelheim auf der B 16 nach Norden bis Pfaffenhausen, dort nach rechts und auf Nebenstraßen weiter). Es liegt auf einer Flußterrasse der Mindel. Von hier aus kann man auf kleinen Straßen links oder rechts des Flusses bis Jettingen-Scheppach fahren. Von dort führt ein Sträßchen nach **Gundremmingen** mit den weithin sichtbaren Kühltürmen des Kernkraftwerks an der Mündung in die Donau.

Die Dritte im Bunde, die ***Zusam,*** entspringt bei **Markt Wald** rund 12 km nordöstlich von Mindelheim im südlichen Zipfel des Naturparks Augsburg–Westliche Wälder. Auf kleinen Straßen kann man dem mäandrierenden Flüßchen bequem durch Wiesen, Äcker und Wälder folgen. In **Dinkelscherben** können Kanuten ihr Boot zu Wasser lassen. Der Autofahrer fährt an den Flußschlingen entlang über **Zusmarshausen** inmitten bewaldeter Höhen bis nach Wertingen und Buttenwiesen am Nordwestrand des Naturparks. Von dort sind es dann noch 15 km bis zur Mündung in **Donauwörth.**

Der Längste von allen: der Lech

Rund 15 km südöstlich vom weltbekannten österreichischen Wintersportort **Lech am Arlberg** sprudelt unterhalb der 2704 m hohen Roten Wand Wasser aus einer Bergwiese. Ganz in der Nähe liegt der abflußlose ***Formarinsee*** (1866 m), dessen Wasser unterirdisch zu dieser Stelle – der Quelle des ***Lechs*** – gelangt. Man erreicht sie von der Formarinalpe (Parkplätze) aus zu Fuß in etwa 1 Stunde.

Zunächst nur ein kleines Rinnsal, wird der Lech durch Zufluß mehrerer Gebirgsbäche

Ein architektonisches Juwel beherbergt der Kneippkurort Ottobeuren im wald- und wiesenreichen Günztal: die Benediktinerabtei. Dieser „schwäbische Escorial" ist der größte sakrale Komplex des 18. Jh. in Deutschland.

Energiespender Lech

„Strom für Augsburg". Unter diesem Motto wurde 1898–1901 in Gersthofen das erste Flußkraftwerk am Lech gebaut. Damit leitete man eine neue Epoche der Flußgeschichte ein, in der der Lech intensiv zur Energiegewinnung genutzt werden sollte. Langweid (1907/08), Meitingen (1922) waren die nächsten Kraftwerke. Ellgau (1952), Oberpeiching (1954), Rain (1955) und Feldheim (1960) folgten nach. Doch damit nicht genug. In den 50er Jahren wurde nämlich auch mit dem Ausbau des Mittellaufes begonnen. Als erstes staute man dazu 1954 den Lech in Roßhaupten zum Forggensee auf. Er ist der Kopfspeicher der Kraftwerkstreppe und faßt 150 Millionen m³. Seither wurden 23 Staustufen gebaut. Die Stufen 19 bis 22 – Schwabstadl, Scheuring, Prittriching und Unterbergen – entstanden in den Jahren 1980–1984. Bei ihrem Bau war man bemüht, noch stärker dem Umweltschutz gerecht zu werden, und hat Biotope wie z. B. Flachwasserzonen mit Schilfröhricht und kleine Inselchen angelegt.
Obwohl die Kraftwerke am Lech durch weitere an Iller, Wertach, Günz und Donau ergänzt werden, läßt sich dieser Teil Bayerns dadurch lediglich zu etwa 10% mit Strom versorgen.

Bei Füssen hat der Lech ein großartiges Naturdenkmal geschaffen: den Lechfall und eine schroffe Schlucht. Tosend schießen hier die Wassermassen zu Tal. An den durchfurchten Felswänden sieht man die Spuren des langen Kampfes, den der Lech gegen den harten Wettersteinkalk führen mußte. Der König-Max-Steg führt über die enge Klamm.

bald zu einem munteren Flüßlein, das im Ort **Lech** schon deutlich das Tal beherrscht. Mit großen Steinen wurde ihm hier ein sicheres Bett gebaut. Den Renommierort verläßt man in Richtung **Warth.** Dort biegt der Fluß scharf nach Osten um und durchbraust bis **Ellenbogen** ein enges, unbegehbares Tal. Kurz dahinter, bei **Steeg,** wo sich die oberste Einsatzstelle für Kanuten befindet, weitet sich das Tal zwischen den Allgäuer Alpen im Norden und den Lechtaler Alpen im Süden. Man kommt durch **Elbigenalp,** wo sich die einzige österreichische Schnitzerfachschule befindet, und erreicht bald **Forchach.** Hier wird der Talboden so weit, daß der Lech Kiesbänke anschwemmt und sich verästelt. Eine Hängebrücke – die einzige im Lechtal – überspannt den glasklaren Fluß.

6 km weiter liegt **Weißenbach,** wo der ***Rotlech*** mündet. Von hier sind es noch 8 km bis Reutte und weitere 10 km bis zur deutschen Grenze bei Füssen. 95 km hat der Fluß bis dahin zurückgelegt; 168 weitere hat er noch vor sich.

Schon wenige Minuten hinter der Grenze sieht man von der nach Füssen führenden Straße aus den Lechfall, ein großartiges Naturschauspiel. Hier sägte sich der Fluß durch den harten Wettersteinkalkriegel. Dieser Durchbruch ist, geologisch gesehen, noch recht jung, wie die enge Schlucht beweist. Ursprünglich suchte sich der Fluß nämlich seinen Weg übers Vilstal ins Alpenvorland.

Füssen, die malerische Bergstadt, zeigt sich von der Lechbrücke unterhalb des Schlosses von seiner schönsten Seite. Flußabwärts wird die Wasserkraft erstmals zur Stromgewinnung genutzt. Von Füssen fährt man auf der B 17 am ***Bannwaldsee*** entlang nach **Halblech-Buching,** dem Tor zum Naturschutzgebiet Ammergebirge. In Buching zweigt ein Sträßchen links zum Illasberg ab, der einen herrlichen Blick über den durch Aufstauung des Lechs entstandenen ***Forggensee*** bietet (siehe Seite 288–289).

Nun geht es weiter über die Staumauer des Forggensees und danach gleich rechts weg am gestauten Lechsee entlang nach **Lechbruck,** einem gemütlichen Ferienort. Beim Ortseingang führt links eine Straße zum Aussichtspunkt „Cafe Alpenblick". Ein Denkmal auf der Lechbrücke, die die Grenze zwischen Bayern und Schwaben bildet, erinnert an die Zeit, als hier wie auch in dem 4 km flußaufwärts am anderen Ufer gelegenen Prem die Flößerei Haupteinnahmequelle war. Bis nach Augsburg fuhren die Lechbrucker Flößer, manche sogar weiter bis nach Wien oder Budapest. Über 3000 Flöße gingen so Jahr für Jahr den Lech hinunter. Anfang des 20. Jh. kam das

Gewerbe durch den Bau der Eisenbahnlinie zum Erliegen.
Bevor die Reise fortgesetzt wird, empfiehlt sich ein Abstecher zum 6 km von Lechbruck entfernten **Steingaden** mit dem ehemaligen Prämonstratenserstift. Nur 5 km weiter steht die Wieskirche, ein Juwel des bayerischen Rokokos.

Die nasse Treppe

Der Autofahrer verläßt Lechbruck auf kleiner Straße in nördlicher Richtung und gelangt so zum Seglerhafen am ***Oberen Lechsee.*** Von dort geht es auf einem schmalen Sträßchen (Benutzung auf eigene Gefahr) vorbei an den Lechstaustufen 3 und 4 nach Burggen und weiter nach Schongau. Mehr von der schönen Flußlandschaft – z. B. das Naturschutzgebiet Litzauer Schleife, wo der Fluß in seiner Ursprünglichkeit belassen wurde – sieht man, wenn man die rund 20 km lange Strecke von Lechbruck nach Schongau auf dem ausgeschilderten Lechhöhenweg wandert. Der übrige Lech ist durch die vielen Staustufen zu einer langen „nassen Treppe" geworden.
Auch bei **Schongau** ist eine Staustufe. Davor breitet sich der ***Schongauer See*** aus, ein Wassersportzentrum mit Bootshafen. Die Stadt selbst liegt auf einem Umlaufberg des Lechs.
Die B 17 führt nun in gerader Linie und fast ohne Flußberührung nach Landsberg. Daher lohnt sich unterwegs beim Parkplatz „Lechblick" oder „Römerkessel" ein Halt, um die Flußlandschaft zu genießen.

Links: Auf der Lechbrücke in Lechbruck erinnert ein Flößerdenkmal an die einst einträgliche Flößerei. Kaum vorstellbar: Bis Budapest fuhren die Lechbrucker mit ihren bis zu 6 m breiten und 140 m langen Flößen.

Unten: Vor der historischen Kulisse Landsbergs stürzt der Lech rauschend und schäumend über ein großes Wehr – ein Motiv, das man nur zu gern fotografiert.

Das Schlachtfeld am Fluß

„Der Lech verbeugt sich vor **Landsberg**", heißt es dort. Gemeint ist damit das schäumende Lechwehr vor der Kulisse der historischen Altstadt. Hier tummeln sich im Bereich der Karolinenbrücke, auf der eine Steinfigur an den Vater Lech erinnert, Schwäne, Enten und Möwen. Unterhalb liegt auf einer Insel ein Freibad mit direktem Zugang zum Lechstrand.

Zentrum der Fuggerstadt Augsburg ist der Ludwigsplatz mit dem Augustusbrunnen, der an die Frühgeschichte der Stadt erinnert: Sie hat sich aus der römischen Provinzhauptstadt von Rätien, Augusta Vindelicorum, entwickelt.

Westlich der Stadt zieht sich das Lechfeld hin. In dieser Schotterebene liegen bis zu 10 m mächtige eiszeitliche Kies- und Geröllablagerungen. Berühmt wurde das Lechfeld durch eine Schlacht, die gar nicht hier stattgefunden hat. So besiegte Otto I. im Jahr 955 die Ungarn einmal weiter nördlich, zwischen Augsburg und Ulm, und ein zweites, entscheidendes Mal auf dem Gunzenlé, einer Thingstätte am östlichen Lechufer. Das Lechfeld, einst eine karge Heidelandschaft, wird heute landwirtschaftlich genutzt.

Die Romantische Straße (B 17) bringt den Lechreisenden zügig, aber flußfern nach **Königsbrunn,** wo das Lechfeld endet. Hier konnte man mit dem Naturschutzgebiet Königsbrunner Heide einen Rest der ursprünglichen Trockenrasenlandschaft mit den für sie typischen Heidewiesen bewahren. Am Übergang zum Stadtwald verläuft noch der Rest eines alten Grabens aus der Flößerzeit.

Im Norden der Stadt lädt der ***Ilsesee*** zum Baden ein. Ein Paradies für Wassersportler ist die zwischen Königsbrunn und Mering gelegene Lechstaustufe 23. Von Mering geht es auf der B 2 nach Norden. Nach etwa 3 km kann man nach links in das Naturschutzgebiet Kissinger Heide abbiegen, wo der ***Weitmannsee*** Bademöglichkeiten bietet. Weiter auf der B 2 erreicht man bald das Naherholungsgebiet **Kuhsee,** wo es links weg zu den Parkplätzen am gleichnamigen Badesee geht. Vom oberen Parkplatz beim ***Kuhsee*** erreicht man in 10 Minuten zu Fuß den Hochablaß. Unterhalb dieses Wehres startete 1972 die Weltelite der Kanuten zur halsbrecherischen Fahrt durch den Eiskanal, der damals zur Olympiade eigens angelegt wurde. Westlich vom Kanal beginnt das großartige Naturschutzgebiet Siebentischwald, das im Süden in das Schutzgebiet Haunstetter Wald übergeht.

Während der Lech nun, von Industrie begleitet, einen Bogen um den Kern der Fuggerstadt **Augsburg** macht, fährt der Flußreisende ins Stadtzentrum, in die ehemalige Unterstadt. Sie wird von alten Lecharmen durchzogen, an denen die Handwerker früher ihrem Gewerbe nachgingen: Gerber, Kürschner, Bäcker, Metzger... Alle brauchten Wasser, das dem großen Fluß beim Hochablaß abgezweigt wurde. Durch dieses Lechviertel führt der Augsburger Handwerkerweg. Er berührt unter anderem die Pfladermühle und das Wasserrad am Schwallech. Nördlich der Altstadt nimmt der Lech die Wertach auf.

Beton sichert das Flußbett

▷ ***Wertach*** Man fährt auf der Straße, die parallel zum Fluß Augsburg in Richtung Bobingen verläßt. Im Ortsteil **Inningen** passiert man ein Stützschwellenkraftwerk; weitere stehen in Bobingen, Großaitingen, Schwabmünchen-Mittelstetten und Schwabmünchen. Den Namen haben sie von den in den Fluß eingegossenen Betonschwellen, die verhindern sollen, daß der Fluß sich weiter eingräbt.

Im Ortsteil **Schwabmünchen-Wertachau** am Westrand des Lechfelds wartet der geschützte Afrawald mit einem 10 m hohen Wertachhang auf. Weiter geht es über Türkheim nach **Bad Wörishofen,** dem weltbekannten Kneippheilbad. Die östlich des Ortes verlaufende Wertach ist im Fürpointmoos und im Beckstettner Moos zu kleinen Seen aufgestaut, an denen man spazierengehen kann. Kleine Straßen führen hin.

Auf der B 16 erreicht man **Kaufbeuren** mit der einzigartigen St.-Blasius-Kapelle auf der Stadtmauer. Am ***Bärensee*** vorbei gelangt man nach **Marktoberdorf,** wo die schöne barocke Pfarrkirche Hl. Kreuz und St. Martin zur Besichtigung einlädt. Ohne Flußberührung geht es nach **Nesselwang,** Luftkurort und Skidorf. Auf reizvoller Straße fährt man dann zum ***Grüntensee,*** einem idealen Wassersportrevier. Nach **Wertach,** wo die schöne Sebastianskapelle steht, ist in **Hindelang-Unterjoch,** einem kleinen Erholungsort, Endstation: 3 km südöstlich entspringt die Wertach. ◁

Auf den letzten 38 Flußkilometern bis zur Mündung wird der eingedämmte Lech noch

Oben: Weithin bekannt wurde der Augsburger Eiskanal durch die Olympischen Spiele von 1972. Der aus Beton gebaute Wildbach dient heute dem Bundesleistungszentrum für Kanusport als Trainingsstrecke für den Slalom.

Unten: Bei einem Spaziergang durch den Siebentischwald in Augsburg kann man so manche seltene Pflanze sehen. Hier eine Feuerlilie.

mehrmals gestaut, zunächst in **Gersthofen.** Hier beginnt auch ein 18 km langer, neben dem Fluß verlaufender Werkkanal, der angelegt wurde, um den Kanalkraftwerken Gersthofen, Langweid und Meitingen Wasser zuzuführen, denn Flußkraftwerke gab es bis 1940 im Lech nicht.

Durch die Aufstauung gelang es, versteppte Auwälder wieder zu rekultivieren. Bewahrt wurde so auch ein Meer von Taglilien, das bei **St. Stephan,** unweit von Langweid, zur Blütezeit im Sommer die Besucher anlockt. Weiter flußabwärts wurde in den Lechauen von **Thierhaupten** ein Vogelschutzrevier eingerichtet, in dem Aussichtspunkte einen herrlichen Überblick bieten. Mit etwas Glück kann man sogar den seltenen Kormoran an seinem Nistplatz beobachten.

Die letzten Flußkilometer bis zur Mündung in die Donau, östlich von Donauwörth, sind weniger spektakulär.

Rechts vom Lech: die Paar

Vom nördlichen Ende des Ammersees sind es ungefähr 8 km bis **Geltendorf.** Dort liegt die Quelle der ***Paar.*** Sie ist ein typischer kleiner Wiesenfluß, der sich gemächlich dahinschlängelt. Dem Oberlauf mit dem Auto zu folgen ist nicht ganz einfach, da man sich über viele kleine Ortschaften den Weg suchen muß. Orientierungspunkte sind die kleinen bäuerlichen Gemeinden **Egling** und **Merching,** die Marktgemeinde **Mering** und **Kissing,** wo der Fluß zu einem Bogen ansetzt. Hier hat er ein landschaftlich sehr reizvolles Durchbruchstal geschaffen, indem er sich in die Schotterebene einschnitt und sich auch noch in den voreiszeitlichen Untergrund eintiefte. Der Eingang zum Paardurchbruch liegt etwa 500 m westlich von **Friedberg-Ottmaring.**

Von **Friedberg,** einer mittelalterlichen Stadt, führt die Straße an der Eisenbahnlinie entlang durch tertiäres Hügelland nach **Aichach.** In einem Waldgebiet im Osten der Stadt liegen mehrere tausend unterschiedlich große Trichtergruben, in denen bereits in keltischer Zeit Erz gewonnen wurde. Auf der flußnahen Nebenstraße geht es weiter nach **Schrobenhausen,** wo in den Lößböden der Spargel wächst, auf den man noch in München so stolz ist. Wer zur Spargelzeit reist, sollte ihn am besten an Ort und Stelle in einem der gemütlichen Lokale in und um Schrobenhausen genießen.

Nun folgt man auf der B 300 dem schlingenreichen Fluß. Stationen auf dem Weg sind Hohenwart und Reichertshofen, von wo es zunächst auf der B 13, dann auf der B 16 nach Manching und schließlich auf Landstraßen weitergeht zur Mündung in **Vohburg an der Donau.**

Ein königliches Fleckchen Erde

Umgeben von dunklen Wäldern und sattgrünen Weiden, liegt vor einer phantastischen Alpenkulisse der Forggensee. Schon die Bayernherrscher hat es in diesen idyllischen Winkel im Füssener Land gezogen.

Land der 13 Seen – so nennt man die schöne Ostallgäuer Gegend um das malerische Bergstädtchen Füssen. Fast alle Seen sind eiszeitlichen Ursprungs, Überbleibsel des „Füssener Sees", der sich nach dem Abschmelzen des Lechgletschers im Füssener Becken gebildet hatte. Der größte, der Forggensee, ist zwar ein künstlich angelegter Stausee, bildet aber mit der ihn umgebenden Landschaft eine harmonische Einheit, denn im Grunde wurde hier der ursprüngliche Zustand wiederhergestellt.
Anfang der 50er Jahre wurde ein 41 m hoher Erddamm aufgeschüttet, der das Lechbett in der Roßhauptener Schlucht abriegelte, und in 4 Jahren entstand ein an die 10 km langer und bis zu 3 km breiter See, heute das größte Gewässer des Allgäus. Sein Name übrigens leitet sich von dem Dorf Forggen her, das vor dem Aufstau hier gelegen hatte und von den Wassermassen begraben worden war.
Wenn im Herbst das Wasser abgelassen wird und der See zu einem kleinen Weiher zusammenschrumpft, dann kann man erahnen, wie dieses Tal früher einmal ausgesehen hat. Durch die Sand-, Stein- und Schlammlandschaft zieht dann wieder der ***Lech.*** Trostlos erscheint dem Betrachter dies Bild, und insgeheim denkt er bestimmt an die schönen Sommertage, wenn auf dem blauen Wasser bunte Segel in der Sonne blitzen und sich der See wieder in ein wahres Wassersportparadies verwandelt. Die winterliche Schrumpfung des Sees bleibt natürlich nicht ohne Auswirkungen auf die Fischwelt, doch setzt der Kreisfischereiverein regelmäßig Jungfische ein, so daß auch die Sportangler auf ihre Kosten kommen.
Aber die Hauptfunktionen, die der Forggensee zu erfüllen hat, bleiben die Regulierung des Wasserdurchflusses und natürlich die Stromerzeugung. Je nach Bedarf wird das gespeicherte Wasser an die bislang 21 flußabwärts liegenden Staustufen mit ihren Wasserkraftwerken abgegeben und dort zur Stromgewinnung eingesetzt. Nach dem Vollausbau des Lechs (siehe Seite 284) wird eine Kraftwerkstreppe mit 23 Stationen Füssen mit Augsburg verbinden.

Eine Riviera im Allgäu

Der Autofahrer erreicht **Füssen** von Kempten über die A 7 und die Bundesstraßen 309 und 310. Dieses mittelalterliche Städtchen ist der ideale Ausgangspunkt einer Autorundfahrt um den Forggensee. Hier mündet der Lech, der vom Formarinsee am Rande der Lechtaler Alpen herunterkommt. An der Westseite führt die schöne B 16 recht nah am Ufer entlang. Bei St. Urban bietet sich nach links ein Abstecher zum malerischen ***Hopfensee*** an, dessen einziger größerer Uferort **Hopfen am See** wohl zu Recht den Beinamen „Allgäuer Riviera" trägt. An seinem unverbauten Ufer führt ein gepflegter Wanderweg entlang.

Erste Station auf der Forggensee-Uferstraße ist der freundliche Erholungsort **Rieden** mit einem Freizeitangebot, das sich sehen lassen kann. Das Panorama hier ist wirklich herrlich: Über die liebliche Seenlandschaft geht der Blick zu den imposanten Gipfeln der Ammergauer, Allgäuer und Tiroler Alpen. Der 2047 m hohe Säuling gilt als das Wahrzeichen des Füssener Lands.

Unweit von Roßhaupten biegt man von der B 16 nach rechts ab. Die Straße führt am Nordzipfel des Sees über die Staumauer und dann am ***Illasbergsee*** vorbei nach Kniebis. Da die Ostseite des Forggensees nur wenig erschlossen ist, muß man das Gewässer von hier ab weiträumig umfahren. Bei Halblech stößt die kleine Straße auf die B 17, die Romantische Straße, die dann etwas weiter südlich ein ganzes Stück am ***Bannwaldsee*** vorbeiführt. Seine unbebauten Ufer mit ihren Röhrichtgürteln bieten seltenen Vögeln einen Lebensraum.

Die Traumburg des Märchenkönigs

Schwangau am Fuß des Tegelbergs nennt man das Dorf der Königsschlösser: Dicht beieinander liegen unweit des Ortsteils Hohenschwangau die beiden Schlösser, denen das Füssener Land den Beinamen „Königsecke" verdankt. Schloß Hohenschwangau – die ehemalige Burg Schwanstein – wurde 1832–1836 von Kronprinz Maximilian von Bayern restauriert. Vom Schloß hat man eine herrliche Sicht auf den idyllischen ***Alpsee.*** Auf einem steilen Felsen hoch über der Pöllatschlucht liegt die Traumburg des bayerischen Märchenkönigs Ludwig II.: Neuschwanstein. Mit seinen vielen phantasievollen Türmen und Zinnen wirkt das weiße Schloß – dem Vorbild der Wartburg nachempfunden – wie eine echte mittelalterliche Burg. Ludwigs Märchenschloß ist heute wohl die Touristenattraktion Nummer eins in diesem schönen Ostallgäuer Winkel.

Vom 1880 m hohen Tegelberg genießt man einen herrlichen Blick auf Forggen- und Bannwaldsee. Von hier oben mit dem Drachen ins Tal hinabzugleiten wird zu einem unvergeßlichen Erlebnis.

Der 15,3 km² große Forggensee, *um den ein rund 33 km langer Radwanderweg führt, wurde durch Aufstau des Lechs in den 50er Jahren künstlich angelegt und ist heute bei den Wassersportlern sehr beliebt. In Füssen gibt es einen Bootsverleih, und hier laufen auch Passagierschiffe zu Rundfahrten aus. Da der See seine volle Stauhöhe erst im Juni erreicht, verkehren die Fahrgastschiffe nur von Mitte Juni bis Ende September. Die große Rundfahrt dauert knapp 2 Stunden (Abfahrt 10, 13.30 und 15.40 Uhr), die kleine 50 Minuten (10.45, 14, 16 Uhr; bei Bedarf auch 15 Uhr). Auskunft Städtische Forggensee-Schiffahrt, 8958 Füssen, Tel. 08362/6221.*

Almabtrieb in Oberstdorf: Stolz präsentieren zwei Senne ihre prächtig geschmückte Leitkuh.

Im Heimathaus in Sonthofen ist eine originalgetreue alte Bauernküche zu sehen.

Im Allgäu und im Alpenvorland wird der Käse mancherorts noch nach Großväterart gemacht – so auch auf der Schlappoltalm bei Oberstdorf.

Iller

Oberstdorf Bekannter Luftkurort und Wintersportplatz am Zusammenfluß von Breitach, Stillach und Trettach zur Iller.
Sehenswert ist das Heimatmuseum (Öffnungszeiten: Anfang Juni bis Mitte Oktober und Mitte Dezember bis Mitte April Di, Do, Fr 14–17 Uhr).
Im Ortsteil Tiefenbach ist der Eingang zur wilden Breitachklamm (Öffnungszeiten: Sommer 8–16 Uhr, Winter bis 15 Uhr).
Auf der Schlappoltalm, 20 Minuten von der Mittelstation der Fellhornbahn entfernt, kann man zusehen, wie Käse gemacht wird (Vorführungen Juli bis September Di, Fr, So ab 8.30 Uhr).
Kurverwaltung, 8980 Oberstdorf, Tel. 08322/7000

Sonthofen Luftkurort und Wintersportplatz.
Einen Besuch lohnt das Heimathaus (Öffnungszeiten: Di, Do, Fr 10–12 Uhr und 15–18 Uhr, Mi 10–12 Uhr und 18–21 Uhr, Sa 15–18 Uhr, So und feiertags 10–12 Uhr).
Eindrucksvoll ist die Starzlachklamm im Ortsteil Winkel (Öffnungszeiten: Mai bis Oktober 9–19 Uhr, Gehzeit 20 Minuten).
Verkehrsamt, 8972 Sonthofen, Tel. 08321/76291

Immenstadt Eingangstor zu den Allgäuer Alpen.
Westlich davon liegen der Große und Kleine Alpsee, beides hervorragende Wassersportzentren.
Sehenswert ist auch im Ortsteil Diepholz eine Schaukäserei (außer Mi und So täglich ab 9 Uhr).
Verkehrsamt, 8970 Immenstadt, Tel. 08323/80480

Waltenhofen Bäuerliche Gemeinde an der B 19.
Beim Ortsteil Niedersonthofen liegt der gleichnamige See, ein ideales Wassersportrevier. Man kann baden, segeln, surfen und Boot fahren.
Gemeindeverwaltung, 8963 Waltenhofen, Tel. 08303/822

Kempten Ehemalige Keltensiedlung und Römerstadt, heute Mittelpunkt des Allgäus.
Lohnend ist ein Besuch des Allgäuer Heimatmuseums im Kornhaus und der Römischen Sammlung Cambodunum im Zumsteinhaus (Öffnungszeiten: beide Di 10–12 und 14–16.30 Uhr, Mi 14–16.30 Uhr, Do 14–16.30 und 19–20 Uhr, Fr 10–12 und 14–16.30 Uhr, Sa 14–16.30 Uhr, So 9–12 Uhr).
Im Stadtteil Auf dem Lindenberg kann man im Ausgrabungsgebiet Cambodunum einen Tempelbezirk begehen, der den ersten Abschnitt eines künftigen archäologischen Parks darstellt (Öffnungszeiten: Mai bis September Di–So 10–17 Uhr, Oktober bis April 10–16.30 Uhr, Januar und Februar geschlossen).
Stadtverwaltung, 8960 Kempten, Tel. 0831/25250

Lauben Kleiner Ort 8 km nördlich von Kempten.
Im Ortsteil Hinwang befindet sich der Freizeitpark „Illerparadies" mit vielen Attraktionen (Öffnungszeiten: April bis November außer Do täglich 11–18 Uhr).
Gemeindeverwaltung, 8961 Lauben, Tel. 08374/8071

Altusried Ort am Naturschutzgebiet Illerauen.
Einen Besuch lohnt das Käse- und Flachsmuseum (Öffnungszeiten: Mo–Sa 10–12 Uhr, Mo, Di, Do, Fr auch 15–18 Uhr).
Gemeindeverwaltung, 8966 Altusried, Tel. 08373/7021

Kronburg Kleiner Ort mit Schloß.
Im Ortsteil Illerbeuren steht das älteste bayerische Bauernhofmuseum mit 22 Gebäuden, die dem Besucher mit ihren alten Einrichtungen und Gerätschaften ein umfassendes Bild bäuerlicher und handwerklicher Kultur bieten. Daneben befinden sich eine Außenstelle des Deutschen Brotmuseums Ulm sowie das Schwäbische Schützenmuseum (Öffnungszeiten der Museen: Mitte April bis Mitte Oktober täglich 9–12 und 13.30–17 Uhr, sonst 9–12 und 14–16 Uhr, Mitte Dezember bis Mitte Februar geschlossen).
Gemeindeverwaltung, 8941 Kronburg, Tel. 08394/206

Memmingen Mittelalterliche Reichsstadt.
Im Hermannsbau zeigt das Städtische Museum z. B. kostbare Fayencen (Öffnungszeiten: Mai bis Oktober Di–Fr, So und feiertags 10–12 Uhr und 14–16 Uhr).
Immer am Donnerstag vor Beginn der Sommerferien feiert man das seit dem 16. Jh. nachgewiesene Kinderfest und am Samstag danach ganz groß den Fischertag, an dem der Stadtbach leergefischt wird, damit er abgelassen und gereinigt werden kann.
Verkehrsamt, 8940 Memmingen, Tel. 08331/850338

Günz

Ottobeuren Kneippkurort an der Westlichen Günz.
In der berühmten Barockbasilika werden im Sommer die bekannten Ottobeurer Konzerte veranstaltet.
Kurverwaltung, 8942 Ottobeuren, Tel. 08332/6817

Babenhausen Markt an der Günz.
Im mächtigen Fuggerschloß ist ein interessantes Fuggermuseum untergebracht (Öffnungszeiten: 1. April bis 30. November Di–Sa 10–12 und 14–17 Uhr, So 10–12 und 14–18 Uhr).
Verkehrsverein, 8943 Babenhausen, Tel. 0833/738

Mindel

Mindelheim Mittelalterliche Stadt mit Toren und Türmen.
Neben dem Turmuhrenmuseum (geöffnet jeden letzten So im Monat 10–12 und 14–16 Uhr) ist das Textilmuseum „Sandtner-Stiftung" (geöffnet Di–So 10–12 Uhr und 14–16 Uhr) einen Besuch wert.
Stadtverwaltung, 8948 Mindelheim, Tel. 08261/4041

Zusam

Wertingen Stadt am Rand des Naturparks Augsburg–Westliche Wälder.
Im Heimatmuseum im Schloß ist altschwäbischer Schmuck zu sehen (Öffnungszeiten: Mo–Fr 8–12 Uhr und 14–17 Uhr, Do bis 18.30 Uhr).
Stadtverwaltung, 8857 Wertingen, Tel. 08272/840

Lech

Füssen Malerische Stadt an der Grenze zu Tirol.
Das Wahrzeichen ist das Hohe Schloß über dem Lech, in dem eine Filiale der Bayerischen Staatsgemäldesammlung untergebracht ist (Öffnungszeiten: Mai bis September Mo–Sa 10–12 und 14–16 Uhr, So 10–12 Uhr, sonst Do 10–12 Uhr).
Kurverwaltung, 8958 Füssen, Tel. 08362/7077

Das Memminger Rathaus aus dem späten 16. Jh. dokumentiert eindrucksvoll den einstigen Wohlstand der geschäftigen Bürger.

Schwangau Luftkurort am Fuß des Tegelbergs.
Unweit des Orts stehen in märchenhafter Landschaft am Alpsee die beiden Schlösser Neuschwanstein und Hohenschwangau (Öffnungszeiten Neuschwanstein: 1. April bis 30. September täglich 9–17.30 Uhr, sonst 10–16 Uhr, geschlossen 1. November, 24., 25. und 31. Dezember, 1. Januar, Faschingsdienstag. Hohenschwangau gleiche Zeiten, aber nie geschlossen, Weihnachten 10–12 Uhr).
Kurverwaltung, 8959 Schwangau, Tel. 08362/81051

Lechbruck Ehemaliger Flößerort.
In den Stauseen südlich und nördlich des Orts kann man baden, segeln, surfen und Boot fahren.
Verkehrsverein, 8923 Lechbruck, Tel. 08862/8521

Schongau Zentrum des Pfaffenwinkels.
Ein Rundgang in der alten Stadt lohnt sich: Die Stadtmauer mit Wehrgängen und Türmen ist gut erhalten.
Der Schongauer See lädt zum Baden, Segeln und Surfen ein.
Einen Besuch wert ist auch der Märchenwald mit Tierpark (Öffnungszeiten: April bis November 9–19 Uhr).
Verkehrsverein, 8920 Schongau, Tel. 08861/7216

Neuschwanstein, Inbegriff eines romantischen Schlosses, ist ein verwirklichter Traum des Bayernkönigs Ludwig II.

Landsberg Mittelalterliche Stadt am mittleren Lech.
Vom Bayertor bietet sich ein schöner Rundblick (Öffnungszeiten: Mai bis Oktober 10–12 und 15–17 Uhr).
Interessant ist das Kraftwerkmuseum (Besichtigung nach Vereinbarung, Tel. 08191/3081).
Verkehrsamt, 8910 Landsberg, Tel. 08191/128246

Königsbrunn Stadt auf der Niederterrasse des Lechfeldes.
Aufschlußreich ist das Lechfeldmuseum, in dem neben anderem historische Exponate gezeigt werden (Führungen nach Vereinbarung, Tel. 08231/606-185).
Neben der B 17 liegt der Ilsesee, in dem man baden und surfen kann.
Fremdenverkehrsverein, 8901 Königsbrunn, Tel. 08231/31833

Augsburg Alte Römer- und Fuggerstadt mit vielen bedeutenden Baudenkmälern.
Zahlreiche Museen erwarten den Besucher, darunter das Römische Museum (Öffnungszeiten: Mai bis September 10–17 Uhr, Oktober bis April 10–16 Uhr, außer Mo) und das Schwäbische Handwerkermuseum (Öffnungszeiten: Mo–Fr 14–18 Uhr, So und feiertags 10–18 Uhr).
Unweit davon dreht sich ein 4,50 m hohes Wasserrad am Schwallech.
Unbedingt aufsuchen sollte man die 1516–1521 erbaute Fuggerei, die älteste Sozialsiedlung der Welt, und das Fuggerei-Museum (Öffnungszeiten: März bis Oktober täglich 9–18 Uhr, November Sa und So 9–18 Uhr).
Verkehrsverein, 8900 Augsburg, Tel. 0821/36024

Wertach

Wertach Luftkurort und Wintersportplatz.
Anziehungspunkt ist der schöne Grüntensee: Man kann baden, segeln, surfen und Boot fahren.
Verkehrsamt, 8965 Wertach, Tel. 08365/266

Marktoberdorf Sitz der Kreisverwaltung Ostallgäu.
Einzigartig in der Bundesrepublik Deutschland ist das Riesengebirgs-Museum mit alten Schaustücken (Öffnungszeiten: Mi 8–12 Uhr).
Ostallgäuer Volkskunst zeigt das Heimatmuseum (Öffnungszeiten: August Mi 10–12 Uhr, sonst nach Vereinbarung).
Stadtverwaltung, 8952 Marktoberdorf, Tel. 08342/2006

Kaufbeuren Ehemalige Reichsstadt mit gut erhaltener Stadtmauer.
Am Wochenende vor dem Beginn der Sommerferien wird das Tänzelfest gefeiert, das älteste Kinderfest Bayerns. Es geht auf das Jahr 1595 zurück.
Kaufbeuren-Neugablonz – eine der größten sudetendeutschen Siedlungen in der Bundesrepublik Deutschland – wurde nach 1945 Zentrum der Gablonzer Glas- und Schmuckwarenindustrie. Sehenswert sind das Alt-Gablonzer Museum (Öffnungszeiten: Di–Do, Sa 15–17 Uhr, So 10–12 Uhr) und die Schmuckausstellung (Öffnungszeiten: Mo–Fr 9–12 Uhr und 14–17 Uhr, Sa 9–12 Uhr).
Im Bärensee südlich der Stadt kann man baden, ebenso im südwestlich der Stadt gelegenen Elbsee.
Verkehrsverein, 8950 Kaufbeuren, Tel. 08341/40405

Bad Wörishofen Ältestes Kneippheilbad.
Einblick in die Geschichte des Heilbades gibt das Kneipp-Museum (Öffnungszeiten: Mi–Fr 15–18 Uhr, So 10–12 Uhr).
Die Falknerei Adlerhorst kann man täglich von 8–18 Uhr besuchen.
Auf dem Wörishofener See kann man segeln und surfen.
Kurverwaltung, 8939 Bad Wörishofen, Tel. 08247/350255

Schwabmünchen Stadt am Westrand des Lechfelds.
Das Heimatmuseum zeigt alte Volkskunst (Öffnungszeiten: Mi 14–17 Uhr, So 10–12 Uhr).
Im Landschaftspark Luitpoldhain kann man einem interessanten Naturlehrpfad folgen, und auch der geschützte Afrawald im Ortsteil Wertachau lohnt einen Besuch.
Stadtverwaltung, 8930 Schwabmünchen, Tel. 08232/50050

In Kaufbeuren ziehen beim traditionellen Tänzelfest die Kinder in alten Trachten durch die Stadt.

Paar

Aichach Kreisstadt 20 km nordöstlich von Augsburg.
Bemerkenswert sind die Burgkirche Wittelsbach und das Städtische Museum, das einen Überblick über die Stadtgeschichte gibt (Öffnungszeiten: jeden 1. So im Monat 14–16 Uhr).
Stadtverwaltung, 8890 Aichach, Tel. 08251/9020

Schrobenhausen Mittelalterliche Stadt und Zentrum eines Spargelanbaugebiets.
Einmalig ist das Spargelmuseum, in dem man alles über den Spargel erfährt (Öffnungszeiten: Mai bis Juni 9–11 und 13–16 Uhr, sonst 14–16 Uhr).
Sehenswert sind auch das Geburtshaus des Malers Franz von Lenbach mit dem Lenbach-Museum (Öffnungszeiten: Mo–So 9–16 Uhr) und die Medaillensammlung im Heimatmuseum (Öffnungszeiten: Mo–So 9–11 Uhr).
Stadtverwaltung, 8898 Schrobenhausen, Tel. 08252/901

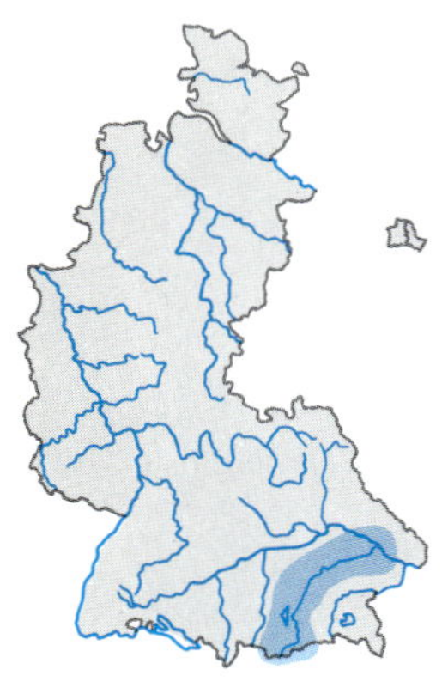

Gezähmter Fluß mit Schwächephasen

Kelten und Römer haben sie „die Reißende“ genannt; in München wird sie als „die Grüne“ besungen. Ihrer Natur nach ist die Isar ein ungebärdiger Alpenfluß, doch haben die Menschen sie im Lauf der Jahrhunderte mühsam gebändigt. Nur selten noch hat sie Gelegenheit, über die Stränge zu schlagen.

Ein kurzer Abstecher über die Grenzen nach Tirol führt zur Isarquelle. Gleich nach dem Grenzort **Scharnitz** zweigt man nach links ab und folgt dem Fahrsträßchen bis zu einem Sperrschild. Von dort an geht es zu Fuß das Hinterautal aufwärts, immer den Isarbach entlang. Nach 10 km wird aus dem Weg ein steiler Pfad, der bis in 1750 m Höhe hinauf zum Ursprung im Karwendelgebirge führt.

Zu Füßen der „Porta Claudia“ genannten Grenzbefestigung aus dem 17. Jh. strömt die Isar nach Bayern hinein. Nur 3 km weiter bekommt sie Verstärkung von links.

▷ ***Leutascher Ache*** Das Gebirgsflüßchen zwingt sich kurz vor seiner Mündung durch die wildromantische Leutaschklamm zur 100 m tiefer fließenden Isar hinab. Kurz vor der Einfahrt nach Mittenwald weist ein Schild den Weg über die Isarbrücke. Nach

Ein Stück ursprünglicher Isarlandschaft gibt es noch in der Pupplinger Au bei Wolfratshausen zu bewundern. Der Blick schweift flußaufwärts über den verwilderten Isarlauf bis zu den bewaldeten Voralpen. Hier hindert den Fluß keine Ufermauer, kein befestigtes Bett am Hinundherpendeln und am Ablagern seiner Schotterfracht. Das Ergebnis ist eine Auenlandschaft, die ständigen Veränderungen unterliegt und ihrer Ausdehnung wegen einmalig in Mitteleuropa ist.

***Die Isar ist mit Ausnahme** ihres 15 km langen Oberlaufs in Tirol ein durch und durch bayerischer Fluß. Ihre bedeutendsten Nebenflüsse sind die Loisach und die Ammer/Amper. Die B 11 begleitet die Isar zwar von Mittenwald bis zur Mündung bei Plattling, geht aber vor allem am Oberlauf auf Abstand zum Fluß und kürzt einige Bogen ab. Wer es genau nimmt mit seiner Absicht, dem 263 km langen Flußlauf zu folgen, wird deshalb die Hauptstraße oft verlassen müssen. Zwei Tage für die Isarreise, die Nebenflüsse nicht eingeschlossen, sind eher knapp bemessen. Dabei ist noch nicht berücksichtigt, daß man in München tagelang verweilen könnte und sich auch für Landshut reichlich Zeit nehmen sollte. Außerdem gibt es da die Oberbayerischen Seen im Einzugsgebiet, die zu den beliebten Urlaubszielen gehören.*

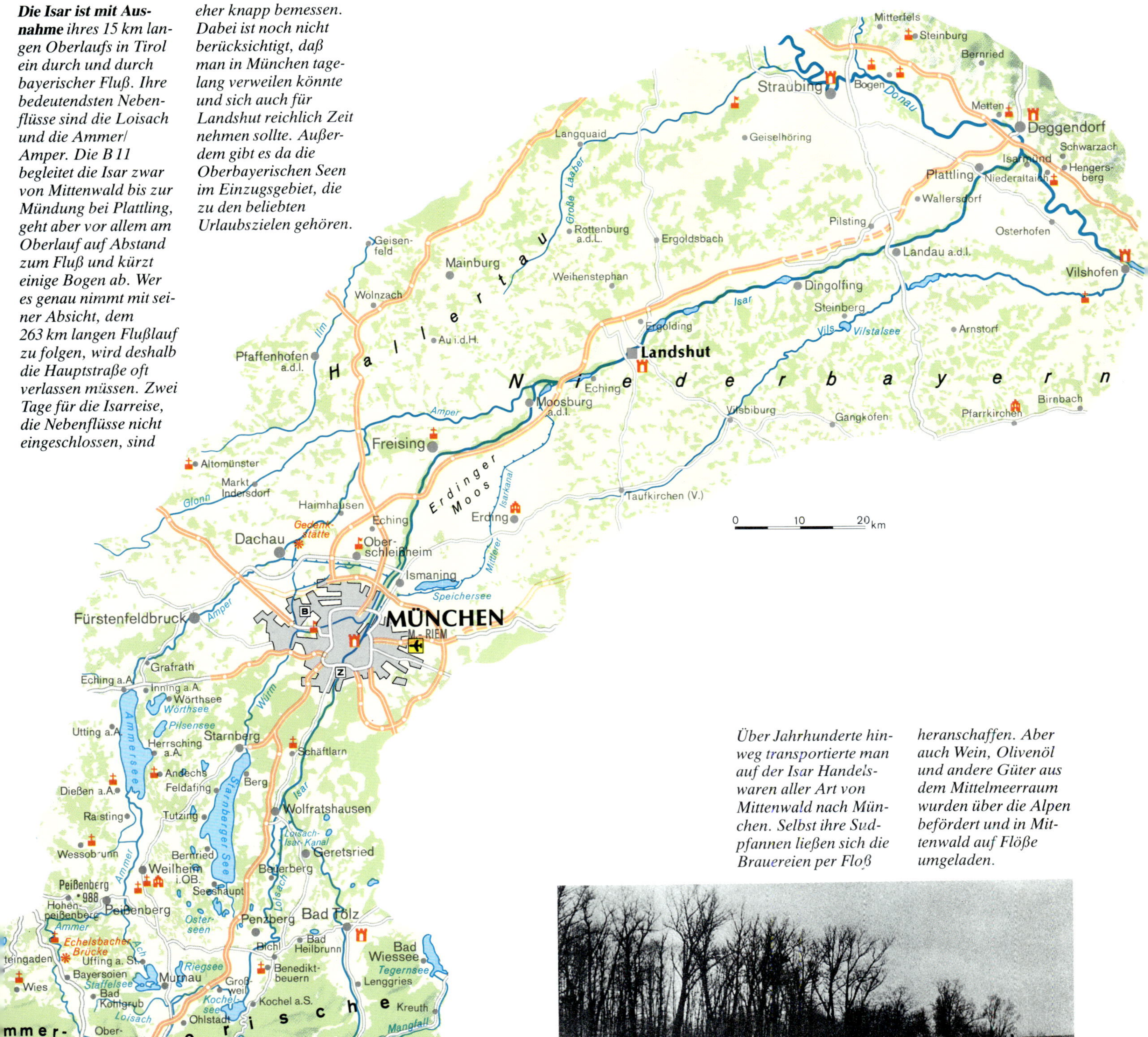

Über Jahrhunderte hinweg transportierte man auf der Isar Handelswaren aller Art von Mittenwald nach München. Selbst ihre Sudpfannen ließen sich die Brauereien per Floß heranschaffen. Aber auch Wein, Olivenöl und andere Güter aus dem Mittelmeerraum wurden über die Alpen befördert und in Mittenwald auf Flöße umgeladen.

Eingebettet in bewaldete Höhen, liegt vor der grandiosen Kulisse der Zugspitzgruppe einer der schönsten bayerischen Seen: der Eibsee. Angler, Segler und Surfer geben sich an dem herrlichen See ein Stelldichein.

wenigen Minuten hat man den Eingang zur Klamm erreicht. ◁

Mittenwald durchquert der Fluß in einem regulierten Bett. Nach der Flußschlinge „Am Horn" nördlich des Orts staut ein Wehr die Isar und leitet ihr Wasser – bis zu 25 m³/s – an Wallgau vorbei in den Walchensee. Die Isar ist jetzt nur noch ein dürftiges Rinnsal, das bis zum Örtchen **Vorderriß** von einer mautpflichtigen Forststraße begleitet wird. Waldberge säumen das einsame Tal, bis die Isar im Wasser des ***Sylvenstein-Stausees*** verschwindet. Als er zwischen 1954 und 1959 geflutet wurde, versank auch das alte Dorf Fall – bekannt geworden durch Ludwig Ganghofers Roman „Der Jäger von Fall". Mit seinen Buchten und grünen Ufern wirkt der See ganz natürlich.

Die Isar verläßt den Stausee in nördlicher Richtung. Dem allmählich wieder anschwellenden Fluß folgt die B 13 durch den Isarwinkel, am einstigen Flößerdorf **Lenggries** vorbei, bis **Bad Tölz.** Ein Bummel durch das bildhübsche Marktstädtchen läßt sich mit einer reizvollen Wanderung entlang dem Tölzer Stausee verbinden.

Durch eine liebliche Auenlandschaft strömt die Isar, nur gelegentlich zur Straße heraufblinzelnd, **Wolfratshausen** zu. Der Kern des freundlichen Städtchens liegt am Rand der ausgedehnten Talniederung, die in der letzten Eiszeit von einer mächtigen Gletscherzunge erfüllt war.

▷ ***Loisach*** 2 km unterhalb von Wolfratshausen vereinigt sich die Isar mit diesem ansehnlichen Nebenfluß. Zwischen den beiden Flüssen gibt es aber auch eine künstliche Verbindung: Der ***Loisach-Isar-Kanal*** bannt die Überschwemmungsgefahr für Wolfratshausen. Er führt einen Teil des Loisachwassers um die Stadt herum.

Auf Nebenstraßen bleibt man etwas abseits der Talaue mit dem gewundenen Flußlauf. Nach **Beuerberg** mit seinem ehemaligen Chorherrenstift, vorbei am einstigen Braunkohlenrevier **Penzberg,** kommt **Benediktbeuern** in Sicht, wo eines der ältesten Klöster Bayerns steht. In der im 8. Jh. gegründeten Benediktinerabtei wurden die weltberühmten „Carmina burana" entdeckt. Im frühen Mittelalter lag der Ort noch am Ufer des ***Kochelsees*** (siehe Seite 307). Vor allem die Loisach hat das Seebecken von Westen her immer weiter aufgefüllt. Ein weites, menschenleeres Moor trennt mittlerweile den Klosterort vom See. Auf dem sogenannten Prälatenweg (Parkplatz beim Kloster) kann man die eigenartige Moorlandschaft erwandern (einfache Strecke etwa 2 Stunden).

Bis nach **Murnau** am ***Staffelsee*** (siehe Seite 308/309) schlägt die Straße einen Bogen um den Fluß. Das blumenreiche Murnauer Moos, an dessen Ostrand die Loisach entlangfließt, war in der letzten Eiszeit das Mündungsbecken des Loisachgletschers. Ab Murnau kann man die Loisach bis zum Olympia-Doppelort **Garmisch-Partenkirchen** begleiten. Im Ortsteil Untergrainau lockt ein Kleinod der deutschen Alpen zu einem Abstecher: der ***Eibsee.*** Die Eibseestraße führt bis an die Talstation der Großkabinenbahn auf die Zugspitze.

Jenseits der Grenze durchfließt die Loisach noch ein ganzes Stück das von jäh aufsteigenden Bergen flankierte Tal. Bei **Lermoos** weitet es sich jedoch zu einem Becken, in dem sich ihre Quellbäche sammeln. Der gesamte Oberlauf bis Garmisch-Partenkirchen ist bei Kajakfahrern sehr beliebt – allerdings wagen sich nur die erfahrenen auf dieses schwierige Wildwasser. ◁

Münchens natürlicher Freizeitpark

Auf den 16 km von Wolfratshausen bis zur Münchner Stadtgrenze ist das tief in die bewaldete Schotterebene eingeschnittene Isartal ein einziges Wanderparadies. Doch nicht nur die Wanderer erfreuen sich an der ursprünglichen Landschaft – an sonnigen Wochenenden strömen die Menschen zu Tausenden in die Talauen, richten sich ihre Lagerplätze auf Sand und Kies, liegen in der Sonne und feiern Feste. Zum Schwimmen eignet sich der Fluß nur bedingt: An

Oben: Abendstimmung im Murnauer Moos. Das größte Moor im Alpenraum umfaßt alle Stadien der Moorbildung. Die Feuchtwiesen am Rand mähen die Bauern zur Einstreu für ihre Ställe.

Rechts: Eine Isar-Floßfahrt darf sich keiner entgehen lassen, der feucht-fröhliche Vergnügungen in uriger Atmosphäre schätzt. Wer denkt dabei an die Schwerstarbeit, die die Flößer einst auf sich nahmen?

vielen Stellen ist das Wasser zu flach, anderswo gibt es gefährliche Strudel.

Das wohl kostbarste und empfindlichste Stück des Isartales ist das Naturschutzgebiet Pupplinger Au, die einzige großräumige Wildflußlandschaft Mitteleuropas: Hier kann der Fluß frei hin und her pendeln, hier entstehen durch Kiesumlagerungen immer neue Bänke und Inseln. Zwischen den Kiefern auf den älteren Schotterbänken breitet sich eine einzigartige Pflanzenwelt aus: Schneeheide, Pfeifengras, Wacholder und viele Arten einer hochalpinen Flora, deren Samen von der Isar seit Jahrtausenden hierhertransportiert worden sind, daneben seltene Orchideenarten wie der Frauenschuh.

Eine zweistündige Wanderung durch die Pupplinger Au beginnt am Wirtshaus „Aujäger", das man von der Wolfratshauser Isarbrücke aus erreicht. Von hier aus führt ein Rundweg bis zum Wirtshaus „Aumühle" und dann am Isarwerkkanal und am Isar-Altwassersee (guter Badeplatz) entlang wieder zurück. Die Wanderung kann flußabwärts beliebig verlängert und auch als Radtour gemacht werden.

Der Sylvenstein-Stausee reguliert den Abfluß der Isar und entlastet das ganze Tal bis zur Donau von Hochwasser. Bei Surfern ist der See sehr beliebt – fast immer bläst ein Wind über die Wasseroberfläche. Natürlich finden sich auch Badegäste ein, vor allem am grasigen, oft aber auch steilen Südufer entlang der B 307.

Die B 11 geht zwar bis München auf Abstand zum Fluß, doch hin und wieder gibt es Zufahrten. So zweigt in **Schäftlarn** ein Sträßchen zum gleichnamigen Benediktinerkloster (mit Biergarten) ab.

Die Straße führt vom Kloster aus auf das rechte Isarufer. Beiderseits der Brücke ziehen sich steinige Badeplätze am Fluß entlang. Die nächste Straßenbrücke verbindet bereits die Münchner Villenvororte **Pullach** und **Grünwald.**

Ohne Isar kein München

Eigentlich war es die Isar, die der bayerischen Metropole zu einem frühen Startvorteil verhalf. Ohne sie hätte es auch nicht die Brücke für die mittelalterliche Salzstraße von Salzburg nach Augsburg gegeben, die den Fluß bei Föhring überquerte. Heinrich der Löwe, seit 1156 Herzog von Bayern, neidete dem Brückenbesitzer, dem Bischof von Freising, den Brückenzoll. Er ließ das Bauwerk 1158 kurzerhand abbrechen und ein paar Kilometer weiter im Süden auf sei-

Badebetrieb am Fluß und mitten in der Großstadt – das gibt es noch: in München. An heißen Sonntagen lassen sich Hunderte von Badelustigen und Sonnenanbetern auf den Isar-Kiesbänken am Flaucher nieder.

Die Isar brachte der Stadt gewiß nicht immer nur Segen, sondern versetzte die Bewohner von Zeit zu Zeit trotz ihres breiten Hochwasserbetts in Angst und Schrekken. Zu so katastrophalen Überschwemmungen wie der des Jahres 1899 wird es jedoch wohl nicht mehr kommen: Dafür sorgt vor allem der weit entfernte Sylvenstein-Stausee.

Gaudi und Faßbier

Eines der ältesten Gewerbe der Welt hat auch auf der Isar eine lange Tradition: die Flößerei. Heute hat der ehemals bedeutende Wirtschaftszweig nur noch touristische Bedeutung. Zwischen Wolfratshausen und München gibt es die bei alt und jung überaus beliebten – und daher vor allem am Wochenende lange im vorhinein ausgebuchten – Floßfahrten. Blasmusik und Faßbier unterstützen die Stimmung „an Bord".

Ein Isarfloß besteht meist aus eineinhalb Dutzend 18 m langen Fichtenstämmen, von drei Flößern gelenkt. Abgelegt wird an der Floßlände in Weidach bei Wolfratshausen, angelegt wird an der Floßlände in München-Thalkirchen (Nähe Tierpark Hellabrunn). Die Fahrt dauert etwa 8 Stunden, eine Mittagspause an Land eingeschlossen. Früher konnten nur Gruppen ein Floß mieten, jetzt sind auch Einzelfahrten für jedermann im Angebot. Im Tagespreis (1987: 130 DM) sind inbegriffen der Transfer ab München, Musik und Bier auf dem Floß sowie ein Mittagessen im Restaurant. Die Floßfahrten finden von Anfang Mai bis Ende September statt. Es empfiehlt sich, sehr frühzeitig zu buchen.

Auskunft Amtliches Bayerisches Reisebüro (ABR), 8000 München 2, Hauptbahnhof, Tel. 089/12040.

nem Hoheitsgebiet – beim Kloster „zu den Munichen" – neu errichten. Das war etwa da, wo heute die Ludwigsbrücke am Deutschen Museum die Isar überspannt.

Für die geleistete Geburtshilfe hat München sich der Isar gegenüber wenig dankbar gezeigt. Es wendet sich seinem Fluß nicht zu, wie etwa Paris seiner Seine, sondern zeigt ihm meist nur die Kehrseite.

Sicher am engsten verwachsen mit dem Fluß ist der Englische Garten. Münchens „grüne Lunge" lehnt sich an das linke Isarufer an. Vor 200 Jahren wurde der feuchte Isarauenwald in diesen herrlichen Park verwandelt. Eine Wanderung durch den Englischen Garten ist deshalb eigentlich immer auch eine Isarwanderung. Vom Haus der Kunst aus hält man sich nordwärts und gelangt über den Kleinhesseloher See und das Gasthaus in der Hirschau bis zum Stauwehr, wo der Mittlere Isarkanal abzweigt. Am Isarufer entlang geht es bis zur Biergartenwirtschaft „Zum Aumeister". Entweder kehrt man hier um, oder man dehnt die Wanderung über die Stadtgrenze hinaus in die bewaldeten Isarauen aus.

Ein Kanal macht die Isar zum Rinnsal

Am rechten Ufer findet die Reise ihre Fortsetzung. Gleich nach der Tivolibrücke biegt man im Stadtteil Bogenhausen nach links und bleibt auf der Pienzenauerstraße dicht am Fluß. So trifft man geradewegs auf das Oberföhringer Wehr, einen beliebten Treffpunkt für Wanderer. Hier werden der Isar bis zu 150 m^3 Wasser pro Sekunde abgezapft und in den Mittleren Isarkanal geleitet.

▷ ***Mittlerer Isarkanal*** Der 54 km lange Kanal füllt zunächst den ***Ismaninger Speichersee*** und die Fischteichanlagen zur biologischen Reinigung der Münchner Abwässer. Dann zieht er sich in nördlicher Richtung durch das Erdinger Moos. Die Landwirtschaft hat dieser Landschaft ihren Moorcharakter fast völlig genommen. Über sechs Staustufen erreicht der Kanal die Isar erst wieder bei Moosburg. Zur Stromversorgung des Landes trägt er heute nur noch wenig bei, die Isar jedoch leidet erheblich unter dem Wasserverlust. ◁

Das seltene Frühlings-Adonisröschen kann man in den Kalktrokkenrasen der Garchinger Heide entdecken. Sie ist das einzige Überbleibsel der Heideflächen, die sich einst auf der Münchner Schotterebene ausbreiteten.

Ein großartiges Stadtbild hat das niederbayerische Landshut bewahrt. Der von spätmittelalterlichen, zinnenbesetzten Giebeln und Laubengängen gesäumte Straßenzug „Altstadt“ wird von der Burg Trausnitz mit dem Wittelsbacherturm (rechts) überragt.

Nach dem Ortsausgang von **Ismaning** wechselt man ans linke Isarufer über. Von dem kraftvollen Voralpenfluß ist auf dem folgenden Abschnitt wenig zu spüren. Die Auenlandschaft beiderseits des Flusses verarmt zusehends, weil sie auch bei starkem Hochwasser nicht mehr überflutet wird.

In **Eching-Dietersheim** sei allen Naturfreunden ein Abstecher in Richtung Eching nahegelegt. Nach 2 km liegt rechter Hand das Naturschutzgebiet Garchinger Heide mit einem einzigartigen Vorkommen von mitteleuropäischen, südosteuropäischen und alpinen Pflanzenarten. Übrigens führt auch ein Radwanderweg vom Oberföhringer Wehr in München durch die Isarauen nach **Freising.** Für die altehrwürdige Bischofsresidenz auf ihren Hügeln bleibt die Isar eine Randerscheinung.

Das 17 km entfernte **Moosburg** liegt ebenfalls auf einem Höhenzug aus alten Isarschottern, zugleich aber auf einem halbinselartigen Sporn, der sich zwischen die Isar und die nördlich der Stadt einmündende Amper schiebt.

▷ ***Amper*** Als idyllisches Flüßchen schlängelt sich die Amper in sanften Windungen durch die Feld-, Wald- und Wiesenlandschaft im Norden von München. Kurvenreiche Nebenstraßen folgen ihr. Einziger Höhepunkt am Unterlauf ist das idyllisch gelegene Barockschlößchen **Haimhausen,** Ausgangsort für beschauliche Rundwanderungen durch die feuchten Amperauen.

Dagegen spiegeln sich im Oberlauf der Amper zwei Kreisstädte: **Dachau** und **Fürstenfeldbruck,** wo eine alte Amperbrücke den Markt Bruck mit Kloster Fürstenfeld verbindet.

Südwestlich von Fürstenfeldbruck, bei **Grafrath-Wildenroth,** durchbricht die Amper den Moränengürtel, der einst den ***Ammersee*** im Norden begrenzte (siehe Seite 302–305). Mittlerweile hat sich der See 5 km weiter nach Süden zurückgezogen. Das Amper-Moos füllt heute die ehemalige Verlandungszone des Sees aus. ◁

Unterhalb von Moosburg verleiht der Mittlere Isarkanal dem Fluß wieder die alte Stärke. Die Isar wurde in ihrem Unterlauf zu mehreren Ausgleichsbecken aufgestaut. Daß die Natur in solchen Seen „aus zweiter Hand“ hervorragend Fuß fassen kann, zeigt der ***Echinger Stausee*** (in Eching-Ortsmitte links ab) mit seiner reichen Vogel- und Pflanzenwelt.

Tierparadies zwischen Mündungsarmen

In **Landshut,** während des Mittelalters Residenz bayerischer Herzöge aus dem Hause Wittelsbach, gabelt sich die Isar in zwei Arme, die der Stadt noch im Jahr 1940 schwere Überschwemmungen bescherten.

Auch unterhalb von Landshut bleibt die Isar ein gründlich regulierter Fluß. Die B 11 folgt der breiten Talniederung, vorbei an der niederbayerischen Kleinstadt **Dingolfing,** bis nach **Landau.** Am rechten Ufer geht es dann auf Nebenstraßen durch Bilderbuchdörfer bis zur Isarbrücke von **Plattling.** Auf den verbleibenden 8 km entzieht sich der Fluß jeglicher Straßenbegleitung. Er verzweigt sich in eine Art Mündungsdelta, durchsetzt von Altarmen und Auwäldern. Hier brüten noch seltene Wasservögel, und selbst die wiedereingebürgerten Biber fanden im Delta einen geeigneten Lebensraum. Insgesamt 500 ha Auwald, Wasser und Feuchtwiesen gehören zu dieser urwüchsigen Flußlandschaft. Als Ausgangspunkt für interessante Streifzüge bietet sich der Weiler **Isarmünd** an.

Ein eigenständiger Bauernbach: die Vils

Parallel zum Unterlauf der Isar strebt die immerhin 122 km lange, aber doch eher unscheinbare Vils der Donau zu. Das oft als „niederbayerischer Bauernbach“ liebevoll verspottete Flüßchen schließt sich jedoch an keiner Stelle der übermächtigen Isar an. Nur zwischen **Frontenhausen** und **Reisbach** läuft es zu größerer Form auf: im ***Vilstalsee,*** der als Hochwasserrückhaltebecken aufgestaut wurde.

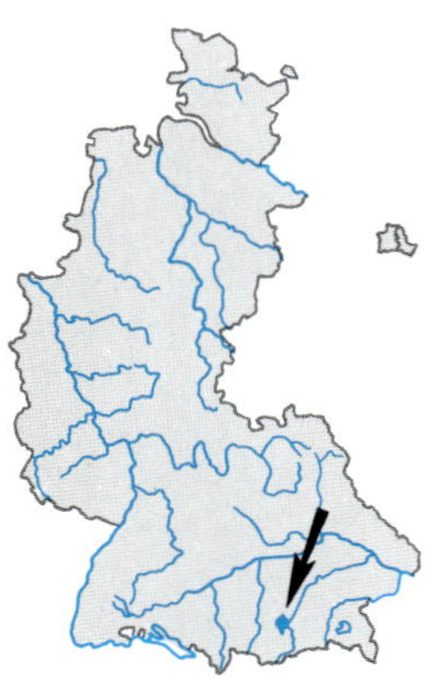

Erst der Adel, dann die Bürger

Die „Großkopferten" haben dem Starnberger See mit ihren Schlössern und Villen schon früh den Stempel aufgedrückt. Das noble Image ist ihm geblieben, obwohl die Ausflügler aus München ihn längst erobert haben.

Wenn vom Starnberger See die Rede ist, denkt man unwillkürlich an ein Gewässer, das zur Freude der Menschen geschaffen scheint. Wer erinnert sich schon daran, daß auch dieser See einmal ein Stück ungezähmter Natur gewesen ist? Allerdings wurde er so früh wie kaum ein anderer in Mitteleuropa als Ausflugsziel entdeckt.

Zum „offiziellen" Vergnügungsgewässer wurde der Starnberger See im Zeitalter des Barocks, als man in der Residenz München den großen Vorbildern von Venedig und Versailles nacheiferte. Anno 1663 ließ Kurfürst Ferdinand Maria zur Unterhaltung seiner Gemahlin das Prunkschiff „Bucentaur" bauen, das 500 Personen faßte und von mehr als 100 Ruderern bewegt wurde. Bei einer Lustfahrt waren häufig bis zu 2000 Personen unterwegs.

Vor 200 Jahren wurde der See dann langsam volkstümlich. Und noch ehe 1854 die erste Eisenbahn nach Starnberg fuhr, verkehrten schon Dampfschiffe auf dem See. Alte Münchner Patrizierfamilien und Adlige bauten sich Schlösser und Villen an seinen Ufern, und da stehen sie heute noch, oft jedoch als Sitz von Behörden, Sanatorien oder Akademien genutzt. **Starnberg,** das dem See den Namen gegeben hat, war von Anfang an die unbestrittene „Metropole" und ist mit Strandpromenaden, Bootsverleih, Segelclubs und Cafés auch heute noch der Hauptanziehungspunkt – vor allem für die Münchner, die den Ort auf dem Weg in die Berge durchaus auch „zwischendurch" ansteuern. Starnberg ist ein

Dieser herrliche Blick bietet sich von der Ilkahöhe (728 m) oberhalb von Tutzing. Verständlich, warum der Starnberger See seit langem schon nicht nur im nahen München eine treue Anhängerschaft hat. Eingebettet in sanfte, waldbedeckte Moränenzüge und saftig-grüne Weiden, vermittelt der See eine Atmosphäre, die ihresgleichen sucht. An klaren Tagen bildet die Alpenkette am Horizont die Kulisse für diese Szenerie.

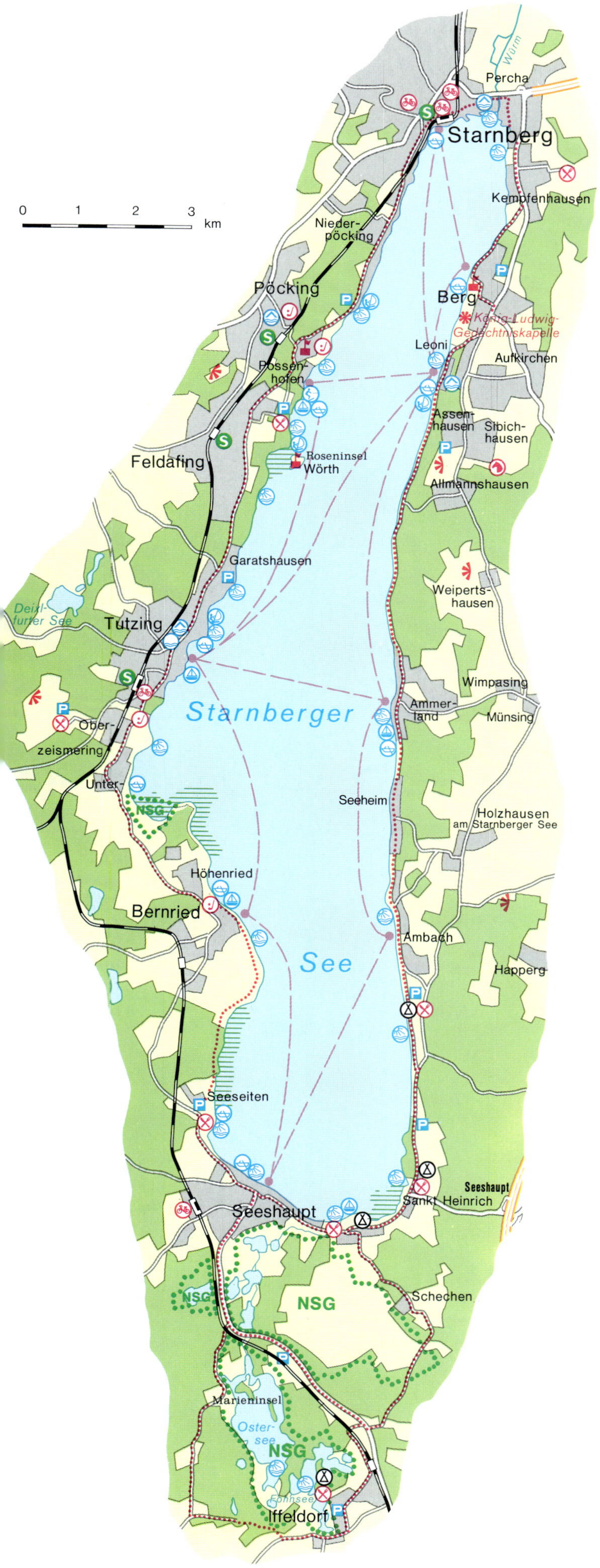

***Der Starnberger See** hat mit einer Länge von 21 km und einer Breite von höchstens 5,5 km eine schlauchartige Form. Er gehört zwar nicht zu den wärmsten, dafür aber zu den saubersten Gewässern Bayerns – nicht nur wegen der wirksamen Ringkanalisation, sondern auch wegen seiner beachtlichen Tiefe von bis zu 123 m. Außerdem hat er keine großen Zuflüsse, so daß auch kein Schmutz hineingetragen wird. Gespeist wird er aus kalten Quellen am Seegrund. Die Würm sorgt für den Abfluß des Wassers. Zwar ist der See mit dem Auto an einem Nachmittag zu umrunden, ein Tagesausflug empfiehlt sich aber unbedingt.*

guter Ausgangspunkt für die Seerundfahrt. Vom Starnberger Stadtteil Percha aus führt ein Ufersträßchen nach Süden, das sich bei Fuß- und Radwanderern größter Beliebtheit erfreut. Daß es „König-Ludwig-Weg" genannt wird, hat seinen guten Grund. Denn der erste Ort am Weg ist **Berg:** Dort hat Ludwig II., der spätere Märchenkönig, manchen Sommer seiner Jugend auf dem väterlichen Landschloß verbracht. Von hier aus, so heißt es, knüpften sich zarte Bande über den See nach Possenhofen, wo Herzog Max Schloßherr und Vater mehrerer Töchter war – eine davon war Sissi, die spätere Kaiserin von Österreich.

Auch das tragische Schicksal des Königs hat sich in Berg erfüllt. Ludwig, von seiner Umgebung für geisteskrank erklärt, wurde 1886 entmündigt, von Schloß Neuschwanstein nach Berg gebracht und unter die Aufsicht eines Psychiaters gestellt. Am 13. Juni 1886 kehrten beide von einem Spaziergang nicht mehr zurück. Man fand sie im seichten Wasser vor dem Schloßpark ertrunken.

Der Wald reicht nun bis ans Wasser, noble Villen verbergen sich hinter Bäumen; Badestege und Bootshäuschen ragen in den See hinein. Im Berger Ortsteil **Leoni** trafen sich im 19. Jh. berühmte Maler und feierten rauschende Feste.

Der Bismarckturm, um die Jahrhundert-

Eine Radtour um den See macht nicht zuletzt deshalb so viel Spaß, weil kaum Steigungen zu bewältigen sind. Knapp 50 km lang ist die gesamte Strecke. Am schönsten fährt man am Ostufer: Fast der gesamte Uferweg ist für den Autoverkehr gesperrt. Am Westufer hingegen bewegt man sich größtenteils auf Landstraßen, die an den Wochenenden recht stark befahren sind. Naturliebhaber sollten sich auf einen Abstecher an die Osterseen einlassen.

wende errichtet, überragt den Höhenzug der Seitenmoräne bei **Allmannshausen** und bietet eine prächtige Aussicht. Draußen liegt die tiefste Stelle des Sees: 123 m.
Hie und da wird es belebter am friedlichen Ufer: Stichstraßen verleiten zu Abstechern von der uferfernen Straße. **Ammerland** mit dem im 17. Jh. erbauten Pocci-Schlößl ist so eine Stelle. Es erinnert an den Dichter, Zeichner und Musiker Franz Graf von Pocci

Rundfahrten auf dem See

Die Staatliche Seenschiffahrt nimmt jedes Jahr am Ostersonntag den Betrieb auf. Am letzten Sonntag im Oktober endet die Saison. Mehrmals am Tag legen die Schiffe in Starnberg ab. Die genauen Abfahrtszeiten sind dem Fahrplan zu entnehmen. Angeboten werden große Rundfahrten (3 Stunden) und Kurzrundfahrten (1 Stunde).
Fahrtziele Der Reihe nach werden angelaufen: Berg, Leoni, Ammerland, Ambach, Seeshaupt, Bernried, Tutzing, Possenhofen. Die Fahrt darf zweimal unterbrochen werden. Kurzrundfahrt: Leoni, Possenhofen. Daneben werden an den Samstagen im Juli und August Tanzrundfahrten veranstaltet. Beginn: 20 Uhr.
Auskunft Staatl. Seenschiffahrt, Dampfschiffstr. 5, 8130 Starnberg, Tel. 08151/12023.

Zwischen Starnberg und Percha entströmt die Würm dem See. Fußgänger gelangen auf der nostalgischen Nepomukbrücke von einem Ufer ans andere.

– hierzulande als „Kasperl-Graf" bekannt. Berühmte Künstler haben sich in der beschaulichen Ortschaft angesiedelt, ebenso in **Ambach,** der nächsten Station. Der Friedhof – auf einer Anhöhe gelegen – mit seiner kleinen Kapelle und der riesigen Linde ist sicher einer der schönsten Plätze am See.
Südlich von Ambach stößt die Autostraße zum Seeufer vor und führt weiter über St. Heinrich nach **Seeshaupt.** Von hier lockt eine Tour zu den Osterseen.

Naturgenuß – nur zu Fuß

Ein riesiger Toteisblock, der nach der letzten Eiszeit von Schuttmassen bedeckt wurde und deshalb langsamer als der Hauptgletscher abtaute, schuf die Vertiefungen, in denen sich das Wasser der ***Oster-***

Dieses Gedenkkreuz nahe dem Ufer vor Schloß Berg erinnert an den tragischen Tod des „Märchenkönigs" Ludwig II. am 13. Juni 1886 – ein Ereignis, das bis heute immer noch Rätsel aufgibt.

Einen Hauch von südländischer Eleganz spürt man an der Uferpromenade von Feldafing. Das ehemalige Fischerdorf hat sich inzwischen zu einem beliebten Prominentenwohnsitz gemausert.

seen sammelte. 21 kleine Seen und Weiher gehören zu dieser einzigartigen, moorigen Naturlandschaft, in der seltene Tiere und Pflanzen Zuflucht gefunden haben. Sie ist weitgehend nur zu Fuß zugänglich.

Zurück am Starnberger See, entfernt sich die Straße bei Seeleiten wieder vom Ufer; nur Wanderer und Radfahrer dürfen dem Wasser nahe bleiben und gelangen auf einem hübschen Weg entlang ausgedehnter Schilfgebiete nach **Bernried,** das als Augustiner-Chorherrenstift entstanden ist. Jahrhundertelang war es ein vielbesuchter Wallfahrtsort. Der Ort verströmt Ruhe und etwas von der ländlichen Beschaulichkeit, die man sonst am Westufer vergeblich sucht.

Auf dem Weg nach Tutzing sollte man die Ilkahöhe nicht auslassen. Mit dem Auto oder in einer Dreiviertelstunde auch zu Fuß erreicht man diesen bezaubernden Platz zum Schauen und Träumen.

Tutzing ist Endstation der S-Bahn-Linie von München. Der traditionsreiche Fischerort hat sich im 19. Jh. zum Künstlerrefugium gewandelt. So erinnert die Brahms-Promenade im Uferpark an den Aufenthalt des großen Komponisten. Heute sind zwei Akademien eng mit dem Namen Tutzing verknüpft: die Akademie für Politische Bildung und die Evangelische Akademie.

Zwischen Tutzing und Feldafing bleibt der Wanderweg dicht am Ufer, während die Straße auf geringen Abstand geht. Auch das vornehme **Feldafing** hat seine Attraktion: einen der schönsten Golfplätze Deutschlands. Im Hotel „Kaiserin Elisabeth" hat die österreichische Monarchin 22 Sommer verbracht, bevor sie 1898 in Genf einem Attentat zum Opfer fiel. Die dem Ort vorgelagerte Roseninsel erwarb 1854 König Maximilian II. und ließ dort eine Villa im pompejanischen Stil erbauen.

Rund um den See haben die Wittelsbacher ihre Spuren hinterlassen – auch in **Possenhofen.** Das neugotische Schloß, im 19. Jh. Eigentum einer herzoglichen Seitenlinie, bietet heute den Besitzern der darin errichteten Eigentumswohnungen eine noble Adresse. Einen Teil des dazugehörigen Parks im englischen Stil mit 1,5 km Seeufer hat die Stadt München angekauft und in ein weitläufiges Erholungsgelände mit Badestrand umgewandelt. Seinen Namen „Paradies" verdient es, zumal an ruhigen Tagen, vollauf.

Das letzte Stück zeigt wenig Reizvolles: Der Wanderweg wird von der Straße vereinnahmt, die durch den Starnberger Vorort **Niederpöcking** führt, durch große Villengrundstücke vom See getrennt.

Die Würm schafft den Durchbruch

Als Abschluß empfiehlt es sich, den Abfluß des Sees, die Würm, auf ihrem Weg durch das idyllische Tal zu begleiten.

Schier unbegrenzt sind die Möglichkeiten für Wassersportler am See. Wasserskilaufen ist allerdings nur vor Pöcking-Possenhofen erlaubt.

▷ ***Würm*** Das Flüßchen, nach dem der See ursprünglich Würmsee genannt wurde, strömt zunächst durch die flache Verlandungszone am Nordende des Sees. Bei **Leutstetten** durchbricht es in tiefen Talwindungen den eiszeitlichen Endmoränengürtel. Eine schmale Straße begleitet den munteren Fluß durch den urwüchsigen Buchenwald. Wo sich das Tal wieder öffnet, steht die Reismühle, in der angeblich Karl der Große geboren wurde. Über **Gauting** und die beliebten Münchner Villenvororte **Krailling** und **Gräfelfing** strebt die Würm nordwärts, durcheilt die Grünzüge im Westen der Landeshauptstadt und mündet östlich von Dachau in die Amper. ◁

Wo die Ammer zur Amper wird

Noch muß man sich nicht beeilen, wenn man im Ammersee baden oder segeln möchte. Doch der See „schrumpft“ unaufhaltsam. Schuld daran ist die Ammer, die unentwegt neue Schuttmassen in das Seebecken schüttet.

Die beiden großen Seen vor den Toren Münchens werden gern miteinander verglichen. Der Starnberger See gilt als verstädtert, gelegentlich auch als „mondän“, der Ammersee dagegen als bäuerlich, naturnäher und einfach gemütlicher. Mit Einschränkungen stimmt das wohl: Die Ufer des Ammersees sind weniger zugebaut, es fehlt ihnen weithin an großbürgerlichen Villen, Parks und Schlössern.

Wie die meisten Seen des Alpenvorlandes ist der Ammersee eiszeitlichen Ursprungs: ein Werk des mehrmals vorstoßenden und wieder zurückweichenden Ammerseegletschers. Vor rund 14000 Jahren hat dieser Seitenzweig des Loisachgletschers endgültig den Rückzug angetreten. Er hatte ein Bekken ausgeschürft, das von Peißenberg im Süden bis zu den Endmoränenwällen bei Grafrath-Wildenroth im Norden reichte. Der See ist inzwischen jedoch auf die Hälfte seiner ursprünglichen Länge geschrumpft: von rund 36 km auf 18 km. Vor allem die Ammer – der Hauptzufluß des Sees, die ihn als Amper wieder verläßt – sorgt dafür, daß er langsam zuwächst.

Wenn die Entwicklung so weitergeht, wird der Ammersee spätestens in 20000 Jahren verschwunden sein. Man muß sogar damit rechnen, daß eher noch mehr Schutt als bisher im See abgelagert wird, weil die Bodenerosion im Gebirge vor allem durch die Schädigung der Wälder verstärkt wird.

Als Wassersportrevier erfreut sich der Ammersee größter Beliebtheit. Speziell die Segler sind davon überzeugt, daß ihr See für sie geeigneter sei als der Starnberger. Er ist breiter – auf der Höhe von Herrsching 6 km – und damit abwechslungsreicher als der lange, schmale „Wurm“ im Osten.

Stegen ist der Ammerseeort, den man von München auf der B 12 am schnellsten erreicht. Die Umrundung beginnt am Westufer. Gleich am Ortsausgang überquert man die ***Amper,*** den Abfluß des Sees. Das eigenständige, ziemlich lange Flüßchen schlängelt sich in einem weiten Bogen durch

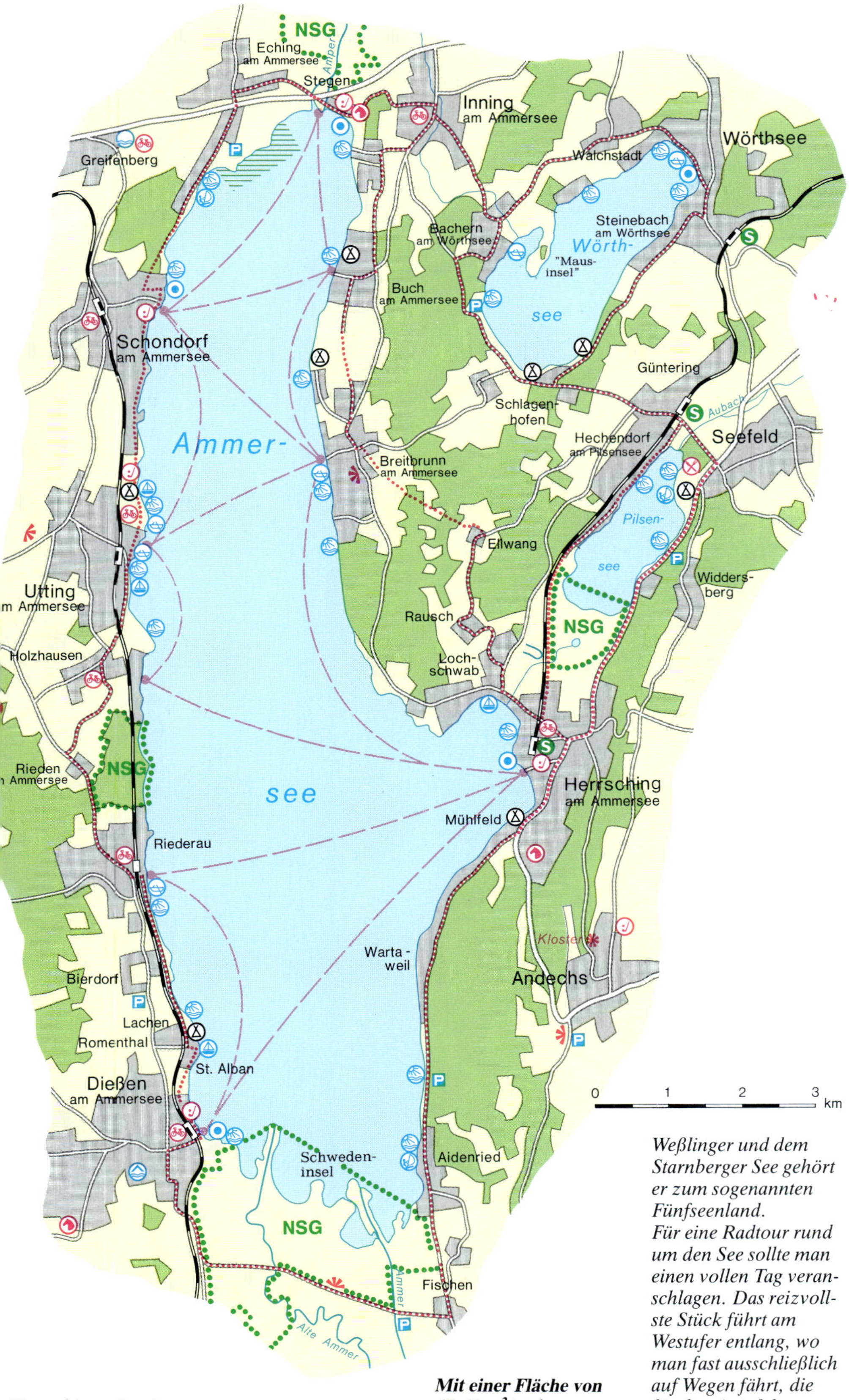

Steckerlfische sind ein fester Bestandteil der vielen Seefeste, die jeden Sommer in den Orten am Ufer gefeiert werden. Stilecht sind die gegrillten Makrelen eigentlich nicht – wirkliche Kenner geben den beliebten Renken aus dem See den Vorzug.

das niederbayerische Hügelland, hat landschaftlich mit dem oberbayerischen Ammersee und seinem Zufluß wenig gemein und wird deshalb auch als Nebenfluß der Isar beschrieben (siehe Seite 297).

Vom Fischerdorf zur Villenkolonie

Die Straße entfernt sich zunächst vom See, wendet sich dann aber wieder dem Ufer zu. **Schondorf** ist ein stiller und gepflegter Ort, teils Dorf, teils Villenkolonie mit Tradition, wo sich schon im 19. Jh. der Maler Wilhelm Leibl wohl gefühlt hat. Vergeblich sucht man heute Spuren des einstigen Haupterwerbs der Dorfbewohner, der Fischerei.

Nur ein Fuß- und Radweg schiebt sich zwischen Privatgrundstücke und das Wasser, in das die Eigentümer ihre Bootsstege gesetzt haben. Die Straße führt abseits vom Ufer nach **Utting.**

In dem betriebsamen Luftkurort beherrschen Segelclubs und Segelschulen das Ufer. Oben im Dorf, das seinen bäuerlichen Charakter noch weitgehend behalten hat, steht eine 1712 errichtete, St. Leonhard geweihte Wallfahrtskirche.

Von Utting aus zieht sich ein Sträßchen über Holzhausen an einem besonders schönen Uferabschnitt entlang zur Villensiedlung **Riederau.** Ein herrliches Stück Natur bietet das Naturschutzgebiet Seeholz, wo einer der wenigen nennenswerten Reste der früher für das Alpenvorland so typischen

Herrsching mit seiner ruhigen Bucht ist eine Hochburg für Segler und Surfer. Der Ammersee ist für seine günstigen Windverhältnisse bekannt.

Mit einer Fläche von 47,6 km² *ist der Ammersee Bayerns drittgrößter See. Zusammen mit den beiden kleineren Nachbarn Pilsen- und Wörthsee, dem kleinen Weßlinger und dem Starnberger See gehört er zum sogenannten Fünfseenland. Für eine Radtour rund um den See sollte man einen vollen Tag veranschlagen. Das reizvollste Stück führt am Westufer entlang, wo man fast ausschließlich auf Wegen fährt, die für den Autofahrer gesperrt sind. Zu einem erfrischenden Bad hat man rund um den See, aber auch an den kleinen Nachbarseen mehrfach Gelegenheit.*

Oben: Die Rundfahrten mit den Ausflugsschiffen der Weiß-Blauen Flotte lohnen sich besonders an klaren Tagen. Die verschneiten Alpengipfel rücken dann greifbar nahe.

Rechts: Aus ungewöhnlicher Perspektive lassen sich die Schleierfälle im Ammertal bei Saulgrub bewundern: Das herabrieselnde Wasser hat Höhlen aus dem Fels gelöst.

Laubwälder erhalten blieb. Die mächtigen Eichen und Buchen haben bis zu 5 m dicke Stämme.

Nach Riederau lockt die kleine Wallfahrtskirche St. Alban – nahebei das größte Strandbad am See – zu einem Zwischenaufenthalt, bevor man im Hauptort des Westufers anlangt. **Dießen** ist aus drei Ortsteilen zusammengewachsen. Am Ufer haben sich ursprünglich die Fischer angesiedelt; auf halber Höhe, im Umkreis des Marktplatzes, konzentrierte sich das bürgerliche Leben; noch weiter oben am Hang gab die Geistlichkeit den Ton an: Das bedeutende Augustiner-Chorherrenstift ist bereits 1132 gegründet worden. Die Kirche St. Mariä mit ihrem unverwechselbaren Turmhelm ist fast vom ganzen See aus zu sehen.

Heute übt der Ort eine auffallende Anziehungskraft auf Künstler aus, die alljährlich ihre Werke im Pavillon am Seeufer ausstellen. Zu ihnen zählen auch die Kunstkeramiker und die Zinngießer mit ihrer langen Tradition.

An den Ostrand von Dießen schließt sich unmittelbar die versumpfte Verlandungszone an, um die die Straße einen Bogen schlägt. Die Straße zwischen Dießen und Fischen überquert zunächst einen alten, stark gewundenen Seitenarm der Ammer, dann den Zufluß selbst. Vom Parkplatz aus gelangt man auf einem trockenen Dammweg zu Fuß bis ans äußerste Ende der Ammermündung hinaus, allerdings nur außerhalb der Vogelbrutzeit zwischen Mitte März und Mitte August. Sonst ist dieses bedeutende Vogelschutzgebiet streng gesperrt. Tausende von Wasservögeln nisten hier im undurchdringlichen Schilf. Außer ihrem Schreien, Schnattern, Krächzen, Schnarren und Dommeln ist nichts zu hören. Die „Schwedeninsel" genannte Halbinsel am Ende des Wegs war während des Dreißigjährigen Krieges ein Zufluchtsort der Dießener vor der brandschatzenden schwedischen Soldateska.

▷ ***Ammer.*** Ziemlich konsequent hält sich die Ammer abseits der dichter besiedelten Regionen. Bis Weilheim hat man praktisch nie Gelegenheit, sie von der Straße aus zu sehen; auf beiden Seiten wird sie von weitläufigen Moorflächen flankiert. **Weilheim** mit seinem mittelalterlichen Kern streift sie nur, **Polling** mit seinem sehenswerten Augustiner-Chorherrenstift bleibt links, die einstige Bergbaustadt **Peißenberg** rechts liegen. Die mit Klöstern überreich bedachte Gegend trägt im Volksmund den Beinamen Pfaffenwinkel. Wer hier den reizvollen

Windungen der Ammer nahe kommen will, sollte ein Stück auf dem „Prälatenweg" wandern, z. B. in 3–4 Stunden von Polling nach Rottenbuch.
Die Straße zwischen Rottenbuch und Oberammergau geht auf Abstand zum Fluß. Um so eindrucksvoller ist der Blick von der Echelsbacher Brücke hinunter in die Ammerschlucht. Im Lauf der Jahrtausende hat sich der Fluß bis zu 80 m tief in das Alpenvorland gegraben.
Die bewaldeten Hänge steigen stellenweise fast senkrecht aus dem Talboden auf. Man erkennt sofort: Dies ist ein Traumrevier für Wildwasserfahrer. Sie setzen ihre Kajaks meistens bei **Saulgrub** ein. Natürlich hat die unberührte Schlucht auch für jeden naturbegeisterten Wanderer ihren Reiz. Es empfiehlt sich, von Saulgrub aus auf einer 3 km langen Stichstraße zum E-Werk Kammerl zu fahren, dem Ausgangspunkt für einen einstündigen Spaziergang entlang der Ammerleite zu den Schleierfällen im Naturschutzgebiet Scheibum. Festes, wasserdichtes Schuhwerk ist unerläßlich!
Den weiten Talboden vor Oberammergau erfüllte nach der letzten Eiszeit ein Schmelzwassersee. Er ist inzwischen verschwunden, doch erstreckt sich hier dafür das Weidmoos – ein Niedermoor mit einzigartigen Pflanzenraritäten.
4 km oberhalb vom Holzbildhauerdorf **Oberammergau** trifft man im moorigen Wiesengelände auf die sogenannten Ammerquellen. Hier tritt die Ammer aus den Schuttmassen aus, die sich im Graswangtal östlich von Schloß Linderhof gesammelt haben. Nur ein kurzes Stück rauscht die Ammer von ihrer wirklichen Quelle am Fuß der Kreuzspitze aus als wilder Bergbach oberirdisch in die Tiefe. ◁

Einst lockten Reliquien, heute lockt eher das Bier

Von Fischen geht es nun unmittelbar am ziemlich verbauten Ostufer entlang wieder zurück. Am Ortsrand von Herrsching folgt man der Abzweigung hinauf zum bekanntesten Ziel rund um den See: **Andechs,** neben Dießen das zweite historische Zentrum am Ammersee. Die in der Burgkapelle der Grafen von Andechs-Meran gesammelten Reliquien sind seit 1128 das Ziel von Wallfahrten. Nach dem Aussterben des Geschlechts gründeten die Wittelsbacher an dieser Stelle ein Augustiner-Chorherrenstift, das später in ein Benediktinerkloster umgewandelt wurde. Die Mönche haben es verstanden, ihre Kirche zum Ziel der populärsten Marienwallfahrt in Bayern zu machen. Noch heute pilgern jährlich Tausende zum „Heiligen Berg"; viele von ihnen kommen traditionsgemäß mit dem Schiff über den See.

Bei schönem Wetter laden gemütliche Gartenwirtschaften am Ufer zu einer Rast unter schattigen Bäumen ein.

Vor allem die auf dem Gipfel der Anhöhe gegründete Klosterkirche mit ihrem weithin sichtbaren achteckigen Turm weckt das Interesse der Besucher. In der Heiligen Kapelle werden die mittelalterlichen Reliquien und der reiche Klosterschatz aufbewahrt. Das Ziel der meisten Andechs-Pilger ist heute aber nicht mehr die Kirche, sondern das Bier. Leider hat sich der Ansturm auf das begehrte Gebräu inzwischen so verstärkt, daß aus dem beschaulichen Klosterbräuidyll schon eher eine Art Massenrummelplatz geworden ist.
Durch den Wald geht es bergab nach **Herrsching.** Der größte Ammerseeort an einer fast 12 km langen Bucht ist Endstation der S-Bahn-Linie aus München, was ein kräftiges Siedlungswachstum zur Folge hatte.
Reizvoller als die ufernahe Straße ist die Tour über die beiden kleinen Satellitenseen des Ammersees: Wörth- und Pilsensee. Der ***Pilsensee,*** knapp 2 km² groß und bis 16 m tief, war ursprünglich mit seinem großen Nachbarn verbunden. Die Verlandung schreitet in der ehemaligen Ammerseebucht jedoch zügig voran, wie sich an dem ausgedehnten Schilfgürtel des Herrschinger Mooses unschwer erkennen läßt. Der kleine See ist ein beliebtes Revier für Surfer. Einen Wermutstropfen gibt es dennoch: Das flache Wasser ist stark verschmutzt.
Nur ein Katzensprung trennt Hechendorf vom ***Wörthsee.*** Der 435 ha große und bis zu 33 m tiefe See ist ebenfalls eine Hinterlassenschaft der Eiszeit. In einem eigenen Gletscherbecken gelegen, hatte der Schmelzwassersee keine Verbindung mit dem Ammersee. Am Wörthsee geht es wesentlich ruhiger zu als am Pilsensee, denn der größte Teil seiner Ufer befindet sich in Privatbesitz. Die geringe Beanspruchung trägt dazu bei, daß er zu den saubersten bayerischen Seen zählt. So kann man sich denn auch ohne Bedenken ins Wasser wagen – z. B. am öffentlichen Strandbad zwischen Bachern und Schlagenhofen. Von hier aus kann man zur „Mausinsel" hinübersehen oder -schwimmen. Ihren Namen verdankt sie einem ihrer früheren Besitzer, der Sage nach ein Leuteschinder, der lästiges Bettelvolk wie Ratten und Mäuse verbrennen ließ, bis er zur Strafe selbst vom Getier verfolgt und gefressen wurde.
Die Schlußetappe führt durch abwechslungsreiche Wald- und Wiesenlandschaft zurück nach **Inning.**

Mit dem Ausflugsschiff auf dem Ammersee

Für die Ammerseeflotte beginnt die Saison am Ostersonntag und endet am letzten Sonntag im Oktober. Ein genauer Fahrplan wird jährlich herausgegeben.
Ausgangspunkt für die große Seenrundfahrt ist **Inning-Stegen.**
Fahrtziele Buch, Schondorf, Breitbrunn, Utting, Holzhausen, Herrsching, Riederau, Dießen, dann Rückfahrt.
Fahrtdauer 3–3½ Stunden.
Die nördliche Rundfahrt ab **Inning-Stegen** nimmt in Herrsching wieder Kurs zurück zum Startpunkt.
Fahrtdauer 2 Stunden.
Für die südliche Rundfahrt schifft man sich in **Herrsching** ein. *Fahrtziel* Dießen.
Fahrtdauer 1¼ Stunden.
Auskunft Staatliche Seenschiffahrt Ammersee, 8084 Inning-Stegen, Tel. 081 43/229.

Zwei Bergseen in Stufen

Eine 200 m hohe natürliche Treppenstufe trennt den Kochelsee vom Walchensee. Eine Verbindung zwischen den beiden gab es nicht, bis hier eines der größten Speicherkraftwerke Deutschlands gebaut wurde.

Der ***Walchensee*** ist nicht nur der größte und tiefste deutsche Alpensee, in seiner Tiefe scheint er auch ein unergründliches Geheimnis zu bergen. Als am Allerheiligentag 1755 ein Erdbeben die Stadt Lissabon zerstörte, soll er trotz völliger Windstille in so stürmischer Aufruhr geraten sein, daß es die Fischer mit ihren Booten aus dem Wasser geschnellt habe. Das bewegende Ereignis gab der alten Sage neue Nahrung, daß der See in unterirdischer Verbindung mit anderen Wasserläufen, ja mit dem Meer stehe. So soll ein Schlegel, den ein Faßbinder im Dorf Walchensee ins Wasser fallen ließ, in einem Wasserfall oberhalb von Farchant an der Loisach wieder zum Vorschein gekommen sein.

Der Walchensee bedarf eigentlich gar keiner Sensationsmeldungen, denn seine Schönheit macht ihn allein schon zu einem Höhepunkt der deutschen Alpenlandschaft. Die bewaldeten Berge ringsum spiegeln sich stimmungsvoll in seinem klaren, kalten Wasser, das den Renken und Saiblingen behagt; und die Ufer sind größtenteils unverbaut. Die Fülle seiner Motive hat der Maler Lovis Corinth (1855–1925) in herrlichen impressionistischen Bildern festgehal-

Oben: Dieses Standbild erinnert an die Heldentaten des legendären „Schmieds von Kochel“.

Unten: Eine grandiose Gipfelszenerie umgibt den sagenumwobenen Walchensee. Im Hintergrund die Zugspitze.

ten. Einmalig ist auch die Pflanzenwelt auf der kleinen Insel Sassau. Dort konnte sich – durch keinerlei Wildverbiß gestört – ein in dieser Zusammensetzung sonst nirgends vorkommender Buchen-, Tannen- und Eibenmischwald entwickeln.

Jedes der drei Ufer hat seine Eigenart. Am Westufer entlang führt eine ungewöhnlich schöne, wenn auch schmale und kurvenreiche Panoramastraße von Urfeld über das Hauptdorf **Walchensee** nach Einsiedl, Teilstrecke des uralten Handelsweges von München nach Innsbruck. Schon Goethe, der ihn auf dem Weg nach Italien befuhr, war hingerissen vom Blick über den See auf die Soiernspitze und die Karwendelgipfel. Ein Denkmal oberhalb von **Urfeld** erinnert an die berühmte Reise unseres Dichterfürsten.

Wandern im Osten, Surfen im Süden

Wanderer dagegen sollten nicht versuchen, dieser Straße zu folgen und den See zu umrunden. Ihnen ist zu empfehlen, sich am – für Autos größtenteils gesperrten – Ostufer zu halten. Ausgangspunkt für eine zwei- bis dreistündige Rundwanderung ist der Parkplatz in Urfeld. Immer am See entlang geht man über Sachenbach nach **Niedernach.** Das Kraftwerk dort wird durch einen unterirdischen Stollen mit Wasser aus dem 8 km südlich gelegenen Rißbach gespeist. Für den Rückweg bietet sich die Route über die „Fieberkapelle“ nach Sachenbach an.

Das Südufer schließlich gehört seit einigen Jahren den Surfern. Der Walchensee ist Surfern im Norden, was ihnen der Gardasee im Süden der Alpen ist: ein dank der zuverlässig wehenden Winde hervorragendes Revier. Ihre Ausgangsbasis ist die 10 km lange Mautstraße zwischen Einsiedl und Niedernach – zum Kummer der zuständigen Behörden. Denn noch gilt der Walchensee als eines der saubersten Gewässer in Bayern. Doch die Belastung durch die mehr oder weniger wild parkenden Autos, durch Biwaks, Grill- und Bierfeste nimmt derart zu, daß Beschränkungen nicht mehr zu vermeiden sind.

Ein Bad im See ist nur Abgehärteten zu empfehlen: Die Wassertemperatur erreicht selbst im Sommer kaum 18 °C.

Eine Fahrt mit der Herzogstandbahn sollte man auf jeden Fall „mitnehmen“. Sie führt hinauf zum Fahrenbergkopf (1627 m). Von dort steigt man noch rund 20 Minuten zum Herzogstandgipfel (1731 m) auf, den wegen seiner herrlichen Aussicht auch König Ludwig II. besucht hat.

Wie ein großes blaues Auge schimmert der über 1100 m tiefer gelegene ***Kochelsee*** zum Gipfel herauf. Man erreicht ihn über die Kesselbergstraße, die mit ihren 36 Kurven und Kehren zwischen 1893 und 1897 angelegt worden ist und bis in die 30er Jahre viele aufregende Autorennen gesehen hat. Der Walchensee hat keinen natürlichen Abfluß zum Kochelsee. Um das starke Gefälle für die Stromerzeugung nutzbar zu machen, baute man 1918–1924 oberhalb vom Kochelsee das erste deutsche Hochdruck-Speicherwerk. Seine Turbinen werden mit Walchenseewasser angetrieben. Noch heute gilt es als Meisterleistung technischer Baukunst. Die durch sechs Rohre herabstürzenden Wassermassen erbringen eine Leistung von über 120 MW.

*Mit einer Fläche von **16,2 km²** ist der Walchensee der größte, mit 192 m auch der tiefste See der deutschen Alpen. Überdies gehört er zu den wenigen Gewässern, die noch sauber sind. Den Kochelsee kann man von Juni bis September per Schiff erkunden. Vier Rundfahrten finden täglich statt. Fahrtdauer: 1¼ Stunden. Fahrradfahrer sollten die 200 m Höhenunterschied zwischen den Seen einkalkulieren. Rundtouren sind nicht möglich, weil nicht überall geeignete Wege angelegt sind. Die Mautstraße am Südufer des Walchensees ist für Radfahrer kostenlos zu benutzen.*

Der Kochelsee, ein Drittel so groß wie der Walchensee, ist nur der Rest eines viel größeren Sees, dessen Wasserspiegel in der Späteiszeit noch etwa 10 m höher lag als heute. Die weitläufigen, inzwischen trokkengelegten Moorflächen im Norden lassen erkennen, wie weit der See ehemals gereicht hat (siehe auch Seite 294).

Seit der flache, ursprünglich warme Kochelsee ständig Wasser aus dem kalten Walchensee erhält, hat auch er sich in einen kalten See verwandelt, der nur zähe Naturen zum Baden einlädt. Doch selbst die zeigen sich zögerlich, weil der See – im Gegensatz zum Walchensee – nicht besonders sauber ist.

Die Erben des Loisachgletschers

Da, wo heute die Loisach den Bergketten entströmt, hat sich in der letzten Eiszeit ein mächtiger Gletscher in die Tiefe geschürft. Er hat Wannen gebildet, die sich mit Wasser füllten und zu Seen wurden.

Der ***Staffelsee*** ist ein hübscher See, durch anmutige Buchten gegliedert, mit Inselchen gut bestückt und von den Bergen gerade so weit entfernt, daß diese eine freundlich-dekorative Kulisse abgeben, aber niemals dramatisch und beengend wirken.

Mit einer sommerlichen Wassertemperatur von durchschnittlich 24 °C gehört er zu den wärmsten Seen Bayerns. Kein Wunder, daß seine Ufer an schönen Sommerwochenenden überlaufen sind. Es steht zu befürchten, daß der See den Belastungen durch die Besucherscharen nicht mehr gewachsen ist. Ohnehin ist er als ausgesprochen flacher See gefährdeter als die tieferen Gebirgsseen. Und mit der ***Ach,*** einem Nebenflüßchen der Ammer, besitzt er nur einen bescheidenen Zu- bzw. Abfluß, so daß sich das Wasser kaum erneuern kann. Die schönsten Uferplätze erreicht man von **Uffing** aus, einem gepflegten Dorf an der Nordspitze mit Malerkolonie und hübscher Rokokokirche. Ursprünglicher geht es in **Seehausen** am Ostufer zu, wo Bauern und Fischer noch eine eindeutige Mehrheit vor den „Zuag'roasten" haben. Das Ortsbild wird jedem gefallen, der oberbayerische Beschaulichkeit ohne städtischen Einschlag schätzt.

Das stärker gegliederte, flachere Westufer dagegen ist größtenteils vermoort, unbesiedelt und nur zu Fuß zugänglich. Vor allem Naturfreunden sei es nahegelegt, den See auf dem 20 km langen ADAC-Rundwanderweg in 4–5 Stunden zu erkunden. Man tritt die Wanderung in Seeleiten an.

Ein wenig verträumt wirkt der Riegsee inmitten saftiger Wiesen, sanfter Moränenhügel und hübscher Dörfchen mit Zwiebelturmkirchen. Sein winziger Nachbar, der Froschhauser See, ragt vorne rechts ins Bild. Gut erkennbar heben sich die sumpfigen, braungrünen Feuchtwiesen in der Verlandungszone des Sees von der trockenen Umgebung ab. Im Röhricht nisten seltene Wasservögel – das ganze Feuchtgebiet genießt Naturschutz.

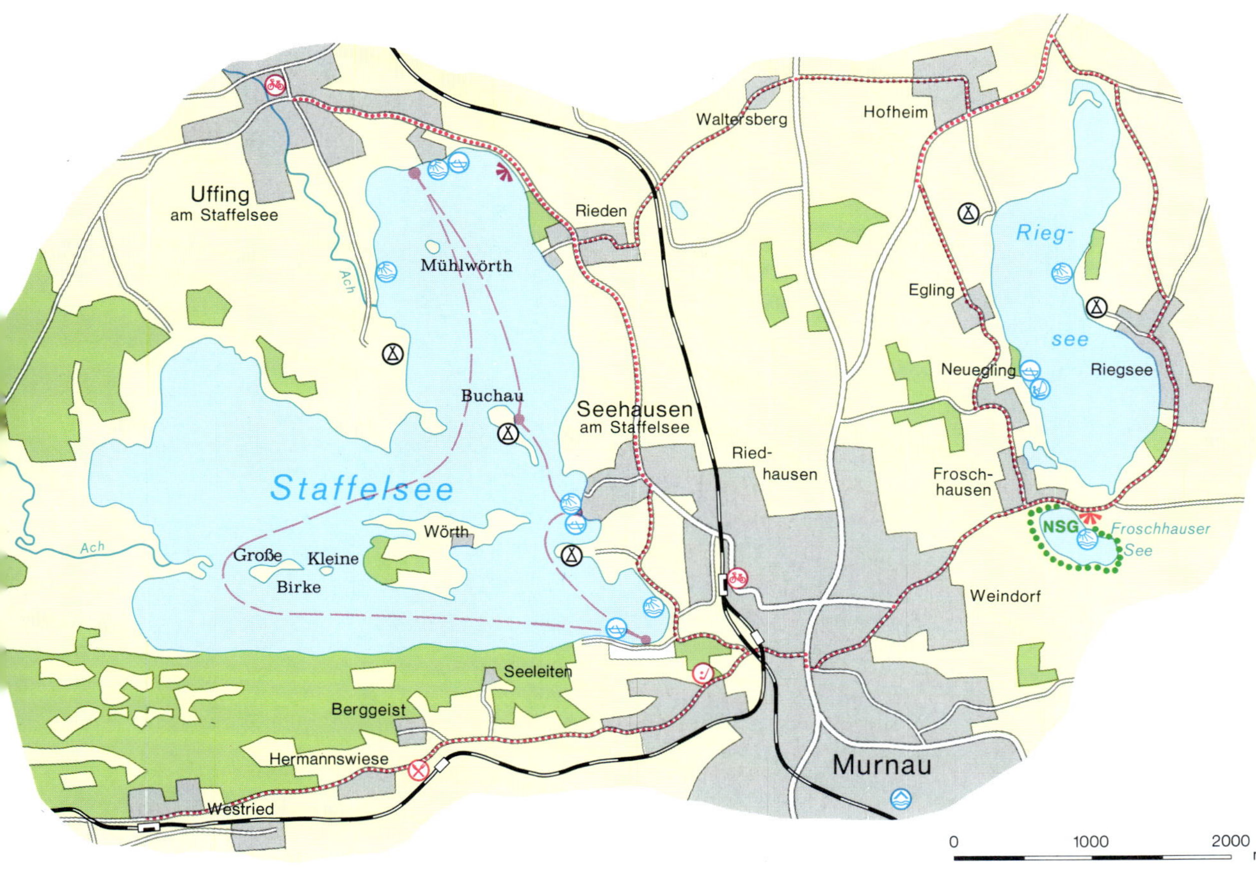

Staffel- und Riegsee *sind flache Moorseen, die sich im Sommer rasch erwärmen und von Badegästen dementsprechend frequentiert werden. Der 765 ha große Staffelsee ist bis zu 35 m tief, der kleine Riegsee mißt an seiner tiefsten Stelle ganze 15 m. Eine Radtour unmittelbar um den Staffelsee herum ist nicht möglich: Durch die sumpfige Verlandungszone des Westufers verlaufen nur Fußpfade. Dafür verkehrt von Juni bis Mitte September ein Motorboot nach Fahrplan auf dem See. Viermal täglich – sofern das Wetter mitspielt – legt es von Seehausen zu einstündigen Rundfahrten ab, wobei man Gelegenheit hat, sich auf der Insel Buchau absetzen und später wieder mitnehmen zu lassen.*

Wer einen Blick für Blumen hat, wird sich im Juni über die Gelben Schwertlilien in der Röhrichtzone am Westufer freuen.
Eine andere Möglichkeit, den See kennenzulernen, bieten die Motorbootrundfahrten ab Seehausen. Empfehlenswerte Kombination: zu Fuß von Seeleiten am Süd- und Westufer entlang nach Uffing, von dort mit dem Motorboot zurück.
Auf **Wörth,** der größten, mit Bäumen bestandenen Insel, soll bereits in frühchristlicher Zeit ein Kloster gestanden haben. Angeblich ist hier sogar eine der ältesten Handschriften in deutscher Sprache – das „Wessobrunner Gebet“ aus dem frühen 9. Jh. – lange Zeit aufbewahrt worden.

Klein, aber fein

Der ***Riegsee*** im Osten von Murnau ist nur ein Viertel so groß wie der Staffelsee, ebenfalls flach, im Sommer warm und noch eine Spur bäuerlicher, ursprünglicher als der größere Nachbar. In seiner Beliebtheit bei Badegästen jedenfalls steht er ihm in nichts nach. Am Südende gibt es eine sehenswerte Kirche: die Wallfahrtskirche St. Leonhard.
Der ***Froschhauser See*** ist zwar nur ein winziger Ableger des Riegsees, aber ein um so bedeutenderer Hort für seltene Wasservögel und -pflanzen.

Der Riegsee-Rundweg ist 13 km lang und bezieht den Froschhauser See mit ein. Man startet am besten in **Froschhausen** und folgt der Markierung im Uhrzeigersinn.

Kräuterbüschelträger in Seehausen. Zu Mariä Himmelfahrt werden in vielen katholischen Gegenden Bayerns kunstvolle Kräutergebinde zur Weihe gebracht.

Das Bild des Bauernheiligen St. Leonhard und andere Motive zieren die Wagen im Festzug des Tölzer Leonhardiritts.

Dieses Modell des 1893 in Betrieb genommenen Ammerseedampfers ist im Deutschen Museum in München ausgestellt.

Über 1500 Landshuter in historischen Gewändern ziehen beim großartigen Schauspiel der Fürstenhochzeit durch die Stadt.

Isar

Mittenwald Geigenbau- und Luftkurort am Fuß des Karwendelgebirges.
Besonders sehenswert ist das historische Geigenbaumuseum (geöffnet Mo–Fr 10–11.45 Uhr und 14–16.45 Uhr, Sa und So 10–11.45 Uhr).
Eine Großkabinenbahn führt auf den steil aufragenden Hausberg von Mittenwald, die Nördliche Karwendelspitze (2385 m). Vom Gipfel bietet sich eine einzigartige Aussicht.
Kurverwaltung, Dammkarstraße 3, 8102 Mittenwald, Tel. 08823/1051

Lenggries Historisches Flößerdorf, heute Ferienort im Isarwinkel.
Auf das 1555 m hohe Brauneck, den Hausberg des Ortes, führt eine Kabinenbahn. Vom Gipfel aus läßt sich eine herrliche Gratwanderung zur 6 km entfernten Benediktenwand (1801 m) unternehmen.
Im Sommer gehören Kajakfahrten auf der Isar und Drachenfliegen zum sportlichen Angebot des Ortes.
Verkehrsamt, 8172 Lenggries, Tel. 08042/2977

Bad Tölz Jodbad und heilklimatischer Kurort im Isarwinkel.
Herausragendes Ereignis im festlichen Jahr ist der Leonhardiritt am 6. November zu Ehren des heiligen Leonhard, des Schutzpatrons der Pferde. Die bemalten Giebel der Marktstraße geben dabei eine prachtvolle Kulisse ab.

Das beliebte Badezentrum „Alpamare" ist täglich von 8–21 Uhr geöffnet, Fr und Sa bis 22 Uhr.
Kurverwaltung, 8170 Bad Tölz, Tel. 08041/70071

Wolfratshausen Alter Marktort an der Loisachmündung.
Beliebteste Attraktion, nicht nur für Kinder, ist der größte mechanische Märchenwald Europas (geöffnet von Ostern bis Ende Oktober täglich 8–17 bzw. 18 Uhr, je nach Einbruch der Dunkelheit).
Stadtverwaltung, 8190 Wolfratshausen, Tel. 08171/7061

München Bayerische Landeshauptstadt, gegründet auf der hochwassersicheren Isarterrasse.
Eine Fülle von Sehenswürdigkeiten und Freizeitangeboten macht den Aufenthalt in der „heimlichen Hauptstadt" zu einem unvergeßlichen Erlebnis.
Mitten in der Isar steht das Deutsche Museum auf der Museumsinsel. Im größten naturwissenschaftlich-technischen Museum der Welt verdienen unter anderem die reichhaltige Schiffahrtsabteilung und die Abteilung Straßen-, Brücken-, Wasserbau Beachtung (geöffnet täglich 9–17 Uhr).
Der Tierpark Hellabrunn verdient allein schon seiner Lage in der grünen Isaraue und seiner Weitläufigkeit wegen einen Besuch. Was ihn von den meisten anderen zoologischen Gärten unterscheidet, ist die Einteilung der Tiergehege nach geographischer Verbreitung (Tropenhaus, Polarium usw.). Öffnungszeiten: im Sommerhalbjahr 8–18 Uhr, sonst 9–17 Uhr.
Inmitten der Isarauen liegt auch einer der beliebten Biergärten: der „Flaucher" im südlichen Stadtteil Thalkirchen. Den wohl schönsten Isarblick hat man übrigens von der 70 m hohen Großhesseloher Brücke. Diese Eisenbahnbrücke am südlichen Stadtrand hat ein eigenes Fußgängergeschoß.
Verkehrsamt, Sendlinger Straße 1, 8000 München 2, Tel. 089/23911

Freising Älteste Isarstadt und von 739 bis 1821 Bischofssitz.
Auf einem Hügel im Stadtteil Weihenstephan liegt die Bayerische Staatsbrauerei, die als älteste Brauerei der Welt gilt. Von Montag bis Donnerstag werden Besichtigungen veranstaltet, zu denen man sich frühzeitig anmelden muß (Tel. 08161/3021). Beginn: 9, 10, 11, 13 und 14 Uhr.
Verkehrsamt, Obere Hauptstraße 2, 8050 Freising, Tel. 08161/54122

Moosburg 1200 Jahre alte Kleinstadt an der Ampermündung.
Für Naturliebhaber empfiehlt sich eine Wanderung durch die Auenlandschaft. Vom Parkplatz an der B 11 auf der rechten Seite der Isarbrücke geht es nordwärts durch die Isarauen zur Ampermündung und dann zurück über Schloß Isareck und den Weiler Thalbach (3–4 Stunden).
Stadtverwaltung, Stadtplatz 13, 8052 Moosburg, Tel. 08761/6840

Landshut Historisches Zentrum Niederbayerns.
Die Stadt wird von der mächtigen Anlage der Burg Trausnitz überragt, einer der besterhaltenen ihrer Art in Deutschland. Zwischen Oktober und April ist die Burganlage montags geschlossen.
1475 richtete Herzog Ludwig seinem Sohn Georg und dessen polnischer Braut Jadwiga die Hochzeit aus. Als „Landshuter Fürstenhochzeit" wird sie noch heute alle vier Jahre (das nächstemal 1989) unter engagierter Teilnahme der Stadtbevölkerung nachgefeiert. Immerhin gelten die über Wochen verteilten Einzeldarbietungen als größtes Historienfest Deutschlands.
Verkehrsverein, Altstadt 315, 8300 Landshut, Tel. 0871/23031

Loisach

Grainau Ferienort am Fuß der Zugspitze.
Am Eibsee befindet sich die Talstation der Großkabinenbahn auf die Zugspitze. Der herrlichen Landschaft wegen sollte man sich eine Wanderung um den See nicht entgehen lassen (etwa 1½ Stunden).
Verkehrsamt, 8104 Grainau, Tel. 08821/81281

Garmisch-Partenkirchen Luftkurort und führendes Wintersportzentrum der deutschen Alpen.
Nur zu Fuß sind die beiden wildromantischen Schluchten südlich des Ortes zu erreichen: die Partnachklamm über Kainzenbad (Olympiagelände) und zurück über den 1238 m hohen Eckbauer (2–3 Stunden), die Höllentalklamm nach einem einstündigen Anstieg von Hammersbach aus (Hin- und Rückweg etwa 4 Stunden).
Sport wird hier großgeschrieben, unter anderem Tauchen und Wildwasserfahren.
Kurverwaltung, Schnitzschulstraße 19, 8100 Garmisch-Partenkirchen, Tel. 08821/1800

Großweil Ortschaft am Rand des Kochelsee-Moorgebiets.
Herrlich auf der Höhe liegt das Freilichtmuseum Glentleiten mit originalgetreu aufgebauten Bauernhäusern. Hier gewinnt man einen Überblick über die ländliche Wohnkultur aus fünf Jahrhunderten und das traditionelle Handwerk Oberbayerns.
Freilichtmuseum des Bezirks Oberbayern, 8119 Großweil, Tel. 08841/1095-99

Durch sechs Druckrohrleitungen stürzt das Wasser 200 m tief auf die Turbinen des Walchenseekraftwerks hinab.

Kochel- und Walchensee

Kochel am See Luftkurort am flachen Nordostufer.
Eines der schönsten Freizeit- und Badezentren der Alpenlandschaft ist das unmittelbar am Ufer errichtete „trimini“ (geöffnet täglich 9–20.30 Uhr).
Nicht nur für technisch Interessierte lohnt sich die Besichtigung des 1924 fertiggestellten Hochdruckspeicher-Kraftwerks – auch heute noch eine beeindruckende Anlage. Das Informationszentrum ist täglich von 9–17 Uhr geöffnet.
Tel. 08851/843.
Verkehrsamt, 8113 Kochel am See, Tel. 08851/338

Staffelsee

Murnau Luftkurort zwischen Loisach und Staffelsee.
Naturfreunden ist eine Wanderung ins Murnauer Moos zu empfehlen. Rund 800 Blütenpflanzen wachsen in dem mit 32 km^2 größten Moorgebiet des Alpenraums. Ein lohnender Rundwanderweg durch den Südteil des Moors beginnt bei Ramsachkircherl (Länge: 12 km; von der B 2 nach Garmisch-Partenkirchen am Ortsrand rechts ab).
Verkehrsamt, 8110 Murnau, Tel. 08841/2074

Ammer

Ettal Kleiner Ort nahe der Ammerquelle.
Eindrucksvoll in die Landschaft eingebettet, liegt das Benediktinerkloster mit seiner sehenswerten Klosterkirche. Von hier aus sind es 10 km zum Schloß Linderhof im Graswangtal, das König Ludwig II. 1874 bis 1878 erbauen ließ und das so romantisch ist wie der Park mit Wasserspielen und „Venusgrotte“ (Besichtigung im Sommerhalbjahr täglich 9–12.15 und 12.45–17.30 Uhr, sonst nur bis 16 Uhr).
Gemeindeamt, 8107 Ettal, Tel. 08822/534

Oberammergau Ferien- und Festspielort in den Ammergauer Alpen.
Eine prächtige Sammlung von Werken einheimischer Holzschnitzkünstler, der Herrgottsschnitzer, ist im Heimatmuseum zu bewundern (Besichtigung in der Hauptsaison Di–So 14–18 Uhr, in der Nebensaison nur Sa 14–18 Uhr).
Seit dem 17. Jh. werden alle zehn Jahre die weltbekannten Passionsspiele aufgeführt (das nächstemal 1990). Über 1000 Laienschauspieler wirken mit.
Verkehrsamt, 8103 Oberammergau, Tel. 08822/4921

Die Verehrung des Kreuzes ist eine der bekanntesten Szenen der Oberammergauer Passionsspiele.

Raisting Ortschaft nahe der Mündung in den Ammersee.
In freier Landschaft stehen weithin sichtbar die riesigen Parabolantennen der einzigen Satellitenfunkstation in der Bundesrepublik Deutschland. Im Besucherschauraum finden regelmäßig Filmvorführungen statt (werktags 8–12 und 12.45–17 Uhr, Sa und So 12–16 Uhr).
Satellitenfunkstation, Hofstätterweg 1, 8121 Raisting, Tel. 08807/741

Ammersee

Herrsching Hauptort am Ostufer.
Die längste Seeuferpromenade Deutschlands führt fast 12 km weit am Ufer entlang bis ans Südende des Sees. Etwa nach halbem Weg zweigt ein Spazierweg zum Kloster Andechs ab (1–1½ Stunden durch das landschaftlich reizvolle Kienbachtal).
Verkehrsbüro, 8036 Herrsching, Tel. 08152/5227

Dießen Luftkurort und Künstlerkolonie am Südwestende.
Im Pavillon am Ufer stellen die heimischen Zinngießer, Töpfer, Handweber, Holzschnitzer und Wachszieher ihre Erzeugnisse aus.
Der beliebte Töpfermarkt (4 Tage, beginnend zu Christi Himmelfahrt) zieht jährlich Zehntausende von Besuchern an.
Verkehrsamt, 8918 Dießen, Tel. 08807/1048

Amper

Dachau Kreisstadt am Hochufer über dem Fluß.
An klaren Föhntagen bietet sich vom Schloßgarten aus ein einmaliges Panorama: die Millionenstadt München im Vordergrund, dahinter unwirklich nahe gerückt die Alpen.
Im Nordosten der Stadt befindet sich das ehemalige Konzentrationslager mit einer Gedenkstätte (Besichtigung außer Mo täglich 9–17 Uhr).
Stadtverwaltung, Konrad-Adenauer-Straße 6, 8060 Dachau, Tel. 08131/75219

Starnberger See

Starnberg Hauptort am Nordende.
Im Heimatmuseum wird das alte Fischerdorf Starnberg lebendig. Auch die Sammlung mit Landschaftsgemälden verdient Beachtung (geöffnet Di–So 10–12 und 14–17 Uhr).
Verkehrsamt, 8130 Starnberg, Tel. 08151/13274

Wie ein Riesenbovist steht die mit einer Hülle umgebene Großantenne der Raistinger Satellitenfunkstation in der Landschaft.

Tutzing Luftkurort am Westufer.
Am letzten Sonntag im Juni rüstet man zum traditionellen Fischerstechen, und am ersten Sonntag im Juli geht es gleich weiter mit dem weithin bekannten Seefest der „Tutzinger Gilde“.
Verkehrsamt, 8132 Tutzing, Tel. 08158/2031

Bernried Ruhiger Ferienort am Westufer.
Ein herrlicher Platz zum Lustwandeln unter alten Bäumen ist der Bernrieder Park im Süden des Orts, die Stiftung einer deutschstämmigen Amerikanerin.
Verkehrsamt, 8139 Bernried, Tel. 08158/6215

Vils

Steinberg Ort im niederbayerischen Hügelland.
Wasserfreunde finden hier den einzigen See im weiten Umkreis: den 1974 als Hochwasserrückhaltebekken aufgestauten Vilstalsee. Der flache See erwärmt sich im Sommer sehr rasch – zur Freude der Badegäste, für die ein 600 m langer Strand angelegt wurde. Außerdem gibt es einen Bootsverleih, eine Segel- und eine Surfschule.
Förderverein „Mittleres Vilstal e. V.“, Buchenstraße 6, 8311 Steinberg, Tel. 08734/7487

Der Kraftprotz aus dem Engadin

Der Inn hat bereits weit über die Hälfte seines Laufs zurückgelegt, wenn er bei Kiefersfelden zu einem deutschen Fluß wird. Er übertrifft die anderen Donaunebenflüsse nicht nur an Länge, sondern auch an Stärke. Die Donau selbst verdoppelt durch diesen Kraftprotz sogar ihre Wassermenge.

Unterhalb der Klosterkirche von Oberaudorf-Reisach führt diese altertümliche Holzbrücke über den Inn – für den Autoverkehr ist sie allerdings gesperrt.

Tief im Herzen der Engadiner Bergwelt, im Süden der Rätischen Alpen, entspringt oberhalb vom Malojapaß der Inn. Zielstrebig eilt er hinab ins Unterengadin und dann nach Österreich, das er in einem weiten Tal durchquert: die schroffen Gipfel der Nördlichen Kalkalpen im Norden, die Bergketten der Zentralalpen im Süden. Da, wo sich die Talebene zu einem geräumigen Becken weitet, dehnt sich die größte und stolzeste aller Städte am Inn aus: die Tiroler Metropole **Innsbruck.**

Die alte Grenzfeste Geroldseck bewacht hoch über dem vielgerühmten **Kufstein** das gewaltige Durchbruchstal des Inns durch die Kalkalpen. Wieviel Kraft in dem Fluß steckt, beweisen Messungen seiner Materialfracht: An der Grenze zur Bundesrepublik Deutschland führt er jährlich 120 000 t Geröll und 2 Millionen t Schwebstoffe mit sich – eine kaum vorstellbare Menge. Das Tal verdankt seine auffallende Breite letztlich aber weniger der Kraft des Flusses als dem eiszeitlichen Inntalgletscher. Der

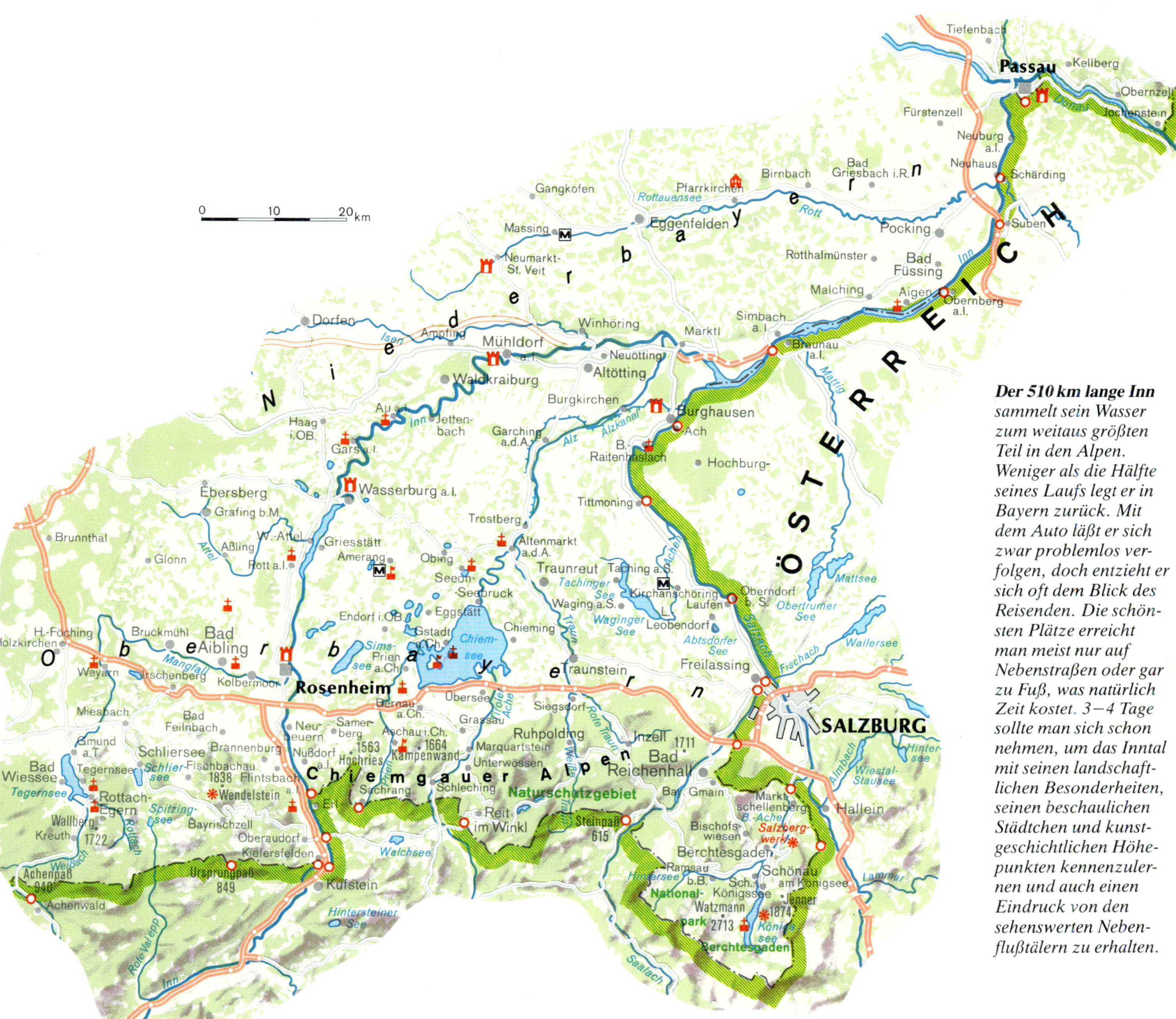

Der 510 km lange Inn sammelt sein Wasser zum weitaus größten Teil in den Alpen. Weniger als die Hälfte seines Laufs legt er in Bayern zurück. Mit dem Auto läßt er sich zwar problemlos verfolgen, doch entzieht er sich oft dem Blick des Reisenden. Die schönsten Plätze erreicht man meist nur auf Nebenstraßen oder gar zu Fuß, was natürlich Zeit kostet. 3–4 Tage sollte man sich schon nehmen, um das Inntal mit seinen landschaftlichen Besonderheiten, seinen beschaulichen Städtchen und kunstgeschichtlichen Höhepunkten kennenzulernen und auch einen Eindruck von den sehenswerten Nebenflußtälern zu erhalten.

mächtige Eisstrom füllte das Tal – bei Kufstein bis zu einer Höhe von 1600 m –, hat die niedrigeren Berggipfel gerundet, die Talhänge abgeschliffen und den Talboden vertieft. Viermal schob er sich durch diese natürliche Pforte ins Vorland hinaus. Die Geologen haben ermittelt, daß die Talsohle 200 m höher lag, bevor der Gletscher mit seinem Werk begann.

Von **Kiefersfelden,** dem bayerischen Grenzdorf, geht es auf der Landstraße nordwärts durch den bekannten Luftkurort **Oberaudorf** und am Fuß der bewaldeten Gebirgshänge entlang. Bahnlinie und Autobahn verlaufen parallel zur Straße; sie unterstreichen die Rolle des Inntals als Nord-Süd-Verkehrsader. Vom Inn sieht man unterwegs nur wenig – Schutzdämme verwehren die Sicht auf den Fluß, der früher das Land fast regelmäßig mit schweren Hochwasserkatastrophen heimsuchte. Aus der einstigen Überschwemmungsaue wurde Weideland.

Ein Felsblock widerstand dem Eis

Will man wenigstens einen kurzen Blick auf den Inn werfen, muß man im Ortsteil **Niederaudorf** rechts abzweigen. Unter der Bahnunterführung hindurch gelangt man bis an eine malerische Holzbrücke. Mitten durch das Bauwerk verläuft die Grenze zu Österreich.

In **Flintsbach-Fischbach** kann man sich ein eindrucksvolles Bild von der gewaltigen Kraft des Inngletschers machen. Man fährt in der Ortsmitte rechts ab in die Gletschergartenstraße und hinter der Eisenbahnbrücke nochmals nach rechts: Am Ende der Straße ragt ein mächtiger Kalkfelsen auf, in dem Eis und Schmelzwasser ein Gewirr aus Schrammen, Strudellöchern und Höckern hinterlassen haben. „Gletscherschliff" heißt diese naturkundliche Anschauungsstätte. Dahinter breitet sich an einem alten Flußarm noch ein Rest des ehemals ausgedehnten Auwalds aus.

Im Luftkurort **Flintsbach** biegt man rechts ab, überquert den Inn und hält sich bis zum hübschen Marktflecken **Neubeuern** auf

Dem Inn verdankt die alte Salzhandelsstadt Wasserburg ihre einzigartige Schutzlage. Dicht gedrängt scharen sich die Bürgerhäuser auf dem langgestreckten, vom Fluß umschlossenen Sporn.

einer Nebenstraße. Die Berghänge weichen zurück, der Fluß verläßt die Alpen und erreicht das vom Inngletscher ausgeformte Rosenheimer Becken. Wer kann sich heute noch vorstellen, daß es nach der letzten Eiszeit von einem Schmelzwassersee ausgefüllt war? Vor 11000 Jahren, so die Geologen, verlandete dieser wieder.

Der Salzhandel bestimmte über Jahrhunderte Werden und Wachsen der Stadt **Rosenheim.** Seit dem 13. Jh. querte hier die von Reichenhall kommende Salzstraße den Inn und kreuzte die Nord-Süd-Fernverbindung über die Alpen. Auf Flößen wurde das Salz innabwärts transportiert. Große Plätze mit Laubengängen und gediegenen Fassaden künden vom lange währenden Wohlstand der Stadt.

▷ ***Simssee*** Ein Sträßchen führt von Rosenheim aus nach Osten durch das Moränenhügelland zum 5 km entfernten Simssee, der über die winzige ***Sims*** zum Inn entwässert. Der flache, warme See wird im Sommer von vielen Badegästen besucht. ◁

Kleiner Fluß mit spitzem Knie

▷ ***Mangfall*** Mitten in Rosenheim mündet aus Westen die Mangfall in den Inn. Ihr starkes Gefälle brachte es mit sich, daß Mühlen, Sägewerke, Papiermanufakturen und später auch Spinnereien ihre Wasserkraft genutzt haben. Bis **Kolbermoor** gehört sie heute vollständig der Industrie, aber auch oberhalb verkürzen immer wieder alte Gewerbekanäle ihren Lauf. Nach **Bad Aibling,** einem der bedeutendsten deutschen Moorbäder, wird es ruhiger im Tal, doch die Uferdämme bleiben. Kurz nach Bruckmühl überquert man den Abflußkanal des Leitzach-Pumpspeicherwerks. Durch einen unterirdischen Druckstollen schießt das Wasser der ***Leitzach*** und des kleinen ***Seehamer Sees*** auf die Turbinen herab. In **Feldkirchen-Westerham** weicht die Straße auf die Höhe aus; das Tal verengt sich zu einer tiefen Schlucht. Die Mangfall hat sich erst nach der letzten Eiszeit in den Moränenschutt eingesägt – gezwungenermaßen, wie ihr spitzes Knie beweist, das sie in diesem Abschnitt beschreibt. Eine riesige Gletscherzunge versperrte ihr den Weg und zwang sie zur Umkehr, immer dem Weg des geringsten Widerstands nach. Nur ein paar Mühlen fanden in der schmalen Talsohle Platz. Der ganze Oberlauf des Flusses mit seinen bewaldeten Hängen und grünen Auen ist ein stilles Wanderrevier, in dem nur das Örtchen **Weyarn** mit seiner im vollendeten Rokokostil ausgeschmückten Klosterkirche einen idyllischen Akzent setzt. Erst in **Gmund**, wo die Mangfall dem ***Tegernsee*** (siehe Seite 322–325) entströmt, geht es wieder lebhafter zu. ◁

Auch nördlich von Rosenheim gibt sich der Inn wenig zugänglich – die B 15 hält nach wie vor Abstand vom Ufer. Erst nach **Rott** verlockt die nächste Innbrücke zu einem Abstecher an den Fluß, der breit ausufert, weil er in Wasserburg gestaut wird. Dadurch wurde ein Teil der Aue geflutet – eine Naturlandschaft aus zweiter Hand entstand, in der viele Vogelarten eine Brutstätte gefunden haben. An der Klosterkirche von **Attel** beginnt ein lohnender Wanderweg durch die Innauen nach Wasserburg (Gehzeit 1½ Stunden).

In **Wasserburg** haben sich Natur und Kultur zu einem einzigartigen Gesamtbild verbunden. Der Inn bricht in einer engen Schleife durch einen eiszeitlichen Moränenwall. Die bis zu 70 m hohen, hellen Steilwände schließen die Stadt auf ihrem Sporn im weiten Halbrund ein. Den besten Panoramablick auf die Schleife und die Stadt hat man von der „Schönen Aussicht“, zu der man auf dem nahe der Innbrücke beginnenden Kellerbergweg gelangt. Wasserburg verdankt seine frühe Blüte der Lage am Kreuzungspunkt der Salzstraße Reichenhall–München mit dem Wasserweg Inn. Schon im 12. Jh. errichteten die Hallgrafen eine Burg auf der schwer zugänglichen Landzunge. Innerhalb weniger Jahrzehnte entwickelte sich zu ihren Füßen ein blühendes Marktstädtchen. Später diente der Wasserburger Hafen mehr und mehr auch der Residenzstadt München als Umschlagplatz, kam man doch von hier aus schneller und sicherer etwa nach Wien als mit dem Floß auf der wilderen Isar. Mit großem Pomp und einer stolzen Flotte pflegten sich die bayerischen Kurfürsten des Barockzeitalters in Wasserburg einzuschiffen, und sei's nur, um eine Wallfahrt nach Altötting zu unternehmen. Dafür benötigte der bayerische Kurfürst Ferdinand Maria anno 1673 „Leibschiff, Trompetenplätte, Guardiplätte (Wachschiff), Beichtvater- und Küchenschiff"!

Als Besucher begeistert man sich heute vor allem an dem geschlossenen Stadtbild. Man bummelt durch enge Gassen, erfreut sich an malerischen Durchblicken, Winkeln, Toren, Laubengängen und Giebeln.

Unterhalb von Wasserburg windet sich der Inn in kleineren und größeren Schleifen nordostwärts. Bis **Gars** geht die Straße auf Abstand zum Tal. Das dortige Benediktinerkloster und das benachbarte Augustiner-Chorherrenstift Au setzen mächtige bauliche Akzente in die Landschaft.

Auf einem idyllischen Sträßchen läßt sich der Fluß ab Gars verfolgen. Nach 8 km zweigt ein alter Gewerbekanal ab, der den Fluß vorbei an **Waldkraiburg,** 1950 als erste Vertriebenengemeinde Deutschlands gegründet, bis Töging begleitet. 5 km zuvor, nach einem kleinen Waldgebiet, empfängt der langgezogene Stadtplatz von **Mühldorf** den Reisenden. Gesäumt von Laubengängen unter schmucken Fassaden, gehört er zu den bemerkenswertesten Stadtansichten in Süddeutschland. Zugleich bezeugt er den einstigen Wohlstand der Handelsstadt an einem uralten Innübergang.

Auf der B 12, die sich auf der rechten Innseite vom Ufer entfernt, gelangt man in den ältesten und bedeutendsten Marienwallfahrtsort Deutschlands: **Altötting.**

▷ ***Alz*** 8 km trennen Altötting von der Alz, die unterhalb von Emmerting nur auf Waldwegen zugänglich ist und die bei Marktl in den Inn einmündet. Auf Nebenstraßen geht es am östlichen Ufer entlang durch die heitere Hügellandschaft flußaufwärts. Auffallend sind die vielen Mühlen – bester Beweis dafür, wie kräftig und zuverlässig das Wasser bergab strömt. Dafür ist nicht nur das beachtliche Gefälle verantwortlich, sondern auch der Chiemsee, der den Fluß unablässig speist und ausgleichend wirkt. Dieser Umstand hat auch die Energiewirtschaft und die Industrie auf den Plan gerufen: Ein Gewerbekanal wurde angelegt, der dem Fluß über weite Strecken folgt.

In **Trostberg** gelangt man über die Alzbrücke hinüber in die Altstadt, die sich entlang einer Straße an den steilen Talhang schmiegt. Oberhalb des Ortes nimmt die Alz ein Nebenflüßchen aus Südosten auf: die Traun.

Oben: Der Gewerbekanal, der die Alz ein Stück weit auf ihrem Lauf begleitet, wartet – wie hier bei Garching – mit einem unvermuteten Naturidyll auf. Dichter Auwald zieht sich an den längst schon eingewachsenen Ufern entlang.

Unten: Ein beliebter Volkssport im ganzen Chiemgau ist das Fingerhakeln. Natürlich freuen sich auch die Touristen, wenn die Meister ihrer Disziplin unter dem wachsamen Auge des Schiedsrichters gegeneinander antreten.

Bad Reichenhall lebt seit Jahrhunderten vom Salzbergbau. Im Brunnenhaus gibt es diese beiden riesigen Wasserräder zu bestaunen. Sie übertragen die Kraft auf die Pumpanlage.

▻▻ ***Traun*** Die B 304 begleitet den windungsreichen Flußlauf bis in die traditionsreiche oberbayerische Kreisstadt **Traunstein.** Dahinter spaltet er sich, und man muß sich entscheiden, ob man der ***Weißen Traun*** bis in den Chiemgauer Luftkurort **Ruhpolding** folgen will oder ob man der ***Roten Traun*** auf der Ferienstraße Alpen–Ostsee (B 306) bis an den Ursprung oberhalb vom Wintersport- und Eislaufzentrum **Inzell** nachspüren will. ◅◅

Die Alz holt am Oberlauf zu kräftigen Windungen aus: Sie mußte sich in die Endmoränenwälle eingraben, die den ***Chiemsee*** (siehe Seite 318–321) im Norden umkränzen. Ein hübscher Wanderweg vollzieht die Schlangenlinien des Flüßchens bis **Seebruck** am Abfluß aus dem Chiemsee nach. ◅

Zwischen Altötting und dem Inn liegt **Neuötting**, dessen Marktstraße mit den Dachgesimsen, Laubengängen und Schwibbögen ein freundliches Bild bietet. Man wechselt nun auf die linke Flußseite und nimmt auf einer Nebenstraße Kurs auf Marktl, immer am Steilabfall des niederbayerischen Hügellandes entlang.

Am Ufer sind einige Plätze für Spiel und Freizeit angelegt, und es gibt auch zwei kleine Badeseen. Insgesamt jedoch überwiegt der Eindruck einer stillen, ursprünglichen Auenlandschaft. Ein Wanderweg führt auf dem Uferdamm bis **Marktl** (14 km). Er erlaubt Begegnungen mit Natur und Landschaft, wie sie an kaum einem anderen Flußabschnitt geboten werden. Gerade für Vogelliebhaber gibt es an Steilufern und Altwassern viel zu entdecken.

Von Marktl geht es auf der B 12 zügig weiter nach **Simbach,** einem ruhigen Marktörtchen. Dort überquert man den Inn nach Österreich und biegt am Stadtrand von Braunau sofort wieder rechts ab. Eine kleine Straße führt am Hochufer entlang wieder flußaufwärts.

Eine Wildnis im Grenzland

▻ ***Salzach*** Der Inn ufert vor Braunau zu einem flachen Stausee aus, in den sich von Süden her die Salzach ergießt. Vom „Inn-Salzach-Blick", einem herrlichen Aussichtspunkt (ausgeschildert), schaut man auf eine urweltlich anmutende Flußlandschaft mit Altwässern, Inseln, Sandbänken, dichtem Gebüsch und Auwäldern hinunter, wie man sie in unserem dichtbesiedelten Land kaum noch für möglich gehalten hätte. Würden nicht ein paar kleine, verträumte Weiler am jenseitigen Ufer wie bunte Farbtupfer aufblitzen, könnte man sich durchaus vorstellen, in Kanada, Finnland oder einer anderen Region ungezähmter Natur zu sein.

Nach einigen Kilometern taucht am westlichen Salzachufer die trutzige Festung von **Burghausen** auf. Über die Salzachbrücke gelangt man, wieder auf deutscher Seite, unvermittelt in die Altstadt und wird von den heiteren, im Stil der Inn-Salzach-Architektur gestalteten Hausfassaden am langgestreckten Stadtplatz empfangen. Die Burg, die von den bayerischen Herzögen bereits im 13. Jh. begonnen und dann ständig erweitert wurde, erstreckt sich über eine Länge von 1 km auf einem Bergsporn – sie ist damit die längste Befestigungsanlage Deutschlands. Ihren Besitzern diente sie als sicherer Hort für den Staatsschatz und als Kerker für Feinde. Burghausen ist aber auch Industriestadt: Ein großes Chemiewerk, das den im Norden der Stadt einmündenden ***Alzkanal*** als Energie- und Brauchwasserquelle nutzt, hat hier seinen Sitz.

Die B 20 weist den Weg flußaufwärts, entfernt sich aber leider vom Ufer; denn gerade hier gibt sich die Salzach besonders eindrucksvoll: Sie hat sich tief in das eiszeitliche Moränenmaterial eingeschnitten und so eine Schlucht mit bewaldeten Ufern und steilen Wänden geschaffen. Die 2 km von Burghausen zur Schlucht kann man bequem auf dem Salzachuferweg zurücklegen.

Tittmoning, 14 km weiter, erscheint wie eine Miniaturausgabe von Burghausen und

Die Salzach hat bei Burghausen eine tiefe Schlucht in die Schotter-, Ton- und Sandablagerungen gegraben.

hat wie dieses eine stolze Burg, die von den Salzburger Erzbischöfen im Mittelalter als Grenzbefestigung gegen Bayern errichtet worden ist. Stattliche Häuser umrahmen den großzügigen Stadtplatz, der im vierstöckigen Kastenbau des Rathauses seinen überragenden Höhepunkt findet.

Salz auf der Salzach

Auf den nächsten 20 km entfernt sich die Bundesstraße wieder vom Fluß. Erst bei **Laufen** trifft sie wieder auf ihn und führt hinein in den freundlichen Zentralplatz des von einer engen Flußschleife umschlossenen Städtchens.

Im Mittelalter schwang sich Laufen zum bedeutendsten Salzumschlagplatz an der Salzach auf. Der eine Teil der Schiffergilde, die „Ausfergen", holte die kostbare Fracht von Hallein nach Laufen, die „Naufergen" brachten sie von Laufen nach Passau. Daß auf diese Weise beträchtlicher Wohlstand in die Stadt kam, sieht man nicht zuletzt an der Stadtpfarrkirche Mariae Himmelfahrt, Süddeutschlands ältester gotischer Hallenkirche (1330–1338).

Neben der Straße nach Freilassing erinnern noch einige Altarme an die einstige Ausgelassenheit der Salzach.

▷ ▷ ***Saalach*** Kurz vor Freilassing nimmt die Salzach diesen waschechten Gebirgsfluß auf, der noch ein ganzes Stück weit die Grenze nach Österreich bildet. Unterhalb von **Bad Reichenhall,** dem Weltbad und Höhepunkt an ihrem Lauf, hat man die Saalach zwischen Dämme gezwängt. Wilder darf sie sich weiter oben in den Alpen gebärden. Die Straße bleibt dem Tal noch weitere 70 km treu – bis oberhalb vom Wintersportort **Saalbach,** wo die Quellbäche, aus den Kitzbüheler Alpen kommend, zusammentreffen. ◁ ◁

Die Salzach wird oberhalb der Saalachmündung von Österreich vereinnahmt. Vor Hallein bekommt sie ein letztes Mal Verstärkung aus Deutschland: Die ***Berchtesgadener Ache,*** die das Wasser des ***Königssees*** (siehe Seite 326–327) über die kleine ***Königsseer Ache*** aufnimmt, hat sich den Weg durch die Bergmassive gebahnt. Die Salzach entspringt viel weiter südwestlich: an der Südflanke der Kitzbüheler Alpen. ◁

Gestärkt durch das Wasser der Salzach, strömt der Inn, nachdem er die Enge zwischen Simbach und Braunau hinter sich gelassen hat, breit seiner Mündung entgegen. Um dem Fluß nahe zu kommen, biegt man kurz nach Malching von der B 12 nach **Aigen** ab, von wo eine Stichstraße (Wegweiser „Inn") zu einem Parkplatz am Ufer führt. Von hier aus läßt sich das herrliche Naturschutzgebiet Unterer Inn erwandern. Die Staustufen, die den Fluß bis Schärding seeartig erweitern, haben eine einzigartige Landschaft entstehen lassen, die rund 200 Vogelarten zur Heimat oder zum Rastplatz geworden ist.

Bad Füssing, 5 km hinter Aigen, hat sich dank seiner schwefelhaltigen Thermalquellen innerhalb weniger Jahre zu einem der bedeutendsten Heilbäder der Bundesrepublik Deutschland entwickelt. Auf Nebenstraßen sucht man sich seinen Weg bis **Neuhaus,** wo die Rott einmündet.

▷ ***Rott*** Sie schlängelt sich in saftiggrünen Wiesenauen durch die niederbayerische Hügellandschaft und verdient unstrittig das Prädikat Bilderbuchflüßchen. Der Thermalkurort **Birnbach,** die Kreisstadt **Pfarrkirchen** mit ihrem malerischen Straßenmarkt und das befestigte Städtchen **Eggenfelden** setzen die Akzente am Fluß. ◁

Etwas von der nostalgischen Pracht der bayerischen Monarchie strahlt die stählerne Salzachbrücke in Laufen aus. Drüben liegt das österreichische Oberndorf.

Bewaldete Höhen begleiten den letzten Abschnitt des Inn: Der Fluß mußte sich durch das Grundgebirge, die Ausläufer des Bayerischen Waldes, kämpfen. Das Ergebnis ist die Vornbacher Enge, die zu Füßen der 1525 in ein sehenswertes Renaissanceschloß umgewandelten Neuburg endet.

Auf einer winzigen Waldstraße kann man den letzten Innkilometern „hautnah" folgen, vorbei an der letzten Staustufe bis hinein in die Dreiflüssestadt **Passau.** Ein Bummel auf der Innpromenade mit der geschlossenen venezianisch anmutenden Stadtfassade bis vor zur Landspitze ist der krönende Reiseabschluß.

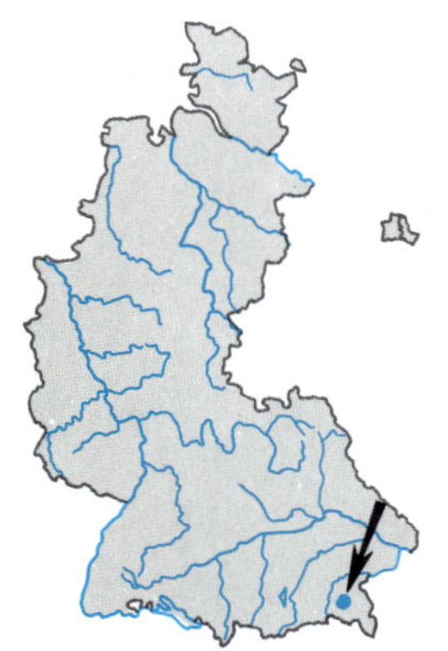

Das blaue Meer der Bayern

Kunst und Natur fügen sich am Chiemsee zu einem harmonischen Gesamtbild. Seine liebenswert-eigenwilligen Anwohner freilich runden das Bild dieser in Jahrtausenden entstandenen Kulturlandschaft erst richtig ab.

Das Land um den Chiemsee ist uraltes Siedlungsgebiet: Die Ufer und Inseln des Sees waren schon in vorgeschichtlicher Zeit bewohnt. Später ließen sich dann Kelten und Römer nieder und im 6. Jh. schließlich die Bajuwaren.

Nicht zu übersehen ist der eiszeitliche Ursprung der Chiemseelandschaft. Von den Bergen im Süden her schob der Chiemseegletscher seine Zunge weit nach Norden vor und schuf sich ein Becken, in dem der See nach dem Abschmelzen der Eismassen viel mehr Platz hatte als heute. Die Verlandungszonen und Moorgebiete im Nordwesten und vor allem am flachen Südufer lassen die einstige Ausdehnung des Beckens deutlich erkennen. Bis auf den Süden ist der See an drei Seiten von wellenartig hintereinander gestaffelten Moränenwällen umgeben, was auf mehrfaches Vordringen und Zurückweichen des Gletschers hinweist. Dieses sanfte Auf und Ab verleiht der Landschaft um den See ihre so reizvolle Bewegtheit.

Chiemsee-Urlauber verlassen die Autobahn München–Salzburg bei der Ausfahrt Bernau und erreichen nach 5 km das am Westufer gelegene **Prien am Chiemsee.** Der einst idyllische Flecken ist zum Verkehrsdrehkreuz für den Chiemseetourismus geworden und droht in der Hochsaison vom Strom der Massen überschwemmt zu werden. Kein Wunder, denn hier ist das Wassersport- und Freizeitangebot so reichhaltig wie nirgendwo sonst am See.

▷ ***Prien*** Dieses Flüßchen durchfließt die Stadt und mündet südlich von Rimsting in den See. Auf ihrem Weg von den Chiemgauer Bergen herunter schwemmt die Prien unablässig Geröll mit sich, was zur Folge hat, daß der Mündungsbereich zusehends verlandet. ◁

Vom Priener Hafen Stock kann man mit den Dampfern der Chiemseeflotte zu einer Rundfahrt um den See starten oder nur das eine oder andere Ziel anlaufen. Die größte Attraktion ist natürlich die Herreninsel.

Vom Landungssteg in **Herrenchiemsee,** wie die größte der drei Inseln korrekt heißt, führt eine kleine Straße am „Alten Schloß" vorbei in 15 Minuten hinauf zum eigentlichen Zentrum des Eilands: dem Prunkschloß des Märchenkönigs Ludwig II. Er hatte die Insel erworben, um hier nach dem Vorbild von Versailles ein Schloß zu bauen,

Der Glockenturm der Klosterkirche St. Maria auf der Fraueninsel gilt als das Wahrzeichen des Chiemgaus.

das seine anderen Residenzen noch übertreffen sollte. Freilich blieb der 1878 begonnene Bau unvollendet: Er mußte 8 Jahre später wegen Geldmangels eingestellt werden, und der schwermütige König selbst verbrachte nur ganze 9 Tage darin. Dafür wird das Schloß heute von den Besucherscharen bevölkert. Die zeigen sich vom kostbaren Prunk und der verschwenderischen Pracht vor allem des berühmten Spiegelsaals tief beeindruckt.
Die natürliche Schönheit der Insel sollte man sich auch nicht entgehen lassen: Auf der anderthalbstündigen Rundwanderung kann man sich selbst davon überzeugen, welch genialen Griff der König bei der Wahl seines Bauplatzes getan hat.

Der Chiemsee ist mit einer Fläche von 80 km² *konkurrenzlos der größte See und gleichzeitig auch das bekannteste und größte Wassersportzentrum Bayerns. In der Gegend um Prien finden Wasserratten die weitaus meisten Möglichkeiten, ihren Hobbys zu frönen. Das vielseitige Landschaftsbild lernt man am besten auf einer 68 km langen Radtour um den See kennen.*

Von Prien fährt man in nördlicher Richtung zum freundlichen Chiemgaudorf **Rimsting.** Wem das anmutige Hinterland mit seinen ländlichen Reizen zu schade ist, um es einfach links liegenzulassen, dem bietet sich hier die erste und wirklich lohnende Gelegenheit zu einem Abstecher.

Eisstockschießen auf dem gefrorenen See, Langlaufen durch verschneite Wälder, Skifahren an der nahen Kampenwand – der Chiemgau ist ein herrliches Wintersportparadies!

Vom Auto aus kann man die Schönheiten des Naturschutzgebiets ***Eggstätter Seenplatte*** nicht entdecken; man muß es sich erwandern, zu Fuß oder auch mit dem Rad. 21 größtenteils stark verlandete Toteisseen sind hier auf engem Raum zusammengedrängt in einer fast noch ursprünglichen Landschaft, in der Wälder, Wiesen, Wasser und Moore eine Szenerie von beinahe unerschöpflicher Vielfalt hervorbringen. Die seltene Fauna und Flora laden zu stillen Naturbeobachtungen ein.
Nach dem Ausflug in diese idyllisch-verschwiegene Naturoase geht es von Rimsting über Breitbrunn weiter nach **Gstadt** am Nordwestufer, dem Chiemsee-Bilderbuchdorf schlechthin. Von diesem liebenswerten ehemaligen Fischerort mit seinen blumengeschmückten Häusern bietet sich die wohl faszinierendste Aussicht am ganzen Chiemseeufer: Über die Fraueninsel und das blaue Wasser geht der Blick bis hinüber zu den Gipfeln der Chiemgauer Alpen, die an manchen Tagen ganz nah erscheinen.

Eine Insel für die Klosterfrauen

Mit dem Dampfer erreicht man **Frauenchiemsee** in 15 Minuten. Nur ein Bruchteil der Massen, die zum Königsschloß auf der Herreninsel drängen, finden den Weg zu diesem Kleinod. Von weitem schon grüßt der achteckige Glockenturm der Klosterkirche mit seiner zwiebelförmigen Haube. Das Eiland läßt sich in ½ Stunde umwandern. Der Weg führt vorbei an kleinen Fischer- und Handwerkerhäusern mit Blumengärten und Bootsliegeplätzen, am Friedhof und natürlich an der Anlage des Benediktinerinnenklosters, das auf eine 1200jährige Geschichte zurückblicken kann und das Gesicht der Fraueninsel am stärksten prägt. Vor allem in der Nebensaison spürt man hier und da noch den bezaubernden Charme eines stillen Winkels, an dem die Jahrhunderte scheinbar spurlos vorübergegangen sind.
Am Nordwestufer des Sees entlang geht es weiter über Gollenshausen nach **Seebruck.** Hier verläßt die anfangs windungsreiche ***Alz*** den See, die später bei Marktl in den Inn (siehe Seite 312–317) mündet. Von Seebruck hat man den freiesten Blick über das „Bayerische Meer". Hier entfaltet sich ein prachtvolles Panorama, das mit seinen je nach Wetter und Jahreszeit wechselnden Farbtönungen nicht nur Maler begeistert. Auch bei Segelfreunden ist der Chiemsee sehr beliebt: Ein großer, moderner Yachthafen bietet ihnen jeglichen Service. Ab und zu läßt der Wind auf dem See zu wünschen übrig, aber dann wieder kann der Chiemsee auch regelrecht zur Hölle werden. Wenn schwüle Hitze auf dem Wasser lastet, wenn die Berge im Süden zum Greifen nah erscheinen und im Nordwesten eine tiefschwarze Wolkenwand heraufzieht, dann verwandelt sich der See in ein graues, von wilden Sturmstößen bewegtes Meer mit hoch aufpeitschenden Schaumkämmen.
Von Seebruck bietet sich der nächste Abstecher an: 7 km nördlich des Orts liegt das ehemalige Benediktinerkloster **Seeon** idyllisch in einer Umgebung von sieben kleinen Seen. Wenn man abends hierherkommt, liegt in der Dämmerung über dem Kloster und der stillen Landschaft ringsum ein eigenartiger Zauber.
Um nach **Chieming** am Ostufer zu gelangen, fährt man ein Stück auf der Deutschen Ferienstraße Alpen–Ostsee in Richtung Traunstein und biegt bei Laimgrub nach rechts ab. Chieming ist der einzige Fremdenverkehrsort am sonst touristisch wenig erschlossenen Ostufer, hat sich aber dennoch seine dörfliche Atmosphäre bewahrt.
▷ ***Tiroler Ache*** Bei Unterhochstätt entfernt sich die Straße vom See und läßt das verzweigte Mündungsdelta der Tiroler Ache rechts liegen. Dem Lauf des reizvollen Flusses kann man auf der B 307 bis zur österreichischen Grenze folgen. Hinter Kössen heißt er ***Große Ache.*** Ihre Quelle hat die Ache in den Kitzbüheler Bergen. ◁
Auf seinem langen Weg durch dicht besiedelte Gebirgstäler reichert sich der Fluß mit vielen ungeklärten Abwässern und Unrat an, die dann schließlich im Chiemsee landen. Vom Baden im Mündungsgebiet ist daher dringend abzuraten. Auch an einigen anderen Stellen ist das Seewasser etwas belastet. Von diesen wenigen Ausnahmen abgesehen, kann man am Chiemsee aber unbeschwerte Badefreuden genießen.

Mit dem Ausflugsschiff auf dem Chiemsee

Die Schiffe der Chiemseeflotte verkehren ganzjährig; von Ende Mai bis September gilt ein verstärkter Sommerfahrplan.
Große Rundfahrt: Prien/Stock – Herreninsel – Fraueninsel – Seebruck – Chieming – Fraueninsel – Gstadt – Herreninsel – Prien/Stock. Zusteigen und Fahrtunterbrechungen sind überall möglich. Dauer: 2½ Stunden. Abfahrtszeiten im Sommer: 8.15, 9.55, 12.40, 15.20 und 17.00 Uhr.
Ferner besteht ein reger Linienverkehr nach Frauen- und Herrenchiemsee von den Häfen Prien, Gstadt, Seebruck und Chieming.
Auskunft Chiemseeschiffahrt L. Feßler, 8210 Prien am Chiemsee, Tel. 08051/6090. Vereinigte Schiffer Gstadt, 8211 Gstadt, Tel. 08054/7397.

Die bunten Spinnaker sind vom Chiemsee nicht wegzudenken. Wenn die steife Brise auch ab und an etwas zu wünschen übrigläßt, so gehört der See doch zu den beliebtesten Segelgewässern Deutschlands.

Das gesamte Flußdelta der Tiroler Ache steht unter Naturschutz. Unweit der Hirschauer Bucht befindet sich die bekannteste Vogelfreistätte Oberbayerns. Im Sumpf- und Schilfdickicht können Naturfreunde viele zum Teil seltene Wasservögel beobachten.

Der größte Teil des Südufers ist nur durch die A 8 erschlossen, die man über Grabenstätt erreicht. Die Straße ist so hart ans Ufer gelegt, daß man von der Standspur direkt in den See steigen könnte.

Das Land hinter dem südlichen Seeufer ist auffallend flach. Auch ein ungeübtes Auge erkennt, daß der See sich früher einmal bis dicht an den Fuß der Berge ausgedehnt haben muß, die zwischen Bernau, Grassau und Bergen aus der Ebene aufsteigen. Bald nach dem Abschmelzen des Eises setzte die Verlandung der Randzonen ein, und vor allem im Süden blieben weitläufige Feuchtgebiete zurück – wie das Sossauer Filz und das Wildmoos –, die in neuester Zeit unter Naturschutz gestellt wurden.

Wirtschaftliche Interessen und Forderungen von Naturschützern prallen auch am Chiemsee hart aufeinander: Der Torfabbau im Kendlmühlfilz gefährdet das wertvolle Biotop Moor.

Streitpunkt Moor

An anderen Stellen wird seit nunmehr 200 Jahren Torf abgebaut. Bis Ende der 60er Jahre wurde der Torf im ***Kendlmühlfilz,*** einem Hochmoor nördlich von Grassau, noch mit dem Spaten gestochen: Gefangene der Bernauer Strafanstalt mußten für die Arbeit in der „grünen Hölle" herhalten. Danach ließ man der geschundenen Natur 10 Jahre Zeit, sich von diesem Eingriff zu erholen – oder sich vorzubereiten auf den Raubbau, der dann in großem Stil begann. Mit modernen Fräsmaschinen geht man an einen großflächigen Torfabbau, von dem sich die Natur vielleicht nie mehr erholen kann. Seit Jahren nun tobt hier ein ebenso unerbittlicher wie unerquicklicher Kampf zwischen Torfproduzenten und Naturschützern. Die Genehmigung zum industriellen Torfabbau ist mittlerweile abgelaufen, und ein Gutachten soll klären, ob das Gebiet wert ist, nun endlich unter Naturschutz gestellt zu werden. Ein Ende der Auseinandersetzung ist nicht abzusehen – wie lange die Natur dies böse Spiel noch mit sich treiben läßt, genausowenig. Wer heute an einer Moorwanderung teilnimmt, darf sich angesichts der teilweise immer noch wunderschönen Landschaft – vor allem die Kernzone ist noch unverfälschtes, lebendiges Moor – nicht darüber hinwegtäuschen, daß über diesem wertvollen Lebensraum das Damoklesschwert der Zerstörung hängt.

Das letzte Stück der Chiemseetour führt auf der A 8 am Südufer entlang nach Bernau. Dem schönen Chiemsee gebührt ein entsprechender Abschied. Von **Aschau** läßt man sich mit der Seilbahn von der Talstation unterhalb des Schlosses Hohenaschau hinauftragen zur 1669 m hohen Kampenwand, dem schönsten Aussichtsberg des Chiemgaus. Von hier oben sieht man das Bayerische Meer noch einmal in seiner ganzen Herrlichkeit vor sich ausgebreitet.

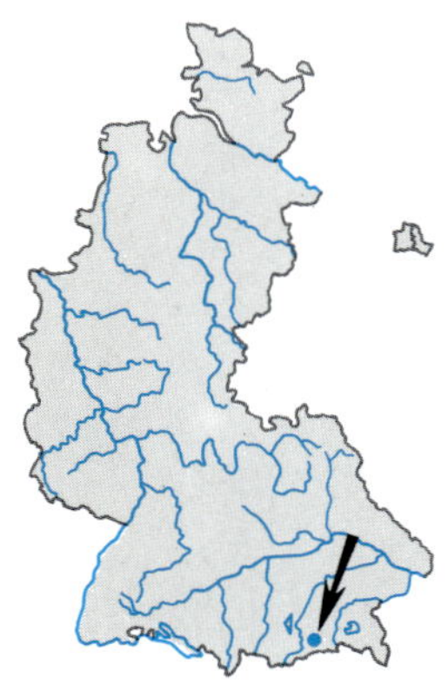

Im weiß-blauen Seenparadies

Der Tegernsee und der Schliersee sind die Herzstücke der oberbayerischen Bilderbuchlandschaft. Obwohl es dort schon seit 150 Jahren Fremdenverkehr gibt, ist das urwüchsige Altbayern noch sehr lebendig.

Von Norden erreicht man den ***Tegernsee*** auf der B 318, die bei Holzkirchen an der Autobahn München–Salzburg (A 8) beginnt.

„Kein Zimmer, kein Quartier, kein Bodenloch!" Dieses Zitat des bayerischen Reiseschriftstellers Ludwig Steub (1812–1888) macht deutlich, wie hoch es schon im vorigen Jahrhundert am Tegernsee herging. Damals traf sich dort die bessere Gesellschaft aus München, um sich „am Busen der Natur" zu erholen. Die Landschaft war lieblich, anmutig, heiter, idyllisch – wie auch heute noch. Dabei hat der See längst die am dichtesten bebauten Ufer aller bayerischen Seen und sicher auch den dichtesten Autoverkehr auf den Straßen ringsum.

Vergleichsweise freundlich in einer sonst abweisenden Bergwelt muß das Tegernseer Tal auch schon auf die Benediktinermönche gewirkt haben, die von St. Gallen aus das 746 gegründete Kloster bezogen. Die Abtei Tegernsee war eines der ältesten und bedeutendsten Klöster in Bayern. In seiner Blütezeit während des 11. Jh. gehörten an die 12 000 Bauernhöfe und Gehöfte bis nach Niederösterreich, Südtirol und Schwaben zum Klostergut. Gegen Ende des Mittelalters besaß die Klosterbibliothek über 2000 Handschriften und mehrere tausend Wiegendrucke; sie war damit eine der umfassendsten Bibliotheken Europas.

Diese Kostbarkeiten sind in alle Winde verstreut worden, als das Kloster 1803 säkularisiert wurde. Von der frühromanischen Kirche blieben immerhin die Krypta und die unteren Teile der Türme erhalten. Dann übernahmen die Wittelsbacher den Komplex, gestalteten ihn zu einem Schloß um und machten dieses zu ihrer Sommerresidenz. Rege Aktivität entfaltend, erwarben sie weiteren Grundbesitz im Tegernseer Tal. Die Münchner Hofgesellschaft tat es ihnen gleich, und so kommt es, daß dem Tal, besonders in der Umgebung von Kreuth, immer noch ein Hauch von Feudalität anhaftet.

Gmund, ein ländlich angehauchter Ort am Nordende des Sees, ist die erste Reisestation. Hier verläßt die ***Mangfall*** – ein Flüßchen, kein Wasserfall, wie man vermuten könnte – den Tegernsee, und dieser Abfluß, das „Gemünd", hat dem Dorf seinen Namen gegeben. Mit dem freien, weiten Blick über das Tegernseer Tal hat Gmund den unbestritten schönsten Platz am See, doch leider auch die problematischste Lage: Der ganze Verkehr muß sich durch das Nadelöhr in der Ortsmitte zwängen.

Die Pfarrkirche St. Ägidius gehört zu den am wenigsten bekannten Kostbarkeiten am

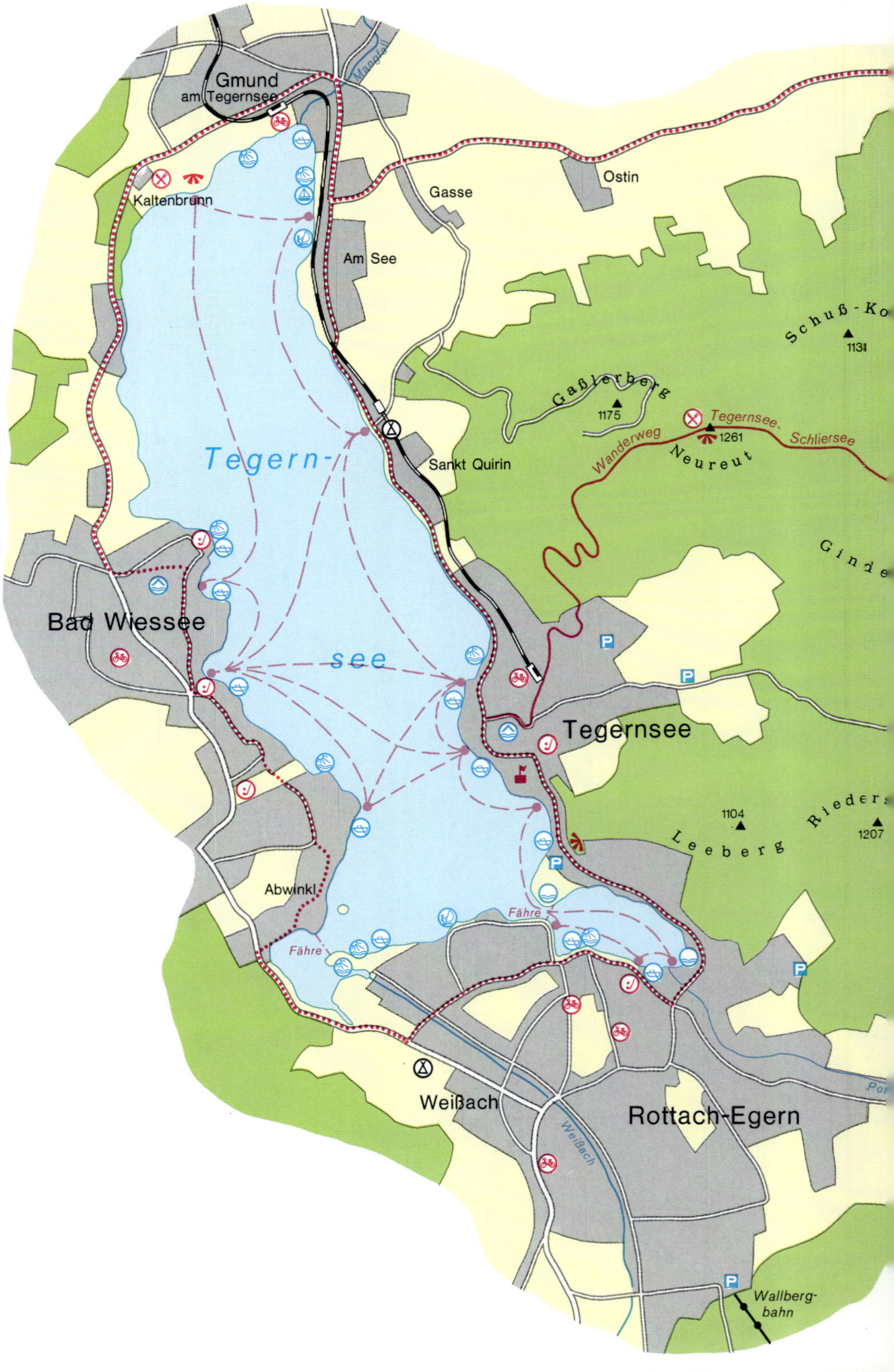

See. Der Barockbau aus dem späten 17. Jh. birgt Kunstschätze von hohem Rang, insbesondere ein Dreikönigsrelief von 1520 und einen Barmherzigen Samariter von Ignaz Günther. Die Pestkapelle an der Hauptstraße, 1634 aus Dankbarkeit dafür errichtet, daß „aufhöret der schwarze todt und fort sein der Schwed", erinnert an die Geißeln der Zeit, Pest und Krieg, von denen auch die Anrainer des Tegernsees nicht verschont geblieben sind.

Auf der schönen Gmunder Uferpromenade erreicht man nach einem 20minütigen Spaziergang **Kaltenbrunn,** das ehemalige Hofgut der Wittelsbacher, am westlichen Ufer. Von Gmund aus dem anderen Seeufer folgend, erreicht man den Weiler **St. Quirin**. Mitten in einem unscheinbaren Kirchlein am Straßenrand steht ein marmorner Ziehbrunnen. Er soll vor Jahrhunderten das heilsame Quirinusöl geliefert haben, dessen Quelle ein Mönch des Klosters Tegernsee in einer Sumpfwiese am gegenüberliegenden Ufer entdeckt hatte, weil sich eine verräterisch schimmernde Ölspur quer durch den See zog. Man sagte dem Quirinusöl nach, es bringe „Heilung den Gichtkranken und Gelähmten, besonders aber den durch Feuer Beschädigten", und so wurde es zum begehrtesten Heilmittel weit und breit.

Der Markt **Tegernsee** war einst „erster Platz" am See. Private Finanziers haben sogar eine Bahnlinie hierher legen lassen. Da die Berge dicht an das Ufer heranrükken, mußte sich der Ort hauptsächlich entlang der vielbefahrenen Durchgangsstraße entwickeln. Der schönste Platz ist der vor dem einstigen Kloster und dem Schloß, in denen jetzt ein Gymnasium mit Internat, das Heimatmuseum und das Herzogliche Brauhaus Tegernsee mit seinem vielgeliebten „Bierstüberl" untergebracht sind.

Der schönste Badeplatz in Tegernsee ist die kleine Halbinsel Point im Süden, vom Ortszentrum aus in 10 Minuten zu Fuß zu erreichen. Doch so schön es am Wasser auch ist, man sollte den See und seine Umgebung auch von weiter oben genießen, z. B. vom Aussichtspunkt Großer Parapluie aus, der 100 m über dem Ort liegt und in wenigen Minuten zu Fuß zu erreichen ist. Zu emp-

Spitz ragt der Kirchturm von Rottach-Egern in die Höhe – ein Markzeichen für den Fährmann, der Gäste mit seinem Kahn von Tegernsee zur Doppelgemeinde übersetzt.

Der Tegernsee ist 6 km lang, *etwa 2 km breit und bis zu 72 m tief. Seine Ufer sind nur an wenigen Stellen frei zugänglich. Baden kann man deshalb fast nur in Strandbädern. Beim Schliersee dagegen, nur etwa ein Viertel so groß, sind die Ufer weitgehend frei zugänglich. Eine beliebte Wanderung führt in etwa 4 Stunden von Tegernsee über den Hausberg Neureuth und die Gindelalm nach Schliersee.*

Vom Flugzeug aus gesehen, liegt der Schliersee einem Auge gleich im Kranz der Berge. Auch die Pupille fehlt nicht: die Insel Wörth in der Mitte des Sees.

fehlen ist auch eine Wanderung auf die Neureuth, den Hausberg Tegernsees. Vom Berggasthof „Lieberhof" braucht man 50 Minuten zu Fuß. Von oben sieht der See mit dem im Vordergrund dominierenden Kloster-Schloß-Komplex und den beiden spitzen Kirchtürmen, den Wahrzeichen des Tegernsees, fast noch so aus, wie ihn unzählige Künstler im vorigen Jahrhundert dargestellt haben.

Die erste Adresse am Tegernsee

Am Südende des Sees breitet sich der Doppelort **Rottach-Egern** aus – und das im wahrsten Sinne des Wortes. Denn auf der weiten Ebene zwischen den beiden Zuflüssen Rottach und Weißach und dem markanten Wallberg im Hintergrund war reichlich Platz zum Bauen. Hier haben sich viele Städter, ob aus München oder Düsseldorf, ihren Traum vom Eigenheim am Tegernsee erfüllt, und da die wenigen Ufergrundstücke längst vergeben waren, sind sie auch mit einer Parzelle im „dritten Rang" zufrieden gewesen. Die Adresse stimmt jedenfalls: Rottach-Egern ist heute unbestritten der führende Ort am See, wenn es um Betrieb, Shopping, Unterhaltung und Prominenz geht.

Doch auch der Vergangenheit kann man im Doppelort noch begegnen. Unmittelbar am Seeufer ragt spitztürmig die spätgotische Pfarrkirche von **Egern** auf, deren Prachtstück ein barocker Hochaltar (um 1690) ist. Umgeben wird sie von einem ebenso schönen wie berühmten Friedhof: Neben den alten Bauernfamilien aus dem Dorf liegen hier die Schriftsteller Ludwig Thoma und Ludwig Ganghofer, Heinrich und Alexander Spoerl, der Sänger Leo Slezak und der Maler Olaf Gulbransson begraben. Tradition hat auch die Engstelle des Sees zwischen Egern und Tegernsee, die nachweisbar seit dem 10. Jh. befahren und noch heute mit einer altmodischen Kahnfähre überwunden wird.

Mit dem Schiff auf dem Tegernsee

Auf dem Tegernsee verkehren die Schiffe ganzjährig. Etwa jede halbe Stunde besteht täglich Übersetzverkehr zwischen Tegernsee, Rottach-Egern und Bad Wiessee. Außerdem werden einstündige Rundfahrten im südlichen Seeteil durchgeführt.

Von Mitte Mai bis Mitte Oktober kommt der Übersetzverkehr im nördlichen Seeteil zwischen Bad Wiessee und Sankt Quirin sowie zwischen Kaltenbrunn und Gmund hinzu. In dieser Zeit wird täglich auch eine große Rundfahrt angeboten, die 80 Minuten dauert.

Auskunft Staatliche Schiffahrt Tegernsee, Seestraße 70, 8180 Tegernsee, Tel. 08022/4760.

Aber auch hier sollte man in die Höhe gehen. Vom Ortsteil Oberach aus kann man mit der Wallbergbahn zum Wallberghaus (1620 m) fahren. Vom nahen Wallberggipfel überblickt man den See in seiner ganzen Länge und sieht weit ins Alpenvorland hinein, an klaren Tagen bis nach München.

Der Wallberg steht genau in der Mitte zwischen den Hauptzuflüssen ***Rottach*** und ***Weißach.*** Im Tal der Weißach liegen das alte Dorf **Kreuth** und das „Wildbad" gleichen Namens. Hier haben schon vor Jahrhunderten die Klosterbrüder vom Tegernsee Heilung an den dort sprudelnden Schwefelquellen gesucht. Im 19. Jh. wurde es zu einem ansehnlichen Kurbad ausgebaut, das sich zu einem beliebten Treffpunkt der europäischen Hocharistokratie entwickelte. Heute dient der wunderschön gelegene Baukomplex einer politischen Stiftung als Tagungsstätte.

Links: Die Gegend um den kleinen Spitzingsee, im Winter Tummelplatz der Skiläufer, ist in den übrigen Jahreszeiten ein ideales Gebiet für Familienwanderungen.

Oben: In Rottach-Egern legen sich Lenker und Pferde gewaltig ins Zeug, wenn es gilt, bei den Schlittenrennen die Nase vorn zu haben.

Viel jüngeren Ursprungs ist **Bad Wiessee** am westlichen Seeufer, dessen heilkräftige Jod-Schwefel-Quellen erst zu Beginn dieses Jahrhunderts entdeckt wurden. Seitdem hat der gepflegte Kurort einen mächtigen Aufschwung genommen und darf sich heute mit Fug und Recht als Weltbad bezeichnen. Diesen Rang bestätigt auch das vielbesuchte Spielkasino.

Sanatorien und Kurheime in aufgelockerter Bauweise bestimmen auf den ersten Blick das Bild des Ortes. Doch ganz ist der dörfliche Charakter des Kurortes nicht verlorengegangen. Am Dorfplatz des Ortsteils **Altwiessee** stehen noch schöne, echte Bauernhöfe, deren ältester die Jahreszahl 1594 trägt. Von hier aus kann man gemütlich südwärts über den Ortsteil **Abwinkl** zum Ringsee wandern – so heißt die kleine Bucht, die wieder mit einer Kahnfähre überquert werden kann.

Von Bad Wiessee sind es 6 km bis zum Ausgangspunkt Gmund.

Der kleine Bruder

12 km südöstlich von Gmund liegt der ***Schliersee.*** Man erreicht ihn von Gmund über Hausham. Obgleich er wie ein hübsches, bläulich schimmerndes Juwel in einer Fassung aus Waldbergen daliegt, hat ihn die Natur in einem Punkt entscheidend benachteiligt: Sein Wasser ist verhältnismäßig stark mit organischen Nährstoffen belastet und kommt deshalb nicht über die Güteklasse II hinaus, während das Tegernseewasser sich schon lange wieder der Güteklasse I rühmen darf. Auch die inzwischen funktionierende Ringkanalisation kann da nur wenig helfen. Der See hat nämlich nur wenige Zuflüsse und mit der ***Schlierach*** nur einen schwachen Abfluß, weshalb sein Wasser sich nur langsam erneuert. Den Fischen freilich behagt das Schlierseewasser recht gut, wie ihre Artenvielfalt beweist: Zander, Forelle, Spiegelkarpfen, Schleie, Hecht und Aal fühlen sich hier wohl.

Schlierseer Bauerntheater

Der Ort **Schliersee** am Nordufer des Sees – „Schliers" sagen die Einheimischen – wurde 1141 als Augustiner-Chorherrenstift gegründet. Das Stift wurde drei Jahrhunderte später nach München verlegt, doch die dazugehörige Siedlung hatte sich so gut entwickelt, daß sie zum Markt erhoben wurde. Heute ist Schliersee ein liebenswürdiger, kultivierter Kurort, den die Wettbewerbssituation mit dem Nachbarort Tegernsee zu großen Bemühungen um seine Gäste anspornt.

Das stattlichste Bauwerk Schliersees ist die barocke Pfarrkirche mit prächtigen Fresken und Stukkaturen im Stil der Wessobrunner Schule; das schönste Haus dürfte das alte Rathaus sein, der frühere Sitz des Hofmarktrichters. Nicht vorbeigehen darf man am berühmten Bauerntheater des Volksschauspielers Xaver Terofal, in dem noch immer die bei den Gästen so beliebten deftigen Schwänke aus Oberbayern über die Bühne gehen.

Das Westufer des Schliersees ist völlig unbebaut und lädt zu einem Spaziergang abseits der Autostraße ein. Nur der Zug von oder nach Bayrischzell rattert gelegentlich vorbei. Sehr zu empfehlen ist eine Wanderung rund um den See: Von Schliersee marschiert man direkt zum Westufer, wandert an diesem entlang nach Fischhausen, überquert dort die Landstraße, steigt auf einem markierten Wanderweg zur Ruine Hohenwaldeck auf und kehrt von dort auf halber Höhe nach Schliersee zurück. Man braucht dazu etwa 3 Stunden.

Vom Südende des Schliersees ist es nur ein Katzensprung (etwa 5 km) in südlicher Richtung zum 1085 m hoch gelegenen kleinen ***Spitzingsee,*** einem weiteren Höhepunkt im weiß-blauen Seenparadies. Für eine Umrundung zu Fuß braucht man eine knappe Stunde. Zum Baden ist das Wasser zu kalt, aber Surfer kommen hier voll auf ihre Kosten. Der kleine Ort **Spitzingsee** gehört zu Schliersee.

Ein Fjord in Oberbayern

„Wen Gott liebhat, den läßt er fallen in dieses Land", schwärmte einst Ludwig Ganghofer. Der Zauber des Berchtesgadener Lands, dessen geheimnisvolles Zentrum der Königssee ist, hat sich erhalten bis zum heutigen Tag.

Wer ins Schlaraffenland will, muß sich bekanntlich erst durch einen Reisberg arbeiten. Und wer die Herrlichkeit des Königssees erleben möchte, muß zuvor die Bazar- und Souvenirzone des Dorfes Königssee hinter sich bringen. Nur dadurch, daß dem Massentourismus hier Tribut gezollt wird, kann man ihn wohl von den stillen, unverbauten Ufern fernhalten.

Was den Königssee so unvergleichlich macht, ist sein fjordartiges Erscheinungsbild. Anders als die meisten Seen der nördlichen Alpenregion ist er nicht während und nach der Eiszeit entstanden, sondern viel früher: durch einen tektonischen Bruch in der Erdrinde, eine Art Erdbeben also. Auch der Obersee hat früher einmal zum Königssee gehört, bis er durch einen Bergsturz von ihm abgetrennt wurde.

Auf seine Weise einzigartig ist der Königssee auch als Kernstück einer ursprünglich gebliebenen und fast menschenleeren Hochgebirgslandschaft. Gewiß, an schönen Sommertagen transportiert die Königsseeflotte in ihren 21 Booten mehrere tausend Touristen über den See. Doch abends, wenn das letzte Ausflugsschiff heimgekehrt ist, breitet sich wieder eine tiefe Stille über seinen Ufern und der grandiosen Bergwelt ringsum aus. Auch das siebenfache Trompetenecho, das zum Königssee gehört wie das Lied von der Loreley zum Rhein, ist dann verklungen.

Der Autofahrer erreicht den klaren Gebirgssee von Bad Reichenhall aus auf der reizvollen B 20. Am Dorf Königssee angekommen, heißt es dann aber das Auto stehenlassen, denn um die Ufer des 192 m tiefen Sees führt, Gott sei Dank, keine Straße – allerdings auch kein Wanderweg.

„Erfahren" kann man den See allein mit dem Boot. Unterwegs gibt es drei Anlegestellen. Am Bedarfsanleger Kessel steigen allenfalls ein paar Bergwanderer aus, die den Aufstieg zur Gotzenalm machen wollen. In Salet, am Südende, sind es schon mehr: Der 15-Minuten-Spaziergang zum einsamen Obersee ist recht beliebt. Fast alle aber wollen nach St. Bartholomä.

Die Wallfahrtskapelle St. Bartholomä, dekorativ auf einer Landzunge am Westufer gelegen, gilt als das Wahrzeichen des Berchtesgadener Lands. Mit ihrem kleeblattförmigen Chor und den beiden anmuti-

Der Königssee gilt als der schönste Alpensee. Kaum ein anderer hat sich seine natürliche Schönheit so ungetrübt erhalten können.

***Der fast 8 km lange Königssee** im Alpen-Nationalpark Berchtesgaden erinnert – umrahmt von steil abfallenden Felswänden – an einen norwegischen Fjord. Er hat viele, zum Teil unterirdische Zuflüsse und entwässert über die Königsseer Ache in die Salzach (siehe Seite 316–317). Einziger Ort am See ist das gleichnamige Dorf.*

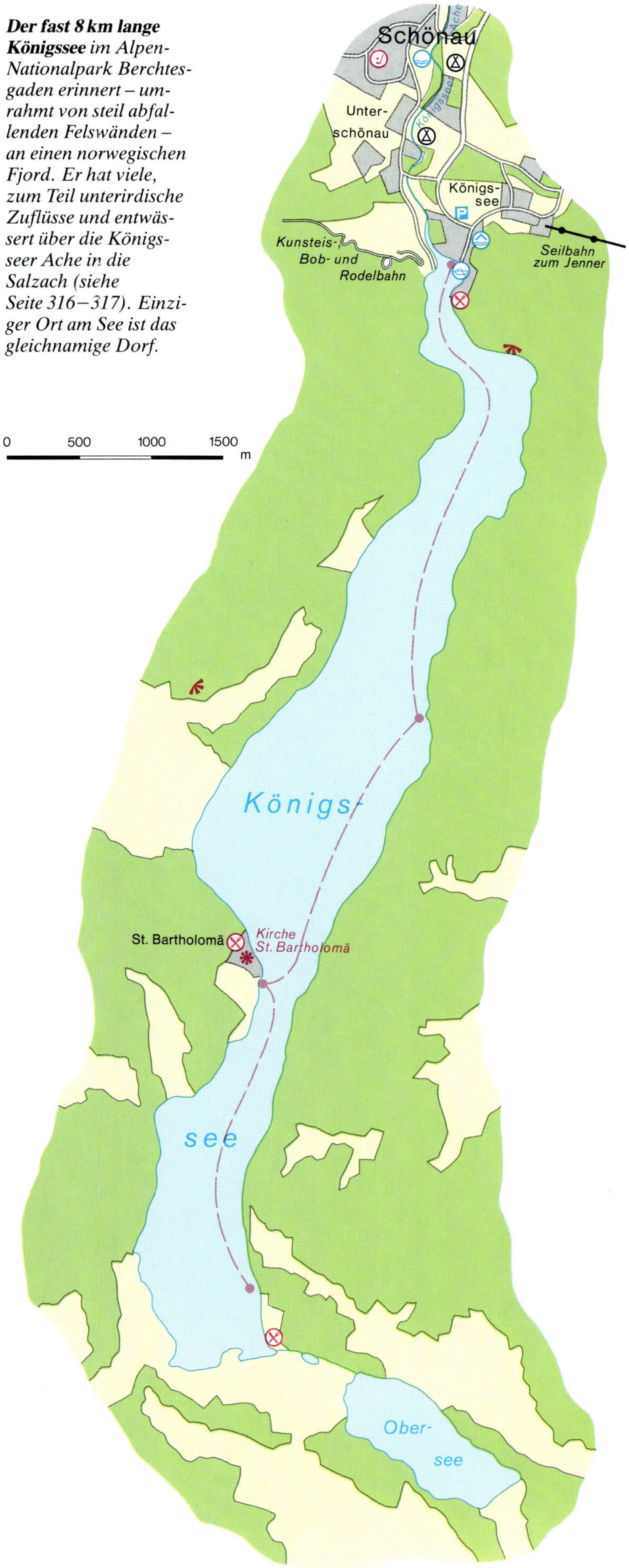

gen Zwiebeltürmchen wirkt sie geradezu behaglich. Hinter dem romantischen Kirchlein erhebt sich das gewaltige Watzmannmassiv. Der 2713 m hohe Watzmann präsentiert dem Betrachter seine abweisendste Seite, die Ostflanke nämlich mit ihren beinahe senkrecht abfallenden Felswänden. 1881 wurde diese mächtige Wand zum erstenmal durchstiegen. Wer sie bezwingen will, braucht schon eine gehörige Portion Mut und viel Erfahrung: Bis heute hat sie mehr als 70 Todesopfer gefordert!

Um den smaragdgrünen See von oben zu sehen, braucht man sich aber nicht unbedingt an den Watzmann heranzuwagen. Wesentlich einfacher und ungefährlicher ist es, von Königssee mit der Seilbahn zum 1874 m hohen Jenner hinaufzuschweben. Hier oben kann man sich sein eigenes Urteil bilden, ob der Königssee tatsächlich der schönste unter den Alpenseen ist.

Almabtrieb auf Berchtesgadener Art: Wie eh und je wird das Vieh von den Almen zum Ufer hinabgetrieben und dann in flachen Booten über den See zur Ortschaft Königssee transportiert. Doch die Zahl der bewirtschafteten Almen am Königssee ist in den letzten Jahren stark zurückgegangen.

Mit dem Ausflugsschiff auf dem Königssee

Auf dem stillen Königssee verkehren nur geräuscharme und umweltfreundliche Elektroboote. 21 Boote fahren ganzjährig vom Dorf Königssee die Stationen St. Bartholomä und Salet an. Kessel wird nur bei Bedarf angelaufen.

Abfahrtszeiten Hauptsaison (Juli bis August) alle 10–20 Minuten von 7.15 bis 18.00 Uhr, Vor- und Nebensaison alle 15–30 Minuten von 8.15 bis 17.20 Uhr, Winter alle 45 Minuten von 9.45 bis 15.15 Uhr.

Fahrtdauer Königssee – Salet und zurück etwa 1 Stunde 45 Minuten.

Königssee – St. Bartholomä und zurück etwa 1 Stunde 15 Minuten.

Auskunft Staatliche Schiffahrt Königssee, Seestraße 55, 8240 Schönau am Königssee, Tel. 08652/4026.

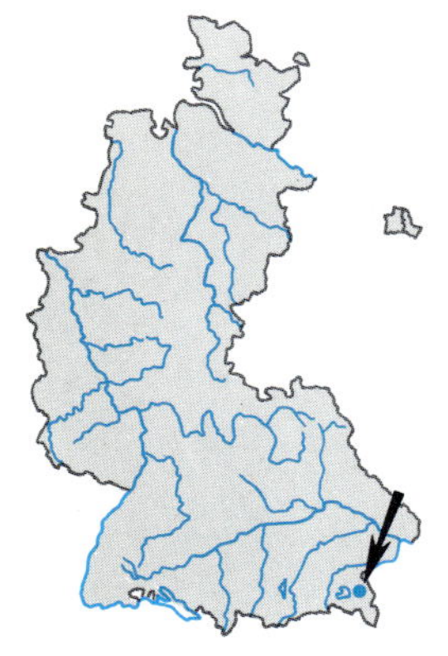

Fast noch eine heile Welt

Der Rupertiwinkel im ostbayerischen Alpenvorland lädt so recht zu einem erholsamen Urlaub fernab von Alltagsstreß und Hektik ein. In dieser fast noch intakten Natur liegen Waginger und Tachinger See.

Wer am Waginger oder Tachinger See ein internationales Flair zu finden hofft, der wird enttäuscht werden. Den Orten, die sich um die beiden nur durch einen Damm getrennten Seen gruppieren, gebricht es an gesellschaftlichem Glanz: High-Society und Schickeria sucht man hier vergebens. Vielmehr wissen vor allem Familien das niedrige Preisniveau zu schätzen. Sie kehren immer wieder hierher zurück, um in abwechslungsreicher Landschaft die Sommerferien zu verbringen.

Daß es die Prominenz an andere Orte zieht, hat die beiden Seen vor mancher unliebsamen Entwicklung bewahrt. Rummel und Hektik sind hier fast unbekannt. Die Ufer sind größtenteils naturbelassen und nicht verbaut, und keine Großbausünde in Form von Hotelkästen oder Freizeitcentern stört das ländlich-sittliche Bild.

Wie die meisten bayerischen Voralpenseen, so sind auch der Waginger und der Tachinger See eiszeitlichen Ursprungs: Überbleibsel des einstigen Salzachgletschers. Anmutig eingebettet in diese Moränenlandschaft mit ihren sanften Hügeln, ausgedehnten Wäldern und lieblichen Wiesen, sind die beiden Seen mit ihrem herrlichen Blick auf die Berchtesgadener Alpen ein wahrhaftes Urlaubsidyll.

Man verläßt die A 8 bei der Ausfahrt Traunstein/Siegsdorf und folgt der B 306 nach Traunstein (6 km). Nach 12 km auf der Landstraße erreicht man **Waging am See.**

Freizeitmekka Waging

Mit seinem vielseitigen Freizeitangebot lockt dieser Luftkurort die weitaus meisten Touristen an, weshalb es hier im Sommer auch viel bunter und turbulenter zugeht als anderswo am See.

Wie Waging sind viele Orte in dieser Gegend bajuwarische Gründungen aus dem 6. Jh. Bereits 740 wird Waging (Uaginga) urkundlich als Besitz des Salzburger Klosters Nonnberg erwähnt. Von Beginn des 13. Jh. an gehörte die Gegend um die Seen wie der ganze Rupertiwinkel zum Fürsterzbistum Salzburg, bis dieses Gebiet westlich der Salzach 1816 endgültig an das Königreich Bayern fiel.

Der Waginger See gehört zu den bekannten Wassersportzentren im Chiemgau. Um das ohnehin schon belastete Wasser nicht noch zusätzlich zu verunreinigen, sind Motorboote strikt verboten.

Waging bietet sich als Ausgangspunkt einer Autotour um den Doppelsee an. Im Ortsteil **Gaden** gibt es im Vogelmuseum präparierte Vögel zu sehen – 300 Arten. Auf einer besonders schönen Strecke erreicht man **Petting** am Südostzipfel, wo der ***Achenbach*** den See verläßt. Dieses Flüßchen mündet kurz vor Tittmoning in die ***Salzach*** (siehe Seite 316/317). Von Petting aus wandert man in 1 Stunde zum Naturschutzgebiet Schönramer Filz: ein Ausflug, der sich lohnt. Um die Erhaltung dieses wertvollen Biotops mit seinen seltenen Pflanzen und Tieren führen die Naturschützer einen hartnäckigen Kampf mit den Torfproduzenten.

Am Ostufer des Waginger Sees führt die Straße weiter bis Tettenhausen, wo man über den Brückendamm auf die andere Seite wechselt. Von Taching kann man auf sehr reizvoller Strecke am Westufer des Tachinger Sees entlang zum ruhigen Weiler Tengling fahren. Das stille Ostufer steht nur Radfahrern und Wanderern offen.

Für Badefreuden scheint der Waginger See wie geschaffen. Sein Wasser wärmt sich im Sommer rasch auf, denn sein Grund ist moorig, und mit bis zu 27 m Tiefe ist er relativ flach. Außerdem fehlen ihm Zuflüsse aus dem Gebirge, die kaltes Wasser hineintragen würden. Das bedeutet aber andererseits, daß die Selbstreinigungskraft des Wassers gering ist und Umweltsünden deshalb stärker zu Buche schlagen. Die Gemeinden ringsum haben sich jedenfalls alle eine Kläranlage zugelegt. Aber Moorwasser kann eben nicht kristallklar sein, und so verschmutzt, wie er gelegentlich aussieht, ist der See in Wirklichkeit nicht.

Im Sommer kann sich der Waginger See bis auf 26 °C erwärmen. Damit kann er für sich in Anspruch nehmen, der wärmste See Oberbayerns zu sein.

Waginger und Tachinger See *sind nur durch einen schmalen Brükkendamm voneinander getrennt. Mit 7 km Länge und 2 km Breite ist der Waginger See der fünftgrößte See Oberbayerns. Beide Seen liegen in einem Landschaftsschutzgebiet, dessen wenig verbrauchte Schönheit man am besten mit dem Rad oder zu Fuß erleben kann. Um beide Seen führt ein ausgeschilderter Rundwanderweg (31 km).*

Inn

Kiefersfelden Luftkurort an der österreichischen Grenze.
Bekannt wurde der Ort durch die originellen Ritterspiele, die alljährlich im Juli und August vom hiesigen Bauerntheater, dem ältesten in Deutschland, aufgeführt werden.
Am Hödenauer See können Wasserskifahrer ihre ersten kühnen Sprünge wagen: Als besondere Attraktion wurde dort ein Wasserskilift eingerichtet.
Verkehrsamt, 8205 Kiefersfelden, Tel. 08033/8490

Brannenburg Luftkurort zu Füßen der Schlierseer Berge.
Im Ortsteil Degerndorf startet die berühmte, über 75 Jahre alte Wendelstein-Zahnradbahn. Die Endstation liegt 100 m unterhalb des 1838 m hohen Berggipfels (einfache Fahrtzeit 55 Minuten). Von oben genießt man eine überwältigende Rundumsicht über verschneite Bergketten, ins Alpenvorland und hinab ins Inntal.
Verkehrsamt, 8204 Brannenburg, Tel. 08054/515

Rosenheim Wirtschaftliches Zentrum und Mittelpunkt des Fremdenverkehrs im Inntal.
Das Heimatmuseum widmet sich unter anderem der Innschiffahrt, die einst große Bedeutung für die Stadt besaß (geöffnet Di–Fr 9–12 und 14–17 Uhr, Sa 9–12 Uhr, So 10–12 Uhr).
Verkehrsamt in der Stadthalle, Kufsteiner Straße 4, 8200 Rosenheim, Tel. 08031/37080

Die vom Kerzenrauch geschwärzte Marienfigur ist das Herzstück der Altöttinger Gnadenkapelle.

Wasserburg Ehemalige Salzhandelsstadt in einer engen Flußschleife.
Herrliche Ausblicke auf die historische Stadt eröffnen sich bei einem Spaziergang um die Innschleife. Er beginnt bei der „Schönen Aussicht" und führt auf dem äußeren Hochufer zum ehemaligen Wirtshaus „Blaufeld", von wo aus man mit der Fähre in die Stadt übersetzen kann (Gehzeit etwa 45 Minuten).
Verkehrsbüro im Rathaus, 8090 Wasserburg, Tel. 08071/1050

Mühldorf Ehemals salzburgische Stadt in einem weiten Talbecken.
Eine Attraktion im sehenswerten Kreismuseum ist die Tonbildserie über die Geschichte der Innschiffahrt (geöffnet Di 14–19 Uhr, Mi und Do 14–16 Uhr, Sa 10–12 und 14–16 Uhr).
Verkehrsamt im Rathaus, Stadtplatz 21, 8260 Mühldorf, Tel. 08631/6120

Altötting Bedeutendster Wallfahrtsort Bayerns nahe der Salzachmündung.
Ziel der Wallfahrer ist die Heilige Kapelle, die das wundertätige Gnadenbild, die Schwarze Madonna, birgt. Die Weihegaben der Wallfahrer wurden in der prunkvollen Schatzkammer gesammelt (geöffnet Mo–So 10.15 und 14 Uhr).
Verkehrsbüro, Am Kapellplatz 2a, 8262 Altötting, Tel. 08671/8068

Tegernsee

Rottach-Egern Urlaubsort und Wintersportzentrum am Südende des Sees.
Adler, Falken, Eulen und andere Raubvögel kann man im Adlerhorst Rottach im Hochtal Sutten bestaunen. Ab und zu hat man Gelegenheit, beim Flugtraining der Falken zuzuschauen (geöffnet Mai bis Oktober täglich 9–17 Uhr).
Mit der Kleinkabinenbahn gelangt man in 13 Minuten auf den Hausberg des Orts, den Wallberg (1723 m).
Betriebszeit: täglich 8.30–17 Uhr. Von der Endstation am Wallberghaus (1620 m) steigt man in 30 Minuten auf den Gipfel. Bei klarem Wetter bietet sich eine grandiose Aussicht über den Tegernsee bis München und auf das Gipfelpanorama der Alpen.
Kuramt, Postfach 100, 8183 Rottach-Egern, Tel. 08022/26740

Tegernsee Heilklimatischer Kurort am Ostufer.
Der Bayerische Localbahn Verein e. V. stellt seine historischen Dampfzüge nicht nur zur Besichtigung aus, sondern lädt an manchen Tagen auch zu Fahrten auf der Strecke Tegernsee–Schaftlach ein.
Kuramt, 8180 Tegernsee, Tel. 08022/3985

Seit 1887 versieht die Chiemseebahn mit dem Feurigen Elias an der Spitze zuverlässig ihren Dienst.

Chiemsee

Prien Luft- und Kneippkurort am Westufer.
Ein besonderer Spaß ist eine Fahrt mit der ältesten Schmalspurbahn Deutschlands, die seit 1887 zwischen dem Bahnhof und dem Seehafen Stock verkehrt. Im Sommerhalbjahr befährt sie die 2 km lange Strecke tagsüber halbstündlich bis stündlich.
Eine umfassende Bildersammlung von Chiemseemalern birgt die sehenswerte Galerie im Alten Rathaus (geöffnet Di, Mi, Fr, Sa und So 10–12 und 15–17 Uhr).
Mit dem Boot geht es in 15 Minuten hinüber zur größten Chiemseeinsel, Herrenchiemsee mit dem „Bayerischen Versailles", dem Neuen Schloß Ludwigs II. (geöffnet im Sommerhalbjahr täglich 9–17 Uhr, sonst 10–16 Uhr).
Im Heimatmuseum kann man sich unter anderem über die Chiemseefischerei informieren (geöffnet Mai bis September Di–Fr 10–12 und 15–17 Uhr, Sa 10–12 Uhr, sonst Di und Fr 10–12 und 15–17 Uhr).
Kurverwaltung, Bahnhofplatz 3, 8210 Prien, Tel. 08051/3031

Schloß Herrenchiemsee empfängt seine Besucher bereits in der Eingangshalle mit verschwenderischer Pracht.

Grabenstätt Erholungsort nahe der Mündung der Tiroler Ache.
Das Grabenstätter Moos beherbergt zahlreiche geschützte Pflanzenarten. Im Sommer finden freitags meist im 14tägigen Rhythmus botanische Führungen durch das Gebiet statt (Anmeldung erforderlich).
Verkehrsamt, 8221 Grabenstätt, Tel. 08661/1600

Tiroler Ache

Grassau Luftkurort zu Füßen des Voralpengipfels Hochplatte (1586 m).
Durch das Kendlmühlfilz schlängelt sich ein interessanter Moorlehrpfad. Er beginnt im Ortsteil Rottau und ist mit 50 Schautafeln bestückt.
Verkehrsamt, 8217 Grassau, Tel. 08641/2064

Prien

Aschau Luftkurort am Rand der Chiemgauer Berge.
Von Hohenaschau aus führt eine Kabinenseilbahn auf die Kampenwand (1669 m), den schönsten Aussichtsberg des Chiemgaus. An klaren Tagen schweift der Blick über die Gipfelwelt der Ostalpen, und von tief unten schimmert der Chiemsee herauf (Betriebszeiten täglich 9–17 Uhr, im Juli und August 8.30–17.30 Uhr).
Kurverwaltung, 8213 Aschau, Tel. 08052/392

Auf Holzrutschen gleitet man im Salzbergwerk Berchtesgaden durch die angestrahlten Grotten.

Waldeshöhen und Felswände umrahmen die kleine Wallfahrtskirche Maria Gern in ihrem stillen Gebirgstal.

Auf der Trabrennbahn von Pfarrkirchen werden alljährlich packende Pferderennen ausgetragen.

Traun

Ruhpolding Luftkurort und Wintersportplatz an der Weißen Traun.
Zum breitgefächerten Freizeitangebot des Orts gehört auch ein Waldmärchenpark mit Miniatureisenbahn, Indianerdorf und anderen Attraktionen (geöffnet Mai bis Oktober täglich 9–18 Uhr).
Die Großkabinenbahn auf den 1645 m hohen Rauschberg erschließt ein herrliches Wandergebiet. Einer der Wege wurde zum Alpenlehrpfad ausgestattet. Schautafeln widmen sich auf 2 km Wegstrecke den Themen Geologie, Forstwirtschaft und Botanik (Betriebszeiten der Bahn: täglich 9–18 Uhr).
Kurverwaltung, 8222 Ruhpolding, Tel. 08663/1268

Inzell Luftkurort und Wintersportplatz an der Weißen Traun.
3 km südlich des Ortes (Parkplatz an der B 305) liegt ein eindrucksvoller Gletschergarten. In einem Gebiet von 4000 m² haben Gletscher und Schmelzwasserläufe den Felsgrund mit Schrammen und Strudellöchern überzogen. Auf einer Informationstafel werden diese Erscheinungen erklärt.
Verkehrsverein, 8221 Inzell, Tel. 08665/862

Salzach

Laufen Grenzstädtchen in einer Flußschlinge.
3 km südlich des Ortes erwartet der stille Abtsdorfer See mit seinem warmen Wasser die Badelustigen und Surfer. Zum gut ausgestatteten Freizeitzentrum gehört ein langer Badestrand.
Stadtverwaltung, 8229 Laufen, Tel. 08682/7044

Burghausen Alte Residenz – heute Industriestadt nahe der Mündung in den Inn.
Ein beliebter Freizeitspaß sind die Plättenfahrten auf der Salzach, die von Ende April bis Anfang Oktober täglich veranstaltet werden. Die Fahrt mit den nachgebildeten Salzkähnen führt von Tittmoning in 1½ Stunden flußabwärts nach Burghausen. Gruppen können geschlossen daran teilnehmen; für Einzeltouristen werden öffentliche Fahrten veranstaltet. Frühzeitige Anmeldung empfehlenswert!
Städtisches Verkehrsamt, Rathaus, 8263 Burghausen, Tel. 08677/8870

Berchtesgadener Ache

Berchtesgaden Heilklimatischer Kurort und Wintersportplatz im Berchtesgadener Land.
Ein Erlebnis ist ein Gang durch das Salzbergwerk. In Gruppen wird man durch ein unterirdisches Labyrinth von Stollen, Hallen, Grotten und Seen über Treppen und Leitern geführt. In einem „Grottenkino" wird ein Film über die Entstehung der Salzlagerstätte und die Gewinnung des Salzes vorgeführt (1. Mai bis 15. Oktober sowie an Ostern täglich 8–17 Uhr, sonst werktags 12.30–15.30 Uhr; Dauer: 1½ Stunden).
Ein Kleinod der Baukunst fügt sich besonders harmonisch in die Landschaft: die Wallfahrtskirche Maria Gern. Das Innere des Gotteshauses überrascht durch seine reichhaltige Ausstattung und die vollendeten Freskenmalereien.
Kurdirektion Berchtesgadener Land, Postfach 2240, 8240 Berchtesgaden, Tel. 08652/5011

Marktschellenberg Luftkurort an der österreichischen Grenze.
In 3½ Stunden wandert man hinauf zur Schellenberger Eishöhle, der größten ihrer Art in den deutschen Alpen. Dieses Naturwunder liegt in 1570 m Höhe und kann zwischen Juni und Mitte Oktober besichtigt werden (nur Gruppenführungen). Die Hütte am Eingang zur Eishöhle ist bewirtschaftet.
Verkehrsbüro, 8246 Marktschellenberg, Tel. 08650/352

Königssee

Schönau Heilklimatischer Kurort im Berchtesgadener Land.
Vom berühmten Zwiebelturmkirchlein St. Bartholomä am Westufer des Sees führt ein reizvoller Spazierweg den Eisgraben aufwärts. In 1 Stunde gelangt man, an der Wallfahrtskapelle St. Johann und Paul vorbei, zu einem Gletschertor namens Eiskapelle. Darüber dehnt sich ein Firnfeld aus, das als niedrigstes Vorkommen von „ewigem Schnee" in den Alpen gilt (840 m).
Eine Seilbahn nähert sich in 22 Minuten bis auf 70 m Höhenunterschied dem Gipfel des Jenners (1874 m). Von oben genießt man eine wahrhaft königliche Aussicht (Betriebszeiten: im Sommer 8–17.30 Uhr, im Winter 9–16.30 Uhr).
Verkehrsbüro Königssee, 8240 Schönau, Tel. 08652/61161

Saalach

Bad Reichenhall Bayerisches Staatsbad in einem weiten Talbecken am Alpenrand.
Die gesamte Salinenanlage samt unterirdischem Quellenhaus kann besichtigt werden. Zum Rahmenprogramm gehört ein Film über die Salzgewinnung heute (geöffnet April bis Oktober täglich 10–11.30 und 14–16 Uhr, sonst Di und Do 14–16 Uhr).
Im Städtischen Heimatmuseum widmet sich eine eigene Abteilung dem Thema Salzabbau einst und heute (geöffnet Mai bis Oktober Di–Fr 14–18 Uhr und jeden 1. So im Monat 10–12 Uhr).
Kur- und Verkehrsverein, Wittelsbacher Str. 15, 8230 Bad Reichenhall, Tel. 08651/3003

Rott

Pfarrkirchen Zentrum des Rottals am Mittellauf.
3 km westlich der Kreisstadt wurde der Fluß zum 53 ha großen Rottauensee aufgestaut. Mit seinem warmen Wasser und dem flachen Strand empfiehlt er sich als Badeplatz vor allem für Kinder. Boote und Surfbretter können ausgeliehen werden, und auch eine Segelschule bietet ihre Dienste an.
Als Zentrum der Rottaler Pferdezucht hat sich Pfarrkirchen einen Namen gemacht. Am Dienstag nach Pfingsten findet alljährlich auf der Trabrennbahn eine bedeutende Veranstaltung statt: das Bayerische Zuchtrennen für inländische Hengste und Stuten.
Verkehrsamt, Rathaus, 8340 Pfarrkirchen, Tel. 08562/3060

Die Ems

Die Ems im Überblick

Versteckte Hochmoore, wie hier bei Emsbüren, saftiges Weideland, Dünen und Kiefernforste verleihen dem Emsland seinen eigenartigen, unverwechselbaren Reiz.

Der Fluß in Zahlen

Länge: 371 km.
Breite: Zwischen Rheine und Meppen 30–75 m, unterhalb von Papenburg 150 m, bei Leer um 200 m, nahe der Mündung Erweiterung auf 400 m.
Einzugsbereich: 12 482 km^2.
Wasserführung: oberhalb der Einmündung der Hase unter 40 m^3/s, danach 72 m^3/s.

Landschaft

Die Ems entspringt in 139 m Höhe in der Senne, einer Heidelandschaft im Ostzipfel des Münsterlands. Sie durchfließt die Münsterländer Bucht in einem weiten Bogen und tritt dann bei Rheine in das Tiefland ein, dem sie den Namen gegeben hat. In unzähligen Schlingen windet sie sich dem kaum merklichen Gefälle nach bis Papenburg. Auf dem letzten Stück strömt sie durch die Marsch Ostfrieslands, von Hochwasserdeichen begleitet. Ihr Wasserstand schwankt dort im Rhythmus der Gezeiten. Kurz vor Emden mündet sie in den Dollart, eine Bucht, die sich das Meer während der Marcellusflut 1362 und bei späteren Sturmfluten erobert hat. Im Wattenmeer gabelt sich die eingetiefte Mündungsrinne: Die Osterems sucht ihren Weg zwischen den Inseln Borkum und Juist, die tiefere Westerems verläuft westlich von Borkum.

Natur

Im Emsland tritt der Fluß immer wieder über die Ufer, überschwemmt die Talaue und speist ehemalige Flußschlingen, die sogenannten Laken. Sie sind zum Teil schon vermoort und bieten Wasservögeln wie Graureihern, Graugänsen und verschiedenen Entenarten einen idealen Lebensraum.
Auf den Sanddünen, die vor allem am rechten Ufer aufgeweht wurden, breiten sich neben Kiefernwäldern örtlich Trockenrasen aus, in denen Orchideen und andere seltene Pflanzen gedeihen.

Geschichte

In den Jahren um Christi Geburt unternahmen die Römer mehrere Vorstöße in das Gebiet an der Ems und die östlich anschließenden Regionen. Die Auseinandersetzungen mit den Germanen gipfelten in der berühmten Schlacht im Teutoburger Wald (9 n. Chr.). Die Cherusker vernichteten die römischen Legionen unter Varus – die Römer zogen sich endgültig an die Rheingrenze zurück.
Unter Kaiser Karl dem Großen ging das Gebiet im Frankenreich auf. Meppen wurde im 8. Jh. zum Zentrum der Christianisierung. Im 13. Jh. kam das Land an der Ems unter die Herrschaft der Bischöfe von Münster. Sie förderten den Handelsverkehr auf dem Fluß und bauten Emden zum Handelshafen aus. Zwei wichtige Handelswege führten von hier aus durch das Emsland nach Münster. Im Kampf mit den Hansestädten verlor 1401 der legendäre Pirat Klaus Störtebeker das entscheidende Schiffsgefecht in der Emsmündung. Unter Hamburger Herrschaft, ab 1464 als Residenz der Grafen von Ostfriesland, erlebte Emden seine große Blütezeit.
Im Emsland wechselten die Herrschaftsverhältnisse in den folgenden Jahrhunderten noch mehrere Male, bis das Gebiet 1866 preußisch wurde. Von da an wurde die Moorkolonisation mit Nachdruck vorangetrieben.

Siedlungen

Wegen der Überschwemmungsgefahr wurden Städte und ländliche Siedlungen auf erhöhten Sanderflächen angelegt, die stellenweise bis an den Fluß vorstoßen. Am Oberlauf im Münsterland sind Einzelgehöfte die verbreitete Siedlungsform: Ställe und Scheunen scharen sich um ein Einheitshaus. Dagegen siedelten die Bauern auf den trockenen Geestplatten des Emslands in geschlossenen Dörfern. Im Marschland am Unterlauf bestimmen dann wieder große Einzelhöfe das Bild. In den Moorgebieten wie z. B. dem Bourtanger Moor ließen sich schon im 18. Jh. die ersten Kolonisten nieder, die nach holländischem Vorbild Moorkolonien gründeten. Die Häuser reihen sich an den Kanälen auf. Jeder Siedler erhielt dahinter einen schmalen Landstreifen, eine Hufe. Zur Sicherung des Handelswegs und zur Eintreibung von Wege- und Flußzöllen wurden im Mittelalter zahlreiche Burganlagen, meist Wasserburgen, gegründet. Viele von ihnen wurden im 17. und 18. Jh. zu barocken Schlössern umgestaltet. An Kreuzungen von Handelsstraßen oder an wichtigen Flußübergängen entwickelten sich Städte wie Lingen, Meppen und Haren.

Schiffahrt

Nach dem Dreißigjährigen Krieg begann man, den gewundenen Flußlauf durch Schlingendurchstiche zu verkürzen. Erst unter preußischer Herrschaft aber wurde ein großes Kanalbauvorhaben verwirklicht, das die Ems in eine leistungsfähige Wasserstraße verwandelte: der 1899 fertiggestellte Dortmund-Ems-Kanal. Er verläuft von Münster an neben dem Fluß und wechselt unterhalb von Meppen in das ausgebaute Emsbett. Im weiteren Verlauf kürzt er mehrere Schlingen ab und mündet nördlich von Haren endgültig in den Fluß. Zusammen mit dem Unterlauf der Ems mißt er 269 km und ist damit der längste Kanal in der Bundesrepublik Deutschland, vom Transportaufkommen her hat er jedoch einen eher untergeordneten Stellenwert. Emden wurde durch den Kanal zu einem wichtigen Exporthafen für Ruhrkohle und ist heute der drittgrößte deutsche Nordseehafen. Um die wirtschaftliche Entwicklung in

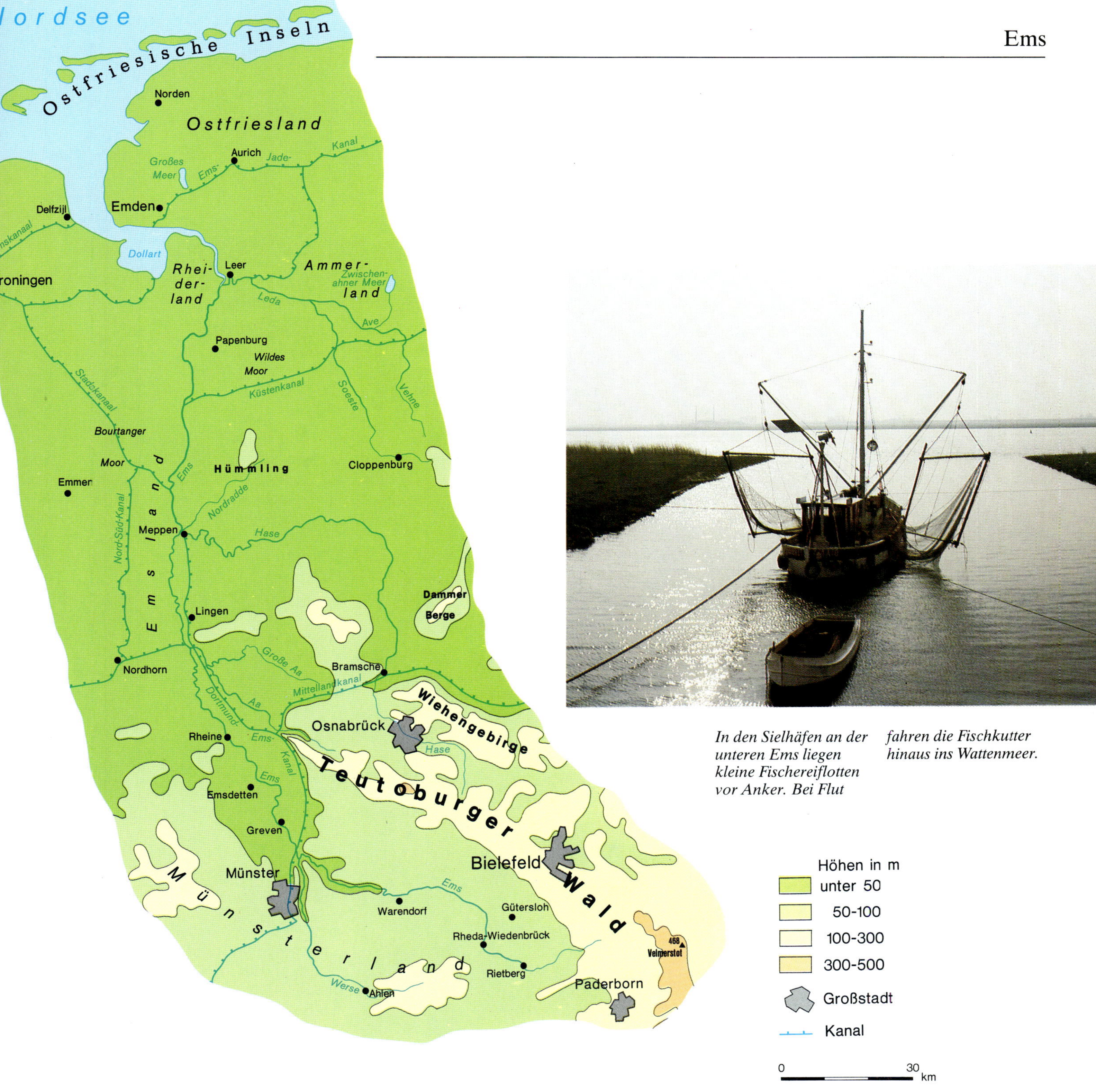

In den Sielhäfen an der unteren Ems liegen kleine Fischereiflotten vor Anker. Bei Flut fahren die Fischkutter hinaus ins Wattenmeer.

dieser Region zu stärken, plant man derzeit am Dollart einen neuen Großhafen.

Wirtschaft

Wegen des hohen Grundwasserstands wird der Boden in der Talniederung nicht ackerbaulich, sondern als Grünland genutzt.
Die großen Moore bergen noch immer Torfreserven. Vor allem im Bourtanger Moor wird der beliebte Bodenzusatz stellenweise noch abgebaut. Dort und auch in anderen Teilen des Emslands spielt ein anderer Bodenschatz heute eine weit größere Rolle: das Erdöl. In der Erde ruht das bedeutendste Ölvorkommen der Bundesrepublik Deutschland. Verarbeitet wird es in der Ölraffinerie von Lingen. Neben Emden und Leer ist Lingen die einzige größere Industriestadt im Emsland.

Tourismus

Das Land links und rechts der Ems wurde vom Tourismus bisher vernachlässigt, obwohl die Landschaft mit ihrem Wechsel von weiten Moorgebieten und bewaldeten Geestrücken ihren ganz besonderen Reiz hat. Kanuwanderer und Sportbootfahrer wissen die Ems und ihre Nebenflüsse schon längst zu schätzen. Radwanderern ist der beschauliche Ufer- und Deichweg am Fluß entlang zu empfehlen, und die Städtchen mit ihren stilvollen Bürgerhäusern machen jede Emslandreise zu einem abwechslungsreichen Vergnügen.

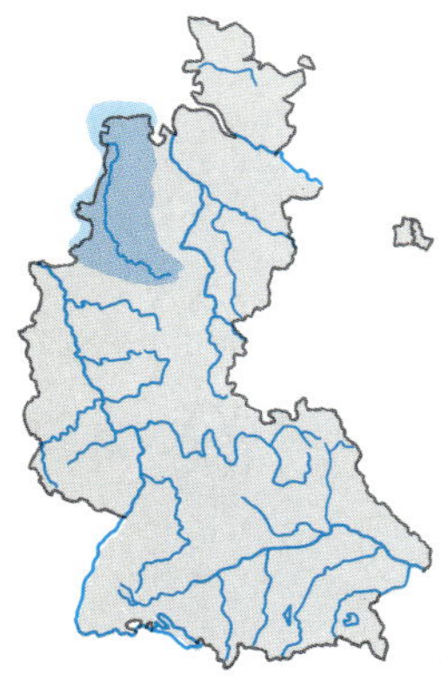

Die unbesungene Schönheit

Mit 371 km Länge ist die Ems der kleinste unter den großen deutschen Strömen und gewiß auch der unbekannteste. Manch ursprünglicher Flußabschnitt wartet noch immer darauf, entdeckt zu werden, doch die Dichter ließen die herbe Schönheit des Flachlandstroms bisher ohne Verse.

Schon durch die Wahl ihrer Wiege zeigt die Ems, daß sie sich eher zum ruhigen Wesen der Flachlandbewohner hingezogen fühlt. Sie entspringt nicht auf einem Höhenrücken des Teutoburger Walds, sondern in 139 m Höhe weiter südlich im Sennegebiet, einer einsamen Heidelandschaft, die sanft zur Münsterländer Bucht abfällt.
Von der von Paderborn nach Bielefeld führenden B 68 zweigt etwa 2 km nördlich von **Hövelhof** rechts der Steinweg ab. Nachdem man die A 33 überquert hat, führt die erste Straße nach links zum Parkplatz Moosheide; von dort ist der knapp 400 m lange Fußweg zur Quelle der Ems ausgeschildert: Bedächtig quillt Wasser aus einem kleinen Tümpel. Folgt man dem kleinen Rinnsal ein Stück weit, so sieht man von rechts und links die Wasserbänder anderer Quellen einmünden, und nach wenigen hundert Metern schon hat sich die junge Ems zu einem richtigen Bach gemausert.
Durch die flache, weite Emsniederung gelangt man von Hövelhof über Nebenstraßen zur ehemaligen Grafenstadt **Rietberg** und von hier auf der B 64 weiter zur beiderseits der Ems gelegenen Doppelstadt **Rheda-Wiedenbrück** mit ihren attraktiven Fachwerkhäusern. Nächste Station auf der vom Emsufer weit entfernten B 64 ist die alte Hansestadt **Warendorf,** Zentrum des bundesdeutschen Reitsports.

Wie hier bei Telgte findet man vor allem am Oberlauf der Ems noch viele unberührte, idyllische Abschnitte. Den eigentümlichen Reiz dieser flachen Flußlandschaft kann man am besten mit dem Fahrrad erkunden.

Allmählich wird die Ems breiter. 15 km weiter westlich durchfließt sie den Wallfahrtsort **Telgte.** Die Stadt ist ein idealer Ausgangspunkt für Wasserwanderungen. Oft zeigt sich der Fluß von seiner idyllischen Seite: Ursprüngliche, zum Teil zerrissene Ufer mit altem Waldbestand laden auch zu Fuß- und Radwanderungen ein.
▷ ***Bever*** Vom alten Telgter Emswehr führt ein beschaulicher (Rad-)Wanderweg zur etwa 3 km nordwestlich gelegenen Bevermündung und zum Haus Langen, einer ehemaligen Raubritterburg an der Bever. In der benachbarten, guterhaltenen Wassermühle wurde bis 1960 Korn gemahlen; heute ist sie leider stillgelegt. Nordöstlich von **Ostbevern** verdient das Wasserschloß Haus Loburg als jüngster Sproß der münsterländischen Schlösserfamilie besondere Aufmerksamkeit. Ihre Quelle hat die Bever im Teutoburger Wald. ◁
▷ ***Werse*** Die Ems läßt die Westfalenmetropole **Münster** zwar links liegen, für den Autotouristen lohnt ein Abstecher aber allemal. Unterwegs überquert die B 51 die Werse, die bei **Greven-Fuestrup** in die an dieser Stelle begradigte Ems mündet. Am Oberlauf des windungsreichen Flüßchens laden **Drensteinfurt** mit seinen Wasserschlössern und das romantische **Ahlen** zur Besichtigung ein. ◁
Wenige hundert Meter oberhalb der Wersemündung begegnet die junge Ems zum erstenmal ihrem schnurgeraden Partner, der in einer Wasserbrücke über sie hinwegsetzt: dem ***Dortmund-Ems-Kanal.*** Auf einer Länge von 269 km verbindet er das östliche Ruhrgebiet mit Emden.
Durch den Flecken Gittrup und das hübsche Ausflugsdorf Gimbte fährt man links

Durch die Münsterländer Tieflandbucht, *das Emsland und die ostfriesische Marsch strömt die Ems von ihrer Quelle in der Senner Heide zum Dollart. Für die Reise entlang der Ems und ihrer Nebenflüsse sollte man mindestens 3 Tage veranschlagen.*

Eine Emspünte ziert das Stadtwappen von Greven. Im Mittelalter hat man in diesen flachen, treidelbaren Segelbooten den Torf aus den Hochmooren abtransportiert.

der Ems weiter nach **Greven.** In der Nähe des ehemaligen Baumwollspinnerstädtchens kam es früher des öfteren zu Überschwemmungen, weshalb man die Ems hier – wie auch andernorts – begradigt hat.
Auf ihrem Weg von Greven über die ehemalige Korbflechtersiedlung **Emsdetten** nach Rheine präsentiert sich die Ems von ihrer romantischen Seite: Hohe, sandige Ufer und bewaldete Dünen, Altwasser, saftige Wiesen- und sandige Heideabschnitte bestimmen die Landschaft. Der Autofahrer folgt dem Flußverlauf auf der B 475.
Im Stadtgebiet der ehemaligen Tuchmachersiedlung **Rheine** durchbricht die Ems

die Ausläufer des Teutoburger Walds, deren von West nach Ost verlaufender Kreidekalksockel ihr den Weg versperrte. Bis zum Stadtteil Bentlage wurden zur Regulierung dieses Engpasses drei Schleusen angelegt.
Östlich der Rheiner Innenstadt zeichnet sich schon eine Verbindung ab, die die stolze Ems allerdings erst gut 50 km flußabwärts eingehen wird: die Ehe mit dem Dortmund-Ems-Kanal. Bis auf wenige Kilometer ist er bei Rheine herangekommen, und seine bewaldeten Ufer bieten Gelegenheit zu einsamen Wanderungen.
Die B 65 bringt den Emsurlauber über die nordrhein-westfälische Landesgrenze nach **Salzbergen** in Niedersachsen, wo die 1860 gegründete und damit älteste Erdölraffinerie des Emslands steht; sie ist auch heute noch in Betrieb. Hier beginnt nun der mittlere und äußerst windungsreiche Emsabschnitt. Die langsame Fließgeschwindigkeit, die sich aus der geringen Höhe ihres Quellorts herleitet, läßt das Debüt der Ems im zweitgrößten Bundesland nicht gerade temperamentvoll ausfallen. Dennoch trägt das flache, dünn besiedelte Land zwischen Rheine und Papenburg ihren Namen. Entlang der am westlichen Ufer nach Norden führenden Straße bietet sich Gelegenheit zur Entdeckung reizvoller Flußpartien; das ländliche **Emsbüren** ist längst zum geschätzten Geheimtip für erholungsuchende Urlauber geworden. Zahlreiche Wanderwege erschließen die schöne Umgebung.
Auf der Höhe von **Elbergen** ist der Dortmund-Ems-Kanal wieder da, und zum erstenmal gestattet ihm die spröde Ems, für knapp 2 km ihr Bett mit ihm zu teilen. Beim mächtigen Steinwehr von **Hanekenfähr,** einer Art künstlichem Wasserfall, gehen beide wieder getrennte Wege.

Links: Auf Ölpumpen und Bohrtürme stößt man auf der Fahrt durch das Emsland – vor allem in der Gegend westlich von Lingen und Meppen – des öfteren: Schließlich ist das Emsland das bedeutendste Erdölgebiet der Bundesrepublik Deutschland.

Unten: Reizvoller und interessanter als eine Autofahrt entlang der Hase ist es, den windungsreichen Fluß vom Kanu aus kennenzulernen: Die schönste Strecke zum Wasserwandern ist der Abschnitt zwischen Bramsche und Meppen.

Kanalbau als Strafarbeit

▷ ***Ems-Vechte-Kanal*** Es gibt noch einen weiteren Grund, bei Hanekenfähr einen Stopp einzulegen: Dort zweigt der Ems-Vechte-Kanal ab. 1871 wurden französische Kriegsgefangene zum Bau des Kanals eingesetzt, der über die Vechte bei Nordhorn den Anschluß an das niederländische Wasserstraßennetz herstellte. Heute ist der nur rund 15 km lange Kanal, auf dem Schiffe bis 6 m Breite verkehren konnten, ein Sportbootrevier. Der alte Leinpfad am Südufer eignet sich für abwechslungsreiche Rad- und Wandertouren durch die kiefernbewachsene Sandlandschaft des westlichen Emslands. Wer mit dem Auto unterwegs ist, nimmt die B 213, um nach **Nordhorn** zu gelangen, wo der Süd-Nord-Kanal in den Ems-Vechte-Kanal mündet. ◁
Obwohl ***Vechte*** und ***Dinkel*** die bei Neuenhaus, nordwestlich von Nordhorn, zusammenfließen, ihr Wasser in die Niederlande transportieren, prägen sie die linksemsische Landschaft doch ganz entscheidend. So ist ein Ausflug zu den beiden Gewässern von Nordhorn aus wirklich lohnend. Beide Flüsse kommen aus dem Münsterland. Von ihrer Quelle bis zur Mündung ins IJsselmeer legt die Vechte 174 km zurück. Die kurvenreiche Dinkel ist sozusagen ein Grenzgänger: Bei Gronau setzt sie sich ins Nachbarland ab, wechselt aber wenige Kilometer südlich von Neuenhaus wieder in deutsche Gefilde.
Von Nordhorn kann man nun auf der B 213 wieder zurück zur Ems fahren und **Lingen,** dem wirtschaftlichen Zentrum des Landkreises, einen Besuch abstatten. In der 1968 in Betrieb genommenen Ölraffinerie wird das in der Gegend geförderte Erdöl verarbeitet. Wer die Pumpstationen vor Ort ansehen möchte, fährt von Nordhorn in nördlicher Richtung entlang dem ***Süd-Nord-Kanal,*** der über den Haren-Rütenbrock-Kanal Anschluß ans niederländische Kanalnetz schafft, geradewegs nach „Texas".
So kann man die Gegend zwischen Georgsdorf, Twist, Rühle und Dalum getrost nennen: Zu Beginn der 40er Jahre wurden hier bedeutende Erdöl- und Erdgasvorkommen entdeckt, und seither wird es in zahlreichen Fördersonden aus der Erde gepumpt. Zugegeben, nicht gerade ein schöner Anblick – für das wirtschaftlich etwas benachteiligte Emsland aber eine unverzichtbare Einnahmequelle.
Von Twist geht es auf Nebenstraßen über Groß-Hesepe, einen Ortsteil von **Geeste,** wo derzeit ein Freilicht-Moormuseum aufgebaut wird, wieder zurück zur Ems, und nach wenigen Kilometern flußabwärts erreicht man die alte Hansestadt Meppen.

Wo Hase und Radde die Ems küssen

Die Bewohner von **Meppen** nennen ihre Heimat die „Stadt am Wasser", denn hier vereinigen sich Hase und Nordradde mit

Münsterland und Emsland sind bekannt für ihren Schlösserreichtum. Schloß Clemenswerth bei Sögel an der Nordradde wurde im 18. Jh. als Jagdschloß für Kurfürst Clemens August erbaut. Um das Schloß gruppieren sich sternförmig acht Pavillons. Alle Gebäude sind aus rotem Backstein – eine Seltenheit in der deutschen Rokokoarchitektur.

der Ems. Hinzu kommt, daß der Dortmund-Ems-Kanal auf der letzten, kurzen Etappe bis zur Vereinigung mit der Ems das kanalisierte Bett der Hase benutzt: Vom Meppener Marktplatz ist es nur ein kurzer Spaziergang zum idyllischen Mündungsdreieck an der Höltingmühle.

▷ ***Hase*** Schon die vom Meppener Zentrum südöstlich nach Lehrte führende Landstraße vermittelt einen ersten Eindruck vom Charakter des ersten größeren Emsnebenflusses: In zahllosen Schleifen bahnt sich die ruhig fließende Hase, die im Gegensatz zur Ems nur wenig begradigt ist, ihren Weg durch den Wiesengrund. Im Artland, zwischen Essen und dem romantischen **Quakenbrück,** stoßen die wichtigsten Wasserlieferanten zur Hase: die ***Lager Hase*** und der ***Essener Kanal.*** In diesem von zahllosen Bächen, Flüssen und Kanälen durchzogenen Gebiet ändert der Fluß des öfteren seinen Namen. Nach der alten Tuchmacherstadt **Bramsche,** wo die Hase den ***Mittellandkanal*** (siehe Seite 394–395) kreuzt, durchfließt sie die sehenswerte Altstadt von **Osnabrück;** zur Hasequelle im Teutoburger Wald sind es von dort noch etwa 20 km. Insgesamt legt die Hase 193 km zurück. ◁

▷ ***Nordradde*** Die Umgebung des eher unscheinbaren Flüßchens scheint schon vor etwa 4000 Jahren, als die ersten Menschen auf dem Geestrücken des Hümmlings seßhaft wurden, verhältnismäßig dicht besiedelt gewesen zu sein. Auf dem Weg durch das von weiten Wald- und Heideflächen durchzogene eiszeitliche Hügelland nach **Sögel,** wo der Kurfürst und Fürstbischof Clemens August im 18. Jh. das Jagdschloß Clemenswerth bauen ließ, stößt man auf zahlreiche Stein- und Hügelgräber. ◁

Nördlich von Meppen wird es dem Dortmund-Ems-Kanal wieder zu langweilig im kurvenreichen Bett der Ems. Kurz vor **Holthausen** trennen sich die Wege der beiden frisch getrauten Partner: „Er“ verzieht sich in den Schleusenkanal, und „Sie“ stürzt sich trotzig über das Versener Wehr.

Butterschiffe auf der Ems

Rund 20 km nach dem Ortsausgang von Meppen biegt man von der B 70 links nach **Haren** ab, das seine Einwohner stolz die „Schifferstadt“ des Emslands nennen. Dazu haben sie auch allen Grund, denn schließlich bestritten die Harener Binnenschiffer mit ihren flachgängigen Pünten bereits im 15. und 16. Jh. den Großteil des Warentransports auf der mittleren Ems. Flußaufwärts brachten sie ostfriesische Tuche, Flachs, Butter, Käse und Kolonialwaren nach Süden; bei günstigem Wasserstand segelten und treidelten sie ihre Last sogar bis nach Greven. Flußabwärts nahmen sie Eisen, Holz, Steine und Korn aus Westfalen an Bord. Im Harener Hafen sind heute noch über 200 Schiffe registriert. Die Zeit der Holzpünten aber ist vorbei; einige nachgebaute Exemplare liegen im Freilichtmuseum auf dem Haren-Rütenbrock-Kanal vor Anker.

▷ ***Haren-Rütenbrock-Kanal*** Auf einer nur 15 km langen Strecke verbindet dieser Kanal die beiden Städte und damit die Ems mit dem Süd-Nord-Kanal. An seinem Südufer begleitet ihn die landschaftlich besonders schöne B 402. ◁

Westlich von Haren liegt das 2000 km^2 große ***Bourtanger Moor.*** Allzu dramatische Vorstellungen sollte man sich von diesem die deutsch-niederländische Grenze überschreitenden Hochmoor allerdings nicht machen. Zwar werden aus dem bis 12 m dicken Moorteppich bis heute Torfsoden gestochen, doch seit der Fertigstellung des

Links: Die Torfgewinnung hat früher im Emsland eine bedeutende Rolle gespielt. Im Bourtanger Moor entstanden bereits Ende des 18. Jh. die ersten Moorkolonien. Heute wird hier nur noch vereinzelt Torf abgebaut.

Oben: Lebende Moore sind durch die massive Kultivierung selten geworden, und so hat sich die ursprüngliche Flora nur noch hie und da erhalten können. Typische Moorpflanzen wie die Rauschbeere sind heute rar.

linksemsischen Kanalnetzes gegen Ende des 19. Jh. wurden weite Flächen entwässert und landwirtschaftlich genutzt.

Dem ersten der Tod, dem zweiten die Not ...

... und dem dritten das Brot: Das war die bittere Erkenntnis, die die Moorkolonisten an ihre Söhne weitergeben mußten. Wer heute von Rütenbrock aus die faszinierend gleichförmige, grabendurchzogene Ackerlandschaft in südlicher Richtung durchquert, wird nichts mehr von der großen Not spüren, die das Leben der ersten Moorbewohner geprägt hat. Da an einen Abtransport des als Brennmaterial begehrten Torfs vor dem Bau der Kanäle nicht zu denken war, bauten sie Buchweizen an. Doch die Erträge dieser Moorbrennerkultur waren so gering, daß die Männer ihre Arbeitskraft in Holland feilbieten mußten.

Auf der am östlichen Rand des Bourtanger Moors dem idyllischen Emslauf folgenden Landstraße geht es von Haren weiter nach **Lathen,** dem Startpunkt der Transrapid-Magnetschwebebahn-Teststrecke. Bevor hier 1925 eine Brücke errichtet wurde, mußten die 300 Kühe der Gemeinde die Ems durchschwimmen, wenn sie zum Weiden auf die linke Uferseite sollten.

▷ ***Küstenkanal*** Nächste Station ist **Dörpen,** wo man auf den 1935 erbauten Küstenkanal stößt. Die 79 km lange Wasserstraße verbindet die Ems über die ***Hunte*** (siehe Seite 382) mit der Weser. Ursprünglich als Entwässerungskanal für die oldenburgischen Moore genutzt, ist er heute einer der bedeutendsten Wasserverkehrswege des Emslands. Seit 1970 befahren ihn jedes Jahr nicht weniger als 15 000 Schiffe.

Wer dem Küstenkanal auf der B 401 ostwärts folgt, stößt nach knapp 20 km auf den Ehrenfriedhof Bockhorst. „Weit, so weit das Auge blicket, Moor und Heide ringsumhin...“: Das Lied von den Moorsoldaten, die mit ihren Spaten zur Zwangsarbeit ins Moor zogen, ist bekannt. Doch nur wenige wissen, daß dieses Lied der politischen Gefangenen des Dritten Reichs im Sommer 1933 im emsländischen KZ Börgermoor

Ihr ständiger Begleiter

Am 11. August 1899 eröffnete Seine Majestät Kaiser Wilhelm II. eine Wasserstraße, die das östliche Ruhrgebiet in direkter Linie mit dem aufstrebenden Seehafen Emden verband: den Dortmund-Ems-Kanal. Damit war Emden zur „deutschen Rheinmündung“ und zum damals bedeutendsten deutschen Hafen avanciert.

Der bis 2,5 m tiefe Kanal mußte von Dortmund bis Meppen als künstlicher Wasserweg neu geplant werden; dort mündet er in die staugeregulierte Ems und wird ab Herbrum im teilkanalisierten Bett des Flusses als freier Tidestrom nach Emden geführt. In einer für damalige Verhältnisse sensationell kurzen Bauzeit von nur acht Jahren war der Kanal fertiggestellt, auf dem heute 16 Schleusenanlagen zum Teil beträchtliche Höhenunterschiede überwinden. Der eigentliche Kanal (von Dortmund bis Papenburg) ist 225 km lang. Rechnet man den Unterlauf der Ems bis Emden noch hinzu, ergibt sich eine Länge von 269 km. Ursprünglich für Schiffe mit einer Gesamtlast von 600 t geplant, kann der Dortmund-Ems-Kanal seit 1963 von 1350-t-Europaschiffen befahren werden. Hauptsächlich werden auf ihm schwedische Erze und Ruhrkohle transportiert.

Über den Rhein-Herne-Kanal und den Datteln-Hamm-Kanal ist die Verbindung zum Rhein im Westen und über Mittellandkanal und Küstenkanal zur Weser im Osten hergestellt. So gesehen ist der Dortmund-Ems-Kanal das Rückgrat des Kanalnetzes der Bundesrepublik Deutschland. Allein an der Schleuse Münster wurden im Jahr 1986 27200 Schiffe gezählt, die 13,4 Millionen t Güter beförderten.

entstand. Der Friedhof erinnert an dieses traurige Kapitel deutscher Geschichte. ◁
Im Schiffahrtskanal bei **Herbrum,** 7 km hinter Dörpen und einige hundert Meter abseits der B 70, befindet sich die letzte Schleuse des Dortmund-Ems-Kanals. Danach setzen die Schiffe ihren Weg im kanalisierten Bett der Ems fort, die ab hier, dem Einfluß der Gezeiten unterworfen und begleitet von Hochwasserdeichen, frei zum Meer fließt. Da sie auch jetzt von ihrer Vorliebe für phantasievolle Schleifen nicht lassen kann, wurden zum Vorteil der Schiffahrt zahlreiche Durchstiche vorgenommen. Auf der Höhe von **Halte,** wo ein Sielkanal nach Papenburg von der Ems abzweigt, endet die Binnenschiffahrtsstraße. **Papenburg,** etwa 3 km südöstlich von Halte an der B 70 gelegen, trägt die Seeschiffahrts-Kilometermarke Null.

Mit 400 km/h in die Zukunft

Im Herzen des Emslands schreibt man ein Stück Bahngeschichte: Zwischen Lathen und Dörpen wird seit geraumer Zeit ein neues Bahnkonzept erprobt, das die Fahrzeiten zwischen den europäischen Ballungszentren in naher Zukunft erheblich verkürzen soll: der Transrapid.
Auf dem 32 km langen Kurs der Transrapid-Versuchsanlage steht das von sieben namhaften Firmen gemeinsam entwickelte Elektromagnetische Schwebesystem auf dem Prüfstand. Ohne die auf Betonstelzen gesetzte Trasse zu berühren, flitzt das 122 t schwere Versuchsfahrzeug, der Transrapid 06 mit 196 Sitzplätzen, über Wiesen und Felder. 120 Elektromagnete, die gewissermaßen die Funktion der Räder übernommen haben, ziehen das Fahrgestell bis auf 1 cm an die Fahrwegschiene heran, auf der es „schwebt". Die Vorteile dieses „berührungsfreien" Systems sprechen für sich: Der normalerweise durch Reibung hervorgerufene Materialverschleiß entfällt, die Bahn verursacht kaum Fahrgeräusche, der hochleistungsfähige Elektromotor setzt keine Schadstoffe frei, und die Betriebskosten sind relativ niedrig. Ein weiterer Pluspunkt des Transrapid: Auf seinen 4,70 m hohen Stelzen überquert er, ohne zusätzliche Baumaßnahmen erforderlich zu machen, andere Verkehrswege und schont dadurch die Landschaft. Am meisten „zieht" aber die enorme Geschwindigkeit: Der Transrapid ist auf ein Reisetempo von 350–400 km/h angelegt und kann somit auf einigen Strecken durchaus mit dem Flugzeug konkurrieren.

Das längste Dorf Europas

1631 hatte der Drost des Emslands den Entschluß gefaßt, im Grenzgebiet zu Ostfriesland eine Fehnkolonie, also eine Moorsiedlung, nach holländischem Vorbild zu gründen. Papenburg, die älteste und größte Moorkolonie der Bundesrepublik Deutschland und ehemals bedeutende Schiffsbauerstadt, ist heute der am weitesten binnenwärts gelegene Seehafen Nordwestdeutschlands. Die Schiffe erreichen den Papenburger Hafen über die 1975 ausgebaute Seeschleuse.
Seinen eigentümlichen Charakter hat sich das „längste Dorf Europas" bis heute bewahrt. Zahllose Kanäle durchziehen die Moorstadt, die ursprünglich angelegt wurden, um die Moore zu entwässern und den Torf abtransportieren zu können. Auf der Ems wurde er dann in Pünten nach Ostfriesland verschifft.
Bei Halte, wo die Landstraße die Ems überquert, heißt es Abschied nehmen vom Emsland. Auf seiner letzten, knapp 40 km langen Etappe zum Dollart durchfließt der jetzt auf eine stattliche Breite angewachsene Strom Ostfriesland. Im tideabhängigen Sportboothafen von **Weener,** wo sich übrigens die längste Eisenbahnklappbrücke der Bundesrepublik Deutschland über den Fluß spannt, herrscht während der Sommermonate Hochbetrieb.

Der Binnenseehafen Papenburg entstand im 17. Jh. als Fehnkolonie: Mehr als 25 Binnenkanäle wurden, von der Ems ausgehend, ins Moor gegraben.

Die nachgebauten Schiffe auf den Kanälen erinnern an diejenigen, die hier in den vergangenen 250 Jahren gebaut wurden.

Entlang dem eingedeichten Flußlauf geht es auf der B 75, der Grünen Küstenstraße, weiter nach **Leer**, dem „Tor Ostfrieslands". Die alte Hafen- und Handelsstadt wurde auf einem Geestsporn zwischen der Ems und der Leda, die südlich des Stadtgebiets bei Leerort einmündet, erbaut. Kleine Geschäfte und Restaurants in prachtvollen alten Bürgerhäusern verlocken zum Bummel durch die schmucke Altstadt.

▷ ***Leda*** Die Reise entlang des – neben der Hase – bedeutendsten Emsnebenflusses, der östlich von Leer das Wasser zahlreicher kleinerer Wasserläufe aufnimmt, beginnt beim 1954 in Betrieb genommenen Ledasperrwerk südöstlich des Zentrums. Vor der Fertigstellung dieser Hochwasserschutzvorrichtung, deren mächtige Hubtore die Ledamündung bei Sturmfluten abriegeln, kam es im Leda-Jümme-Gebiet oft zu verheerenden Überschwemmungen.

▷ ▷ ***Jümme, Soeste*** Will man einen Abstecher zu diesen Flüssen machen, so fährt man vom Sperrwerk über die Leda zurück nach Leer und zum östlichen Stadtteil Loga. Bei **Wiltshausen,** wo die ***Jümme*** in die Leda mündet, läßt man sich mit der alten Seilfähre auf die andere Seite übersetzen. Auf Nebenstraßen entlang dem Südufer erreicht man bald Detern, wo Jümme und das vom Ammerland kommende ***Aper Tief*** zusammenfließen. Beim alten Seemannsdorf **Barßel** ändert die Jümme ihren Namen: Als ***Nordloher Tief*** stellt sie über die ***Aue*** die Verbindung zum ***Zwischenahner Meer*** (siehe Seite 344–346) her.

Kurz vor Barßel mündet die ***Soeste*** in die Jümme. Durch die weiten, von Wald und Heide durchbrochenen Kulturflächen des Cloppenburger Lands folgt man ihr flußaufwärts. Dort, wo die Straße die B 401 unterquert, trifft man auf einen alten Bekannten: den Küstenkanal. Hier zweigt auch der 15 km lange ***Elisabethfehnkanal*** ab, der die Verbindung zur Sagter Ems herstellt. In der alten Hansestadt **Friesoythe** durchfließt die von Schilf und Sumpfpflanzen gesäumte Soeste den Stadtpark. An seinem Oberlauf hält das Flüßchen eine unvermutete Überraschung bereit: Der ***Thülsfelder Stausee,*** ein äußerst reizvolles Erholungs- und Naturschutzgebiet, erinnert an eine norwegische Schärenlandschaft. Bewaldete Dünen ragen als Inseln und Landzungen aus dem See. Ihre Quelle hat die Soeste westlich von **Cloppenburg.** ◁ ◁

Vom Ledasperrwerk geht es am Südufer der Leda entlang nach Stintrick, wo eine Brücke nach Amdorf hinüberführt. An seiner Nordseite folgt eine kleine Nebenstraße dem Flußlauf, die bald auf die B 72 stößt. Diese Straße begleitet den Hauptwasserlieferanten der Leda südwärts, der sie bei Roggenberg verstärkt: die ***Sagter Ems.***

Oben: Die Unterems ist, wie hier bei Rhede, geprägt von Hochwasserdeichen, denn jetzt unterliegt der Fluß dem Einfluß von Ebbe und Flut. Die Gezeitenwirkung macht die Ems im letzten Abschnitt für kleinere Seeschiffe befahrbar.

Unten: Die letzte handbetriebene Fähre der Bundesrepublik verkehrt auf der Jümme bei Wiltshausen: Über den hier 25–30 m breiten Fluß ist ein Drahtseil gespannt, an dem der Fährmann das Boot zum anderen Ufer zieht.

Im 16. Jh. erlebte Emden seine Blütezeit als bedeutendster deutscher Nordseehafen. Das alte Hafentor am Ratsdelft stammt noch aus dieser Zeit. Im Hintergrund rechts das Rathaus; unmittelbar davor starten die beliebten Hafenrundfahrten.

Deren Quellflüsse sind die ***Ohe,*** die vom Hümmling herunterkommt, und die ***Marka,*** die westlich von Werlte entspringt. ◁

Das Ende der Welt

Am Ostufer der Ems geht es von Leer weiter Richtung Emden. Hinter dem jenseitigen Ufer erstreckt sich bis zum Dollart das Rheiderland, ein von zahllosen Entwässerungsgräben durchzogenes Marschengebiet. Daß sich die romantischen Fischerdörfer am Westufer der Ems heute als das „Endje van de Welt" bezeichnen, kommt von den schweren Sturmfluten, die seit Mitte des 14. Jh. die Dollartbucht ausgewaschen hatten. Viele Dörfer versanken im Wasser, und das Rheiderland verlor fast die Hälfte seiner Fläche.
Beim Sielhafen **Oldersum** geht der Dortmund-Ems-Kanal wieder eigene Wege – nämlich nach Emden –, während der breite Emsstrom nach 6 km in den Dollart mündet und sein sorgsam aus den Flüssen und Bächen des Norddeutschen Tieflands zusammengetragenes Süßwasser mit den salzigen Fluten der Nordsee mischt. Hier erwiesen die Bewohner einer kleinen friesischen Fischersiedlung der Ems eine besondere Ehre: Sie nannten ihr Dorf nach dem Fluß. Heute besitzt die historische Stadt **Emden,** die man von Oldersum auf der hinter dem Deich entlangführenden Straße erreicht, den drittgrößten Seehafen der Bundesrepublik Deutschland. Umfangreiche Strombaumaßnahmen und das ständige Ausbaggern der von Versandung bedrohten Fahrrinne ermöglichen Schiffen bis 11 m Tiefgang das direkte Anlaufen der Emder Hafenanlagen. Größere Frachter werden südöstlich der Insel Borkum entsprechend geleichtert.
▷ ***Ems-Jade-Kanal*** Bereits 1887 wurde diese 72 km lange Wasserstraße, die den Dollart bei Emden mit dem Jadebusen bei Wilhelmshaven verbindet, fertiggestellt. Sie dient zum einen als eine Art Nahverkehrsstraße für Frachter bis 200 t, zum anderen aber kommt ihr die Aufgabe zu, die ostfriesischen Moore zu entwässern. ◁
Der Name Ems übrigens leitet sich von „Amisia" her: Im Indogermanischen bedeutet das „großes, breites Wasser". In der Tat: Das verschwiegene Quellflüßchen hat sich auf seiner abwechslungsreichen Reise zum ausgewachsenen Strom gemausert.

Umstrittenes Großprojekt Dollarthafen

Um die Fahrrinne zum Seehafen Emden freizuhalten, müssen jährlich rund 40 Millionen DM für Baggerarbeiten aufgewendet werden. Diese hohen Kosten und die Tatsache, daß bisher nur Schiffe bis 40 000 BRT den Hafen direkt anlaufen können, haben schon Ende der 60er Jahre den Plan entstehen lassen, das Strömungsbett der Ems nach Süden zu verlagern und im alten Emslauf einen tideoffenen Seekanal von Emden bis zur Landspitze Knock zu bauen. Gleichzeitig soll eine neue Seeschleuse errichtet werden, da die alte den heutigen Anforderungen nicht mehr genügt. Nach dem Abschluß der auf 1,3 Milliarden DM veranschlagten Baumaßnahmen, die rund 10 Jahre dauern werden, sollen sich die Baggerungen um 60 % verringern, und der Hafen soll für 85 000-BRT-Schiffe in direkter Fahrt erreichbar sein. Ferner verspricht sich die Stadt Emden eine Ansiedlung neuer Betriebe und damit die Schaffung neuer Arbeitsplätze – in Ostfriesland ein wichtiges Argument.
Die Kehrseite der Medaille: Das ökologische Gleichgewicht in einer der letzten Brackwasserbuchten Westeuropas steht auf dem Spiel. Naturschützer, die das Projekt erbittert bekämpfen, argumentieren, daß durch die Verlagerung der Ems der Süßwasseranteil steigen wird und dies für die reiche Tier- und Pflanzenwelt verheerende Folgen haben kann. Die seltenen Strandastern, die Schollen, Seezungen und Heringe, die den Dollart als „Kinderstube" nutzen, wären ihrer Lebens- und Nahrungsgrundlagen beraubt. Robben und Wasservögel würden für immer verschwinden. Eine Entscheidung über das Projekt ist bislang noch nicht gefallen.

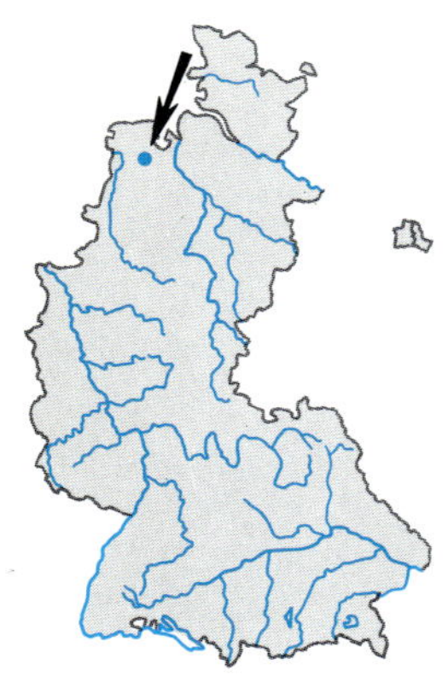

Kein Machwerk des Teufels

Im Herzen des Ammerlands mit seinen sanften Hügeln und fruchtbaren Tälern liegt das Zwischenahner Meer – ein See, der bei erholungsuchenden Kurlaubern und aktiven Wassersportlern gleichermaßen beliebt ist.

Von Oldenburg aus erreicht man dieses Freizeitparadies über die A 28, die man bei der Ausfahrt Zwischenahner Meer verläßt. Nach 2 km gelangt der Autotourist an den Flecken **Aue** am Nordostufer. Hier mündet der kleine ***Auebach,*** einer von insgesamt fünf Zuflüssen.

Das rund 12 km lange Seeufer ist mit dem Auto schnell umfahren – seine Reize jedoch erschließen sich besser auf einer Radtour oder einer Wanderung. Auch nicht ganz so flotte Spaziergänger umwandern das Zwischenahner Meer gemütlich in nur 4–5 Stunden.

Auch heute noch erzählt man sich hier in der Gegend, daß der See ein Machwerk des Teufels sei. Die Geschichte über die Entstehung des Gewässers machte die Runde, lange bevor die ersten Kurgäste mit ihren Stellwagen in das von Marsch und Mooren umschlossene Ammerland reisten, um in den Fluten des Zwischenahner Meers Linderung ihrer Leiden zu suchen. Wahrscheinlich wurde sie in einer der heimeligen Fischerkaten geboren, irgendwann im Winter, als das Meer zugefroren war und die Fischer bei einem Korn oder auch zweien ins Klönen kamen.

Als die Bürger von Oldenburg ihre erste Kirche bauten – so erzählten die Fischer einander –, geriet der Teufel darüber derart in Rage, daß er beschloß, die Stadt zu vernichten: Bei Nacht und Nebel riß er einen Wald aus und schritt damit gen Oldenburg. Jedoch war er zu spät dran. Nacheinander krähten drei Hähne, und Stück um Stück mußte der Höllenfürst seine Last ins Moor werfen. An der Stelle aber, wo er die Bäume ausgerissen hatte, befand sich von Stund an ein beinahe kreisrunder See im Erdreich.

Ein Unfall in der Steinzeit

Die Geologen wissen natürlich, daß an dieser Erzählung kein Körnchen Wahrheit ist: Als die Oldenburger ihre erste Kirche bauten, gab es das Zwischenahner Meer schon längst. Es entstand Ende der letzten Eiszeit, vor annähernd 12 000 Jahren, als die hoch-

An stürmischen Tagen macht das Zwischenahner Meer seinem Namen alle Ehre: Man glaubt dann fast, an einer Küste zu stehen.

Bei den Seglern ist es dank seiner günstigen Windverhältnisse sehr beliebt.

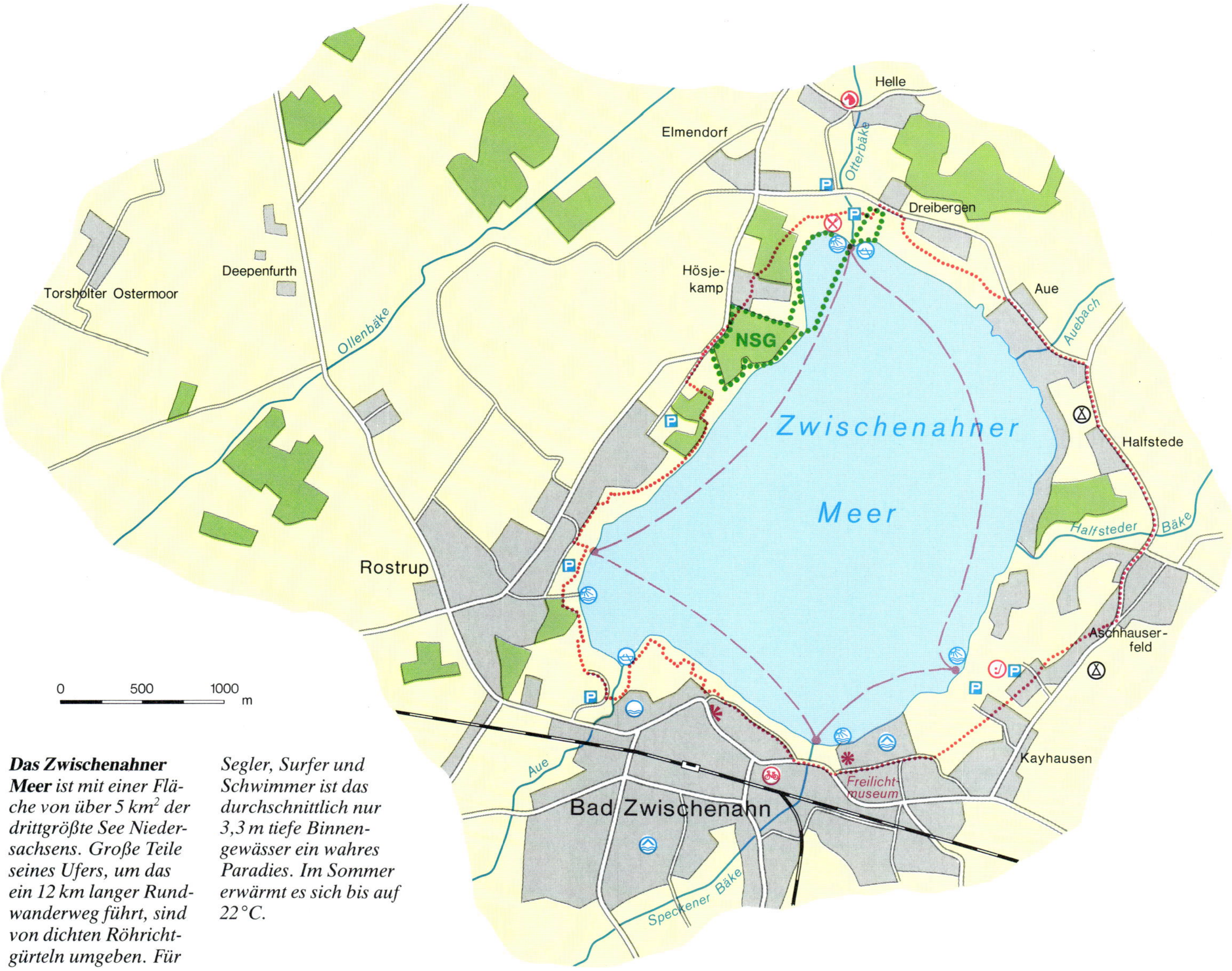

Helle
Elmendorf
Otterbäke
Dreibergen
Deepenfurth
Torsholter Ostermoor
Hösje-
kamp
Aue
Auebach
NSG
Ollenbäke
Zwischenahner
Meer
Halfstede
Halfsteder Bäke
Rostrup
Aschhauser-
feld
0 500 1000 m
Aue
Freilicht-
museum
Kayhausen
Bad Zwischenahn
Speckener Bäke

***Das Zwischenahner Meer** ist mit einer Fläche von über 5 km² der drittgrößte See Niedersachsens. Große Teile seines Ufers, um das ein 12 km langer Rundwanderweg führt, sind von dichten Röhrichtgürteln umgeben. Für Segler, Surfer und Schwimmer ist das durchschnittlich nur 3,3 m tiefe Binnengewässer ein wahres Paradies. Im Sommer erwärmt es sich bis auf 22 °C.*

gewölbte Decke eines wasserdurchspülten Salzstocks einbrach und sich die Einsturzwanne mit Wasser füllte. Guterhaltene Algen, Reste von Tieren und dergleichen in den Seeablagerungen erzählen von seinem Alter und seiner Vergangenheit.

Am idyllischen Ostufer des Sees entlang fährt man auf der landschaftlich reizvollen Straße südwärts. Kurz vor dem kleinen Dorf **Aschhauserfeld** überquert sie die ***Halfsteder Bäke,*** den zweiten Wasserlieferanten des Zwischenahner Meers. Am Südende, wo die ***Speckener Bäke*** und die ***Aue*** das Wasser des Sees zum ***Nordloher Tief*** bringen, das sich seinerseits auf dem Weg zu den ostfriesischen Emsnebenflüssen ***Leda*** und ***Jümme*** (siehe Seite 342) befindet, gab es bereits im 9. Jh. ein bescheidenes Fischerdörfchen namens „Tuschenahn" oder „Twischenahn". Das bedeutet „zwischen den Auen", und leicht kann man

Die Zwischenahner Aale sind weit über die Grenzen des Ammerlands hinaus bekannt. Man ißt den geräucherten Fisch stilgerecht mit den Fingern, und zwischendurch wird ein Zinnlöffel voll Schnaps gereicht. Nach dem Schmaus gibt's noch einen Klaren in die Hand: zum Säubern der fettig gewordenen Finger.

Bei einem Spaziergang durch das Ammerländer Freilandmuseum fühlt man sich in frühere Jahrhunderte zurückversetzt: Anschaulich vermitteln die rekonstruierten Gebäude einen Eindruck vom bäuerlichen Leben längst vergangener Zeiten.

erraten, daß es sich dabei um die Urzelle des heutigen Hauptorts am See, **Bad Zwischenahn,** handeln muß.
Die 1194 erstmals erwähnte Gemeinde ist heute ein gemütliches Fremdenverkehrsstädtchen, das den „Fluch" seiner Lage im Moor, abseits der alten Handelsstraßen, längst in einen Segen verwandelt hat. Seit 1964 ist Bad Zwischenahn ein staatlich anerkanntes Moorheilbad, das alten und jungen Feriengästen eine Fülle von Kur- und Badeeinrichtungen bietet.
Aber auch für Unterhaltung ist reichlich gesorgt: Kurkonzerte und Heimatabende, Segel- und Ruderbootverleih, Spazierfahrten mit der Pferdekutsche und Wassersportmöglichkeiten aller Art sorgen für Zerstreuung. Wegen der günstigen Windverhältnisse zieht es viele Segler an den See, und keinesfalls nur solche, die den Sport als Hobby betreiben. Hier werden jedes Jahr mehrere internationale Regatten veranstaltet und eine Deutsche Segelmeisterschaft ausgetragen.
Eine ganz besondere Attraktion ist das Bad Zwischenahner Spielkasino, das sich bei den Kurgästen wachsender Beliebtheit erfreut. Die im Kurpark direkt am Seeufer gelegenen Gebäude des Ammerländer Freilandmuseums informieren anschaulich über die Lebensbedingungen vergangener Generationen.

Wo man den Schnaps aus Löffeln trinkt . . .

. . . da ißt man den Aal auch mit den Fingern. Beim Streifzug durch die rustikalen Gasthäuser Bad Zwischenahns wird rasch deutlich, daß der Wandel vom Katendorf zum Kurstädtchen dem traditionsverhafteten Brauchtum der Seeanrainer wenig anhaben konnte. Heute wie früher wird der Korn aus kreisrunden Zinnlöffeln getrunken, und zwar mit der linken Hand. Denn die Rechte hat das Tagwerk vollbracht und darf am Abend ausruhen.
Inbegriff dieser urtümlichen Gastlichkeit ist aber der frisch geräucherte Zwischenahner Schmoortaal, zu dem man reichlich Schwarzbrot serviert. Man ißt ihn mit den Fingern – einziges Besteck ist wiederum der Zinnlöffel, denn zwischendurch gibt es daraus einen Schnaps.
Bei einem Spaziergang am Seeufer entlang kann man den Fischern bei ihrer Arbeit zusehen. Die meisten Aale allerdings werden mittlerweile aus Dänemark oder Polen importiert. In Becken, die ständig mit frischem Zwischenahner „Meerwasser" versorgt werden, gibt man den Fischen 10 Tage lang Gelegenheit, sich zu akklimatisieren, bevor sie in die Räuchereien kommen. Berufsfischer und Hobbyangler können außerdem Forellen, Barsche, Hechte, Karpfen und andere Süßwasserfische an Land ziehen.
Von Bad Zwischenahn fährt man an der Westseite entlang über Rostrup weiter nach **Dreibergen** am Nordende, wo die ***Otterbäke*** in den See fließt. Unterwegs gewährt der See interessante Einblicke in seine auf weite Strecken unberührten Uferzonen: Wispernde Schilfhalme, in denen seltene Wasservögel leben, blühende Seerosen-inseln, kleine Wäldchen und Felder, die mancherorts bis an die Ufer heranreichen, sind eine Augenweide.
Rund 10 km nordwestlich von Dreibergen liegt die Hauptstadt des lieblichen Ammerlands, der man unbedingt einen Besuch abstatten sollte: **Westerstede.** Im Stadtteil **Fikensolterfeld** lockt ein 3,3 km^2 großer Vogelpark, in dem 150 heimische und exotische Arten zu bewundern sind, und der Rhododendronpark im Ortsteil **Linswege** verwandelt sich von April bis Juni in ein wogendes Blütenmeer.

Mit dem Schiff auf dem Zwischenahner Meer

Fünf Fahrgastschiffe des Zwischenahner Fähr- und Badebetriebs verkehren zwischen Anfang Mai und Mitte Oktober nach einem festen Fahrplan.
Vom Anleger Strandpark in Bad Zwischenahn starten die einstündigen Rundfahrten um den See. Angelaufen wird Dreibergen am nördlichen Ende und bei Bedarf Rostrup am Südwestufer und Jagdhaus Eiden am Südostufer.
Abfahrtszeiten Mo–Sa 10, 11, 12 Uhr, nachmittags halbstündlich von 14 bis 18 Uhr. So 10, 11, 12 Uhr, nachmittags von 13.30 bis 18 Uhr laufender Rundverkehr. Von Juni bis August gilt ein verstärkter Sommerfahrplan.
Zu Kaffeefahrten lädt das Salon- und Restaurantschiff „MS Ammerland" ein.
Abfahrtszeiten Mo–Sa stündlich von 13.30 bis 16.30 Uhr, So 10.30, 12 Uhr und stündlich von 13.30 bis 17.30 Uhr.
Von 18 bis 23 Uhr liegt das Schiff am Hauptanleger; dann kann man an Bord bei verschiedenen Ammerländer Spezialitäten ein paar gemütliche Stunden verbringen. Bei Veranstaltungen sticht es ab 20 Uhr nochmals in See.
Auskunft Zwischenahner Fähr- und Badebetrieb Bangert & Co., 2903 Bad Zwischenahn, Tel. 04403/2306.

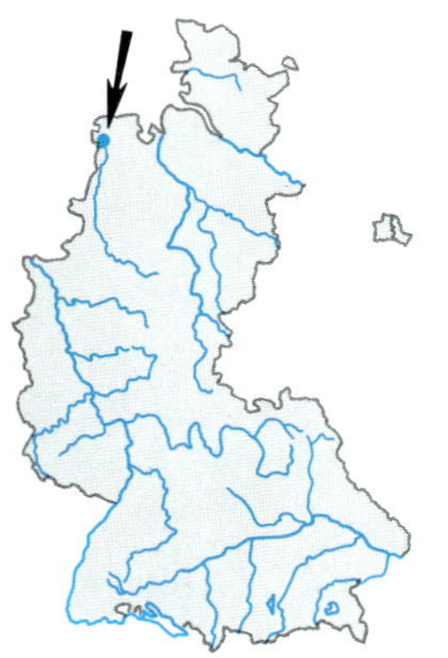

Mitten in Ostfriesland versteckt sich ein Meer

Es ist kein Ostfriesenwitz: Nordöstlich von Emden liegt im Herzen des Südbrookmerlands ein Meer – das Große nämlich. Schamhaft verbirgt es sich hinter dichtem Röhricht. Man entdeckt es erst, wenn man direkt davorsteht.

Keine Angst vorm Großen Meer: Es ist flach wie ein Teich und auch für ungeübte Surfer und Segler absolut ungefährlich.

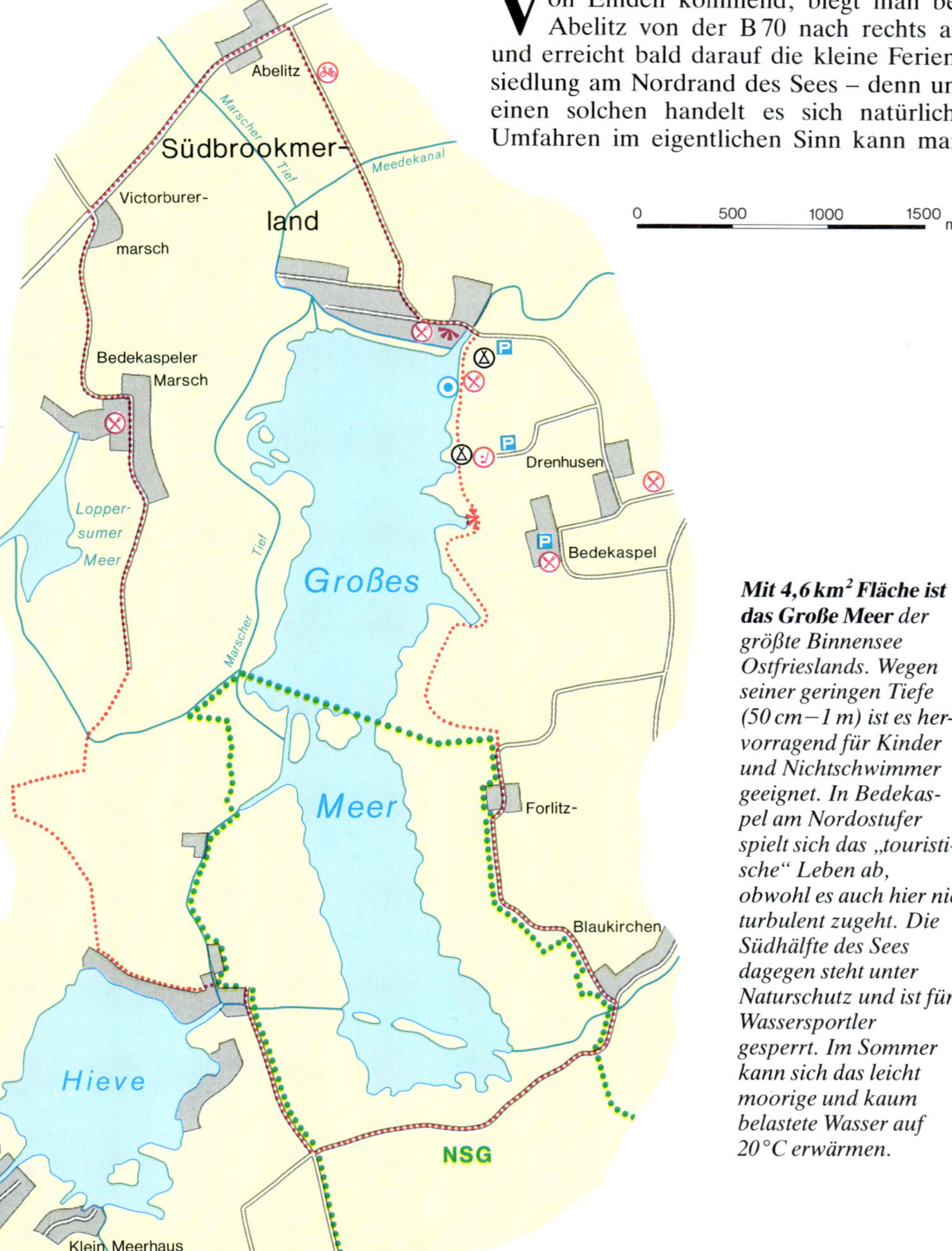

Mit 4,6 km² Fläche ist das Große Meer *der größte Binnensee Ostfrieslands. Wegen seiner geringen Tiefe (50 cm – 1 m) ist es hervorragend für Kinder und Nichtschwimmer geeignet. In Bedekaspel am Nordostufer spielt sich das „touristische" Leben ab, obwohl es auch hier nie turbulent zugeht. Die Südhälfte des Sees dagegen steht unter Naturschutz und ist für Wassersportler gesperrt. Im Sommer kann sich das leicht moorige und kaum belastete Wasser auf 20 °C erwärmen.*

Von Emden kommend, biegt man bei Abelitz von der B 70 nach rechts ab und erreicht bald darauf die kleine Feriensiedlung am Nordrand des Sees – denn um einen solchen handelt es sich natürlich. Umfahren im eigentlichen Sinn kann man ihn nicht. Allein am Ostufer führt eine kleine Straße über **Bedekaspel** zum Südende des Gewässers, doch auch sie verliert sich im Nichts oder, besser gesagt, im Moor.

Von Wassersportlern und Wasservögeln wird das Große Meer gleichermaßen als Refugium beansprucht: Als einer der letzten Flachmoorseen Ostfrieslands bietet es beiden ideale Bedingungen. An den Wochenenden ist die blaue Wasserfläche mit bunten Segeln gesprenkelt; dann befinden sich der See und seine beiden Nachbarn ***Loppersumer Meer*** und ***Hieve,*** mit denen er durch kleine Gräben und Kanäle verbunden ist, fest in der Hand der Segler und Surfer. Das Große Meer eignet sich auch für die Anfänger unter den Windjüngern. Sollte die Segeljolle einmal kentern, so dreht man sie, im Wasser stehend, einfach wieder um.

Wochentags, wenn es ruhiger ist und die Angler das Meer bevölkern, lohnt eine Wanderung zur Südhälfte des Sees, die ein einziges großes Naturschutzgebiet ist. Im schilfbewachsenen Ufergürtel brüten seltene Sumpf- und Wasservögel.

Das Große Meer befindet sich in ständiger, wenn auch unmerklicher Bewegung. Da zumeist ein frischer Westwind weht, verlandet das im Windschatten liegende westliche Ufer zusehends. Zu den Pionierpflanzen, die das neugewonnene Land in Besitz nehmen, gehört auch das Ried, mit dem hier seit Jahrhunderten die Dächer gedeckt werden. Der Verlandung des Westufers steht aber ein ständiger Landabbruch an der Ostseite gegenüber: So verschiebt sich das Große Meer ganz allmählich in östlicher Richtung.

Alljährlich zu Pfingsten wird in Greven ein farbenprächtiger internationaler Ballonwettbewerb veranstaltet: die Montgolfiade.

Ems

Rheda-Wiedenbrück Doppelstadt am Oberlauf der Ems mit aufwendig verzierten Fachwerkhäusern in der romantischen Altstadt.
Rund um das von der Ems und einem Burggraben umgebene Rhedaer Wasserschloß wurden weitläufige Parkanlagen geschaffen: Künstliche Seitenarme vermitteln einen Eindruck von der ehemals natürlichen Auenlandschaft der Ems.
Stadtverwaltung, Rathausplatz 13, 4840 Rheda-Wiedenbrück, Tel. 05242/4140

Warendorf Ehemalige Handelsstadt mit historischem Kern im östlichen Münsterland.
Im September und Oktober finden die bei Pferdefreunden so beliebten Hengstparaden statt, und anläßlich des Vieh- und Fettmarkts Mitte Oktober werden Reitturniere veranstaltet.
Am Emstor wurde ein Altarm des Flusses zum Emssee erweitert, der sich zu einem beliebten Freizeitzentrum entwickelt hat.
Eine Münsterländer Spezialität ist das Pättkesfahren: Abseits der großen Straßen kann man sich auf alten Bauernwegen – den sogenannten Pättkes – überall im Land die schöne Gegend „erradeln" – entweder auf eigene Faust oder in geführten Gruppen.
Verkehrsamt, 4410 Warendorf, Tel. 02581/2625

Das Freilicht-Moormuseum im Geester Ortsteil Hesepe veranschaulicht Torfabbau und Moorkultivierung im Emsland.

Greven Historisches Städtchen im nördlichen Münsterland.
Jedes Jahr zu Pfingsten wird auf dem Flughafen Münster-Osnabrück die bekannte Montgolfiade veranstaltet. Wer Gefallen an den bunten Heißluftballons gefunden hat, kann als Passagier an einer luftigen Lustfahrt teilnehmen.
Ein besonderes Erlebnis sind die sogenannten Greven-Touren, die im Sommer angeboten werden. Auf kombinierten Kanu-, Rad- und Planwagenfahrten lernt man die reizvolle Umgebung mit ihren Wasserburgen, Heiden, Wiesen und Weiden kennen.
Verkehrsverein, Alte Münsterstraße 23, 4402 Greven, Tel. 02571/1300

Emsdetten Alte Leinen- und Jutestadt am Oberlauf der Ems.
Zu den besonderen Touristenattraktionen gehört das Wasserwandern. Die fachkundig geführten Kanutouren starten im Ortsteil Hembergen. Angeboten werden Tagestouren, kombinierte Kanu- und Fahrradtouren, Mehrtagestouren und eine 12-Tage-Tour von Emsdetten bis Emden. An Selbstfahrer werden auch Kanus verliehen.
Nordwestlich der Stadt liegt das Emsdettener Venn, ein rund 5000 Jahre altes Hochmoor, in dessen unter Naturschutz gestelltem Kern sich charakteristische Pflanzen erhalten haben.
Verkehrsverein, 4407 Emsdetten, Tel. 02572/82666

Rheine Historische Brückenstadt mit schmuckem Marktplatz im nördlichen Münsterland.
Im Ortsteil Bentlage lohnt ein Besuch im Tierpark. Die Tiere leben hier – soweit das möglich ist – in Freiheit. Hauptattraktion ist der Affenwald: Nordafrikanische Berberaffen laufen frei umher, und nicht nur Kindern macht der „hautnahe" Kontakt zu den friedlichen Tieren großen Spaß.
Ein Freizeitvergnügen besonderer Art ist eine Flußpartie mit dem „Emsköppke". Von April bis Ende September gibt es Mi und So die Möglichkeit, mit dem Boot flußaufwärts nach Emsdetten zu schippern (bei niedrigem Wasserstand nur bis Bocholt). Abfahrt 13.15 Uhr ab Timmermannsufer; nach Aufenthalt in Bocholt/Emsdetten Ankunft in Rheine 18.30 Uhr.
Verkehrsverein, Bahnhofstraße 14, 4440 Rheine, Tel. 05971/54055

Lingen Alter Festungsort mit reizvoller Altstadt.
Vom Neuen Hafen startet von Ostern bis Ende September täglich um 14.30 Uhr ein Boot zu Ausflugsfahrten nach Hanekenfähr. Ankunft 15.30 Uhr, Rückfahrt 17 Uhr.
Informationsbüro, Elisabethstraße 14–16, 4450 Lingen, Tel. 0591/82335

Beim Gallimarkt in Leer wird begutachtet, gehandelt und gefeilscht, und manch ein Rindvieh wechselt den Besitzer.

Geeste Aus sieben Ortsteilen gebildete Gemeinde zu beiden Seiten der Ems. Unbedingt sollte man sich im Ortsteil Groß-Hesepe das Emsland-Moormuseum anschauen, das sich seit 1975 im Aufbau befindet. Vom Torfbagger über den Moorpflug bis hin zur Ballenpresse findet man hier alle Geräte und Maschinen, die zum mechanischen Torfabbau und zur Weiterverarbeitung eingesetzt werden. Durch das Freilichtmuseum führt ein Lehrpfad. Öffnungszeiten ganzjährig Di–So 9–18 Uhr, Führungen nach Vereinbarung.
Gemeindeverwaltung Rathaus Dalum, 4478 Geeste, Tel. 05937/8131

Meppen Im Mündungsdreieck von Hase und Nordradde gelegener Ort mit sehenswerter Altstadt.
Eine südlich von Holthausen abgeschnittene Emsschleife birgt eines der schönsten Naturschutzgebiete des Landkreises: Das „Borkener Paradies" liegt nordöstlich vom Stadtteil Versen und ist von dort aus zu Fuß zu erreichen.
Stadtverwaltung, Markt 43, 4470 Meppen, Tel. 05931/1530

Haren Alte Schifferstadt an Ems und Haren-Rütenbrock-Kanal.
Im Kanal liegen nachgebaute Harener Schiffstypen vor Anker. Dieses Freilichtschiffahrtsmuseum kann ganzjährig So 15–18 Uhr besichtigt werden.
Im westlichen Ortsteil Dankern gruppiert sich ein großes Ferienzentrum um das gleichnamige Wasserschloß; der Dankernsee bietet Gelegenheit zu vielseitigen Wassersportaktivitäten. Ausflugsfahrten auf der Ems runden das breitgefächerte Erholungsprogramm ab. Die MS „Amisia" läuft von Mai bis August So um 14.30 Uhr zu einer dreistündigen Kaffeefahrt aus.
Stadtverwaltung, 4472 Haren, Tel. 05932/8225

Lathen Samtgemeinde im nördlichen Emsland.
Technisch Interessierte sollten sich die Teststrecke und das Versuchszentrum der Magnetschwebebahn ansehen. Nach Voranmeldung besteht die Möglichkeit zu einer Führung durch die Anlage.
Gemeindeverwaltung, 4474 Lathen, Tel. 05933/4455

Papenburg Älteste Moorkolonie der Bundesrepublik Deutschland im nördlichen Emsland.
Im Heimatmuseum (Öffnungszeiten ganzjährig Mi und Sa 15–17 Uhr) erfährt man alles über die emsländische Moorkolonisierung und den Papenburger Segelschiffbau. Im Van-Velen-Museum informieren alte Fehnhäuser und Pütten über die Entstehung der Moorkolonie. Führungen durch das Freilichtmuseum finden ganzjährig Sa und So um 15 Uhr und nach Vereinbarung

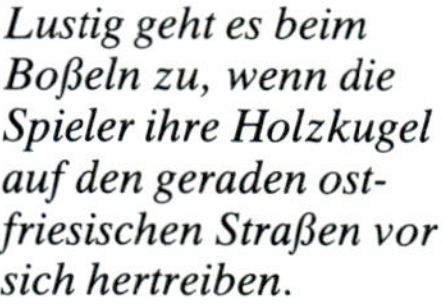

Lustig geht es beim Boßeln zu, wenn die Spieler ihre Holzkugel auf den geraden ostfriesischen Straßen vor sich hertreiben.

Wie hier am Prinzipalmarkt wurden viele im Zweiten Weltkrieg zerstörte Münsteraner Häuser originalgetreu wiederaufgebaut.

Am 25. Oktober reiten die Osnabrücker Viertkläßler mit ihren Steckenpferden zum Rathaus, wo jeder eine Brezel bekommt.

statt. Das Freilichtmuseum der Binnenschiffahrt ist wohl die größte Attraktion in Papenburg: In den zahllosen Kanälen liegen nach Originalplänen nachgebaute Exemplare der in den letzten 250 Jahren hier gefertigten Schiffe vor Anker. Die ganzjährig zugängliche Anlage läßt sich am schönsten mit dem Fahrrad erkunden.
Nördlich von Tunxdorf wurde eine 2 km lange Flußschlinge unter Naturschutz gestellt. Eine Wanderung zu diesem Vogelparadies ist durchaus lohnend.
Stadtverwaltung, 2990 Papenburg 1, Tel. 04961/82221

Leer Schmucke alte Hafenstadt an Leda und Ems mit schön verzierten Kaufmannshäusern als Zeugen einer reichen Bürgerkultur. Mitte Oktober zum Gallimarkt, einer Kombination aus Kirmes und Viehmarkt, geht es im „Tor Ostfrieslands" eher rustikal zu. Ohne Zweifel ist der Gallimarkt der gesellige Höhepunkt des Jahres.
Stadtverwaltung, 2950 Leer, Tel. 0491/820

Emden Alte Seehafenstadt an der Mündung der Ems in den Dollart.
Nicht entgehen lassen sollte man sich eine Hafenrundfahrt; die Boote liegen am Ratsdelft. Abfahrtszeiten Mo–Sa stündlich 8–11 und 13–18 Uhr, So stündlich 10–11 und 14–18 Uhr.
Hier und anderswo in der Gegend frönt man dem ostfriesischen Nationalsport, dem Boßeln. Auf den schnurgeraden Straßen treiben die Spieler eine Holzkugel kilometerweit vor sich her – ein Spektakel, das immer seine begeisterten Zuschauer findet.
Vom Emder Außenhafen besteht eine Fährverbindung zur Insel Borkum. Von 8 bis 17 Uhr läuft viermal täglich ein Schiff aus; die Überfahrt dauert etwa 2 Stunden.
Stadtverwaltung, Gräfin-Anna-Straße, 2970 Emden, Tel. 04921/871

Werse

Münster Westfalenmetropole mit berühmtem Dom. Das touristische Angebot ist schier unüberschaubar: Urtümliche Feste wie das Lambertusfest im September, zahlreiche Museen, ein Freizeitzentrum am Aasee und schöne Wanderwege entlang der Werse bieten für jeden Geschmack etwas. Vergnüglich für groß und klein ist ein Besuch im modernen Allwetterzoo.
Verkehrsverein, Berliner Platz 22, 4400 Münster, Tel. 0251/510180

Vechte

Nordhorn Hauptort der Grafschaft Bentheim dicht an der niederländischen Grenze.
Der Vechtesee, ein beliebtes Naherholungszentrum, bietet Gelegenheit zu vielfältigen Wassersportaktivitäten. Durch die Moor- und Heidegebiete der Umgebung führen markierte Wanderwege, und vom Flugplatz Klausheide werden Rundflüge angeboten.
Verkehrsverein, Hagenstraße 40, 4460 Nordhorn, Tel. 05921/13036

Hase

Osnabrück Historischer Ort am Oberlauf der Hase mit einem mächtigen Dom.
In Erinnerung an den 25. Oktober 1650 findet hier jedes Jahr ein großes Stekkenpferdreiten statt. Damals hatten die Bürger der Stadt vergessen, auch die Kleinen zu einem großen Fest anläßlich des zwei Jahre zuvor geschlossenen Westfälischen Friedens einzuladen; daraufhin sattelten die Kinder ihre Steckenpferde und zogen auf eigene Faust zum Rathaus.
Fremdenverkehrsamt, Markt 22, 4500 Osnabrück, Tel. 0541/3232202

Quakenbrück Romantischer Hauptort des Artlands mit schönen alten Fachwerkhäusern.
Mehrere Hasearme durchströmen die Stadt und verleihen ihr einen ganz eigenen Reiz. Am Ufer führt ein Fisch- und Gewässerlehrpfad entlang.
Stadtverwaltung, Am Markt 1, 4570 Quakenbrück, Tel. 05431/1820

Nordradde

Sögel Erholungsort und Samtgemeinde in der sanfthügeligen Geestlandschaft des Hümmlings.
Die bronzezeitlichen Grabstätten, die man überall in der Gegend findet, zeugen von der reichen Frühgeschichte des Hümmlings. In der Mitgliedsgemeinde Groß-Berßen liegt das größte Hünengrab mit neun gewaltigen Steinen, das sogenannte Königsgrab.
In Hüven sollte man sich die Mühle ansehen. Sie ist im Emsland einmalig: Der Müller konnte sie mit Wasser oder Wind betreiben.
Gemeindeverwaltung, 4475 Sögel, Tel. 05952/1032

Zwischenahner Meer

Bad Zwischenahn Gemütliches Moorheilbad am Südende des Sees.
Das Freilichtmuseum „Ammerländer Bauernhaus" zeigt auf einem 4 ha großen Gelände Beispiele der historischen Wohnkultur und des alten Handwerks. Öffnungszeiten im Sommer täglich 9–18 Uhr, im Winter 10–17 Uhr.
Kurverwaltung, 2903 Bad Zwischenahn, Tel. 04403/59081

Soeste

Cloppenburg Urbanes Zentrum des nach der Stadt benannten Bauernlands am Oberlauf der Soeste.
Im Niedersächsischen Freilichtmuseum breitet sich auf einer 20 ha großen Fläche vor den Augen des Besuchers ein lebendiges historisches Landleben aus: Um den Dorfteich gruppieren sich 50 Bauernhäuser und Handwerksgebäude und drei Windmühlen; Schafe, Kühe und sonstiges Vieh runden das Bild ab. Öffnungszeiten im Sommer Mo–Sa 8–18, So 9–18 Uhr, im Winter Mo–Sa 9–17, So 10–17 Uhr.
Stadtverwaltung, Sevelter Straße 8, 4590 Cloppenburg, Tel. 04471/1850

Ems-Jade-Kanal

Aurich Ehemalige Residenz und „heimliche Hauptstadt" Ostfrieslands.
Vom Auricher Hafen aus besteht die Gelegenheit zu einer idyllischen Kanalfahrt nach Bangstede und zurück (Fahrtzeit 3 Stunden).
Das Schiff legt von Mai bis September Di und Sa um 14 Uhr ab, im Juli und August zusätzlich Mi, Do und Fr 14 Uhr.
Verkehrsverein, 2960 Aurich, Tel. 04941/4464

Die Weser

Die Weser im Überblick

Solche Ausblicke, hier auf Wahmbeck in der Nähe von Beverungen mit seiner altgedienten Flußfähre, machen den Reiz des oberen Wesertals aus.

Der Fluß in Zahlen

Länge: 440 km, mit der Werra 732 km.
Breite: am Zusammenfluß von Fulda und Werra 50 m, bei Minden 100 m, in Bremen 150–200 m, bis zur Mündungsbucht Verbreiterung auf 1,5 km.
Einzugsbereich: 41 094 km^2, einschließlich Fulda und Werra 53 552 km^2.
Wasserführung: bei Münden 105 m^3/s, unterhalb der Allermündung 312 m^3/s.

Landschaft

Die Weser entsteht durch die Vereinigung von Fulda und Werra bei Münden in 120 m Höhe. Die Fulda entspringt in der Rhön und quert das Hessische Bergland in einer weiten Talsenke.
Der Ursprung der Werra liegt an der Südflanke des Thüringer Waldes. Bewaldete Buntsandsteinhänge begleiten den Fluß über weite Strecken durch die Senke zwischen Thüringer Wald und Rhön.
Die Oberweser zwängt sich zwischen bis zu 300 m hohen Steilhängen durch das Weserbergland. Wo sie weichere Gesteinsschichten ausgeräumt hat, weichen die Berge zurück und machen kleineren Becken Platz. Durch die Porta Westfalica, eine markante Pforte zwischen Wiehen- und Wesergebirge, tritt die Weser ins Norddeutsche Tiefland ein. Als Mittelweser windet sie sich bis zur Allermündung durch eine rund 3 km breite Talniederung. Im weiteren Verlauf folgt sie dem eiszeitlichen Aller-Weser-Urstromtal, in dem sie von breiten Flußmarschen begleitet wird. Ab Bremen ziehen sich am Ufer der Unterweser Schutzdeiche entlang, da sie nun von den Gezeiten beeinflußt wird. Bei Bremerhaven mündet sie in einer trichterförmigen Bucht ins Wattenmeer, das sie in einer tiefen Stromrinne, der sogenannten Außenweser, durchströmt.

Natur

Salz aus den Kaligruben an der Werra und Abwässer aus Industriebetrieben belasten die Weser erheblich. Vom ursprünglichen Artenreichtum der Wassertierwelt ist kaum etwas geblieben. Am besten kommen noch die Aale mit dem verschmutzten Wasser zurecht. Schollen und andere Meeresfische dringen weit in die Unterweser vor, und selbst Nordseegarnelen haben sich mit dem salzhaltigen Wasser angefreundet.
Das Weserbergland ist überwiegend waldbedeckt. Fichten, Eichen und Buchen herrschen vor. Die höher gelegenen, wildreichen Waldgebiete sind als Naturparks ausgewiesen. Sie beherbergen sogar freilebende Waschbären und Mufflons, die vor geraumer Zeit ausgesetzt wurden.
Am Nordrand des Aller-Weser-Urstromtals zog sich einst ein geschlossener Dünenstreifen entlang, der während der letzten Eiszeit aufgeweht wurde. Bei Verden haben sich einige freiliegende Wanderdünen bis heute erhalten.

Geschichte

Das Weserbergland war schon in frühester Zeit ein Durchgangsgebiet zwischen Süden und Norden. Zur Zeit Karls des Großen wurde das verkehrsgünstige Tal der Oberweser durch Burgen gesichert. Zum kulturellen Mittelpunkt entwickelte sich die 822 gegründete Abtei Corvey bei Höxter.
Im 12. Jh. baute der Welfenherzog Heinrich der Löwe seinen Machtbereich zielstrebig aus. Die Weser gehörte für kurze Zeit zum Herzogtum Sachsen, geriet aber dann in die Einflußsphäre der verschiedensten Herrschaftshäuser. Immer wieder kam es zu kriegerischen Auseinandersetzungen, wobei sich das Interesse der beteiligten Seiten oft maßgeblich auf das Wesertal richtete. Von großer strategischer Bedeutung war seit eh und je der Weserdurchbruch bei Minden, die Porta Westfalica.

Siedlungen

Das enge Tal der oberen Weser war zwar eher siedlungsfeindlich, doch kristallisierten sich an wichtigen Übergängen einige Marktorte heraus, die zu Städten heranwuchsen. Beispiele sind Beverungen, Holzminden und Hameln.
Die alte Bischofsstadt Minden entstand als Fischerort am Weserübergang einer wichtigen Handelsstraße. Die Stadt entwickelte sich im Mittelalter zu einem blühenden Handelsplatz. Unterhalb von Minden reihen sich die Siedlungen an den Rändern der hochwassersicheren Geest auf. Bremen ging aus einer Fischersiedlung hervor, die auf einem schmalen Dünenrücken zwischen Moor und Marschland gegründet wurde. Als Bischofssitz erhielt Bremen bereits um 1200 eine Befestigung, und der Beitritt zur Hanse 1358 bedeutete den endgültigen Aufstieg zu einer wohlhabenden Handelsstadt.

Schiffahrt

Zwar hat die Unterweser eine große Bedeutung für die Seeschiffahrt, doch ansonsten fristet die Weserschiffahrt ein bescheidenes Dasein. Auf der Unterweser hatten die Schiffe von jeher mit der Versandung zu kämpfen. Anfang des 19. Jh. war sogar Bremens Funktion als Seehafen in Gefahr – 1827 wurde deshalb an der Wesermündung Bremerhaven gegründet. Erst nach dem Ausbau der Unterweser in den Jahren 1887–1895 war der Weg zum Bremer Überseehafen dauerhaft gesichert.
Für die Schiffahrt auf der Mittelweser waren zwei Daten von Bedeutung: die Anbindung an den 1914 fertiggestellten Mittellandkanal bei Minden und die Kanalisierung (1936–1961). Die Wasserstraße wurde allerdings nur für Schiffe bis zu einer Tragfähigkeit von 1000 t ausgelegt.
Auf der Oberweser verkehren in erster Linie Ausflugsschiffe. Für größere Frachtkähne ist sie nicht befahrbar.

Weser

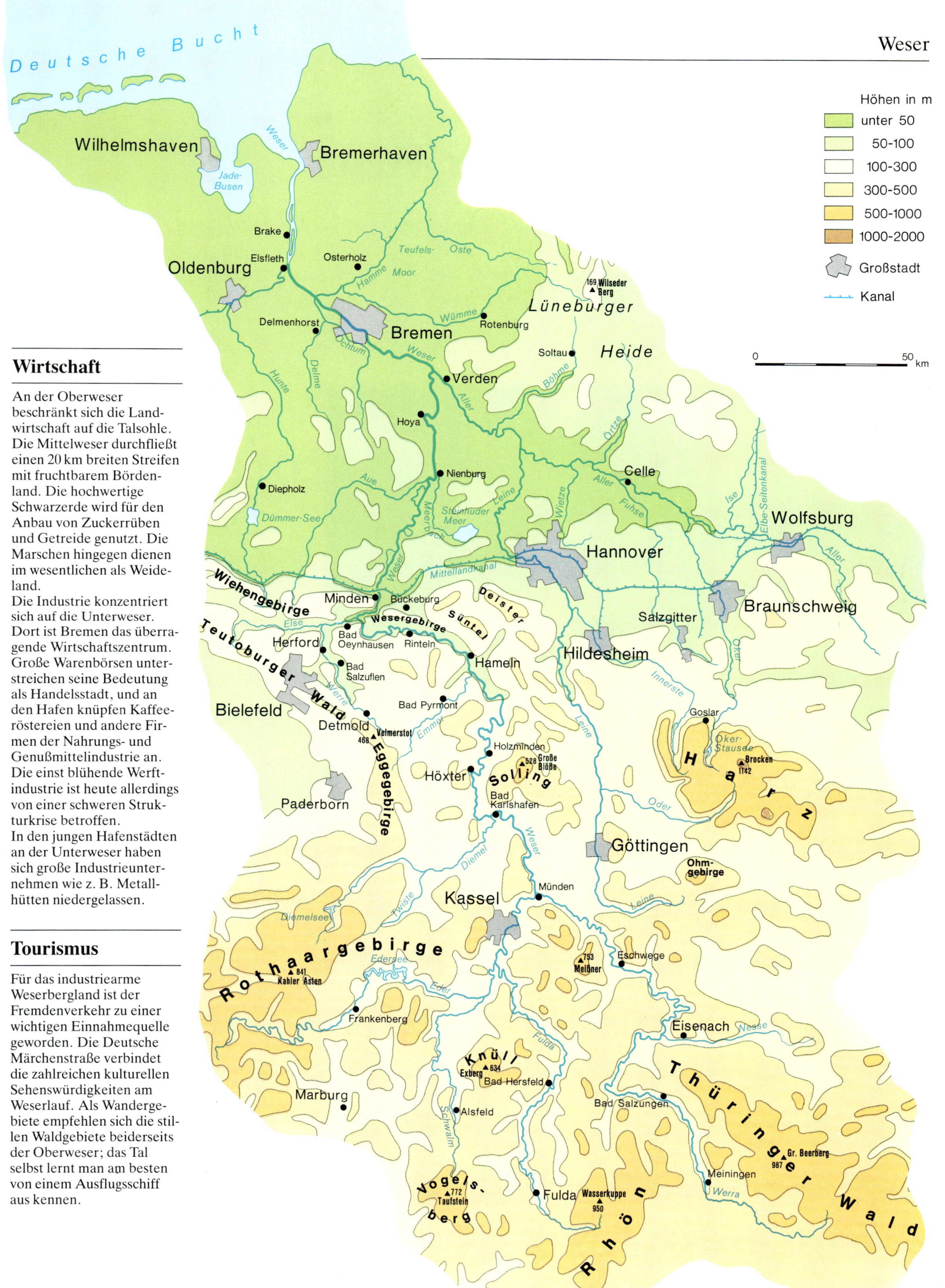

Wirtschaft

An der Oberweser beschränkt sich die Landwirtschaft auf die Talsohle. Die Mittelweser durchfließt einen 20 km breiten Streifen mit fruchtbarem Bördenland. Die hochwertige Schwarzerde wird für den Anbau von Zuckerrüben und Getreide genutzt. Die Marschen hingegen dienen im wesentlichen als Weideland.
Die Industrie konzentriert sich auf die Unterweser. Dort ist Bremen das überragende Wirtschaftszentrum. Große Warenbörsen unterstreichen seine Bedeutung als Handelsstadt, und an den Hafen knüpfen Kaffeeröstereien und andere Firmen der Nahrungs- und Genußmittelindustrie an. Die einst blühende Werftindustrie ist heute allerdings von einer schweren Strukturkrise betroffen.
In den jungen Hafenstädten an der Unterweser haben sich große Industrieunternehmen wie z. B. Metallhütten niedergelassen.

Tourismus

Für das industriearme Weserbergland ist der Fremdenverkehr zu einer wichtigen Einnahmequelle geworden. Die Deutsche Märchenstraße verbindet die zahlreichen kulturellen Sehenswürdigkeiten am Weserlauf. Als Wandergebiete empfehlen sich die stillen Waldgebiete beiderseits der Oberweser; das Tal selbst lernt man am besten von einem Ausflugsschiff aus kennen.

In Doppelkurven auf dem Weg zur Weser

Wie die Donau hat auch die Weser zwei Quellflüsse – Fulda und Werra. Beide sind sie so groß, daß man vergißt, daß es sich „nur" um die Wegbereiter der Weser handelt. Sie haben allerhand zu bieten: hübsche ländliche Flecken und Städte, Wälder und verschwiegene Täler.

Die Wasserkuppe ist vor allem durch die Segelflieger bekannt geworden. Ihren Namen trägt sie zu Recht: Rund 30 Quellen gibt es hier, darunter die der Fulda.

Der mächtige, kahle Bergrücken ist markant: Über die wellige, braungrüne Rhönlandschaft erhebt sich die 950 m hohe Wasserkuppe. So quellenreich wie sie ist kaum ein anderer Berg; fast 30 kleinere und größere Bäche entspringen an ihren Flanken. Diesen ungewöhnlichen Reichtum verdankt sie ihrem Gesteinsaufbau. Unter einer Kappe wasserdurchlässigen Gesteins liegen Tuffschichten, die das Wasser stauen und am Berghang zum Austritt zwingen. Auf diese Weise entsteht 500 m unterhalb des Gipfels auch die ***Fulda.***

Fünf Bänke und ein Gedicht

Der Autofahrer erreicht die Fuldaquelle von Süden über die A 7 (Ausfahrt Bad Brückenau/Wildflecken) und weiter auf einer landschaftlich sehr reizvollen Straße, die nach rund 18 km vor Gersfeld auf die B 279 trifft. Bei Gersfeld wechselt man auf die B 284 und biegt 7 km weiter nach links zur Wasserkuppe ab. Gleich neben der Straße, die zu den Parkplätzen 1 km unterhalb des Gipfels führt, liegt die Fuldaquelle – fünf Bänke zur Rast, kaum Publikum, ein Gedicht:

„Hier halte Rast! Dich labt die Quelle
der Fulda, die mit klarer Welle
den Bergfluß rauschend trägt einher.
Sie wächst, zur Werra hingezogen,
zum deutschen Strom und senkt die Wogen
als Weser schiffbelebt ins Meer."

Ein Ausflug auf die Wasserkuppe lohnt sich aber noch aus einem weiteren Grund: Sie ist

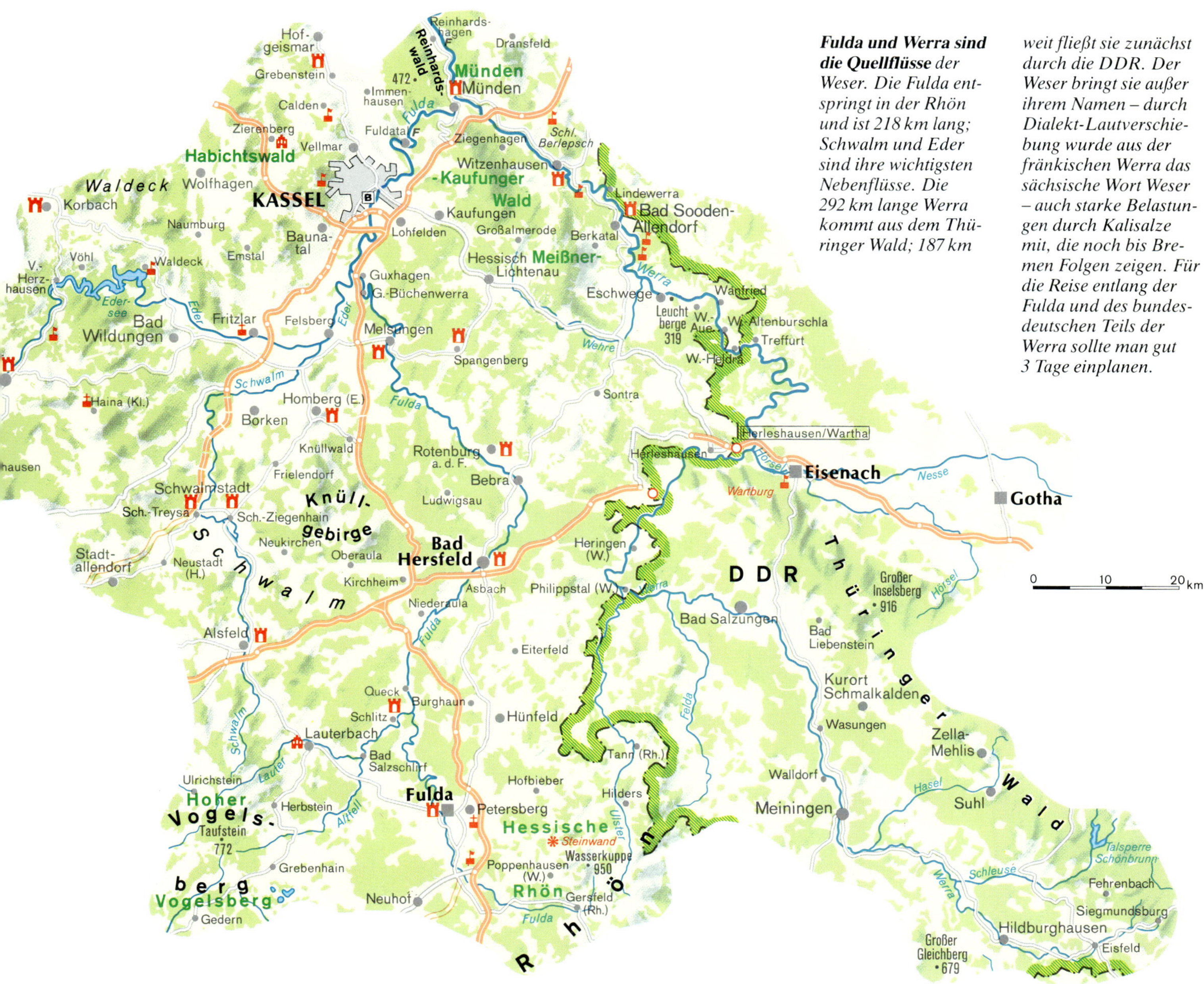

__Fulda und Werra sind die Quellflüsse__ der Weser. Die Fulda entspringt in der Rhön und ist 218 km lang; Schwalm und Eder sind ihre wichtigsten Nebenflüsse. Die 292 km lange Werra kommt aus dem Thüringer Wald; 187 km weit fließt sie zunächst durch die DDR. Der Weser bringt sie außer ihrem Namen – durch Dialekt-Lautverschiebung wurde aus der fränkischen Werra das sächsische Wort Weser – auch starke Belastungen durch Kalisalze mit, die noch bis Bremen Folgen zeigen. Für die Reise entlang der Fulda und des bundesdeutschen Teils der Werra sollte man gut 3 Tage einplanen.

das Mekka der Segelflieger. Schon 1911 wurden die ersten auf und über der Wasserkuppe gesichtet. Der Berg wurde bei ihnen deswegen so beliebt, weil sein breites, waldfreies Gipfelplateau für die begehrte Thermik sorgt. Schon im Jahr 1912 flog ein Pionier namens Hans Gutermuth eine Strecke von 838 m in 112 Sekunden, was damals Weltrekord bedeutete. Und unten im Tal staunten die Leute über die „Verrückten“ von der Rhön. Ihren Flugzeugen gaben sie seltsame Namen, „Blaue Maus“, „Besenstiel“ oder „Vampyr“, sich selbst nannten sie „Rhön-Indianer“. Sie trugen mit Vorliebe Knickerbocker und badeten im kalten Wasser der Fuldaquelle.

Noch heute gehört der höchste Berg der Rhön den Segelfliegern. Ihr Publikum ist gewaltig gewachsen; an manchen Tagen finden bis zu 20000 Besucher zu Flugvorführungen den Weg zum Gipfel. Wer nicht zu einem Rundflug einsteigt, der besichtigt wenigstens die Oldtimer im Segelflugmuseum oder schaut den Nachfahren der Luftpioniere, den Drachenfliegern, zu.

Die Straße zur Wasserkuppe ist Bestandteil des Hochrhön-Rings. Die 40 km lange Rundtour ist gekennzeichnet mit einer Silberdistel und erschließt dem Autofahrer die flachwelligen Hochplateaus, die langen Höhenzüge und die tief eingekerbten Täler der typischen Rhönlandschaft.

Von der Quelle purzelt die Fulda bergab ins Tal; auf 8 km beträgt der Höhenunterschied stattliche 450 m. Auf den ersten 6 km begleitet ein hübscher Wanderweg den Bach bis **Gersfeld.** Mit seinen drei Schlössern und dem vielfältigen Freizeitangebot wird der Ferienort als „heimliche Hauptstadt der Rhön“ bezeichnet.

Von Gersfeld folgt die B 279 der Fulda auf ihrem Weg durch den Naturpark Hessische Rhön. Die Wälder, die weiten Moore und die Wiesen des Parks sind zu Lebensräumen für viele seltene Tiere und Pflanzen geworden. Vom schön gelegenen **Ebersburg-Schmalnau** aus begleiten Nebenstraßen das Flüßchen nach **Fulda,** der berühmten Barockstadt, der es seinen Namen gegeben hat. Das Fuldatal zwischen Gersfeld und Fulda kann man aber auch noch auf andere Weise erforschen: auf dem 25 km langen Fuldatalweg oder – als bequemere Alternative, die sich auch gut mit einer Wanderung kombinieren läßt – mit der Eisenbahn, die die beiden Orte über ein knappes Dutzend Haltestellen verbindet. In Fulda ist der Wiesenbach schon ein richtiges Flüßchen geworden, über das ausgewachsene Brükken führen. Die schönste ist kurz vor der

Ein selten gewordenes Schauspiel: Birkhähne bei der Balz im Naturpark Rhön. Hier gibt es Naturschutzgebiete mit reichem Tier- und Pflanzenvorkommen; Besucher dürfen auf Knüppeldämmen hindurchwandern.

Stadt die steinerne, zehnbogige Johannisbrücke von 1771 mit ihren Barockheiligen. Zwischen den alten Klosterstädten Fulda und dem weiter flußabwärts gelegenen Bad Hersfeld waren vor langer Zeit Mönche mit dem Einbaum unterwegs zu Besuch und Gegenbesuch – ein Weg, der ihnen sicherer erschien als der Fußmarsch durch die dunklen Wälder.

Von Fulda aus lohnt durchaus noch ein Abstecher in den Naturpark Hessische Rhön, an dessen Grenze der Fluß entlangführt. Die B 458 bringt den Autofahrer direkt zur rund 10 km entfernten Steinwand nahe Friesenhausen, deren mächtige, bis zu 25 m hohe Steinsäulen zu den jüngsten Erscheinungen des Rhönvulkanismus gehören. Von ihrer Höhe – Kletterer ersteigen die Südseite, Wanderer die flacher ansteigende Nordseite – hat man einen herrlichen Blick auf die Rhön und das Fuldaland.

Durch Wiesengrund, an so mancher alten Mühle vorbei, kurven der Fluß und ein idyllisches Nebensträßchen miteinander von Fulda nordwärts. Nichts Sensationelles am Wege: stilles, freundliches Bauernland, Äcker am Schräghang, waldige Kuppen. In der Höhe des Erholungsorts **Niederaula,** vor dem die B 62 zum Fluß stößt, wird die Fulda besonders schlingenreich. Der Südhang des Knüllgebirges mit seinen dunkelgrünen Höhenzügen erstreckt sich bis zum Fluß; herrliche Mischwälder laden zum Wandern ein.

Die B 62 führt direkt ins städtische Zentrum der Gegend, nach **Bad Hersfeld.** Am südlichen Ortsrand liegt neben der Eichmühle Schloß Eichhof – Sommerresidenz der Hersfelder Äbte, im 14. Jh. als Wasserburg errichtet, im 16. Jh. im Renaissancestil umgebaut. In der Mitte der alten Kloster- und Festspielstadt liegt die gotische Stadtkirche, deren Turm man über 222 Stufen besteigen kann. Belohnt wird man mit einem weiten Blick über die Stadt und das Fuldatal bis hinüber zur Rhön. Aus östlicher Richtung nähert sich die Werra der Fulda hier bis auf 15 km.

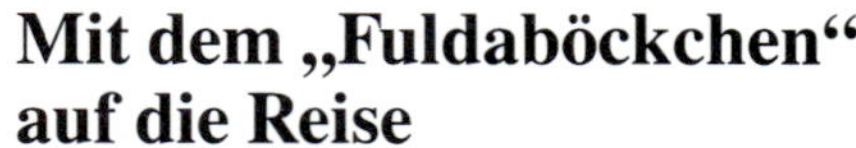

Mit dem „Fuldaböckchen" auf die Reise

Fuldaabwärts führt die B 27 am Fluß entlang nach **Bebra,** dem Eisenbahnknotenpunkt. Zum hübschen Städtchen **Rotenburg** ist es nicht mehr weit. Auf diesem Flußabschnitt sieht man in den Sommermonaten das Floß „Fuldaböckchen" auf der Reise. Es ist nach den flachen schwarzen Kähnen benannt, den Fuldaböcken, die bis zur Mitte des 19. Jh., als die Eisenbahn sie ablöste, den Transport von Leinen und Leder zwischen Bad Hersfeld und Kassel besorgten. Rotenburg an der Fulda ist nicht zu verwechseln mit dem gleichnamigen Städtchen an der Wümme und dem ungleich berühmteren ob der Tauber (dieses allerdings mit th), mit denen es Städtefreund-

Wo Mönche sich niederließen, da war schon immer gut sein – so auch bei Guxhagen an der mittleren Fulda, wo Benediktiner an einem stillen, gleichwohl fruchtbaren Platz schon im 12. Jh. das Kloster Breitenau erbauten.

schaften gibt. Die fotogenste Gasse an der Fulda ist die „Türkei", benannt nach einem Schneiderlein namens Türk, das einst hier wohnte. Immer noch steckt das ganze Städtchen voller Fachwerk, auch wenn in den 50er Jahren 52 Fachwerkhäuser am Altstadtrand der neuen Fuldabrücke weichen mußten. Die Brücke spannt sich 1,8 km weit über das Fuldatal.
Bis Kassel bleibt die B 83 dicht am Fluß. Nach rund 25 km auf zumeist idyllischer Strecke erreicht der Autofahrer **Melsungen,** das allein im Zentrum 825 Fachwerkhäuser aufzuweisen hat. Mit einem der prächtigsten, dem Rathaus, verbindet sich eine hübsche „Flußgeschichte": An der Rathausuhr taucht täglich um 12 und 18 Uhr der Bartenwetzer auf, das Stadtsymbol. Barten wurden im Mittelalter die Beile genannt, mit denen die Melsunger zum Holzfällen zogen und die sie vorher an der alten, steinernen Fuldabrücke wetzten – Anlaß für die spöttischen Fuldaschiffer, sie Bartenwetzer zu taufen. Die uralten Scharten und Kerben in der Brücke sind heute noch genauso zu sehen wie die damaligen Festmacherringe für die Fuldaboote. Angler loben hier den Fischreichtum der Fulda: Karpfen, Schleie, Aal und Hecht – und ein Fisch, der nur in sauerstoffreichen Gewässern vorkommt, die Barbe.
Unweit von Melsungen formt die Fulda eine große, enge Doppelschlinge. Das Dörfchen **Büchenwerra,** das man vom Hauptort **Guxhagen** über eine kleine Stichstraße erreicht, liegt wasserumschlossen mitten in dieser Schlinge. Am feuchten Flachufer wachsen Binsen, und sogar einen Korbflechter gibt es dort noch.

Sieben Leinenröcke übereinander: So ist es Brauch bei den Trachten, die noch heute zu den zahlreichen Festzügen in den Städten der Schwalm getragen werden. Der bekannteste ist die Ziegenhainer Salatkirmes.

Ein Weinberg an der Eder

▷ ***Eder*** Eine Landstraße begleitet die Fulda von Guxhagen hinüber nach Grifte, wo ihr größter Nebenfluß einmündet: die Eder. Wenige Kilometer oberhalb der Mündung wartet sie schon mit einer Attraktion auf: Bei **Felsberg** liegt der Böddiger Berg, einer der nördlichsten Weinberge Deutschlands; 30 000 l Ertrag bringt er jährlich. In einer Straßenwirtschaft kann an Ort und Stelle Weinprobe gehalten werden.
▷ ▷ ***Schwalm*** Unter der Ruine im Felsberger Stadtteil **Altenburg** trifft die 92 km lange Schwalm auf die Eder. Sie kommt vom Vogelsberg herunter und verläuft in einem breiten, landschaftlich reizvollen Tal zwischen Knüllgebirge und Kellerwald. Der Schwalm, dem fruchtbaren, sanfthügeligen Bauernland zwischen Alsfeld und Schwalmstadt, hat sie den Namen gegeben. Die Schwalm ist vor allem wegen ihrer Trachten bekannt, die dort noch überall und oft getragen werden. Für Mädchen und unverheiratete Frauen gehört dazu eine rote Kappe – Rotkäppchen, wenn es denn wahr ist, was die Brüder Grimm erzählen, wird wohl aus der Schwalm gekommen sein. Städtisches Zentrum ist das aus 13 Orten zusammengesetzte **Schwalmstadt** in einem breiten, von Hügeln gesäumten Becken. Im Ortsteil **Ziegenhain,** durch den sich die Schwalm mit mehreren Armen zieht, findet die berühmteste Trachtenveranstaltung, die Salatkirmes, statt. ◁ ◁
Nebenstraßen führen von Felsberg im hier noch breiten Edertal am Fluß entlang nach **Fritzlar.** Die Reste einer wuchtigen alten Steinbrücke schwingen sich unweit der modernen Brücke über den Fluß. Wer von hier nach Fritzlar hineinschaut, auf seine Dom- und Stadttürme und seine verwinkelte, zauberhafte Altstadt, fühlt sich fast wieder ins Mittelalter zurückversetzt.

Ab Fritzlar wird das Edertal enger, die bewaldeten Hügel rücken näher an den Fluß. Nebenstraßen führen auf der rechten Flußseite nach Edertal, wo sich hinter einer Biegung unvermutet die erste Schlinge des landschaftlich ungeheuer reizvollen ***Edersees*** auftut (siehe Seite 362–363). Autofahrer genießen eine schöne Fahrt am Nordufer entlang, müssen allerdings ein Stück ins Hinterland ausweichen, bis sie bei Herzhausen auf das Ende des Sees und damit wieder auf den Ederlauf treffen.
Rund 20 km folgt die B 252 dem Fluß durch sein waldiges Tal bis zum hoch gelegenen

Eine grandiose barocke Spielerei sind die Kaskaden bei Schloß Wilhelmshöhe in Kassel. Unterhalb des riesigen Herkules, des Wahrzeichens der Fuldastadt, rauscht das Wasser über eine 250 m lange Treppe mit 885 Stufen zu Tal.

Frankenberg. Unterwegs empfiehlt sich ein Halt auf dem Parkplatz hinter der Burg Hessenstein, von der man weit über die Ederhöhen und das Flußtal sieht. Sehr hübsch ist auch die Wanderung ins kleine Lengelbachtal mit seinen fünf historischen Wassermühlen: Huhns- und Bärenmühle, Lengel-, Kuchen- und Oberste Mühle. Hinter **Frankenberg,** dessen zehntürmiges Rathaus von 1509 einer der originellsten Fachwerkbauten Hessens ist, wird das Tal wieder weiter. Die Eder gibt ihren strammen Geradeauslauf auf; ihre Windungen führen über **Battenberg,** aus dem die heutigen englischen Grafen Mountbatten stammen, in Richtung Quelle ins Wittgensteiner Land. Der Oberlauf präsentiert sich tief eingeschnitten, schlingenreich und romantisch; Landsträßchen und Eisenbahn schlängeln kräftig mit. Und wieder zeigt sich die Eder mit Großbritannien verbunden: Bei **Hatzfeld** jagte oft der englische König Edward VII.; sein Adjutant baute am Fluß ein Fischerhaus, die heutige Gaststätte „Ederlust“, und auch der englische Premierminister Churchill kam einige Male hierher, um in der Eder zu fischen. ◁

Eine grüne Großstadt an der Fulda-Aue

Über die B 83 oder über die Nebenstraßen zu beiden Seiten der Fulda kommt man nach **Kassel** hinein. Weltweit bekannt wurde die prunkvolle landgräfliche Residenzstadt zwischen Fuldaufer und Habichtswald durch die documenta, die alle 4–5 Jahre stattfindende Ausstellung moderner Kunst. Ein Überbleibsel der documenta 7 von 1982 fällt am Flußufer unweit der barocken Orangerie zuallererst ins Auge: die überdimensionale, wie von Riesenhand geworfene Spitzhacke des Künstlers Claes Oldenburg, die da immer noch im Boden steckt. Ein Jahr zuvor hatte Kassel die Bundesgartenschau ausgerichtet; damals entstand auf der rechten Flußseite unter dem Motto „Eine Stadt entdeckt ihren Fluß“ das 110 ha große Naherholungsgebiet Fulda-Aue. In dem ehemaligen Kiesgelände wurde ein 40 ha großer See mit mehreren Inseln angelegt; ein verlandeter Altarm und Auwälder wurden integriert. 12 km lang sind die Wanderwege durch die Auenlandschaft; sechs kleine Holzbrücken gibt es und Platz für Segler und Surfer, aber auch für Zug- und Brutvögel, von denen etliche Arten wie Wasserralle oder Gelbspötter schon Seltenheitswert haben. 1955 war die Bundesgartenschau schon einmal in Kassel; damals war die Karlsaue vis-à-vis der Fulda-Aue der Mittelpunkt, der 150 ha große Park des Landgrafen Carl mit 250 Jahre alten Bäumen. Die strengen barocken Gestaltungsprinzipien sind noch heute gut zu erkennen. Ebenso streng laufen hinter dem Auedamm, der die gräflichen Gärten vor Überschwemmungen schützte – denn damals gab es ja noch keine Edertalsperre –, zwei symmetrische Wassergräben auf die künstliche Blumeninsel Siebenbergen zu.

Auf den restlichen 20 km bis zum Zusammenfluß mit der Werra spürt man von großstädtischem Treiben nichts mehr. Die B 3 begleitet den Fluß an Dörfchen mit Weiden und Pferdekoppeln vorbei; hier und da sieht man Angler; Boote wippen am Ufer. Auf Münden zu wird das Tal eng. Von links grüßt der dunkle, tiefe Reinhardswald, Vorbote des Weserberglands.

Das erste Dampfschiff der Welt?

War er es nun, oder war er es nicht? Die Rede ist von Denis Papin, dem begnadeten Arzt, Chemiker, Physikprofessor und Tüftler, von dem man lange sagte, er habe das erste Dampfschiff der Welt konstruiert. Heute gilt als gesichert, daß das Schiff, um das es geht, gar kein Dampfschiff war – aber die Geschichte, die uns überliefert ist, ist trotzdem hübsch . . .

An einem nebligen Septembermorgen im Jahr 1707 legte ein merkwürdiges Viertonnenboot in Kassel ab. An Bord: Denis Papin, der Konstrukteur. Doch 31 km weiter flußabwärts hielten Mündener Weserschiffer das Boot auf, verprügelten Papin, pochten auf ihre Rechte, nach denen niemand ohne ihre Einwilligung den Fluß passieren dürfe. Und zwei Tage später zerschlugen sie zu guter Letzt sein Schiff. Nicht einmal dessen Namen weiß man heute mehr; an Papin indessen erinnert immerhin ein Denkmal am Steinweg in Kassel.

1647 war der Franzose während der Hugenottenverfolgung nach England geflohen, wo er unter anderem den Dampfschnellkochtopf mit Sicherheitsventil erfand, der nach ihm benannt wurde. Landgraf Carl, der sich für die Papinsche Zentrifugalsaugpumpe zur Entwässerung der Karlsaue in Kassel interessierte, berief ihn an die Universität Marburg. Papins ganzes Streben aber galt der Dampfmaschine, die er in Schiffe einbauen wollte. Er war der Überzeugung, daß „vermittelst einer Maschine mit Feuer ein oder zwei Menschen fähig wären, mehr auszurichten, als hundert Ruderer . . .“ Er war seiner Zeit voraus: Erst 1807, 100 Jahre später, erfand Robert Fulton das Dampfschiff.

Die Grenzgängerin Werra

Die ***Werra,*** der zweite Quellfluß der Weser, ist thüringischer Herkunft: Die ersten 187 km ihres 292 km langen Laufs fließt sie durch die DDR. Auf ihrem Weg überquert oder berührt sie insgesamt achtmal die deutsch-deutsche Grenze.

Wer dem oberen Werralauf folgen will, hat die üblichen Bedingungen für eine Reise in die DDR zu beachten (siehe Kasten Seite 426). Allerdings ist in Grenznähe ein Streifen von 5–15 km Breite für jegliche Besichtigung gesperrt. Damit wird die Werra dem DDR-Reisenden ab Bad Salzungen unzugänglich. Dem Reisenden in der Bundesrepublik Deutschland steht bei Philippsthal ein Stück am Mittellauf und dann erst wieder – ab Wanfried – der Unterlauf offen.

Über die B 4 Bamberg–Coburg erreicht man den Grenzübergang Rottenbach-Eisfeld, von dem es nur rund 5 km nach **Eisfeld** sind, dem Spielzeugmacherstädtchen mit der sehenswerten Fachwerkhauspartie am alten Mühlgraben. Die F 281 und eine Nebenstraße erschließen das Quellgebiet der Werra. In Joseph Meyers „Neuem Conversations-Lexicon für alle Stände“ aus dem 19. Jh. steht es im Band XV unter dem Stichwort „Werra“ genau zu lesen: „. . .besteht anfangs aus 2 Armen, von denen der eine, das Saarwasser oder die nasse W., am Saarberge, 2179 Fuß über der Meeresfläche, in der Nähe des Dorfes Siegmundsburg, der andere, die trockene W., östlich von dem Dorfe Fehrenbach, an der Nordseite des Großen Saukopfs entspringt.“

Die Straße begleitet die Werra am Südrand des Thüringer Waldes entlang. Die Buntsandsteinhöhen und die tief dunkelgrünen Nadelwälder des 60 km langen und nur rund 15 km breiten Gebirges erstrecken sich bis an den Rand der breiten Talsohle des Werratals. Auf dem Kamm verläuft die Wasserscheide zwischen Werra und Saale, die Dialektgrenze zwischen Thüringen und Franken und – auf den Spuren des uralten Kurier- und Handelswegs, des berühmten „Rennsteigs“ – ein 168 km langer, sehr beliebter Wanderweg. Die Werra ist Hauptsammelader der vielen kleinen Wasserläufe, die gefällreich die Hochfläche des Gebirges zerteilen und damit eine abwechslungsreiche, bewegte Landschaft bilden.

Nicht weit hinter dem malerischen **Hildburghausen,** rund 15 km auf der F 89 von Eisfeld entfernt, mündet ein Nebenflüßchen mit dem verblüffenden Namen ***Schleuse,*** nach dem auch der Hauptort benannt ist: Schleusingen. Weiter auf der F 89 folgen nach 30 km das Theater- und Residenzstädtchen **Meiningen** und – nun weiter auf der F 19 – das seit Jahrhunderten durch den Karneval bekannte **Wasungen,** beide von schönem Fachwerk geschmückt. Nach **Bad Salzungen,** dem „Volkssolebad“,

Der Abbau von Kali ist im Raum Philippsthal ein wichtiger Industriefaktor. Zwei Großkonzerne bauen bis zu 1000 m Tiefe ab. Drei weitere Betriebe gibt es jenseits der innerdeutschen Grenze; von ihnen stammt der Großteil der Kaliabwässer in der Werra.

Eines der fotogensten Fachwerkstädtchen an der Werra ist der Doppelort Bad Sooden-Allendorf. Hier das rechtsseitige Allendorf mit dem Fischerviertel. Im linksseitigen Sooden wird seit Jahrhunderten Salz abgebaut.

das man über die F 62 erreicht, wechselt die Werra bei **Philippsthal** zum erstenmal in den Westen.

Um das 12 km lange Werrastück in der Bundesrepublik Deutschland bildet die DDR-Grenze eine richtige Bucht, in die als Hauptstraße nur die B 62 von Bad Hersfeld hineinführt. Ausläufer des Thüringer Walds von Osten, der Rhön von Süden und des Seulingswalds von Nordwesten schaffen einen hügeligen grünen Rahmen für das stille Niemandsland am Fluß. Die markantesten Wahrzeichen der Werra sind allerdings nicht grüne, sondern weiße Berge: gewaltige, über den weiten Wiesen am Flußufer fast unheimlich wirkende Kalihalden. Hüben wie drüben ist die Gegend Kaliabbaugebiet. Im Werratal birgt der Boden Kalisalzverbindungen, die als Düngemittel begehrt sind. Seit 1968 fließen die Abwässer der drei DDR-Kalifabriken in die Werra – ab hier ist sie ein ziemlich toter Fluß, ab hier, spotten die Anwohner bitterböse, „hält's nicht mal mehr ein Salzhering aus“. Von 26 Fischarten, die es noch um die Jahrhundertwende gab, hat nur der Aal überlebt. 50 g Salz pro Liter hat die Werra bei Niedrigwasser zu verkraften; 2,5 g sind erlaubt. Jährlich ergibt das die enorme Summe von 12,6 Millionen t, die zu 90 % aus der DDR kommen. Man verhandelte: über elektrostatische, d. h. trockene Trennverfahren, die ohne Abwässer auskommen; über eine 400 km lange Abwasserpipeline zur Nordsee; über die Kosten; über das Verursacherprinzip. Man verhandelt immer noch.

„Komm her zu mir, Geselle, hier find'st du deine Ruh!“

„Am Brunnen vor dem Tore, da steht ein Lindenbaum...“ – so beginnt eines der bekanntesten deutschen Volkslieder. Im Ausland wird es fast noch häufiger gesungen als bei uns.

Baum und Brunnen, beide gibt es: auf der rechten Werraseite in Bad Sooden-Allendorf, an der Straße in Richtung Schwimmbad vor dem Steintor. Hier sollen dem Lateinlehrer und Bibliothekar Wilhelm Müller aus Dessau 1821 die drei Strophen seines Gedichtes vom Lindenbaum eingefallen sein. Immer schon hatte er sich eher als Dichter denn als Schulprofessor gefühlt; auch der Text zu „Das Wandern ist des Müllers Lust“ stammt aus seiner Feder. Noch heute kann man den gotischen Brunnen besichtigen, davor eine Linde, die 1914 gepflanzt wurde – der besungene „Lindenbaum“ von 1218 war zwei Jahre zuvor entwurzelt worden. Jedes Jahr zu Pfingsten feiert man hier ein Brunnenfest. Dabei wird auch an Müller gedacht. Daß sein Gedicht kurze Zeit später von Franz Schubert für den Liederzyklus „Die Winterreise“ vertont und bald darauf in der ganzen Welt gesungen wurde, hat er nicht mehr erfahren: Er starb 1827, erst 33 Jahre alt.

▷ ***Hörsel*** Der DDR-Reisende biegt von Bad Salzungen über die F 19 direkt zum rund 20 km entfernten Eisenach ab. Im Grenzgebiet beim Übergang Herleshausen-Wartha, der sich dann auch für die Ausreise anbietet, mündet die Hörsel in die Werra. Sie sammelt ihr Wasser aus einem lieblichen, weiten Wiesengebiet am Nordrand des Thüringer Waldes, an dem sie bis zur Mündung entlangfließt. Höhepunkt an ihrem Lauf ist das von der Wartburg gekrönte **Eisenach,** wo ihr auch die ***Nesse*** zuströmt. ◁

Auf bundesdeutschem Gebiet läßt sich die Werra ab **Wanfried-Heldra** begleiten, das man über die B 27 bis Meinhard, dann über die B 249 und die B 250 erreicht. Die ganze Kompliziertheit deutsch-deutscher Grenzziehung wird augenfällig: **Heldra** ist auf drei Seiten von der Zonengrenze umgeben und richtiggehend abgeschnürt. Die Straße endet am Ort. Das Dorf **Altenburschla** rund 3 km weiter nördlich liegt schon nicht mehr ganz so isoliert. Bis 1959 hieß es Schlamperode – ausgerechnet Schlamperode. Dabei wurde das blumenbunte Schmuckkästchen schon mehrfach im Wettbewerb der schönsten Dörfer prämiert.

Der Bock, der Bulle und der Hinterhang

Bis **Wanfried** ging einst der Schiffsverkehr auf der Werra. Drei Schiffe bildeten gewöhnlich eine Einheit, die Mast genannt wurde: der Bock, der Bulle und der Hinterhang. Je 18 Pferde oder 30 Mann zogen den 20 m langen Konvoi auf Leinpfaden stromaufwärts. Nach dem Bau der Eisenbahn vor über 100 Jahren wurde die Werraschiffahrt eingestellt, und der Fluß versandete zur Weser hin. Am alten Hafen des malerischen Örtchens erinnern zwei restaurierte Speicherhäuser an die alten Zeiten.
Die B 249 führt an der Werra entlang auf das breite Eschweger Becken zu, das von den beiden Leuchtbergen überragt wird. Die kegelförmigen Sandsteinerhebungen schauen an Nebeltagen wie Kamelhöcker aus dem grauen Tal heraus. Vom Großen Leuchtberg grüßt der Bismarckturm, von dem man einen herrlichen Blick auf die alte Gerber- und Tuchweberstadt **Eschwege** und auf das Werraland hat. Auch im Eschweger Hafengebiet sind Speicherhäuser erhalten, und die alte Schleuse und das Landgrafenschloß am Werraufer sind heute wie ehedem gute Nachbarn.

Im Banne des Meißners

Und wieder rücken die Felsen dicht an den Fluß und die begleitende B 27, die Deutsche Ferienstraße Alpen–Ostsee, heran. Die Werra windet sich am Naturpark Meißner-Kaufunger Wald entlang durch die schroffen Felsen und waldreichen Höhen der „Hessischen Schweiz". Das Panorama auf der linken Flußseite wird geprägt vom Massiv des Hohen Meißners, der als König der hessischen Berge gilt. Der Majestät die Ehre zu erweisen lohnt sich: Die Wälder sind dunkelgrün und wie verwunschen, und die herrlichsten Ausblicke erwarten den Besucher. Eine sehr schöne Tour führt von Eschwege-Albungen das wildromantische Höllental mit seinen Wassermühlen hinauf, ein Stück die Deutsche Märchenstraße entlang zum Gipfel Kalbe mit dem Frau-Holle-Teich und wieder zurück nach Albungen.
Rund 8 km weiter folgt **Bad Sooden-Allendorf,** das Doppelstädtchen links und rechts der Werra. Vor allem in Allendorf gibt es prächtiges Fachwerk, und ein hübscher Blick eröffnet sich von der alten Werrabrücke auf die Fischerstaad, die idyllische Ufergasse, in der einst die Werrafischer wohnten. Kurz hinter dem Städtchen führt die B 27, ab hier auch mit dem Etikett Deutsche Märchenstraße geschmückt, noch einmal dicht an die Grenze heran. Die folgende Strecke gilt als die großartigste an der Werra. Mühsam mußte sich der Fluß durch den harten Kalksteinriegel, der hier den Weg versperrt, hindurchfressen. Das Tal verengt sich von einem guten Kilometer auf beeindruckende 150 m. Höhepunkt dieser Szenerie und neuerliche Spielart deutsch-deutschen Grenzverlaufs ist der berühmte Zweiburgenblick am Ortsrand von **Witzenhausen-Wendershausen,** zu dem man von der B 27 am Fluß entlang nach links abbiegt. Linker Hand im Hintergrund, bereits in der DDR gelegen, thront auf grüner Kuppe Burg Hanstein, rechts Burg Ludwigstein. Hanstein wurde im 13. Jh. erbaut; im 15. Jh. folgte Ludwigstein zur Verteidigung gegen die Hansteiner. Im Schutze des Waldes, unsichtbar für feindliche Hansteiner Augen, wurden Steine und Balken behauen, numeriert und blitzschnell zusammengesetzt. Noch heute lachen die Einheimischen über den Streich: „Deutschlands erstes Fertighaus".
Das Landsträßchen folgt der Werra in die Kirschenstadt **Witzenhausen** mit der alten Werrabrücke von 1608. Die Alten erinnern sich noch, wie die Flößer aus dem Thüringer Wald – geflößt wurde bis in die 20er Jahre – auf ihrem Weg nach Bremen hier anlegten und die Buben für 50 Pfennig zu einem aufregenden Tagesausflug flußabwärts mitnahmen. Das Wasser für ihre Suppe oder ihren Kaffee schöpften sie im Fahren aus dem Fluß – so klar war die Werra damals noch.
Von Witzenhausen bis Münden begleitet die B 80 den Fluß. Auch auf diesem letzten Stück bleibt die Werra wiesen- und waldgesäumt. Bei **Münden-Laubach** schwingt sich 65 m hoch die 1952 wiedererbaute Autobahnbrücke über das Tal; knapp dahinter liegt rechts am Wege das Wirtshaus „Zum letzten Heller", in dem man noch einmal einkehren kann – wie seinerzeit die Werraschiffer, die dem Namen der Gaststätte alle Ehre machten, bevor sich sich in Münden die neue Heuer holten.

Baumblüte in Witzenhausen, das als größtes Kirschanbaugebiet der Bundesrepublik gilt: Rund 150 000 Kirschbäume wachsen in den windgeschützten Werra-Auen.

Wie ein Drache aus Grimms Märchen

Gezackt und gewunden wie ein Drache liegt der Edersee in den ausgedehnten Waldeckschen Wäldern. Beinahe überall sieht es so aus, als sei er schon gleich wieder zu Ende – dabei hat er eine Uferlänge von 70 km.

Von der A 49 (Ausfahrt Fritzlar) führt eine schmale Landstraße an der ***Eder*** entlang direkt nach **Affoldern,** dem „Tor zum Edersee“ (Eder siehe Seite 357–358). Hier grüßt der Vorbote des noch rund 4 km entfernten Sees: das Ausgleichsbecken vor der Staumauer. Es ist zu einem Teil als Naturschutzgebiet für gefährdete Wasservögel ausgewiesen; in seiner Mitte erstreckt sich eine Vogelinsel. Sie hat eine merkwürdige Form – 2,5 km lang und 4 m breit – und eine eigentümliche Entstehungsgeschichte: Bei der Anlage des Ausgleichsbeckens wurde der Damm, der früher als Hochwasserschutz das Flußufer gesäumt hatte, von Ederwasser umflutet. Nur die Dammkrone ragt noch immer aus dem Wasser und wurde ein idealer Lebensraum für Vögel.
Kurz hinter Affoldern zeigt sich, daß Natur und Technik nicht im Widerspruch zueinander stehen müssen. Von der Uferstraße gelangt man über einen Steg zum Pumpspeicherwerk Waldeck I, über dem 329 m höher mitten im Wald sehr idyllisch zwei Hochspeicherbecken liegen. In verbrauchsstarken Zeiten treibt das durch Rohre herunterschießende Wasser Turbinen an, in verbrauchsschwachen wird es wieder nach oben gepumpt. Neben den Rohrleitungen führt eine Standseilbahn nach oben auf den Peterskopf. Eine Fahrt mit der ehemaligen, heute rundum verglasten Materialbahn eröffnet atemberaubende Ausblicke über Wald und See. Oben auf dem Peterskopf läßt es sich sehr schön wandern. Noch spektakulärer allerdings ist das Pumpspeicherwerk Waldeck II: 800 m tief geht es beim Werk I in den Berg hinein in eine der größten von Menschenhand geschaffenen Höhlen, die 100 m lang und 50 m hoch ist und Platz für 100 Einfamilienhäuser bieten würde. Den Stollen und das Maschinenhaus in der Kaverne kann man besichtigen.
Die Straße von Affoldern bringt den Autofahrer direkt an die Staumauer bei **Hemfurth.** Wer genau hinschaut, kann in dem mächtigen Mauerwerk noch eine gewaltige Flickstelle sehen. 1943, in derselben Nacht, als sich die Katastrophe an der Möhnetalsperre ereignete, wurde die Mauer von

Rund 400 m lang ist die mächtige Ederstaumauer bei Hemfurth. Sie galt bei ihrer Fertigstellung im Jahr 1914 als technische Meisterleistung. Im Hintergrund, rund 170 m über dem See, liegt auf schroffem Fels Burg Waldeck, die im 12. Jh. gegründet wurde; eine kleine Gondelbahn führt vom See hinauf.

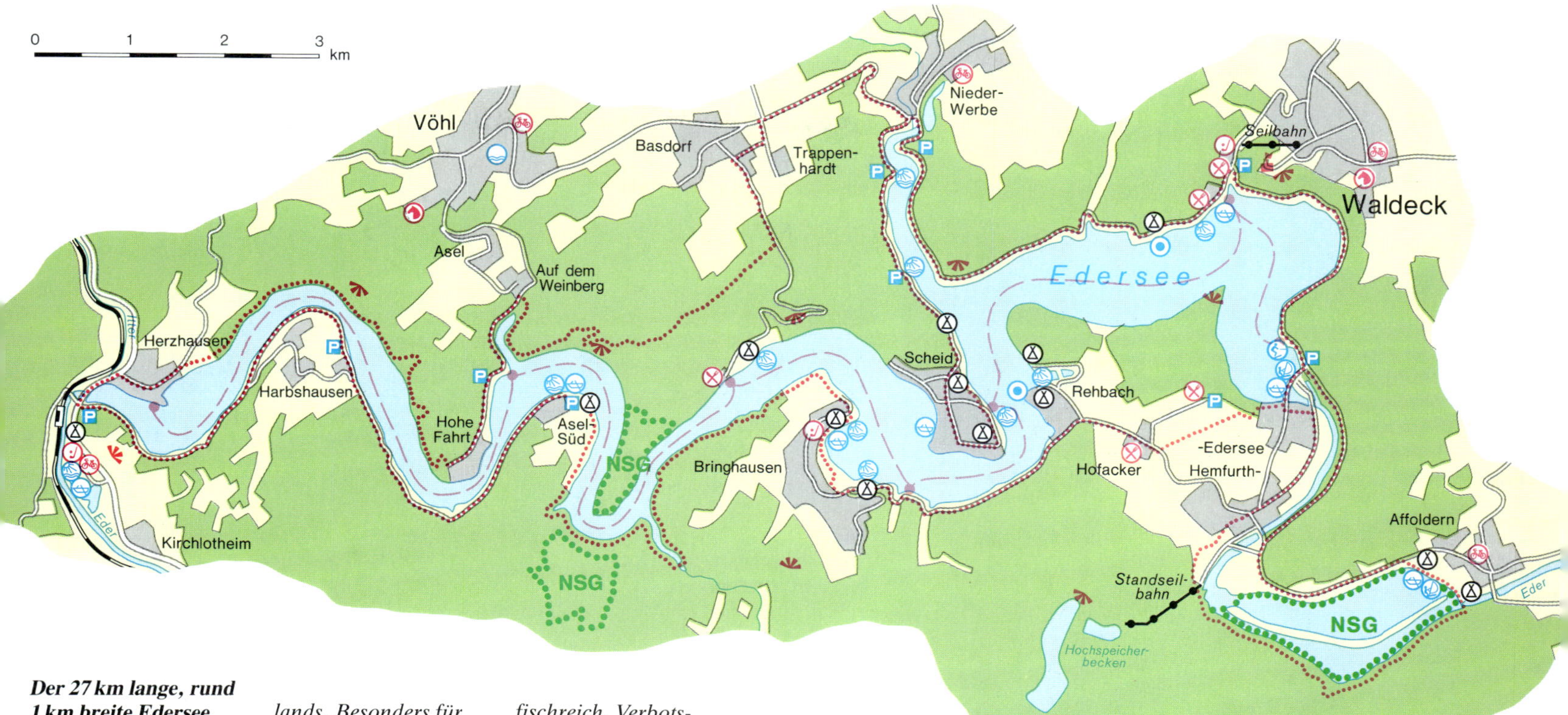

***Der 27 km lange, rund 1 km breite Edersee** liegt mit seinen vielen Windungen sehr reizvoll in der waldigen Mittelgebirgslandschaft des Hessischen Berglands. Besonders für den Raum Kassel ist er zum attraktiven Erholungsziel geworden. Angler loben den See als außergewöhnlich fischreich, Verbotsschilder für Surfer und Schwimmer gibt es am ganzen Ufer nicht. In Waldeck findet man ein Gebiet für Sporttaucher, an der Staumauer eine abgegrenzte Fläche für Wasserskiläufer.*

einer Bombe getroffen, die eine 70 m breite Lücke riß.

Drei Aufgaben soll der hinter der Mauer aufgestaute See erfüllen: Er dient der Stromerzeugung, dem Ausgleich des sommerlichen Niedrigwassers in Oberweser und Mittellandkanal sowie dem Hochwasserschutz. Die kleine Eder galt seinerzeit als der wildeste Fluß in ganz Hessen. Längst jedoch ist eine vierte Aufgabe hinzugekommen: Der See dient dem Fremdenverkehr, vor allem dem Wassersport in allen Variationen. Von der Staumauer oder von Waldeck sind drei Ausflugsboote zwischen Juni und September im Linienverkehr und zu vierstündigen Rundfahrten auf dem See unterwegs. Wenn im Hochsommer sehr viel Wasser an die Weser abgegeben werden muß, sinkt der Wasserstand so weit ab, daß Herzhausen am Ende des Sees nicht mehr angefahren werden kann. Sogar die Bogen der versunkenen Aseler Steinbrücke tauchen wieder auf. Endstation der abgekürzten Reise ist dann Asel-Süd.

Wattwanderungen am Edersee

Von der Staumauer führt die Straße über das Ferienzentrum **Waldeck** mit seiner eindrucksvollen Burganlage dicht am Ufer weiter. Bis Nieder-Werbe bleibt sie auf sehr schöner Strecke direkt am See. Danach weicht sie ins Hinterland aus; nur noch Stichstraßen führen an den See heran. Auch am Südufer gibt es kaum Straßen. Wer also den ganzen Reiz des windungsreichen, dicht in die waldigen Hänge geschmiegten Gewässers kennenlernen möchte, dem seien der 50 km lange Radrundweg oder kleinere Uferwanderungen empfohlen.

In jenen langen, trockenen Perioden, in denen der Wasserstand stark sinkt, ist sogar eine Wanderung durch Teile des Sees möglich – „Wattwandern“ sozusagen, wie die Einheimischen scherzen.

Aber auch die Wälder zu beiden Uferseiten sind ein lockendes Wanderrevier. Sie sind so tief, daß man sich darin wie in einem verwunschenen, endlosen Grimmschen Märchenwald fühlen kann.

Rotwild und Mufflon, Wisent, Wolf und sogar der Waschbär sind im rund 100 ha großen Wildpark Edersee hoch über der Talsperre anzutreffen. 1970 wurde er auf der Landspitze gegenüber Waldeck angelegt; ein fast 3 km langer Rundweg führt hindurch.

Das Rhönrad wurde 1925 von Otto Feick in Schönau erfunden. Beim Schönauer Heimatfest ist es natürlich immer mit dabei.

Im Segelflugmuseum auf der Wasserkuppe erzählen Flugzeugmodelle von den alten Zeiten, als man hier mit der Fliegerei begann.

1761 brannten die Franzosen die Stiftskirche in Bad Hersfeld nieder; in der Ruine finden heute die berühmten Festspiele statt.

Fulda

Gersfeld Dreischlösserstadt unweit der Fuldaquelle.
Ein Muß ist das neue Segelflugmuseum auf der Wasserkuppe. Vier Flugzeugoldtimer, 23 Modelle und zahlreiche historische Fotos lassen ein Bild von der Pionierzeit des luftigen Sports entstehen (geöffnet täglich 9–12 und 13–18 Uhr).
Ein Abstecher in das Bachtal der Brend führt nach Schönau, das stellvertretend für die gesamte Rhön als Rhönradort genannt sei. Hier hat Otto Feick 1925 das ungewöhnliche Turngerät erfunden, hier erinnert ein Denkmal an ihn. Rhönradvorführungen kann man anläßlich des Schönauer Heimatfests alljährlich im September bestaunen. Nach Voranmeldung werden auch Schauvorführungen organisiert (8741 Schönau, Tel. 09775/711).
Städtische Kurverwaltung, 6412 Gersfeld, Tel. 06654/7077

Fulda Alte Kloster- und Barockstadt am Rand der Rhön.
Das obere Fuldatal kann man besonders schön auf einer Fahrt mit dem im Volksmund als Rhönbahn bekannten Zug kennenlernen. Das Bähnchen verkehrt mehrmals täglich und verbindet in einer Dreiviertelstunde Fulda und Gersfeld.
Städtisches Verkehrsbüro, Schloßstraße 1, 6400 Fulda, Tel. 0661/10 23 46

Bad Hersfeld Heilbad- und Festspielstadt am östlichen Rand des Knüllgebirges. Höhepunkt des Festjahrs sind im Juli/August die Freilichtspiele in der 1200 Jahre alten Stiftsruine. Hinter der Stadthalle werden Ruder-, Paddel- und Tretboote für Ausflüge auf der Fulda vermietet (April bis September, je nach Wetterlage auch früher).
Verkehrsbüro, Weinstraße 16, 6430 Bad Hersfeld, Tel. 06621/201274

Bebra Verkehrsknotenpunkt an der mittleren Fulda.
Von April bis Oktober verkehrt das Floß „Fuldaböckchen" von Bebra-Weiterode nach Rotenburg (So 14 Uhr öffentliche Fahrt, Gruppen nach Vereinbarung).
Stadtverwaltung, 6440 Bebra, Tel. 06622/5010

Rotenburg Luftkur- und Fachwerkort im mittleren Fuldatal.
Die flußabwärts beim Stadtteil Braach gelegenen Baggerseen stehen Badelustigen zur Verfügung.
Fremdenverkehrsamt, 6442 Rotenburg, Tel. 06623/5555

Morschen Aus mehreren Ortsteilen zusammengesetzte Gemeinde im mittleren Fuldatal.
An der Brücke zwischen Alt- und Neumorschen startet von Mai bis Oktober täglich ein Floß zu einem Tagesausflug nach Melsungen.
Fremdenverkehrsamt, 3509 Morschen, Tel. 05664/1092

Melsungen Luftkurort nördlich des Knüllwalds.
Bei der Zweipfennigbrücke kann man von Mai bis Mitte September Tret- und Ruderboote mieten, um die malerische Fachwerkstadt und das Fuldatal vom Wasser aus zu entdecken.
Fremdenverkehrsverein, 3508 Melsungen, Tel. 05661/2348

Kassel Metropole an der unteren Fulda.
Eine der originellsten Wasserveranstaltungen ist das Kasseler Altstadtfest mit dem lustigen Namen „Zissel". Unbestrittene Höhepunkte der Festwoche im Juli/August sind die Illumination der Fulda, der Bootskorso und das große Feuerwerk.
Fast noch beeindruckender sind die Wasserspiele im Park Wilhelmshöhe über der Stadt. Von der Herkulesstatue oben am Berg stürzen an Sonn- und Feiertagen ab 14.30 Uhr 1 Stunde lang die Wassermassen zu Tal, bis sie in einer 60 m hohen Fontäne enden (Saison: Christi Himmelfahrt bis Mitte September).
Jeden 1. Samstag im Monat finden die Wasserkünste abends nach Einbruch der Dunkelheit statt. Dann kann man das Vergnügen sogar illuminiert genießen.
Die Kunststadt Kassel hat viele interessante Museen. Besonders erwähnenswert ist das Deutsche Tapetenmuseum, das über 600 kostbare Beispiele alter Tapetenkultur ausstellt (geöffnet Di–Fr 10–17 Uhr, Sa und So 10–13 Uhr). Das Brüder-Grimm-Museum im schönen Palais Bellevue setzt den Arbeiten der Märchensammler, die in der Wesergegend ihre Märchen zusammengetragen haben, ein Denkmal (Öffnungszeiten: Di–Fr 10–17 Uhr, Sa und So 10–13 Uhr).
Von Kassel aus verkehren drei Schiffe auf der Fulda. Von Mai bis Oktober wird der Stausee Wahnhausen angefahren; auf Wunsch finden Fahrten nach Münden statt (Tel. 0561/18505).
Tourist Information, Am Königsplatz 36 B, 3500 Kassel, Tel. 0561/17159

Eder

Edersee Die größte Attraktion am Edersee ist das Kavernenkraftwerk Waldeck II. Der 800 m lange Stollen, der in die künstliche Höhle führt, sowie das Maschinenhaus können besichtigt werden. Das Informationszentrum ist von Ostern bis Oktober Di–So 10–16 Uhr geöffnet; in der Ferienzeit finden täglich drei Führungen statt (außerdem Voranmeldungen möglich, Tel. 05623/4011). Die Standseilbahn, die neben den Rohrleitungen des Kraftwerks auf den Peterskopf zu den Hochspeicherbecken hinaufführt, verkehrt ebenfalls in diesen Monaten (außer Mo täglich 10–17 Uhr).
Die Gondelbahn zum Schloß Waldeck hinauf fährt von Ostern bis Oktober 9–17 Uhr, an Sonn- und Feiertagen und in der Hochsaison 9–18 Uhr. Das Schloßmuseum beherbergt unter anderem eine Dokumentation über die Edertalsperre, ihren Bau und ihre Bedeutung (geöffnet Mitte März bis Mitte November 10–17 Uhr).
Verkehrsamt, 3593 Edertal 2, Tel. 05623/1286
Verkehrsamt, 3544 Waldeck, Tel. 05623/5302

Fritzlar Alte Klostergründung in einer Talweitung.
Das Museum Fritzlar ist in zwei besonders schönen alten Häusern untergebracht, dem Patrizierhaus und dem Hochzeitshaus. Eine der bedeutendsten Sammlungen ur- und frühgeschichtlicher Funde der Gegend sowie Exponate zu Handwerksleben und -kunst informieren über den Schwalm-Eder-Kreis (geöffnet So–Fr 10–12 und 15–17 Uhr, Sa 10–12 Uhr und nach Vereinbarung).
Verkehrsbüro, 3580 Fritzlar, Tel. 05622/8030

Schwalm

Schwalmstadt Aus mehreren Ortsteilen gebildete Gemeinde im Zentrum der Schwalm.
Das Museum der Schwalm im Ortsteil Ziegenhain stellt Sammlungen zur Volkskunde, Volkskunst und die typischen, sehr sehenswerten Trachten der Gegend aus. Alte Werkstätten halten Schwälmer Handwerkskunst lebendig (Öffnungszeiten: Di–Fr 10–12 und 15–17 Uhr, Sa 10–17 Uhr, So 11–17 Uhr).
Das „Nationalfest" der Schwalm ist die Ziegenhainer Salatkirmes. Jedes Jahr im Juni erinnern im Rahmen eines mehrtägigen Festprogramms ein historischer Zug, Trachtenvorführungen und -tänze an die Einführung der Kartoffel, anläßlich deren vor 250 Jahren die erste Kirmes stattfand.
Verkehrsbüro, 3578 Schwalmstadt, Tel. 06691/71212

Werra

Eisfeld Kleine Stadt unweit der Werraquellen.
Eines der wichtigsten Heimatmuseen des Thüringer Waldes findet der Besucher in Eisfeld. Die Sammlung im Schloß informiert über die historischen Gewerbe Thüringens und über die Handwerkskunst der Gegend.
Rat der Gemeinde, DDR-6120 Eisfeld

Eines der zahlreichen Museen in der Kulturstadt Kassel ist das Deutsche Tapetenmuseum, das einzige seiner Art auf der Welt.

Hildburghausen Ehemalige Residenzstadt im oberen Werratal.
In der spätgotischen, im Renaissancestil umgebauten Wasserburg der Henneberger Grafen befinden sich heute Rathaus und Heimatmuseum. Im letzteren kann man sich die Erstausgaben der im 19. Jh. im Ort gedruckten Bände von Meyers „Conversations-Lexicon" und von Brehms „Tierleben" ansehen.
Vor der alten Stadtmauer liegt der Friedenspark, angelegt in der Art der englischen Gärten, mit einem Bootsverleih.
Rat der Stadt, DDR-6110 Hildburghausen

Breitungen Kleiner Ort am Südwestrand des Thüringer Walds.
Der Breitunger See ist zum Naturschutzgebiet erklärt. An seinen stark verlandeten Ufern nisten und rasten viele Wasservögel.
Rat der Gemeinde, DDR-6082 Breitungen

Bad Salzungen Kurort und Zentrum des Werra-Kalireviers.
Vor der neu umgebauten Burg erstreckt sich idyllisch der Burgsee mit seiner Fontäne. Man kann dort auch Boote ausleihen.
Rat der Stadt, DDR-6200 Bad Salzungen

3 Tage lang fließt im Juli Kirschsaft aus dem Brunnen am Witzenhausener Marktplatz: Man feiert die Kesperkirmes.

Eschwege Alte Leder- und Tuchstadt in einem Werrabecken.
Ein Fußgängerbrückchen, die sogenannte Tränenbrücke, führt von der Stadtseite zur Halbinsel Werdchen mit ihrer hübschen Gartenanlage. Auf der anderen Werraseite liegt das Erholungsgebiet Eschweger Seenplatte, eine 48 ha große Anlage mit Seen, die aus einstigen Kiesgruben entstanden. Man kann dort baden und Boot fahren. Zentrum ist der große Werratalsee. Sogar Wasserskifahrern steht ein Bereich offen.
Grenzführungen im Werra-Meißner-Kreis werden von der Informations- und Betreuungsstelle in Eschwege organisiert (Reichensechser Straße 21, Tel. 05651/21106).
Fremdenverkehrsamt, Hospitalplatz, 3440 Eschwege, Tel. 05651/304210

Bad Sooden-Allendorf Alte Salzstadt und Heilbad im unteren Werratal.
Im Söder Tor untergebracht sind das Salzmuseum und das Heimatmuseum der hübschen Fachwerkstadt. In dem schönen Barockbau kann sich der Besucher darüber informieren, wie eng Ortsgeschichte und Salzförderung hier verknüpft sind (geöffnet Mi 15–18 Uhr und So 14–17 Uhr).
Von Bad Sooden-Allendorf aus kann man sehr schön das untere Werratal erwandern. Auf den Höhen am linken Ufer verläuft der Werraburgensteig, ein mit X 5 oder 21 markierter Wanderweg.
Einen sehr schönen Blick ins Werratal hat man vom nahen Ahrenberg.
Kurverwaltung, 3437 Bad Sooden-Allendorf, Tel. 05652/5010

Witzenhausen Ehemalige fränkische Hofstadt am Ostrand des Kaufunger Walds. Ein Traum in Weiß ist das Werraland Ende April/Anfang Mai, wenn die 150 000 Witzenhausener Kirschbäume blühen. Zur Erntezeit im Juli wird jährlich die Kesperkirmes gefeiert, bei der sich 3 Tage lang alles um die Kirsche dreht: Aus dem Brunnen fließt Kirschsaft, und eine Kirschenkönigin wird gewählt, der unter anderem mit einer Prozession auf der Werra gehuldigt wird.
Verkehrsamt, 3430 Witzenhausen, Tel. 05542/5745

Schleuse

Talsperre Schönbrunn Mitten im unberührten Grün des Thüringer Walds versteckt sich die neu angelegte Talsperre Schönbrunn. Sie dient mit ihrer Wasserfläche von 100 ha der Trinkwasserversorgung. Durch die reizvollen Uferpartien führen stille Wanderwege.
Rat der Stadt, DDR-6056 Schleusingen

Die sagenumwobene Wartburg hoch über Eisenach war der Zufluchtsort Luthers, als er 1521/22 die Bibel übersetzte.

Hörsel

Eisenach Automobilstadt am Nordwestrand des Thüringer Walds.
Untrennbar verbunden mit Eisenach sind Namen wie Martin Luther und Johann Sebastian Bach. Im Lutherhaus und im Bachhaus sind Ausstellungen zu ihrem Leben und Wirken untergebracht.
Ein touristisches Muß ist die Wartburg oberhalb von Eisenach, Schauplatz des mittelalterlichen Sängerkriegs, der Lutherschen Bibelübersetzung und des Wartburgfests von 1817. Sie gilt als eine der beeindruckendsten und größten Burganlagen Deutschlands.
Sehenswert ist auch die Drachenschlucht unterhalb der Wartburg, eines der typischen, tief eingeschnittenen Bachtäler im Thüringer Wald. Enge, bis zu 10 m hohe Felswände bilden ein wildromantisches Panorama.
Von den weißen Kalksteinfelsen der Hörselberge östlich von Eisenach hat man einen großartigen Blick auf die Landschaft.
Information, Bahnhofstraße, DDR-5900 Eisenach

Ein Fluß kommt groß raus

Das Weserbergland ist von sanfter, stiller Schönheit: Die Weser fließt in großen Schlingen durch Höhen und Wälder, vorbei an wahren Schmuckkästchen von Fachwerkstädten, an romantischen Schlössern und Burgen. Beinahe hinter jeder Flußbiegung wartet eine neue Überraschung.

An der nördlichen Spitze des Unteren Tanzwerders in **Münden** – Werder heißt Flußinsel – steht seit 1899 der berühmte Weserstein mit seinen Versen: „Wo Werra sich und Fulda küssen . . ."

Welcher der beiden Quellflüsse der wichtigere ist, darüber läßt sich streiten. Die einen sagen: die Fulda – weil sie, verstärkt durch die Eder, der Weser die weitaus größeren Wassermengen zuführt. Die anderen meinen: die Werra – weil sie der bei weitem längere Quellfluß ist. Überdies bringt sie der Weser den Namen mit. Bis zum Mittelalter galt sie als Oberlauf der Weser, und beide trugen den Namen Wisahara, der sich im Mitteldeutschen zu Werra, im Niederdeutschen zu Weser weiterentwickelte.

Der Ort, an dem die beiden zusammentreffen, heißt konsequenterweise Münden, offiziell Hann Münden, manchmal auch Hannoversch Münden. Der Autofahrer erreicht die Stadt bequem über die A 7 (Ausfahrt Hann Münden/Lutterberg). Hier beginnt das liebliche Weserbergland, für dessen Reize Münden ein würdiger Auftakt ist. Immer wieder wird der weitgereiste Alexander von Humboldt zitiert, der die Stadt zu den sieben schönstgelegenen der Welt zählte. Von der Tillyschanze über der linken Fuldaseite hat man den schönsten Blick auf die Quellflüsse und die Altstadt mit ihrer mittelalterlichen Fachwerkpracht – über 400 Häuser sind renoviert worden.

Münden liegt nicht nur schön, Münden war auch reich – reich durch Zollfreiheit und vor allem durch das Stapelrecht, das es von 1247 bis 1823 besaß. Es besagte, daß alle

Von links fließt die Werra, von rechts die Fulda heran: In Münden, beim Inselchen Tanzwerder, vereinigen sie sich zur Weser.

Unter einer Kastanie auf dem Tanzwerder steht seit 1899 der „Weserstein" mit seiner berühmten Inschrift, die seither Generationen von Schülern auswendig zu lernen hatten: „Wo Werra sich und Fulda küssen ..."

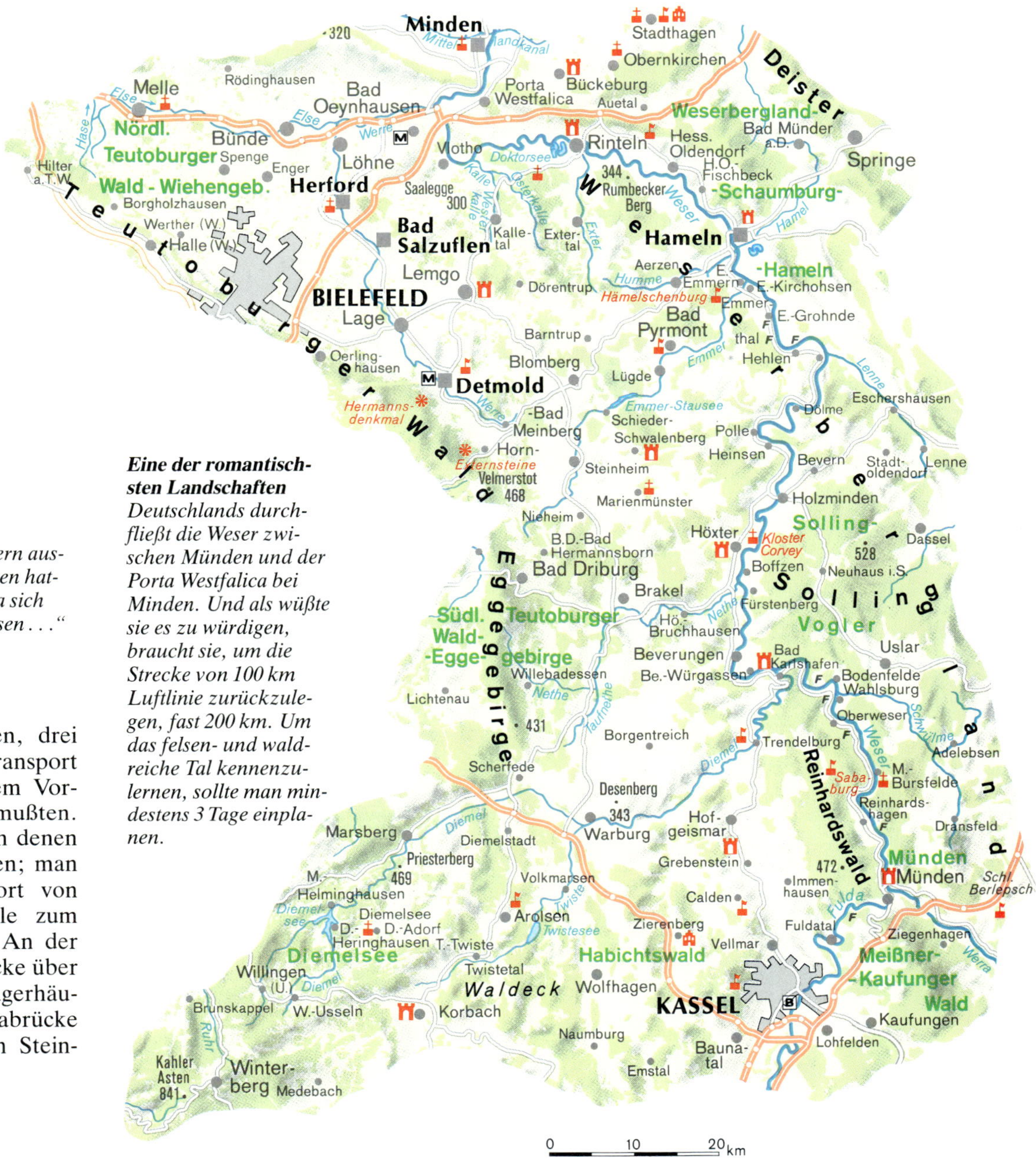

Eine der romantischsten Landschaften *Deutschlands durchfließt die Weser zwischen Münden und der Porta Westfalica bei Minden. Und als wüßte sie es zu würdigen, braucht sie, um die Strecke von 100 km Luftlinie zurückzulegen, fast 200 km. Um das felsen- und waldreiche Tal kennenzulernen, sollte man mindestens 3 Tage einplanen.*

Waren, die im Städtchen ankamen, drei Tage lagern und vor dem Weitertransport den Mündener Kaufleuten zu einem Vorzugspreis angeboten werden mußten. „Schlagd" hießen die Uferplätze, an denen die Schiffe be- und entladen wurden; man ist nicht sicher, ob sich das Wort von „Waren umschlagen" oder „Pfähle zum Festmachen einschlagen" ableitet. An der Bremer Schlagd bei der Mühlenbrücke über die Fulda ist noch eines der alten Lagerhäuser zu sehen. Die steinerne Werrabrücke von 1327 gilt als eine der ältesten Steinbrücken Deutschlands.

Die Weser – kein Fluß für die Schiffahrt

Die Schiffahrt hatte es von jeher schwer mit der Weser. Stauwehre, die Mühlen antrieben, behinderten den Schiffsverkehr; die regelmäßigen Trockenzeiten ließen das Wasser des ohnehin seichten Flusses so weit zurückgehen, daß die Schiffe kaum noch fahren konnten. Da die Pläne zur Kanalisierung und Regulierung nie verwirklicht wurden – zur nachträglichen Freude aller Erholungsuchenden –, verlor die Weser ihre Bedeutung als Wasserstraße. Die Ausflugsschiffe von heute haben es leichter: Das Wasser der ***Edertalsperre*** kann in heißen Sommern für Ausgleich sorgen (siehe Seite 362–363).

Am Anlegeplatz der Ausflugsschiffe in unmittelbarer Nähe des Wesersteins kann man die Weserreise zu Wasser beginnen. Aber auch die Autofahrt auf den idyllischen Nebenstraßen an der rechten Uferseite ist nicht minder gemütlich. Von der anderen Seite grüßt dunkelgrün der Reinhardswald herüber, rechtsseitig rückt der Bramwald bis dicht ans Ufer heran. So große zusammenhängende Waldgebiete wie hier im Süden des Weserberglands hat die Bundesrepublik Deutschland sonst kaum noch aufzuweisen.

Vom Parkplatz Kreuzstein hinter dem hübschen Fachwerkdörfchen **Münden-Hemeln** lohnt die 1 km lange Wanderung bergauf zur Ruine Bramburg, einem Raubritternest aus dem 11. Jh. Die alten Ritter pflegten ein Seil durch die Weser zu spannen. Wenn ein Schiff es berührte, ließ es oben in der Burg eine Glocke läuten, und hoch zu Roß jagten sie hinab, um das Schiff auszurauben.

Das reizende Örtchen **Bursfelde** folgt 6 km flußabwärts. Seine Klosterkirche am Weserufer ist der stolze Rest eines Benediktinerklosters, das Mitte des 15. Jh. Ausgangspunkt der Bursfelder Kongregation war, einer Reformbewegung, die gegen den allgemeinen Verfall der klösterlichen Sitten ankämpfte. Auf schöner Strecke erreicht man die rund 10 km entfernte Oberwesergemeinde **Gieselwerder,** wo man den Fluß überqueren kann. Vom linken Weserufer weg empfiehlt sich ein Abstecher in den Reinhardswald hinein, zur sagenumwobenen Sababurg. Hier, heißt es, hat Dornröschen gelebt – und wenn man sich auf schmalen Landsträßchen durch das verwunschene, tiefe Grün unterhalb des Hahnebergs der Burg nähert, möchte man es tatsächlich glauben.

Auf der Wesertalstraße – hier der B 80 – folgt man den Flußschlingen in Richtung Bad Karlshafen. Es geht vorbei an **Gewissenruh,** wie Gottstreu weiter weseraufwärts eine Gründung der Waldenser, die im 18. Jh. auf der Flucht von Frankreich her an die Weser kamen. Von Gewissenruh aus kann man einen geologisch interessanten Ausflug machen: Mit der romantischen alten Fähre geht es hinüber nach Wahmbeck und dann nach **Bodenfelde,** dem hübschen Erholungsort am Fuße des Kahlbergs. Diese 225 m hohe Erhebung war früher ein mit dem Reinhardswald verbundener Bergsporn, den die Weser umfließen mußte. Mit der Zeit aber durchstieß der Fluß den Sporn, was seinen Lauf um 3 km verkürzte, und trennte den Kahlberg vom Reinhardswald. Das Tal der alten Schlinge – allerdings nicht mehr weserdurchflossen – ist unverändert erhalten geblieben.

Ein Hafen ohne Schiffe

Von Gewissenruh erreicht man auf der Wesertalstraße nach wenigen Kilometern **Bad Karlshafen.** Das heutige Soleheilbad an der Mündung der Diemel in die Weser war 1699 vom hessischen Landgrafen Carl für hugenottische Glaubensflüchtlinge aus Frankreich auf dem Reißbrett entworfen worden, ein symmetrisches, weißes, fast südländisch anmutendes Barockstädtchen, dessen Mittelpunkt noch heute das ovale Hafenbecken ist. Denn mit einem eigenen Hafen wollte der Landgraf den lästigen Weserzoll von Münden umgehen. Die Diemel wollte er schiffbar machen und über einen Kanal seine Residenzstadt Kassel erreichen – ein gewaltiges Projekt, das die technischen Möglichkeiten seiner Zeit weit überstieg. Nur ein Stückchen des Diemelkanals bei Hofgeismar-Hümme, ein Schleusenbecken am Stadtrand von Karlshafen und das merkwürdig geformte Hafenbecken sind verwirklicht worden. Ein Schiff hat Karlshafen nie gesehen.

Der alte Pegelturm hinter dem Gasthaus „Weserdampfschiff" erzählt mit seinen Markierungen noch von Hochwasserkatastrophen der Vergangenheit. Am höchsten stand das Wasser am 19. Dezember 1841. Bevor die Hugenotten siedelten, war die ganze Gegend zwischen Weser und Diemel nur ein mehr oder minder sumpfiges, ständig von Hochwasser bedrohtes Dreieck.

▷ ***Diemel*** Schon der Unterlauf der Diemel, begleitet von der B 83, ist außergewöhnlich reizvoll. Gesäumt von grünen Wiesenflächen und im Osten eingerahmt von den stellenweise leuchtendrot zutage tretenden Buntsandsteinhängen des Reinhardswalds, durchfließt sie in sanften, ruhi-

Oben: Bad Karlshafen wurde 1699 von Landgraf Carl von Hessen-Kassel als Hafen an der Diemelmündung gegründet. Doch Schiffsverkehr gab es hier nie: Der Fulda-Diemel-Weser-Kanal wurde nicht gebaut.

Unten: Ein rundes Dutzend Ausflugsschiffe sind auf der Oberweser unterwegs; eine Reise mit ihnen kann man zum Geruhsamsten zählen, was unsere unruhige Zeit zu bieten hat.

gen Bogen die weite Senke zwischen **Trendelburg** und der Mündung. Hoch über dem Bergstädtchen ragt auf einem 50 m hohen Sandsteinfelsen die gleichnamige, fünftürmige Burg auf: Von ihrem Turm soll Rapunzel ihr Haar herabgelassen haben.
Ab Trendelburg wird das Diemeltal enger, und nur noch Nebenstraßen folgen dem Flüßchen. Um das hübsche **Warburg** am Rand der fruchtbaren Warburger Börde zu erreichen, muß man sogar ein Stück ins Hinterland ausweichen. Von der Ruine Desenberg nahe der Stadt hat man einen hervorragenden Rundblick auf das Diemelland.
Dem Lauf der Diemel folgt bis kurz vor den Diemelsee treulich die B 7 durch zunehmend einsamere, tiefere Wälder. Auf den letzten Kilometern von Marsberg bis zum Stausee ist das Flußtal noch einmal besonders waldreich, tief eingeschnitten und ganz romantisch (***Diemelsee*** siehe Seite 374). ◁

Ein Musterbeispiel der Holzbaukunst ist die Dechanei von 1561 im mittelalterlichen Städtchen Höxter. Unter dem Namen „Schöffelscher Hof" diente sie als Stadthaus für eines der alten Adelsgeschlechter der Gegend.

Hungersteine im Fluß

Auf der rechten Weserseite folgt **Beverungen-Würgassen** mit seinem 1971 in Betrieb genommenen Kernkraftwerk – einem der ersten in der Bundesrepublik Deutschland. Die linksseitige B 83 bleibt so dicht am Fluß, daß man von der Aussichtsplattform am Rastkiosk „Dreiländereck" einen guten Blick auf die Anlage hat. Dahinter erstreckt sich über eine Fläche von 500 km² zwischen Weser und Leine der Solling, ein waldreiches Gebirge mit 400 Millionen Bäumen – das behaupten zumindest die Einheimischen.
Wenn die ohnehin seichte Weser in trockenen Sommern noch seichter wird, tauchen an manchen Stellen im Flußbett große Gesteinsblöcke auf, die sogenannten Hungersteine. Vor Würgassen gibt es sogar einen mit alten Wasserstandsmarken und Jahreszahlen. Die Ausflugsschiffe, die auf diesem Weserabschnitt rege verkehren, begegnen der geringen Wassertiefe durch eine entsprechende Bauweise: Nur 60 cm beträgt der Tiefgang bei den zwei modernsten Linienschiffen. Trotzdem müssen die Kapitäne vorsichtig durch die engen Fahrrinnen steuern. 1976 mußte sogar einmal die Schiffahrt eingestellt werden, weil der Wasserstand auf 40–50 cm sank.
Die B 83 folgt den Flußschlingen ab Beverungen nicht direkt. Erst im schon zu Höxter gehörenden, malerisch-ländlichen **Godelheim** kommt sie dem Fluß wieder nahe. Gegenüber thront auf einem Felssporn Schloß Fürstenberg, Grenzfeste des Braunschweiger Herzogs Carl I. und seit 1747 Porzellanmanufaktur.
▷ ***Nethe*** Bei Godelheim mündet von links die kleine Nethe, ein einsames Wiesenflüßchen aus dem Eggegebirge, das dem bergigen, fruchtbaren Bauernland des Nethegaus den Namen gegeben hat. ◁
Bis nach **Höxter** sind es nur noch wenige Kilometer. Die reichverzierten Fachwerkfassaden in der Altstadt, die unmittelbar am Weserufer beginnt, legen Zeugnis ab von der Wohlhabenheit und dem Selbstbewußtsein der ehemaligen Hansestadt. Von der alten Weserbrücke, die schon im 12. Jh. begonnen wurde, bietet sich die beste Aus-

Mit dem Schiff durch das Weserbergland

Bad Karlshafen In der Saison (von Mai bis September) laufen die Schiffe fahrplanmäßig Mo, Di, Sa und So einmal täglich Münden an. Die Fahrten dauern 6–7 Stunden. Zusätzlich sind einstündige Rundfahrten im Programm.
Höxter Von Mai bis September laufen täglich um 9 Uhr und um 15.45 Uhr Schiffe nach Bad Karlshafen aus. Zwischenstopp in Beverungen. Die Fahrten dauern 2½ Stunden. Ab 10 Uhr und ab 13.30 Uhr kommen auf umgekehrter Route Schiffe entgegen.
Bodenwerder Von Mai bis Oktober wird Polle angesteuert; Hin- und Rückfahrt 4 Stunden. Außerdem täglich 1½stündige Rundfahrten.
Hameln Von der alten Rattenfängerstadt aus verkehren nach einem festen Fahrplan zwei Linien.
Fahrtziele und -dauer Von Mai bis September wird einmal täglich über drei Zwischenstopps Höxter angelaufen. Abfahrt 10 Uhr, Dauer 9½ Stunden. Ab 12.10 Uhr kommt von Höxter aus ein Schiff mit derselben Fahrtroute entgegen.
Von Ende Juni bis Mitte August fährt jeden Sa um 8 Uhr ein Schiff von Hameln nach Vlotho. Einfache Fahrt 4 Stunden. Vier Anlegestellen werden angesteuert.
Von Mai bis Oktober werden ab Hameln täglich Rundfahrten und mehrtägige Kreuzfahrten durch das Weserbergland angeboten.
Auskunft Oberweser-Dampfschiffahrt GmbH, Inselstraße 3, 3250 Hameln, Tel. 05151/22016.
„Weiße Flotte" Warnecke, Hauptstraße 39, 3250 Hameln, Tel. 05151/3975 und 05533/4864.

Ein halbes Pferd, das vor dem Brunnen steht und säuft...? Jeder weiß, daß es sich dabei um eine der berühmtesten Geschichten des Lügenbarons Münchhausen handelt. Das Denkmal steht vor dem heutigen Rathaus in Bodenwerder, wo er 1720 geboren wurde.

sicht auf die Stadt. Berühmt ist auch der Blick über die 1 km lange Corveyer Allee, an deren Ende, ebenfalls dicht an der Weser, das über 1000 Jahre alte Kloster Corvey liegt. Hoffmann von Fallersleben, der Dichter des Deutschlandlieds, war von 1860 bis zu seinem Tod im Jahr 1874 Bibliothekar in Corvey; auf dem Klosterfriedhof liegt er begraben.

Von der B 83 führt nur knapp 10 km hinter Höxter eine Brücke hinüber nach **Holzminden.** Hier weichen die waldigen Höhen ein Stück zurück, und das Wesertal verbreitert sich zu einem Becken. In dem hübschen Städtchen verbrachte der Dichter Wilhelm Raabe seine Kindheit, und auf dem Raabebrunnen in der Altstadt steht sein Satz: „Bleib in den Stiefeln, Mensch, so lange als möglich!“ Seit ganz kurzer Zeit, seit 1987 erst, liegt der Oldtimer der Oberweser-Dampfschiffahrt, die „Stör“ von 1937, renoviert als Museumsschiff am Holzmindener Hallenbad und beherbergt Deutschlands erstes Tourismusmuseum.

2 Millionen Jahre Arbeit

Zwischen Holzminden und dem knapp 30 km entfernten Bodenwerder liegt eine der Engtalstrecken der Oberweser. Die weichen Tonsteine werden abgelöst von einem harten Kalk- und Sandsteinriegel, durch den sich die Weser in 2 Millionen Jahren hindurchgearbeitet hat. In einem 150 m tiefen Tal zwängt sie sich jetzt zwischen der Ottensteiner Hochfläche und dem Vogler in tief eingeschnittenen Mäandern hindurch. Der Fels an den steilen Hängen tritt immer wieder zutage und gibt der prächtigen Szenerie einen wildromantischen Anstrich. Der Autofahrer kann diesem besonders reizvollen Weserabschnitt folgen, wenn er auf die linksseitige, flußnahe B 83 zurückkehrt.

Über **Polle** mit seiner Burgruine gelangt man nach **Brevörde,** von wo sich ein Ausflug ins Hinterland lohnt. Bei der Fahrt zur Ottensteiner Hochfläche hinauf eröffnet jede Serpentine einen neuen, atemberaubenden Ausblick auf das Wesertal. Vom Erholungsort **Ottenstein** geht es auf ebenso reizvoller Abfahrt wieder an die Weser zurück.

Die Felspartie an der dortigen Weserschleife, gegenüber von **Bevern-Dölme,** ist wohl die meistfotografierte Stelle am ganzen Fluß. Steinmühle oder auch Teufelsmühle heißt der sagenumwobene Platz. Der Wirt im Gasthaus am Fuß der Felswand ist ein ehemaliger Oberweser-Dampfschiffahrtskapitän. Auf der Höhe des Muschelkalkfelsens, der im Volksmund auch Weserlorelei genannt wird und den man über eine Treppe ersteigen kann, wurde dem Hameler Senator und Mühlenbesitzer Friedrich Wilhelm Meyer ein Denkmal gesetzt. Er gilt als der Vater der heutigen Oberweser-Dampfschiffahrtsgesellschaft: 1883 erwarb er für 12 000 Goldmark den Dampfer „Fürst Bismarck“. Regelmäßige Schiffsverbindungen hatte es auf der Weser schon seit 1843 gegeben; unterwegs waren Einheimische, Auswanderer, die zum Bremer Überseehafen wollten, aber auch schon die ersten Touristen. Zweieinhalb Taler kostete die Fahrt von Münden nach Hameln, und der

Märchengegend, Märchenfluß

Flußauf, flußab und bergauf, bergab: Hier in der Wesergegend sammelten die Brüder Grimm aus Kassel einen Großteil ihrer berühmten Märchen. Auch die Deutsche Märchenstraße führt – natürlich – an der Weser entlang. Der Märchenfreund kann sich oft ins Zauberreich versetzt fühlen: Frau Holle war auf dem Hohen Meißner über der Werra zu Hause, Rapunzel in der Trendel-, Dornröschen in der Sababurg. Hänsel und Gretel verliefen sich im urwaldähnlichen Reinhardswald; Schneewittchen kam zu den sieben Zwergen – und von der Weser her gesehen, sind es ja wirklich sieben Berge in Richtung Hildesheim.

Zwei der bekanntesten Gestalten aber sind historisch. Doktor Johann Andreas Eisenbart, der überall in Europa als Wanderarzt einen hervorragenden Ruf genoß, starb 1727 in Münden. 1818 wurden erstmals die Studentenlieder gedruckt, die ihn als Quacksalber verunglimpfen; inzwischen haben sie mehr als 1000 Strophen erreicht – allesamt erlogen.

Ungelogen aber, daß es einen gab, der es mit der Wahrheit nicht so genau nahm: Karl Friedrich Hieronymus von Münchhausen. Als Gutsherr in Bodenwerder gab er in Gesellschaft von Freunden und Nachbarn seine berühmten Geschichten zum besten.

Auch der geheimnisvolle Rattenfänger von Hameln hat historische Bezüge. Inzwischen scheint es am wahrscheinlichsten, daß es wohl Graf Nikolaus von Spielberg war, der anno 1284 die Kinder nach Siebenbürgen bringen wollte, das damals kolonisiert wurde, und daß alle bei einem Schiffsunglück auf der Ostsee umkamen.

Baedeker von 1847 notierte über den Service an Bord: „Verpflegung und Wein gut". Bis heute gilt der Rat aus einem anderen alten Reiseführer: Wer es möglich machen kann, sollte diesen Teil der an romantischen Stellen nicht eben armen Oberweser mit dem Schiff bereisen – „es erwarten ihn hohe Genüsse . . ."
Doch auch die Autofahrt von Dölme nach Bodenwerder ist reizvoll. Im engen Tal säumen nur wenige winzige Dörfchen den Fluß, und die Kirschbäume erinnern an das Kirschanbaugebiet im Werraort Witzenhausen. Besonders auffallend sind hier die Schotterbuhnen, die typisch für die ganze Oberweser sind: ins Flußbett hineinragende Dämme, die der Strömungsregulierung und dem Uferschutz dienen.

Münchhausen, Münchhausen

Nach wenigen Kilometern ist **Bodenwerder** erreicht, das Münchhausen-Städtchen. Die heutige Altstadt lag einst auf einer Insel in der Weser, die längst mit dem linken Flußufer verbunden ist. In Bodenwerder wurde früher Flachs in großen Mengen angebaut und zu grobem, billigem Bauernleinen verarbeitet, das vom Weserhafen aus in die ganze Welt hinausging. Sogar bis Jamaika gelangten Lendenschurze aus Bodenwerder Leinen – und das ist keine Lüge. Weitaus berühmter wurde ein anderer Exportartikel: die Geschichten des für alle Zeiten bekanntesten Sohnes von Bodenwerder, des Lügenbarons Münchhausen.
Die Wesertalstraße begleitet den Fluß auf das Hamelner Becken zu. Eine schöne alte Platanenallee, die unter Naturschutz steht, führt nach **Emmerthal-Grohnde,** das neuerdings durch das 1985 fertiggestellte Kernkraftwerk bekannt geworden ist. Noch heute setzt die Grohnder Fähre über – ihr berühmtester Kunde war der Herr Geheimrat von Goethe aus Weimar auf seinem Weg zur Kur ins nahe Bad Pyrmont.

Mit der alten Gierseilfähre kann man bei Grohnde die Weser überqueren. Ganz ohne Motor, nur von der Strömung getrieben, pendelt sie an einem flußüberspannenden Seil zwischen den Ufern hin und her.

▷ ***Emmer*** Kurz vor Hameln mündet von links die Emmer, ein 63 km langes Flüßchen mit unzähligen Windungen, das aus dem Eggegebirge kommt. Der Emmerweg folgt ihrem Lauf von der Quelle bis zur Mündung. Bis zur großen Überschwemmung von 1350 floß die Weser viel weiter östlich, und erst in Hameln trafen Weser und Emmer zusammen. Dann aber gab die Weser ihr eigenes Bett auf und benutzt jetzt für mehrere Kilometer den früheren Lauf der Emmer. Am Rand der Weserniederung, nur 4 km von der Weser entfernt, liegt die Hämelschenburg, das schönste Schloß im ganzen Weserbergland (siehe Kasten Seite 372). Nebenstraßen begleiten die Emmer 10 km weiter nach **Bad Pyrmont,** heute wie einst ein beliebter Kurort. Seinem „hylligen Born" (heilige Quelle) wurde schon sehr früh Wunderkraft zugeschrieben. Berühmt und ein Beweis für das milde Klima im geschätzten Emmertal ist die üppige Palmenpracht im Kurpark. Fast noch Naherholungsgebiet für Bad Pyrmont ist der über idyllische Nebenstraßen dicht am Flüßchen erreichbare ***Emmer-Stausee*** bei **Schieder,** der Ruder- und Surffreunden offensteht. ◁

Das unverwechselbare Kurhaus von Bad Pyrmont am Flüßchen Emmer. Schon die Römer kannten die Heilquellen; als Modebad zog es später Zar Peter, Goethe und andere Berühmtheiten an. Heute preist man die Anlage als den „schönsten Kurgarten der Welt".

Auf der linken Flußseite führt die Wesertalstraße direkt nach **Hameln** hinein, wo – daher der Name – die ***Hamel*** der Weser zufließt. Vielfältig sind die Beziehungen zwischen Stadt und Fluß. Auf dem Kirchturm von St. Nikolai erinnert ein goldenes Schiff daran, daß sie früher die Kirche der Schiffer und Fischer war. Neben der berühmten Osterstraße mit ihren prächtigen Bürgerhäusern bieten auch die alten Fachwerkhäuschen in der Fischpfortenstraße, in der einst die Fischer zu Hause waren, einen malerischen Anblick. Und im Heimatmuseum ist im Weserzimmer neben uralten Einbäumen, die aus Weserschlamm geborgen wurden, einer der flachen Lachs-

Die Hämelschenburg gehört mit zum Schönsten, was die sogenannte Weserrenaissance zu bieten hat. Hufeisenförmig wurde sie angelegt, und der einzige Eingang führt – damals wie heute – durch das Rundportal und über die alte Brücke ins Schloß.

fänger zu sehen, die bis 1910 auf der außerordentlich lachsreichen Weser in Betrieb waren. Im 18. Jh. waren Hausangestellte sogar nur unter der Bedingung zu haben, daß nicht mehr als dreimal wöchentlich Lachs auf den Tisch kam.

Wie Münden wurde die Hansestadt Hameln durch das Stapelrecht reich. Hier wurde 1732 die einzige Schleuse an der Oberweser gebaut: Sie sollte trotz des Stauwehrs im Fluß durchgehenden Schiffsverkehr ermöglichen und dafür sorgen, daß man auf das umständliche Umladen auf andere Schiffe verzichten konnte. Sie ist 225 m lang – und die einzige gebogene Schleuse Deutschlands.

Bald hinter Hameln geht die Weser, sonst durchschnittlich kaum breiter als 50 m, merklich auseinander. Ihr Tal wird weiter, bietet Platz für Ansiedlungen. Es lohnt sich, auf den Nebensträßchen am linken Ufer zu bleiben: Sie folgen eng dem Fluß. Von rechts baut sich Berg für Berg das Wesergebirge auf, vor dem die Weser in unschlüssigen Windungen nach Westen ausweicht, als sei sie es müde geworden, sich durch Berge hindurchzuarbeiten.

Blick von den Klippen ins Schaumburger Land

Eine Brücke führt hinüber nach **Hessisch Oldendorf,** wie einige andere Orte der Gegend eine Gründung der Schaumburger Grafen. Von der eindrucksvollen, unter Naturschutz stehenden Felslandschaft um den Hohenstein herum, der mit 341 m Höhe hinter dem Ort aufragt, hat man einen grandiosen Blick auf die Weser. Den Namen hat das Schaumburger Land von der unweit liegenden Schaumburg, die sich für diejenigen, die rechts der Weser weiterfahren wollen, als weiterer hervorragender Aussichtspunkt anbietet. Wer direkt ins malerische Rinteln will, kehrt auf die linke Uferseite zurück. **Rinteln** war von 1621 bis 1809 Universitätsstadt – ihre juristische Fakultät war zu Zeiten der Hexenverfolgung für ihre zahllosen Gutachten, das Stück zu 3 Taler, bekannt und berüchtigt. Der ***Doktorsee*** auf der linken Flußseite, ein Relikt des Weserkiesabbaus zwischen Hameln und Vlotho, ist heute ein beliebtes Wassersportrevier. Drüben am Berghang auf der rechten Seite saß im 19. Jh. der Dichter Franz von Din-

Juwele aus Holz und Stein

Es war ein Baumeister vom Neckar, der die Architekturrichtung zum Blühen brachte, die später als Weserrenaissance berühmt wurde. Jörg Unkair war sein Name, genannt Meister Jörg von Tübingen. Die Residenz der Paderborner Fürstbischöfe war ab 1524 sein erstes, das Schloß der Grafen zu Lippe in Detmold um 1552 sein letztes Werk.

Geld gab es genug an der Weser: Der Adel der Gegend hatte in Feldzügen sein Vermögen gemacht, zudem war das Gebiet als Kornkammer reich geworden. So entstanden ein Jahrhundert lang, bis schließlich der Dreißigjährige Krieg der Baulust ein Ende setzte, überall Schlösser und Patrizierhäuser.

Nach und nach mischten sich auch Ideen aus Italien, Frankreich und den Niederlanden in den Weserstil hinein. Sandstein aus den Weserbergen war das vornehmliche Baumaterial. Hauptsächlich von Petershagen aus wurde er auch exportiert – unter anderem sind das Rathaus in Antwerpen und Schloß Kronborg im dänischen Helsingør aus diesem Stein erbaut.

Charakteristisch für die Weserrenaissance waren die Treppentürme, die formenreich ausgestalteten Giebel, die „Auslucht" genannten Erker und schließlich die Bossensteine, die reich ornamentierten Zierquader. Paradebeispiele sind die Rathäuser in Münden, Höxter und Hameln, aber auch ganze Straßenzüge wie die Osterstraße in Hameln. Unter den Schlössern und Burgen ragen das Münchhausenschloß Bevern oder Schloß Varenholz heraus. Als absoluter Höhepunkt der Weserrenaissance aber gilt die Hämelschenburg an der Emmer, 1588–1613 von Jürgen von Klencke erbaut.

Die Haube und der leuchtendrote Rock sind charakteristisch für die Trachten des Schaumburger Lands.

Die historische Grafschaft wurde nach der alten Schaumburg benannt.

gelstedt und sang sein Weserlied: „Hier hab ich so manches liebe Mal mit meiner Laute gesessen, hinunterblickend ins weite Tal, mein selbst und der Welt vergessen ..."

Ab Rinteln geht es rechts der Weser auf Nebenstraßen weiter nach Westen. Das 20 km entfernte **Vlotho** unterhalb des aufragenden Amtshausbergs, von dem man einen schönen Ausblick hat, entstand an einer alten Weserfurt. Wer auf den alten Treidelpfaden am Fluß entlangwandert, dem werden hier die Wesermarkierungstafeln auffallen: Als die Weser vermessen wurde und die von Bremen und Münden gleichzeitig auf den Weg geschickten Vermessungstrupps bei Vlotho aufeinanderstießen, merkte man, daß der Abstand zwischen den beiden zuletzt gesetzten Kilometertafeln eigentlich nur 600 m betrug. Seither gibt es auf diesem Stück Buchstaben als Behelfsmarkierung.

Ab Vlotho sind es wieder Bundesstraßen, die den Autofahrer auf der linken Weserseite flußabwärts führen.

Große Namen an einem kleinen Fluß

So ländlich und grün, wie es der Weserreisende gewohnt war, bleibt es am Fluß allerdings nicht.

▷ ***Werre*** Um den Mündungsbereich der kleinen Werre breitet sich **Bad Oeynhausen** aus, das bekannte Heilbad. Die besondere geologische Situation des Weserberglands ist der Grund dafür, daß einige der heilkräftigen Mineralwässer, die dort erschlossen wurden, einmalig in Europa oder sogar in der Welt sind. Der bis zu 52 m hohe Jordansprudel ist die größte kohlensäurehaltige Thermalsolequelle der Erde. Die Kohlensäure kommt aus Gesteinsschichten im tieferen Untergrund, die dieses Gas beim Erstarren freisetzen. Die erhöhte Temperatur von 35 °C erklärt sich aus der Nachbarschaft von Gesteinsschmelzen. Dritter wichtiger Faktor sind die Salzschichten, die sich im Grundwasser auflösen und so für den Salzgehalt des Geysirs sorgen.

▷ ▷ ***Else*** Kurz hinter Bad Oeynhausen verstärkt die Else die Werre. Das kleine Flüßchen in der breiten Niederung zwischen Teutoburger Wald und Wiehengebirge wird fast auf seinem ganzen Lauf von der A 30 begleitet und von Dörfern sowie kleineren Städten gesäumt. ◁ ◁

Ähnlich dicht besiedelt ist die Werre an ihrem Mittel- und sogar noch an ihrem Oberlauf. Bundes- und Nebenstraßen folgen dem Fluß über Städte wie die alte Hansestadt **Herford,** das vielbesuchte **Bad Salzuflen, Lage** und die schöne, gräflich lippische Residenz **Detmold** in den Teutoburger Wald. Ein hübscher Wanderpfad führt von Herford bis Bad Salzuflen an der Werre entlang. ◁

Die Weser aber erreicht endlich in einer entschlossenen Wendung nach Norden die Porta Westfalica, die Westfälische Pforte. Die B 61 führt links des Flusses auf den 600 m breiten und 250 m hohen Einschnitt zu. Hinweisschildern folgt man zum Portadenkmal auf den Wittekindsberg hinauf, von dem man eine atemberaubende Aussicht weit ins Weserland hat. Der Wittekindsberg ist der letzte Ausläufer des Wiehengebirges, so wie der Jakobsberg gegenüber der erste des Wesergebirges ist. Vom Sockel des 87 m hohen Denkmals aus Portasandstein blickt seit bald 100 Jahren eine Statue Kaiser Wilhelms auf die Weser hinunter. Sie schaut auf ein Werk, das der Fluß als Landschaftsarchitekt vollbrachte. In unvorstellbar lange währender Schwerstarbeit grub er sich seinen Weg in die Norddeutsche Tiefebene hinein.

Porta Westfalica – Westfälische Pforte: So nennt sich die Stelle, an der die Weser Wiehen- und Wesergebirge durchbricht. Am linken Ufer, auf dem Wittekindsberg, steht seit 1896 das Kaiser-Wilhelm-Denkmal.

Mit St. Muffert über den See

Der Naturpark und der See, der in seiner Mitte liegt, teilen sich nicht nur den Namen: Bei beiden denkt man an die waldigen Höhen und grünen Wiesen des Sauerlands, an das klare Diemelwasser und an viel Ruhe und Erholung.

Ganz so kahl ist es gar nicht am 774 m hohen Kahlen Pön, wo die ***Diemel*** entspringt. Die Diemelquelle südlich der B 251 bei Usseln ist mit ihrer künstlichen Felseinfassung am Wiesenhang ein beliebtes Ausflugsziel. Von hier fließt die Diemel, begleitet von idyllischen Landsträßchen, in Richtung Weser davon. Aber nach nur 15 km wird ihre Reise unterbrochen: Sie bildet mit der kleineren ***Itter*** den ***Diemelsee.*** Zwei Grenzen sind nahe – die zwischen Nordrhein-Westfalen und Hessen, die dicht am Itterarm entlang verläuft, und die Wasserscheide Rhein-Weser.

Angelegt wurde der See, um Niedrigwasser an der Oberweser auszugleichen, außerdem zum Hochwasserschutz und zur Elektrizitätsgewinnung.

Ein Nebensträßchen bringt den Autofahrer nach **Heringhausen** und bleibt dann dicht am Nordufer des Sees. Das Südufer ist Autofahrern nicht zugänglich; um so reizvoller ist es, auf den stillen Wegen dort zu wandern und zu radeln. Dem Wanderer öffnet sich vom Gipfel des Eisenbergs zwischen Heringhausen und **Helminghausen** der schönste Blick auf den See. Reizvoll ist auch die knapp dreiviertelstündige Tour mit dem Ausflugsboot, das den lustigen Namen „St. Muffert“ trägt. Zwischen April und September dreht es dreimal täglich von der rund 200 m langen Helminghausener Staumauer aus seine Runde. Naturfreunde kommen im vogelreichen Naturschutzgebiet am Südende des Itterarms auf ihre Kosten. Bei Helminghausen verläßt die Diemel den See wieder; sie hat bis zu ihrer Mündung bei Bad Karlshafen noch einen weiten Weg vor sich (siehe Seite 368–369).

Diemel
Helminghausen
Eisenberg
595
Kotthausen 1
Diemelsee
Kotthausen 2
NSG
Kotthausen 3
Dombeck
Heringhausen
Itter
0 500 1000 m

***Mit 1,65 km² ist der Diemelsee** zwar nicht groß, aber an seinen wald-, wiesen- und feldgesäumten Ufern findet der Besucher alles, was er für Freizeitaktivitäten wie zur Erholung braucht. Wassersportzentrum ist das Dörfchen Heringhausen, einziger Ort am See; hier startet der 12 km lange Rundwanderweg, der allerdings den Südzipfel des Diemelarms abschneidet.*

Eine verzweigte Wasserlandschaft bilden die Arme von Diemel und Itter, die in den Jahren 1912–1924 zum Diemelsee aufgestaut wurden. Vom großen Touristenstrom blieb diese Gegend bis heute verschont.

Im Reinhardswald um die Sababurg herum gibt es noch einen richtigen wilden Urwald.

Weser

Sababurg Ehemaliges landgräfliches Jagdschloß im Reinhardswald.
Um die eindrucksvolle Dornröschenburg herum erstreckt sich der Tierpark Sababurg, der als ältester Deutschlands gilt: Schon 1571 wurde er als „Thiergarten" erbaut. Hier weiden Ure, Wisente, Wildpferde, Rentiere und viele andere europäische Großtierarten. Westlich der Burg liegt der Urwald Sababurg. Seit Mitte des 19. Jh. ist er forstwirtschaftlich nicht mehr genutzt und macht mit seinen über 400jährigen Buchen und 200–600jährigen Eichen einen wilden, unberührten Eindruck.
Verkehrsamt, 3512 Reinhardshagen, Tel. 05544/7808

Fürstenberg Ehemaliges Jagdschloß nahe dem gleichnamigen Dorf am rechten Weserufer.
Ebenso berühmt wie wertvoll sind die Produkte der Porzellanmanufaktur mit dem blauen „F". Im Porzellanmuseum und in der Musterschau kann man die zerbrechlichen Kostbarkeiten bewundern, darunter so lustige wie „Die Flohsucherin" (geöffnet April bis Oktober Mo–Sa 9–17 Uhr, So 10–12 Uhr).
Gemeindeverwaltung, 3476 Fürstenberg, Tel. 05271/5101

Höxter Alte Hansestadt am Westrand des Sollings.
Am südlichen Stadtrand gibt es direkt an der Weser eine ganze Reihe kleiner Baggerseen.
Eines der wichtigsten kulturellen Zentren des Weserlands ist die Benediktinerabtei im zu Höxter gehörenden Corvey. Jedes Jahr im Mai/Juni finden im Kaisersaal die vielbesuchten Musikwochen statt. In weiteren schönen Barockräumen ist das Museum für Volkskunde, Klostergeschichte und Wohnkultur des 19. Jh. untergebracht (geöffnet April bis Oktober täglich 9–18 Uhr).
Fremdenverkehrs- und Kulturamt, 3470 Höxter, Tel. 05271/63244

Holzminden Hafen- und Fachwerkstädtchen in einer Talweitung.
Das erste deutsche Tourismusmuseum ist auf dem Weserschiff „Stör" von 1937 untergebracht (geöffnet März bis Oktober täglich 10–18 Uhr).
Fremdenverkehrsamt, 3450 Holzminden, Tel. 05531/2088

Bodenwerder Jodsolebad in einer Weserschlinge.
Überall stößt man auf den Lügenbaron, so im Münchhausen-Museum (geöffnet April bis September täglich 9.30–12 und 14–17 Uhr) und bei den Münchhausen-Festspielen (Mai bis Oktober jeden 1. Sonntag im Monat um 15 Uhr).

Die Benediktinerabtei Corvey ist berühmt für ihr Westwerk, ihre Bibliothek und die Musiktage, die im Kaisersaal stattfinden.

Eine Augenweide ist es, wenn beim Bodenwerder Lichterfest jeden 2. Samstag im August „die Weser brennt". Höhepunkte sind Bootskorso und Feuerwerk.
Verkehrsamt, 3452 Bodenwerder, Tel. 05533/2560

Hameln Zweitgrößte Stadt im Weserbergland.
An jedem Sonntag zwischen Mitte Mai und Mitte September wird um 12 Uhr die alte Sage vom Rattenfänger in Hameln lebendig: Auf der Rathausterrasse findet das Rattenfängerspiel statt. Dokumentationen zur Rattenfängersage sowie zur Geschichte der Stadt und des Weserberglands sind in zwei der schönsten Renaissancehäuser der Fachwerkhochburg Hameln untergebracht, im Stiftsherrenhaus und im Haus Leist (Öffnungszeiten: Sommer Di, Mi und Fr 10–17 Uhr, Do 10–19 Uhr, Sa und So 10–13 Uhr; Winter Di–Fr 10–13 und 14–17 Uhr, Sa und So 10–13 Uhr).
Verkehrsverein, Deisterallee, 3250 Hameln, Tel. 05151/202518

Varenholz Erholungsort im Norden des Lippischen Berglands.
Ein Freizeitparadies mit allen Möglichkeiten ist der Stemmer See dicht am linken Weserufer. Hier kann man baden, surfen, angeln, Boot und auch Wasserski fahren – letzteres sogar an einem Skilift.
Fremdenverkehrsamt, 4925 Kalletal-Varenholz, Tel. 05264/250

Emmer

Bad Pyrmont Einstiges königliches Modebad am Unterlauf der Emmer.
Im Museum im schönen barocken Schloß wird die Geschichte der Stadt dargestellt. Besonders interessant ist die Entwicklung des Badeorts und des Badelebens vom Mittelalter bis heute (geöffnet Di–So 10–17 Uhr).
Kurverwaltung, 3280 Bad Pyrmont, Tel. 05281/151

Hämelschenburg Schloß und Dorf am Rand der Weserniederung.
Die Hämelschenburg ist als schönstes Beispiel der Weserrenaissance eine unvergleichliche Attraktion. Zu besichtigen ist sie von April bis Oktober täglich außer Mo 10–17 Uhr (nur mit Führung, jeweils zur vollen Stunde).
Schloßverwaltung Hämelschenburg, 3254 Emmerthal 13, Tel. 05155/8539

Anno 1284 soll der berühmte Rattenfänger in Hameln gewesen sein. Und alle Jahre kommt er wieder: zum Rattenfängerspiel.

Werre

Herford Alte Hansestadt an einer Werrefurt.
Im Städtischen Museum sind Funde aus dem Werretal sowie Schnitzbalken und Steindenkmäler der Weserrenaissance zu sehen. Besucher werden anhand von Dokumentationen und Modellen in die Stadt- und Landesgeschichte eingeführt (geöffnet Di, Do und Fr 11–13 und 15–17 Uhr, Mi 15–18 Uhr, Sa 11–13 Uhr, So 10–13 und 15–17 Uhr).
Verkehrsverein, Fürstenaustraße 7, 4900 Herford, Tel. 05221/51415

Bad Oeynhausen Heilbad im Mündungsgebiet.
Die größte Thermalsolequelle der Welt, der Jordansprudel, läßt – wenn die Ventile geöffnet sind – einen bis zu 52 m hohen Strahl aufsteigen. Zuschauern bietet sich dieses Schauspiel Mi, Sa und So jeweils um 16 Uhr.
Ein besonderes Vergnügen für jung und alt ist ein Besuch im Deutschen Märchen- und Wesersagenmuseum. Hier werden alle Gestalten und Geschichten der Oberweser lebendig (Öffnungszeiten: Di–So 10–12 und 15–17.30 Uhr).
Städtisches Verkehrsamt, Am Kurpark 3, 4970 Bad Oeynhausen, Tel. 05731/245183

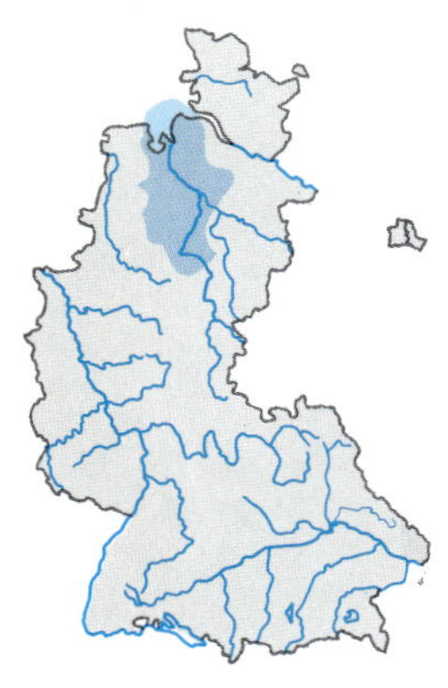

Der Märchenfluß wird erwachsen

Zwischen Minden und Bremen erkundet der „Teenager“ Mittelweser in großzügigen Schleifen das Bauernland der Tiefebene. Unterhalb von Bremen strebt die in das Korsett schützender Deiche gepackte „Matrone“ Unterweser, der Tide gehorchend, gemächlich durch die Marschen zur Nordsee.

Die Porta Westfalica, letzter Gruß des Weserberglands, entläßt den Reisenden mitten in das nördliche Flachland hinein, durch das die Weser ab hier in großen Kurven zieht. Die B 61, die sich eben noch in der drangvollen Enge des schmal eingekerbten Weserdurchbruchs ihren Weg bahnen mußte, hat nun auf dem Stück nach **Minden** hinein mehr als genug Platz. Das Schicksal der einstigen Fischersiedlung, der heute drittgrößten Stadt an der Weser, ist eng mit dem Fluß verbunden. Im Zentrum des alten Brückenorts – seit 1042 ist die Existenz eines hölzernen Wserstegs verbürgt – erinnern der gewaltige Bau des Doms, eines der ältesten Rathäuser Deutschlands und sehenswerte Kaufmanns- und Patrizierhäuser an die Bedeutung der ehemaligen Bischofs- und Hansestadt. Als „Wasserstraßenkreuz des Nordens“ erwarb sich Minden zusätzliche Prominenz: Am Nordrand der Innenstadt überquert der Mittellandkanal mit einer 375 m langen Brücke die Weser. Hier kann man das seltene Schauspiel genießen, Schiffe über eine Brücke fahren zu sehen! Eine Schachtschleuse verbindet Fluß und Kanal.

Auf der B 61 fährt man gut 10 km dicht an der Weser entlang nach **Petershagen,** dem Hauptort der aus 29 Gemeinden zusammengesetzten gleichnamigen Stadt – flächenmäßig eine der größten in Nordrhein-Westfalen. Hier drängt sich unvermittelt alte Mindener Stadtpolitik in den Vordergrund: Nachdem die Domstadt der Hanse beigetreten war, zog es der Mindener Bischof zu Beginn des 14. Jh. vor, seine Residenz in die direkt am Weserufer gelegene Burg Petershagen zu verlegen. Das ehemalige Bischofsexil beherbergt heute ein Hotel. Der hübsche Fachwerkort und sein rechts der Weser gelegener Ortsteil

Hier fließt Wasser nicht nur unter, sondern auch auf der Brücke: Bei Minden überquert der 323 km lange Mittellandkanal in 13 m Höhe die Weser.

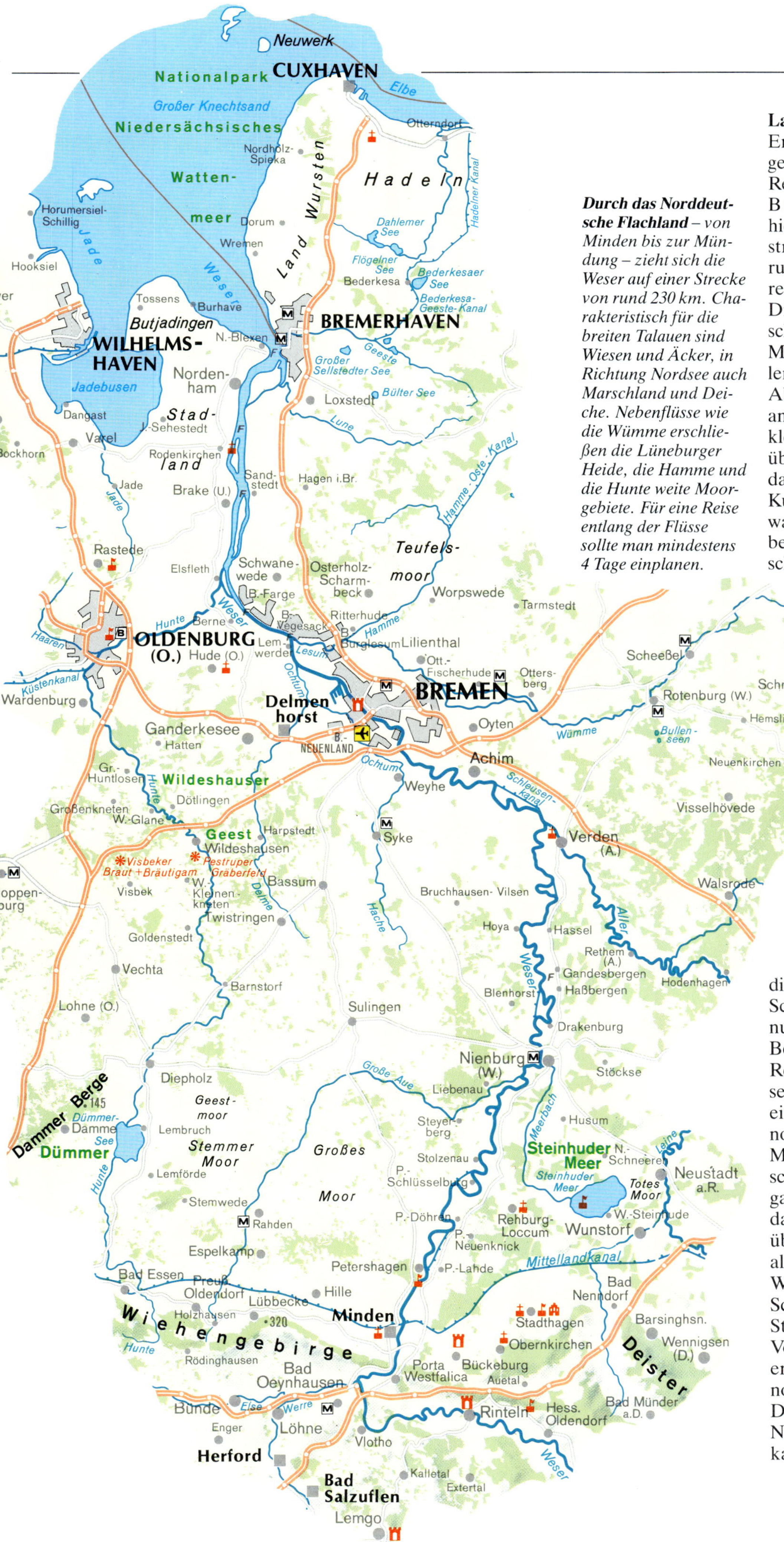

Durch das Norddeutsche Flachland *– von Minden bis zur Mündung – zieht sich die Weser auf einer Strecke von rund 230 km. Charakteristisch für die breiten Talauen sind Wiesen und Äcker, in Richtung Nordsee auch Marschland und Deiche. Nebenflüsse wie die Wümme erschließen die Lüneburger Heide, die Hamme und die Hunte weite Moorgebiete. Für eine Reise entlang der Flüsse sollte man mindestens 4 Tage einplanen.*

Lahde bilden zugleich das Zentrum einer Erholungsregion mit Wanderwegen, Baggerseen und einem Yachthafen.

Rechts der Weser geht es weiter auf der B 482. Das Weserland hier ist Mühlenland; hier verläuft auch ein Stück der Mühlenstraße. Besonders schöne Exemplare sind rund 7 km hinter Lahde in zwei Dörfchen rechts und links der B 482 zu bewundern. Die Bockwindmühle von **Neuenknick** ist schon 240 Jahre alt, die historische Plaggen-Mühle in **Döhren** ist eine idyllisch am Mühlenteich gelegene alte Wassermühle.

Ab Döhren folgt man der Weserniederung am besten auf schmalen Landstraßen. Eine kleine Brücke führt von Hoppenberg hinüber nach **Schlüsselburg.** Dieses Örtchen, das noch zu Petershagen gehört, ist ein Kuriosum – es ist ganz und gar von Weserwasser umflossen. Drei Seiten werden begrenzt durch eine weiträumige Weserschleife, die vierte durch einen Kanal, der die Schleife abschneidet. So kann man Schlüsselburg auch in Richtung Stolzenau nur über eine Brücke verlassen.

Beim Überqueren dieser Brücke trifft der Reisende bereits auf die zweite Staustufe seit Minden. Fünf weitere, die bis Bremen ein Gefälle von 32,5 m ausgleichen, liegen noch vor ihm. Die 1953–1961 durchgeführte Mittelweserkanalisierung bis Minden hinauf schuf für Binnenschiffe bis 2,5 m Tiefgang über den Mittellandkanal Anschluß an das Wasserstraßennetz Deutschlands. Darüber hinaus erzeugen die vom Prinzip her alle gleich gebauten Staustufen (Wehr mit Wehrbrücke, Fischtreppe, Bootsgasse und Schleusenkanal) in eigenen Kraftwerken Strom – und das ganz umweltfreundlich.

Von Stolzenau in Richtung Nienburg erstreckt sich eine sehr stille, touristisch noch beinahe unberührte Flußlandschaft. Der Autofahrer kann auf der linksseitigen Nebenstraße eine schöne Fahrt genießen; er kann aber auch in **Wellie** haltmachen und

Mit dem Ausbau der Weser zur Großschifffahrtsstraße wurden immer wieder Seitenarme und Schleifen vom Hauptfluß abgetrennt. Ein solcher Altwasserbereich ist der Wellier Kolk bei Liebenau.

einen Abstecher zum Wellier Kolk unternehmen. Dieser Altarm ist bei Anglern und Naturfreunden besonders beliebt. Durch die Weserkanalisierung verloren viele Seitenarme und Schleifen den Kontakt zum Mutterfluß, so daß die meisten nun wie dieser Kolk als Kleinbiotope vielen Tieren und Pflanzen einen ungestörten Lebensraum bieten können.

Mit Kurs auf das Wiehengebirge

▷ ***Große Aue*** Nur wenige Kilometer nordöstlich von Liebenau ergießt die Große Aue ihr bräunliches Wasser in die Weser. Zusammen mit der Marsch, die sich auf der linken Weserseite nach Norden bis auf die Höhe der Staustufe Drakenburg ausdehnt, zählt der Mündungsbereich der Großen Aue zu den schönsten Landschaftsräumen der Weserniederung. Doch auch Mittel- und Oberlauf sind reizvoll. Vorbei an alten Eichen- und Hainbuchenwäldern begleitet man den windungsreichen Weg der Großen Aue auf Nebensträßchen zunächst konsequent nach Westen. Der Fluß unterläuft in **Steyerberg** die historische Brücke von 1726 und bildet urwüchsige Altarme und Terrassenhänge. Weiter geht es durch ausgedehnte Moorgebiete nach Süden mit Kurs auf das Wiehengebirge. Touristische Höhepunkte am Oberlauf sind Museumshof und Ruine der ehemaligen Wasserburg in **Rahden** an der B 239 sowie der 360 t schwere Große Stein im Rahdener Ortsteil **Tonnenheide,** einer von Norddeutschlands größten Findlingen. ◁

Von Lemke aus führt die B 6 auf das rechte Weserufer hinüber nach **Nienburg,** der „neuen Burg", dessen malerische Altstadt einen Besuch lohnt. Entstanden am Kreuzungspunkt alter Handelswege und mit einem Weserübergang auf hochwassersicherem Dünengelände, bildet die ehemalige Festung der Grafen von Hoya heute das geschäftige Zentrum des gleichnamigen Landkreises. Hier mündet auch der ***Steinhuder Meerbach*** in die Weser (***Steinhuder Meer*** siehe Seite 386–387).

Aussicht über das Nienburger Land bietet der 54 m hohe Mühlenberg wenige Kilometer östlich der Stadt. An seinem Fuß markiert ein weiterer Findlingsriese, der Giebichenstein, einen 1 km langen archäologischen Wanderpfad, auf dem sich Bestattungsformen der Stein- und Bronzezeit studieren lassen; die typische Moorlandschaft des angrenzenden Krähenmoors ist für Spaziergänger zugänglich. Der Weg ist ab **Stöckse** ausgeschildert.

Die B 215 führt den Reisenden am rechten Weserufer weiter. Die Dünenlandschaft zwischen den Ortschaften **Haßbergen** und **Gandesbergen** vermittelt einen lebhaften Eindruck vom Wirken der Weser und des Windes: Die waldbestandenen Gandesberger Flugsanddünen stechen durch zum Teil recht beachtliche Höhe ins Auge. In dieser Gegend wächst der Nienburger Spargel, der mit Räucherschinken als „Spargel und Schinken – satt" zur Saison in fast jedem Gasthaus angeboten wird.

Ungefähr 6 km weiter, bei **Hassel,** zweigt in westlicher Richtung eine Straße zur alten Grafenstadt **Hoya** ab, die sich zu beiden Seiten der Weser ausdehnt. Die Hausflure der historischen Schifferhäuser am linken Ufer fallen alle zur Weser hin ab: So konnte das Hochwasser leichter ablaufen. Ab Hoya werden Weser und Wesertal auch schon sichtbar breiter und ausladender.

Auf Nebenstraßen am linken Ufer geht es am ***Alveser See*** vorbei, einem von Röhricht und Weiden bewachsenen Altarm, der jeden Kontakt zur Weser verloren hat. Rechter Hand grüßt kurz vor der Einmündung der ***Aller*** die Allerstadt Verden herüber (siehe Seite 394–401). Auf dem Weg nach Bremen überquert der Reisende dann nicht nur die Weser, sondern auch den 8 km langen Schleusenkanal, der wieder eine weitere Weserschleife abschneidet. Nebenstraßen führen über Achim direkt nach Bremen weiter. Dort endet die liebenswerte Unbeschwertheit der Mittelweser, und sie muß sich einer mächtigeren Kraft unterordnen: dem Pulsschlag der Gezeiten.

Merkantil und maritim: Bremen

Ausgangspunkt für einen Bummel durch **Bremen,** die größte Stadt an der Weser, ist der Informationspavillon des Verkehrsvereins auf dem Bahnhofsplatz. Von dort sind es nur ein paar Schritte zum Übersee-Museum, das Interessierte unter anderem in die Geschichte und Gegenwart des Raums Bremen und Unterweser einführt.

Von allen Gruppen geprägt, die in der über 1200jährigen Geschichte der Handels- und Hafenstadt eine Rolle gespielt haben, ist der Marktplatz. Da waren zuerst die Kirchenmänner: Auf dem höchsten Punkt des nur 1 km breiten Dünenzuges rechts der Weser begannen sie um 1040 mit dem Bau des Doms. Dann die Bürger: 1405–1410 zogen sie fast unmittelbar neben dem Dom

Eine außergewöhnliche Kulisse für ein Straßencafé bietet der Bremer Markt: in der Mitte die Doppeltürme des Doms, links das Rathaus mit seiner Renaissancefassade, rechts das moderne Haus der Bürgerschaft.

ihr Rathaus in die Höhe, dem sie um 1610 eine Fassade gaben, die als Musterbeispiel der Weserrenaissance gilt. Auf den Platz davor hatten sie schon 1404 den 10 m hohen Roland gestellt, das Symbol ihrer bürgerlichen Freiheit und Selbstbestimmung. Mit der Front zum Dom sollte er den Ansprüchen des Erzbischofs als Landesherr trotzen. Zuletzt die Kaufleute: Die Macht, die sie aus der Hansemitgliedschaft Bremens gewannen, spiegelt sich besonders am reichen Portal des Schütting. Dieses ehemalige Gildehaus der Kaufleute, das seinen eigenartig klingenden Namen vom plattdeutschen „Schossen" (Geld zusammentun) ableitet, liegt dem Rathaus gegenüber.

Ein Besuch im nahe gelegenen Schnoor, dem ehemaligen Fischerviertel mit seinen schmalgiebeligen Häusern und zahlreichen Fischrestaurants, sollte ebenso auf dem Programm stehen wie ein Gang durch die schmale Böttcherstraße, die früher die rascheste Verbindung zwischen dem Marktplatz und den Werften an der Weser bot. Von dort führt ein Fußgängertunnel zum Martini-Anleger, Startplatz der mehrmals täglich stattfindenden Hafenrundfahrten.

Bereits im 11. und 12. Jh. fuhren bremische Kaufleute stromabwärts, um in England, Finnland und sogar in Grönland ihren Geschäften nachzugehen. Standort des Hafens war ein Seitenarm der Weser; an der Schlachte direkt neben dem Martini-Anleger sind noch Festmachringe zu erkennen. Als das Umschlagvolumen stieg, diente das rechte Weserufer beim heutigen Weserbahnhof als Hafen, und der Wohlstand der Bremer hätte sich wohl weiter vergrößert, wäre nicht die fortschreitende Versandung der Weser Anfang des 17. Jh. zum Problem geworden.

Damals zeigte sich, daß „Wagen un winnen" („Wagen und gewinnen"), das hochfahrende Motto der Kaufleute, durchaus ernst gemeint war: 1619–1623 ließen sie im

Steiht's oder geiht's?

Seit gut 150 Jahren ist das Bremer Weserufer jeweils am 6. Januar Schauplatz eines großen Spektakels: Einige Herren in Gehrock und Zylinder, ein Wundarzt mit weißer Perücke und ein Schneiderlein in braunem Frack und karierter Hose steigen die Böschung zur Weser hinab. Sie stellen fest, ob der Fluß „steiht oder geiht", ob er zugefroren ist oder nicht. Ein Notar muß die nun folgende Eisprobe protokollieren. Der Wundarzt wiegt das Schneiderlein: 99 Pfund. Die soll er nun trockenen Fußes über die Weser bringen. Ob es gelingt, ist nicht so wichtig; aus der spaßigen Wette, die die Mitglieder der Bremer Eiswettgesellschaft jährlich aufs neue abschließen, ist längst eine wohltätige Institution geworden. Ihr Wetterlös fließt der Deutschen Gesellschaft zur Rettung Schiffbrüchiger zu: über 80 000 DM im Jahr.

20 km stromabwärts gelegenen Ortsteil Vegesack den ersten künstlichen Hafen Deutschlands anlegen. Als auch das nichts half, wagten sie 1827 die Gründung eines Seehafens im Mündungsbereich: Bremerhaven. Heute ist das Versandungsproblem gelöst, und Bremen hat seine Bedeutung als Hafenstadt zurückgewonnen. In den hochmodernen Anlagen des südlichsten deutschen Seehafens landen Güter aus aller Welt. Zwei von drei Ballen Baumwolle und jede zweite Tasse Kaffee kommen von dort, und jeder dritte Arbeitsplatz ist irgendwie mit dem Hafen verbunden.

Im Wald der 1000jährigen Eichen

▷ ***Ochtum*** Den durch Industrie und den Bau neuer Hafenanlagen reichlich unwirtlichen Mündungsbereich der Ochtum bei Lemwerder – knapp 15 km nordwestlich von Bremen – sollte man besser meiden.

▷ ▷ ***Delme*** Rund 4 km oberhalb der Mündung bekommt die Ochtum durch die 59 km lange Delme Verstärkung. Bis zur Mündung des Flüßchens erstrecken sich Ausläufer der geschäftigen Industriestadt **Delmenhorst,** die ihren Namen der Tatsache verdankt, daß sie auf einem Horst, einer erhöhten Talsandfläche, an der Delme gelegen ist. Von Bremen aus kommt man über die B 75 direkt in die Stadt hinein. Ein lohnender Abstecher führt über Nebenstraßen in Richtung Oldenburg ein kleines Stück über den Stadtrand hinaus: zum Hasbruch. In diesem naturgeschützten Urwald sind nicht nur die Eichen 1000 Jahre alt; ebensolange schon wird behauptet, daß dort eine germanische Opferstätte gewesen sei.

Auf der B 212/213 verläßt man Delmenhorst. Ab Ganderkesee-Havekost kann man auf einer ruhigen Landstraße bis zum Quellgebiet bei Twistringen dicht am Fluß bleiben. Wiesen und Wald säumen dieses naturbelassene, hübsche Flüßchens. ◁ ◁

Die Ochtum fließt mit schwacher Strömung fast parallel zur Weser am Südrand Bremens entlang. In ihrem Unterlauf ist sogar noch der Einfluß der Gezeiten zu spüren.

▷ ▷ ***Hache*** Das Großstadtgebiet läßt die Ochtum erst ab da hinter sich, wo die Hache einmündet. Von Kirchweyhe bis weit hinter Syke erschließen Rad- und Wanderwege die heideähnliche Landschaft, die immer wieder von kleinen Waldflecken aufgelockert wird. ◁ ◁

Eine Landschaft wie geschaffen für Künstler

Ende des letzten Jahrhunderts machte ein Dorf am Südrand des Teufelsmoors von sich reden. 1889 nämlich hatten zwei Maler, Fritz Mackensen und Otto Modersohn, zusammen in Worpswede die sogenannte Künstlerkolonie gegründet. Sie sollte im Lauf ihres Bestehens eine ganze Reihe namhafter Künstler anziehen, darunter Modersohns spätere Frau, Paula Becker, den Maler Heinrich Vogeler, den Dichter Rainer Maria Rilke, den eigenwilligen Architekten Bernhard Hoetger. Ausstellungen in den zwölf Galerien der Ortschaft – bekannteste ist das Haus im Schluh – und immer neue Künstler, die es in das stille Moordorf zieht, halten das künstlerische Schaffen bis heute lebendig.

Hier Rainer Maria Rilkes eindringliche Schilderung der Landschaft, die so inspirierend wirkt: *„Es ist ein seltsames Land. Wenn man auf dem kleinen Sandberg von Worpswede steht, kann man es ringsum ausgebreitet sehen, ähnlich jenen Bauerntüchern, die auf dunklem Grund Ecken tief leuchtender Blumen zeigen. Flach liegt es da, fast ohne Falte, und die Wege und Wasserläufe führen weit in den Horizont hinein. Dort beginnt ein Himmel von unbeschreiblicher Veränderlichkeit und Größe. Er spiegelt sich in jedem Blatt... Und überall ist das Meer. Das Meer, das nicht mehr ist, das einmal vor Jahrtausenden hier stieg und fiel und dessen Düne der Sandberg war, auf dem Worpswede liegt... Das große Rauschen, das die alten Föhren des Berges erfüllt, scheint sein Rauschen zu sein, und der Wind, der breite mächtige Wind, bringt seinen Duft."*

In sanften Schlingen fließt die Wümme durch das Bremer Hinterland. Die 20 km lange Strecke zwischen Ottersberg und Lilienthal ist besonders reizvoll für Wanderer.

Gleich hinter der Hacheeinmündung verliert die Ochtum ihren festen Flußlauf. Sie sammelt ihr Wasser aus den unzähligen Kanälen und Gräben eines ausgedehnten Sumpflandes, in das fast gar keine Straßen mehr führen. Einer der Kanäle, der ***Meliorationshauptkanal,*** ist sogar so weit ausgebaut, daß er wieder eine Verbindung zur Mittelweser bei Hoya herstellt. ◁

Von Mooren und Malern

▷ ***Lesum*** Nur 5 km fließt die Weser weiter, bis wieder – diesmal von rechts – ein wichtiger Nebenfluß zu ihr stößt: die ***Lesum,*** die sich aus Wümme und Hamme gebildet hat. Die Visite an Bremens Sportbootdorado beginnt man im Bremer Stadtteil **Vegesack** – von der Hansestadt zu erreichen über die A 27 und ein Stück der B 74. Das bräunliche Wasser des Flusses läßt schon die weiten Torfgebiete im Hinterland erahnen. Auf den Spuren der alten Torfkähne schippert ab dem Vegesacker Promenadenanleger jeden Sonntagmorgen ein kleines Passagierschiff lesum- und hammeaufwärts nach Worpswede ins Teufelsmoor. Ebenfalls ins Teufelsmoor wendet sich ab Vegesack die B 74, die auf dem Weg den Bremer Stadtteil **Burglesum** passiert, der wegen seiner Lage auf einer zur Lesum abfallenden Dünenkette auch „Bremer Schweiz" genannt wird. Wenige Kilometer weiter, bei Ritterhude, teilt sich die Lesum in ihre beiden Quellflüsse. Die B 74 folgt der ***Hamme*** bis zum Ritterhuder Ortsrand, wo man den Fluß überquert und auf Nebenstraßen links der Hamme in die alte Künstlerkolonie **Worpswede** fährt. Allzu romantische Vorstellungen vom Teufelsmoor, an dessen Südrand Worpswede liegt, werden jedoch enttäuscht: Duvels Moor, das seinen Namen nicht dem Höllenfürsten, sondern dem niederdeutschen Wort für unfruchtbar verdankt („duve"), ist heute größtenteils Wiesen- und Ackerland; Torf wird nur noch an wenigen Stellen gestochen, etwa beim Örtchen Teufelsmoor. Freilich ist das Gebiet Ausgangspunkt zahlreicher Rad- und Wanderwege durch das sattgrüne, flache und von Entwässerungsgräben durchzogene Land.

Die Nebenstraße, die dem linken Ufer der Hamme folgt, wird kurz vor Gnarrenburg ebenso schnurgerade wie der Oberlauf des Flusses. Die kanalisierte junge Hamme weist den Weg zur Elbe: Über den Hamme-Oste-Kanal wird eine Verbindung zwischen Weser und Elbe hergestellt.

Dem Unterlauf der ***Wümme*** kann man mit dem Auto nur am rechten Ufer folgen; bis Lilienthal ist das linke gesperrt. Um so mehr bietet es sich für eine romantische Fahrradtour an. Das 14 km lange Sträßchen windet und schlängelt sich mit der Wümme nach **Lilienthal,** vorbei an den Bauernhöfen des Blocklands. Hinter Lilienthal wartet der Fluß mit einer besonderen Attraktion auf, den sogenannten Wümmesträks: Auf Fischerhude zu verzweigt sich die Wümme in einer weiten Niederung in nicht weniger als 85 Arme. Die Breite der Niederung ist dafür verantwortlich, daß die Strömungsgeschwindigkeit sinkt und die von der Weser her einlaufende Flut sich staut und vielfach teilt. Erlen und Weiden säumen die Ufer, eine Vielzahl schmaler Holzbrücken verbindet die gut ausgeschilderten Fußwege, die diese einmalige Wasserlandschaft erschließen. Straßen müssen auf das Hinterland ausweichen. Zum malerischen Flecken **Fischerhude,** der auf einer langgezogenen Düne inmitten der Niederung liegt, gelangt man nur über ein schmales Stichsträßchen. Prominentester Bewohner dieses Bilderbuchdorfes unter alten Bäumen war der Worpsweder Maler Otto Modersohn; sein Haus ist heute Museum.

In Ottersberg am Ende der Wümmeniederung überquert man den Fluß auf der B 75 Richtung Oyten und biegt unmittelbar danach auf die ufernahe Nebenstraße in Richtung **Rotenburg** ab. Rund 5 km südlich des idyllischen Städtchens lockt das Naturschutzgebiet Weißes Moor/Großes Moor mit den beiden ***Bullenseen.*** Umstanden von Kiefern und in der Weitläufigkeit ihrer Umgebung auch an Wochenenden noch einsam, gelten sie als Musterbeispiele schöner Waldseen.

Einer selten gewordenen Fährverbindung müssen sich Wanderer und Radfahrer bedienen, wenn sie zum gemütlichen Lilienthaler Gasthaus „Zur Schleuse" wollen: Hier wird man noch über die Wümme gerudert.

Ab Rotenburg folgt die B 75 der Wümme ein weites Stück nach Nordosten. Knapp 9 km vor Tostedt biegt man dann nach rechts auf eine Nebenstraße ab, die entlang der Wümme bis ins Quellgebiet des Flüßchens führt. Die Wümme entspringt in der Lüneburger Heide am Wilseder Berg, dem Mittelpunkt des Naturschutzparks Lüneburger Heide. Es lohnt sich unbedingt, hier das Auto auf dem Wanderparkplatz Oberhaverbeck stehenzulassen und die 5 km auf den kuppigen, unbewaldeten Höhenzug hinaufzusteigen. Man hat eine herrliche Aussicht auf die eigenartig schöne Landschaft der Heide. Von den Flanken des Wilseder Bergs kommt nicht nur die Wümme, sondern dort entspringen auch die Seeve, die Luhe und die Böhme. ◁

Vom Mündungsbereich der Lesum sind es rund 10 km auf der B 74 die Weser hinab bis zum Bremer Stadtteil **Farge.** Hier hat man sehr schön Gelegenheit, den Schiffsverkehr auf dem Fluß zu beobachten, und das Farger Fährhotel ist bekannt für seinen humorvollen Schiffsansagedienst.

Residenzstadt mit Anschluß ans Meer

Mit der Autofähre geht es hinüber ans andere Ufer. Bei Berne trifft die B 74 auf die B 212 nach Elsfleth. Kurz bevor die Hunte bei diesem Ort – die Insel Elsflether Sand umströmend – in die Weser mündet, scheint ein massives Betongebilde das Fortkommen des Flusses zu behindern. Der Schein trügt jedoch; wie bei den gleichartigen Anlagen in den Mündungsbereichen von Ochtum und Lesum werden die hydraulischen Tore des Huntesperrwerks nur bei Sturmfluten geschlossen. Interessantes Detail: Alle drei Anlagen dürfen nur gemeinsam in Betrieb genommen werden.

▷ ***Hunte*** Die 189 km lange Hunte ist der größte Nebenfluß der Weser. Die breite Niederung ihres Unterlaufs bis **Oldenburg** begleitet eine Nebenstraße, die bei dem Berner Ortsteil mit dem hübschen Namen Huntebrück von der B 212 abzweigt. Den Unterlauf kann man vom Oldenburger Stau aus auch mit einer Ausflugsbarkasse erkunden. Eine solche Fahrt rückt die Bedeutung der unteren Hunte gleich ins richtige Licht: Auf diesen letzten 29 km ihres Laufs fungiert sie nämlich als Endstück des ***Küstenkanals*** (siehe Seite 340), der die Unterweserhäfen mit der Ems verbindet. Oldenburg, das schon im Mittelalter Seehandelsbeziehungen pflegte, wurde dadurch zu einem wichtigen Bindeglied zwischen See und Binnenland und unterhält einen großen Hafen. Die alte Residenzstadt, die sich um die künstliche, fast sternförmige Insel mit der „olden Burg" ausbreitete, bietet viel städtische Gemütlichkeit und ein reges Kulturleben.

Vor ihrer Beförderung zum Kanal besitzt die Hunte einen gänzlich anderen Charakter. Vom Tidefluß wird sie zum Traumrevier für Ruderer und Kanuten, für Angler und Wanderer. Folgerichtig hält **Wardenburg,** die aus mehr als 20 Orten bestehende Huntegemeinde kurz hinter Oldenburg, ein reiches Angebot für Radfahrer, Wanderer und Wassersportler bereit.

Eine schöne Strecke dicht an der Hunte entlang führt direkt in den Naturpark Wildeshauser Geest. Gleich hinter Wardenburg wird es im sonst so flachen Land überraschend hügelig: Schon vor Jahrtausenden entstand hier ein richtiger Dünengürtel, die Osenberge. Der höchste Gipfel erreicht schwindelerregende 23 m.

Dötlingen, ein bezauberndes Dorf mit reetgedeckten Höfen kurz vor Wildeshausen, lohnt einen Abstecher auf die andere Flußseite. Hier hat sich die windungsreiche Hunte 10 m tief in die Geest eingeschnitten und ein markantes Steilufer erzeugt.

Wildeshausen, die älteste Stadt des Oldenburger Landes, grüßt mit der hoch über der Hunte liegenden Alexanderkirche. Südlich des Orts hält am Fluß die Vergangenheit hof: Auf dem Pestruper Gräberfeld erheben sich rund 500 bronzezeitliche Grabhügel, dicht mit Heide bewachsen, mit Durchmessern von 2–30 m. Wer eine restaurierte Steingrabanlage sehen möchte, dem sei das 5 km entfernte **Kleinenkneten** empfohlen, dessen Steine als die eindrucksvollste Anlage der Wildeshauser Geest gelten.

Nach soviel Frühgeschichte wartet die Hunte rund 12 km weiter in **Goldenstedt** mit einer neuen, ganz andersartigen Facette ihres Flußdaseins auf: mit Rohstoffen. Die großen Hammerkopfpumpen des Goldenstedter Erdgasfeldes sind für den Huntereisenden nicht zu übersehen.

Ab Barnstorf führt die B 51 an der Hunte entlang bis fast zur Quelle. Straße und Fluß durchqueren die Moorlandschaft Naturpark Dümmer (siehe Seite 388–389). Die letzten Kilometer bis zur Quelle im Wiehengebirge fährt man ab kurz vor Bad Essen auf der B 65, entlang dem Mittellandkanal, unter dem sich das junge Flüßchen ganz unauffällig hindurchstiehlt. ◁

Die Hunte entspringt im Wiehengebirge und durchfließt den Dümmer-See. Bei dem beschaulichen Dorf Dötlingen hat sie bereits mehr als die Hälfte ihres 189 km langen Laufes zurückgelegt.

Ein Mieder für Frau Weser

Ab der Gegend von Elsfleth nimmt die Weser einen sichtbar anderen Charakter an. Bis hierher hatten sich an seichten Stellen frühzeitig Fischer und Händler angesiedelt, die auch bald Brücken bauten. Flußabwärts aber erweisen die Bewohner der Marschen der Weser fast die gleiche Achtung wie dem Meer: Zwischen Bremen und der 60 km entfernten Mündung gibt es keine Brücken mehr, und die Menschen schützen sich mit Deichen.

Diese Deiche bilden ein Korsett für die Weser, und zwar eines, das bei Sturmfluten höchsten Belastungen ausgesetzt ist. Der seit dem 18. Jh. immer weiter ausgetieften, begradigten Fahrrinne ist es zu verdanken, daß man die wandernden Sandbänke im

Flußbett unter Kontrolle bekam. Die Weser war zuzeiten so versandet, daß sie nur noch 1,5 m Wassertiefe hatte. Die Verbreiterung und Vertiefung des Betts hatte jedoch auch Folgen: Der Einfluß der Gezeiten, der sich vorher kaum bemerkbar gemacht hatte, wurde gewaltig verstärkt. Heute beträgt der mittlere Tidenhub fast 4 m. Da sind schon feste Deichbauten vonnöten.

Auch für **Elsfleth** brachte die Weserkorrektion entscheidende Veränderungen. Noch vor 100 Jahren besaß es einen wichtigen Seehafen, und das hübsche Rathaus fungierte ursprünglich als Zollamt. Zwischen 1624 und 1820 erhob das Herzogtum Oldenburg von hier aus einen „Weserzoll", der beträchtliche Summen aus den Einkünften der Bremer Kaufleute in die oldenburgischen Taschen leitete. Bei der Korrektion wurde der rechte Arm der Weser zum Hauptarm ausgebaut, und Elsfleth am linken hatte das Nachsehen. Der Seefahrt treu geblieben ist die Stadt trotzdem: Hier ist viel Werftindustrie zu Hause, und die 1832 gegründete, sehr angesehene Kapitänsschule besteht noch immer.

Die B 212 bringt den Autofahrer direkt ins 10 km weserabwärts gelegene **Brake.** Hier teilt sich der Fluß um die Insel Harrier Sand herum in zwei Arme. Brakes Hafen, in Konkurrenz zu den Bremern eingerichtet, blieb bedeutend – denn Brake hatte das Glück, am „richtigen", d. h. am ausgebauten Flußarm zu liegen. Der unausgebaute Arm ist so versandet, daß er bei Ebbe kein Wasser führt. Die flache Flußinsel zwischen den Armen besteht ausnahmslos aus Grünland, das bei Hochwasser häufig überschwemmt wird. Deswegen wurden die wenigen Häuser der Insel auf Wurten gebaut, auf künstlichen Hügeln. Im Schifffahrtsmuseum von Brake befindet sich unter anderem die Uniform von Admiral Karl Rudolf Bromme, Oberbefehlshaber der ersten deutschen Kriegsflotte, die 1848–1849 von der Frankfurter Nationalversammlung geschaffen worden war, aber schon 1853 wieder an einen Privatmann verkauft werden mußte.

Wer die rechte Weserseite kennenlernen möchte, kann nördlich von Brake mit der Autofähre übersetzen. Die beachtliche Breite des Flusses läßt die Fährfahrt bei

Oben: Unterhalb von Bremen liegt die rund 10 km lange Weserinsel Harrier Sand. Mit Brake auf dem linken Weserufer ist die Insel durch eine Personenfähre verbunden, vom rechten Weserufer aus führt eine Brücke zur Südspitze der Insel.

Unten: Die „Kaszoni" ist eines der riesigen Ozeanschiffe, die die Unterweser hinauffahren, um in den Häfen von Brake und Bremen ihre Ladung zu löschen.

Wenn in Bremerhaven Windjammerparade ist – die letzte war 1986 –, drängen sich Tausende von Zuschauern am Weserdeich, um den besten Blick auf so elegante Segler wie die „Dar Mlodzieży" aus Polen zu erhaschen. Vor dem Hintergrund der modernen Bremerhavener Kaianlagen wirkt der Dreimaster wie aus einer anderen Welt.

windigem Wetter zu einer richtigen Schiffsreise werden. Diese Seite des Stroms präsentiert sich stiller und abgeschiedener. Ein paar winzige Dörfchen ducken sich hinter dem Deich; zum Fluß hinunter führen oft nur schmale Stichstraßen – ein ideales Revier für einsame Wanderungen auf der Deichkrone. Kurz vor der Wesermündung trifft die Landstraße dann auf die B 6, die geradewegs nach Bremerhaven hineinführt. Wer das betriebsamere Ufer vorzieht, bleibt hinter Brake auf der B 212, passiert Rodenkirchen und die vorgelagerte, feinsandige Insel Strohauser Plate und erreicht schließlich **Nordenham.** Von der jungen, erst 1908 aus dem Zusammenschluß mehrerer Dörfer entstandenen Industrie- und Hafenstadt kann man nach **Bremerhaven** übersetzen. Auf der halbstündigen Fahrt vom Ortsteil Blexen aus bekommt man nicht nur einen Vorgeschmack auf die Weite der Nordsee, in die sich die Weser verliert – man lernt die wichtige Hafenstadt auch stilgerecht vom Wasser her kennen.

„. . . der Weser die Würde gegeben"

Johann Wolfgang von Goethe zählte zu den ersten, die anerkennende Worte fanden für das Abenteuer, auf das sich die von der Weserversandung betroffenen Bremer 1827 einließen. 73 658 Taler, 17 Groschen und 1 Pfennig hatte der Bremer Bürgermeister Johann Smidt den Hannoveranern für ein 89 ha großes Stück Land an der Wesermündung gezahlt. Kaum war die Tinte auf dem Vertrag getrocknet, begannen die Hanseaten auch schon mit dem Bau ihres „Bremer Havens". Den Oldenburgern, die ja in Brake einen florierenden Hafenbetrieb aufgebaut hatten, kam das mehr als ungelegen. Goethe aber schrieb begeistert, das Projekt erst habe „der Weser die Würde gegeben".
Seitdem mangelt es nicht an Superlativen, Bremerhaven zu charakterisieren. Die 1897 eingeweihte Kaiserschleuse etwa war seinerzeit die größte der Welt, und die Bremerhavener ließen keine Möglichkeit ungenutzt, ihre Lebensgrundlage, den Hafen, auf dem modernsten Stand zu halten. Heute verfügt die Stadt über die größte geschlossene Containerumschlaganlage Europas, einen der größten Im- und Exportterminals für Autos in der Bundesrepublik Deutschland, einen leistungsfähigen Umschlagplatz für Obst und Südfrüchte, in dem allein 400 000 t Bananen pro Jahr gelöscht werden, Lager- und Ladekapazitäten für Stückgut, Schwergut und Erze und einen Fischereihafen, in dem der größte Teil der verbliebenen deutschen Fangflotte zu Hause ist.

Entsprechend maritim präsentiert sich das touristische Angebot Bremerhavens. Eine Hafenrundfahrt und einen Spaziergang entlang der Weserpromenade sollte sich niemand entgehen lassen, ebensowenig wie einen Besuch des Deutschen Schiffahrtsmuseums im Alten Hafen. Zum Museumsgebäude kommt eine große Freianlage, in der mehrere historische Schiffe vor Anker liegen. Im Bauch der alten Dreimastbark „Seute Deern" befindet sich sogar ein Restaurant, in dem man Labskaus und andere landestypische Spezialitäten kosten kann. Zu empfehlen ist auch ein Besuch am Schiffsanleger Columbuskaje: Hier machen die großen weißen Kreuzfahrtschiffe fest. Als besonderes Vergnügen gilt die Fischauktion im Fischereihafen: Allmorgendlich geht es hier hoch her. Den besten Überblick über die geschäftige Hafen- und Handelsstadt, in der sich alles um das Wasser dreht, bekommt man vom 112 m hohen Radarturm an der Mündung der Geeste in die Weser. Von hier aus schweift der Blick auch ungehindert über den mehr als 2 km breiten Mündungstrichter und die Außenweser. Romantische Winkel allerdings wird man im Ende des Zweiten Weltkriegs fast völlig zerstörten Bremerhaven so gut wie vergeblich suchen: Die Architektur ist überwiegend modern. Wer ländliche Idylle bevorzugt, muß ins Hinterland ausweichen – zum ***Bederkesaer See*** zum Beispiel. Autofahrer sind auf Nebenstraßen angewiesen, Motorbootfahrern steht ein Stück weit die ***Geeste*** und dann der ***Bederkesa-Geeste-Kanal*** zur Verfügung. Als ***Hadeler Kanal*** setzt er sich bis zur Elbe hin fort. Zusammen mit ***Flögelner, Dahlemer*** und ***Halemer See*** bildet der Bederkesaer See eine beliebte Erholungslandschaft. Der riesige Moorsee ist nur ungefähr 1 m tief, ein Zeichen, daß er stark von Verlandung bedroht ist. Seine schilfgesäumten Ufer beheimaten zahlreiche Wasservögel. Um ihren Lebensraum nicht zu stören, führt der Kanal auch ein Stück am See vorbei, ohne ihn zu berühren.

Mit dem Schiff auf Mittel- und Unterweser

Minden Von Mitte April bis Ende September verkehren die Schiffe nach einem festen Fahrplan.
Fahrtziele und -dauer Über die Porta Westfalica und Bad Oeynhausen-Rehme wird nach 4½ Stunden Vlotho angelaufen. Möglichkeit zur „Wasserstraßenkreuzfahrt" von der Weser in den Mittellandkanal; Dauer 1½ Stunden. Weitere Ausflugs- und Rundfahrten nach Vereinbarung.
Auskunft Mindener Fahrgastschiffahrt, An der Schachtschleuse, 4950 Minden, Tel. 0571/41046.

Verden Zwischen Ende April und Ende Oktober wird So und Mi ab 14 Uhr eine Aller-Weser-Rundfahrt angeboten. Fahrtdauer 2½ Stunden. Bei Gruppen wird auf Wunsch auch unterwegs gehalten.
Auskunft Verder Fahrgastschiffahrt, Tempelpforte 4, 2810 Verden, Tel. 02431/5454.

Bremen Von Ende Mai bis Ende August verkehren Mi, Fr, Sa und So fahrplanmäßig Schiffe. Über sechs Zwischenstationen wird nach 3½ Stunden Bremerhaven erreicht. Auch Hafenrundfahrten werden angeboten.
Auskunft Otto Schreiber Reederei, Schlachte 2, 2800 Bremen, Tel. 0421/322129.

Bremerhaven An Wochenenden und bestimmten Wochentagen finden vierstündige Ausflüge zur Robbenplate in der Außenweser statt. Auf den Sandbänken dort kann man bei Ebbe Seehunde sehen. Außerdem regelmäßig Weserrundfahrten (1½ Stunden).
Auskunft Bremerhavener Versorgungs- und Verkehrsgesellschaft, Hansastr. 17, 2850 Bremerhaven, Tel. 0471/477500.

Ausblick zur Nordsee

Auf Nebenstraßen folgt man von Bremerhaven weiter dem rechten Ufer der Außenweser. In **Langen-Imsum** lohnt sich ein Halt. Von hier aus kann man nicht nur auf dem Landesschutzdeich in Richtung Wremen spazieren – die Marsch zur Rechten, das Watt zur Linken –, es bietet sich auch vom Ochsenturm aus ein unbegrenzt scheinender Blick auf die Nordsee, in deren Weite die Weser aufgeht. Der Ochsenturm legt Zeugnis davon ab, wie sehr sich die Küstenlinie verändert hat: Früher war er der Kirchturm eines Dorfes, das von mächtigen Sturmfluten zum größten Teil vernichtet wurde. Reste des Dorfes sind bei starker Ebbe noch zu sehen. Vom Ochsenturm läßt sich auch sehr gut die Schiffahrtsstraße beobachten, auf der die Ozeanriesen in Richtung Weser ziehen. Im Großraum der Elbe-, Weser- und Jademündungen herrscht ein so starker Schiffsverkehr, daß Routen festgelegt werden mußten, die durch Feuerschiffe und Tonnen markiert sind. Darüber hinaus brauchen die Schiffsführer Spezialkarten, die über die ständigen Veränderungen in den Strommündungen durch wandernde Sandbänke informieren.

Zahlreiche Leuchttürme sorgen im Gebiet der Wesermündung für größtmögliche Sicherheit im Schiffsverkehr. Der Leuchtturm „Roter Sand", der weit draußen der Brandung trotzt, war bis vor 10 Jahren noch Leitfeuer für die Wesereinfahrt.

Von Mooren und künstlichen Inseln

Unter Wassersportlern ist das Steinhuder Meer längst kein Geheimtip mehr. Doch See und Umgebung locken auch zu Spaziergängen durch unberührte Moorgebiete, weite Heideflächen und malerische Ortschaften.

Geschichten über die Entstehung des annähernd runden Sees kennt der Volksmund zur Genüge. Vorwitzige Zwerge, so heißt es beispielsweise, hätten einen schlafenden Riesen so lange geneckt, bis der sie wütend verfolgte und – als er sie nicht fangen konnte – vor Wut mit dem Fuß aufstampfte. Sein Fußabdruck habe sich dann nach und nach mit Wasser gefüllt.

Die Geologen, die sich der Frage mit mehr wissenschaftlichem Ernst widmen, befinden zwar einstimmig, daß es überraschend sei, eine so große Wasserfläche im seenarmen Geestgebiet zu finden. Wie allerdings der größte niedersächsische Binnensee entstand, ist immer noch ungeklärt. Man spricht von Eiszeitwinden, die die breite, flache Mulde ausgeblasen haben sollen, von riesigen Gletscherausschürfungen oder von einem Überbleibsel aus der Zeit, als Weser und Leine noch ihr Wasser in einem gemeinsamen Urstromtal zur Nordsee schickten.

Bekannt ist das flache, bis zu 4,5 km breite Binnengewässer vor allem wegen seines hohen Erholungswerts für den Großraum Hannover. Von dort führt die B 441 bis fast an den See; ein Nebensträßchen biegt in Altenhagen zum Hauptort des Sees, nach **Steinhude,** ab. Daß das hübsche Ferienzentrum einst ein Fischerdorf war, sieht man auch heute noch: Fischerboote mit Netzen und Reusen liegen am Ufer. Die örtliche Spezialität ist der weithin bekannte Steinhuder Rauchaal. Die Aalräuchereien des Ortes kann man ebenso besichtigen wie eine alte Mühle am Ortsrand, die zeitweilig noch in Betrieb ist.

Mit den Auswanderern über den See

Von Steinhude aus hat man Gelegenheit zu einem besonders zünftigen Törn: Die Auswanderer, große, flache Motorsegler, verbinden Nord- und Südufer. Ihren eigentümlichen Namen verdanken diese Boote der Tatsache, daß früher die Grenze zwischen Schaumburg-Lippe und Hessen durch den See verlief – wenn also die Schiffer den See überquerten, dann „wanderten sie aus". Die Boote legen auch an der künstlichen Insel Wilhelmstein an, die Graf Wilhelm zu Schaumburg-Lippe im 18. Jh. auf einer Untiefe im See errichten ließ. Vom Turm ihrer Festung tut sich ein weiter Blick über den ganzen See auf. Der Wilhelmstein ist aber nicht die einzige künstliche Insel des Gewässers. Vor Steinhude wurde eine riesige Badeinsel aufgeschüttet, deren weißer Sand zum Sonnen und Spielen einlädt. Eine Brücke verbindet die Insel mit dem Ufer.

Während Autofahrer das Tote Moor am Ostufer des Sees weiträumig umfahren müssen, können Wanderer den 30 km langen Rundweg benutzen, der gerade am Ostufer durch eine reizvolle, stille Moorlandschaft führt. Man geht am Rand des Naturschutzgebiets entlang, in dem eine reiche Tierwelt zu Hause ist: Zu beobachten sind Haubentaucher, Rohrdommeln und Kormorane, Bläßhühner und sogar Eisvögel.

Über Neustadt am Rübenberge gelangt auch der Autofahrer ans Nordufer, nach **Mardorf,** dem zweiten Ferienschwerpunkt am See. Die Mardorfer sind stolz auf ihren langen Sandstrand: Während das Ufer sonst einen dichten Schilfgürtel aufweist, endet der waldreiche Geestrücken des Nordufers in einer Düne, die das Baden und Sonnen besonders angenehm macht.

Das Ufer westlich von Mardorf ist so moorig wie sein östliches Gegenstück. Der See wartet hier mit einer ganz außergewöhn-

Vom kleinen Fischerdorf entwickelte sich Steinhude zum betriebsamen Ferienort. Auf der 5 km langen, sehr schön angelegten Seepromenade läßt sich gut flanieren. Während der Saison ist das Unterhaltungsangebot groß.

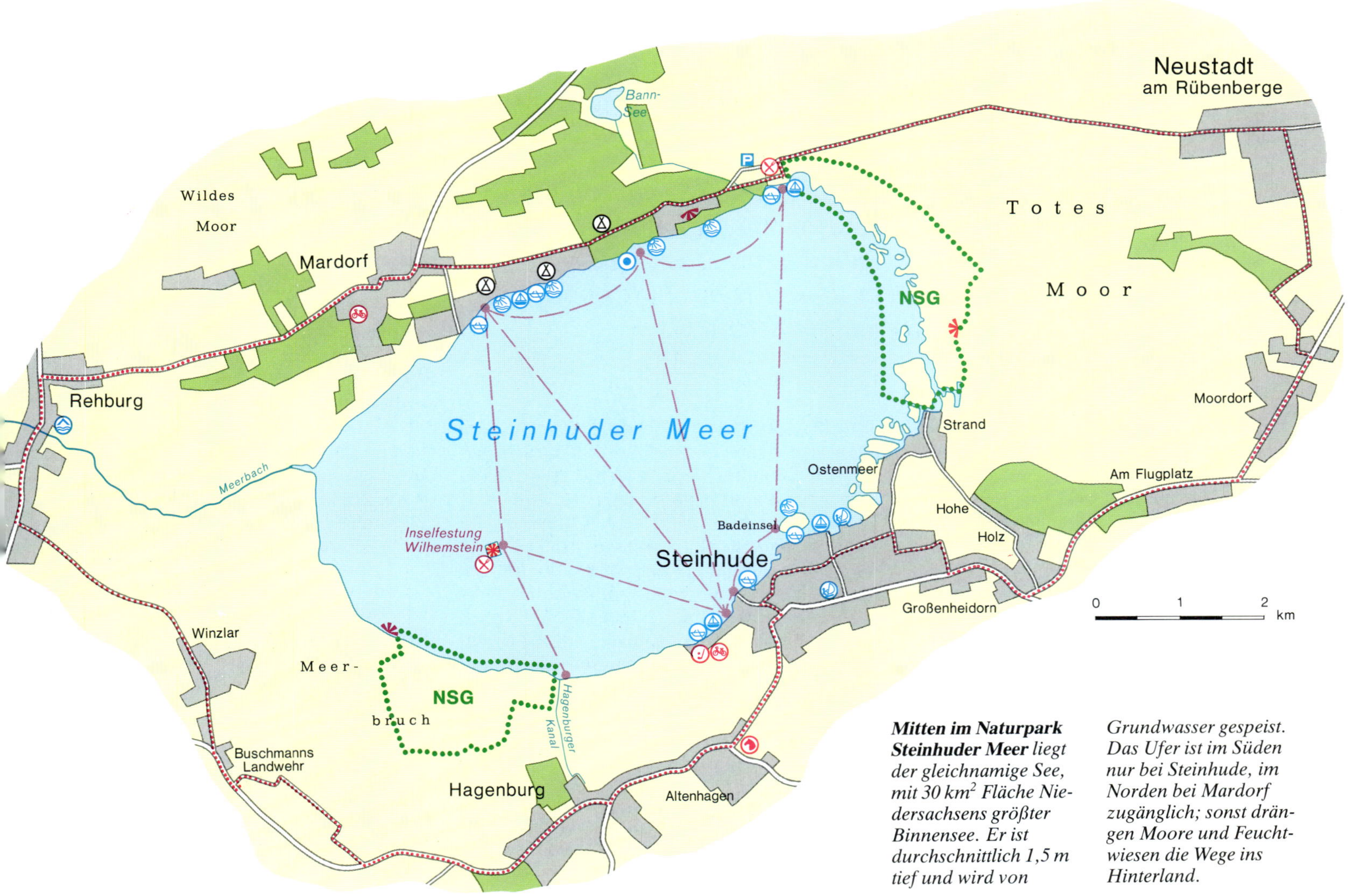

Neustadt am Rübenberge
Wildes Moor
Mardorf
Bann-See
Totes Moor
NSG
Rehburg
Steinhuder Meer
Meerbach
Strand
Moordorf
Ostenmeer
Am Flugplatz
Hohe Holz
Badeinsel
Inselfestung Wilhelmstein
Steinhude
Großenheidorn
0 1 2 km
Winzlar
Meer-bruch
NSG
Hagenburger Kanal
Buschmanns Landwehr
Hagenburg
Altenhagen

***Mitten im Naturpark Steinhuder Meer** liegt der gleichnamige See, mit 30 km² Fläche Niedersachsens größter Binnensee. Er ist durchschnittlich 1,5 m tief und wird von Grundwasser gespeist. Das Ufer ist im Süden nur bei Steinhude, im Norden bei Mardorf zugänglich; sonst drängen Moore und Feuchtwiesen die Wege ins Hinterland.*

lichen Attraktion auf, den sogenannten Fledderwiesen. Eine starke Unterströmung, hervorgerufen durch ständige Südwestwinde, reißt dicke Schlammschichten vom Seeboden; diese treiben nach oben und verwandeln sich in schwimmende Inseln, auf denen Riedgräser, Binsen und Torfmoose wachsen und blühen. Im Winter sinken sie wieder und vermodern.
Sowohl die Wanderwege nahe am See als auch die Straße, die nach Rehburg ins Hinterland ausweicht, überqueren den ***Meerbach,*** der hier den See verläßt. Sich vielfach verzweigend, fließt er durch ein weites Moorgebiet, bis er knapp 30 km weiter in Nienburg die Weser verstärkt. **Rehburg** wurde im 14. Jh. auf einer Erhebung in der Bruchlandschaft angelegt, um die Häuser vor Hochwasser zu sichern.
Über Winzlar fährt man zurück ans Südufer, nach **Hagenburg.** Das dortige Schloß diente dem Grafen zu Schaumburg-Lippe als Sommersitz. Als „Schnellweg" zu seiner Inselfestung ließ er den ***Hagenburger Kanal*** anlegen.

Mit dem Ausflugsboot auf dem Steinhuder Meer

In der Saison (von Mitte Mai bis Mitte September) verkehren die ortstypischen Motorsegler, die Auswanderer, nach einem festen Fahrplan. Um 10 Uhr und um 16.15 Uhr werden Rundfahrten angeboten; über drei Zwischenstopps wird nach 2½ Stunden wieder Steinhude erreicht. Um 14.15 Uhr und um 17 Uhr segeln die Auswanderer nach Mardorf; Fahrtdauer ungefähr 40 Minuten. Bei beiden Linien besteht die Möglichkeit, auf der Inselfestung Wilhelmstein und auf der Steinhuder Badeinsel auszusteigen (Bedarfshaltestellen). Gut kombinieren lassen sich eine Wanderung um den halben See (15 km) und eine Rückfahrt per Boot.
Für Gesellschaften ab 30 Personen steht das Ausflugsboot „Schaumburg-Lippe" zur Verfügung. Fahrten nach Vereinbarung.
Auskunft Berufssegler-Verein, Alter Winkel 16, 3050 Wunstorf 2, Tel. 05033/1721.

Auf einer künstlichen, rautenförmigen Insel wurde vor gut 200 Jahren die Festung Wilhelmstein als Militärschule errichtet. Dort soll um 1770 das erste U-Boot, der Steinhuder Hecht, konstruiert worden sein.

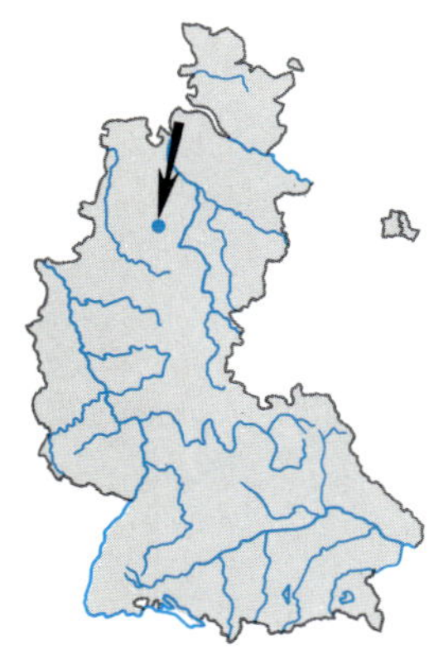

Das flache tiefe Meer

Zuallererst fällt der Dümmer-See durch seinen Namen auf. Sprachforscher fanden heraus, daß „düm mer“ wohl tiefes Meer bedeutet – doch gerade über diese Eigenschaft verfügt der flache, schilfgesäumte See nicht.

Die Geologen haben längst erkannt, wer für die Entstehung des zweitgrößten niedersächsischen Binnensees verantwortlich ist: die energischste Landschaftsarchitektin des Norddeutschen Tieflands – die Eiszeit. Der flache, ovale Dümmer-See, in der Umgebung einfach nur Dümmer genannt, ist eine ganz typische eiszeitliche Mulde.

Die B 51 führt von Diepholz direkt ans Ostufer des Sees. In **Lembruch** und **Hüde** gibt es reiche Entfaltungsmöglichkeiten für Wasserratten, ob sie nun segeln, surfen, baden oder sich sonnen möchten. Trotz starker touristischer Beanspruchung erhielten sich beide Orte einen Teil ihrer ländlichen Gemütlichkeit, wie die reetgedeckten Häuser und Höfe bezeugen.

Der Autofahrer muß den Dümmer der angrenzenden Feuchtwiesen und Moore wegen weiträumig umfahren. Wenn die schmalen Nebenstraßen auch vom Ufer Abstand halten, so erschließt sich doch auch vom Auto aus das flache, stille Feuchtgebiet. Bei der Seeumrundung – ob nun per Auto oder zu Fuß – überquert man nicht nur zweimal die ***Hunte,*** die durch den Dümmer fließt (siehe Seite 382), man trifft auch auf unzählige Kanäle und Wiesengräben, in deren Schilfröhricht sich eine besonders artenreiche Fauna niedergelassen hat. In den binsenbewachsenen Uferzonen des Sees brüten Haubentaucher, Graureiher und die braungefleckten Rohrdommeln; Gänsesäger und Kormorane erjagen sich fette Fischmahlzeiten. Die ausgezeichneten Deckungsmöglichkeiten und das bis in den Herbst hinein wohltemperierte, da flache Wasser machen den Dümmer zu einem Brut- und Rastgebiet von internationaler Bedeutung und brachten ihm den Rang eines Europa-Reservats ein.

Diese vielfältige, reiche Natur kann der Besucher auch sehr schön von einem der Ausflugssegler aus kennenlernen, mit denen man von April bis Oktober dreiviertelstündige Rundfahrten machen kann. Drei Unternehmer lassen jeweils von Lembruch, Hüde und Dümmerlohausen aus ihre Schiffe lossegeln – denn nur die Nutzung der Windkraft ist wegen des Naturschutzes

Der Dümmer-See ist eines der wichtigsten Feuchtgebiete Deutschlands. Die Flachwasserzonen, der Schilfgürtel und die weiten Bruchwiesen um den See herum schaffen ideale Lebensbedingungen für viele Tiere und Pflanzen.

erlaubt. Einen festen Fahrplan gibt es allerdings nicht; die Fahrten finden je nach Wetter und Bedarf statt.

Doch das Idyll ist in Gefahr: Am Dümmer kommen sich Naturschutz und Landwirtschaft in die Quere. Die südoldenburgische Gegend ist bekannt für ihre Massentierhaltung, und seit ab 1953 durch einen Deich um den See die Feuchtwiesen entwässert wurden, benutzen die Bauern sie als Abladefläche für die riesigen Güllemengen, die bei der Schweine- und Geflügelhaltung anfallen. Was der Boden davon nicht aufnehmen kann, gelangt ins Wasser; die Nährstoffbelastung steigt, und der See veralgt und verschlammt zunehmend. Darunter leiden vor allem die Fische – manche Art ist inzwischen selten geworden. Die zuständigen Behörden machen sich nun Gedanken, wie das ökologische Gleichgewicht dieses kostbaren Naturreservats gewahrt werden kann, ohne daß den Bauern ihre Lebensgrundlage entzogen werden muß.

Graugänse gehören zu den Vögeln, die sich am Dümmer wohl fühlen. Viele bedrohte Tiere haben hier eine Heimat gefunden, darunter allein 46 Vogelarten, die auf der Roten Liste stehen. Durch das Naturschutzgebiet Ochsenmoor am Südufer führt ein 8 km langer Rundwanderweg, auf dem man genauso wie auf dem 18 km langen Seerundweg die Vogelwelt beobachten kann.

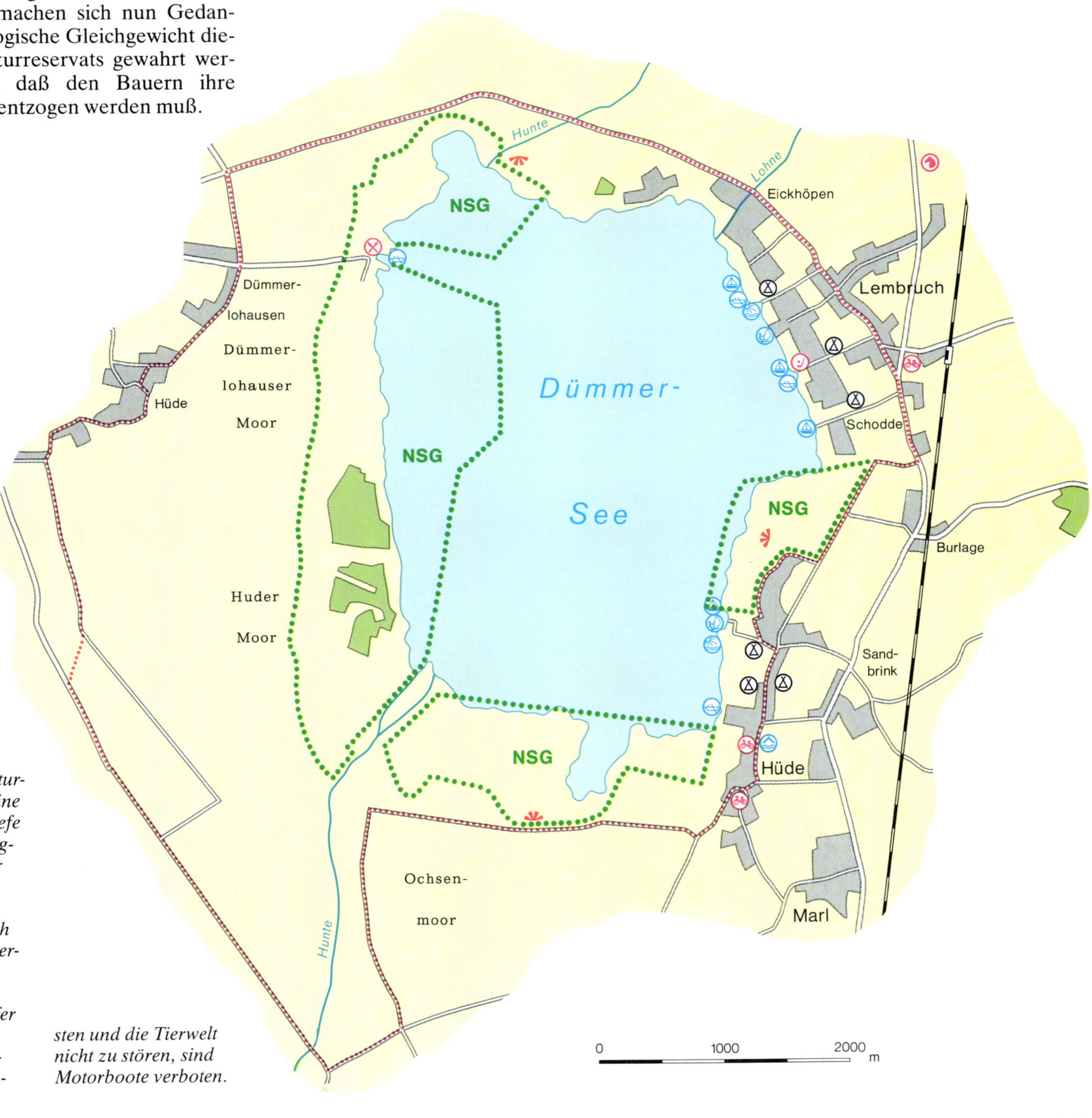

Hunte
Lohne
Eickhöpen
NSG
Dümmer-lohausen
Dümmer-lohauser Moor
Hüde
Lembruch
Dümmer-See
Schodde
NSG
NSG
Burlage
Huder Moor
Sand-brink
NSG
Hüde
Ochsen-moor
Marl
Hunte
0 1000 2000 m

Der 16 km² große Dümmer-See *im Naturpark Dümmer hat eine durchschnittliche Tiefe von nur 1,3 m. Lediglich das Nordostufer kann mit dem Auto angefahren werden; hier konzentriert sich denn auch das Wassersport- und Freizeitangebot. Fast das gesamte restliche Ufer steht unter Naturschutz. Um das Seewasser nicht zu belasten und die Tierwelt nicht zu stören, sind Motorboote verboten.*

Dem hohen, schmalen Glockenhaus verdankt der Mindener Dom seine unverwechselbare Silhouette.

Die Erker und die bunt verzierten Schilder der Gasthäuser und Läden machen Bremens Schnoorviertel besonders attraktiv.

Das Schiffahrtsmuseum in Bremerhaven hat nicht nur Ausstellungsräume, sondern auch ein interessantes Freigelände.

Weser

Minden Ehemalige Hansestadt am Südrand des Norddeutschen Tieflands.
Der Wettstreit zwischen Klerus und Kaufleuten spiegelt sich eindrucksvoll in den sehenswerten Gebäuden der Stadt, allen voran im Dom St. Peter und im Rathaus mit seinen massigen gotischen Arkaden.
Angemessen untergebracht ist auch das Museum für Geschichte, Landes- und Volkskunde: In fünf alten Giebelhäusern wird die über 1000jährige Geschichte der Stadt und ihrer Umgebung vorgestellt (geöffnet Di–Fr und So 10–12 Uhr). Unweit der Johanniskirche erstreckt sich das malerische Fischerviertel.
Im Ortsteil Dützen befindet sich ein Freizeitpark mit vielen Attraktionen, darunter auch einem U-Boot. Das Knopf- und Bauernstubenmuseum im Park gibt Einblicke ins westfälische Leben um 1900 (Öffnungszeiten: April–Oktober 10–16 Uhr).
Verkehrsamt, Großer Domhof 3, 4950 Minden, Tel. 0571/89385

Petershagen Aus 29 Gemeinden rechts und links der Weser gebildete Stadt. Von den zahlreichen ehemaligen Petershagener Kiesgruben wurde eine im Ortsteil Lahde in einen Badesee mit Freizeit- und Wassersportangebot verwandelt. Weitere sind geplant. Die anderen Seen eignen sich besonders gut zum Angeln. In den weiträumigen Waldgebieten um die Seen stehen zahlreiche Wanderwege zur Auswahl, und die einzelnen Ortsteile beeindrucken durch gemütliche Fachwerkarchitektur und die typischen romanischen Weserkirchen.
Für Wesertouren kann man in Lahde am Alten Wehr Boote mieten.
Städtisches Hauptamt, 4953 Petershagen, Tel. 05702/201

Nienburg Alter Brückenort mit sehenswerter Altstadt. Alljährlich im Sommer findet im Hafen ein Fischerstechen statt. Die Mannschaften tragen in möglichst origineller alter Kleidung unter der Aufsicht des Wassergottes Neptun ihren feuchten Wettstreit aus. 1980 wurde bei Baggerarbeiten an der Weser ein rund 500 Jahre alter Einbaum geborgen. Das 7 m lange ehemalige Fischerboot wurde restauriert und ist heute mit anderen Exponaten zur Stadt- und Landschaftsgeschichte im Museum von Nienburg zu sehen (geöffnet Di, Fr und So 10–12 Uhr, Mi und Do 10–12 und 14–17 Uhr).
Verkehrsamt, Lange Straße 39, 3070 Nienburg, Tel. 05021/87355

Bremen Freie Hansestadt und Hauptstadt des kleinsten Bundeslandes.
Das Bremer Übersee-Museum hält mehr, als sein Name verspricht: Außer auf ferne Länder geht es auch ausführlich auf Bremen und den Unterweserraum ein. Schwerpunkte sind die Bremer Häfen, die Wasserstraße Weser und die Bedeutung Bremens als Handelsstadt (geöffnet Di–So 10–18 Uhr). Ein zweites wichtiges Schiffahrtsmuseum befindet sich im sehenswerten Wasserschloß Schönebeck im Stadtteil Vegesack (geöffnet Di, Mi und Sa 15–17 Uhr, So 10–12.30 und 15–17 Uhr).
Ausgesprochen vergnüglich ist ein Gang durch den Schnoor, Bremens ältestes Stadtviertel, dessen schmalbrüstige Häuschen heute Läden, Cafés und Restaurants beherbergen. Nicht minder interessant ist die Böttcherstraße, vom Bremer Kaffeekaufmann Roselius zur Meile der Künstler und Kunsthandwerker umgestaltet.
Verkehrsverein, Bahnhofsplatz 29, 2800 Bremen, Tel. 0421/36361

Brake Hafenstadt an der Unterweser.
Das Schiffahrtsmuseum der Unterweserhäfen ist stilgerecht untergebracht: im Wahrzeichen der Stadt, einem optischen Telegraphen von 1846, und einem alten Reederhaus. Die Sammlung informiert über Seefahrt und Schiffbau im 19. Jh. (geöffnet Di–Sa 10–12 und 14–17 Uhr, So 10–17 Uhr).
Stadtverwaltung, Schrabberdeich, 2880 Brake, Tel. 04401/1020

Nordenham Hafenstadt am linken Weserufer mit dem einzigen privat geführten Hafen Deutschlands.
In einem schönen klassizistischen Gebäude ist das Museum untergebracht. Es stellt unter anderem Watten- und Wurtenfunde, Bernstein aus dem Unterweserraum, alte bäuerliche Wohnkultur der nördlichen Wesermarsch sowie Dokumente zur Deich- und Hafengeschichte aus (Öffnungszeiten: Fr und Sa 15–18 Uhr, So 10–12 und 15–18 Uhr).
Beim Spaziergang auf dem Weserdeich läßt sich der rege Schiffsverkehr auf der Weser beobachten. Wer die Wanderung bis zum Stadtteil Blexen ausdehnt, hat von dort aus einen weiten Blick über den Mündungstrichter der Weser bis in die Nordsee sowie hinüber nach Bremerhaven.
Verkehrsverein, 2890 Nordenham, Tel. 04731/4051

Bremerhaven Bedeutende Hafenstadt an der Wesermündung.
Kein anderes deutsches Museum bringt den Besuchern Geschichte und Gegenwart der Schiffahrt so informativ, so vielseitig und so anschaulich nahe wie das Deutsche Schiffahrtsmuseum in Bremerhaven. Die Liste erwähnenswerter Exponate ist lang: Schiffe vom kleinsten Modell bis zu sechs Oldtimern im Museumshafen, Seezeichen, Radartürme, das älteste Boot der Welt, eine komplette Kaianlage, eine Gezeitenrechenmaschine und vieles mehr (geöffnet Di–So 10–18 Uhr).
Sehr lohnend ist der Blick von der Aussichtsplattform des Radarturms an der Geestemündung. Aus der luftigen Höhe präsentieren sich Hafen und Außenweser besonders übersichtlich (Öffnungszeiten: außer Mo täglich 10–18 Uhr).
Das Freilichtmuseum im Vorort Speckenbüttel umfaßt neun Gebäude. Reetgedeckte Geesthöfe, Scheunen, Mühlen und eine Schmiede laden von April bis September in der Zeit von 9–11 und 15–17 Uhr zur Besichtigung ein.
Verkehrsamt, Obere Bürger 13, 2850 Bremerhaven, Tel. 0471/5902243

Auf dem Steinhuder Meer ist eine Fahrt mit den Auswanderer genannten Motorseglern ein besonderes Vergnügen.

Steinhuder Meerbach

Steinhuder Meer In der ehemaligen Militärakademie Wilhelmstein ist heute ein Museum untergebracht. Neben Ausrüstungsgegenständen des Schaumburg-Lippischen Militärs wird auch der „Steinhuder Hecht" ausgestellt, ein U-Boot, das Graf zu Schaumburg-Lippe ersann. Vom Turm der Festung hat man einen weiten Blick auf den See (geöffnet April bis Mitte Oktober 9–12.30 und 14–18 Uhr).
Um Besuchern die moorige Umgebung des Sees nahezubringen, veranstaltet Steinhude mehrmals jährlich Torfstechen für Gäste. Das gestochene Stück darf als Andenken mit nach Hause genommen werden (Termine jeweils wechselnd, zu erfahren beim Verkehrsverein).
Unbedingt zu erwähnen ist das Fischerfest „Fischer Kreidag". Jedes Jahr am Wochenende nach Himmelfahrt starten die Fischer zu einer Torfkahnregatta, bei der – wenn der Wind einschläft – nach Leibeskräften gestakt wird, um den Kahn ins Ziel zu bringen.
Verkehrsverein Steinhude, 3050 Wunstorf 2, Tel. 05033/8526
Verkehrsverein Mardorf, 3057 Neustadt am Rübenberge, Tel. 05036/655

Hamme

Worpswede Künstlerdorf am Rand des Teufelsmoors. Die Atmosphäre der alten Künstlerkolonie spürt man am besten bei einem Spaziergang durch den Ort. Von Haus zu Haus und von Tür zu Tür fügen sich Galerien und Malerhäuser, Töpfereien und Schmuckwerkstätten zum „Kunstmuseum". Die bekannteste Kunststätte ist das schöne alte Haus im Schluh, wo unter anderem das Worpsweder Archiv und die Heinrich-Vogeler-Sammlung untergebracht sind (Öffnungszeiten: täglich 14–18 Uhr).
Das Torfschiffsmuseum im Ortsteil Schlußdorf ist dem zweiten Worpsweder Schwerpunkt gewidmet: dem Torfabbau. Auch eine alte Torfschiffswerft ist zu besichtigen (geöffnet Mi, Fr und Sa 15–18 Uhr und So 10–12 und 15–18 Uhr).
Wer das Moor erleben will, kann eine fachkundig geführte Kutschfahrt durch die Worpsweder Umgebung mitmachen (von März bis September, auf Voranmeldung, Tel. 04792/1293).
Fremdenverkehrsbüro, 2862 Worpswede, Tel. 04792/1477

Osterholz-Scharmbeck Stadt am Rand des Teufelsmoors. Das Vogelmuseum zeigt vorwiegend die Vogelwelt Norddeutschlands. Der Schwerpunkt der reichhaltigen Sammlung liegt auf den Sumpf- und Wasservögeln, an denen gerade der Norden besonders reich ist. Man kann auf Bändern sogar Vogelstimmen abhören

Das Haus im Schluh ist der künstlerische Mittelpunkt der ehemaligen Malerkolonie Worpswede.

(geöffnet Di–Fr 8–12 Uhr, Mi und Do 14–18 Uhr, So 10–12 Uhr).
48 km lang ist die Strecke, die die Museumseisenbahn von Osterholz-Scharmbeck bis Bremervörde zurücklegt. Mit einem alten Triebwagen kann man in 1½ Stunden durch die wasserreiche Hammeniederung und am Hamme-Oste-Kanal entlang bis an die Oste gelangen (nach Voranmeldung, Tel. 04281/3252).
Kreisverwaltung, 2860 Osterholz-Scharmbeck, Tel. 04791/161

Hunte

Dümmer-See Unter dem ausladenden Reetdach des Dümmer-Museums ist alles versammelt, was über den See informiert, unter anderem auch Aquarien mit allen Dümmer-Fischarten. Eine Bestandsaufnahme zum Zustand des Gewässers liefert die Dauerausstellung „Sanierung des Dümmer" (geöffnet März bis Oktober täglich 9–18 Uhr).
Eine farbenprächtige Attraktion ist das alljährlich im August stattfindende Großfeuerwerk „Der Dümmer brennt".
Altes Amt Lemförde, 2844 Lemförde, Tel. 05443/1094
Fremdenverkehrsverein Dümmer, 2841 Lembruch, Tel. 05447/242

Wildeshausen Luftkurort im Zentrum der gleichnamigen Geest.
Rings um die freundliche kleine Stadt hinterließen bereits die Menschen der Stein- und Bronzezeit ihre Spuren. Das Pestruper Gräberfeld oder die „Visbeker Braut" mit ihrem 110 m langen „Visbeker Bräutigam", zwei beeindruckende Hünengräber, sollte man sich unbedingt ansehen. Außerdem verfügt Wildeshausen über ein ausgedehntes Netz schöner Wanderwege durch die weite Heide entlang der Hunte.
Stadtverwaltung, 2878 Wildeshausen, Tel. 04431/880

Oldenburg Hafen- und Universitätsstadt am Unterlauf der Hunte.
Die Schausammlung und die Aquarienanlage des Staatlichen Museums für Naturkunde und Vorgeschichte zeigen Natur- und Lebensräume der norddeutschen Gewässer. Eine Sonderabteilung beschäftigt sich mit Funden aus oldenburgischen Mooren. Neben Textilien und Geräten sind Moorleichen die herausragende Attraktion (geöffnet Di–Fr 9–17 Uhr, Sa und So 9–13 Uhr).
Eine Vielzahl interessanter Exponate zur Kulturgeschichte und Volkskunde des Oldenburger Landes findet man im Landesmuseum im ehemaligen Residenzschloß der Oldenburger Grafen (geöffnet Di–Fr 9–17 Uhr, Sa und So 9–13 Uhr).
Informationszentrum, Kleine Kirchenstr. 17 A, 2900 Oldenburg, Tel. 0441/2352638

„Der Dümmer brennt": Jährlich im August wird am Dümmer-See ein beeindruckendes Feuerwerk gezündet.

Bederkesa-Geeste-Kanal

Bederkesaer See Gut 200 ha groß ist der idyllisch gelegene flache Moorsee, dessen schilfige, verlandende Ufer vielen Tieren einen Lebensraum bieten. Seltene Wasservögel, aber auch zahlreiche Wasserpflanzen kann man auf der 13 km langen Rundwanderung bestaunen. Im Forst Holzurburg am Nordufer lebt eine Reiherkolonie.
In Bederkesa sollte man einen Besuch der Mühle nicht versäumen. Das Wahrzeichen des Erholungsorts arbeitet noch – wenn auch heute strombetrieben –, und sein Inneres kann man besichtigen (nach Voranmeldung beim Müller, Tel. 04745/449).
Hoch her geht es beim „Beerster Seefest" alljährlich im August. Das Fest hat seinen Höhepunkt in einem Seefeuerwerk und einem Lampionumzug.
Von Mitte April bis Ende September besteht von Bederkesa aus Gelegenheit zur Seerundfahrt mit einem Ausflugsschiff.
Verkehrsamt, 2852 Bederkesa, Tel. 04745/79145

Große Nebenflüsse

Unter den Wesernebenflüssen steht einer unangefochten an der Spitze: die Aller. Zusammen mit der Leine entwässert sie nahezu den gesamten Südosten Niedersachsens und führt auch entsprechend viel Wasser. Nach der Allermündung schwillt die Weser etwa um das Doppelte an.
Die Aller windet sich auf ganzer Strecke gemächlich durch die nach ihr benannte Niederung. 211 km mißt sie von der Quelle bis zur Mündung. Damit ist sie ihrem größten Nebenfluß, der 241 km langen Leine, klar unterlegen. Diese erreicht das Tiefland erst im Unterlauf. Im Ober- und Mittellauf fließt sie durch das Weser-Leine-Bergland und die nördlich anschließenden Lößbörden. Sie erhält kräftige Verstärkung von einigen Zuflüssen aus dem Harz. So überrascht es nicht, daß sie der Aller etwa so viel Wasser zuführt, wie diese selbst an der Vereinigungsstelle mitbringt.

Großes Bild: Die Altstadt von Verden liegt auf einem Geestrücken über dem Allertal. Der wuchtige romanische Dom mit seinem hohen Kupferdach beherrscht das Bild der mittelalterlichen Stadt.
Kleines Bild oben: Der 323 km lange Mittellandkanal quert das Flußgebiet der Aller von West nach Ost.
Kleines Bild Mitte: Ländliche Idylle begleiten die Örtze auf ihrem gemächlichen Lauf durch die Lüneburger Heide.
Kleines Bild unten: Tief hat sich die Oker in die Harzhochfläche eingeschnitten. Felsburgen aus verwittertem Granit säumen das romantische Tal.

Vom Urstromtal zum Waldgebirge

Dunkle Nadelwälder und sattgrüne Flußauen, purpurne Heiden und weizengelbe Felder – nur wenige Gegenden sind so abwechslungsreich wie das Flußgebiet von Aller und Leine. Es reicht von der Lüneburger Heide über die fruchtbaren Bördenlandschaften bis weit in den Harz hinein.

Der Drömling am Oberlauf der Aller ist eines der letzten Naturparadiese Deutschlands. Heute wird das ökologisch wertvolle Feuchtgebiet von der innerdeutschen Grenze zerschnitten.

Der größte Nebenfluß der Weser, die ***Aller,*** entspringt in der DDR: bei Seehausen in der Magdeburger Börde. Der Fluß wendet sich dann nach Nordwesten und erreicht nach ungefähr 50 km langem Lauf im Drömling kurz vor **Oebisfelde** niedersächsisches Gebiet. Die breite Senke am Südrand der Lüneburger Heide war bis vor etwa 200 Jahren eine menschenleere Sumpfwildnis, die im Frühjahr wochenlang unter Wasser stand. Obgleich sie inzwischen entwässert wurde, ist sie immer noch ein Feuchtgebiet, dessen Flora und Fauna größte Beachtung finden. Ausflüge in die feuchte Niederung, in der noch Weißstörche brüten, kann man nicht unbedingt empfehlen, denn die Wege sind morastig, und Mückenschwärme stürzen sich im Sommer auf die Besucher. Außerdem sind in der Zeit vom 15. Februar bis 30. Juni große Bereiche für Touristen gesperrt.

Ein Abstecher von der B 244 Helmstedt – Brome nach **Kaiserwinkel,** etwa 8 km nordöstlich von Rühen, bietet gute Einblicke in den Drömling. Die Aller ist im Drömling und im Stadtgebiet von Wolfsburg in ein künstliches Bett gezwängt und wird vom ***Mittellandkanal*** überquert. Dieser ist die wichtige Verbindungsader zwischen den Stromgebieten von Rhein, Ems, Weser und Elbe. An ihm liegen unter anderen die Städte Hannover, Minden und Braunschweig. Im Westen zweigt er bei **Hörstel** (zwischen Rheine und Ibbenbüren) vom Dortmund-Ems-Kanal ab, führt am Nordrand der Mittelgebirge entlang und endet im Osten bei Magdeburg an der Elbe. Der bereits im vorigen Jahrhundert geplante und 1938 fertiggestellte Kanal ist 323 km lang. Davon verlaufen 63 km auf dem Gebiet der DDR. Der Wasserstand des Kanals wird durch drei große Schleusenbauwerke reguliert. Jährlich passieren zwischen 20 000 und 30 000 Binnenschiffe die Wasserstraße. Seit 1965 wird sie für Schiffe mit einer Tragfähigkeit bis 1350 t ausgebaut (siehe auch Seite 86–87).

In **Wolfsburg,** das erst 1938 als Sitz des Volkswagenwerks gegründet worden ist, verengt sich das Allertal. Hier stand einst eine Wasserburg, die den Übergang über die Aller kontrollierte und im 16. Jh. zu einem prächtigen Renaissanceschloß ausgebaut wurde. Flußabwärts zweigt der im vorigen Jahrhundert erbaute ***Allerkanal*** nach links ab und führt zunächst schnurge-

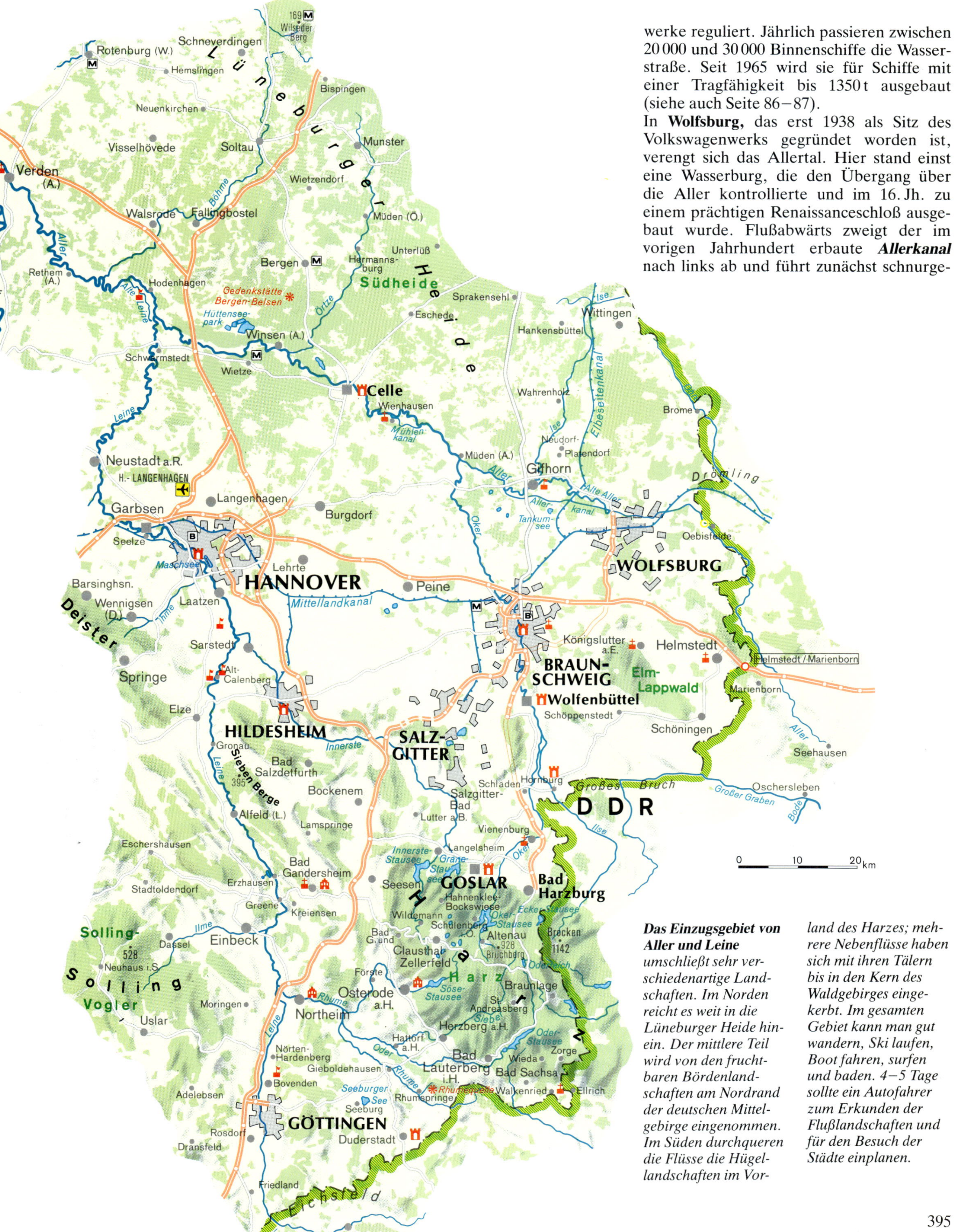

Das Einzugsgebiet von Aller und Leine *umschließt sehr verschiedenartige Landschaften. Im Norden reicht es weit in die Lüneburger Heide hinein. Der mittlere Teil wird von den fruchtbaren Bördenlandschaften am Nordrand der deutschen Mittelgebirge eingenommen. Im Süden durchqueren die Flüsse die Hügellandschaften im Vorland des Harzes; mehrere Nebenflüsse haben sich mit ihren Tälern bis in den Kern des Waldgebirges eingekerbt. Im gesamten Gebiet kann man gut wandern, Ski laufen, Boot fahren, surfen und baden. 4–5 Tage sollte ein Autofahrer zum Erkunden der Flußlandschaften und für den Besuch der Städte einplanen.*

Das imposante Wasserschloß in Gifhorn umschließt einen großzügigen Schloßhof. Hier sieht man den achteckigen Treppenturm und die Schloßkapelle.

Der Elbeseitenkanal

Die 1976 eröffnete Bundeswasserstraße, in Norddeutschland scherzhaft auch „Heide-Suez" genannt, verbindet den Mittellandkanal mit der Elbe. Sie zweigt bei Wolfsburg vom Kanal ab und endet nach 115 km bei Lauenburg an der Elbe. Der Höhenunterschied von 61 m zwischen dem Mittellandkanal und der Elbe wird bei Uelzen und Lüneburg in zwei sehenswerten Schleusenbauwerken überwunden. Mit der Eröffnung des Kanals hat sich die Fahrtstrecke von Westdeutschland nach Hamburg für Binnenschiffe bis 1350 t Tragfähigkeit um über 200 km verkürzt.
Schiffsausflüge auf dem Elbeseitenkanal: In der Zeit vom 1. Mai bis 30. September fährt Mi und So ein Schiff vom Hafen Braunschweig durch den Elbeseitenkanal zum Feriengebiet Tankumsee bei Gifhorn und zurück. Abfahrt in Braunschweig: 13.30 Uhr, Rückkehr um 19 Uhr. Zusätzliche Rundfahrten: jeden So 15.30–16.30 Uhr ab Tankumsee.
Auskunft Braunschweiger Fahrgastschifffahrt, Wendener Weg 6, 3300 Braunschweig, Tel. 0531/314363.

rade durch die dicht bewaldete Barnbruch-Niederung, bis er sich nach rund 20 km wieder mit der Aller vereinigt. Etwa auf halber Strecke überspannt der ***Elbeseitenkanal*** mit einer hohen Dammbrücke den alten Kanal. Die für den Bau des Damms notwendigen Erdmassen stammen aus einer Grube in der Talsohle. Sie füllte sich mit Wasser und bildet heute das beliebte Wassersport- und Freizeitgebiet ***Tankumsee*** südöstlich von Gifhorn. Das Areal ist von Wolfsburg wie von Gifhorn auf ausgeschilderten Zufahrtsstraßen leicht zu erreichen.
In unzähligen Windungen schlängelt sich der Fluß von Wolfsburg aus am nördlichen Rand der Talniederung entlang bis nach Gifhorn. Von der B 188, die dem nördlichen Talrand folgt, hat man immer wieder schöne Ausblicke in die grüne Aue mit dem ruhig dahinziehenden Fluß. Wahrzeichen der alten Brückenstadt **Gifhorn** ist das Wasserschloß, das im 16. Jh. für einen Welfenherzog erbaut wurde. Ein hoher Dünenriegel, den der Wind am Ende der letzten Eiszeit aufgeweht hatte, bietet hier einen sicheren Übergang über die Talniederung. Die Alte Salzstraße Braunschweig–Lüneburg–Lübeck benutzt diesen Übergang ebenso wie die heutige B 4, die Harz-Heide-Straße. Im Südwesten von Gifhorn ist innerhalb des Naturschutzgebiets Eysselheide auf den Dünen ein Stück ursprünglicher Heidevegetation mit Heidekraut und einzelnen Birken erhalten geblieben.
▷ ***Ise*** In Gifhorn mündet, von Norden kommend, die Ise, ein ruhiges Heideflüßchen, in die Aller. Sie durchquert eine breite, moorige Senke, aus der am Rand niedrige, mit Wald und Heide bedeckte Sandhügel auftauchen. Ein lohnender Abstecher führt durch das Tal nach **Wahrenholz,** das man auf Nebenstraßen erreicht. Auf dem Weg dorthin kommt man durch **Neudorf-Platendorf,** eine typische Moorkolonie im Großen Moor. In Wahrenholz kann man eine funktionstüchtige Wassermühle aus dem 15. Jh. besichtigen. Weiter geht es über einen ausgeschilderten Fahrweg zum Naturschutzgebiet Heiliger Hain mit ursprünglicher Heidevegetation. ◁
Hinter Gifhorn führt die B 188 durch einen der schönsten Abschnitte des Allertals. Es ist hier 6–16 km breit; davon nimmt die eigentliche Talaue aber nur einen etwa 500 m breiten Streifen ein. Gemessen an dem kleinen Wiesenflüßchen, das sich seinen Weg zwischen den auf der Talsohle verstreuten Dünenkuppen sucht, ist das Tal entschieden zu breit. Aber das hat seinen Grund: Die Aller hat das Tal nicht selbst geschaffen, sondern sie benutzt ein älteres Tal, das von den Schmelzwasserströmen der Eiszeiten geformt wurde und sich quer durch ganz Norddeutschland verfolgen läßt. Es handelt sich um das Bremen-Magdeburg-Breslauer Urstromtal. Etwa 5 km hinter Gifhorn quert die Bundesstraße den Fluß und führt anschließend durch Kiefernwälder, in denen geologisch interessante Seen und Moore verstreut liegen. Sie füllen flache Wannen, die der Wind aus den Tal-

Oben: Eine Teichrosenblüte, an der Große Granataugen, eine Libellenart, ihre Eier ablegen. Das Hauptverbreitungsgebiet dieser Libellenart liegt im Naturschutzgebiet Riddagshausen bei Braunschweig.

Rechts: Im engen Okertal, in dem sich die kalte Gebirgsluft sammelt, dringt der Buchen-Fichten-Wald bis in tiefere Lagen vor.

sanden ausgeblasen hat. Kurz darauf zweigt rechts die Landstraße nach Müden ab.

▷ ***Oker*** In dem Ferienort **Müden** am Rand der Südheide mündet die Oker nach ihrem 125 km langen Lauf in die Aller. Die Oker zeigt sich im Unterlauf von ihrer sanften Seite und fließt in engen Windungen träge dahin. Den besten Überblick über das Landschaftsschutzgebiet Okertal hat man von den Dörfern und Landstraßen am östlichen Ufer. Der Wind hat hier aus Talsanden kleine Dünen aufgehäuft. In den sandigen Böden der Talsohle wird Spargel angebaut.

Auch **Braunschweig,** das man über Meinersen, Hillerse und Schwülper auf Nebenstraßen erreicht, ist für seinen hervorragenden Spargel bekannt. Innerhalb der Grenzen der Welfenstadt, die aus einem Hafen- und Handelsplatz an der Oker entstand, gabelt sich der Fluß in mehrere künstlich angelegte Gräben, die die Altstadt mit dem Dom, der Burg Dankwarderode und anderen mittelalterlichen Bauwerken umschließen.

Für Naturfreunde bietet Braunschweig eine besondere Attraktion: das Europareservat ***Riddagshausen-Weddeler Teichgebiet,*** das vor allem wegen seiner artenreichen Vogelwelt internationalen Ruf genießt. Man erreicht es am besten über die Helmstedter Straße (B 1).

Flußaufwärts ist **Wolfenbüttel** die nächste Station. Die Keimzelle der alten Residenzstadt war eine Wasserburg in der sumpfigen Okerniederung, die unter den Welfenherzögen zum repräsentativen Schloß und zu einer der stärksten Dammfestungen Norddeutschlands ausgebaut wurde. Das Tal der Oker, in dem heute die B 4 verläuft, ist auch auf dem weiteren Weg zum Harz historischer Boden. Mit ihrem Wasser soll Karl der Große die unterworfenen Sachsen getauft haben.

Noch viel weiter zurück in die Geschichte führt ein Abstecher ins Große Bruch: bis in die Zeit vor etwa 200 000 Jahren. Die moorige Niederung, die bei **Hornburg** ins Okertal mündet und im Osten bis zur Elbe reicht, gilt als eines der ältesten Urstromtäler Norddeutschlands. An der Stelle, an der das Okertal das Große Bruch berührt, ändert sich auch der Charakter der Oker: Aus dem ruhigen Tieflandfluß, der sich durch die Talaue windet, wird ein munterer Wasserlauf, wie er im Vorland höherer Gebirge anzutreffen ist. Das höhere Gebirge ist in diesem Fall der Harz, das höchste deutsche Mittelgebirge nördlich der Mainlinie. Vor dem Bau der ***Okertalsperre*** (siehe Seite 402–403) war die Oker auf ihrem Lauf durch den Harz ein echter Gebirgsfluß. Heute verwandelt sie sich nur noch dann in ein reißendes Wildwasser, wenn die Talsperre gefüllt ist und überläuft oder wenn das Kraftwerk Okertalsperre in Betrieb ist.

Zwischen dem Oker-Stausee und dem Gebirgsrand liegt der eindrucksvollste Abschnitt des Okertals. Der Fluß durchbricht hier in einem 300–400 m tiefen Kerbtal eine Granitmasse. Riesige Blöcke liegen im Flußbett oder sind an den Talhängen zu hohen Felsburgen aufgetürmt. Die enge und kurvenreiche B 498 bietet nur an wenigen Stellen Ausblicke auf den Fluß, auf dem sich Norddeutschlands Kanuten im Wildwasserfahren üben. Man parkt am besten an dem kleinen Hotel „Waldhaus". Von dort aus kann man eine ungefähr einstündige Wanderung durch das Okertal bis zur Romkerhalle machen. Oberhalb des Oker-Stausees, auf der letzten Strecke zum Quellgebiet am Bruchberg, fließt die Oker durch den Wintersport- und Kurort **Altenau,** die jüngste der sieben Oberharzer Bergstädte. ◁

Nach der Einmündung der Oker in die Aller bei Müden wird aus einem ungezügelten Wiesenflüßchen ein ausgewachsener Fluß, der in seinem befestigten Bett ruhig durch das Urstromtal mit einem bunten Mosaik aus Wiesen, Wäldern, Feldern, Mooren und Wasserläufen strömt. Der Autofahrer kann dem Lauf der Aller auf Nebenstraßen folgen. Einer der Wasserläufe, der Mühlenkanal, führt zu der sehenswerten alten Wassermühle in **Wienhausen.** Die Hauptsehenswürdigkeit des Orts ist jedoch das ehemalige Zisterzienser-nonnenkloster, eine europäische Kunststätte von Rang.

10 km flußabwärts passiert die Aller die größte der alten Furt- und Brückenstädte im Urstromtal: **Celle.** Man erreicht die Stadt von Wienhausen zunächst auf einem 4 km langen Stück Nebenstraße und dann auf der B 214. Hier bot eine Insel im Fluß, auf der später das Wasserschloß und die Fachwerkbauten der Altstadt errichtet wurden, einen sicheren Weg durch die sumpfige Niederung. Von Celle an ist der Fluß eine ausgebaute und regulierte Bundeswasserstraße, auf der jedoch kaum größere Schiffe verkehren. In **Winsen (Aller)** legen Ausflugsschiffe an. Von dort aus lohnt sich ein Abstecher zum ***Seenparadies Hüttenseepark,*** einem etwa 500 ha großen Gebiet, das früher der Karpfenzucht diente, heute aber das größte Wassersportzentrum der Lüneburger Heide ist. In der Nähe befindet sich auch ein Vogelschutzgebiet.

▷ ***Örtze*** Kurz vor Winsen fließt der Aller die 60 km lange Örtze zu, von der Hermann Löns sagte, sie sei der echteste Fluß der Heide. Wie die meisten Heideflüsse wird sie überwiegend aus dem Grundwasser gespeist und ist daher verhältnismäßig sauber. Außerdem zählt der Fluß zu den schönsten Kanugewässern Norddeutschlands.

Flußaufwärts führt die Örtze durch **Hermannsburg,** die Wirkungsstätte des Heidepastors Ludwig Harms, der 1849 die Hermannsburger Mission gründete. Als Ausgangspunkt für Kanuwanderungen bietet sich nach weiteren 6 km das idyllische Heidedorf **Müden a. d. Örtze** an. Nachdem die Örtze den Truppenübungsplatz Munster Süd durchflossen hat, erreicht sie die Stadt **Munster.** Ihr Ursprung befindet sich nördlich davon in der Lüneburger Heide. ◁

Von der Mündung der Örtze in die Aller bei Winsen bis zum Zusammenfluß von Leine und Aller wird die Talaue rechts und links von bewaldeten Dünenketten eingerahmt. Der tiefere Gesteinsuntergrund birgt hier Erdölvorkommen, die sich entlang der Allerlinie, einer Bruchzone der Erdkruste, um Salzstöcke herum gebildet haben. In der Umgebung von **Wietze** wurde bereits 1858 die erste Bohrung fündig. Das älteste Erdölfeld Europas lieferte bis in die 60er Jahre hinein Öl. Seit 1970 sind die ehemaligen Förderanlagen zu einem Erdölmuseum umgestaltet worden.

Von der Moorgeest zum „Hohen Ufer"

▷ ***Leine*** Durch die Wassermassen der Leine, die nach der Schneeschmelze im Harz häufig Hochwasser führt und die breite Talaue dabei in einen großen See verwandelt, verdoppelt sich der Abfluß der Aller. Von der Mündung bei **Schwarmstedt** folgt man dem Lauf der Leine südwärts durch die Hannoversche Moorgeest, die ihren Namen von den großen, heute allerdings fast ganz entwässerten und kultivierten Hochmooren erhalten hat. Nebenstraßen begleiten hier auf beiden Seiten den Flußlauf.

Prächtige Fachwerkhäuser erinnern an die Glanzzeiten der alten Residenzstadt Celle im 15.–17. Jh. Damals entstanden die typischen Giebelhäuser mit ihren durch Erker und Dachgiebel gegliederten Fassaden.

Links: Die Yachtschule am Maschsee in Hannover bietet sowohl Segelkurse als auch Mietsegelboote an. Im Sommer finden an dem künstlich geschaffenen See die Maschseetage mit vielen sportlichen Aktivitäten statt.

Oben: Am Maschteich, dem kleinen Bruder des Maschsees, liegt das Neue Rathaus der niedersächsischen Landeshauptstadt inmitten eines weitläufigen Parks. Es ist im wilhelminischen Stil erbaut.

Der wichtigste Haltepunkt ist die alte Residenzstadt **Neustadt am Rübenberge,** die aus einer Burgsiedlung am Leineübergang hervorging und im 16. Jh. zu einer starken Festung ausgebaut wurde. Die langgestreckte Fassade des herzoglichen Schlosses ist der Leine zugewandt, die von einer Brücke (16. Jh.) aus Sandsteinquadern überspannt wird.

Weiter flußabwärts am Leineufer in **Seelze** vor den Toren Hannovers überquert der ***Mittellandkanal*** die Leine mit einer sehenswerten Kanalbrücke.

Die niedersächsische Landeshauptstadt **Hannover,** oft scherzhaft-zweideutig als Stadt an der Leine bezeichnet, nennt sich selbst nicht zu Unrecht „Großstadt im Grünen". Der Anteil der Grünflächen macht ungefähr ein Drittel des Stadtgebiets aus. Der eigentliche Name der Stadt bedeutet „Hohes Ufer", nämlich das hohe Ufer am rechten Rand der Leinetalaue, auf dem der Wind am Ende der jüngsten Eiszeit einige Dünenhügel zusammengeweht hatte. Dort entstand im frühen Mittelalter die erste vor Hochwasser sichere Siedlung. Das Hochwasser der Leine war für die Stadt stets ein Problem und ist es zeitweise bis heute geblieben. Es staut sich im Stadtgebiet besonders stark.

Vorkehrungen gegen Überschwemmungen haben das Bild der Stadtlandschaft geprägt. Die Wasserströme werden seit mehr als 200 Jahren um die Innenstadt herum geleitet. Dazu dient unter anderem ein Durchstich von der Leine zu einem kleineren Nebenflüßchen, dem ***Schnellen Graben*** am südlichen Ende des Sportparks. In ihm werden die Wassermassen durch ein Wehr abgeleitet, das bereits 1745 errichtet worden ist und für den damaligen Stand der Wasserbautechnik als hochmodern galt.

Der in den 30er Jahren unseres Jahrhunderts angelegte, 78 ha große und über 3 km lange ***Maschsee*** soll die Stadt ebenfalls vor Hochwasser schützen. Als Erholungsgebiet, für den Wassersport und für das Klima der Stadt ist er genauso wichtig.

▷ ▷ ***Innerste*** Ein großer Teil der Wasserfluten, die die Leineaue südlich von Hannover nach der Schneeschmelze und in verregneten Sommern unter Wasser setzen, stammt von der Innerste, die bei **Sarstedt** in die Leine mündet.

Wilhelm Raabe charakterisiert Leine und Innerste in seinen „Krähenfelder Geschichten" so: „Die Leine war nicht besser, als sie war; aber von Natur aus war sie jedenfalls besser als ihr Ruf. Von Natur ein braves Wasser, ein gutes Wasser, ein gutmütiges Wasser, wurde sie durch die Innerste verdorben. Im hildesheimschen Amt Rethem vereinigt sich die Innerste mit der Leine, und nachher ist's freilich zu Ende mit den guten Sitten der letzteren, und die Stadt Hannover hat zweifelsohne mancherlei zu erzählen von ihrer Laune und Heimtücke."

Von der alten Bischofsstadt **Hildesheim** – man erreicht sie auf der B 6 – bis zu ihrer Quelle auf der Harzhochfläche bei **Clausthal-Zellerfeld** spürt man von den Tücken der „wilden Innerste" allerdings nicht viel. Seit dem Bau der ***Innerste-Talsperre*** bei **Langelsheim** am Nordrand des Harzes ist der Fluß gebändigt. ◁ ◁

Hinter den Sieben Bergen

Die Leine wird flußaufwärts von Nebenstraßen und weiter westlich von der B 3 begleitet, mal unmittelbar am Ufer, mal in gebührendem Abstand. Ungefähr 20 km südlich von Hannover zweigt von der B 3 links die Zufahrtsstraße zu einem der schönsten Aussichtspunkte im mittleren Leinetal ab: zum Schloß Marienburg. Von der Plattform des Schlosses, das vor etwa 120 Jahren im Auftrag des letzten Königs von Hannover erbaut worden ist, hat man einen weiten Blick über das Tal der Leine, das die fruchtbare Hildesheimer Börde durchzieht. Die Talaue mit ihren Auwaldresten und Altarmen ist ein Refugium für viele seltene Tier- und Pflanzenarten, darunter Uferschwalben, die eine Brutkolonie bilden.

Die farbigen Schnitzereien an der Fassade der ehemaligen Lateinschule in Alfeld zeigen, womit sich die Schüler einst befassen mußten.

So findet man griechische und römische Feldherren sowie biblische Szenen.

Bei **Alfeld** verengt sich das Leinetal und wird zum Durchbruchstal, das bedeutet, der Fluß hat sich durch die meist aus Kalkstein bestehenden Bergrücken des Leinebergglands einen Weg gebahnt. Die Sieben Berge am rechten Talrand waren vielleicht das Vorbild für die sieben Berge im Märchen „Schneewittchen". Geologen bezeichnen sie als eine von Trockentälern zerschnittene, aus Kalksteinen der Oberkreide aufgebaute Schichtstufe.

Etwa auf halbem Weg zwischen Alfeld und **Einbeck** – wo seit 1264 das berühmte Einbecker Bier gebraut wird – führt ein Hinweisschild zum Pumpspeicher **Erzhausen,** einem der größten Wasserkraftwerke dieser Art in Deutschland. In Zeiten mit geringem Stromverbrauch wird Leinewasser aus einem Becken am Talgrund in ein 300 m höher gelegenes Speicherbecken gepumpt. Bei Bedarf läßt man das Wasser wieder talwärts strömen, wo es Generatoren antreibt.

Nach Einbeck, wohin man an der Leine entlang auf einer Nebenstraße gelangt, weitet sich das Tal und wird zu einer kilometerbreiten Niederung, durch die außer der B 3 die Autobahn A 7 und zwei Bahnlinien führen. Bald kommt **Northeim,** seit jeher ein wichtiger Verkehrsknotenpunkt, in Sicht. Hier erhält die Leine Verstärkung durch die Rhume.

▻▻ ***Rhume*** Sie ist die Sammelader mehrerer Harzflüsse. Man folgt dem munteren Wiesenflüßchen zunächst auf der B 241 bis **Katlenburg,** dann auf der B 247 weiter bis zur Kreuzung mit der B 27 vor Gieboldehausen. Der Autofahrer kann von dort auf der B 27 über **Herzberg** einen Abstecher in das Tal der ***Oder*** machen. Im Herzberger Stadtteil **Scharzfeld** lohnt sich der Besuch der Einhornhöhle. Dort entdeckten Geologen außer vielen Resten von Bären, Nashörnern und anderen Tieren der Vorzeit auch die Flußgerölle einer Ur-Oder. Diese beweisen, daß sich der Fluß seit dem Beginn des Eiszeitalters um mindestens 140 m in den Harzrand eingetieft hat. Hinter **Bad Lauterberg** führt die B 27 am ***Oder-Stausee*** entlang. Den obersten Abschnitt des Odertals, der in der jüngsten Eiszeit vergletschert war und der deshalb Ähnlichkeit hat mit den Trogtälern in den Alpen, kann man nur erwandern – am besten von **Oderhaus** an der Abzweigung der Landstraße nach St. Andreasberg.

Die Rhume bietet in ihrem Einzugsgebiet noch zwei besondere Attraktionen: die Rhumequelle und den Seeburger See. Mit einer durchschnittlichen Schüttung von 2000–2500 l Wasser in der Sekunde ist die Rhumequelle eine der stärksten Karstquellen Deutschlands. Der ***Seeburger See*** zwischen Gieboldehausen und Duderstadt, der sich durch die Auslaugung von Salzschichten im Untergrund gebildet hat, bedeckt eine Fläche von rund 100 ha. ◅◅

Von Northeim bis Friedland verläuft das Leinetal erstaunlich geradlinig. Der Fluß folgt hier einem langgestreckten geologischen Graben, der zwischen dem Bramwald und dem Göttinger Wald eingebrochen ist und der Leine den Weg nach Norden erleichtert hat. Auch die Werra benutzte in grauer Vorzeit die heute bis zu 150 m tiefe Grabensenke als bequeme Abflußbahn. Ungefähr 3 km hinter dem alten Marktort **Nörten-Hardenberg,** der von einem Schloß und einer Burgruine überragt wird, zweigt links ein beschilderter Fahrweg zur Burgruine Plessenburg ab. Vom Bergfried hat man einen guten Überblick über den Leinetalgraben und die Universitätsstadt **Göttingen,** die sich an seinem Rand ausbreitet. Auf dem letzten Stück ihres Laufs von Friedland über die innerdeutsche Grenze bis zur Quelle im thüringischen Leinefelde durchquert die Leine die bewaldeten Höhen des Eichsfelds. ◅

Durch die grünen Allermarschen

Nach der Mündung der Leine sind es nur noch etwa 60 km, bis die Aller in die Weser mündet. In gemächlichem Tempo legt der vielfach gewundene Fluß seinen Weg durch grüne Flußmarschen zurück.

Die Leine floß ursprünglich nicht direkt in die Aller, sondern wurde von dem größeren Fluß durch natürliche Uferdämme abgedrängt und beendete ihren Lauf 10 km unterhalb der heutigen Mündung.

An der ***Alten Leine*** liegt bei **Hodenhagen** in dieser ehemaligen Flußwildnis das Schloß Ahlden aus dem 16. Jh. Die Flußlandschaft hat viel von ihrem urtümlichen Charakter bewahrt. Dies ist nicht zuletzt darauf zurückzuführen, daß die Talaue durch regelmäßige Überschwemmungen oft kilometerweit unter Wasser gesetzt wird und

Mit dem Ausflugsschiff auf der Aller

Celle Die Schiffe verkehren nach einem festen Fahrplan. Saison: Mai bis Oktober. Jeden So, Di und Do eine Fahrt. Fünf Anlegestellen werden angelaufen. Außerdem gibt es Fahrten nach Vereinbarung.
Auskunft Alfred Drews, Wassersportschule, Kronestraße 1 a, 3100 Celle, Tel. 05141/83988 und 23988.

Verden Die Schiffe verkehren nach keinem festen Fahrplan. Nur in den Sommerferien jeweils Mi und So um 14 Uhr Ausflugsfahrten auf Aller und Weser, sonst Fahrten nach Vereinbarung.
Auskunft Verdener Fahrgast-Schiffahrt, Kapitän Paul Krüger, Tempelpforte 4, 2810 Verden, Tel. 04231/5454.

die Dörfer dann tagelang von der Außenwelt abgeschnitten sind. Ein großer Auwaldrest, die Ahe, ist am Zusammenfluß von Aller und Alter Leine erhalten geblieben.

▷ ***Böhme*** Zwischen Hodenhagen und Rethem erhält die Aller ihren letzten größeren Zufluß aus der Lüneburger Heide: die Böhme. Der Unterlauf zwischen der Mündung und Walsrode, das man flußfern über die B 209 erreicht, gilt als eines der schönsten Kanureviere Norddeutschlands. Der landschaftlich reizvollste Abschnitt der Böhme liegt zwischen den Heidestädten **Walsrode, Fallingbostel** und **Soltau.** Ihm folgt weitgehend flußnah die B 209. Von Fallingbostel lohnen sich Ausflüge zur tief eingekerbten Böhmeschlucht zwischen dem östlichen Stadtrand und der Ortschaft **Vierde** sowie zum Naturschutzgebiet am Löns-Denkmal. Der Heidedichter hat dort in einem Wacholderhain unter einem mächtigen Findling seine letzte Ruhestätte gefunden. Die Böhme entspringt am Fuß des Wilseder Bergs. Um ihn zu erreichen, fährt man von Soltau nach Norden auf der B 3 und biegt nach ungefähr 25 km beim Bahnhof Wintermoor rechts ab. ◁

Die Fahrt entlang der Aller setzt man von **Rethem** am besten auf der Nebenstraße am linken Ufer fort. Von dort aus kann man auf die breite Talaue und die dahinter aufsteigenden bewaldeten Dünenhügel blicken. Etliche Male drängt sich der Fluß, der von einer Talseite zur anderen pendelt, bis dicht an die Straße heran. Nun kommt **Verden** in Sicht. Die „Reiterstadt", wie sie sich selbst nennt, entstand an einer alten Furt durch die Aller. Ihr Bild wird von der Silhouette des Doms geprägt, dessen Geschichte fast 1000 Jahre zurückreicht. Wenige Kilometer unterhalb von Verden mündet die Aller in die Weser.

Oben: Der aus wasserdurchlässigem Kies und Sand aufgebaute Wilseder Berg ist der „Gewässerknoten" der Lüneburger Heide. An seinem Fuß entspringen die Quellbäche von sieben größeren Flüssen des Norddeutschen Tieflands.

Unten: Im Unterlauf wird das heute von der Aller durchflossene Urstromtal stellenweise bis zu 30 km breit. Der als Bundeswasserstraße ausgebaute Fluß hat nur für die Sportschifffahrt Bedeutung.

Das blaue Harzer Ypsilon

Zwischen fichtenbestandenen Hängen liegt im Herzen des Oberharzes ein stiller See, dessen eigenwillige Form stark an ein Ypsilon erinnert. Die allerdings ist kein Werk der Natur, sondern ein Werk des Menschen.

Der Oker-Stausee ist nur einer von vielen Stauseen und -teichen im niedersächsischen Teil des Harzes. Fünf weitere große Seen wurden hier im Lauf der letzten Jahrzehnte geschaffen, und die Anlage etlicher kleinerer Teiche geht sogar bis ins 16. Jh. zurück.

Die ungewöhnlich vielen Stauanlagen haben etwas mit dem Klima dieses norddeutschen Waldgebirges zu tun. Es ist einerseits sehr niederschlagsreich, kann dann aber wieder – vor allem im Sommer – wochenlang besonders trocken sein. In solchen Trockenzeiten kommt es vor, daß der tägliche Abfluß um das 1000- bis 2000fache niedriger ist als an Hochwassertagen. Ein ausgesprochener Wasserreichtum herrscht nach der Schneeschmelze, nach Gewittern und nach heftigen Landregen, wenn sich große Wassermassen in den Bächen sammeln und sie zu reißenden Strömen anschwellen lassen.

Dieser krasse Wechsel zwischen Zeiten mit Wasserüberschuß und solchen mit Wassermangel bereitete schon den Bergleuten in früheren Jahrhunderten Sorgen. Sie brauchten die Wasserenergie zum Betrieb von Erzförderanlagen und Pumpen. Als Vorsorge für trockene Zeiten wurde daher in den Bergbaurevieren ein ausgeklügeltes System von Stauteichen, oberirdischen Gräben und unterirdischen Wasserläufen angelegt. Dazu gehören unter anderem die rund 50 Teiche auf der Hochfläche um die alte Bergbaustadt Clausthal-Zellerfeld.

Der Harz – ein natürlicher Hochbehälter

Bei den sechs modernen Stauseen, die seit den 30er Jahren in den Tälern des Oberharzes angelegt wurden, ist die Energie gewissermaßen nur ein Nebenprodukt. Ihre eigentlichen Aufgaben sind Schutz vor Hochwasser, Niedrigwasserausgleich und Trinkwasserspeicherung. Durch ein Netz von Fernwasserleitungen strömt Trinkwasser aus den Talsperren im Harz bis hinauf nach Wolfsburg und Bremen. So gesehen ist der Harz der natürliche Wasserspeicher des Norddeutschen Tieflands.

An schönen Sommertagen tummeln sich viele Surfer und Segler auf dem Oker-Stausee. Als Badesee kann man ihn allerdings nur abgehärteten Naturen empfehlen: Das Wasser ist selbst im Hochsommer ziemlich kalt.

***Mit einer Fläche von 2,3 km²** ist der Oker-Stausee der größte künstliche See im Westharz. Eine einstündige Bootsrundfahrt eröffnet immer wieder schöne Ausblicke auf die bewaldeten Höhen. Auskunft Okersee-Schiffahrt GmbH, 3396 Altenau, Tel. 05329/811.*

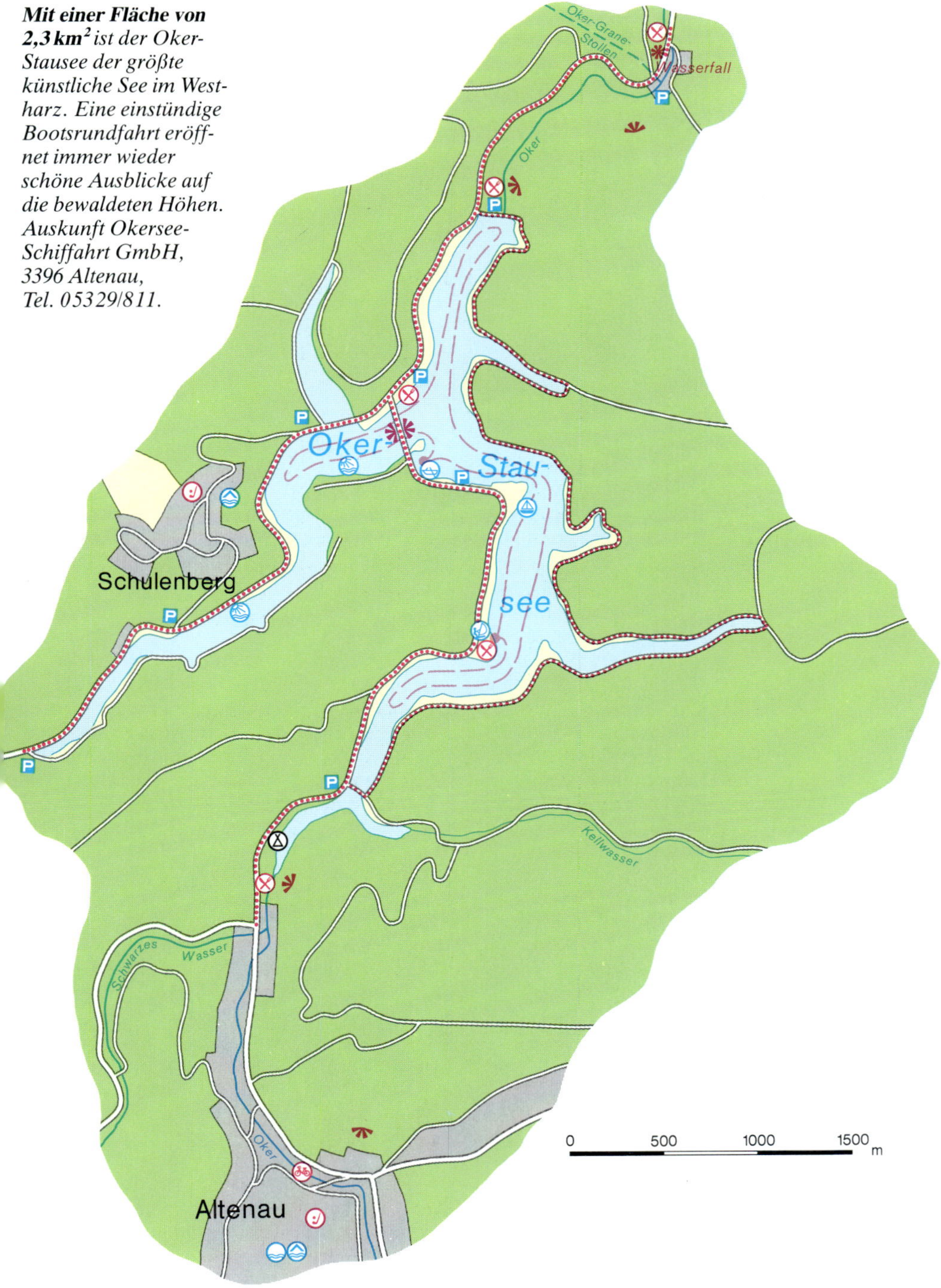

In der Nähe von Romkerhalle stürzt ein kleiner Bach über eine 60 m hohe Felswand herab. Bei strengem Frost erstarrt der Wasserfall zu bizarren Tropfsteinen aus Eis.

Der Okersee, der zwischen 1952 und 1956 entstand, ist der größte unter den Stauseen im Oberharz. Wenn er vollständig gefüllt ist, faßt der in viele Arme verzweigte See rund 47 Millionen m³ Wasser – genug immerhin, um 5 Tage lang den Trinkwasserbedarf aller Bundesbürger zu decken. Überschüssiges Wasser aus dem Einzugsgebiet, das die Talsperre nicht mehr aufnehmen kann, wird durch den 7,5 km langen Oker-Grane-Überleitungsstollen in die Granetalsperre bei Goslar geleitet.

Als Trinkwasserspeicher sind einige Stauseen im Oberharz den Wassersportlern verschlossen. Im und auf dem Oker-Stausee jedoch darf man baden, rudern, segeln und surfen.

Von Osterode fährt man auf der landschaftlich äußerst reizvollen B 498 am Sösestausee vorbei zum Kurort **Altenau,** der einst eine Bergmannssiedlung war. Vom Schwarzenberg (619 m) links kurz nach Riefenbeck sieht man bis hinüber zur höchsten Erhebung des Harzes, dem 1142 m hohen Brokken, wo der Sage nach in der Walpurgisnacht die Hexen mit dem Teufel tanzen. Nach wenigen Kilometern ist der Südzipfel des Okersees erreicht, wo der kleine Gebirgsfluß ***Oker*** (siehe Seite 397–398) mündet. Schöne Ausblicke auf das stille Gewässer bieten sich dem Autofahrer, wenn er der Straße weiter in nördlicher Richtung folgt. Nachdem man die Talsperre auf einer mächtigen Brücke überquert hat, biegt man nach links zum Sportkurort Schulenberg am Westufer ab, zu dem man über eine weitere Brücke gelangt.

Das heutige **Schulenberg** liegt an einem sonnigen, aussichtsreichen Hang über dem See. Einst befanden sich im Tal die beiden Ortschaften Mittel- und Unterschulenberg. Als das Gewässer gestaut wurde, versanken sie in seinen Fluten, und heute liegen ihre Ruinen tief unter dem Wasserspiegel. Von dem neugeschaffenen Ort, der für Wasser- und Wintersportler gleich interessant ist, bietet sich der wohl schönste Blick auf den See.

Von Schulenberg fährt man wenige Kilometer zurück, bis man wieder auf die B 498 stößt, die nun am Westufer entlang bis zur Hauptsperrmauer am Nordende des Okersees führt. Diese gewaltige Bogenstaumauer ist 260 m lang und 67 m hoch. Mit dem Auto kann man sie nicht befahren, wohl aber zu Fuß oder mit dem Fahrrad überqueren.

Nach der Staumauer folgt die B 498, vorbei am Romkerhaller Wasserfall, dem Lauf der Oker durch ihr wildromantisches Tal nach dem Ort Oker bei Goslar.

Die „Ungarische Post" ist einer der Höhepunkte im Programm der traditionellen Celler Hengstparade.

Die Häuser rund um den Marktplatz von Wolfenbüttel, der im 16. Jh. angelegt wurde, zeichnen sich durch schönes Fachwerk aus.

Eine Kostbarkeit des Museums für Mechanische Musik in Braunschweig ist das Spieluhrenorchester, 1870 in Genf gefertigt.

Aller

Wolfsburg Industriestadt in waldreicher Umgebung im oberen Allertal und am Mittellandkanal.
Lohnend ist die Besichtigung des modernen Planetariums (Vorführungen: Mi 16.30 und 19 Uhr, Sa und So 15.30 und 17 Uhr). Für Badelustige empfiehlt sich ein Besuch im Freizeitzentrum „Badeland" an der Aller.
Verkehrsverein, Porschestraße 47A, 3180 Wolfsburg, Tel. 05361/14333

Gifhorn Kreisstadt am Südrand der Heide.
Hier sollte man sich Zeit für den Besuch des Internationalen Wind- und Wassermühlen-Museums lassen. Auf dem Freigelände kann man 5 Originalmühlen und in der Ausstellungshalle etwa 40 Mühlenmodelle besichtigen (Öffnungszeiten: März bis Oktober täglich 10–18 Uhr, in der übrigen Zeit außer Mo täglich 10–17 Uhr, falls das Wetter nicht zu schlecht ist).
Tourist Information, Am Cardenap 1, 3170 Gifhorn, Tel. 05371/88175

Wienhausen Ferienort im mittleren Allertal. Sehenswert ist das vornehmste der „Heideklöster" (Führungen vom 1. April bis 1. November; die Zeiten müssen telefonisch erfragt werden, da sie sich laufend ändern).
Kloster Wienhausen, 3101 Wienhausen, Tel. 05149/357

Celle Ehemalige Residenz der Herzöge von Braunschweig-Lüneburg.
Außerhalb der Altstadt mit ihren prachtvollen Fachwerkhäusern liegt das 1735 gegründete Niedersächsische Landgestüt, das jährlich Ende September/Anfang Oktober die bei Pferdefreunden sehr beliebte Hengstparade veranstaltet (rechtzeitige Kartenbestellung ratsam).
Verkehrsverein, Schloßplatz 6A, 3100 Celle 1, Tel. 05141/23031 oder 12337

Winsen an der Aller Luftkurort an der Einmündung der Örtze in die Aller.
Der Winsener Museumshof zeigt eine alte, originalgetreu wiederhergestellte Hofanlage der Südheide mit einem Bauernhaus, einem Treppenspeicher, anderen Nebengebäuden sowie einem für die historischen Heidedörfer typischen Bienenzaun (Öffnungszeiten: von Ostern bis Ende Oktober jeweils Mi und Sa 15–18 und So 9.30–12.30 und 15–18 Uhr; vom 15. Mai bis 15. September zusätzlich Fr 15–18 Uhr).
Winsener Heimatverein, Mühlenweg 10, 3108 Winsen, Tel. 05143/8140

Wietze Ferienort am Rand des urtümlichen Wietzenbruchs.
Eine besondere Attraktion ist das Erdölmuseum, das altertümliche Erdölförderanlagen und Ölfeldeinrichtungen aus der Frühzeit der Erdölförderung im Freien zeigt. In den Ausstellungsräumen informieren Modelle und Schautafeln über die Geologie der Wietzer Erdölfelder und die Entwicklung der Erdölindustrie (Öffnungszeiten: von April bis Ende Oktober Mi, Sa, sonn- und feiertags von 13.30–16.30 Uhr).
Verkehrsamt, Nimburger Straße 17, 3109 Wietze, Tel. 05146/361

Verden Reiterstadt und ehemalige Bischofsstadt.
Verden bietet außer dem Dom und drei bedeutenden Kirchen den Sachsenhain, in dem 4500 Findlinge an die legendäre Hinrichtung von 4500 Sachsen durch Karl den Großen erinnern, den großen Freizeitpark (geöffnet von April bis Ende Oktober täglich 9–18 Uhr), eine Storchenpflegestation und nicht zuletzt das Deutsche Pferdemuseum (täglich außer Mo von 9–16 Uhr geöffnet).
Verkehrsamt, Ostertorstraße 7A, 2810 Verden, Tel. 04231/12317

Ise

Hankensbüttel Luftkurort am Südostrand der Lüneburger Heide.
Sehenswert ist das ehemalige Zisterziensernonnenkloster Isenhagen (Besuchszeiten: werktags 9–11 und 15–17.30 Uhr, So 13.30 bis 17.30 Uhr). An einem benachbarten See kann man Tret- und Ruderboote ausleihen.
Im Sommer ist Hankensbüttel Haltestation des „Preußenzugs", einer Museumsbahn, die an bestimmten Tagen in der Ostheide verkehrt.
Verkehrsverein, 3122 Hankensbüttel, Tel. 05832/1053

Oker

Altenau Oberharzer Bergstadt, heilklimatischer Kurort und Wintersportplatz im Quellgebiet der Oker am Fuß des Bruchbergs.
Hier werden am Himmelfahrtstag die traditionellen Finkenmanöver abgehalten. Am Pfingstmontag findet auf dem nahe gelegenen Polsterberg das Polsterbergtreffen statt, bei dem alte Harzer Bräuche und Trachten vorgeführt werden.
Kurgeschäftsstelle, 3396 Altenau, Tel. 05328/80222

Wolfenbüttel Ehemalige Residenz- und Festungsstadt in der fruchtbaren Braunschweig-Hildesheimer Börde.
Sehenswert der Schloßbezirk mit dem herzoglichen Schloß, die fürstliche Residenzstadt um den Stadtmarkt mit mehr als 600 gut erhaltenen Fachwerkhäusern und nicht zuletzt das neue Bibliotheksquartier mit der einzigartigen Herzog-August-Bibliothek (Öffnungszeiten der musealen Bereiche der Bibliothek: täglich 10–17 Uhr).
Verkehrsverein, Am Stadtmarkt 9, 3340 Wolfenbüttel, Tel. 05331/27593

Braunschweig Stadt Heinrichs des Löwen, Industrie- und Universitätsstadt.
In der Altstadt, die von der Oker umschlossen ist, sind um die mittelalterlichen Kirchen mehrere Traditionsinseln erhalten geblieben, so der Burgplatz mit der Burg Dankwarderode und dem Dom. Vielseitig ist das Angebot von Museen: Es reicht vom Herzog-Anton-Ulrich-Museum mit einer bedeutenden Gemäldegalerie (Öffnungszeiten: Di–So 10–17 Uhr) bis zum Museum für Mechanische Musik (Öffnungszeiten und Führungen nach Vereinbarung).
Wassersportler können auf dem rund 22 ha großen Südsee am Stadtrand surfen und segeln, aber nicht baden.
Städt. Verkehrsverein, Büro am Hauptbahnhof, 3300 Braunschweig, Tel. 0531/79237

Die Gänseliesel, die den Marktbrunnen in Göttingen ziert, ist um 1900 entstanden. Auch heute noch erfreut sie sich großer Beliebtheit.

Örtze

Hermannsburg Erholungsort am Rand des Naturparks Südheide.
Von Hermannsburg aus kann man organisierte Paddeltouren und Flußwanderungen auf der Örtze unternehmen. Sie dauern je nach Streckenlänge und Geschick zwischen 2 und 6 Stunden. Kombinierte Paddel- und Fahrradtouren sind ebenfalls möglich.
Reisebüro Espe, 3102 Hermannsburg, Tel. 05052/3387

Leine

Friedland Entstanden aus dem Zusammenschluß von 14 Orten am südlichen Ende des Leinetalgrabens, bekannt als Übergangslager für Spätheimkehrer und Umsiedler aus dem Osten.
Im Ortsteil Mollenfelde bietet das Europäische Brotmuseum einen interessanten Überblick über die Geschichte des Brots in fünf Jahrtausenden und über seine Bedeutung in Brauchtum und Kultur. Im alten Steinbackofen wird Brot gebacken (Öffnungszeiten: werktags 10–16.30, sonn- und feiertags 10–17.30 Uhr).
Europäisches Brotmuseum, 3403 Friedland/Mollenfelde, Tel. 05504/580

Göttingen Alte Universitätsstadt und kulturelles Zentrum Südniedersachsens.
Einen Bummel durch den mittelalterlichen Stadtkern mit seinen drei großen gotischen Kirchen und zahlreichen Fachwerkhäusern sollte man am Gänseliesel-brunnen auf dem Marktplatz beginnen. Die Gänseliesel ist das Wahrzeichen der Stadt und zugleich das meistgeküßte Mädchen Deutschlands. Jeder frischgebackene Doktor gibt ihm nach altem Brauch einen Dankeskuß. Jeden Mi und Sa finden kostenlose Stadtführungen für Einzelreisende statt. Treffpunkt: 15 Uhr am Gänseliesel-brunnen.
Fremdenverkehrsverein, Am Alten Rathaus, Markt 9, 3400 Göttingen, Tel. 0551/54000

Hannover Niedersächsische Landeshauptstadt und ehemalige Residenzstadt.
Hannover bietet neben zahlreichen Sehenswürdigkeiten das bedeutendste Beispiel barocker Gartenbaukunst in Deutschland: die Herrenhäuser Königsgärten. Die etwa 50 ha großen Gartenanlagen besitzen die höchste Gartenfontäne (67 m) und das älteste Gartentheater der Bundesrepublik Deutschland.
Wassersportler und Badelustige finden am anderen Ende der Stadt, auf und im Maschsee, ein weites Betätigungsfeld. Sie können dort baden, segeln und surfen, mit dem Motorschiff Ausflüge unternehmen und – einmal im Jahr (meist Mitte Mai) – dem internationalen ADAC-Motorboot-Rennen zuschauen.
Incoming Service Hannover, Friedrichswall 5, 3000 Hannover, Tel. 0511/1682839

Der mit Vasen und Statuen geschmückte Große Garten in Hannover-Herrenhausen ist streng geometrisch angelegt.

Rhume

Northeim Historische Stadt mit gut erhaltenem mittelalterlichem Stadtkern an der Einmündung des Rhumetals in den Leinetalgraben.
Eine Attraktion für Wassersportler ist das verkehrsgünstig an der Abfahrt Northeim-Nord der A 7 gelegene Erholungsgebiet „Northeimer Seenplatte". Auf den ehemaligen Baggerseen kann man surfen und segeln. Am Rhumekanal werden im Sommerhalbjahr (Mo–Fr 15–18 Uhr, Sa und So 10–18 Uhr) Ruder- und Paddelboote vermietet.
Fremdenverkehrsverein, Am Münster 30, 3410 Northeim, Tel. 05551/63650

Innerste

Clausthal-Zellerfeld Heilklimatischer Kurort, Wintersportgebiet und Universitätsstadt, auf der Harzhochfläche zwischen zahlreichen Teichen gelegen.
Die Doppelstadt weist als besondere Attraktionen auf: die Marktkirche Zum Heiligen Geist, die größte Holzkirche Deutschlands, das Oberharzer Bergwerks- und Heimatmuseum (geöffnet außer Mo täglich 9–13 und 14–17 Uhr) sowie die reichhaltige Mineraliensammlung der Technischen Universität (Öffnungszeiten: Mo 14–17, Di–Fr 9–12 Uhr).
Am 30. April wird in Clausthal-Zellerfeld wie in den anderen Harzorten auch nach altem Brauch das Walpurgisfest gefeiert. Auf den zahlreichen Seen um die Stadt kann man rudern. Berühmt ist das Schlittenhunderennen, das jedes Jahr im Februar stattfindet. Hier trifft sich die Elite der deutschen Schlittenhundegespanne. Die größten Gespanne werden von 16 Schlittenhunden gezogen.
Kurgeschäftsstelle, Bahnhofstraße, 3392 Clausthal-Zellerfeld, Tel. 05323/7024

Tukane sind verspielt und zutraulich. Man kann sie zusammen mit vielen anderen Arten im Vogelpark Walsrode beobachten.

Wildemann Luftkurort und Bergstadt im Engtal der Innerste.
Hier kann man im 19-Lachter-Stollen einen der alten Wasserlösungsstollen des Oberharzer Bergbaus besichtigen. Sie dienten dazu, die Grundwasserströme in den Bergbaugebieten zu sammeln und abzuleiten (Führungen täglich um 11, 14 und 15 Uhr).
Der Austrieb des geschmückten Viehs in Wildemann ist ebenfalls sehenswert. Er findet traditionsgemäß am Pfingstsonntag statt.
Im Winter können Skiläufer Pferdegespanne mieten und sich ziehen lassen.
Kurgeschäftsstelle, 3391 Wildemann, Tel. 05323/6111

Böhme

Walsrode Luftkurort in waldreicher Umgebung am rechten Ufer der Böhme.
Der Vogelpark Walsrode am nördlichen Stadtrand mit mehreren tausend Vögeln (insgesamt über 900 Arten) gilt als der größte Vogelpark der Erde (Öffnungszeiten: von Mitte März bis Ende Oktober täglich 9–19 Uhr, im Winter bis Einbruch der Dunkelheit).
Vogelpark Walsrode, Am Rieselbach, 3030 Walsrode, Tel. 05161/2015

Die Elbe

Die Elbe im Überblick

Reger Schiffsverkehr herrscht auf der Unterelbe. Ozeanriesen und Containerschiffe (Bild) laden und entladen ihre Fracht im Welthafen Hamburg.

Der Fluß in Zahlen

Länge: 1165 km, davon 566 km in der DDR, 262 km in der Bundesrepublik Deutschland.
Breite: In Sachsen durchschnittlich 100 m, bei Wittenberge 225 m, oberhalb von Hamburg 300 m.
Der Mündungstrichter erweitert sich von 2,5 km bei Blankenese auf 15 km bei Cuxhaven.
Einzugsbereich: 144 055 km², davon 17 851 km² auf bundesdeutschem Gebiet (einschließlich West-Berlin).
Wasserführung: Vor dem Zufluß der Moldau 100 m³/s, bei Dresden 320 m³/s, bei Geesthacht 700 m³/s.

Landschaft

Die Elbe entspringt an der Südflanke des Riesengebirgskamms in 1386 m ü. M. Durch ein enges Tal strömt sie rasch ins Böhmische Flachland hinab, das sie in einem weiten Bogen durchquert. Durch das Böhmische Mittelgebirge und das Elbsandsteingebirge fließt sie in einem tief eingeschnittenen Tal. Daran schließt sich die Dresdner Talweitung an. Das letzte Hindernis vor dem Eintritt ins Norddeutsche Tiefland ist das Meißener Granitmassiv. Die Elbe überwindet es in einem 80 m tiefen Steiltal und kehrt sich dann im Verlauf des Breslau-Magdeburger Urstromtals nach Westen. Unterhalb der Saalemündung quert sie im hügeligen Fläming die Ablagerungen eiszeitlicher Gletscher. Die letzte Wendung vollzieht sie unterhalb der Havelmündung: In der weiten Niederung des Warschau-Berliner Urstromtals geht es der Nordsee zu. Flußmarschen begleiten den 100 km langen Mündungstrichter.

Natur

Eine eigenartige Pflanzenwelt hat sich in den feuchtkühlen Schluchten des Elbsandsteingebirges erhalten. Im üppigen Laubmischwald trifft man sogar ein Relikt aus der Eiszeit an: den Sumpfporst, der wegen seiner weißen Blüten den Beinamen Sächsisches Edelweiß erhielt.
In den ebenen Urstromtalabschnitten der Elbe gibt es noch viele Altarme und Sumpfgebiete mit einer artenreichen Tier- und Pflanzenwelt. An einem alten Elbarm bei Magdeburg leben sogar Biber.
Eine einmalige Landschaft trifft man stellenweise noch im Wendland an. In den Überschwemmungsniederungen der Elbe und kleinerer Nebenflüsse rasten Zugvögel wie Zwergschwäne, Spießenten und Graugänse, und es brüten hier sogar noch einige sorgfältig gehütete Kranichpaare.

Geschichte

Die Elbe galt bis ins Mittelalter als Grenzfluß zu den von slawischen Völkern besiedelten Gebieten im Osten. Unter den Sachsenkaisern gewann das Gebiet an der mittleren Elbe um Magdeburg immer mehr an Bedeutung. Später verlagerte sich das Machtzentrum nach Dresden.
Nach 1945 wurde die Elbe auf dem 93 km langen Abschnitt zwischen Schnakkenburg und Lauenburg zur einschneidenden Grenze.

Siedlungen

Viele Elbstädte sind aus Burganlagen oder Festungen hervorgegangen, die an günstigen Übergängen lagen. So entstanden unter anderem Magdeburg, Wittenberg oder Dresden.
Hamburg, die größte Elbstadt, ging aus einer Fluchtburg der Sachsen hervor, der „Hammaburg“. Sie lag auf dem Geestvorsprung zwischen Elbe und Alster.
Kleinere Städte wie Stade oder Harburg entwickelten sich um Grenzburgen, andere dort, wo Flüsse aus der höheren Geestlandschaft in die Niederung übertreten und Mühlen betrieben werden konnten.
Ländliche Siedlungen liegen als Straßendörfer an alten Flußdeichen aufgereiht oder am Rand der Geest. Zum typischen Bild des Wendlands gehören Rundlinge, die an leicht erhöhten Stellen in der Niederung gegründet wurden.

Schiffahrt

Die Elbe stellt eine Verbindung zwischen dem Überseehafen Hamburg und den Industriezentren Mitteldeutschlands her.
Für die DDR ist die Elbe der wichtigste Wasserweg. Kanäle und größere Nebenflüsse verbinden sie mit den Industriezentren im Süden, mit Berlin und der Oder.
Der Mittellandkanal kommt als stromübergreifende Querspange hinzu.
Auch die Tschechoslowakei wickelt einen beachtlichen Teil ihres Außenhandels über die Elbe ab, die ihr den Zugang zur Nordsee öffnet.
Hamburg konnte seinen Rang als Welthafen bis heute behaupten. Allerdings leidet es unter den Nachteilen der innerdeutschen Grenze.

Wirtschaft

Der hohe Grundwasserstand schränkt die landwirtschaftliche Nutzung in den flachen Niederungen der Urstromtäler erheblich ein. Wiesen und Weiden bestimmen dort das Bild.
An den Hängen der klimatisch begünstigten Dresdner Elbtalweitung und im Böhmischen Becken wird Wein angebaut. Gärtnereien, Gemüse- und Obstbau gesellen sich als ertragreiche Intensivkulturen hinzu.
Auch die fruchtbaren Elbmarschen vor den Toren Hamburgs – Altes Land und Vierlande – haben als Obst- bzw. Gemüseanbaugebiet einen Namen.
Das überragende Industriezentrum an der Elbe ist Hamburg. Große Werften, Raffinerien, Aluminium- und Kupferhütten sowie Zigarettenfabriken sind die wichtigsten hafenbezogenen Industriebetriebe.

Magdeburg, der größte Binnenhafen der DDR, hat auch bedeutende Industrien vorzuweisen. Im Süden ist Dresden das herausragende Wirtschaftszentrum an der Elbe.

Tourismus

Die Elbe hat eine der traditionsreichsten Fremdenverkehrslandschaften mitgeprägt: die Sächsische Schweiz, wie die in Felstürme und Tafelberge gegliederte grandiose Landschaft des Elbsandsteingebirges genannt wird. Für die Dresdener ist es überdies das wichtigste Naherholungsgebiet.
In der Bundesrepublik bietet das abgeschiedene Wendland für Naturfreunde und Ruhebedürftige ideale Erholungsmöglichkeiten. Der Fremdenverkehr ist dort noch wenig entwickelt. Eines der ältesten Nordseebäder ist Cuxhaven an der Elbmündung.

Ein Fluß auf krummer Tour

Ein unscheinbares Torfmoor im tschechoslowakischen Riesengebirge ist das Quellgebiet des zweitgrößten deutschen Stroms, der dort Labe heißt. Auf ihrem Weg durch Böhmen vollzieht die Elbe einen bemerkenswerten Richtungswandel. In einem weiten Bogen kehrt sie sich von Süden nach Norden.

Die Karlsbrücke verbindet die Prager Altstadt mit der Kleinseite am linken Moldauufer. Ihren einzigartigen Reiz verdankt sie den 30 Brückenheiligen, größtenteils aus der Hand berühmter Barockkünstler.

In luftigen 1386 m Höhe liegt der Elbursprung. Als Tourist steuert man am besten den bekannten Fremdenverkehrsort **Spindlermühle** (Špindlerův Mlýn) an. Von hier aus führt ein Sessellift zum 1235 m hohen Schlüsselberg (Medvedin). Er ist der Ausgangspunkt für eine etwa 2½stündige Wanderung auf einem bequem begehbaren, ausgeschilderten Weg zur Elbfallbaude (Labska bouda). Unterhalb dieser bewirtschafteten Hütte stürzt die noch wilde Elbe eindrucksvoll in die Tiefe.

Wer einen anstrengenden Anstieg nicht scheut, kann auch zu Fuß von Spindlermühle losgehen. Ein 18 km langer Naturlehrpfad überwindet die 660 m Höhenunterschied bis zum Gipfel der oberhalb der Elbquelle aufragenden Kesselkoppe (Kotel).

Rasch durchströmt die junge Elbe den waldreichen Talgrund. Unterhalb von dem nur noch 484 m hoch gelegenen Ort **Hohenelbe** (Vrchlabí) weitet sich das Tal: Die Elbe hat das nordböhmische Flachland erreicht. In **Königgrätz** (Hradec Králové) mündet der erste große Zufluß ein: die ***Adler*** (Orlice). 20 km flußabwärts wendet sich die Elbe scharf nach Westen. Sie verläßt die fruchtbare Niederung und passiert die bewaldeten Anhöhen des bis zu 700 m hohen Eisengebirges (Železné hory).

Ganz allmählich kehrt sich der Fluß nun in nördliche Richtung. Bei der Doppelstadt **Brandeis-Altbunzlau** (Brandýs-Stará Boleslav) kommt er der Hauptstadt Prag am nächsten. Die beiden Kleinstädtchen warten mit historischen Bauten und einem künstlich angelegten Freizeitsee am rechten Elbufer auf.

Bald darauf entdeckt der Besucher an den rechten Elbhängen um die Stadt **Melnik** (Mělník) Weinreben. Kein Geringerer als Kaiser Karl IV. brachte im 14. Jh. den Weinbau nach Böhmen – die ersten Pflanzen stammen vom Rhein und aus Burgund.

Ein Tal wurde zum See

▷ ***Moldau*** Bei Melnik auch vereinigt sich die Elbe mit der weit größeren Moldau (Vltava). Ihr 435 km langer Lauf entspringt im Böhmerwald, nur wenige hundert Meter hinter der deutschen Grenze, jenseits von Finsterau. Der Fluß strömt zunächst nach Südosten und weitet sich schon bald zum Stausee von Lipno. Auf einer Länge von 43 km hat man das Tal geflutet. Bis zu 16 km mißt der bei Ausflüglern und Feriengästen beliebte See in der Breite. Natürlich dient die Talsperre aber in erster Linie der Stromerzeugung.

Wenige Kilometer unterhalb der Staumauer wendet sich die Moldau scharf nach Norden und erreicht dann **Budweis** (České Budějovice), die Stadt mit einem der größten, von Laubengängen malerisch eingerahmten Marktplätze Europas.

Bis Prag schnüren steile Hänge den Talraum ein. Es war ein leichtes, den Fluß aufzustauen: In den 50er Jahren hat man die Moldau in eine Kette von Stauseen umgewandelt.

Prag, die Goldene Stadt, ist mit der Moldau untrennbar verwachsen. 13 Brücken verbinden die Prager Moldauufer. Zwischen der Brücke des 1. Mai und der Brücke Svatopluká Čecha vereinen sich der Hradschin, die Altstadt und die Karlsbrücke mit ihren Heiligenstatuen zum geläufigsten aller Prag-Panoramen. Wer keine Zeit für eine Bootsfahrt auf der Moldau hat, kann den beeindruckendsten Pragblick vom Smetanakai aus genießen.

Links: Am Zusammenfluß von Elbe und Moldau erhebt sich das Kloster von Melnik über dem rebbestandenen Steilufer. Der böhmische Weinbau hat eine lange Geschichte.

Oben: Bei Leitmeritz verengt sich das Tal der Elbe: In großen Windungen bahnt sich der Fluß seinen Weg durch das Böhmische Mittelgebirge.

Prag setzt den Höhepunkt und leitet zugleich zum Ausklang über: Das letzte Moldaustück kann man im Sommer auf einem der Ausflugsschiffe erleben. 36 km sind es bis zur Einmündung des Nebenflusses, dem die Elbe mehr Wasser verdankt, als sie selbst mitbringt. ◁

Die weite Elbniederung macht unterhalb der Moldaumündung einer anderen Landschaft Platz. Die Höhenzüge Nordböhmens rücken heran und verengen das Tal.

Verstärkung aus Deutschland

▷ ***Eger*** Gegenüber von **Leitmeritz** (Litoměřice) nimmt die Elbe einen weiteren recht ansehnlichen Fluß auf: die Eger (Ohře). Sie entspringt im deutschen Fichtelgebirge, nicht weit von **Weißenstadt.** Ab **Markt Leuthen** windet sie sich durch ein enges, urwüchsiges Waldtal. Stauweiher, Mühlen, kleine Kraftwerke unterbrechen den rasch strömenden Flußlauf. Der lohnende Eger-Wanderweg folgt dem 12 km langen Abschnitt bis zur Grenze bei **Schirnding.** Jenseits der Grenze ist der Fluß bis zur Stadt **Eger** (Cheb) zur 8 km langen Talsperre von Stein aufgestaut. Durch das Braunkohlerevier von **Falkenau** (Sokolov) strömt er weiter nordostwärts. **Karlsbad** (Karlovy Vary), der weltberühmte Kurort, ist sicher der Höhepunkt an der Eger.

Bei **Saaz** (Žatec) wird die Landschaft flacher. Hopfenanlagen begleiten die Eger bis **Laun** (Louny). Kurz vor der Mündung in die Elbe durchfließt die Eger **Theresienstadt** (Terezín), dessen Name untrennbar mit der Erinnerung an die Greuel des Konzentrationslagers verbunden ist. ◁

Das letzte Stück Elbe in Böhmen ist zugleich das reizvollste. Abgetragene Vulkankegel und bizarre Felsgebilde ragen beiderseits der bewaldeten Talflanken auf. Für Siedlungen läßt das enge Durchbruchstal kaum Platz. Eine Ausnahme macht die Stadt **Aussig** (Ústí nad Labem). Über der Stadt thront die Burg Schreckenstein auf dem gleichnamigen Felsen, die Ludwig Richter mit der „Überfahrt am Schreckenstein" stimmungsvoll verewigt hat.

Tetschen (Děčín) markiert den Übergang vom Böhmischen Mittelgebirge zum Elbsandsteingebirge. Pittoreske Felsgebilde prägen die Landschaft, die den Beinamen Böhmische Schweiz erhielt. In einer engen Schlucht durchbricht die Elbe dieses Gebirgsmassiv. **Herrnskretschen** (Hřensko) ist der Grenzort zur DDR.

Die Sinfonie eines Flusses

Es gibt keinen zweiten Fluß in Europa, der in so unvergleichlicher Weise musikalisch gewürdigt wurde wie die Moldau. Friedrich Smetana (1824–1884) komponierte zwischen 1874 und 1879 sechs sinfonische Dichtungen, denen er den Obertitel „Mein Vaterland" gab. Aus diesem Werk ist die zweite Sinfonie, die „Moldau", die wohl bekannteste. Die Musik fängt den Fluß von der sprudelnden Quelle bis zum mächtigen Strom überaus einfühlsam ein. Wer hinhört, wird ein wahrhaft schillerndes Bild der Flußlandschaft erleben, poetisch und dramatisch zugleich.

Was Smetana festgehalten hat, ist jedoch die Moldau seiner Zeit. Stauseen und Flußregulierungen haben den Fluß inzwischen so verändert, daß er sich heute aus der Musik kaum mehr deuten läßt. Die „Moldau" ist damit zu mehr als einem großartigen Tongemälde geworden. Sie ist auch ein nostalgisches Dokument.

Die vielen Gesichter Sachsens

Landschaftliche Dramatik gibt es zum Auftakt der 566 km langen Elbstrecke in der DDR: Die Sächsische Schweiz mit ihren bizarren Felstürmen aus Sandstein hat sich dem Fluß in den Weg gestellt. Doch dann weicht die Natur der Kultur. Die Elbreise gerät zur Rückblende in die Blütezeit Sachsens.

Schmilka heißt der kleine Grenzort auf DDR-Seite. Hier beginnt der als Sächsische Schweiz apostrophierte Teil des Elbsandsteingebirges. Ihre Einzigartigkeit verdankt diese Landschaft den Flüssen und Bächen – unter ihnen auch die Elbe –, die das ursprüngliche Plateau in ein Mosaik aus Felstürmen und Tafelbergen zerlegt haben. Ein herrlicher Rundblick bietet sich von der Berggaststätte auf der 544 m hohen Basaltkuppe des Großen Winterbergs. Die Auffahrt ab Schmilka ist ausgeschildert.

Die Straße nach Bad Schandau (F 172) hält sich dicht am rechten Elbufer. Am geruhsamsten und eindrucksvollsten genießt man die Tallandschaft jedoch vom Ausflugsschiff aus (siehe Kasten auf Seite 416).

Über 1000 Felstürme machen die Sächsische Schweiz zu einem Eldorado des Klettersports. Auf der rechten Elbseite sind das

Heute gehört sie zu den beliebtesten Ausflugszielen der Sächsischen Schweiz – einst war sie ein berüchtigtes Gefängnis: die Festung Königstein. Ausgebaut wurde sie im 16. und 17. Jh. auf Geheiß des sächsischen Königs – zuvor befand sich nur eine Burg auf dem Sandsteinplateau. 250 m tiefer windet sich die Elbe durch die Berge. Zu Füßen des Festungsbergs liegt das Städtchen Königstein eingeklemmt in der schmalen Talniederung.

Am eindrucksvollsten erlebt man die Sächsische Schweiz auf einem Schaufelraddampfer der Weißen Flotte. Auch Camper schätzen die grünen Ufer.

Die Elbe zeigt sich in Sachsen *von ihrer abwechslungsreichsten Seite. Landschaftliche Höhepunkte, altehrwürdige Städte, mächtige Festungen und prächtige Schlösser verschmelzen zu einer einzigartigen Kulisse. Für diese Etappe sollte man sich deshalb unbedingt Zeit und Muße nehmen: 5 Tage sind das Minimum. Wer sich allerdings den Kunstschätzen Dresdens ausführlicher widmen will, wird mehr Zeit einplanen müssen.*

Das ehemalige Lustschloß Pillnitz bei Dresden öffnet sich mit seiner Schauseite zur Elbe hin. Die Treppenstufen führen aus dem Wasser geradewegs auf das Wasserpalais zu, hinter dem sich eine barocke Parkanlage mit verspielten Pavillons erstreckt.

vor allem die Schrammsteine, die 150 m hoch schroff über die Hochfläche aufragen. Wie spitze Finger wirken sie von der Elbuferstraße aus.

Auf den Spuren der Flößer

Aus den Steinbrüchen von **Bad Schandau** stammt ein guter Teil des Materials, aus dem die bekannten Bauwerke Dresdens erbaut wurden. Seit 1907 schon sind sie stillgelegt. Der Ort selbst ist ein vielbesuchtes Fremdenverkehrs- und Kurzentrum. Die Heilquelle entspringt im wildromantischen Tal der ***Kirnitzsch.*** Bis zum 8 km talaufwärts gelegenen Lichtenhainer Wasserfall führt eine elektrische Straßenbahn – ein Abstecher, den man sich keinesfalls entgehen lassen sollte. Wer Interesse an der Flößerei hat, kommt auf dem Lehrpfad „Flößersteig" auf seine Kosten. 92 Tafeln informieren über den ehemaligen Haupterwerbszweig der Schandauer. Auch er endet am Lichtenhainer Wasserfall.

Und noch eine Besonderheit hat Bad Schandau zu bieten: Ein Personenaufzug transportiert den, der sich an einer wirklich herrlichen Aussicht erfreuen will, 50 m höher – hinauf zum „Rundschaugebiet Ostrau-Schrammstein".

Die neue Elbbrücke nutzt man zum Wechsel ans linke Ufer. Auf der Straße F 172 geht es weiter in Richtung Pirna. Sie folgt dem ersten, tief eingeschnittenen Flußbogen, weicht aber dann auf die Höhe aus und läßt die zweite, nach Osten ausscherende Schleife rechts liegen. Wer diesen überaus reizvollen Stromabschnitt wirklich miterleben will, ist aufs Schiff angewiesen.

Doch auch mit dem Auto gelangt man an ein spektakuläres Ziel: die gewaltige Sachsenfestung **Königstein,** das meistbesuchte Touristenziel der Sächsischen Schweiz. Der Blick über schwindelerregende Abgründe, über das Elbtal hinüber zu den Felstürmen der Bastei ist unvergeßlich. Beim Festungsrundgang wird man immer wieder daran erinnert, daß hier über Jahrhunderte hinweg Gefangene in Gewahrsam gehalten wurden.

Hinter Königstein zweigt eine Stichstraße zum **Kurort Rathen** an der Elbe ab. Er liegt allerdings auf dem rechten Elbufer. Das Auto bleibt stehen – nur eine Personenfähre überquert den Fluß. Ab Rathen geht es auf einem ausgeschilderten Fußpfad steil aufwärts zur Bastei. Eine knappe Stunde dauert der Aufstieg zu der großartigen Aussichtsplattform am Ende eines Felsvorsprungs, der 200 m senkrecht über dem Tal aufragt. Auch eine malerische Felsennaturbühne hat Rathen zu bieten.

Mit der Stadt **Pirna,** dem „Tor zur Sächsischen Schweiz", verändert das Elbtal sein Gesicht. Industriebauten und eintönige Wohnsiedlungen reihen sich bandartig am

Die Sächsische Schweiz

Offiziell heißt diese 360 km² große Felsenlandschaft Elbsandsteingebirge, doch weitaus bekannter ist sie als Sächsische Schweiz. Ihre Entstehungsgeschichte reicht bis in die Kreidezeit vor über 80 Millionen Jahren zurück, als mächtige Sandschichten am Grund eines Meeres abgelagert wurden. Sie verbackten zu einer Sandsteintafel, die allmählich emporgehoben wurde. Die Gewässer haben sich tief in diese Tafel eingeschnitten und sie so in Felstürme und Tafelberge aufgelöst.

Bereits in der Mitte des 19. Jh. begann die touristische Erschließung der Sächsischen Schweiz. Wie im Schwarzwald legte man schon früh ein Wegenetz für die Wanderer an. An über 900 Einzelfelsen üben sich die Steilwandkletterer. Seit 1956 ist das Gebiet unter Landschaftsschutz gestellt.

Ufer auf. Davon hebt sich der Pirnaer Marktplatz mit seinem frei stehenden Rathaus und den umgebenden Bürgerhäusern wohltuend ab.
Auch machen die Höhenzüge jetzt einer anderen Landschaft Platz: der Dresdener Elbtalweitung. Auf eine Länge von 44 km zieht sie sich bis Meißen am Strom entlang. Gärten, Gemüsefelder, Obstanlagen und Weinberge durchsetzen die dichtbesiedelte Talniederung, profitieren vom milden Klima dieser Gegend.
Wieder ist ein Uferwechsel angesagt, diesmal über eine Steinbrücke. Nach 8 km Fahrstrecke Richtung Dresden gibt es Anlaß zu einem Halt. Ein Vorbote der reichen Dresdener Architektur- und Kunstlandschaft lädt zu einer Zwischenrast: **Schloß Pillnitz.** August der Starke ließ sich den Prunkbau von seinem Baumeister Pöppelmann zwischen 1720 und 1723 errichten. Die ausgedehnte Anlage vereint die verschiedensten Spielarten barocker Bau- und Gartenbaukunst. Pavillons, Tempel und Orangerie zieren die Parkanlagen. Auch eine fürstliche Gondel aus dem 19. Jh. kann man bewundern. Bemerkenswert ist das Wasserpalais, dessen Treppenstufen in die Elbe hineinführen.

Zwei Seilbahnen zur Auswahl

Die südlichen Vororte der Elbmetropole haben ihren eigenen Reiz, der nicht zuletzt aus ihrer harmonischen Einbettung in die weite Tallandschaft erwächst. Nicht nur das „Blaue Wunder", eine stählerne Hängebrücke zwischen **Blasewitz** und **Loschwitz** aus dem Jahr 1893, verbindet die Elbufer – das tun auch fünf Fähren, darunter eine Autofähre.
Ehemalige Weinberge, auf denen sich nun Buschwerk und Bäume ausbreiten, beherrschen die Höhen über Dresden-Loschwitz. Dort oben erwarten zwei Aussichtspunkte den Besucher, bei den Dresdnern seit eh und je beliebte Ausflugsziele. Zwei Seilbahnen führen bereits seit Ende des 19. Jh. hinauf. Das ist einmal die älteste Schwebeseilbahn der Welt, die von der Pillnitzer Landstraße aus startet. 84 m Höhenunterschied überwindet sie bis zur Aussichtsterrasse über dem Elbtal. Wer oben einkehren will, sollte die Standseilbahn benutzen. Sie führt vom Körnerplatz zu der bekannten Aussichtsgaststätte Luisenhof, von der aus der Blick über das ganze Stadtpanorama Dresdens schweift.
Das Schicksal von **Dresden** schien besiegelt, als die unvergleichbare Stadtanlage mit allen ihren Baudenkmälern im Februar 1945 im Bombenhagel unterging. Inzwischen erstrahlt sie in neuem Glanz, wenn

Links: August dem Starken (1670–1733) verdankt Dresden die meisten baulichen Höhepunkte. Mit dem „Goldenen Reiter" wurde dem König 1736 auf dem Neustädter Markt ein würdiges Denkmal gesetzt.

Oben: Oberhalb der 1740 als Lustgarten angelegten Brühlschen Terrasse erheben sich berühmte Bauten: die Hochschule für Bildende Künste (links) und die Katholische Hofkirche, im Hintergrund die Semperoper.

auch die Restaurierungsarbeiten – so etwa am Schloß – noch lange nicht abgeschlossen sind.
Kein anderer Punkt der Stadt ist so eng mit dem Wellenschlag der Elbe verbunden wie die Brühlsche Terrasse. 930 m lang zieht sich der „Balkon Europas" oberhalb des Elbufers entlang. Unmittelbar davor legen die Schiffe der Weißen Flotte an. Prächtige Barockbauten umgeben den einstigen Lustgarten des sächsischen Ministers Graf Heinrich von Brühl. Es gibt wenige Stadtansichten, die ähnlich geschlossen wirken wie die Elbfront zwischen Brühlscher Terrasse und Semperoper.
Fünf Brücken überspannen den Elbbogen im Herzen der Stadt. Die zentrale Augustusbrücke, die von der sogenannten Neustadt auf das Schloß zuläuft, heißt heute Georgij-Dimitroff-Brücke. Erstmals erwähnt wurde sie 1275. An ihrem Landpfeiler befindet sich die Meßskala für den Elbpegel. Der Normalpegel liegt bei 105,7 m über NN.
Das 120 m breite Strombett der Elbe ist im Stadtbereich ausgemauert. Bei Hochwasser tritt es mitunter bis zu einer Breite von 300 m über die Ufer. Die Fahrrinne für die Schiffahrt mißt lediglich 40 m. Ein winziges, nur 26 km langes Flüßchen bereitet der Schiffahrt immer wieder Probleme: die

Prießnitz. Rasch strömt sie vom Waldgebiet der Dresdener Heide in die Neustadt hinab, wo sie in die Elbe mündet. Ihre Sandfracht breitet sich im Mündungsbereich aus, der ab und zu ausgebaggert werden muß, damit die Fahrrinne frei bleibt.
Dresden besitzt freilich auch einen Hafen, gegründet gegen Ende des 19. Jh. Der Güterumschlag in dem 15 ha großen Hafenbecken ist jedoch nur bescheiden.

1000 Jahre Weinbau in der Lößnitz

Übigau ist der letzte Stadtteil Dresdens, den man durchfährt. 5 km sind es bis **Radebeul,** dem nächsten Etappenort am rechten Elbufer. Wenn man unter dem 500 m langen stählernen Autobahnviadukt hindurchgefahren ist, hat man den als Wohnsitz von Karl May berühmt gewordenen Ort bereits erreicht. Auffallend sind die mächtigen Hochspannungsleitungen, die hier die Elbe überspannen. Sie laufen auf das 1930 in Betrieb genommene Pumpspeicherwerk von **Niederwartha** zu. In der Nacht wird Elbwasser durch eine Rohrleitung zu einem 143 m höher gelegenen Becken gepumpt. Wenn der Strombedarf am höchsten ist, läßt man das Speicherwasser auf die Turbinen des Kraftwerks herabstürzen.
Das herausragende Aushängeschild dieses Elbabschnitts ist sicher der Weinbau. Die Reben gedeihen auf den sanften Hängen der Lößnitz, die sich ab Radebeul die Elbniederung entlangziehen. Der sächsische Weinbau rühmt sich einer 1000jährigen Tradition. Gemessen an der einstigen Ausdehnung der Rebflächen, nehmen sich die heutigen Anbauinseln bei Radebeul und Meißen bescheiden aus. Tradition spricht auch aus den Renaissance- und Barockbauten der Weingüter, unter ihnen Schloß Hoflößnitz und das Bennoschlößchen aus der ersten Hälfte des 17. Jh. Beide stehen im Radebeuler Stadtteil **Oberlößnitz.** Auch die zweitälteste Sektkellerei Deutschlands namens „Bussard" hat hier ihren Sitz. Gegründet wurde sie 1836.
Weinberge und Hausfassaden, an denen alte Rebstöcke emporranken, säumen die Straße nach Meißen. 6 km davor zweigt ein Sträßchen zur Elbe ab. **Scharfenberg** – am anderen Ufer gelegen – ist das Ziel. Eine Personenfähre führt hinüber. Ansehen sollte man sich die restaurierte Burgruine aus dem 13. Jh.
Auf der rechten Elbseite tauchen jetzt die Granitrücken des Spaargebirges auf. Die rebbestandenen Hänge drängen die Straße dicht an den Fluß. Den Weißwein aus dieser Gegend kostet man natürlich vor Ort, am besten in einer der traditionsreichen Meißener Weinstuben.
Meißen liegt zu Füßen der 40 m über dem Elbtal gelegenen Albrechtsburg. Dem spätgotischen Bau aus dem 15. Jh. ging eine Festung voraus, die König Heinrich I. im Jahr 928 gegründet hatte. Sie wurde zur Keimzelle des späteren Sachsen. Im 16. Jh.

Die Weiße Flotte

Ab Dresden verkehrt die Weiße Flotte nach einem festen Fahrplan. Saison: elbaufwärts Mitte April bis Oktober, elbabwärts Mitte Mai bis Ende September.

Fahrtziele Besonders empfehlenswert ist die Fahrt durch die Sächsische Schweiz nach Schmilka. 9 Orte werden angelaufen.

Fahrtdauer Hin und zurück 10 Stunden (einfache Fahrt 50 km). Die Reise kann bis Tetschen oder Aussig verlängert werden, doch müssen die Grenzformalitäten für die Tschechoslowakei vorher geregelt werden.

Fahrtziele Flußabwärts werden elf Stationen angelaufen. Endpunkt: Riesa.

Fahrtdauer Hinfahrt 4 Stunden, Rückfahrt 6 Stunden. Beliebt sind die kürzeren Fahrten bis Meißen, für die insgesamt rund 5 Stunden zu veranschlagen sind. Im Sommer sind zusätzlich Kaffee- und Abendfahrten mit Unterhaltung im Programm.

Auskunft VEB Fahrgastschiffahrt, Terrassenufer 2, DDR-8010 Dresden, Tel. 00 37 51/8 72 41-4 44

Der Dresdener Stadtteil Loschwitz bietet Interessantes für die Freunde nostalgischer Verkehrsmittel: eine der ältesten Standseilbahnen Europas (1895). Mit ihr geht es hinauf auf die Elbhöhen mit der berühmten Gaststätte Luisenhof.

blühte die Tuchmacherei in Meißen. Der Dreißigjährige Krieg unterbrach die Aufwärtsentwicklung einschneidend. Erst 1710 begründete die Porzellanherstellung einen neuen Aufstieg. Die erste Manufaktur entstand übrigens in der Albrechtsburg. Heute konzentrieren sich die Meißener Industriebetriebe auf das rechte Elbufer. Eine Brücke bindet dieses Stadtviertel an die Altstadt an.

Oben: Die Rebhänge der Lößnitz bei Radebeul sind von herrschaftlichen Sommersitzen durchsetzt. Schloßähnlich wirkt die Anlage „Wackerbarths Ruhe" im Ortsteil Niederlößnitz.

Rechts: Fähren bieten über weite Strecken oft die einzige Möglichkeit zur Elbüberquerung. Wer sich nicht nach den Arbeitszeiten des Fährmanns richtet, muß einen Umweg in Kauf nehmen.

Kaum ein Ort ohne Fähre

Unterhalb von Meißen hat sich die Elbe tief ins Granitmassiv eingeschnitten. Bis **Zehren** folgt ihr auf der linken Uferseite die F6. Wer es eilig hat, muß dann vom Fluß Abschied nehmen – jedoch nur bis Riesa. Im anderen Fall gelangt man mit der Autofähre hinüber nach Klein-Zadel und fährt rechts der Elbe weiter. Übrigens kommen noch drei weitere Auto- und zwei Personenfähren bis Riesa.

Nieschütz, Diesbar und **Seußlitz** sind wieder Weinorte – die nördlichsten in Sachsen. Den Seußlitzer Wein findet man nicht nur in den Weingaststätten am Ort, sondern auch auf den Weinkarten vieler Interhotels in der ganzen DDR. Die Schiffe, die ab Meißen elbabwärts schippern, legen in diesen beliebten Ausflugsorten an.

Hinter **Leckwitz** hat die Elbe ihren Kampf mit den Bergen endgültig ausgestanden. Breit strömt sie ins Norddeutsche Tiefland ein. Der Blick richtet sich auf **Riesa** mit den qualmenden Schloten seiner Industriewerke. Zwischen **Nünchritz** und **Schänitz** überquert die letzte Autofähre vor der Stadt den Fluß. In Riesa kreuzen sich mehrere Fernbahnlinien und Straßen. Auch ein betriebsamer Hafen unterstreicht Riesas Bedeutung als Verkehrsknotenpunkt.

Von jetzt an strömt die Elbe in einer weiten, vielfach als Weideland genutzten Niederung. Deiche schützen das flache Land vor Überschwemmungen. Die bewachsenen Hügel, die ab und zu auftauchen, sind dünenartige Sandanwehungen aus der letzten Eiszeit. Die F182 verläuft linkselbisch, macht jetzt allerdings nicht mehr alle Flußwindungen mit, sondern kürzt sie ab und hält sich in sicherer Entfernung vom Fluß. In **Strehla** gibt es gleich zwei Fähren: eine nur für Personen und die andere auch für Fahrzeuge. Eindrucksvoll ist der 2m hohe Pfosten an der Abfahrtsstelle der Personenfähre, auf dem der Hochwasserstand von 1890 verzeichnet ist. Bis **Mühlberg,** das per Fähre zu erreichen ist, begleiten Deiche die F182. Dann kürzt die Straße eine Elbschleife ab und trifft erst wieder in **Belgern** (Fährort) auf den Fluß. 12km sind es dann noch bis Torgau.

Auf dem Marktplatz der Lutherstadt Wittenberg erinnert das Melanchthondenkmal an den zweiten großen Sohn der Stadt.

Philipp Melanchthon (1497–1560) trug entscheidend zur Verbreitung der Reformation bei.

In **Torgau** zieht das ufernah gelegene Renaissanceschloß Hartenfels (1483–1622) den Blick auf sich. Zuvor bewachte eine Burg aus dem 10. Jh. den von alters her historisch bedeutsamen Elbübergang. Aber auch die jüngste Geschichte bringt diese Stelle ins Spiel: Am 25. April 1945 trafen dort erstmals amerikanische und sowjetische Truppen zusammen. Ein Denkmal an der Elbpromenade erinnert an diesen Tag.

Bis **Dommitzsch** kürzt die Straße wieder die weiten Elbschlingen ab. Hier ist eine Fähre in Betrieb, die einen Abstecher zum jenseitigen **Prettin** und seinem Renaissanceschloß ermöglicht. An der nächsten Fähranlegestelle in **Pretzsch** lädt eine Gaststätte („Fährhaus") zur Einkehr. 3 km nach **Trebitz** zweigt ein Sträßchen zur Autofähre nach **Elster** ab.

Als Kanal durch eine Mondlandschaft

▷ ***Schwarze Elster*** Von der Fähre aus überblickt man eine enge Elbschleife, in die sich die 188 km lange Schwarze Elster ergießt. Die Straße flußaufwärts führt durch eine kaum von der Umgebung abgehobene, weite Talniederung mit vermoorten Wiesen und Kiefernforsten. Das Moorbad **Liebenwerda** mit seinen Parkanlagen am Elsterufer ist sicher einen Aufenthalt wert. Der anschließende Abschnitt zwischen **Lauchhammer** und **Hoyerswerda** bietet hingegen kaum Attraktionen. Der kanalisierte Fluß durchströmt das größte Braunkohlenrevier der DDR, das auf weiten Strecken einer Mondlandschaft gleicht.

Kamenz ist die namhafteste Stadt vor dem Flußursprung im Lausitzer Heideland. Gotthold Ephraim Lessing wurde hier 1729 geboren. Vom Aussichtsturm auf dem 294 m hohen Hutberg bietet sich ein herrlicher Rundblick über die Lausitz. ◁

In die **Lutherstadt Wittenberg** gelangt man über die Elbbrücke, die auf den unübersehbaren Turm der berühmten Schloßkirche zuführt. Im Mittelalter hatte die Stadt als Handelszentrum einen Namen. In der Zeit des Kurfürstentums Sachsen gründete Wittenberg seinen Wohlstand auf das Stapelrecht für alle Güter, die auf der Elbe transportiert wurden – und das waren beachtliche Mengen.

Unterhalb Wittenbergs windet sich die Elbe in langen Schlingen durch ein Talstück, das durch die eiszeitlichen Aufschüttungen des Flämings von Norden her eingeengt wurde. Den Höhepunkt dieses Abschnitts – **Wörlitz** – erreicht man über die F 187 Richtung Magdeburg, zweigt in Coswig ab und überwindet die Elbe wieder einmal per Fähre (verkehrt zwischen 7 und 20 Uhr). Einer der schönsten englischen Landschaftsparks lohnt den Abstecher. Nach Osten und Westen geht die 112 ha große Anlage unmerklich in die Auenlandschaft der Elbe über. Ihr Herzstück ist der ***Wörlitzer See*** (Ruderausflug!), der aus einem Altwasser der Elbe hervorgegangen ist. Ein Geflecht aus Kanälen und Weihern durchzieht das gesamte Parkgelände.

Dessau liegt an der Mündung der Mulde oberhalb der Elbaue.

Durch die Schluchten des Erzgebirges

▷ ***Mulde*** Die Mulde ist eigentlich ein eigenes kleines Gewässersystem. Ihr auf der Straße zu folgen ist vor allem am Unterlauf, wo sie sich durch eine weite Talniederung windet, nicht immer ganz leicht. Oberhalb **Grimma** teilt sich der Fluß, und man hat die Wahl zwischen den beiden jeweils über 100 km langen Quellflüssen, der Zwickauer und der Freiberger Mulde.

In der Kammregion des westlichen Erzgebirges entspringt die ***Zwickauer Mulde.*** Bis zu 300 m tief hat sie sich am Oberlauf in den Fels eingesägt. **Zwickau** selbst entstand in einer Talweitung am Gebirgsrand. **Karl-Marx-Stadt,** das frühere Chemnitz, nach Ost-Berlin die zweitgrößte Industriestadt der DDR, ist über den Nebenfluß ***Chemnitz*** mit der Zwickauer Mulde verbunden.

Die ***Freiberger Mulde,*** die am Hauptkamm des östlichen Erzgebirges ihren Ursprung hat, nimmt unterhalb **Döbeln** einen weiteren wasserreichen Fluß auf: die ***Zschopau.*** Sie entspringt am 1214 m hohen Fichtelberg. Ihren windungsreichen Lauf unterbricht die 9 km lange ***Kriebstein-Talsperre,*** die von der gleichnamigen gotischen Ritterburg überragt wird. ◁

Dessau gegenüber liegt **Roßlau** mit seiner großen Schiffswerft. **Aken,** die nächste Station, war einst die bedeutendste Schiffbauer- und Schifferstadt an der Elbe. Sie liegt wiederum am linken Ufer – also heißt es übersetzen. Beiderseits der Elbe schlagen die Straßen nun einen großen Bogen um die unzugänglichen Auwälder, die hier erhalten blieben. Zwischendurch verleiten wieder zwei Fähren zum „Elbhüpfen", eine davon bei **Barby.** Behäbig wälzen sich hier die Wassermassen der ***Saale*** (siehe Seite 452–459) in den Strom. Alle Wege führen jetzt nach Magdeburg.

Im Hof des im alten Glanz wiedererstandenen Zwingers finden im Sommer Konzerte und andere Kulturveranstaltungen statt.

In Karl Mays „Villa Shatterhand" ist eine völkerkundliche Sammlung über die nordamerikanischen Indianer zu besichtigen.

Wie das weltberühmte Meißener Porzellan hergestellt wird, kann man sich in der Vorführwerkstatt der Porzellanmanufaktur zeigen lassen.

Elbe

Bad Schandau Ferien- und Kneippkurort. Zentrum des Fremdenverkehrs in der Sächsischen Schweiz.
1500 Pflanzenarten sind im Botanischen Garten oberhalb des Kurhauses zu besichtigen. Sehenswert ist auch das Heimatmuseum mit seiner Elbschiffahrtsabteilung.
Reisebüro, Markt 3, DDR-8320 Bad Schandau

Königstein Ferienort und größte deutsche Festungsanlage.
Ein Fahrstuhl führt vom Eingang auf das 42 m höher gelegene Festungsplateau.
Im Neuen Zeughaus ist eine reichhaltige Waffensammlung untergebracht.
Rat der Stadt, DDR-8305 Königstein

Kurort Rathen Ferienort unterhalb der Bastei.
In der 1935 erbauten Felsenbühne im Wehlgrund werden im Sommer Opern, Operetten und Karl-May-Werke aufgeführt.
Der aufgestaute Amselsee lädt zum Rudern ein.
Kurverwaltung, DDR-8324 Kurort Rathen

Dresden Sächsische Metropole und Kunststadt.
Viele weltberühmte Baudenkmäler wurden originalgetreu wieder aufgebaut. Im Zwinger befinden sich einmalige Sammlungen: die zweitgrößte Porzellansammlung der Welt, die Gemäldegalerie Alte Meister mit Raffaels Sixtinischer Madonna, das Historische Museum mit einer erlesenen Prunkwaffensammlung und der Mathematisch-Physikalische Salon mit einer einzigartigen Uhrensammlung.
Mit bedeutenden Sammlungen wartet auch das Albertinum an der Brühlschen Terrasse auf: die Gemäldegalerie Neue Meister, das Grüne Gewölbe unter anderem mit Gold- und Juwelierarbeiten des 14.–18. Jh. aus der Kurfürstlichen Sammlung, das Münzkabinett und die Skulpturensammlung.
Auch der Große Garten lohnt den Besuch: eine herrliche Parkanlage mit Freilichttheater, Kleinbahn, dem Zoologischen Garten und Bootsverleih.
Dresden-Information, DDR-8000 Dresden, Tel. 00 37 51/4 40 31

Radebeul Stadt im Weinbaugebiet der Lößnitz.
Im Sterbehaus von Karl May (Villa Shatterhand) ist das größte Indianermuseum Europas untergebracht (Di–So 9–16.30 Uhr).
Lohnend ist auch ein Besuch des Heimatmuseums im Schloß Hoflößnitz (Geschichte des sächsischen Weinbaus).

Meißen Berühmte Porzellanstadt auf einem Bergsporn über dem Fluß.
In der Staatlichen Porzellanmanufaktur (mit Vorführwerkstatt) erfährt man alles über das „weiße Gold" und seine Herstellung.
Meißen-Information, Willy-Anker-Str. 32, DDR-8250 Meißen

Torgau Einstige Residenz des sächsischen Kurfürsten.
Das Frührenaissance-Schloß Hartenfels überrascht mit einem Bärenfreigehege im Schloßgraben.
Ein beliebtes Ausflugsziel ist der Große Teich im Süden der Stadt (Freibad, Bootsverleih, Campingplatz).
Reisebüro, Straße der Opfer des Faschismus, DDR-7290 Torgau

Lutherstadt Wittenberg am nördlichen Flußufer.
Im Lutherhaus, wo der Reformator von 1508 bis 1546 wohnte, ist das Reformationsgeschichtliche Museum untergebracht.
Wittenberg-Information, Markt 4, DDR-4600 Wittenberg Lutherstadt

Wörlitz Städtchen mit berühmtem Schloß.
Für die Besichtigung des schon von Goethe und Humboldt besuchten Landschaftsparks sind – einschließlich Gondelfahrt – 4 Stunden einzuplanen.
Der Wörlitzer Theatersommer bietet zwischen Mai und September ein reichhaltiges Programm auf der Freilicht-Naturbühne der Insel Stein.
Rat der Stadt, Abt. Kultur, DDR-4414 Wörlitz

Dessau Industriestadt an der Muldemündung.
Im Bauhaus, der ehemaligen Wirkungsstätte von Gropius, finden wechselnde Architektur- und Grafikausstellungen statt. Wer sich für Architektur interessiert, darf die Bauhaus-Siedlung mit 316 Villen im Stadtteil Törten nicht versäumen.
Rat der Stadt, DDR-4500 Dessau

Schwarze Elster

Hoyerswerda Zentrum des Braunkohlenbergbaus in der Niederlausitz.
Wassersport- und Badebegeisterte kommen am 300 ha großen Knappensee auf ihre Kosten. Rund um die ehemalige Braunkohlengrube ist ein Erholungszentrum entstanden.
Rat der Stadt, DDR-7700 Hoyerswerda

Mulde

Zwickau Traditionsreiche Industriestadt an der Zwickauer Mulde.
Im Geburtshaus von Robert Schumann ist eine Nationale Gedenkstätte zu Ehren des Komponisten eingerichtet.
Reisebüro, Poetenweg 4, DDR-9500 Zwickau

Freiberg Einst Zentrum des sächsischen Silberbergbaus am Fuß des Erzgebirges.
Über den historischen Bergbau informiert das Stadt- und Bergbaumuseum mit ihrer Mineraliensammlung.
Freiberg-Information, Weingasse 9, DDR-9200 Freiberg

Bad Düben Moorheilbad am Unterlauf der Mulde.
Auf dem Gelände der mittelalterlichen Burg ist die einzige erhaltene historische Schiffsmühle Deutschlands zu besichtigen.
Der Ort ist Ausgangspunkt für Wanderungen durch die Dübener Heide.
Rat der Stadt, DDR-7282 Bad Düben

Zschopau

Augustusburg Hoch über dem Tal gelegenes Erzgebirgsstädtchen.
Im Renaissanceschloß erwarten zwei Museen den Besucher: das Museum für Jagdtier- und Vogelkunde des Erzgebirges und das Zweitakt-Motorrad-Museum.
Kurverwaltung, DDR-9382 Augustusburg

Chemnitz

Karl-Marx-Stadt In einem weiten Talkessel gelegene Industriestadt.
Im Ortsteil Niederrabenstein ist das Schaubergwerk Rabensteiner Felsendome mit riesigen Gewölben und Kalkkristallen ein Anziehungspunkt.
Karl-Marx-Stadt-Information, DDR-9000 Karl-Marx-Stadt

Eine Landschaft aus Wasser

Der windungsreiche Elbstrom ist nun Sammelader für ein schwer entwirrbares Geflecht aus Gewässern. Flüsse zerfasern sich in zahllose Nebenarme, weiten sich zu buchtenreichen Seen und vollziehen oft unvermutet einen Richtungswechsel, so daß man ihnen als Autofahrer nur mit Mühe folgen kann.

Der Dom von **Magdeburg** bildet in der flachen Elbniederung einen weithin sichtbaren Blickfang. Für die Schiffahrt signalisiert das gotische Bauwerk Gefahr. Es steht auf einem Felsriegel, der sich quer durch die Elbe zieht und die Fahrrinne auf einen schmalen Durchlaß nahe beim östlichen Ufer zusammendrängt.

Der Elbe verdankt die Stadt frühen Reichtum. Seit 1298 gehörte Magdeburg der Hanse an und unterhielt Handelsbeziehungen vor allem zu den Städten im Osten. Seine Rolle als Zentrum des Fernverkehrs hat Magdeburg beständig weiterentwickelt. Heute wartet es mit einem Superlativ auf: größter Binnenhafen der DDR.

Im Stadtbereich teilt sich die Elbe in die eigentliche Strom-Elbe, wie der Fluß hier genannt wird, und in den Nebenarm der Alten Elbe, die den weiten Bogen des

Jahrhunderte dauerte es, bis der Magdeburger Dom in seiner endgültigen Form fertiggestellt war. Er ist die erste systematisch geplante gotische Kathedrale an der Elbe. 1209 wurde mit dem Bau begonnen, aber erst 1363 wurde der Dom geweiht. Für den Westbau benötigte man nochmals 75 Jahre zwischen 1445 und 1520. Vor dem Dom und der Altstadt fließt die sogenannte Strom-Elbe.

Unterhalb von Magdeburg *strömt die Elbe durch weite Niederungen. Die Straßen verlaufen abseits vom Ufer. An die Anlegestellen der zahlreichen Autofähren führen nur Stichstraßen. Für die 150 km bis Wittenberge sind deshalb etwa 3 Stunden reine Fahrzeit zu veranschlagen. Den 341 km langen, verschlungenen Lauf der Havel bereist man am besten von West-Berlin aus. Beliebt sind Tagesfahrten nach Potsdam oder Brandenburg. Für die mecklenburgische Gewässerlandschaft braucht man schon mehrere Tage – besser noch: einen Urlaub.*

Hauptstroms abkürzt. Die eingerahmte Insel hat man 1871 zu einer ausgedehnten Parkanlage mit Parksee umgestaltet.

Biber am Stadtrand

Naturfreunde horchen auf, wenn sie von den letzten Elbbibern erfahren, die vor den Toren der Großstadt Magdeburg hausen. Jenseits vom südlichen Stadtteil Fermersleben mündet ein alter Elbarm in den Fluß, um den noch ein ansehnlicher Auwaldrest erhalten blieb – das ideale Revier für die selten gewordenen Nager.
Bei der Weiterfahrt hält man sich möglichst nah ans linke Elbufer. Auf einer Länge von 7 km bilden Industrie- und Hafenanlagen die Kulisse, und dann stößt man auf den sogenannten Elbabstiegskanal, das Verbindungsstück zum Mittellandkanal.
▷ ***Mittellandkanal*** Eine technische Sensation gibt es an der Nahtstelle zwischen Elbe und Kanal: das Schiffshebewerk **Rothensee.** Es bewältigt die Hürde zum 16 m höher verlaufenden Kanal. 63 Kanalkilometer sind es bis zur Grenzstation **Oebisfelde** östlich von Wolfsburg. Die künstliche Wasserstraße nutzt den natürlichen Taldurchlaß der ***Ohre.*** Diesem Flüßchen folgt sie auf gesamter Länge in der DDR. ◁
Die Straße Richtung Rogätz begleitet das letzte Stück der Ohre vor der Einmündung in die Elbe. Kurz vor **Rogätz** geht es mit der Fähre nach **Schartau** am rechten Elbufer.
▷ ***Elbe-Havel-Kanal*** Die Türme der gotischen Oberkirche von **Burg** überragen das einstmals befestigte Städtchen. Am Hangfuß vorbei zieht sich die kürzeste Schiffsverbindung zwischen Magdeburg und Berlin: der 56 km lange Elbe-Havel-Kanal. Bei **Genthin,** einer aufstrebenden Hafenstadt, vereinigt sich der Wasserweg mit dem schon 1745 gegründeten ***Plauer Kanal.*** Kiefernforste begleiten ihn bis zur Schleuse **Wusterwitz,** in der die Schiffe auf das Niveau des Plauer Sees abgesenkt werden. ◁
Die Elbe wendet sich ganz allmählich nach Norden. Wiesen und Weiden bestimmen das Bild der Stromniederung. Brücken sind nach wie vor Mangelware – statt dessen verkehren Fähren. Sie verleihen der Reise einen Hauch von nostalgischer Gemächlich-

Oben: Völlig eben ist die weite Elbniederung unterhalb von Magdeburg, Grün die vorherrschende Farbe: Wiesen und Weiden bestimmen das Bild – der hohe Grundwasserstand läßt kaum eine andere Nutzung zu.

Unten: Das Rathaus von Tangermünde gehört zu den vollendetsten Bauten der norddeutschen Backsteingotik. Bemerkenswert ist die Ostwand mit ihrem reichen Maßwerk und den Rosetten. Auf dem Giebel gegenüber ein Storchennest.

Der Müritz-Havel-Kanal verbindet die obere Havel mit den Mecklenburgischen Seen. Für Wasserwanderer bieten sich auf dem endlos verzweigten Gewässernetz nahezu unbegrenzte Möglichkeiten.

keit, machen aber auch das Planen schwer. Manchmal heißt es warten, bis größere Frachtschiffe vorüber sind, manchmal legt Hochwasser die oft betagten Fähren lahm, oder der Fährmann hat gerade Urlaub.

Ab Burg hält man sich elbnah, vorbei an den sanft gewellten Höhen der Havelschen Mark, bis **Ferchland,** der nächsten Fährstelle. Am anderen Ufer haben sich Überreste eines alten Elblaufs erhalten: der Schelldorfer See, heute ein Naturschutzgebiet.

Am rechten Ufer kündigt sich **Jerichow** mit den Türmen der ältesten märkischen Backsteinkirche aus der Spätromanik an. 7 km weiter führt die Straße endlich wieder über eine Brücke: in eine der schönsten, geschlossenen Backsteinstädte des deutschen Nordens, **Tangermünde.** Kurz nach dem Jahr 1000 schon beherrschte die im Dreißigjährigen Krieg zerstörte Burg an dieser Stelle die Elbe. In ihrem Schutz entwickelte sich die zugehörige Kaufmannssiedlung mit ihrer vollständigen Stadtmauer.

Wer holprige Nebenstraßen nicht scheut, setzt die Reise am linken Elbufer fort – bis **Arneburg,** einem Städtchen inmitten von Obstwiesen, wo man Fähranschluß nach **Klietz** hat. Vor Havelberg erreicht man zwar schon den großen märkischen Nebenfluß, seine Mündung aber liegt einige Kilometer weiter im Nordwesten. Auf einer Treidelfähre kann man auf die linke Elbseite übersetzen. Das Städtchen **Werben** war schon im Jahr 1005 Sitz einer Uferburg, die die Mündung der Havel sicherte.

Eine fließende Seenkette durch das Havelland

▷ ***Havel*** Die Havel ist kein gewöhnlicher Fluß – sie verleiht einer ganzen Niederungslandschaft ihr unverwechselbares Gepräge: dem überall wasserdurchsetzten Havelland. Inmitten der Mecklenburgischen Seenplatte hat sie ihre Quelle, richtiger: ihren Quellsee. Diese Ehre kommt dem unscheinbaren ***Middelsee*** zu. Er liegt nahe dem größeren ***Dambecker See*** bei **Kratzeburg** (Landkreis Neustrelitz). Wie Perlen auf einer Kette fädelt die junge Havel nun See an See. Bei **Neustrelitz** bilden die ersten größeren Ferienseen den Havellauf: ***Useriner*** und ***Woblitzsee*** mit Schiffsverkehr.

Fürstenberg, der vielbesuchte Ferienort, ist die erste Kleinstadt an der Havel. Ein weitverzweigtes Geflecht von Seen, das Neustrelitzer Seengebiet, zieht sich von hier aus nach Westen bis zur **Müritz** (siehe Seite 432/433). Das letzte Stück zum größten Mecklenburger See knüpft der ***Müritz-Havel-Kanal*** – Wasserwanderer finden hier ein wahres Paradies vor.

In südöstlicher Richtung setzt sich die Havel im langgestreckten ***Stolpsee*** fort, strömt danach weiter, nur auf kurzen Abschnitten von Nebensträßchen begleitet. Bald wendet sie sich scharf nach Westen, um einer eiszeitlichen Schmelzwasserrinne auf einem kurzen Stück zu folgen. In nordöstlicher Richtung hat diese Rinne ihre Fortsetzung als ***Templiner See.*** Der langgezogene Binnensee überkreuzt sich mit einer anderen, ebenfalls seenerfüllten Schmelzwasserrinne zum sogenannten Templiner Seenkreuz, einer der merkwürdigsten Hinterlassenschaften der letzten Eiszeit.

Mit dem Ausflugsschiff ab Magdeburg

Die Schiffe der Weißen Flotte legen an der Elbuferpromenade an. Sie verkehren fahrplanmäßig zwischen Mai und September.

Fahrtziele Die Endstation stromabwärts ist Tangermünde, stromaufwärts Dessau. Andere Linien führen nach Calvörde am Mittellandkanal (46 km) und zum Plauer See am Ausgang des Elbe-Havel-Kanals (74 km).

Unter den Kurzfahrten in die Umgebung verspricht ein Besuch des Schiffshebewerks Rothensee die interessanteste Abwechslung.

Beliebt sind Kaffee- und Abendfahrten.

Auskunft VEB Magdeburger Verkehrsbetriebe, Petriförder, DDR-3040 Magdeburg, Tel. 003791/378-354.

Kanäle umgarnen den Fluß

Der schmale ***Voßkanal*** verläuft ab **Zehdenick** dicht an der Havel entlang, die sich in der vermoorten Niederung des eiszeitlichen Thorn-Eberswalder Urstromtals fast verliert. Der bescheidene Schiffahrtsweg vereinigt sich mit dem 1746 ausgebauten, ebenfalls den heutigen Anforderungen nicht mehr gewachsenen ***Finowkanal,*** der die 36 m Höhenunterschied hinab zum Oderbruch in 17 Schleusen überwindet.

▷ ▷ ***Oder-Havel-Kanal*** Sein Nachfolger, der 1914 fertiggestellte Oder-Havel-Kanal, meistert den Sprung auf einmal: Mit dem Schiffshebewerk **Niederfinow** eröffnet er den Schiffen einen schnelleren Weg zur Oder. ◁ ◁

Bei **Oranienburg** trifft die Havel nicht nur auf diesen Kanal, sondern auf einen weiteren, der die direkte Verbindung nach Westen herstellt.

▷ ▷ ***Ruppiner Kanal, Rhinkanal*** Der Ruppiner Kanal und seine Fortsetzung, der Rhinkanal, bieten eine Abkürzung für kleinere Lastkähne zum Unterlauf der Havel. Sie führen durch das Rhinluch – eine sumpfige Niederung, deren Namen die Holländer geprägt haben: Sie wurden einst angesiedelt, um die Sumpflandschaft urbar zu machen. **Neuruppin,** Geburtsstadt von Theodor Fontane, ist durch den langgestreckten ***Ruppiner See*** an die Kanalstrecke angebunden. ◁ ◁

Nur ein kurzes Stück fließt die Havel nun, ohne auf einen neuen Kanal zu stoßen, bis **Hennigsdorf.**

▷ ▷ ***Havelkanal*** Kurz vor der Grenze bietet sich Lastkähnen eine Möglichkeit, West-Berlin zu umgehen: Der 1952 eröffnete, 34 km lange Havelkanal vereinigt sich im Seengebiet zwischen Potsdam und Brandenburg wieder mit dem Hauptfluß. ◁ ◁

Fährromantik kann man an der Havelenge zwischen Templiner und Schwielowsee erleben. Seit 1848 hält eine Treidelfähre den Verkehr zum Fischerdorf Caputh aufrecht.

Willkürlich zerschneidet die Grenze die zu einer Seenkette ausufernde Havel. West-Berlin verdankt ihr eine eigene, vielgerühmte Wasserlandschaft (siehe Seite 428–431). Der Süd- und der Westteil des Jungfernsees gehören bereits zu **Potsdam,** also zur DDR. An der engsten Stelle des Flusses entstand vor dem Jahr 1000 eine kleine slawische Siedlung, die später zum Mittelpunkt des Preußentums wurde.

▷ ▷ ***Nuthe*** Gegenüber der von zwei Havelarmen umflossenen Freundschaftsinsel mündet aus südöstlicher Richtung die Nuthe, die einer von eiszeitlichem Schmelzwasser eingetieften Niederung folgt. Im Namen der bekanntesten Nuthestadt, **Luckenwalde,** klingt an, wie die Tallandschaft einst aussah, als sich slawische Bauern hier niederließen. „Luch" – also Sumpf – am Walde wurde zu Luckenwalde ◁ ◁.

Die Havel – wie sie Theodor Fontane sah

Treffender als der Dichter Theodor Fontane (1819–1898), der in Neuruppin geboren wurde, seinen Heimatfluß in dem großen Werk „Wanderungen durch die Mark Brandenburg" beschrieb, läßt es sich auch heute nicht sagen:

„Die prächtige Havel, mit jener Fülle von Seen, die sie, namentlich um Potsdam herum, an ihrem blauen Bande aufreiht, ist, auf weite Strecken hin, wie ein Spiegel unserer königlichen Schlösser, deren Schönheit sie verdoppelt. Aber nicht überall zeigt sie dieselbe breite Pracht. Schlicht, schmal, ein Wässerchen nur, tritt sie aus dem Mecklenburgischen in die Mark, um dann, auf ihrem ganzen Oberlaufe, ein Flüßchen zu bleiben, das nicht Inseln leicht und frei wie schwimmende Blätter trägt, sondern sich teilen muß, um hier und dort ein Stückchen Land mit dünnem Arm zu umspannen. Nicht das Wasser der Herr und Sieger, sondern das Land."

Im „Vitamingürtel" Berlins

Ab Potsdam ufert die Havel wieder zu einer ganzen Reihe von unregelmäßig verzweigten Seen aus. An der Nahtstelle zwischen ***Templiner See*** und ***Schwielowsee*** lädt das ehemalige Fischerdorf **Caputh** mit seinem Strandbad, seinem barocken Schloß und seiner Fähre zu einem Besuch. Vom 75 m hohen Krähenberg bietet sich eine herrliche Sicht hinüber zu der seenumrahmten Halbinsel im Hinterland von **Werder** am ***Plessower See.*** Das Städtchen ist Mittelpunkt des größten geschlossenen Obstanbaugebiets der DDR, im Volksmund als Vitamingürtel Berlins bezeichnet. Den Rundumblick von der Ausflugsgaststätte „Friedrichshöhe" sollte man sich nicht entgehen lassen.

Aus dem vielfach zergliederten ***Trebelsee*** ragen einige Grundmoränenhöcker als Inselchen heraus. Allmählich verengt sich die Havel dann wieder zum Fluß.

Brandenburg ist wie kaum eine andere Stadt mit der Havel verwachsen. 14 Inseln sind in das Stadtgebiet einbezogen. Kern ist die Dominsel, auf der sich schon in vormittelalterlicher Zeit Wehranlagen befanden, die den Havelübergang sicherten. „Brennabor" hieß die Insel bei ihren slawischen Gründern. Der gotische Dom ist mit seinem romanischen Kern von 1165 eines der ältesten Baudenkmäler der Mark Brandenburg. Ihre heutige Bedeutung gründet die Stadt vor allem auf die Industrie. Hier ist auch eine große Werft ansässig, in der Binnenschiffe gebaut werden.

Die Stadt wird von Gewässern strahlenartig umgrenzt: Von Süden her mündet die ***Plane*** ein. Sie entspringt im Hohen Fläming und durchströmt die vermoorte Niederung einer eiszeitlichen Schmelzwasserader. Der langgezogene **Beetzsee,** bekannt wegen seiner internationalen Regattastrecke, ragt von Norden her ins Stadtgebiet hinein. ***Breitlingsee*** und ***Plauer See*** schließen sich zu einem ausgedehnten Freizeitsee zusammen. Sie nehmen die Havel auf und entlassen sie wieder in nördliche Richtung.

Ab **Pritzerbe** begleitet die F 102 den Havellauf. Der Fluß strömt linker Hand in weiten Schlingen und bildet immer wieder Nebenarme in der flachen Talniederung.

Aus Sumpf wird Weideland

„Wasserdörfer" werden die Ortschaften unterhalb von **Rathenow** genannt. Jahrhundertelang wurden sie jedes Frühjahr vom

Versteckt zwischen Obstbäumen, drängen sich die Häuser von Havelberg im Schutz des Dombergs zusammen. Der gotische Bau erhebt sich weithin sichtbar über das flache Land.

Hochwasser heimgesucht. Schuld daran war die Elbe, die so viel Schmelzwasser führte, daß sie die gleichfalls wasserreiche Havel regelrecht aufstaute.

▷ ▷ ***Havelländischer Großer Hauptkanal*** Östlich von Rathenow erstreckt sich das Havelländische Luch, eine ausgedehnte Sumpflandschaft, die allen Kolonisierungsbemühungen lange standgehalten hat. Erst das im 18. Jh. fertiggestellte Kanalbauwerk brachte die Wende: der Havelländische Große Hauptkanal, Kernstück eines aus Gräben und Dämmen bestehenden Entwässerungssystems. Weite Teile der Niederung sind kultiviert und dienen nun als Weideland. ◁ ◁

Der ***Hohennauener See*** bildet das Bindeglied zur Havel. Hier entfernt sich die F 102 Richtung Rhinow vom Fluß, der sich nach Nordwesten wendet. Ein Abstecher zum flußnahen Dörfchen **Parey** lohnt sich: Es gilt als storchenreichster Ort der DDR.

▷ ▷ ***Rhin, Rhinkanal*** Der ***Gülper See*** bei **Rhinow** und der anschließende Kanal verbinden Havel und Rhin. Flußaufwärts weitet sich die Aue zum Rhinluch. Für Wanderer gibt es in dieser dünn besiedelten, von einem Gitternetz kleiner Kanäle und Gräben durchzogenen Landschaft noch viel zu entdecken. ◁ ◁

Wo sich die Havel nach Westen kehrt, nimmt sie zum letztenmal ein ansehnliches Flüßchen auf: die Dosse.

▷ ▷ ***Dosse*** Sie hat vor allem bei Wasserwanderern einen Namen, nicht zuletzt deshalb, weil sie sich über weite Strecken durch noch idyllische Landschaften schlängelt – nicht einmal von Nebenstraßen behelligt. Prignitz heißt das von fruchtbarem Ackerland und bewaldeten Sandflächen durchsetzte Gebiet. **Wittstock** am Oberlauf der Dosse hat mittelalterliches Kolorit bewahrt. Von dort ist es nicht mehr weit bis zur Quelle des Flüßchens, das wenig südlich des Plauer Sees entspringt. ◁ ◁

Wie so oft, so teilt die Havel auch im Mündungsbereich nochmals ihren Lauf: **Havelberg** ist auf einer Insel des Flusses gegründet. Beherrschend erhebt sich der 1170 geweihte Dom mit den umgebenden Stiftsbauten über dem Fluß.

Wenn sich die Havel ein kurzes Stück weiter mit dem Elbstrom vereint, hat sie sich – in der Luftlinie – gerade 80 km von ihrer Quelle entfernt. Allein durch all ihre kleinen und großen Windungen legt sie den vierfachen Weg zurück. ◁

Mit dem Ausflugsschiff auf der Havel

Die bewirtschafteten Fahrgastschiffe der Weißen Flotte starten von der Langen Brücke in Potsdam. Zwischen Mai und Oktober wird ein fahrplanmäßiger Linienverkehr betrieben.

Fahrtziele Tagesfahrten führen durch die Kette der Havelseen nach Brandenburg und zum Plauer See. Beliebte Ziele für kürzere Fahrten sind die Erholungsorte Ferch und Caputh am Schwielowsee sowie Werder am Plessower See. Für Tanz und Unterhaltung ist bei den Abendfahrten gesorgt.

Auskunft VEB Verkehrsbetriebe Potsdam/ Weiße Flotte, Holzmarktstr. 6/7, DDR-1500 Potsdam, Tel. 0037 33/2 10 90 (auch Vorbestellungen möglich).

Flüsse aus Mecklenburg enden im Niemandsland

In ausladenden Windungen, inmitten des weiten, sich geradlinig nach Nordwesten ziehenden Urstromtals, legt die Elbe das letzte Stück auf DDR-Gebiet zurück. Bis Wittenberge muß man seine Reiseroute aus Nebensträßchen zusammenstückeln. Sie verlaufen in sicherer Entfernung von der

Überschwemmungsaue, immer begleitet von Wiesen, die von ehemaligen Nebenarmen durchsetzt sind.
Die weißen Dünen, die der Industriestadt **Wittenberge** den Namen gaben, sind längst bewachsen und besiedelt. Heute drängen sich eher die qualmenden Schlote ins Blickfeld. Der Elbhafen ist eine wichtige Drehscheibe: Hier werden alle Güter umgeschlagen, die für die Ostseestädte bestimmt sind.
▷ ***Stepenitz*** Das Flüßchen, das in Wittenberge ziemlich verloren in den mächtigen Elbstrom fließt, durchquert bei **Perleberg** ein liebliches Obst- und Gemüseanbaugebiet. Es entspringt oberhalb von **Meyenburg.** ◁
Kurz nach Wittenberge führt noch einmal eine Autofähre zum anderen Ufer – dann beginnt das Grenzgebiet, das von DDR-Bürgern – sofern sie dort nicht wohnen – nur mit Sondergenehmigung betreten werden darf. Bis dahin führen noch Stichstraßen ans eingedeichte Ufer. Dann aber beginnt das „Niemandsland". Die F 195 begleitet den Fluß in sicherem Abstand. Die Natur jedoch schert sich nicht um politische Gegebenheiten: Eine ganze Reihe von Nebenflüssen strömt aus Westmecklenburg der Elbe zu.
▷ ***Löcknitz*** Das beschauliche Flüßchen entspringt im hügeligen Endmoränengelände südlich von **Parchim** und strebt geradewegs nach Süden, bis es die Elbniederung erreicht. Dort wendet es sich, von Ablagerungen der Elbe abgedrängt, nach Westen und fließt parallel zum Strom bis zur Mündung vor Dömitz. ◁
▷ ***Elde, Müritz-Elde-Wasserstraße*** Bei **Dömitz** nimmt die Elbe einen durchaus eindrucksvollen Fluß auf: die 220 km lange Elde. Ihr Unterlauf ist kanalisiert und Teil der Müritz-Elde-Wasserstraße. Die Elde lädt dazu ein, die Reise auszudehnen – zum Schweriner See und zur Ostsee oder zur Müritz. Auch kleinere Lastkähne (bis 270 t) steuern diese Ziele an. Über den Müritz-Havel-Kanal (siehe Seite 423) schließt sich für sie der Kreis zur oberen Havel.
Bis **Neustadt-Glewe** sieht man nicht viel vom Fluß: Die Straße schlägt einen weiten Bogen. Dort aber kann man ein Ausflugsschiff besteigen und die kanalreiche Umgebung erkunden.
Danach durchquert die Elde die Lewitz, eine Landschaft mit viel Natur, Fischteichen und zahlreichen Entwässerungskanälen. Auf Nebenstraßen folgt man dem Fluß mit einigem Abstand bis **Parchim.**
Nun schlägt die Elde Haken in dem buckeligen Moränengelände. In **Lübz** wird nochmals die stolze Vergangenheit Mecklenburgs sichtbar: Der spätromanische Amtsturm ist der Rest einer einstigen Wasserburg, der Eldenburg. Nur 16 km trennen den Reisenden jetzt noch vom Erholungsort **Plau.** Dort zapft die Elde das Wasser vom ***Plauer See*** ab und leitet es der Nordsee zu.
Wer die Reise am Schweriner See oder an der Ostsee ausklingen lassen will, folgt ab Neustadt-Glewe dem kanalisierten Eldenebenfluß ***Stör.*** Er bindet den zweitgrößten See der DDR, den Schweriner See, an das Gewässersystem der Elbe an.

Wallenstein wollte den Durchstich zur Ostsee

▷ ▷ ***Schweriner See*** Mit 63 km² Wasserfläche läßt er die benachbarten Seen der westlichen Mecklenburgischen Seenplatte weit hinter sich. Er füllt eine vom Gletschereis ausgeschürfte Tiefenrinne, die zur Ostsee sanft ansteigt, so daß der natürliche Abfluß nach Norden verwehrt ist. Schon Ende des 16. Jh. hat man diesem Zustand ein Ende bereitet und in 17jähriger Bauzeit den Kanal „Viechelsche Fahrt" zum 15 km entfernten Ostseehafen **Wismar** angelegt. Der Graben wuchs rasch wieder zu, bis ihn Wallenstein, Herrscher über Mecklenburg, zwischen 1628 und 1630 wieder instand setzen ließ. Der sogenannte Wallensteingraben kann heute noch besichtigt werden.
Schwerin, zu Recht als Stadt der Seen und Wälder bezeichnet, erhielt 1160 Stadtrechte und ist damit die älteste Stadt östlich der Elbe. Ihr Kern, eine slawische Burg, entstand in strategisch idealer Lage auf einer Insel im See. Das heutige Schwerin hat 126 000 Einwohner, bedeutende Industriebetriebe und greift weit in die idyllische Umgebung mit den kleineren Seen hinaus. Einen grandiosen Panoramablick über die Seenlandschaft genießt man vom Turmcafé des 138 m hohen Fernsehturms in Schwerin-Zippendorf. Von den beiden Inseln gleich gegenüber ist Kaninchenwerder die bekanntere und attraktivere. Die Ausflugsschiffe laufen die parkartige, ziemlich

Reisen in die DDR

Die DDR mit ihren landschaftlichen Schönheiten kann man entgegen manchem Vorurteil frei bereisen. Nur Transitreisende müssen sich an die vorgeschriebenen Transitstrecken halten.
Eine individuelle Touristenreise bucht man in einem Reisebüro unter Vorlage des Reisepasses. Man erhält dann an der Grenze ein Visum. Für die Unterkunft stehen etwa 40 Hotels der gehobeneren Preisklasse zur Wahl. Man stellt seine Reiseroute zusammen und bucht die entsprechenden Hotels, wobei die Kosten gleich zu bezahlen sind. Die Aufenthaltsdauer darf 45 Tage nicht überschreiten.
Besondere Bestimmungen gelten im Rahmen des sogenannten Kleinen Grenzverkehrs. Wer seinen Hauptwohnsitz in einem der grenznahen Kreise hat, kann das entsprechende grenznahe Gebiet der DDR für einen oder zwei Tage frei bereisen. Dafür beantragt man 4–6 Wochen vor Reiseantritt einen Berechtigungsschein bei der Gemeindeverwaltung. An der Grenze erhält man gegen Vorlage dieses Scheins und nach Entrichtung der Tagespauschale das Visum.
Ausführliche Reiseinformationen enthält eine beim ADAC für Mitglieder erhältliche Broschüre.

Verträumte Uferpartien säumen die Elde: Bootshäuser, kleine Landungsstege und die grünen Gartenfronten versteckt liegender Häuser.

naturbelassene Insel an, die nicht zuletzt ihrer Badeplätze und Liegewiesen wegen viele Besucher anzieht. Schöne Bademöglichkeiten gibt es vor allem am Ostufer.
Zu Spaziergängen verlockt auch die in den See ragende, bewaldete Halbinsel Schelfwerder mit dem Jagdhaus Schelfwerder (Wildgerichte) und Schwerins ältestem Baum, einer 800jährigen Eiche mit über 7 m Stammumfang und 20 m Höhe. ◁ ◁
Wer es eilig hat und auf dem schnellsten Weg die Elbereise fortsetzen will, benutzt bis zur Ausfahrt Ludwigslust die Autobahn. Von dort geht es auf der F 191 immer der Elde nach zurück zum Ausgangspunkt. ◁
Landschaftliche Kontraste verheißt das letzte Stück der F 195 entlang der Elbe. Rechts ziehen sich ausgedehnte Kiefernwälder entlang der Straße, links blickt man auf die grüne Elbniederung.

Stadt ohne Hinterland

▷ ***Sude*** Bevor die Elbe gänzlich von der Bundesrepublik Deutschland vereinnahmt wird, nimmt sie die Sude auf, die einen weiten Bogen von ihrer Quelle in den Moränenhügeln westlich von Schwerin schlägt. Bei **Hagenow** durchläuft das Flüßchen ein Heidegebiet, das sich über eiszeitliche Sandablagerungen ausdehnt. Dann fasert es sich in ein Gewirr aus Seitenarmen auf.

Oben: Auf einer Insel gegenüber der Stadt reckt das Schweriner Schloß seine Türme und Türmchen in den Himmel. Der Bau aus dem 16. Jh. wurde 1843–1857 romantisch umgestaltet.
Links: Mit einer Fläche von 63 km² ist der Schweriner See der zweitgrößte der DDR. Der 1842 angelegte Paulsdamm teilt ihn in den südlichen Binnensee und den Außensee. Auf einer Schiffsrundfahrt gewinnt man den besten Eindruck von der Seenlandschaft. Die Ausflugsschiffe verkehren ab Schwerin zwischen 1. Mai und Anfang Oktober. 3 Stunden dauern die Fahrten zum Außensee, 2 Stunden kreuzen die Schiffe über den Binnensee.

Kurz vor der Mündung erhält die Sude noch Verstärkung durch die ***Schaale,*** die sie mit dem Lauenburger Seenland verbindet: Sie entwässert den ***Schaalsee,*** an dem auch die Bundesrepublik Deutschland Anteil hat (siehe Seite 480–483). Die verträumte Heckenlandschaft mit ihren tief in den See greifenden Buchten ist unter Naturschutz gestellt. ◁
Boizenburg, das verschlafene Grenzstädtchen an der Elbe, dokumentiert symbolhaft die Auswirkungen der innerdeutschen Trennlinie. Einst profitierte das blühende Handelsstädtchen von seiner Lage am Strom und an der Salzhandelsstraße zwischen Lüneburg und Lübeck. Inzwischen ist es ins Abseits geraten – die Verbindung mit dem Hinterland ist abgeschnitten.

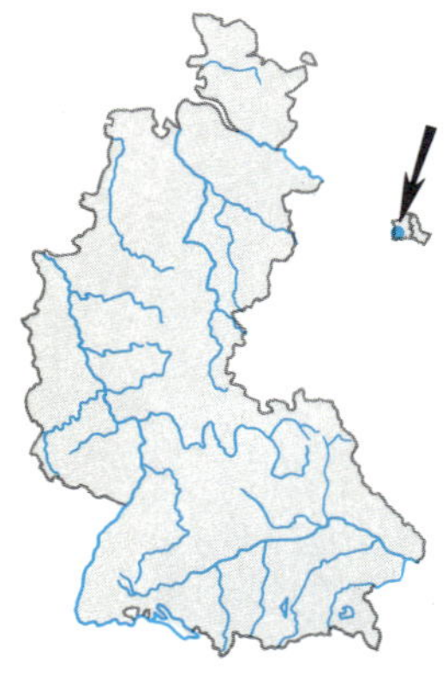

. . . nischt wie raus nach Wannsee!

Als berühmtester Badesee Berlins war und ist der Wannsee in aller Munde, doch ist er beileibe nicht der einzige. Der Havel verdankt die Stadt eine ganze Kette von Gewässern – und nicht zuletzt ihren besonderen Reiz.

Ein Blick auf die Karte zeigt deutlich, daß Wannsee und Tegeler See strenggenommen keine Seen, sondern eigentlich Verbreiterungen der Havel sind. Noch etliche solcher seenartigen Buchten, über Jahrtausende durch das Wasser herausgearbeitet, hat die Unterhavel bis hin zur DDR-Grenze aufzuweisen. Zusammen ergeben sie das blaue Herz Berlins: unzählige Möglichkeiten für stille Spaziergänge in der Natur wie für lebhaften Freizeittrubel am Strand und auf dem Wasser.

Ein idealer Ausgangspunkt zur Erforschung dieser Landschaft ist der ***Wannsee.*** Dieses Sinnbild der Berliner Freizeitträume ist mit dem Auto oder der S-Bahn bestens zu erreichen. Die Fahrstraßen um die Seen herum können zwar nicht überall dem Ufer folgen, aber Stichstraßen führen immer wieder ans Wasser hinunter.

Westlich vom Großen Wannsee weg führt die Pfaueninselchaussee durch den Berliner Forst direkt zur Pfaueninsel. Mit der Fähre kommt man hinüber zu den weitläufigen Wiesen und alten Bäumen der Insel, die heute wegen ihres Vogelbestands und wegen des von König Wilhelm II. errichteten Schlößchens gern besucht wird.

Sehr lohnend ist ein Spaziergang vom Parkplatz am Landesteg die Uferpromenade des Berliner Forsts entlang. Man geht bis zum Großen Tiefehorn, von wo man, schönen alten Baumbestand im Rücken, den eindrucksvollsten Blick auf Pfaueninsel, Schwanenwerder, Havel und Wannsee hat. Auf der anderen Seite, am Ostufer des Großen Wannsees, liegt der sommerliche Treffpunkt vieler Berliner, das Strandbad Wannsee. Schon 1929/1930 wurde es errichtet. Seine Beliebtheit erklärt sich leicht: Neben terrassenförmigen Anlagen mit einem breiten Serviceangebot locken Strandkörbe am gepflegten Sandstrand und der faszinierende Blick über die weite, stets mit Segelbooten gesprenkelte Wasserfläche. Das Vergnügen wird allenfalls durch sommerliche Überfüllung getrübt.

Die Havel ist die Lebensader Berlins. Sie ist nicht nur Ziel unzähliger Erholungsuchender, sondern sie ist auch zentrale Wasserstraße für die Schiffahrt. Immerhin ist West-Berlin die siebtgrößte Binnenhafenstadt der Bundesrepublik. Hier im Bild der Westhafen, der über den Hohenzollernkanal mit der Havel verbunden ist.

Die Havelbucht Scharfe Lanke im Stadtteil Pichelsdorf ist ein Treffpunkt der Segler. Yachtclubs und Segelschulen haben sich hier angesiedelt, eine Unzahl von Booten bevölkert an schönen Tagen das Wasser. Im Hintergrund sieht man zwei Wahrzeichen Berlins, die sich als Sportstätten einen Namen gemacht haben: rechts oben der Teufelsberg mit der Radarstation, wo viele Sportanlagen zu finden sind, und links hinter dem Wald, erkennbar an den Masten der Flutlichtanlage, das Oval des Olympiastadions, Berlins größter Sportarena.

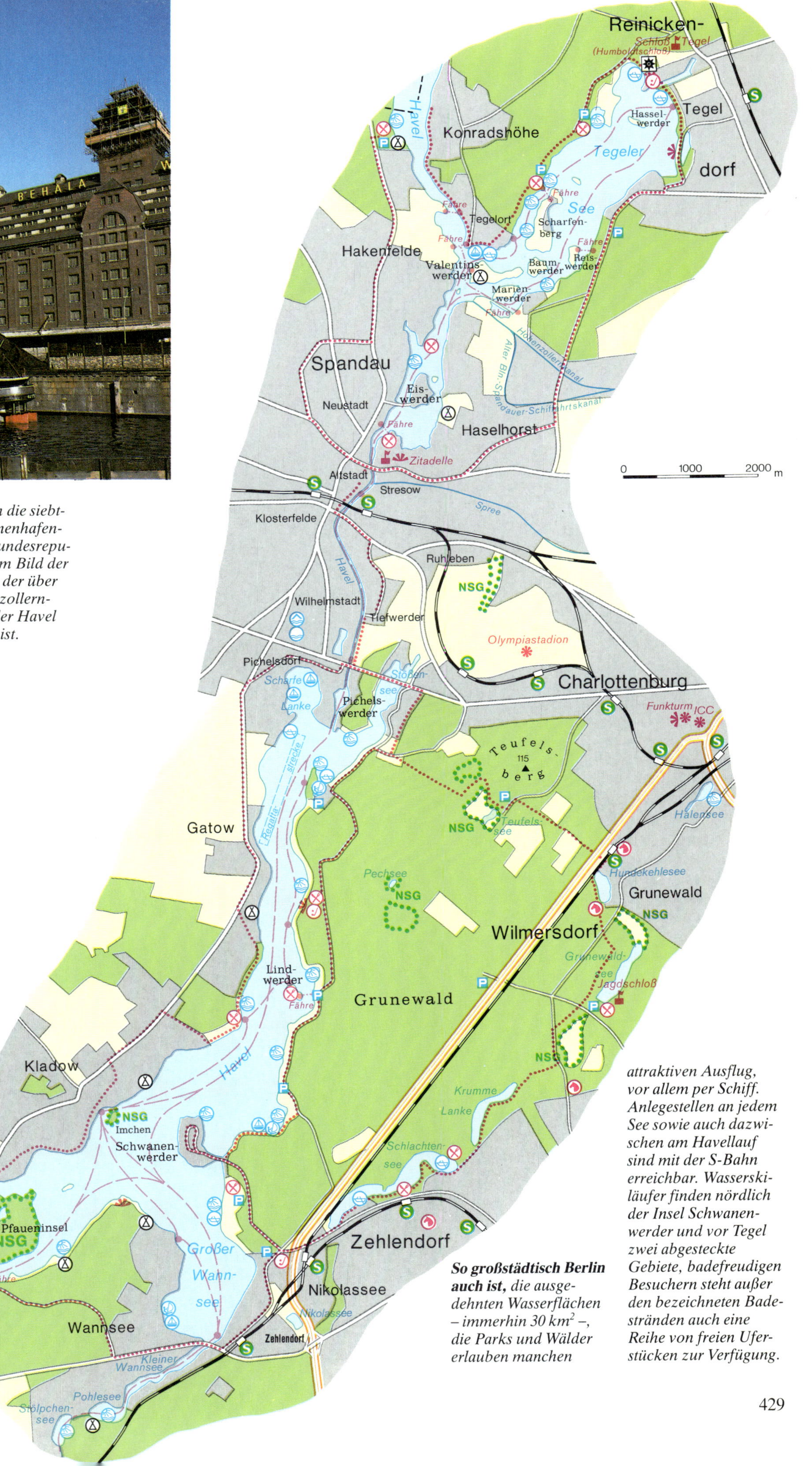

***So großstädtisch Berlin auch ist,** die ausgedehnten Wasserflächen – immerhin 30 km^2 –, die Parks und Wälder erlauben manchen attraktiven Ausflug, vor allem per Schiff. Anlegestellen an jedem See sowie auch dazwischen am Havellauf sind mit der S-Bahn erreichbar. Wasserskiläufer finden nördlich der Insel Schwanenwerder und vor Tegel zwei abgesteckte Gebiete, badefreudigen Besuchern steht außer den bezeichneten Badestränden auch eine Reihe von freien Uferstücken zur Verfügung.*

Oben: Im Volksmund ist die Tegeler Hafenbrücke als Sechserbrücke bekannt, weil bis 1922 für die Benutzung 5 Pfennig, ein „Sechser", zu bezahlen waren. Sie überspannt Hafenausgang und Tegeler Fließ.

Rechts: Bereits zu Beginn unseres Jahrhunderts pilgerten die Berliner zum Strandbad Wannsee. Fast unvorstellbar, daß auf dem 1300 m langen Sandstrand an heißen Tagen bis zu 40 000 Besucher Platz finden.

Berlins grüne Lunge

Ebenso berühmt geworden wie der Wannsee ist das ausgedehnte Waldgebiet in seinem Norden: der Grunewald. Selbst der lebhafte Verkehr auf der Autobahn, die ihn durchschneidet, oder der Ausflugsverkehr auf der idyllischen, ufernahen Havelchaussee stört die Ruhe dieser grünen Oase nicht. Wer der Havelchaussee nach Norden folgt, erreicht oberhalb der Insel Lindwerder den Grunewaldturm, auch Kaiser-Wilhelm-Turm genannt. Der 1897 in imitierter Backsteingotik errichtete Turm ist zum Wahrzeichen der Unterhavel geworden. Er öffnet einen der schönsten Blicke über die Berliner Wasserlandschaft bis hin zu Potsdams Türmen. Täglich von 10 Uhr bis Einbruch der Dunkelheit kann man hinaufsteigen.

2 km nördlich berührt die Havelchaussee bei der Jürgenlanke wieder das Ufer. Hier ragt die Halbinsel Schildhorn in die Havel. Dieses beliebte Ausflugsziel verdankt seinen Namen der Sage vom heidnischen Wendenfürsten Jaczo, der hier seinen Schild an einen Baum hängte, nachdem ihm die Flucht vor christlichen Verfolgern über die Havel gelungen war. Noch heute erinnert dort ein Denkmal daran.

Wo sich 1 km weiter die Straße gabelt, kann man sogar der Seenlandschaft angemessen einkehren: Hier liegt der einstige Dampfer „Alte Liebe", ein Gruß aus dem Hamburger Hafen, als maritime Havelzierde friedlich vor Anker.

An Stölpchensee und Krummer Lanke

Vom Wannsee aus kann man den Grunewald aber auch auf einem anderen Weg erforschen. In nordöstlicher Richtung verläuft die etwa 10 km lange Grunewaldseenrinne, eine Schmelzwasserrinne aus der letzten Eiszeit. Sie setzt sich nach Südwesten zum Kleinen Wannsee hin fort, wo am südlichen Ufer, nahe der Bismarckstraße, das Grab des Dichters Heinrich von Kleist liegt, der hier 1811 mit seiner Freundin Henriette Vogel Selbstmord beging. Insgesamt zehn Seen vom ***Stölpchensee*** bis zum ***Halensee*** bilden eine Kette anziehender Gewässer, die durch unter Naturschutz gestellte Feuchtgebiete miteinander verbunden sind. In Wald eingebettet, sind die Seen zum Baden weniger geeignet, werden dafür aber von Anglern und Spaziergängern sehr geschätzt.

Vom ***Grunewaldsee*** über den ***Hundekehlesee*** ist es nicht weit zum ***Teufelssee.*** Daneben erhebt sich 115 m hoch der Trümmerberg Berlins, der Teufelsberg. 20 Millio-

Mit dem Ausflugsschiff auf den Havelseen

Größte Reederei mit einem regelmäßigen Fahrplan ist die Berliner Stern- und Kreisschiffahrt. Sie unterhält den Sommer über drei Linien.

Wannsee (Bhf.) – Glienicker Brücke Von April bis Oktober täglich mehrere Fahrten. Die einfache Fahrt über Kladow (19 Minuten) und Pfaueninsel (36 Minuten) dauert bis zur Glienicker Brücke insgesamt 55 Minuten.

Spandau (Lindenufer) – Kohlhasenbrück Von April bis September wird zweimal täglich Kohlhasenbrück über neun Anlegestellen angelaufen. Einfache Fahrt 2 Stunden.

Große Havelseenfahrt Wannsee – Tegel Von Mitte April bis September täglich mehrere Fahrten. Die Rundfahrt dauert 5 Stunden.

Besonders interessant im reichen Angebot an Sonderfahrten sind die Ausflüge „Unter den Brücken – auf den Kanälen" (Juni bis August an bestimmten Wochentagen, ab Schloßbrücke Charlottenburg, Dauer 5½ Stunden), „Durch 7 Bezirke" (Mai bis August täglich, ab Greenwichpromenade Tegel, Dauer 7¼ Stunden) und die kombinierte Stadt-/Schiffsrundfahrt (Juni bis August am Wochenende, ab Meinekestraße/Kurfürstendamm, Dauer 5¾ Stunden).

Auskunft Stern- und Kreisschiffahrt, Sachtlebenstraße 60, 1000 Berlin 37, Tel. 030/810004-0.

Wannsee – Kladow Einzige ganzjährige Verbindung, in stündlichem Verkehr. Einfache Fahrt knapp 25 Minuten.

Auskunft Berliner Verkehrsbetriebe BVG, Potsdamer Straße 188, 1000 Berlin 30, Tel. 030/2165088.

Außerdem bieten zahlreiche kleinere Reedereien Rund- und Ausflugsfahrten an.

Oben: Beliebtestes Schiff auf den Havelseen ist ohne Zweifel die originelle „Moby Dick“: Bei Kaffee und Kuchen im Maul des Riesen wird die Ausflugsfahrt zu einem ganz besonderen Vergnügen.

Rechts: Die am schönsten gelegene Gaststätte Berlins ist das Höhenrestaurant Nikolskoe in Wannsee: ein Blockhaus, das Friedrich Wilhelm III. für seine Tochter und ihren Mann, den späteren Zaren Nikolaus, baute.

nen m^3 Trümmerschutt sind heute voll begrünt und bieten Hänge zum Drachenfliegen, Rodeln und Skifahren – wenn es sein muß, sogar mit künstlichem Schnee!
Bei **Pichelswerder** wird die Havel, von zwei Minileuchttürmen flankiert, wieder zum fast buchtenlosen Fluß. Hier spürt man, daß sie durch eine Großstadt fließt. Unter mehreren Brücken hinweg strömt sie durch Wohn- und Industriegebiete. Die BEHALA, die Berliner Hafen- und Lagerbetriebe, bilden mit dem Südhafen den Auftakt zu Berlins weit ausgedehnter Hafenregion, die sich 1 km flußabwärts dann entlang der ***Spree*** fortsetzt (siehe Seite 460–465).
Doch unmittelbar nach der Spreemündung weitet sich die Havel wieder, umfließt bald darauf die sternförmig angelegte Zitadelle Spandau, von deren Juliusturm aus sich erneut ein weiter Blick über Spree und Havel auftut. Die Mauern der rund 400 Jahre alten Befestigungsanlage haben schon vieles beherbergt: vom Staatsgefängnis bis zu Schulen, dem Stadtgeschichtlichen Museum und einem Burgrestaurant.

Es spukt nicht mehr in Tegel

Für Ausflügler wird das Ufer erst nach der Einmündung des Hohenzollernkanals wieder interessant – wenn das Industriegebiet endet. Hier öffnet sich die Insellandschaft des ***Tegeler Sees.*** Spazier- und Autowege führen durch die Jungfernheide, an die der Flughafen Berlin-Tegel angrenzt, nach **Tegel** hinein. Von der Heidelandschaft ist noch ein schmales Stück am Rand der Flughafenanlage übriggeblieben. Die Gespenster allerdings, die Goethe in seinem „Faust“ dem Ort nachsagte, sind heute durch andere Sehenswürdigkeiten ersetzt. Am Ortsende lockt Schloß Tegel, von Karl Friedrich Schinkel im klassizistischen Stil umgebaut. Im Park mit den riesigen alten Bäumen, der Humboldt-Eiche und der Dikken Marie, ist der Gründer der Berliner Universität, Wilhelm von Humboldt, begraben. Von hier aus lassen sich Spaziergänge sehr schön in den Berliner Forst Tegel erweitern. Vor allem im Herbst bietet er eine farbenprächtige Kulisse.
Der angrenzende Stadtteil **Tegelort** ist jedoch für Autofahrer nur auf dem Umweg über Konradshöhe zu erreichen. In Tegelort kann man sich gleich zweier Fähren bedienen – einer Auto- und einer Personenfähre –, um ans andere Havelufer überzusetzen. Man muß allerdings havelabwärts bis in die Höhe der Zitadelle durch Wohn- und Industriegebiet fahren, bis die Straße das Ufer wieder berührt. Über den Hohen Steinwall gelangt man zur Schleuse Spandau. An diesem Nadelöhr kann man sehr gut beobachten, wieviel Schiffsverkehr sich täglich die Havel hinauf- und hinunterbewegt.
In der Altstadt von **Spandau** und in **Wilhelmstadt** fließt die Havel weiterhin durch dicht bebautes Gebiet; erst an der Scharfen Lanke in Pichelsdorf wird das Ufer wieder grün. Bei den angrenzenden Stadtteilen **Gatow** und **Kladow** spürt man den ehemaligen Dorfcharakter noch deutlich. Ihr langes Havelufer ist noch still und von Feldern und Waldstücken durchsetzt: Spaziermöglichkeiten für alle, die Erholung vom Berliner Trubel suchen.
Dicht am Ufer bei Kladow liegt auch das Inselchen Imchen, das vielen Vögeln als Nistplatz dient und daher unter Naturschutz steht. Von der Imchenallee schaut man wieder zum Wannsee hinüber. Am Ende der Imchenallee trennt die DDR-Grenze das West-Berliner Kladow vom jenseitigen Stadtteil Sacrow.

Das kleine Meer der Mecklenburger

In Mecklenburg hat die letzte Eiszeit ganze Arbeit geleistet. Das Ergebnis: die größte Seenplatte Deutschlands mit über 600 Seen aller Größen. Den größten, die Müritz, haben die Mecklenburger gleich zum Meer erklärt.

Mit einer Fläche von 117 km² ist die ***Müritz*** der größte See der DDR und der zweitgrößte See Deutschlands. Schon die Slawen, die zunächst in Mecklenburg ansässig waren, nannten ihn „Morze", was Meer bedeutet. Daraus wurde dann die Müritz, von den Mecklenburgern liebevoll zum „kleinen Meer" erhoben.

Die Müritz und 36 kleinere Nachbarseen wurden 1962 zusammen mit den umgebenden Wiesen und Wäldern als Landschaftsschutzgebiet „Müritz-Seen-Park" ausgewiesen. In die herrliche Landschaft strömen jedes Jahr die Urlauberscharen aus der ganzen DDR. Sie finden Unterkunft auf den zahlreichen Campingplätzen rund um die Seen, außerdem gibt es bei **Klink** das gewerkschaftliche Ferienzentrum „Völkerfreundschaft". Um ein Neurenaissanceschloß von 1900 gruppieren sich Bungalows und ein Hotelhochhaus mit Dachcafé. Die fischreiche Müritz ist auch ein Paradies für Angler. Ein großer Teil des Fischnachwuchses stammt von einer Fischbrutanstalt am idyllischen ***Kölpinsee.*** Der Luftkurort **Waren** ist das Zentrum des Fremdenverkehrs an der Müritz. In der Saison legen hier auch die Schiffe der Weißen Flotte ab.

Zuflucht für die letzten Adler

Im Südosten der Stadt erstreckt sich ein ausgedehntes Naturschutzgebiet. Es schließt die dicht eingewachsene Uferzone der Müritz ein, außerdem eine Reihe kleinerer Seen. Alljährlich landen in dem Feuchtgebiet riesige Zugvogelschwärme, und auch einige unserer seltensten Großvögel wie Kraniche, Wanderfalken, Fisch- und Seeadler brüten hier noch. Nur Wanderwege stehen für die Erkundung offen.

Nördlich von Mirow, das der Autofahrer nur auf uferfernen Fahrwegen erreicht, überquert man die Seitenbucht der Kleinen Müritz, die ihre Fortsetzung im ***Müritz-Havel-Kanal*** findet (siehe Seite 423). Die schmale Wasserstraße nützt vor allem den Freizeitkapitänen mit ihren Booten.

Bis **Röbel,** dem Hauptort am Westufer, schlägt die Straße wieder einen Bogen um das Ufer. Die Störche auf dem Dach der dortigen Schule sind nicht die einzigen in der Region. Von der Landzunge, die nördlich von Röbel in den See hinausragt, bietet sich ein herrlicher Rundblick.

Malchow, das man auf uferfernen Sträßchen erreicht, gilt als Perle der Seenplatte.

In Röbel lohnt dieser Panoramablick über die Müritz den Aufstieg auf den Kirchturm.

Dicht drängen sich die hölzernen Bootshäuser am Ufer.

Schon die Lage der alten Tuchmacherstadt hat ihren Reiz: auf einer Halbinsel zwischen ***Fleesensee*** und ***Petersdorfer See.***

Im Westen von Malchow liegt der zweite große See dieser Landschaft: der ***Plauer See.*** Seine flachen Strände machen ihn zu einem beliebten Badegewässer. Schon im 19. Jh. hielt sich ein prominenter Kurgast in **Bad Stuer** am Südende des Sees auf: der Schriftsteller Fritz Reuter. In seinem Roman „Ut mine Stromtid" schildert er auf plattdeutsch das Badeleben in der dortigen Kaltwasseranstalt.

Nach **Plau,** dem wichtigsten Erholungsort am See, fährt man von Malchow am Nord- und Westufer entlang. Der Name kommt

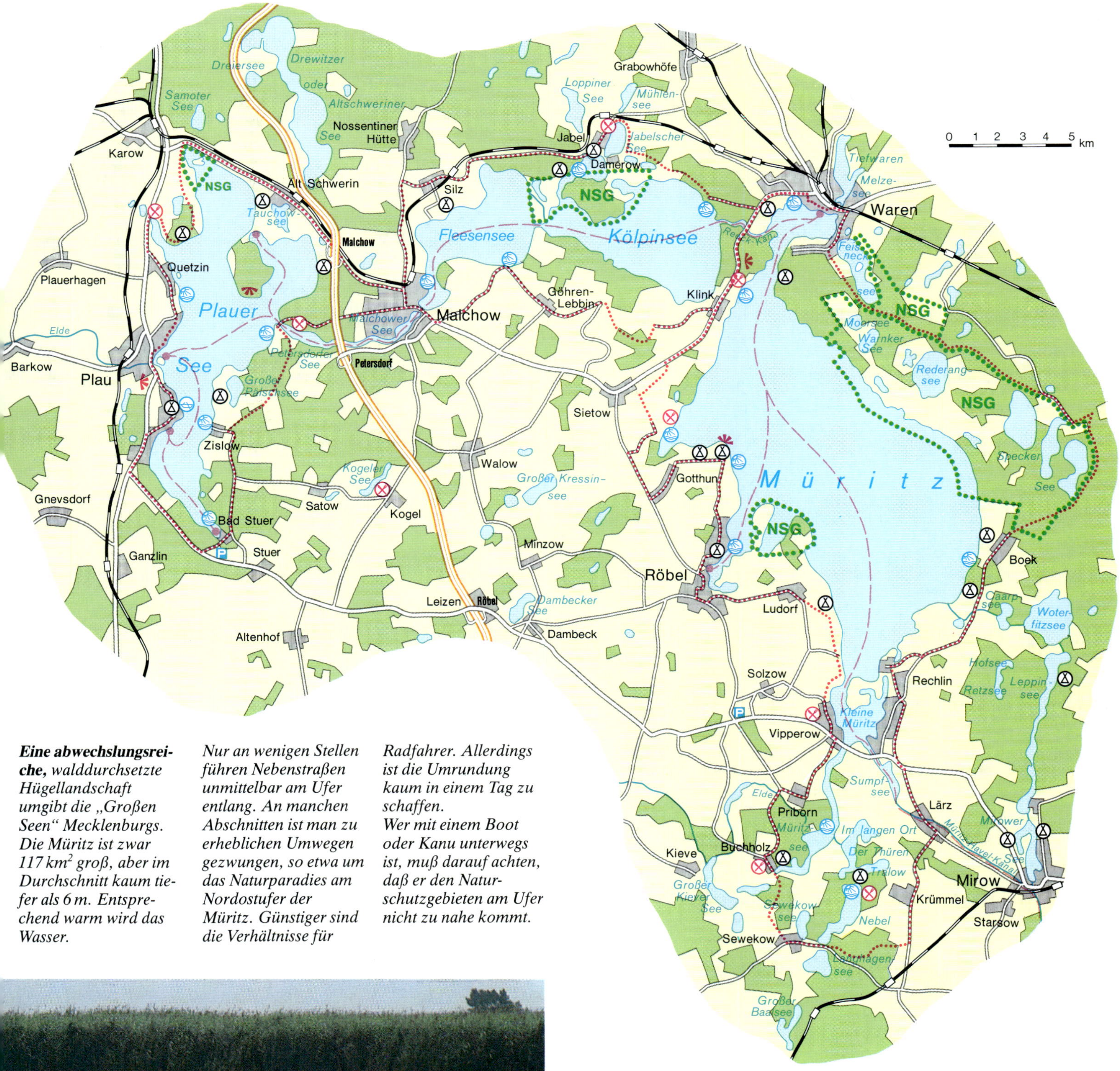

***Eine abwechslungsreiche,** walddurchsetzte Hügellandschaft umgibt die „Großen Seen“ Mecklenburgs. Die Müritz ist zwar 117 km² groß, aber im Durchschnitt kaum tiefer als 6 m. Entsprechend warm wird das Wasser. Nur an wenigen Stellen führen Nebenstraßen unmittelbar am Ufer entlang. An manchen Abschnitten ist man zu erheblichen Umwegen gezwungen, so etwa um das Naturparadies am Nordostufer der Müritz. Günstiger sind die Verhältnisse für Radfahrer. Allerdings ist die Umrundung kaum in einem Tag zu schaffen. Wer mit einem Boot oder Kanu unterwegs ist, muß darauf achten, daß er den Naturschutzgebieten am Ufer nicht zu nahe kommt.*

Erfindungsreichtum bewiesen die Naturschützer im großen Schutzgebiet am Ostufer der Müritz. Fjell-Rinder beweiden hier das ganze Jahr über die Feuchtwiesen und halten so das Gras kurz.

vom slawischen „Plawe“, was Fährort bedeutet. Die ***Elde*** (siehe Seite 426), die hier dem See entströmt, überquert man auf einer Hebebrücke. Ruhig geht es am östlichen Seeufer zu: Nur kleine Stichsträßchen ermöglichen den Zugang zu den Stränden. Nicht allzuweit entfernt vom Ufer führt der Rückweg über Malchow nach Waren.

Noch heute wirken sie lebendig: die Skulpturen des Kaiserpaars Otto I. und Editha (1230–1240) im Magdeburger Dom.

Elbe

Magdeburg Historische Stadt, Verkehrs- und Industriezentrum.
Erst in jüngster Vergangenheit wurde das romanische Kloster Unser Lieben Frauen (1064–1230) wiederhergestellt. Schon der Umgebung wegen sind die kulturellen Veranstaltungen, die in den Klostergebäuden stattfinden, ein Genuß. Entspannung findet man im Klostercafé, interessante Exponate in der Nationalen Sammlung Kleinplastik der DDR.
Das Kulturhistorische Museum umfaßt Sammlungen aus Ur- und Frühgeschichte, Geologie, Zoologie und Technik. Dort ist auch das Original des Magdeburger Reiters (1240) zu besichtigen.
Außer dem Kulturpark Rotehorn zieht der in der Elbaue in Magdeburg-Südost gelegene Salbker See mit seiner Badeanstalt und Kanu-Regattastrecke Erholungsuchende an.
Ruhiger geht es auf dem Wander- und Radweg im Auwald Kreuzhorst zu. Wasservögel, Rot- und Schwarzwild und selbst Biber sind hier beheimatet.
Magdeburg-Information, Alter Markt 9, DDR-3000 Magdeburg

Tangermünde Mittelalterliche Festungsstadt, geprägt von Bauten der Backsteingotik und Fachwerk.
Im prachtvollen gotischen Rathaus hat das Heimatmuseum seinen Sitz. Besonders interessant sind die Dokumentationen zur Elbschiffahrt und -fischerei.
Ein großartiges Panorama über die Altmark bietet sich vom 94 m hohen Kirchturm.
Rat der Stadt, Abt. Kultur, DDR-3504 Tangermünde

Arneburg Kleinstadt über der Elbe.
Das Heimatmuseum im Rathaus informiert unter anderem über Elbschiffahrt und -fischerei.
Rat der Stadt, DDR-3502 Arneburg

Mittellandkanal

Barleben Gemeinde nördlich von Magdeburg.
Nahe beim Schiffshebewerk Rothensee lockt der 94 ha große Barleber See die Ausflügler an. Das Strandbad wartet mit Gaststätte, Strandkörben und Bootsverleih auf.
Information: siehe Magdeburg

Elbe-Havel-Kanal

Genthin Hafen- und Industriestadt.
Im Heimatmuseum erfährt man alles über die Kolonisation der versumpften Elbe-Havel-Niederung und die Frühgeschichte der Region.
Rat der Stadt, DDR-3280 Genthin

Zur Einkehr lockt die Gaststätte auf dem ehemaligen Seitenradschlepper im Magdeburger Kulturpark Rotehorn.

Havel

Neustrelitz Ehemalige Residenzstadt am Zierker See.
Aus dem fürstlichen Jagdrevier ist der Heimattierpark mit seinem kostbaren Baumbestand hervorgegangen. Die Tiere bewegen sich frei im Gelände.
Die Stadt ist Ausgangspunkt für Wanderungen – zu Fuß, mit Rad oder Boot – in das herrliche Seengebiet in der Umgebung. An vielen der waldumgebenen Gewässer gibt es ideale Badeplätze.
Reisebüro, Am Markt 7, DDR-2080 Neustrelitz

Fürstenberg Ferienort in wald- und seenreicher Umgebung.
Im Stadtteil Ravensbrück hält die Nationale Mahn- und Gedenkstätte mit Lagermuseum die Erinnerung an das dortige Frauenkonzentrationslager wach.
Rat der Stadt, Abt. Kultur, DDR-1432 Fürstenberg

Templin Ferienzentrum inmitten eines mit der Havel verbundenen Binnenseegebiets in der Uckermark.
Im Prenzlauer Tor, Teil der Befestigungsanlagen der im 13. Jh. gegründeten Stadt, ist das Volkskundemuseum des Bezirks Neubrandenburg untergebracht. Es befaßt sich mit den Lebensverhältnissen der heimischen Waldarbeiter, Flößer, Schiffer, Fischer und Bauern.
Der Templiner Stadtsee, einer von den 14 Seen in der Umgebung, lädt mit seinem Strandbad zum Schwimmen und Sonnenbaden ein. Auch ein Bootsverleih ist dort zu finden. Wanderern ist der 8,5 km lange Rundweg um den See zu empfehlen. Rastplätze, ein Gartencafé und viele reizvolle Ausblicke gestalten den Ausflug abwechslungsreich.
Zweckverband Erholungswesen, DDR-2090 Templin

Oranienburg Industriestadt nördlich von Berlin.
Den Opfern des ersten Konzentrationslagers in Deutschland (1933) ist die Nationale Mahn- und Gedenkstätte im Stadtteil Sachsenhausen gewidmet.
In der ehemaligen Häftlingsküche wurde das Museum zur Geschichte des KZ Sachsenhausen eingerichtet.
Rat der Stadt, Abt. Kultur, DDR-1400 Oranienburg

Berlin (West) Größte deutsche Stadt.
Erste Informationen und Eindrücke sammelt man am besten auf einer Stadtrundfahrt, wobei man die Wahl zwischen den Angeboten von fünf verschiedenen Omnibusunternehmen hat. Die kürzeste Fahrt (Berlin-Kennenlern-Tour) dauert 2 Stunden. Zu dem reichhaltigen Programmangebot gehören auch zwei- bzw. dreistündige Touren, die mit Dampferfahrten kombiniert sind und zweimal täglich stattfinden. Die Rundfahrten beginnen alle nahe der Gedächtniskirche.
Im Berlin-Museum (geöffnet täglich außer Mo von 11–18 Uhr) wird die Stadtgeschichte aufgerollt. Noch greifbarer wird diese im Museumsdorf Düppel in der Nähe des S-Bahnhofs Zehlendorf-Süd. Der Blick geht hier zurück bis ins Mittelalter; das Leben in den alten Höfen wird durch Vorführungen alter Handwerkstechniken lebendig gemacht (geöffnet Mai bis Oktober, So 10–13 Uhr).
Besonders farbenprächtig zeigen sich die Berliner Seen zweimal jährlich bei den Großfeuerwerken „Der Wannsee brennt" und „Sommernachtsparty". Am beeindruckendsten erlebt man sie vom Schiff aus (Anlegestelle Wannsee Bhf.). Mondscheinfahrten ab Tegel und Wannsee finden Mitte Mai bis August Fr und Sa statt.
Verkehrsamt Berlin, Europa-Center, 1000 Berlin 30, Tel. 030/21234

Nur Fassade ist das romantische Schlößchen auf der mit uralten Bäumen bestandenen Pfaueninsel in West-Berlin.

Der heitere Lustgarten von Schloß Sanssouci in Potsdam staffelt sich an einem ehemaligen Weinberg.

Potsdam Ehemalige preußische Residenzstadt, gegründet auf einer Havelinsel. Den besten Überblick gewinnt man auf einer Stadtrundfahrt, die am Hauptbahnhof ihren Ausgang nimmt. Die Fahrten werden von Mai bis Oktober an Samstagen, Sonn- und Feiertagen veranstaltet. Dauer: 1 Stunde.
Faszinierende Einblicke in die Baukunst des „friderizianischen" Rokokos bietet Schloß Sanssouci mit seinem 290 ha großen, einmaligen Park. Wenig jünger ist der verspielte Neue Garten am Heiligen See. Neben dem Marmorpalais, 1787–1792 im Stil des Berliner Frühklassizismus erbaut, befindet sich hier auch das Schloß Cecilienhof, in dem vom 17. Juli bis 2. August 1945 die Potsdamer Konferenz stattfand (Gedenkstätte).
Zu einem Rückblick in die Kolonistenära des Havellands gerät ein Rundgang durch das Holländische Viertel. Die 134 Backsteinhäuser wurden 1737–1742 für die im Wasserbau erfahrenen Einwanderer erbaut.
Freizeitangebote gibt es zuhauf: die Freundschaftsinsel mit ihrem über 1300 Pflanzenarten umfassenden Schau- und Lehrgarten, mit Sportanlagen, Café, Bootsverleih und Freilichtbühne, Templiner- und Tiefersee mit Strand- und Freibad, Liegewiesen und Gaststätten sowie der kurfürstliche Wildpark.
Reisebüro,
Friedrich-Ebert-Straße 115,
DDR-1500 Potsdam

Caputh Ausflugsort zwischen Schwielowsee und Templiner See.
Eine Wanderung auf dem Uferweg des Schwielowsees führt die Naturschönheiten der Havellandschaft einprägsam vor Augen. Am Ortsrand „erklimmt" man den Moränenhügel Krähenberg, der eine herrliche Aussicht über Seen und Wälder bietet. 8 km sind es bis Ferch am Südende des Sees, von wo es mit dem Linienbus zurückgeht.
Rat der Gemeinde,
DDR-1506 Caputh

Brandenburg Zentrum und älteste Stadt der Mark Brandenburg.
Fast unbegrenzt sind die Freizeitmöglichkeiten an den Seen in der Umgebung. Interessante Sportveranstaltungen werden an der internationalen Regattastrecke am Beetzsee ausgetragen.
Reisebüro,
Katharinenkirchplatz 13,
DDR-1800 Brandenburg

Rathenow Industriestadt am Rand des Havelländischen Luchs.
Im Heimatmuseum wird die Geschichte der optischen Industrie in der Stadt dokumentiert.
Bade- und Ausflugsziele liegen in nächster Umgebung: Wolzensee und Hohennauener See.
Rat der Stadt,
DDR-1830 Rathenow

Die Gestalt einer Landarbeiterin ziert den Eingang zum Agrarhistorischen Museum in Alt Schwerin.

Havelberg Historische Domstadt an der Mündung. Sehenswert ist das Prignitz-Museum mit seinen beachtlichen Sammlungen zur Geschichte der Landschaft.
Rat des Kreises,
DDR-3530 Havelberg

Müritz/Plauer See

Waren Zentrum des Fremdenverkehrs an der Müritz. Geschichte und Naturkunde der Müritz-Region sind das Thema des interessanten Müritz-Museums. Es ersetzt allerdings nicht die lebendige Anschauung in der Natur, die man auf Wanderungen in der herrlichen Umgebung erhält.
Ein Anziehungspunkt, vor allem auch für Kinder, ist das Wisentgehege am Rand des Weilers Damerow (Schaufütterungen täglich um 10 Uhr).
Reisebüro, Kietzstraße 15,
DDR-2060 Waren

Plau Erholungsort am Westufer des Plauer Sees. Im südlichen Stadtteil Appelburg befindet sich die größte Pelztierfarm der DDR. Ihr angeschlossen ist ein kleiner Zoo, in dem die gezüchteten Tiere zu besichtigen sind.
Rat der Stadt,
DDR-2864 Plau

Dieses reetgedeckte niederdeutsche Hallenhaus ist eines der Prunkstücke im Freilichtmuseum von Schwerin-Mueß.

Alt Schwerin Ortschaft im Norden des Plauer Sees. Einen hervorragenden Einblick in die Sozial- und Agrargeschichte Mecklenburgs erhält man im Freilichtmuseum. In den Innenräumen sind zahlreiche Detailsammlungen untergebracht (geöffnet täglich außer Mo).
Rat der Stadt,
DDR-2063 Malchow

Nuthe

Kloster Zinna 1170 gegründetes, bedeutendes Zisterzienserkloster im Niederen Fläming.
In den stilvollen Gebäuden der Backsteingotik befinden sich wertvolle Wandmalereien aus der Zeit um 1480. Außerdem lohnt das Heimatmuseum eine Besichtigung.
Rat der Stadt, Abt. Kultur,
Platz der Jugend,
DDR-1700 Jüterbog

Elde-Müritz-Wasserstraße

Neustadt-Glewe Kleinstadt in der Wiesenlandschaft der Lewitz.
Der Neustädter See lockt mit seinem sandigen Badestrand und Bootsverleih zu Mußestunden am Wasser. Die Stadt wird auch von der Schweriner Weißen Flotte angelaufen, deren Schiffe durch den Störkanal hierhergelangen.
Rat der Stadt,
DDR-2808 Neustadt-Glewe

Schweriner See

Schwerin Ehemalige Residenzstadt, heute bedeutende Großstadt in wald- und seenreicher Umgebung. Das romantische Schloß auf einer Insel im See erhielt erst im 19. Jh. sein heutiges Aussehen nach dem Vorbild von Schloß Chambord. Die Restaurierung der Innenräume ist noch nicht vollständig abgeschlossen, doch finden in prunkvollem Rahmen bereits kulturelle Veranstaltungen und Ausstellungen statt. Zauberhafte Rundgänge lassen sich im barocken Schloßgarten mit seinem wertvollen Baumbestand und dem Kreuzkanal unternehmen.
Im Stadtteil Mueß am Südende des Sees sollte man sich das Freilichtmuseum nicht entgehen lassen. Es informiert über das einstige Leben und die Architektur in den mecklenburgischen Dörfern.
Schwerin-Information,
Markt 11,
DDR-2700 Schwerin

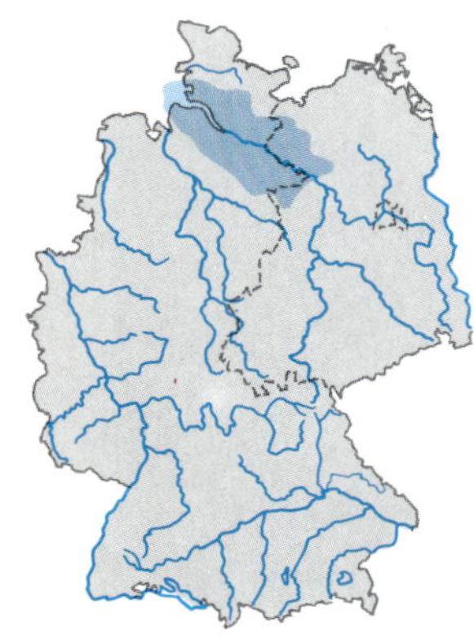

Aus der Einsamkeit ins offene Meer

Auf dem letzten Abschnitt seiner Elbreise erwarten den Besucher harte Kontraste: Er erlebt fast urtümliche Natur, hübsche Dörfer inmitten ertragreichen Kulturlandes, Städte mit Industrie und Kraftwerken – und die Faszination der Weltschiffahrt.

An der Spitze des markanten Keils, den das Gebiet der Bundesrepublik Deutschland im Nordosten zur DDR hin bildet, tritt die Elbe über die deutsch-deutsche Grenze – das rechte Ufer aber bleibt bis kurz vor Lauenburg in der DDR. In diesem Grenzwinkel liegt **Schnackenburg,** Endpunkt der B 493. Die Stadt hat zwar nur rund 650 Einwohner und zählt damit zu den kleinsten der Bundesrepublik, doch für die Elbe spielt sie eine wichtige Rolle. Denn die Arbeitsgemeinschaft für die Reinhaltung der Elbe hat dort eine Meßstation eingerichtet, die laufend die beträchtliche Schmutzfracht mißt, die der Fluß aus der DDR mitbringt. Bei Schnackenburg nimmt die Elbe den Aland auf.

▷ ***Aland*** Der windungsreiche Aland verläuft kaum 2 km auf bundesdeutschem Gebiet. Bei Schnackenburg-Gummern

Von der Dömitzer Brücke hat man einen herrlichen Blick über die Elbe und auf die Buhnen. Diese in den Fluß ragenden Dammkörper wurden angelegt, um die niedrigen Ufer zu schützen. Sie verringern die Fließgeschwindigkeit des Wassers und damit seine Erosionskraft. An ihnen setzt sich außerdem Treibsand ab, der sonst in der Fahrrinne abgelagert würde.

__Von Schnackenburg,__ wo die Elbe die deutsch-deutsche Grenze überschreitet, bis zu ihrer Mündung bei Cuxhaven in die Nordsee legt die Elbe rund 255 km zurück. Wenn man den flußnahen Straßen folgen will, sollte man sich 2 Tage Zeit nehmen, damit man unterwegs wenigstens einige bedeutende Sehenswürdigkeiten anschauen kann. Aber dabei kommt natürlich der Mittel- und Höhepunkt des bundesdeutschen Abschnitts der Elbe viel zu kurz: Hamburg. Um die Stadt einigermaßen kennenzulernen, müßte man schon mehrere Tage aufwenden. Sehr zu empfehlen sind außerdem Tagesabstecher in die Tallandschaften einiger Nebenflüsse, z. B. von Jeetzel, Ilmenau oder Alster.

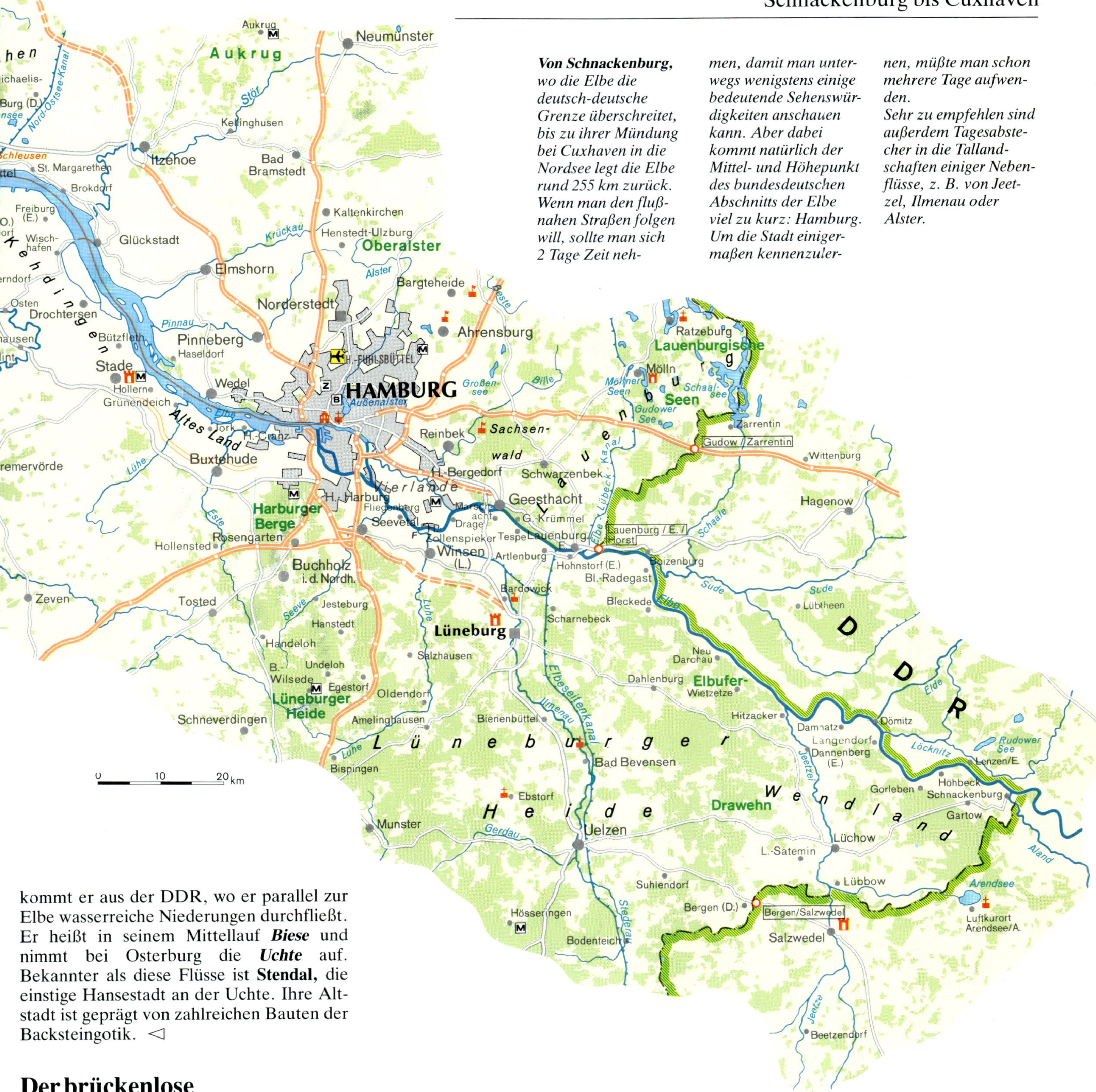

kommt er aus der DDR, wo er parallel zur Elbe wasserreiche Niederungen durchfließt. Er heißt in seinem Mittellauf ***Biese*** und nimmt bei Osterburg die ***Uchte*** auf. Bekannter als diese Flüsse ist **Stendal,** die einstige Hansestadt an der Uchte. Ihre Altstadt ist geprägt von zahlreichen Bauten der Backsteingotik. ◁

Der brückenlose Flußabschnitt

In Schnackenburg beginnt oder endet die unübersehbar ausgeschilderte Elbuferstraße. Von hier bis zum 92 km entfernten Lauenburg führt keine Brücke von dieser Straße über den Fluß. Die Uferstraße, als Panoramastrecke angelegt, führt in Schnakkenburg allerdings zunächst von der Elbe weg nach Gartow, so daß man nichts von ihr sieht. Daher sollte man einen Spaziergang zum Fluß machen und am Ufer entlangwandern. Nach etwa 5 km kommt man zum Elbholz: Dieses Wäldchen mit urigen Eichen ist ein Relikt aus der Zeit, als die Uferregion noch nicht eingedeicht war und immer wieder überschwemmt wurde.

Ein Stück flußabwärts erhebt sich der 76 m hohe Höhbeck über die Flußniederung. Auf diesem eiszeitlichen Moränenrest recken sich zwei 332 m hohe, rot-weiß gestrichene stählerne Richtfunkmasten in den Himmel, über die der Fernmeldeverkehr nach Berlin abgewickelt wird.

Eine andere Möglichkeit ist, von Schnackenburg die Elbuferstraße nach Gartow zu neh-

Eisgang hinter dem Deich: Hochwasser hat die Wiesen im Elbholz bei Schnackenburg in eine urwüchsige Flußlandschaft verwandelt, in der sich in der Sonne glitzernde Eisschollen um die alten Bäume drängen.

men, kurz vor dem Ort nach rechts abzubiegen und über Restorf und Brünkendorf nach **Vietze** zu fahren. (Alle drei Orte gehören zu Höhbeck.) In Vietze stehen die Reste eines karolingischen Kastells. Von dort geht es auf der Landstraße über Gorleben-Meetschow zurück zur Elbuferstraße und weiter nach **Gorleben,** das wegen der umstrittenen Lagerstätte für Atommüll und der Wiederaufbereitungsanlage bekannt wurde. Der Ort liegt am Rand eines ausgedehnten Waldgebietes mit den typischen wendländischen Kiefernforsten auf sandigem Dünenboden.

Hinter Gorleben zieht die Straße hinter dem Deich durch Brackgebiete und vorbei an verschilften Seitenarmen der Elbe. Hier sollte man bei einem der verträumten Dörfer wie **Laase** oder **Grippel** einmal anhalten und die Vögel beobachten, z. B. Störche und Kraniche; auch seltene Pflanzen wachsen dort.

Einzig in seiner Art: Naturpark Elbufer-Drawehn

Seit 1968 besteht der 750 km² große Naturpark im Ostzipfel Niedersachsens. Er umfaßt die wasserreiche Niederung der Elbe und ihrer Nebenflüsse zwischen Bleckede und Schnackenburg im Wendland und den hügeligen, waldreichen Drawehn mit seinen trokkenen Sandböden.

In diesem dünnbesiedelten Gebiet findet man Tier- und Pflanzenarten in einer Fülle wie sonst kaum irgendwo in der Bundesrepublik Deutschland. So leben z. B. in den vom Wasser geprägten Niederungen allein zehn von den 15 in Deutschland heimischen Lurcharten, darunter auch die sehr seltene Rotbauchunke (Abb.). Lang ist die Liste der Vögel, die man beobachten kann: Dazu gehören beispielsweise die Rohrdommeln, die Störche und, als ganz große Seltenheit, die Kraniche, die hier brüten.

Der Pflanzenfreund kann sich unter anderem an der Weißen Seerose, der Schwanenblume und an den leuchtendblauen Blüten der Sibirischen Iris erfreuen.

Kurz vor **Langendorf** lädt an der Elbuferstraße ein hölzerner Aussichtsturm zu herrlichem Rundumblick über die Flußniederung ein. Von Langendorf aus lohnt sich ein Abstecher über den Ortsteil Brandleben zur Dömitzer Straßenbrücke – vielmehr zu ihrer Ruine. Man kann auf dem Brückenrest bis zur Flußmitte gehen. Der Brückenkopf bietet freien Blick auf das auf der anderen Flußseite liegende historische Festungsstädtchen **Dömitz** und auf den Fluß mit den charakteristischen Buhnen, den aus Schotter aufgeschütteten, fingerartig in den Fluß greifenden Dämmen. Rechts von der Straßenbrücke erblickt man die unzugängliche Ruine der einstigen Dömitzer Eisenbahnbrücke.

Von der Brücke geht es auf der B 191 zur Elbuferstraße zurück, die nun bei **Damnatz** wieder auf den Fluß trifft. In einem nach Norden gerichteten Bogen fließt die Elbe auf Hitzacker, die nächste größere Station, zu. Die Straße begleitet sie ufernah. Das Gebiet in dieser Flußbiegung heißt Strachauer Rad. Es ist eine der vogelreichsten Altwasserlandschaften Niedersachsens – ein Stück heiler Vogelwelt und ein Idyll dazu. Auf dem grünen Deich weiden Schafe, deren Milch man, zu köstlichem Käse verarbeitet, in **Dannenberg-Penkefitz** kaufen kann.

Kurz vor Hitzacker liegt der Ortsteil **Wussegel.** Dort zeigen Hochwassermarken an dem Ausflugslokal „Elbterrassen", wie verheerend das Elbhochwasser einst in diesem Stromabschnitt sein konnte. Kurz bevor man nach Hitzacker hineinkommt, überquert die Elbuferstraße die Jeetzel, die hier in die Elbe mündet.

Durch das stille Land der Wenden

▷ ***Jeetzel*** In schöner Insellage zwischen der Elbe und den Mündungsarmen der Jeetzel steigt die „Bergstadt" **Hitzacker** bis 75 m über die Flüsse auf. Der ruhige Luftkurort wartet mit malerischen Fachwerkhäusern auf und mit einer 350 Jahre alten riesigen Kastanie. Eine Fahrt jeetzelaufwärts führt durch die wasserreichen Niederungen des Wendlands mit seinen typischen Rundlings- und Straßendörfern, dessen amtlicher Name Kreis Lüchow-Dannenberg ist.

In Dannenberg kann man sich entscheiden, ob man auf kleinen Nebenstraßen Lüchow ansteuert oder die B 248 dorthin benutzt.

Links: In Bleckede steht unübersehbar geschrieben, woher Goethe sein Wissen über den Deichbau hatte.

Oben: Hitzackers „Weinberg" bietet einen herrlichen Ausblick. Hier wurde von 1528 bis 1713 tatsächlich Wein angebaut. Ein Unwetter zerstörte die Kulturen.

Auf den Nebenstraßen läßt sich die Abgeschiedenheit des Wendlands besser erleben. **Lüchow,** Sitz der Kreisverwaltung, wurde unter Heinrich dem Löwen Grafensitz und Zentrum seiner Ostkolonisation, bei der die Wenden, wie man die dort lebenden Slawen bezeichnete, zwischen 1150 und 1200 in einer ersten Phase christianisiert wurden. Von Lüchow sind es auf der B 248 noch rund 7 km bis **Lübbow** an der Grenze zur DDR. Etwa 2 km westlich des Ortes fließt die Jeetzel auf bundesdeutsches Gebiet: Jenseits der Grenze heißt der Fluß Jeetze. Im mittelalterlichen Salzwedel teilt sich der Fluß in mehrere Arme auf. ◁

Von Hitzacker aus verläuft die Elbuferstraße durch den Forst Junkerwerder; man könnte beinahe meinen, im Schwarzwald zu sein. Von der Elbe ist keine Spur zu sehen. Doch die Straße strebt einem Höhepunkt zu, dem Kniepenberg. Dieser 86 m hohe Aussichtspunkt gehört zum Moränenrücken Klötzie. Von der Elbuferstraße führt eine Abzweigung zum Parkplatz mit Aussichtsplattform. Der Blick von dort oben über die Baumwipfel zur Elbe und auf die Dörfer am jenseitigen Ufer, hinter denen sich der Forst Karrenzien erstreckt, ist großartig.

Aus dem Kiefernwald heraus stößt dann die Elbuferstraße auf das Dörfchen Neu Darchau-Drethem und auf die Elbe, der sie nun wieder ufernah folgt. Wie an einer Kette aufgereiht liegen kleine Ortschaften am Fluß, die alle zu Neu Darchau gehören: **Glienitz, Schutschur,** wo man von einem Grillplatz aus den Blick auf die Elbe genießen kann, **Klein Kühren** und **Neu Darchau.** Dort erinnert ein alter Fähranleger, daß hier früher der Verkehr über den Fluß zum ursprünglichen Darchau ging. Beim Ortsteil **Katemin** schließlich verabschiedet sich die Uferstraße von der Elbe und nimmt hinter grünen, gewölbten Deichen Kurs auf Bleckede. Auf dem Weg dorthin kann man in **Bleckede-Walmsburg** zu vorgeschichtlichen Gräbern und in **Bleckede-Alt Garge** zu dem Aussichtspunkt Viehler Höhe abzweigen. In Alt Garge lädt ein weitläufiges Waldschwimmbad zum Bade. Zwischen Neu Darchau und Alt Garge kann man außerdem auf elbnahen Wegen spazierengehen, sie enden jedoch häufig als Sackgassen vor Nebengewässern der Elbe.

Der nächste Ort ist das Hafenstädtchen **Bleckede,** was Bleichwiese bedeutet. Bleckedes Hafen wird von einem Nebenarm der Elbe gebildet. Schon vor 400 Jahren hat man in 20jähriger Arbeit den windungsreichen Fluß in Richtung Bleckede-Radegast begradigt. Dadurch entstand mit einem Stück Alter Elbe und dem Radegaster Haken ein heute bedeutendes Feuchtgebiet. An diesem Flußabschnitt wurde durch die Jahrhunderte bis in unsere Tage an Deichen gearbeitet. Goethes Sekretär Ecker-

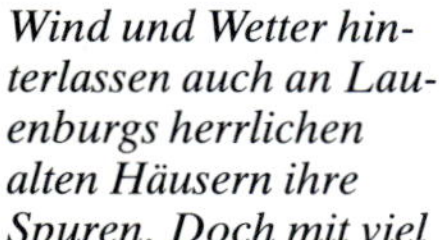

Wind und Wetter hinterlassen auch an Lauenburgs herrlichen alten Häusern ihre Spuren. Doch mit viel Liebe werden die Schäden regelmäßig behoben – man sieht den Häusern die Pflege an.

Parallel zum Elbufer verläuft Lauenburgs Elbstraße in der Unterstadt. Die bunten Fachwerkhäuser stehen eng aneinander und vermitteln das perfekte Idyll einer norddeutschen Elbstadt.

mann studierte in Bleckede den Deichbau – seine Erkenntnisse verarbeitete Goethe in seinem Faust II. Nahe beim Schloß steht eine Eckermann-Gedenktafel. Von ihr aus führt ein schöner Wanderweg zwischen Deich und Elbe hin, der auch die Alte Elbe passiert. Mit der Vitico blieb hier ein Eichenauwald erhalten, in dem Graureiher leben. Aber auch Fischadler kann man hier noch sehen.

In **Radegast** sollte man aussteigen und einen Spaziergang zur Gastwirtschaft „Heisterbusch" machen, einem rustikalen Idyll zwischen Elbe und Radegaster Haken inmitten von Schafweiden, und dort den Schafkäse kosten. Am Radegaster Haken, diesem Elbealtarm, kann man Schwäne, Wildenten, Wildgänse, Schnepfen und Brachvögel beobachten. Im Ort Radegast haben trotz zweier lebhafter Campingplätze mehrere Storchenpaare ihre Nester gebaut.

Nun geht es in einem Zug nach Lauenburg, wo der Elbe-Lübeck-Kanal beginnt.

▷ ***Elbe-Lübeck-Kanal*** Diese Bundeswasserstraße wurde 1900 eröffnet, ist 62 km lang und verbindet die Elbe mit der Ostsee. Sie ist mit sieben Schleusen ausgestattet und für Schiffe mit 2 m Tiefgang und 1200 t geeignet. Die mengenmäßig wichtigsten Frachtgüter, die auf dem Kanal befördert werden, sind Sand, Kies und Steine, die von der Ostsee ins Binnenland gebracht werden. Das Tonnageaufkommen in umgekehrter Richtung ist viel geringer. Außerdem nimmt die Zahl der Schiffe, die den Kanal befahren, ständig ab, weil er für die größeren Europaschiffe zu klein ist.

Man folgt dem Kanal am besten auf Nebenstraßen, denn dann kann man nach Belieben Abstecher zum Kanal machen und von den Deichen aus den Schiffsverkehr beobachten. Die erste größere Stadt am Kanal ist Mölln (siehe Seite 483). Im Endpunkt Lübeck (siehe Seite 475–476) mündet er in die ***Trave*** (siehe Seite 474–476). Deshalb wurde er früher als Elbe-Trave-Kanal bezeichnet. ◁

Schifferstadt am Grenzdreieck

Nur einen Katzensprung östlich von **Lauenburg** biegt die Grenze zur DDR nach Norden von der Elbe weg, so daß nun ihre beiden Ufer zur Bundesrepublik Deutschland gehören, das nördliche zu Schleswig-Holstein, das südliche zu Niedersachsen. Lauenburg teilt sich in eine Unter- und Oberstadt, die durch 124 Stufen miteinander verbunden sind. In der Oberstadt stehen die Wahrzeichen Lauenburgs: der runde Bergfried von 1477 und das nach einem Brand 1616 umgebaute ehemalige Schloß. Das Stadtbild am Ufer ist von alten Fachwerkhäusern geprägt. Sehenswert sind das Elbschiffahrtsmuseum und die runde Palmschleuse, die älteste Kammerschleuse Europas. Auf der anderen Flußseite mündet der Elbeseitenkanal in die Elbe.

▷ ***Elbeseitenkanal*** Diese als „Heide-Sueskanal" apostrophierte Wasserstraße verbindet über 113 km die Elbe mit dem Mittellandkanal und ist für Schiffe bis 1350 t geeignet (siehe Seite 396). ◁

Von Lauenburg aus folgt die Elbuferstraße dem südlichen Flußufer bis Niedermarschacht. Vom Auto aus kann man die Elbe nicht sehen, weil der Deich den Blick versperrt. Gleich dahinter, bei Marschacht-Rönne, stößt die Landstraße auf die B 404, auf der es über die zwei Elbarme, die eine Insel umschließen, nach **Geesthacht** geht. Einst wirkten sich Ebbe und Flut der Nordsee bis Lauenburg aus und behinderten die Schiffahrt beträchtlich. Deshalb wurde in Geesthacht 1960 eine Staustufe mit einer großen Zweikammerschleuse gebaut, durch die der Fluß tidenunabhängig und der Wasserspiegel so weit angehoben wurde, daß Schiffe bis 1350 t zum Elbeseitenkanal fahren können. Außerdem wird in der Staustufe mit einem Laufkraftwerk Strom erzeugt.

Der Elbstau machte es auch möglich, daß östlich der Stadt ein Pumpspeicherwerk mit einem etwa 80 m über dem Fluß gelegenen Stausee gebaut werden konnte. Berühmt wurde Geesthacht durch Alfred Nobel. Er begann 1867 in der Sprengstoffabrik im Stadtteil **Krümmel** mit der Produktion von Dynamit. In Krümmel steht auch das gleichnamige Kernkraftwerk, das 1983 ans Netz ging. Empfehlenswert ist ein Spaziergang in den Forst des nahen Ortsteils **Tesperhude,** der reich an bronzezeitlichen Gräbern ist.

Westlich von Geesthacht breiten sich auf der rechten Seite der Elbe die von Entwässerungsgräben durchzogenen Vierlande bis zum Fluß hin aus: Hamburgs Gemüse- und Blumenkorb. Dem nach Süden ausschwingenden Fluß folgt ufernah die Landstraße. Auf einem nur wenige hundert Meter breiten Landstreifen reihen sich die Treibhäuser und Beete der Gärtnereien aneinander. Das gleiche dörfliche Bild bietet sich an den

Oben: Die Palmschleuse in Lauenburg ist die älteste Kammerschleuse Europas. Sie wurde 1724 im Stecknitzkanal gebaut. Dieser Vorläufer des Elbe-Lübeck-Kanals wurde bereits im späten 14. Jh. angelegt.

Unten: Das friedliche Bild eines Schäfers mit seinen Schafen auf einem Elbdeich kann man noch vielerorts sehen. Der aus der Schafsmilch hergestellte und in Landgasthäusern angebotene Käse schmeckt sehr gut.

nördlich der Elbe verlaufenden ehemaligen Elbnebenarmen Gose (taube) Elbe und Dove (flache) Elbe.

In der Mitte des großen Elbbogens liegt **Zollenspieker,** eine alte Hamburger Fährstation, an der einst auch Zoll erhoben wurde. Die Autofähre fährt halbstündlich auf die andere Flußseite nach **Winsen-Hoopte,** wo die Ilmenau in die Elbe mündet und wo 1973 ein Sturmflutsperrwerk errichtet wurde.

▷ ***Ilmenau*** Die Ilmenau ist der größte Fluß der östlichen Lüneburger Heide, wo er südlich von Uelzen seinen Anfang nimmt. In seinem Unterlauf durchquert er das Obstanbaugebiet der Winsener Marsch, wo die Dörfer durch Plantagen miteinander verbunden sind und ein dichtes Netz von Gräben für Entwässerung sorgt.

▷ ▷ ***Luhe*** Kurz vor ihrer Mündung in die Elbe nimmt die Ilmenau die ***Luhe*** auf, ein Heideflüßchen auch sie. Sie entspringt bei Bispingen am Südrand des Naturschutzparks Lüneburger Heide und windet sich durch eine zauberhafte Heide-, Wald- und Wiesenlandschaft. Gleich an ihrer Mündung liegt **Winsen** mit einem 1600 erbauten Schloß. In Winsen wurde Johann Peter Eckermann (1792–1854), der Vertraute Goethes, geboren. Auf landschaftlich reizvoller Landstraße erreicht man **Salzhausen,** ein uriges Heidedorf mit einer alten Kirche, deren Feldsteinturm einst als Zufluchtsort diente. Nicht weit davon liegt der Ortsteil **Luhmühlen,** das berühmte Reiterdorf, wo oft die Meisterschaften der Vielseitigkeitsreiter ausgetragen werden.

Nahe beim rund 8 km entfernten **Oldendorf** befindet sich die berühmte Totenstatt mit jungsteinzeitlichen Hünengräbern. In dem 1000 Jahre alten Heidedorf **Amelinghausen** lädt ein herrlicher Stausee zum Baden ein. Vorbei an mächtigen Wacholdern gelangt man nach **Bispingen,** wo man die Quellteiche der Luhe und das Quellschwimmbad besuchen kann. ◁ ◁

Lüneburg am kanalisierten Unterlauf der Ilmenau wurde einst durch seine Salzquellen reich. Ein einzigartiges Kleinod ist das Rathaus am Marktplatz mit der wunderschönen Gerichtslaube und der Großen Ratsstube. Es wurde in Jahrhunderten ab 1240 erbaut. Das Wahrzeichen der Stadt ist jedoch die mächtige St.-Johannis-Kirche mit ihrem 108 m hohen Turm. Ihre Anfänge gehen ins 8. Jh. zurück. Treppengiebelhäuser aus mehreren Epochen prägen das Stadtbild. Eine beachtliche Ingenieursleistung stellt der Drehkran an der Ilmenau dar. Er wurde schon im 14. Jh. erwähnt, stammt aber in seiner heutigen Form aus dem 18. Jh.

Hinter Lüneburg schlängelt sich das Flüßchen durch die typische Heidelandschaft und lädt zum Wandern ein. Ein freundlicher Erholungsort ist **Bienenbüttel** an der B 4. Der nächste größere Ort, **Bad Bevensen,** hat ein Thermal-Jod-Sole-Freibad zu bieten.

Den Schlußpunkt setzt die Kreisstadt **Uelzen.** Die wichtigste Sehenswürdigkeit ist die Marienkirche aus dem 13. Jh., ein Paradebeispiel norddeutscher Backsteinkirchen. Sie birgt das Wahrzeichen Uelzens, das Goldene Schiff, einen kupfervergoldeten Tafelaufsatz.

Nicht weit ist es dann von der Kirche zum „Ursprung" der Ilmenau, dem Zusammenfluß von ***Gerdau*** und ***Stederau.*** ◁

Von Zollenspieker nahe der Ilmenaumündung gelangt man rechtselbisch am Deich entlang nach **Hamburg-Warwisch,** wo noch eine alte Windmühle steht. Gegenüber mündet die Seeve in die Elbe. Man erreicht den kleinen Fluß allerdings nur über Hamburg und einen der Elbübergänge.

▷ ***Seeve*** Die Stadt Seevetal nahe der Mündung verdankt ihren Namen dem Flüßchen, das nordwestlich des Wilseder Berges im Naturschutzpark Lüneburger Heide entspringt. Im Ortsteil **Maschen** befindet sich der größte Verschiebebahnhof Europas. Auf kleinen Straßen folgt man dem malerischen Flüßchen bis fast zur Quelle. ◁

Das Tor zur Welt

Kurz hinter Warwisch gabelt sich die Elbe bei der Halbinsel Moorwerder in die Norder- und Süderelbe und gehört nun ganz zu **Hamburg,** der Freien und Hansestadt. Hamburg ist mit 1,586 Millionen Einwohnern nach Berlin die größte Stadt der Bundesrepublik Deutschland und zugleich Bundesstaat. Am Südufer der Süderelbe liegt **Hamburg-Harburg,** eine Industrie- und Wohnstadt, die durch ihren Hafen eine wirtschaftlich bedeutende Rolle spielt. Hinter Harburg bildet die Süderelbe als Nordableger den Köhlbrand, der sich mit der Norderelbe vereint. Über den Köhlbrand führt, von der A 7 abzweigend, die kühne, an zwei 130 m hohen Pylonen aufgehängte Köhlbrandbrücke, von der man einen herrlichen Blick über den Hafen hat. Die A 7 folgt dem Köhlbrand und unterquert die Norderelbe im Neuen Elbtunnel, dessen drei doppelspurige Röhren rund 28 m unter der Wasseroberfläche liegen und 2653 m lang sind. Die Norderelbe strömt nach der Gabelung in einem großen Linksbogen ins Hafengebiet. Wenn man sie auf der A 1 überquert, ist man schon mitten in Hamburg und nur noch einen Katzensprung nach Westen von den St.-Pauli-Landungsbrücken entfernt, deren Pontons sich jedem Wasserstand anpassen. Sie sind der Bahnhof für die Elb- und Englandfähren sowie für die Dampfer und Barkassen, mit denen Hafenrundfahrten durchgeführt werden. Und eine solche Rundfahrt muß man einfach mitgemacht haben.

Oben: Schiffe aus aller Welt, 14 000 im Jahr, schlagen im Hamburger Hafen ihre Waren um. Einen Eindruck von der Größe der Anlagen bekommt man am besten bei einer Hafenrundfahrt.

Rechts: Eine Fahrt durch die Speicherstadt in Hamburgs Freihafen ist ein besonderes Erlebnis. In den vor rund 100 Jahren errichteten Häusern werden auch heute noch Waren gelagert.

Hamburgs Hafen ist in viele Teile gegliedert, die alle ihre eigene Funktion haben: Da gibt es z. B. Werfthäfen, einen Überseehafen, einen Petroleumhafen, einen Hafen für Containerschiffe, einen Freihafen mit einer Speicherstadt, die Ende des 19. Jh. auf Eichenpfählen gegründet wurde. In den mehrgeschossigen Backsteinhäusern an den schmalen Kanälen, Fleeten, lagern Handelsgüter aus aller Welt. Auch heute noch werden sie mit Kränen an den Giebeln der Häuser nach oben oder unten gebracht.

Die Gesamtfläche des Hafens beträgt rund 100 km². Die Kaimauern der 33 Seehafenbecken sind nicht weniger als 39 km lang und bieten 500 Seeschiffen Platz. Weitere 27 Becken stehen Binnenschiffen zur Verfü-

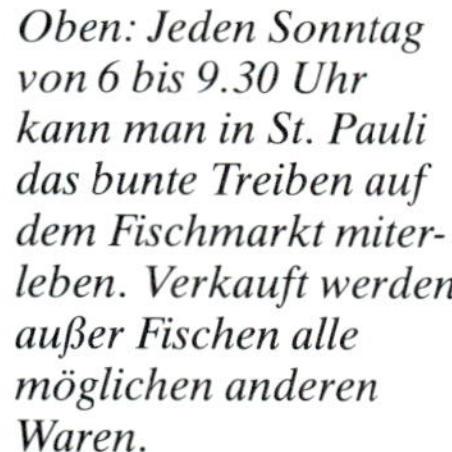

Oben: Jeden Sonntag von 6 bis 9.30 Uhr kann man in St. Pauli das bunte Treiben auf dem Fischmarkt miterleben. Verkauft werden außer Fischen alle möglichen anderen Waren.

Rechts: Wenn die Außenalster zufriert, herrscht hier Volksfeststimmung. Zu Tausenden kommen die Hamburger, um auf dem Eis Schlittschuh zu laufen oder einfach zu bummeln. Die Rabenstraße ist Schiffshaltestelle.

gung. Jährlich laufen rund 14 000 Schiffe aus 90 Nationen ein.

Neben den Landungsbrücken beginnt auch der Alte Elbtunnel. Er wurde 1907–1911 erbaut, ist 450 m lang und verläuft ungefähr 20 m unter der Wasseroberfläche. Rund 1 km östlich der Landungsbrücken mündet die Alster durch drei kanalartige Fleete in die Elbe. Vor ihrer Mündung in die Elbe wurde vor 800 Jahren der Hamburger Hafen angelegt.

▷ ***Alster*** Zu einer der schönsten Städte der Welt, heißt es, mache die Alster Hamburg. Schon mitten in der Stadt ist der Fluß aufgestaut: zur Kleinen Alster beim mächtigen Rathaus von 1841; dahinter zur 18 ha großen Binnenalster, an der der Jungfernstieg, die berühmte Einkaufsstraße, entlangläuft und die gleichzeitig Ausgangspunkt für Alsterrund-, Fleet- und Kanalfahrten ist; durch die Lombards- und Kennedybrücke von der Binnenalster getrennt, breitet sich dann die 165 ha große Außenalster aus, ein richtiger See, der zu jeder Jahreszeit die Massen anlockt. Ein Spaziergang um den See dauert etwa 2 Stunden.

Der Unterlauf der Alster, die 25 km nördlich von Hamburgs Stadtmitte im Henstedter Moor entspringt, ist bis zur Fuhlsbütteler Schleuse kanalisiert. Danach beginnt der romantische Oberlauf. In **Ohlsdorf** kann man den Hamburger Ehrenfriedhof besuchen: Auch Hans Albers ist dort begraben. Über Hamburg-Wellingsbüttel gelangt man nach **Hamburg-Poppenbüttel,** einer ruhigen Gartenstadt. Nördlich davon fließt die Alster fast im Kreis um eine Halbinsel herum. Nahezu unverfälschte Natur erwartet den Besucher dann im Wohldorfer Wald mit Wald-, Heide- und Moorlandschaft.

Man kann dem Fluß mit dem Auto folgen – ein besonderes Erlebnis bietet jedoch der Alsterwanderweg, der die Alster von der

Mitten in Hamburg ist der Elbenebenfluß zur Binnenalster (18 ha) und zur Außenalster (165 ha) aufgestaut. An der Binnenalster liegt der Jungfernstieg, von dem aus man eine Alsterrundfahrt mitmachen kann. Die Schiffe verkehren fahrplanmäßig. Wer will, kann aber auch ein Boot mieten.

Mündung bis zur Quelle begleitet. Er ist 56 km lang, und man kann ihn auch mit dem Rad befahren. ◁

Westlich der Alstermündung liegt das berühmt-berüchtigte **St. Pauli,** wo jeden Sonntagmorgen der unterhaltsame Fischmarkt abgehalten wird. Und dann beginnt auch schon beim Fischereihafen von **Altona** die Schauseite der Elbe. Auf rund 15 km Länge bieten die bekannte Elbchaussee auf der Geesthöhe und der flußnahe Elbuferweg ein einmaliges Elbpanorama. Man kommt durch **Övelgönne,** wo einst die Lotsen und Kapitäne ihre Häuser an den Hang gebaut haben, um den Fluß immer im Auge zu haben, und vorbei an vornehmen Villen aus dem 18. und 19. Jh. und wunderschönen Parks. Hier herrscht Exklusivität. Und schließlich **Blankenese.** Einst ein Dorf von Fischern, Handwerkern, Kapitänen und Lotsen, deren winzige Häuser sich heute noch am Hang festklammern, ist es zu einem mondänen und entsprechend teuren Wohnviertel geworden. Von dem 74 m hohen, den Ort überragenden Süllberg hat man einen einmaligen Blick über die Elbe. Schon auf schleswig-holsteinischem Boden, in **Wedel-Schulau,** befindet sich das Willkomm Höft, die Schiffsbegrüßungsstelle. Zurück in Övelgönne, gelangt man auf der A 7 durch den Elbtunnel ans linke Ufer.

Altes Land – Obstland

Zwischen Harburg und Stade erstreckt sich als harter Gegensatz zur Hafenbetriebsamkeit der fast 30 km lange und bis 8 km breite, von zahllosen Entwässerungsgräben durchzogene Marschenstreifen des Alten Landes. Es ist das nördlichste geschlossene Obstanbaugebiet der Welt und das größte Deutschlands. In den Plantagen stehen rund vier Millionen Obstbäume, hauptsächlich Äpfel, Kirschen und Pflaumen. Wenn diese Bäume blühen, versinkt das Alte Land in einem Blütenmeer. Durch das Gebiet verläuft der ausgeschilderte Obstmarschenweg. Er führt durch die typischen langgestreckten Marschendörfer mit ihren prächtigen Bauernhäusern.
Wenige Kilometer hinter dem Elbtunnel biegt man nach **Hamburg-Finkenwerder** ab. Der alte Fischerort ist zwar heute noch Heimathafen einer Kutterflotte, aber auch Industrie hat sich inzwischen hier angesiedelt. Von Finkenwerder führt die Straße parallel zum Deich zu dem Stadtteil **Cranz.** Hier kann man den Blick auf das am jenseitigen Ufer gewissermaßen aus der Elbe aufsteigende Blankenese genießen. Kurz vor dem Ort nimmt die Elbe die Este auf.
▷ ***Este*** Die Mündung des Flüßchens, das südlich von Handeloh in der Lüneburger Heide entspringt, ist durch ein Sperrwerk gegen Elbhochwasser geschützt. Nur etwa 5 km davon entfernt liegt **Jork-Estebrügge** mit seiner aus dem frühen 17. Jh. stammenden Esteburg. Ein Kuriosum ist der Turm der um 1700 errichteten Kirche. Er ist mit 8000 Schindeln gedeckt und hat sich mit der Zeit um rund 35 Grad verzogen. Im Ort ist auch eine Drehbrücke zu sehen, die geöffnet werden muß, wenn ein etwas größeres Schiff passieren will. An der eingedeichten

Rechts: Am Willkomm Höft in Wedel-Schulau werden alle Schiffe über 500 t mit Hissen der Flagge und Abspielen der Nationalhymne begrüßt und verabschiedet.

Unten: Der Obstreichtum des Alten Landes ist sprichwörtlich. Die Bauern verkaufen ihre Ware an den Zufahrtsstraßen. Hier decken sich viele Hamburger mit Winteräpfeln ein.

Fahrten auf der Elbe

Neben den fahrplanmäßigen Hafenrundfahrten (siehe Seite 448) wird in **Hamburg,** ausgehend von den St.-Pauli-Landungsbrücken, auch fahrplanmäßiger Linienverkehr auf der Unterelbe unterhalten. Saison: Mai bis August.
Fahrtziele und -dauer Montag bis Freitag führt eine Linie mit Zwischenhalt an vier Stationen nach Wedel-Schulau (etwa 1 Stunde). An Wochenenden wird die Linie bis Lühe verlängert (1 ½ Stunden).
An bestimmten Sonn- und Feiertagen finden Sonderfahrten nach Glückstadt, Stade und Lauenburg statt. An einzelnen Samstagen werden Tagesfahrten nach Bad Bevensen am Elbeseitenkanal angeboten.
Auskunft HADAG Seetouristik und Fährdienst AG, Rödingsmarkt 36, 2000 Hamburg 11, Tel. 040/37 68 00-13.
In **Lauenburg** an der Oberelbe ist ebenfalls eine Linie eingerichtet. Saison: Mitte Mai bis Mitte September. Täglich werden zwei Fahrten durchgeführt.
Fahrtziel und -dauer Schiffshebewerk Scharnebeck (rund 3 Stunden).
Von Ende Juni bis Anfang August finden an Sonn- und Feiertagen Elbekurzrundfahrten statt.
Auskunft Reederei Fredy Eschke, Sägemühlenweg 35, 2058 Lauenburg, Tel. 0 41 53/25 36.

Este entlang erreicht man schon bald **Buxtehude.** Dabei fährt man immer noch durch Obstplantagen und kommt an den charakteristischen Altländer Bauernhäusern vorbei. Buxtehude, einst Mitglied der Hanse, weist schöne alte Häuser auf; bekannt wurde es jedoch durch das Märchen vom Wettlauf zwischen dem Hasen und dem Igel, den der Schriftsteller Wilhelm Schröder 1840 hier stattfinden ließ. Ein Denkmal erinnert daran.

Bei Buxtehude verändert sich die Landschaft. Das wasserreiche Alte Land hört auf, und eine sanft ansteigende, meist trokkene Geestlandschaft beginnt. Die Este hat sich hier in vielen Windungen eingeschnitten. Und hinter **Hollenstedt,** das bei Paddlern beliebt ist, beginnt schon bald die reizvolle Heide- und Waldlandschaft. Von Hollenstedt kann man zur B 3 fahren und auf ihr einen weiteren Abstecher über Handeloh in den Naturschutzpark Lüneburger Heide machen.

Doch wer das Alte Land hautnah kennenlernen möchte, sollte in Cranz das Auto abstellen und auf dem Estedeich flußaufwärts wandern. ◁

Von Cranz aus fährt man nun auf dem Obstmarschenweg oder ufernah auf der Küstenstraße nach Stade. Letztere oder vielmehr der Deich bietet den schöneren Blick auf die Flußlandschaft. Gleich hinter Cranz, schon in Niedersachsen, liegt die Insel Neßsand, ein Seevogelschutzgebiet, in der Elbe. Mit dem Land verbunden ist die Insel Hahnöfersand, auf der ein Jugendgefängnis untergebracht ist. Die Hahnöfer Nebenelbe umschließt die Insel im Süden.

Entlang der Straße dehnt sich das langgestreckte Dorf **Borstel.** Es gehört zu Jork und hat eine bemerkenswerte spätgotische Kirche. Etwas weiter landeinwärts liegt **Jork,** der historische Mittelpunkt des Alten Landes. Hier stehen noch schöne alte Bauernhäuser. Wenige Kilometer weiter stößt der Obstmarschenweg bei Grünendeich auf die Küstenstraße. Ab hier zieht sich die Insel Lühesand, auch ein Seevogelschutzgebiet, in der Elbe hin. Etwas landeinwärts von der Landungsbrücke, in **Hollern-Twielenfleth,** steht eine der beiden noch erhaltenen Windmühlen des Alten Landes.

Die nächste Station, **Stade,** setzt einen schrillen Kontrapunkt zur beschaulichen Obstlandschaft. Das alte Stade, einstmals bedeutende Hansestadt und Konkurrentin Hamburgs, mit dem Alten Hafen und den eng aneinandergebauten, fein herausgeputzten Häusern und der Stadtkirche aus dem frühen 13. Jh., deren barocke Turmhaube zu Stades Wahrzeichen wurde, ist damit nicht gemeint – sondern das neue Stade. Und das ist das größte Industriege-

Oben: Glückstadts Binnenhafen ist Standort einer Heringsfangflotte. Von Glückstadt aus kann man auch mit der fahrplanmäßig verkehrenden Fähre über die Elbe nach Wischhafen fahren.

Rechts: In Glückstadt, heißt es, gibt es die besten Matjesheringe – und zwar in der Matjeszeit von Mitte Juni bis Mitte Oktober. Die Lokale wetteifern dann, Matjes auf möglichst viele Arten zuzubereiten.

In vielen Windungen zieht die Stör durch die fruchtbare Kremper und Wilster Marsch der Elbe entgegen. Ein Sperrwerk an der Mündung schützt die Flußniederung vor Überflutungen durch die Nordsee.

biet an der Unterelbe und beileibe nicht unumstritten.
Die Zeichen moderner Technik halten das Elbufer von Stade bis Bützfleth besetzt: ein Heizöl-, ein Kernkraftwerk, Chemiewerke, eine Aluminiumhütte, eine Ölraffinerie mit Tanklagern, ein Umspannwerk.

Tiefer als der Meeresspiegel

Nordwestlich von Stade dehnen sich die weiten Marschgebiete Land Kehdingen und Land Hadeln, die durch unzählige Gräben entwässert werden. **Bützfleth** kann sich rühmen, einer der tiefstgelegenen Orte zu sein: Er liegt 2 m unter dem Meeresspiegel.
Kurz danach rückt die Insel Pagensand, ein weiteres Seevogelschutzgebiet in der Elbe, ins Blickfeld. Ihretwegen kann man kaum erkennen, daß die Elbe hier schon 3 km breit ist. **Drochtersen** besitzt einen kleinen Hafen an der Wischhafener Süderelbe, die dicht neben der Straße verläuft und diese bis Wischhafen begleitet. Der Wasserarm umschließt die fruchtbare, von Prielen und Kanälen durchzogene Insel Krautsand, die man wegen ihrer erhöht gelegenen Höfe auch als Elbhallig bezeichnet.
Von **Wischhafen** mit seinem wichtigen Fährhafen bietet sich ein Abstecher über die Elbe nach Glückstadt geradezu an. Die Überfahrt mit der Fähre dauert etwa 30 Minuten. Man kommt dabei an der langen Sandbank Rhinplatz vorbei und kann einen herrlichen Rundumblick genießen.
Das rechtselbische **Glückstadt** ist eine am Zeichenbrett entworfene Stadt: Der dänische König Christian IV. ließ sie zu Beginn des 17. Jh. anlegen, um die Elbe zu beherrschen und um mit dem Hafen gegen Hamburg zu konkurrieren. Vom zentralen Marktplatz verlaufen die Straßen mit barocken Häusern radial nach außen. Glückstadt ist ein Zentrum der Heringsfischerei und Mittelpunkt des umliegenden Gemüseanbaugebiets; auch Industrie wurde hier angesiedelt. Nordwestlich der Stadt fließt die Stör in die Elbe.
▷ ***Stör*** Die B 431 führt direkt zur Mündung und zu einem Sperrwerk, das errichtet wurde, um die Störniederung bis hinauf nach Itzehoe vor Sturmfluten und Hochwasser zu schützen.
Die Stör durchfließt in ihrem Unterlauf in vielen Windungen ein breites, von nacheiszeitlichem Schmelzwasser ausgewaschenes Tal. Bis **Itzehoe,** der Hafen- und Industriestadt, ist sie für Schiffe bis 1500 t befahrbar. Weiter nördlich, hinter Kellinghusen, verläuft sie im Naturpark Aukrug durch eine idyllische Wald- und Wiesenlandschaft. Ihre Quelle liegt südöstlich von Neumünster. ◁
Am linken Elbufer, in Wischhafen, kann man direkt nach **Freiburg** fahren, das durch seine Pferdezucht bekannt wurde, oder auf dem Deich wandern. Die Strecke ist rund 6 km lang. Von Freiburg aus sieht man das in die Schlagzeilen gekommene Kernkraftwerk Brokdorf auf der anderen Elbseite. Hinter zwei Deichen, die das Land vor Sturmfluten schützen, führt die Störtebekerstraße weiter zur Ostemündung. Nördlich der Straße zieht sich ein großes Seevogelschutzgebiet hin. Wenn man zwischendurch, etwa bei Balje, auf den Deich steigt, sieht man **Brunsbüttel** am rechten Flußufer, wo der ***Nord-Ostsee-Kanal*** (siehe Seite 470) in die Elbe mündet. Brunsbüttel hat einen bedeutenden Außenhafen für Öltanker sowie ein Kern- und ein Gasturbinenkraftwerk. Außerdem hat sich dort chemische Industrie angesiedelt.
Bei **Neuenhof** überquert die Störtebekerstraße am Ostesperrwerk die Oste.
▷ ***Oste*** Die Oste ist mit 145 km Länge Niedersachsens größter Elbnebenfluß und führt so sauberes Wasser, daß man darin baden kann. Der von der Mündung bis Bremervörde eingedeichte und schiffbare Fluß schlängelt sich südlich von **Osten** durch die Landschaft – über Neuhaus nahe der Mündung, Geversdorf und Oberndorf kommt man dorthin. In abenteuerlichen Windungen und umgeben von vielen Entwässerungsgräben nimmt er seinen Weg durch die flache Moorlandschaft. Auf Landstraßen gelangt man über Hechthausen nach

In Osten, nicht weit von Hemmoor an der B 495 gelegen, überspannt eine Schwebefähre die Oste, einst eine wichtige Verbindung zwischen dem Land Hadeln und dem Land Kehdingen. Diese technische Rarität wurde 1909 erbaut, 1974 aber stillgelegt. Ein privater Förderverein unterhält die Fähre als Museum und führt von April bis Oktober an Sonntagen Demonstrationsfahrten durch.

Bremervörde, dem Mittelpunkt eines reichen landwirtschaftlichen Umlandes. Wer der Oste bis zur Quelle bei **Tostedt** am Nordrand der Lüneburger Heide folgen möchte, muß sich von Ort zu Ort auf Landstraßen vorantasten. ◁

Das Ende einer langen Reise

Vom Ostesperrwerk geht es nach Neuhaus und auf der Störtebekerstraße abseits der Elbe nach Otterndorf. Dann nähert sich die Landstraße wieder dem Fluß und erreicht **Cuxhaven-Altenbruch,** wo man den Hafen besichtigen kann. Endpunkt der Elbreise ist **Cuxhaven:** Seeheilbad, Überseehafen, Fischereihafen, Ausgangspunkt für den Fährverkehr nach Helgoland, Schiffsmeldestelle für den Nord-Ostsee-Kanal und Hamburg. Die Wahrzeichen der Kreisstadt sind die Alte Liebe, der nördlichste Hafenteil mit den Schiffsanlegern, sowie die 29 m hohe Kugelbake. Diese weist seit 1730 den Schiffen den Weg. Von der Bake wurde ein 9 km langer Leitdamm bis zur Höhe der Insel Neuwerk ins Wattenmeer gebaut, der verhindert, daß die Fahrrinne versandet. Die Hafenanlagen am Elbufer bieten beste Möglichkeiten, die vielen ein- und auslaufenden Schiffe zu beobachten.

Der Lauf der Elbe ist hier nicht zu Ende: Sie hat sich viele Kilometer weit eine Rinne ins Wattenmeer gegraben.

Von Cuxhaven aus kann man mit dem Schiff und bei Ebbe zu Fuß oder aber mit einem gemütlichen Pferdewagen durchs Watt die rund 10 km entfernte, zu Hamburg gehörende Insel Neuwerk erreichen – ein Erlebnis, das man nicht vergißt.

Im Kurhaus von Hitzacker finden die „Sommerlichen Musiktage" statt.

Vom Heimatbahnhof des alten Zuges mit Dampflokomotive in Geesthacht kann man nach Bergedorf und zurück fahren.

Im Museumshafen von Övelgönne in Hamburg werden unter anderem restaurierte Fracht- und Fischerboote gezeigt.

Elbe

Schnackenburg Kleinste Stadt Niedersachsens.
Hier beginnt oder endet die Elbuferstraße. Von Mai bis Oktober werden einmal täglich, Sa, So zweimal einstündige Elbrundfahrten durchgeführt.
Information: siehe Gartow

Höhbeck Dörfchen am 76 m hohen Höhbeck.
Beim Ortsteil Vietze kann man die Reste eines Kastells besichtigen, das Karl der Große 789 errichten ließ. Es ist das einzige Kastell in Deutschland, das sicher auf ihn zurückzuführen ist.
Im Heimatmuseum sind viele Zeugnisse aus vorgeschichtlicher Zeit und zur Geschichte der Elbschifffahrt zu besichtigen (Öffnungszeiten: April bis Oktober Mi, Sa, So 17–18 Uhr, Gruppen jederzeit nach Anmeldung).
Information: siehe Gartow

Gartow An der Elbuferstraße gelegener Urlaubsort.
Im 62 ha großen Gartower See kann man schwimmen, segeln, surfen, Boot fahren und angeln.
Kur- und See-GmbH, 3136 Gartow, Tel. 05846/333

Hitzacker Mittelpunkt des Naturparks Elbufer-Drawehn und Luftkurort.
Im Heimatmuseum wird die Geschichte der Elbschifffahrt lebendig (Öffnungszeiten: Mitte April bis Mitte Oktober Di–Fr 10–12 Uhr und 15–17 Uhr, Sa, So 15–17 Uhr).
Von Ostern bis Mitte Oktober werden täglich einstündige Flußfahrten durchgeführt.
Kurverwaltung, 3139 Hitzacker, Tel. 05862/8022

Lauenburg Schifferstadt an Elbe und Elbe-Lübeck-Kanal.
Wie sehr die Stadt schon immer mit der Schiffahrt verbunden war, dokumentiert das Elbschiffahrtsmuseum (Öffnungszeiten: März bis Oktober täglich 10–13 Uhr und 14–17 Uhr, sonst Mi, Fr, Sa, So 10–13 und 14–16.30 Uhr). Der 1900 gebaute Raddampfer „Kaiser Wilhelm" läuft von Mai bis September an verschiedenen Wochenenden und Wochentagen u. a. Bleckede und Hitzacker an.
Fremdenverkehrsamt, 2058 Lauenburg, Tel. 04153/590981

Geesthacht Schleswig-holsteinische Hafenstadt an der Grenze zu Hamburg.
Etwas östlich der Stadt liegt das Pumpspeicherwerk mit dem Stausee (Führungen Di bis So 10–12 Uhr und 12.30 bis 16 Uhr; Anmeldung erforderlich: Tel. 74021).
Von Geesthacht dampft ein Museumszug nach Hamburg-Bergedorf und zurück. Er verkehrt von April bis Dezember, Dauer knapp 1 Stunde.
Stadtverwaltung, 2054 Geesthacht, Tel. 04152/130

Hamburg Hafen- und Weltstadt an der Elbe.
Zu Recht ist für die meisten Besucher Hamburg zunächst gleichbedeutend mit dem Hafen. Und diesen kann man am eindrucksvollsten auf einer Rundfahrt erleben. Ausgangspunkt der Rundfahrten sind die St.-Pauli-Landungsbrücken.
Das größte Unternehmen (HADAG) führt ganzjährig einstündige Fahrten durch, an Werktagen stündlich 9–18 Uhr, an Sonn- und Feiertagen 8.30–18 Uhr halbstündlich. Von März bis Ende Oktober kann man anderthalbstündige Große Hafenrundfahrten mitmachen (täglich im Stundentakt 7–14 Uhr). Außerdem bieten noch mehrere kleine Privatunternehmer Rundfahrten an. Wer gleichzeitig einen Eindruck von der Stadt gewinnen möchte, sollte sich für eine kombinierte Stadt- und Hafenrundfahrt entscheiden. Man fährt wahlweise mit dem Bus oder mit der nostalgischen Hummelbahn (vom Hauptbahnhof aus mehrmals täglich, Dauer: 2½ Stunden).
Sehr sehenswert ist der Museumshafen Övelgönne am nördlichen Elbufer, wo man restaurierte alte Elbschiffe besichtigen kann, allerdings nur von außen, denn sie gehören einem Verein.
Sehr empfehlenswert ist auch das Altonaer Museum in Hamburg: Die Schwerpunkte sind Schiffahrtswesen, Schiffbaukunst und Fischerei, die umfassend dokumentiert werden (Öffnungszeiten: Di–So 10–17 Uhr).
Weit über Hamburgs Grenzen hinaus ist Hagenbecks Tierpark in Stellingen bekannt (Öffnungszeiten: im Sommer 8–19 Uhr, im Winter 8–16 Uhr).
Ein ganz besonderes Fest unter den vielen Veranstaltungen ist der Hafengeburtstag, der jedes Jahr am 7. Mai auf den Landungsbrücken gefeiert wird. Auf den 7. Mai 1189 wird die Unterzeichnung des Freibriefs für die Hamburger datiert.
Fremdenverkehrszentrale, 2000 Hamburg, Tel. 040/248700

Stade Schöne alte Hafenstadt am Nordrand des Alten Landes.
Das Schwedenspeicher-Museum enthält eine interessante ur- und stadtgeschichtliche Sammlung, darunter auch den ältesten Goldfund des nordischen Kulturkreises (Öffnungszeiten: Di–Fr 10–17 Uhr, Sa, So 10–18 Uhr).
Auch das Heimat- und Freilichtmuseum ist einen Besuch wert. Im Heimatmuseum werden u. a. Trachten und Trachtenschmuck gezeigt. Im Freilichtmuseum steht z. B. ein 1733 errichtetes, original erhaltenes Altländer Haus sowie eine alte Bockwindmühle (Öffnungszeiten: Heimatmuseum Di bis Sa und jeden 2. und 4. So im Monat 10–13 Uhr und 14–16 Uhr; das Gelände des Freilichtmuseums ist frei zugänglich, das Altländer Haus Mai bis September Di–So 10–13 und 14–17 Uhr).
Fremdenverkehrsamt, 2160 Stade, Tel. 04141/3738

Glückstadt Hafenstadt an der Unterelbe.
In Glückstadt sollte man über den Deich vom Fährhafen bis zur Störmündung bei Ivenfleth wandern (rund 5 km).
Interessant ist das Detlefsenmuseum. Es gibt u. a. Einblick in die Geschichte des Walfangs, des Robbenschlags und der Heringsfischerei (Öffnungszeiten: Sa 15.30–17.30 Uhr, So 10–12 und 15–18 Uhr).
Verkehrs- und Gewerbeverein, 2208 Glückstadt, Tel. 04124/7699

Brunsbüttel Hafenstadt an Elbe und Nord-Ostsee-Kanal.
Lohnend ist ein Besuch der Brunsbütteler Schleusen, die täglich von durchschnittlich 130 Schiffen passiert werden. Von Juni bis August werden täglich um 14 Uhr einstündige Hafenrundfahrten durchgeführt.
Stadtverwaltung, 2212 Brunsbüttel, Tel. 04852/3910

Das Altonaer Museum zeigt auch eine Sammlung schöner Galionsfiguren aus dem 18. und 19. Jh.

Otterndorf Hauptort des Landes Hadeln mit kleinem Hafen.
Im „See Achtern Diek", dem See hinter dem Deich direkt an der Elbe, kann man baden, surfen und segeln.
Jedes Jahr im Juli findet an wechselnden Tagen der „Germanische Fünfkampf" statt, bei dem es u. a. gilt, schwere Steine zu bewegen und einen „Deich zu bauen".
Fremdenverkehrsamt, 2178 Otterndorf, Tel. 04751/13131

Cuxhaven Letzte Stadt an der Elbe und Seeheilbad.
Im Stadtmuseum im Alten Bürgerhaus, dem Reyeschen Haus von 1780, sind interessante Sammlungen zum Schiffahrtswesen zu sehen (Öffnungszeiten: Mo–Fr 8–12.30 Uhr und 14–16.30 Uhr, Do bis 18 Uhr, Sa 10.30–12.30 Uhr).
Eine Rarität ist das Wrackmuseum, in dem Wrackteile und Gegenstände aus gesunkenen Schiffen ausgestellt sind (Öffnungszeiten: Di–Fr 9–12 Uhr und 15–17 Uhr, Sa, So und feiertags 10–12 Uhr und 15–17 Uhr).
„Uns lütt Schiffsmuseum" zeigt u. a. Schiffsmodelle und Buddelschiffe (Öffnungszeiten: täglich 10–13 Uhr und 16–19 Uhr).
Das ganze Jahr über fahren Schiffe nach Helgoland, von Mai bis September täglich, sonst alle zwei Tage mit einer Übernachtung auf der Insel. Vom 1. Mai bis 30. Oktober kann man außerdem nach Voranmeldung an ein- oder zweitägigen Hochseeangelfahrten rund um Helgoland teilnehmen.
Im Juli finden Pferderennen auf dem Watt statt. Den Termin bestimmen die Gezeiten.
Kurverwaltung, 2190 Cuxhaven, Tel. 04721/4040

In Cuxhaven-Duhnen finden alljährlich die berühmten Trab- und Galopprennen durchs Watt statt.

Jeetzel

Lüchow Kreisstadt und Mittelpunkt des östlichen Wendlands.
Sehenswert ist die Altstadt mit ihren hübschen Fachwerkhäusern. Unbedingt sollte man auch das etwa 4 km entfernte Lüchow-Satemin besuchen: ein typisches wendländisches Rundlingsdorf.
Fremdenverkehrsverein Wendland, 3130 Lüchow, Tel. 05841/4795

Dannenberg Kleinstadt am Naturpark Elbufer-Drawehn.
Auch Dannenberg wartet mit schönen Fachwerkhäusern auf. Vom Ortsteil Penkefitz aus empfiehlt sich ein Spaziergang zum nahe gelegenen Vogelschutzgebiet Strachauer Rad.
Gästeinformation, 3188 Dannenberg, Tel. 05861/301

Elbeseitenkanal

Scharnebeck Kleine Gemeinde am Elbeseitenkanal.
Bekannt geworden ist Scharnebeck, das etwa 10 km nordöstlich von Lüneburg liegt, durch das riesige Doppelschiffshebewerk im Kanal. Man kann es jederzeit besichtigen.
Gemeinde, 2127 Scharnebeck, Tel. 04136/778

Ilmenau

Bad Bevensen Heilbad mit modernen Kureinrichtungen.
Die schöne Umgebung, die reich an Stein- und Hügelgräbern ist, lockt zum Wandern: z. B. vom Ortsteil Medingen auf dem 3,6 km langen Naturlehrpfad durch den Forst Rießel oder zu den Königsgräbern von Haaßel, rund 6 km nordöstlich der Stadt.
Kurverwaltung, 3118 Bad Bevensen, Tel. 05821/3077

Lüneburg Alte Salzstadt, nach der die Heide benannt wurde.
In Lüneburg ist ein Stadtrundgang ein Muß, denn hier bilden so viele Häuser vor allem aus dem 15. und 16. Jh. ein Ensemble, wie man es nur selten erleben kann. Als Höhepunkt empfiehlt sich danach eine Führung durch das Alte Rathaus (Führungen: Mai bis Oktober Di–Fr 10, 11, 12, 14 und 15 Uhr, Sa, So 10, 11, 14 und 15 Uhr; im Winterhalbjahr seltener).

Und natürlich sollte man das Salinenmuseum besuchen, wo gezeigt wird, wie das Salz gewonnen wurde: Ein Fachmann demonstriert das Sieden (Öffnungszeiten: ganzjährig Mo–Do 9–16 Uhr, Fr 9–13 Uhr, Juli bis Oktober auch Sa, So 11–13 Uhr).
Werbe- und Verkehrsamt, 2120 Lüneburg, Tel. 04131/24593

Luhe

Bispingen Gemeinde am Südrand des Naturschutzparks Lüneburger Heide.
Von Bispingen aus lohnt sich ein Abstecher zum Ortsteil Wilsede im Heidepark, den man allerdings nicht mit dem Auto anfahren darf, sondern nur zu Fuß oder mit dem Fahrrad erreicht. Vom Ortsteil Oberhaverbeck aus fahren auch Kutschen hin. In Wilsede steht das Heidemuseum „Dat ole Huus", in dem gezeigt wird, wie die Heidebauern gelebt und gewirtschaftet haben (Öffnungszeiten: Mai bis Oktober täglich 10–12 Uhr, 14–17 Uhr).
Verkehrsamt, 3045 Bispingen, Tel. 05194/887

Este

Buxtehude Alte Hansestadt am Südrand des Alten Landes.
Buxtehude eignet sich gut als Ausgangspunkt für eine rund zweistündige Deichwanderung flußabwärts bis Jork-Estebrügge und zurück durch die schönen Obstplantagen.

Ein bedeutendes technisches Denkmal ist der Drehkran aus dem 18. Jh. an der Ilmenau in Lüneburg.

Auch ein Besuch des Heimatmuseums lohnt sich, in dem u. a. eine Silberschmiede gezeigt wird (Öffnungszeiten: Di, Mi, Fr, Sa 11–16 Uhr, So 11–15 Uhr).
Stadtinformation, 2150 Buxtehude, Tel. 04161/501297

Oste

Osten Kleines Dorf mit technischem Denkmal.
Seit 1909 überbrückt eine Schwebefähre die Oste. Sie wurde 1974 stillgelegt, wird seitdem aber als Touristenattraktion unterhalten (Fahrzeiten: April bis Oktober So, sonst nach Anmeldung).
Gasthaus Fährkrug, 2176 Osten, Tel. 04771/2338

Hechthausen Kleine Ortschaft an der B 73.
Im Ortsteil Klint kann man von April bis Mitte Oktober beheizbare Wohnschiffe mit vier Kojen von Freitag bis Sonntag oder wochenweise mieten. Einen Sportbootführerschein braucht man nicht.
Gemeindeverwaltung, 2174 Hechthausen, Tel. 04774/255

Große Nebenflüsse

Saale und Spree bereichern mit ihren wechselvollen Talabschnitten das Landschaftsbild in weiten Teilen der DDR, drücken einigen Regionen gar einen prägenden Stempel auf – der Spreewald sei stellvertretend für andere erwähnt.
Die Saale ist mit einer Länge von 427 km der zweitgrößte Fluß der DDR. Im Oberlauf windet sie sich ein beachtliches Stück durch das nördliche Oberfranken und ist damit zum guten Teil auch ein westdeutscher Fluß – nicht zu verwechseln mit der Fränkischen Saale, einem Mainnebenfluß. In der DDR unterscheidet man zwischen der Thüringischen und der Sächsischen Saale.
Die Spree ist 55 km länger als die Havel, in die sie mündet, und sie führt auch mehr Wasser als der Fluß aus Mecklenburg. Dennoch gilt sie als Nebenfluß der Havel – was ihrer Bedeutung für Berlin und den Südosten der DDR jedoch keinen Abbruch tut.

Großes Bild: Durch das Thüringische Schiefergebirge zieht die Saale ihre Schleifen. Mehrere Talsperren verwandeln sie – wie hier bei Saaldorf – in eine langgezogene Seenkette.
Kleines Bild links: Ein Bad in der Saale ist allenfalls am Oberlauf zu empfehlen.
Kleines Bild Mitte: Eine Kahnfahrt durch die Naturlandschaft des Spreewalds gehört zu den unvergeßlichen Eindrücken einer DDR-Reise.
Kleines Bild rechts: Weithin sichtbar thront die Burg Wendelstein auf einem steilen Kalkfelsen über der Unstrut.

. . . stehen Burgen stolz und kühn

Den hellen Strand der Saale, der in dem altbekannten Lied besungen wird, sucht man heute vergeblich. Und wenn auch die stolzen Burgen nach wie vor von den Anhöhen grüßen, so rufen doch Talsperren und Fabriken den Besucher rasch wieder in die Gegenwart zurück.

Am Nordostrand des Frankenwalds wird die noch junge Saale zu einem Fluß mit politischer Symbolkraft: Sie trennt die Bundesrepublik Deutschland und die DDR. Der durch einen Metallgitterzaun und andere Sperranlagen hermetisch abgeriegelte Grenzstreifen ist links im Bild zu sehen. Das bundesdeutsche Ufer dagegen ist für jedermann frei zugänglich. Wanderer, die Stille und Naturnähe suchen, sind hier gut aufgehoben.

Münchberg im nördlichen Fichtelgebirge ist Ausgangspunkt für den Besuch der Saalequelle. Mit dem Auto geht es hinauf zum bewirtschafteten Waldsteinhaus. Ein bequemer, 2,5 km langer Weg führt von dort zur gefaßten Saalequelle im Münchberger Stadtwald (ausgeschildert).

Durch ein enges Waldtal strömt der Bach rasch abwärts. Oberhalb von **Sparneck** treten die Hänge des Fichtelgebirges zurück – das Flüßchen schlängelt sich nun durch einen idyllischen Wiesengrund: ein Revier für Wanderer.

Hof, 11 km talabwärts, ist die Metropole des bayerischen Nordostens. In geschützter Spornlage, von einer Saaleschlinge umflossen, wurde 1230 die Neustadt als Grenzfestung gegründet. Nach einem Großbrand im Jahr 1823 erstand sie wieder: in einheitlichem Biedermeierstil. Die Textilindustrie

Das mit 23 673 km² *sehr weite Einzugsgebiet der Saale schließt Thüringen, große Teile Sachsens und auch das nördliche Oberfranken mit ein. Die Reiseroute durch das Saaletal führt über den Grenzübergang Rudolphstein-Hirschberg in die DDR. Bedeutende Städte laden immer wieder zu Zwischenaufenthalten ein. Einige von ihnen, Leipzig und Weimar etwa, liegen an Nebenflüssen der Saale. Wer der gesamten Route folgen will, ist etwa 4 Tage unterwegs.*

ist seit Mitte des 19. Jh. tonangebend. Die alten Fabrikbauten drängen sich in einer Vorstadt am rechten Saaleufer.

▷ ***Regnitz*** Aus dem äußersten Nordostwinkel Bayerns strebt der Saale kurz unterhalb von Hof die Regnitz zu. Eine Wanderung ab **Feilitzsch** talaufwärts in Richtung DDR-Grenze (einfacher Weg 4 km) führt die Abgeschiedenheit dieser Gegend eindrucksvoll vor Augen. ◁

Die Straße nach Rudolphstein begleitet die Saale noch ein Stück, geht dann aber auf Abstand, weil sich der Fluß allmählich in tiefer werdenden Talwindungen in das Hochplateau einschneidet. Trotz seiner vielen Schleifen wird der Fluß nun bis kurz vor **Lichtenberg** zur Trennlinie zwischen den beiden deutschen Staaten. **Rudolphstein** ist die Grenzstation für alle, die die Saale in der DDR weiter begleiten wollen.

▷ ***Selbitz*** Natur in ihrer dramatischsten Form hat das oberfränkische Flüßchen zu bieten. Der Abschnitt zwischen der Einmündung in die Saale bei **Blankenstein** (DDR) und **Hölle** heißt treffend Höllental: Der Wasserlauf hat eine bis zu 170 m tiefe Schlucht ins Gestein gesägt. ◁

Von **Hirschberg** in der DDR aus führt die F 90 geradewegs nach **Saaldorf.** Der Fluß verbreitert sich zum ***Saalestausee,*** der obersten von fünf Talsperren, die den Saalelauf im südlichen Thüringen seiner Ursprünglichkeit beraubt haben. Tief ins bewaldete Schiefergebirge eingeschnitten, windet sich der Stausee, von Straßen unbehelligt, bis **Saalburg.** Dort beginnt der größte deutsche Stausee, die ***Bleilochtalsperre.*** Auf einer Strecke von 28 km zeichnet sie die Schleifen der Saale nach. Campingplätze und Feriensiedlungen säumen die Ufer.

Hinter **Burgk** mit seinem spätgotischen Schloß hoch über dem Tal schlägt die Straße einen Bogen und trifft erst in **Ziegenrück** wieder auf die Saale.

Thüringer Fjordlandschaft

Die folgenden 27 Saalekilometer nimmt die ***Hohenwartetalsperre*** ein. Aus dem über 7 km^2 großen gewundenen Stausee steigen unvermittelt dicht bewaldete Talhänge hoch: Man fühlt sich fast in die flachere Ausführung einer skandinavischen Fjordlandschaft versetzt.

Die alte Industriestadt **Saalfeld** markiert das Ende des oberen Saaletals. Im Mittelalter profitierte sie von ihrer Lage: Am Ausgang des Thüringischen Schiefergebirges, geschaffen vom Saaletal, trafen wichtige Fernhandelswege zwischen Süddeutschland, Böhmen und Leipzig zusammen.

Die F 88 folgt nun dem breiter gewordenen Saaletal. Das prunkvolle Barockschloß Heidecksburg in **Rudolstadt** bildet den Auftakt zum burgengekrönten Mittelabschnitt des Flusses. Ein Schiller-Gedenkraum erinnert an den großen Dichter: Friedrich Schiller verbrachte hier den Sommer 1788 und lernte seine spätere Frau Charlotte kennen.

15 km flußabwärts thront das Städtchen **Orlamünde** auf einem Bergsporn über der Einmündung der Orla.

▷ ***Orla*** Bevor der Fluß sich bei **Pößneck** zur Saale wendet, durchquert er eine breite, in Ost-West-Richtung verlaufende Talsenke. Fossile Korallenriffe an ihrem Südrand bieten eine Attraktion: die Döbritzer Höhlen. ◁

Hoch über der Porzellanstadt **Kahla** zieht die Leuchtenburg den Blick auf sich. 16 km weiter öffnet sich das Tal zu dem breiten Kessel, in dem sich die Universitätsstadt **Jena** ausdehnt – Industrieviertel, Hochhäuser und moderne Trabantensiedlungen bestimmen ihr Gesicht. Kaum vorstellbar, daß Jena im Mittelalter ein geruhsames Dasein als Weinbauernstädtchen fristete. Zu Ehren von Friedrich Schiller, dem berühmtesten Professor, der in Jena lehrte, wurde eine Gedenkstätte im Gartenhaus des Dichters eingerichtet.

Die Brücke zu Schillers großem Zeitgenossen Goethe schlagen die Dornburger Schlösser. 12 km sind es von Jena bis **Dornburg.** Über einer jäh ins Tal abstürzenden Felswand erheben sich die drei Bauwerke, in denen Goethe von Zeit zu Zeit weilte – er liebte vor allem den Schloßpark mit seinen prächtigen Rosen.

In **Camburg** verläßt man die Fernstraße, um der Saale treu zu bleiben oder – 7 km weiter – einen Abstecher auf den Spuren der deutschen Klassiker zu unternehmen: Bei **Großheringen** ergießt sich die Ilm in die Saale, der Fluß, der untrennbar mit dem Namen Goethe verbunden ist.

Gänseherden sind in den grünen Talauen der Unstrut durchaus kein ungewöhnlicher Anblick – schließlich gehört der Gänsebraten, mit Thüringer Klößen serviert, zu den Spezialitäten der Landschaft.

Goethes Fluß

▷ ***Ilm*** Sie weist den Weg ins 30 km entfernte **Weimar,** Zentrum des deutschen Kulturerbes und das ganze Jahr über von Touristenscharen heimgesucht. Ein breiter Grüngürtel begleitet die Ilm durch die Stadt. Goethe selbst hat den Fluß meisterhaft in seinen prachtvollen Park einbezogen, in dem auch das Gartenhaus des Dichters steht. Ilmaufwärts, in **Buchfart,** vermittelt die 1818 erneuerte hölzerne Hausbrücke ein Bild aus jenen Tagen.

Der Kurort **Bad Berka,** eine bedeutende Lungenheilstätte, ist die nächste Station. Tief hat sich der Fluß oberhalb der Stadt ins bewaldete Kalkplateau eingeschnitten. Über den Ferienort **Tannroda** geht es weiter – den Höhen des Thüringer Waldes zu, wo die Ilm entspringt. ◁

Schon von der Ilmmündung aus lenken sie den Blick auf sich: Burg Saaleck und die Rudelsburg, die typischsten der Burgruinen an der Saale. Von beiden hat man einen herrlichen Panoramablick über das Tal.

Über das Solebad **Kösen** gelangt man an eine Abzweigung zur Burgruine Schönburg, die mit Turm und Gartenrestaurant (Aussichtsterrasse!) lockt. Von hier schweift der Blick hinunter nach **Naumburg.** Seit dem Mittelalter wird an den Kalkhängen um die berühmte Domstadt Weinbau betrieben.

▷ ***Unstrut*** Über den Weinort **Freyburg** geht es auf Nebenstraßen das gewundene Tal entlang.

▷ ▷ ***Helme*** Kurz vor Artern öffnet sich, von der Helme durchflossen, eine Niede-

33 vorbildlich restaurierte Fachwerkhäuser säumen die Krämerbrücke in Erfurt. Geschäfte für kunstgewerbliche Artikel und Antiquitäten laden zu einem Einkaufsbummel über den Steg ein.

rung, die sich in nordwestlicher Richtung fortsetzt. Ihrer fruchtbaren Böden wegen hat diese Senke den Namen Goldene Aue erhalten. Wer denkt heute daran, daß die Felder im frühen Mittelalter dem versumpften Boden durch mühsame Entwässerungsarbeit abgerungen wurden? ◁ ◁

Die Unstrut passiert bei **Sachsenburg** die Thüringer Pforte. Hier schaffte sie den Durchbruch zwischen den Kalksteinriegeln von Hainleite und Schmücke.

Kali versalzt das Flußidyll

▷ ▷ ***Wipper*** Mit ihrem Wasser empfängt die Unstrut eine unrühmliche Fracht: Salz aus den hochgradig belasteten Abwässern der Kaliindustrie Nordthüringens. **Sondershausen,** eingebettet zwischen den Höhenzügen von Windleite und Hainleite, ist das Zentrum des Kalireviers. ◁ ◁

Von Süden her erhält die Unstrut oberhalb von **Straußfurt** Unterstützung:

▷ ▷ ***Gera*** An einer Furt über die Erpf, wie die an der Nordabdachung des Thüringer Waldes entspringende Gera ursprünglich hieß, entstand vor über 1200 Jahren Thüringens Hauptstadt **Erfurt.** Gärtnereien bestimmen das Bild im Umland – nur zu verständlich, daß Erfurt den Beinamen Blumenstadt erhalten hat. ◁ ◁

Am Oberlauf der Unstrut ist **Mühlhausen** mit seiner hervorragend erhaltenen Stadtbefestigung ein vielbesuchtes Ziel. Der bedeutendste Führer der deutschen Bauernkriege, Thomas Müntzer, hatte hier 1524/1525 seine letzte Wirkungsstätte. Im Muschelkalkplateau des Eichsfelds, nordwestlich der Stadt gelegen, entspringt die Unstrut. ◁

Von Naumburg an wandelt sich das Gesicht der Saalelandschaft. Die Gegend wird flacher, das Tal weiter, und die Burgenromantik nimmt ein Ende. Die Fernstraßen kürzen die Saalebogen nun geradlinig ab. Nur noch auf kleinen Nebenstraßen läßt sich der Fluß verfolgen.

Weißenfels, im Mittelalter an einem Saaleübergang gegründet, ist die erste wichtige Industriestadt. Mit **Leuna,** 20 km weiter, wird das Saaletal dann endgültig zum Indu-

Vor dem wiederaufgebauten Deutschen Nationaltheater in Weimar erinnert das Goethe-Schiller-Denkmal an das Wirken der großen Klassiker. Über 25 Jahre lang leitete Goethe das Theater.

strierevier. Der riesige Komplex der Leuna-Werke beschäftigt heute über 30000 Mitarbeiter. Wasser aus der Saale ist für die chemischen Produktionsprozesse unentbehrlich: Über 30000 m^3 werden dem Fluß hier täglich entnommen.
In **Merseburg** strahlen nur noch der Dom und das Renaissanceschloß am Hochufer etwas von der Erhabenheit der ehemaligen Residenz- und Bischofsstadt aus. Moderne Wohnviertel und qualmende Fabrikschlote bestimmen heute das Bild.
Nachdem sich die Saale noch an **Schkopau** mit dem zweitgrößten Industriebetrieb der DDR, den Buna-Werken, vorbeigewunden hat, erhält sie von rechts Verstärkung.
▷ ***Weiße Elster*** Der mit 247 km Lauflänge größte Saalenebenfluß weist den Weg bis in das südliche Grenzgebirge der DDR. Gleich am Unterlauf nimmt er seinerseits einen Fluß auf, die ***Pleiße,*** die 90 km weiter südlich bei Zwickau entspringt. Wo sich die beiden vereinigen, kreuzen sich seit dem frühen Mittelalter wichtige Fernhandelswege. Diesem Umstand verdankt die international bedeutsame Messestadt **Leipzig,** die im 12. Jh. planmäßig auf einer hochwassersicheren Terrasse über der spitzwinklig einmündenden Pleiße gegründet wurde, ihren fortwährenden Aufstieg.
Bei **Zeitz** mit seiner bedeutenden Schloßkirche und dem Barockschloß Moritzburg tritt die Weiße Elster aus den bewaldeten Hügeln Südsachsens in die Leipziger Tieflandsbucht über.
Gera ist dann die zweite Großstadt am Fluß. Im Westen begrenzen die bewaldeten Ausläufer des Thüringer Schiefergebirges das ausgedehnte Stadtgebiet.
In **Wünschendorf,** 12 km flußaufwärts, führt die längste überdachte, 1786 errichtete Holzbrücke der DDR über die Weiße Elster. Landschaftlicher Wechsel ist angesagt: Der Fluß durchquert das bergige Vogtland in einem schmalen Waldtal.
Oberhalb von **Greiz,** einst Residenzstadt, heute vor allem von der Textilindustrie geprägt, lohnt ein Abstecher an die einmündende ***Göltzsch.*** Nach 5 km steht man vor einer imposanten Bogenbrücke, Mitte des 19. Jh. aus Ziegelsteinen erbaut.
Der enge Talabschnitt bis Plauen mit seinen über 60 m hoch aufragenden Diabasfelsen genießt unter dem Namen Steinicht Landschaftsschutz. Eine Wanderung am Fluß entlang läßt sich mit einem Abstecher in die wildromantische Schlucht der ***Trieb*** verbinden, die von der 50 m hohen Staumauer der ***Talsperre Pöhl,*** eines beliebten Erholungszentrums der Region, abgeschlossen wird.
Plauen, weltbekannt durch seine Spitzen, ist das historische Zentrum des Vogtlands.

Das Alte Rathaus ist das Glanzstück am Markt der berühmten Messestadt Leipzig. Es wurde 1556 als Renaissancebau errichtet. Die vorgelagerten Kolonnaden mit 21 Arkaden ersetzen seit 1907 die früheren Ladenbuden aus Holz. Vom überdachten „Verkündigungsbalkon“ aus hielten einst die Ratsherren ihre Ansprachen an die Bürger. Im Rathaus selbst ist heute das Museum für Geschichte der Stadt Leipzig untergebracht.

Die Göltzschtalbrücke bei Mylau gilt als herausragendes technisches Baudenkmal. Sie ist mit einer Länge von 575 m und einer Höhe von 78 m die größte Ziegelstein-Bogenbrücke der Welt. In vier Etagen sind 81 Einzelbogen angeordnet. Gebaut wurde sie zwischen 1846 und 1851, als die Eisenbahn in Deutschland auf dem Vormarsch war.

10 km südwärts ist die Weiße Elster zur ***Talsperre Pirk*** aufgestaut. Sie liefert zahllosen Textilfabriken das in großen Mengen benötigte Nutzwasser. Am Rand des Elstergebirges durchquert das Flüßchen das größte Heilbad der DDR: **Bad Elster.** ◁

Der Fluß teilt die Stadt in alt und neu

An der unteren Saale ist **Halle** das überragende Zentrum. Die Salinen bestimmten über Jahrhunderte Werden und Wachsen der Stadt. Die von Nebenarmen durchzogene breite Flußaue trennt die Altstadt über dem rechten Ufer von der jenseitigen Kreisstadt Halle-Neustadt, die 1963 als einheitlich geplante Wohnstadt gegründet wurde. Im Kulturpark Saaleaue hat man Natur und Freizeiteinrichtungen geschickt miteinander verbunden. Oberhalb der Saalebrücke, die ein Stück flußabwärts folgt, beherrscht die Ruine Giebichenstein das Ufer. Auf Nebensträßchen geht es weiter durch die flache Beckenlandschaft. Die Auffahrt zu den Stümpfen des einst 500 m langen Burgkomplexes von **Wettin** lohnt sich schon wegen der herrlichen Aussicht.

Unterhalb von **Alsleben** haben sich in der von Altarmen durchzogenen Saaleniederung noch urwüchsige Auwälder erhalten. **Bernburg** mit seinem Renaissanceschloß auf einem Felsen über der Saale setzt der Reise ein neues Glanzlicht auf.

▷ ***Bode*** Einen weiten Bogen durch das nördliche Harzvorland schlägt die Bode, die der Saale kurz vor Nienburg ihr Wasser zuführt. Die wichtigste Bodestadt ist das altehrwürdige **Quedlinburg.** Mit seinen sehr malerischen Fachwerkhäusern, dem Renaissance-Rathaus und dem stadtbeherrschenden Schloßberg ist Quedlinburg eines der lohnendsten Ziele in der DDR.

Wo die Bode aus ihrer steilen Harzschlucht ins Vorland überwechselt, liegt der Industrie- und Ferienort **Thale,** oberhalb die 300 m hoch über der Bode aufragende Roßtrappe. Von dem Felsen aus, auf dem eine Vertiefung an den Abdruck eines Pferdehufs erinnert, soll einst die Riesenprinzessin Brunhilde mit ihrem Roß über die Schlucht gesprungen sein, verfolgt von Ritter Bodo,

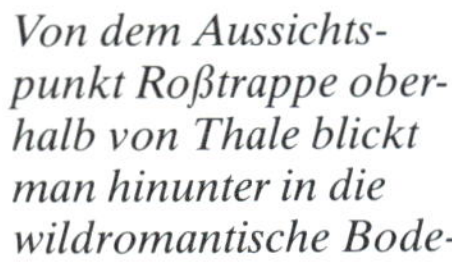

Von dem Aussichtspunkt Roßtrappe oberhalb von Thale blickt man hinunter in die wildromantische Bodeschlucht. Tief hat sich das Harzflüßchen in den Fels geschnitten.

der jedoch abstürzte: Seither, so heißt es, trägt der Fluß den Namen Bode.

Oberhalb von **Wendefurth** sperrt die 106 m hohe Staumauer der ***Rappbodetalsperre*** das Tal des gleichnamigen Quellbaches ab. Zusammen mit anderen Staubecken sichert sie die Trinkwasserversorgung von fast 2 Millionen Menschen. Hinter dem Harzferienort **Rübeland** erstreckt sich bereits das Grenzsperrgebiet. Die Quellbäche der Bode entspringen unmittelbar hinter der Grenze im bundesdeutschen Oberharz. ◁

Unterhalb von **Nienburg** windet sich die Saale als stattlicher Fluß fast unmerklich in die weite Elbniederung hinein.

Das wildromantische Höllental ist eine der Bachschluchten, die entlang der oberfränkischen Saale zu Abstechern verleiten.

Auf dem „Thüringischen Meer", wie die Bleilochtalsperre im Volksmund heißt, sind im Sommer Ausflugsschiffe unterwegs.

Ein Schmuckstück des Thüringer Bauernhausmuseums in Rudolstadt ist diese originalgetreu eingerichtete Apotheke.

Saale

Schwarzenbach Ferienort am Rand des Fichtelgebirges.
Der Förmitzspeicher südlich der Stadt ist ein beliebtes Ziel für Badefreunde, Wassersportler und Angler.
Stadtverwaltung, Postfach 40, 8676 Schwarzenbach a. d. Saale, Tel. 0 92 84/5 05

Hof Industriestadt im Dreiländereck Bundesrepublik Deutschland, DDR, Tschechoslowakei.
Einen Besuch ist das Bayerische Vogtlandmuseum wert. Die Ausstellungsstücke dokumentieren den Werdegang von Industrie und Handwerk in dieser Region. Der aufgestaute Untreusee bietet Bade- und Wassersportmöglichkeiten, ein Vogelschutzgebiet und einen Freizeitpark.
Stadt Hof, Rathaus, Klosterstraße 1, 8670 Hof, Tel. 0 92 81/81 52 33

Saalburg Kleinstadt an den Saalestauseen.
An schönen Sommertagen lockt das Strandbad; außerdem gibt es einen Bootsverleih und Wassersportmöglichkeiten. Beliebt sind Schiffsfahrten nach Saaldorf und zur Sperrmauer.
Rat der Stadt, DDR-6555 Saalburg

Saalfeld Mittelalterliche Stadt am Nordostrand des Thüringer Waldes.
Ein Anziehungspunkt sind die 1910 entdeckten Feengrotten. Riesige Tropfsteingebilde in großen Sälen schufen eine prächtige Märchenwelt.
Über mittelalterliches Kunstgewerbe, bäuerliche Volkskultur und den historischen Bergbau kann man sich im Thüringischen Heimatmuseum informieren.
Saalfeld-Information, Obere Straße 24, DDR-6800 Saalfeld

Rudolstadt Ehemalige Residenzstadt in waldreicher Umgebung.
Im Barockschloß Heidecksburg sind neben der Schiller-Gedenkstätte verschiedene Museen untergebracht (Gemäldegalerie, Münzen-, Porzellan- und Waffensammlung). Anschauliche Einblicke in die bäuerliche Volkskultur bietet das Freilicht-Volkskundemuseum „Thüringer Bauernhäuser".
Reisebüro, Am Güntherbrunnen, DDR-6820 Rudolstadt

Jena Traditionsreiche Universitätsstadt in einem weiten Talkessel.
In Schillers Gartenhaus, das der Dichter 1797–1802 bewohnte, ist eine Gedenkstätte eingerichtet.
Das Zeiss-Planetarium (1924) am Botanischen Garten war weltweit das erste seiner Art. Außergewöhnlich reichhaltig und deshalb auf jeden Fall sehenswert ist das Optische Museum.
Reisebüro, Spitzweidenweg 22, DDR-6900 Jena

Dornburg Kleinstadt, bekannt durch die drei Schlösser hoch über dem Tal.
Das südlich gelegene Renaissanceschloß von 1539 heißt auch Goetheschloß (Gedenkstätte). Rosengärten im Rokokostil verbinden die Schlösser unterschiedlicher Stile. Rund 3500 verschiedene Rosen, darunter seltene alte Sorten, blühen im Frühsommer in der Anlage.
Information: siehe Jena

Bad Kösen Solebad in burgenreicher Umgebung.
Am Flußufer entlang zieht sich der Kurpark mit seinem interessanten Baumbestand und einem Tiergehege. Von hier aus verkehren auch die Motorboote zu den berühmten Burgruinen Saaleck und Rudelsburg (Ausflugsgaststätte). Außerdem führen ausgeschilderte Wanderwege dorthin (einfache Wegstrecke 3 km).
Rat der Stadt, DDR-4803 Bad Kösen

Naumburg Historische Dom- und Weinstadt an der Unstrutmündung.
Der spätromanisch-frühgotische Dom mit seinem unvergleichlichen plastischen Schmuck gilt als eines der bedeutendsten Baudenkmäler Europas.
In Großjena, 4 km nördlich der Stadt, ist das „Steinerne Bilderbuch" sehenswert: überlebensgroße Reliefs im Kalksteinfels, die biblische Weinbauszenen zeigen.
Naumburg-Information, Lindenring, DDR-4800 Naumburg

Bad Dürrenberg Solebad im Industrierevier Halle–Leipzig.
Im Borlachturm, dem Förderturm der alten Saline, ist ein Salinenmuseum untergebracht, das über die Geschichte der Salzgewinnung in und um Halle informiert.
Rat der Stadt, DDR-4203 Bad Dürrenberg

Merseburg Ehemalige Residenz-, heute Industriestadt in der Leipziger Tieflandsbucht.
Die Originalhandschrift der „Merseburger Zaubersprüche" (10. Jh.) ist Teil einer großen Sammlung mittelalterlicher Schriften, die im Domstiftsarchiv ausgestellt ist.
Merseburg-Information, Bahnhofstraße 17, DDR-4200 Merseburg

Halle Geschichtsträchtiges Industriezentrum in einer weiten Flußniederung.
Die Stadt bietet eine vielseitige Museenlandschaft. Kunstfreunde sollten die Staatliche Galerie Moritzburg (Malerei und Plastik der Neuzeit) nicht versäumen. Die alte Saline an der Saale beherbergt das Halloren- und Salinemuseum. Für stadtgeschichtlich Interessierte ist das Geschichtsmuseum zu empfehlen; das Landesmuseum für Vorgeschichte zeigt archäologische Funde aus der Umgebung. Ein Höhepunkt für Fossilienliebhaber ist das Geiseltalmuseum. Die ausgestellten Versteinerungen wurden aus den Braunkohleflözen des Geiseltals bei Merseburg geborgen.
Unterhaltung und Erholung findet man im Kulturpark Saaleaue mit Freilichtbühne, Pioniereisenbahn, Raumfahrtplanetarium, Solefreischwimmbad und anderen Sportstätten.
Im Sommer verlocken die Fahrgastschiffe der Weißen Flotte zu Tagesausflügen saaleabwärts. Die Anlegestelle befindet sich unterhalb der Burg Giebichenstein. Zielort ist das 50 km flußabwärts gelegene Bernburg.
Halle-Information, Kleinschmieden 6, DDR-4000 Halle

Bernburg Schloßgekrönte Industriestadt am Unterlauf.
Im Erholungsgebiet am Saaleufer ist vor allem für die Kinder gesorgt: Tierpark, Indianerdorf, Märchengarten und Pioniereisenbahn sind unwiderstehliche Verlockungen.
Bernburg-Information, Liebknechtplatz 1, DDR-4350 Bernburg

Selbitz

Naila Waldumrahmter Ferienort.
Ein eindrucksvolles Erlebnis ist ein Fußmarsch durch das Höllental, die von der Selbitz 170 m tief eingefurchte Schlucht zur Saale hinab. Auf der insgesamt

Alte Mikroskope, von Carl Zeiss entwickelt, gehören zu den interessantesten Ausstellungsstücken des Optischen Museums in Jena.

Der Naumburger Dom ist ein Meisterwerk der spätromanisch-frühgotischen Kirchenbaukunst in Deutschland.

Spielkarten aus früherer Zeit und verschiedenster Herkunft gibt es im Spielkartenmuseum der „Skatstadt" Altenburg zu sehen.

5 km langen Wanderung begeht man streckenweise einen interessanten Naturlehrpfad.
Fremdenverkehrsamt Naila, Peunthgasse 5, 8674 Naila, Tel. 0 92 82/6 80

Ilm

Ilmenau Luftkurort und Industriestadt am Nordrand des Thüringer Waldes.
Dem berühmtesten Besucher und Freund der Stadt, Goethe, sind Gedenkstätten im Amtshaus am Markt sowie im Jagdhaus Gabelbach und im „Goethehäuschen" gewidmet.
Des Dichters Wanderungen kann man auf markierten Wegen („Auf Goethes Spuren") nacherleben.
Reisebüro, Marktstraße 13, DDR-6300 Ilmenau

Weimar Stadt der deutschen Klassik am Südrand des Thüringer Beckens.
Im Schillerhaus befinden sich originalgetreu eingerichtete Wohnräume des Dichters.
Das Goethe-Nationalmuseum birgt Teile der Kunst- und Mineraliensammlungen, die der Dichter angelegt hat. Eine zweite Erinnerungsstätte befindet sich in Goethes Gartenhaus im Park an der Ilm.
Die verschiedensten Veranstaltungen halten die Kulturtradition Weimars wach, unter anderem die Shakespeare-Tage der DDR (April), die Thüringer Bach-Tage (März/April) und das Fest zu Goethes Geburtstag (Ende August).
Weimar-Information, Marktstraße 4, DDR-5300 Weimar

Unstrut

Freyburg Weinbaustadt am Unterlauf.
Alles über den Weinbau im Unstruttal erfährt man in einem Museum im Schloß Neuenburg.
Rat der Stadt, DDR-4805 Freyburg

Gera

Arnstadt Älteste Stadt der DDR am Nordrand des Thüringer Waldes.
Die herausragende Attraktion der sehenswerten Stadt, in der über Generationen die Musikerfamilie Bach ansässig war, ist die Puppensammlung „Monplaisir" (18. Jh.) mit über 400 Puppen in 84 Stuben. Sie hat ihren Platz im barocken Neuen Palais, in dem auch wertvolles Porzellan und Gobelins ausgestellt sind.
Arnstadt-Information, Erfurter Straße 39, DDR-5210 Arnstadt

Erfurt Historische Handelsstadt am Südrand des Thüringer Beckens.
Auf dem Gelände der ehemaligen Festung Cyriaksburg entstanden 1961 Ausstellungshallen, Gewächshäuser und Muster-Kleingärten der weithin bekannten Internationalen Gartenbauausstellung („iga"). Ihr angeschlossen ist ein Gartenbaumuseum. Außerdem gibt es eine Sternwarte, einen Aussichtsturm und mehrere Gaststätten.
Erfurt-Information, Bahnhofstraße 37, DDR-5000 Erfurt

Weiße Elster

Oelsnitz Textilstadt im Vogtland.
Freibäder, Ausflugsgaststätten und Campingmöglichkeiten machen die 5 km westlich gelegene Talsperre Pirk zu einem beliebten Erholungsgebiet.
Rat der Stadt, DDR-9920 Oelsnitz

Plauen Zentrum des Vogtlands.
Im Vogtlandmuseum kann man sich umfassend über Geschichte, Volkskunst und die Gewerbezweige der Region informieren.
Reisebüro, Rädelstraße 2, DDR-9900 Plauen

Greiz Von Wäldern umrahmte ehemalige Residenzstadt.
Zu Spaziergängen lädt der aus einem barocken Lustgarten hervorgegangene Landschaftspark ein, der um 1800 nach englischem Vorbild gestaltet wurde.
Reisebüro, Ernst-Thälmann-Straße 24, DDR-6600 Greiz

Leipzig Zweitgrößte Stadt der DDR an der Mündung der Pleiße.
Einen Eindruck von der Stadt verschafft man sich am besten bei einer Stadtrundfahrt. Sie dauert etwa 2 Stunden und beginnt vor dem Gebäude der Leipzig-Information am Sachsenplatz (10, 13.30 und 16 Uhr).
Zahlreiche Museen, darunter das Museum für Geschichte der Stadt Leipzig, das größte Völkerkundemuseum der DDR, das reich bestückte Musikinstrumenten-Museum, das in seiner Art einmalige Deutsche Buch- und Schriftmuseum, lohnen den Besuch.
Der Zoologische Garten am Rand des Auenwalds ist vor allem wegen seiner großen Löwen- und Tigerabteilungen renommiert.
Stadtnahe Erholung ist im nördlichen Auenwald geboten: Strandbad, Bootsverleih, Pioniereisenbahn und Ausflugsgaststätte sind die Attraktionen.
Leipzig-Information, Sachsenplatz 1, DDR-7000 Leipzig

Pleiße

Altenburg Ehemalige Residenzstadt zu Füßen eines mächtigen Schlosses.
Der Tradition als „Skatstadt" wird das interessante Spielkartenmuseum im Schloß gerecht.
Die Freilichtbühne im Schloßhof ist jedes Jahr im Juni und Juli Schauplatz der Altenburger Sommerfestspiele.
Reisebüro, Markt 41, DDR-7400 Altenburg

Bode

Rübeland Traditionsreicher Ferienort im Mittelharz.
Faszinierend ist ein Besuch der beiden wohl schönsten Tropfsteinhöhlen der DDR: der Baumannshöhle mit dem Höhlentheater „Goethesaal" und der Hermannshöhle.
Rat der Gemeinde, Philosophenweg 3, DDR-3725 Rübeland

Thale Fremdenverkehrszentrum am Rand des Harzes.
Mit einer Schwebebahn gelangt man hinauf auf den Hexentanzplatz – eine steil abfallende Felsplattform mit herrlicher Panoramasicht und einem Tierpark.
Thale-Information, Am Bahnhof, DDR-4308 Thale

In Schlangenlinien nach Berlin

Ohne die Spree gäbe es vielleicht kein Berlin, zumindest nicht da, wo es heute liegt. Die Keimzelle der Stadt, die Doppelsiedlung Berlin-Cölln, scharte sich um eine natürliche Furt im Fluß. Darüber hinaus hat die Spree eine einmalige Urwaldlandschaft geschaffen: den Spreewald.

Der äußerste Südostzipfel der DDR zählt für die meisten Bundesbürger zu den unbekannten Landschaften. Hier, im Dreiländereck zwischen der DDR, Polen und der Tschechoslowakei, erheben sich die bewaldeten Höhenzüge des Lausitzer Berglands, und hier entspringt auch die Spree. Aus nicht weniger als neun Quellen, die am Südhang des 583 m hohen Kottmars austreten, speist sich der Fluß.

Der geologische Untergrund macht es der Spree anfänglich leicht. Sie folgt einer natürlichen Längsfurche in Ost-West-Richtung. Die Wende kommt bei **Sohland,** 15 km unterhalb von Ebersbach. Beim Durchbruch nach Norden hat die Spree eine beachtliche Kraft entfaltet und sich ein enges Tal in den harten Granit gesägt. Ihr folgt ein Wanderweg bis zum 5 km entfernten malerischen Erholungsort **Schirgiswalde,** der „Perle der

Die fast 1000jährige Ortenburg, im 15. Jh. erneuert, und der Turm des gotischen Doms St. Peter thronen als Wahrzeichen von Bautzen über einer Spreeschleife. Mit seiner geschlossenen, malerischen Altstadt zählt das Zentrum der Oberlausitz zu den sehenswerten Städten der DDR. Bemerkenswert ist die hervorragend erhaltene Stadtbefestigung. Ein Rundgang über den wuchtigen Mauerring führt an eindrucksvollen, turmbewehrten Stadttoren vorbei.

***Die Spree** ist mit einer Länge von 398 km der drittgrößte Fluß der DDR und damit deutlich länger als die Havel, in die sie in Berlin mündet.*
Die Reise am Fluß entlang dauert ihre Zeit, weil man fast durchweg mit Nebenstraßen vorliebnehmen muß. Ohnehin wird man sich in den reizvollsten Spreelandschaften, dem Spreewald und dem Seengebiet um Ost-Berlin, etwas länger aufhalten. Mindestens 3 Tage sollte man also unter allen Umständen für die Spreeroute vorsehen. Die Gewässerlandschaft in und um Ost-Berlin ist ein Paradies für Kanufahrer und sonstige Wassersportler, doch sind auch Wanderer gut aufgehoben, die eine weitläufige, naturnahe Landschaft schätzen. Sowohl die Seen als auch der Spreewald eignen sich außerdem für Ausflüge von Berlin aus.

Oberlausitz“. Die Landstraße bleibt dem Flüßchen bis Großpostwitz treu, kürzt dann allerdings die letzte Windung vor dem 8 km entfernten Bautzen ab.
Der erste Eindruck von **Bautzen** ist zugleich der eindrucksvollste: Die wuchtige Ortenburg von 1486 thront hoch über einer Flußschlinge. Zur Zeit der Ostkolonisation um das Jahr 1000 sicherte an dieser Stelle eine Festung die Grenze der Markgrafschaft Meißen. Die Stadt selbst wurde erst 200 Jahre später gegründet. Ihre Lage am Spreeübergang eines wichtigen West-Ost-Fernhandelsweges erwies sich als ideal – der Aufschwung der Stadt hielt bis in die Neuzeit an. Unmittelbar am Flußufer verdient der Rundturm der „Alten Wasserkunst“ (1588) Beachtung, von deren Schöpfwerk einst die Wasserversorgung der Stadt auf Gedeih und Verderb abhing.
Auf dem Ortsschild der Stadt fällt der zweite, fremdartig klingende Name auf: Budyšin. Es ist die sorbische Bezeichnung für Bautzen – die Stadt ist das kulturelle Zentrum dieser slawischen Bevölkerungsgruppe (siehe auch Kasten auf Seite 462). Auf der F 156 nimmt man Kurs auf Weißwasser. Nach 3 km erweitert sich linker Hand die Spree zum 5,6 km^2 großen ***Speicherbecken Burk.*** Der Badestrand mit verschiedenen Freizeiteinrichtungen ist von der Straße her gut zu erreichen.

Vom Brückenort zum Braunkohlezentrum

Die Landschaft wird allmählich flacher und immer stärker von eintönig wirkenden Kiefernforsten bestimmt, die auf eiszeitlichen Dünenfeldern wachsen. Bei **Uhyst** quert die Spree ein Teichgebiet, das der Braunkohletagebau hinterlassen hat. Auf Nebenstraßen nur kann man dann dem Fluß in einigem Abstand folgen, bis die „Braunkohlemetropole“ **Spremberg** erreicht ist. Die gigantischen Abraumhalden des Braunkohlekombinats „Schwarze Pumpe“ bilden die Kulisse der Stadt.

Im Norden der Stadt unterbricht das ***Speicherbecken Spremberg*** den Flußlauf. Die Spree wird seit 1965 aufgestaut, um die berüchtigten Überschwemmungen im Spreewald zu unterbinden. Außerdem beziehen die großen Braunkohlekraftwerke in der Umgebung ihr Kühlwasser aus dem Seebecken. Natürlich ist auch für die Bedürfnisse von Wassersportlern und Badelustigen gesorgt.

Nur ein Katzensprung ist es dann noch bis **Cottbus,** der ersten Großstadt an der Spree. Aus dem blühenden Tuchmacherstädtchen von einst ist eine geschäftige, von Textilfabriken geprägte Industriestadt geworden. Schon in der Mitte des 19. Jh. hielt die Industrialisierung hier Einzug. Die Webereien und Tuchfabriken benötigten viel Wasser, nicht nur zur Energiegewinnung, weshalb man schon 1823 ein großes Spreewehr errichtete.

Auf der F 97 verläßt man Cottbus in nördlicher Richtung. In der weiten Niederung des eiszeitlichen Glogau–Baruther Urstromtals, das nun die Spree aufnimmt, stößt man nach wenigen Kilometern auf eine bemerkenswerte Ansammlung von größeren und kleineren Seen: die ***Peitzer Teiche,*** aus denen ein Großteil der Speisekarpfen stammt, die in der DDR in den Handel kommen. Die Karpfenzucht hat dort eine 400jährige Tradition.

▷ ***Malxe*** Der Ort **Peitz** liegt an der Malxe – einem unscheinbaren Flüßchen, das im Waldgebiet südlich von Forst entspringt. In einem weiten Bogen wendet es sich nach Westen und ergießt sich dann unterhalb von Peitz in das verästelte Gewässernetz des Spreewalds, wo es sich über mehrere Rinnsale mit der Spree vereinigt. ◁

Eine Kahnfahrt durch die in Europa einmalige Landschaft des Spreewalds ist ein unvergeßliches Erlebnis. Die Fährmänner und -frauen staken die mit Ausflüglern besetzten Gefährte gewandt durch die schmalen Fließe. Lübbenau ist der wichtigste Ausgangspunkt für die Fahrten.

An der reichbestickten Flügelhaube ist die Tracht der Spreewälder Sorbinnen zu erkennen. Allerdings zeigen sich die Angehörigen dieser nationalen Minderheit nur noch bei festlichen Anlässen in ihrer traditionellen Aufmachung.

Die Sorben

Zwischen Oberlausitz und Spreewald trifft man überall auf zweisprachige Ortsschilder, Wegweiser und andere amtliche Beschriftungen. Cottbus etwa heißt auch Chośebuz, Bautzen nennt sich Budyšin. Die Namen sind sorbisch und zeigen, daß in diesem Raum eine slawische Bevölkerungsgruppe zu Hause ist. Die Sorben, früher auch Wenden genannt, wanderten schon während der Völkerwanderungszeit ein und haben ihre kulturelle Eigenständigkeit bis in die Gegenwart bewahrt. Während sie im Dritten Reich verfolgt wurden, genießen sie heute in der DDR gesetzlich verankerte Minderheitenrechte. Die Sorben sind in der nationalen Organisation Domowina vereint, die ihren Sitz ebenso in Bautzen hat wie wissenschaftliche und kulturfördernde Einrichtungen.

Etwa 100 000 Sorben leben heute in 176 offiziell zweisprachigen Orten in der Lausitz. 96 von ihnen haben einen sorbischen Bürgermeister. Fast alle Sorben sprechen neben ihrer Muttersprache fließend Deutsch. In zahlreichen Schulen der Lausitz wird Sorbisch gelehrt; in manchen ist es sogar Unterrichtssprache. Der Domowina-Verlag in Bautzen gibt jährlich über 50 sorbische Bücher heraus, außerdem mehrere Zeitschriften und eine Tageszeitung.

Fortbewegung nur zu Wasser

Auf Nebenstraßen gelangt man von Peitz nach **Burg** am linken Ufer der Spree. Der Ort liegt am Eingang zur einmaligen Flußauenlandschaft des Spreewalds. Auf einer Länge von 75 km und einer Breite von bis zu 15 km teilen sich Spree und Malxe in zahllose, wiederum verästelte Arme, die sogenannten Fließe. Eiszeitliches Schmelzwasser hat diesen Abschnitt des Urstromtals so stark vertieft, daß ihn die Spree zunächst mit Sandmassen auffüllte. In der Nacheiszeit führten Spree und Malxe wieder mehr Wasser und tieften sich leicht in ihre eigenen Anschwemmungen ein, wobei sie sich verästelten, weil das Gefälle nur ganze 15–20 cm je Kilometer beträgt. Bei jedem Hochwasser wurde die Niederung überschwemmt – kein Wunder, daß der Spreewald bis in dieses Jahrhundert hinein überwiegend von Erlenbruchwald und versumpften Wiesen eingenommen wurde. Außer Heu und Holz ließ sich dem Land nichts abringen. Die einzigen Verkehrswege waren und sind zum Teil auch heute noch die Wasserläufe. Man ergänzte das Verkehrsnetz allerdings durch flache Kanäle, an denen jeder Hof seinen eigenen Bootshafen anlegen konnte. Die typischen breiten Spreewaldkähne sind den dortigen Erfordernissen bestens angepaßt.

Seit geraumer Zeit schon ist der Hochwasserschutz vor allem im Oberspreewald zwischen Burg und Lübben so weit gediehen, daß man die fruchtbaren Auböden problemlos unter den Pflug nehmen konnte. Die Kolonisation kam zügig voran – nur noch 14% der Fläche sind bewaldet, 20% werden von Äckern eingenommen. Heute hat man sich auf den Anbau von Gemüse spezialisiert. Vor allem Gurken, Meerrettich und Zwiebeln, die zum Teil gleich weiterverarbeitet werden, gelten als Spreewälder Qualitätsprodukte. Ein großer Absatzmarkt – Berlin – liegt fast vor der Haustür.
Die Einmaligkeit der Landschaft, die schon Fontane begeisterte, zieht seit 100 Jahren einen wachsenden Touristenstrom an. Was mit einigen Naturliebhabern begann, ist mittlerweile zu einem stabilen Erwerbszweig geworden. Das Zentrum des Fremdenverkehrs ist **Lübbenau,** das „Tor zum Spreewald“. Mehr als eine halbe Million Besucher nehmen in jeder Saison an den berühmten Spreewaldfahrten in den mit Staken geschobenen Kähnen teil.

Mit dem Ausflugsschiff auf den Seen in und um Ost-Berlin

Auf den Spreegewässern und im Dahme-Seengebiet verkehren die Ausflugsschiffe der Weißen Flotte. Die Saison beginnt am 1. Mai und endet im September. Jeweils im April erscheint das aktuelle Fahrplanheft. Wer Ost-Berlin nur einen Tagesbesuch abstattet, darf nur Fahrten innerhalb der Stadtgrenzen buchen.
Ab **Treptow:**
Müggelseerundfahrt, 3 Stunden;
Rundfahrt um die Müggelberge, 5 Stunden;
große Seenrundfahrt mit dem Ziel Alt Buchhorst am Peetzsee, 6 Stunden;
nach Woltersdorf, 5 ½ Stunden;
große Rundfahrt zu den Wernsdorfer Seen über Oder-Spree-Kanal und Seddinsee, 6 Stunden;
Fahrt nach Königs Wusterhausen / Neue Mühle (Dahme), insgesamt 8 Stunden;
Fahrt nach Prieros über Krüpel- und Dolgensee, hin und zurück 10 Stunden.
Von **Grünau** aus sind folgende Fahrten zu empfehlen:
Kolberg am Wolziger See, hin und zurück 11 Stunden;
Bad Saarow-Pieskow am Scharmützelsee, hin und zurück 13 Stunden.
Weitere Ausgangspunkte für kürzere Rundfahrten sind **Friedrichshagen** und **Köpenick,** außerdem **Kolberg, Königs Wusterhausen** und **Teupitz.**
Auskunft Weiße Flotte, Abt. Ausflugsverkehr, Hafen, DDR-1192 Berlin-Treptow, Tel. 0 03 72/2 71 23-28.

Klein-Venedig an der Spree

Zu Fuß oder mit dem Kahn gelangt man von Lübbenau aus in das ursprünglichste Spreewalddorf: **Lehde.** Bis 1929 war es nur auf dem Wasserweg erreichbar. Theodor Fontane ließ seiner Begeisterung über diesen Ort 1882 freien Lauf: „Man kann nichts Lieblicheres sehen als dieses Lehde, das aus ebenso vielen Inseln besteht, als es Häuser hat. Die Spree bildet die große Dorfstraße, darin schmale Gassen von links und rechts her einmünden. Wo sonst Heckenzäune sich ziehn, um die Grenzen eines Grundstücks zu markieren, ziehen sich hier vielgestaltige Kanäle ...“ Farbiger läßt sich kaum sagen, warum Lehde den Beinamen „Klein-Venedig“ erhielt.
Mit **Lübben,** das aus der mittelalterlichen Sorbensiedlung Lubin hervorgegangen ist, erreicht man den Unterspreewald, den kleineren Teil der Niederungslandschaft. Dort sind die wasserdurchsetzten Auwälder noch unverfälschter erhalten als im stärker besuchten Oberspreewald.
Nur knapp 100 km trennen den Spreewald noch von Berlin. So bequem macht es sich die Spree jedoch nicht – sie windet sich zwischen Dünen und Moränenhügeln in einem weit nach Osten ausgreifenden Bogen weiter. Die Begleitstrecke muß man sich aus Landsträßchen zusammenstückeln.
Im ***Neuendorfer See,*** einem Überbleibsel eines eiszeitlichen Zungenbeckens, wendet sich der Fluß gen Osten. Der ***Schwielochsee*** dagegen, den die Spree nur im nördlichen Zipfel durchströmt, verrät durch seine langgezogene Form eine andere Entstehung: Schmelzwasserströme haben das Becken des Rinnensees eingetieft. Am Ufer reihen sich Strandbäder und Campingplätze auf.
In der dünnbesiedelten Landschaft ist das Spreestädtchen **Beeskow** ein regelrechtes Zentrum, obwohl es die letzten Jahrzehnte verschlafen zu haben scheint.
▷ ***Oder-Spree-Kanal*** Einige Windungen weiter zweigt der für Schiffe bis 750 t befahrbare Kanal in das 1950 als Plansied-

Der Große Müggelsee ist eines der beliebtesten Ausflugsziele der Ost-Berliner. Von Friedrichshagen aus starten die Schiffe der Berliner Weißen Flotte zu Ausflugsfahrten. Regen Zuspruch finden vor allem die Personenfähren zu den Seegaststätten „Rübezahl“ und „Müggelseeperle“ am Südufer. Im Sommer verkehren sie stündlich. Außerdem kann man sich mit dem Schiff zur Gaststätte „Müggelhorst“ am entgegengesetzten See-Ende bringen lassen.

Die Jungfernbrücke ist die einzige der Berliner Zugbrücken, die bis in die Gegenwart erhalten blieb. Die 1789 erbaute eiserne Radzugbrücke führt über die Friedrichsgracht zur Museumsinsel hinüber.

lung gegründete **Eisenhüttenstadt** ab. Der andere Endpunkt ist Berlin, wobei die Spree streckenweise in den Verlauf der Wasserstraße einbezogen ist. ◁

Von der Kanalabzweigung an kehrt sich die Spree im Verlauf des Warschau–Berliner Urstromtals westwärts. **Fürstenwalde,** die letzte große Stadt vor Berlin, ist Mittelpunkt einer herrlichen, wald- und gewässerreichen Erholungslandschaft.

Unterhalb der Stadt hat der Oder-Spree-Kanal wieder ein eigenes Bett – die Spree mit ihren immer engeren Windungen gibt Schiffen keine Chance.

Der kleine ***Dämeritzsee*** bildet den freundlichen Auftakt von **Berlin.** Die Umgebung präsentiert sich wenig großstädtisch: Viel Wald mit Ausflugsgaststätten und Spazierwegen vermittelt den Eindruck einer Erholungslandschaft. Zu ihr gehört auch die von kleinen Spreekanälen durchzogene Wochenendsiedlung „Neu-Venedig". Noch attraktiver aber ist der ***Große Müggelsee,*** den die Spree in ganzer Länge (4,5 km) durchfließt. Vom 20 m hohen Müggelturm, der sich über die Moränen der südlich gelegenen Müggelberge erhebt, überschaut man den gesamten, in Wälder eingebetteten See. Im Sommer konzentriert sich der Ausflugsbetrieb auf das Strandbad am Nordufer. Überdies wimmelt die Wasserfläche dann von Segelbooten und Surfern; aber auch am Südufer gibt es genügend Betätigungsmöglichkeiten – beispielsweise Wanderungen mit idyllischer Einkehr.

Fluß oder Seenkette?

Am Seeausgang verengt sich die Spree im Stadtteil **Friedrichshagen** zu einem engen Schlauch, dem sogenannten Spreetunnel. Am linken Spreeufer entlang gelangt man nach 3 km an die Mündung der aus Süden kommenden ***Dahme.***

▷ ***Dahme*** Ihre beiden Mündungsarme umschließen eine Insel, auf der das bekannte Köpenick mit seinem barocken Schloß entstanden ist. Herrliche Fußwege laden zu Uferwanderungen entlang einer Kette von Binnenseen ein, die nahtlos ineinander übergehen und so den Lauf der Dahme verbergen. Für Wasserwanderer eröffnen die verzweigten und teilweise noch durch Kanäle miteinander verbundenen Seen ein wahres Paradies. Ihre Route führt durch ***Langer See, Zeuthener See, Krüpel-*** und ***Dolgensee.*** **Königs Wusterhausen** ist der Mittelpunkt dieser Erholungslandschaft vor den Toren Berlins.

▷ ▷ ***Storkower Kanal*** Kurz vor **Prieros** mit seinem Strandbad kann man in nordöstlicher Richtung zum flachen, im Verlanden begriffenen ***Wolziger See*** abzweigen. Der altertümliche Storkower Kanal stellt die Verbindung zum ***Großen Storkower See*** her, der seinen Namen dem Ausflugs- und Ferienort **Storkow** verdankt. Er verengt sich zu seinem südöstlichen Ende hin, wo er in den beinahe rechtwinklig anschließenden, fast 14 km² großen ***Scharmützelsee*** übergeht, dem Theodor Fontane den Beinamen Märkisches Meer gab. Im Norden erheben sich die bewaldeten Moränenzüge der Rauenschen Berge über 100 m über den See und trennen ihn vom dahinter anschließenden Urstromtal. Der traditionsreiche, einst mondäne Kurort **Bad Saarow-Pieskow** zieht wie eh und je Ausflügler und Feriengäste vor allem aus Berlin an. ◁ ◁

In **Märkisch Buchholz,** das ringsum von dichten Kiefernforsten umgeben ist, beginnt der ungezähmte Oberlauf der Dahme. Bis zum Quellgebiet südlich des Landstädtchens **Dahme** läßt sich der Flußlauf nur auf Nebenstraßen verfolgen. ◁

An der Spree drängen sich allmählich städtische Wohnsiedlungen und Industrieviertel in den Vordergrund. Doch schon 8 km weiter sorgt im Osten der geteilten Stadt der Treptower Park am linken Ufer wieder für eine grüne Abwechslung. Der 1850 für Frachtkähne gebaute, 14 km lange ***Landwehrkanal*** umgeht die Spree zwischen dem ehemaligen Osthafen kurz vor der Oberbaumbrücke und der Charlottenburger Schleuse, verläuft heute also ausschließlich auf West-Berliner Gebiet.

Uferwanderung durch die Großstadt

Nur wenig spreeabwärts schaffen ein kleinerer Spreekanal, die ***Friedrichsgracht,*** und der Flußlauf die Fischerinsel und die weltberühmte Museumsinsel. Der Dom und einige andere restaurierte Bauten lassen die Pracht des alten Berlins wiederaufleben.

Unterhalb des bekannten Bahnhofs Friedrichstraße trennt eine Spreeschleife West- und Ost-Berlin – das Reichstagsgebäude überragt diesen symbolträchtigen Flußabschnitt. Als Autofahrer steuert man den Grenzübergang Heinrich-Heine-Straße an.

Im Westen der Stadt ist man als Spreereisender bestens aufgehoben. Dafür sorgt schon der 11 km lange Spreewanderweg, auf dem man immer am Ufer entlang die Parkanlage Tiergarten, den Schloßpark Bellevue und das alte Hansaviertel durchquert. Am Wullenweber Steg teilt sich der Weg: Entweder folgt man dem Landwehrkanal bis zur Dovebrücke kurz vor der Vereinigung mit der Spree, oder man bleibt den Windungen des Leitflusses bis dorthin treu. Besonders reizvoll ist dann nach etwas mehr als 1 km das Wegstück durch den Charlottenburger Schloßgarten. An dessen Nordende kehrt sich die Spree nach Westen um, findet aber auch gen Osten eine Fortsetzung durch den ***Westhafenkanal.*** Die Hafenbekken in Moabit sind durch den ***Hohenzollernkanal*** mit der ***Havel*** verbunden (siehe Seiten 423–425 und 428–431).

Nach ausgedehnten Laubenkolonien wird die Spree ganz und gar von Kraftwerken, Kläranlagen und Industriebauten vereinnahmt. Von der U-Bahn-Haltestelle Ruhleben aus kann man den Rückweg antreten. Den Zusammenfluß von Spree und Havel gegenüber der Spandauer Altstadt schaut man sich am besten von einem Havel-Ausflugsschiff aus an.

Der „Hauptmann" ist die Leitfigur des historischen Umzugs, der während der Festwoche „Köpenicker Sommer" stattfindet.

Spree

Bautzen Historisches Zentrum der Oberlausitz.
Der „Bautzener Kulturpfad" weist den Weg zu den Sehenswürdigkeiten der Stadt, darunter die Ortenburg, die auch das Museum für Geschichte und Kultur der Sorben beherbergt.
Alle fünf Jahre, das nächste Mal 1989, wird das große Festival der sorbischen Kultur gefeiert.
Bautzen-Information, Hauptmarkt 5, DDR-8600 Bautzen

Cottbus Wirtschaftszentrum der Niederlausitz.
Hermann Fürst von Pückler-Muskau (1785–1871) hat der Nachwelt den Branitzer Park hinterlassen, ein herausragendes Beispiel deutscher Gartenbaukunst. In der großzügigen Parkanlage mit der Grabpyramide des Fürsten lassen sich beschauliche Spaziergänge unternehmen.
Cottbus-Information, Am Altmarkt, DDR-7500 Cottbus

Burg Flächenmäßig größte Gemeinde der DDR am Rand des Oberspreewalds. Der Ort ist einer der Ausgangspunkte für die romantischen Spreewald-Kahnfahrten. Fahrtziele sind Leipe (3 Stunden), Lübbenau-Lehde (3 ½ Stunden), Lübbenau (4 Stunden) und das Waldgasthaus „Wotschowska" (5 Stunden).
Rat der Gemeinde, Ref. Erholung, DDR-7502 Burg

Lübbenau Ältester Fährort und Zentrum der Gemüseverarbeitung im Spreewald. Im „Hafen der Völkerfreundschaft" starten die Kahnfahrten in die urwüchsige Sumpflandschaft des Spreewalds. Für Sommerwochenenden ist es unbedingt ratsam, die Kahnfahrt vorzubuchen.
Die kürzeste Strecke führt ohne Aufenthalt ins Spreewalddorf Lehde (2 Stunden), die ausführlichste Rundfahrt („Hochwald-Rundfahrt") dauert 8–10 Stunden. Rast ist in einem Waldgasthaus vorgesehen.
Wer mehr über den Spreewald und seine Bewohner erfahren will, sollte unbedingt das Freiland-Museum im Ortsteil Lehde besuchen. Man hat hier Gehöfte aus verschiedenen Dörfern aufgebaut. Die Inneneinrichtung wurde im Originalzustand belassen.
Vorbuchung von Kahnfahrten vom 1. 4. bis 30. 9. zwischen 9 und 15 Uhr bei der *Genossenschaft der Kahnfährmänner, Postfach 49, DDR-7543 Lübbenau, Tel. 00 37 58 87/22 25*

Lübben Kleinstadt an der schmalsten Stelle der Spreewaldniederung.
Vom Strandcafé aus führen Kahnfahrten in den weniger besuchten Unterspreewald, aber auch in den Nordteil des Oberspreewalds.
Genossenschaft der Kahnfährmänner, Heinrich-Heine-Straße 16, DDR-7550 Lübben

Im Spreewalddorf Lübbenau-Lehde sind die breiten Spreewaldkähne das wichtigste Verkehrsmittel.

Fürstenwalde Alte Stadt in Ostbrandenburg, heute Industriestandort.
Im Heimatmuseum wird eine reichhaltige Sammlung von ur- und frühzeitlichen Funden aus der Umgebung gezeigt.
Rat der Stadt, DDR-1240 Fürstenwalde

Berlin (Ost) Zielstrebig zur Hauptstadt der DDR ausgebaute Metropole.
Die eindrucksvollste Stadtübersicht bietet sich aus luftiger Höhe: vom Fernsehturm mit seinem langsam rotierenden „Tele-Café" 207 m über dem Erdboden.
Bei einem eintägigen Aufenthalt ist auf alle Fälle ein Besuch der weltweit bekannten Museumsinsel einzuplanen. Vier Museen aus preußischer Zeit warten mit renommierten Sammlungen auf: das Pergamonmuseum mit den Schwerpunkten Antike, Vorder- und Ostasien, die Nationalgalerie, das Bode-Museum, dessen ägyptische Abteilung Hervorhebung verdient, und das Alte Museum mit Kupferstichkabinett und europäischer Druckgrafik. Berlin und Brandenburg widmet sich das Märkische Museum. Mit seinen überaus breit gefächerten Sammlungen ist es das größte Heimatmuseum der DDR.
Erholung in der Großstadt findet man unter anderem im weiträumigen Tierpark Friedrichsfelde und im Treptower Park, der im Stil eines englischen Landschaftsgartens angelegt ist. Ihm schließt sich ein Vergnügungspark an.
Einen Hauch von Alt-Berlin atmet noch der Stadtteil Köpenick. Im Barockschloß auf der idyllischen Spreeinsel ist das älteste deutsche Kunstgewerbemuseum untergebracht. Im reizvollen Schloßpark ist die Rhododendronblüte Anfang Juni ein Anziehungspunkt.
Viel Interessantes über Natur und Landschaftsgeschichte erfährt man auf dem 3 km langen Wanderlehrpfad zwischen dem Müggelturm und dem kleinen Teufelssee.
An den legendären Hauptmann von Köpenick erinnert alljährlich die Festwoche „Köpenicker Sommer" mit einem historischen Umzug.
Reisebüro, Alexanderplatz 5, DDR-1026 Berlin

Berlin (West) siehe Seite 434

Oder-Spree-Kanal

Müllrose Landstädtchen am Rand der Oderniederung. Ein beliebtes Ausflugsziel ist der – allerdings kleine – Große Müllroser See. Vom See aus empfiehlt sich eine Wanderung durch das idyllische Schlaubetal bis zum Bahnhof Mixdorf (12 km). Mit dem Zug geht es zurück nach Müllrose.
Rat der Stadt, Platz der Freiheit 5, DDR-1203 Müllrose

Besucher aus aller Welt lassen sich im Ost-Berliner Pergamonmuseum von Bauwerken wie dem babylonischen Ischtar-Tor fesseln.

Dahme

Teupitz Märkisches Städtchen am Ende einer Seenkette.
Der Teupitzer See lockt mit Strandbad, Bootsverleih, Motorbootfahrten und Ausflugsgaststätten.
Information: siehe Königs Wusterhausen

Königs Wusterhausen Tor zum Dahme-Seengebiet.
Zum Ortsteil Neue Mühle führt ein knapp 3 km langer Naturlehrpfad durch ein Landschaftsschutzgebiet.
Rat des Kreises, DDR-1600 Königs Wusterhausen

Storkower Kanal

Bad Saarow-Pieskow Traditioneller Bade- und Kurort am Scharmützelsee.
Der Ort bietet alle für ein Ferienzentrum typischen Einrichtungen: mehrere Strandbäder (auch mit Liegestuhlverleih), Uferpromenade mit Kurhaus, Bootsverleihstellen, Seegaststätten und -cafés, Campingplätze und organisierte Reitausflüge. In der Feriensaison werden Kurkonzerte, Strandfeste, Segelregatten und ein Radrennen um den See veranstaltet.
Kurverwaltung, Lindenstraße 5, DDR-1242 Bad Saarow-Pieskow

Zwischen Nord- und Ostsee

Flüsse zwischen Nord- und Ostsee im Überblick

Auf einer Radtour von Küste zu Küste erlebt man die abwechslungsreiche Landschaft Schleswig-Holsteins sicherlich am eindrucksvollsten.

Flüsse in Zahlen

Eider Länge: 188 km, Breite: im Unterlauf bis 300 m, Einzugsbereich: 1880 km².
Trave: Länge: 118 km, Breite: oberhalb der Förde bis 100 m, Traveförde 150–2000 m, Einzugsbereich: 1550 km².
Treene Länge: 80 km, Breite: im Mündungsabschnitt 50–150 m, Einzugsbereich: 800 km². Die zahllosen kleineren Fließgewässer münden oft nach kurzem Lauf ins Meer.

Landschaft

Die Landschaft ist in ihrer heutigen Gestalt das Ergebnis eiszeitlicher und nacheiszeitlicher Formungsprozesse.
Schleswig-Holstein gliedert sich in drei große Landschaftszonen, die sich auch im Gewässernetz widerspiegeln. Das hügelige Jungmoränenland umrahmt die Ostseeküste in einem weiten Bogen. Die Flüsse winden sich in kühnen Schleifen um die Moränenkuppen und münden zum Teil in Förden, weit ins Land vorstoßenden Meeresbuchten, die als „Tunneltäler" unter Gletscherzungen entstanden sind. Mit einer Länge von 40 km ist die Schlei die längste Förde. Die Wasserscheide verläuft nur wenige Kilometer von der Ostseeküste entfernt – die Ostseezuflüsse sind deshalb wesentlich kürzer als die westwärts strebenden Flüsse.
Die karge, unfruchtbare Geest zieht sich als zentraler Höhenrücken durch das Land. Die Schmelzwasserströme haben hier die Ablagerungen der letzten Eiszeit weggespült und die sandigen Moränen der vorangegangenen Eiszeit freigelegt.
Im Westen schließt sich das flache Marschland an. Es besteht aus Sand und Schlick, die im Lauf der letzten Jahrtausende allmählich vom Meer aufgespült wurden. Die Flüsse haben kaum Gefälle und scheinen streckenweise fast stehenzubleiben. Viele Wasserläufe wurden begradigt und mit Deichen gesichert. Auffallend ist das dichte Netz von künstlich angelegten Sielen und Gräben, die das Land entwässern. Manche ehemalige Meeresbucht wurde inzwischen eingedeicht und trockengelegt. Die Folge war, daß auch die Mündungen einiger Nordseezuflüsse an die neue Küstenlinie verlagert werden mußten.

Natur

Die Geest war bis zum Mittelalter waldbedeckt; heute breiten sich ausgedehnte Heiden auf dem gerodeten Land aus. Verstreute Wacholdergruppen lockern die Heidekrautteppiche auf. Dazwischen gibt es viel Wiesen- und Ackerland, durch Hecken vor dem Wind geschützt. Diese Knicks, angepflanzt auf Erdwällen, bergen eine reiche Vogel- und Insektenwelt.
Die moorigen Talniederungen des Marschlands wurden weitgehend entwässert und in Wiesen und Äcker umgewandelt. Nur an wenigen Stellen stößt man noch auf kleine Moorgebiete, so etwa bei Meggerdorf an der Neuen Sorge. Dort brüten noch so seltene Sumpfvögel wie Bekassinen und Rotschenkel.

Geschichte

Das Land zwischen Nord- und Ostsee blickt auf eine bewegte Geschichte zurück, die auf die Brückenlage – zwischen den Meeren und zwischen Mittel- und Nordeuropa – zurückzuführen ist. Am frühesten wurde die trockene Geest besiedelt, wo ein uralter Fernhandelsweg über große Strecken der Wasserscheide zwischen Nord- und Ostsee folgt. Um 800 gründete der dänische König Göttric die Handelsniederlassung Haithabu an der Schlei. Bald danach errichteten die Dänen das Danewerk, eine Befestigungsanlage zwischen Schlei und Treene, um die im Lauf der Geschichte immer wieder Kämpfe entbrannten. 1386 wurden das dänische Schleswig und das deutsche Holstein unter der Regentschaft der Schauenburger Grafen vereint. 1460 erlangte der dänische König Christian I. die Herrschaft über die beiden Territorien. Bestrebungen, Schleswig endgültig dem dänischen Reich einzugliedern, führten zwischen 1848 und 1850 zu kriegerischen Auseinandersetzungen zwischen Dänen und Preußen, die die zeitweilige Trennung der Herzogtümer zur Folge hatten. Nach dem zweiten Deutsch-Dänischen Krieg (1864) wurden sie endgültig von Dänemark abgetrennt. Zusammen mit dem Herzogtum Lauenburg verschmolzen sie 1945 zum Bundesland Schleswig-Holstein.

Siedlungen

Viele Siedlungen reihen sich am Westrand der Geest auf, wo das fruchtbare Marschland unmittelbar vor der Tür liegt. Stellenweise reicht das trockene Land auch bis an die See heran, so daß Häfen angelegt werden konnten. Diese Gegebenheit kam z. B. der Stadt Husum zugute, wo sich die Mündung der Husumer Au als idealer Hafenplatz erwies.
Im Hinterland der Ostsee entstand manche Stadt an einem wichtigen Flußübergang – wie Lübeck an der Trave oder Rendsburg an der Eider.
In den Marschen siedelten die Bauern in Einzelgehöften auf Wurten oder Warften, aufgeschütteten Hügeln, die bei Sturmfluten Schutz gewähren.
Entlang von Entwässerungskanälen finden sich oft Marschhufendörfer. Man erkennt sie an ihrem regelmäßigen Grundriß, wobei jeder Hof einen langgestreckten Landstreifen besitzt.

Schiffahrt

Die flachen Wasserläufe werden nur in Mündungsnähe von Fischkuttern befahren; für die gewerbliche Binnenschiffahrt sind sie nicht geeignet.
Seit dem Mittelalter behalf man sich mit künstlichen Wasserstraßen, um eine Verbindung zwischen Nordsee bzw. Elbe und Ostsee herzustellen. Ein technisches Meisterwerk seiner Zeit und Vorläufer des Nord-Ostsee-Kanals war der 1784 eingeweihte Schleswig-Holsteinische Kanal für Schiffe bis zu 260 t Tragfähigkeit. Er wurde im 19. Jh. von der technischen Entwicklung überholt und 1895 vom Nord-Ostsee-Kanal abgelöst. Fast 50 000 Seeschiffe passieren heute Jahr für Jahr die kürzeste Verbindung zwischen den Meeren.

Wirtschaft

Im Förden- und Seenland um die Ostsee bewirtschafteten Großbauernbetriebe den fruchtbaren Boden. Die sandige Geest ist zum größten Teil Weideland, doch wird inzwischen verstärkt Getreide angebaut.
Getreide und Raps herrschen auch im ertragreichen Marschland vor.
Die Industrie konzentriert sich auf die drei Ostseehafenstädte Kiel, Flensburg und Lübeck. Im Binnenland wurde der Nord-Ostsee-Kanal zur Leitlinie neuer Industrieansiedlungen.
Die Binnenfischerei spielt nur örtlich eine gewisse Rolle. Traditionelle Spezialitäten sind die Räucheraale und Heringe aus Kappeln an der Schlei.

Tourismus

Die beschaulichen Flüßchen sind zwar bei Wasserwanderern beliebt, doch spielen sie für den Tourismus kaum eine Rolle. Der Fremdenverkehr konzentriert sich auf die zauberhaften Seenlandschaften um Plön und auf Orte an den Förden.

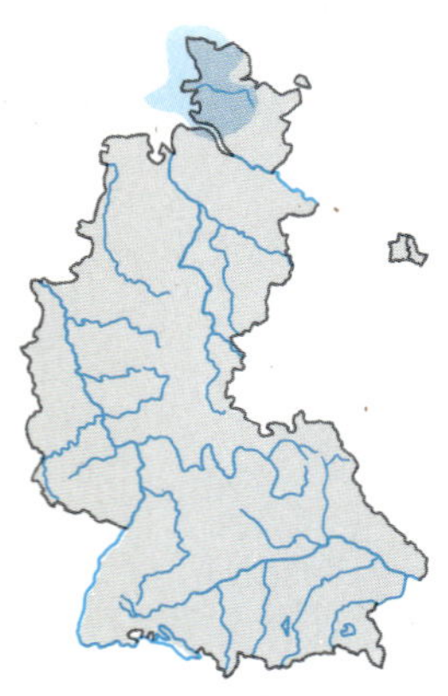

Man spürt den blanken Hans

Blanken Hans nennt man die stürmische Nordsee. Aber auch bei ruhiger See reicht der Einfluß von Ebbe und Flut über die Wasserläufe tief ins Land hinein. Dämme und Deiche, Sperrwerke und Schleusen zeugen von den Anstrengungen der Menschen, ihr Land zu schützen.

Wer in den Norden Deutschlands will, muß den ***Nord-Ostsee-Kanal*** über- oder unterqueren: an einer der 14 Fährstellen, über eine der neun Brücken oder durch den Kanaltunnel. Auftakt für die Begegnung mit der meistbefahrenen Wasserstraße der Welt ist ein Blick auf die Kammern der Doppelschleuse von **Brunsbüttel.** Von der Hochbrücke der B 5 biegt man ab zum Kanalanfang, der vor dem Nordseewasser durch die Schleusen geschützt wird. Die zunächst aus militärischen Gründen erbaute, 1895 eröffnete Wasserstraße hieß zuerst Kaiser-Wilhelm-Kanal und wurde dann in Nord-Ostsee-Kanal umbenannt. Für den internationalen Schiffsverkehr heißt er kurz Kiel Canal. Täglich passieren den Kanal durchschnittlich 130 Schiffe, die sich über das Feuerschiff „Elbe 1" anmelden müssen. 370 Lotsen stehen bereit, um die Kapitäne über Funk zu führen, und 100 Kanalsteuerer übernehmen das Ruder bei Schiffen von über 2500 t.
Dem Kanal mit dem Auto zu folgen ist nur streckenweise möglich. Die zahllosen kleinen Wasserläufe, die er aufnimmt, zwingen die Straßen, Abstand zu halten. Im gut 15 km entfernten **Burg** kann man das lange, schmale Band des Kanals dann von oben bewundern: vom Aussichtsturm aus. Über den Kanal hinüber führt die Grünental-Hochbrücke im Verlauf der B 204 bei Albersdorf. Vom Parkplatz kurz vor der Brücke aus kann man zu Wanderungen durch das idyllische Tal der ***Gieselau*** aufbrechen. Sie gab auch dem nahen ***Gieselau-Kanal*** ihren Namen, der Nord-Ostsee-Kanal und Eider verbindet.
Nebenstraßen führen über Hademarschen zur B 77 nach Rendsburg und damit zur der Ostsee zugewandten Hälfte des Kanals (siehe Seite 477).

Der große Speicher der kleinen Miele

Die B 5, auch „Grüne Küstenstraße" genannt, führt geradewegs in den Nordwesten zur schmucken Domstadt **Meldorf.** Sie liegt am Flüßchen ***Miele,*** das eigentlich erst ab hier einen richtigen Flußlauf hat. Die Miele entsteht aus einem riesigen, feinmaschigen Netz von Gräben und Wasserläufen, die eine typisch norddeutsche Wasserlandschaft bilden, durch die zum Teil nicht einmal eine Straße führt. Norder und Süder Miele sind ihre Hauptstränge.

Das heutige Mündungsgebiet der Miele entstand erst vor zehn Jahren, als es nach einer verheerenden Sturmflut neu eingedeicht werden mußte. Diese größte Eindeichungsmaßnahme der deutschen Geschichte kann man sich vom Auto aus anschauen. Durch den neuen Speicherkoog führt eine Straße (Wegweiser Neuer Meldorfer Hafen) immer entlang der Miele.

Die Eider trennt Schleswig und Holstein

Die ***Eider*** ist fürstlicher Herkunft: Sie entspringt auf Gut Schönhagen bei Bothkamp, 15 km südlich von Kiel, unweit der B 404. In dieser welligen, von Feldern und Waldflekken durchsetzten Landschaft ist sie noch schmal. Die zahlreichen Richtungswechsel und Windungen verdankt sie – wie alle Flüsse Ostholsteins – den Gletschern der letzten Eiszeit. Durch das Labyrinth von Schmelzwasserrinnen, Kesseln und Wällen, das sie hinterließen, mußte sich auch die Eider erst mühsam einen Weg suchen. Ab

Schleswig-Holstein gilt als eines der letzten Storchenparadiese. Die ersten Störche treffen hier Ende März aus ihrem afrikanischen Winterquartier ein und nisten auf den Dachfirsten.

Von den vielen Wasserläufen, *die in Schleswig-Holstein in die Nordsee münden, ist ein künstlicher der bekannteste: der 99 km lange Nord-Ostsee-Kanal zwischen Brunsbüttel und Kiel. Einen 188 km langen, gewundenen Lauf hat die Eider, die nahe der Ostseeküste entspringt; mit ihren Nebenflüssen Treene und Alte Sorge hat sie einen Einzugsbereich von 1880 km². Miele, Arlau, Lecker Au, Soholmer Au und unzählige kleine Wasserläufe und Gräben vervollständigen das Bild einer wasserreichen, flachen Marschen- und Geestlandschaft, für deren Besichtigung man mindestens 3 Tage einkalkulieren sollte.*

Links: Ein Ozeanriese, der durch eine Wiese zu fahren scheint – dieses Schauspiel macht der Nord-Ostsee-Kanal möglich, der drittgrößte Kanal der Welt.

den Reesdorfer Eiderkaten, einem beliebten Ausflugsziel am Nordrand von **Bordesholm,** bettet sich der Fluß recht großzügig in eine solche 10 km lange Schmelzwasserrinne, die der Autofahrer auf der B 4 bequem begleiten kann. Bis auf 4 km nähert sich die Eider der Kieler Förde und damit der Ostsee – und ist durch eine Laune der Natur doch gezwungen, sich auf den langen Weg zur Nordsee zu machen: In **Molfsee,** beim sehr sehenswerten Schleswig-Holsteinischen Freilichtmuseum, schlägt die Eider einen Bogen in Richtung Westensee.

Der Naturpark Westensee (siehe Seite 492–493) wurde früher seiner Landschaftsstruktur wegen auch Eiderschweiz genannt. Die Eider durchfließt den nordöstlichen Teil des Sees, um dann am Flemhuder See entlang in den Nord-Ostsee-Kanal zu münden, den sie kurz vor Rendsburg wieder verläßt.

Teile des 1777 erbauten Eiderkanals begleiten den Nord-Ostsee-Kanal auf seiner linken Seite. Das mit 3,5 km längste Stück kann man bei **Gut Kluvensiek** besichtigen, zu dem man in Bovenau von der B 202 abbiegt. Stillgelegt seit 1885, ist das außerordentlich fischreiche Gewässer heute ein beliebter Angelplatz. Von den alten, betriebsamen Zeiten zeugen noch die gußeisernen Brückentore der Zugbrücke und eine Schleuse.

Die B 202 führt direkt nach Rendsburg hinein. Ab hier starten im Sommer Fahrten über die Untereider bis nach Friedrichstadt. Es gibt keine schönere Möglichkeit, diesen fast noch paradiesischen Flußteil kennenzulernen! Streckenweise steht er unter Naturschutz, und das unwegbare, sumpfige und moorige Land scheint seit Jahrhunderten unberührt zu sein. Der Autofahrer kann es auf der B 202 durchqueren. Schon kurz

Oben: Das könnte auch in Holland sein: Grachten, Brücken und ganze Reihen prächtiger Giebelhäuser zeigen deutlich, daß Friedrichstadt – an der Mündung der Treene in die Eider gelegen – eine alte holländische Gründung ist.

Unten: Eine der technischen Hauptsehenswürdigkeiten Schleswig-Holsteins ist das Eidersperrwerk. Bis weit ins Eiderland drang früher die tobende Nordsee ein – seit 1973 ist das Land geschützt.

Hinter schützenden Deichen neugewonnenes Land heißt in Norddeutschland Koog. Der Hauke-Haien-Koog, benannt nach dem Titelhelden von Theodor Storms „Schimmelreiter“, ist einer der 134 Köge Nordfrieslands. An der Mündung von Soholmer Au und Lecker Au hat man hier dem Meer Land abgerungen.

nach Rendsburg öffnet sich unter wolkenbewegtem Himmel die flache Eiderniederung in ihrer ganzen Weite. Erst im vorigen Jahrhundert gelang es den Menschen hier, die Moore und Sümpfe zu entwässern und urbar zu machen.

Auf dem Weg nach Stapelholm, auch Storchenland genannt, trifft der Autofahrer auf der B 202 bald nach Friedrichsholm auf die Alte Sorge.

▷ ***Alte Sorge*** Ursprünglich floß sie direkt und ungehindert der Eider zu, aber wie auch die Treene wurde sie im 17. Jh. mit Hilfe holländischer Wasserbauexperten vom Gezeitenfluß Eider abgedämmt: Sperrwerke lassen das Wasser nur noch von der Alten Sorge in die Eider, nicht mehr umgekehrt. Zur Rechten der Straße, am Ende einer langen Pappelreihe, liegt die alte Sandschleuse. Sie erinnert an die ersten Versuche im 17. Jh., dieses riesige Feuchtgebiet trockenzulegen. ◁

Bis **Friedrichstadt** wird die Eider deutlich breiter. Die B 202 führt direkt auf dieses hübsche Städtchen zu, das mit seinen Grachten so sehr an seine niederländischen Erbauer erinnert.

▷ ***Treene*** Hier trifft auch die Treene auf die Eider – ohne allerdings wie einst direkt mit ihr zusammenzufließen. Die Besichtigung der Abdämmung gehört zum Programm der Grachtenfahrten. Auch beschauliche Treenefahrten bis Schwabstedt werden angeboten. Eine Fahrt auf Nebenstraßen erschließt das nahezu unberührte Flüßchen. Wer die Quelle sucht, muß sich fast bis Flensburg hinaufbemühen. ◁

Auf der B 202 nach Tönning und von dort auf einer Nebenstraße an der fast seeartig breit werdenden Eider entlang – und die mit fünf 40 m breiten und 250 t schweren Hubtoren verriegelte Mündung der Eider ist erreicht. Das Eidersperrwerk wird als Meisterwerk der Ingenieurskunst gerühmt und ist mit Damm 4,8 km lang. Dieser größte Küstenschutz Europas gab dem Hinterland Ruhe und Raum für das Freizeit- und Vogelschutzgebiet Katinger Watt.

Der Dichter der Marschen und Deiche

Keiner hat die Marsch und den Deich, den Koog und die Geest so eindringlich beschrieben wie der 1817 in Husum geborene Dichter Theodor Storm. Untrennbar mit der nordfriesischen Landschaft verbunden ist sein bekanntestes Werk, die kurz vor seinem Tod vollendete Novelle „Der Schimmelreiter“: *„Der Deichgraf Hauke Haien jagte auf seinem Schimmel dem Deiche zu. Der schmale Weg war grundlos, denn die Tage vorher war unermeßlicher Regen gefallen; aber der nasse, saugende Klei schien gleichwohl die Hufen des Tieres nicht zu halten ... Wie eine wilde Jagd trieben die Wolken am Himmel; unten lag die weite Marsch wie eine unerkennbare, von unruhigen Schatten erfüllte Wüste; von dem Wasser hinter dem Deiche, immer ungeheurer, kam ein dumpfes Tosen, als müsse es alles andere verschlingen.“*

Die Auen Nordfrieslands

Es sind wieder nur Nebenstraßen, die das dicht verflochtene Grabennetz der ***Arlau*** nördlich von Husum erschließen. Die Entwässerung ins Meer ist schwierig: Mit Hilfe einer elektrisch betriebenen Pumpe an der Arlauschleuse gelangt das Wasser in die Nordsee. Energiesparender ist die Lösung weiter nördlich bei den Flüssen ***Lecker Au*** und ***Soholmer Au,*** die südlich von Niebüll zusammenfließen. Ihr gemeinsamer Unterlauf mündet in zwei eingedeichte Speicherbecken bei Schlüttsiel, die das ganze Wasser des Umlands ohne Überschwemmungsgefahr aufnehmen können. Entwässert wird über ein Siel, einen Deichdurchlaß. Eine teure Angelegenheit ist freilich der Transport des Wassers bis dahin: 22 Pumpen und Siele braucht es, um das Wasser aus dem tiefliegenden, flachen Marschland bis in die Speicherbecken zu befördern. Das Neuland vor den Becken ist der Hauke-Haien-Koog; benannt nach dem Deichgrafen in Theodor Storms „Der Schimmelreiter“.

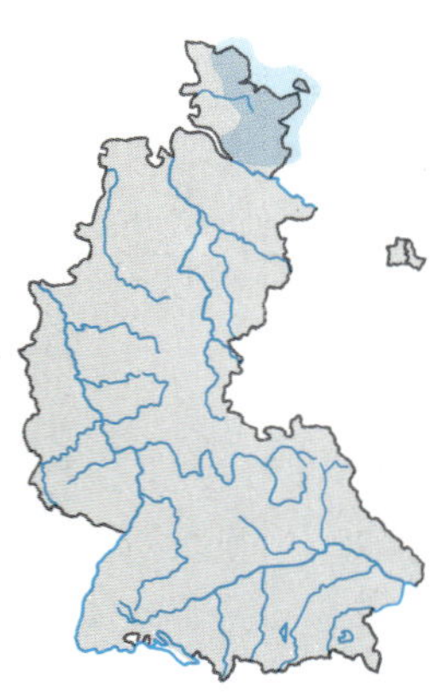

Wo Flüsse in Förden münden

Im Vergleich zum rauheren, der Nordsee zugewandten Westen wirkt er lieblich: der Teil Schleswig-Holsteins, den die Ostseeflüsse durchqueren. Täler und Senken, Moränen und durch Eiszungen ausgehöhlte Förden, die Strömen ähneln, gestalten den ehemaligen Grafenwinkel.

Eigentlich sind es vom Quellgebiet der ***Trave*** bei Bökenberg südlich von Eutin nur rund 15 km bis zur Lübecker Bucht. Die Gletscherlandschaft aber will es anders: Die Trave muß bis zu ihrer Mündung bei Lübeck einen großen Umweg fließen.

Für eine Reise entlang der jungen Trave eignet sich die B 432 Scharbeutz–Bad Segeberg. Ab Gnissau begleitet sie den Fluß, der bis hier bereits Taufpate gestanden hat für zwei stille, ländliche Plätze: **Travenhorst** und Gut Travenort. Bundesstraße und Fluß laufen auch nebeneinander auf den wilden, seerosenübersäten ***Wardersee*** zu (siehe Seite 489), den eine Brücke mitten entzweischneidet. Die Trave schlängelt sich dann weiter durch das schöne Land um **Bad Segeberg** – ohne allerdings einen der beiden großen Stadtseen (siehe Seite 489) zu berühren. Zu stattlich ist das Hindernis, das dazwischen aufragt: der große Kalkberg, einziger Fels im Eiszeitschutt des Landes.

Alte Gutsherrlichkeit findet man im tief eingewaschenen Travetal insbesondere zwischen Bad Segeberg und Bad Oldesloe; die begleitende B 404 führt durch ein landschaftlich sehr reizvolles Gebiet. Mächtiger Baumbestand am Rand des Talgrunds kündigt die Herrensitze schon von weitem an, so zum Beispiel den von **Travenbrück-Tralau** zur Rechten der Straße.

Reges Kreisstadtleben erwartet den Reisenden im nicht weit entfernten **Bad Oldesloe.** Die Stadtmitte liegt auf einem Inselchen, das dort entstand, wo von Süden her die kleine ***Beste*** zur Trave stößt. Hier steht der

alte Kern der Stadt: ein sehenswertes, heute schmuck restauriertes Viertel. Unterhalb der Holzbrücke beginnt der Trave-Wanderweg. Er verläuft 2 km weit hinaus in die Flußmarschen vor der Stadt bis zum Naturschutzgebiet Brenner Moor.
Auf der meist flußnahen B 75 steuert der Reisende nun über Reinfeld, dessen berühmte Karpfenweiher auch von der Trave gespeist werden, auf **Lübeck** zu. Von

Ein besonders dekoratives Beispiel der Lübecker Backsteingotik ist das Rathaus. Für den Giebel wurden schwarze, glasierte Steine verwendet. Auffallend sind auch die paarweise angeordneten Windlöcher.

Aus der sanften Hügellandschaft Ostholsteins *kommen die Trave, die Kossau und die Schwentine. Die Trave ist mit 118 km der längste und auch der bedeutendste der Ostseezuflüsse; die Schwentine, die die Holsteinischen Seen verbindet, gilt als klassischer Paddelfluß. Eine Besonderheit ist die idyllische Schlei, die von einem Fluß nur die Länge hat: Eigentlich ist sie eine fjordähnliche Ostseebucht. Wer diese reizvollen Gewässer bis hin zur stellenweise steilen Ostseeküste kennenlernen will, sollte sich mindestens 4–5 Tage Zeit nehmen.*

Links: Im Travemünder Yachthafen liegt neben einer ganzen Flotte kleiner Yachten auch die „Passat", ein elegantes altes Segelschiff von 1911. Im Hintergrund die Halbinsel Priwall, hinter der sich schon DDR-Gebiet erstreckt.

weitem schon grüßen die sieben Kirchtürme, neben den stattlichen Toren und Kaufmannshäusern sichtbare Zeichen der alten Hanseherrlichkeit. Das frühe Aufblühen zur Handels- und Hafenstadt verdankt auch Lübeck seiner günstigen Lage: Zum einen nützte der direkte Zugang zum Meer, zum anderen der Zusammenfluß von Trave und ***Wakenitz,*** die so aufgestaut wurden, daß eine leicht zu schützende, wasserburgähnliche Insel entstand. Man sollte nicht versäumen, sich die Stadt von einem der Ausflugsboote, die heute auf den Wasserläufen verkehren, anzuschauen. Aber trotz soviel prächtiger alter Backsteinkulisse, die die stolze Vergangenheit lebendig erhält, hat die Hansestadt den Anschluß an die Gegenwart nicht verpaßt. Folgt man der B 75 weiter, findet man vor lauter Industrieansiedlungen kaum den Zufluß des stillen Flüßchens ***Schwartau,*** das dem Kurort **Bad Schwartau** den Namen gab.

▻ ***Elbe-Lübeck-Kanal*** Am südlichen Stadtrand stößt der Elbe-Lübeck-Kanal zur Trave (siehe auch Seite 481, 483). Gebaut wurde er in den Jahren 1896–1900, damit die Stadt auch nach Eröffnung des Nord-Ostsee-Kanals noch mit Hamburg und Kiel mithalten konnte. Er ersetzte den schmalen, gewundenen und schleusenreichen ***Stecknitzkanal,*** über den schon ab 1395 Salz von der Elbe nach Lübeck transportiert wurde. Doch heute hat auch der neuere Kanal ein altmodisches Flair. Für die moderne Binnenschiffahrt spielt er keine große Rolle mehr; dafür wird sein baumgesäumter, stiller Lauf von Freizeitkapitänen geschätzt. ◅

Über die B 75 ist es nun nicht mehr weit nach **Travemünde.** Der mondäne Bade- und Kurort nennt einen ungewöhnlichen Leuchtturm sein eigen: Auf dem Dach des „Hotel Maritim“ brennt das Leuchtfeuer für die Schiffahrt. Vom 35. Stock aus kann man nicht nur die zur Förde sich weitende Trave überblicken, sondern auch das Gewimmel an den Badestränden am Meer.

Begegnungen im Bauernland

Ein ganz merkwürdiger Fluß ist der ***Oldenburger Graben,*** denn er hat keine eigentliche Quelle, sondern am Anfang wie am Ende Mündungen: Er verbindet als Graben, in den das umliegende, leicht höhere Land entwässert, die Lübecker und die Hohwachter Bucht. Sieben Jahrhunderte dauerte es, bis seine Niederung als Weideland nutzbar gemacht werden konnte. Bis zum 12. Jh. fuhren Schiffe zur damaligen Hafenstadt **Oldenburg.** Heute ist der über die A 1 erreichbare Ferienort für den Handel unbedeutend geworden; der immer noch von Booten befahrene Graben wurde hier allerdings in Rohre geleitet und ins Erdreich verbannt.

Die Doppelschleuse von Kiel-Holtenau markiert den Endpunkt des Nord-Ostsee-Kanals. Fast armdick sind die Taue, mit denen die Schiffsriesen festgemacht werden.

Ein echtes holsteinisches Kleinod ist die ***Kossau.*** Die B 202 führt von Oldenburg direkt ins malerische, gutbürgerliche **Lütjenburg,** dessen Stadtkern die Kossau umfließt. Vom dortigen Bismarckturm kann man nicht nur bis in die Holsteinische Schweiz sehen, wo das Flüßchen entspringt, sondern auch bis zum ***Großen Binnensee*** und zur Mündung beim waldumstandenen Ostseebad Hohwacht.

Förden – die falschen Flüsse

Es ist, als ob man ein betriebsames Haus durch die Hintertür betritt: Wenn man über die Mündung der ***Schwentine*** (siehe Seite 485–487) in die Kieler Förde kommt, öffnet sich rechts und links das großartige Panorama der geschäftigen Hafenstadt. Überall in **Kiel** laden Haltestellen der Fördendampfer ein, die von einem Ufer zum anderen pendeln und Besucher zu den Sehenswürdigkeiten der Stadt bringen.

Wie von Geisterhand bewegt, schwebt die Rendsburger Fähre unter der Eisenbahnbrücke über den Nord-Ostsee-Kanal. Rendsburg ist seit langem wichtiger Verkehrsknotenpunkt – für den Verkehr nach Norden hat man hier sogar den Kanal untertunnelt.

Kiel ist die Stadt der Schiffe: Hier bestimmen nicht nur die Hafenanlagen und die Werften, die Fähren nach Skandinavien und die Ausflugsboote das Stadtbild, hier wird auch gesegelt. Höhepunkt der Segelsaison ist seit 1882 die „Kieler Woche". Dann strömt eine große Zahl von Aktiven und Zuschauern nach Kiel, und die ganze Förde ist weiß von Segeln.

Zum Beispiel zum „Pulsschlag der Welt", zu den Holtenauer Schleusen, wo der Nord-Ostsee-Kanal auf die Kieler Förde trifft. Förden sind durch Gletscherzungen der letzten Eiszeit entstandene und heute meerwassergefüllte Rinnen, die ausgezeichnete Naturhäfen bilden. Eine Hafenmetropole konnte Kiel aber erst werden, seit der ***Nord-Ostsee-Kanal*** (siehe Seite 470) die Verbindung zum Hinterland und zur Nordsee herstellte. Zur Brücken- und Fährenstadt **Rendsburg** am Kanal, deren Eisenbahnbrücke kilometerlange Rampen braucht, um die Züge 50 m hoch über den Kanal zu befördern, ist es von Kiel für Schiffe wie für Autos nicht mehr weit.

So tief ins Land hinein wie die ***Schlei*** ragt keine andere Ostseeförde – deshalb wird dieses 40 km lange Gewässer oft fälschlich als Fluß bezeichnet. Einmal 4 km, dann wieder nur 135 m breit und genauso reich an flachen Buchten wie an steilen Uferhängen, besitzt die Schlei freilich kaum eine typische Flußform. Der Autofahrer ist zu ihrer Erkundung auf kleine, idyllische Straßen angewiesen; Fähren bei Kosel-Missunde oder Arnis ermöglichen stilgerechte Übergänge. Geschichtlich aufschlußreich ist ein Start in der Domstadt **Schleswig** beim neuen Museum Haithabu, das Schätze der legendären Wikingerniederlassung hütet. Durch ländliche Gebiete und stille Dörfer, vorbei an schilfeingefaßten Buchten, gelangt man nach **Arnis,** dieser winzigen Stadt mit nur einer baumgesäumten Häuserzeile. 5 km weiter liegt steil am Hang **Kappeln,** wo der letzte Heringszaun Europas, zu sehen von der Schleibrücke, an alte Fangmethoden erinnert. Und rund um das Wormshöfter Noor geht es schließlich ins pittoreske alte Fischerdorf **Maasholm** und zum Seevogelschutzgebiet an der Schleimünde.

Mit dem Ausflugsschiff auf Trave und Schlei

Lübeck Zwei Linien führen von der Moltebrücke aus eineinhalbstündige Fahrten die Wakenitz hinauf nach Rothenhusen durch. Die Ausflüge finden von Anfang Mai bis Ende September mehrmals täglich statt.

Von der Holstenterrasse starten Ausflugsschiffe zu einer Stadt-, Kanal- und Hafenrundfahrt. Die Saison geht von Mitte April bis Mitte Oktober; täglich von 10 bis 17 Uhr werden Fahrten angeboten. Außerdem gibt es für Gruppen Sonderfahrten nach Vereinbarung.

Auskunft Personenschiffahrt Maiworm, Roeckstr. 50, 2400 Lübeck, Tel. 0451/35455. Fahrgastschiffahrt Quandt, Hauptweg 29, 2400 Lübeck 1, Tel. 0451/393734.

Zehn Anlegestellen an der Schlei ermöglichen täglich Ausflüge, die sich mit Busverbindungen zu Rundtouren verbinden lassen.

Schleswig Von April bis September mehrmals täglich außer Di halbstündige Fahrten vom Hafen zum Museum Haithabu.

Auskunft Stadtwerke Schleswig, Poststraße 8, 2380 Schleswig, Tel. 04621/801-0.

Ab Schleihallenbrücke verkehren vier Linien. Linie I startet Di 9.15, ist um 16 Uhr in Schleimünde und um 19.30 Uhr zurück. Sie läuft dabei mehrere Haltestellen an. Linie II fährt täglich außer Di, Fr und Sa um 14 Uhr nach Schleimünde und kehrt über zwei Zwischenstopps um 17 Uhr zurück. Linie III fährt die Strecke Kappeln–Schleswig Sa um 9.15 Uhr, erreicht Schleswig um 11.50 Uhr und ist um 18 Uhr zurück. Linie IV verbindet Schleswig und Missunde, allerdings nur Sa zwischen 13.30 und 15.30 Uhr.

Auskunft A. Bischoff, 2380 Schleswig, Tel. 04621/23319.

Im Freilichtmuseum Molfsee wird nicht nur bäuerliche Vergangenheit lebendig, sondern es werden auch Kurse angeboten.

In ganz Nordfriesland ist das Ringreiten beliebt. Pferd, Reiter und Lanze erinnern deutlich an mittelalterliche Ritterturniere.

Die „Karpfenernte" in Reinfeld verspricht nicht nur kulinarische Köstlichkeiten, allein das Abfischen ist schon sehenswert.

Nord-Ostsee-Kanal

Brunsbüttel Industriestadt am Eingang des Nord-Ostsee-Kanals.
Ein Erlebnis nicht nur für technisch Interessierte ist die Brunsbütteler Doppelschleuse. Die idyllisch waldgesäumte Anlage gilt als eine der größten Europas. Dem Überwechseln der Schiffe von der Elbe in den Nord-Ostsee-Kanal kann man den ganzen Tag zusehen; das angeschlossene Informationszentrum ist im Sommerhalbjahr täglich 9–12 und 13–18 Uhr geöffnet. Vom Schleuseneingang aus starten alle zwei Stunden Ausflugsboote, die den Besuchern den Hafen- und Schleusenkomplex vom Wasser aus zeigen.
Wasser- und Schiffahrtsamt, 2212 Brunsbüttel, Tel. 04852/8011

Burg Waldreicher Luftkurort auf einem Geesthügel. Am Fuß des Aussichtsturms, der den schönsten Blick auf Nordfriesland bietet (geöffnet Mai bis Mitte September außer Mo täglich 10–17 Uhr), beginnt ein Waldlehrpfad. Alle Bäume, die in unserem Klima gedeihen können, sind hier angepflanzt; angeschlossen ist ein Waldmuseum, das ausführlich die örtlichen Wälder und die darin heimische Tier- und Pflanzenwelt vorstellt (Öffnungszeiten: Mitte April bis Mitte Oktober außer Mo täglich 10–12 und 14–17 Uhr).
Verkehrsverein, 2224 Burg, Tel. 04825/1444

Rendsburg Wichtiger Verkehrsknotenpunkt am Nord-Ostsee-Kanal.
Das Heimatmuseum beeindruckt schon durch sein besonders schönes Fachwerk aus dem 16. Jh. In den Innenräumen wird Stadtgeschichte aufgerollt: Stadtmodelle zeigen sehr anschaulich die Entwicklung der Festungsstadt am Schnittpunkt von Eider und alter Verkehrslinie „Ochsenweg" (Öffnungszeiten: Di–So 10–12 und Fr–So 15–17 Uhr).
Höhepunkt der Ringreiterturniere ist das Landesringreiten in Rendsburg, das jährlich im Juni Besucher von weit her anzieht.
Verkehrsverein, Holsteiner Straße 18, 2370 Rendsburg, Tel. 04331/2060

Miele

Meldorf Alte Domstadt und Hauptstadt der ehemaligen Dithmarscher Bauernrepublik.
Das Dithmarscher Landesmuseum zeigt in zahlreichen voll eingerichteten Räumen Bauern- und Dorfkultur; desgleichen erzählt es die Geschichte des nordfriesischen Deichbaus (geöffnet März bis Oktober Di–Fr 9–17.30 Uhr, Sa und So 10–16 Uhr, November bis Februar Di–Sa 9–17.30 Uhr; September bis 5. Oktober geschlossen).
Den Speicherkoog, das Mündungsgebiet der Miele, kann man auf einer Führung durch das Watt und das Vogelbrutgebiet Helmsand kennenlernen. Die Führungen werden jeden Samstag zwischen Ende Juni und Mitte Oktober angeboten und dauern 1½–2 Stunden. Die Zeit richtet sich immer danach, wann jeweils Ebbe herrscht.
Fremdenverkehrsverein, Nordermarkt 10, 2223 Meldorf, Tel. 04832/7045

Eider

Molfsee Kleiner Ort an einem Eiderknie.
Von weit her kommen die Besucher, um die mehr als 60 Gebäude des Schleswig-Holsteinischen Freilichtmuseums zu besichtigen. Aus den verschiedensten Teilen des Landes wurden alte Bauernhäuser, Wind- und Wassermühlen und Werkstätten hierher verpflanzt. In der Töpferei, der Weberei oder der Meierei kann man bei der Arbeit zusehen (Öffnungszeiten: April bis Mitte September Mo–Sa 9–17, So 10–18 Uhr, von Mitte September bis Mitte Oktober Mo geschlossen; in der Wintersaison nur bei guter Witterung So von 10 Uhr bis Einbruch der Dunkelheit).
Schleswig-Holsteinisches Freilichtmuseum, Hamburger Landstraße, 2300 Molfsee, Tel. 0431/65555

Friedrichstadt Grachtenstadt am Zusammenfluß von Eider und Treene.
Eine Fahrt durch die Grachten gehört zum Pflichtprogramm des Besuchers. Von Ostern bis Ende Oktober kann man sich täglich ab 10 Uhr zu jeder vollen Stunde vom Wasser aus die Stadtgeschichte erklären lassen.
Die einstündigen Stadtrundfahrten werden von Damen und Herren in holländischer Tracht durchgeführt.
Tourist Information, „Alte Münze", Am Mittelburgwall 2, 2254 Friedrichstadt, Tel. 04881/7240

Alte Sorge

Bergenhusen Als letztes Storchenparadies bekanntes Dorf in Stapelholm.
Die Feuchtgebiete der Niederung von Eider, Treene und Alter Sorge spenden Nahrung für Störche. Beim Spaziergang durch das Dorf kann man sich nicht nur an dem Anblick der Nester auf den Hausdächern freuen, man kann sich auch an im Ort aufgestellten Tafeln über Aufzucht, Ernährung und Gefährdung der Tiere informieren.
Tourist-Information, 2251 Süderstapel, Tel. 04883/1080

Treene

Eggebek Kleiner Ort am Oberlauf der Treene.
Eine Kanufahrt auf der Treene ist ein großes Erlebnis für Freunde unberührter Natur. Rund 50 km weit geht es vom Pfadfinderheim Tydal bei Eggebek aus die Treene hinunter bis nach Friedrichstadt. Boote vermietet Kurt Brodersen in Tydal.
Spejdergarden Tydal, K. Brodersen, 2384 Eggebek, Tel. 04609/250

Trave

Reinfeld Alte Residenz der Plöner Herzöge an der Trave.
Heute ist das geruhsame Städtchen vor allem als Karpfenhochburg bekannt. Abgefischt und aufgetischt wird alle 5 Jahre Ende Oktober (das nächste Fest ist 1991).
Verkehrsverein, 2670 Reinfeld, Tel. 04533/20010

Lübeck Traditionsreiche Hansestadt an der Untertrave.
Bei den Salzspeichern unweit des Lübecker Wahrzeichens, des Holstentors, kann man zu einer Ausflugsfahrt per Boot einsteigen.
Die stolze Hansevergangenheit der Stadt wird besonders lebendig im Restaurant „Schiffergesellschaft" in der Breiten Straße. Auf den alten, holzgeschnitzten Bänken sitzt man eng, aber

gemütlich, und die Schiffsmodelle, Waffen und Wappen, die Decke und Wände zieren, schaffen eine seemännische Atmosphäre.
Stilgerecht untergebracht im Holstentor ist das Stadtgeschichtliche Museum. Von Grabungsfunden in Alt-Lübeck bis hin zu Modellen der schönen Patrizierhäuser ist alles vertreten, was zu Lübecks Geschichte gehört (geöffnet April bis September 10–17 Uhr, Oktober bis März 10–16 Uhr, Mo geschlossen).
Obwohl die Trave ab Lübeck zum hochseetüchtigen Kanal ausgebaut wurde, findet man an ihr noch ein altes Fischeridyll: im Stadtteil Gothmund, dem hübschen Travefischerdorf.
Verkehrsverein, Markt, Postfach 1205, 2400 Lübeck, Tel. 0451/72300

Travemünde Berühmtes Ostseebad.
1802 von zwei Lübecker Ärzten als Seebad gegründet, hat Travemünde ein besonderes Flair, das man am besten auf einem Spaziergang über die schöne, 2 km lange Promenade genießen kann.
An der Priwall-Mole, zu der man sich mit einer Autofähre übersetzen lassen kann, liegt die Viermastbark „Passat“. Sie ist von Ende Mai bis Mitte September täglich 10–13 und 14–17.30 Uhr zu besichtigen. Halbstündige Führungen werden angeboten.
Kurverwaltung, Strandpromenade 1 B, 2400 Lübeck-Travemünde, Tel. 04502/8040

Die Lübecker „Schiffergesellschaft“ war 1535 schon Zunftunterkunft für Seefahrer – heute ist sie ein schönes Restaurant.

Kossau

Lütjenburg Gemütliche Kleinstadt unweit der Kossaumündung.
Das Lütjenburger Schützenfest blickt auf eine über 250 Jahre alte Tradition zurück. Jeden Pfingstmontag und -dienstag ist Volksfest im Ort, wenn die schwarzgekleideten Mitglieder der Schützengilde feierlich den riesigen Vogel montieren und ihren Schützenkönig ermitteln.
Nordöstlich des Stadtgebiets liegt – ebenfalls an der Kossau – eines der schönsten holsteinischen Herrenhäuser, Gut Panker (Privatbesitz). Das dreiflügelige Gebäude aus dem 18. Jh. leuchtet weiß inmitten des Barockgartens französischer Art und der Trakehnerweiden, die es umgeben.
Verkehrsamt, Markt 12 (Färberhaus), 2322 Lütjenburg, Tel. 04381/9149

Schwentine

Kiel Landeshauptstadt und Marinestadt an der Förde.
Seit 1882 findet jedes Jahr im Juni die berühmte Kieler Woche statt: Dann dreht sich alles in Kiel nur ums Segeln.
In den 34 Schaubecken des Aquariums am Institut für Meereskunde sind sowohl Salz- als auch Süßwassertiere zu bestaunen (geöffnet im Sommer 9–19 Uhr, im Winter 9–17 Uhr).
Ein Muß ist das Kieler Stadt- und Schiffahrtsmuseum in der über 80 Jahre alten Fischhalle. Zahlreiche Schiffsmodelle kann man besichtigen, darunter auch Schiffe, die einst in Kieler Werften gebaut worden sind. Eine Reihe von ausgedienten alten Schiffen kann im Museumshafen besichtigt werden (geöffnet täglich 10–18 Uhr, im Winterhalbjahr Di–So 10–17 Uhr).
Ein weitläufiges Freigehege für Wasservögel – das größte der Bundesrepublik Deutschland – besitzt der Kieler Schrevenpark.
Verkehrsverein, Auguste-Viktoria-Straße 16, 2300 Kiel, Tel. 0431/62230

Laboe Traditionsreiches Seebad an der Kieler Förde. Im Marine-Ehrenmal zeigt eine Ausstellung, wie sich die Schiffahrt von der Wikingerzeit über die Hanse bis zur modernen Handelsschiffahrt unserer Gegenwart entwickelt hat. Von dem 85 m hohen Turm hat man einen herrlichen Ausblick auf die Förde, auf Kiel und das Hinterland. Im U-Boot „U 995“ vor dem Mahnmal geht es zwar eng zu, eine Besichtigung sollte man aber dennoch nicht versäumen (Öffnungszeiten: im Sommer 9–18 Uhr, im Winter 9–16 Uhr).
Gemeindeverwaltung, 2304 Laboe, Tel. 04343/730

Rötlich leuchtet das Marine-Ehrenmal Laboe an der Kieler Förde, davor das mächtige U-Boot „U 995“.

Schlei

Schleswig Bedeutende Museumsstadt am Ende der Schlei.
Das Landesmuseum Schloß Gottorf liegt wasserumflossen auf einer Insel im Burgsee, einem Anhängsel der Schlei. Die archäologische Abteilung präsentiert die größte prähistorische Sammlung der Bundesrepublik Deutschland (darunter das älteste Fischernetz!).
Glanzpunkt ist die Nydam-Halle mit dem Ruderschiff (Öffnungszeiten: April bis Oktober Di–So 9–17 Uhr; Mo 9–17 Uhr nur Nydam-Halle; November bis März Di–So 9.30–16 Uhr). Die Abteilung Schleswig-Holsteinisches Landesmuseum bietet unter anderem sehr schön eingerichtete Innenräume und Möbel (geöffnet außer Mo täglich, April bis Oktober 9–17 Uhr, November bis März 9.30–16 Uhr).
Unbedingt besuchen sollte man das Wikinger-Museum Haithabu am Haddebyer Noor. Die Reste der Handels- und Hafenstadt aus dem 9.–11. Jh. sind umschlossen von einem 5–10 m hohen Ringwall, von dem aus man auf die Ausgrabungs- und Rekonstruktionsarbeiten hinuntersieht (geöffnet Mi–Mo 9–18 Uhr).

23 m lang und fast 1600 Jahre alt ist das seegängige Nydam-Schiff im bekanntesten Schleswiger Museum, Schloß Gottorf.

In der Nähe des Doms St. Petri mit dem berühmten Bordesholmer Altar liegt die pittoreske alte Fischersiedlung Holm.
Städtisches Touristbüro, Plessenstraße 7, 2380 Schleswig, Tel. 04621/814226

Kappeln Altes Fischerstädtchen an der Schleimündung. Sehenswert ist die 1927 errichtete Drehbrücke, die die beiden Schleiufer verbindet: Ihre Brückenhälften sind zum Ufer hin schwenkbar, um den Schiffsverkehr durchzulassen.
Fremdenverkehrsverein, 2340 Kappeln, Tel. 04642/4555

Maasholm Malerischer Fischerort auf einer Landzunge in der weiten Schleimündung.
Von der Maasholmer Promenade erreicht man in einer dreiviertelstündigen Wanderung an der Schleikante entlang das Vogelschutzgebiet Oehe/Schleimünde. Besucher müssen sich in der Schutzhütte des Vogelwarts anmelden. Von April bis September kann man sich in einer zweistündigen Führung über das reiche Vogelleben informieren lassen (außer Mo täglich 10 Uhr).
Fremdenverkehrsverein „Schleidörfer e. V.“, 2381 Steinfeld, Tel. 04641/3411

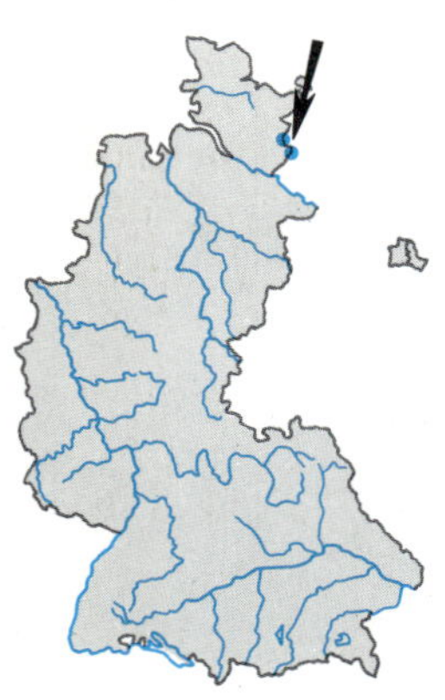

Ein Refugium nicht nur für Vögel

Im wirtschaftlichen Abseits zwischen Elbe-Lübeck-Kanal und deutsch-deutscher Grenze liegt der Naturpark Lauenburgische Seen, Überlebensraum vieler vom Aussterben bedrohter Tier- und Pflanzenarten.

In diesem südlich von Lübeck gelegenen Naturpark fühlt sich der Besucher ein Stück weit in eine frühere Epoche zurückversetzt. Vieles hier erweckt den Eindruck, als sei die Zeit stehengeblieben. Die einzigen Städte, Mölln und Ratzeburg, blieben von großen baulichen Eingriffen verschont, und nur hier und da tauchen in der weitgehend unverfälschten Landschaft die roten Backsteinmauern kleiner, verträumter Dörfer auf. Verschwiegen liegen die zahlreichen Seen mit ihren naturbelassenen Ufern. In diesem landschaftlich abwechslungsreichen Areal mit seinen Wiesen und Wäldern und seinen mannigfaltigen Feuchtgebieten haben viele Tier- und Pflanzenarten überleben können, die anderswo in Deutschland schon längst verschwunden sind. So findet der Naturfreund hier die äußerst selten gewordene Gelbe Teichrose, kann die vom Aussterben bedrohte Europäische Sumpfschildkröte beobachten und vor allem viele Vögel – wie den Kranich, den Seeadler und die Rohrdommel –, die bei uns auf der Roten Liste stehen. Doch ganz heil ist die Welt auch hier nicht mehr. Flurbereinigung, Feuchtgebietsentwässerung, landwirtschaftliche Düngung und nicht zuletzt die Transitstrecke Hamburg–Berlin, die den Naturpark im südlichen Teil durchschneidet, stellen eine Bedrohung für Flora und Fauna dar. Auch der Tourismus bringt seine Gefahren mit sich, und so ist das Baden in den Seen nur an eigens dafür bestimmten Stellen erlaubt. Surfer und Bootfahrer sollten sich von den Schilfrändern fernhalten, denn hier hat manch ein Vogel seine Brutstätte.

Auf den Spuren des weißen Goldes

Der schönste Weg in den Naturpark führt von Lübeck aus über die B 207, die historische „Alte Salzstraße". Im Mittelalter wurde auf diesem uralten Handelsweg das kostbare Salz, das weiße Gold, von der Salinenstadt Lüneburg nach Lübeck transportiert und von dort in die Welt verschifft. Unmittelbar nach dem Lübecker Ortsausgang beginnt auch schon der Naturpark. Am besten läßt man das Auto so oft wie

Zweitgrößter der Lauenburgischen Seen ist der Große Ratzeburger See. Vom Passagierschiff aus bietet sich ein herrlicher Blick auf den Dom und die naturbelassenen Ufer, wo seltene Wasservögel nisten.

Der Naturpark Lauenburgische Seen *zwischen Lübeck und Büchen erstreckt sich über ein Areal von 440 km² und kann mit annähernd 40 Seen aufwarten. Den Abschluß nach Westen hin bildet der Elbe-Lübeck-Kanal. Gen Osten sieht man sich einem 80 km langen Abschnitt der deutsch-deutschen Grenze gegenüber, die zwei der Seen mitten entzweischneidet. Den Naturpark durchzieht ein großzügiges Netz von Wanderwegen, die auch Radfahrer benutzen dürfen.*

Mit dem Schiff auf dem Großen Ratzeburger See

Linie 1: 90minütige Rundfahrten. Abfahrt in Ratzeburg vom Lüneburger Damm Mai und September täglich 10.30 und 14 Uhr, Juni bis August auch 12.15 und 15.45 Uhr.

Linie 2: Lüneburger Damm – Rothenhusen. Fahrtdauer 40 Minuten. Juni bis August täglich sechs Fahrten zwischen 9.30 und 18.05 Uhr, Mai und September zwischen 11.15 und 16.30 Uhr, April und Anfang bis Mitte Oktober zwischen 11.15 und 14.45 Uhr.

Auskunft Personenschiffahrt Ratzeburger See, 2418 Ratzeburg, Tel. 04541/7900.

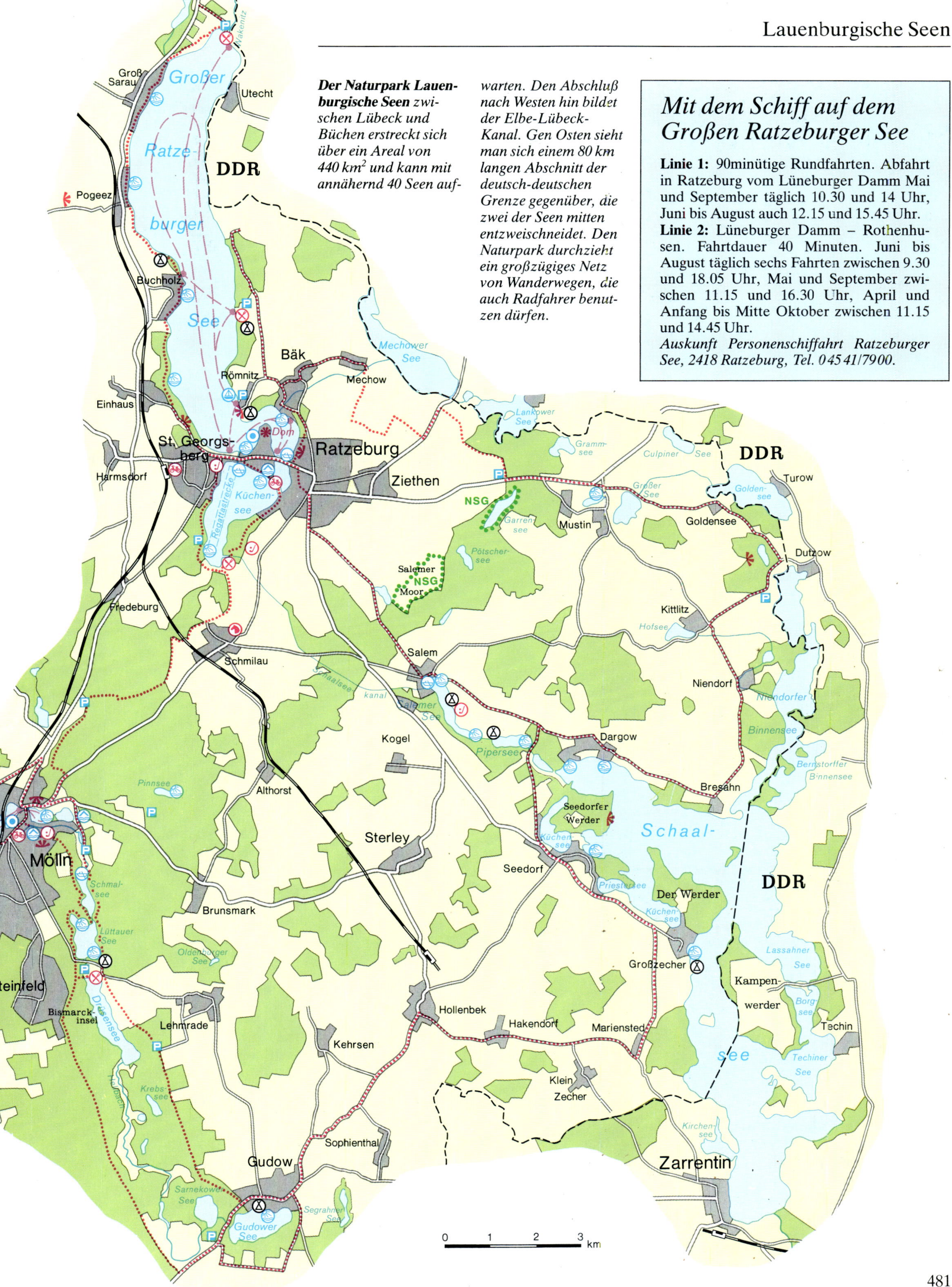

möglich stehen und macht sich auf schönen Wanderwegen zu Fuß auf die Erkundungsreise. Zum Schutz der Natur ist es aber unbedingt erforderlich, auf den Wegen zu bleiben und Schongebiete und Wildreservate zu beachten. Sperrgebiete sind für den Wanderer selbstverständlich tabu.

Als erstes erreicht man den ***Großen Ratzeburger See.*** Charakteristisch für diesen gut 14 km^2 großen See, der in einer von Gletschern vertieften und verbreiterten Schmelzwasserrinne liegt, ist seine längliche Form. An seinem nördlichen Ende bei Rothenhusen tritt die ***Wakenitz*** aus, die, der Grenze folgend, das Seewasser bis nach Lübeck führt, von wo es dann über die Trave in die Ostsee gelangt.

Die Steinigung des Ansverus

Auf landschaftlich reizvoller Strecke fährt man am Westufer des Sees entlang nach **Einhaus,** wo man sich am Ufer einmal die Füße vertreten sollte. Denn hier steht das sogenannte Ansveruskreuz, ein 2,84 m hohes Radkreuz aus dem 14. oder 15. Jh. Sein Name leitet sich von dem Abt Ansverus her, der an dieser Stelle vor mehr als 900 Jahren zusammen mit 18 weiteren Mönchen von heidnischen Slawen zu Tode gesteinigt wurde, als er sie zum christlichen Glauben bekehren wollte.

Daß indes die Christianisierung nicht aufgehalten werden konnte, davon zeugt mächtig der romanische Backsteindom Heinrichs des Löwen in **Ratzeburg,** der sich bald besonders schön vom südlichen Teil des Einhauser Uferwanderwegs her präsentiert. Bei einer Besichtigung des 900 Jahre alten Orts, dessen Altstadt malerisch auf einer

Auf dem Küchensee hat der berühmte Ratzeburger Achter trainiert, der sich in den 60er Jahren zahlreiche Siege und Titel errudern konnte. Seit 1968 hat Ratzeburg auch eine Ruderakademie.

Insel zwischen dem Großen Ratzeburger See und dem Küchensee liegt, sollte man auf keinen Fall versäumen, diesem berühmten Wahrzeichen Ratzeburgs einen Besuch abzustatten. Der Dom wurde zwischen 1154 und 1220 an der äußersten Spitze der Insel errichtet.

Mit dem Passagierschiff kann man an das bewaldete Ostufer des Sees hinüberfahren, wo sich von Bäk oder Römnitz ein herrlicher Blick auf die Stadt und die Seen bietet. Der nördliche Teil des Ostufers ist bereits DDR-Gebiet.

Ein Damm trennt den Großen Ratzeburger See vom kleineren ***Küchensee.*** Um sein dichtbewaldetes Ufer führt ein 8 km langer Rundwanderweg vorbei an Wildgehege und Kraftwerk, das über den Schaalseekanal vom Wasser des höher gelegenen Schaalsees betrieben wird.

Am Möllner Marktplatz steht der bronzene Eulenspiegelbrunnen. Angeblich bringt es Glück, den Daumen oder den Schuh der Figur zu reiben – sie sind schon blank.

Eulenspiegeleien

Wenige Kilometer südlich von Ratzeburg und ebenfalls an der B 207 liegt das mittelalterliche Städtchen **Mölln.** Hier soll Till Eulenspiegel an der Pest gestorben und stehend begraben worden sein – gleichsam ein letzter „Dank" für die derben Streiche des Schelms. Der Grabstein ist in der Westwand der Nicolai-Kirche zu sehen.
An drei Seiten ist der malerische Ort von Wasser umgeben: Im Westen zieht sich der ***Elbe-Lübeck-Kanal*** entlang, und im Norden und Osten wird Mölln von zahlreichen Seen begrenzt, die wie ein blaues Band gen Gudow flattern.
Mit dem Auto erreicht man Gudow in wenigen Minuten. Weit reizvoller und lohnender allerdings ist eine rund 15 km lange Seenwanderung von Mölln nach Gudow; dabei erlebt der Wanderer den schönsten Teil des Naturparks. Vorbei am kleinen Hochmoor Grundloser Kolk im Möllner Wildfreigehege führt der Weg am ***Schmalsee*** und am ***Lüttauer See*** entlang zum südlichsten Möllner See, dem ***Drüsensee.***
Hier beginnt nun die Strecke durch das Herzstück des Naturparks. Flußaufwärts folgt der Wanderer dem ***Hellbach,*** der vom Sarnekower See zum Drüsensee hinunterfließt. Für den Naturliebhaber wird die Wanderung durch dieses wunderschöne Tal zu einem unvergeßlichen Erlebnis, denn viele seltene Tiere und Pflanzen finden hier einen noch weitgehend unzerstörten Lebensraum. Zur Linken liegen einige kleinere Seen, und den Abschluß der Seentour bilden schließlich der ***Sarnekower*** und der ***Gudower See.***
Schon des öfteren wurden in der Kiesgrube bei **Gudow** versteinerte Seeigel gefunden. Solche erdgeschichtlichen Funde – Fossilien und Gesteine, die zum Teil über 3 Milliarden Jahre alt sind – sind für den Naturpark keine Seltenheit.

Ausblick nach Mecklenburg

Auf wenig befahrener Straße gelangt man von Gudow über Hollenbek, Hakendorf und Marienstedt durch ein Gebiet mit weiten Raps- und Getreidefeldern nach Großzecher am ***Schaalsee.*** **Großzecher** besteht eigentlich nur aus einem Gut. Dennoch lohnt es, einmal die pittoresken kleinen Gesindehäuser anzuschauen und den Hauch vergangener Zeiten zu spüren. Ein stiller Wanderweg führt hinaus auf eine der für den Schaalsee typischen Landzungen bis zum Aussichtspunkt Teufelsbrücke, von wo man direkt in die Seedorfer Bucht blicken kann.

Im Naturpark Lauenburgische Seen haben die vom Aussterben bedrohten Kraniche ein geschütztes Zufluchtsgebiet gefunden. Alljährlich kehren sie zur Brutzeit zurück.

Vom Ufer des 23 km^2 großen Gewässers mit seinen zahlreichen Buchten, Inseln und Halbinseln kann man immer wieder einen Blick nach Mecklenburg werfen: Die DDR-Grenze verläuft mitten durch den Schaalsee und den im Norden angrenzenden ***Niendorfer Binnensee*** – der Grenzverlauf ist durch Bojen markiert.
Seine idyllische Lage und die unvergleichliche Grenzlandstille machen den See zu einem regelrechten Erholungsparadies. Immer wieder bieten sich am Ufer neue, reizvolle Aus- und Einblicke. Da säumt ein tiefgrüner Tannenwald eine stille Bucht und spiegelt sich fast schwarz im See. Dort führt eine sanft abfallende Wiese hinunter zum Wasser, und an anderer Stelle wiederum überbrücken hölzerne Badestege das grüne Schilf.
Auch mit einer kulinarischen Kostbarkeit kann dieser eiszeitliche Rinnensee aufwarten. Hier lebt nämlich die äußerst seltene Große Maräne, ein Überbleibsel aus der Eiszeitfauna, die vor allem geräuchert sehr delikat schmeckt.
Am Westufer des Sees entlang fährt man auf reizvoller Strecke weiter nach **Seedorf,** wo sich ein Spaziergang auf den Seedorfer Werder hinaus lohnt. Weiter nördlich verengt sich der Schaalsee zu einem Wasserband, das über ***Pfuhlsee*** und ***Pipersee*** in den ***Salemer See*** mündet.

Ein Dorf wie im Bilderbuch

Autofahrer müssen von der Straße Seedorf–Ratzeburg rechts nach Salem abbiegen. **Salem** wirkt auf den ersten Blick wie ein Bilderbuchdorf in kanadischer Wildnis, denn der See ist fast vollständig von dunklem Wald umstanden. Von diesem ruhigen kleinen Ort, der vermutlich wendischen Ursprungs ist, führt ein Wanderweg zum nur 1 km entfernten Naturschutzgebiet Schwarze Kuhle, einem Braunwasserweiher mit vielen seltenen Pflanzen, an dessen Nordufer ein Hochmoor entsteht.
Lohnend ist auch die Wanderung entlang dem westlich davon gelegenen Salemer Moor, das ebenfalls unter Naturschutz steht. Eine außergewöhnlich artenreiche Flora zeichnet diesen verlandeten See aus.
Südlich des Dorfes verläßt den Salemer See der ***Schaalseekanal.*** Er speist das Kraftwerk bei Farchau am Südufer des Küchensees. Ein 9 km langer Wanderweg führt von Salem am Kanal entlang durch den Kreisforst Farchau nach Ratzeburg.

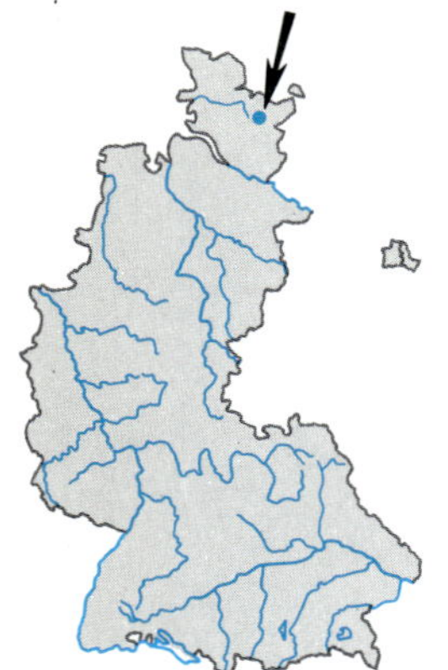

Holsteinische Schweiz – ein unnötiger Vergleich

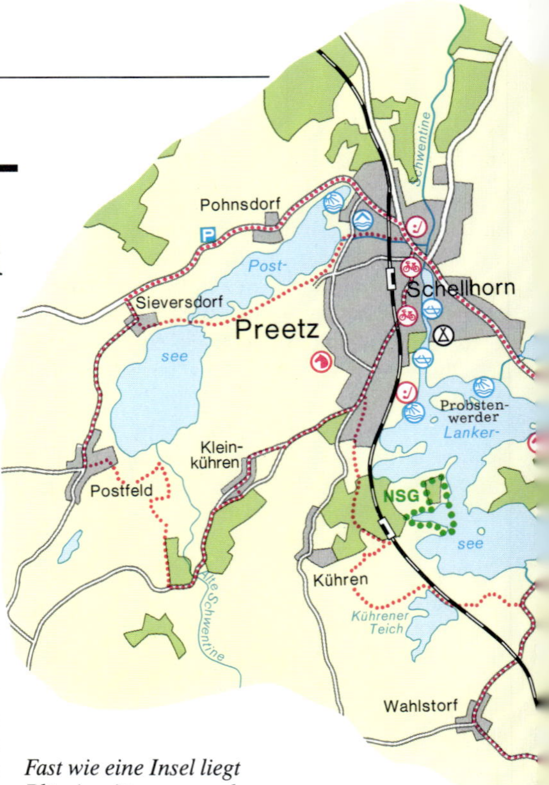

Vor mehr als 100 Jahren taufte ein findiger Gastwirt die ostholsteinische Seenplatte „Schweiz Holsteins". Doch hat diese vielseitige Landschaft ihren ganz eigenen Reiz und eigentlich den Vergleich gar nicht nötig.

Mit ihren sanften Hügeln bietet diese von Buchenwald und Ackerland durchbrochene Seenlandschaft ein eher untypisches Bild für den flachen Norden Deutschlands. Deshalb aber gleich von einer Schweiz zu sprechen scheint doch etwas weit hergeholt. Vermutlich wollte der Hotelier seiner Heimat mit diesem Slogan eine gewisse Exklusivität verleihen und auch ganz erlesene Gäste anlocken. Doch vornehm war die Gegend ohnehin, denn nicht umsonst nennt man Ostholstein den Grafenwinkel: Der Landstrich geizt nicht mit feudalen Schlössern, Herrenhäusern und stattlichen Gütern, die zum Teil noch im Besitz des holsteinischen Adels sind.

Dem Gast von heute bietet diese Ferienlandschaft die vielfältigen Einrichtungen moderner Wassersportzentren, aber auch echte Erholung an den stilleren Seen fernab von Hektik und Lärm. Naturfreunde finden hier unendlich viele romantische Winkel, sei es zu Fuß auf wassernahen Waldwegen oder auf einer Bootsfahrt vorbei an schilfbestandenen Buchten.

Die Seen und Hügel Ostholsteins wurden während der letzten Eiszeit in verschiedenen Phasen geformt. Vordringende gigan-

Fast wie eine Insel liegt Plön inmitten von mehreren großen und kleinen Seen. Ein solches Bild ist typisch für die gesamte Holsteinische Schweiz: eine wahre Bilderbuchlandschaft aus Seen, Wäldern und Feldern. Eine ähnlich herrliche Sicht über Stadt und Seen bietet sich vom Aussichtsturm auf dem Parnaß am Trammer See.

***Die Seen und Hügel der Holsteinischen Schweiz** sind während der letzten Eiszeit entstanden. An die 100 Seen prägen das Bild dieser Moränenlandschaft im Osten Holsteins – große und bekannte wie z. B. der Große Plöner See, der sich zu einem der bedeutendsten Wassersportzentren Norddeutschlands entwickelt hat, und kleinere wie der idyllische Ukleisee am Rande der Seenplatte, die fernab vom Massentourismus still vor sich hin träumen.*

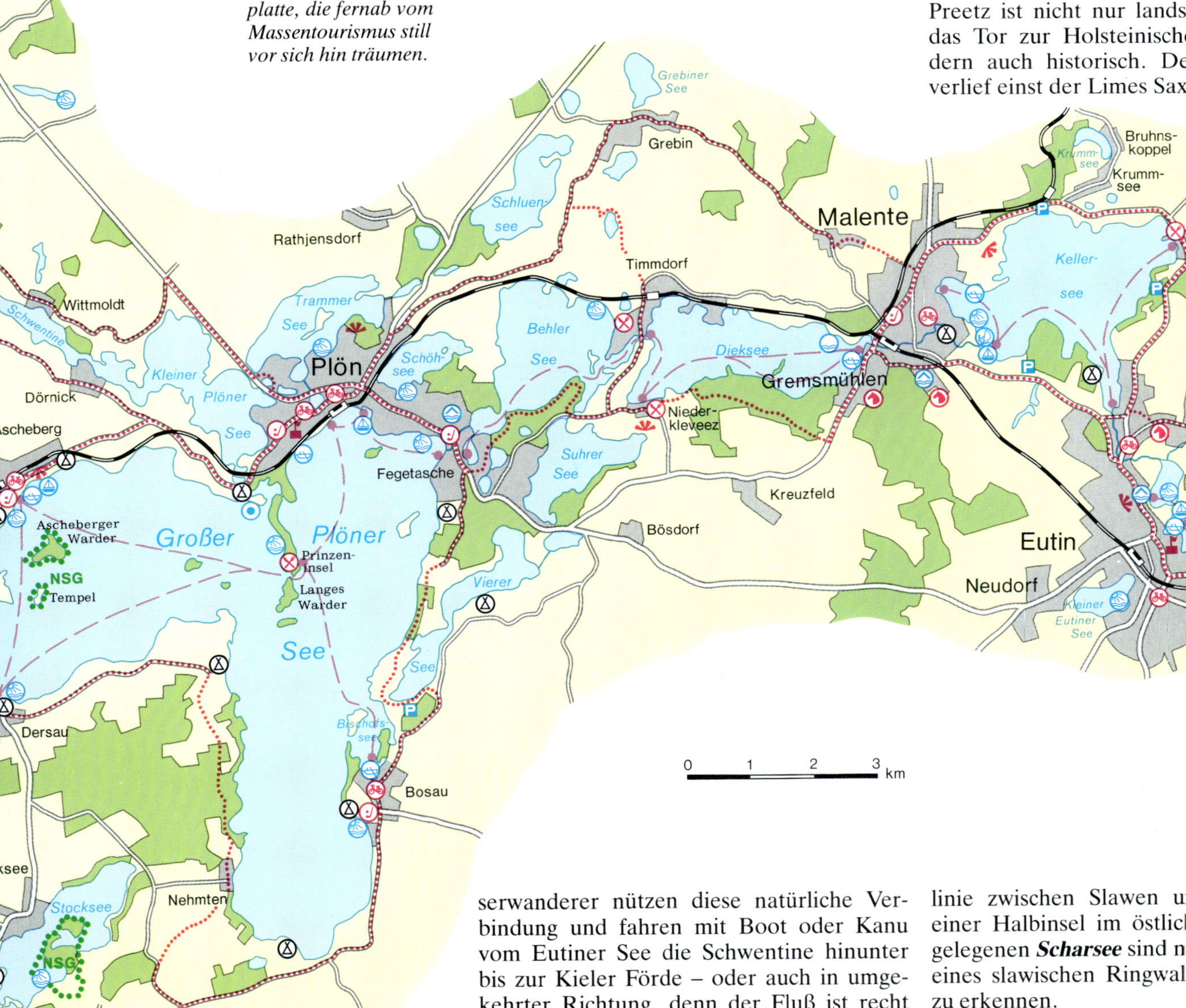

tische Gletscherzungen transportierten Unmengen von Schutt vor sich her und schufen so die Seenbecken und Moränen. Eine Gletscherzunge schob sich nach Süden vor und formte die Landschaft im Raum Preetz–Plön, eine zweite kam von Osten und gestaltete die Gegend um Eutin.

Wer diese schöne Gegend mit ihrem rhythmischen Gleichklang von Wasser und Land, Hügel und Tal auf einer etwa zweitägigen Autoreise erkunden möchte, hat von Anfang an einen ständigen Begleiter: die ***Schwentine,*** die nördlich von Schönwalde auf dem Bungsberg – mit 168 m Höhe der höchste Berg Schleswig-Holsteins – entspringt. Sie verbindet eine Reihe von Seen der Holsteinischen Schweiz miteinander; dabei füllt sie sie nach und nach mit Schlick, was zu einer zunehmenden Verlandung, zum „Schrumpfen" der Seen, führt. Wasserwanderer nützen diese natürliche Verbindung und fahren mit Boot oder Kanu vom Eutiner See die Schwentine hinunter bis zur Kieler Förde – oder auch in umgekehrter Richtung, denn der Fluß ist recht strömungsarm.

Das von der Schwentine durchflossene Städtchen **Preetz** zwischen Postsee und Lankersee, das man von Kiel über die B 76 erreicht, bildet einen reizvollen Auftakt im Reigen der ostholsteinischen Seen. Besonders der ***Lankersee*** ist für seine Schönheit berühmt. Eine vierstündige Wanderung erschließt dem Besucher das von mächtigen Moränenwällen und alten Buchenwäldern geprägte Ostufer und die flache, hauptsächlich aus Weideland bestehende Westseite mit ihren vielen Buchten und Landzungen, die zum Teil unter Naturschutz stehen. Wasserwanderer dürfen diese geschützten Gebiete nicht befahren, denn hier hat so mancher gefährdete Vogel seine Brutstätte. Südlich des Lankersees gibt es ein weiteres Vogelparadies, den ***Kührener Teich.***

Das Tor zur Holsteinischen Schweiz

Preetz ist nicht nur landschaftlich gesehen das Tor zur Holsteinischen Schweiz, sondern auch historisch. Denn durch Preetz verlief einst der Limes Saxoniae, die Grenzlinie zwischen Slawen und Sachsen. Auf einer Halbinsel im östlich vom Lankersee gelegenen ***Scharsee*** sind noch die Überreste eines slawischen Ringwalls aus dem 9. Jh. zu erkennen.

Ob der Sächsische Limes tatsächlich der Schwentine folgte und dann am Westufer des Großen Plöner Sees entlangführte, darüber herrscht auch heute noch Unklarheit. Der Autotourist jedenfalls schlägt diese Richtung ein und erreicht auf schöner Strecke über die B 76 nach 13 km Plön. Naturfreunde machen unterwegs einen Abstecher nach **Lebrade.** Man verläßt die B 76 bei Kreuz und biegt nach links ab. Der im Westen an den Ort grenzende ***Lebrader Teich*** ist ein Rückzugsgebiet für viele Vogelarten und wirbellose Tiere; den ***Rixdorfer Teich*** südwestlich des Orts machen seine besondere Wasserflora und -fauna so interessant. Beide Teiche stehen unter Naturschutz.

Die Lage der stolzen ehemaligen Residenzstadt **Plön,** deren weißes Schloß prächtiger denn je, weil frisch renoviert, vom Stadthügel her leuchtet, hat schon manchen Besucher ins Schwärmen gebracht: Immerhin besitzt sie zwölf Seen in unmittelbarer Umgebung, alle rundherum versammelt. Während die anderen Seen hauptsächlich zum Angeln und Spazierengehen einladen, herrscht auf dem ***Großen Plöner See*** immer ein reges Treiben. Hier ist das touristische Zentrum der Holsteinischen Schweiz, ein Paradies für Segler und andere Wassersportler. Mit seinen 29 km^2 ist er der größte Binnensee Schleswig-Holsteins. Gleichzeitig gehört er auch zu den schönsten: Wald- und schilfumstandene Ufer, malerische Buchten und zahlreiche Inselchen machen den Reiz dieses Sees aus. Wie kleine Erdtupfer liegen die Werder im blauen Wasser. Betreten darf man sie nicht, denn sie dienen vielen Wasservögeln als Robinsoninseln im touristischen Betrieb.

Seine Schönheit entdeckt man natürlich am besten zu Fuß oder mit dem Rad auf einem Rundweg um den See. Der allerdings ist an die 50 km lang. Mit dem Auto läßt sich der See auch ganz gut umrunden. Von Plön geht die Fahrt am Nordwestufer des Sees entlang über die B 430 nach **Ascheberg,** das eine nicht unbedeutende Rolle in der Geschichte der Holsteinischen Schweiz spielte. Schon 1736 setzte sich der damalige Besitzer des schmucken Gutsschlosses als einer der ersten unter den ostholsteinischen Fürsten vehement für die Befreiung der Bauern von der Leibeigenschaft ein. Vom Schloß sind es nur wenige Meter zu der Gaststätte mit dem seltsamen Namen Schwiddeldei. Er entstand aus „Spital dei“, Herberge Gottes, und erinnert daran, daß hier einst Arme und Gebrechliche gepflegt wurden. Die dem Schloß vorgelagerten Inseln Tempel und Ascheberger Warder sind Naturschutzgebiete.

Ein holsteinischer See in Afrika-Form

Vom gemütlichen Ferienort **Dersau** läßt sich ein schöner Ausflug zu Fuß oder mit dem Fahrrad bis zur Spitze der Halbinsel unternehmen, die dem Großen Plöner See seine charakteristischen, an Afrika erinnernden Umrisse verleiht. Die Autostraße verläßt bei Dersau für eine Weile das Ufer und führt am Westrand des Nehmtener Forstes und dem Nordende des Stocksees vor-

Oben: Vom Boot aus erschließt sich dem Besucher der ostholsteinischen Seenplatte der besondere Reiz dieser vielseitigen Wasserlandschaft am allerschönsten. In den Röhrichtgürteln entlang der Ufer kann man seltene Wasservögel sehen.

Unten: Strahlend weiß erhebt sich auf einer Anhöhe über der Stadt die einstige Residenz der Plöner Herzöge. Von der Schloßterrasse sieht man auf den Großen Plöner See mit seinen teilweise schilfumstandenen Ufern hinaus.

bei nach Stadtbek am Südzipfel des Großen Plöner Sees, um den Autofahrer dann wieder in unmittelbarer Ufernähe nach **Bosau** zu bringen. Dieser liebenswerte kleine Ferienort auf einer Halbinsel am Südostufer gilt als der berühmteste Uferort am See.
Auf der wenig berührten Ostseite führt nun eine kleine Fahrstraße an Bischofssee und Vierer See vorbei nach Kleinmühlen. Dort biegt man nach links auf die B 76 und erreicht nach etwa 2 km **Fegetasche,** Anlegestelle der Fünfseenfahrt, die den Fahrgast von Malente-Gremsmühlen über ***Dieksee, Langensee, Behler See, Höft- und Edebergsee*** hierherschippert. Der originelle Name Fegetasche stammt übrigens aus einer Zeit, als hier noch Wegezoll erhoben wurde: An dieser Nahtstelle zwischen dem Großen Plöner See und dem Edebergsee lag früher eine Zollstation, an der die Taschen „ausgefegt" wurden.
Wer mit dem Auto unterwegs ist und die fünf Seen nicht links liegenlassen möchte, der fährt hinter Kleinmühlen weiter in Richtung Malente und biegt in Oberkleveez links nach Niederkleveez am ***Dieksee*** ab. Von dort geht es über eine schmale Landenge weiter nach Timmdorf und auf reizvoller Strecke nach Malente.
Das Kneippheilbad **Malente-Gremsmühlen** liegt wie auf einer Insel zwischen Dieksee und ***Kellersee.*** Bindeglied zwischen beiden ist wiederum die Schwentine – hier einst Gremsau genannt –, die mitten durch den Ort fließt. An der Eutiner Straße, kurz bevor der Fluß in den Dieksee mündet, steht die historische Gremsmühle – vor 700 Jahren das erste Haus weit und breit, das mit offizieller Genehmigung Bier ausschenken durfte.

Bindeglied zwischen den Seen der Holsteinischen Schweiz ist die Schwentine. Sie macht die Seenplatte zum idealen Wasserwandergebiet. Von Eutin können Kanuten von See zu See bis zur Kieler Förde hinunterpaddeln.

Gewässerschutz tut not

Gegen Wasserverschmutzung sind auch die ostholsteinischen Seen nicht gefeit, wie man beispielsweise an den Plöner Seen sieht. Landwirtschaftliche Düngemittel, häusliche Abwässer und vor allem Phosphate haben auch hier zu einer Überdüngung und damit zu einer drastischen Vermehrung der Algen geführt. Die Folgen der Überdüngung sind hinreichend bekannt: Der Sauerstoffgehalt des Wassers nimmt ab, und den Fischen und vielen anderen Lebewesen geht buchstäblich die Luft aus.
Um dieser besorgniserregenden Entwicklung Einhalt zu gebieten, wurde ein gezielter Maßnahmenkatalog aufgestellt, der der Verschmutzung Einhalt gebieten soll. Heute werden die Abwässer kanalisiert und in Kläranlagen gereinigt; in einer dritten Reinigungsstufe werden die Phosphate abgebaut. Damit hat man zumindest erreicht, daß die Belastung mit Nährstoffen nicht weiter zunimmt. Doch die Sünden der Vergangenheit wirken auch heute noch nach, denn in manchen Seen ist die Nährstoffkonzentration immer noch etwas zu hoch.
An öffentlichen Badestellen wird die Wasserqualität während der Saison regelmäßig untersucht, und in den letzten Jahren gab es auch keine Beanstandungen mehr. Wassersportfreunde können hier also bedenkenlos ihren Hobbys frönen.

Weltfernes Schweigen

Weiter geht die Fahrt entlang dem Nordufer des Kellersees nach **Sielbeck.** Hier sollte man das Auto abstellen und zu Fuß die kurze Strecke zum kleinen, sagenumwobenen ***Ukleisee*** gehen, in dessen Fluten der Sage nach ein untreuer Ritter den Tod gefunden haben soll.
Weltfernes Schweigen waltet umher: So hat vor 100 Jahren der Dichter Emanuel Geibel die romantische Stimmung am Ukleisee eingefangen. Wer auf einem 5 km langen Rundweg um den See spaziert, spürt auch heute noch den geheimnisvollen Zauber, der über dem blauen Wasser und den buchenwaldgesäumten Ufern liegt. Bänke am Wegesrand laden zum Verweilen und Träumen in der Stille der Natur ein.
Von dieser Oase der Ruhe führt eine schöne Straße am Ostufer des Kellersees entlang in das kulturelle Zentrum der Holsteinischen Schweiz, die ehemalige Residenzstadt **Eutin.**
Den Beinamen „Weimar des Nordens" erhielt die Stadt im 18. Jh., als sich im Eutiner Schloß unter der Schirmherrschaft von Herzog Peter Friedrich Ludwig viele der damaligen Größen aus Kunst und Wissenschaft trafen: Denker wie Johann Gottfried Herder, Dichter wie Friedrich Gottlieb Klopstock, Matthias Claudius und Johann Heinrich Voß, der vor allem durch seine Homer-Übersetzungen bekannt wurde. Seinem schöngeistigen Flair von einst ist Eutin treu geblieben. Es präsentiert sich als geputztes, blumenreiches Städtchen mit regem Kulturleben. Ein besonderes Ereignis für Opernfreunde sind die „Eutiner Sommerspiele", die alljährlich im Schloßpark zu Ehren des 1786 in Eutin geborenen Komponisten Carl Maria von Weber stattfinden. Eine Besichtigung der anmutig zwischen dem ***Kleinen*** und ***Großen Eutiner See*** gelegenen Stadt führt an vielen Stationen aus der Glanzzeit Eutins vorbei. Vom Was-

Mit dem Ausflugsschiff auf den Holsteinischen Seen

Große Plöner-See-Rundfahrt Von Ostern bis Mitte Oktober stündlich 10–17 Uhr ab Plön-Fegetasche. Angelaufen werden Plön, Prinzeninsel, Dersau und Ascheberg. Dauer rund 2 Stunden.

Bosaufahrt 10.30–16.30 Uhr in zweistündigem Abstand ab Plön-Fegetasche. Stationen: Plön, Prinzeninsel, Bosau. Dauer knapp 1 Stunde.

Auskunft Plöner Motorschiffahrt, 2320 Plön-Fegetasche, Tel. 04522/2766.

Fünfseenfahrt Von Ostern bis Mitte Oktober ab Gremsmühlen stündlich 9–17 Uhr, von Pfingsten bis Ende August zusätzlich zu jeder halben Stunde bis 17.30 Uhr. Route: Dieksee, Langensee, Behler See, Höftsee, Edebergsee, Plön-Fegetasche (50 Minuten).

Kellersee-Fahrt Von Pfingsten bis Ende August ab Malente 10–17 Uhr im Abstand von 1¾ Stunden, in der Nebensaison 10–16 Uhr in zweistündigem Abstand. Stationen: Malente, Lindenallee, Fissauer Fährhaus, Sielbeck-Uklei. Dauer 45 Minuten. Die Stationen eignen sich gut als Ausgangspunkte für schöne Wanderungen.

Auskunft „5-Seen-Fahrt und Kellersee-Fahrt GmbH", Bahnhofstraße 41, 2427 Malente-Gremsmühlen, Tel. 04523/2201.

Große Eutiner-See-Rundfahrt Von Mai bis September ab Eutin 10–17.30 Uhr im Abstand von 1½ Stunden. Dauer 70 Minuten.

Auskunft Große Eutiner-See-Rundfahrt Frick, Parkweg 12, 2420 Eutin, Tel. 04521/3344.

serturm bietet sich ein herrlicher Panoramablick auf die Stadt und die Holsteinische Schweiz, der an klaren Tagen bis zur nahen Ostseeküste reicht.

Naturfreunde sollten einen Abstecher zur Möwenkolonie am ***Sibbersdorfer See*** machen, den man über Fissau erreicht. Eine Rundwanderung um den ruhigen See mit seinen naturbelassenen Ufern dauert knapp anderthalb Stunden.

Küstennahe Oasen

Die nächsten Stationen der Rundtour durch die Holsteinische Schweiz sind der ***Süseler See*** und die ***Pönitzer Seen,*** die stillen Ausläufer der Seenplatte. Dicht hinter der Lübecker Bucht gelegen, sind diese Binnenseen in fast noch unberührter Natur Ruhezonen im Rücken des sommerlichen Baderummels.

Von Eutin fährt man auf der B 76, der landschaftlich reizvollen Deutschen Ferienstraße, nach Süselerbaum und von dort auf der Landstraße nach **Süsel.** Gleich hinter der Ortsdurchfahrt ist die Hast der umliegenden Straßen vergessen. Für einen Besuch am See sollte man die Abendstunden wählen, denn dann ertönt in der Stille ein Konzert von Naturstimmen.

Nicht minder als Ort der Ruhe präsentieren sich die Pönitzer Seen. Eine schöne Strecke führt nach Stawedder und dann dicht am ***Taschensee*** entlang nach **Pönitz am See,** ehemals Bauerndorf und mittlerweile Zentrum des Kurgebiets Pönitzer Seen und – wie so viele ostholsteinische Orte – auf einer Landenge zwischen zwei Seen gelegen, dem ***Kleinen*** und dem ***Großen Pönitzer See.*** Die meisten Uferzonen der idyllischen Seen sind unverbaut geblieben, wenn auch nicht unbewohnt. Über dem Wasser schwirren noch Libellen umher, und gefährdete Vögel haben hier Brutstätten gefunden.

Von Pönitz geht es auf der B 432 weiter nach Westen in Richtung Bad Segeberg.

Wald, Röhricht und Rapsfelder bilden den Rahmen der stillen Pönitzer Seen. An ihren wenig bebauten Ufern kann man noch Reiher und Rothalstaucher beobachten.

Kurz nach Wensin trifft der Autofahrer auf den Rest eines „Eisstausees", den langgestreckten ***Wardersee,*** gerade an seiner schmalsten Stelle, die das Gewässer quasi in zwei Seen teilt.

In den vergangenen 100 Jahren haben sich Aussehen und Größe des Wardersees deutlich verändert. Ursache dafür sind Eingriffe des Menschen in die Natur: Zu Beginn dieses Jahrhunderts wurde die ***Trave*** (siehe Seite 474–477), die den Wardersee durchfließt, ausgebaut und tiefer gelegt. Dies hatte zur Folge, daß sich der Seespiegel um einen ganzen Meter senkte und die Ufer flacher wurden. Röhricht breitete sich aus, und damit verlor der See an Fläche.

Die üppig bewachsenen Randzonen des Wardersees sind heute ein augenfälliges Merkmal und geben ihm an mancher Stelle ein still verwunschenes Gepräge. Durch die Absenkung verwuchs sogar eine ehemalige Insel mit dem Land, die heute immerhin noch als Halbinsel zu erkennen ist. Sie liegt am Westufer des Sees in der Nähe der Ortschaft Warder und war, wie man bei Grabungen feststellte, schon um das Jahr 1000 dicht besiedelt.

Vom Wardersee führt die B 432 entlang dem linken Ufer der Trave weiter nach Westen, mitten hinein in das grüne Segeberger Seengebiet, das wie ein riesiger Landschaftspark vor Bad Segeberg liegt und die Holsteinische Seenplatte nach Süden hin abgrenzt. Abstecher zu den einzelnen Seen bieten sich schon bald an: Zur Linken führt eine Straße zum nahen, am Fuße des grünen Kagelsbergs gelegenen ***Klüthsee.*** Ein Stück weiter, kurz vor der Stadtgrenze, zweigt von der B 432 ein kleines Sträßchen nach rechts zum Lieblingsbadesee der Segeberger ab: dem idyllischen, von Wald umgebenen ***Ihlsee.*** Rund um den kleinen See, der unter Naturschutz gestellt wurde, führt ein hübscher Wanderweg. Der ***Große Segeberger See*** hat den Wassersportlern einiges zu bieten, ohne dabei jedoch seine ländlich-heimelige Atmosphäre zu verlieren.

Urlaub in der Holsteinischen Schweiz – das ist Ruhe und Erholung, aber auch aktive, naturnahe Freizeitgestaltung. Reiterferien erfreuen sich besonderer Beliebtheit.

Der Wardersee und die Segeberger Seen begrenzen die ostholsteinische Seenplatte nach Süden hin. Bad Segeberg am Südwestufer des Großen Segeberger Sees gilt als Mittelpunkt des „Segeberger Ferienlands".

Ein schöner Wanderweg führt um den See, der Wassersportlern einiges zu bieten hat.

Wer **Bad Segeberg** und die umliegenden Seen aus der Vogelschau erleben will, der braucht vom Zentrum aus nur den Wegweisern zum Kalkberg zu folgen, der wie eine naturgemachte Burg aus der Stadt und der anmutigen, weiten Landschaft herausragt. Tatsächlich stand einst auf diesem Felsgestein eine Burg, die Sigeburg nämlich, die der Stadt ihren Namen gab.

Wildwest in Ostholstein

Heute ist der Kalkberg die touristische Hochburg der Umgebung, denn am Fuß des Osthangs finden auf einer Freilichtbühne alljährlich im Sommer die Karl-May-Festspiele statt. Zum Kalkberg hinauf führt in weitem Bogen die historische Lübecker Straße, die mit ihren Bürgerhäusern aus dem 17. und 18. Jh. eine anmutige Kulisse abgibt. Von oben kann man bei klarem Wetter am Ende der abwechslungsreichen Tour durch die Holsteinische Schweiz noch einmal den Blick über die herrliche Seenlandschaft schweifen lassen.

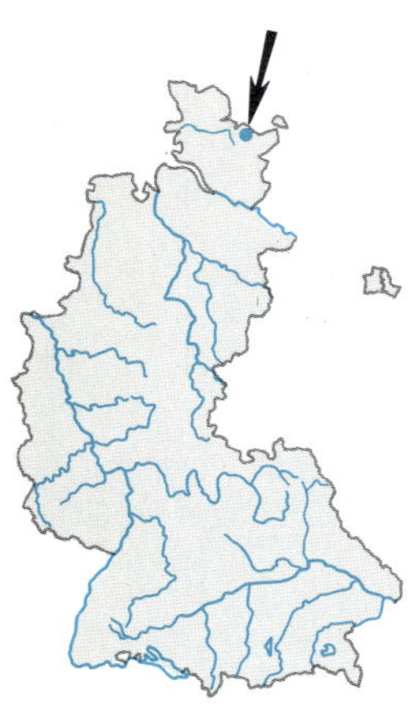

Ein stilles Wasser mit kühler Tiefe

Inmitten des ostholsteinischen Hügellands liegt der Selenter See. Kein Motorenlärm stört die Stille des fast quellreinen Wassers, und schilfbestandene Uferzonen beherbergen eine ungewöhnlich reiche Tierwelt.

Dieses zweitgrößte Binnengewässer Schleswig-Holsteins, nur wenige Kilometer von der Kieler Bucht entfernt, liegt ein wenig abseits von den großen Anziehungspunkten Ostholsteins. Schon viele Touristen dürften an ihm vorbeigefahren sein, ohne zu ahnen, welch verschwenderisch anmutendes Stück Natur sie da links liegenließen.

Von Kiel her kommend, gelangt man über die B 202 mitten ins Herz des Erholungsgebiets: nach **Selent** am südlichen Seeufer, wo man zur knapp 30 km langen Rundtour um den See starten kann. Auf dem Heidbarg thront die neugotische Blomenburg mit ihren malerischen Zinnen über der Stadt.

In östlicher Richtung geht es nun auf schöner Strecke am Ufer entlang zum Fischerdorf **Bellin,** einem kleinen, an alten Fachwerkhäusern noch reichen Ort. Hier lebt auch der Fischer, der als Pächter des Sees das alleinige Fangrecht besitzt. Einen Großteil der Fische verkauft er – frisch geräuchert – gleich an Ort und Stelle. Darunter wird wohl auch eine Fischart sein, die man sonst nur noch im Schaalsee im Naturpark Lauenburgische Seen findet (siehe Seite 483): die große Maräne. Sie ist nicht nur lebender Beweis dafür, daß auch der große Selenter See eine Hinterlassenschaft der letzten Eiszeit ist, sondern ihr Vorkommen bürgt ebenso für eine gute Wasserqualität. Denn dieser Fisch überlebt nur in einem Lebensraum, der seiner eisigen Herkunft entspricht: in kühler, sauerstoffreicher Tiefe. Und die größte Tiefe des Selenter Sees beträgt immerhin 34 m.

Bei Seekrug verläßt man die B 202 und fährt, dem Uferverlauf folgend, in Richtung Giekau. Hier am Nordufer, das von vielen Buchten und Halbinseln geprägt ist, liegt ein $7\,km^2$ großes Naturschutzgebiet. Im schilf- und erlenbestandenen Uferstreifen, der teilweise verlandet ist, befindet sich das Rückzugsgebiet einiger gefährdeter Tierarten und unter anderem der Mauserplatz der Reiherente.

Von **Giekau** empfiehlt sich unbedingt ein Ausflug zum nahen Pilsberg, den man über

Eine Atmosphäre der Beschaulichkeit und Ruhe umhüllt den See mit seinen schilf- und erlenbestandenen Ufern. Doch auch Wassersportlern hat er viel zu bieten.

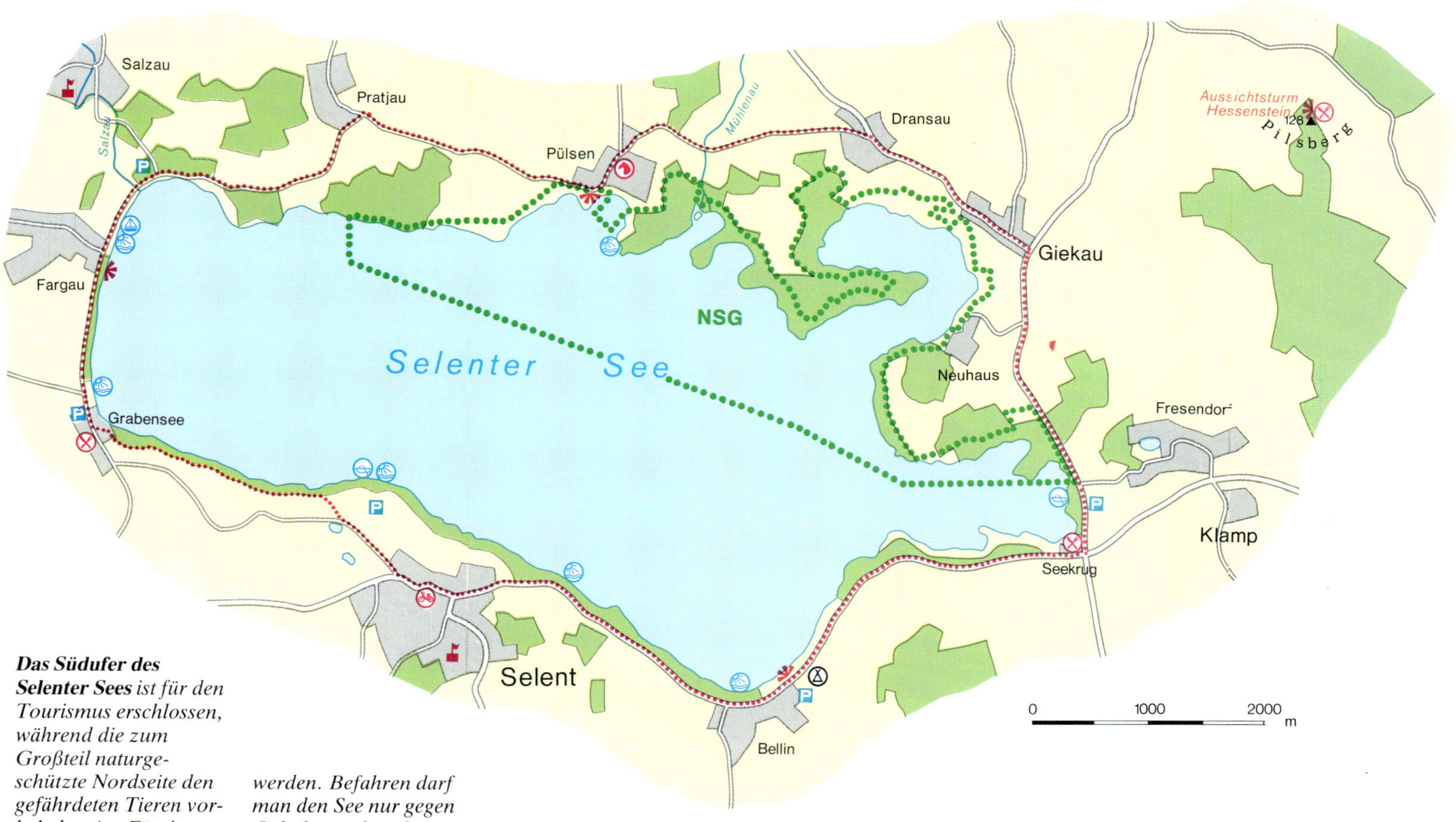

Das Südufer des Selenter Sees ist für den Tourismus erschlossen, während die zum Großteil naturgeschützte Nordseite den gefährdeten Tieren vorbehalten ist. Für den Wassersport bringt das natürlich einige Einschränkungen mit sich, die Naturfreunde aber gern in Kauf nehmen werden. Befahren darf man den See nur gegen Gebühr, und auch dann nur in bestimmten Zonen; Motorboote sind auf dem ganzen See verboten. Auch das Angeln ist nicht erlaubt.

den kleinen Ort Emkendorf erreicht. Das Panorama vom Aussichtsturm des 128 m hohen Bergs steht im Ruf, das schönste in ganz Schleswig-Holstein zu sein: Von hier geht der Blick über die Ostsee bis zur dänischen Küste.

In schnellem Lauf der Ostsee entgegen

Wieder zurück auf der Uferstraße, überquert man kurz vor Pülsen die ***Mühlenau.*** Dieses nur 10 km lange Flüßchen stürzt der nahen Ostsee geradezu entgegen, denn der Selenter See liegt 37 m ü. M. Das klare Wasser übrigens rührt daher, daß der See nur aus Quellen gespeist wird, die unter dem Seeboden liegen.

Am Nordwestzipfel des Sees stößt man auf die ***Salzau,*** die den Selenter See mit dem nahen ***Passader See*** verbindet. Im Ort **Salzau** selbst steht das gleichnamige spätklassizistische Schloß.

Am Schluß noch ein Tip für Angler, die ja am Selenter See nicht auf ihre Kosten kommen: Von Fargau ist es nur ein Katzensprung zum kleineren ***Dobersdorfer See,*** wo sie nach Herzenslust ihrem Hobby frönen können.

Am Nordufer haben seltene Wasservögel eine Heimat gefunden. Auch den gefährdeten Sprosser, einen nahen Verwandten der Nachtigall, kann man hier beobachten – und mit viel Glück sogar einen Seeadler, wenn er auf seine Beute herabstürzt.

Wo einst die Raubritter hausten

Eine friedvolle Stille liegt über dem idyllischen Westensee mit seinen mächtigen, uralten Bäumen und heimeligen Dörfern. Doch das war nicht immer so: Hier hatten einst die räuberischen Herren von Westensee ihr Quartier.

Der See steht mit seinem Namen Pate für den 250 km² großen Naturpark im Herzen Holsteins und ist zugleich wohl dessen attraktivster Teil. Steile Ufer, zahlreiche Buchten und Halbinseln mit grünen Schilfgürteln erzählen von seiner eiszeitlichen Entstehung. Inmitten einer weitläufigen Moränenlandschaft lädt er mit seinen vielen einsamen Winkeln zum Abschalten und Ruheschöpfen ein.

Von Kiel her kommend, gelangt man über die B 202 zum schmucken Dorf **Achterwehr,** Ausgangspunkt der Rundtour um den See. Im Interesse der schützenswerten Natur empfiehlt es sich, das Auto so oft wie möglich stehenzulassen und zu Fuß oder mit dem Rad loszuziehen.

Auf einem stillen Wanderweg kann man vom Dorf aus den kleinen, naturbelassenen ***Ahrensee*** umrunden. Ein Stück weit verläuft der Weg parallel zur ***Eider*** (siehe Seite 471–473), die den Westensee bei Felde verläßt, und führt dann über die Landenge, die den Ahrensee vom Westensee trennt und eine schöne Sicht auf beide bietet.

Hier stand früher eine von insgesamt drei Raubritterburgen. Diese Burgen waren die Stützpunkte der Herren von Westensee, denen nach der Niederwerfung der Slawen das gesamte Gebiet zugefallen war. Das räuberische Adelsgeschlecht „kontrollierte" den See auf ganz eigene Weise: Nach echter Piratenmanier kaperten sie auf dem See manch eines der zahlreichen Handelsschiffe, die zu jener Zeit von Holland und Flandern die Eider herauffuhren, um in Flemhude, Westensee und Hohenhude ihre Ware umzuschlagen. Von sämtlichen drei Burgen ist heute nichts mehr auszumachen, denn schließlich wurden sie 1346 von den Holstengrafen und der Lübecker Hanse geschleift.

Angesichts des inzwischen so friedvoll daliegenden Sees muß man schon eine gehörige Portion Phantasie aufbringen, um sich das wüste Treiben von einst vorstellen zu können. Kein Ausflugsboot stört heute die Ruhe des Westensees – die neuen Herren haben die Dinge zweifellos in ihr Gegenteil gekehrt.

Von Achterwehr führt eine schöne Straße in südwestlicher Richtung nach **Felde.**

Fast überall ist der Westensee von Wald und Wiesen umgeben. Hier und da ein verträumtes Dorf, ein prachtvolles Herrenhaus und ansonsten nichts als Stille und Einsamkeit – ein ideales Fleckchen Erde für einen naturnahen Erholungsurlaub.

Natur und Kultur gehen am Westensee eine innige Verbindung ein. In Schloß Emkendorf trafen sich um die Wende zum 19. Jh. Künstler, Philosophen und Diplomaten, die das politische und kulturelle Leben in Norddeutschland stark beeinflußten.

Gleich nach der Felder Post zweigt eine Stichstraße geradewegs zum Ufer und zum Landschaftsschutzgebiet Wulfsfelde ab, das sich über die ganze Breite der Halbinsel bis zum ***Bossee,*** einer Ausbuchtung des Westensees, zieht.

Auf der Landstraße geht es von Felde weiter zum Ort **Bossee.** Bald öffnet sich der Blick auf ein bewaldetes Inselchen: Auf diesem kleinen Eiland stand einst das zweite Domizil der Herren von Westensee, die Lohburg.

Am Südwestzipfel des Sees liegt das stille Dorf **Westensee.** Von dort ist es gar nicht weit zum 88 m hohen Tüteberg, der einen herrlichen Ausblick über die in Jahrhunderten gewachsene Gutslandschaft bietet.

Von Westensee windet sich die Landstraße am Ufer entlang bis nach Wrohe. Autofahrer müssen von hier ab das Ostufer weiträumig umfahren. Wer dieses naturbelassene Gebiet jedoch aus der Nähe erleben möchte, macht sich zu Fuß auf den Weg. Unterwegs, nachdem man die schmale Landenge zwischen dem Westensee und dem ***Kleinen Schierensee*** passiert hat, kommt man noch einmal an einer historischen Stätte vorbei: In der Nähe des heutigen Guts Marutendorf stand – wiederum strategisch günstig bei der Eider – die dritte und letzte Raubritterburg, die Hohburg.

Der 8,2 km² große Westensee *befindet sich, wie übrigens alle Seen im Naturpark, ganz in Privatbesitz. Er darf – ebenso wie die Eider – nur mit kleineren Booten ohne Motorkraft durchfahren werden. Die Schilfgürtel des Sees sind tabu. Radfahrer und Wanderer sind angehalten, die Verbotsschilder im Naturpark unbedingt zu beachten.*

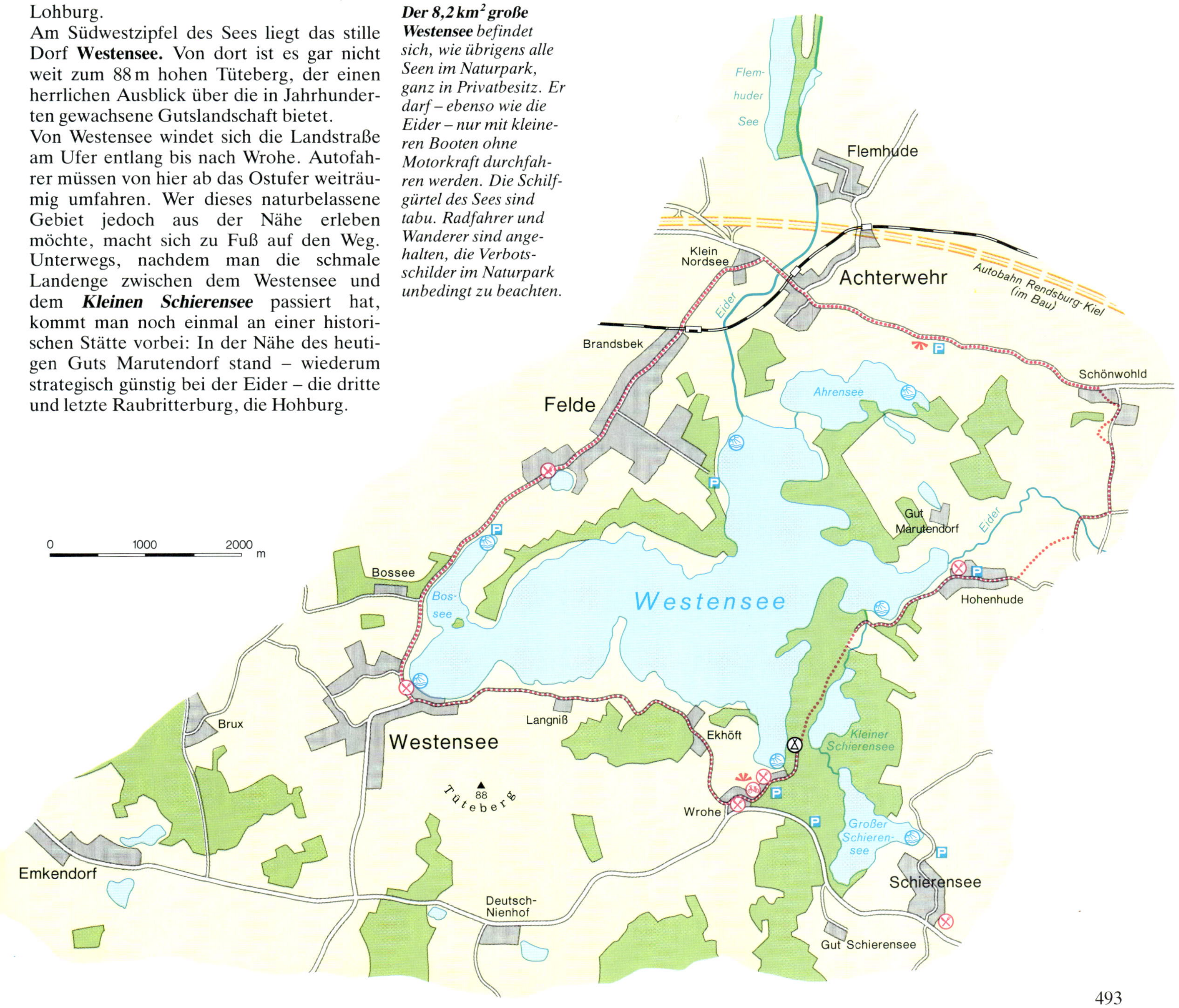

Im Elternhaus des Bildhauers, Grafikers und Dichters Ernst Barlach in Ratzeburg ist eine Werkausstellung untergebracht.

Lauenburgische Seen

Ratzeburg Inselstadt zwischen Ratzeburger See und Küchensee mit dem ältesten Backsteindom Norddeutschlands.
Im Ernst-Barlach-Museum sind unter anderem mehrere Bronzeplastiken und Lithographien sowie die Totenmaske des Bildhauers ausgestellt, der von 1878 bis 1884 in Ratzeburg gelebt hat (Öffnungszeiten: außer Mo täglich 10–12 und 15–18 Uhr; Mitte Dezember bis Mitte Februar geschlossen).
Das A.-Paul-Weber-Haus beherbergt eine Sammlung von Grafiken, Lithographien und anderen Werken des zeitkritischen Künstlers. Geöffnet ist das Museum außer Mo täglich 10–13 und 14–17 Uhr.
Amt für Fremdenverkehr und Kultur, 2418 Ratzeburg, Tel. 04541/800081

Mölln Mittelalterliches Städtchen mit pittoreskem Zentrum am Westrand des Naturparks Lauenburgische Seen.
Um den Marktplatz gruppieren sich einige sehenswerte Fachwerkhäuser, darunter auch das Heimatmuseum der Stadt, das in einem 1582 erbauten, reich verzierten ehemaligen Bürgerhaus untergebracht ist. Neben einer stadt-, handwerks- und kulturgeschichtlichen Ausstellung ist hier auch der Eulenspiegelraum zu besichtigen (Öffnungszeiten: von April bis Mitte Oktober Di–Fr 9–12 und 15–17 Uhr, Sa und So 9–12 und 14–16 Uhr; Mo und im Winter geschlossen).
Am ersten Juliwochenende feiert die Stadt den Geburtstag Till Eulenspiegels, der 1300 in Kneitlingen bei Braunschweig geboren und um 1350 in Mölln an der Pest gestorben sein soll.
Von der Stadt kann man bequem den Grundlosen Kolk erreichen, ein aus der Eiszeit stammendes Gletscherstrudelloch inmitten des Möllner Wildfreigeheges. Dieses kleine Hochmoor besticht durch seine besondere Flora: Neben Wollgras und Torfmoos findet man hier auch den fleischfressenden Sonnentau. Die kleine Wasserfläche in seiner Mitte nutzt das freilaufende Damwild als natürliche Tränke. Weiterer Anziehungspunkt ist ein Schwarzwildgehege.
Sehenswert ist auch die uralte Adamseiche am Heiligen Bach im Langen Moor; sie steht an der Taufstelle der ersten Christen und stammt aus der Zeit des Ansverus.
Der Elbe-Lübeck-Kanal bildet die westliche Begrenzung des Naturparks Lauenburgische Seen. Am Ufer findet man viele seltene Pflanzen, und auch Greifvögel sind hier und da zu beobachten. Eine Wanderung auf dem Kanaluferweg führt von Mölln in nördlicher Richtung an vier modernen Schleusen vorbei nach Krummesse (rund 16 km). Südlich von Mölln sind die alten Flußläufe teilweise erhalten geblieben, wie z. B. der Delvenaulauf bei Göttin und Büchen (südlich der Transitstrecke Hamburg–Berlin).
Kurverwaltung, 2410 Mölln, Tel. 04542/7090

Ein mittelalterliches Fachwerkhaus mit außerordentlich reichem Schnitzwerk ist das Domizil des Möllner Heimatmuseums.

Schaalsee Im Bereich der Lauenburgischen Seen bietet der Bundesgrenzschutz nach vorheriger Vereinbarung interessante Führungen entlang der deutsch-deutschen Grenze an.
Grenzschutzkommando Küste, 2357 Bad Bramstedt, Tel. 04192/5020-259

Bäk Kleiner Ort am Ostufer des Ratzeburger Sees mit herrlichem Blick auf Ratzeburg und seinen Dom.
Von hier führt eine lohnende, rund 12 km lange Wanderung nach Salem. Zunächst wandert man entlang der Bäk durch das schöne Kupfermühlental und dann über Mechow an das Westufer des Mechower Sees und über Wietingsbek und Baalen an die Westseite des Lankower Sees. Durch einen alten Buchenwald geht es vorbei an Garrensee, Plötschersee und dem Naturschutzgebiet Schwarze Kuhle zum hübschen Dorf Salem.
Gemeindeverwaltung Bäk, 3154 Bäk, Tel. 04541/3154

Holsteinische Schweiz

Preetz Von der Schwentine durchflossene „Schusterstadt" am Eingang zur Holsteinischen Schweiz.
Ein besonderes Vergnügen für groß und klein ist ein Besuch im „Ersten Circus-Museum in Deutschland": Neben Fotos, Plakaten, historischen Dokumenten und Kostümen gibt es zahlreiche Kuriositäten aus der Welt der Clowns, Artisten und Tierbändiger zu bestaunen (Öffnungszeiten: Sa 15–18 Uhr, So 10–12 und 15–18 Uhr; von April bis September zusätzlich Mi 17–20 Uhr).
Reizvolle Aussichten auf die umliegenden Seen bieten sich vom offenen Pferdewagen bei einer romantischen Kremserfahrt rund um den Lankersee.
Fremdenverkehrsverein, 2308 Preetz, Tel. 04342/2207

Plön Ehemalige Wendensiedlung und spätere Residenzstadt am Wassersportzentrum Großer Plöner See. Wer sich für Vogelkunde interessiert, findet im Inselhaus des Deutschen Bundes für Vogelschutz auf der Prinzeninsel Bildtafeln und Informationsmaterial über die artenreiche Vogelwelt des Gebiets (Öffnungszeiten: von Anfang Mai bis Ende September täglich 10–13 und 14–17 Uhr; geschlossen während der Wintermonate).
Kurverwaltung, 2320 Plön, Tel. 04522/2717

Im Wildgehege am Dieksee in Malente-Gremsmühlen können Tierfreunde Schwarz-, Rot- und Damwild beobachten.

Dersau Familiärer kleiner Ort am Westufer des Großen Plöner Sees.
Von hier lohnt ein Ausflug durch den nahen Nehmtener Forst zum Schloß Nehmten. Im Gutsbezirk liegen mehrere Hügelgräber, die unter Naturschutz stehen.
Zum Stocksee ist es von Dersau auch nicht weit. Ein Teil des Sees und seines Hinterlands ist Naturschutzgebiet. Schilfgürtel und Erlenbruchwald am Ufer des Sees sind vor allem für Wassertiere ein wichtiges Rückzugsgebiet.
Fremdenverkehrsverein, 2323 Dersau, Tel. 04526/680

Malente-Gremsmühlen Kneippheilbad und Inselstädtchen zwischen Diek- und Kellersee.
Neben dem Wildgehege am Nordostufer des Dieksees liegt das Arboretum. Hier sind neben einheimischen und europäischen Laub- und Nadelhölzern auch Bäume aus Amerika und Asien zu sehen.
In einem niederdeutschen Fachhallenhaus, das früher als Räucherei diente, sind landwirtschaftliche Gerätschaften aus dem 17. Jh. zu besichtigen. Die „Alte Räucherkate" ist von April bis Oktober täglich 9–12 Uhr und Sa und So zusätzlich 14–17 Uhr geöffnet.
Ein „Eheinstitut" ganz besonderer Art steht im südlich von Malente gelege-

Im Park des großherzoglichen Eutiner Schlosses finden alljährlich die „Eutiner Sommerspiele“ statt.

nen Dodauer Forst: die sogenannte Bräutigamseiche. Jeder Ehelustige darf die im Eichenfach deponierten Briefe anderer Heiratswilliger lesen und seinen eigenen Heiratswunsch hinterlegen. Wie viele Ehen allerdings auf diese Weise schon gestiftet worden sind, weiß niemand zu sagen.
Von Malente aus führt ein schöner Wanderweg zur Bräutigamseiche. Von der Eutiner Straße geht man in südlicher Richtung bis zum Forsthaus Dodau (4 km), wo man auch einkehren kann. Nun ist es nicht mehr weit bis zu dem mächtigen 1000jährigen Baum.
Fremdenverkehrsverein, 2427 Malente-Gremsmühlen, Tel. 04523/3096

Schönwalde Hübscher Fremdenverkehrsort am Bungsberg.
Mit 168 m ist der Bungsberg die höchste Erhebung Schleswig-Holsteins. Von hier oben genießt man den wohl schönsten Blick auf die bewegte Jungmoränenlandschaft der Holsteinischen Schweiz.
Gemeindeverwaltung, 2431 Schönwalde, Tel. 04528/1484

Eutin Traditionsbewußtes Städtchen mit großer Vergangenheit am gleichnamigen See.
Eutin trug im ausgehenden 18. Jh. den Beinamen „Musenhof des Nordens“. Viele Berühmtheiten zog es hierher; nach ihnen sind heute viele Straßen und Plätze benannt.
Alljährlicher Höhepunkt des wirklich regen Kulturangebots sind die vierwöchigen „Eutiner Sommerspiele“, die zu Ehren des 1786 in Eutin geborenen Komponisten Carl Maria von Weber im Juli/August auf der Freilichtbühne im Schloßpark aufgeführt werden. Webers „Freischütz“ steht fest auf dem Spielplan dieser einzigen Freiluftoper Deutschlands.
Im Geburtshaus des berühmten Schöpfers der deutschen romantischen Oper ist heute ein Café untergebracht und im Wohnhaus des Dichters Johann Heinrich Voß ein Hotel mit Gaststätte.
Das Eutiner Schloß beherbergt neben diversen Kunstsammlungen einige wertvolle Schiffsmodelle des frühen 18. Jh. aus dem Besitz des Zaren Peter III. (Führungen: Mai bis Oktober außer Mo täglich um 10, 11, 14, 15 und 16 Uhr). Besichtigungen sind nur während der Führungen möglich.
Ein Arboretum im Schloßgarten gibt Auskunft über die verschiedenen Bäume des Parks.
Im Ortsteil Sielbeck am Ukleisee steht ein idyllischer Jagdpavillon aus dem 18. Jh., in dem heute ein Lesesaal eingerichtet ist.
Fremdenverkehrsamt, 2420 Eutin, Tel. 04521/3155

Die Karl-May-Festspiele in Bad Segeberg finden bei groß und klein viel Anklang. Winnetou ist natürlich der Publikumsliebling.

Süsel Stiller Ort am gleichnamigen See unweit der Lübecker Bucht.
Wer nach so viel Geruhsamkeit Lust auf etwas mehr Umtrieb hat, der sollte einen Ausflug nach Sierksdorf an der Ostsee machen. Im Freizeitpark Hansaland locken neben Delphinshow und Westernstadt vor allem die Wildwasser- und die Loopingbahn Jahr für Jahr viele große und kleine Besucher an.
Freizeitpark Hansaland, 2409 Sierksdorf, Tel. 04563/7051

Pönitz Fremdenverkehrsort zwischen dem Kleinen und Großen Pönitzer See.
Die „Pönitzer Schweiz“ lernt man am besten auf einer 12 km langen Rundwanderung kennen. Von Pönitz aus geht es am Ostufer des Taschensees vorbei durch den Wald Neukoppel, wo noch einige gut erhaltene Hügelgräber aus der Bronzezeit zu erkennen sind. Hier wendet man sich nun nach Osten und erreicht bald Haffkrug an der Lübecker Bucht. Durch den Forst Scharbeutzer Heide führt die Wanderung zurück zum Ausgangspunkt.
Lohnend ist ein Abstecher zum Fiethberg (2 km), auf dem ein Hügelgrab mit Kriegerdenkmal zu sehen ist.
Kurverwaltung, 2409 Scharbeutz, Tel. 04503/7111

Am Fuß des Pilsbergs lädt das in einem hübschen Forsthaus untergebrachte Ausflugslokal „Hessenstein“ zur gemütlichen Einkehr.

Hemmelsdorfer See Der teilweise verlandete See liegt etwas abseits der ostholsteinischen Seenplatte im Hinterland der Lübecker Bucht. Im Vogelpark am Aalbeek-Gelände werden im Sommer täglich vogelkundliche Führungen angeboten.
Kurverwaltung, 2408 Timmendorfer Strand, Tel. 04503/4061

Bad Segeberg Ehemaliges Solekurbad am Fuß des Kalkbergs.
Von dem rund 90 m hohen Berg hat man den schönsten Blick über Stadt und See und die anmutige Hügellandschaft.
Im Sommer werden täglich Führungen durch die unterirdischen Höhlen im Kalkberg angeboten, die 1913 von spielenden Kindern entdeckt worden waren.
Eine ganz andere Attraktion jedoch hat Berg und Stadt zu eigentlichem Ruhm gebracht: die Karl-May-Festspiele, die jedes Jahr im Sommer auf einer Freilichtbühne vor der wildromantischen Kulisse des alten Kalkberg-Steinbruchs aufgeführt werden.
Daß es in einer so wildwestbegeisterten Stadt auch einen Apachenclub mit „Indianerreservat“ gibt, versteht sich fast von selbst. Im „Reservat“ gibt es neben Geräten und Kleidungsstücken auch die typischen Zelte der Indianer, die Tipis, zu sehen.
Tourist-Information, 2360 Bad Segeberg, Tel. 04551/571

Selenter See

Giekau Hübscher kleiner Ort am Ostufer des Selenter Sees.
Von hier lohnt ein Abstecher zum 128 m hohen Pilsberg, nach dem Bungsberg die höchste Erhebung Schleswig-Holsteins. Vom Aussichtsturm Hessenstein bietet sich ein herrlicher Rundblick: im Osten der Große Binnensee mit der Hohwachter Bucht, im Westen der Selenter See. An klaren Tagen sieht man über die Kieler Bucht bis zur Küste Dänemarks.
Fremdenverkehrszweckverband Raum Selenter See, 2319 Selent, Tel. 04384/670

Westensee

Westensee Stille Landgemeinde am gleichnamigen See.
Unterhalb des Tütebergs südlich des Orts sind mehrere Megalithgräber zu sehen.
Von Westensee lohnt ein Abstecher zum Rühmlandteich südlich von Haßmoor, um den ein schöner Wanderweg führt. Der Teich ist ein wahres Eldorado für Wasservögel. Der Deutsche Bund für Vogelschutz bietet von April bis Oktober im gesamten Naturpark geführte naturkundliche Wanderungen an.
Gemeindeverwaltung, 2301 Westensee, Tel. 04305/765

Seen in der Bundesrepublik Deutschland

Die folgende Übersicht enthält alle wichtigen Seen, soweit sie der Allgemeinheit offenstehen und Möglichkeiten zur Freizeitgestaltung bieten. Reine Trinkwasserspeicher bleiben ebenso unberücksichtigt wie kleinste Baggerseen und Badeweiher.

Für jeden See ist neben der Größe die Wassertemperatur aufgeführt. Dabei handelt es sich um die in den Monaten Juli und August gemessene Spanne. Diese Angabe kann nur als Anhaltspunkt dienen, denn selbst in der Flachwasserzone eines Sees treten in der Regel oft erhebliche Temperaturunterschiede auf.

Das Freizeitangebot an den verschiedenen Seen wird durch Symbole veranschaulicht. Was sie im einzelnen bedeuten, zeigt die Zeichenerklärung rechts. Wer mehr über einen See und die Orte an seinen Ufern erfahren will, kann sich an die jeweils angegebene Informationsadresse wenden. Die mit einem Stern * gekennzeichneten Seen werden im Hauptteil des Buches ausführlich behandelt.

Zeichenerklärung

- Baden
- Segeln
- Surfen
- Wasserski
- Angeln
- Bootsverleih
- Fahrradverleih
- Camping

Name	Wasserfläche in ha	Wassertemp. in °C	Freizeitangebot	Information
Aabachtalsperre	135	18–20	Angeln, Fahrradverleih	Verkehrsamt, 4798 Wünnenberg, Tel. 02953/1720
Aasee	31	19–22	Baden, Segeln, Surfen, Angeln, Bootsverleih, Fahrradverleih	Reise- und Verkehrsbüro, 4290 Bocholt, Tel. 02871/5044
Aasee	16	17–23	Segeln, Surfen, Angeln, Bootsverleih, Fahrradverleih, Camping	Verkehrsverein, 4530 Ibbenbüren, Tel. 05451/53113
Aasee	39	18–23	Segeln, Surfen, Angeln, Bootsverleih, Fahrradverleih	Verkehrsverein, 4400 Münster, Tel. 0251/510180
Abtsdorfer See	90	20–24	Baden, Segeln, Surfen, Angeln	Verkehrsverband Abtsdorfer See, 8229 Laufen (Salzach), Tel. 08682/1810
Achernsee	10	21–23	Surfen, Wasserski, Bootsverleih	Verkehrsbüro, 7590 Achern, Tel. 07841/641511
Aggertalsperre	120	19–22	Baden, Segeln, Angeln, Bootsverleih, Fahrradverleih, Camping	Stadtverwaltung, 5270 Gummersbach, Tel. 02261/870
Ahauser Stausee	54	17–22	Angeln, Camping	Gemeindeverwaltung, 5950 Finnentrop, Tel. 02721/512125
Aichstrutsee	4	18–24	Baden, Angeln, Fahrradverleih, Camping	Städtisches Verkehrsamt, 7063 Welzheim, Tel. 07182/581
Alfsee	220	19–23	Segeln, Surfen, Angeln, Bootsverleih, Fahrradverleih, Camping	Alfsee-Campingpark, 4555 Rieste, Tel. 05464/5166
Allersee	30	18–23	Baden, Segeln, Surfen, Angeln, Camping	Verkehrsverein, 3180 Wolfsburg 1, Tel. 05361/14333
Alpsee*	90	17–21	Baden, Bootsverleih, Fahrradverleih, Camping	Kurverwaltung, 8959 Schwangau, Tel. 08362/81051
Alpsee, Großer	250	19–22	Baden, Segeln, Surfen, Angeln, Bootsverleih, Fahrradverleih, Camping	Verkehrsamt Bühl a. Alpsee, 8970 Immenstadt, Tel. 08323/80483
Alpsee, Kleiner	9	18–21	Baden, Fahrradverleih	Verkehrsamt Bühl a. Alpsee, 8970 Immenstadt, Tel. 08323/80483
Altmühlsee*	450	19–23	Baden, Segeln, Surfen, Angeln, Bootsverleih, Fahrradverleih	Zweckverband Altmühlsee, 8820 Gunzenhausen, Tel. 09831/611
Altshauser Weiher	14	20–22	Baden	Gemeindeverwaltung, 7963 Altshausen, Tel. 07584/466
Ammersee*	4760	19–22	Baden, Segeln, Surfen, Angeln, Bootsverleih, Fahrradverleih, Camping	Westufer: Fremdenverkehrsverband Ammersee-Lech, 8910 Landsberg am Lech, Tel. 08191/47177 Ostufer: Fremdenverkehrsverband Starnberger Fünfseenland, 8130 Starnberg, Tel. 08151/15911
Ankumer See	1	16–23	Angeln, Bootsverleih, Fahrradverleih	Gemeindeverwaltung, 4554 Ankum, Tel. 05462/475
Arbersee, Großer	26	14–16	Baden, Bootsverleih	Verkehrsamt, 8372 Zwiesel, Tel. 09922/1308
Arbersee, Kleiner	9	17–20	Baden, Bootsverleih	Verkehrsamt, 8371 Bayerisch Eisenstein, Tel. 09925/327
Arenholzer See	91	17–19	Baden, Camping	Amtsverwaltung Lürschau, 2385 Schuby, Tel. 04621/4077
Attersee	7	20–22	Baden, Segeln, Surfen, Angeln, Bootsverleih, Camping	Freizeitpark Attersee, Fritz Scholle, 4500 Osnabrück, Tel. 0541/72004
Auensee	3	19–23	Baden, Angeln, Camping	Gemeindeverwaltung, 8671 Köditz, Tel. 09281/66444
Außenalster	165	13–15	Segeln, Surfen, Angeln, Bootsverleih, Fahrradverleih	Fremdenverkehrszentrale Hamburg e.V., 2000 Hamburg 1, Tel. 040/248700
Badsee Beuren	47	19–22	Baden, Segeln, Surfen, Bootsverleih, Camping	Ortsverwaltung Beuren, 7972 Isny-Beuren, Tel. 07567/285
Bagnosee	3	10–12	Bootsverleih, Fahrradverleih	Verkehrsverein, 4430 Steinfurt, Tel. 02551/1383
Baldeneysee*	265	18–22	Segeln, Surfen, Angeln, Fahrradverleih, Camping	Werbe- und Verkehrsamt, Porscheplatz 1, 4300 Essen 1, Tel. 0201/882373
Balksee	180	18–20	Angeln, Bootsverleih, Fahrradverleih	Kurverwaltung, 2177 Wingst, Tel. 04778/312
Bannwaldsee*	230	19–23	Baden, Surfen, Angeln, Bootsverleih, Fahrradverleih, Camping	Verkehrsamt, 8959 Schwangau, Tel. 08362/81051
Banter See	110	18–20	Baden, Segeln, Surfen, Angeln, Bootsverleih	Freizeit in Wilhelmshaven GmbH, 2940 Wilhelmshaven, Tel. 04421/26261
Bärensee	50	10–20	Baden, Angeln, Fahrradverleih	Verkehrsverein, 8950 Kaufbeuren, Tel. 08341/40405
Barmsee	55	18–22	Baden, Fahrradverleih, Camping	Verkehrsamt, 8108 Krün, Tel. 08825/204
Bederkesaer See	200	18–20	Segeln, Surfen, Angeln, Bootsverleih, Fahrradverleih, Camping	Zweckverband Erholungsgebiet Bederkesa, 2852 Bederkesa, Tel. 04745/79145
Behlendorfer See	71	16–23	Baden, Angeln, Camping	Gemeindeverwaltung, Bürgermeister, 2419 Behlendorf, Tel. 04544/234
Behler See*	330	18–22	Baden, Segeln, Surfen, Angeln	Fremdenverkehrsverein, 2427 Malente-Gremsmühlen, Tel. 04523/3096
Belauer See	110	18–20	Baden, Angeln, Camping	Fremdenverkehrsverein, 2355 Wankendorf, Tel. 04326/729

Name	Wasser-fläche in ha	Wasser-temp. in °C	Freizeitangebot	Information
Bergsee	20	18–20		Stadtverwaltung, 2845 Damme, Tel. 05491/6620
Bergsee	75	17–21		Kurverwaltung, 7880 Bad Säckingen, Tel. 07761/51316
Bernsteinsee	2	20		Gemeindeverwaltung, 3177 Sassenburg, Tel. 05379/516
Bevertalsperre	200	17–20		Zeltplätze Bevertalsperre, 5609 Hückeswagen, Tel. 02192/2018
Biggesee*	700	16–22		Stadt Olpe, Fremdenverkehrsabteilung, 5960 Olpe, Tel. 02761/83229
Binnensee, Großer	550	16–18		Gutsverwaltung Waterneverstorf, 2322 Lütjenburg, Tel. 04381/310
Bistensee	155	18–20		Fremdenverkehrsverein, 2331 Ascheffel, Tel. 04353/813
Bitburg, Stausee	35	16–20		Verkehrsbüro Bitburger Land, 5520 Bitburg, Tel. 06561/8934
Blaibacher See	25	18–21		Verkehrsamt, 8491 Blaibach, Tel. 09941/8321
Blaue Adria	6	20–25		Gemeindeverwaltung, 6701 Altrip, Tel. 06236/2021
Bleibtreusee, Großer	75	21–24		Campingplatz Liblarer See, 5042 Erftstadt, Tel. 02235/3899
Bodensee*	53800	18–23		Verkehrsverein, 8990 Lindau, Tel. 08382/5022 Tourist-Information, 7990 Friedrichshafen, Tel. 07541/1729 Tourist-Information, 7750 Konstanz, Tel. 07531/284376
Bordesholmer See	75	20–22		Gemeindeverwaltung, 2352 Bordesholm, Tel. 04322/5010
Borgdorfer See	51	19–22		Verkehrsverein Naturpark Westensee, 2353 Nortorf, Tel. 04392/4866
Bornhöveder See	76	17–20		Gemeindeverwaltung, 2351 Bornhöved, Tel. 04323/6067
Bostalsee*	120	17–24		Freizeitzentrum Bostalsee, 6697 Nohfelden-Bosen, Tel. 06852/1616
Bottschlotter See	70	17–20		Fremdenverkehrsverein, 2260 Dagebüll, Tel. 04667/280
Braacher See	5	16–20		Fremdenverkehrsamt, 6442 Rotenburg a. d. Fulda, Tel. 06623/5555
Brahmsee	96	19–22		Verkehrsverein Naturpark Westensee, 2353 Nortorf, Tel. 04392/4866
Breitenauer See	42	20–25		Stadtverwaltung, 7101 Löwenstein, Tel. 07130/551
Brombachsee, Kleiner	250	19–23		Zweckverband Brombachsee, 8835 Pleinfeld-Ramsberg, Tel. 09144/571
Bruchertalsperre	46	16–19		Gemeindeverwaltung, 5277 Marienheide, Tel. 02264/220
Brunausee	7	17–20		Gemeindeverwaltung, 3045 Bispingen, Tel. 05194/7351
Bucher Stausee	28	19–22		Gemeindeverwaltung, 7095 Rainau, Tel. 07961/2012
Bulderner See	14	19–24		Sportamt, 4408 Dülmen, Tel. 02594/121
Bullensee, Großer	12	18–20		Heide-Wümme-Oste-Gesellschaft, 2720 Rotenburg, Tel. 04261/75320
Burlafingen, Baggersee	17	16–20		Verkehrsbüro, Münsterplatz 51, 7900 Ulm, Tel. 0731/64161
Chiemsee*	8000	18–22		Verkehrsverband Chiemsee, 8210 Prien a. Chiemsee, Tel. 08051/2280
Clausensee	4	18–21		Gemeindeverwaltung, 6757 Waldfischbach-Burgalben, Tel. 06333/1051
Dankernsee	30	18–23		Ferienzentrum Schloß Dankern, 4472 Haren (Ems), Tel. 05932/2006
Darnsee	12	20–24		Stadtverwaltung, 4550 Bramsche, Tel. 05461/830
Dechsendorfer Weiher	40	18–21		Verkehrsamt, 8520 Erlangen, Tel. 09131/25074
Degersee	33	20–24		Stadtverwaltung, 7992 Tettnang, Tel. 07542/510213
Dennenloher See	22	19–23		Gemeindeverwaltung, 8821 Unterschwaningen, Tel. 09836/236
Dieksee*	390	18–21		Fremdenverkehrsverein, 2427 Malente-Gremsmühlen, Tel. 04523/3096
Diemelsee*	165	17–20		Verkehrsamt, 3543 Diemelsee-Adorf, Tel. 05633/873
Dobersdorfer See	375	19–21		Fremdenverkehrsverein, 2308 Preetz, Tel. 04342/2207
Doktorsee	60	18–23		Erholungsgebiet Doktorsee GmbH, 3260 Rinteln 1, Tel. 05751/2611
Dreiburgensee	7	19–22		Gemeindeverwaltung, 8391 Tittling, Tel. 08504/2001
Dreifelder Weiher	120	18–21		Tourist Information Westerwald, 5430 Montabaur, Tel. 02602/12278
Dreiländersee	24	20–24		Stadtverwaltung, 4432 Gronau, Tel. 02562/121
Dubbelausee	10	19–22		Alfsee-Campingpark, 4555 Rieste, Tel. 05464/5252
Dümmer-See*	1600	18–26		Fremdenverkehrsverein Dümmer-See, 2841 Lembruch, Tel. 05447/242
Dutzendteich, Großer	30	18–21		Verkehrsverein, Eilgutstr. 5, 8500 Nürnberg, Tel. 0911/23360
Ebnisee	7	18–21		Stadtverwaltung, 7063 Welzheim, Tel. 07182/581
Edersee*	1200	18–22		Verkehrsamt, 3593 Edertal-Hemfurth, Tel. 05623/1286
Ehmetsklinge	7	20–24		Bürgermeisteramt, 7129 Zaberfeld, Tel. 07046/849
Eibsee	180	18–22		Eibsee-Hotel, 8104 Grainau, Tel. 08821/8081
Einfelder See	190	17–21		Tourist-Information, 2350 Neumünster, Tel. 04321/43280
Eixendorf, Stausee	110	19–23		Stadtverwaltung, 8462 Neunburg v. Wald, Tel. 09672/480
Elbsee	22	19–22		Gemeindeverwaltung, 8955 Aitrang, Tel. 08343/218
Ellerazhofer Weiher	49	17–20		Stadtverwaltung, 7970 Leutkirch, Tel. 07561/870
Ellertshäuser See	33	19–22		Markt Stadtlauringen, 8721 Stadtlauringen, Tel. 09724/2025
Emmer-Stausee	100	18–21		Kurverwaltung, 4938 Schieder-Schwalenberg, Tel. 05282/298

Name	Wasserfläche in ha	Wassertemp. in °C	Freizeitangebot	Information
Emssee	40	15–17		Verkehrsamt, 4410 Warendorf, Tel. 02581/2625
Epplesee	20	18–20		Bürgermeisteramt, 7512 Rheinstetten, Tel. 07242/831
Erlau-Stausee	8	19–23		Stadtverwaltung, 8392 Waldkirchen, Tel. 08581/2020
Esmecke-Stausee	2	17–20		Gemeindeverwaltung, 5779 Eslohe, Tel. 02973/80026
Eutiner See, Großer*	240	17–20		Fremdenverkehrsamt, 2420 Eutin, Tel. 04521/3155
Federsee	140	20–22		Kur- und Verkehrsamt, 7952 Bad Buchau, Tel. 07582/80812
Ferchensee	11	16–18		Gemeindeverwaltung, 8102 Mittenwald, Tel. 08823/1081
Fichtelsee	10	20–23		Gemeindeverwaltung, 8591 Fichtelberg, Tel. 09272/456
Flögelner See	150	18–20		Zweckverband Erholungsgebiet Bederkesa, 2852 Bederkesa, Tel. 04745/79145
Fohnsee*	22	19–22		Fremdenverkehrsamt, 8127 Iffeldorf, Tel. 08856/2800
Forggensee*	1530	15–21		Kurverwaltung, 8958 Füssen, Tel. 08362/7077
Förmitzsee	120	17–20		Stadtverwaltung, 8676 Schwarzenbach a. d. Saale, Tel. 09284/505
Freibergsee	20	18–21		Kurverwaltung, 8980 Oberstdorf, Tel. 08322/7000
Freudensee	7	20–25		Verkehrsamt, 8395 Hauzenberg, Tel. 08586/2691
Friedenhain-See	30	22–26		Freizeitzentrum Friedenhain-See, 8440 Straubing, Tel. 09421/33866
Fulda-Aue	40	18–21		Presse- und Werbeamt, 3500 Kassel, Tel. 0561/7878007
Gaisweiher	11	18–20		Verkehrsamt, 8481 Flossenbürg, Tel. 09603/1081
Gartnersee	5	18–24		Verwaltungsgem. Gundelfingen, 8883 Gundelfingen, Tel. 09073/810
Gartower See	58	18–21		Kurverwaltung, 3136 Gartow, Tel. 05846/333
Gederner See	15	19–22		Stadtverwaltung, 6473 Gedern 1, Tel. 06045/333
Geeste, Speichersee	180	17–19		Gemeindeverwaltung, Rathaus Dalum, 4478 Geeste, Tel. 05937/8131
Gelterswoog	12	17–20		Verkehrsamt, Rathaus, 6750 Kaiserslautern, Tel. 0631/8522317
Gemündener Maar*	7	18–22		Kur- und Verkehrsamt, 5568 Daun, Tel. 06592/71477
Geroldsee	9	18–21		Verkehrsamt, 8108 Krün, Tel. 08825/204
Gifiz-See	19	20–24		Stadtverwaltung, 7600 Offenburg, Tel. 0781/820
Großensee	75	17–20		Gemeindeverwaltung, 2077 Trittau, Tel. 04154/2061
Großer Weiher	14	18–20		Verkehrsamt, 8591 Plößberg, Tel. 09636/280
Großes Meer*	460	15–20		Gemeindeverwaltung, 2963 Südbrookmerland, Tel. 04942/1644
Grunewaldsee*	17	19–21		Verkehrsamt Berlin, Europa-Center, 1000 Berlin 30, Tel. 030/2626031
Grüntensee	135	18–21		Verkehrsamt, 8965 Wertach, Tel. 08365/266
Gudower See*	70	17–22		Gemeindeverwaltung, 2411 Gudow, Tel. 04547/277
Guggenberger See	34	19–22		Tourist Information, 8400 Regensburg, Tel. 0941/5072148
Haddorfer See	20	18–22		Gemeindeverwaltung, 4441 Wettringen, Tel. 02557/780
Hahnenkammsee	23	17–20		Kreisverkehrsamt, 8820 Gunzenhausen, Tel. 09831/691
Halterner Stausee	310	20–23		Verkehrsamt, 4358 Haltern, Tel. 02364/100256
Hammersee	64	20–24		Gemeindeverwaltung, 8465 Bodenwöhr, Tel. 09434/1342
Happurger Stausee	46	17–20		Gemeindeverwaltung, 8561 Happurg, Tel. 09151/3056
Hardausee	8	17–20		Verkehrsverein Hardautal, 3113 Hösseringen, Tel. 05826/1616
Hardtsee	35	20–23		Gemeindeverwaltung, 7521 Ubstadt-Weiher, Tel. 07251/6170
Hariksee	25	18–21		Gemeindeverwaltung, 4056 Schwalmtal, Tel. 02163/4500
Harkortsee	140	19–22		Stadtverwaltung, 5802 Wetter (Ruhr), Tel. 02335/841
Hartensbergsee	7	18–21		Gemeindeverwaltung, 2849 Goldenstedt, Tel. 04444/363
Hartsee	87	19–23		Gemeindeverwaltung, 8201 Eggstätt, Tel. 08056/219
Härtsfeldsee	12	16–19		Gemeindeverwaltung, 7925 Dischingen, Tel. 07327/810
Haselünner See	20	17–20		Stadtverwaltung, 4473 Haselünne, Tel. 05961/831
Haslacher See	25	20–24		Gemeindeverwaltung, 8926 Bernbeuren, Tel. 08860/717
Heider Bergsee	35	21–24		Campingplatz Heider Bergsee, 5010 Brühl, Tel. 02232/27040
Heidesee	6	18–20		Verkehrsbüro, 3105 Müden/Örtze, Tel. 05053/329
Hemmelsdorfer See	460	19–22		Gemeindeverwaltung, 2401 Ratekau, Tel. 04504/201
Hengsteysee	135	18–22		Fremdenverkehrsamt, 5800 Hagen, Tel. 02331/207383
Henne-Stausee	200	19–22		Städtisches Verkehrsamt, 5778 Meschede, Tel. 0291/205277
Herbertshofen, Baggerseen	19	18–22		Fremdenverkehrsamt, 7930 Ehingen, Tel. 07391/5030
Herthasee	6	20–22		Verkehrsverein, 5409 Holzappel, Tel. 06439/7542
Hiltruper See	16	17–20		Verkehrsverein, 4400 Münster, Tel. 0251/5101822

Name	Wasserfläche in ha	Wassertemp. in °C	Freizeitangebot	Information
Hintersee	100	13–16		Gemeindeverwaltung, 8243 Ramsau, Tel. 08657/1211
Hödenauer See	5	22–27		Verkehrsamt, 8205 Kiefersfelden, Tel. 08033/8490
Hofstätter See	57	20–23		Gemeindeverwaltung, 8201 Prutting, Tel. 08036/7025
Höllenstein-Stausee	54	16–19		Kur- und Verkehrsamt, 8374 Viechtach, Tel. 09942/1661
Hopfensee	220	20–25		Kurverwaltung, 8958 Füssen, Tel. 08362/7458
Humboldtsee	7	18–20		Verkehrsamt, 3216 Salzhemmendorf, Tel. 05153/6011
Hüttensee	50	19–22		Hüttensee-Park, Verwaltung, 3108 Winsen (Aller), Tel. 05056/336
Idasee	10	16–18		Gemeindeverwaltung, 2958 Ostrhauderfehn, Tel. 04952/8050
Idstedter See	34	16–19		Gemeindeverwaltung, 2381 Idstedt, Tel. 04625/440
Igelsbachsee	100	19–23		Zweckverband Brombachsee, 8835 Pleinfeld-Ramsberg, Tel. 09144/571
Illmensee	72	18–21		Bürgermeisteramt, 7799 Illmensee, Tel. 07558/408
Ilsesee	13	18–23		Fremdenverkehrsverein, 8901 Königsbrunn, Tel. 08231/31833
Innerste-Stausee	150	21–23		Campingplatz Innerste-Stausee, 3394 Langelsheim, Tel. 05326/2166
Inselsee	3	21–24		Verkehrsamt, 8970 Immenstadt, Tel. 08323/80481
Irenensee	21	19–23		Gemeindeverwaltung, 3162 Uetze, Tel. 05173/6910
Isenhagener See	6	18–22		Verkehrsbüro, 3122 Hankensbüttel, Tel. 05832/1053
Itzelberger See	8	14–17		Gemeindeverwaltung, 7923 Königsbronn, Tel. 07328/820
Jungferweiher	30	17–20		Gemeindeverwaltung, 5441 Ulmen, Tel. 02676/249
Kahler Seenplatte	120	18–21		Gemeindeverwaltung, 8756 Kahl, Tel. 06188/2011
Kastensee	7	17–24		Verwaltungsgemeinschaft Glonn, 8019 Glonn, Tel. 08093/5024
Kellersee*	560	19–21		Fremdenverkehrsverein, 2427 Malente-Gremsmühlen, Tel. 04523/3096
Kell-Stausee	15	17–19		Tourist Information, 5509 Kell, Tel. 06589/1044
Kemnader See	125	16–18		Verkehrsverein, 4320 Hattingen, Tel. 02324/201228
Kirchsee	34	18–23		Gemeindeverwaltung, 8175 Reichersbeuern, Tel. 08041/41666
Kirnbergsee	31	16–18		Verkehrsamt, 7715 Bräunlingen, Tel. 0771/60314 4
Klostersee	73	22–25		Gemeindeverwaltung, 8221 Seeon, Tel. 08624/2155
Klüthsee	29	19–20		Tourist-Information, 2360 Bad Segeberg, Tel. 04551/57233
Kochelsee*	600	14–18		Verkehrsamt, 8113 Kochel am See, Tel. 08851/338
Königssee*	520	16–18		Verkehrsbüro Königssee, 8240 Schönau a. Königssee, Tel. 08652/61161
Kratzmühle, Erholungszentrum	15	16–18		Gemeindeverwaltung, 8079 Kinding, Tel. 08467/587
Krombach-Stausee	93	20–24		Verkehrsverein Hoher Westerwald, 5439 Rennerod, Tel. 02664/1034
Kronenburger See	28	20–23		Gemeindeverwaltung, 5377 Dahlem, Tel. 02447/1011
Küchensee*	185	17–24		Amt für Fremdenverkehr und Kultur, 2418 Ratzeburg, Tel. 04541/800080
Kuhsee	17	20–22		Verkehrsverein, Bahnhofstr. 7, 8900 Augsburg, Tel. 0821/36024
Laacher See	330	18–22		Seehotel Maria Laach, 5471 Maria Laach, Tel. 02652/5840
Laascher See	35	18–21		Kurverwaltung, 3136 Gartow, Tel. 05846/333
Lahde, Badesee	8	19–22		Städtisches Hauptamt, 4953 Petershagen, Tel. 05702/201
Langsee	150	18–21		Fremdenverkehrsverein Südangeln, 2387 Böklund, Tel. 04623/874
Lankersee*	430	14–20		Verkehrsverein Preetz und Umgebung, 2308 Preetz, Tel. 04342/2207
Lauchertsee	2	14–18		Ortsverwaltung Mägerkingen, 7416 Trochtelfingen, Tel. 07124/757
Lautersee	13	17–22		Kurverwaltung, 8102 Mittenwald, Tel. 08823/1051
Lechsee, Oberer	135	16–18		Gemeindeverwaltung, 8923 Lechbruck, Tel. 08862/7113
Leitgeringersee	14	20–25		Städtisches Verkehrsamt, 8261 Tittmoning, Tel. 08683/214
Liblarer See	54	21–24		Campingplatz Liblarer See, 5042 Erftstadt, Tel. 02235/3899
Liebensteinspeicher	80	19–22		Verkehrsamt, 8591 Bärnau, Tel. 09635/201
Linach-Stausee	14	18–20		Fremdenverkehrsbüro, 7741 Vöhrenbach, Tel. 07727/501115
Lingesetalsperre	39	16–19		Gemeindeverwaltung, 5277 Marienheide, Tel. 02264/220
Lippesee	37	16–23		Lippesee-Freizeitanlagen GmbH, 4791 Sande, Tel. 05254/5588
Listertalsperre*	170	18–22		Reise- und Fremdenverkehrs-GmbH, 5952 Attendorn, Tel. 02722/64229
Lopausee	9	16–20		Verkehrs- und Kulturverein, 2124 Amelinghausen, Tel. 04132/1071
Losheimer Stausee	31	18–21		Verkehrsverein, 6646 Losheim, Tel. 06872/6169
Lustsee	19	19–22		Verkehrsverein Naturpark Westensee, 2353 Nortorf, Tel. 04392/4866
Lütjensee	37	16–20		Amtsverwaltung, 2077 Trittau, Tel. 04154/2061
Margaretensee	20	17–20		Campingplatz Margaretensee, 4780 Lippstadt-Lipperbruch, Tel. 02941/8416
Maschsee	78	22–24		Verkehrsbüro, Ernst-August-Platz 8, 3000 Hannover 1, Tel. 0511/321033

Name	Wasser-fläche in ha	Wasser-temp. in °C	Freizeitangebot	Information
Max-Eyth-See	18	19–24		Verkehrsamt, i-Punkt Klettpassage, 7000 Stuttgart, Tel. 0711/2228240
Meinhard, Freizeitzentrum	30	19–23		Freizeit- und Erholungszentrum, 3446 Meinhard, Tel. 05651/6200
Middelburger See (mit Baggersee)	51	18–22		Gemeindeverwaltung, 2420 Süzel, Tel. 04521/6222
Möhnesee*	1040	17–19		Tourist-Information Möhnesee, 4773 Möhnesee-Körbecke, Tel. 02924/497
Möllner Seen*	175	18–21		Städtische Kurverwaltung, 2410 Mölln, Tel. 04542/7090
Mummelsee	4	12–16		Verkehrsamt, 7596 Seebach, Tel. 07842/620
Nageler See	6	16–18		Verkehrsverein, 8591 Nagel, Tel. 09236/410
Nagoldtalsperre	40	18–20		Bürgermeisteramt, 7291 Seewald, Tel. 07447/1007
Nahe-Stausee	22	17–20		Gemeindeverwaltung, 6551 Niederhausen/Nahe, Tel. 06758/6776
Nesthauser See	8	18–24		Heinz Padberg, Messdornstr. 2, 4790 Paderborn, Tel. 05254/68660
Nette-Seen	220	19–22		Presse- und Verkehrsamt, 4054 Nettetal, Tel. 02153/121602
Neubäuer See	70	21–25		Stadtverwaltung, 8495 Roding, Tel. 09461/1066
Neumühlsee	5	18–20		Stadtverwaltung, 7112 Waldenburg, Tel. 07942/564
Neversdorfer See	84	19–22		Amtsverwaltung, 2361 Leezen (Holstein), Tel. 04552/970
Niddasee	70	16–19		Verkehrsamt, 6479 Schotten, Tel. 06044/660
Nieder-Mooser See	30	19–22		Heimat- und Verkehrsverein, 6494 Nieder-Moos, Tel. 06644/263
Niedersonthofener See	120	18–23		Verkehrsamt, 8963 Waltenhofen, Tel. 08303/822
Northeimer Seenplatte	60	17–23		Stadtverwaltung, 3410 Northeim, Tel. 05551/706306
Noswendeler See	7	15–18		Stadtverwaltung, 6618 Wadern, Tel. 06871/5070
Oberbruch, Freizeitsee	7	22–22		Campingplatz Adam, 7580 Bühl-Oberbruch, Tel. 07223/23194
Obermaubach, Rurstausee	55	16–19		Fremdenverkehrsverein, 5166 Kreuzau 4, Tel. 02422/309
Obernau-Stausee	93	19–22		Gemeindeverwaltung, 5902 Netphen, Tel. 02738/6030
Obersee	23	19–22		Bürgermeisteramt, 7964 Kißlegg, Tel. 07563/1810
Obinger See	31	19–26		Gemeindeverwaltung, 8201 Obing, Tel. 08624/2234
Oder-Stausee	135	17–20		Kurverwaltung, 3422 Bad Lauterberg im Harz, Tel. 05524/4021
Oestertalsperre	13	17–20		Stadtverwaltung, 5970 Plettenberg, Tel. 02391/640
Ohresee	5	20–23		Gemeindeverwaltung, 3127 Brome, Tel. 05833/1500
Oker-Stausee*	230	14–20		Kurverwaltung, 3396 Schulenburg, Tel. 05329/848
Oldenstädter See	12	17–19		Stadtverwaltung, 3110 Uelzen 1, Tel. 0581/800130
Ölper See	16	19–21		Städtischer Verkehrsverein, Bohlweg, 3300 Braunschweig, Tel. 0531/79237
Orrotsee	18	20–24		Bürgermeisteramt, 7092 Rosenberg, Tel. 07967/548
Osterseen*	120	19–22		Fremdenverkehrsamt, 8127 Iffeldorf, Tel. 08856/2800
Owschlager See	38	20–23		Gemeindeverwaltung, 2331 Ascheffel, Tel. 04353/813
Perlsee	7	22–24		Verkehrsamt, 8494 Waldmünchen, Tel. 09972/262
Pilsensee*	195	19–22		Gemeinde Seefeld, 8031 Seefeld 1, Tel. 08152/7707
Plöner See, Großer*	2900	18–20		Kurverwaltung, 2320 Plön, Tel. 04522/2717
Plöner See, Kleiner*	340	18–20		Kurverwaltung, 2320 Plön, Tel. 04522/2717
Plötzensee	8	19–21		Verkehrsamt Berlin, Europa-Center, 1000 Berlin 30, Tel. 030/2626031
Pohlsee	69	19–22		Verkehrsverein Naturpark Westensee, 2353 Nortorf, Tel. 04392/4866
Pönitzer See, Großer	110	17–24		Kurverwaltung, 2409 Scharbeutz, Tel. 04503/74255
Postsee*	335	14–20		Verkehrsverein Preetz und Umgebung, 2308 Preetz, Tel. 04342/2207
Postweiher	12	18–21		Tourist Information Westerwald, 5430 Montabaur, Tel. 02602/12278
Pröbstingsee	10	20–22		Gemeindeverwaltung, 4280 Borken, Tel. 02861/880
Prüßsee	80	20–24		Grundstücksverwertungsgesellschaft, 2059 Güster, Tel. 04158/497
Pulvermaar*	36	18–20		Kur- und Verkehrsamt, 5568 Daun, Tel. 06592/71477
Rannasee	20	18–22		Verkehrsamt, 8396 Wegscheid, Tel. 08592/477
Ratzeburger See, Großer*	1410	16–23		Amt für Fremdenverkehr und Kultur, 2418 Ratzeburg, Tel. 04541/800080
Rethemer Fährsee	3	19–23		Henning Schon, Kirchwahlingen Nr. 16, 3031 Böhme, Tel. 05165/2333
Riedsee	30	20–25		Verkehrsamt, 7710 Donaueschingen, Tel. 0771/3834
Riegsee*	175	18–25		Verkehrsamt, 8110 Murnau, Tel. 08841/2074
Rießer See	3	22–24		L. Buchwieser, Rieß 6, 8100 Garmisch-Partenkirchen, Tel. 08821/50181
Rinssee	49	20–23		Gemeindeverwaltung, 8201 Söchtenau, Tel. 08055/235
Rohrbachstausee Eging	15	21–24		Gemeindeverwaltung, 8359 Eging am See, Tel. 08544/617

Name	Wasser-fläche in ha	Wasser-temp. in °C	Freizeitangebot	Information
Roither See	14	20–22		Verein für Naherholung, 8400 Regensburg, Tel. 0941/41200
Rottauensee	60	18–22		Stadtverwaltung, 8340 Pfarrkirchen, Tel. 08561/3060
Rursee*	780	16–20		Verkehrsamt, 5169 Heimbach, Tel. 02446/527
Rußweiher	18	18–23		Stadtverwaltung, 8489 Eschenbach, Tel. 09645/224
Salemer See*	39	18–22		Gemeinde Salem, Bürgermeister, 2419 Salem, Tel. 04541/82167
Saller See	8	17–18		Verein „Erholungsgebiet Saller See e.V.", 4452 Freren, Tel. 05902/5050
Salzgittersee	75	19–22		Fremdenverkehrsbüro, 3320 Salzgitter 51, Tel. 05341/393738
St. Leoner See	26	20–24		Erholungsanlage St. Leoner See, 6837 St. Leon-Rot, Tel. 06227/59009
Sarchinger See	29	20–22		Verein für Naherholung, 8400 Regensburg, Tel. 0941/41200
Schaalsee*	2300	18–20		Gemeindeverwaltung, 2411 Seedorf, Tel. 04545/558
Schalkenmehrener Maar*	22	18–24		Kur- und Verkehrsamt, 5568 Daun, Tel. 06592/71477
Schierensee, Großer*	51	18–20		Verkehrsverein Naturpark Westensee, 2353 Nortorf, Tel. 04392/4866
Schlachtensee*	31	19–21		Verkehrsamt Berlin, Europa-Center, 1000 Berlin 30, Tel. 030/2626031
Schliersee*	230	20–24		Kurverwaltung, 8162 Schliersee, Tel. 08026/4069
Schloßsee	13	16–20		Tourist Information, 3170 Gifhorn, Tel. 05371/88175
Schluchsee*	520	16–22		Kurverwaltung, 7826 Schluchsee, Tel. 07656/7732
Schlüchtsee	4	16–22		Kurverwaltung, 7821 Grafenhausen, Tel. 07748/265
Schöhsee*	79	18–20		Kurverwaltung, 2320 Plön, Tel. 04522/2717
Schulenburger Südsee	7	17–19		Stadtverwaltung, 3012 Langenhagen, Tel. 0511/73071
Schwansee*	18	18–23		Verkehrsamt, 8959 Schwangau, Tel. 08362/81051
Schwarzachtalseen	45	20–23		Bürgermeisteramt, 7944 Herbertingen, Tel. 07586/1395
Schwarzenbachtalsperre	66	17–19		Kurverwaltung, 7564 Forbach, Tel. 07228/2340
Sechs-Seen-Platte	100	19–22		Werbe- u. Touristik-GmbH, Königstr. 53, 4100 Duisburg, Tel. 0203/2832189
See Achtern Diek	7	17–19		Fremdenverkehrsamt, 2178 Otterndorf, Tel. 04751/13131
Seeburger See	100	19–21		Gemeindeverwaltung, 3401 Seeburg, Tel. 05507/1314
Seedorfer See	110	19–21		Gemeindeverwaltung, Bürgermeister, 2361 Seedorf, Tel. 04555/478
Seehamer See	125	18–20		Gemeindeverwaltung, 8153 Weyarn, Tel. 08020/221
Seekamper See	55	20–22		Gemeindeverwaltung, Bürgermeister, 2361 Seedorf, Tel. 04555/478
SeePark Kirchheim	10	21–23		Freizeitanlage SeePark Kirchheim, 6437 Kirchheim, Tel. 06628/8001
Segeberger See, Großer	180	19–20		Tourist-Information, 2360 Bad Segeberg, Tel. 04551/57233
Seilersee	16	18–23		Fremdenverkehrsamt, 5860 Iserlohn, Tel. 02371/2172258
Selenter See*	2240	16–20		Fremdenverkehrsverband Raum Selenter See, 2319 Selent, Tel. 04384/670
Silbersee	8	18–20		Stadtverwaltung, 3012 Langenhagen, Tel. 0511/73071
Silbersee	115	18–19		Verkehrsamt, 8491 Tiefenbach, Tel. 09673/221
Simssee	650	20–22		Verkehrsverein, 8201 Riedering, Tel. 08036/8338
Soier See	20	19–21		Gemeindeverwaltung, 8117 Bayersoien, Tel. 08845/1854
Sonnensee	10	19–22		Campingplatz Sonnensee, 8802 Flachlanden, Tel. 09829/257
Sorpesee*	330	16–20		Kurverwaltung, 5768 Sundern-Langscheid, Tel. 02935/696
Soyensee	50	18–20		Werner Huth, Seestraße 28, 8091 Soyen, Tel. 08071/3860
Spadener See	20	17–20		Städtisches Verkehrsamt, 2850 Bremerhaven, Tel. 0471/5902243
Spitzingsee	26	17–20		Kurverwaltung, 8162 Schliersee, Tel. 08026/4069
Staffelsee*	765	19–24		Verkehrsamt, 8110 Murnau, Tel. 08841/2074
Staffelstein, Freizeitseen	100	18–22		Städtisches Verkehrsamt, 8623 Staffelstein, Tel. 09573/4192
Starnberger See*	5700	18–21		Fremdenverkehrsverband Starnberger Fünfseenland, 8130 Starnberg, Tel. 08151/15911
Staudhamer See	23	18–21		Gasthof Staudham, 8090 Wasserburg, Tel. 08071/7435
Steegersee	5	21–23		Verkehrsamt, 7960 Aulendorf, Tel. 07525/415
Steinhuder Meer*	3000	16–21		Verkehrsamt Steinhude, 3050 Wunstorf 2, Tel. 05033/1745
Steinsee	21	17–24		Verwaltungsgemeinschaft Glonn, 8019 Glonn, Tel. 08093/5024
Stemmer See	27	20–22		Weserfreizeitzentrum, 4925 Kalletal-Varenholz, Tel. 05755/444
Stichter See	4	20–22		Verkehrsverein Neuenkirchen e.V., 3044 Neuenkirchen, Tel. 05195/1718
Stocksee	82	20–22		Amt Bornhöved, 2351 Bornhöved, Tel. 04323/6067
Stölpchensee*	10	19–21		Verkehrsamt Berlin, Europa-Center, 1000 Berlin 30, Tel. 030/2626031
Stolper See	150	18–20		Amtsverwaltung, 2355 Wankendorf, Tel. 04326/1017
Storchenseen	5	16–20		Fremdenverkehrsamt, 6442 Rotenburg an der Fulda, Tel. 06623/5555
Südensee	70	19–22		Fremdenverkehrsverein, 2393 Sörup am Südensee, Tel. 04635/1277

Name	Wasser-fläche in ha	Wasser-temp. in °C	Freizeitangebot	Information
Südsee	27	19–21		Städtischer Verkehrsverein, 3300 Braunschweig, Tel. 0531/79237
Sulzberger See	36	19–23		Verkehrsamt, 8961 Sulzberg, Tel. 08376/8161
Süseler See	80	17–22		Gemeindeverwaltung, 2420 Süsel-Röbel, Tel. 04521/6222
Süßenloher Weiher	33	23–25		Campingplatz Süßenlohe, 8481 Altenstadt a. d. Waldnaab, Tel. 09602/4404
Sylvenstein-Stausee	610	20–22		Verkehrsamt, 8172 Lenggries, Tel. 08042/2977
Tachinger See*	240	19–26		Verkehrsverein Tachinger See, 8221 Taching am See, Tel. 08681/580
Tankumsee	62	19–21		Samtgemeindeverwaltung, 3172 Isenbüttel, Tel. 05374/1611
Tegeler See*	410	19–22		Verkehrsamt Berlin, Europa-Center, 1000 Berlin 30, Tel. 030/2626031
Tegernsee*	890	17–22		Kuramt, 8183 Rottach-Egern, Tel. 08022/26740
Ternscher See	15	20–23		Campingplatz Heidschild, 4712 Selm, Tel. 02592/3154
Thülsfelder Stausee	150	18–23		Stadtverwaltung, 2908 Friesoythe, Tel. 04491/2930
Timmeler Meer	20	19–20		Gemeindeverwaltung, 2962 Großefehn, Tel. 04943/2010
Titisee*	110	18–22		Kurverwaltung, 7820 Titisee-Neustadt, Tel. 07651/8101
Torfmoorsee	24	17–20		Verkehrsamt, 4446 Hörstel, Tel. 05454/89130
Trais-Horloffer See	35	19–22		Stadtverwaltung, 6303 Hungen, Tel. 06402/850
Trammer See*	170	18–20		Kurverwaltung, 2320 Plön, Tel. 04522/2717
Trausnitz-Stausee	40	18–20		Gemeindeverwaltung, 8471 Trausnitz, Tel. 09655/322
Twistesee	120	19–23		Kur- und Verkehrsverwaltung, 3548 Arolsen, Tel. 05691/2030
Ulmener Maar	6	19–21		Gemeindeverwaltung, 5441 Ulmen, Tel. 02676/249
Unterbacher See	100	20–24		Erholungsstätte Unterbacher See, 4000 Düsseldorf 12, Tel. 0211/8992094
Untreusee	62	19–21		Stadtverwaltung, 8670 Hof, Tel. 09281/815233
Vechtesee	17	16–19		Verkehrs- und Veranstaltungsverein, 4460 Nordhorn, Tel. 05921/13036
Vienenburger See	20	16–19		Tourist-Information, 3387 Vienenburg, Tel. 05324/1021 4044
Vilstalsee	100	19–22		Förderverein „Mittleres Vilstal e.V.", 8311 Steinberg, Tel. 08734/7487
Vollstedter See	31	19–23		Verkehrsverein Naturpark Westensee, 2353 Nortorf, Tel. 04392/4866
Vörder See	50	17–20		Verkehrsverein „Vörder Land e.V.", 2740 Bremervörde, Tel. 04761/3638
Waginger See*	680	19–26		Verkehrsverband Waginger See, 8221 Waging am See, Tel. 08681/313
Walchensee*	1620	16–18		Verkehrsverein, 8111 Walchensee, Tel. 08858/411
Waldsee	2	21–23		Verkehrsamt, 7157 Murrhardt, Tel. 07192/213124
Waldsee	4	21–22		Verkehrsamt, 8853 Wemding, Tel. 09092/8222
Wannsee, Großer*	270	19–22		Verkehrsamt Berlin, Europa-Center, 1000 Berlin 30, Tel. 030/2626031
Wannsee, Kleiner, und Pohlesee*	35	19–21		Verkehrsamt Berlin, Europa-Center, 1000 Berlin 30, Tel. 030/2626031
Wardersee	52	18–22		Verkehrsverein Naturpark Westensee, 2353 Nortorf, Tel. 04392/4866
Wedau-Sportpark	56	19–22		Werbe- u. Touristik-GmbH, Königstr. 53, 4100 Duisburg, Tel. 0203/2832189
Weißensee	135	21–23		Kurverwaltung, 8958 Füssen, Tel. 08362/6500
Weißenstädter See	50	18–22		Fremdenverkehrsamt, 8687 Weißenstadt, Tel. 09253/711
Werratalsee	70	17–21		Verkehrsbüro, 3440 Eschwege, Tel. 05651/304210
Westensee*	820	18–20		Gemeindeverwaltung, 2301 Westensee, Tel. 04305/765
Wiesensee	80	18–22		Verkehrsverein Westerburger Land, 5438 Westerburg, Tel. 02663/8383
Winderatter See	35	19–22		Fremdenverkehrsverein, 2393 Sörup, Tel. 04635/1277
Windgfällweiher	18	16–18		Kurverwaltung, 7828 Feldberg-Altglashütten, Tel. 07655/8019
Wisseler See	95	20–24		Erholungsstätte Wisseler See, 4192 Kalkar-Wissel, Tel. 02824/6613
Wittensee	1010	18–22		Verkehrsverein „Am Wittensee", 2333 Groß Wittensee, Tel. 04356/442
Wöhrder See	52	17–20		Verkehrsverein, Eilgutstr. 5, 8500 Nürnberg, Tel. 0911/23360
Wöhrsee	12	21–23		Städtisches Verkehrsamt, 8263 Burghausen, Tel. 08677/2435
Wörishofener Seen	140	18–20		Städtisches Kuramt, 8939 Bad Wörishofen, Tel. 08247/350255
Wörthsee*	450	19–24		Gemeindeverwaltung, 8031 Wörthsee, Tel. 08153/8011
Wössener See	5	18–20		Verkehrsamt, 8218 Unterwössen, Tel. 08641/8205
Wünschsee	5	18–24		Verwaltungsgem. Gundelfingen, 8883 Gundelfingen, Tel. 09073/810
Wuppertalsperre	230	18–21		Zeltplätze Bevertalsperre, 5609 Hückeswagen, Tel. 02192/2018
Xanten, Freizeitsee	100	20–23		Verkehrsbüro, 4232 Xanten, Tel. 02801/37238
Zülpich-Süd, Wassersportsee	85	19–21		Stadtverwaltung, 5352 Zülpich, Tel. 02252/520
Zwischenahner Meer*	525	14–18		Kurverwaltung, 2903 Bad Zwischenahn, Tel. 04403/59081

Register

Halbfette Seitenzahlen bei Flüssen und Seen weisen auf den Haupteintrag in einem eigenen Kapitel hin, *kursiv* gedruckte Seitenzahlen auf Abbildungen.

A

B

C

D

E

I

J

K

L

M

N

Titelbild: Rhein mit Loreley
Einband-Innenseiten: Eibsee
Innentitel: Isar bei Wolfratshausen

Titelbilder der Hauptkapitel im Reiseteil:
120/121 Rheinfall bei Schaffhausen
242/243 Donaudurchbruch bei Weltenburg
332/333 Mündung der Hase in den Dortmund-Ems-Kanal
350/351 Oberweser zwischen Beverungen und Höxter
406/407 Unterelbe bei Wedel
466/467 Schlei aus der Vogelperspektive

Bildnachweis

Titelbild: Fritz Mader
Innenteil
Vorsatz: Bildarchiv Huber · 2/3 Löbl-Schreyer · 4 li.: Blume/ZEFA; re.: Wilkin Spitta · 5 Achim Sperber/Focus; 6 li.: Klaus Tecklenburg; Mi.: Werner Otto; re.: Deutsche Luftbild, Freig. d. d. Luftamt Hamburg Nr. 1896/76; 7 li.: Jahn Repro, Freig. d. d. Reg.-Präs. Münster Nr. 6570.23/6–4; re.: Cramers Kunstanstalt Dortmund · 9 Rabanus Presse Photos · 12/13 Blume/ZEFA · 14/15 Bertram-Luftbild, München-Riem, Freig. d. d. Reg. v. Obb. Nr. G 4/30.927 · 16 Bildarchiv Huber · 17 Klaus Bürgle · 18 Dr. Jürgen Nittinger/Xeniel Dia · 19 o.: Löbl-Schreyer; u.: Fritz Wendler · 20 o.: Prof. Dr. Karl-Günther Krauter; u.: Fritz Wendler · 21 Bildarchiv Huber · 22 o.: Luftbild Klammet & Aberl, Freig. d. d. Reg. v. Obb. Nr. G 43/279 · 23 Luftbild Albrecht Brugger, Freig. d. d. Reg.-Präs. Stuttgart Nr. 2/52993 C · 24 Stefan Kuballa · 26/27 o.: Löbl-Schreyer · 26 u.: Fritz Wendler · 27 Löbl-Schreyer · 28 Fritz Wendler · 29 o.: Luftbild Klammet & Aberl, Freig. d. d. Reg. v. Obb. Nr. G 43/209; u.: Bildarchiv Huber · 30 Luftbild Klammet & Aberl, Freig. d. d. Reg. v. Obb. Nr. G 42/1256 · 31 o.: Bildarchiv Huber; u.: Fritz Wendler · 32 Fritz Wendler · 33 o.: Deutsche Luftbild, Freig. d. d. Luftamt Hamburg Nr. 348/83; u.: Pratt-Pries/Schapowalow · 34/35 Bruno Dittrich · 36/37 u.: Klaus Bürgle · 37 o.: Herbert Frei/Ikan · 38 Fritz Wendler · 39 Luftbild Klammet & Aberl, Freig. d. d. Reg. v. Obb. Nr. G 43/1142 · 40 Anton Kaiser · 41, 42 Manfred Pforr (4) · 43 o.: Michael Kämmereit (2); u.: Fritz Wendler · 44/45 Maier/Silvestris · 45 o.: Michael Kämmereit; u. Fritz Wendler · 46 o.: Jürgen Diedrich; u.: Fritz Wendler · 47 o.: Hans-Joachim Augst; u.: Michael Kämmereit · 48 Herbert Frei/Ikan · 49 li.: Raimund Hübner/Dr. F. Naglschmid; re.: Jürgen Diedrich · 50 Fritz Wendler · 51 li.: Manfred Pforr; re.: Hans Madej/Bilderberg · 52 li.: Manfred Pforr; Mi.: Kuchlbauer/Photo-Center; re.: Manfred Pforr· 53, 54 u.: Jürgen Diedrich · 54 o.: Harald Metzger · 55 li.: Jürgen Diedrich; re.: Manfred Pforr · 56/57 Hans Madej/Bilderberg · 58 Joachim Blauel/Artothek · 59 o.: Rolf Giesen/Krefelder Kunstmuseen; u.: Bildarchiv Preußischer Kulturbesitz · 60 o.: Archiv für Kunst und Geschichte; u. li.: Historia-Photo; u. re.: Bildarchiv Preußischer Kulturbesitz · 61 li.: Joachim Blauel/Artothek; re.: Beckmann Max, Der eiserne Steg, Kunstsammlung Nordrhein-Westfalen, Düsseldorf © VG Bild-Kunst, Bonn, 1987 · 62 Albrecht Brugger · 63 o.: Fritz Wendler; u.: Richard F. J. Mayer · 64 Luftbild Bischof & Broel, Nürnberg, Freig. LAN G 301–6521 · 65 Stuttgarter Luftbild Elsässer GmbH, Freig. d. d. Reg.-Präs. Stuttgart Nr. 9/47920 · 66 o.: Bayerisches Staatsministerium des Innern, München (Broschüre: Das Wasser); Mi.: Zweckverband Landeswasserversorgung, Stuttgart · 67 Fritz Wendler · 68 o.: Luftbild Albrecht Brugger, Freig. d. c. Reg.-Präs. Stuttgart Nr. 2/57074 C. u.: Manfred Mahn · 69 o.: Zweckverband Bodensee-Wasserversorgung; u.: Fritz Wendler · 70 Wilkin Spitta · 71 o. li.: Hans Madej/Bilderberg; o. re.: Henning Christoph; u.: Fritz Wendler · 72 Achim Sperber/Focus · 73 Wulf Ligges · 74 u.: P. Friese/ZEFA · 75 li.: Andrej Reiser/Bilderberg, Freig. d. d. Luftamt Hamburg Nr. 775/87; re.: Reichenau-Gemüse e. G. · 76 Z. Eichhorn/ZEFA · 77 Rainer Kiedrowski · 78 Stuttgarter Luftbild Elsässer GmbH/Erholungsanlage St. Leoner See, Freig. d. d. Reg.-Präs. Stuttgart Nr. 9/75 272 · 79 li.: F. Prenzel/IFA-Bilderteam; re.: Rainer Kiedrowski · 80 Rheinisches Bildarchiv, Köln · 81 Damm/ZEFA · 82 Thomas Mayer (2) · 83 Fritz Wendler · 84/85 u.: Klaus Bürgle · 85 o.: Westermann/ZEFA · 86 o.: HB Verlag, Hamburg; u.: Fritz Wendler · 87 Thomas Mayer · 89 o.: Landesbildstelle Rheinland-Pfalz, Freig.

d. d. Bezirksregierung Rheinhessen-Pfalz Nr. 9124-3; u. li.: Topographischer Atlas über das Großherzogtum Baden 1:50000/ Landesvermessungsamt Baden-Württemberg; u. re.: Topographische Karte 1:50000, Blatt L 6716 Speyer/Landesvermessungsamt Baden-Württemberg · 90 Paul Krämling (2) · 91 li.: Bruno Dittrich; re.: Thomas Stephan · 92 Rainer Kiedrowski, Freig. d.d. Reg.-Präs. Düsseldorf Nr. 38 R 92 · 93 W. Wiese/ Bildagentur Jürgens · 94/95 Werner Otto · 96 Jiri Horut · 97 o.: Fritz Wendler; u.: Woebbeking/ZEFA · 98 Rainer Kiedrowski, Freig. d.d. Reg.-Präs. Düsseldorf Nr. 38 R 128 · 99 o.: Rainer Kiedrowski; u.: Fritz Wendler · 100 o.: W. Gruber/Bildarchiv Huber; Mi.: Toni Schneiders/Joachim Kinkelin; u.: Meier-Ude/Bavaria · 100/101 Klaus Bürgle · 102/103 o.: Thomas Mayer · 103 u.: Fritz Wendler · 104 o. li.: U. P. Wienke/ZEFA; o. re.: Buchholz/ GDT-Tierfoto/Silvestris; u.: Fritz Wendler, nach einer Illustration aus dem RIWA-Jahresbericht 1984 · 105 Thomas Mayer · 106 li.: Peter Pretscher; re.: Ellerbrock & Schafft/Bilderberg · 107 Haid/ dpa · 108 Schäfer/Silvestris · 109 Juraschek/dpa · 110 Henning Christoph · 111 Groeger/Bio-Info · 112, 113: Latsch-Oelker (4) · 114 li.: A. Gruber/Bavaria; re.: Landesbildstelle Berlin · 115 Weigel/ZEFA, Freig. d.d. Reg.-Präs. Düsseldorf Nr. 04 T 188 · 116 Peter Pretscher · 117 o.: Hans-Joachim Augst; u.: Wothe/Silvestris · 118 o.: Anton Kaiser; u.: Hans Reinhard/Toni Angermayer · 119 Harald Metzger · 120/121 Wilkin Spitta · 122 Rainer Kiedrowski · 124 Kur- und Verkehrsverein Sedrun · 125 Walter Mayr/ Focus · 127 hapo/Helga Lade · 128 Thorbecke-Luftbild, Freig. d.d. Luftamt Südbayern Nr. G 5/6820 · 129 o.: Fritz Mader; u.: Bildarchiv Preußischer Kulturbesitz · 130/131 o.: Marco Schneiders · 131 o. re.: Petra Knecht; u. li.: Keller/Schapowalow · 132 li.: Marco Schneiders; Mi.: Klaus Hackenberg/ZEFA; re.: Toni Schneiders · 133 li.: Hans Rudolf Uthoff/Colorvision; Mi.: Marco Schneiders; re.: Rupert Leser · 135 Marco Schneiders · 136 Dr. Heiko Bellmann (2) · 137 o.: Edmond van Hoorick/hpa; u.: Walter Gruber/Bildarchiv Huber · 138 COMET · 139 o.: Edmond van Hoorick/hpa; u.: Petra Knecht · 140 Bormann/hpa · 141 o.: Walter Mayr/Focus; u.: R. Maier/Silvestris · 142 o.: Wilkin Spitta; u.: Jiri Horut · 143 Wilkin Spitta · 144 Messerschmidt/hpa · 145 li.: Löbl-Schreyer; re.: Barthmann Cristall, Wolfach · 146 li.: Wilkin Spitta; re.: Foto Käshammer · 147 Landesbildstelle Baden, Freig. d.d. Reg.-Präs. Karlsruhe Nr. 210/2097 · 148 Foto v. Schoenebeck · 149 o.: Landesbildstelle Baden, Freig. d.d. Reg.-Präs. Karlsruhe Nr. 210/1383; u.: Landesbildstelle Baden · 150/151 o.: Fritz Mader · 151 u.: Messerschmidt/hpa · 152 li.: Wilkin Spitta; Mi.: Manfred Mehlig; re.: H. Peter Vieser · 153 li.: Manfred Mehlig; Mi.: Wilkin Spitta; re.: Huber/Kurdirektion Baden-Baden · 154 Edmond van Hoorick/hpa · 156 o.: Rainer Kiedrowski; u.: Bormann/hpa · 157 Andreas Sliwka · 158 Luetticke/ZEFA · 159 o.: Rainer Kiedrowski; u.: Raimund Cramm · 160 o.: Fritz Mader; u.: Rainer Kiedrowski · 161 Bildarchiv Huber · 162 o.: Georg Fischer/Bilderberg; u.: Werner Otto · 163 Gauls/Presse- und Verkehrsamt Koblenz · 164 li.: Fritz Mader; re.: Jochen Knobloch · 165 Rainer Kiedrowski · 166 li.: HB Verlag, Hamburg; Mi.: Goettert/dpa; re.: Jochen Knobloch · 167 li.: Städt. Verkehrsamt Königswinter am Rhein; Mi.: Christoph Schumann; re.: Rainer Kiedrowski · 168 John/Helga Lade · 169 Thomas Mayer · 171 o.: H. G. Weigel/Werbe- und Wirtschaftsförderungsamt der Stadt Düsseldorf, Freig. d.d. Reg.-Präs. Düsseldorf Nr. 04 T 407; u.: Werner Otto · 172 o.: Dieter Wacholz; u.: Hinz/ZEFA · 173 Thomas Mayer · 174 Karl Kinne · 175 Bormann/hpa · 176 li.: F. Damm/ ZEFA; Mi.: Rainer Kiedrowski, Freig. d.d. Reg.-Präs. Düsseldorf Nr. 38 M 07; re.: Rainer Kiedrowski · 177 li.: Stadt Bergheim; Mi., re.: Rainer Kiedrowski · 178 Werner Otto · 179 Photo KLM Aerocarto · 180 o.: Rossenbach/ZEFA; u. li.: Wilkin Spitta; u. re.: Wilhelm Ruprecht Frieling · 181 u.: Manfred Mehlig · 182 Luftbild Albrecht Brugger, Freig. d.d. Reg.-Präs. Stuttgart Nr. 2/ 54482 C · 183 Rainer Kiedrowski · 184 Michael Mögle · 185 Stuttgarter Luftbild Elsässer GmbH, Freig. d.d. Reg.-Präs. Stuttgart Nr. 9/65670 · 186 Werner H. Müller · 187 o.: Stadtverwaltung Kirchberg a.d. Jagst; u.: Schlapfer/ZEFA · 188 Friedrich Bormann · 189 li.: Werner H. Müller; Mi.: Fritz Mader; re.: Rainer Kiedrowski · 190 Silvestris · 192 o.: Wilkin Spitta; u.: Hans Rudolf Uthoff/Colorvision · 193 Bormann/hpa · 194 Wilkin Spitta (2) · 195 Werner Otto · 196 o.: Fritz Mader; u. li.: Gudrun Berninger; u. re.: Silvestris · 197 Marco Schneiders · 198 o.: Schuster/Helga Lade; u.: Willi Arand/Helga Lade · 199, 200: Löbl-Schreyer · 202 Luftbild Bischof & Broel, Nürnberg, Freig. LAN G 301–6522 · 203 M. Hahn · 204 o.: Gerd Weissing; u.: Schmolinske/hpa · 205 Werner Otto · 206 li.: Lauterwasser/Bildarchiv Bayreuther Festspiele; Mi.: Radelt/Bildarchiv Huber; re.: Rainer Kiedrowski · 207 li., Mi.: Hans Rudolf Uthoff/Colorvision; re.: Peter H. Fien/Verlag Das Beste · 208 Wilkin Spitta · 210 o.: Viktor Cervi; u.: Thomas Mayer · 211 Rainer Kiedrowski, Freig. d.d. Reg.-Präs. Düsseldorf Nr. 38 R 101 · 212 o.: Karl Kinne; u.: Tourist-Information Vulkaneifel · 213 Andrej Reiser/Bilderberg · 214/215 o.: Rainer Kiedrowski · 214 u.: Jochen Frank · 215 u.: M. Jeiter/Verlag Das Beste · 216 R. Hornberger/Kurbetriebe Bad Münster am Stein · 217 o.: Löbl-Schreyer; u.: HB Verlag, Hamburg · 218 Damm/ ZEFA · 219 Rainer Kiedrowski · 220 Lieselotte Bergmann/Rainer Kiedrowski · 221 Wilhelm Ruprecht Frieling · 222 li.: Andrej Reiser/Bilderberg; Mi.: HB Verlag, Hamburg; re.: W. Meier/ZEFA · 223 li.: Fritz Mader; Mi.: Lieselotte Bergmann; re.: Bodo Hütten · 224 Friedrich Bormann/hpa · 225 Wilhelm Ruprecht Frieling · 226 o.: Raimund Cramm; u.: Willi Heffels · 227 Karl Kinne · 228 Jochen Knobloch · 229 li.: Lieselotte Bergmann/Rainer Kiedrowski; Mi.: Rainer Kiedrowski; re.: HB Verlag, Hamburg · 230 Harald Klöcker · 231 Rainer Kiedrowski, Freig. d.d. Reg.-Präs. Düsseldorf Nr. 38 R 132 A · 232 o.: Rainer Kiedrowski; u.: Klaus Bossemeyer/Bilderberg · 233 Werner Otto · 234 HB Verlag, Hamburg, Freig. d.d. Reg.-Präs. Düsseldorf Nr. 38 S 4 · 235 Werner Otto · 236, 237: Norbert Zapler · 238 Stuttgarter Luftbild Elsässer GmbH/Verkehrsverein Olpe, Biggesee, Freig. d.d. Reg.-Präs. Stuttgart Nr. 9/71347 · 240 Gerhard Liedtke · 241 li.: HB Verlag, Hamburg; Mi.: Davide Bentivoglio; re.: Verkehrsbüro der Attendorner Tropfsteinhöhle · 242/243, 244: Achim Sperber/Focus · 246 Breig/Bildarchiv Huber · 247 Löbl-Schreyer · 248 o.: Dr. Jürgen Nittinger/Xeniel Dias; u.: Hans Rudolf Uthoff/Colorvision · 249 Dr. Jürgen Nittinger/Xeniel Dias · 250 o.: Radelt/Bildarchiv Huber; u.: Achim Sperber/Focus · 251 li., Mi.: Löbl-Schreyer; re.: Rainer Kiedrowski · 252 Jiri Horut · 253 Erwin Döß · 254 o.: Stadtarchiv Donauwörth; u.: Löbl-Schreyer · 255 Radelt/Bildarchiv Huber · 256 Luftbild Klammet & Aberl, Freig. d.d. Reg. v. Obb. Nr. G 43/156 · 257 o.: Wilkin Spitta; u.: Gottschalk/IFA-Bilderteam, Freig. d.d. Reg.-Präs. Münster Nr. 3920/86 · 258 Gerd Weissing · 259 TI Naturpark Altmühltal/Landkreis Eichstätt (2) · 260 Talsperren-Neubauamt, Nürnberg · 262 li.: Stadt Neuburg a.d. Donau; Mi.: Wilkin Spitta; re.: Heidenheimer Volksschauspiele/Foto Becker, Heidenheim · 263 li.: Rainer Kiedrowski; Mi.: Jura-Museum, Eichstätt; re.: Gerhard Kinder · 264 Rainer Kiedrowski, Freig. d.d. Reg.-Präs. Düsseldorf Nr. 38 L 50 · 266 Löbl-Schreyer · 267 o.: Staatl. Landesbildstelle Nordbayern, Freig. d.d. Luftamt Nordbayern, Nürnberg Nr. P 3053/2; u.: Hans Rudolf Uthoff/Colorvision · 268 Wilkin Spitta · 269 o.: Löbl-Schreyer; u.: Wilkin Spitta · 270 Löbl-Schreyer · 271 o.: Jochen Knobloch; u.: Egon M. Binder · 272 li., re.: Löbl-Schreyer; Mi.: Wilkin Spitta · 273 li.: Wilkin Spitta; Mi.: G. Klammet; re.: Richard F. J. Mayer · 274 Richard F. J. Mayer · 275 Hans Rudolf Uthoff/ Colorvision · 276 o.: Bildagentur Jürgens; u.: Hans Rudolf Uthoff/Colorvision · 277 H. Silvester/Focus · 278 Bildarchiv Huber · 279 o.: Richard F. J. Mayer; Mi.: G. Klammet; u.: Radelt/ Bildarchiv Huber · 280 Hans Rudolf Uthoff/Colorvision · 281 Messerschmidt/hpa · 282 Thomas Pfündel (2) · 283 Kneer/Bavaria · 284 Löbl-Schreyer · 285 Hans Rudolf Uthoff/Colorvision (2) · 286 Radelt/Bildarchiv Huber · 287 o.: Fritz Mader; u.: Richard F. J. Mayer · 288 Bildarchiv Huber · 290 li., Mi.: Hans Rudolf Uthoff/ Colorvision; re.: Uselmann-Archiv · 291 li.: Richard F. J. Mayer; Mi.: Rainer Kiedrowski; re.: Photo Schmidt/Bavaria · 292 Löbl-Schreyer · 293 Historisches Fotoarchiv Claus Eder, Lenggries · 294 Bildarchiv Huber · 295 li.: Richard F. J. Mayer; re. W. Rudolph · 296 o.: Hans J. Lindner; u.: Schrempp/Photo-Center · 297 Löbl-Schreyer · 298 H. Neuwirth · 299 Lauer/IFA-Bilderteam · 300 o.: Frieder Blickle/Focus; u.: G. Wagner/Silvestris/Uselmann · 301 Frieder Blickle/Focus (2) · 302, 303: Rainer Kiedrowski · 304 li.: Bildarchiv Huber; re.: Richard F. J. Mayer · 305 Rainer Kiedrowski · 306 o.: Radelt/Bildarchiv Huber; u.: Luftbild Klammet & Aberl, Freig. d.d. Reg. v. Obb. Nr. G 43/816 · 308 Luftbild Klammet & Aberl, Freig. d.d. Reg. v. Obb. Nr. G 43/7 · 309 Erika Groth-Schmachtenberger · 310 li.: Löbl-Schreyer; Mi.: Deutsches Museum; re.: Rainer Kiedrowski · 311 li.: Bildarchiv Huber; Mi.: v. Voithenberg/Bildarchiv Huber; re.: Gierig/Bildarchiv Huber · 312 Foto Zech-Nieberl · 314 Luftbild Klammet & Aberl, Freig. d.d. Reg. v. Obb. Nr. G. 43/1094 · 315 o.: Richard F. J. Mayer; u.: Rainer Kiedrowski · 316 o.: Hans Rudolf Uthoff/Colorvision; u.: Richard F. J. Mayer · 317 Richard F. J. Mayer · 318 Michael Friedel; Freig. d.d. Reg. v. Obb. Nr. GS 300/9713/84 · 319 Stadler/ Silvestris · 320/321 o.: Rainer Binder; 321 u.: Hans Madej/Bilderberg · 323 Richard F. J. Mayer · 324 Luftbild Albrecht Brugger, Freig. d.d. Reg.-Präs. Stuttgart Nr. 2/47252 C · 325 o.: Lauter/ Bavaria; u.: Hutterer/IFA-Bilderteam · 326 Luftbild Klammet & Aberl, Freig. d.d. Reg. v. Obb. Nr. G 43/1124 · 327 Manfred Vollmer · 328 Prenzel/IFA-Bilderteam · 329 Mollenhauer/Bavaria · 330 li.: Löbl-Schreyer; Mi.: F. Stanggasinger/Salzbergwerk Berchtesgaden; re.: Waltraud Klammet-Mochel · 331 li.: Hans Madej/Bilderberg; Mi.: Bildarchiv Janikowski; re.: Wilkin Spitta · 332/333, 334: Klaus Tecklenburg · 335 Dieter Blase · 336 Stadt Telgte · 337 Stadt Greven · 338 Klaus Tecklenburg (2) · 339 Löbl-Schreyer · 340 li.: Klaus Tecklenburg; re.: Manfred Pforr · 341, 342 o.: Werner Otto · 342 u.: Klaus Tecklenburg · 343 Löbl-Schreyer · 344, 345: Rainer Kiedrowski · 346 Bildarchiv Huber · 347 Cramers Kunstanstalt Dortmund · 348 li., Mi.: Dieter Blase · re.: Rainer Kiedrowski · 349 li., Mi.: Rainer Kiedrowski; re.: Verkehrsamt der Stadt Osnabrück · 350/351 Werner Otto · 352 Wolfgang Meier · 354 HB Verlag, Hamburg, Freig. d.d. Reg.-Präs. Düsseldorf Nr. 38 M 12 · 356 o.: Raimund Cramm; u.: HB Verlag, Hamburg · 357 Thiele/Schapowalow · 358 Fritz Mader · 359 Dr. Peter Göbel · 360 Raimund Cramm · 361 Schuster/Helga Lade · 362 Deutsche Luftbild, Freig. d.d. Luftamt Hamburg Nr. 627/86 · 363 Forstdirektor Hücker · 364 li., re.: Rainer Kiedrowski; Mi.: HB Verlag, Hamburg · 365 li.: Lieselotte Bergmann/Rainer Kiedrowski; Mi.: HB Verlag, Hamburg; re.: Jochen Knobloch · 366 Werner Otto · 367 Löbl-Schreyer · 368 o.: Deutsche Luftbild, Freig. d.d. Luftamt Hamburg Nr. 937/77; u.: Raimund Cramm · 369 Fritz Mader · 370 Matthias Schmidt · 371 u.: Lieselotte Bergmann/Rainer Kiedrowski; o.: Meier/ZEFA · 372 Löbl-Schreyer · 373 o.: Raimund Cramm; u.: Bildarchiv Huber · 374 Rainer Kiedrowski, Freig. d.d. Reg.-Präs. Düsseldorf Nr. O J 673 · 375 li.: Raimund Cramm; Mi.: Meier/ZEFA; re.: Fritz Mader · 376 Fritz Mader · 378 Dieter Blase · 379 o.: Löbl-Schreyer; u.: Rainer Kiedrowski · 380 Titus E. Czerski/Bavaria, Freig. d.d. Sen. Bremen Nr. TC 83 0606/21 · 381 Erwin Duwe · 382 Dieter Blase · 383 o.: Deutsche Luftbild, Freig. d.d. Luftamt Hamburg Nr. 371/82; u.: Hans Engler/Hero Lang, Freig. d.d. Senator für Häfen, Schiffahrt und Verkehr Bremen, Nr. EL 82-0329/5 · 384 Wolfhard Scheer · 385 Klaus Bossemeyer/Bilderberg, Freig. d.d. Luftamt Hamburg Nr. 290/85 · 386 Fritz Mader · 387 Schliack/Schapowalow, Freig. d.d. Luftamt Hamburg Nr. 995/78 · 388 Raimund Cramm · 389 Jürgen Weber · 390 li.: Fritz Mader; Mi.: Mollenhauer/Bavaria; re.: Bernd C. Moeller/Focus · 391 li.: Fritz Mader; Mi.: Reupert/ Helga Lade; re.: Rainer Kiedrowski · 392 Mader/Schapowalow · 393 o.: Trölenberg/Schapowalow; Mi.: Fritz Mader; u.: Raimund Cramm · 394 Reinhold Kratz · 396 Fritzsche/ZEFA · 397 li.: Horst Grunert; re.: Löbl-Schreyer · 398 Wolfgang Meier/Bavaria · 399 li.: Huber/Schapowalow; re.: Damm/ZEFA · 400 Werner Otto · 401 o.: HB Verlag, Hamburg; u.: Werner Otto · 402 Fritz Mader · 403 Rainer Kiedrowski · 404 li.: Werner Ernst; Mi.: Dr. Peter Göbel; re.: Achim Gramann · 405 li., Mi.: Löbl-Schreyer; re.: Fritz Mader · 406/407 Deutsche Luftbild, Freig. d.d. Luftamt Hamburg Nr. 1896/76 · 408 Deutsche Luftbild · 410 Jiri Horut · 411 o., Mi.: Bildagentur Jürgens; u.: Bildarchiv Preußischer Kulturbesitz · 412 Meyer/Photo-Center · 413 Anneliese Eckert · 414, 415, 416, 417 o.: Bildagentur Jürgens (5) · 417 u.: Anneliese Eckert · 418 Barbara Horn/hpa · 419 li.: Rudi Meisel/Visum; Mi.: Peter Brüchmann/hpa; re.: ADN/Bildagentur Jürgens · 420 Bildagentur Jürgens · 422 o.: Anneliese Eckert; u.: Bildagentur Jürgens · 423, 424 o.: Anneliese Eckert · 424 u.: Bildarchiv Preußischer Kulturbesitz · 425 Bildagentur Jürgens · 426 Anneliese Eckert · 427 Bildagentur Jürgens · 428 Ullstein Bilderdienst · 429 Rainer Kiedrowski · 430 Karlheinz Hammer · 430/431 S. Uthoff/Colorvision · 431 o.: Peter Brüchmann/hpa; u.: Fritz Mader · 432, 433 Jochen Knobloch · 434 Bildagentur Jürgens (3) · 435 li., re.: Bildagentur Jürgens; Mi.: Anneliese Eckert · 436 Anneliese Eckert · 438 o.: Richard Podloucky; u.: Raimund Cramm · 439 o.: Fritz Mader; u.: Anneliese Eckert · 440 li.: Matthias Schmidt; re.: Fritz Mader · 441 o.: Matthias Schmidt; u.: Fritz Mader · 442 Fritz Mader · 443 o. li.: HB Verlag, Hamburg; o. re.: Waldkirch/ZEFA; u.: Rheinl./ ZEFA · 444 o.: Werner Otto · 444 u., 445: Matthias Schmidt (3) · 446 Deutsche Luftbild, Freig. d.d. Luftamt Hamburg Nr. 178/87 · 447 o.: HB Verlag, Hamburg; u.: Rainer Kiedrowski · 448 li.: Rainer Kiedrowski; Mi.: Schmolinske/hpa; re.: Fritz Mader · 449 li.: N. Bahnsen/ZEFA; Mi.: Ellerbrock & Schafft/Bilderberg; re.: Barbara Horn/hpa · 450 o.: Bildagentur Jürgens; u.: Thomas Höpker/Anne Hamann (2) · 451 u.: Anneliese Eckert · 452 Neuwirth-Bösch · 454 Anneliese Eckert · 455 o.: Bildagentur Jürgens; u.: Michael Ruetz/Focus · 456, 457: Bildagentur Jürgens (3) · 458 li.: Neuwirth-Bösch; Mi.: Gehrig/IFA-Bilderteam; re.: Bildagentur Jürgens · 459, 460: Bildagentur Jürgens (4) · 462 Thomas Höpker/Anne Hamann (2) · 463 Meyer/Photo-Center · 464 Bildagentur Jürgens · 465 li.: Frieder Blickle/Focus; Mi.: Bildagentur Jürgens; re.: Damm/ZEFA · 466/467 Jahn Repro, Freig. d.d. Reg.-Präs. Münster Nr. 6570.23/6-4 · 468 Fritz Mader · 470 Matthias Schmidt · 471 Achim Sperber/Verlag Das Beste · 472 o.: Fritz Mader; u.: Deutsche Luftbild, Freig. d.d. Luftamt Hamburg Nr. 721/82 · 473 o.: HB Verlag, Hamburg; u.: Bildarchiv Preußischer Kulturbesitz · 474 Bildarchiv Huber · 475 Reinhart Wolf · 476 u.: Lothar Reupert/Helga Lade; o.: Franz J. Oller · 477 Rainer Kiedrowski · 478 li.: Lieselotte Bergmann/Rainer Kiedrowski; Mi.: Rosenfeld/Schapowalow; re.: Matthias Schmidt · 479 li., Mi.: Matthias Schmidt; re.: Lothar Reupert/Helga Lade · 480 Gerd Krauskopf/Helga Lade · 482 o.: Wilfried Witters; u.: Till Landsmann/Verlag Das Beste · 483 Klaus Wernicke · 484 Deutsche Luftbild, Freig. d.d. Luftamt Hamburg Nr. 1082/82 · 486 o.: Gerd Krauskopf/Helga Lade; u.: Werner Otto · 487 Stadt Plön · 488 Fritz Mader · 489 Dr. Müller/Schapowalow · 490 Löbl-Schreyer · 491 Arndt/Silvestris · 492 Haenel/ZEFA · 493 Matthias Schmidt · 494 li.: Matthias Schmidt; Mi.: Löbl-Schreyer; re.: Kurverwaltung Malente · 495 li., Mi.: Matthias Schmidt; re.: HB Verlag, Hamburg · Nachsatz: Bildarchiv Huber.

Kartographie

Bernd Matthes: 22, 25, 77, 83, 124, 126 u., 134 o. li., 150 o., 154, 164, 168, 170, 173, 174, 178, 182, 190 li., 200, 208, 218, 221 o., 224, 227, 230, 235 li., 236, 238, 240 o., 246, 249, 252, 260, 261 u., 264, 274, 280, 288, 292, 295, 298, 302, 306, 308, 312, 318, 322 o., 326, 328, 336, 344, 347 o., 354, 362, 366, 374 li., 376, 386, 388, 394, 402, 410, 412, 420, 427, 428, 432, 436, 443, 452, 460, 470, 474, 480, 484, 489, 490, 492.

RV Reise- und Verkehrsverlag GmbH: 134/135, 155, 169, 183, 190/191, 201, 209, 225, 231, 247, 253, 265, 281, 293, 313, 337, 355, 367, 377, 395, 413, 421, 437, 453, 461, 471, 475.

Joachim Zwick: 123, 126/127, 150, 151, 175, 219, 221 u., 235 re., 237, 239, 240 u., 244/245, 261 o., 289, 299, 303, 307, 309, 319, 322/ 323, 327, 329, 335, 345, 347 u., 353, 363, 374 re., 387, 389, 403, 409, 429, 433, 469, 481, 485, 491, 493.

42528